阳泉年鉴

2010

阳泉市地方志编纂委员会　编

方志出版社

图书在版编目（CIP）数据

阳泉年鉴. 2010 / 阳泉市地方志编纂委员会编. —北京:
方志出版社, 2010.11
ISBN 978-7-80238-938-0

Ⅰ. ①阳… Ⅱ. ①阳… Ⅲ. ①阳泉市—2010—年鉴Ⅳ. Z522.53

中国版本图书馆 CIP 数据核字（2010）第 202620 号

阳泉年鉴（2010）

编　　者：阳泉市地方志编纂委员会
责任编辑：罗　滔

出 版 者：方志出版社
（北京市建国门内大街 5 号中国社会科学院科研大楼 12 层）
邮编　100732
网址　http://www.fzph.org
发　　行：方志出版社发行部
（010）85195814　85196281
经　　销：新华书店总店北京发行所
法律顾问：北京市大禹律师事务所
印　　刷：厦门翰林彩印有限公司

开　　本：787×1092　1/16
印　　张：27.13
字　　数：976 千
版　　次：2010 年 11 月第 1 版　2010 年 11 月第 1 次印刷
印　　数：0001—1200 册

ISBN 978-7-80238-938-0/K·571　**定价**：200.00 元

阳泉市地方志编纂委员会

主　　任　李栋梁

副 主 任　孙水生　刘高官　樊盛武　高全怀

　　　　　董贵堂　任佟苏

委　　员　刘志强　杨晋波　赵平有　要　真

　　　　　任美福　王伟锁　张宝明　潘维新

　　　　　曹慧明　高喜存　高忠乐

《阳泉年鉴》编辑部

主　　编　任佟苏

副 主 编　高忠乐

编辑及其他工作人员(按姓氏笔画排序)

　　　　　王秋生　任泉荣　张卫萍　周立业

　　　　　孟学武　胡　蓉　董雪卉　霍冬梅

　　　　　魏兰花

彩页设计　董雪卉

英文目录　路予强

文字排版　徐　涛

封面摄影　续　敏

编辑说明

●《阳泉年鉴》创刊于1989年，是中共阳泉市委、阳泉市人民政府组织编纂的地方综合性资料工具书，旨在逐年记载阳泉市经济和社会发展的历史进程，翔实反映全市各个领域的新成就、新进展、新经验和新问题，为社会各界了解阳泉、认识阳泉、研究阳泉、建设阳泉提供服务，力求思想性、科学性、资料性和实用性的统一。

●本版年鉴为第15部，除彩页、特载部分及事物追述需要外，记事时限为2009年1月1日至2009年12月31日。

●本版年鉴原则上采用分类编辑的方法。全书设特载、概况、党政军、民主党派工商联、群众团体、司法、经济管理、工业、农业、水利、乡镇企业、商业贸易、交通邮电、建设环保、财税金融、教育科技、文化、社会科学、卫生体育、社会生活、旅游餐饮服务、区县简况、人物、大事记、统计资料25个部类，并设有附录、英文目录和中文索引。多数部类根据不同情况，下设类目、分目、细目、条目4个层次，有的条目下还设有子目。条目标题统一用黑体字加【】表示。

●年鉴稿件均经撰稿单位审核，主要数据经阳泉市统计局审核。

●《阳泉年鉴》创办以来，得到了社会各界的大力支持和热情帮助，在此谨表感谢和敬意。

阳泉市行政区划图

图例
市政府驻地
县(区)政府驻地
乡、镇政府驻地
行政村
省界
市界
县(区)界
铁路、车站
石太高速铁路
高速公路及名称
国家高速编号及名称
国道
省道
县道
河流
山峰
比例尺 1：21万
阳泉市
郊区
矿区
城区
孟县
平定县
井陉县
井陉矿区
平山县
寿阳县
定襄县
河北省
山西省
太原市
忻州市
晋中市
G5 京昆高速
G20 青银高速

中共阳泉市委员会

全国人大副委员长、民革中央主席周铁农到阳泉调研

全国政协副主席、民建中央第一
副主席张榕明到阳泉视察指导工作

省委书记袁纯清到盂县吉天利公司调研

省委常委、常务副省长申联彬到阳泉调研

百团大战纪念馆新馆奠基

市委书记白云调研档案工作

市委副书记郜爱国在狮脑山调研

市委常委王舰民在平定调研

市委常委、秘书长樊盛武，市委常委、军分区司令员方庆灵在百团大战遗址调研

中共阳泉市委常委班子

阳泉市人大常委会

阳泉市第十三届人民代表大会第四次会议

常委会领导班子成员研究部署深入贯彻落实科学发展观，加强和改进新时期人大工作

补选后的阳泉市第十三届人民代表大会常务委员会组成人员

举行常委会议依法听取和审议“一府两院”专项工作报告

常委会组成人员就新城大道建设贷款项目进行视察调研

领导班子成员带领机关干部深入基层考察学习

评议市工商行政管理局工作

定期举行机关干部理论学习交流会

常委会机关开展深入学习实践科学发展观活动

举行“纪念地方人大设立常委会30周年”书法作品展

阳泉市人民政府

市委书记白云祝贺李栋梁当选市长

市长李栋梁看望新闻单位工作人员

市长李栋梁在十三届人大五次会议上作政府工作报告

市长李栋梁在基层调研

常务副市长王旭明陪同省民政厅厅长周明定在新华东街社区调研

副市长王敬瑞在华通宁艾蔬菜基地视察

副市长刘兆林向外商介绍阳泉市招商情况

副市长王湜洲在汇能煤业调研安全生产工作

市政府秘书长董贵堂在平定师范调研

政协阳泉市第十一届委员会第四次会议于2010年5月5日至8日在阳泉宾馆召开。市政协主席刘高官作工作报告

政协阳泉市委员会

2009年8月24日，全国政协副主席张榕明莅临阳泉市视察，市领导白云、李栋梁、刘高官陪同调研

市委书记白云、市政协主席刘高官在政协阳泉市第十一届委员会第四次会议上

2010年1月5日，副主席李裕厚及部分委员到盂县西小坪耐火材料有限公司，就耐火企业发展及新农村建设进行调研

2009年7月23日至24日，副主席马文建调研全市集体林权制度改革

2010年1月22日，副主席许文珍及部分委员视察消防工作

2009年2月27日，副主席赵永红带领市政协教科文卫体委员会成员及有关单位，视察全市食品药品监督管理工作

2009年3月12日，副主席李天祥带领市政协提案委员会部分委员到富百家购物广场就其工作和经营中存在的问题进行调研

2009年8月4日，副主席任衍钢带领部分政协委员就残疾人工作情况进行调研

2010年5月4日，市政协召开全市政协系统2009年度社情民意信息工作总结表彰会

中共阳泉市纪律检查委员会

省委书记袁纯清在阳泉调研时听取市委常委、市纪委书记王民介绍农廉制度建设情况

省委常委、省政法委书记杜玉林带队考核阳泉党风廉政建设工作时在市领导陪同下观看“清风阳泉”文艺晚会并与演职人员合影

中共阳泉市纪委全委（扩大）会议

市纪委监察局机关开展创先争优活动暨建设学习型党组织动员大会

阳泉市行政监察工作会议

市纪委召开新闻发布会，通报2009年8月以来阳泉市纪检监察机关案件查办情况

阳泉市贯彻实施《廉政准则》推进大会

阳泉市人民检察院

党组书记、检察长　胡克勤

最高人民检察院党组副书记、副检察长邱学强到阳泉调研检察工作

山西省人民检察院党组书记、检察长王建明在市委书记白云陪同下到阳泉指导检察工作

举行检察官宣誓仪式

检察长胡克勤到扶贫点盂县梁家寨调研

举办“阳泉市检察机关公诉人抗辩赛”活动

举行“反腐倡廉保民生，公平正义促和谐”为主题的法制宣传活动

全体干警为青海玉树地震灾区捐款

参加政法系统“放歌新中国”文艺演出

阳泉市妇女联合会

市妇联主席朱玉芳在中国妇女第十次全国代表大会上与全国人大常委会副委员长、全国妇联主席陈至立合影

市委书记白云在“三城同创”巾帼志愿者行动启动仪式上为志愿者授旗

市委书记白云、副书记郜爱国与出席山西省第十次妇女代表大会的阳泉代表一起步入会场

举办全市首届女性人才专场招聘会

举办“巾帼创业，春风送岗”妇女专场招聘会

举办学习实践科学发展观“科技、文化、卫生、法律”四下乡活动

举办全市各界妇女庆“三八”、喜迎建国60周年联欢晚会

举办“献给祖国母亲的歌”巾帼广场红歌会

阳泉市“家长教育工程”拓展基地揭牌

启动安全教育进万家活动

阳泉市发展和改革委员会

主任　刘志强

阳泉市发展和改革委员会，是阳泉市人民政府组成部门。主要负责研究拟订、组织实施本区域国民经济和社会发展战略，搞好经济总量平衡，指导和推进经济体制改革和区域经济调控等工作。

近年来，在市委、市政府的正确领导下，市发改委以开展深入学习实践科学发展观活动为契机，紧紧围绕“统筹城乡、率先转型、全面崛起、富民强市”主题，按照“五用心、三不准、三自觉”的工作要求，发扬求真务实、无私奉献的优良传统和锐意进取的工作作风，为全市经济社会的又好又快发展作出了重要贡献。

市委书记白云考察环保项目

刘志强陪同市长李栋梁考察项目

团结奋进的市发改委领导班子

2009年，全社会固定资产投资242.46亿元，比上年增长55%。其中，重点工程（百项工程）项目完成投资194.40亿元，比上年增长54.3%，占全市全社会投资的80.2%，对全市全社会投资的贡献率为78.8%，拉动全市全社会投资增长43.3个百分点，对全社会固定资产投资增长起到了巨大作用。

2009年，市发改委抓住国家加大投资力度拉动内需的机遇，及时掌握有关信息，充分调动项目单位的积极性，努力协调，积极攻关，争取上级资金、项目工作力度进一步加大。全年共争取国家投资和省煤炭可持续基金5.54亿元，比上年增长28.5%，取得了较大突破，为全市投资的增长奠定了良好的基础。

市发改委多次被省、市授予政风行风评议优秀单位、上市资源储备工作先进单位、支持科技工作先进单位、公路建设先进集体、人民防空工作先进集体等荣誉称号。

市委常委、常务副市长王旭明在全市扩大内需中央投资推进会上讲话

阳泉市“十二五”规划工作推进会

市发改委领导深入基层考察项目

省社科院派人到阳泉市调研“十二五”规划

阳泉市住房保障和城乡建设管理局

阳泉市住房保障和城乡建设管理局是于2009年11月，根据中共阳泉市委、阳泉市人民政府阳发〔2009〕29号文件，在原市建设局的基础上组建成立的，同时，市爱国卫生运动委员会、市住房制度改革委员会的职能也划入了市住房保障和城乡建设管理局，中共阳泉市直属建设工作委员会与其合署办公。是阳泉市人民政府对全市住房保障和城乡建设事业（工程建设、城市建设、村镇建设、建筑业、房地产业、市政公用事业）的建设、管理、经营进行指导、协调、服务的综合职能部门。

市住房城乡建设局在城市建设和管理方面，紧紧围绕“千亿百万”、“更大、更强、更富、更美”和“在全省率先全面实现城镇化”的奋斗目标，按照“加快建设新型能源基地、新型材料与装备制造业和煤化工基地、现代服务业基地，积极打造生态文明、平安和谐的宜居家园和具有较强竞争力的现代化区域中心城市”的发展思路，以开展“三城同创”（即创建国家园林城市、国家卫生城市、国家环保模范城市），扎实推进城镇化进程为抓手，切实加大城市建设投入力度，强化城市建设和管理工作，从而使城市基础设施大幅改善，城市功能日臻完善，市容秩序明显改观，生态环境建设取得跨越式发展，城市品位、市民素质显著提升，城市面貌日新月异。

生态阳泉

温馨小区

新泉大桥

流光溢彩

城在林中

阳泉市人口和计划生育委员会

婚育新风进万家全国农村电影放映公益宣传工程启动仪式在阳泉举行，国家人口计生委副主任崔丽（中）、国家广电总局副局长张丕民（右五）出席仪式

主任 郑清明

“十一五”时期，阳泉市的人口计生工作，在市委、市政府正确领导下，以稳定低生育水平、统筹解决人口问题、促进人的全面发展为目标，认真贯彻落实科学发展观，积极推进综合改革，大力弘扬婚育新风，全面推进优质服务提质提速，人口和计划生育各项事业得到长足发展，人口出生率控制在12‰以下，自然增长率控制在5‰以下，有力地促进了人口与经济、社会、资源、环境的协调和可持续发展，为建设“千亿阳泉，百万新城”创造了良好的人口环境。

全市人口和计划生育工作会议

为特困计生家庭发放生育关怀救助金

广场计生宣传

求真务实的领导班子

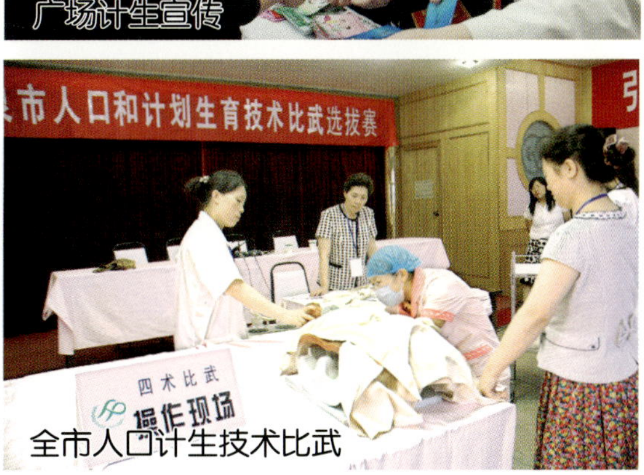

全市人口计生技术比武

阳泉市农业委员会

市委书记白云深入农业一线调研

市长李栋梁调研农业生产情况

市委副书记郜爱国在郊区东村调研设施蔬菜

市委常委、组织部长宋师璇，副市长王敬瑞调研农业项目

市农委主任张宝明调研农业工作

伴随着改革开放的铿锵步伐，阳泉农业正以日新月异的面貌助推中共第一城——阳泉经济的全面腾飞。到2009年，全市农村经济总收入完成291.8亿元，“十一五”期间年均增长7%；农民人均纯收入达到5801元，年均增长11.5%，高出全省平均水平1436元，高出全国平均水平800元。农村城镇化水平从2005年的55%提高到2009年的59.1%。

栉风沐雨，突破创新。阳泉农业正在朝着集种、养、加为一体，以高效、生态、高附加值农业为主的现代农业发展。畜牧产业规模以上养殖场发展到764个，主要畜禽规模养殖比重达到62%；全市生猪存栏达到15.3万头，蛋鸡存栏达到185万只。蔬菜产业种植面积超过5万亩，其中日光温室面积超过5000亩，蔬菜大棚1100亩，蔬菜产业年收入超过2亿元。龙头企业逐步壮大，带动功能明显增强，全市销售收入100万元以上的农产品加工龙头企业发展到29家，大寨饮品、田园乳业、万和油脂、裕盛源食品、三来食品、金德蜂业等一大批农业产业化龙头企业正在迅速发展壮大。

放眼未来，在希望的田野上孕育希望、收获辉煌。“十二五”期间，阳泉市农业委员会将深入贯彻落实科学发展观，紧紧围绕山西省委“转型发展、跨越发展”战略和全市国内生产总值突破千亿、建设百万人口新城的宏伟目标，坚持区域化种植、规模化养殖、系列化加工、标准化管理、市场化经营的原则，实现“四个突破”，即在特色产业发展上实现突破，在培育壮大农业产业化龙头企业上实现突破，在建设现代农业示范园区上实现突破，在现代农业服务体系上实现突破。到“十二五”末，使全市第一产业增加值和农民人均纯收入翻一番。

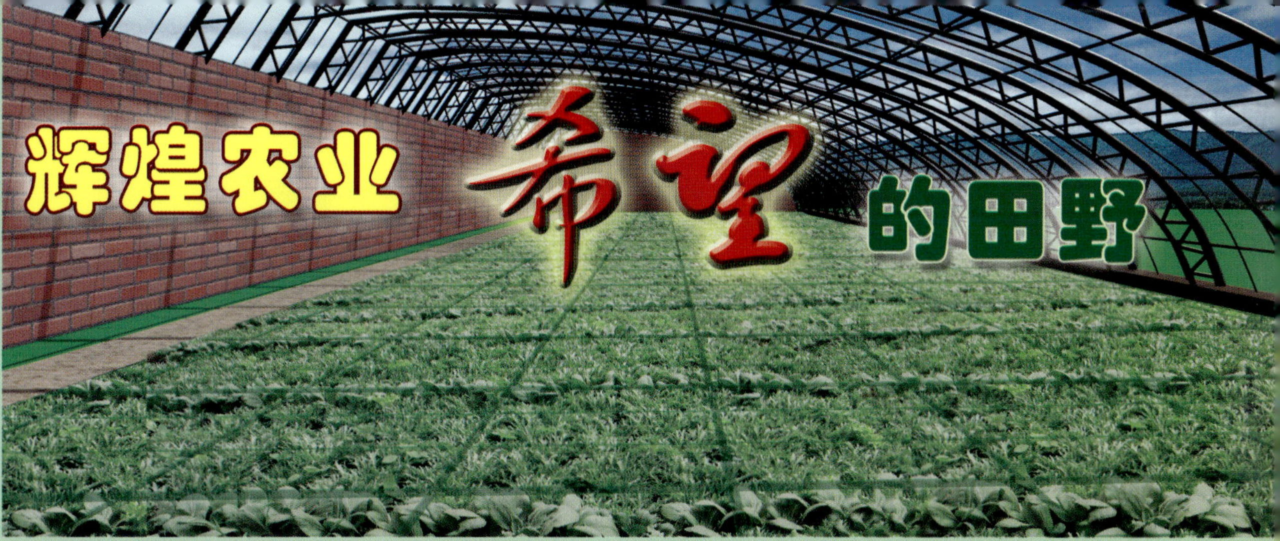

农业龙头项目——大寨核桃露生产线

郊区桃林沟金凤凰蛋鸡养殖场

平定县余康标准化养猪场

挤奶站挤奶车间

盂县西小坪村村民住宅小区

阳泉市商务局

局长 武喜科

2010年，阳泉市商务局在市委、市政府的正确领导下，紧紧围绕全市“统筹城乡、率先转型、全面崛起、富民强市”的战略目标，坚持以科学发展观为指导，按照“三个发展”要求，以实施重点工程和项目为抓手，着力于促进消费、扩大外贸、提高利用外资规模三个重点，求真实干，创新进取，取得了显著成绩。社会消费品零售总额增长18%，万村千乡市场工程、社区商业“双进”工程、家电下乡工程、汽车以旧换新工程顺利推进，扩大城乡消费效果明显；外贸进出口额首超2亿美元，对外贸易主体扩大、市场拓宽、结构优化，促进外贸发展的方式实现初步转变；实际到位境外资金突破1亿美元大关，利用外资的数量、质量、规模、效益上了一个新水平，有力地促进了全市商务事业的又好又快发展，为阳泉经济和社会发展作出了积极贡献。

市委书记白云在天元家电公司调研

市长李栋梁、副市长刘兆林视察节日市场

团结奋进的商务局干部职工队伍

全市商务工作会议

阳泉家电下乡启动仪式

繁荣活跃的商业市场

滨水商业带远景

兴隆步行街商业区

河边街商业区

马家坪社区商业街

华联商厦

滨河农贸市场

沃尔玛购物广场

美隆国际广场

大都会名店

华龙超市

琳琅满目的外贸产品

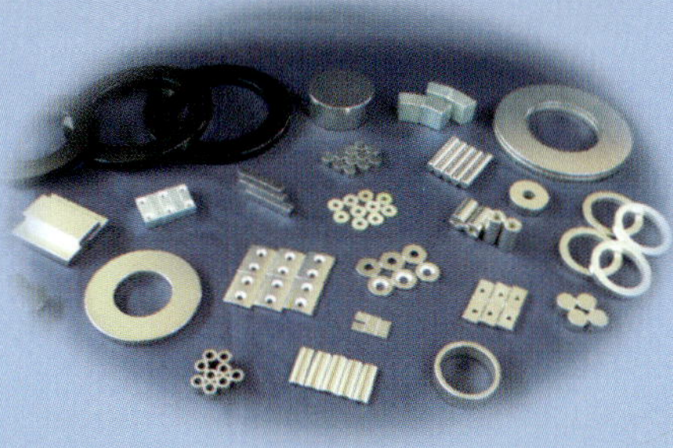

阳泉市旅游局（市政府外事侨务办公室）

局长、外事侨务办主任　韩晓晨

市委、市政府与英国达比郡-诺丁汉郡商会及切斯特菲尔德市联合举办中英双向开放引进远程视频会议，市委书记白云、市长李栋梁出席会议

山西省旅游局局长籍振芳、市委书记白云等领导出席“山西藏山旅游文化推广大使”签约新闻发布会，并与著名导演陈凯歌探讨藏山忠义文化推广

市委书记白云为阳泉市首家五星级旅游饭店——药林会议中心揭牌

市委书记白云率阳泉市政府代表团访问国际友好城市——英国切斯特菲尔德市

省、市两级人大领导在旅游景区检查工作

副市长刘兆林参加归侨侨眷子女助学金发放仪式

市旅游局组织世博旅游宣传

市局专家对星级饭店服务员英语技能进行考评

市旅游局组织2010“联通杯”阳泉导游大赛

市旅游局组团参加2010年北京国际旅游交易会

市旅游局积极推进旅游企业质量内部监督控制体系建设工作，举行首期质监员培训班

打造承接东部产业转移

省观摩团视察开发区

市委书记白云视察开发区大连东路口改造工程

市长李栋梁视察开发区

第一阶梯示范区

——阳泉经济技术开发区

开发区新区发展战略定位

——培育阳泉经济社会发展的核心增长极

——构建全省产业结构提升转型发展主导区

——打造承接东部产业转移第一阶梯示范区

奥伦胶带生产车间

大连路新貌

方大添加剂全景

旧村换新颜

开发区新区发展战略目标

“十二五”规划发展目标

——经济总量快速增长。

到2015年，实现工业总产值180亿元，力争实现200亿元。

——基础设施日益完善。

交通、供水、排污、电力、信息等基础设施配套网络基本建成。

——产业结构优化升级。

到2015年，产业层次进一步提升，装备制造业主导地位逐步形成。

——产业布局更加合理。

初步构建“2轴3带4组团”的产业布局框架，集群效应突显。

阳泉市道路管理处

道路管理处支部书记、处长　曹继春

省委书记袁纯清视察农村公路建设

副省长张平视察农村公路村通水泥（油）路全覆盖工作

曹继春处长视察农村公路

阳泉在全省11个地市中率先实现“村村通”

目　　录

特　载

概　况

党 政 军

民主党派　工商联

群众团体

司　法

经济管理

工 业

农　业

水　利

乡镇企业

商业贸易

交通 邮电

建设　环保

财税 金融

教育　科技

文 化

社会科学

卫生　体育

社会生活

旅游　餐饮　服务

区县简况

人　物

大 事 记

统计资料

附　录

CONTENTS

SOCIAL LIFE

TOURISM, CATERING AND SERVICE INDUSTRY

COUNTIES AND DISTRICTS

CELEBRITY

IMPORTANT EVENTS

STATISTIC DATA

APPENDIX

深入贯彻十七届四中全会精神
推动经济社会又好又快发展

——2009年12月9日在市委十届六次全会上的讲话

市委书记　白　云

一、认真学习贯彻落实党的十七届四中全会精神，把思想和行动统一到中央和省、市委的决策部署上来

党的十七届四中全会，是在国际形势继续发生深刻变化，我国处在进一步发展的重要战略机遇期召开的一次重要会议。全会进一步研究和部署了以改革创新精神推进党的建设新的伟大工程。这对我们全面贯彻党的十七大精神，深入贯彻落实科学发展观，有效应对国际金融危机冲击、保持经济平稳较快发展，加快资源型城市转型，具有重大而深远的意义。全会通过的《决定》，深入分析党的建设面临的新形势新任务，明确提出加强和改进党的建设的总体要求、目标任务、重要举措，体现了继续解放思想、坚持改革开放、推动科学发展、促进社会和谐的要求，适应了新的历史条件下推进党的建设新的伟大工程的客观需要，是指导当前和今后一个时期党的建设的纲领性文件。我们一定要把学习贯彻党的十七届四中全会精神作为一项重大的任务，提高思想认识，坚持学用结合，务求抓好落实。

一是要充分认识加强和改进新形势下党的建设的重要性和紧迫性，深刻理解党面临的执政考验、改革开放考验、市场经济考验、外部环境考验是长期的、复杂的、严峻的，切实落实好党要管党、从严治党的任务。

二是要准确把握“四个着眼于”党建工作着力点，要着眼于继续解放思想、坚持改革开放、推动科学发展、促进社会和谐；着眼于提高党的执政能力、保持和发展党的先进性；着眼于增强全党为党和人民事业不懈奋斗的使命感和责任感；着眼于保持党同人民群众的血肉联系。坚持以科学理论指导党的建设、科学制度保障党的建设、科学方法推进党的建设，不断提高党的建设科学化水平。

三是要着力构建“五位一体”的党建工作新格局，统筹兼顾，协调推进思想、组织、作风、制度和反腐倡廉建设。突出建设学习型党组织和学习型领导班子、扩大党内民主、构建城乡统筹的基层党组织建设新格局等工作重点，健全完善制度，推动工作创新。

四是要认真落实党建工作领导责任制，把党的建设摆在突出位置，明确党委书记第一责任人的职责，常怀忧党之心，恪尽兴党之责，加强协调配合，坚持齐抓共管，强化监督检查，严格考核奖惩，确保党建工作责任制的有效落实。

五是要扎实开展第三批学习实践科学发展观活动。按照“五个更加注重”的要求，坚持把开展第三批学习实践活动与加强基层党组织建设结合起来，强化组织领导和分类指导，使各项措施更加贴近基层、适应党员、符

特

载

合群众期盼,确保学习实践活动成为群众满意工程。

二、坚定不移地抓好转型发展,全力推进经济社会全面协调可持续发展

今年以来,受国际金融危机冲击,全市保增长、保民生、保稳定任务相互交织,十分繁重。市委团结带领全市人民,认真贯彻中央和省委的决策部署,积极应对挑战,着力破解难题,多策并举,多管齐下,力保经济社会平稳较快发展,转型发展迈出较大步伐,民生得到明显改善和有力保障,社会保持和谐稳定。历史经验表明,每一次大的经济金融危机都是一次大洗牌的过程,都会引发经济结构的深刻调整。当前,许多国家都在为"后危机时代"的经济发展做准备,纷纷推出以发展新兴产业为重点的新发展战略,美国推出"绿色新政",日本提出"绿色经济和社会变革"方案,欧盟提出能源气候一揽子计划。全国各地也都在创新发展思路。这种背景下,我们如果仍然停留在原有的经济结构和发展模式上,仍然处于国际分工链条的中低端,就会在新一轮科技革命和产业革命中落伍,在未来经济竞争中陷入被动境地。实践证明,我们提出的坚持以科学发展观为统领,按照省委、省政府"三个发展"的要求,紧紧围绕"统筹城乡、率先转型、全面崛起、富民强市"这一主题,着力走好转型、统筹、和谐、创新、绿色发展之路,加快建设新型能源基地、新型材料及装备制造业基地和现代服务业基地,努力把阳泉建设成为生态文明、平安和谐的宜居家园和具有较强竞争力的现代化区域中心城市的战略思路是符合阳泉实际的,是指导推动全市经济社会全面协调可持续发展的总体方略和行动纲领。我们必须认真领会这一发展战略的深刻内涵,准确把握这一发展战略的总体要求,坚定不移地加以贯彻落实。

明年是实施"十一五"规划的最后一年,也是应对国际金融危机冲击、保持经济平稳较快发展的关键一年。抓好明年的工作,必须更加注重提高经济增长质量和效益,更加注重推动经济发展方式转变和经济结构调整,更加注重推进改革开放和自主创新、增强经济增长活力和动力,更加注重改善民生、保持社会和谐稳定,努力提高我市经济社会发展协调性、均衡性和可持续性。

(一)致力于转型发展,加快推进"三大基地"建设。我们贯彻落实科学发展观、推动转型发展的目标和方向就是加快建设新型能源基地、新型材料及装备制造业基地和现代服务业基地。在这个问题上,我们一定要深化认识、增进共识、统一思想、统一步调,充分利用当前全球金融危机形成的倒逼机制,紧紧抓住新一轮经济波动、资产资源和生产要素重新整合的历史机遇,全面加快"三大基地"建设。

首先,要以推动煤炭资源整合重组为重点,加快建设新型能源基地。实施煤炭资源和生产要素整合重组,是省委、省政府作出的重大决策部署,事关煤炭产业的振兴发展,对我市这样一个煤炭资源型城市,意义尤为重大。我们要严格按照省委、省政府统一部署,根据市委、市政府的规划意见和实施方案,精心组织,规范运作,确保高标准、高质量完成煤炭资源整合重组任务,力求达到一举四得的效果。一是从根本上解决煤炭企业小、散、乱、差,乱采乱挖严重的问题,实现煤炭产业集团化经营、规模化发展,年产量控制在6000万吨左右,尽量延长煤炭资源服务年限;二是对煤炭产业进行脱胎换骨的工艺技术革命,全部实行机械化生产,提高产品附加值和安全系数,确保资源利用率稳定在80%以上,最大限度地提高煤炭经济效益;三是加快发展非煤接替产业,凡兼并重组主体必须按规定配套建设非煤产业项目,力争经过3~5年乃至较长一段时间,使非煤产业比重占到煤炭企业的三分之一以上;四是煤电转化要有突破,切实抓好娘子关、盂县格盟国际等重大电力项目,到"十二五"期间电力装机容量达到600万千瓦以上,新型能源基地建设取得明显成效。

其次,要以产业集群发展为重点,加快建设新型材料及装备制造业基地。大力发展铝工业、耐火、陶瓷、磁材、冶金材料和新型建材等材料工业,是阳泉调整结构、加快经济转型的现实选择。要按照扩产能上规模、深加工成链条的思路,加快发展铝工业,实施好氧化铝、电解铝扩能项目建设,力争使氧化铝和电解铝生产规模分别达到80万吨和50万吨,配套建设铝型材、铝铂、铝轮毂等深加工项目,延伸产业链条,提高产品附加值。耐火产业要顺应产品升级换代的要求,以发展高档耐火材料和生产要素整合为重点,推动第二次产业革命,以盂县西小坪和郊区金隅公司为龙头,整合生产要素,发展高端产品,提高耐火产业的整体素质和综合竞争能力。陶瓷产业要在提高档次、形成系列上下功夫,逐步形成地板砖、卫生陶瓷、日用陶瓷、电工陶瓷、刻花瓷等全面发展的产业体系。建材工业要按照综合利用、吃干榨尽、循环发展理念,加快发展煤矸石砖、粉煤灰建材制品等,真正把材料工业做大做强。阳泉发展机械制造业有着比较好的产业基础,水泵、阀门、电工机械等虽然规模不大,但其产品市场前景不错,特别是近几年,华鑫、华越通过深化改革、强化管理,大力推进技术创新和科技研发,企业日益焕发出蓬勃生机,要抓住煤炭资源和生产要素整合重组、重新洗牌的机遇,以煤矿机电设备为重点,加快振兴机械制造业。通过资产重组,规划建设制造业园区,把煤矿机电这个拳头产品做精做优、做大做强,逐步把阳泉建设成为全省乃至全国具有一定影响的煤矿机电设备生产基地。

第三，要以发展旅游文化产业为重点，加快建设现代服务业基地。阳泉文化底蕴深厚，旅游资源丰富，发展旅游文化产业不仅优势明显，而且潜力巨大。旅游文化产业又是一个兼具经济功能和社会功能的天然绿色产业和“无烟工业”。为此，市委、市政府前段时间召开专题座谈会，对发展旅游文化产业进行了深入研究和详细部署，确立了“三年形成雏形、五年初具规模、十年基本构筑完整产业体系”的奋斗目标。全市各级要按照市委、市政府的安排部署，突出抓好娘子关、藏山、狮垴山、翠枫山、药林寺、大阳泉古村、梁家寨温泉等旅游景区、景点重点项目建设，特别是围绕“吃、住、行、游、购、娱”六大要素大做文章，促进旅游文化产业蓬勃发展，使其尽快成为结构调整的新亮点和资源型城市转型的新支撑。同时，要大力发展金融、商贸、邮电和通信等现代服务业，不断提升第三产业在全市生产总值中的比重。

加快建设“三大基地”，推动资源型城市转型，既是一项紧迫而繁重的战略任务，也是一项庞大而繁杂的系统工程，必须科学规划部署，明确攻坚方向，突出工作重点，务求找准工作的着力点和突破口。

一要以项目建设为载体，继续实施“百项工程”建设。要按照“签约项目抓开工，在建项目抓竣工，竣工项目抓达效”的思路，加快推进阳煤80万吨氧化铝二期工程、阳泉铝业20万吨电解铝三期工程、冀东干法水泥一期200万吨、15万吨高级耐火、40万吨有机复合肥、40万吨电石、3652尿素和吉天利循环经济科技园区等一批重大调产项目建设，力争早日竣工并达产达效；娘子关2×60万千瓦电厂、河坡2×30万千瓦电厂等重大项目，要加大力度、加强协调，确保落地建设；要扎实做好格盟国际2×100万千瓦电厂、南煤2×60万千瓦电厂、阳煤集团180万吨甲醇等项目的前期工作，同时及早着手谋划启动一批重大项目，并纳入明年“百项工程”建设盘子，给予大力扶持，强势推进。

二要以发展民营经济为抓手，不断壮大经济综合实力。民营经济是县域经济发展的主体，是民生经济、活力经济、强市经济。只有放手鼓励民营经济发展，加快促进民营经济腾飞，才能进一步做大我市经济总量，促进转型发展步伐。最近市委研究出台了关于进一步加快民营经济发展的《决定》和《实施意见》，并正着手制定《三年振兴规划》，全市上下要认真落实市委出台的一系列政策措施，积极营造鼓励民营经济加快发展的良好氛围，推动全市民营经济实现跨越式、超常规发展。同时，要更加注重引导和鼓励民营企业家树立干大事业、成就大业绩的雄心壮志，充分激发民营经济加快发展的内在动力，促进民营企业不断发展壮大。要抓住经济持续回升、煤炭产业整合重组等历史机遇，千方百计启动民间资本，通过政策引导、项目支撑、环境激励等措施，引导民间资本和社会闲散资金投资经济建设，培养和催生一批新型民营企业，促进民营经济加快发展。

三要以科技创新为支撑，增强经济发展可持续能力。历史经验表明，经济危机往往孕育着新的科技革命，谁能在科技创新方面占据优势，谁就能掌握发展的主动权，率先复苏并走向繁荣。推动科技创新和技术进步，要充分发挥企业的主体作用、市场的导向作用、产学研技术联盟的平台作用，特别是要加强企业科技管理和技术创新，加大研发投入，组织技术攻关，努力提高企业自主创新能力。要不断深化“产学研”联合，吸引国内外科研院所和高等院校以科技成果入股等形式，与企业进行合资合作，着力研究开发适于我市“三大基地”建设的新产品、新技术、新工艺，为加快转型发展提供有力支撑。

（二）致力于城乡一体化建设，全面加快城镇化进程。加快城镇化进程是产业集聚、人员集聚、各类生产要素集聚、实现城乡融合发展的有效途径，也是推进城乡一体化建设的关键环节。推进城镇化建设，要贯彻“突破阳泉、精品阳泉、全域阳泉”的理念，全市统一规划布局，以中心城市、县城和中心集镇为重点，以农业产业化和农村工业化为基础，以点带面，层级辐射，形成以中心城市为轴心、县城为板块、小城镇为支撑的城镇化格局。一要以提升承载辐射功能和公共服务水平为重点，加快中心城市建设。按照开发新区、改造老区、治理沉陷区、拆迁棚户区、完善中心区的思路，继续实施扩容提质战略，努力把城市的规模做大、功能做优、环境做美、实力做强，全面提升城市承载服务功能，不断增强中心城市对周边地区，特别是对我市各县区的辐射带动能力。二要以聚集产业、构筑特色经济板块为重点，加快县城建设。县城处于城市连接乡村的重要部位，推进城乡一体化必须把县城建设放在重要位置。按照产业布局集群化、土地利用集约化、面貌特色化的要求，坚持规划先行，建设和管理并重，大手笔、大举措、大力度推进城镇建设。重点把平定冠山、盂县秀水、郊区荫营三个县区所在镇建设好。不断增强县城吸附产业、吸纳劳动力的能力。三要以协作加工、发展特色产业为重点，加快中心集镇建设。要从搞好城镇功能定位入手，根据各个中心镇的比较优势，按照宜工则工、宜农则农、宜商则商的原则，建设一批特色明显、设施良好、配套齐全、功能完善、经济繁荣、社会全面进步的中心集镇和小城镇，做到强一业、兴一镇、富一方。四要以农业增效、农民增收为重点，大力推进农业产业化和农村工业化。继续实施“3+2”农业产业化富民工程，做大做强畜牧、干果、蔬菜三大优势产业，大力发展生态林业、小杂粮两大潜力产业。按照企业集中、产业集聚、用地节约、资源共享、经济循环、环境友好的要求，大力发展园区经济,推动农村工业化发展,为城镇化建设奠定坚实基础。与此同时,要全力推进“七个一体化”、“十六项重点工程”、“六个方面的改革”等各项工作,为全省城乡一体化建设搞好试点。要加强与国家、省有关部门的联系对接,认真做好申报国家级城乡统筹发展试点城市工作,争取列入国家统筹城乡发展试点城市。

(三)致力于“三城同创”,全面加快宜居家园和现代化区域中心城市建设。推进“三城同创”,要坚持高起点规划、高水平建设、高效能管理,不断提升创建工作水平。一要咬定目标一鼓作气,确保如期建成国家园林城市。2010年建成国家园林城市,是市委、市政府对全市人民的庄严承诺,也是“三城同创”中我们要实现的第一个目标。能不能如期建成,不仅是对我们工作能力和水平的检验,而且对于坚定全市上下推进“三城同创”的信心意义十分重大。因此,不管千难万难,必须咬定目标不折不扣加以完成。圆满完成园林城市创建任务,关键在今冬明春的植树造林工作。这项工作时间紧迫、任务繁重,我们一定要增强责任感和紧迫感,对照国家园林城市创建标准,确定安排任务,倒排时序工期,分解量化到部门、单位和责任人,做到明确责任、明确时限,确保完成。二要突出节能减排重点,加快创建国家环保模范城市。创建国家环保模范城市是资源型城市转型的必然要求。新形势下,推进环境保护的重点,要由事后治理向提前预防转变,门槛提高,关口前移;要由重优质天气和污染指数向重治理结构性污染和生态恢复建设转变,创建本质环保型城市。要继续实施“蓝天、碧水、绿地、宁静、治污、减排”等六大工程,不断提高环保工作水平,提升环境质量,实现根本达标。三要加大卫生整治力度,加快国家卫生城市创建工作。在“三城同创”工作中,创建国家卫生城市工作相对滞后,尤其是城市环境的脏、乱、差问题依然十分突出。因此,必须高度重视,进一步强化组织领导,按照我们确定的主要街道整饰、基础设施配套、集贸市场和便民市场建设、城市亮化、公共卫生和行业卫生整治、数字城管等十大工程,扎扎实实加以推进,争取明年迈出较大步伐,收到明显效果。

(四)致力于解决事关民生的突出问题,加快和谐阳泉建设。要牢固树立以人为本的执政理念,下大力解决好事关人民群众切身利益的突出问题,进一步加快和谐阳泉建设进程。首先,要切实抓好“八个全覆盖”。“八个全覆盖”是事关民生,特别是部分弱势群体生产生活的重大问题,要进一步加强领导,精心部署,逐条逐项抓好落实,确保明年上半年高标准、高质量全面完成任务,向省委和全市人民交一份满意的答卷。同时要不断满足人民群众对教育、文化、医疗、卫生、住房等方面的需求,不断提高养老、医疗等社会保障水平,切实解决好就业、再就业问题,使广大人民群众共享改革发展成果。其次,要切实维护社会稳定。深入开展“平安阳泉”创建活动,健全完善矛盾纠纷排查调处工作制度,积极预防和妥善处理由人民内部矛盾引发的群体性事件,努力把矛盾化解在基层、问题解决在萌芽状态。要构建“大信访”格局,畅通社情民意通道,建立党委政府主导的维护群众权益机制,把群众利益诉求纳入制度化、规范化、法制化轨道;要完善“大防控”格局,依法严厉打击严重刑事犯罪和多发性侵财犯罪,严厉打击“法轮功”等邪教组织的破坏活动和恐怖袭击犯罪,增强人民群众的安全感。要进一步加强基层政法综治组织建设,充分发挥群防群治作用,构筑维护稳定的第一道防线。第三,要切实抓好安全生产。要把安全生产放在更加重要的位置,全面落实安全生产责任制,加强现场管理,夯实安全生产基础,特别是要加强煤矿、化工、交通运输等重点部门的安全工作,坚决杜绝重特大伤亡事故的发生。同时,要加强对食品、药品等方面的安全监管,保障人民群众健康和生命安全。要加强安全生产监督检查和专项整治,消除安全隐患,建设本质安全型城市。

(五)致力于增强发展活力,全面加快改革开放步伐。立足激发内力、借助外力、形成合力,加快形成符合转型发展的政策导向、体制机制和社会氛围。一是坚持不懈地推进体制改革。要按照做大做强一批、放开搞活一批、关闭退出一批、逐步消化一批的原则,加快国有企业改革。重点支持鼓励阳煤、南煤、河坡、阳光发电等一批优势骨干企业,通过重组、联合、合资、合作等形式,进一步做大做强。深入推进行政管理体制改革,着力转变职能,理顺关系,提高效能;深化行政审批制度改革,全面加强经济调节、市场监管、社会管理和公共服务,建设公共服务型政府;继续深化财税、投融资体制等改革,加快信用体系建设,健全完善市场体系,为企业公平竞争创造良好环境。按照中央要求和省委统一部署,稳步推进政府机构改革,确保年底完成改革任务。二是坚定不移地扩大对外开放。按照“对内与对外、引资与引智、外贸与内贸”并举的思路,实施“借力发展”战略,深层次开展对外经济技术和文化交流与合作,全方位推进招商引资,充分发挥比较优势,努力在更大范围、更多领域参与经济合作和产业分工,吸引国内外大企业、大集团参与我市经济建设,全面提高城市综合竞争能力。三是坚持不懈地实施人才强市战略。社会创造力和活力的源泉在民众,根本在各级各类人才。要牢固树立人才是先进生产力、是拉动科学发展的第一要素的观念,坚持引进人才、培育人才、使用人才多管齐下,推动人才工作体制机制创新,努力营造尊重人才、尊重知识、尊重劳动、尊重创造的氛围,充分激发全社会的创造活力。

三、全面加强和改进党的建设，为建设宜居家园和现代化区域中心城市提供坚强保证

落实好本次全会提出的目标任务，做好明年的各项工作，关键在党，关键在市委委员和全市各级领导干部。当前，要特别注重抓好以下四个方面：

一是切实加强理论学习和调查研究。新形势新任务对各级党组织和领导干部提出了新的更高的要求，不学习不能与时俱进；不学习难以胜任领导。我们要积极适应建设学习型政党和创新型社会的要求，在理论学习上狠下功夫，努力学习马列主义、毛泽东思想、邓小平理论和"三个代表"重要思想，学习科学发展观、社会主义和谐社会建设等一系列重大理论成果，学习人类创造的一切优秀科学文化知识，学习基层干部群众创造的新鲜经验。坚持理论联系实际，深入调查研究，积极探求资源型城市转型发展的内在规律，探求老工业基地创新发展的内在规律，探求统筹城乡发展、解决"三农"问题的内在规律，探求经济欠发达地区构建和谐社会的内在规律。通过探索新思路、采取新办法、取得新突破，增强工作的针对性和有效性。

二是切实加强各级领导班子建设。一个地方、一个部门的工作能否有效推进，关键要看有没有一个坚强合格的领导班子。要采取有效措施，使各级领导班子真正做到政治坚定、团结有力、开拓创新。政治坚定，就是要始终保持政治上的清醒和坚定，始终与党中央保持高度一致，坚定不移地贯彻省委省政府、市委市政府的决策部署，牢牢把握正确的前进方向。团结有力，就是要认真贯彻民主集中制原则，建立健全党委内部的议事规则和决策程序，党委主要领导充分发扬民主，班子成员密切协作配合，营造互相信任、互相支持的工作氛围，形成推动工作、促进事业发展的整体合力。开拓创新，就是要善于把中央、省委省政府和市委市政府的要求与本地本部门实际有机结合起来，不断提高驾驭社会主义市场经济的能力，提高在市场经济条件下统筹经济社会发展、妥善处理各种矛盾、做好群众工作的能力，特别要提高经济面临困难的情况下化危为机、破解难题的能力。同时，要大力加强基层党组织建设，做好农村、企业、社区、高校的党建工作，巩固党的执政基础。

三是切实加强干部队伍建设。首先要严格选人。选人用人要坚持从党的事业出发，树立注重品行、科学发展、崇尚实干、重视基层、鼓励创新、群众公认的用人导向，让那些品德高尚、能力出色、实绩突出、作风正派、群众公认的干部受关注、受尊重、受重用；让那些品德低下、能力平庸、不干实事、不敢负责、作风飘浮、群众信不过的人没有市场、没有位置、没有地位，真正让能干事者有机会、干成事者有舞台，不让老实人吃亏，不让投机钻营者得利。通过树立正确的用人导向，引导干部按党的要求为官、按传统美德修身、按群众期盼干事。其次要严格教育。要教育干部常修为政之德、常思贪欲之害、常怀律己之心，努力做到立身不忘做人之本、为政不移公仆之心、用权不谋一己之利，始终保持共产党人的高尚品德。要以深入开展学习实践科学发展观活动为契机，引导广大干部自觉加强党性修养和作风养成，着力解决党性党风党纪方面存在的突出问题，不断增强贯彻落实科学发展观的自觉性和坚定性。要引导广大干部注重在艰苦环境、危难时刻磨炼意志、砥砺品质，在直面矛盾、破解难题中培养敢于负责、勇于创新的精神，在自觉践行党的宗旨、为群众排忧解难中增强为民意识、升华爱民情怀，真正做到为民、务实、清廉。再次要严格管理和监督。要完善谈心谈话制度，增强谈话的针对性，在干部思想波动、接到群众反映、班子出现不团结等问题时，及时提醒打招呼。要认真贯彻落实党内纪律处分条例和党内监督条例，充分发挥党内监督对干部的约束和警示作用。要把党内监督、群众监督、社会舆论监督结合起来，努力形成对干部监督的强大合力。

四是切实加强作风建设。作风建设关系党的形象，作风问题是领导干部的立身之本。面对新形势新任务，我们要牢记宗旨，肩负使命，不忘市情，心系民生，紧紧围绕保持党同人民群众血肉联系这个核心，把立党为公、执政为民的本质要求落到实处，做到权为民所用、情为民所系、利为民所谋。要在干部中提倡真抓实干、狠抓落实，提倡讲实话、干实事、求实效、抓落实的良好风气，改变有部署无检查、有计划无措施的现象，以求真务实精神保证科学发展观的落实。各级领导干部要从文山会海中解脱出来，深入改革发展第一线，了解民情，解除民忧，帮助基层解决问题。要引深"进万户门、解万家难、暖万人心"活动，把接访、下访、走访制度化。明年一开始，从市直机关做起，组织市县机关干部分期分批深入基层特别是重点工程和重点企业帮助工作，问政于民、问需于民、问计于民，服务重点工程、帮助困难企业、造福人民群众。要坚持勤俭办一切事业，坚决杜绝铺张浪费、大手大脚，始终保持艰苦奋斗的良好作风和执政为民的公仆形象。

以改革创新精神加强和改进党的建设，为推进改革开放、加快转型发展提供坚强保证，任务繁重，责任重大。我们要坚持以党的十七届四中全会精神为指导，深入学习实践科学发展观，全面推进党的思想、组织、作风、制度和反腐倡廉建设，团结动员广大党员和干部群众，振奋精神，同心同德，为建设生态文明、平安和谐的宜居家园和具有较强竞争力的现代化区域中心城市而努力奋斗！

政府工作报告

——2010年5月6日在阳泉市第十三届人民代表大会第五次会议上

市长　李栋梁

各位代表:

现在,我代表市人民政府向大会作工作报告,请予审议,并请市政协委员和其他列席人员提出意见。

2009年工作回顾

2009年,面对国际金融危机的严重冲击和深层次结构性矛盾的困扰,面对保增长、保民生、保稳定的繁重任务,市人民政府深入贯彻落实科学发展观,团结依靠全市人民,迎难而上,奋力拼搏,较好地完成了全年经济社会发展的各项目标任务。全市生产总值完成348.7亿元,比上年增长7.1%。规模以上企业工业增加值完成170.4亿元,增长2.6%。全社会固定资产投资完成242.5亿元,增长55%。社会消费品零售总额完成149.4亿元,增长21%。外贸进出口总值完成9355万美元,下降39.5%。财政总收入完成78.1亿元,增长14.6%;一般预算收入完成29.8亿元,增长13.8%。城镇居民人均可支配收入14240元,增长7%;农民人均纯收入5801元,增长6.9%。同时,各项约束性指标完成较好。居民消费价格总指数100.1%;城镇登记失业率3.78%;万元生产总值能耗下降7.2%;大气污染指数1.8,下降10.9%,环境空气质量稳定达到国家二级标准。

一年来,我们主要做了以下工作:

一、加大经济结构调整力度,转型发展步伐不断加快

面对严峻的经济形势,我们坚持扩大投资需求,拉动经济增长,促进转型发展。年初确定的166个重大项目(工程)中,开工148项,竣工56项,年内完成投资194.4亿元。中信焦化、金街购物广场等一批项目竣工投产;冀东200万吨干法水泥、金隅通达15万吨复合耐火材料、昌鑫40万吨有机复合肥、鑫磊50万吨电石、3652尿素、吉天利循环经济科技园区等一批项目稳步推进;河坡2×30万千瓦、娘子关2×60万千瓦、山西国际能源2×100万千瓦等一批电力项目前期工作进展顺利。重点工程项目的建设,带动了全社会固定资产投资的大幅度增长。按照省委、省政府统一部署,煤炭企业兼并重组整合第一阶段工作基本完成。全市地方煤矿数量由157个整合到53个,年生产能力将由原来的3503万吨增加到4760万吨。产业水平显著提高,安全生产状况明显改善,生态环境得到了有效保护。认真落实“五缓四降三补”政策。国企改革取得新进展。以旅游、商贸、物流、信息为重点的现代服务业加速发展,全市产业结构呈现出不断优化的态势。

二、积极推进统筹城乡发展,“三农”工作成效明显

认真落实各项惠农政策,各级财政加大对农业农村的倾斜力度,其中用于农业基础设施建设、农业产业化、小城镇建设的投入和种粮补贴就达到2.85亿元,增长32.6%。全力推进种植区域化、养殖规模化和加工系列化。全市粮食播种面积达到87万亩,其中杂粮种植面积达到20.77万亩,粮食产量达到22万吨。年内新建日光温室1430亩、大棚350亩,蔬菜种植面积达到11万亩,蔬菜产业总收入超过2亿元。新增核桃种植面积1.5万亩,累计达到20.3万亩。全市畜牧业收入达到6.2亿元。大寨核桃露、田园乳业、三来食品等农业产业化龙头企业带动作用明显。农民专业合作社累计发展到520个。统筹城乡发展16项工程深入推进,集体林权制度改革扎实开展,“以城带乡、以煤补农、工矿帮农”的新农村建设长效机制逐步形成,工矿商贸企业帮扶新农村建设到位资金1000余万元。全市31个新农村建设示范村、69个重点推进村带动作用逐步显现。完成移民搬迁22个村661户2285人。积极落实“家电下乡”、“农机下乡”、“汽车摩托车下乡”等惠农政策,提升了农村消费水平。

三、大力开展“三城同创”,生态建设和基础设施建设再上新台阶

积极推进主要街道整饰、基础设施配套、城中村和棚户区改造等十大工程。保晋路、广阳路、泉东路等9条涉及居民出行的城市道路建设工程稳步推进;阳五高速平定至盂县段等一批重大基础设施工程全面开工；龙川热源投入运行，中低压电网改造工程基本完工；龙华口水电站、娘子关水源地保护等一批民生工程建设进度加快；赛鱼路大修、太旧高速坡头和平定两个出入口改造、新天地商业广场等一批重点市政工程顺利推进。城市“净化、绿化、亮化、美化、硬化”等各项工作成效明显。全年完成各类造林11.42万亩。建成区绿化覆盖率达到38.64%，人均公共绿地面积达到8.83平方米。重点区域市容环境整顿力度不断加大，城市生活垃圾无害化处理率达到91.02%，污水处理率达到82.24%。城市照明和景观亮化工程全面完成。全市二氧化硫和化学需氧量减排提前完成“十一五”目标。市区二级以上天数达到353天。城市形象有了较大提升。

四、高度关注民生，各项社会事业全面发展

继续大幅度增加财政对民生领域的投入。“村通硬化路”、“村通广播电视”、“乡镇文化站”、“万村千乡”市场工程、新型农民养老保险60岁以上老人基本养老金的发放实现了全覆盖；“中小学校舍安全改造”覆盖率达到70%以上；“农村安全饮水”覆盖率达到80%以上；“县乡村三级卫生服务体系”基本形成。全市新增就业2.2万人、创业就业5000人。累计开工新建各类保障性住房82.55万平方米。城乡低保实现了应保尽保。各级各类教育发展步伐加快，积极实施义务教育阶段教师绩效工资制度。市县政府机构改革有序推进。事业单位分类改革试点前期工作扎实开展。医药卫生体制改革全面启动。工商、质监与食品药品安全监管工作进一步加强。体育事业健康发展。五个县区整体进入全国人口和计划生育优质服务先进行列。国防动员和国防后备力量建设成效明显，我市被评为全国征兵工作先进单位。民族、宗教、外事、侨务、对台工作不断加强，人防、气象、地震、测绘、史志、文物、档案工作继续推进，老龄、妇幼、残疾人、慈善救助和红十字会等社会事业都取得了新的成绩。积极开展甲流防控工作。抗击雪灾取得了重大胜利。全市安全生产事故死亡人数同比下降28.7%，安全生产形势持续稳定好转。公路超载得到有效治理。高度重视信访工作。严厉打击各类违法犯罪活动，圆满完成国庆安保任务。社会治安综合治理取得明显成效，人民群众安全感满意度测评在全省名列前茅。

五、扎实推进民主法制进程，精神文明建设不断加强

自觉接受人大的工作监督和政协的民主监督，认真听取社会各界人士和人民群众的意见和建议。全年共办理人大代表议案、建议和政协委员提案508件。积极推进“法治阳泉”建设，深入开展“五五”普法，公民法制观念逐步增强。大力加强政务、企务、村务公开工作，基层民主制度不断完善。政府系统廉政建设责任制全面落实，行政监察和审计工作进一步加强。煤焦领域反腐败专项斗争深入开展。扎实推进群众性精神文明创建工作，涌现出一批文明单位、文明乡村和社区。重视和加强未成年人思想道德教育。扎实推进文化体制改革，大力加强先进文化建设。围绕国庆60周年，组织开展了展示阳泉建设与发展成就的一系列活动，极大地鼓舞了全市人民爱我阳泉、建设美好家园的士气和信心。

各位代表，2009年全市主要经济社会发展指标完成情况好于预期，向全市人民承诺的10件实事全部兑现！

回顾一年来的工作，我们在极其困难的情况下，能取得这些成绩实属不易。这是全市上下认真贯彻落实科学发展观的结果；是中共阳泉市委正确领导，市人大、市政协监督支持的结果；是全市人民同舟共济、奋发图强、扎实工作的结果。在此，我代表市人民政府，向全市人民，向驻地部队广大指战员、武警官兵和驻地单位，向各民主党派、人民团体，向所有关心、支持阳泉发展进步的各界朋友，表示崇高的敬意和衷心的感谢！

在肯定成绩的同时，我们清醒地认识到，我市经济社会发展中还存在着一些困难和问题，主要表现在：经济增长的内生力还不足，自主创新能力还不强，长期积累的发展方式粗放、经济结构不合理等深层次矛盾依然突出，经济对煤炭的依赖性较大，新兴产业发展相对缓慢；农业稳定发展和农民持续增收的基础还不稳固；就业、医疗、教育、住房、收入分配等工作与人民群众的要求还存在差距；一些干部思想解放程度不够，开拓创新精神不足；政府职能有待于进一步转变，作风建设亟待加强，等等。对此，我们将积极采取措施，认真加以解决。

2010年主要工作任务

今年是继续应对国际金融危机冲击，保持经济平稳较快发展、加快转变经济发展方式的关键之年，是全面实现“十一五”规划目标，为“十二五”发展打好基础的重要之年。

做好今年的政府工作，要认真贯彻落实党的十七大和十七届三中、四中全会精神，以邓小平理论和“三个代表”重要思想为指导，深入学习实践科学发展观，按照省委、省政府“三个发展”的要求，全面实施“统筹城乡、率先转型、全面崛起、富民强市”的战略部署，致力于建设“三大基地”和宜居城市，加快转变发展方式，大力调整经济结构，努力深化改革开放，积极推进科技创新，高度关注民生，促进社会和谐，切实提高发展的质量和效益，不断开创科学发展的新局面。

今年全市经济社会发展的主要预期目标是：地区生产总值增长8%；全社会固定资产投资增长25%；社会消费品零售总额增长16%；外贸进出口总额增长10%；财政总收入、一般预算收入分别增长10%；城镇居民可支配收入增长10%，农民人均纯收入增长9%；居民消费价格涨幅控制在3%以内。

约束性指标是：万元地区生产总值综合能耗下降6.2%；城镇新增就业岗位2.08万个；城镇登记失业率控制在4.2%以内；人口自然增长率控制在5‰以内。

重点项目(工程)是：全年安排重点项目(工程)199个，其中调产项目111个，基础设施工程48个，社会事业工程30个，前期项目(工程)10个，总投资1100亿元，年内完成投资206.5亿元。要大力开展"项目工程年活动"，确保年内投产一批、续建一批、开工一批、谋划一批，以项目工程建设带动投资增长，促进经济平稳较快发展。

完成好上述目标，我们要重点做好以下工作：

一、推进工业结构调整，加快资源型城市转型步伐

我市在全省11个市中转型任务最为迫切，但无论困难有多大、任务有多重，我们都要围绕改造提升"六大产业"，重点在扩大产业规模、提高产品档次、发展循环经济和低碳经济上实现新突破，努力推进发展方式转变和经济结构优化升级。

煤炭工业要走出一条升级改造、加工转化、安全高效的发展之路。今年要启动29座重组矿井的机械化升级改造工程，力争53座保留矿井全面实现机械化开采。要进一步加快煤炭洗选和加工转化步伐，力争年内洗选率提高到52%。抓好煤矸石、煤层气、粉煤灰等循环经济项目，延伸产业链，提高产品附加值。同时，要以煤矿企业整合重组为契机，大力组织实施"一个煤矿上一个非煤项目"计划，以此推进我市转型发展。

电力工业要加快煤电一体化和热电联产项目建设。河坡2×30万千瓦热电联产、娘子关2×60万千瓦"关小上大"项目要尽快开工；山西国际能源2×100万千瓦、阳煤集团2×30万千瓦等电力项目要加大前期工作力度，积极推进晋东煤电能源基地建设步伐。

铝工业要全力推进省政府确定的晋东铝工业基地建设，突出抓好阳煤80万吨氧化铝二期和12.5万吨电解铝扩建、阳铝5万吨铝型材扩建和10万吨轨道交通大型铝合金等项目，逐步把铝工业建设成为我市又一新兴支柱产业。

装备制造业要重点抓好采煤机、掘进机、矿用液压支架、输送带、阀门、水泵、平衡吊等产品的规模化生产。抓好华鑫6000台稀土永磁电机和200台矿用增安型蓄电池电瓶电机车、吉天利蓄电池改扩建、欣通建筑1200架煤矿液压支架、麟豪机械25万套多功能智能化防盗系统生产线等项目，尽快推进装备制造业做大做强。

化工产业要围绕煤化工、钙化工两条产业链，加快推进山西致诚化工1.2万吨双氰氨、盂县鑫磊50万吨电石和50万吨石灰等项目建设，年内确保盂县"3652"尿素项目一期、平定昌鑫40万吨生物复合肥一期等项目竣工投产，逐步实现化工产业规模化。

耐火、建材、陶瓷等新型材料工业要依托资源优势，在开发新产品、提高科技含量和产品附加值上下功夫。加快下千耐火5000吨高档活动水口砖、金隅通达15万吨复合耐火材料、冀东200万吨水泥、南娄集团百万吨干法水泥、莹玉陶瓷年产300万件锂质砂锅改造、万汇100万吨钢铁联合等项目建设，努力提高产业产品的市场竞争力。

二、加大统筹城乡发展力度，夯实农业农村发展基础

要进一步加大对"三农"的投入，按照"七个方面一体化"的要求，全面实施16项工程、6项改革，协调推进工业化、城镇化和农业农村现代化。

(一)推进农村城镇化，构建城乡一体化的新型城镇体系。围绕工业化促进城镇化、城镇化带动工业化的思路，全面加快城乡一体化建设步伐。阳五高速公路两侧资源丰富、交通便利、经济基础较好、发展前景广阔。要在调查研究和分析论证的基础上，高起点、高标准制订沿线县城、中心镇和中心村、产业集聚区建设发展的详尽规划，促进人口向小城镇集中、产业向集聚区集中。平定冠山、盂县秀水、郊区荫营三个县区所在地和市区城中村、城周村，要按照现代化新兴城市的要求，超前规划布局，引领区域城镇化发展的方向；平定张庄、锁簧、冶西，盂县南娄、路家村、孙家庄、牛村，郊区河底、李家庄、义井、平坦、杨家庄等中心镇所在地以及相关中心村，要按照一流小城镇和新农村的标准进行规划建设，带动区域城乡一体化发展。围绕发展低碳经济、绿色经济，规划建设平定张庄、冶西、龙川，开发区东区，郊区白泉、杨家庄，盂县牛村、南娄、苌池等产业集聚区。通过努力，把这一带打造成新型工业的带动区、统筹城乡发展的示范带，构建中心城市辐射带动、县城引领示范、小城镇和新农村梯次跟进的城乡发展格局。

(二)推进农业产业化，大力发展现代农业。围绕种植区域化、养殖规模化、加工系列化的思路，种植业要加快蔬菜、核桃、小杂粮等特色农业基地建设，重点抓好郊区东村等16个百亩以上设施蔬菜基地建设，年内新增1800亩，总面积达到7000亩以上；抓好平定石门口等9个万亩核桃基地，年内新增2万亩，总面积达到22.3万亩；全市小杂粮种植面积要稳定在16.5万亩，粮食总产量稳定在20万吨以上。养殖业要加快生猪、蛋鸡、肉牛养殖的规模化发展。重点抓好盂县春光等15个万头以上规模养猪场建设，年存栏达到20万头；扶持郊区桃林沟等17个5万只以上规模养鸡场，年存栏突破200万只；抓好肉牛、奶牛养殖园区建设，肉牛存栏达到2万头，奶牛存栏达到3000头。加工业要积极扶持产业化龙头企业发展壮大，年内千万元以上的龙头企业要由现在的9家发展到12家。加快推进平定雨润食品3000万只肉鸡、万和油脂万吨核桃油等加工项目建设，进一步形成龙头带基地、基地连农户的产业化格局。

（三）推进农业基础设施建设，全面落实农村各项政策。进一步巩固村通硬化路全覆盖成果。加快建设温河、龙华河万亩灌区等农田水利工程。落实耕地保护责任制。启动实施农业机械化推进工程。建立健全以工促农、以城带乡的长效机制。落实好粮食直补、良种补贴、农机具购置补贴、农资综合补贴以及支持产业化富民工程的各项优惠政策。推广农户小额信用贷款、联保贷款和其他贷款品种，探索符合农村特点的担保抵押方式。加快农业科技推广，增强各类农作物的综合生产能力。加大扶贫开发力度，继续实施移民搬迁、产业开发、劳动力转移、教育扶贫等工程。

三、加快发展现代服务业，努力扩大消费需求

要认真贯彻落实《加快服务业发展的实施意见》，把现代服务业作为新的支柱产业加以重点培育，努力建设现代服务业基地。

（一）发展壮大文化旅游业。积极推进藏山风景区三期、翠枫山生态旅游开发、狮脑山公园改扩建、冠山舍利文化园、药林寺风景区、大阳泉古村开发等项目建设。早日开工建设娘子关景区、盂县温泉度假区、盂县水神山烈女祠、阳泉北站旅游集散服务中心等项目。积极培育符合阳泉本地特色的工业、乡村、商务、文化旅游项目。大力推进旅游配套设施建设，加大市场推广和行业管理力度，引进先进管理模式，打造一流景观景区，有效提升我市文化旅游产业的竞争力。

（二）巩固发展商贸物流业。大力推进连锁经营、物流配送等现代流通业发展。城市要继续推进“双进工程”，加快建设社区商业体系，争取今年启动一期工程；农村要巩固提升“万村千乡”市场工程，加快18个乡镇配送站改造建设步伐，实现乡镇配送站全覆盖。年内，佰益粮贸物流中心、华通蔬菜批发市场、天融中心商业广场等续建项目要竣工并投入使用；天元电器商务广场、万通家居建材广场等新上项目要全面动工。

（三）进一步推动消费增长。继续贯彻落实鼓励消费的各项政策措施。努力提高劳动报酬在初次分配中的比重。积极落实最低工资制度。继续推进“家电下乡”、“农机下乡”、“汽车下乡”等工作；巩固扩大传统消费，鼓励社会资本投资兴办服务业。积极培育金融、信息、咨询、中介、旅游、文化、健身、培训、养老、家政服务等消费热点；发展公用事业、社区服务、放心早餐等便民消费。深入整顿和规范市场秩序，营造便利、安全、放心的消费环境，充分发挥消费对经济增长的拉动作用。

四、积极开展“三城同创”，全力打造宜居家园

开展“三城同创”，是打造区域中心城市、提高城市综合竞争力的重要抓手。我们要进一步加快城市基础设施建设和生态环境建设，强化城市管理，让全市人民生活质量有一个新的提高。

（一）加快区域重大基础设施建设步伐。积极构建“两横两纵一循环”高速路网和“五横五纵四循环”城乡路网。年内，阳五高速平定至盂县段（平盂高速）、太旧高速坡头和平定两个出入口改造工程要全面竣工；京昆高速太原至阳泉段（太阳高速）、阳五高速盂县至五台山段（盂五高速）、阳泉环城高速新店至中兰段（新中高速）、国道307复线水峪至娘子关一级公路（阳井公路）、国道207平定过境公路（义平公路）改线要全面动工。平和高速平定至大寨段（平大高速）力争开工。以上重点公路工程在我市境内新开工建设里程206公里，总投资184.9亿元，今年完成投资56亿元。投资2亿元，开工建设市综合客运中心。加快推进陕京天然气输气管道盂县段、阳泉至昔阳天然气管道、龙华口水电站、城乡电网改造、热电联产等大型配套设施工程。

（二）加大中心城市“扩容提质”力度。坚持新区开发与旧城改造并重，加快城市“北扩南延”步伐，提升城市品位和形象。抓好新一轮城市规划的修编工作。以307复线、漾泉大道、平阳路和义白路、新北大街、李荫路等“三纵三横”路网为基本骨架，启动10平方公里的新北区开发。以南外环路、平定西外环和平定路、广阳路为基本框架，推进城市南区整体开发。努力形成具有阳泉特色的山城建设格局。

一是推进漾泉大道、泉东路、泉西路、广阳路、保晋路、平阳路、煤山路、矿山路、赛鱼路9条城市道路以及李家庄高架立交桥建设，预计总投资26亿元，年内全部开工，力争早日建成通车。

二是抓好北大街、河边街、大连路、桃南西路、桃北路、荫营东西大街6条精品示范街的综合整治。

三是加快平坦垴、瓦窑坡、上五渡、西河滩、市印刷厂、天桥东、日日新、义井、育才路、苹果园、东风剧场11个旧城片区整体改造，总面积93公顷，总建筑面积200万平方米，尽快使旧城区面貌发生根本性变化。

四是全面整饰24条主要城市街道。加快建设100个便民市场和封闭式街道市场，改造和完善所有街道、路口交通安全设施，配套建设美观洁净的环卫设施，建立快捷高效的环卫服务体系。

(三)完成国家园林城市创建工程。要按照增加绿量、突出特色、创建精品的要求,继续加大通道绿化、交通沿线荒山绿化、环城绿化、城市绿化、园林村绿化、矿区绿化六大工程建设力度,年内完成各类造林10万亩。建成区要重点抓好国家园林城市创建的查漏补缺、上档升级工作。整体完成赛鱼至河神庙段、荫营路、阳盂路、平定路、207国道平定至昔阳段5条出入市区、县城主干道路的绿化任务;全面推进市区和平定、盂县、郊区政府所在地的环城绿化;大力实施滨河公园、植物园、狮脑山公园、赛鱼公园、北山公园(三期)、煤山公园、义井公园7个城市公园建设、28个小游园和430个园林小区的升级改造。全面完成国家园林城市7方面54项指标的创建任务,确保年内建成国家园林城市。

(四)深入开展环境保护。一是打好区域环境综合整治硬仗。以"降指数、提质量、稳二级"为目标,深入开展餐饮业油烟治理和扬尘污染、机动车尾气治理行动。二是打好水环境保护硬仗。年内要全面完成阳煤、南煤、荫营、固庄等市级以上重点煤矿的矿井水回用工程,实现污水综合利用;市污水处理厂、平定污水处理厂中水回用工程,力争建成并投入运行;实施以桃河流域为重点的环境综合整治工程和国家水保工程,继续抓好娘子关水源地保护工程,进一步提升城市水域功能区的水质达标率。三是打好工业企业环保达标硬仗。要坚持用生态区划和总量控制引导经济发展,把污染总量指标作为审批项目环评的前置条件和审查规划环评的必要条件,严控"两高一资"项目。继续加快耐火矾石行业天然气改造步伐。认真落实节能减排目标责任制。

(五)进一步提升城市管理水平。一是启动"数字城管"体系建设,依托现有网络,建立数字化城市管理综合监控系统。二是要进一步健全城市管理体制和机制,逐步完善城市管理执法部门与市民参与、部门协作互动的城市管理体制,实现对城市的精细化管理。三是对城市主要街道的交通秩序、环境卫生、马路市场、占道经营、广告牌匾、空架线网等进行彻底整治。四是按照"人民城市人民建、人民城市人民管"的要求,增强全民的环境卫生意识,严格落实城市管理的各项相关措施,建立长效的城市管理社会监督机制。

五、不断深化改革开放、进一步完善有利于科学发展的体制机制

要在深化改革、扩大开放、开拓创新中不断破解发展难题、赢得发展机遇,努力促进全市经济社会又好又快发展。

(一)积极推进重点领域改革。继续围绕"四个一批",加快推进国有、集体企业改革重组。重点实施水泵、阀门两企业的改制重组,实现做大做强。探索推进市铝业公司、高压电瓷有限公司的改革。积极组建建材资产管理经营公司和饮食资产管理公司等。稳步推进市县政府机构改革、乡镇机构改革,做好事业单位分类改革试点工作。继续推进投融资体制改革,优化财政支出结构,规范政府采购行为。全面实行"乡财县管乡用"财政管理制度。全面开展集体林权制度改革。深化医药卫生体制改革。认真做好"十二五"经济社会发展的规划编制工作。

(二)加快构建大开放新格局。按照"对内与对外、引资与引智、外贸与内贸"并举的思路,积极组织参加各级各类招商活动。全年计划签订对外经济合作合同协议90项,合同协议利用外来资金173亿元,增长6.7%;外来投资项目实际到位资金要达到88亿元,增长5.3%。进一步创优发展环境,吸引国内外大企业、大集团参与我市经济建设,引进一批对全市经济发展具有重大牵动作用的工业、服务业、农业和高新技术产业项目,努力推动项目早签约、早落地、早投产、早达效。

(三)大力推进科技创新。继续推动创新型城市建设。充分利用高新技术和先进适用技术改造提升传统产业,促进产品升级换代。推动以企业为主体、市场为导向、产学研相结合的技术创新体系建设。深化京晋科技合作,做好产业承接,参与区域合作,实现借船出海。加快科技研发中心和科技风险投资两大平台建设,积极筹建阳泉科技馆。树立人才是第一资源的理念,突出加大对创新型科技人才、经济社会发展重点领域专门人才和高技能人才的培养、引进和使用,营造人才辈出、人尽其才的制度环境。

(四)鼓励和支持民营经济发展。要认真贯彻《关于进一步加快民营经济发展的决定》,大力实施《加快民营经济发展三年振兴规划》,积极营造鼓励民营经济快速发展的良好氛围。要通过政策引导、项目支撑等手段,千方百计激活用活民间资本,积极培育新型民营企业,加快引进知名度高、牵动力大、行业领先的民营大企业、大集团。要通过资产重组、规模扩张,技术改造、管理创新等途径,激发有品牌、有市场、有发展潜力的民营企业做大做强,真正使民营经济成为我市经济发展最具活力的组成部分。

六、推进各项社会事业发展,全面建设和谐阳泉

要尽最大的努力,投入足够的财力和精力,切实实现好、维护好、发展好最广大人民群众的根本利益,让社会更加公正、更加和谐,让人民生活得更加幸福、更有尊严。

(一)优先发展教育事业。认真贯彻优先发展、育人为本,改革创新、促进公平、提高质量的工作方针,促进各类教育全面发展。要进一步健全义务教育阶段经费保障机制，保证全体学生特别是家庭困难学生、进城务工人员子女、边远山区儿童、残疾儿童能够上得了学、上得起学。下大力解决城乡教育资源配置不平衡，特别是城市区中小学班容量较大、农村师资力量薄弱等问题，促进义务教育均衡发展。要面向市场需求，积极发展职业教育，着力培养学生的就业创业能力，对符合政策和条件的学生逐步免除学费。要加强师资队伍建设，鼓励优秀教师到农村贫困地区从教。认真做好义务教育学校绩效工资改革。对25所农村寄宿制学校食堂进行标准化改造。继续抓好营养早餐工程。加快阳泉一中新校建设步伐。进一步抓好阳泉师范高等专科学校的建设与管理工作。

（二）加强文化建设和精神文明建设。建立健全公共文化服务体系，加快阳泉书城、群众艺术馆、电影院、东风剧场改造工程建设进度。完善乡镇文化站建设，实现农村文化室全覆盖。继续推进文化惠民工程，搞好文化下乡、农村电影放映工作，建设文化共享工程基层站点600个。重视和加强城市社区文化建设。积极推进文艺演出院团转企改制和文化事业单位改革。大力发展文化产业，培育骨干文化企业，生产更多健康向上的文化产品。做好《赵氏孤儿》影视剧拍摄工作。加强历史文化、文物遗产保护与开发，促进地方文化传承。搞好百团大战七十周年纪念活动。大力发展公共体育事业，广泛开展全民健身运动。加强社会主义核心价值体系建设，加强社会公德、职业道德、家庭美德、个人品德建设。大力弘扬以爱国主义为核心的民族精神和以改革创新为核心的时代精神。深入开展文明和谐创建活动，促进社会和谐。

（三）加快发展医疗卫生事业。大力推进三级医疗卫生服务机构建设，促进公共卫生服务均等化。农村农民健康档案建档率达到25%。继续开展示范社区卫生服务标准化建设。开工建设市中医院医技大楼改扩建工程。推进市精神病医院主体工程。完成市肿瘤医院组建工作。健全疾病预防控制长效机制，提高应对突发公共卫生事件的能力。继续稳定低生育水平，实施"优生促进工程"，提高人口素质。扎实做好全国第六次人口普查工作。进一步加强食品药品监督管理，认真做好重大疫病的防控工作，保障人民群众身体健康和生命健康。

（四）千方百计稳定和扩大就业。落实和完善更加积极的就业政策，进一步拓宽就业渠道，持之以恒地实施创业就业工程。突出抓好高校毕业生、农民工和困难就业人员的就业创业工作。积极开发公益性就业岗位，确保城市零就业家庭至少有一人实现就业。确保全年城镇新增就业人数2.08万人，下岗失业人员再就业1.3万人，城镇登记失业率控制在4.2%以内，转移农村劳动力8400人，保持全市就业局势总体稳定。

（五）建立健全社会保障体系。以非公经济和灵活就业人员参保为重点，继续扩大养老、基本医疗、失业、工伤、生育等社会保险覆盖面。大力推进国家级创业型城市建设。积极推进事业单位养老保险制度改革。巩固和完善新型农村合作医疗制度，人均筹资额达到每年150元，推进门诊统筹。提高城镇居民基本医疗保险财政补助标准和筹资水平，加快解决关闭破产企业退休人员和困难企业职工的医疗保障问题。提高城乡低保、农村五保等保障水平，提高优抚对象生活补助标准。大力发展社会福利和慈善事业，加强残疾人社会保障和服务体系建设。完善灾害应急救援机制，全面增强减灾救灾能力。

（六）进一步改善城乡居民的居住条件。以建设廉租房和经济适用住房、改造棚户区和农村困难群众危房为重点，加快实施保障性安居工程。大力整顿和规范房地产市场秩序，尽最大努力遏制房价过快上涨，逐步满足人民群众的基本住房需求。

（七）持之以恒抓好安全生产。全面贯彻"安全第一，预防为主"的方针，切实强化"两个主体"职责，促进全市安全生产形势由稳定好转向根本好转转变。煤矿兼并主体企业，要在抓好原有企业安全生产工作的同时，努力抓好兼并重组矿井的安全生产工作，每个整合保留煤矿要配齐配强"六长"和安全生产管理人员及相关岗位人员，确保安全生产各项措施落到实处。要继续深化安全生产专项整治，切实加强安全生产培训，实现高危企业全员培训率和一般企业持证上岗率均达到100%的目标。同时，进一步加强非煤矿山、尾矿库、森林资源、危险化学品、易燃易爆品、道路交通、建筑施工、消防、水库、学校等各行业各领域的安全工作。继续巩固"治超"成果，逐步建立长效机制。加强对安全生产工作的考核奖惩，严格事故追究和行政问责，为经济社会发展创造良好的安全环境。

（八）全力维护社会稳定。树立稳定压倒一切的思想，正确处理各类社会矛盾。健全"大信访"格局，畅通社情民意通道，建立党和政府主导的维护群众权益机制。深入开展"平安阳泉"创建活动，严厉打击各种违法犯罪特别是严重暴力犯罪活动和黑恶势力。全面加强社会应急管理，妥善处置群体性和敏感性事件。加强防灾减灾体系建设。积极推进社区建设，完善基层服务和管理网络。坚持军民融合式发展，加快国防动员基础设施建设，扎实做好民兵预备役和人民防空工作，广泛开展军民共建活动，争创"全国双拥模范城"。维护妇女、儿童、残疾人和社会弱势群体的合法权益。重视老龄工作。依法管理民族宗教事务。做好侨务、对台、外事等工作。

七、努力建设人民满意政府，进一步提高政府的公

信力和执行力

要以转变职能、改进作风为核心,大力推进政府自身建设,围绕全年目标,狠抓工作落实,确保全年目标任务圆满完成。

(一)建设学习型政府。广大公务员特别是领导干部,要着眼于提高思想政治水平和行政履职能力,加强中国特色社会主义理论特别是科学发展观的学习,认真学习党的路线方针政策和国家法律法规,学习履职必备的政治、经济、文化、社会等各方面知识。要坚持理论联系实际,深入调查研究,积极探求资源型城市转型、老工业基地改造、统筹城乡发展、和谐阳泉建设的新思路、新办法,进一步增强工作的针对性和有效性,不断提高领导发展、驾驭复杂局面、做好群众工作、维护社会稳定的能力和水平。

(二)建设法治型政府。各级政府要自觉接受市人大及其常委会的监督、市政协的民主监督以及新闻舆论和社会公众监督,支持法院、检察院依法独立行使审判权、检察权。要严格按照法定的权限和程序行使权力、履行职责,坚决杜绝不作为、乱作为现象,严厉查处有令不行、有禁不止、失职渎职行为,确保政令畅通。要深入推进政务公开,完善各类公开办事制度和行政复议制度,让权力在阳光下运行。加强基层民主政治建设,全面推进"四议两公开"制度。扎实推进"法治阳泉"建设,积极开展"五五"普法教育,在全社会形成学法守法,依法办事,严明执法的浓厚氛围。

(三)建设服务型政府。各级政府要进一步强化公共服务和社会管理职能,努力为各类市场主体创造公平的发展环境,为人民群众提供良好的公共服务。加强诚信建设,只要是公开承诺的服务事项,就要言出必行,提高公信力。进一步清理规范行政审批事项,减少审批环节,缩短审批期限,提高服务水平。建立健全部门协调配合机制,形成强大的工作合力。推进社会管理体制改革和创新,认真解决企业改制、征地拆迁、环境保护、劳动争议、涉法涉诉等领域损害群众利益的突出问题,保障人民群众的合法权益不受侵犯。

(四)建设效能型政府。严格执行科学民主的决策机制,努力使政府决策顺民心、合民意,经得起实践和历史的检验。建立精简效能的执行机制,切实精简会议和文件,减少领导干部的事务性应酬,把心思用在科学谋政上,把精力投到干事创业中。尊民心、重民意,讲实效、重实干,不搞劳民伤财的"政绩工程"、"形象工程",真心诚意为群众谋利益。要强化权责统一的问责机制,形成"不负责,就问责"的约束机制,落实奖罚分明的激励机制,努力形成争先创优、干事创业的良好氛围。

(五)建设廉洁型政府。认真贯彻落实党风廉政建设责任制。充分发挥监察、审计职能,建立健全惩治和预防腐败体系的各项制度,特别要健全公共资源配置、公共资产交易、公共产品生产等领域的管理制度,增强制度约束力。坚持勤俭行政,反对铺张浪费,不断降低行政成本。严格控制楼堂馆所建设,禁止高档装修办公楼,规范公务接待、公车使用等制度。深化招投标体制改革,深入开展政风行风评议活动,坚决纠正损害群众利益的不正之风,以清正严明的形象取信于民。

今年,我们要在做好以上重点工作的同时,还要为全市人民办好以下10件实事:

一是完成中小学校舍安全改造加固69.56万平方米,实现中小学校舍安全改造全覆盖。全部免除义务教育阶段学生作业本费。

二是积极落实国家基本药物制度,率先在60%政府举办的基层医疗卫生机构实行基本药物的统一配送和零差率销售。

三是对全市农村60岁以上老人养老金的发放标准从每人每月30元提高到60元,新型农村社会养老保险覆盖人群达到33.2万人。新建、改扩建农村敬老院3所,实现乡镇中心敬老院全覆盖,切实提高入住率和服务水平。

四是对3447名就业困难人员实施就业援助。为100名贫困残疾儿童实施康复救助。残疾人定点就医全部免收门诊挂号费、诊疗费、输液费(人工器材费),减免10%~20%床位费。

五是完成村卫生室的基本医疗设施配套;招聘配备100名大学生村医。

六是新开工建设保障性住房86.69万平方米(10701套),续建国有重点煤矿棚户区改造45.53万平方米(6310套)。

七是解决5.82万农村人口的饮水安全问题,实现农村饮水安全全覆盖。

八是新建、改扩建487个村级组织活动场所,实现村级组织活动场所全覆盖。

九是继续推进放心粮油工程,新建、改造提升7个放心粮油配送中心、50个示范店、500个经销网点。

十是巩固村村通硬化路工程,好路率达到80%以上。推进农村数字电视通达工程,对全市城乡低保户的数字电视收视费实行减半收取。

各位代表,我们面临的任务艰巨而繁重,肩负的责任重大而光荣。让我们深入贯彻落实科学发展观,在中共阳泉市委的坚强领导下,齐心协力,奋发有为,求真务实,真抓实干,为把我市建设成为生态文明、平安和谐的宜居家园和具有较强竞争力的现代化区域中心城市而努力奋斗!

基本情况

自然地理

【位置　面积】 阳泉市位于山西省东部，地处黄土高原东缘、太行山中段西麓。北面与忻州市接壤，西北与太原市相连，西南和南面与晋中市相毗，东面与河北省石家庄市相邻。地理坐标：北纬 37° 40′ ～ 38° 31′，东经 112° 54′ ～ 114° 04′，总面积 4569.91 平方公里，约占全省总面积的 2.94%；其中城市建成区面积为 51.23 平方公里。石太铁路、朔黄铁路和太旧高速公路自西向东穿越市境，207 国道和 307 国道在境内交汇，交通便利。　（王　辑）

【地质　地貌】 地质　阳泉市位于山西中台隆东部，跨越五台隆起的南部、太行拱断束中段西侧、沁水台坳陷东北边缘，系 3 个构造单元的交汇处。

境内的出露地层由老至新依次为：中太古界阜平岩群、龙泉关岩群，上太古界龙华河岩群，下元古界滹沱群，中元古界长城系，下古生界寒武系、奥陶系，上古生界石炭系、二叠系，中生界三叠系，新生界第三系、第四系。各地层的分布情况：中太古界、上太古界和下元古界主要分布于盂县的北部；中元古界主要分布于平定县的东部；下古生界主要分布于盂县的中部、东部和平定县的东部，上古生界主要分布于盂县的南部、阳泉市郊区以及平定县的中部和西部；中生界仅在平定县的西南部有少量分布；新生界分布于盂县、阳泉市郊区以及平定县的中部。

境内岩浆岩分布不广，主要发育在盂县北部基底变质岩系中，中北部和南部盖层中亦有出露。岩性以基性岩为主，中性岩为次，侵入岩、喷出岩、脉岩均有产出；其中吕梁期、燕山期的基性脉岩较为发育，喜山期的喷出岩具一定规模。它们均有不同程度的次生变化，部分已变质或混合岩化，并且与许多重要矿产有密切关系。

地貌　阳泉市地貌以山地为主，山高谷深，地面崎岖不平。东部为太行山，西部为系舟山的支脉，均呈近南北向展布，山地约占总面积的 75%。山脉之间分布着一些盆地，面积较大的有西烟盆地、盂城盆地和平定—阳泉盆地。西烟盆地和盂城盆地底部各为一块面积不大的平原，平定—阳泉盆地底部是一片起伏和缓的土石丘陵。平原和丘陵约占总面积的 25%。境内黄土层厚度不大，且西部大于东部，呈黄土高原东缘的特色。从整体看，地势西高东低。最高点为北方山山脉的坪塔梁主峰，海拔 1803.6 米；最低点在娘子关绵河河谷与井陉县接壤处，海拔 350 米；最大相对高差 1453.6 米。市中心海拔约 700 米。

（王　辑）

【气候　水文】 气候　2009 年度阳泉市气候的主要特点是：全市气温略高；北部降水略多，日照正常，中南部降水偏多，日照偏少；冬春季持续干旱，秋季降水多。

2009 年夏季强对流天气少，降水强度比较平缓，暴雨、冰雹灾害小；11 月出现暴雪天气，降水量和积雪深度均为有气象记录以来的极值，暴雪天气对道路交通、工农业生产、电力、通信、建筑等行业造成严重影响，出现了人员伤亡和严重的灾害。2009 年还出现干旱和连阴雨。综合评价：2009 年阳泉市气候年景属正常偏差。

年降水量为 588.6～681.1 毫米，与常年平均比较距平为 58.7～165.3 毫米。全年≥25.0 毫米日数为 8～11 天，比常年平均偏多 3～6 天。全年有效降水（≥0.1 毫米）日数为 78～88 天，与多年平均相比，变化幅度为偏少 4 天～偏多 7 天。最长连续无降水日数分别为 102 天

概

况

(阳泉)、102 天(盂县)、68 天(平定),阳泉、盂县排历史第二。

年平均气温为 9.6℃~11.6℃,偏高 0.3℃~0.5℃。年极端最高气温为 37.3℃~38.8℃。年极端最低气温为−19.0℃~−17.5℃,是近年来偏低的年份。

全年日照时数为 2401.1~2723.5 小时,偏少 13.4~226.0 小时。2 月偏少 2~4 成,异常偏少。

(李润春)

水文 阳泉市境内除西部有约 22 平方公里属黄河流域外,其余均属海河流域。滹沱河及桃河是境内的主要河流。除滹沱河的干流外,其余河流均属暴雨型间歇河流,含沙量较大。阳泉站 2009 年实测年输沙量 5.98 万吨,输沙模数 183 吨 / 平方公里。境内地下水丰富,主要类型是碳酸盐岩类岩溶裂隙水,在东部露头形成娘子关岩溶大泉。

2009 年,境内降水丰枯程度为“平”。平均面降雨量为 625.3 毫米,折合水体 26.4 亿立方米,比上年增加 19.9%。实测最大点雨量 849.2 毫米,为大南庄雨量站测得;最小点雨量为 529.5 毫米,为岔口雨量站测得。最大点雨量与最小点雨量的比值为 1.6 : 1。

主要河流水污染极为严重。桃河旧街断面为超Ⅴ类水质,超标项目为总氮(超标 100%);桃河阳泉断面为超Ⅴ类水质,超标项目为:硫酸盐(超标 100%)、氨氮(超标 50.0%)、总氮(超标 100%)、总磷(超标 50.0%)、石油类(超标 100%);桃河白羊墅断面为超Ⅴ类水质,超标项目为:氨氮(超标 100%)、高锰酸盐指数(超标 75.0%)、化学耗氧量(超标 75.0%)、溶解氧(超标 75.0%)、总磷(超标 75.0%)、总氮(超标 100%);温河温池断面为超Ⅴ类水质,超标项目为:溶解氧(超标 25.0%)、氨氮(超标 100%)、高锰酸盐指数(超标 50.0%)、化学耗氧量(超标 75.0%)、挥发酚(超标 50.0%)、总汞(超标 25.0%)、总氮(超标 100%)、总磷(超标 100%);绵河娘子关断面同样为超Ⅴ类水质,超标项目为:溶解氧(超标 25.0%)、氨氮(超标 50.0%)、高锰酸盐指数(超标 25.0%)、化学耗氧量(超标 25.0%)、挥发酚(超标 25.0%)、总氮(超标 100%)、总磷(超标 50.0%)。

(徐峰伟 牛国平)

【土壤 植被】 土壤 阳泉市土壤面积共 38455 公顷(5768321 亩),占全市总面积的 86.38%,可分为 4 个土类、6 个土亚类、23 个土属和 91 个土种。4 个土类是褐土土类、潮土土类、粗骨土土类和石质土土类。其中褐土是一种地带性土壤,为境内的主要土壤类型,面积有 334533 公顷(5017993 亩),约占全市土壤总面积的 87%。(任仔苏)

植被 阳泉市境内属暖温带落叶林阔叶林地带。植被随环境条件的不同而形成 6 种植被类型:⑴温性针叶林,主要是油松林;⑵温性针阔叶混交林,主要为油松、辽东栎混交林;⑶温性阔叶林,主要为刺槐、鹅耳枥林;⑷灌草丛,境内为山皂荚、白羊草灌草丛;⑸草丛,主要为白羊草草丛;⑹栽培植被。

(王 辑)

【自然资源】 土地资源 根据国土面积详查数据,阳泉市土地总面积为 456991.21 公顷,约占全省土地总面积的 2.91%。其中城区 1618.92 公顷,占全市土地总面积的 0.35%;矿区 1017.50 公顷,占全市土地总面积的 0.22%;郊区 62561.55 公顷,占全市土地总面积的 13.69%;平定县 139510.15 公顷,占全市土地总面积的 30.53%;盂县 252283.08 公顷,占全市土地总面积的 55.21%。截至 2009 年末,全市各类土地利用状况为:耕地 76470.51 公顷,园地 3239.22 公顷,林地 156207.89 公顷,草地 116485.51 公顷,城镇村及工矿用地 26606.19 公顷,交通运输用地 5451.11 公顷,水域及水利设施用地 3803.27 公顷,其他用地 67629.59 公顷。(张晓萍)

阳泉市土地利用现状二级分类面积统计表

表 2-1

一级地类	二级地类	面积(公顷)
耕地	小计	76470.51
	水浇地	1604.20
	旱地	74866.31
园地	小计	3239.22
	果园	2871.07
	其他园地	368.14
林地	小计	156207.89
	有林地	41858.37
	灌木林地	77584.40
	其他林地	36765.12
草地	小计	116485.51
	天然牧草地	0.65
	人工牧草地	10.54
	其他草地	116474.32
城镇村及工矿用地	小计	26606.19
	城市	3468.04
	建制镇	1673.73
	村庄	15003.91
	采矿用地	6063.68
	风景及特殊用地	396.84
交通运输用地	小计	5451.11
	铁路用地	474.12
	公路用地	1821.98
	农村道路	3153.66
	管道运输用地	1.35
水域及水利设施用地	小计	3803.27
	河流水面	763.34
	湖泊水面	0.11
	水库水面	164.12
	坑塘水面	70.83
	内陆滩涂	2625.37
	沟渠	155.07
	水工建筑用地	24.44
其他用地	小计	67629.59
	设施农用地	218.81
	田坎	11566.39
	裸地	55844.39

(张晓萍)

水资源　2009年，阳泉市河川径流量为3.8517亿立方米（包含全部娘子关泉水出流量），比上年增加18.1%，比多年平均值减少25.0%；径流深为84.1毫米；地下水为2.6817亿立方米；扣除重复量后全市水资源总量为3.2032亿立方米（仅当地资源量）。

（徐峰伟　牛国平）

矿产资源　截至2009年末，阳泉市发现矿产资源65种，其中探明资源储量的矿产资源13种，又以煤炭、硫铁矿、铝土矿、耐火黏土等矿产的储量较大。截至2009年末，全市煤炭资源储量804321万吨，占全省储量的2.8%；硫铁矿资源储量4358万吨，占全省储量的41.4%；铝土矿资源储量10296万吨，占全省储量的10.2%；耐火黏土资源储量22423万吨，占全省储量的3.6%。（张晓萍）

人　口

【年末总人口】　根据人口变动抽样调查数据，2009年末全市总人口为1323806人，比2008年末增加4229人，增长0.32%。详见表2–2。

（潘维新　和继明）

【人口性别构成】　根据人口变动抽样调查数据，2009年全市总人口中，男性为673504人，占总人口的50.88%；女性为650302人，占总人口的49.12%；性别比（以女性为100）为103.57。详见表2–3。

（潘维新　和继明）

【城乡人口】　根据人口变动抽样调查数据，2009年全市总人口中，居住在城镇的人口为782506人，占总人口的59.11%；居住在乡村的人口为541300人，占总人口的40.89%。详见表2–4。（潘维新　和继明）

【人口自然变动】　根据人口变动抽样调查数据，2009年全市人口出生率为9.62‰，人口死亡率为6.42‰，人口自然增长率为3.20‰。详见表2–5。　（潘维新　和继明）

2009年阳泉市分县区年末总人口及人口密度一览表

表2–2

	年末总户数（户）	年末总人口（人）	人口密度（人/平方公里）
阳泉市	481871	1323806	289.7
市　区	235958	683165	1047.8
其中：城区	70897	172662	10791.4
矿区	71193	228918	22891.8
郊区	93868	281585	449.8
平定县	126538	335122	240.2
盂　县	119375	305519	121.1

注：开发区人口数包括在郊区人口数内。　（潘维新　和继明）

2009年阳泉市分县区人口性别构成一览表

表2–3

	男性（人）	女性（人）	性别比（以女性为100）
阳　泉　市	673504	650302	103.57
城　区	87317	85345	102.31
矿　区	115624	113294	102.05
郊　区	143082	138503	103.31
平定县	171476	163646	104.78
盂　县	156005	149514	104.34

注：开发区人口数包括在郊区人口数内。　（潘维新　和继明）

2009年阳泉市分县区城乡人口一览表

表2–4

	城镇人口（人）	乡村人口（人）	城镇人口比重（%）
阳　泉　市	782506	541300	59.11
城　区	172662	0	100
矿　区	228918	0	100
郊　区	198845	82740	70.62
平定县	95824	239298	28.59
盂　县	86257	219262	28.23

注：开发区人口数包括在郊区人口数内。　（潘维新　和继明）

2009年阳泉市分县区人口自然变动情况一览表

表2–5

	人口出生率（‰）	人口死亡率（‰）	人口自然增长率（‰）
阳　泉　市	9.62	6.42	3.2
城　区	7.32	5.21	2.21
矿　区	9.53	6.42	3.11
郊　区	9.46	6.64	2.82
平定县	9.98	6.21	3.77
盂　县	10.74	7.13	3.61

注：郊区数据中包括开发区。　（潘维新　和继明）

民族 宗教

【民族】 截至2009年末,阳泉市共有34个民族。即:汉族、蒙古族、回族、藏族、维吾尔族、苗族、彝族、壮族、布依族、朝鲜族、满族、侗族、瑶族、白族、土家族、哈尼族、傣族、黎族、傈僳族、佤族、畲族、水族、纳西族、土族、达斡尔族、仫佬族、羌族、毛南族、仡佬族、锡伯族、阿昌族、塔吉克族、鄂温克族、独龙族。汉族人口占全市总人口的99.75%。少数民族共有人口3335人,占总人口的0.25%。回族人口有1954人,是阳泉市人口最多的少数民族。少数民族流动人口数534人,暂住人口数69人,主要是来阳泉经商的新疆维吾尔族、青海回族和西藏、四川等地的藏族。 (崔建明)

【宗教】 阳泉市有道教、佛教、伊斯兰教、基督教、天主教5种宗教,宗教团体有阳泉市伊斯兰教协会、阳泉市佛教协会、阳泉市基督教“三自”爱国运动委员会、阳泉市基督教协会、阳泉市天主教爱国会筹备组。全市经政府批准的法定宗教活动场所有26处。其中道教1处(系年内新增)、佛教17处(其中年内新增7处),伊斯兰教1处,基督教5处,天主教2处,全市宗教教职人员共有42人。其中伊斯兰教阿訇1人,佛教比丘(比丘尼)23人,天主教神甫2人,基督教长老4人、传道员11人。截至2009年底,全市信教总人数55774人。其中道教500人,佛教44281人,伊斯兰教2422人,基督教6342人,天主教2229人。阳泉市有少数民族聚居村1个:盂县秀水镇东白水蒙古族聚居村。该村有蒙古族人口410人,占人口总数的36.6%;蒙古族户数110户,占总户数的27%。阳泉市有少数民族相对聚居街道4个:城区上站街道办事处、城区下站街道办事处、城区南山路街道办事处、城区义井街道办事处;均为回族相对聚居区。 (崔建明)

阳泉市行政区划统计表

表2-6

	全市	城区	矿区	郊区	平定县	盂县
市辖区	3	1	1	1		
市辖县	2				1	1
街道办事处	12	6	6			
镇	20			4	8	8
乡	12			4	2	6
居民委员会(社区)	116	44	40	8	18	6
村民委员会	960			189	318	453

注:开发区所辖3个社区和5个行政村包括在郊区内。 (潘维新 和继明)

行政区划

【行政区划情况】 截至2009年末,阳泉市辖3区、2县、12个街道办事处、20镇、12乡、116个居民委员会(社区)和960个村民委员会。详见表2-6。 (潘维新 和继明)

国民经济和社会发展

【概述】 2009年,面对百年不遇的国际金融危机的严重冲击,面对深层次的结构性矛盾,阳泉市委、市政府认真贯彻落实中央和省委、省政府关于扩大内需、保持经济增长的一系列战略部署,带领全市人民,万众一心,共克时艰,较好地完成了全年的各项目标任务,全市经济基本保持了平稳较快发展的态势,各项社会事业取得新的进展。

全年全市地区生产总值348.71亿元,比上年增长7.1%。分产业看,第一产业增加值5.85亿元,增长6.8%;第二产业增加值199.27亿元,增长4.0%;第三产业增加值143.59亿元,增长12.4%(地区生产总值、各产业增加值绝对数按现价计算,增长速度按可比价计算)。第一产业增加值占全市生产总值的比重为1.7%,与上年持平;第二产业增加值比重为57.1%,下降2.1个百分点;第三产业增加值比重为41.2%,上升2.1个百分点。人均地区生产总值达到26383元,按2009年平均汇率计算为3862美元。

全年居民消费价格比上年上涨0.1%,其中食品价格上涨2.7%。商品零售价格下降2.1%。工业品出厂价格上涨5.95%,其中生产资料价格上涨6.1%,生活资料价格上涨0.98%。原材料、燃料、动力购进价格下降0.84%。

年末全市就业人员62.2万人,其中城镇就业人员22.93万人。城镇新增就业岗位2.25万个,下岗再就业人数达到11910人,其中就业困难对象再就业人数862人。年末城镇登记失业率3.78%,比上年末下降0.01个百分点。

(潘维新 和继明)

【农业】 全市农作物种植面积5.7万公顷,比上年增长1.4%。其中粮食种植面积5.4万公顷,增长1.1%;油料种植面积0.04万公顷,下降2.3%。在粮食种植面积中,玉米种植面积4.5万公顷,下降0.2%。

全年粮食产量21.96万吨,比上年减产0.4%。其中,夏粮产量0.18万吨,减产9.7%;秋粮产量21.78万吨,减产0.3%;玉米产量19.58万吨,减产0.6%。油料产量0.06万吨,比上年增产9.5%。蔬菜产量9.01万吨,比上年增产1.9%。园林水果1.16万吨,比上年减产17.0%。

全年肉类总产量1.1万吨,比上年增长5.8%。其中,猪肉产量

0.99万吨，增长1.8%；牛肉产量0.02万吨，下降59.7%；羊肉产量0.03万吨，下降43.1%。牛奶产量0.53万吨，下降36.9%。禽蛋产量1.97万吨，增长57.6%。水产品产量0.06万吨，下降10.7%。

全年完成退耕还林和荒山荒地造林面积0.7万公顷，造林合格面积0.7万公顷。年末全市森林覆盖率达23.1%。

年末全市农业机械总动力为121.17万千瓦，比上年末增长1.9%。全年机械耕地面积3.77万公顷，比上年减少4.6%；机械播种面积3.66万公顷，机械收获面积0.37万公顷，分别比上年增长10.4%和23.5%。全市农机化经营总收入5.63亿元，比上年下降0.2%。

（潘维新　和继明）

【工业和建筑业】　全年全部工业增加值175.77亿元，比上年增长1.9%。规模以上工业（年主营业务收入500万元及以上的全部法人工业企业）增加值170.40亿元，增长2.6%。其中国有及国有控股企业增长1.4%；集体企业下降8.5%，股份制企业增长5.6%，外商及港澳台商投资企业下降13.5%；私营企业下降15.1%。分轻重工业看，轻工业增加值2.04亿元，增长4.1%，重工业增加值168.36亿元，增长2.6%。

全社会原煤产量0.55亿吨，比上年下降4.3%，其中，规模以上工业企业原煤产量0.54亿吨，增长5.7%。规模以上工业企业其他主要工业产品产量为：洗煤1378.4万吨，比上年增长14.6%；液体乳1.54万吨，比上年下降0.1%；软饮料0.4万吨，比上年下降28.6%；焦炭（机焦）45.3万吨，比上年下降24.0%；硫酸（折100%）3.8万吨，比上年下降52.7%；水泥122.6万吨，比上年增长4.2%；生铁4.11万吨，比上年下降33.2%；氧化铝7.02万吨，比上年下降79.9%；原铝8.3万吨，比上年下降44.6%；发电量122.5亿千瓦时，比上年下降19.7%。

规模以上工业实现销售收入552.60亿元，比上年增长19.1%。其中，煤炭工业实现销售收入476.20亿元，增长27.1%；焦炭工业实现销售收入8.26亿元，下降6.5%；冶金工业实现销售收入4.90亿元，下降59.8%；电力工业实现销售收入28.13亿元，下降1.4%；装备制造业实现销售收入9.30亿元，下降9.7%。

规模以上工业实现利税82.76亿元，比上年增长20.8%；实现利润33.10亿元，比上年增长26.8%。其中国有及国有控股企业实现利润增长47.5%；集体企业实现利润下降26.5%，股份制企业增长51.4%，外商及港澳台商投资企业增长342.9%；私营企业实现利润下降10.1%。

全年全市建筑业增加值15.10亿元，比上年增长18.9%。全市具有资质等级的总承包和专业承包建筑业企业实现利润4.15亿元，比上年增长11.9%；上缴税金3.68亿元，比上年增长7.3%。

（潘维新　和继明）

【固定资产投资】　全年全社会固定资产投资242.46亿元，比上年增长55%。分城乡看，城镇投资220.84亿元，增长49.4%；农村投资21.62亿元，增长150.2%。分产业看，第一产业投资5.31亿元，增长12.8%；第二产业投资98.44亿元，增长18.1%；第三产业投资138.71亿元，增长102.9%。按登记注册类型分，国有投资188.06亿元，增长75.1%；非国有投资54.40亿元，增长12.3%。

2009年分行业城镇固定资产投资及其增长速度

表2-7　单位：亿元

行　业	投资额	比上年增长(%)
全　市	188.86	57.8
农、林、牧、渔业	7.60	327.0
采矿业	59.06	48.9
制造业	21.03	20.7
电力、燃气及水的生产和供应业	11.94	–48.7
交通运输、仓储和邮政业	32.82	297.8
信息传输、计算机服务和软件业	1.61	75.0
批发和零售业	2.26	804.0
住宿和餐饮业	1.81	—
房地产业	14.90	231.1
租赁和商务服务业	1.83	147.3
科学研究、技术服务和地质勘察业	1.00	566.7
水利、环境和公共设施管理业	22.31	68.9
居民服务和其他服务业	2.59	—
教　育	2.06	44.1
卫生、社会保障和社会福利业	1.08	151.2
文化、体育和娱乐业	0.34	240.0
公共管理和社会组织	4.62	–0.4

城镇固定资产投资建成投产项目129个，项目建成投产率为43.7%；新增固定资产52.48亿元，固定资产交付使用率为27.8%。

全年房地产开发投资31.98亿元,比上年增长13.8%。其中,商品住宅投资25.39亿元,增长23.3%；办公楼投资0.58亿元，下降42.6%；商业营业用房投资3.45亿元,下降33.5%。

2009年房地产开发和销售主要指标完成情况

表2-8　单位:亿元、万平方米

指　　标	绝对数	比上年增长(%)
投资完成额	31.98	13.8
其中:住宅	25.39	23.3
房屋施工面积	466.80	61.0
其中:住宅	353.41	51.0
房屋新开工面积	173.37	83.4
其中:住宅	147.58	69.0
房屋竣工面积	34.01	-33.3
其中:住宅	33.06	-25.8
商品房销售面积	93.02	15.8
其中:住宅	85.15	18.5

重点工程建设:2009年，全市166个重点工程项目中，有148个项目开工建设，开工率89.2%,有56个项目竣工，累计完成投资194.40亿元,比上年增长54.3%;完成年度计划的119.8%，比2008年提高18.7个百分点。重点工程项目完成投资占全市全社会投资的比重为80.2%，对全市全社会投资的贡献率为78.8%，拉动全市全社会投资增长43.3个百分点。

(潘维新　和继明)

【能源】 全年全市一次能源生产折标准煤0.39亿吨，比上年下降4.3%；二次能源生产折标准煤539万吨,下降19.6%。

全年全市向省外运输煤炭0.45亿吨,比上年下降3.9%,外运煤炭占原煤产量的比重为81.8%；输送电力14亿千瓦小时，比上年增长5.2%,外输电量占发电量的比重为11.4%；向省外运输焦炭44.68万吨,比上年增长29.4%,外运焦炭占焦炭产量的比重为98.6%。

城镇投资中，能源工业投资完成68.10亿元,比上年增长13.1%。其中煤炭工业投资58.70亿元,增长48.6%,一批高产、高效矿井建成投产；焦炭工业投资2.00亿元,增长185.7%；电力工业投资7.40亿元,下降64.1%。

全市地方煤矿兼并重组整合由原来的158矿整合到年末的53矿，生产能力由3503万吨整合到4760万吨,单井生产能力由22.2万吨提升到89.9万吨。

(潘维新　和继明)

【国内贸易】 全年全市社会消费品零售总额149.45亿元,比上年增长21.0%。分地域看,市消费品零售额109.11亿元,增长21.0%;县消费品零售额26.17亿元,增长21.5%;县以下消费品零售额14.17亿元,增长19.7%。分行业看,批发业零售额13.00亿元,增长27.8%;零售业零售额100.20亿元，增长18.8%;住宿和餐饮业零售额25.75亿元,增长33.3%；其他行业零售额10.50亿元,增长7.7%。

在限额以上批发和零售业（年销售额2000万元及以上批发企业和年销售额500万元及以上零售企业)零售额中,汽车类零售额比上年增长385.4%，石油及制品类增长1.4%,服装类增长7.1%,日用品类增长17.7%，文化办公用品类增长110.4%,化妆品类增长61.5%,金银珠宝类增长7.1%,家用电器和音像器材类增长34.0%,食品、饮料、烟酒类增长44.3%。

(潘维新　和继明)

【对外经济】 全年全市海关进出口总额9355万美元，比上年下降39.5%。其中,出口下降55.3%,进口增长15.6%。

全年全市新设立外商直接投资企业1家；实际使用外商直接投资金额8990.9万美元，比上年增长36.8%；其中纳入商务部口径统计的为2933万美元。

(潘维新　和继明)

【交通　邮电　旅游】 全年全市交通运输、仓储和邮政业增加值31.26亿元,比上年增长3.5%。公路线路年末里程0.53万公里,其中高速公路67公里。

2009年客货运输量及其增长速度

表2-9

指　　标	单位	绝对数	比上年增长(%)
旅客运输量	万人	2593.3	-6.9
其中:铁路	万人	165.3	9.3
公路	万人	2428.0	-7.8
旅客运输周转量	亿人公里	13.8	1.8
其中:铁路	亿人公里	8.3	9.4
公路	亿人公里	5.5	-7.6
货物运输量	万吨	6780.4	-1.1
其中:铁路	万吨	3940.4	4.1
公路	万吨	2840.0	-7.6
货物运输周转量	亿吨公里	174.6	-6.8
其中:铁路	亿吨公里	154.1	3.5
公路	亿吨公里	20.5	-6.6

年末全市民用汽车保有量达到9.8万辆(包括三轮汽车和低速货车0.9万辆),比上年末增长14.9%,其中私人汽车保有量6.5万辆，增长26.3%。年末轿车保有量3.9万辆，比上年末增长30.4%，其中私人轿车3.0万辆,增长39.7%。

全年全市完成邮电业务总量27.75亿元,比上年增长56.3%。其中,邮政业务总量1.81亿元,增长13.5%；电信业务总量25.94亿元,增长60.6%。局用交换机总容量为30.4万门。固定电话年末用户33万户。其中,城市电话用户25.5万户，农村电话用户7.5万户。新增移动电话用户 20.5 万户，年末达到 100.0 万户。年末全市固定及移动电话用户总数达到 133.0 万户，比上年末增加 16.7 万户。电话普及率达到 100.6 部/百人，其中固定电话和移动电话普及率分别达到 24.9 部/百人和 75.6 部/百人。全市宽带接入用户达到 15.9 万户，比上年末增长 27.0%。

全年全市接待海外旅游者 1.4 万人次，比上年增长 38.8%；接待国内旅游者 673.8 万人次，比上年增长 14.8%；旅游外汇收入 523 万美元，比上年增长 23.9%；国内旅游收入 46.79 亿元，比上年增长 4.2%；旅游总收入 47.15 亿元，比上年增长 2.8%。　（潘维新　和继明）

【财政　金融　保险】 全年全市财政总收入 78.09 亿元，比上年增长 14.6%。一般预算收入 29.77 亿元，增长 13.8%；其中税收收入 24.26 亿元，增长 14.8%。一般预算支出执行 48.97 亿元，比上年增长 20.4%。

年末全市金融机构本外币各项存款余额 699.21 亿元，比年初增长 20.7%；其中城乡居民储蓄存款 405.79 亿元，增长 17.4%。各项贷款余额 293.08 亿元，比年初增长 22.9%。全年累计现金收入 967.76 亿元，累计现金支出 987.48 亿元，货币净投放 19.72 亿元。

全年全市保费收入 14.87 亿元，比上年下降 2.7%；其中寿险业务保费收入 10.80 亿元，健康险和意外伤害险业务保费收入 0.43 亿元，财产险业务保费收入 3.63 亿元。支付各类赔款及给付 4.52 亿元，增长 6.4%；其中寿险业务给付 2.66 亿元，健康险和意外伤害险业务赔款及给付 0.09 亿元，财产险业务赔款 1.77 亿元。

（潘维新　和继明）

【教育和科学技术】 年末全市高等院校 1 所。全年中等职业教育招生 4909 人，在校生 13332 人，毕业生 4869 人。全市普通高中招生 8964 人，在校生 26468 人，毕业生 8526 人。全市初中招生 22135 人，在校生 63692 人，毕业生 19541 人。全市普通小学招生 12654 人，在校生 94105 人，毕业生 21887 人。特殊教育招生 54 人，在校生 394 人，毕业生 35 人。学前教育招生 13886 人，在校生 27854 人，毕业生 10493 人。全市独立设置的成人高等学校在校学生 1643 人，成人中等专业学校在校学生 964 人，农村劳动力转移培训 3.57 万人，农民实用技术培训 12.72 万人。

全年全市共受理各项专利申请 308 件，比上年增长 23.7%。全市技术市场共签订技术合同 17 份，技术合同成交金额 3808 万元。全年有 63 个项目列入省级科技计划，获得国家资助 519 万元；有 3 个项目列入国家级科技计划，获得国家资助 150 万元。

全年共取得市级以上科研成果 53 项。其中市级 50 项、省级 2 项、国家级 1 项；获得国家科技奖励二等奖 1 项。年内认定国家级企业(集团)技术中心 1 家。

全市质检、气象、防震等社会事业均取得长足进展。

（潘维新　和继明）

【文化　卫生　体育】 年末全市共有专业艺术表演团体 5 个，群众艺术馆 1 个，文化馆 5 个。广播电台 1 座，电视台 1 座，广播电视台 3 座。有线电视用户 32.1 万户。广播人口覆盖率 100%，电视人口覆盖率 100%。全市共有公共图书馆 5 个，馆藏图书 350 千册。年末全市共有档案馆 7 个。《阳泉日报》发行量为 1199.6 万份。

年末全市共有卫生机构（含诊所）494 个，其中妇幼保健院（所、站）6 个。卫生技术人员 9409 人。全市卫生机构（含诊所）共有床位 6781 张，其中医院和卫生院床位 987 张。

全年阳泉市运动员在国内重大比赛中获金牌 9 枚、银牌 5 枚、铜牌 4 枚(包括非奥运项目比赛)。全年全市销售中国体育彩票 1602 万元，比上年增长 2.0%。

（潘维新　和继明）

【人民生活和社会保障】 全年城镇居民人均可支配收入 14240 元，比上年增长 7.0%；城镇居民人均消费性支出 8547 元，增长 0.2%。农村居民人均纯收入 5801 元，比上年增长 6.9%；农村居民人均生活消费支出 3894 元，比上年减少 1.0%。城镇占调查总户数 20%的低收入家庭人均可支配收入 6542 元，比上年增长 8.2%；农村占人口 20%的低收入者收入 2518 元，比上年增长 8.2%。城镇居民家庭恩格尔系数（居民家庭食品消费支出占家庭消费支出的比重)37%，农村居民家庭恩格尔系数 35.9%。城镇单位在岗职工平均工资 34720 元，比上年增长 10.0%。

年末参加基本养老保险人数为 20.92 万人；参加基本医疗保险人数为 24.46 万人；参加失业保险人数为 19.49 万人；参加工伤保险人数为 11.52 万人；参加生育保险人数为 5.51 万人。3 个农业县区均开展了新型农村合作医疗试点工作，56.48 万农民参加了合作医疗，参合率 91.3%。

全年全市纳入城市最低生活保障的居民 4.3 万人，比上年减少 0.1 万人；发放城市低保资金 7877.6 万元，比上年增加 209.3 万元。纳入农村最低生活保障的居民 3.6 万人，比上年减少 0.1 万人；发放农村低保资金 3607.6 万元，比上年增加 1490 万元。全年全市共发放低保资金 11485.2 万元，比上年增加 1699.3 万元。

年末全市各类福利院共有床位 169 张，收养各类人员 169 人。城镇建立各种社区服务设施 135 个，其中综合性社区服务中心 97 个。全年销售社会福利彩票 5760 万元，筹集社会福利资金 1863.6 万元，直接接收社会捐赠款 1025.2 万元。

（潘维新　和继明）

【环境和安全生产】 全年全市环境空气质量Ⅱ级以上天数总计达到 353 天，比上年增加 8 天，增长

2.3%。

年末全市城市污水处理率达到77.75%,提高18.12个百分点;城市生活垃圾无害化处理率达到51.24%,提高4.18百分点;集中供热面积1994.96万平方米,增长15.6%,集中供热普及率达到78.81%,提高5.6个百分点。

全年各类自然灾害造成直接经济损失11.18亿元,比上年有较大幅度上升。全年农作物受灾面积5.07万公顷,比上年增加31.0%,其中,绝收0.69万公顷,下降9.2%。

全年生产安全事故死亡82人,比上年下降11.8%。全年全市地方煤矿百万吨死亡人数为0.34人,比上年下降39.3%。

治理车辆非法超限超载工作取得成效。2009年,全市把路面严查作为治超工作的重点,共检查检测车辆167万辆;加强对车辆的源头检测,先后组织21次专项检查,12次突击检查,源头检测车辆17万辆。全市车辆超限超载率由上年的0.04%下降到0.01%。

2009年全市国省干线公路优良路率达到78.5%;县乡公路完好率保持在87.5%。道路交通事故明显减少。 (潘维新 和继明)

机构设置和领导人名单

中共阳泉市委员会

书 记 谢 海(3月免)
白 云(女,3月任)
副书记 白 云(女,3月免)
李栋梁(3月任)
郃爱国
常 委 谢 海(3月免)
白 云(女)
李栋梁(3月任)
郃爱国
王舰民
樊盛武
陈继光
高全怀
王旭明
宋师璇
王 民
杨永生
方庆灵
秘书长 樊盛武
副秘书长 李顺宽
戎建生(兼)
叶 挺(兼)
武建功(兼)
苏秀瑞
冯维明(兼)
杜林森
任时杰
杨保春

市委工作部门

办公厅
主 任 李顺宽
副主任 苏秀瑞
杜林森
任时杰
杨保春
保密委员会办公室(挂市国家保密局的牌子)
主任(局长) 刘彦忠
机要局
局 长 杨文耀
督查室(挂市委督查室的牌子)
主 任 李树生
信访局
局 长 冯维明
副局长 霍四忠(11月免)
赵福祥
组织部
部 长 宋师璇
常务副部长 孙金明
副部长 吴墨庭(兼) 尚永葆(兼)
曾庆忠(兼) 李富平
杨全生(11月任正县组织员)
市委人才工作领导组办公室
主 任 程会平
老干部局
局 长 吴墨庭(11月免)
副局长 张瑞铭 高永青
宣传部
部 长 高全怀
常务副部长 史玉宝(11月任)
副部长 郭怀寿(兼) 裴秀珍(女)
市精神文明办公室
主 任 陈保明
统一战线工作部
部 长 杨永生
常务副部长 张克慧
副部长 高和平
台湾工作办公室(挂市政府台湾事务办公室牌子)
主 任 董玉鲜
副主任 田剑钧
政法委员会
书 记 陈继光
副书记 吕誉耀
段俊富(11月免)
安少杰
社会治安综合治理委员会办公室
主 任 吕誉耀
副主任 裴阳林
政策研究室
主 任 武建功
副主任 郭玉珠 赵俊明
市直属机关工作委员会
书 记 张晋蜀
副书记 杨载东(11月免)
郭海林
纪检工委书记 齐宏卫
机构编制委员会办公室
主 任 郭社保
副主任 杨世英 秦新民
接待办公室
主 任 叶 挺
副主任 石建勋
讲师团
团 长 陈晓理
副团长 刘瑞平(女)
新闻中心
副主任 郭映普
党史研究室
主 任 高喜存
副主任 牛泉璎(女)
党校(行政学院)
校 长(院长) 郃爱国
常务副校长(副院长) 彭喜平(女)
副校长 胡计平 巩树青 孙锁银

教育长　刘海峰

阳泉日报社

社　长　郭怀寿

副社长　杨鸿龙

总　编　杨鸿龙

副总编　李文生　王　丽(女)
　　　　宁英挺

中共阳泉市纪律检查委员会

书　记　王　民

副书记　齐志华　王海俊　何海平
　　　　朱　刚

常　委　王　民　齐志华　王海俊
　　　　何海平　朱　刚　李立国
　　　　崔正宏　刘玉琪　穆素平
　　　　高海燕(7月免)

阳泉市人大常委会

党组书记　孙水生

党组副书记　张　清

主　任　孙水生

副主任　张　清　荆东生　吴学斌
　　　　段存寿　吴丽萍(女)

秘书长　高中和

副秘书长　鄯怀林　丁国忠
　　　　　唐　麟(兼)
　　　　　史有松(兼,2月任)

人大常委会工作机构

办公厅

主　任　丁国忠

副主任　樊文平

调查研究室

主　任　唐　麟

副主任　侯润林(11月任)

法制委员会

主　任　杨喜平

副主任　张国强

财政经济委员会

主　任　李润怀

副主任　赵永东

教育科学文化卫生委员会

主　任　王万柱

农村委员会

主　任　郗存祥

副主任　史友松

城乡建设环境保护委员会

主　任　程志强

副主任　桑晓飞

人事代表工作委员会

主　任　王玉明

副主任　曹晓红(女)

民族宗教侨务外事工作委员会

主　任　刘春玲(女)

副主任　任　庆(11月任)

阳泉市人民政府

党组书记　李栋梁(4月任)
　　　　　白　云(女,4月免)

党组副书记　王旭明

市　长　白　云(女,4月免)
　　　　李栋梁(5月任)

常务副市长　王旭明

副市长　王敬瑞
　　　　李体柱(5月免)
　　　　刘兆林　王湜洲

市长助理　王斌权(兼)
　　　　　许建平(兼,12月免)
　　　　　张锁珍(女)
　　　　　王学敬(12月免)
　　　　　呼亚民

秘书长　董贵堂

副秘书长　高巨海　苏聪明(兼)
　　　　　王承志(兼)
　　　　　王新明(11月免)
　　　　　王梦庆(兼)
　　　　　苏　昱(兼)
　　　　　于秉富(兼)
　　　　　张利军(兼)
　　　　　王伟锁(11月免)
　　　　　张东民(11月免)
　　　　　刘占峰(11月任)
　　　　　王丽萍(女)　王耀东
　　　　　冉志伟(11月任)

政府机构

办公厅

主　任　高巨海

副主任　张利军
　　　　王伟锁(11月免)
　　　　张东民(11月免)
　　　　刘占峰(11月任)
　　　　王丽萍(女)　王耀东
　　　　冉志伟(11月任)

市政府研究室

主　任　赵成全

副主任　韩贵堂

市政府统筹城乡发展工作办公室

主　任　王伟锁(11月免)
　　　　张东民(11月任)

副主任　张谦琦

市政府应急管理办公室

专职副主任　梁来柱

市政府督查室

主　任　赵瑞翔

市政府法制办公室

主　任　杜衡茂

副主任　降廷亮

市发展和改革委员会

主　任　刘志强

副主任　韩　锦　辛北一　巨建军
　　　　苏　涛(挂职,11月免)
　　　　彭国勇　薛晓明

纪检组长　杨　豪(11月免)

总经济师　张丽娟(女,11月免)
　　　　　苏　涛(11月任)

市投资促进局

局　长　张利军

副局长　樊志红　翟占元

市资源城市转型工作办公室

主　任　辛北一

副主任　张　敏

经济委员会

主　任　杨晋波

副主任　栾进喜　闫　亮
　　　　魏承安(11月免)

纪检组长　李建平

教育局

局　长　赵平有

副局长　史润才　黄龙银　肖有世
　　　　张国红(11月免)
　　另:史润才、肖有世(11月
　　　　兼任市政府正县级督学)

纪检组长　武　文(11月免)

市直教育工委

书　记　赵平有

副书记　张文魁

纪检工委书记　武　文

科学技术局

局　长　要　真
副局长　周新润　郝葆良　陆兴武
纪检组长　张保金
公安局
局　长　党委书记　王斌权
副局长　杜贵平　赵计平　张爱国
　　　　刘　勇　梁华奎　吕湘涛
　　　　聂志忠(兼)　张明川
纪检书记(组长)　崔荣贵
政治部主任　王文娟(女,11月免)
刑事侦察支队
队　长　李慧林
治安管理支队
队　长　刘宇光
监察局
局　长　何海平(12月任)
副局长　郗　昆　崔正宏
　　　　穆素平(11月任)
民政局
局　长　王银河
副局长　王振飞　文武全　王骞元
纪检组长　王惠卿(女)
司法局
局　长　张俊堂
副局长　李瑞平(11月任)
　　　　郭铁柱(11月免)
　　　　温　文(11月任)
纪检组长　赵引弟(女,11月免)
政治部主任　余建平(11月免)
市委依法治市领导组办公室
专职副主任　李拉义
财政局
局　长　任美福
副局长　郝千文　孙存恩
　　　　张成宏(11月任)
　　　　赵玉兵(11月任)
纪检组长　谷建立
总会计师　张成宏(11月免)
人事局
局　长　尚永葆
副局长　邵计福　胡万明　王志轩
纪检组长　王建国
劳动和社会保障局
局　长　樊如珍
副局长　李志军　李新明　王素林
纪检组长　刘捷峰
总会计师　李玲玲(女)
建设局
局　长　薛银栓(11月免)
副局长　郑耀东　王卫东
纪检组长　王东义
总工程师　王贵平
总会计师　董华云
市住房保障和城乡建设管理局
局　长　王伟锁(11月任)
市直建设工委
书　记　薛银栓(11月免)
副书记　刘同林
纪检工委书记　王东义
爱国卫生运动委员会
副主任　马庆华
房改办
专职副主任　李和丰
城市管理行政执法局
局　长　孙希平
副局长　周明书　李瑞明
纪检组长　张爱生
安全生产监督管理局(煤炭工业局)
局　长　许建平(11月免)
副局长　薛贤熙(11月免)
　　　　孔禄泉　刘宪云
纪检组长　王辉明
总工程师　郝来聪
煤炭工业局兼安全生产监督管理局
局　长　王永珍(11月任)
交通局
局　长　李书田
副局长　韩晋萍(女)　梁保栋
纪检组长　毕映富
总工程师　焦建星
农业局
局　长　张宝明
副局长　张　亮(11月免)
　　　　李巨海(11月免)
　　　　靳爱银　安海润(兼)
　　　　卢怀长　乔玉珍
纪检组长　杨淳孝
总农艺师　安海润
市委农村工作领导组办公室
主　任　张宝明
副主任　张　亮　李巨海　靳爱银
　　　　安海润　卢怀长　乔玉珍
水利局
局　长　王永珍(11月免)
副局长　郑玉德(11月免)
　　　　邓宝柱　武小星
纪检组长　赵泽毅
总工程师　高红波
林业局
局　长　连海峰(女,11月免)
　　　　张玉斌(11月任)
副局长　郑清明(11月免)　王洪波
纪检组长　李燕飞
市绿化委员会
副主任　李　旭
商务局
局　长　武喜科
副局长　刘泽青(11月免)
　　　　王芳田
纪检组长　赵财祥(11月免)
粮食局
局　长　姬德耀
副局长　武晋生(11月免)
　　　　宋家龙
　　　　董　锁(11月任)
纪检组长　商广利
文化新闻出版局
局　长　周建新
副局长　安晓光(11月免)
　　　　李葆明　李　君
纪检组长　李先德
市文化广电新闻出版局(市版权局)
党组书记　高士萍(女,12月任)
卫生局
局　长　张永忠
副局长　刘振发
　　　　赵健民(11月任)
纪检组长　赵海贯
体育局
局　长　王　励
副局长　任鸿彬
　　　　张保泉(11月任)
纪检组长　李若斌
人口和计划生育委员会
主　任　张玉斌(11月免)
　　　　郑清明(11月任)
副主任　任晓雪(女)　郝秀云(女)
　　　　董茂林　田　强
纪检组长　徐晓琴
审计局
局　长　李润萍(女)
副局长　刘文军
　　　　张建华(11月免)
　　　　张冬梅(11月任)

张东明
纪检组长　弓艾文
总审计师　张冬梅(女,11月免)
　彭乃良(11月任)

统计局
局　长　吕宝堂(11月免)
　潘维新(11月任)
副局长　王福荣　刘振华
纪检组长　解毛吉

环境保护局
局　长　王良义
副局长　丁超美(女)
　张密生(11月免)
　高　勇(11月免)
　高小选
纪检组长　吕建平
总工程师　韩东银

规划局
局　长　乔　岚
副局长　史金才(兼)　张同明
　耿年生
纪检组长　赵秀英(女,11月免)
总规划师　陈　海(11月任)

市政府国有资产监督管理委员会
党委书记　王湜洲(兼)
党委常务副书记　黄少英
党委专职副书记　胡元农
党委副书记、纪检书记　刘志钧
主　任　黄少英
副主任　郭建明　姬振良
　刘占峰(11月免)
总会计师　程祯喜

其他机构

行政审批服务中心
主　任　于秉富
副主任　杨玮祥

地方志编纂委员会办公室
主　任　任佟苏
副主任　高忠乐

市政府驻京联络处
主　任　苏聪明

市人民政府发展研究中心
主　任　潘维新
副主任　王东柱

经济信息中心
主　任　王梦庆

副主任　王立新　赵绍明

档案馆(档案局)
馆　长(局长)　曹慧明
副馆长(副局长)　王宇翔

地震局
局　长　魏英祖
副局长　张海芬(女)

城镇集体工业联社
党委书记　郭运生
党委副书记　孟文和
理事会主任　郭运生
理事会副主任　孟文和　李玉龙
　孙　轩
纪委书记　李永福

建筑设计院
院　长　王　跃
党总支副书记　王　跃　曹　宇
副院长　王宝文
总建筑师　陈　海(11月免)
总工程师　周兴高(11月免)

规划设计院
院　长　史金才

农业机械化技术服务中心
主　任　沈文光(11月免)
副主任　马占元

市中小企业局
局　长　任云祥(11月免)
副局长　郭真祥　白振东

供销合作社联合社
党委书记　王彦生
纪检书记　王武科

社务管理委员会
主　任　王彦生
副主任　张怀宇　李志峰
监事会主任　王武科

物资集团公司
党委书记　刘建民
党委副书记　王俊清
纪检书记　万瑞成
总经理　王俊清
副总经理　李金贵　赵建设
　尚变英(女,兼)

市政府机关事务管理局
局　长　王承志
副局长　董润田(11月免)
　王　林　王杰智
　聂志福
纪检组长　张伟东

物价局
局　长　鲁米维
副局长　贾宏志　陈　前
纪检组长　郭小青(女)

旅游局
局　长　高士萍(女,11月免)
副局长　王式清

外事办
主　任　韩晓晨(12月免)
副主任　路予强

市旅游局(市政府外事侨务办公室)
党组书记　韩晓晨(12月任)

民族宗教事务局
局　长　马爱民
副局长　董智涛

人民防空办公室
主　任　王立宾
副主任　卢兴荣　史党生　许金海
纪检组长　谷德生(11月免)

交通警察支队
支队长　聂志忠
政　委　冯晓成

信达投资公司
总经理　梁怀锁
纪检组长　王爱明
总稽核　张巧兰(女)

工人文化宫
主　任　马文林

阳泉宾馆
党总支书记　苏　昱
党总支副书记　朱培跃
总经理　苏　昱
副总经理　王希仕　谢锁柱
　苗明元(11月免)

社会福利院
院　长　史振秀(11月免)

军队离退休干部休养所
所　长　刘培华

会计师事务所
所　长　王海洲

审计事务所
所　长　刘　畅

公证处
主　任　高天宝

劳动教养管理所
第一政委　张俊堂
政　委　李瑞平(11月免)
　余建平(11月任)

所　长　王永林
市住房公积金管理中心
主　任　王晋平
人才开发交流服务中心(人才市场)
主　任　曹晓岚(女)
人事考试中心
主　任
仲裁委员会秘书处
秘书长　张利平
再就业服务中心(劳动服务公司)
副主任(副经理)　李银亮
商品道路开发总公司
(市政工程养护管理局)
党支部书记　葛春林
总经理(处长)　王振明
园林管理局
党支部书记
局　长　米　楠
房地产开发总公司
经　理　单海明
经济适用住房发展中心
主　任　鲁宏仁
矿山救护大队
党支部书记　袁忠玉
大队长　孙金宁
蔬菜中心
主　任　韩金祥(11月免)
美术院
院　长　王雨来
电影公司
经　理　张富保(11月免)
广播电视总台(广播电视局)
党组书记　李有庆(11月免)
　　　　　周建新(11月任)
台(局)长　李有庆(11月免)
　　　　　周建新(11月任)
总　编　苗振岗
副台(局)长　赵　雁(女)　梁旭光
总工程师　王俊义(11月免)
纪检组长　张建中(11月免)
总会计师　王玉林
展览馆
馆　长　王小平
第一人民医院
党委书记　王凯红
院　长　王　胜
纪检书记　姬九颖
总会计师　郭风华(11月任)
副院长　王希章　冯振山　景建刚
　　　　高健康(11月任)
第二人民医院
党委书记　任四新
院　长　刘荣生(11月任)
第三人民医院
党委书记　刘栋义(11月免)
党委副书记　檀虎亮
院　长　檀虎亮
副院长　王　佩(11月免)
　　　　田兰英(女)
纪委书记　吕爱文
疾病预防控制中心
党总支书记　武　滨
主　任　王连栓
副主任　吴秋状(11月任)
　　　　石志英(11月任)
第四人民医院
党委书记　高海砚
院　长　赵健民(11月免)
副书记　赵健民(11月免)
市卫生局卫生监督所
所　长　张智华
中医医院
党支部书记　齐永茂
院　长　张秋万
妇幼保健院
党支部书记　宋智华(11月任)
院　长　潘玉泉
计划生育服务中心
主　任　张松山
招生考试中心
主　任　程保存
市散装水泥办公室
主　任　张慧清
市劳服企业管理处
主　任　冯　峰
市农村服务中心
主　任　葛景山
市青少年宫
主　任　宋嘉文
平定供水管理局
党委书记　霍建洲
局　长　霍建洲(11月任)
梁家寨温泉疗养院
党支部书记　胡贵卿(11月任)
院　长　高建琴(11月任)
阳泉市教育学院
党委书记　李家忠
党委副书记　陈永昶
院　长
副院长　冯钟声　陈永昶
教务长　夏中权
教务处处长　李守成
学生处处长
函授处处长　任衍钢
院长办公室主任　郜润科
电大阳泉分校
党总支副书记　史素瑛(女)
　　　　　　　吉云辉
校　长　吉云辉
副校长　石　维　张震文
平定师范学校
(山西省特殊教育师范学校)
党委书记
党委副书记　陈永昶
校　长　陈永昶
副校长　郝福喜　要守文　王素明
卫生学校
党总支书记　郑秀玲(女)
党总支副书记　赵雪青(女)
校　长　屈建民
副校长　任新民　宋璐波　赵雪青
文化艺术学校
党支部书记　娄志华(女,11月免)
校　长　王树敏
副校长　史秀莉(女)
体育运动学校
党支部书记　光志海
党支部副书记　于剑刚
校　长　于剑刚
副校长　乔泉生　吴晋东
工业学校
党总支书记　张有明
党总支副书记　杜光辉
校　长　杜光辉
副校长　路玉章　张计珍
工业干部学校
校　长　王开英
第一中学校
党委书记　贾双喜
党委副书记
校　长　刘文国
副校长　陈立军　苏有社　贾爱寿
第二中学校
党委书记

党委副书记　李慎行
校　长　李慎行
副校长　李建富　巩建平　王传红
第三中学校
党总支书记　宫　辉
党总支部副书记　张　毅
校　长　张　毅
副校长　李增秀　刘宏彬　闫思善
第四中学校
党支部书记　陈秉亮
校　长　王瑞君
第六中学校
党支部书记　郑万泉
校　长　马润玉
第七中学校
党支部书记　张爱虎
校　长　薛喜炎
第十中学校
党支部书记　王素珍
校　长　王保国
市十一中学
党委书记　曹学仁
党委副书记　吕建设
校　长　吕建设
副校长　薛利敏　马成科　史生岗
市十二中学
党支部书记　岳喜林（11月免）
校　长　原林生
市十三中学
党支部书记　段宙耀
校　长　乔仁艮
市十四中学
党支部书记　王方亮
校　长　王华田
市十五中学
党总支书记　张万龙
党总支副书记　杨敬国
校　长　杨敬国
副校长　杜瑞平　王彦来
市十六中学
党支部书记　冯海林
校　长　武建国
市十七中学
党支部书记　崔　炜
党支部副书记　谢宝金
校　长　谢宝金
副校长　高瑞斌　刘维国
市十八中学
党支部书记　谢怀昌
校　长　刘跃生
市十九中学
党总支书记　晋庆平
校　长　郝连晖
技工学校
党总支书记　赵文飚
校　长　胡海泉
职业中专学校
党总支书记　崔建国
党总支副书记　樊杰林
校　长　樊杰林
副校长　吴计生
交通职业中专学校
党总支书记　史辉华
党总支副书记　刘保福
校　长　刘保福
副校长　翟旭红　程致清
农广校阳泉分校
校　长　任仔苏

政协阳泉市委员会

党组书记　刘高官
党组副书记　李裕厚
主　席　刘高官
副主席　李裕厚　马文建
王振国　许文珍
赵永红（女）　李天祥
任衍钢
秘书长　焦希勃
副秘书长　崔庆和　王武平
王建义（兼）
孔德慧（女，兼）

政协工作机构

办公厅
主　任　崔庆和
副主任　王　镒
研究室
主　任　王建义
学习和文史资料委员会
主　任　杨静芳（女，12月任）
副主任　杨静芳（女，12月免）
任佟苏（兼）
曹慧明（兼）
巩树青（兼）
提案委员会
主　任　焦文录
副主任　李顺宽（兼）　王学敬（兼）
孔德慧（女，兼）
李兰萍（女，兼）
经济委员会
主　任　张永红（女）
副主任　武喜科（兼）
孙金明（兼）
赵笑长（兼）
王梦庆（兼）
李润萍（女，兼）
李景春（兼）
教科文卫体委员会
主　任　仇俊莲（女，11月免）
副主任　张贵红（12月任）
王瑞琴（女，兼11月免）
李银苟（兼）
武　文（兼）
张秀亲（女，兼）
社会法制委员会
主　任　孙安龙
副主任　王占山（兼）
韩晋萍（女，兼）
张文英（女，兼）
农村委员会
主　任　姚文新
副主任　赵海润（兼）
安海润　乔国强　齐广洋

阳泉市中级人民法院

院　长　王志刚（4月任）
常务副院长　王志德
副院长　贾　俊　于昌明
吕　冬（女）
纪检组长　尚锐利
政治部主任　刘瑞光
院长助理　李　林

阳泉市人民检察院

检察长　胡克勤（4月任）
副检察长　杨璋年　叶小利（兼）
郭隆文　阎运成
张宏思（挂职）　刘振斌
纪检组长　刘敬辉
政治部主任　邓百福

荫营地区检察院

检察长 叶小利
副检察长 许清华(11月免)
严志勇
纪检组长 史元平

民主党派与工商联

中国国民党革命委员会阳泉市委员会
主 委 孔德慧(女)
副主委 张文英(女)
中国民主同盟阳泉市委员会
主 委 赵永红(女)
副主委 史秀琴
中国民主建国会阳泉市委员会
主 委 刘兆林
副主委 王变娥(女)
中国民主促进会阳泉市委员会
主 委 任衍钢
副主委 王瑞琴(女,11月免)
中国农工民主党阳泉市委员会
主 委 李继红
九三学社阳泉市委员会
主 委 李天祥
副主委 张巧花
工商业联合会
主 席 张立君
副主席 吕志坚(女) 刘海明
王田文(兼) 王国瑞(兼)
文亚军(兼) 左 征(兼)
史永记(兼) 杜建仁(兼)
乔国强(兼) 李希明(兼)
李进章(兼) 李军杰(兼)
李景春(兼) 武本有(兼)
赵远长(兼) 姚发兴(兼)
倪志钢(兼) 韩全生(兼)

群众团体

总工会
主 席 王振国
常务副主席 李兰萍(女)
副主席 耿 胜 张建军
王炳俊(兼)
经费审查委员会
主 任 王文生
中国共产主义青年团阳泉市委员会
书 记 杨日祥
副书记 李海民 陈占春(女)
阳泉市少工委
主 任 刘志军
妇女联合会
主 席 朱玉芳(女)
副主席 李国庆(女) 韩 静(女)
妇儿工委办公室
主 任 康翠荣(女)
科学技术协会
党组书记 王文科
主 席 张秀亲(女)
副主席 王文科 任美福(兼)
张庆恒(兼) 韩 锦(兼)
安海润(兼) 郝葆良(兼)
肖有世(兼) 郭建明(兼)
刘振发(兼) 乔国强(兼)
文学艺术界联合会
党组书记 裴秀珍
主 席 侯讵望
副主席 李银荀
归国华侨联合会
主 席 信秀莲
残疾人联合会
理事长 申海林(11月免)
副理事长 陈 鸣 王 治
中国国际贸易促进委员会阳泉支会(中国国际商会阳泉商会)
会 长 张 弛
副会长 李录喜 延鹏翀

阳泉军分区

司令员 方庆灵
政 委 陆崇相
参谋长 杨少华
政治部主任 甄 铭
后勤部部长 徐文彬

预备役步兵第二四八团

团 长 叶江平(5月转业)
麻进民
政 委 李明亮
副团长 贾文贵
司令部参谋长 马元祥
政治处主任 王荣光
后勤和装备处处长 高占成

武警阳泉市支队

支队长 张陆军
政治委员 刘连生
副支队长 刘殿柱 王尚举
副政治委员 赵仁鹏
参谋长 何世国
政治处主任 连瑞宏
后勤处处长 杜卫国

武警阳泉市消防支队

支队长 王国胜
政 委 伦新民
副支队长 杨利忠 王润元
王 兵
参谋长 王海明
政治处主任 吴学胜
后勤处处长 李卫星
防火处处长 杨屹茂

中央 省驻阳泉单位

太原理工大学阳泉学院(阳泉煤炭专科学校)
党委书记 王建功
党委副书记 霍世平 宋 红
郑德明
纪检书记 郑德明
校 长 霍世平
副校长 宋 红 员创治 宁连旺
中国银行业监督管理委员会阳泉监管分局
党委书记 赵邯平(3月免)
刘朝霞(3月任)
局 长 赵邯平(3月免)
刘朝霞(3月任)
副局长 高乃成 张惠平
中国人民银行阳泉市中心支行
党委书记 刘贵斌
纪检书记 史润青
行 长 刘贵斌
副行长 黄 奋 原许昌 张 勇
中国农业发展银行阳泉市分行
党委书记 郭乐平

行　长　郭乐平
副行长　李卫平
阳泉市邮政局
党委书记　闫长秀(3月免)
　　　　　刘其华(4月任)
党委副书记　张丽萍
纪检书记　张丽萍
局　长　闫长秀
副局长　周川华　李贵林
阳泉供电分公司
党委书记　刘显哲　乔云廷
经　理　季玉和
副经理　吉晓波　刘爱忠　冯宇新
副经理兼总工程师　李斐明
总会计师　邓小卫
阳泉市工商行政管理局
党组书记　郭建民
局　长　郭建民
副局长　贺福锁　张继寿　王希礼
纪检组长　李　艳(女)
开发区分局局长　荆忠海
阳泉市国家税务局
党组书记　冯成平
党组副书记　程喜生
局　长　冯成平
副局长　程喜生　李兴文　杨瑞林
纪检组长　王志刚
阳泉市地方税务局
局　长　翟振华
副局长　崔　军　赵建宇(7月免)
　　　　张春光
纪检组长　张千颂
总经济师　李巨荣
阳泉市质量技术监督局
局　长　韩志宏
副局长　李俊卿(女)　霍保平
　　　　杨俊发
总工程师　王叶峰
纪检组长　李卫平
阳泉市烟草专卖局(公司)
局　长(经理)　张维良
副局长　程　智
副经理　赵永恒
纪检组长　张　勤(7月免)
　　　　　邵彦斌(7月任)
总会计师　耿　艳(女)
山西省公路局阳泉分局
党委书记　卫　生
党委副书记　王牛孩　刘青竹
纪检书记　刘青竹
局　长　禹彦荣
副局长　阎献忠　曹成江　宋振宏
山西省交通征费稽查局阳泉分局
党委书记　耿春光
党委副书记　任晓军
纪检书记　任晓军
局　长　赵有恭
副局长　范文生
阳泉出入境检验检疫局
党组书记　付英文
局　长　付英文
副局长　高少平　崔权成
阳泉市气象局
局　长　马文瑞
副局长　王计平　高俊寿
纪检组长　宋以俭
阳泉市食品药品监督管理局
局　长　贺聪明
副局长　王云飞
　　　　宋桂花(女)
纪检组长　杨献斌
山西省无线电管理委员会办公室阳泉市管理处
处　长　王　春(1月任)
副处长　王　春(1月免)
国家统计局阳泉调查队
队　长　高　潮
纪检组长　齐效东
阳泉市企业调查队
副队长　高　潮
阳泉市水文水资源勘测分局
局　长　石东海
山西省盐务管理局阳泉盐务分局
局　长　张小川
副局长　张亚刚
国土资源局
局　长　张三锁(7月免)
　　　　林　青(7月任)
副局长　王润科　高志荣　肖卯怀
　　　　王光荣
纪检组长　张东平(1月任)
山西省阳泉第一监狱
党委书记、监狱长(矿长)　祁晓虎
山西省阳泉第二监狱
党委书记、监狱长(矿长)　岳国庆

(文　杰　辛学龙)

党 政 军

党委工作

综合工作

【十届五次全体会议】 2009年1月20日,中国共产党阳泉市第十届委员会第五次全体会议在阳泉宾馆举行。市委书记谢海在会上作重要讲话。全会审议通过了《中国共产党阳泉市第十届委员会第五次全体会议决议》、《中共阳泉市委常委会2008年工作报告》、《中共阳泉市委贯彻党的十七届三中全会精神,深入推进城乡一体化实施意见》、《中共阳泉市委常委会关于2008年度干部选拔任用工作情况的报告》以及《中共阳泉市委常委会关于2008年度抓基层党建工作情况的报告》。全会决定递补杨晋波、张晋蜀、赵平有3人为中共阳泉市委第十届委员会委员。全会充分肯定了市委常委会2008年的工作。全会认为,十届四次全会召开后,市委常委会在省委的正确领导下,高举中国特色社会主义伟大旗帜,坚持以邓小平理论和"三个代表"重要思想为指导,全面落实科学发展观,深入学习贯彻党的十七大和十七届二中、三中全会精神,团结带领全市广大党员干部和人民群众,紧紧围绕"两先"(在全省争先发展、在中部同等城市率先崛起)目标,继续实施"四大战略"(大开放、大企业、大项目、大民营),着力攻坚"四大难题"(资源型城市转型、工矿型城市改造提升、统筹城乡发展、生态环境保护),努力走好"五条路子"(转型发展、绿色发展、创新发展、统筹发展、和谐发展),突出"发展、维稳、保奥、救灾"工作主题,解放思想,求真务实,开拓进取,应对挑战,创造性地开展工作,全市经济建设、政治建设、文化建设、社会建设、生态文明建设和党的建设取得新的显著成就,各项事业都有新的进展。全会在认真学习贯彻党的十七大、十七届三中全会和省委九届六次全会精神,深入分析研究当前形势,准确把握农村改革发展面临的任务,紧密结合阳泉实际的基础上,作出了深入推进城乡一体化建设的决策部署。特别强调要坚持工业反哺农业、城市支持农村和多予少取放活方针,紧紧围绕社会主义新农村建设,把推进城乡一体化作为破解二元结构矛盾、协调城乡发展的根本途径和举措,以项目实施为重点,以改革开放为动力,以制度建设为保障,以科技创新为支撑,以提高农民素质为基础,夯实产业基础,优化发展环境,着力改善民生,加快农村工业化、城镇化、现代化建设步伐,全面推进农村改革发展,全力打造全省城乡一体化发展示范区和新农村建设样板区。全会号召全市各级党组织和广大干部群众要充分认识深入推进城乡一体化进程的重大意义,进一步夯实党的基层组织,大力加强思想建设、组织建设、制度建设、作风建设和反腐倡廉建设,全面推进党的建设新的伟大工程,为加快农村改革发展、深入推进城乡一体化建设提供坚强的政治保证,为实现"两先"目标,建设充满活力、富裕殷实、文明和谐、山川秀美的新阳泉,进而为打造中国"鲁尔区"、建设太行明珠城作出新的更大的贡献。

(*石　磊*)

【市委常委会研究2009年工作要点】 2月17日,市委举行常委会议,研究市委常委会2009年工作要点,市委书记谢海作重要讲话。会议确定2009年市委工作的总体要求是:全面贯彻党的十七大和十七届三中全会精神,以邓小平理论和"三个代表"重要思想为指导,深入学习实践科学发展观,按照市十次党代会和市委十届五次全会部署,围绕推进转型发展、安全发展、和谐发展,把保持经济平稳较快发展作为首要任务,把保增长、扩内需、惠民生,调结构、提质量、增活力有机结合起来,积极开展"三城同创",促进社会和谐稳定，全面推进经济建设、政治建设、文化建设、社会建设、生态文明建设和党的建设新的伟大工程，以优异成绩迎接新中国成立60周年。根据总体要求，全年工作重点是：积极应对各种困难和挑战，全力保持经济平稳较快发展；发展社会主义民主政治，加快依法治市进程；加强和改进宣传思想工作，大力实施文化强市战略；加大保障和改善民生力度，促进社会和谐稳定；深入开展学习实践科学发展观活动，进一步加强和改进党的建设；精心组织新中国成立60周年庆祝活动。

（石　磊）

【学习实践科学发展观活动】 2009年3月1日，中共山西省委召开了深入学习实践科学发展观活动第一批总结暨第二批动员会议。按照省委部署，阳泉市从3月开始参加深入学习实践科学发展观活动。阳泉市的具体活动安排是，全市分两批进行，第二批从3月开始，时间半年左右，分学习调研、分析检查、整改落实3个阶段进行；第二批学习实践活动结束后，第三批开始。

3月12日，全市第二批学习实践科学发展观活动动员大会召开，学习实践活动正式启动。为了组织开展好活动，市委成立了活动领导小组，并下设办公室，具体负责对学习实践活动的综合协调和日常事务，同时抽调精干力量组成指导检查组，负责对学习实践活动进行指导检查。第二批参加单位包括市、县（区）党政机关，市、县（区）人大和政协机关，市、县（区）法院、检察院和人民团体机关，市、县（区）所属国有企业，市、县（区）直属单位，高等院校。与此同时，市委确定了2个乡镇、2个村、2个街道办事处、1个社区、1个中等专业学校、3个中小学、2个新经济组织和新社会组织，共计13个第三批学习实践活动的试点单位，和第二批单位同步开展深入学习实践科学发展观活动。在市委的领导和省委指导检查组的帮助指导下，全市763个单位、4342个基层党组织、第三批试点13个单位、55109名党员，按照党员干部受教育、科学发展上水平、人民群众得实惠的总要求和省委转型发展、安全发展、和谐发展的战略重点，围绕“统筹城乡、率先转型、全面崛起、富民强市”这一主题，周密部署，精心组织，做好规定动作，创新自选动作，顺利完成整个学习实践活动的各项任务，取得明显成效。在全市学习实践活动群众满意度测评中，市委常委会满意率为100%，市直部门平均满意率为98.9%。全市第二批学习实践活动工作扎实、措施得力、进展顺利、成效显著。主要体现在五个方面，坚持理论武装与继续解放思想相结合，党员干部的思想认识有了新提高；坚持联系实际与完善发展思路相结合，科学发展的水平有了新体现；坚持应对危机与突出实践特色相结合，全市经济社会发展有了新突破；坚持关注民生与不断取得成效相结合，解决突出问题有了新进展；坚持改进作风与增强执政能力相结合，制度机制建设有了新成果。

9月15日，全市深入学习实践科学发展观活动第二批总结暨第三批动员大会召开。以会议为标志，全市第三批学习实践活动启动，计划到2010年2月份基本完成。第三批学习实践活动主要在乡镇、街道、村、社区、中等职业学校、中小学校、医院和新经济组织、新社会组织中开展，涉及单位1775个，共43480名党员，以基层党组织领导班子和基层单位党员负责人为重点，相关单位全体党员参加。在具体安排上，活动采取统一部署、领导带头、压茬推进的方式进行，整个活动分3个阶段。乡镇、街道机关从9月开始，集中活动时间6个月；其他单位从10月开始，集中活动时间不少于4个月。集中活动前后，另外安排2个月时间用于认真做好相关准备工作和巩固扩大学习实践活动成果。活动主题不变，努力实现提高思想认识、解决突出问题、加强基层组织、促进科学发展的目标。年底时，学习实践活动仍在按计划进行。

（石　磊）

【王君到阳泉调研】 3月27日至28日，省委副书记、省长王君到阳泉市调研指导工作，检查考核阳泉市党风廉政建设责任制落实情况、考察指导第二批深入学习实践科学发展观活动，并对贯彻落实扩大内需、促进经济增长决策部署的情况进行调研。调研期间，王君一行实地察看了在建中的阳五高速公路平定维社隧道工程、阳泉十二中和平定二中校舍改造工程、阳煤集团棚户区改造项目工程、郊区枣园村现代农业、华通路桥集团建材分公司生产的节能环保型粉煤灰蒸压砖项目等。在城区区委、区政府调研中，王君详细了解了深入学习实践科学发展观活动的开展情况。王君充分肯定了阳泉市的工作，并强调要认真贯彻落实党中央、国务院的决策部署和省委、省政府的工作要求，扎实开展深入学习实践科学发展观活动，进一步加强党风廉政建设，创造性地开展工作，努力促进全市经济社会平稳较快发展。市领导谢海、白云、刘高官、王旭明、宋师璇、王民等陪同调研。（石　磊）

【阳泉市主要领导调整】 4月9日，市委召开全市领导干部大会，宣布省委关于阳泉市主要领导调整的决定，白云任阳泉市委书记；李栋梁任阳泉市委委员、常委、副书记；谢海不再担任阳泉市委书记、常委、委员。省委常委、省委组织部部长任泽民宣布了省委关于阳泉市主要领导调整的决定并作重要讲话。白云主持会议并作重要讲话，李栋梁在会上讲话。（石　磊）

【石太铁路客货分运应对专题会议】 5月14日，市委、市政府召开专题会议，就解决石太线客货分运后给群众出行带来不便的问题，听取相关部门的情况汇报，并对下一步的工作进行研究部署。市委书记白云主持会议并作讲话。代市长李栋梁介绍了工作进展情况。市领导陈继光、王旭明、荆东生、李天祥出席会议。市公安、财政、交通、规划、信息、运管、交警、公交等部门负责人参加了专题会。

2009年初,铁道部发布公告,阳泉市铁路实行客货分运和动车组启动,使更多的客运列车分流到了阳泉北站,而在原有的石太线上只保留两对客运列车。自公告发布后,广大群众十分关注。4月1日石太高速客运专线开通运行后,给全市及周边地区群众出行造成诸多不便,广大群众反映强烈。市委、市政府对此事高度重视,积极向铁道部及省政府反复汇报和争取,从阳泉长远发展和老百姓现实利益出发,做了大量组织协调和应对工作。白云在会上要求,要高度重视群众的反映,认真梳理,加强有关工作的落实,以高度的责任心解决好群众出行不便的问题。一是有关部门要组织专门力量,确保从市区到阳泉北站之间的道路畅通、方便。二是要高度重视安全问题,对专线营运司乘人员进行安全教育,积极引导,切实保证专线营运车辆安全运营;公安交警部门要加强交通管理,不能有丝毫疏忽,确保不发生大的安全事故。三是交通和公交部门要积极为群众提供优质、便利的服务,对原来点对点的车次要科学组织、灵活安排,既要考虑到市内乘客的方便,也要考虑到沿途群众乘坐方便,运行车次要提供全天候服务,专线营运的司乘人员要为群众提供优质服务。四是对阳五高速公路和阳泉北站的建设,各部门要为工程建设创造好的施工环境,对工程进展过程中遇到的困难和问题要在第一时间协调解决,在保证质量的前提下加快工程的推进步伐,阳五高速公路要保证在2010年10月前正式通车。五是对群众的意见进行积极的引导,做好解释和宣传工作,让群众了解国家和地方政府的真实情况和意图,争取得到群众的理解。 (*石 磊*)

【王君参加阳泉市市委常委专题民主生活会】 6月4日,省委副书记、省长王君参加了阳泉市市委常委深入学习实践科学发展观活动专题民主生活会,并作重要讲话。市委书记白云主持会议。省委第三指导检查组组长王祥瑞及其成员,省纪委、省委组织部有关负责人出席会议。会上,各位常委以实事求是的态度,围绕生活会的主题"深入贯彻落实科学发展观,继续解放思想,加快科学发展",针对在贯彻落实科学发展观方面存在的突出问题,认真对照检查在加强党性修养和作风养成、落实党政机关厉行节约有关规定要求、遵守十七届中央纪委第三次全会提出的廉洁自律五条规定和落实党风廉政建设责任制等方面存在的问题,以及干部、群众所提意见,进行检查剖析,开展了严肃认真的批评与自我批评,明确了整改方向和措施。在了解市委学习实践活动情况、听取市委班子成员发言后,王君高度评价了阳泉市开展学习实践活动取得的成效,充分肯定了阳泉市应对金融危机、促进经济增长所做的工作,并对下一阶段的工作提出了明确要求。要求深入学习贯彻胡锦涛、习近平等中央领导的指示精神,在巩固前一阶段成果的基础上,高标准、高质量地进行后续阶段的学习实践活动,确保学习实践活动达到预期效果。 (*石 磊*)

【张宝顺到阳泉调研】 6月17日至18日,省委书记、省人大常委会主任张宝顺到阳泉市调研。在市委书记白云、市长李栋梁等陪同下,张宝顺一行先后考察了阳煤集团馨泽苑住宅小区棚户区改造工程、市热电联产(龙川热源)管网华通农贸工程段建设工程、阳五高速公路维社隧道工程、平定县莹玉陶瓷有限公司、平定县余康养殖有限公司、山西瑞盛农业种植有限公司日光温室、山西华鑫电气有限公司工业园区生产线、郊区新北大街建设沿线工程、郊区荫营南区新城建设工程、北大西街美化工程和桃河城区段上游(芦湖桥——赛鱼)河道治理工程。张宝顺一行深入田间、工地、农户、车间,与工作人员和当地干部群众亲切交谈,了解实情,听取意见,共同研究对策。张宝顺对阳泉市积极贯彻落实党中央和全省扩内需、保增长的各项政策,全市经济保持平稳较快发展的态势给予了充分肯定,强调要抓住机遇、增强信心,以学习实践科学发展观为契机,把推进"三个发展"与保增长、保民生、保稳定结合起来,通过不断扩大投资和建设重大项目来注入发展动力,拉动经济增长,打牢建设和谐社会的基础。 (*石 磊*)

【中央巡回检查组调研阳泉学习实践活动】 6月24日、25日,中央巡回检查组副组长、全国政协常委、中宣部原副部长高俊良一行,在省委常委、省委组织部部长汤涛的陪同下到阳泉市,就深入学习实践科学发展观活动开展情况进行调研指导。市领导白云、郐爱国、孙水生、刘高官等出席情况汇报会。市委书记白云在会上汇报了阳泉市上半年经济社会发展情况和开展学习实践科学发展观活动情况。高俊良一行先后到桃河城区段河道综合治理工地、一矿煤矸石山治理工地、城区小阳泉南社区、郊区桃林沟村、郊区新北大街建设现场、阳五高速公路荫营河特大桥工程工地、平定一中等处进行实地查看。高俊良充分肯定了阳泉市开展学习实践活动所取得的成效,并对下一步工作提出要求。 (*石 磊*)

【建党88周年座谈会】 6月29日,市委召开全市庆祝中国共产党成立88周年座谈会。会议围绕"加快科学发展,永葆先进本色"的主题,召集全市先进党组织和优秀党员代表座谈,回顾党的光辉历史,隆重纪念党的生日,动员全市各级党组织和广大共产党员进一步增强光荣感、使命感和责任感,进一步坚定中国特色社会主义信念,为推进全市经济社会平稳较快发展作出新的更大的贡献。市领导白云、李栋梁、孙水生、刘高官等出席座谈会。市委书记白云在会上作重要讲话。座谈会上,郊区旧街乡枣园村党支部书记马玉田、城区小阳泉南社区党支部书记杨艳荣、市建设局总工程师王贵平、阳煤集团三矿采煤队队长蔡廷军和盂县仙人乡北坡村党支部书记、村委会主任赵华先后发言。 (石　磊)

【党政考察团赴黑龙江学习考察】 7月10日至17日,市委书记白云率领市发改委、市经委、市规划局、市投资促进局、市统筹办、市转型办等市直有关部门负责人组成的党政考察团赴黑龙江省,对哈尔滨市、大庆市、七台河市和牡丹江市进行了为期一周的学习考察。市人大常委会主任孙水生,市政协主席刘高官,市委常委、市委秘书长樊盛武,市委常委、常务副市长王旭明一同参加考察。此次考察的目的,一是学习东北老工业基地实现改造的做法和经验;二是学习情况相近的其他资源型城市加快转型的做法和经验;三是与七台河市缔结友好城市。考察结束后,举行了座谈会,考察团成员分别发言,交流了各自在考察学习中的心得和体会。 (石　磊)

【阳泉市与七台河市缔结为友好城市】 7月13日,由市委书记白云带队的阳泉市党政代表团在黑龙江省学习考察期间,与七台河市党政领导汇聚一堂,签订协议,两市正式缔结为友好城市。这是阳泉建市后缔结的第21个友好城市。 (石　磊)

【"三城同创"全面启动】 8月12日,阳泉市召开"三城同创"动员会,全面启动了争创国家园林城市、国家卫生城市、国家环境保护模范城市的"三城同创"工作。白云、李栋梁、孙水生、刘高官等四大班子领导和市检察院、市中级人民法院负责人出席了会议,全市各级各部门、各相关单位负责人参加了会议。白云、李栋梁在会上作了重要讲话。副市长王敬瑞宣读了《阳泉市"三城同创"实施方案》。"三城同创"工作的指导思想是,全面贯彻落实科学发展观,以营造优良人居环境,提高城市文明程度,促进经济、社会与环境协调发展为目的,以各级政府为主导,以净化、美化、绿化、亮化、硬化为内容的"五化"建设为突破口,动员全社会力量,努力把山城阳泉建设成为生态、文明、平安、和谐的宜居家园和具有较强竞争力的现代化区域中心城市。"三城同创"工作的总目标是,到2010年建成国家园林城市,到2011年建成国家卫生城市和省级环境保护模范城市,到2013年建成国家环境保护模范城市,整体跨入国家园林城市、国家卫生城市和国家环境保护模范城市先进市行列。会后,全市"三城同创"工作按照《阳泉市"三城同创"实施方案》全面展开。 (石　磊)

【"百项工程"建设推进大会】 8月26日,阳泉市召开"百项工程"推进大会。会议总结了"百项工程"建设情况,对下一步工作进行了安排部署,并对2008年度"百项工程"建设先进集体和先进个人进行了表彰。市四大班子领导,市中级人民法院和市检察院负责人,各县区、有关部门、企业、金融单位、"百项工程"项目单位负责人参加会议。市委书记白云在会上作重要讲话。市长李栋梁主持会议并讲话。市委常委、常务副市长王旭明就推进"百项工程"建设进行了安排部署。

阳泉市的"百项工程"建设自2006年开始后,组织实施了大量项目建设,在全市经济结构调整、资源型城市转型、基础设施建设、城市面貌改变和民生改善等方面发挥了重要作用。 (石　磊)

【张毅到阳泉调研】 9月1日至2日,中央纪委副书记张毅一行到阳泉市调研。省委常委、省纪委书记金道铭,市委书记白云,市长李栋梁,市委秘书长樊盛武,市纪委书记王民陪同调研。张毅一行先后到平定县华通集团瑞盛农业种植有限公司高效农业园区和郊区桃林沟村,详细了解企业运作模式与经营状况、村民生产生活、基层民主建设、村务企务公开等情况,并对华通集团和桃林沟村在新农村建设中所取得的成绩给予了充分肯定。张毅要求各级纪检监察机关要进一步增强大局意识、责任意识和紧迫意识,采取坚决有力措施,把农村党风廉政建设做得更扎实、更深入、更有效。他强调各级纪检监察机关要加强对中央强农惠农政策措施落实情况的监督检查,保证中央关于农村改革发展方针政策措施落到实处、见到实效,切实保障农民权益。 (石　磊)

【依法治市领导组会议】 10月29日,市委召开依法治市领导组会议,总结全市"五五"普法依法治市工作,研究部署"法治阳泉"建设启动工作。市委书记白云出席会议并讲话。市领导樊盛武、陈继光、高全怀、段存寿、王敬瑞参加会议。市委常委、市委政法委书记陈继光主持会议。各成员单位负责人参加了会议。会议讨论通过了《"法治阳泉"建设实施纲要(试行)》、《市委依法治市领导组工作制度(试行)》、《"法治阳泉"建设目标责任分解(试行)》、《市委依法治市领导组工作职责(试行)》;讨论通过了表彰名单。会议强调,开展"法治阳泉"建设,是一项具有战略意义的长远性工作,也是一项综合性、系统性工程,对于阳泉的政治经济文化和社会建设都具有重大意义。全市各级党委要站在深入贯彻落实科学发展观的高度,把"法治阳泉"建设作为"一把手"工程,列入重要议事日程,定期研究解决重大问题,抓好各项工作落实;要构建"法治阳泉"建设工作长效机制,加强依法治市各级领导机构、工作机构和专职队伍建设,切实发挥"规划指导、组织协调、督促检查、考核验收、总结评比”的职能作用；要建立完善“法治阳泉”建设量化考核评估体系，对各县区以及开发区、市直各部门进行检查考核，并向全市通报排队，与精神文明建设、社会治安综合治理结合挂钩并实行法治建设一票否决制，推进“法治阳泉”建设健康有序发展。　（石　磊）

【白云到郊区和平定县察看雪灾灾情】 11月10日至11日，阳泉市遭受50年不遇的特大暴雪灾害，给人民群众的生产生活造成严重影响。为深入了解雪灾灾情，12日上午，市委书记白云，市委常委、市委秘书长樊盛武在市农业部门和各县区负责人的陪同下，深入到郊区、平定县的部分受灾严重地点详细察看、了解灾情。面对巨大的灾情，白云作出重要指示：救灾是当前工作的重中之重，各级党委、政府要把抗击雪灾、抢险救助作为当前的中心工作来抓，积极应对，提前部署。一是要尽快动员组织机关干部和科技、工程技术人员深入农村、企业，逐村逐企排查灾情、险情，想方设法消除各类隐患，为救灾抢险提供技术支持和帮助；二是尽快核实灾情，如实上报，争取各方面支持；三是积极组织开展生产自救工作，在保障安全的前提下，尽快清除积雪，修复加固设备、厂房，把各类损失降到最低，避免次生灾害发生，加紧恢复生产；四是各级政府部门要切实解决受灾群众生产生活中的实际问题，提前安排、提前部署；五是在救灾的同时，做好企业、农户的思想工作，增强大家的信心，保护人民群众发展生产的积极性，积极考虑下一步发展的问题。　（石　磊）

【十届六次全体会议】 12月9日，中国共产党阳泉市第十届委员会第六次全体会议在阳泉宾馆召开。市委书记白云，市委副书记、市长李栋梁，市委副书记郃爱国，以及市委常委王舰民、樊盛武、陈继光、高全怀、王旭明、宋师璇、王民、杨永生、方庆灵出席了会议。参加全会的市委委员共有34人，市委候补委员3人。全会审议通过了《中国共产党阳泉市第十届委员会第六次全体会议决议》、《中共阳泉市委常委会工作报告》、《中共阳泉市委关于贯彻落实党的十七届四中全会和省委九届十次全会精神，加强和改进新形势下党的建设的实施意见》（讨论稿）。会上，白云作《市委常委会工作报告》，并在会议结束时作重要讲话。郃爱国就《中共阳泉市委关于贯彻落实党的十七届四中全会和省委九届十次全会精神，加强和改进新形势下党的建设的实施意见》（讨论稿）作了说明。与会人员就《市委常委会工作报告》和《中共阳泉市委关于贯彻落实党的十七届四中全会和省委九届十次全会精神，加强和改进新形势下党的建设的实施意见》（讨论稿）进行了认真讨论。会议充分肯定了市委常委会2009年的工作。一致认为，市委常委会在省委的正确领导下，坚持以邓小平理论、“三个代表”重要思想和科学发展观为指导，深入贯彻落实党的十七大和十七届三中、四中全会精神，紧紧围绕“统筹城乡、率先转型、全面崛起、富民强市”战略目标，突出“保增长、保民生、保稳定”工作主题，积极应对国际金融危机冲击，不断完善发展思路，努力破解发展难题，全面推进经济、政治、文化、社会、生态文明建设和党的建设，各项工作取得了新成效、新进展。

会议认为，市委常委会坚持把加快科学发展作为执政兴市的第一要务，紧紧围绕实现转型发展、可持续发展这一重大战略问题，深入分析研究阳泉市情特点、发展规律和阶段性特征，不断丰富和完善发展思路，创新发展模式和发展途径，进一步提出了以科学发展观为统领，按照省委、省政府“三个发展”的要求，紧紧围绕“统筹城乡、率先转型、全面崛起、富民强市”这一主题，着力走好转型、统筹、和谐、创新、绿色发展之路，加快建设新型能源基地、新型材料及装备制造业基地和现代服务业基地，努力把阳泉建设成为生态文明、平安和谐的宜居家园和具有较强竞争力的现代化区域中心城市的战略思路和奋斗目标。这一战略思路是市委常委会在科学发展观的指导下准确把握市情特征、科学谋划加快发展的结果，是阳泉市加快科学发展的总体战略部署，是阳泉走科学发展之路、全面建设小康社会的具体途径。　（石　磊）

【城乡一体化实施意见】 1月20日，中国共产党阳泉市第十届委员会第五次全体会议通过了《中共阳泉市委贯彻党的十七届三中全会精神，深入推进城乡一体化实施意见》（阳发〔2009〕2号），进一步明确了全市城乡一体化建设的指导思想、奋斗目标和重点任务，提出了七条具体的保障措施，切实增强了城乡一体化发展的可操作性。

（石　磊）

【“三农”工作先进集体和模范个人表彰决定】 2月26日，市委、市政府下发了《关于表彰“三农”工作先进集体和模范个人的决定》（阳发〔2009〕6号）。授予平定县冠山镇杨家沟村等12个村“2008年度新农村建设先进集体”称号；授予郊区、平定县、盂县“2008年度造林绿化先进县（区）”称号；授予郊区荫营镇等6个乡（镇）“2008年度造林绿化先进乡（镇）”称号；授予山西省天泉煤炭有限公司等12个单位“2008年度乡镇企业标兵单位”称号；授予阳泉市志远工程有限公司等8个单位“2008年度企业帮扶新农村建设先进单位”称号；授予市安监局等10个单位“2008年度干部下乡先进单位”称号；授予市财政局等10个单位“2008年度支持新农村建设先进单位”称号；授予魏润等20人“2008年度新农村建设模范个人标兵”称号；授予郗文保等12人“2008年度农业科技工作者标兵”称号；授予王向山等120人“2008年度新农村建设模范个人”称号。　（石　磊）

【科技进步突出贡献人员表彰决定】3月19日，市委、市政府下发《关于表彰2006～2007年度在我市科技进步中作出突出贡献人员的决定》（阳发〔2009〕8号）。授予柳成亮等3人"科技功臣"称号，分别奖励5万元；授予李慧等3人"科技企业家"称号，分别奖励3万元；授予杜志刚等19人"优秀科技工作者"称号，授予林彦清等5人"优秀科技管理者"称号。（石　磊）

【向全国道德模范黄代小学习的决定】2009年9月，在中央文明办、全国总工会、共青团中央、全国妇联联合举办的第二届全国道德模范评选中，阳泉市矿区蔡洼街道办事处蔡东社区居民黄代小荣获"全国孝老爱亲道德模范"称号，并受到党和国家领导人的亲切接见。为崇尚先进、学习先进，用榜样的力量引导全市人民积极践行社会主义荣辱观，形成学习道德模范、关爱道德模范、崇尚道德模范、争当道德模范的良好氛围，市委决定，在全市开展向全国道德模范黄代小学习的活动。10月12日，市委下发了《关于开展向全国道德模范黄代小学习的决定》（阳发〔2009〕28号），号召全市各级党组织要充分认识开展向黄代小学习活动的重要意义，精心组织部署，深入发动宣传，充分利用新闻媒体等多种渠道，广泛宣传黄代小的先进事迹，迅速掀起向全国道德模范学习的热潮。（石　磊）

【第十三批文明单位（村）命名决定】11月23日，市委、市政府下发了《关于命名第十三批文明单位（村）的决定》（阳发〔2009〕36号）。命名城区地方税务局等5个单位为"最佳文明和谐单位"、市委组织部等7个单位为"标兵文明单位"、城区供电支公司等4个单位为"文明行业"、市规划局等23个单位为"文明单位"、郊区河底镇里龙光峪村等8个村为"文明村"、城区义井街道办事处小北沟社区等2个社区为"文明社区"。（石　磊）

【加强和改进新形势下党的建设的实施意见】12月9日，中国共产党阳泉市第十届委员会第六次全体会议通过了《中共阳泉市委关于贯彻落实党的十七届四中全会和省委九届十次全会精神，加强和改进新形势下党的建设的实施意见》（阳发〔2009〕37号）。内容共分8个部分35条，明确提出了加强和改进党的建设的总体要求、目标任务和重要措施，具有较强的思想性、指导性、针对性，是新形势下阳泉市加强和改进党的建设的纲领性文件。

（石　磊）

组织工作

【干部教育培训】按照中央、省委、市委关于"大规模培训干部、大幅度提高干部队伍素质"的要求，2009年，市委组织部共举办了9个不同类型和层次的培训班，培训干部954人次，其中，有县级干部484人、中青年后备干部96人、企业经营管理人员113人。认真落实省委组织部调训计划，先后选派干部11批15人参加省级以上脱产培训，其中地厅级干部6人、县级干部9人。

一、加大教育培训力度。一是科学设置培训内容。以学习实践科学发展观为契机，本着"真正解决阳泉的实际问题"的目的，紧紧围绕"保增长、保民生、保稳定"，结合阳泉经济社会实际和干部培训需求，设置培训内容。多次与市委党校、市农业局、市国资委等有关部门进行沟通，并听取了有关专家学者的建议意见，针对不同培训对象选择设置了不同的课程，提高了培训内容的科学性、针对性。二是扩大教育培训对象。针对在深入学习实践科学发展观活动中征求到的党政干部培训多、企业干部培训少的问题，积极整改，认真落实，在继续加强对党政领导干部培训的基础上，相应地加大了对国有企业经营管理者、民营企业家等的培训力度，先后在南开大学举办了阳泉市企业经营管理者高级研修班，培训市属国有企业经营管理人员等53人；在清华大学举办了阳泉市民营企业家经济管理高级研修班，培训民营企业家等67人。三是突出教育培训重点。在2008年全年县级干部普训的基础上，将2009年的干部教育培训重点确定为新任县级干部和中青年后备干部教育培训，并于9月16日至12月28日举办了新任县级干部进修班和第八期中青年干部培训班，培训新任县级干部67人、中青年后备干部96人。

二、丰富教育培训形式。一是依托高校资源培训。以清华大学、北京大学、南开大学等优质高校资源为依托，分别举办了优秀人才学习科学发展观创新创业研修班、民营企业家经济管理高级研修班、学习实践科学发展观干部教育师资培训班、统筹城乡发展推进农村改革干部培训班、企业经营管理培训班等，累计培训干部274人。二是举办论坛讲座培训。为了让更多的干部接受最新最前沿的理论，切实将"保增长、保民生、保稳定"和有效应对金融危机落到实处，市委组织部围绕当前政治、经济和社会的热点问题，邀请南开大学教授高凤龙、著名经济学家严介和、中央党校党建部副主任戴焰军等国内知名专家学者到阳泉市，举办了主题为"全球金融危机与中国经济发展及应对策略"、"打造可持续发展的阳泉经济"、"学习贯彻党的十七届四中全会精神"的干部教育论坛。论坛内容新，层次高，贴近实际，引人深思，有850多人参加。三是借助网络在线培训。大胆创新，积极尝试，推行干部选任政策法规网络学习与测试，并逐步扩大网络在线课程所占比例，进一步健全和完善了网络在线培训。市电大远程教育网络和网上党校两个在线培训平台共设置培训课程234门，可以同时在线培训500人，参训人员既可以根据自身的需要选择学什么,也可以根据自身的时间选择什么时候学,有效地缓解了工学矛盾。

三、完善教育培训管理。一是推行干部自主选学。按照省委组织部干部自主选学工作会议精神,积极推进网络自选课程、自选教师、自选学校、自选专题。开通"阳泉干部培训"网站,开设12大类200多门课程,让广大干部在完成必修课的基础上根据自身情况自选课程;建立教学评估制度,建立干部教育师资库,让干部自选教师;有选择地与高校联合办学,让干部自选学校;举办党的十七大、科学发展观辅导等不同专题培训班,让干部自选培训专题。二是完善学分制管理。研究制定干部教育培训学分制考核管理实施细则,出台《阳泉市学分制考核管理暂行办法》,进一步增强了学分制管理的可操作性。三是提高信息化水平。完善干部教育培训数据库,对市管干部培训数据实行微机管理,方便了每一名市管干部学分累计情况的查询,提高了干部教育培训管理的信息化水平,促进了干部教育培训的科学化。 (王向红)

【领导班子和干部队伍建设】 2009年,市委组织部在领导班子和干部队伍建设上,按照德才兼备、以德为先的标准选干部,本着优化结构、提升水平的目的配班子,并切实加强了领导干部的思想政治教育,使领导班子、领导干部的领导水平和执政能力得到进一步加强,一大批政治坚定、勇于创新、勤政清廉、求真务实、奋发有为的优秀干部走上了领导岗位,各级领导班子的结构得到进一步优化。

一、加强领导班子思想政治建设。认真贯彻中央《关于进一步加强和改进领导班子思想政治建设的意见》、市委《关于进一步加强县级党政领导班子思想政治建设的意见》,以及全国、省、市领导班子思想政治建设会议精神,按照年初全市组织工作会议的安排部署,组织各县区和市直各单位对本单位贯彻落实上述两个"意见"、三个会议精神的情况进行了自查。通过自查,较为全面地把握了解全市领导班子思想政治建设情况,发现问题,提出整改措施,为进一步加强思想政治建设、提升领导干部思想政治水平奠定了扎实的基础。

二、加强领导干部队伍建设。一是注重优化班子结构。在全面考核和认真分析全市县级领导班子年龄、文化、专业结构、干部素质的基础上,坚持干部队伍"四化"方针,大力选拔政治素质高、基层工作经验丰富、群众公认、实绩突出的优秀干部,注重配备妇女干部和党外干部,努力使县级领导干部队伍的素质和领导班子的结构与全市"统筹城乡、率先转型、全面崛起、富民强市"的要求相适应,与领导干部、领导班子应发挥的领导作用和应负有的管理职能相适应。全年共调整94名党政干部、35名企事业干部。调整后的领导班子结构更加合理,整体水平得到了进一步提升,领导干部的个人素质也明显提高。二是严格按《干部任用条例》选任干部。在干部选任调配过程中,严格按照规定程序和省委关于推荐、考察、酝酿、讨论决定干部的"四个规定"进行。按照规范干部初始提名的要求,对全市县级领导班子和领导干部以及空缺职位进行了综合分析,根据分析情况,结合工作实际,提出包括调配干部的范围、职位、条件等的总体方案。另外,对拟提拔的30名干部和2名拟调阳泉市任职的干部,进行了推荐、考察、预告和纪检等方面意见的征求。三是加强后备干部队伍建设。为进一步加大培养选拔优秀年轻干部力度,加强副县级后备干部队伍建设,实现多渠道培养、多方式锻炼的目的,在总结选派后备干部组成工作队参与新农村建设工作和百名干部下访工作的基础上,选派52名副县级后备干部到乡镇帮助指导第八届村民委员会换届选举工作,使年轻干部熟悉了基层工作,同时也在艰苦复杂的工作环境中锻炼和增长了才干。此外,还配合中组部考察组完成了在阳泉市对副省级党政后备干部人选的考察任务。

三、加强干部考核管理。一是科学设置考核内容。按照考评办法,分类研究制定县区、市直部门考核办法及实施方案,总体上按照经济建设、政治建设、文化建设、社会建设和党的建设五大方面设置考核内容。既注重考核发展速度和发展成效,更注重考核发展质量和民生改善情况。二是运用科学方法考核。综合运用民主测评、民意调查、心理素质测评等方法和中组部研发的科学考核测评系统及相关设备,进行线性分析,对83个县级党政领导班子、84个副县级以上事业单位、2个企业的领导班子和564名县级党政领导干部、217名企事业县级干部、52名科级干部进行了考核。三是注重考核结果运用。根据考核情况,对领导班子和领导干部进行了等次评价,根据不同等次采取了不同的措施。对考核结果优秀、善于领导科学发展、实绩突出、群众公认的领导干部提拔和重用;对群众反映不好、考评结果较差的班子和干部及时进行谈话教育。年内,对2008年度考核情况较差的2个领导班子和3名领导干部进行了谈话,对其中的1名领导干部进行了调整。

(王向红)

【基层组织和党员队伍建设】 2009年,市委组织部紧紧围绕农村、社区、企业抓基层党建,充分发挥基层党组织的战斗堡垒作用和共产党员的先锋模范作用,形成了较为完善的工作机制体系,基层党建工作整体水平有了明显提高。

一、健全完善基层党建工作责任制。一是建立完善基层党委领导责任制。认真贯彻落实省委组织部《关于健全完善地方党委抓基层党建工作责任制的意见》,制定下发《关于全市2009年度基层党建工作责任书》,明确全年基层党建工作目标和任务,同33个基层党(工)委书记签订了党建责任书，进一步强化了“第一责任人”的责任意识，形成了“书记抓、抓书记”的党建工作格局。二是建立完善“一报告一评议”制度。认真贯彻落实省委组织部关于基层党建工作“一报告一评议”制度，在年初召开的市委十届五次全会上，市委常委、市委组织部部长宋师璇代表市委常委会向全委会报告了2008年度抓基层党建工作情况，接受了全体市委委员的评议。同时，加强了对5个县区委“一报告一评议”制度贯彻实施的监督指导，促进制度落实。三是认真落实地方党委基层党建工作领导小组和联系点制度。在村委会换届期间，5名市委常委包县区指导农村换届选举工作，22名市级党员领导干部督导了换届选举工作。在市委开展的学习实践科学发展观活动中，确定了32个市级党员领导干部联系点，24名市级党员领导干部经常深入到联系点指导学习实践活动，有力地推动了基层学习实践活动的深入开展。四是加大对基层党（工）委党建工作的督促检查力度。健全完善基层党建工作考核机制，定期对基层党委（党组）党建工作进行检查、通报，初步形成了基层党建工作部署、督查、通报“三位一体”的责任体系。

二、全面推动基层党建工作。一是深入推进分类指导。贯彻落实全国农村基层组织建设工作座谈会和全省街道社区党建工作会议精神，在农村不断深化“创先争优”活动。在2008年命名表彰第二批8个先进乡镇党委的基础上，继续开展了第三批9个先进乡镇党委的创建活动，并坚持在学习实践活动中，积极创新载体，完善争创机制，农村党的建设整体水平有了新的提高。截至年底，已有15个乡镇创建为先进乡镇党委，有近三分之一的村创建为红旗党支部或先进党支部。在社区积极开展“社区党建示范点创建”活动，认真做好“标准化、示范化”社区党组织考核、命名、表彰工作，在2008年命名8个示范化社区的基础上，2009年创建并验收命名11个示范化社区党组织，进一步提高了城市社区党组织创建工作水平。同时，以国有企业党组织“四好”（政治素质好、经营业绩好、团结协作好、作风形象好）领导班子创建为重点，选树推广全省“四好”领导班子华龙超市党组织这一典型，加强国有企业党建工作，并通过独立、联合、挂靠、派入等多种形式，使非公有制企业党的建设工作有了新的进展。到年底，全市有177个非公有制企业完成了党组织组建任务，占到应建总数的91.7%。二是圆满完成换届选举工作。全市957个村如期完成第八届村委换届选举工作，党支部书记、村委会主任“一肩挑”比例从上届的21.88%大幅提升到62.4%，支委、村委交叉任职比例从上届的65%提高到89%，农村“两委”班子出现平均年龄下降和文化程度、整体素质、领导能力提高的良好局面。制定下发《关于做好全市新一轮社区党组织和居民委员会换届选举的工作通知》，召开全市社区换届选举工作会议，并对全市街道、社区的基层党务工作者进行了专题辅导，有力地推进了社区换届选举工作。三是完善落实村干部激励保障机制。按照中央要求，指导各县区委、乡镇党委配套出台了一系列办法，并认真贯彻落实村干部岗位报酬集中统一发放和村干部基本养老保险“两项制度”，明确了岗位报酬由基础报酬、绩效报酬和奖励报酬三部分组成。四是大力实施城乡基层党组织互帮互助。研究制定了《关于开展基层党组织“互帮互促、结对共建”活动的实施意见》，帮助全市108个党政机关、45个企业的党组织与199个农村党组织开展了“结对子”活动，初步形成了优势互补、资源共享的基层党建工作新格局。五是全力推进村级组织活动场所建设。在深入各农业县区摸底的基础上，与市发改委、市财政局联合下发《关于做好阳泉市第二轮村级组织活动场所工作的通知》，召开会议对全市村级组织活动场所建设工作作出全面安排部署，将487个行政村列入了建设范围，并建立了电子信息库。安装党员干部现代远程教育站点889个，为实现全市村级组织活动场所、远程教育站点全覆盖奠定了基础。

三、着力建好党员队伍。一是创新发展党员机制。针对农村党员队伍老化现象严重的问题，提出农村发展党员“164313”目标（平均1村1名党员、发展35岁以下农民党员占到发展总数的60%以上、发展高中以上农民党员占到发展总数的40%以上、发展农民妇女党员占到发展总数30%以上、全年确定农民重点培养对象达到1000名、农民入党积极分子达到3000名），下发《阳泉市二〇〇九年发展党员工作计划》，起草了《关于建立发展党员工作长效机制的意见》（征求意见稿）和《关于进一步做好农村发展党员工作的实施意见》（征求意见稿），为解决农村党员队伍老化问题和推进全市发展党员工作制度化、规范化、科学化提供了制度保证。二是加强党员管理。制定《阳泉市2009—2013年党员教育培训工作实施办法》（征求意见稿），为全市各基层党组织订阅《党的十七届四中全会〈决定〉学习辅导百问》5300册，在流动党员中开展了以建设党员服务中心（站、点）、开通流动党员咨询服务电话、发放“流动党员活动证”、建立流动党员登记册、坚持流动党员信息备案、“12371”宣传画为内容的“六个一”工作，加强了对全市流动党员的教育培训管理工作。对近几年基层党组织发展党员及党费收缴、使用、管理情况进行了重点检查，为基层党组织订阅《党费工作手册》5300本，下拨党费83.8万元，全面完成了全市基层党组织建库工作，初步构建了城乡一体党员动态管理机制。三是健全党内激励、关怀、帮扶机制。以节日慰问党员为切入点，对5000余名困难党员、2201名老党员进行了慰问，发放慰问信2200

多份，并采取下基层实地了解情况、召开座谈会等方式对全市近几年党内激励、关怀、帮扶工作情况进行汇总梳理，形成了《阳泉市关于建立党内激励、关怀、帮扶机制专题调研报告》。四是构建党员联系服务群众工作体系。结合年度党建责任制验收工作，抽调专人对基层党组织落实中央《关于做好党员联系和服务群众工作的意见》等进行检查，并开通“12371”党员咨询服务电话6部，建立党员服务中心34个、服务站44个、服务点947个，为进一步构建党员联系服务群众工作体系提供了保证。大力开展“党员责任区”、“党员示范岗”、“设岗定责”和“科学发展在身边 三城同创作贡献”等活动，为党员发挥先锋模范作用搭建了更为广阔的平台。

四、加强大学生村干部管理。圆满完成300名村官的选聘工作。在认真执行《阳泉市大学生村(社区)干部管理暂行办法》的基础上，统一建立“村官”数据库，为每一名“村官”建立电子档案，定期更新数据，及时准确地掌握“村官”成长情况，对一些长期不到岗、或者在外兼职的大学生村干部进行了组织处理。采取集中培训与平时教育相结合、锻炼培养与重点帮扶相结合、理论学习与工作实践相结合的方法，在大学生村干部中选聘了53名农业科技特派员，为大学生村干部筹措了230万元的“创业基金”，帮助64名大学生村干部申报了科技创业项目。召开了阳泉市大学生村官经验交流暨十佳大学生村官表彰大会，对选树的典型进行表彰，激发了大学生村官建设社会主义新农村的热情。“市委组织部督管、县区委组织部直管、乡镇组织统管、村级组织包管”的大学生村干部四级管理模式初步形成，大学生村干部的各项优惠政策和待遇都得到了很好的落实。

五、积极探索基层党内民主的多种实现形式。一是在村级党组织换届选举中全面实施“两推一选”，在一些条件成熟的农村、社区进行“公推直选”试点工作，逐步扩大了基层党组织领导班子直接选举范围，并明确要求推行“公推直选”的社区党组织比例不低于社区总数的20%。二是认真贯彻落实省委关于《中国共产党全国代表大会和地方各级代表大会代表任期制暂行条例》的实施办法，指导督促县级以上党的委员会建立党代表大会代表联络工作机构，逐步配备专职工作人员，认真开展了“两联一日活动”(党委委员联系党代表、党代表联系群众、设立党代表接待日)。三是按照省委组织部的要求，继续加强对郊区党代会常任制试点的工作指导，不断推进基层党务公开。通过扩大公开内容、创新公开形式、提高公开质量，切实提高了党员对党内事务的了解度和参与度。起草了《中共阳泉市委组织部关于市管企事业单位领导班子集体决策“三重一大”事项规定(试行)》，为推进党内民主建设，规范领导班子集体决策行为，促进党内决策科学化、民主化和规范化迈出了坚实的步伐。(王向红)

【人才工作和人才队伍建设】 2009年，市委组织部继续坚持党管人才原则，加强人才工作基础建设，统筹抓好以高层次人才和高技能人才为重点的各类人才队伍建设，着力提升各类人才队伍素质，成效明显。

一、人才工作思路进一步明确。一是深入调研，为科学发展提供依据。先后深入到108个非公企业、14个国有企业和36个事业单位进行调研，调研主要围绕人才现状、人才管理和培训机制、人才发挥作用、人才流动情况以及存在的问题等方面展开，为制定全市人才培养、开发、引进和使用的相关政策提供了科学依据。二是落实责任，明确人才工作重点。按照全省人才工作座谈会精神，对照市委组织部2009年工作要点和工作目标责任分解，制定了《市委人才办2009年工作目标责任一览表》和具体细则，并通过召开县区委人才办主任、人才工作领导组成员单位联系人会议，分别就全市人才工作的总体思路和打算，全年人才工作的重要任务向各县区、成员单位进行了安排部署，进一步明确了人才工作的重点，即发挥好一批现有人才作用，培养造就一批创新创业人才，引进一批为我所用的优秀人才。三是科学规划发展思路。根据上级要求，在市人事局、科技局、国资委等部门的配合下，开展了《贯彻〈山西省2009—2020年人才队伍建设规划纲要〉实施意见》编制工作，进一步科学规划了人才强市战略的实施和人才工作的“四个一”发展思路，即选拔使用好一批市级高级专家人才，培养一批本土创新创业新人，引进一批为我所用的优秀人才，制定一套人才工作政策体系。

二、高层次人才作用进一步发挥。一是充分发挥在人才培养中的示范带动作用。继续实施“名师育才”计划，开展市级专家培养人才活动。市级专家根据自身工作的不同特点，制定详细培养计划，明确培养目标，通过主动吸收培养对象参加科技研究和成果应用转化、安排培养对象参与和承担重要工作、开展学术交流活动等多种形式，提高了培养对象的专业素质和技术能力。二是充分发挥在重大决策中的参谋咨询作用。进一步落实市委直接联系高级专家制度，通过市级领导每人联系1~2名专家，召开座谈会等形式，征集到各类有助于科学决策的意见建议80余条，有效发挥了市级专家的参谋智囊作用和决策支撑作用。三是充分发挥在经济社会发展中的创新、创造、创业作用。紧密围绕全市重点工作，充分发挥市级专家在理论创新、科技创新、管理创新、制度创新中的引领带动作用，引导和支持市级专家承担了许多重大科研和工程项目的研究，并有效地实现了技术转化。全年市级专家在国家级期刊上发表论文25篇、省级期刊上发表论文23篇，有1人获得了“全国五一劳动奖章”、1 人被评为山西省特级劳动模范。

三、人才管理、引用力度进一步加大。一是加大管理服务力度。认真贯彻实施《阳泉市“十一五”人才发展规划纲要》、《市级高级专家管理暂行办法》等,实现了用规划指导人才队伍建设,靠制度政策培养、引进、使用好优秀人才。二是加大与国家重点院校的交流合作力度。继续加强与清华大学的交流合作,引进了 8 名博士、硕士研究生到阳泉市进行乡镇长助理、区直部门局长助理和国有企业总经理助理等职位的短期挂职。挂职研究生充分发挥自己的专长和优势,围绕全市经济社会发展现状,积极建言献策,提供信息咨询,开展课题研究,使市校合作取得了实实在在的效果。三是加大招才引智力度。继续大力实施人才强市战略,积极开展人才集聚工程,坚持每月举办集市型人才交流会,为企业引进急需、紧缺人才提供了充足的人才保障。 (王向红)

【干部人事制度改革】 2009 年,阳泉市始终围绕提高选人用人公信度这个主题,以改革创新的精神大力推进和深化干部人事制度改革,在干部选拔任用管理等方面进行了大胆的探索和尝试,取得了明显成效。

一、树立正确的用人导向。一是明确用人标准。坚持“德才兼备、以德为先”的用人标准,结合实际,明确提出“坚持品行为本,用靠得住的干部;坚持务实为要,用肯实干的干部;坚持责任为重,用敢负责的干部;坚持民意为重,用口碑好的干部;坚持清廉为贵,用严律己的干部”的用人标准,树立了正确的用人导向。二是科学选用干部。注重选用能够担当起“统筹城乡、率先发展、全面崛起、富民强市”重任的干部,能够在急难险重岗位上艰苦奋斗的干部,能够做出成绩的干部,把一批品行端正、踏实肯干、责任心强、贴近群众、清正廉洁、道德高尚、情趣健康的干部提拔到了重要领导岗位,给广大干部以激励。三是选树优秀典型。在全市各个部门、各个单位选树了一批长期在基层和生产一线工作,求真务实、埋头苦干、默默奉献、不事张扬的干部,通过提拔重用、表彰奖励、媒体宣传等形式,大力宣传他们的先进事迹,在全市干部中树立了榜样。

二、拓展干部选拔的途径。一是圆满完成在优秀大学生村干部中考录乡镇公务员和县乡事业单位工作人员工作。共从优秀村干部中选录乡镇(街道)公务员 26 名、县乡事业单位工作人员 25 名。二是面向社会公开招考公务员。按照省委组织部、省人事厅的统一安排,科学谋划,精心组织,圆满完成市、县、乡三级部分党群机关考录公务员(参照公务员管理)的笔试工作。三是积极推进参公管理登记工作。按照省委组织部的安排部署,稳步推进党群机关中第一批、第二批列入参照公务员法管理的 66 家单位的参照管理登记工作。对已得到省委组织部批复的 78 家单位 352 人的“参照公务员登记表” 进行了审核批复。同时,按照规定对市县两级政府口 27 家单位 74 人的 “参照公务员登记表”进行了审核批复,完成了工资套改工作,有力地推进了全市参公工作的进程。

三、规范各类干部的管理。一是及时统计干部和公务员。及时填写省委组织部下发的各类统计表,按时完成报送工作。二是加强干部人事档案管理。在做好日常管理工作的同时,重点抓好基础规范管理,在接收归档中,及时审核、整理,实行收一卷,整一卷,完善一卷,入库一卷。在目录填写上,以计算机录入代替手工录入,堵塞涂改漏洞,为公道正派地选人用人提供了真实可靠的信息。三是严格报批审批干部职数。按照《关于县处级干部职数审批的暂行办法》规定,为 57 名县级干部办理了职数审批程序,对 51 个市直行政、事业单位的 175 个科级职数进行了严格审批,有效地保证了科级干部选拔任用的程序民主化、科学化、规范化。 (王向红)

【干部监督工作】 2009 年,全市组织部门围绕防止和纠正选人用人上的不正之风,进一步加强制度建设,加强重点工作推进,为全市的干部选拔任用工作营造了风清气正的良好氛围。在中组部对全国组织工作满意度调查中,阳泉市的干部选拔任用工作满意度为 70.06 分, 高于全国的 67.04 分; 防止和纠正用人不正之风工作的满意度为 72.46 分, 高于全国的 66.84 分和全省的 70.83 分。

一、加强学习交流,营造良好的工作氛围。一是认真学习领会干部监督工作的最新精神和要求。认真组织各级党委(党组)以党委(党组)会、理论中心组、座谈会、联席会议等形式,学习有关领导的讲话,学习文件,进一步掌握了干部监督工作的最新精神和要求。二是加强干部监督工作交流。在全省干部监督工作会上,《严明纪律,全程监督,确保换届工作顺利进行》和《领导干部经济责任审计结果运用办法(试行)》两个材料进行了交流。积极组织全市干部监督工作座谈会、干部监督工作联席会议等,进行经验交流、问题研究,进一步推进了工作。三是加强对干部监督工作的宣传。为进一步提高干部监督透明度,在《阳泉日报》上刊登了题为《认真落实全省会议精神,进一步提高选人用人公信度,我市就干部选拔任用工作提出要求》的简讯,并通过《组工通讯》、阳泉广播电台等宣传全市整治用人不正之风的措施和成效,为整治工作营造了良好氛围。

二、把好四大关口,以严格的管理规范干部监督。一是把好提前审核关。在试行科级干部选拔任用提前报告审核制度的基础上,起草了《阳泉市科级干部任前报告审核暂行办法》,全年审核各县区委、市直各单位党委(党组)9 批 205 名科级干部。二是把好征求意见关。按照

《关于选拔任用市管干部征求有关部门意见的规定》,对拟调整干部向纪委、政法委、人口计生委征求意见。全年共对90名拟调整干部征求意见,并完善了计生卡片。三是把好公示调查关。严格执行公示制度,由专人接听记录举报情况,防止举报内容、举报人情况外泄。凡对群众举报线索清楚的,无论是实名举报还是匿名举报,都与纪检委组成联合调查组进行了认真调查核实,并作了相应的处理。四是把好《条例》检查关。综合运用全面检查、结合举报件重点抽查、年度自查等方式,坚持对干部选拔任用工作法规制度执行情况进行监督检查,并完成了省委组织部《干部任用条例》检查组对阳泉市2007年7月以后干部选任政策法规贯彻执行情况的检查工作。

三、推进制度建设,以规范的制度保障干部监督。一是坚持领导干部个人有关事项报告制度。认真组织党员领导干部进行个人有关事项集中报告工作,强化对领导干部的日常管理和监督,为45名省管领导干部、616名市管县级领导干部上报了个人有关事项。二是坚持经济责任审计制度。坚持对在职干部进行任期审计,对离任干部进行离任审计,重点加强了对主要领导干部特别是"一把手"的监督,共对8名在职干部进行了任期审计,对3名离任干部进行了离任审计,充分发挥了经济责任审计在干部监督方面的作用。三是坚持谈心谈话制度。从预防为主、爱护干部的角度出发,将公示期间群众实名举报件的调查结果在适当范围内进行了反馈,与被举报人进行谈心谈话,及时提醒并纠正了存在的苗头性问题。四是坚持干部监督工作联席会议制度。在坚持联席会议制度的基础上,根据新形势、新任务的要求,增加市委政法委、市中级人民法院为成员单位,并召开了第三次联席会议。修订完善了《干部监督工作联席会议制度实施意见》和《阳泉市干部监督信息沟通办法》,为全方位了解掌握干部动态、强化干部管理监督提供了第一手资料。

四、做好重点工作,以扎实的工作推进干部监督。一是做好惩防体系建设工作。根据市委制订的《关于贯彻落实〈建立健全惩治和预防腐败体系2008—2012工作规划〉的实施细则》,将组织部牵头的14项工作和需要配合的56项任务,进行了细化分解,并结合日常工作,将任务分解到各科室,落实到责任人。二是推进机构改革顺利进行。根据规定在年初下发了《关于机构改革期间有关干部人事冻结的通知》,对年内机构改革涉及机构合并、职能调整单位的干部及其他工作人员任免、调整、调动等工作进行冻结,并对各县区委、市直各有关单位党组(党委)提出了具体要求,为全市机构改革营造了风清气正、和谐稳定的改革环境。三是开通使用"12380"举报电话。并将"12380"举报电话通过电视、报纸等媒体进行了公示,进一步畅通了群众反映问题的渠道。认真办理省委组织部督办件的查核工作、"三龄"(出生时间、参加工作时间、入党时间)更改和历史遗留问题的审核工作,共计审核"三龄"更改申请6件,解决了2批29人的历史遗留问题。　(王向红)

宣传工作

【理论工作】 2009年,全市宣传系统紧紧围绕市委中心工作积极开展理论工作,使中国特色社会主义理论武装工程取得新成果。一是服务重点,中心组学习在规范化中提升质量。制定了市委中心组年度学习计划,就习近平在全国人大山西代表团的讲话、继续解放思想、推进科学发展、党的十七届四中全会精神等重大课题进行了专题学习,并组织新闻媒体进行了集中报道,《阳泉日报》专版刊登了中心组成员在集中学习时的发言,对引导全市新一轮的思想解放起到了重要的推动作用。制定下发了《关于进一步加强和改进党委(党组)中心组学习的实施意见》,进一步充实和完善了中心组学习制度。二是紧贴中心,理论宣传在多样化中体现效果。紧紧围绕市委、市政府中心工作,结合资源型城市转型、百项工程建设、"三城同创"等重大决策,依托媒体,开设专栏,组织专家学者研究讨论,主动宣传鼓劲、积极解疑释惑,全年在市级媒体理论专栏发表文章200多篇,推出理论成果80多个。会同市委党史研究室、市委讲师团、阳泉日报社组织了以纪念新中国成立60周年为主题的百题知识竞赛和"我心中的祖国"征文活动,收到文章80多篇,参与答题的党员、干部和群众达2万余人。基层理论宣传扎实有效,郊区组织开展了"百名专家搞宣讲、千名骨干下基层、万名党员受教育"科学发展观宣讲工程,深入乡镇、村庄、学校、企业等基层单位宣讲260多场,9800多名党员受到了教育。三是突出主题,理论研究在经常化中服务大局。召开了全市纪念改革开放30周年理论研讨会,征集论文130余篇,评出优秀论文20篇,6篇论文在会上进行了交流,对促进理论研究成果的转化,总结经验推动工作产生了积极影响。组织开展了"继续解放思想,推进科学发展"理论研讨活动,共征集论文155篇,评出优秀论文20篇,在《阳泉日报》上专版刊登,为全市深入学习实践科学发展观营造了良好的氛围。平定县的3篇研讨论文入选了中央党校的合订本,在运用科学发展观指导实践、推动工作上发挥了重要作用。　(霍美文)

【对外宣传工作】 2009年,全市宣传系统主动作为,积极开展对外宣传工作,阳泉市的对外整体形象有了新的提升。一是高起点策划,国家级媒体宣传阳泉亮点频频。2009年是阳泉市在中央媒体发稿数量最多、质量最高的一年,全年在中央一级媒体发稿52条。其中,《中国城市经济》杂志用20多个页码，刊登了《信心比黄金更重要——访中共阳泉市委书记谢海》、《将危机转化为动力——访阳泉市人民政府市长白云》两篇专访；以《阳泉：雄依太行望沧海》为题，深度报道了阳泉市推进城乡一体化的做法和经验，报道刊出后，受到了全国人大、国家经研中心等部门领导的高度重视。《中国文化报》以《多彩文化奇葩，成就魅力阳泉》为题推出整版报道，突出体现了阳泉浓厚的文化底蕴和悠久的发展历史。特别是中央电视台以《生态建设和保护并重，促进人与自然和谐发展》为题，在新闻联播“经典中国·辉煌60年”专栏中，以1分半时长的电视新闻反映了阳泉市在生态建设和环境保护方面取得的成效。新闻播出后，引起了强烈反响，对提高阳泉对外知名度起到了积极作用。二是大力度突破，省级媒体宣传阳泉高潮迭起。省级媒体2009年发稿1128条。其中，《山西日报》等省级媒体在头版头条重要位置，分别以《阳泉“好天气”三年上三台阶》为题，报道了阳泉市在环境治理方面取得的突出成绩；以《阳泉阔步迈向城乡一体化》为题，报道了阳泉市推进城乡一体化的经验；以《阳泉“加减乘除”迎“春天”》为题，报道了市委、市政府面对危机，沉着应对，实现了阳泉经济持续快速发展。山西电视台“一方水土”栏目报道了阳泉市开发保护文物，建设大阳泉明清一条街的经验和成就，引起了社会各界的广泛关注。三是多渠道渗透，新型媒体宣传阳泉另辟蹊径。协调有关方面，在中国互联网新闻中心主办的中国网开办了阳泉及两县三区专栏，全年编发各类通讯、新闻、消息、专题报道等199条，开辟了对外宣传阳泉的新窗口。参加了省委宣传部组织的百度品牌推广活动，对市内3个重点网站进行了强势推广，扩大了阳泉新闻的宣传面。作为中宣部舆情信息直报点，共向中宣部报送信息3040条，其中被中宣部采用342条，报送的信息被中央领导批示21次，完成特殊交办任务8次，在连续三年全国前三名的基础上继续保持了全国先进水平，被中宣部评为“舆情信息工作先进集体”。 （霍美文）

【文化事业】 2009年，全市宣传系统以改革、创新、发展为重点环节开展文化事业，在满足人民群众日益增长的精神文化需求方面取得新突破。一是难点突破，文化体制改革稳步推进。阳泉市是全国文化体制改革的试点城市之一。按照省委确定的文化体制改革和文化产业发展计划，制定出台了《阳泉市关于深化文化体制改革的实施意见》、《关于在市县（区）建立文化市场综合执法机构的实施意见》、《阳泉市文化产业发展规划纲要（2009—2015）》等文件，全市文化体制改革有序开展并取得了阶段性成果，通过了省委宣传部的验收，被评为全省文化体制改革示范市。二是亮点叠加，群众性文化活动丰富多彩。“三节”文化活动以新年音乐会、元旦剧（节）目展演、春节电视文艺晚会、元宵节系列活动、春节群众文艺汇演颁奖晚会等活动为载体，历时2个多月，起到了鼓舞士气、提升人气、凝聚人心的积极作用。为期3个月的“群星风采”广场文化暨“迎国庆、颂中华”文艺精品展演系列活动，共有6个艺术表演团体演出8场，丰富了广大人民群众的精神文化生活。“三下乡”活动在坚持常下乡的基础上，创新方式，扩大范围，延伸效果，举办大型集中活动，为农村服务，为农民演出，受到了人民群众的广泛好评。三是强基固本，文化事业发展稳步推进。完成文化信息资源共享工程阳泉支中心建设，建立基层站点300个。在全国首家实现了对所有放映队远程实时监控，完成公益放映11616场。24个乡镇综合文化站全部列入国家、省补助范围，15个乡镇文化站、340个村文化活动室、300个农家书屋全部完成基建工程，各县区文化馆的新建、改建全面展开。对全市非物质文化遗产进行了全面普查，投资290万元对重点文物保护单位进行了维修。推荐平定刻花瓷和阳泉煤雕参加了第五届中国（深圳）国际文化产业博览会的展览，阳泉煤雕成功亮相，产品的签约金额超过150万元，并被中国美术馆收藏。平定刻花瓷文化旅游园区被列入全省文化产业发展纲要，刻花瓷精品《盛事昇平》在北京民族文化宫首发，作为向伟大祖国60周年的献礼。 （霍美文）

【精神塑造工作】 2009年，全市宣传系统紧紧抓住构建社会主义核心价值体系这一根本任务开展精神塑造工作，使全市人民奋发向上的精神动力进一步增强。一是以首届道德模范评选活动为重点，社会主义核心价值体系建设有了新成效。在全市广泛开展了首届道德模范评选活动，121名先进典型参选，收到各类选票30多万张，评选出首届阳泉市“十佳道德模范”，20名市民获“道德模范提名奖”。阳泉市推荐的矿区蔡东社区的居民黄代小荣获“全国道德模范”殊荣，受到中央文明委的表彰及党和国家领导人的接见。组织开展了“向国旗敬礼，做一个有道德的人”网上签名寄语、“红信飞歌”短信创作传播大赛等活动，传承红色文化，弘扬时代精神，推动了社会良好道德风尚的形成。基层道德建设活动蓬勃开展，矿区召开了首届道德模范表彰大会，对10名道德模范进行了大张旗鼓的宣传表彰。城区以“倡导团结和谐情，共建生活共同体”为主题，举办了“睦邻文化节”、“邻居节”等活动，促进了和谐社区建设。二是以动态管理为抓手，文明创建水平不断提高。重新修订了《文明单位创建管理办法》、《文明村镇创建管理办法》、《文明社区创建管理办法》，制定了《阳泉市未成年人思想道德建设工作任务分解》。遵循严格标准、认真把关、好中选优、保证质量的原则，认真做好全国精神文明建设先进典型的推荐申报工作，共推荐文明单位标兵12个、文明单位36家。开展全市“文明单位和社会主义新农村建设重点推进村结对帮扶、共建文明村”活动,58个市级文明单位和结对村充分发挥自身优势,在经济、教育、文化、环境、文明五个方面开展共建,积累了共建经验。三是以庆祝新中国成立60周年为契机,爱国主义教育深入人心。“山西省辉煌60年成就展”阳泉展区展览,在更高的宣传平台上立体展示了新中国成立60年阳泉市各个领域取得的巨大成就。庆祝新中国成立60周年书画摄影展通过美术、书法、摄影、剪纸等形式,讴歌阳泉新成就,赞美阳泉新风貌,展望阳泉新生活。“迎国庆、颂中华”大型歌咏比赛共组织100多场，决赛和颁奖晚会将整个活动推向了高潮。“辉煌的阳泉”成就展、庆祝新中国成立60周年知识竞赛、征文比赛、“100位为新中国成立作出突出贡献的英雄模范人物和100位新中国成立以来感动中国人物”评选等活动,隆重热烈,精彩纷呈,得到了社会各界的广泛好评。

（霍美文）

【新闻宣传工作】 2009年,全市宣传系统紧紧抓住壮大积极健康向上的主流舆论这个关键,开展新闻宣传工作,为促进全市经济社会平稳较快发展提供了新支撑。一是抓住工作重点,为学习实践科学发展观活动营造浓厚舆论氛围。全市新闻媒体按照中央和省、市委的统一部署,把深入学习实践科学发展观活动作为宣传重点,《阳泉日报》在晚报、手机报、阳泉新闻网同步推出“学习实践科学发展观”专栏,广播电视在“阳泉新闻”开设了“继续解放思想,推进科学发展”、“科学发展在身边”、“科学发展,时代先锋”等专题专栏,刊发反映全市学习实践活动进展和成效的消息、通讯、评论，共刊发各类署名文章1100多篇,形成了主题集中、形式多样、引导有力的宣传报道局面。二是围绕中心工作,为全市经济社会平稳较快发展提供强力支撑。全市新闻媒体紧紧围绕市委、市政府“统筹城乡、率先转型、全面崛起、富民强市”的发展战略,组织展开重大宣传战役,取得了明显的宣传成效。“三城同创”宣传深入持久,以系列报道、系列评论、部门负责人访谈等形式,对“三城同创”工作取得的新进展、新成就进行了全面报道。经济结构调整宣传不断引深,对改造提升传统产业、发展壮大新型产业、转变经济发展方式等方面的典型进行了全方位宣传。重点工程宣传重点突出,开设“百项工程工地走笔”专栏,开展“重点工程巡礼”采风,对阳盂高速公路、热电联产管网等重点工程进行了突出报道。保障和改善民生宣传丰富多彩,开展了“住房公积金记者行”、“质量和安全记者行”等专题采访,坚持办好“政风行风热线”等广播电视节目和报纸的专题专栏,维护人民群众的利益,促进了和谐阳泉的建设。三是严格管理,确保舆论导向基调平稳。进一步加强新闻工作的领导和管理,坚持定期制定宣传报道方案、新闻通气会制度、新闻“三审”制度、重大问题请示报告制度、舆论监督报道报批和报道实名制度等,召开省级以上新闻媒体驻阳泉市负责人座谈会,建立了新闻管理协调机制。加强互联网宣传管理,阳泉北站网络舆情做到了及时发现、快速报告、全程监控、积极应对,对事态妥善处置起到了非常重要的作用。特别是在处理盂县煤矿爆炸和郊区过境大客车翻车事件过程中,相关新闻发布及时,精确有力,在处理突发事件、引导舆论导向上探索了经验。组织参加了“增强政治素质,提升职业道德,做新时代的优秀新闻工作者”演讲比赛,市广电总台刘晶莹获全省一等奖、国家级金奖。庆祝新中国成立60周年征文活动优秀文章获全省一等奖、全国三等奖。（霍美文）

【山西省科技厅软科学课题撰写】 2009年，市委讲师团利用自身拥有一批政治立场坚定、理论功底深厚、文化知识广博、工作本领过硬的人才优势,积极拓展理论研究渠道，与外单位联合进行课题撰写。年内,市委讲师团与市科技局合作争取到了山西省科技厅的软科学课题《山西农业富民产业培育研究》，并在全省范围内展开有关调研,最终形成了一份有价值、学术含量高的调研报告。文章指出,随着中国改革与发展步伐的加快,农业和农村经济正处在关键变革时期,如何培育富民产业、推进农业和农村经济结构的战略性调整、拓宽农民增收渠道、提高农业的竞争力,对全省调整产业结构和提高农民收入有着重要的意义。文章从全省农业产业发展的现状、全省管理与发展农业富民产业的基本经验、未来农业富民产业发展的趋势和对培育富民农业产业的几点建议四个方面进行了论述。

（张　强）

【新中国成立60周年宣传活动】 2009年是新中国成立60周年,市委讲师团与相关单位密切配合,举办了一系列宣传活动。一是与市委宣传部、市委党史研究室共同组织了新中国成立60周年有奖征文活动,推动了学习实践科学发展观活动的进一步深化。二是与市委宣传部、市委党史研究室共同组织了新中国成立60周年有奖答题竞赛活动,承担了出题、评审等工作,在全市掀起了答题热潮。三是与市委宣传部、市委党校共同组织了新中国成立60周年理论研讨会,收到论文70多篇,评出优秀论文20篇,并集结成册,此次活动极大地激发了全市广大党员干部积极研究、探讨事关阳泉各行各业科学发展的重大理论问题的热忱,有效地推动了理论研究工作的纵深发展和干部理论水平的不断提高。四是在全市纪念新中国成立60周年活动中,理论研究室撰写的《加快文化创新,推进城市发展》获得一等奖,并在《阳泉日报》上刊发。（张　强）

统战工作

【统战系统学习实践科学发展观活动】 2009年，按照中央和省委要求，全市各级统战部和非公有制经济组织先后开展了深入学习实践科学发展观活动。从3月份开始，市委统战部利用5个多月的时间，紧紧围绕“党员干部受教育、科学发展上水平、人民群众得实惠”这个总要求，在党员干部中开展了学习实践科学发展观活动。在学习提高、调查研究阶段，成立组织机构，进行动员部署；采取集中培训、理论研讨、体会交流相结合的方法，引导大家深化理论学习；由部领导带队进行了调研，写出4篇调研文章；广泛征求意见，突出民主特色，党员干部和统一战线成员参学率达到100%，发放“征求意见卡”200余份，征求到各方面意见106条，意见梳理汇总为5个方面25个问题。在分析检查、找准问题阶段，召开了领导班子专题民主生活会和党员组织生活会，撰写了领导班子分析检查报告，组织群众评议并公布分析检查报告。市委统战部向各县区委统战部、各民主党派市委、工商联、侨联负责人及部分党外代表人士发出群众评议表35份，收回35份，满意率达100%。在解决问题和完善制度阶段，修订完善了10项工作制度，新建了3项工作制度，解决了5个方面的问题。

按照中央和省委要求，全市统战系统党外学习贯彻科学发展观工作与党内学习实践活动统筹安排，统一部署，同期推进，同步落实。协商形成了《阳泉市各民主党派、无党派人士深入学习贯彻科学发展观座谈会纪要》，召开动员会，制定了方案。召开全市民主党派、无党派人士学习贯彻科学发展观座谈会和学习交流会，民主党派、无党派成员除了参加各党派和市委统战部牵头组织的活动，还要同时参加所在单位中国共产党党组织的学习、培训等活动。市委书记白云和市委副书记、市长李栋梁到党派机关进行走访调研，极大地激发了各党派的学习热情。民主党派中央领导韩启德、陈昌智等对阳泉市民主党派学习贯彻科学发展观给予了热情关注，做出了重要指示。

全市统战系统学习实践活动呈现出以下五个特点：一是领导高度重视，组织协调到位；二是活动思路清晰，准备工作充分；三是创新方式方法，注重学习实效；四是理论实践结合，开展多种活动；五是抓住突出问题，深入调查研究。阳泉市民主党派、无党派人士的学习贯彻科学发展观活动取得了明显成效，思想、组织、作风建设得到加强，党外干部的社会影响力进一步提升。全市统战系统形成了比较完备的制度体系，建立了初步的长效机制，广大统战干部和统一战线成员的履职能力切实增强，统一战线的共同思想政治基础更加巩固。 （王素琴）

【凝聚力工程】 按照市委确定的“保增长、扩内需、惠民生、调结构、提质量、增活力”的工作部署，2009年，全市统战系统继续大力实施“凝聚力工程”。一是继续引深“新晋商、新形象”活动。着力打造以北京晋商博物馆为代表的一批“凝聚力工程”品牌项目，全省统战系统培训班学员280余人专程前往北京晋商博物馆参观调研，对山西远鑫实业有限公司致力发展晋商文化产业的善举、义举表示充分肯定。2009年冬阳泉市遭遇暴雪后，市华通路桥有限公司等3家民营企业主动承担社会责任，动用大型机械1000余台、出动3000余人参加清雪除冰工作。市华通路桥有限公司董事长王国瑞为盂县中小学校捐赠1万吨过冬煤炭，价值700余万元。市志远工程有限公司董事长王志捐资1800万元建设孤残儿童阳光福利中心。广大非公有制人士致富思源、富而思进的行为得到了社会的广泛好评。在此基础上，按照全省统一要求，全面启动了“万企联万户”感恩行动，计划用3年时间，动员组织广大非公有制经济人士和社会新阶层人士对全市在乡的新中国成立前老红军、老八路、老党员进行结对帮扶，从现金、物资、致富项目和技术等方面给予无偿扶持。全市首届优秀中国特色社会主义事业建设者联合发出倡议，6位非公经济和新社会阶层代表人士带头捐款6万余元，全市2000余名“三老”人员全部纳入帮扶范围，年底时已落实帮扶资金60余万元，结对帮扶户达到200余户。二是广泛开展“献良策、比贡献”活动。以“我为阳泉发展献一策”活动为抓手，组织民主党派和无党派人士等统一战线成员围绕重点调研课题开展集中调研，进行项目攻关，加强总结交流，推动成果对接。共提出提案议案330余件、社情民意和建言献策600余条，撰写调研论文276篇，评出优秀论文74篇，涉及全市经济社会发展的重点成果占到70%以上，被各级领导批示的占到10%。三是大力推动宗教“双五好”活动。积极引导宗教与社会主义社会相适应，以“爱国爱教爱家乡，同心同德构和谐”为主题，以创建和谐寺观教堂为重点，继续组织开展了“创五好场所”、“争五好个人”的“双五好”（“五好”即爱国爱教好、遵纪守法好、勤劳致富好、团结和谐好、教风修养好）星级评比活动。盂县永清寺被评为全省五星级“五好场所”，先进经验在全省进行了典型交流，得到国家宗教事务局、省宗教事务局的肯定；郊区的基督教堂和城区的清真寺被评为全省四星级“五好场所”。评比活动的开展，使宗教界参与社会救助、社会公益和慈善事业的积极性进一步提高。

（王素琴）

【多党合作和政治协商工作】 2009年，市委统战部着力健全多党合作和政治协商制度有效运行的体制机制，积极支持各民主党派履行参政党职能，推动民主党派、无党派人士更加自觉地坚持中国特色社会主义政治发展道路。召开了纪念新中国成立60周年暨多党合作和政治协商制度确立60周年座谈会；召开了全市党风廉政建设党外人士情况通报会，就市委十届六次全会征求了党外人士的意见建议。据统计，全年共组织召开各类民主协商会、工作座谈会、情况通报会30余次，组织民主党派、无党派人士专题调研考察和行政执法检查20余次。年内，市委统战部推荐的10名党外人士特约监察员被市监察局正式聘任。邀请省委统战部有关负责人就民主党派基层组织建设作专题讲座。组织民主党派和部分无党派人士参观了民主党派教育基地——重庆特园、太原孙中山纪念馆、百团大战纪念馆、七亘大捷主战场、郊区旧街乡枣园村。积极支持党派团体突出自身特色，围绕实施“凝聚力工程”，大力加强自身建设。党外人士意见建议的批办、督办和反馈机制得到落实，广大党外人士的参政议政热情和能力明显增强。

（王素琴）

【统战干部培训】 2009年，按照中央和省委、市委的要求，市委统战部组织全市统战干部深入学习贯彻党的十七大和十七届四中全会精神。举办了第六期党外干部培训班，市委书记白云作动员讲话，市四大班子领导为学员们授课辅导，各县区和市直单位近200名党外干部参加了培训。举办了阳泉籍山西省十届政协委员培训班、宗教神职人员培训班、信息员培训班。邀请各级领导和专家进行了多场专题辅导讲座。4名党外人士参加了全省青年党外人士培训班。（王素琴）

【“五个一”系列活动】 2009年，市委统战部以纪念新中国成立60周年、多党合作制度确立和人民政治协商建立60周年为契机，开展了“五个一”系列活动。举办了一次报告会——邀请全国著名经济学家严介和作了题为《打造可持续发展的阳泉经济》的专题讲座；召开了一次座谈会——纪念新中国成立60周年暨多党合作和政治协商制度确立60周年座谈会；开展了一次考察调研活动——全市民营经济发展状况大调研；编印了一套统一战线丛书——《阳泉市统一战线理论与研究汇编》第三集；举办了一次展览活动——统一战线庆祝新中国成立60周年图片展。通过活动，宣传了统一战线60年的辉煌业绩，凝聚了全市统战成员的人心，同时也增强了民营企业回报社会、促进和谐社会建设的意识，增强了非公经济代表人士战胜困难、保持发展的信心。

（王素琴）

【非公有制经济工作】 2009年，市委统战部继续毫不动摇地鼓励、支持非公有制经济发展，积极引导非公有制经济代表人士健康成长。市委、市政府领导春节前深入重点民营企业进行慰问，帮助企业解决发展中的实际问题；会同市工商联、市中小企业局组成专题调研组，走访了全市30余家重点民营企业，召开了8次民营企业发展研讨会，征集意见和建议200余条，撰写了专题调研报告；召开了民营企业家座谈会，市委书记白云出席会议当面听取民营企业的意见建议，对加快发展非公有制经济提出明确要求；开展了全市非公有制企业经营管理人才队伍建设的课题研究，对全市年营业收入100万元以上的非公有制企业中从事经营管理活动的人员的基本状况、行业分布、经营管理人才队伍建设的基本做法、经验以及存在的问题进行了调研分析，并提出了针对性的意见和建议；邀请著名经济学家严介和博士、企业管理专家余世维博士到阳泉进行讲学和开展经贸洽谈；组织全市民营企业家赴井冈山参加了“中国民企发展”专题论坛，对民营企业发展进行面对面“问诊把脉”；借助高校优质资源组织开展高层次培训，60余名民营企业家赴清华大学参加了全市民营企业家高级研修班；积极制定“阳泉市民营经济腾飞计划”，筹备召开全市民营经济工作会议暨“腾飞计划”动员大会，全市非公有制经济发展的制度环境得到进一步优化。

（王素琴）

【统战“三项”工作】 2009年，市委统战部继续坚持调研、宣传、信息三位一体的工作格局，加强组织领导，完善工作措施，健全工作网络，强化队伍建设，召开了三项工作动员会和中期推动会，修订完善考核评比办法，充分发挥三项工作在统战工作全局中的带动性、推动性作用。召开了统战新闻宣传座谈会、统战理论研究会四届一次理事会和统战理论研讨会，征集理论研究论文276篇，评出获奖论文74篇；与阳泉日报社联合举办了“与祖国同行·阳泉统一战线60年”征文活动，收到征文94篇，评出优秀文章58篇，《阳泉日报》登载20篇；认真做好信息的采编和报送工作，全年采编信息217期；认真做好《阳泉统一战线》杂志和网站工作；在山西省第三、四届“统战好新闻”评选活动中，有7篇作品获奖，获奖数量和层次在全省名列前茅。年内，市委统战部被评为全省统战调研、宣传先进单位。（王素琴）

政法工作

【执法监督】 2009年，全市政法机关以维护社会政治稳定和促进公正执法为重点，以解决涉法上访案件、协调督办重大疑难案件为突破口，进一步加大执法监督力度，深入开展执法检查活动，积极创造和谐稳定的社会环境和公正高效的法治环境，维护了社会的稳定。一是积极开展“三争做”活动，治理涉法涉诉信访突出问题。从5月开始，按照省委政法委的统一部署，精心组织开展了政法机关“争做文明接待窗口、争做文明接待员、争做人民群众贴心人”的“三争做”活动。通过加大领导接访、完善信访程序、优化信访环境、加强协调督查、强化综合治理等方式，在全市确定的42件重点市区主要路段的监控器进行了更新改造，并积极将监控范围向社区、居民小区、内部单位等基层延伸。截至年底，全市累计投入资金已逾3800万元，安装治安视频监控器2860个，市、县区两级监控平台全部建成并投入使用，极大地增强了对社会面的实时监控管理能力。此外，在农村开展了“平安互助”工作，截至年底已安装“平安互助”系统397套，邻里互助、震慑犯罪的作用发挥良好。（马 青）

【基层基础工作】 年内，全市各级综治机关大力加强基层基础工作，为各项工作的顺利开展奠定了坚实基础。一是“三项建设”工程成效显著。2009年，全市各级政法机关均把基层基础建设置于各项工作的首位，科学谋划，强力推进，取得良好效果。在信息化建设上，组织全体公安民警开展了全警轮训，进一步增强了政法科技实战效能；在加强执法规范化建设上，全市政法系统开展了规范执法主体、完善执法制度、强化执法监督等工作，规范执法、公正执法水平进一步提高；在推进和谐警民关系建设上，通过主动征求意见、推出便民利民措施、开展“公安民警大走访”爱民实践活动等，进一步拉近了政法干警与群众的距离，提升了政法机关做好群众工作的能力，构建了良好和谐的警民关系。二是综治队伍建设工程稳步推进。全市各级综治委高度重视基层综治队伍的建设，根据基层实际情况，重新调整充实了基层治保会、调委会、专兼结合的联防队等群防群治队伍。截至年底，全市治保会达到2256个7962人，调委会2274个7849人，专兼结合的巡逻队1826支12638人，极大地充实了基层第一线的工作力量。三是素质提高工程逐年加强。把对综治干部的培训工作作为重点，从上到下建立起了市、县、乡、内部单位四级综治培训网络。全年全市共举办市县两级培训班85次，对全市15820名综治工作人员进行了全面系统的培训，有效提高了各级综治工作人员的素质。四是宣传发动工程广泛深入。组织开展了声势浩大的“社会治安综合治理暨国庆安保”大型宣传活动。各县区各部门精心组织，认真实施，结合实际广泛运用广播、电视、报刊以及群众喜闻乐见的知识竞赛、文艺表演等多种形式进行了大张旗鼓的宣传。全市共设立宣传站194个，悬挂横幅标语640余条，制作各种版面360余块，散发宣传材料8万余份，出动宣传车辆78台次，有效加深了人民群众对综治工作的了解。此外，还在全市实施了综治宣传长效战略，在报纸、电台、电视台先后开辟了“111报道”、“法制空间”、“法治中国”等一系列法治专版专栏，进行日常性宣传，切实发挥了法制宣传主阵地的作用。五是综治各专项工作深入推进。各级综治委专项工作领导组认真履行职责，积极协调配合，强合力，求实效，先后开展了创建平安铁路示范路段、整治校园周边环境、流动人口服务与管理、出租房屋专项整顿、刑释解教人员安置帮教、青少年违法犯罪社区预防计划、中国少年儿童行动等工作，取得明显成效，全市未发生涉及铁路、学校师生、青少年、流动人口、刑释解教人员的重大治安、刑事案件，实现了铁路大动脉安全畅通、学校及周边环境稳定、流动人口管理有序、刑释解教人员安居乐业、青少年健康成长的工作目标。（马 青）

机关党的工作

【学习实践科学发展观活动】 2009年，市直机关工委早准备，早谋划，按照市委的总体部署，牢牢把握科学发展观对机关党建提出的新要求，坚持两手抓，既认真搞好自身学习，又负责隶属党组织单位的学习活动，推动机关党建在解放思想上有新认识、在解决重点问题上有新进展、在推进工作上有新成效，确保了学习实效。

一、主题鲜明，重点突出。明确了学习实践活动“固本强基，服务发展”的主题和“统筹指导，创新作为，永葆先进”的活动载体，采取领导带学、集中共学、辅导送学、调研鉴学、网络便学、资料助学、测试考学等7种方法进行学习。特别是按照市委书记白云在听取工委工作汇报后提出的“要针对机关党建面临的新情况、新问题，加强调研，形成调研报告供市委参考”的指示精神，深入开展专题调研，围绕机关党建“能不能服务科学发展？怎样服务科学发展？”进行解放思想大讨论，形成了《建立健全机关党内激励、关怀、帮扶机制的思考》、《关于市直机关党务干部建设的调研与思考》、《学习实践科学发展观应当处理好“三个关系”》、《机关党建要为服务科学发展创新作为》等调研报告和理论研讨文章，为机关党建践行科学发展观学习实践活动找准了切入点。

二、实事求是，务实整改。按照市委要求，工委高质量地召开了民主生活会、撰写了领导班子分析检查报告、组织了对分析检查报告的群众评议，受到市委分管领导和市委指导组的充分肯定。针对存在的不足和基层的期望，积极采取措施进行整改。为增强机关党员在学习实践活动中永葆共产党员先进性、立足本职做奉献的责任感和使命感，召开了“七一”先进党员表彰大会，对基层党组织推荐的140名党员进行了专项表彰，并组织其中的8名先进党员代表，先后到市国税局、水利局等7家单位进行巡回报告，机关近3000名党员听取了报告会；针对隶属机关党组织的活动经费未列入行政预算，机关党建缺乏有力的保障机制，工作开展较难和机关党务干部大多是兼职且无相应待遇等问题，工委积极协调有关方面解决，受到基层党员干部的广泛好评。

三、加强指导，密切协调。根据市委的安排，工委除配合市委指导组指导隶属党组织81个单位的第二批学习活动外，还直接负责市四院、市妇幼保健院、市中医院、国家统计局阳泉调查队、市卫校、市体校等6个单位的第二批和第三批学习活动。对此，工委采取领导分工、全员参与的方法，组成指导组全程做好相关单位的学习指导工作。一方面积极要求各单位党组织认真领会市委精神，配合单位党组从实际出发，找准问题，严格按各阶段各个环节操作，确保规定动作到位；一方面积极参与各单位的思想解放大讨论、领导班子民主生活会、群众满意度测评等，确保各单位规定动作不走样。其中，市四院学习实践活动的做法和经验，被作为全市典型推荐至省委学习实践活动领导组办公室；市技校作为试点单位，得到市学习实践活动领导组的充分肯定；市药监局、市交通局在全市第二批学习活动总结会上交流了经验；市体校把学习实践活动与备战参加全运会相结合，坚持科学方法指导训练，全校有34名学生代表山西参加全运会，取得一金三银三铜的优异成绩，为山西争了光，受到表彰。

为配合学习实践活动有效开展，工委在3月份举办了一期党组织书记培训班；市学习活动领导小组办公室经由工委下发给隶属87个单位的文件、信息全部及时下发，基层单位的学习信息及典型材料均及时在"阳泉机关党建网"发布，较好地反映了机关的学习动态。省委督导组先后到市质检局、市交通局、团市委对学习实践活动进行调研指导，对学习活动给予充分肯定。

（张瑞斌）

【机关党建工作】 2009年，市直机关工委坚持用科学的制度保障党的建设，着力构建完善的机关党建工作格局，不断提高机关党建科学化水平。

一、抓好机关党建责任制落实，加强机关党建工作力度。2月25日，工委召开2009年度工作会议，对市粮食局、市民政局等11个单位2008年度落实机关党建责任制先进单位进行了表彰，各奖励2000元。同隶属的89个基层党组织签订了2009年度市直机关工委创建高标准基层党组织责任书。会后，各基层党委、党总支也都与下属支部签订了责任书，形成了一级抓一级、层层抓落实的工作格局。年中，工委由分管副书记带队对部分单位落实责任制情况进行了抽查。年底，改变过去由工委下去验收的方法，采取抽调隶属党组织单位熟悉党务工作的领导和党务干部，组成5个考核验收小组，对隶属基层党组织的40个单位党建责任制落实情况进行交叉抽查考核，按工委制定的责任制细化打分。这一做法不仅为机关党建工作的开展提供了相互学习和交流借鉴的机会，也使抽调的党务干部对机关党建整体情况有了了解，为进一步做好机关党建工作提供了新的思考。

二、做好抓基层、打基础工作，加强基层党组织建设。年内，机关工委除督促、指导任期届满及委员补选、改选的50多个党组织进行换届选举外，重点抓了在"两新"（新经济、新社会）组织中的党组织建立。据统计，工委隶属党组织单位范围涉及"两新"组织160多个，主要集中在市民政局、市司法局、市审计局、市卫生局。工委按照单独建立支部、联合建立支部、挂靠其他支部、建立临时支部相结合的办法，积极推进此项工作开展。截至年底，工委积极指导"两新"组织主管单位，先后在阳泉东方生殖医院、市登山协会以及13个非国办律师事务所做好党支部建设工作，并指导其开展活动，扩大了机关党建工作的覆盖面。

三、完善流动党员服务管理机制，加强流动党员管理。到2009年年底前，市直机关党组织关系转接的流动党员共99名，主要在市人才开发交流服务中心。工委按照有关要求，在督促市人才开发交流服务中心挂牌成立"流动党员服务站"、设立流动党员咨询服务电话的基础上，指导人才中心努力加强流动党员管理。一是及时为外出流动党员办理"流动党员活动证"，使党员外出期间能够参加流入地的党组织生活。二是实事求是地为预备党员办理转正手续。三是推行流动党员网络化管理。四是健全流动党员登记制度、联系制度、帮扶制度、情况反馈制度和对流动党员定期指导等管理制度。

四、做好对困难党员的帮扶工作。根据市委组织部要求，制定了《市直机关对生活困难党员进行帮扶的实施意见》。春节前，对年收入低于最低生活保障标准的近20名贫困党员每人给予300元补助。国庆节前，按照市委组织部统一部署，对新中国成立前入党的40多名老党员每人给予500元补助。各基层党组织也按工委要求对贫困党员进行了慰问。市劳动和社会保障局把失业中心255名流动党员作为重点帮扶对象，使年龄在"4050"范围内的失业党员大部分实现了再就业。

五、发挥党员先锋模范作用，落实党员承诺制。积极推进实施党员承诺制，各单位以组织有力、党员有为、群众受益为目标，从不同层面、不同岗位确定承诺内容，通过开展党员挂牌上岗、实行首问负责制等一系列"创党员先锋岗"活动，使广大党员干部展示了作为，丰富了承诺制的形式和载体。（张瑞斌）

【党员发展】 2009年，市直机关工委认真贯彻发展党员"十六字方针"，夯实党员队伍基础。严格按照中组部"坚持标准、保证质量、改善结构、慎重发展"的十六字方针，把严格发展程序与增强发展透明度相结合，不断完善"五个环节"（培养、预审、考察、审批、转正），坚持"八项制度"（团委"推优"制度、入党积极分子和预备党员集中培训制度、预审制度、党组织谈话制度、党委审批制度、预备党员集中宣誓制度、督促检查指导制度、责任追究制度及年度党员发展规划),坚持“三公示”(凡党支部确定为重点发展对象的要进行公示,入党积极分子在履行入党手续前要进行公示,预备党员转正前要进行公示),确保了新发展党员的质量。2009年共发展党员152名,其中妇女党员55名、35岁以下党员120名、大专以上学历党员130名。 (张瑞斌)

【党员培训】 2009年,市直机关工委采取分层次、分类别、多形式、全覆盖、整体推进的原则,先后举办了入党积极分子、预备党员、党组织负责人、党务干部、党员及科级以下干部五种类型培训班。每次培训都详细制订计划,专人负责,分类实施,由工委领导带头讲课,严格学时管理,培训结束考试。五类培训较好地配合了学习实践科学发展观活动的开展,机关广大党员的党性修养得到提高。 (张瑞斌)

【机关纪检工作】 2009年,市直机关纪检工作按照市纪检委的统一布置,结合纪念党的纪律检查机关恢复重建30周年和工委党建工作,坚持以落实党风廉政建设责任制为龙头,以树立良好作风、维护党的形象为主要目标,从七方面着手,开展了一系列工作,发挥了应有的作用。一是抓领导,强化责任意识。把党风廉政建设和反腐败工作列为机关党建责任书的重要内容,做到了同党的组织、思想、作风、队伍建设等同布置、同检查、同考核、同奖惩。二是抓分解,完善责任体系。按照党风廉政建设“谁主管、谁负责”的原则和履行“一岗双责”的要求,把全年工作任务分解到工委4位领导和5个落实配合部门,形成了工委统一领导、纪工委协助协调、各部门积极协作,共同承担责任的惩治和预防腐败的工作体系。三是抓载体,推动工作落实。下发了《2009年纪检工作要点》,明确要求各单位结合工作实际,努力营造机关反腐倡廉氛围,建设廉洁高效的服务型机关。四是抓结合,建立长效机制。通过参加隶属党组织单位召开的思想大讨论、民主生活会、转段动员会等,落实党风廉政建设和反腐败斗争的要求,着重解决了一些党员干部中存在的“不敏锐、不干事、不踏实、不干净”等问题,并结合实际建立健全了党风廉政建设的长效机制。五是抓宣教,落实工作规划。在党员培训和支部活动中,把反腐倡廉建设内容列为专题进行辅导。积极开展廉政文化进机关活动,下发了《关于进一步深入开展“廉政文化进机关”活动的实施意见》,要求各单位结合部门实际,具体做好廉政文化进机关活动,为机关科级干部人手一册发放了《警示教育典型案例100例摘编》。参加全市纪检监察系统“迎‘七一’做党的忠诚卫士,当群众的贴心人”演讲活动,市直纪工委选送的选手获个人三等奖,纪工委荣获组织奖。组织党政领导干部党纪条规知识考试,工委隶属党组织中不设纪检组的47个单位的副科级以上领导干部共计771人参加了集中答题,参考率100%,及格率100%。六是抓督查,推进作风建设。根据市委、市纪委对领导干部作风建设情况进行督查的统一安排部署,对市发改委、市经委、市行政审批中心等7个单位的领导班子和领导干部作风建设情况进行了督查。对1名违反规定中午饮酒、打麻将的党员干部进行了党内通报批评。七是抓信访,做好维稳工作。全年共受理党员群众来信来访15件次,其中来信6件次,来访9件次。对在职权范围内的来信3件次和来访3批12人次,全部进行了核实,及时做了妥善处理。 (张瑞斌)

【机关工会工作】 2009年,机关工会工作结合新中国成立60周年、建党88周年,按照“以职工为本”的工作方针开展活动,丰富和活跃了市直机关党员干部的精神文化生活。一是认真做好“五一”立功表彰。采取基层推荐、组织考查、逐级上报的方法,严格选树条件,严把评审质量,确保评选公开公平公正。市直机关有11个先进集体、11名先进个人分别受到省、市立功表彰。其中,市环保局获省一等功,市地税局和市人才交流中心获省二等功,市国税局局长冯成平获省一等功。二是举办市直机关首届运动会。6月至8月,与人保阳泉公司、市总工会联合举办了“市直机关人保财险杯首届运动会”,市直166个参赛代表队1829名运动员参加。比赛分乒乓球、田径、羽毛球、篮球四大类项目,市粮食局、市农业局、市地税局、市经委分获团体第一名。三是做好机关职工大病统筹工作。全年有78人患大病,都按照规定给予了不同金额的报销。

此外,工会在华祥游泳馆举办游泳培训班3期,培训学员300余人;3支网球代表队参加市网协举办的网球排名比赛,打入前六名;推荐10个单位参加市总工会承办的“迎国庆,颂中华”大型歌咏比赛,荣获优秀组织单位奖。 (张瑞斌)

【机关团的工作】 2009年,机关团的工作积极围绕市委中心工作和机关党建工作,开展了一系列活动,把团员青年团结在党的周围,听从党的号召,永远跟党走。市委发出“三城同创,共建和谐家园”号召后,团工委组织150多名志愿者参加了团市委在北山公园举办的“三城同创我先行”启动仪式,参加了卫生大清扫,并做了2块图文并茂的展牌,受到市领导表扬。组织机关团员青年参加了团市委举办的“树团员意识,做时代先锋”主题演讲比赛,开展了“永远跟党走,青春献祖国”主题团日活动等。 (张瑞斌)

政研工作

【调查研究工作】 2009年,市委政研室紧扣市委中心工作和重要部署,抓重点,攻难点,积极主动服务领导决策,服务市委重大决策的贯彻落实,服务基层和人民群众,尽心竭力为阳泉发展当好参谋助手。年内,主要抓了三方面重大决策的制定。

一、关于新时期阳泉如何确立城市发展定位和发展方向的问题。阳泉作为典型的煤炭资源型城市,如何科学定位、明确发展方向,这是需要解决的首要问题。年初,根据市委决策意图,市委政研室对阳泉的发展定位、发展方向、发展模式、产业特色、城市面貌等组织开展了专题调研,提出了"紧紧围绕统筹城乡、率先转型、全面崛起、富民强市这一主题,着力走好转型、统筹、和谐、创新、绿色发展之路,加快建设新型能源、新型材料及装备制造业、现代服务业基地,把阳泉建设成为生态文明、平安和谐的宜居家园和具有较强竞争力的现代化区域中心城市"的战略思路和奋斗目标,并提出了"突破阳泉、全域阳泉、精品阳泉"的"三大理念"。这些新的决策建议得到了全市人民的认可,为凝聚起加快发展的巨大力量发挥了重要作用。

二、关于提高党的建设科学化水平的问题。加强和改进党的建设,提高党的建设科学化水平,是新时期各级各部门如何保障科学发展观落到实处的重大课题。中央七届四中全会和省九届十次全会召开后,市委决定召开十届六次全会,重点研究解决加强和改进党的建设的有关问题。市委政研室在坚持吃透上情、了解内情、掌握外情、摸清下情的基础上,组织有关部门多次座谈讨论,征求意见建议,反复推敲、修改和完善,八易其稿,起草了《中共阳泉市委关于贯彻落实党的十七届四中全会和省委九届十次全会精神,加强和改进新形势下党的建设的实施意见》,对新形势下党的建设的总体要求、存在问题、重大原则、目标任务作了总体部署,并对学习型党组织建设、党内民主建设、基层党组织建设、干部队伍建设、反腐倡廉建设等提出了具体落实举措。

三、关于加快全市民营经济发展的问题。为了鼓励支持民营经济全面跨越和整体腾飞,为民营经济发展创造更优的政策环境,市委政研室与市中小企业局联合起草了《关于进一步加快民营经济发展的决定》、《关于进一步促进民营经济发展的实施意见》,明确了加快民营经济发展的指导思想、基本原则和总体目标,并对放宽市场准入、拓宽融资渠道、优化土地资源配置、推进技术进步、创新人才战略、狠抓扶持政策、完善激励机制和加强组织领导等作了详细规定和制度安排,为使全市的民营经济步入发展的快车道创造条件。

另外,市委政研室还承担了一些重要会议、重要文件、重要讲话的文稿起草任务。起草市委重要文稿、全市重大会议材料20余篇;起草领导讲话、市委汇报材料20余篇;起草领导署名文章、各类汇报等近100万字。这些文稿有的在省、市有关刊物上登载,有的直接进入领导的决策视线,有的经验被全国、全省推广,有的转化到实践层面,有效促进了全市各项事业的发展。

(马贵智)

【学习实践科学发展观活动文稿起草工作】 根据中央和省委部署,从3月初开始,阳泉市分两批在各级党组织和广大党员中扎实开展深入学习实践科学发展观活动。市委政研室全员参与了活动,具体负责有关领导关于学习实践活动的会议讲话、工作报告、汇报、总结等材料的起草,负责市委常委会学习活动各阶段各环节的学习方案、调研材料、民主生活会材料、分析检查报告、整改落实意见、机制创新方案等的起草,以及基层典型经验材料、简报、总结等的综合汇总,同时兼顾省委检查指导组接待任务等。

高起点确定主题载体。学习实践科学发展观活动一开始,市委政研室就对全市贯彻落实科学发展观情况进行了专题调研,并根据调研情况,提出了全市学习实践科学发展观活动的主题为"统筹城乡、率先转型、全面崛起、富民强市",围绕这一主题,进一步明确了活动的实践载体为,在发展路径上,要着力走好转型、统筹、和谐、创新、绿色发展之路;在发展重点上,要加快建设新型能源、新型材料及装备制造业和现代服务业"三大基地";在发展目标上,要把阳泉建设成为生态文明、平安和谐的宜居家园和具有较强竞争力的现代化区域中心城市。学习实践过程中,对照科学发展的要求,通过组织开展继续解放思想、推进科学发展大讨论,提出了"突破阳泉、全域阳泉、精品阳泉"的"三大理念",这些新的理念和决策建议,对于凝聚加快发展的巨大力量、催生全市经济社会发展的新动力具有重要意义。

高标准完成各类材料。活动期间,中央第三巡回检查指导组,省委书记张宝顺,省委副书记、省长王君,省委常委、省纪委书记金道铭,省委常委、省委秘书长高建民,省委常委、组织部部长汤涛等领导先后到阳泉调研指导;省长王君参加市委常委民主生活会;学习实践活动每个批次3个阶段9个环节,市委活动领导小组先后召开12次会议专项部署,每个阶段和环节都进行既符合中央要求、又具有阳泉特点的主题实践活动。所有这些都对材料工作提出了极高的要求,对工作人员提出了巨大挑战。市委政研室全体人员充分发扬求真务实、爱岗敬业的工作作风,始终坚持"工作第一"的要求,加班加点,无私奉献,圆满完成了各类资料起草任务,受到各级领导的好评。一是超前考虑。围绕工作部署,对活动的每个阶段、每个环节,都提前谋划准备,丰富活动内容,精心设计载体,及时总结经验,确保活动取得实实在在的成效。二是严谨细致。在重要讲话、重要汇报材料起草前,组织有关人员共同讨论,结合活动要求,研究拟定材料提纲,在与主要领导沟通后再做修改,力争使材料准确切合工作部署、准确体现领导意图。三是力求创新。在撰写材料时,打破常规,不落俗套,写出新意,写出特色,充分体现市委领导集体贯彻落实科学发展观,对改革开放和现代化建设中重大问题的战略思考和超前思维。四是精益求精。对材料精雕细琢,力求多出精品、快出精品。五是求真务实。既简明扼要,又突出重点,力戒繁杂无味、空话连篇。

高质量完成简报信息任务。起草和编发简报信息工作中,在保证迅速及时、重点突出、特色明显的同时,还注重了三个方面。一是注重把握实践性,紧紧围绕党委和社会关注的热点问题,迅速反映各级各部门的特色做法。二是注重把握规律性,根据活动开展进度,把握好动态信息、过程信息、总结信息的采集、撰写,注重总结归纳,把各单位的好经验、好做法提炼出来。三是注重把握计划性,在较好反映整个活动情况的同时,根据活动开展情况,超前分析和思考,把握信息重点,有针对性地组织采写信息,做到有的放矢。整个活动中,共编写周报25期、简报392期,其中被省级采用58期,为领导掌握活动情况提供了依据。

创新性完成典型经验总结。及时总结和选树了30个不同方面、不同层次的先进典型加以推广,先后推出了一批在全市、全省乃至全国引起强烈反响的先进典型。如科学发展的排头兵——新华东街社区、新农村建设示范村——郊区桃林沟村、优秀村支部书记——李乃珠等,使学习实践活动收到了典型引路、以点带面的效果。年内,在中央、省级新闻媒体发稿1000多篇,其中《人民日报》、新华社、中央电视台、山西电视台、《山西日报》等多家中央媒体和省级主流新闻媒体采访报道30多次;市级媒体发稿3000多篇,社会反响强烈。 (马贵智)

【《阳泉工作》】 为真正给市委、市政府科学决策提供参考资料,为各行各业的发展提供经验借鉴,2009年,市委政研室想方设法积极提高《阳泉工作》办刊质量。强化办刊的宗旨意识、精品意识和时效意识,按照"紧扣中心、唱响主题、特色鲜明"的要求,紧扣中心工作和市委、市政府重大工作部署,强化实施编前策划,突出刊物的政策导向性,着力将内部刊物打造成特色鲜明的精品;以"重要言论"、"本刊特稿"等形式,及时刊发市领导重要讲话,刊登市委重要文件,着力增强《阳泉工作》的权威性、指导性;根据各阶段中心工作要求,刊登本刊编辑部文章,推广介绍部门、县区和基层工作思路和实践经验、做法;紧扣中心工作编辑出刊相关专栏、专辑,为贯彻落实市委决策部署营造浓厚氛围;狠抓《阳泉工作》的编校印刷质量,刊物品位进一步提高;以刊物为阵地,加强与基层的联系,加强与各大中城市的联系,有效扩大社会影响力,提高阳泉知名度;在确保市直、县区单位和乡镇基层的同时,扩大了企事业单位、新经济组织等发送范围,加大了政策宣传的影响力和覆盖面。《阳泉工作》全年出版4期,累计发行3000余份,刊发各类稿件80多篇,计30余万字,在基本覆盖全市各级党组织的基础上,每期与全国80多个大中城市交换刊物,交流研究成果,全面准确地宣传党的理论、路线、方针和政策,及时总结和传播了阳泉经济社会各方面改革发展的新情况、新创造、新经验和新典型,为其他城市了解阳泉架起了桥梁。

(马贵智)

保密工作

【保密组织建设】 2009年6月,根据保密工作需要和干部调整实际情况,市委保密委员会办公室(市国家保密局)提出了市委保密委员会组成人员调整方案,报市委组织部同意,组成了由市委常委、秘书长樊盛武为主任,市委常委、市政府常务副市长王旭明等为副主任,17个相关部门分管领导为委员的市委保密委员会,以市委组织部名义下发了文件。年底,又对市保密局工作人员进行了调整,为保密队伍补充了新鲜血液,为保密部门充实了力量。保密委员会成员和保密局干部的调整,为进一步加强全市保密工作领导,协调各部门力量共同做好保密工作奠定了基础。 (刘彦忠)

【信息安全大检查】 2009年上半年,市保密局、市信息化办公室、市公安局和市国家安全局组成联合检查组,开展了全市信息安全大检查。检查内容包括计算机存储涉密信息情况,计算机和网络安全情况,单位网站安全及安全保密制度制定落实情况,安全保密教育和培训情况。通过检查,及时掌握全市信息安全状况,认真查找隐患,堵塞漏洞,完善了安全保密措施,提高了应急处置能力,确保了全市信息系统安全稳定运行。 (刘彦忠)

【党政机关保密检查】 7月,市保密局组织开展了全市党政机关保密检查,重点检查计算机、移动存储介质、办公网络使用管理情况,同时检查涉密载体清理,保密承诺书签订和相关制度建设情况。为提高检查的可操作性,市保密局提前制订了"保密检查目录"和"检查情况登记表"下发全市各单位,要求各单位高度重视,加强领导,严格检查,务求实效。检查中,全市各级各单位周密部署,成立领导组,制订方案,认真细致地组织检查,对重点部门部位进行重点检查,做到了不漏一人、一机、一盘、一网,确保了保密检查的认真实施和不走过场,实现了以查促防、以查促管、以查促改。

(刘彦忠)

【保密承诺书签订】 5月,市保密局协调市委组织部、市人事局联合印发《关于在全市组织开展保密承诺书签订工作的通知》,组织开展了保密承诺书签订工作。市委、市政府领导高度重视,市委书记白云、市长李栋梁、市委秘书长樊盛武等领导带头签订保密承诺书,为全市领导干部和涉密人员做出了表率。各县区、各单位接到文件后,迅速下发通知,制订方案,指定牵头部门,成立专门机构,按要求组织保密承诺书签订工作。全市有683名涉密人员签订了保密承诺书,为进一步规范涉密人员管理奠定了基础。

(刘彦忠)

【保密监督管理】 2009年,市委保密委员会办公室(市国家保密局)积极开展保密监督管理。一是开展保密审查工作;二是监督国家考试工作;三是强化国庆期间保密工作;四是组织了涉密计算机和移动存储介质登记备案工作;五是和市国土局等部门联合开展了地理信息市场专项整治工作;六是完成国家秘密定点复制单位审核检查工作。

(刘彦忠)

老干部工作

【老干部工作会议】 3月25日,全市老干部工作会议在南山宾馆召开。市委常委、市委组织部部长宋师璇出席会议并作讲话,市委组织部副部长、市委老干部局局长吴墨庭作了工作报告。会议的主要任务是以深入学习实践科学发展观活动为强劲动力,贯彻落实全国、全省老干部工作会议精神,系统总结全市老干部工作,安排部署2009年的任务。会上,对120名离退休干部、33名老干部工作人员、10名离退休干部十佳标兵、10名为老干部服务好的"十佳标兵"、30个离退休干部党支部、10个离退休干部"红旗党支部"、20个离退休干部"先进党支部"进行了表彰。各县区委组织部部长、老干部局局长、市直各单位分管老干部工作的领导、部分企事业单位负责人和老干部代表参加了会议。(穆兆才)

【刘仰良到城区调研指导工作】 4月29日至30日,省委老干部局副局长刘仰良一行到阳泉市城区,就老干部工作进社区情况进行调研。城区从2008年3月开始,积极探索和实践老干部工作进社区的新途径,建立了老干部工作进社区的领导、责任、财政支持三大保障机制,充分发挥社区地域优势、资源优势和服务网络优势,新华东街社区和北岭社区两个试点社区认真贯彻老干部就近学习、就近活动、就近得到关心照顾、就近发挥作用的"四就近"原则,逐步形成了家庭、单位、老干部局、社区、社会组织"五位一体"的服务体系,建立了生活服务站、文化活动站、医疗卫生站、维权工作站和夕阳奉献站"五站式"服务模式,老干部工作进社区取得可喜成效。刘仰良一行在听取工作汇报后,对两个试点社区进行了实地察看,对城区老干部工作进社区给予了充分肯定,认为阳泉市城区老干部工作进社区工作开展得比较深入,比较规范,在全省首屈一指。

(穆兆才)

【新中国成立60周年知识竞赛获优秀组织奖】 在新中国成立60周年之际,市委老干部局积极组织全市广大老干部参加由民政部、中国老龄协会、中国老年报社联合举办的"新中国成立60周年党史知识竞赛"活动。及时购买了2000份刊登竞赛题的《中国老年报》,迅速组织全市各大单位的离退休干部参与答题活动。答题活动中,广大老干部热情高涨,有的为了提高答题的准确性而多次认真翻阅资料,有的四处求教。活动使广大离退休老干部重温了党史军史,同时也激发了他们参与全面建设小康社会、构建社会主义和谐社会、永葆革命青春的政治热情。10月,在广西北海市举行的"新中国成立60周年党史知识竞赛"颁奖仪式上,阳泉市委老干部局被大赛组委会授予优秀组织奖。

(穆兆才)

【老干部活动中心维修改造】 6月,市老干部活动中心筹集50余万元资金,对房屋设施进行了更新,对餐饮部大餐厅进行了全面装修,客房部以前的铝合金门窗全部更换为塑钢门窗。此次维修改造后,客房和大餐厅焕然一新,活动中心的服务条件有了明显提升。(穆兆才)

【激情广场演唱会】 9月15日,市委组织部、市委老干部局在城市广场举办了一场大型激情广场演唱会。全市各县区、市老年大学、市经委等单位组织的老干部演唱队伍共计800余人参加了演唱。市委常委、市委组织部部长宋师璇到会讲话,市领导陈继光、荆东生、李天祥及有关部门负责人观看了演唱会。活动充分展现了广大老干部的风采,促进了老年人健身活动的开展。

(穆兆才)

党校工作

【党校系统2009年度工作会议】 2月26日,阳泉市党校系统2009年度工作会议在市委党校召开。市委副书记、市委党校校长、阳泉行政学院院长郜爱国出席会议并讲话。各县区委分管党校工作的副书记、党校校长、党校副校长,以及市委党校全体教职员工等共计100余人参加了会议。

会上,常务副校(院)长彭喜平作了题为《深入贯彻落实全国党校工作会议精神,努力开创我市党校工作新局面》的工作报告。彭喜平在报告中要求,全市党校系统要紧紧围绕"抓住难得机遇,加快发展步伐;坚持改革创新,实现'四个力争'"的工作目标,要把握大局,认真开展学习实践科学发展观教育活动,力争在涉及党校事业长远发展的战略性问题的解决上有新进展;要巧借全国党校工作会议召开和《党校工作条例》颁布实施的东风,力争在优化党校工作环境上有新变化;要发挥职能,切实抓好理论教育和干部培训,力争在办班层面上和数量上有新举措;要审时度势,努力探索新时期党校教学的新布局、新模式、新方法,力争在教学方向的把握上和教学方法的调整上有新突破。要努力抓好六个方面的重点工作:一是干部培训围绕一个“大”字,充分发挥干部教育培训主渠道作用;二是教学改革突出一个“新”字,不断增强教育培训的吸引力和针对性;三是科研工作强化一个“高”字,努力落实社科研究服务现实的工作要求;四是队伍建设抓住一个“精”字,努力提高教师和人才队伍的整体素质;五是基础建设注重一个“优”字,努力提升管理工作保障能力服务水平;六是机关建设体现一个“强”字,努力推动党校各项事业又好又快发展。

市委副书记郃爱国在讲话中对2008年全市党校工作给予充分肯定,并对2009年全市党校工作提出明确要求。会议印发了《阳泉市党校系统2009年度重点工作目标责任分解》。（李培梦）

【学习实践科学发展观干部教育师资培训班】 5月5日,阳泉市深入学习实践科学发展观干部教育师资培训班开班典礼在市委党校举行。开学典礼由市委组织部副部长杨全生主持,常务副校长彭喜平作动员讲话。此次培训是2009年阳泉市干部教育培训工作计划中的一个重要内容,采取委托北京大学马克思主义学院教学的方式进行。简短的开班仪式结束后,学员乘车前往北京大学马克思主义学院接受培训辅导。

对于此次培训,市委组织部、市委宣传部、市委党校都给予高度重视,认真安排培训计划,确定参训人员,并对做好培训工作提出具体要求。参加培训的对象主要以全市党校系统的骨干教师为主,兼顾其他培训机构和市直相关单位人员,具体包括市委党校、各县区委党校、市委宣传部、市直机关工委、市委讲师团、市电大、市工业干部学校等单位的51名理论骨干及专兼职教师,其中市委党校有25名教师参加培训。培训班从5月6日正式开课,到5月12日结束,为期一周。培训内容主要包括中国当前经济社会前沿热点问题及公共管理知识,课程涉及全球金融危机与世界经济的发展前景、当前群体性事件的特征与对策、资源型城市的经济转型与可持续发展、新医改方案中热点亮点及难点问题解析等12个讲座。

（李培梦）

【军队转业干部岗前培训】 7月3日,阳泉市2009年度军队转业干部岗前培训开班典礼在市委党校(阳泉行政学院)举行。市委组织部副部长、市人事局局长尚永葆出席开班典礼并代表市安置工作领导组作动员讲话,市委组织部副部长杨全生对学员提出具体要求。

2009年转业到阳泉市的军转干部共14人,全部为计划安置。岗前培训时间为7月3日至7月29日。主要开设行政职业能力测验、申论、地方工作相关知识3个单元的课程,涉及当前形势与发展任务、科学发展观的深刻内涵、申论、常识判断、资料分析、判断推理、行政职业能力测验、阳泉经济社会发展情况、军转干部如何端正择业观适应地方工作、加强党性锻炼树立和弘扬良好作风等方面内容。

（李培梦）

【选聘高校毕业生到村(社区)任职岗前培训】 7月25日至27日,为期3天的全市选聘高校毕业生到村(社区)任职岗前培训在市委党校举办。培训期间,特别邀请省科协副主席王德贵,省科普惠农计划领导组办公室副主任、省人力资源研究会秘书长王重一,以及阳泉市有关部门领导和专家授课,同时安排农村基层干部现身说法,培训结束后进行了考试。通过岗前培训,使大学生“村官”进一步深化认识,增强信心,明确任务,把握方向,为下一步开展工作奠定了基础。

（李培梦）

【新时期侨联工作培训班】 8月11日、12日,阳泉市新时期侨联工作培训班在市委党校举办。省侨联党组书记李体柱,市委常委、市委统战部部长杨永生,副市长刘兆林出席开班仪式。

此次培训的主要任务是深入学习实践科学发展观,认真贯彻刚刚结束的第八次全国归侨侨眷代表大会精神,不断提高广大侨界成员的自身素质,切实增强他们的爱党、爱国、爱乡意识,进一步开创侨联工作的新局面。培训中,广大学员学习了科学发展观知识、新时期侨联工作知识和第八次全国归侨侨眷代表大会精神,并到市建工申华暖通设备有限公司、郊区荫营镇南区新城建设工程等地进行参观调研。

（李培梦）

【新任县级干部和中青年干部培训班】 9月16日,全市新任县级干部和第八期中青年干部培训班在市委党校举行开班仪式。市委副书记、市委党校校长、阳泉行政学院院长郃爱国出席开班典礼并讲话。市委常委、市委组织部部长宋师璇主持开班典礼,市委党校常务副校长彭喜平和市电大校长吉云辉分别就新任县干班、中青班教学进行安排。

培训从9月16日开始,到12月中旬结束,学制3个月。全市5个县区71家单位的168人参加培训,其中,新任县级干部69人、中青年后备干部99人。培训采取集中课堂讲授与网络在线选学相结合、以在线选学为主的培训方式,实行学分制考核管理,学习情况作为干部考核的重要内容。培训以学习把握党的十七届三中、四中全会精神和科学发展观为主要内容,同时,针对当前社会热点难点问题及全省、全市经济社会发展情况进行研究探讨。通过培训学习,广大学员的党性修养得到锻炼,思想政治素质和学习实践科学发展观的能力得到明显提高。（李培梦）

【预防职务犯罪法制教育基地揭牌】 11月19日,阳泉市预防职务犯罪法制教育基地揭牌仪式在市委党校举行,市人民检察院检察长胡克勤和常务副校长彭喜平共同揭牌。作为在全省11个市级党校中率先成立的预防职务犯罪法制教育基地,将在市预防职务犯罪工作领导组的领导下开展工作,由市委党校、市人民检察院和阳泉行政学院共同组织承办,旨在进一步健全和完善预防职务犯罪的教育管理体制,不断探索预防职务犯罪法制教育的新方法新途径,完善教育手段,充实教育内容,提高教育的生动性和实效性。法制教育基地的建立,标志着阳泉市预防职务犯罪工作和预防机制建设取得新突破,对于进一步推进党风廉政建设和反腐败工作的深入开展,筑牢拒腐防变思想道德防线,有效遏制和减少职务犯罪,将起到积极的作用。

阳泉市预防职务犯罪法制教育基地成立后,市委党校立即将预防职务犯罪法制教育纳入各类主体班教学计划,切实加强预防职务犯罪法制教学的组织和研究,切实做到预防职务犯罪法制教育进教材、进课堂、进头脑。 (李培梦)

【干部教育培训"课题库"得到充实】 为使干部教育培训适应时代发展要求,增强培训的针对性和实效性,7月21日,市委党校对50个教学课题进行集中评审,以充实干部教育培训"课题库"。早在2007年,阳泉市委党校就启动实施了课题申报制度,组建起了"课题库",在专兼职教师自行申报课题的基础上,由市委组织部、市人事局和市委党校等有关部门领导组成"专家团",通过听课、讲评、筛选等形式,建立起了可供各类主体班进行菜单式教学的"课题库"。该教学"课题库"实施动态化管理,随时更新补充新的教学专题。这一教学改革的尝试,不仅激发了广大教师的工作积极性和责任心,也为年轻教师提供了一个成长成才的舞台,同时进一步增强了教育教学的针对性和广大学员的学习热情。 (李培梦)

【干部教育教学改革探索】 近几年,阳泉市委党校按照中央关于"大规模培训干部、大幅度提高干部素质"的要求,紧紧抓住提高教学质量和教学水平这个关键,从转变教学理念、创新教学方式、完善教学内容、强化教学手段、整合教学资源入手,狠抓教学培训的改革与突破,干部教育工作取得新的成绩,得到了市委、市政府和社会各界的肯定,为阳泉经济社会又好又快发展提供了强有力的人才保证和智力支持。

干部教育工作中,市委党校不断创新干部教育培训手段,积极构建干部教育"大培训"的链条,初步形成了以研究式教学为主导,以研讨式、案例式、现场式、远程式、学员论坛等教育培训方式为一体,以多媒体教学为载体,课堂讲授和在线教育相结合,适合干部继续教育特点的多样化培训学习方式。在各类主体班上,大力推广"2+X"、程式教学、案例式教学、双向交流等教学新理念、新方法,不断提高学员学习的积极性、主动性、参与性。在2007年全省党校、行政学院系统教学经验交流和优秀教学成果评奖暨优秀教师表彰会上,阳泉市委党校荣获全省市级党校唯一的"优秀教学成果一等奖",教学教改工作得到省委党校的充分肯定。 (李培梦)

【党校系统第二届校园文化艺术节】 9月7日至10月20日,市委党校成功举办了全市党校系统第二届校园文化艺术节。艺术节的活动主题是"我与时代共奋进,喜迎祖国60华诞;我为党校作贡献,扎实推进五名目标(创名校、出名师、著名篇、育名生、建名园)"。在为期一个半月的活动期间,先后组织举办了开幕式暨专场文艺晚会、篮球邀请赛、乒乓球比赛、华牌比赛、演讲比赛、模特展示赛、书画摄影手工作品展、校园歌手大赛暨闭幕式8项主体活动,参加人数近3000人次,极大地丰富了广大教职工和学员的文化生活,增强了教职工和学员的凝聚力、向心力。 (李培梦)

关心下一代工作

【当代青少年核心价值观培育】 关心下一代工作是退休老干部发挥余热、老有所为的重要舞台,是培育当代青少年核心价值观、为和谐社会建设作奉献的重要阵地。2009年全市"五老"(老干部、老战士、老专家、老教师、老劳模)队伍更加壮大,由1993年市关工委成立时的2000余人发展到了5600余人,他们对关心下一代事业执著追求,在传承、关爱、引导、培育青少年社会主义价值观活动中,发挥了重要作用。平定县东锁簧村退休教师胡克敬,老伴下肢瘫痪已9个年头,但他情系青少年健康成长,一心扑在关心下一代事业上,他和其他12名退休老教师组成关爱青少年宣讲团,编写出讲稿50余篇,印发宣传材料2000余份,先后到21所中小学办讲座、作报告130余场;他用轮椅推着老伴写黑板报200余期;针对部分学生存在的花钱攀比心理,编写出了"教育学生比什么"的顺口溜;看到有学生逃学、抽烟,马上编写了"人以德为本,从小做个好公民"、"八荣八耻"歌谣印发到各学校学生手中;在锁簧村老少活动中心开辟政治思想教育馆,制作了五块展版,宣传毛泽东思想、邓小平理论、"三个代表"重要思想和科学发展观,用本村改革开放以后经济大发展、社会大进步、生活大改善的具体数字和生动事例宣传新中国成立60年的辉煌成就,对广大青少年进行爱国主义教育,取得了非常好的效果。

以"五老校外辅导员"为核心的城乡校外辅导站是培育青少年社会主义核心价值观的又一重要阵地。新华东街社区关工委主任李冬花,虽然身患残疾,但她为了青少年的健康成长呕心沥血,在开展校外文化活动中不断开拓创新,先后组织开展了少年军训、爱国主义电影周、阳光广场大家唱、童谣伴童年等活动,使广大青少年从这些生动活泼、多姿多彩的活动中受到教育。由于工作突出，年内，李冬花被评为全国关心下一代先进工作者。

（冯素红　张　琛）

【“中华魂”读书活动电视演讲大赛】 2009年“中华魂”《祖国在我心中》主题读书教育活动是以庆祝新中国成立60周年为主题进行的。此次读书活动与往年相比参加人数更多，范围更加广泛，效果更加突出。不仅有中、小学生，还有社会青年，其中包括大学生村官和市劳教所35岁以下的劳教学员，全市大约有15万人参加。

广大青少年在认真通读课本的过程中，紧密联系祖国60年来发生的翻天覆地的变化，通过大量真实的事例和数字真切感受了伟大祖国所取得的举世瞩目的辉煌成就，抒发了对祖国的热爱。与此同时，还自觉联系个人学习、工作、生活实际，讲了自己思想认识上的转化和提高过程。通过层层选拔，参加全市读书演讲预赛的有71人，19名优秀选手在复赛中脱颖而出参加电视决赛。经过激烈角逐，最终朝阳小学的王思睿获得一等奖，大学生村官王耀昌、矿区地税局的王维娅获得二等奖，平坦街小学的毛柯人、市一中的葛梦喆和平定实验小学的郭怡获得三等奖。《阳泉日报》对演讲电视决赛及时作了报道，晚报教育周刊整版刊登了部分选手的演讲稿，阳泉电视台连续三次播放了决赛全过程，读书活动取得了良好效果。（冯素红　张　琛）

【关心下一代农村基层组织建设试点工作】 2008年关心下一代农村基层组织建设大同现场会召开后，市关工委确定平定县东锁簧村为“南学东鲁村、北学刘官庄”关心下一代农村基层组织建设试点村。东锁簧村500余户2700余人，在校学生170余人，成立关工委组织比较早，12位离退休老教师在多年前就成立了关爱青少年宣讲团，凭着对关心下一代事业的执著和热爱，做了很多工作。2009年，东锁簧村在平定县关工委的帮助下，主要做了四方面的工作：一是调整了领导班子，优化了班子结构。村、校两个关工委合并成1个关工委，由村党支部书记兼任关工委主任，村主任和学校副校长任副主任，选出1名老干部任关工委常务副主任，处理日常工作。二是壮大了“五老”队伍。该村原有“五老”26人，年内又有27人投身于本村关心下一代工作。三是优化整合了现有教育设施。把原有的设备、设施经过合理组合，建起青年政治思想教育馆、青少年图书阅览室、法制科技远程教育厅和家长学校，创办了《关爱之花》刊物，定期举办青少年书法班等。四是建立健全各项长效工作制度，使关工委的工作逐步走向制度化、规范化。东锁簧村为全市农村关心下一代工作的稳步开展起到了积极的表率作用。（冯素红　张　琛）

【网吧监督工作】 2009年春，阳泉市关工委认真贯彻落实中办发〔2009〕6号文件精神，会同文化部门在原有的基础上新聘任了112名责任心强、身体健康的“五老”网吧监督员，召开动员大会，颁发监督证，并采取以会代训的形式进行岗前培训，对市内网吧进行监督。之后，全市1680名义务网吧监督员主要采取三种方式，对601个网吧实施了有效监督。一是主动接近业主，同他们交朋友。一方面向业主宣传《未成年人保护法》和有关案例，引导他们依法经营文明经营，另一方面启发他们换位思考，经过义务监督员善意的批评教育，许多网吧业主主动接受监督，依法经营。二是疏堵结合，发挥学校、家庭、社区三位一体的综合教育功能。积极动员学校、家庭、社区齐抓共管，全方位营造良好氛围，引导青少年文明上网。三是在网瘾青少年的转化上下功夫。“五老”网吧监督员除引导青少年远离网吧外，更注重用诚心、耐心、爱心做网瘾青少年的转化工作。据不完全统计，在“五老”帮助下，全市累计已有近400名青少年从痴迷网吧中解脱出来，深受家长和学校的欢迎。（冯素红　张　琛）

【双先表彰会】 为了表彰在关心下一代和依法监督网吧工作中成绩显著的集体和“五老”个人，12月29日，市关工委牵头，会同市精神文明办、市委老干部局、市文化新闻出版局召开了全市净化社会文化环境，促进未成年人健康成长先进集体和“五老”先进个人表彰大会。市委常委、市委秘书长樊盛武出席会议并作讲话。市关工委领导对近几年全市关心下一代工作和“五老”网吧监督情况作了全面总结，对20个先进集体、46名先进个人进行了表彰。会上，平定县东锁簧村关工委委员胡克敬、西营盘社区义务网吧监督员马连昇分别作了《退休没有享清闲，关心下一代再贡献》、《发挥余热构筑网吧“防火墙”》的经验介绍。

（冯素红　张　琛）

纪检监察工作

【党风廉政建设责任制】 2009年，市委常委会先后6次就落实党风廉政建设责任制等反腐倡廉建设工作进行专题研究。特别是市委书记白云、市长李栋梁多次就党风廉政建设和反腐败工作推进中的重大问题作出重要指示，确保了全市反腐倡廉建设领导有力、扎实推进。市委、市政府和市纪委分别出台了《关于进一步落实党风廉政建设责任制工作的意见》、《党风廉政建设责任制考核实施办法》和《党风廉政建设责任制责任追究暂行办法》，进一步完善了各级领导抓分管工作与管人、管事、管安全、管信访、管廉政的“一条龙、五到位”责任体系。全市各级领导班子和领导干部自觉按照市委、市政府和市落实党风廉政建设责任制领导组的部署和要求，坚持“两手抓、两手都要硬”，把反腐倡廉工作与部门业务工作紧密结合起来,主要领导亲自安排部署、亲自督促落实、亲自检查考核,坚持深化改革,创新制度,积极探索建立惩治和预防腐败的长效机制,推进了各项重点工作任务的落实。年底,根据省委的有关精神,市落实党风廉政建设责任制领导组、市惩治和预防腐败体系建设领导组联合印发了《阳泉市2009年度落实党风廉政建设责任制推进惩治和预防腐败体系建设检查考核实施方案》,第一次将党风廉政建设责任制考核与惩治和预防腐败体系建设检查结合进行,进一步增强了责任制考核工作的针对性、科学性和实效性。

(穆成明)

【重大决策部署落实监督检查】 2009年,全市各级纪检监察机关提前介入,主动服务,切实加强对中央、省、市有关扩大内需促进经济增长各项政策措施落实情况的监督检查,同时注重发挥各监督主体的作用,形成工作合力,确保国家资金安全、工程质量安全和干部廉洁安全。加强对行政审批窗口实行集中办公和"一条龙"服务的监督,确保在最短的时间内落实好项目资金、建设用地、环保等各项建设条件。同时,积极督促项目业主抓紧完成项目施工招标、设备及大宗材料采购等前期准备工作,确保中央投资项目早开工、快建设、早见效。在监督检查中,对分属13个行业的141个新增中央投资项目的建设情况、资金到位和管理使用情况进行了覆盖所有项目的监督检查。对监督检查中发现的上级投资计划转发和资金划拨不及时、地方配套资金不到位、项目审批和建设程序不规范以及擅自提高建设标准、改变建设内容、扩大投资规模等问题及时提出了整改意见。特别是对平定县人民医院病房楼工程、阳泉十五中宿舍楼改造工程存在的问题,责成有关部门向市政府和市效能办作出深刻书面检查;及时向平定县人民政府、矿区人民政府下达了监察建议书,限期整改。会同市发改委、市交通局,对中央投资项目中涉及的35个公路项目(共计100公里)开工情况进行了联合检查,对因主管领导监督不到位或履行职责不到位造成的以旧顶新、以次充好、里程不足等现象,按照先帮助规范、责令限期整改、对拒不落实整改的再依法处罚的"三步式"方法,提出了整改意见,督促有关部门和项目建设单位及时整改。

(穆成明)

【反腐倡廉宣传教育】 2009年,阳泉市坚持以领导干部为重点,把反腐倡廉教育纳入各级党校、行政学院和其他干部教育培训机构教学计划。全市组织开展了"五个一"反腐倡廉教育,以贯彻落实中央出台的《关于实行党政领导干部问责的暂行规定》等4个党内重要法规文件为重点,在全市副科级以上党员干部中组织开展了党纪条规知识考试;编印完成了《阳泉领导干部廉洁从政手册》;启动建设了一批党风廉政教育基地;选树宣传了一批勤政廉政的先进典型;举办了"清风阳泉"党风廉政建设主题文艺晚会,在全市营造了尊廉崇廉尚廉的浓厚氛围。邀请省纪委副书记李正印为全市副县级以上领导干部800余人作了反腐倡廉教育专题辅导报告,教育和引导全市广大党员干部自觉做清正廉洁的表率。 (穆成明)

【《城乡规划法》专项执法监察】 2009年,市纪委监察局牵头组织市规划、建设、国土、财政、审计等部门组成联合检查组,对《城乡规划法》和房地产开发中违规变更规划、调整容积率问题开展专项执法检查,共受理核查群众举报12件,发现问题8大类,涉及项目300多个,查办、移交案件12件,处理责任人6人,提出监察建议、工作建议39条,收回规划配套费、罚款等各种费用5974.35万元。通过专项执法检查,有效地规范了房地产开发领域对变更规划、调整容积率的管理,防止了规划审批环节腐败问题,促进了城乡规划依法行政和房地产市场的健康发展,推进了全市的惩治和预防腐败体系建设。 (穆成明)

【信访积案化解工作】 2009年,全市各级纪检监察机关大力开展了"信访积案化解年"活动。市、县区两级纪检监察机关排查出越级访、集体访、重复访、上访老户及矛盾纠纷积案53件,化解36件,办结6件。同时,全面引深省纪委安排的"百名信访干部百日下访"活动,在保证市纪委每月10日定点窗口照常接访的情况下,对信访问题多、群众上访较为突出的县区,由市纪委分管领导带领信访干部开展下访,实现了"双窗口"接访。"双百下访"活动中,共接待上访群众87批次198人,及时处理了29件群众信访问题,帮助协调解决涉法上访、群众关心的热点难点上访16件。

(穆成明)

【纠正不正之风和政风行风评议工作】 2009年,全市纪检部门清理整顿15个部门涉农价格和收费项目24项,减轻农民负担2143万元,查处制售假劣农资等坑农害农行为17起;在全市16所二级以上医院全部实行药品挂网招标,全年药价下降幅度32%,查处非法渠道购进医疗器械等案件46起;严肃查处公路"三乱"案件,严格纠正不规范执法行为,给予行政记过、免职、责令作出书面检查、训诫谈话14人,没收违法所得16.7万元,配合省纠风办一次性撤销阳泉境内二级公路收费站6个;查处违规设立收费项目等教育乱收费案件5起,上缴财政罚没款33万元,清退违规资金8.3万元,平定县、盂县和郊区相继成为全国规范教育收费示范县区。

在连续五年受到省政府表彰的基础上,不断深化民主评议政风行风活动,改进评议方式,规范创新"政风行风热线",注重评议成果运用,全年解决处理问题369个,群众满意率达到95%以上,民主评议政风行风更加贴近基层、关注民生、服

务群众。 （穆成明）

【“奋飞杯”惩防体系建设征文】 为深入学习实践科学发展观，以改革创新精神推进惩治和预防腐败体系建设，2009年，由市惩治和预防腐败体系建设领导组办公室主办、阳泉日报社和阳泉铝业股份有限公司协办，在全市开展了“奋飞杯”深入学习实践科学发展观、扎实推进惩防体系建设征文活动。全市各级各部门党员干部以及社会各界的专家学者踊跃参与，共收到征文235篇，评出一等奖3名、二等奖6名、三等奖12名、优秀奖19名和优秀组织奖6名，并将获奖作品集结编印了《阳泉市“奋飞杯”惩防体系建设征文集》，市委书记白云亲自为该书作序。征文活动不仅吸收了许多对推进惩防体系建设有针对性的、有价值的对策和建议，而且在全社会营造了共同关注、共同推进惩防体系建设的良好氛围。 （穆成明）

【煤焦领域反腐败专项斗争】 2009年，阳泉市认真落实省委、省政府关于煤焦领域反腐败专项斗争集中整治阶段的部署和要求，对全市110座煤矿、68家煤炭加工销售企业和245家非煤矿山企业各项费、税的欠缴情况和市县35个涉煤管理部门进行了两次全覆盖集中清查，截至年底，共追缴各类资金10.59亿元。根据检查反映出的突出问题，开展了打击非法采矿“2009利剑行动”和严厉打击倒买倒卖票据行为工作，取得阶段性成果。将省纪委提出的在煤炭资源整合中防止违纪违法问题的标准和原则，贯穿于兼并重组整合工作的全过程，加强监督检查，确保了全市兼并重组整合工作圆满完成，走在了全省前列。畅通举报渠道，拓展案源线索，积极推进案件查办工作，各级专项办共受理群众信访举报63件，立查46件，结案25件，给予党纪政纪处分59人，移送司法机关7件9人。注重建立健全煤焦产业健康发展的长效机制，县区和重点涉煤部门制定的110项制度，经过筛选上报省专项办23项，并在盂县召开了制度建设推进会，认真抓好制度的落实。 （穆成明）

【狠刹“三股歪风”专项治理工作】 根据2008年度党风廉政建设责任制考核中群众满意度测评反映出来的问题，2009年，市纪委在全市针对性地开展了狠刹“三股歪风”（机关干部工作日中午饮酒、党员干部参与赌博、领导干部利用婚丧嫁娶等事宜大操大办借机敛财）专项治理工作，集中对全市各部门各单位的作风建设和工作纪律等情况进行明察暗访，对发现问题的70人次进行了督促整改。对13名违反有关规定的党员干部（其中县处级领导干部3名）给予党纪政纪处分或组织处理。 （穆成明）

【大要案件查办】 2009年，全市各级纪检监察机关坚持“五个到位”，切实加大案件查办工作力度，始终保持查办案件工作的强劲势头。一是协调机制发挥到位。注重发挥全市各级纪检监察机关在反腐败案件协调机制中的牵头作用，进一步健全完善了与检察和公安、审计等部门的联合办案机制。二是案件查办投入到位。进一步加大办案工作投入，购置办案设备，保障办案经费、交通用车，并选配工作能力强、素质高的年轻干部参与办案工作，充实办案力量。三是主动出击到位。突出重点领域，主动出击，着力查处了一批重点领域和关键环节的违纪违法案件，保持了查办案件的高压态势。四是严格标准到位。严格遵循初核、立案、调查、审理等工作的权限及程序，严格遵守有关规定和要求，确保了依纪依法办案、安全文明办案。五是治本功能发挥到位。严格执行“一案一总结，一案一剖析”制度，积极利用典型案件对党员干部进行警示教育。

2009年，全市各级纪检监察机关共受理群众来信来访以及电话举报550件次，比2008年下降18.52%。各级纪检监察机关共初核案件线索103件，比2008年增长30.38%；立查90件，增长16.88%。通过查办案件，全市共处分违纪党员干部165人（其中县处级干部15人、乡科级干部50人），增长42.24%；给予党纪处分107人、行政处分73人、双重处分15人；移送司法机关12人、刑事处理16人、失职渎职责任追究96人，为国家和集体挽回直接经济损失2923.50万元，案件查办工作走在全省前列。8月召开了新闻发布会，公布了全市各级纪检监察机关2009年查处的14起典型案件，引起较大的社会反响。10月，市委将党风廉政建设和反腐败工作情况，向全市各民主党派、工商联负责人和无党派人士进行了通报。 （穆成明）

【源头治理腐败工作】 2009年，全市各级纪检监察机关认真落实党政领导干部问责制，对盂县、郊区发生13起森林火灾涉及的91名相关责任人（其中县处级干部4人）依纪依规作出处理。认真落实《党内监督条例》，市县两级纪检监察机关对23名领导干部进行了函询，对76名领导干部（其中22名县级干部）进行了诫勉谈话，对78名新提拔县级干部进行了廉政鉴定。制订了“阳泉市聘请特约监察员办法”，聘请10名特约监察员。注重发挥人大代表、政协委员在反腐倡廉建设中的作用，注重听取党风监督员、特约监察员的意见和建议，进一步强化了社会监督。不断加大对较大采购资金、重点采购项目的监督力度，全年共执行财政集中采购预算7910万元，实际采购6970万元，节约资金940万元。完成对11名领导干部离任或任中经济责任审计，查出各类违纪违规金额1.95亿元，并针对查出的问题，提出整改建议34条。认真组织开展“小金库”专项治理工作，对查出的702.67万元全部予以纠正。按照中央和省的有关要求,对全市行政许可和非许可项目进行了再清理再规范,取消66项,到年底,保留行政许可项目367项,非许可项目114项。市直41个部门的262项审批事项纳入市本级行政审批电子监察系统运行,各县区行政审批电子监察系统建设有序推进。 (穆成明)

【基层党风廉政建设】 2009年,全市基层党风廉政建设工作按照抓基层、打基础的要求,抓重点,破难点,解决了一批影响农村改革发展稳定的突出问题。全市139个重点村、难点村、矛盾纠纷村的党风廉政建设工作得到加强,为新农村建设提供了坚强保证。集中开展了农村集体清产核资工作,全市所有乡镇都设置了资金管理台账,960个行政村全部成立了纪检监督小组。市农廉办印发了24万张"强农惠农政策明白卡",免费发放到农户手中。针对农村村支两委换届后的实际,全市共举办各类培训班115期,培训农村干部5017人次,其中村支两委主要负责人全部受训。稳步推进农村"三务公开"工作,郊区被命名为"全国村务公开民主管理示范单位";城区、矿区紧紧围绕城市社区民主决策、民主监督、民主管理,建立健全了《社区党务、居务公开制度》等制度,积极探索工矿型城市社区党风廉政建设的新路子。建立了全市企廉工作联席会议制度,开展了专题调研,进一步推进了国有企业党风建设和反腐倡廉工作。

(穆成明)

人大工作

【十三届人大四次会议】 5月22日至26日,阳泉市第十三届人民代表大会第四次会议在阳泉宾馆举行,应出席会议代表283名,实际到会271名,列席人员118名。会议听取和审议了市人民政府代市长李栋梁作的《阳泉市人民政府工作报告》、市人大常委会主任孙水生作的《阳泉市人民代表大会常务委员会工作报告》、市中级人民法院代院长王志刚作的《阳泉市中级人民法院工作报告》和市人民检察院代检察长胡克勤作的《阳泉市人民检察院工作报告》。会议审议了《阳泉市人民政府关于阳泉市2008年国民经济和社会发展计划执行情况与2009年国民经济和社会发展计划草案的报告》、《阳泉市人民政府关于阳泉市2008年总预算和市本级预算执行情况及2009年总预算和市本级预算草案的报告》,并通过了《关于阳泉市人民政府工作报告的决议》及其他相应决议。会议选举李栋梁为市人民政府市长、王志刚为市中级人民法院院长、胡克勤为市人民检察院检察长。会议还收到代表提出的议案、建议、批评和意见194件。经大会主席团审议通过,将《关于加强我市食用农产品质量安全监管的议案》列为大会议案。

(张俊福)

【依法行使重大事项决定权】 2009年,市人大常委会紧紧围绕全市工作大局,依法行使重大事项决定权。一是为有效发挥计划预算对经济社会发展的宏观调控功能,常委会根据国家宏观政策和阳泉市实际情况,密切关注经济运行走势,听取和审议了市政府《关于2008年市本级财政决算情况的报告》、《关于2008年市本级财政预算执行及其他财政收支审计情况的报告》、《关于2009年上半年国民经济和社会发展计划执行情况的报告》、《关于2009年上半年财政预算执行情况的报告》,提出了加强宏观调控、增加政府公共投资、推进产业结构调整、加强税收征管、严格预算支出、规范项目库管理、加强政府性投资监管等意见;对审计中发现的问题,要求认真加以研究,狠抓整改落实,促进了市十三届人大四次会议批准的国民经济和社会发展计划的完成与财政预算目标的实现。二是为推动中小企业健康发展,常委会听取和审议了市政府《关于全市中小企业民营经济发展情况的报告》,立足阳泉实际,明确提出优化政策环境、健全服务体系、构建发展平台、解决融资困难、加强人才培养,促进中小企业健康发展。三是为推动农业产业化加快发展,常委会在认真组织视察调研、听取市政府专项工作报告的基础上,作出了《关于加快全市"3+2"农业产业化富民工程实施步伐的决议》,强调认真落实中央强农惠农政策,建立目标管理体系,加大科技支持力度,提高农民综合素质,建设特色农业生产基地,加快农业现代化步伐。四是为推动旅游产业快速发展,常委会组织有关部门开展了旅游产业发展的专题调研,组织旅游部门赴外省考察取经,提出了加快旅游业的对外开放,建设高素质专业队伍,加强旅游景点基础设施建设,提高旅游产业的辐射能力、融资能力和经济效益等意见建议。五是为推动循环经济扎实发展,常委会听取和审议了市政府《关于工业废弃物治理及综合利用情况的报告》,要求政府搞好规划指导、依法加强监管,充分发挥税收调控和经济杠杆作用,有效促进技术进步和产业发展,形成有利于节约资源、保护环境的生产方式和消费方式,扎扎实实推动循环经济发展。六是为推动重点项目建设顺利发展,常委会按照市委的总体部署,密切关注项目建设的进展情况,在深入调查论证、认真听取市政府专项工作报告的基础上,先后作出了《关于批准阳泉市新北大街建设项目贷款的决议》、《关于批准市桃河公园河道梯级蓄水二期工程等五个项目贷款的决议》,并督促政府有关方面健全管理机制、控制债务规模、防范财政风险、切实加强项目管理和资金使用监管,确保项目顺利实施,确保资金安全并充分发挥效益。七是为确保安全生产措施落实到位,有效遏制重特大安全事故发生,常委会听取和审议了市政府《关于全市安全生产工作情况的报告》,针对一些企业安全责任落实不够、安全生产投入不足,以及安全生产监管体制不顺等问题,要求政府严格目标管理、改进监管方式、完善监管机制、落实监管责任、加大监管力度、严肃责任追究,确保全市安全生产形势继续保持良好态势。八是针对就业压力很大、社会保障扩面征缴难度加大、维护劳动者合法权益任务繁重等问题,常委会听取和审议了市政府《关于全市劳动就业再就业和社会保障体系建设情况的报告》,要求政府进一步加大工作力度,在解决新增劳动力就业上实现新突破,在完善社会保障制度上有新举措,在发展和谐劳动关系、维护劳动者合法权益上有新成效,努力实现经济增长与促进就业和社会保障协调发展。九是为推进新型农村合作医疗制度的实施,常委会听取和审议了市政府《关于全市新型农村合作医疗工作情况的报告》,明确提出,要增加大病报销病种、上调报销标准、严格控制医疗费用不合理增长,并提高信息化管理水平、加强基层卫生机构建设,真正方便群众、惠及群众。十是为保证食品安全,保障公众身体健康和生命安全,常委会听取和审议了市政府《关于全市食品安全工作情况的报告》,针对食品生产经营规模化、现代化程度不高,食品供给的对外依存度较高,食品企业通过质量管理规范认证的较少、安全监管体制和机制没有理顺等问题,要求政府加强食品安全法律法规、基本知识的宣传普及,加大对食品生产、流通、消费各个环节的监管力度,严厉打击各种制售假冒伪劣食品的违法行为,完善食品安全工作的组织机构和运行机制,提高全市食品安全监管的科学化水平。十一是为促进城市管理行政执法工作再上新台阶,常委会听取和审议了市政府《关于城市管理行政执法工作情况的报告》,要求政府切实加大城市管理行政执法力度、全力打好市容环境整治攻坚战,努力提高城管执法队伍整体素质,进一步提升城市管理水平。十二是为促进社会救助工作健康发展,常委会听取了市政府对《关于全市社会救助工作的审议意见》办理情况的汇报,要求进一步完善管理体制,加强服务网络和信息化建设,有效整合社会资源,确保有关政策和相关资金落实到位,提高社会救助的整体效能和服务水平,最大限度地保障城乡困难群众的基本生活。　(张俊福)

【关注和促进环保工作】 2009年,市人大常委会着力推进人居环境建设,组织对市污水处理厂、阳煤集团四矿矸石山、郊区太阳石矸石综合利用砖厂等企业进行视察调研,听取和审议了市政府《关于全市工业废弃物治理及综合利用工作情况的报告》;组织对城区、矿区和开发区城市建设、规划、管理情况的视察调研,听取和审议了市政府《关于创建国家园林城市工作进展情况的报告》、《关于全市城市管理行政执法工作情况的报告》;常委会组织有关行政执法部门和新闻宣传单位,开展了以“保护环境,建设宜居家园”为主题的“2009阳泉环保行”活动,深入全市12个重点工矿企业,对矸石山综合治理、耐火产业结构优化节能减排、龙华口水电站建设等情况进行了采访报道,对郊区污水处理厂建设缓慢、市污水处理厂处理流程不规范等提出批评,形成了人大法律监督、新闻舆论监督、群众社会监督的合力。通过这些综合措施推进城乡建设和环境保护工作,督促解决了一些突出环境问题,为改善城市环境、建设宜居家园、提升城市品位起到了推动作用。

(张俊福)

【干部任免】 2009年,市人大常委会坚持党管干部、充分发扬民主、严格依法办事的原则,认真做好被任命人员任前法律考试、任职提请、供职发言、任免表决、任免材料整理归档、媒体公布任免结果等工作,全年依法任命21人次,依法免职14人次,保证了市级国家机关的正常运转,为全市经济社会发展提供了组织支持。　(张俊福)

【法律法规实施情况监督】 2009年,市人大常委会紧紧围绕依法治市重点工作,认真开展执法检查,促进有关法律法规有效实施。先后对《中华人民共和国劳动合同法》、《中华人民共和国土地管理法》、《中华人民共和国未成年人保护法》等14部法律法规的实施情况进行了检查和调研。配合全国、省人大常委会,对《中华人民共和国森林法》(修订草案)、《山西省劳动合同条例》(草案)、《山西省社会治安综合治理条例》(草案)、《山西省城乡规划条例》(草案)等立法工作进行了调研,积极反映人民群众的意见和建议。

(张俊福)

【工商部门工作评议】 对执法部门进行工作评议是推进依法治市的重要途径。2009年,市人大常委会采纳人大代表建议,首次对省管执法部门进行工作评议。在对市工商局的工作评议中,围绕全市工商系统在优化投资环境、指导服务各类企业和经济主体、行使市场监管职责、行政执法、接受人大监督等方面的工作情况,采取听取工作报告、深入调查研究、开展民意测评等方式进行评议,向被评议单位及其省主管部门、市政府提交了评议意见,并加强对评议意见落实的跟踪督查,促进了全市工商行政管理部门依法执法、严格执法、文明执法。

(张俊福)

【代表工作】 2009年,市人大常委会从坚持和完善人民代表大会制度出发,积极探索加强代表工作的途径和方法,支持和保障代表依法履职。一是健全代表工作制度。在逐项修订和完善已有制度的基础上,制定出台了《关于加强市人大代表闭会期间活动的工作规范》和《关于代表重点建议督办办法》,对充分发挥代表作用具有重要意义。市十三届人大四次会议审议通过了《阳泉市人民代表大会议事规则》、《阳泉市人民代表大会及其常务委员会讨论、决定重大事项的规定》,推进了代表工作的制度化、规范化建设。二是加大代表培训力度。坚持为代表订阅相关报刊、寄送学习资料,组织代表活动及外出考察,为代表知情知政、增强履职能力提供条件。三是搞好闭会期间的代表活动。每次常委会会议都邀请一些代表列席,鼓励代表积极发言,对"一府两院"及常委会工作提出批评意见;经常组织代表开展视察调研和执法检查,参加各种听证会、座谈会,鼓励代表依法履职。四是认真办理代表议案建议。市十三届人大四次会议共收到代表议案建议194件。为提高办理质量,常委会针对性地听取和审议市政府有关专项工作报告,开展专项执法检查,并采取集中交办、重点督办、跟踪检查、听取代表反馈意见等做法,进一步加大督办力度。年底,代表议案建议答复率为100%、办结率为52.1%,承办单位与代表的"见面率"为96%,代表对办理结果的满意率为95%,代表议案建议的作用得到进一步发挥。在省人大"影响山西民主法制建设10项业绩"评选活动中,反映阳泉市人大工作的"跟踪督办代表议案、保护娘子关水源地"获提名奖。五是大力宣传代表履职业绩。开展了"我的履职故事"有奖征文活动,广大代表积极参与,对加强代表工作起到了很好的作用。在省人大"感动山西的人大代表"评选活动中,王铁锁、邵喜获"感动山西的人大代表"称号,李乃珠、李秋林、杨敬典获"感动山西的人大代表"提名奖。

(张俊福)

【纪念地方人大设立常委会30周年活动】 2009年是地方人大设立常委会30周年。阳泉市人大常委会按照"热烈、简约、实效"的原则,先后通过召开座谈会、举办书法展、开展征文活动、发行纪念邮折、编印履职画册、媒体开辟专栏及举办专题节目等10余项活动进行纪念,取得良好效果。大型书法展以"坚持和完善中国的根本政治制度"为主题,以提高全社会对人民代表大会制度优越性认识为主旨,分八个部分布展,全面系统、形象生动地宣传了人民代表大会及其常委会的性质、地位和作用。另外,积极参与省人大常委会组织的系列纪念活动,选送纪念文稿52篇30万字、书画和摄影作品80幅,全面系统地反映了全市各级人大常委会的工作成绩。

(张俊福)

【人大新闻宣传】 2009年,市人大常委会加强对全市人大宣传工作的指导,各工作机构加强同市级新闻单位的协作,先后召开了人大新闻工作座谈会、人大研究工作座谈会、人大信息工作座谈会、人大文学创作座谈会、人大代表履职故事有奖征文活动表彰会。同时,建立健全了与党委宣传部门和新闻单位的联系制度、人大信息报送制度、新闻发布制度、表彰奖励制度、通讯员工作制度等。全年在市级新闻媒体发稿500余篇,编辑《阳泉日报·人大广角》15期、"阳泉新闻综合广播·人大之声"52期、"阳泉电视台·人大之窗"12期,编印《阳泉人大》期刊6期。向省人大编报工作信息100余条,居全省人大系统第二位。在省人大好新闻评选活动中,阳泉市获得二等奖1名、三等奖2名。

(张俊福)

政府工作

综合工作

【经济发展概况】 2009年,阳泉市面对国际金融危机的严重冲击和深层次结构性矛盾的困扰,面对保增长、保民生、保稳定的繁重任务,市委、市政府深入贯彻落实科学发展观,团结依靠全市人民,迎难而上,奋力拼搏,较好地完成了全年经济社会发展的各项目标任务。

*国民经济保持平稳增长,综合实力继续增强。*2009年,全市地区生产总值348.71亿元,按可比价格计算,比2008年增长7.1%。其中,第一产业增加值5.85亿元,增长6.8%;第二产业增加值199.27亿元,增长4.0%;第三产业增加值143.59亿元,增长12.4%,三次产业的比例为1.7∶57.1∶41.2。

*农业经济稳步发展。*2009年,全市第一产业固定资产投资完成5.31亿元,比2008年增长12.8%。全市农作物种植面积5.7万公顷,增长1.4%。粮食总产量21.96万吨,减产0.3%。肉类总产量1.1万吨,增长6.0%。禽蛋产量1.97万吨,增长57.6%。全年完成退耕还林和荒山荒地造林面积0.7万公顷,全市森林覆盖率达到23.1%。

*工业经济平稳运行。*全市规模以上工业企业实现增加值170.4亿元,比2008年增长2.6%;实现销售收入466.46亿元,增长12.7%;实现利税84.57亿元,增长15.5%。建筑业生产稳步增长,全年建筑施工企业完成增加值15.1亿元,增长18.9%。

*服务业投入大幅增长,旅游业快速发展。*2009年全市服务业固定资产投资完成138.71亿元,增长102.9%。"藏山、娘子关、百团大战"三大品牌龙头景区带动作用势头强劲。翠枫山、药林寺、大阳泉古村开发等重大服务业项目加快实施。在这些因素带动下,全市国际、国内旅游市场快速发展,全年全市接待国内游673.8万人次,增长14.8%;旅游收入46.79亿元,增长4.2%。邮电通信业继续快速增长,全市全年完成邮电业务总量27.75亿元,增长56.3%。

*财贸金融运行稳健。*全市财政总收入完成78.09亿元,增长14.6%;一般预算收入完成29.77亿元,增长13.8%。全年社会消费品零售总额完成149.45亿元,增长21%。市场物价继续保持结构性上涨。金融机构人民币各项存款余额

405.23 亿元,比年初增长 17.4%;各项贷款余额 293.08 亿元,比年初增长 29.9%。保费收入达 14.87 亿元,比 2008 年下降 2.7%。

外贸进出口大幅下滑。全年海关进出口总额完成 9355 万美元,下降 39.5%。其中,出口下降 55.3%,进口增长 15.6%。全年使用外商直接投资 8990.9 万美元,增长 84.2%。 (师红艳)

【经济发展中的重大举措及成效】 2009 年,阳泉市狠抓经济工作,同时加快发展社会事业,使发展成果最大限度地惠及全市人民。

一、加大经济结构调整力度,转型发展步伐不断加快。面对严峻的经济形势,坚持扩大投资需求,拉动经济增长,促进转型发展。年初确定的 166 个重大项目(工程)中,开工 148 项,竣工 56 项,年内完成投资 194.4 亿元。中信焦化、金街购物广场等一批项目竣工投产;冀东 200 万吨干法水泥、金隅通达 15 万吨复合耐火材料、昌鑫 40 万吨有机复合肥、鑫磊 50 万吨电石、3652 尿素、吉天利循环经济科技园区等一批项目稳步推进;河坡 2×30 万千瓦、娘子关 2×60 万千瓦、山西国际能源 2×100 万千瓦等一批电力项目前期工作进展顺利。重点工程项目的建设,带动了全社会固定资产投资的大幅度增长。按照省委、省政府统一部署,煤炭企业兼并重组整合第一阶段工作基本完成。全市地方煤矿数量由 157 个整合到 53 个,年生产能力由原来的 3503 万吨增加到 4760 万吨。产业水平显著提高,安全生产状况明显改善,生态环境得到了有效保护。以旅游、商贸、物流、信息为重点的现代服务业加速发展,全市产业结构呈现出不断优化的态势。

二、积极推进统筹城乡发展,"三农"工作成效明显。认真落实各项惠农政策,各级财政加大对农业农村的倾斜力度,其中用于农业基础设施建设、农业产业化、小城镇建设的投入和种粮补贴达到 2.85 亿元,增长 32.6 %。全力推进种植区域化、养殖规模化和加工系列化。全市粮食播种面积达到 5.94 万公顷,其中杂粮种植面积达到 13846.67 公顷,粮食产量达到 22 万吨。年内新建日光温室 95.33 公顷、大棚 23.33 公顷,蔬菜种植面积达到 7333.33 公顷,蔬菜产业总收入超过 2 亿元。新增核桃种植面积 1000 公顷,累计达到 10533 公顷。全市畜牧业收入达到 6.2 亿元。大寨核桃露、田园乳业、三来食品等农业产业化龙头企业带动作用明显。农民专业合作社累计发展到 520 个。统筹城乡发展 16 项工程深入推进,集体林权制度改革扎实开展,"以城带乡、以煤补农、工矿帮农"的新农村建设长效机制逐步形成,工矿商贸企业帮扶新农村建设到位资金 1000 余万元。全市 31 个新农村建设示范村、69 个重点推进村带动作用逐步显现。完成移民搬迁 22 个村 661 户 2285 人。积极落实"家电下乡"、"农机下乡"、"汽车摩托车下乡"等惠农政策,提升了农村消费水平。

三、大力开展"三城同创",生态建设和基础设施建设再上新台阶。积极推进主要街道整饰、基础设施配套、城中村和棚户区改造等十大工程。保晋路、广阳路、泉东路等 9 条涉及居民出行的城市道路建设工程稳步推进;阳五高速平定至盂县段等一批重大基础设施工程全面开工;龙川热源投入运行,中低压电网改造工程基本完工;龙华口水电站、娘子关水源地保护等一批民生工程建设进度加快;赛鱼路大修、太旧高速坡头和平定两个出入口改造、新天地商业广场等一批重点市政工程顺利推进。城市"净化、绿化、亮化、美化、硬化"等各项工作成效明显。全年完成各类造林 7613 公顷。建成区绿化覆盖率达到 38.64%,人均公共绿地面积达到 8.83 平方米。重点区域市容环境整顿力度不断加大,城市生活垃圾无害化处理率达到 91.02%,污水处理率达到 82.24%。城市照明和景观亮化工程全面完成。全市二氧化硫和化学需氧量减排提前完成"十一五"目标。市区二级以上天数达到 353 天,城市形象有了较大提升。

四、高度关注民生,各项社会事业全面发展。继续大幅度增加财政对民生领域的投入。"村通硬化路"、"村通广播电视"、"乡镇文化站"、"万村千乡"市场工程、新型农民养老保险 60 岁以上老人基本养老金的发放实现了全覆盖;"中小学校舍安全改造" 覆盖率达到 70%以上;"农村安全饮水"覆盖率达到 80%以上;"县乡村三级卫生服务体系"基本形成。全市新增就业 2.2 万人、创业就业 5000 人。累计开工新建各类保障性住房 82.55 万平方米。城乡低保实现了应保尽保。积极实施义务教育阶段教师绩效工资制度。市县政府机构改革有序推进。事业单位分类改革试点前期工作扎实开展。医药卫生体制改革全面启动。工商、质监与食品药品安全监管工作进一步加强。体育事业健康发展。五个县区整体进入全国人口和计划生育优质服务先进行列。国防动员和国防后备力量建设成效明显,阳泉市被评为全国征兵工作先进单位。民族、宗教、外事、侨务、对台工作不断加强,人防、气象、地震、测绘、史志、文物、档案工作继续推进,老龄、妇幼、残疾人、慈善救助和红十字会等社会事业都取得了新的成绩。积极开展甲型 H1N1 流感防控工作。抗击雪灾取得了重大胜利。全市安全生产事故死亡人数比 2008 年下降 28.7%,安全生产形势持续稳定好转。公路超载得到有效治理。高度重视信访工作。严厉打击各类违法犯罪活动,圆满完成国庆安保任务。社会治安综合治理取得明显成效,人民群众安全感满意度测评在全省名列前茅。

五、扎实推进民主法制进程,精神文明建设不断加强。自觉接受人大的工作监督和政协的民主监督,认真听取社会各界人士和人民群众的意见和建议。全年共办理人大代表建议和政协委员提案508件。积极推进“法治阳泉”建设，深入开展“五五”普法，公民法制观念逐步增强。大力加强政务、企务、村务公开工作，基层民主制度不断完善。政府系统廉政建设责任制全面落实，行政监察和审计工作进一步加强。煤焦领域反腐败专项斗争深入开展。扎实推进群众性精神文明创建工作，涌现出一批文明单位、文明乡村和社区。重视和加强未成年人思想道德教育。扎实推进文化体制改革，大力加强先进文化建设。围绕国庆60周年，组织开展了展示阳泉建设与发展成就的一系列活动，极大地鼓舞了全市人民热爱阳泉、建设美好家园的士气和信心。

(师红艳)

【经济与社会发展中的困难和问题】 2009年，阳泉市经济与社会发展虽然取得了一些成就，但仍存在许多困难和问题：经济增长的内生力还不足，自主创新能力还不强，长期积累的发展方式粗放、经济结构不合理等深层次矛盾依然突出，经济对煤炭的依赖性较大，新兴产业发展相对缓慢；农业稳定发展和农民持续增收的基础还不稳固；就业、医疗、教育、住房、收入分配等工作与人民群众的要求还存在差距；一些干部思想解放程度不够，开拓创新精神不足；政府职能有待于进一步转变，作风建设亟待加强等。

(师红艳)

人事工作

【公务员录用工作】 按照山西省的统一部署，阳泉市人事局在2009年初向省申报全市行政机关公务员录用计划的基础上，从5月中旬开始，历时6个多月时间，组织实施了全市行政机关公务员录用工作。此次全市各级行政机关(含参照管理单位)计划录用146名公务员(含参照管理人员)，报名人数为3557人，通过报名资格审查2622人，平均竞争比例为1∶20。因报考人数不达规定比例取消15个录用职位，在录用程序结束后主动放弃录用资格4人，最终录用人数为127人。并对新录用人员进行了为期12天的初任培训，举行了公务员上岗宣誓。

(李智胜)

【援川抗震救灾先进集体和先进个人】 按照省委办公厅、省政府办公厅《关于做好全省援川抗震救灾先进集体和先进个人评选推荐工作的通知》精神，2009年，阳泉市认真开展了援川抗震救灾工作先进集体和先进个人的推荐评选工作，经过层层民主推荐，全市共推荐上报先进集体19名、先进个人18名，在认真审核、综合考虑事迹突出程度，并主动征求纪检、组织、计生等部门意见的基础上，按照省规定以评选名额1∶2比例申报的要求，经市委、市政府同意，向省上报了6名先进集体候选单位和8名先进个人候选人。最终，省委、省政府授予阳泉市民政局、阳泉市卫生局、阳泉市消防支队3个单位“山西省援川抗震救灾先进集体”荣誉称号，授予王骞元、张明、高彩霞、薛银拴4人“山西省援川抗震救灾先进个人”荣誉称号。

(李智胜)

【专业技术人员继续教育工作】 2009年，市人事部门以计算机应用能力培训考试为重点，扎实开展专业技术人员继续教育工作，不断提升队伍素质。全年参加全市教育、卫生、煤炭、财会等系统开展的专业知识培训的专业技术人员达6000余人次，完成了年度目标任务。组织计算机应用能力培训考试12期，累计9500个模块，及格率为87%。

(史俊敏)

【职称评聘】 2009年，市人事部门继续深化职称制度改革，进一步加强职称评聘管理工作。及时部署开展年度评审工作，按照省市年度评审工作安排意见，完成了群众文化、图书、艺术、档案、工程、新闻、中小学教师等系列的职称年度评审工作，评审中、初级职称283人，初聘初级职称60人；分批次推荐各系列高级职称参评人员282人，委托中级参评人员68人；继续在乡镇企业和民营企业中开展中级职称评审工作，扩大了职称评审服务范围。

(史俊敏)

【人才队伍建设课题研究】 8月至11月，根据市委人才工作领导组和市委组织部的部署，市人事部门牵头组成课题组，全面普查了包括省管单位在内的全市企事业单位专业技术人员状况，走访了9家重点单位，采取定量分析与定性研究相结合的办法，撰写出了质量较高的研究报告，为制订全市人才发展规划纲要提供了比较科学和翔实的依据。

(史俊敏)

【事业单位公开招聘制度】 按照国家《事业单位公开招聘人员暂行规定》和山西省《事业单位公开招聘人员暂行办法》，结合阳泉市实际，2009年，市人事局会同市委组织部，下发了《阳泉市事业单位补充人员实行公开招聘暂行办法》，规范了事业单位进人制度，确保了用人上的公开、公平、公正。8月，联合市教育局成立了以市长为组长的招聘工作领导小组，严格招聘办法，严守操作规程，严肃组织纪律，面向社会为市实验中学公开招聘了16名教师。

(王瑞平)

【工资审批】 2009年，市人事部门认真落实工资晋升机制，对市直机关事业单位工作人员进行了级别和薪级工资调整。全年共为涉及职务变动、正常调动、新进人员、退休的市直机关单位的465人和事业单位的1396人办理了工资审批。完成了全市义务教育学校绩效工资工作，9月底前，全市所属义务教育学校教师基础性绩效工资全部兑现。

(王丽华)

【军转安置】 8月，市人事部门依托市行政学院对13名军转干部进行了岗前培训，营职以下干部参加了全省统一组织的公务员录用考试。9月,按照全省的统一部署,拟制了阳泉市的安置工作计划,并给相关单位下发了通知。10月底前,5名营职干部全部安置到市级公、检、法和工商等部门工作。认真做好自主择业军转安置干部管理服务工作,积极发挥职能作用,推荐自主择业军转干部到地方民营企业工作,提供就业政策咨询,及时发放取暖费和独生子女费,并积极协调财政、劳动等部门为自主择业军转干部申请医疗保险费。 (张中美)

【人事考试】 2009年,市人事考试中心不断规范考务环节,加大科技投入,引进电子屏蔽仪、电子探测器、无线电监测仪等科技手段,保证了人事考试的公平公正,维护了人事考试的严肃性和公正性。全年组织人事考试工作30多次,参考人员达25600多人。在完成国家规定考试任务的同时,不断探索拓展社会化考试的新路子,积极为外地市县提供考试服务,在全省人事考试系统有了较高的声誉和影响,市人事考试中心的公信度得到社会进一步认可。 (皇甫慧芳)

【人事干部能力建设培训】 6月26日,由市人事局主办,市人事考试中心承办的为期5天的全市人事干部能力建设培训在国家高级公务员培训中心结束,阳泉市人事系统的54名学员参加了培训。

担负培训任务的国家高级公务员培训中心对办好这期培训班非常重视,集中优秀教学资源,专门邀请国家人力资源和社会保障部人事司司长王志明和政策研究司副司长徐月高、人事科学研究院院长王通讯等长期从事人事人才领域政策理论研究的专家教授进行授课。培训内容立足于当前与长远,涵盖了宏观政策理论、形势及趋势分析、科学发展观与能力建设等多个方面,并就当前人事人才领域的热点难点问题进行了互动式探讨。此次高层次培训,进一步提升了全市人事系统干部队伍整体素质。 (皇甫慧芳)

【高校毕业生就业见习工作】 2009年,市人事局下发了《关于做好2009年度高校毕业生就业见习工作的实施意见》。经多方努力,确立了市卫生局、矿区教育局、开发区管委会、市计生服务中心、泉美大酒店、天元商厦、林里粉末有限公司和阳泉移动公司8家单位为阳泉市首批高校毕业生就业见习基地,之后又相继确立了44个见习单位,共接纳370余名大学生参加就业见习。见习期为3个月至12个月,每人每月生活补助600元,分别由政府财政、见习单位各补贴300元。这一工作的开展,不仅有效提升了高校毕业生的就业能力,也为阳泉经济社会的可持续发展储备了大量的人才。8月,主办了以"传递关怀,伴你成长"为主题的2009年促进高校毕业生就业公益性招聘会暨高校毕业生就业见习系列活动,共提供945个就业岗位供高校毕业生选择。

(冯 慧)

【人才服务工作站】 11月20日,市人才中心在南庄煤炭集团有限责任公司、太原理工大学阳泉学院(阳泉职业技术学院)、市广播电视总台、阳泉日报社和华通路桥集团有限公司设立人才服务工作站。人才服务站隶属本单位管理,业务上由市人才开发交流服务中心提供指导。作为公益性服务平台,人才服务工作站在运作过程中充分利用现有人事人才资源,扩大人事人才部门与企业之间的人才合作,搭建政企沟通平台,创造条件最大限度地为企业和人才提供服务。(冯 慧)

【高层次人才引进】 2009年,阳泉市通过"内引外联、内外并举"等多种手段,在以本地人才市场招聘、参加海外高层次人才引进活动为主要平台的同时,还积极主动与清华大学等重点高校保持联系,争取引进高层次人才。全年共引进硕士以上研究生46名(市第一人民医院18名、公务员考录7名、太原理工大学阳泉学院19名、村官2名)。此外,接受阳泉市户籍的硕士研究生以上高学历人才人事代理人员47名。在山西海外高层次人才服务周活动中,以"项目+人才"为手段,邀请9位美国、加拿大籍的海外人才到阳泉市考察,其中4人与市口腔医院、市肿瘤防治研究所、市外国语学校达成7个科技研发和合作项目,并在全省签约仪式上草签了合作文本,涉及生物医药、基因诊断仪器试剂、保健康复用品、合作研究、联合培训、推荐外教、学术交流等内容,阳泉市在引进国外高层次人才和智力方面迈出重要步伐。(冯 慧)

【女性人才专场招聘会】 2月28日,阳泉市首届女性人才专场招聘会开幕,市委书记白云,市委常委、市委组织部部长宋师璇,市人大常委会副主任段存寿、吴丽萍,市政协副主席赵永红等领导出席了开幕式。此次女性人才专场招聘会由市委组织部、市人事局、市妇联主办,市委人才办与市人才开发交流服务中心共同承办,有46家用人单位进场招聘,提供了近1000个就业岗位。通过一天的交流,达成意向1208人,涉及近200个岗位,其中女性人才占90%以上。女性人才专场招聘会的成功举办,对于构建阳泉市广大女性人才平等就业平台,拓宽女性人才的就业渠道、在全社会营造有利于女性就业和创业的良好环境有着重要意义。(冯 慧)

【公共管理知识培训】 4月9日至27日,市人才开发交流服务中心在市行政学院举办了公共管理知识培训班。全市两县三区、开发区和市直各单位共计1000余名聘用制干部参加了培训。此次培训以更新知识、开阔视野、启发思路为目的,以知识更新、综合素质和实际工作能力的提高为重点,课程有针对性地设置了通用能力、公共管理、公共行政、公共政策、国情、省情、市情等内容。培训方式既注重面授课程的实用性和专业性,又兼顾培训形式的多样性,采用现代多媒体技术,开通了干部教育远程在线课程。通过培训,使全市的聘用制干部进一步增强了贯彻落实科学发展观的自觉性和坚定性,切实提高了他们解决实际问题和驾驭工作的能力。

(冯 慧)

【人才交流与服务】 2009年,市人才开发交流服务中心充分发挥人才市场在人才交流中的主渠道作用,采取集中型、集市型、日常型招聘相结合的办法,为供需双方提供全方位、多角度的服务。坚持每月8日、18日、28日三次的集市型交流会制度,全年共举办集市型人才交流会36场,500余家用人单位参加招聘,进场人数4.8万余人次,达成意向率70%,创造了历史最好成绩。日常型人才招聘活动也开展得有声有色,上门求职登记和网络登记人数逐月增加。不断规范人事代理,对人员档案进行了全面清理,查漏补缺,人事公共服务职能得到深化。

(冯 慧)

机构与编制管理

【市县政府机构改革】 市县政府机构改革是2009年的一项重点工作。按照省委、省政府的统一安排和部署,阳泉市认真贯彻落实中央和省关于机构改革的精神和要求,加强组织领导,周密安排部署,积极稳妥实施,各项工作有序推进、进展顺利。一是充分酝酿准备,为改革工作顺利实施奠定良好基础。二是抓住关键环节,切实搞好各部门"三定"工作。三是加强指导督促,确保市县政府机构改革同步推进。此次改革从6月22日开始,到12月11日结束。重点加强了农业和农村工作的综合管理,整合完善工业和信息化、交通运输、煤炭行业的管理体制,整合人力资源和社会保障、文化与广电、住房与城乡建设等部门职能,理顺食品药品监管体制,对涉水事务实行一体化管理,加强以改善民生为重点的社会管理和公共服务部门建设,强化服务功能,规范议事协调机构。县区政府机构改革按照省、市的有关要求,机构设置与市级政府机构基本对应,合并了一些职能相同或相近的部门,以体现本级政府的功能特点。改革后市政府工作部门为32个,另设2个部门管理机构;平定县、盂县、郊区设置政府机构为24个,城区20个,矿区19个,充分体现了中央、省关于地方政府机构改革的精神,体现了行政管理体制改革适应全市经济社会发展的需要。(史旭东)

【事业单位分类改革】 2009年4月全省事业单位分类改革电视电话会议召开后,阳泉市就把事业单位分类改革摆上重要日程,积极着手准备,主要做了五项工作。一是及时向市委、市政府主要领导和市编委领导汇报事业单位分类改革有关情况,认真学习中央、省关于事业单位分类改革精神,科学把握分类改革的指导思想、基本原则、目标任务、实施步骤和时间安排,进一步统一思想,提高认识。二是为确保改革工作整体顺利推进,成立了以市长、市编委主任为组长的市事业单位改革工作协调组。三是组织相关科室人员,由市编办领导带队,专程赴省编办事业处学习有关政策业务和基本做法,提前学习掌握政策,积累工作经验。四是深入开展事业单位分类改革调研,对市直事业单位进行摸底调查,全面掌握市直事业单位的职能、人员编制、经费形式等基本情况,对事业单位进行模拟分类,在此基础上,研究起草阳泉市《事业单位分类改革方案》和《事业单位清理规范和分类改革的实施意见》,经市编委会审议后,市委常委会于9月22日审定通过。五是召开全市事业单位分类改革动员大会,安排部署事业单位分类改革工作。11月18日全市政府机构改革暨事业单位分类改革动员大会召开,对全市事业单位分类改革工作进行了全面安排部署,全市的改革将在2011年底前完成。

(史旭东)

【机构编制管理】 2009年,市机构编制管理部门认真贯彻执行中央、省、市机构编制管理规定和办法,完善制度措施,加强监督力度,使机构编制法制化真正落到实处。一是严格审定机构编制事项。二是继续强化机构编制管理证制度和控编进人制度。三是保证机构编制信息网络平台的正常运转。四是以学习宣传中央纪委印发的《机构编制违纪行为适用〈中国共产党纪律处分条例〉若干问题的解释》为契机,加强机构编制工作的督促检查,严格执行《机构编制监督检查暂行规定》,完善机构编制督查机制。深入各县区就全市机构编制管理工作制度化规范化建设进行调研、检查,对违反机构编制规定的问题和行为,针对性地提出解决办法,强化了机构编制纪律,维护了机构编制的严肃性和权威性。(史旭东)

【事业单位登记管理工作】 2009年,全市登记管理工作继续把学习宣传、贯彻落实《事业单位登记管理暂行条例》和《实施细则》作为贯穿全年工作的主线,进一步提高登记管理质量,推进事业单位管理规范化建设。一是严格登记审核,保证登记质量;二是扎实做好事业单位登记档案的管理工作;三是实施事业单位离任审计制度。全年共办理设立、变更、注销和年检等登记事项1124件,全部在网上进行。年底时,全市登记事业单位法人1067个,其中,市直323个、平定县215个、盂县223个、郊区147个、城区76个、矿区83个。全市应参加2008年度检验的事业单位年检合格率达97%,其中市直275个,年检合格270个。(史旭东)

【网站建设和管理】 2009年,市编办继续把网站建设和管理作为提高机构编制工作效率和信息化水平、提升机构编制部门形象的一项重要工作。一是对市编办网站进行了成功转网，使其在运行中更加安全快捷，进一步加强了网站的建设和管理。二是继续加强对网站建设的领导，严格执行中央、省保密工作规定和市编办网站管理办法、信息报送制度，形成了分管领导具体抓、专人负责、全办人员共同配合的工作机制。三是不断充实和及时更新网站内容，保持网站的生机和活力。全年共发布信息及下载有关理论文章60余篇，收录省市编委、编办及有关文件100多个。四是及时反映机构编制工作和自身建设情况，发挥网站的桥梁和窗口作用，积极宣传市县机构编制部门开展的重要工作和活动，及时报道了中编办和省编办领导到阳泉市调研情况、机构编制监督检查以及全办的工作学习动态。网站的健康运行，对于及时传递信息、交流情况、提供服务、加强监督、全面反映机构编制工作，发挥了积极的促进作用，有力地推动了机构编制工作的顺利开展。

（史旭东）

【党政群机关和事业单位中文域名管理工作】 规范党政群机关和事业单位网上名称是机构编制管理部门的一项新工作。2009年，为切实履行好管理职责，市编办及时布置，精心组织，主动协调，多措并举，将网上名称管理纳入机构编制日常管理工作，采取转发文件、印发通知、网站宣传、电话联系、召开会议等多种形式，积极推动全市党政群机关和事业单位中文域名注册普及工作。在集中办理阶段，为了使相关单位吃透和领会有关中文域名的精神和政策，争取各单位的支持和理解，市编办对设立网站的部门单位进行了摸底，组织有关人员进行学习，在操作规程、申报材料、申报注册等方面进行指导，有力地促进了各单位申报的主动性和积极性。综合科专门负责政务和公益专用中文域名注册工作，对电话咨询单位进行耐心详细解释、认真作答，保证了此项工作顺利推进。年底时，阳泉市对设立网站的88家单位全部进行政务和公益专用中文域名注册，完成了预定工作目标。（史旭东）

行政审批工作

【概况】 2009年，阳泉市行政审批服务中心以科学发展观为指导，坚持“以民为本、勤政为民、受民监督、问政于民”的工作方针，紧紧围绕全市工作大局，突出“推动政府部门和公共服务单位的大厅化办公、窗口化服务”这一工作主题，全力推进行政审批电子监察系统建设，下大力清理审批事项，积极拓展服务监管体系，为优化政务环境作出了积极的贡献。被市委、市政府评为全市信息化工作先进集体。中心各窗口全年共受理各类审批服务事项14888件，其中即办件4777件、承诺件6031件、上报件4080件，办结率达到100%；分中心共办理审批服务事项649892件。从中心成立至2009年底，各窗口共办理各类审批服务事项330848件，分中心共办理5860340件。（谈永刚）

【行政审批电子监察系统建设】 行政审批电子监察系统是运用网络技术对审批行为进行实时监控的有效手段，根据省纪委、省监察厅、省信息办、省审改办的要求，阳泉市按照“总体规划、试点先行、循序渐进、分步实施”的工作思路，从2007年8月开始建设行政审批电子监察系统工程。

为了做好这项工作，市审批中心积极配合市纪委、市监察局认真实施各项工作。2009年，中心会同市纪委、市监察局、市信息中心召开了全市行政审批电子监察系统建设工作推进会，建立了行政审批电子监察系统信息资源数据库，并对数据统计子系统以及数据同步显示功能进行了优化；开通了政务大厅内部局域网；接通了政务大厅至经济信息中心的行政审批电子监察专网，并且将专网覆盖到进入中心的25个具有审批职能的窗口单位，分中心的专网建设也在积极推进；建立了政务大厅行政审批平台、行政审批电子监察平台、行政审批公众服务平台。全年进入中心的335项审批事项，从受理、审核、决定到发证，全部纳入电子监察系统，初步发挥了电子监察系统对审批环节的全程监控作用。（谈永刚）

【审批事项清理】 市审批中心从成立起一直坚持对行政审批事项实行动态管理，根据法律法规的变动情况和省政府公布取消的审批事项，及时进行了对应的多轮清理，审批事项从2001年的853项削减为2007年的518项（其中许可事项373项，非许可事项145项），削减率达39.3%。

2009年，中心按照“一个部门不少、一个事项不漏”的原则，对照国务院、省政府、省审改办第七批和第八批取消调整的项目，对阳泉市的审批事项进行了清理，取消、精减、合并、下放44项，最终确定市级管理的和由市级初审后经省、国家批准的行政许可和非行政许可事项共有474项（其中许可事项355项、非许可事项119项），涉及52个单位。这些事项待市政府常务会议讨论通过后，将以公告的形式在《阳泉日报》上向社会进行公示。

（谈永刚）

【分中心建设】 为最大限度地加大对保留事项的规范运作，全面提高审批效率，市审批中心对事项单一、工作量大、专业技术性强、现阶段确实无法进入中心的部门，通过建立分中心实现统一管理。2009年，在中心的督促指导下，市烟草专卖局、市热力公司、市国税局、市煤气公司积极加强对审批事项和服务事项的管理，把“大厅化办公、窗口化服务”作为主要运行模式，建立了市行政审批烟草分中心、市公共服务热力中心、市行政审批国税分中心。至此,阳泉市已建立了17个分中心。年底时,市煤气公司服务大厅的筹建工作基本就绪，即将揭牌运行。（谈永刚）

【县区行政审批业务指导】 在加强对县区政务大厅的业务指导方面,2009年,市审批中心深入各县区传达省、市审改工作精神,指导审改工作和政务大厅建设。指导平定县、郊区、矿区完成审批事项及流程的清理和梳理,规范了审批行为,为开展网上审批和电子监察系统建设奠定了基础。下大力指导盂县审批大厅规范运行,将工商、民政、质监、劳动4个单位的所有审批服务事项全部纳入大厅，形成一批骨干窗口。与此同时,帮助指导盂县政务大厅完成了行政审批电子监察系统软硬件设备的安装。（谈永刚）

对台工作

【迎新春座谈会】 1月13日,市台办举办了学习胡锦涛总书记重要讲话迎新春座谈会。阳泉市对台工作领导小组成员、台胞台属台商代表人士、对台工作干部60余人欢聚一堂,学习座谈了胡锦涛总书记在纪念《告台湾同胞书》发表30周年座谈会上的重要讲话,表达了携手推动两岸关系和平发展、促进祖国早日实现和平统一的良好愿望。市委常委、市委秘书长樊盛武出席会议并讲话。台胞台属台商代表刘阿美、许立人、张玉杯等人先后发言,表示一定要认真贯彻落实好中央的对台工作方针政策,为促进阳泉市又好又快发展、促进祖国早日实现和平统一作出新的贡献。（郭兆文）

【对台工作会议】 4月2日，全市对台工作会议召开。市委常委、市委秘书长樊盛武出席会议并讲话，副市长刘兆林主持会议。市委对台工作领导小组成员,各县(区)分管对台工作的副书记、副县(区)长,各县(区)台办主任,市委各部委分管领导,市直各单位党委(党组)负责人,以及各人民团体党组、大中专院校党委、大中型企业党委负责人等150余人参加了会议。会议学习了胡锦涛总书记重要讲话，传达贯彻了省委对台工作会议精神,对2008年的对台工作进行了回顾和总结，对2009年全市对台工作作了全面的安排部署。会议使广大领导干部认清了形势,统一了思想,增强了做好新形势下对台工作的责任感和使命感，增强了扎实做好新形势下各项工作、努力开创对台工作新局面的信心和决心。（郭兆文）

【“台湾记者三晋行”记者团接待工作】 6月21日，台湾高雄县记者公会理事长卢鸿霖带领台湾记者团一行21人到阳泉市,应邀参加“台湾记者三晋行——山西民俗文化专题采访考察活动”，市台办负责接待。考察团成员在省台办副主任徐爽志、市台办主任董玉鲜等人陪同下参观采访了娘子关、藏山风景区。市台办协调平定县、盂县和市公安、卫生、旅游、交通、新闻等部门圆满完成了接待及配合采访工作。晚上,市委常委、市委宣传部部长高全怀,副市长刘兆林会见并宴请了考察团一行。市领导与台湾客人亲切交谈,就阳泉与台湾在经贸、文化、新闻、科技等方面的交流与合作交换了意见。此次活动是近几年阳泉市与台湾新闻媒体之间规模最大的一次交流活动，活动使台湾客人对阳泉独特的历史文化、风景名胜、民俗风情和经济社会建设成就有了直观的了解，亲身体会到阳泉底蕴深厚的传统文化魅力，真切地感受到阳泉人的热诚好客和开放和谐的发展理念，对阳泉市与台湾的进一步交流合作起了良好的推动作用。（郭兆文）

【涉台教育和对台宣传】 2009年,市台办开展了一系列涉台教育和对台宣传工作。举办了迎新春座谈会,专题学习了中共中央总书记胡锦涛在纪念《告台湾同胞书》发表30周年座谈会上的重要讲话；多次召集各县区台办主任和有关单位负责人召开会议,深入贯彻省委、市委对台工作会议精神,就中央最新政策、台湾局势和两岸关系形势等进行涉台教育；督促各县区台办面向基层干部开展了台海形势专题培训等涉台教育活动；先后安排对台干部参加了5月在杭州举行的全国二十城市对台工作研讨会第22次年会和11月国台办培训中心举办的第四期涉台宣传培训班;按照省台办要求,及时下文要求县区台办做好《两岸关系》、《台湾工作通讯》杂志2010年征订工作；在省委台办主办的内部刊物《山西对台工作》上,刊登发表了工作简讯5篇、专栏文章2篇、诗歌2篇;紧紧抓住华夏经纬网·纵横山西博客开通的契机,全市有11名对台工作人员在这一对台宣传平台上开通博客,发表文章,宣传中央对台工作方针政策及阳泉市经济社会发展、对台工作动态、台资企业情况、招商引资信息等;积极为《走进台湾》作者朱存业参选2009年度“中国当代徐霞客”活动宣传、投票,最终朱存业排名第二，高票当选。（郭兆文）

【台胞台属台商工作】 2009年,市台办下大力做好台胞台属台商工作。一是做好节日慰问工作。在春节、中秋节之际,市领导带领市台办人员,上门慰问台胞台属代表,送去慰问品,向他们致以节日的问候,使台胞台属真切感受到了党和政府的关怀与温暖。二是做好来信来访和联络接待工作。认真办理台胞台属来信来访，积极帮助他们解决生活中遇到的问题,为他们排忧解难。经常走访台胞台属台商，与他们加强联系,联络感情,相互沟通,向他们宣讲对台政策，鼓励他们为促进阳泉市经济社会发展和推进祖国和平统一作出贡献。三是积极帮助台资企业融资。面对经济危机的影响,市台办领导及工作人员多次深入台资企业,了解企业生产情况,为企业出主意想办法,联系省台办,帮助企业融资,解决有关生产困难。四是积极为台湾灾区捐款。8月台湾遭受台风"莫拉克"风灾后,市台办立即组织台办系统干部捐款,市县区干部职工纷纷解囊相助,共向台湾灾区捐款1900元。全市台办系统通过一系列耐心细致的工作,凝聚了人心,提高了台胞台属对国家大政方针的认识,进一步增强了他们发挥自身优势、支持对台工作的积极性。 (郭兆文)

【涉台突发事件应急管理工作】 3月,市台办成立了涉台突发事件应急管理工作领导小组和办公室,明确了组织机构和主要职责,进一步加强了对全市涉台突发事件应急管理工作的领导。6月,市台办两名工作人员参加了由国家发展和改革委员会培训中心举办的突发公共事件应急预案编制及危机管理与媒体应对务实操作培训班,系统学习了突发公共事件应急预案编制方法与实施、突发公共事件危机管理与媒体应对等方面的知识,提高了应对处置突发事件的能力。8月28日,召开全市台办主任工作会议,传达了全市维护稳定及信访工作会议精神,要求各县区、有关单位及全体对台工作人员牢固树立大局意识、责任意识,高度重视,细致工作,深入贯彻落实全市维护稳定及信访工作会议精神,做好涉台信访和应急管理工作,为维护全市社会稳定、维护改革发展稳定大局作出新的贡献。此外,市台办还重点加强了日常值班及节假日值班工作,积极有效预防涉台突发事件,国庆、中秋两节期间全市涉台工作无上访事件发生。 (郭兆文)

外事工作

【概况】 2009年,市外事办公室围绕市委、市政府的战略部署,重点在强化管理、提升服务和建设队伍上下功夫,积极探索服务地方经济建设的新路子,各项工作得到顺利推进。

一、严格规范因公出国(境)管理,积极服务全市经济社会发展。市外事办认真贯彻执行《关于进一步加强因公出国(境)管理的若干规定》(中办发〔2008〕9号)和《关于坚决制止公款出国(境)旅游的通知》(中办发〔2009〕12号)文件精神,及时转发并认真落实省纪委、省委组织部等八部门下发的《关于严格禁止党政干部持普通护照、通行证出国(境)执行公务活动的通知》,进一步严格全市公务出国(境)管理工作。本着"注重预防、从严惩治"的原则,结合阳泉实际,制定了《关于严禁用公款出国(境)旅游的实施办法》,以市委、市政府两办文件形式下发至全市各单位,明确了组织、外事、公安、旅游、财政等部门的职责和任务分工,理顺了各有关部门的工作程序,对防止公款出国(境)旅游行为起到了积极的作用。2009年全年共审批出访6批14人次。

二、加强涉外安全管理,建立和完善全市涉外应急预案。根据省外办有关涉外安全的指示精神和《阳泉市公共突发事件总体应急预案》要求,年内,市外事办先后制定了《市政府外事办公室突发事件应急预案》和《阳泉市涉外突发事件应急预案》,对处置涉外突发事件的基本要求、具体步骤和相关程序做出了详尽说明和具体规定。在应急组织建设方面,成立了阳泉市人民政府外事办公室突发事件应急领导组,组长由市外事办主任韩晓晨担任,副组长由副主任路予强担任,保证各项应急措施落实到人。

三、围绕经济社会发展,为外资企业和外籍人员提供服务。为了更好地为驻阳泉市的外资企业和外籍人员提供服务,市外事办经常派人走访市外国语学校、日本能源(山西)润滑油有限公司等单位,了解外籍人员的工作和生活情况,以及接待单位日常管理情况,为接待单位和外籍人员提供咨询和服务,并积极向市政府领导和有关部门反映外籍人员的要求。

四、推进电子政务发展,做好外事侨务网建设前期准备工作。建设阳泉外事网(多语种版)是推进电子政务建设的重要内容,对整合全市涉外资源、吸引外资,以及展现和传播阳泉市政治、经济、社会和人文形象都具有重要的意义。根据省外办《关于实施全省外事(侨务)系统信息化建设的通知》(晋政外字〔2009〕14号)文件要求,市外事办积极筹建"阳泉外事侨务信息网",依托全省外事网络,形成统一的数据中心系统框架,努力实现外事、侨务各项业务管理的信息化和网络化。至年底,已对"阳泉外事侨务信息网"资料库进行了充实完善,包括外事侨务信息公开、政策法规、外侨新闻、外侨知识、友好往来等内容。

(李贵红)

【公款出国(境)旅游专项治理】 为认真贯彻落实中央《关于坚决制止公款出国(境)旅游的通知》精神,进一步加强全市因公出国(境)管理,8月,阳泉市出台了《关于严禁用公款出国(境)旅游的实施办法》(阳办发〔2009〕55号),开展了严禁公款出国(境)旅游专项治理工作。

一是要求领导干部以身作则,严格自律。要求各级领导干部严格执行外事规章制度,不组织、不参加各类公款出国(境)旅游活动,不将因公出国(境)作为福利待遇,不以任何方式影响因公出国(境)审核审批工作。二是大力压缩因公出国(境)经费。市财政部门将因公出国(境)经费全部纳入预算管理,协调外事办建立因公出国(境)经费先行审核制度,实行经费审核与任务审批联动,从源头上控制因公出国(境)旅游。三是严格因公出国(境)审批管理。建立健全国家工作人员因公出国(境)审批管理制度,完善因公出国(境)情况检查评估和群众监督机制。市外事办进一步细化审核内容,严格审批标准;公安出入境管理部门认真把关,严禁国家工作人员持普通护照、通行证出国(境)

执行公务和利用企事业单位出资等方式通过因私渠道出国(境);市委组织部对党政领导干部因私护照或证件进行集中管理,在办理手续前对其先行审查,并由市纪委、市委组织部、市国安局签署意见,市外事办备案并出具证明后,方可予以办理。四是强化因公出国(境)团组派出单位的责任。按照“谁派出、谁负责”的原则,对用公款出国(境)旅游的,不仅追究团组负责人的责任,还要追究派出单位主要领导的责任。五是加强对旅行社的管理。凡是党政机关干部没有所在单位或上级主管部门领导签署“同意自费旅游”意见或手续不完备的申请,一律不准办理出国(境)旅游手续。六是坚决查处公款出国(境)旅游案件。市外事办会同市纪委、市委组织部对公款出国(境)情况及相关规定执行情况定期进行监督检查,严肃查处违纪违规现象,并公开了三个部门的举报电话。(李贵红)

【涉外企业调研】 为进一步发挥外事部门的职能作用,更好地为涉外企业提供服务,促进全市经济发展,7月13日,市外事办结合学习实践科学发展观活动,先后到日本能源(山西)润滑油有限公司和阳泉铝业股份有限公司开展调研,与两家公司的负责人进行了座谈交流,广泛征求意见。调研结束后,市外事办认真汇总涉外企业提出的意见和建议,积极协调有关部门帮助解决实际问题,促进了企业的发展。

(李贵红)

侨务工作

【为侨服务】 2009年,市侨务办公室坚持以人为本,进一步加大了为侨服务的工作力度。一是根据保护归侨侨眷权益的有关法律法规,为符合条件的归侨子女开具证明4份,保证其享受到国家规定的中考、高考加分政策。二是积极争取省侨办下拨归侨子女助学金,继续开展对特困归侨侨眷的走访慰问活动,送去党和政府对这一特殊群体的关心与温暖。三是组织全市侨界人士召开庆祖国六十华诞暨中秋茶话会。(李贵红)

【慰问归侨侨眷】 2009年春节来临之际,市侨务办、市侨联联合开展了“送温暖、献爱心”活动,先后走访慰问老归侨和困难侨户30户,发放慰问金及慰问品1万余元,使广大归侨侨眷深切感受到了党和政府的温暖。市委统战部部长杨永生和副市长刘兆林分别代表市委、市政府对刘可从、王淑兰两户特困归侨进行了慰问。(李贵红)

【归侨侨眷子女助学金发放】 为了资助困难归侨侨眷子女顺利完成学业,8月17日,市侨务办举行了助学金发放仪式,副市长刘兆林出席仪式,并为尹峥、卢志燕等6名受助学生颁发助学金7200元。

(李贵红)

【庆祖国六十华诞暨中秋茶话会】 9月29日,市侨务办和市侨联在南山宾馆联合举办了全市侨界人士庆祖国六十华诞暨中秋茶话会。市政府副市长刘兆林、市政协副主席许文珍和市人大、市委统战部等部门负责人,与来自全市各行各业的60余名归侨侨眷代表共聚一堂,结合各自的经历,回顾了伟大祖国60年的辉煌成就和巨大变迁,表达了侨界人士报效祖国、服务家乡的意愿。茶话会后,全体参会人员到狮脑山森林公园进行了参观。(李贵红)

法制建设

【政府法制工作目标责任制分解考核】 2009年,为切实将全省政府法制工作会议精神贯彻落实到基层,市政府先后以办公厅文件下发了《关于印发政府法制工作目标责任制分解考核指标的通知》(阳政办发〔2009〕51号)和《关于印发〈阳泉市2009年推进依法行政工作要点〉的通知》(阳政办发〔2009〕52号)两个文件,以推动落实国务院《关于加强市县政府依法行政的决定》和省政府《关于进一步加强市县政府依法行政的实施意见》为重点,紧紧围绕市委、市政府中心工作,全面部署了2009年的各项政府法制工作,对各县区人民政府、市直各行政执法单位全年的政府法制工作任务、目标和责任进行了分解,明确了全年乃至此后一个时期市县政府依法行政工作的要求、措施和考评依据。(降廷亮)

【规范性文件备案审查工作】 2009年,市政府法制办按照省政府法制办“三级政府、两级备案”的要求和省政府第168号令《山西省规范性文件制定与备案规定》的相关规定,在规范性文件的备案审查工作上做到了有件必备、有备必审、有错必纠,确保政府抽象行政行为合法有效。对拟以市政府、市政府办公厅及各工作部门出台的规范性文件,形成文件草案后,都经市政府法制办进行了合法性、适当性和协调性审查。2009年对拟出台的6件规范性文件进行审查后,仅出台了《阳泉市粮食应急预案》等市政府规范性文件2件,都按时向省政府法制办报送备案。各县区政府、市直各单位进一步完善了规范性文件的备案审查制度,确保制定的规范性文件符合法律、法规、规章和国家的方针政策,不含违法创设行政许可、行政处罚、行政强制、行政事业性收费等内容,不违法增加公民、法人或其他组织的义务。各县区人民政府的规范性文件,在文件公布之日起15日内报送市政府法制办进行了备案审查。其中县区备案3件,市直机关备案14件。(降廷亮)

【行政执法监督】 2009年,全市进一步推行行政执法责任制。按照国务院和省政府的要求,继续督促各行政执法单位深入进行梳理执法依据、分解执法职权、确立执法责任等项工作,严格执行行政执法考核评议和责任追究制度。同时，按照省政府法制办《关于对市县两级交通部门、安监部门推行行政执法责任制工作情况进行抽查检查的通知》和省政府办公厅《关于控制固定资产投资项目统计调研督察工作的通知》精神，督促相关部门认真做好落实工作。市直各单位认真对照市政府开展行政处罚案卷评查活动中发现的问题，进一步搞好自查自纠工作，采取针对性的有效措施予以规范。同时，搞好对行政执法办案人员依法行政的教育培训，全面提高业务素质，从根本上确保案件办理质量，提高案卷整理水平。积极推动县区政府组织开展行政处罚案卷评查活动，采取各单位自查与县区法制办抽查相结合的方式，对所有具有行政处罚权的行政执法主体在行政处罚案件办理工作中行政处罚案卷的整理、归档以及案卷的合法性和规范性进行全面的评查。为进一步建立健全重大行政处罚决定备案制度，市法制办下发了《关于进一步做好重大行政处罚决定备案工作的通知》(阳政法字〔2009〕3号)，进一步要求各单位加强重大行政处罚决定的备案工作。在行政执法检查中，针对所发现的3个单位执法工作中存在的问题，下发了行政执法监督通知书，督促有关单位对照法律法规和有关规范规定认真检查，限时整改，严格规范行政执法行为，并将整改结果在规定时间内上报。

(降廷亮)

【行政复议】 2009年，市政府法制办开展了全市政府行政复议工作专项检查，督促各县区法制办和市直各单位法制机构，按照省政府法制办的有关要求，在严格进行自查自纠的同时加强行政复议工作，加大层级监督力度。市政府法制办全年共接待行政复议申请人员30余人次，对8件符合立案审理条件的进行了立案审理，除2件通过调解由申请人自愿撤回申请终止行政复议外，其余6件案件均在法律规定时限内按时审理结案，全部维持了市行政机关作出的决定。由于在办理行政复议案件的过程中认真核实相关事实真相，对案件的相关证据仔细进行现场质证，充分听取了申请人、第三人与被申请人的意见，裁定以理服人、公开透明，决定于法有据，申请人、第三人和被申请人三方都心服口服，真正做到了定纷止争、案结事了，没有1件提起行政诉讼。

(降廷亮)

【行政执法人员培训】 加强对行政执法人员的培训教育，是建设高素质行政执法队伍、提高依法行政水平的关键。2009年，市政府法制办对市直行政执法机关的1200余名行政执法人员进行了培训，系统地学习了《全面推进依法行政实施纲要》、《关于推行行政执法责任制的若干意见》、《行政许可法》、《行政处罚法》、《行政复议法》、《山西省行政执法条例》等法律法规，同时进一步完善执法证件管理工作，使行政执法人员的业务素质有了提高，依法行政意识明显增强，严格执法、文明执法、公正执法的水平明显提升。

(降廷亮)

【政府法制机构建设】 在2008年市政府法制办升格为正县级规格、配备了专职主任和副主任的基础上，2009年，全市两县三区进一步建立健全政府法制办机构，全部配备了正科级主任，盂县政府法制办还配备了专职副主任，矿区配备了具备律师资格的工作人员，全市政府法制机构进一步健全。

(降廷亮)

民政工作

【基层社会管理】 2009年，市民政局加强对全国农村社区建设实验县——盂县的工作指导，积极推进全市试点工作。对全市社区干部进行了培训，进一步提高社区干部的综合素质和服务居民、管理社区的能力。下发了《阳泉市第四届社区居委会换届选举工作方案》，认真组织开展第四届社区居委会换届选举。启动了社区建设志愿者登记注册项目，不断壮大社区志愿者队伍。对新当选的村干部进行了全面培训。进一步深化村务公开民主管理工作，全面推进村民自治制度化、规范化、程序化建设。

(裴海峰)

【优抚工作】 2009年，阳泉市以保障广大优抚对象的合法权益为目标，全力推进各项优抚政策的完善和落实。下拨各县区抚恤经费1380万元(全市“三属”179人、在乡伤残军人601人、在职伤残军人718人、在乡老复员军人1122人、带病回乡退伍军人87人、参战和参试人员630人)。下拨农村老党员生活补助经费191.55万元。民政部门会同市财政、劳动、卫生部门联合下发了《关于进一步加强优抚对象医疗保障工作的通知》，对全市优抚对象医疗保障实施办法作了补充和完善。各县区也出台了《优抚医疗保障实施办法》。全市3580名重点优抚对象按比例实现了全员参保，1～6级残疾军人基本医疗费用保障达到90%以上，7～10级残疾军人、“三属”、在乡复员军人基本医疗费用保障达到70%以上，其他对象基本医疗费用保障达到50%以上，做到了“大病有救助，小病有补贴，医疗有减免”，全年下拨优抚对象医疗补助资金228万元。

(裴海峰)

【安置工作】 2009年，市民政部门继续全面落实现行安置政策，维护退役士兵合法权益。2007年度退役士兵安置工作结束，安置率达到97%。2008年城镇退役士兵待分配期间生活补助金下拨到位，每人领取10个月生活补助费2380元。2009年办理自谋职业33人，发放自谋职业补助金83万元。积极做好参加国庆60周年大阅兵、抗击南方雨雪冰冻灾害、四川抗震救灾退役士兵的优抚、安置工作准备。全面落实军休人员的政治、生活待遇，努力推进军休服务管理社会化改革。

(裴海峰)

【社会专项事务管理】 2009年,市民政部门依法搞好民间组织登记管理工作,积极培育发展公益性民间组织,指导行业协会进一步健全组织机构,增强自我管理和创新能力。严格按照《救助管理办法》等有关规定,主动开展救助,积极推进“流浪未成年人救助中心”建设。全面完成阳泉太原边界线、城区郊区线和平定郊区线的联检任务,大力推进“地名公共服务工程”建设。按照转变政府职能的改革要求,积极推进行政区划调整,在充分调查研究和反复论证的基础上,初步形成了《阳泉市行政区划调整意见》。

（裴海峰）

信访工作

【信访工作长效机制建立】 2009年,阳泉市信访局根据中央、省《关于领导干部定期接待群众来访的意见等三个文件的通知》和《信访源头预防和评估工作办法等九个信访工作长效机制文件的通知》等文件精神和全市信访工作实际情况,制定了“信访源头预防和评估工作办法”、“矛盾纠纷排查化解工作制度”、“信访信息报送及反馈处置工作制度”、“信访事项复查复核工作办法”、“依法处置到市赴省进京非正常上访和劝返接回工作制度”、“领导干部信访接待日工作制度”、“领导干部包案处理信访事项工作制度”、“信访听证暂行办法”、“信访工作考核办法”、“处理到市赴省进京非正常上访和集体上访工作责任追究制度”10项制度和办法,并以市委办公厅、市政府办公厅文件下发执行。10项制度和办法的出台,进一步建立健全了阳泉市信访工作长效机制,推动了全市信访工作向制度化、规范化和法制化迈进。

（宋宝计）

【“信访积案化解年”活动】 开展“信访积案化解年”活动是2009年全市信访工作的一项重要内容,对此,市委、市政府、市联席会议高度重视。市委、市政府分管领导专门听取了市联席会议办公室关于开展“信访积案化解年”活动的情况汇报。按照省联席会议办公室和市委、市政府的要求,市联席会议办公室结合实际,认真制定了全市“信访积案化解年”活动实施方案,并于4月15日下发至有关单位。活动中,省联席会议办公室两次交办阳泉市“信访积案”83件,其中集体访12件、个体访71件。经过甄别和并案,阳泉市有处理权限的47件,其中集体访9件、个体访38件。经过全市各级各部门的共同努力,至年底,47件“信访积案”全部都有了结案意见或处理结论,其中息诉36件。

（宋宝计）

【矛盾纠纷排查】 2009年,全市信访部门进一步引深矛盾纠纷“大排查”活动,组织力量深入农村、社区、企业、学校等基层单位和广大人民群众中,重点对军队退役人员、国企退休困难职工、城市拆迁和采空区居民等人群进行调查摸排。广开信息来源,运用各种手段,广泛搜集可能发生的群体性事件苗头、隐患和线索。对排查出的问题及时分析、及时评估、及时预警、及时上报、及时采取措施,把矛盾和问题化解在基层。（宋宝计）

【信访工作督查】 2009年,全市信访部门充分发挥协调、交办的职能,对上级交办和自立案件,组织有关力量,采取多种形式进行督办,确保案件按时办结。年内,国家、省交办的疑难信访案件全部按时办结,受到省信访局的通报表扬。全国“两会”期间,组织10名机关干部下访,对各县区开展的15天信访大会战工作情况和信访案件办结情况进行了督查。从8月份起,全市上下强化督查工作,抽调347名干部组成56个工作组,对全市各项信访稳定工作展开督查。市委、市政府成立了由7名市委常委、2名副市长共计9名市级领导亲自挂帅,由48名县处级主要领导组成的9个信访稳定督导检查工作组,从9月10日开始至10月31日,对各县区、市直有关部门国庆期间的信访稳定工作进行督查。同时,市委、市政府督查室抽调12名干部组成督查组,从8月20日开始至10月底,采取明察暗访的方式,专门对县区委书记、县区长、市直部门一把手国庆期间接访情况进行专项督查,重点对主要领导接访记录、案件的办理情况进行督查。督查人员亲自参加县区委领导大接访全过程,看县区委领导是真接访还是流于形式,促使基层把信访问题解决在萌芽状态。各县区、市直有关部门也分别组成46个工作组计278名工作人员,深入基层单位督查指导。全市上下形成了督导有力、指导及时、一抓到底的领导督查网络,为全市国庆安保任务的顺利完成提供了有力保障。

（宋宝计）

【接访工作】 2009年,全市信访部门继续坚持群众来信批阅制度,各级、各部门领导对群众来信(含电子邮件)都能亲自阅看,并对重要信件作出批示,交有关部门办理。坚持接访制度,对群众来访做到随时接待、定期接待或者预约接待。为进一步拓宽信访渠道,市委、市政府于5月8日开通了网上信访渠道,市委书记白云对开通网上信访受理中心作出重要批示,至年底,网上信访受理中心受理信访事项478件,及时交由有关单位办理。（宋宝计）

【信访工作改进】 2009年,市信访局高标准,严要求,转变理念,积极创新信访部门内部工作方法和手段。变信访情况双日报制度为日报制度,变每月正常通报信访情况制度为对重点单位、重要情况进行专项通报制度,积极利用阳泉信访信息、信访要情日报、信访急情上报、信访督办等手段,及时反映信访情况,为领导科学决策提供依据。全年上报信访信息48期、信访要情日报46期、信访急情上报25期。

（宋宝计）

统计工作

【第二次全国经济普查】 2009年1月1日，第二次全国经济普查工作进入现场登记阶段，市、县区两级普查机构认真组织实施，相关部门密切配合，由专人逐户进行登记，确保了普查数据的按时、保质、保量上报。全国经济普查质量抽查组对阳泉市进行了为期一周的质量检查，结果表明，阳泉市普查的各项质量指标都达到了国家要求标准。检查组对阳泉市普查工作质量给予了高度评价。（潘维新 魏海文）

【经济和社会发展考核评价】 2009年，市统计局在认真总结和研究2008年度经济和社会发展考核评价工作的基础上，对2009年度考核工作进行了细致的安排和部署。决定考核工作仍由综合科牵头、采取监测中心和各专业科室协助并协调有关部门严格审核把关的工作方式稳步推进。同时要求各县区在思想上、组织上和业务上高度重视，周密部署，合理安排，确保高质量地完成各项经济和社会发展考核评价工作任务。市统计局严格按照省政府新修订的考核评价办法，结合阳泉市实际，确定市直各部门所承担的指标调查任务，制订和完善详尽的工作制度。明确局内各专业科室所承担的报表工作，以及接收、审核、核转部门报表的内容、上报时间、上报方式等，继续推行双向签字制度。召开业务培训会，对市县两级地区经济社会发展考核评价工作的指标设置、调查任务分解、指标解释、考核办法、上报时间、数据质量控制等内容进行详细的安排部署。经过大量艰苦细致的工作，按时高质量地完成了各项任务。

考核结果表明，阳泉市在经济社会各领域均取得新的成绩，发展水平列全省第四，发展指数列全省第五，较上年均有所进步。

（潘维新 魏海文）

【第六次人口普查和R&D资源清查准备工作】 2009年，根据《山西省人民政府关于认真做好我省第六次全国人口普查工作的通知》（晋政发〔2009〕26号）文件精神，阳泉市迅速成立了第六次人口普查领导组及办公室，并于2009年8月正式下发了《阳泉市人民政府关于认真做好第六次全国人口普查工作的通知》。10月中旬前，各县区政府也相应成立了机构，下发了文件。计划到2010年3月底，全市乡镇、街道的普查机构全部组建完成。2009年底前，编制上报了普查三年期间的经费预算，全市共抽调工作人员52人，为普查工作做好了准备。

（潘维新 魏海文）

【专项调查工作】 年内，按照国家统计局的统一安排和部署，阳泉市开展了劳动力抽样调查工作。通过调查，基本摸清了全市劳动力的流向趋势、流动速度、构成情况，对研究生产力要素发挥了重要作用。

妇女、儿童两个规划纲要的监测工作，市委、市政府高度重视。市统计局通过进一步完善工作制度，优化工作方法，继续在数据的准确性和时效性上下功夫，圆满完成监测任务，为市委、市政府和市妇儿工委监测妇儿规划纲要的实施情况提供了重要的参考依据。此项工作受到省统计局和省妇联的表彰。

按照省统计局的安排，还先后完成了社区调查、社会公众安全感调查、工业企业科技创新调查、旅游业卫星账户调查、农村住户抽样调查、农产量抽样调查、城镇住户一次性调查和人口抽样调查等专项调查工作。这些调查从不同的侧面对全市经济社会运行的轨迹进行了准确的描述，为各级党政领导的科学决策提供了依据。

（潘维新 魏海文）

【统计优质服务】 2009年，市统计局党组结合局机关的作风整顿工作，把转变作风、深入基层调查研究、大力开展统计分析列入重要议事日程，努力提高统计优质服务水平。全面贯彻落实2006年重新修订的《关于加强统计分析研究的实施办法》，对工作目标、任务分解、工作措施进行了订正，层层分解，责任到人，建立激励机制，严格兑现奖励管理制度，促进了全局统计分析研究活动的开展。全年共撰写统计分析资料、调查报告、统计信息312篇，比2008年增加95篇，其中统计分析和调查报告90篇、统计信息222篇，不仅数量比往年增加，而且质量也有了新的提高，有1篇统计信息被国家统计局采用。多角度、深层次的统计分析为市委、市政府领导科学决策提供了依据。

（潘维新 魏海文）

【统计法制工作】 2009年，市统计局以提高统计数据质量、规范统计工作秩序为目标，把强化统计法制工作作为推进全局工作的重点之一，不断加强统计法制建设，有效保障了全市统计工作的健康有序发展。全年安排布置了对全市80个重点单位的统计执法检查工作，结果表明各单位在统计工作规范化、制度化、法制化建设等方面均取得新的进步。市统计局被评为“全省统计法制工作先进单位”。

（潘维新 魏海文）

【统计教育工作】 2009年，市统计局统计教育工作继续取得新的成绩。组织1200余人参加了全国统计从业资格认定和继续教育考试，在人数和比例上位居全省第一，是全省唯一达到全员持证上岗要求的地市，受到省统计局领导的表扬，蝉联全省统计教育工作第一名，荣获全省统计教育工作一等奖。

（潘维新 魏海文）

安全生产

【概况】 2009年，阳泉市继续坚持“安全第一、预防为主、综合治理”的方针，按照中央和省关于安全生产的安排部署，通过深入开展强化责任体系、推进阳光管理、引深整治攻坚、开展普法教育、完善应急管理、创新安全文化和提升队伍素质等工作,使全市安全生产形势继续保持了平稳发展的态势。全市全年共发生各类生产安全事故 1179 起、死亡 82 人,与 2008 年相比,事故起数上升 29.28%、死亡人数下降 11.83%;亿元 GDP 事故死亡率为 0.18,下降 40%。其中,工矿商贸事故 13 起、死亡 16 人,与 2008 年相比,起数上升 8.33%、死亡人数下降 30.43%,从业人员十万人事故死亡率为 3.54,下降 11.61%;道路交通事故 66 起、死亡 70 人,起数上升 34.74%、死亡人数下降 5.21%,万车事故死亡率为 4.26,下降 33.64%;火灾事故 84 起、经济损失 77.8 万元,起数下降 13.4%,经济损失下降 45.24%,无人员伤亡。工矿商贸事故中,煤矿事故 10 起、死亡 11 人,起数下降 9.09%、死亡人数下降 47.62%,煤炭百万吨事故死亡率为 0.2,下降 37.5%;非煤企业事故 3 起、死亡 5 人,起数增加 2 起、死亡人数增加 3 人,起数和人数分别上升 200%和 150%。煤矿事故中,国有重点煤炭企业 6 起、死亡 6 人,起数和死亡人数分别上升 100%和 50%,煤炭百万吨事故死亡率为 0.17,下降 70%;地方煤矿 4 起、死亡 5 人,起数减少 4 起、死亡人数减少 12 人,分别下降 50%和 70.5%,煤炭百万吨事故死亡率为 0.34,下降 39%。(史贤良)

【安全监管主体责任落实】 2009 年,阳泉市、县(区)两级政府从主要领导到分管领导全面落实了“一岗双责”责任制,不仅抓职责范围内的业务工作,而且把安全生产工作紧紧抓在手上。市政府和三个产煤县区政府都配备了安全助理。为了适应新形势下安全生产工作的需要,市安监局增设了安全生产协调科和培训教育科两个科室,新组建了民爆物品和职业病防治管理中心、安全生产信息中心两个事业单位。城区、矿区、开发区都从各自的实际出发,进一步健全或新建了各自的安全监管部门。盂县县委、县政府把安全发展作为县域经济社会发展的第一要务,为全县经济发展提供了有力的安全生产保障。(史贤良)

【安全生产主体责任落实】 2009 年,在落实企业安全生产主体责任方面,全市各生产经营单位共计投入资金 15.32 亿元,解决和整改各类隐患问题 6 万余条。特别是煤炭行业在提足用好安全生产专项费用的同时,还有 1.6 万人参加了井下意外伤害保险,交纳保费 440 余万元,有 67 个矿办理了安全生产责任保险,交纳保费 960 余万元。全市重点监控的 52 个单位中,有 50 个单位圆满完成了全年安全生产工作目标。(史贤良)

【安全生产专项整治】 2009 年,按照省委、省政府的统一安排部署,全市广泛深入地宣传了省、市关于安全生产专项整治的意见方案,公布了举报电话、举报地址和举报信箱,进一步营造了全社会“关爱生命、关注安全”的舆论氛围。组织全市 18 个行业领域的 14700 余个单位开展了全面的安全生产专项整治,各生产经营单位共自查自整各类隐患问题 12000 余条;省、市、县三级联动督查组对各县区政府和 1049 个企业进行了督促检查,累计发现隐患 2032 条,取缔关闭了不符合安全生产条件的企业 431 个;市安监局督促限销区内的烟花爆竹经营网点实施了搬迁,并吊销了 8 家不符合安全生产条件网点的安全生产经营许可证;市建设局叫停了 71 项未办理施工许可证的工程,清理了 17 支现场安全管理混乱的施工队伍;市水利局组织技术专家对各类水库进行了全面评审鉴定,投资 500 余万元对病险水库进行了除险加固;北京铁路局阳泉火车站实施了“天眼工程”,要害部位实现了 24 小时无盲区监控,安全生产实现了规范化、程序化、标准化、网络化管理。(史贤良)

【安全管理体制机制完善】 2009 年,按照省政府关于制定安全管理“八项制度”的要求,阳泉市政府在此基础上又增加了生产安全事故应急救援联动制度、安全生产行政问责制度、非公有制企业安全生产监督管理制度、生产经营单位安全生产诚信等级评价制度等 6 项制度,形成了 14 项行之有效的安全生产制度体系。市、县区政府及有关部门坚持每月召开安全生产委员会会议和例会,并对发生事故和违规生产的相关责任人进行约谈和问责,形成了用制度管事、用制度管人、用制度规范管理、用制度保障安全的管理机制。此外,全市工矿商贸业比较发达、经济发展较快的 38 个乡镇和 12 个街道办事处分别成立了安监站和煤管站,全市人口密集、危险源较多的 86 个村和社区均配备了 1 名以上兼职安全监管人员,所有煤矿落实了通风区队长兼任矿长助理、享受副职待遇的规定,全市安全生产监管机制进一步完善。(史贤良)

【安全监管】 2009 年,全市各生产经营单位以“规范管理年”活动为载体,进一步提升了安全管理和安全保障水平。在非煤矿山及相关行业方面,33 个砖瓦黏土和小型采石场开展了专家“会诊”查隐患,提出了 176 条合理化建议,帮助 25 个企业换领了安全生产许可证。在危险化学品方面,聘请专家对 1 个重点生产企业和 5 个加油站进行现场检查和示范指导,对 54 户企业实施了关闭取缔和停产整顿,对“2·23”阳煤集团氯碱有限责任公司违规装载危险化学品、河北省 6 辆大型罐车非法运输危险化学品案件进行了查处,作出了扣押、卸载和罚款 10 万元的处理决定。在烟花爆竹企业方面,将烟花爆竹的许可事项全部进入行政审批大厅,开辟了“绿色通道”。在民爆物品方面,威虎化工公司投资 245 万元完善了乳化炸药生产线制药工序;北方诺信阳泉分公司投入 46 万元改造了导爆索工房和盘卷包装工房；平定民爆公司投入35万元更新了避雷针和监控设施，有效提高了安全水平。在机械、轻工、纺织方面，建立完善了“一账、一板、一本”，即隐患排查记录台账、公示牌板和安全会议记录本；20家相关企业建立了个人安全技能账户。在道路交通方面，对31处病患桥梁设置了限重、限载标志，实行定期巡查制度，随时监控动态情况，对110个危险路段采取了修复挡墙、增添护墩等相应措施，确保了道路安全畅通。在建筑施工方面，对富丽城住宅楼、义井河治理工程等15项工程存在的隐患进行了挂牌督办和跟踪复查。在人员密集场所方面，重点整治了学校、商场、影院、网吧、酒店等人员密集场所以及煤气、热力、化工、加油站、重要仓库等易燃易爆单位的消防安全，全年未发生火灾伤亡事故。此外，全市特种设备、农机、旅游、教育、文化、发供电等其他行业，结合本行业安全工作特点，开展了安全生产专项整治和“规范管理年”活动，保障了安全生产。（史贤良）

【安全生产执法】 2009年，全市各级安监部门着力强化依法治安工作，进一步规范了安全生产法制秩序。一是深化了安全生产行政执法行动。全市共开展各类执法行动1563次，下达了937份责令整改指令书、819份整改复查意见书，吊销了32个不符合安全生产标准的企业证照，责令停产整顿企业645个次，关闭和淘汰了46个不符合产业政策的小煤矿、小矿山、小化工、小烟花爆竹等企业。二是开展了职业危害监督检查。督促6家存在职业危害的企业改善了作业环境，强化了劳动保护工作。同时重点对20余名疑似或确诊人员进行了“回头看”检查，并督促相关企业对这些人员进行了妥善安排。三是强化了安全生产执法监督。市安监（煤炭工业）局重新与8个委托执法的事业单位签订了行政执法委托书，市安委办印制了36种新的执法文书，并对2009年已办结的安全生产执法案卷进行了专项检查，累计查出和整改问题56条。四是严格了安全生产事故调查处理。市安委办建立和完善了事故信息报告统计工作制度，对生产安全事故全部建立了档案卡，做到了“一案一卡”，并按照《生产安全事故报告和调查处理条例》要求，对各类事故做到了及时组织抢险救援、及时按规定上报和及时组织调查处理，全年对1073起事故进行了调查处理，累计结案974起，处分1178人，其中党纪处分19人、政纪处分59人、刑事追究13人，其他1087人。（史贤良）

【监管队伍和保障能力建设】 2009年，市安监局在监管队伍建设方面，重点实施了安监系统干部素质攀升工程，周二、周四开设安监系统继续教育培训班，聘请有关教授、专家对系统内的业务骨干就科学发展观、安全生产法律法规、执法制度、职业形象和公文写作等内容进行了培训，全年共举办培训班55期，参培人员达到了7500余人次。在保障能力建设方面，建立了“科技兴安”项目库，从2008年起先后有7个行业199个企业的233个项目入库，累计投入资金9557.4万元，用于煤矿的瓦斯治理、瓦斯利用、瓦斯监测监控、视频监控和非煤矿山的中深孔爆破技术，以及其他行业的安全生产工程建设，有效提高了企业安全生产科技含量和装备水平。同时，全市各高危企业制定了年度安全质量标准化达标工作计划，落实了达标所需的资金和措施，全市煤炭行业达到二级以上标准53个（安全高效型2个、一级3个、二级48个），非煤矿山行业达到三级以上标准15个，危险化学品行业达到三级以上标准13个，烟花爆竹行业3个批发单位全部达到二级以上标准，民爆行业除1个生产企业准备转产外，其余3个生产企业和3个经营企业全部达到国家A级标准。（史贤良）

【安全宣传教育】 2009年，全市各级、各部门、各单位采取多种方式和手段，切实加大了宣传教育工作力度，进一步促进了本质安全型职工、本质安全型企业、本质安全型社会的发展。据统计，全市累计培训包括农民工在内的生产经营单位从业人员10.6万人，特别是市教育局举办的市、县直属学校安全副校长共计200余人的培训班取得了良好效果。在“安全生产月”活动中，全市组织开展了安全生产知识、万名职工代表安全专题巡查、安全宣传教育进万家、安全生产记者行等12项宣传教育活动，有效提高了广大市民和从业人员的安全意识和法制观念。（史贤良）

【应急救援能力提升】 2009年，为了适应应急救援工作的需要，全市各级、各部门进一步加强了对此项工作的领导，从提高应急救援能力出发，主要开展了四项工作。一是健全了应急救援体系。各县区政府全部成立了应急救援办公室，配备了分管领导和工作人员；市安监、公安、消防、卫生、财政、通讯等部门也按照应急救援工作的要求进一步强化了职能，制定完善了《阳泉市生产安全事故应急救援联动制度》、《应急管理联席会议制度》和《预警预报制度》。二是加强了应急预案管理。修订完善了《阳泉市特大安全事故应急预案》、《阳泉市突发公共事件应急预案》2个总体预案以及《阳泉市煤矿事故应急救援预案》、《阳泉市危险化学品事故应急救援预案》等20余个重点行业预案，为救援工作提供了依据和支撑。全市共有71个安全生产应急救援预案在市政府应急办备案，具体是，总体应急预案5个、专项应急预案6个、部门应急预案8个、各县区及企业应急预案52个。三是开展了应急救援演练。安监、煤炭、建设、消防等部门先后组织协调南煤集团南庄矿、丰源硫铁矿公司、阳泉石油分公司、太行国际新城工地开展了矿井灾害综合应急救援演练、井下冒顶事故应急救援演练、消防应急救援演练、模板坍塌应急救援演练等10余次较大规模的应急救援演练活动。在6月份的防灾减灾宣传周活动中,市政府组织有关部门在上社二坑煤炭有限公司联合开展了矿山突发事件应急救援演练。四是完成了应急救援任务。市军事化矿山救护大队是矿山企业应急抢险救援的主要力量,全年共处理各类事故4起,出动11队次、112人次,抢救遇难人员3名,最大限度地保护了人民群众的生命财产安全。特别是2009年10月30日,郊区境内国道207线917公里处发生重大道路交通事故后,因救援及时、措施得力,得到了省政府和国家安监总局的肯定。(史贤良)

【重大事故】 2009年10月30日,一辆车牌号为晋A53772的太原籍欧曼大轿车途经郊区境内国道207线917公里处时,发生重大道路交通事故,造成14名乘客死亡,40名乘客受伤。 (史贤良)

政协工作

【建言献策】 2009年,市政协坚持把促进科学发展作为履行职能的第一要务,紧紧围绕市委、市政府的重大决策部署,找准位置,主动作为,建言献策,把服务和促进"保增长、保民生、保稳定"作为工作重点。市政协十一届三次全委会议期间,广大委员围绕推进产业结构调整和资源型城市转型、发展循环经济、统筹城乡发展、加大强农惠农政策实施力度、完善城市功能、加快"三城同创"建设等人民群众关心的热点问题,通过大会发言和分组讨论等形式,积极建言献策,先后有29个界别200多名委员集中提出了近百条质量较高的意见和建议,形成了一批有分量的成果,为全市经济社会在新起点上继续科学发展起到了积极的推动作用。

实现充分就业是人民群众维系基本生活、实现社会价值的基础,是构建社会主义和谐社会的基本要求。市政协组织专题调研组,深入到各县区和10个市直有关部门开展了调研活动。为确保调研质量,课题组深入基层摸家底、理思路。通过实地视察、召开座谈会和征求专家意见建议等方式,进行了深入调研、深层次剖析,在此基础上,召开了十一届十一次常委会议进行专题协商,形成了《关于推进我市创业就业工作的建议》,其中许多意见建议被市委、市政府在决策部署中吸收采纳。

加强产学研结合,促进高新技术产业发展,是阳泉加快转变经济发展方式、实现资源型城市转型、推动科学发展的重大问题。市政协以此为课题,组织专题调研组,深入到各县区和市高新技术创业园区孵化器、华鑫公司、华越公司等高新技术企业,进行了为期1个多月的实地调研。在此基础上,市政协召开十一届十二次常委会议进行专题研究,形成了《关于发展我市高新技术产业促进资源型城市转型的建议》,引起市委、市政府领导的高度重视。市委书记白云批示"高新技术产业发展和高新技术企业建设是我市转型发展的基本方向和基本路径,更是我市可持续发展的重要支撑,政协提出的建议很好",要求政府有关部门据情落实。

为应对国际金融危机冲击,及时掌握全市重点工程及重大项目建设情况,市政协组织政协常委对重点工程项目进行视察,共同探讨解决当前矛盾和存在问题的有效途径。为解决中小企业生存发展问题,市政协积极调动各方面力量,会同市经委举行了应对金融危机座谈会,组织委员多次深入到市中小企业局就中小企业民营经济发展情况进行专题调研,帮助中小企业树立发展信心。同时还深入到盂县汇民村镇银行就金融服务"三农"进行专题调研,为解决中小企业和"三农"融资难问题排忧解难。(苏向东)

【课题调研】 2009年,市政协按照"少而精、专而深、出精品、求实效"的要求,围绕人民群众最关心的问题,重点突出参政议政的实效,精选课题,深入开展调查研究和视察活动,真诚倾听群众呼声,真实反映群众愿望,真情关心群众疾苦。

为做好课题调研工作,市政协注重深入群众、深入基层,把调查与考察、视察结合起来,与研究、论证结合起来,提高了调研的针对性、实效性和可操作性。在大量调查研究的基础上,形成了一系列调研报告,其中《关于我市集体林权制度改革试点工作情况的调研报告》,由于调查深、把握准、办法实,对市委、市政府的决策产生了重要影响,引起市委书记白云的高度重视,批示"这个调研报告很好,提出的问题和措施也有针对性和可操作性,"要求有关领导和部门认真研究,解决问题,确保集体林权制度改革顺利健康推进。《关于我市食品安全监管工作情况的调研报告》在全面分析全市食品安全形势的基础上,提出了5条对策建议,为市委、市政府解决事关民生的重大问题,促进社会和谐稳定提供了重要参考。 (苏向东)

【提案办理】 提案办理是政协履行民主监督职能最直接、最有效、最经常的方式之一。2009年,市政协遴选与民生息息相关的重点提案,采取主席督办、市领导领办、专委会参与办案以及现场办案、对承诺办理的提案"回头看"等方法,加大了督办力度,促进了提案办理。十一届三次会议召开后,市政协委员、市政协各参加单位和各专门委员会共提交提案403件,立案334件,提案内容涉及经济社会发展诸多方面,其中与民生相关的提案有109件,占32.6%。为推动提案的办理和落实,主席会议还研究确定重点提案8

件，分5个专题由主席、副主席牵头督办，取得明显成效。一批涉及公交优先、社会保障制度、弱势群体帮扶、社区建设与服务、养老事业等意见建议得到了采纳。在政协提案的推动下，阳泉市修订、出台了相关政策，实施了一系列便民、利民、惠民项目，促进了一批民生问题的妥善解决。（苏向东）

【社情民意反映】 2009年，市政协在出台《关于进一步做好新形势下反映社情民意信息工作的意见》的基础上，召开了5次全市政协反映社情民意信息座谈会，及时传达全国政协和省政协加强信息工作的新要求，进一步明确了做好此项工作的要求和措施。通过抓统筹、抓系列、抓特色，不断提升信息采编质量。全年编发《社情民意》112期，刊登文章200余篇，及时反映带有全局性、倾向性、苗头性的情况和问题，以及具有党派性、界别性、咨政性的意见和建议，有11篇被全国政协采用，24篇被省政协采用。许多信息引起各级党政领导的关注和重视，不少信息得到省市各级领导的批示，为党委、政府准确把握社会舆情，妥善解决各种问题提供了信息服务。其中，《进一步落实好农机购置补贴政策》、《石太高铁客运开通后阳泉及周边县区群众对出行难反映强烈》的社情民意引起国家有关部门的重视，推动了相关问题的解决。（苏向东）

【团结民主工作】 2009年，市政协坚持把团结和民主贯穿于履职的始终，充分发挥政协的独特优势，创造各种有利条件，营造宽松和谐的环境，不断扩大团结面，努力增强包容性，政协工作的整体合力得到进一步彰显。

加强与民主党派、人民团体和各界人士的联系。民主党派、工商联和人民团体是人民政协的主要组成单位，是做好政协工作的重要力量。市政协认真贯彻"长期共存、互相监督、肝胆相照、荣辱与共"的方针，坚持以政协会议为平台、调研视察为载体、界别活动为纽带，切实加强与市各民主党派、工商联和无党派人士的团结合作，积极鼓励和支持他们在政协参与重大方针政策的协商讨论和履行职责的活动，努力为各民主党派、工商联和无党派人士履行职能创造良好条件。年内，市各民主党派、工商联、无党派人士在政协全体会议和常委会议上，以组织名义提交大会发言材料40多篇、提案46件，其中一些重要意见和建议被市委、市政府采纳。

拓宽各界别活动渠道。市政协把加强界别工作，发挥界别作用作为适应新形势、开创新局面的重要内容，充分发挥界别覆盖面广的优势，认真组织开展界别工作与活动，通过界别渠道联系群众，深入调研，了解和反映所联系界别群众的愿望和要求，促进社会各阶层的团结和谐。全年各界别共开展活动50余次，300余人次参加。特别是在召开市政协常委专题协商会议、视察调研等履职活动中，注重发挥界别作用，让各界别充分表达诉求。

（苏向东）

【庆祝新中国和人民政协成立60年系列活动】 8月28日，阳泉市政协举办了"辉煌60年"摄影作品展览，庆祝中华人民共和国和人民政协成立60周年。此次展览由阳泉市政协办公厅主办、南煤集团有限公司协办、市政协摄影学会承办。共有93位作者和有关单位报送照片700多幅，展出作品176幅。经评委认真评选，评出一等奖6幅、二等奖10幅、三等奖21幅、优秀奖74幅、特邀奖65幅。摄影照片生动展现了阳泉市60年发生的巨大变化，以及人民政协成立60年全市各级政协、政协各参加单位、广大政协委员发挥协调关系、汇聚力量、建言献策、服务大局的作用和所取得的成果，集中反映了全市经济建设的飞跃发展和人民生活的富裕安康。为期一周的展览结束后，6幅一等奖摄影作品全部捐赠给市展览馆永久收藏。

为纪念人民政协成立60周年，进一步在全市广大群众中普及人民政协知识，扩大人民政协影响，8月26日至9月30日，市政协举办了纪念人民政协成立60周年知识竞赛活动，在《阳泉日报》上刊登了竞赛试题。社会各界和广大市民踊跃参与，活动取得圆满成功，电脑随机抽出一等奖10名、二等奖20名、三等奖30名、优秀奖40名，平定县政协等6家单位获得"优秀组织奖"。

（苏向东）

军事工作

阳泉军分区

【概况】 2009年，阳泉军分区按照"打基础、创特色、保稳定"的工作思路，围绕"建窗口、争一流"的奋斗目标，创新实践，狠抓落实，军分区各项工作任务圆满完成，全市国防后备力量建设全面攀升。

政治工作　坚持把深入开展科学发展观活动作为贯穿全年的头等大事，围绕"科学发展、打牢基础、当好窗口"主题，以"思想大解放，建设大发展，面貌大变化"为实践载体，党委统揽主抓，上下合力推进，成效明显。总结的《着眼查找解决问题，在关键阶段重要环节上用真功使实劲》、《突出重点带全面，跟进指导抓落实，确保第三批学习实践活动的扎实推进》的做法先后被北京军区、省军区转发推广。持续开展培育当代革命军人核心价值观主题教育活动，民兵的奉献意识、使命意识、荣誉意识明显增强。矿区民兵参加"军歌嘹亮颂祖国"活动竞赛，获北京军区三等奖。组织召开了全省民兵基层建设融合式发展现场观摩会，北京军区推广了阳泉市的做法，《战友报》两次头版头条突出报道。坚持不懈地用党中央、中央军委决策指示统一思想、教育部队,确保了全区高度稳定和集中统一。始终把党委班子建设摆到龙头位置,认真学习贯彻省军区三级党委书记座谈会精神,对照找差距,制定了具体措施。结合党委民主生活会和班子考察,对各人武部党委班子进行指导帮助,人武部党委班子建设整体水平明显提高。积极拓展国防教育新途径,继续发挥国防教育基地和重大典型功能。

军事工作　战备训练工作有了新发展,针对未来可能出现的传统和非传统安全威胁,制定完善了城市防空、反恐维稳等应对预案。组织参加省军区“联动－2009”演习,城区、矿区承担的4个实兵演示课目,赢得了军地领导的广泛赞誉。军分区司令部被北京军区表彰为“先进司令部”。市国动委组织市交战办进行的全省国防交通公路运输保障队伍远程机动指挥演练活动精彩纷呈,影响很大。市、县区国防动员创新发展理论研讨在全省领先,北京军区对阳泉市国防动员工作予以通报表扬。民兵基层建设形成新模式,民兵防空团规范化建设现场会在阳泉市召开,经验被全面推广。平定、矿区高炮分队实弹射击考核成绩优异,受到省军区表彰。郊区枣园村青年民兵之家、盂县民兵常备应急分队多次接受上级首长机关检查观摩。安全稳定工作跃上新层次,国庆期间,组织民兵参加军警民联合武装巡逻,维护社会稳定。常委对安全分工包点,逐级签订“安全管理责任书”。全面落实周五安全警示日、分区每季召开安全形势分析会、人武部每月分析安全形势等制度。以城区人武部为试点,组织召开以防范恐怖袭击为重点的人武部营门警卫现场观摩会,规范了营门警卫秩序。创新征兵方法,严把质量关,被国防部表彰为“全国征兵工作先进单位”。在扑救森林大火、抗击自然灾害方面,军分区、人武部启动应急预案迅速,组织指挥有力,广大民兵素质过硬,为保护人民群众的生命财产安全作出了贡献。

后勤工作　积极适应社会化保障要求,降低后勤保障成本,提高综合保障效益。开展厉行节约活动,建设节约型军事机关。《更新观念、迎难而上,不断开创小分区后勤综合保障大作为》的经验被省军区推广,被北京军区表彰为“建设资源节约型后勤先进单位”。随着市政府弥补经费的增加,坚持在搞好“五个保障”(保中心、保生活、保老干部、保安全建设、保基础建设)上下功夫、作调节,为全市国防后备力量建设和军分区建设发展提供了有效的财力支撑。在省军区党委和市委、市政府的高度重视和大力支持下,启动了市国防动员指挥中心建设,为改革军分区基础设施差的状况迈出了坚实的一步。　(张世庆)

【机关干部能力素质训练】 按照军分区年度工作安排,在试讲试教、充分准备的基础上,3月12日,组织了军分区、人武部干部能力素质集训。军分区参训干部21人,围绕战备训练、民兵整组、保密安全、国防动员、组织工作、后勤保障等进行集中授课,教、学双方的能力素质都得到了提高。　(张世庆)

【高炮骨干集训】 3月,阳泉军分区组织了一期高炮骨干集训,城区、矿区、郊区、平定县4个县区的30余名民兵高炮骨干参加。司令部针对教员、教具缺乏的实际,采取外请教员、外借教具的办法,有力保障了教学训练。集训主题鲜明,以实效性、普及性和操作性为原则,突出重点,精选内容,严密组训,严格管理,有力保障,取得了良好效果,为全区民兵高炮分队建设奠定了基础。

(张世庆)

【司令部被北京军区表彰为先进司令部】 5月23日,北京军区先进司令部考察组一行3人到达阳泉,采取听汇报、组织座谈、现场检查、理论考核的方式,对军分区司令部全面建设情况进行了考察验收。为迎接此次考察验收,阳泉军分区司令部精心准备,科学制订方案,扎实安排部署,对各类统计、稿件、经验材料、表彰通报和汇报材料等进行了全面准备,充分展示了分区司令部近几年的建设成果,受到军区检查组的充分肯定。10月20日,在北京军区组织的参谋长集训总结会上,总部通报表彰阳泉军分区司令部为先进司令部。　(张世庆)

【“联动—2009”联合实兵演练】 8月1日,阳泉军分区选拔优秀民兵应急分队参加了全省“联动－2009”军警民联合实兵演练,接受北京军区、省委、省政府、省军区领导的检阅。矿区、城区参演分队高标准完成了双25高炮车辆方队阅兵式分列式、双25高炮对地面目标射击、车辆特技驾驶、配合处置“费太因”式恐怖袭击行动4个科目的汇报演示任务。参演人员军容严整,动作规范,精神振奋,组织严密,受到各级首长、领导的高度评价。

(张世庆)

【高炮实弹射击考核】 8月21日,阳泉军分区接受了省军区考核组对民兵防空团城区、平定县两支高炮分队进行的考核,包括专业理论、基本技能、实弹射击3项内容。考核当天,天降中雨,气温较低,场地泥泞,司令部充分准备,多方案应对,城区、平定县高炮分队全体官兵克服诸多不利因素,以过硬的军政素质和良好的作风充分展示了训练水平,取得了优良成绩,圆满完成考核任务,受到考核组的高度评价。

(张世庆)

【国防交通公路运输保障队伍远程机动指挥演练】 8月31日,全省国防交通公路运输保障队伍远程机动指挥演练在阳泉市举行,省军区司令员方文平、阳泉市委书记白云、阳泉军分区司令员方庆灵、阳泉军分区政委陆崇相等领导及全省各地市交战办主任参加观摩。演练内容包括集中点验、道路抢修、桥梁架设、医疗救护、车辆维修和火灾救援6个课目。演练规模大、形式新、信息化含量高，省军区司令员对演练给予充分肯定。 （张世庆）

【国庆安保】 根据全省严密防范恐怖袭击紧急会议安排部署和省军区要求，从9月10日起至10月10日，由军分区、公安机关、武警支队联合对全市重要目标和复杂地区进行联合武装巡逻。军分区司令部根据担负的任务详细制定了巡逻方案和通信、装备保障计划，指导协调城区、矿区人武部组织民兵应急分队执行联合巡逻任务，完善装备器材，加强处突技能，增强个人防护技能，严格依据法规和上级命令开展联合巡逻，确保了全市国庆安保任务的圆满完成。 （刘 伟）

【民兵防空团规范化建设现场观摩会】 10月9日至10日，省军区贯彻国发〔2009〕17号文件精神部署暨民兵防空团规范化建设观摩会议在阳泉市召开，省军区参谋长出席会议，各军分区、预备役师（旅）参谋长等共50余人参加会议。与会人员先后观摩了阳泉市民兵防空团团、营、连部规范化建设情况，听取了阳泉市民兵防空团规范化建设经验介绍，之后各单位参谋长进行了讨论发言。省军区参谋长对阳泉市军分区扎实抓好民兵防空团规范化建设的做法给予了充分肯定，并对下一步工作提出明确要求。

（王国峰）

【学生军训】 按照培养高素质后备兵员和推进素质教育总体要求，年内，阳泉军分区司令部联合市教育局下发了《阳泉市2009年学生军训通知》，采取整体筹划、属地负责、多点展开、巡回验收的方法，组织各县区人武部和驻区部队开展了学生军训工作。先后对32所学校约1.75万名学生进行了国防理论教育和军事技能训练，收到了预期效果。

（张世庆）

【冬季适应性训练】 为贯彻省军区冬季适应性训练部署，切实提高两级首长机关组织指挥、综合保障和部队严寒条件下“走打吃住藏抗防消管供修”的能力，12月15日至19日，阳泉军分区组织两级首长机关，动用车辆行程400余公里，完成了以应对多种安全威胁、完成多样化任务为背景的冬季适应性训练。通过训练，检验了两级首长机关及专武、民兵干部紧急出动和应急指挥能力，培养了战斗作风，提高了应急应战水平。 （张世庆）

【后勤“双配套”建设】 2009年，军分区和人武部继续狠抓两级后勤“双配套”建设。一是抓了“三室一库”建设。分区后勤投资8000多元更换了5套野战器材、5类救治药品；城区人武部投资5万多元整修了物资器材库，购买了医疗、炊事、住宿帐篷，充实了指挥、野炊、医疗器材和30套个人装具；盂县人武部投资3万多元，扩充了150套物资和装具，提高了特急分队完成任务的能力。二是抓了保障方案的修订。修订了8类8种64个作战保障方案，规范了《军分区（人武部）应对多种安全威胁行动后勤保障计划》，明确了预防火灾、洪灾、雷击、冰雹、地震行动后勤保障的任务、程序和方法。三是抓了应急行动后勤准备。为做好防自然灾害行动保障的各项准备，两级后勤按要求配齐了三日份野战食品和救治药品，扩充了水、电等营房保障器材，提升了保障能力。 （翟建光）

预备役部队

【思想政治工作】 2009年，预备役步兵第248团坚持政治工作生命线地位不动摇，服务保证作用发挥充分。培育当代革命军人核心价值观教育贯穿全年，开展的“熟记格言警句、阅读优秀诗词文章、传唱红色歌曲”活动受到师的肯定，《抓住拉练契机，开展“四项”活动，把培育当代革命军人核心价值观教育引向深入》的做法被师转发。思想风气整顿教育突出加强学习锤炼党性、畅通渠道深挖问题、化解矛盾创优环境，《真学真查真改 树牢安全发展理念》的做法在师《工作通讯》上刊载。紧贴形势任务，有的放矢抓好现役官兵重大教育和预备役官兵教育，确保了官兵思想道德纯洁和部队集中统一。开展了军民同乐促和谐联谊会、军歌嘹亮颂祖国歌咏活动、庆祝祖国60华诞文艺晚会、科学发展观伴我成长演讲、书画作品展等活动。“军歌嘹亮颂祖国”DVD作品获北京军区三等奖。在办公楼楼道悬挂了张思德等全军八位英模挂像，在营区主干道两侧设置了以宣传当代革命军人核心价值观、战斗精神和历史使命为主要内容的灯箱，在综合楼顶设置了“听党指挥、服务人民、英勇善战”大型标语，营区政治氛围浓厚。在军地媒体及时宣传团队，有效促进了工作落实和全面建设，被山西省军区表彰为新闻报道工作先进单位，拍摄的冬季适应性训练纪实录像片《砺剑太行》在阳泉电视台连播，并被师转发。官兵思想稳定，士气高昂，团结和谐。 （郭 鹏）

【班子和干部队伍建设】 2009年，248团大力加强党委班子自身建设，深入开展向吕梁军分区党委和高平人武部党委学习活动，全面加强思想、组织、作风、制度和反腐倡廉建设。认真落实党委中心组理论学习制度，不断用党的创新理论武装班子成员，领导部队科学发展的能力不断加强。贯彻民主集中制原则，严格按照组织规定研究决定重大问题，坚持党委统一领导下的首长分工负责制，各项决议得到落实。党委班子团结协作、大局意识不断增强。严格落实廉政规定，全面推行事务公开，自觉接受监督。爱岗敬业，无私奉献，忠诚党的军队建设事业。党委班子的整体形象和威信不断提升，科学决策、民主决策、依法决策的水平不断提高。团第一政委、阳泉市常务副市长王旭明被北京军区表彰为“华北地区忠诚党的武装事业新闻人物”。

按照“精神强壮、知识强壮、身体强壮、能力强壮”的目标,采取“岗位实践练、活动牵引砺、奖优罚劣激”培育现役干部能力素质。全年搭建10次锻炼、10次展示的平台,开展了3次业务培训,选送12名干部参加上级组织的培训和比武考核,评选表彰理论学习先进个人、基层核心能力建设标兵,激发了广大干部在各自的岗位上争先进、创品牌、当尖兵的热情。通过联系协调、情况通报、上岗、述职、参观见学,预任干部参加重大教育训练和军事日等活动,使广大官兵吃苦耐劳、奋勇向前的作风得到充分发挥。

(郭　鹏)

【战备训练】 2009年,248团积极响应中央军委关于掀起大抓军事训练热潮的号召,着眼使命任务,按照“随时准备有任务、随时准备拉出去、随时准备起作用”的目标要求,扎扎实实抓战备,轰轰烈烈搞训练。修订完善了收拢集结、抢险救灾等七种战备方案及保障措施。加强机关“三室两库”建设和基层营连应急器材建设,加强战备值班连建设,组织应急拉动演练,应急能力得到提升。落实军事训练教学责任制,积极开展按纲施训。“体能、技能、智能”三能同练,现役干部军事技能进一步提高,在师年度考核中成绩良好。

年内,主要开展了七项军事训练活动,一是奔赴内蒙古朱日和参加演习,单程机动750多公里,顶风沙,战风雨,部队组织、指挥、技术、保障得到全面锻炼;二是参加山西省“联动-2009”演练,组织全师骨干训练,并成功发射了宣传弹,得到省军区领导的充分肯定;三是高标准筹划,从难从严要求,周密组织了冬季适应性训练,在复杂地形条件下,在零下23摄氏度的严寒气候里,部队走、打、吃、住、管、供、修能力和官兵的综合素质得到全面锤炼提高;四是组织官兵圆满完成拍摄快速动员教学录像片任务;五是炮兵营成功组织预任班排长集训,探索预备役官兵训练路子;六是7名现役干部参加了师组织的业务集训,能力素质得到提升;七是分9次组织各营连预备役官兵进行轻武器实弹射击训练,团队军事技能得到整体提高。

(郭　鹏)

【基层建设】 2009年,248团党委坚持重心下移,把基层建设作为部队建设的重点常抓不懈。团党委确定每月第二周的星期二、三、四为全团基层日,确保了基层建设持久开展、抓建力量持久不衰。召开“奋战-2009基层核心军事能力建设畅谈会”、“基层核心军事能力建设成果展暨经验交流会”,组织全体现役干部对全团营连进行巡回观摩,评比表彰奖励“基层核心军事能力建设实践标兵”,促进了基层建设的大发展。各营均与编组地党委政府联合下发了《加强预备役营连建设的意见》,形成军地合力抓基层的长效机制。一营二连、三连、机枪连,三营七连,团直警卫侦察连圆满完成了编组地域调整,全团编组结构进一步优化。编组地域党委、政府克服金融危机影响,为营连投入经费60余万元用于帐篷、背囊、盾牌、警棍等应急器材购置,基层应急出动能力进一步增强。团基层器材建设能力得到提高,部分连队还实现了“人编在哪里,器材室就建到哪里,作用就发挥到哪里”。6个连队被师评为“先进连队”。炮兵营完成了山西省军区赋予的阵地规范化建设试点任务,研究制定的《基层阵地规范化建设标准细则》由省军区下发至全区预备役部队执行。一营完成了师赋予的营一级与地方政府协调经费规范化管理的试点任务。一营营长康国满被北京军区表彰为“优秀基层干部标兵”,赴京参加了表彰大会。

(郭　鹏)

【安全管理】 2009年,248团党委牢固树立安全发展理念,狠抓安全建设,大力营造了“我的安全我负责、单位安全我尽责、他人安全我有责”和“人人抓安全、事事保安全”的氛围,认真开展“条令学习月”、“安全季”、“百日安全评比竞赛”活动,严格落实安全保密、预防犯罪、处置突发事件各项要求,在国庆安保特殊时期及时搞好针对性教育,强化官兵安全意识,提高官兵安全防范能力。严格落实安全管理工作责任制、严格落实“人、车、枪、弹、密、院、网”各项管理制度,特殊时期值班首长每日巡查,突出重点警卫目标和冬季适应性训练等大项任务期间的安全管理。安装监控报警系统,加强技术防范,全年进行了八次处突演练,确保了团队安全稳定,顺利发展。团被省军区表彰为“百日安全评比竞赛活动先进单位”、“预防犯罪工作先进单位”;副团长孙建国被省军区表彰为“预防犯罪工作先进个人”。（郭　鹏）

【“双服务”活动】 2009年,248团组织官兵积极参加阳泉市“三城同创”活动。在307复线义白路、307国道旧街段、盂县路家村建成三块预备役国防林,新植树1000余株;在郊区荫营镇东村、盂县牛村镇后元吉村建立了两个新农村帮建示范点;在郊区援建的“烟里八一小学”进展顺利;出动官兵1200人次参加了驻地防火救火和抗雪救灾工作;为驻地军训1300人;发放国防教育宣传资料近万份;现役官兵扶贫帮困捐款36800元。活动发挥了预备役部队在精神文明建设中的表率作用,履行了预备役部队“平时服务、急时应急、战时应战”的使命要求。

(郭　鹏)

武警阳泉市支队

【概况】 2009年,武警阳泉市支队围绕“建设全面过硬部队”的目标,牢固确立科学发展、安全发展、创新发展的理念,依法抓建,务实作为,广大官兵的精神面貌和部队的全面建设发生了明显变化。

一、党委班子领导坚强，支队常委形象良好。始终坚持“变观念、强能力、牢基础、上质量”的工作思路，注重把加强干部队伍建设作为重点来抓，采取常委帮带、机关帮助的办法，狠抓基本功训练，提高了广大干部履职尽责的能力，有效促进了各项工作的落实。大力倡导“吹拉弹唱都是课，琴棋书画育人才”的理念，营造了文化建队的浓厚氛围。党委牢固确立“以人为本”理念，急官兵所急，先后帮助5名随军干部解决了家属就业问题，帮助7名干部子女解决了入学问题；团购60套商品住房，新建20套公寓住房，较好地解决了干部“住房难”问题；投资30万元更新了机关干部办公设施；拨出50万元用于提高干部福利待遇和补助特困干部；投资25万元为广大干部解决了函授费用和官兵计算机过级考试费用；投资320万元购置了反恐装备，更新修缮基层配套设施，受到广大官兵的欢迎。

二、政治教育扎实有效，官兵思想积极上进。坚持把“大力培育当代革命军人核心价值观、永远做党和人民的忠诚卫士”主题教育与学习实践活动结合起来，形成双赢双促局面。坚持把主题教育与纪念改革开放30周年、庆祝新中国成立60周年系列活动紧密结合起来，开展了学习实践当代革命军人核心价值观图片展，邀请驻地革命老前辈讲述革命传统，大大激发了官兵争做党和人民的忠诚卫士的政治热情。积极开展法律服务到基层活动，认真组织理论、法律、心理、医疗四项服务工作，全年累计为官兵提供法律咨询9次，解决涉法问题2起。年内有300余人参加了计算机等级考试，全支队二年度以上的官兵100%考取了计算机等级证书；有172人报名参加函授和自学考试。

三、军事训练成绩突出，中心任务圆满完成。坚持每开展一个科目前，都组织训练尖子组成示范小分队，巡回各中队进行示范作业，较好地解决了以往训练标准不统一、组训程序不规范的问题。训练中，要求干部、骨干坚持跟班作业训练，考核时先考干部、骨干，极大地调动了干部的训练积极性，提高了干部、骨干的组训能力和自身素质。年内，组织指挥士官和军事干部都进行了轮训，在总队训练尖子军事比武中，荣获团体第一名，有两名战士被评为“总队十大训练标兵”。支队全年成功完成押解勤务10起，押解犯人420名；出动兵力1700余人次，扑救森林大火8起，清雪除冰4次；完成临时性安全保卫任务11次；国庆安保期间，出动兵力100余人次参与军警民联合巡逻。

四、后勤建设规范有序，保障能力明显加强。严格落实党委统揽、职能统管、双人签字、互相监督措施，加强了财务经费管理；坚持资产与预算相结合和谁使用谁管理；伙食管理继续推行社会化供应保障机制，采取定点采购、统一配送、中队验收、集中结算的办法，提高了伙食管理效益；广泛开展节水、节电、节油、节气等活动，创建节约型部队的意识日益浓厚；以百日岗位大练兵为契机，开展了后勤战备保障演练活动；以落实大同现场会议精神为契机，投入67万元帮助基层中队进一步完善了各类库室，统一开展了营房营具维修、营区绿化美化工作，部队基础设施建设有了明显改观。

（刘　广）

【“国庆安保”领导组检查阳泉支队战备工作】 9月18日至19日，省委副秘书长王清宪、省公安厅副厅长廉兴有、省交管局副局长张宪林等一行，在总队长仲轩的陪同下对武警阳泉市支队“国庆安保”工作进行了检查指导。检查组验收了机动中队备勤官兵的紧急出动和防暴演练，对阳泉支队为实现国庆安全所采取的各项措施和战备工作落实情况给予了充分肯定和高度评价，勉励支队官兵要进一步提高认识，增强责任心，与地方单位加强协调，认真履行好车辆安全检查和城市武装巡逻等各项职责，以优异的成绩为国庆六十周年献礼。

国庆期间，阳泉支队出动兵力100余人次、车辆10余台次，与公安、民兵一起在阳泉市主要街道和重点区域进行城市武装巡逻。

（刘　广）

【森林大火扑救】 1月27日（正月初二）中午，盂县仙人乡及周边地区发生森林大火，支队100余名官兵奋战2天2夜把大火扑灭。

3月8日下午15时，郊区刘备山附近山地发生森林大火。接到上级救火命令后，支队长张陆军及时召集有关人员，研究方案，安排部署，于9日凌晨4时30分带领100名官兵赶赴火场，经过2天1夜的奋战完成了灭火任务。

3月16日18时，盂县北下庄乡尧子门村一带发生森林火灾。17日6时30分，支队长张陆军、参谋长何世国带领100名官兵奔赴火场，经过奋战完成森林火灾扑救任务。

（刘　广）

【抗击暴雪灾害】 11月10日，阳泉市遭受50年不遇的特大暴雪灾害，给人民群众的生产生活造成严重影响。11日、12日，武警阳泉支队官兵在完成市内主干道清雪除冰和装载救援物资第一阶段任务后，于13日出动300名兵力，一路对太旧高速公路平定收费站路段的积雪进行清扫，一路对郊区耐火材料厂等企业坍塌厂房进行紧急救援。广大官兵发扬“特别能吃苦、特别能战斗、特别能奉献”的优良作风连续作战，圆满完成任务。（刘　广）

【扑救森林火灾受表彰】 6月9日，阳泉市召开扑救森林火灾参战武警部队表彰大会，表彰武警阳泉市支队在扑救森林火灾战斗中作出的突出贡献。大会由市委副书记郜爱国主持，副市长王敬瑞全面总结了武警阳泉市支队在历年扑救森林火灾中作出的巨大贡献，充分肯定了武警官兵在防火救火过程中表现出的英勇顽强、不怕牺牲、敢打硬仗的战斗作风，高度赞扬了武警官兵视驻地为故乡、视人民为父母的高尚情操。表彰会上,中共阳泉市委、阳泉市人民政府授予武警阳泉市支队“特别能战斗的部队”荣誉称号,奖励人民币50万元；中共盂县县委、盂县人民政府向阳泉支队赠送了“人民卫士,处突尖兵”的锦旗,奖励人民币30万元。 (刘 广)

【“拥军路”揭牌】 5月20日,阳泉市双拥办在武警阳泉市支队门前举行“拥军路”揭牌仪式,将支队门前的原“小阳泉路”正式更名为“拥军路”。此举充分体现了阳泉市委、市政府对阳泉驻军和武警部队的关怀和支持,体现了山城人民对子弟兵的关心和厚爱。 (刘 广)

【总部领导检查指导工作】 9月30日,武警总部后勤部政委姚立功等一行6人,在山西总队总队长仲轩和政治部主任詹海观的陪同下,深入阳泉支队检查指导部队全面建设情况及国庆安保工作。

10月12日,武警总部保密工作检查组参谋杨阳在总队司令部办公室副主任常连委的陪同下,通过现场提问、实地检查、理论测试、技术检测等形式,对阳泉支队计算机保密系统、严密防范网络泄密“十条禁令”、网络安全、移动存储介质及文件管理情况进行了全面系统的检查指导。 (刘 广)

【黄刚获“全军优秀士官”称号】 9月,武警阳泉市支队一中队班长黄刚被总政治部表彰为“全军优秀士官”。黄刚2005年12月入伍后,认真学习科学理论,苦练军事技能,自身素质过硬。从下连队那天起,黄刚就暗下决心,无论工作再紧、训练再累,每天晚上必须做500个俯卧撑、100个杠铃蹲起和500个仰卧起坐。高强度的训练使他的手臂、大腿肿了消,消了又肿,可他一声不吭,咬牙坚持了下来。在攀登、障碍、五千米武装越野中,他苦练加巧练,几年下来,他的军事技能取得了长足的进步。2006年至2009年连续四年代表支队参加总队反恐作战队员比武,因成绩突出,多次立功受奖。其中,2008年在总队反恐作战队员比武中,取得了个人综合排名第二的好成绩,被树为“总队十大训练标兵”,荣立个人三等功;11月荣获总部优秀士官人才二等奖。2009年7月在总队年度反恐队员比武中,他在右眼有伤的情况下,硬是凭着左眼打出了自动步枪射击单项第四的好成绩,被总队评为“特等射手”;9月被总政治部表彰为“全军优秀士官”,为支队赢得了荣誉。

(刘 广)

人民防空

【人防工作会议】 2月26日,全市人民防空工作会议召开。省人防办主任常高才,市委常委、常务副市长王旭明,市委常委、军分区司令员方庆灵,军分区参谋长杨少华等领导出席会议。会上,市人防办主任王立宾总结了2008年全市人民防空建设工作,安排部署了2009年的人民防空工作。市委常委、常务副市长王旭明和市委常委、军分区司令员方庆灵作了讲话。王旭明与各县区人防办负责人签订了2009年人民防空应急准备工作目标责任书。 (李 巍)

【警报器报时业务】 7月,经市委、市政府批准,市人防办在全市开通了防空电声警报器整点报时业务。作为市委市政府2009年创新型工作项目,警报器整点报时业务在增强人民群众防空意识的同时,也为人民群众的生活提供了便利。

(李 巍)

【防空警报统一试鸣活动】 为进一步增强社会各界的忧患意识和国防意识,根据省政府、省军区统一部署,9月18日上午,阳泉市人防办通过省防空警报试鸣指挥部视频系统,参加了全省首次防空警报统一试鸣活动,市领导郜爱国、高全怀、宋师璇、王民、方庆灵等与各县区、市直有关部门领导参加了活动。在防空警报试鸣活动现场,市防空警报指挥部指挥长董贵堂向省指挥部报告了阳泉市防空警报试鸣准备情况。上午10时整,省委常委、省军分区司令员方文平下达了防空警报试鸣命令,阳泉市警报器同时鸣响,鸣响率达到100%。

试鸣活动结束后,市人防办邀请中国著名战略分析专家、国防大学战略研究部的孟祥青教授,为与会人员作了题为《国家安全形势及思考》的专题讲座。 (李 巍)

【人防工作巡回评比考核获佳绩】 11月,由省政府、省军区领导带队,省人防办班子、各部门领导以及全省11个地市人防办主要领导组成的巡回评比考核组到达阳泉市,开展全省人防工作巡回评比考核工作。评比考核工作历时半个月,通过实地察看、资料检查汇总、打分考核、无记名投票方式进行排队,最终阳泉市、晋城市、太原市获得前三名,名次不分先后。 (李 巍)

【北京军区检查阳泉市人防工作】 12月,北京军区对阳泉市人防工作进行了考核检查。经过听取工作汇报、资料汇总查看、实地观摩,北京军区领导对阳泉市的人防工作给予肯定和好评。 (李 巍)

民主党派

民革阳泉市委

【概况】 2009年，民革阳泉市委把学习贯彻科学发展观与各项工作结合起来，在加强理论学习、自身建设、参政议政、服务社会、促进祖国统一等方面做了大量工作，取得较好成绩。

理论学习　年内，民革阳泉市委组织全体党员学习中共十七届四中全会精神和民革历史、民革章程。同时，积极参加各种培训学习。先后参加了省委统战部在中央社会主义学院举办的民主党派领导干部培训班和全省统战系统办公室业务培训班学习、市政协组织的政协公文写作理论知识及社情民意信息写作培训、市委统战部组织的全市统一战线第六期党外干部培训班和在重庆民主党派纪念馆的参观学习。通过学习，提高了广大民革党员的思想政治素质，有效推动了民革市委工作的不断创新和发展。

自身建设　年内，民革阳泉市委始终坚持发展与巩固相结合，注重政治素质，严格组织发展程序，党员数量稳步增长，整体素质不断提高，年龄结构和知识结构都有较大改善。年内，共发展党员6名，全部为大专以上学历，其中高级职称5人，硕士研究生3名，为民革组织补充了新鲜血液。同时，还完善了支部考核规章制度，以工作实绩作为评选先进支部和优秀党员的依据，开创了支部工作新局面。上站支部、文教卫支部被民革市委评为"2009年度先进支部"，直属支部、北大街支部、阳煤支部被评为"社会服务先进支部"。

参政议政　年内，民革阳泉市委参加了市政协组织的旅游经济发展、企业科技发展情况、非物质文化遗产保护、劳动保障等调研活动；围绕新农村建设和农村环境保护问题，针对"移民搬迁"、"农村文化建设"、"农村环境卫生建设"、"非物质文化遗产的保护及开发"、"残疾人就业"、"法律援助"、"农村农民养老保障"等专题进行了调研，写出了6篇有价值的调研报告，受到市委、市政府的高度重视。民革党员中的市人大代表、政协委员在阳泉"两会"期间撰写议案、提案25件，反映社情民意20篇。县区政协委员共撰写提案40件，反映社情民意30篇。在市政协召开的提案社情民意信息工作表彰会上，民革市委被评为"政协信息工作先进单位"，张文英、赵志刚被评为"反映社情民意先进个人"。在报送的80多篇社情民意信息中，全国政协采纳2篇，省政协采用4篇，市政协采用24篇。张文英、赵海润、赵志刚撰写的社情民意信息《促进农业农村持续稳定发展的建议》、《农民经典廉价药品紧缺问题亟待解决》、《建议尽快出台山西省高温天气劳动保护办法》、《省政协委员和民主党派成员对乌鲁木齐"7·5"暴乱事件反映强烈并对新疆稳定提出建议》、《我省各地方言应予以保护》等信息被全国政协和省政协采纳。

社会服务　年内，民革阳泉市委出台《社会服务工作制度》，进一步促进了民革市委社会服务工作的规范化和制度化。打造了医卫和新农村建设两个社会服务品牌。在医卫方面，市委会整合党员中的专业医护人才资源，成立了由康源大药房姚智俊牵头的"民革免费医疗服务小组"，由党员中的内科、妇科、骨科、神经外科、化验科、儿科、中医科等专家组成，为就诊者免费作五项体检，一次性人均节省200余元体检费，还为就诊者讲解甲型H1N1流感疫情情况和防治办法，深受群众欢迎。在新农村建设方面，市委会和郊区畜牧局合办农民养殖技术培训班，培训农民50人次，还为农民发放了科技宣传资料等，并现场指导养殖注意技术要领，解答农民提

民主党派　工商联

问,把科技知识送到田间地头;与市水利局合作,帮扶小庄村、牛家峪村解决水利资金短缺难题。积极发动民营企业界党员,为困难农民家庭捐款,帮助未成年子女完成学业,帮助困难农民就业;老党员邵玉珍多次捐款救灾扶贫,为新农村建设捐款5000元。

祖统工作 年内,广大民革党员积极探讨祖国统一工作新思路,并从阳泉实际出发,继续加强两岸交流工作,取得良好效果。一是加强祖统联谊。主委孔德慧和天津市政协文史委副主任张绍祖挖掘整理了孔祥熙在天津创办银行的史料,撰写了《孔祥熙下榻京奉铁路宾馆》、《孔祥熙的五叔孔繁杏》、《孔繁杏与天津商检局》等文章,刊登在天津《今晚报》和《今晚经济周报》上。参加了《孔子世家谱》颁谱仪式,积极宣传阳泉的对外开放和经济发展情况。台胞刘阿美通过电话、贺卡、写信加强亲情联系,促进两岸民间交流,并通过电话联络,宣传祖统有关政策,为促进祖国和平统一作出了贡献。二是召开和参加专题会议。在中秋佳节之际,民革市委召开"庆中秋、迎国庆、话经济、促祖统"茶话会,共话两岸和平。民革市委还与市台办联合通过参加台情报告会、观看台情录像、资料图片等方式关注台海局势变化,研究分析台情发展趋势,积极撰写祖统宣传文章。三是积极为台湾受灾同胞捐款。8月8日,"莫拉克"台风席卷台湾,灾情十分严重。党员自发为台湾同胞捐款5150元,奉献爱心。民革中央办公厅和国台办给予肯定。四是注重涉台参政议政工作。市委会紧扣祖国统一和做好台湾人民工作主线,积极参政议政,建言献策。社情民意信息《基层政协委员高度评价胡锦涛总书记在纪念〈告台湾台胞书〉发表30周年座谈会上的讲话》、《基层民革党员对为台湾提供援助抗灾救灾提出建议》、《山西关帝信仰文化应成为山西和台湾文化交流、经贸合作的重要纽带》、《海峡两岸应建立保护海洋生态环境的合作机制》、《基层民革党员对尽早实现"胡马会谈"进一步加快祖国统一进程提出建议》、《应尽快建立山西台商会馆》等上报民革省委和市政协,受到有关部门重视。年内,民革阳泉市委共撰写祖统理论文章10篇,报送祖统信息15篇,祖统工作实现了向涉台参政议政理论研究为工作重心的新的转变。 (张文英)

【周铁农到阳泉调研】 8月28日,全国人大常委会副委员长、民革中央主席周铁农到阳泉调研。全国人大常委、民革中央副主席、山西省人大副主任、民革山西省委主委谢克昌,市领导白云、李栋梁、孙水生、樊盛武、张清及民革阳泉市委主委孔德慧陪同调研。周铁农听取市委、市政府工作汇报后,对阳泉紧紧围绕"统筹城乡、率先转型、全面崛起、富民强市"主题,着力走好转型、统筹、和谐、创新、绿色发展之路,加快建设新型能源基地、新型材料及装备制造业基地和现代服务业基地所取得的成绩给予好评。调研期间,周铁农一行还到郊区平坦镇桃林沟村实地查看新农村建设情况,对阳泉在生态环境保护、城市环境绿化、采煤沉陷区治理等工作给予肯定。

(张文英)

【《孙中山与阳泉》专题历史研究】 年内,民革市委按照民革省委和市委统战部要求,积极推进孙中山与阳泉的研究工作。市委会成立了《孙中山与阳泉》历史研究组,构建了组织网络。编写了10期研究成果简报。征集历史资料,编撰纪念文章15篇,整理编撰了20篇稿件,收集、拍摄和整理历史照片50多张,并组织研究组成员到孙中山当年考察过的娘子关车站、岩回车站、简子沟煤矿遗址、铁炉沟煤矿遗址等地调研,进一步核实校正史料。还邀请民革山西省委宣传部部长王原生到阳泉指导孙中山史料研究工作。在此基础上,进一步核实完善了史料,编写完成了《孙中山与阳泉》历史研究资料的初稿,《团结报》作了专题报道。 (张文英)

【新中国成立60周年纪念活动】 2009年,在新中国成立60周年和人民政协成立60周年之际,民革阳泉市委积极组织党员参加各种纪念活动。参加了市政协组织的"人民政协60春益智杯征文"活动,有2篇稿件刊登在《政协之声》;参加省、市政协知识答题活动,组织了100多名党员参加答题活动,民革市委获"优秀组织奖",赵志明、刘宏英、杨丽平、霍晓萍、潘磊五名党员分别获得一、二、三等奖;组织党员收看了庆祝人民政协成立60周年大会盛况;组织党员参加了"纪念人民政协成立60周年"报告会;参加了中共阳泉市委"纪念新中国成立60周年暨中国共产党领导的多党合作政治协商制度确立60周年"座谈会;组织党员参加了"辉煌六十年"摄影作品赛,获得三等奖和优秀奖;组织党员参加了市委统战部举办的纪念新中国成立60周年图片展览;参加市委统战部组织的"与祖国同行"征文活动,李文乐获一等奖,张可宇获二等奖,张文英、赵志刚获优秀奖;参加了民革省委举办的"我和我的祖国"主题演讲比赛,杨振富代表民革市委会参赛,获优秀奖;党员张春生参加了纪念新中国成立60周年"我心中的祖国"征文活动,撰写的征文《浅谈注重党史研究,强化资政功能》获一等奖。通过参加各种活动,丰富了大家的精神文化生活,更加坚定了坚持中国共产党领导的自觉性和坚定性。 (张文英)

民盟阳泉市委

【概况】 2009年,民盟阳泉市委深入学习科学发展观,不断加强自身建设,积极履行参政党职能,党派形象有所提升,整体素质不断提高,为阳泉经济建设和社会发展作出了贡献。

理论学习 年内,民盟阳泉市

委始终把理论学习放在重要位置，制定和不断完善各项学习制度，确保学习效果。在深入学习贯彻科学发展观活动中，盟市委领导班子成员严格遵守学习制度，把学习科学发展观与国情省情市情紧密结合起来，并作为指导思想融汇到学习和工作中。盟市委组织全体盟员学习了中共十七大及十七届三、四中全会精神、全盟十大会议精神、新盟章、统战理论及相关会议文件精神。同时参加了中央、省社会主义学院及盟省委、市委统战部、市政协举办的各类学习活动10余次，参加各级各类培训班8期，培训近100人次。

年内，盟市委编撰民盟市委学习实践科学发展观《简报》15期，编发《阳泉盟讯》10期；在庆祝新中国成立60周年系列活动中，制作图版6块、撰写纪念文稿30余篇；《阳泉政协文史工作60年》征稿9篇；市政协庆祝人民政协成立60周年摄影展征集图片稿件40余件；完成市委统战部理论研讨文章11篇；市政协、市委统战部、民盟山西省委“与祖国同行”系列活动的征文、图片展板等资料的收集撰写制作工作。

组织建设　年内，民盟阳泉市委按照《中国民主同盟组织发展条例》的规定，认真贯彻《各民主党派中央关于加强自身建设若干问题座谈会纪要》精神，坚持一把手亲自抓，分管领导认真负责的原则，严格政治标准，经过组织考察，有计划、有针对性地发展了一批文化素质较高、参政议政能力较强、有代表性的中青年知识分子入盟。截至11月底，共发展盟员9名，其中科技界3人、教育界1人、文艺界2人、卫生界1人、政府机关1人、经济界1人；中、高级职称8人，均为大专以上学历；平均年龄为36岁。至年底，全市共有盟员175人，平均年龄53岁。其中女盟员62人，中、高级以上职称的156人，占总数的90%。年内，各基层支部在加强理论学习的同时，还注重在开展组织活动中进行调研。二支部和五支部组织盟员参观杨家庄生态园区，开展生态环境调研；四支部组织支部盟员对矿区自建房的拆迁、经济适用房的建设和使用、阳煤集团矸山治理的现状和污染情况调研；六支部文艺骨干主动开展“文化下乡演出”活动，为偏远农民送戏上门；盟员王凤娥积极参与农村劳动力转移阳光工程的培训工作，写出了关于“三农”问题的信息近20条等，受到有关部门重视。

参政议政　盟市委着力在拓宽调研渠道，围绕全市经济社会发展中的重要问题，开展多种形式的调研活动。4月，盟市委确定5个调研课题，并组织专家先后对桃河中水回用、阳泉市煤炭企业改制现状、市场上非药品冒充药品的行为等开展调研；5月，根据市政府提出的“三城同创”建设目标对如何打造生态环保城市品牌做了深入调研，撰写出《以“三城同创”为支点，努力打造生态环保城市品牌》的大会发言；6月下旬，市委委员和支部骨干成员联合对保护农村古建筑、古文化院落的遗址进行调研；9至10月与市政协科教文卫体委员会联合调研，形成《关于发展我市高新技术产业促进资源型城市转型的调研报告》；10月，就如何使阳泉经济发展、资源转型进行了详细了解和调查，为市委市政府提出《阳泉的接续产业应该选择—节能环保型产业》及配套的《关于发展节能环保产业主要措施的建议》和《关于打造阳泉旅游产业新的理念、思路和举措的建议》三篇调研报告。另外，盟内主要领导还参加了市政协组织的对阳泉一中新址、平定师范学院新址以及市文联工作等多项调研活动。盟市委主要领导和骨干成员30余人次，先后代表盟市委参加中共阳泉市委、市政府、市政协、市委统战部及有关部门召开的协商会、座谈会、情况通报会和视察活动。在年内的各级“两会”上，盟市委和盟员中的人大代表、政协委员共提交大会发言2篇，集体提案5件，个人提案、议案38件。盟市委在政协大会《以“三城同创”为支点，努力打造生态环保城市品牌》的发言受到市委、市政府重视，建议已在市“三城同创”工作中被采纳并进行全面安排和部署；12月中旬，在市政协十一届十二次常委会以关于发展阳泉高新技术产业促进资源型城市转型的专题议政会上，盟员韩东银作为特邀人士，代表民盟市委作了《阳泉市高新技术产业应突出发展节能环保产业》的发言，受到市政府、市政协领导及常委们的好评和肯定。年内，盟市委共上报信息90余条，其中社情民意77条，全国政协采纳综合信息1条，省政协采纳11条，市政协采纳23条。赵永红、史秀琴反映的《对开好“两会”的期盼和建议》作为综合信息，被全国采纳；赵永红、史秀琴反映的《对加强流感疫苗接种工作的三点建议》、史秀琴反映的《建议重视村级卫生所室的普及工作》、张立民反映的《应建立赴灾区救灾人员生活补贴保障机制》被省政协采纳。

（史秀琴）

【农村教育扶贫工作】　年内，盟市委在深入学习贯彻科学发展观的活动中，本着发挥优势、突出特色、尽力而为、注重实效的原则，除继续对长期扶贫的偏远农村学校开展“六一”儿童节慰问活动，积极为其筹措修建校舍、厕所资金外，还在春节和中秋两节，两次对平定一中贫困生周霞及其家庭进行慰问资助。阳泉市阳光旅行社总经理、新盟员曹曼除长期资助贵州山区贫困女孩上学外，还随盟市委两次为周霞捐款1000元。盟员、平定一中骨干教师石鑫还主动与平定一中校方联系沟通，反映该生实际情况，得到校方支持，全部免除周霞在校的学杂费，并为其申报解决每年2000元的特困生生活补助资金。这些社会服务活动既响应盟中央开展"烛光行动"和山西省委统战部开展的"凝聚力工程"的实践活动，又体现出民盟为新农村发展的社会价值。赵永红还被评为山西省"凝聚力工程"先进工作者。

（史秀琴）

【"阳光工程"培训】 "阳光工程"是由政府公共财政支持发展的农村劳动力转移到非农领域的职前培训示范项目，也是民盟阳泉市委的一项社会服务工作。由民盟平定支部副主委、平定县职业高中高级教师王凤娥及盟员教师刘艺美等发挥本职岗位优势具体操作承办，利用自身工作特点和职业教育的经验，在市农业局、平定县委、县政府和民盟阳泉市委支持下，主攻市场营销、酒店管理、计算机应用、机械制造、冶炼等专业，先后举办培训70多期130个班，培训学员5800多人，转移就业5510人，转移率达95%以上。尤其是2009年度承担了阳泉市大型超市、饭店、服装厂、玩具公司、山西汇能煤业有限公司等多家单位新职工岗前"阳光工程"培训的实施工作，对提高学员水平、技术技能、提高服务质量都起到积极作用，也推进了民盟深入学习贯彻科学发展观、服务新农村建设的各项工作，为支持农村劳动力转移培训、拓宽非农领域就业培训作出了贡献。年内，平定职业高中被山西省总工会命名为"农民工培训定点单位"，被市委、市政府表彰为"农民工培训先进集体"，盟员王凤娥获学校"先进个人"、"盟务先进工作者"光荣称号。

（史秀琴）

民建阳泉市委

【概况】 2009年，民建阳泉市委围绕学习实践科学发展观主线，积极推进自身建设，实现了理论学习有提高、重点工作有亮点、参政议政有成果、社会服务有实效的工作目标。

理论学习　年内，民建阳泉市委把学习实践科学发展观作为全年工作主线。5月7日举办了贯彻科学发展观学习培训会，邀请市委统战部和讲师团领导对骨干会员进行了培训；同时市委会还组织会员参加了市委统战部组织的全市各民主党派、无党派人士学习科学发展观交流大会，市委会为会员发放各种学习资料300余份，会员撰写心得100余份，学习笔记5万余字。年内，市委会还积极组织会员参加各类培训，主委刘兆林参加了民建中央举办的"在政府或司法部门任职的厅级干部"培训班，副主委王变娥6月参加了中央社会主义学院培训，市委班子成员和骨干会员11人参加了市委统战部组织的第六期党外干部培训会。

参政议政　民建阳泉市委有各级人大代表、政协委员35人，各级政协常委5人。市委会组织和参加各种调研、视察活动10余次。特别是4月3日，民建部分会员与市政协部分委员联合对全市就业工作情况进行调研，撰写了《全力稳定阳泉就业局势的建议》，推动了全市就业工作。年内向省政协撰写提案5件，大会发言3件，主委刘兆林撰写的提案《健全制度完善措施抓好节能减排》获省政协2009年度优秀提案。市委会向市政协撰写集体提案12件，联名提案8件，大会发言5件。有4位会员在市政协常委会上就"创业就业工作"、"高新技术产业发展"等内容进行大会发言。年内，民建阳泉市委通过不同渠道反映社情民意96条，被民建山西网、市政协《社情民意》、《山西政协报》、《阳泉日报》采用40条。

组织建设　年内，新发展8名会员，平均年龄39岁。中青年会员比例达到78%，经济界人士增至76%，大专以上学历增至67%。新会员中有县政协委员1人，企业家会员17人。矿区支部在会员单位阳煤集团二矿工会的支持下，有了固定活动办公室，配备了办公用品。城区支部、非公有制企业支部活动点配有上网电脑，为会员交流搭建了平台。平定、郊区、国企、非公有制、城区支部分别把支部总结会开到了"三联系"(联系农村、联系社区、联系企业)基地，郊区、矿区支部还邀请属地统战部、政协领导参加，促进了交流，增进了友谊。10月18日至19日，民建阳泉市委代表民建山西省委参加了民建中央组织处组织的（北片）民建14个基层组织工作建设研讨会，并在会上进行了基层组织建设工作交流，受到与会领导和参会代表的高度评价。

社会服务　年内，民建阳泉市委积极开展服务社会的"三联系"活动。一是联系农村有成效。在西回小杂粮基地帮扶过程中，帮助争取扶持资金，截至年底，该项目建立种植基地400公顷(6000亩)，加工规模达1000多吨，年销售400万元，产品远销北京、重庆、广州、太原等地。二是联系社区见实效。市委会多次到城区北岭社区进行服务，在社区商业"双进"(便利消费进社区，便民服务进家庭)活动中，争取项目和资金，建成北岭社区便民服务超市，并于6月17日宏张开业。市委会还于5月18日组织医务界、法律界及矿区支部会员到平潭西社区，为社区居民提供服务，年底还为该社区争取到1万元扶持资金。三是联系企业有成果。市委会组织专家多次与有关部门沟通，使天元家电有限公司成为国家商务部、财政部批准的全省两家"家电下乡"产品指定销售企业之一，实施了家电下乡现金直补，农民在购买家电产品时可现场领到13%的财政补贴，方便了群众。该企业获"全国就业与社会保障先进民营企业"称号。市委会还积极协助非公支部的会员企业，使山西建工申华暖通设备有限公司顺利进入国家支持转型发展企业，为其争取资金400万元，用于企业发展和新产品研发。

（王变娥）

【刘兆林率团到广东考察】 11月22日至24日，应民建广东省委邀请，民建阳泉市委主委刘兆林率团到广东考察。此次考察是继2008年民建广东省委企业家考察团到阳泉考察后的一次互访。考察期间，考察团与民建广东省委、民建广州市委、民建佛山市委、民建肇庆市委进行了会务交流。考察团先后到广东银奥、广东省国防职业工业大学、广州名特产品有限公司等会员企业考察，并随民建广东省委企业家考察团到肇庆市鼎湖区、广东鼎湖山泉有限公司、肇庆市新港物流园、肇庆世为服饰有限公司等会员企业进行考察，同时，参观了民建鼎湖区支部、书画院和鼎湖山观砚亭等地。民建鼎湖区支部曾获民建中央先进支部称号，他们为参政党搞好基层组织建设进行了积极探索，积累了好的方法和经验。　（王变娥）

【张榕明到民建阳泉市委视察】　8月24日，全国政协副主席、民建中央第一副主席张榕明一行到民建阳泉市委视察指导工作。张榕明与广大会员进行座谈，对民建阳泉市委近年工作予以肯定，对民建山西省委、中共阳泉市委对民建阳泉市委工作的支持表示感谢。张榕明还为广大会员就当前国内国际政治经济形势做了讲解，她要求广大会员要了解市情，分析会情，做好本职工作，积极履行参政议政职能，为国家和社会多作贡献。张榕明还会见了市委、市政府、市人大、市政协主要领导，并就阳泉政治经济社会发展进行了会谈。　（王变娥）

民进阳泉市委

【概况】　2009年，民进阳泉市委认真履行参政党职能，努力加强自身建设，不断提高参政党整体素质，为全市实现统筹城乡、率先转型、全面崛起、富民强市战略作出了贡献。

理论学习　3月24日，民进阳泉市委召开了深入学习贯彻科学发展观动员大会，制定了《民进阳泉市委深入学习贯彻科学发展观实施方案》。会内各级人大代表、政协委员、各基层支部委员、基层骨干等40余人参加了动员报告会。市委会还分别于5月14日、7月8日、9月18日召开了学习贯彻科学发展观分析检查动员会、整改落实阶段会、学习贯彻总结大会。通过为期半年的学习活动，全会上下取得了学习与工作双赢的效果。市委会还组织市委会员、会内各级人大代表、政协委员、基层骨干参加市政协、市委统战部组织的学习贯彻科学发展观专题讲座8次、座谈会11次，市政协组织的公务培训7次，全年参加各类活动、培训共计235人次。通过参加各种形式的学习培训、专题座谈、知识竞赛等活动，为全体会员履行职能、实现科学发展奠定了坚实的思想基础。

参政议政　年内，民进阳泉市委积极参政议政，在市“两会”期间，提交议案5份，提案38份（集体提案10份，个人提案28份），大会发言2人。提案内容涉及教育、卫生、文化、交通、住房等领域，《教育均衡化是当前农村教育发展亟待解决的问题》、《关于跳出行政区划的限制，把阳泉打造成晋东第三产业中心的建议》、《关于深入挖掘整理我市非物质文化遗产的几点建议》等成为重点提案。在市政协十一届三次会议上，市委会提交的《关于解决我市城乡弱势群体住房困难的建议》被评为优秀提案，提交的《关于兴建晋东医药物流配送中心的建议》提案，引起市委、市政府的高度重视，转化成果已于12月23日正式建成投入使用。高爱萍、尹青春、权红红被评为提案工作先进工作者。在县区“两会”上，会内人大代表、政协委员提交议案2份，提案38份。大会发言4人。刘华庆提交的《企业学校划归政府后学校危房改造的建议》被矿区政协评为优秀提案；刘海金被郊区政协评为提案工作先进个人。全年共收集整理社情民意95条。报送全国政协7条，《对开好“两会”的期盼和建议》和《健全监管机制确保食品药品安全》被全国政协采纳；报送省政协26条，其中，《关于药品检验应受理个人委托检品的建议》、《消毒餐具清洗配送行业有谁来监管》被省政协采纳。在市政协十一届三次会议上，市委会被评为2008年度政协信息工作标兵单位，奖励1万元；王瑞琴、刘华庆、杨瑞被评为政协信息工作先进个人。在3月召开的全省民进信息工作会议上，任衍钢、王瑞琴获信息工作先进个人称号。

社会服务　年内，民进阳泉市委继续开展智力扶贫。5月10日，市委会联合民进省委、民进太原市委，邀请省心理学专家裴秀芳、太原市36中骨干教师等7人赴郊区杨家庄中学讲课，为乡村学生送去最新的教学信息。“六一”前夕，市委会领导赴郊区义井镇义东沟幼儿园，观看了幼儿园全体师生的文艺汇演，并捐助1000元人民币。“八一”前夕，市豫剧团支部精心筹备，赴郊区为驻地武警官兵慰问演出。9月3日，市医卫支部组织会内医务人员，赴平定巨城镇西岭村，为当地农民提供无偿医疗服务，接诊130余人。在全省统一战线“凝聚力工程”先进集体和先进个人颁奖会上，市委会获“智力兴晋”服务活动先进集体称号，王瑞琴获“智力兴晋”服务活动先进个人称号。9月11日至15日，副主委任涛海还赴内蒙古参加了民进中央华北地区民进社会服务经验交流会议。　（高爱萍）

【创新基层组织建设】　2009年，民进阳泉市委针对个别基层组织出现的会员分散、活动不便、基层领导班子成员年龄老化、开展活动经费困难、到届需换届等问题，在深入调研基础上进行客观分析，并采取措施积极整改。一是有效整合资源，促进基层组织健康发展。市委会根据市直支部人员偏多、会员分散、不利于开展活动的情况进行了有效整合，将市一中支部的12名会员从市直支部分离出来。在市委统战部和市一中党委支持下，于6月17日成立了市一中支部，整合后的一中支部全部为一中教师，便于政治理论学习、学术交流及其他活动。10月25日，市一中支部带领全体会员赴河北白鹿温泉进行参观学习。二是优化领导班子,组织呈现活力。市委会根据三郊支部、豫剧团支部领导班子老化的实际情况，积极与支部领导班子沟通,经与所在区域统战部、单位党委协商，于6月11日和19日分别完成了两个支部的换届工作，选举产生的新一届领导班子具有年轻化、知识化的特点,两个基层组织呈现出勃勃生机。三是基层支部届满,完成换届工作。市委会在郊区区委统战部、东村中学党委支持下,于6月11日对东村中学支部顺利完成换届工作。四是帮助解决经费问题,正常开展各项活动。市委会针对基层组织开展活动经费困难等问题,积极想办法,从市委会业务经费中给基层组织下拨一些活动经费，便于支部参与会内及自行开展活动,各基层支部间形成了比、学、赶、超的良好氛围。（高爱萍）

农工党阳泉市委

【概况】 2009年,农工党阳泉市委发挥自身优势，切实履行参政党职能，在继续引深政治交接学教活动基础上，认真开展学习贯彻科学发展观活动,不断加强自身建设,各项工作取得一定成绩。

理论学习　年内，农工党阳泉市委多次组织机关工作人员和部分骨干党员参加省委举办的“参政议政工作培训班”、省委统战部举办的机关业务培训、市委统战部组织的基层组织建设讲座培训、市政协举办的8期公文写作培训班学习。同时,还组织担任人大代表、政协委员的农工党员及部分后备干部参加了由市委统战部和市委组织部组织的阳泉市第六期党外干部培训班学习。通过一系列的专业培训及与兄弟地市、兄弟党派间的互相学习交流,加强了机关的业务和服务能力,提高了广大党员参政议政水平。

参政议政　年内，农工党阳泉市委各级人大代表、政协委员认真履行职责,围绕全市经济建设、社会发展、产业结构调整、医疗卫生、农村合作医疗等切实关系国计民生方面的内容开展调研,积极撰写议案、提案。共向各级人大会议提交意见、建议7件，向各级政协会议提交集体提案16件,大会联组发言材料3份,政协委员个人提案26件。部分提案得到相关承办单位的重视,市委领导受邀参加市卫生局、教育局、建设局等单位提案答复会。在社情民意信息工作方面也有了较大突破，全年共向市政协报送社情民意125篇，向农工省委报送53篇,分别被农工党中央、农工党省委、全国政协、省政协和市政协采用。其中,《健全监管机制确保食品药品安全》、《关于推行药品拆零销售建议》两篇信息被农工党中央和全国政协采用，转送国家食品药品监督管理局办理;《完善城市消防通道规划》、《开展社区家庭医生服务》两篇信息被山西政协报全文刊登;《建议增加城市雕塑》、《出租车应尽快使用税控计价器和打印发票》等8篇社情民意,在阳泉日报刊登,受到市委领导重视。

宣传工作　年内，农工党阳泉市委把宣传工作作为履行参政议政职能的重要载体,形成了领导重视、制度健全、主题鲜明、成绩突出、形象提升的良好发展态势，切实加强了宣传工作。一是市委会领导高度重视,坚持主委亲自抓、分管领导具体抓,切实加强对宣传工作的领导；二是建立健全奖励机制，调动广大党员的积极性，进一步激励宣传工作；三是以开展政治交接主题教育活动和学习贯彻科学发展观活动为主线,注重抓好典型宣传工作;四是积极向《中国统一战线》、农工党中央党刊《前进论坛》、农工党中央网站、农工党省委网站、山西电视台、《山西政协报》、阳泉电视台、《阳泉日报》等媒体投稿,全年有30余篇信息被各类媒体登载，主委李继红撰写的《一笔宝贵的精神财富》在农工党中央党刊《前进论坛》2009年第一期发表,市委会撰写的《情系革命老区——社会服务侧记》在第七期发表。10月,在天津召开的全国宣传工作会议上，农工党阳泉市委被授予“中国农工民主党宣传工作先进集体”称号。（马洪亮）

【“三项活动”促进科学发展】 2009年,在学习实践科学发展观活动中,农工党阳泉市委通过开展三项活动,力促三个提升。第一,强化理论学习,开展“建言献策比贡献”活动,提升参政议政能力。调动了广大党员参与全市经济建设和社会发展的积极性和主动性，增强了学习贯彻活动的针对性和时效性，为深入开展学习贯彻活动奠定了坚实的基础。第二,强化社会服务,开展“社会服务献爱心”活动,提升和谐共建能力。先后于5月31日组织医疗、农业、法律和计生等方面专家,赴平定县东回镇七亘村开展“服务革命老区、促进科学发展”社会服务活动,到七亘村小学开展“关爱儿童阳光行”献爱心活动。由农工党市委会牵头协调，阳泉市第二人民医院提出申请，经农工党中央主办的中国初级卫生保健基金会及爱心医院公益项目管理办公室考察批准，确立其为全市首家“中国初级卫生保健基金会爱心医院、爱心血液透析中心”，并于8月6日正式授牌成立。中国初级卫生保健基金会为中心捐赠了尿毒症救助、下肢静脉曲张救助等公益项目的医疗器械，共计347万元。第三,强化自身建设,开展“爱岗敬业比技能”活动,提升参与发展能力。市委会鼓励支部间开展互动交流,促进共同学习,共同进步,增强了学习的愉悦性,提高了学习的效果,也加强了同志间的友谊。同时,还开展调研、专题征文和召开谈心会，市委会领导先后深入基层支部，调研指导基层支部开展学习贯彻科学发展观活动的情况。在为期半年的科学发展观学习活动期间,共组织专题学习4次,专题座谈会2次,撰写发言稿件15篇,办板报3期,活动简报13期。基层组织举办学习活动30余次,参加活动的每个党员结合工作实际撰写心得体会。在学习中,基层支部还积极与所在单位中共党组织取得联系,并参加其相关活动,共同学习,共同进步,促进了活动开展,增强了学习成效。　（马洪亮）

【组织建设获农工党中央表彰】 2009年,农工党阳泉市委狠抓组织建设,全面提升建设水平。在规范制度、严格程序、做好组织发展和培训的基础上,加强领导班子和后备干部队伍建设,大力推进"基层组织建设年"活动,建立健全基层组织活动长效机制,在各级组织和广大党员共同努力下,市委组织建设呈现出良好发展态势,特别是通过开展政治交接学教活动和学习贯彻科学发展观活动后,基层支部核心作用和组织生活质量进一步提高,各级组织对党员及所联系群众的凝聚力进一步增强。5月,在广东惠州召开的全国组织工作会议上,农工党阳泉市委以突出的组织工作表现,被农工党中央授予"组织工作先进集体"称号。8月,中组部处长刘然到阳泉对农工党阳泉市委的组织工作开展调研。

（马洪亮）

九三学社阳泉市委

【概况】 2009年,九三学社阳泉市委以科学发展观为统领,切实加强自身建设,认真履行参政党职能,积极开展九阳科技合作活动,为阳泉创建"三城同创"、建设宜居家园作出了积极贡献。

自身建设　年内,九三学社阳泉市委以纪念新中国成立60周年、中国共产党领导的多党合作和政治协商制度确立60周年和九三学社成立64周年为契机,举行座谈会,广大社员特别是年轻社员进一步了解了中国的政党制度、多党合作的发展历程、九三学社的历史,进一步增强了大局意识和责任意识。同时,组织市委班子成员、支社主委和骨干成员参加市委统战部在市委党校组织的民主党派干部学习班,通过学习,大家对当前形势、阳泉的经济及社会发展有了进一步的认识,全体社员更加爱岗敬业,努力工作。据不完全统计,年内获国家级、省部级奖项达7项,其中王妍云的《凡特能量采集分析管理系统》获国家发改委、科学技术部、工业和信息化部主办的国际软件博览会创新奖;李银花获山西省劳动竞赛委员会颁发的五一劳动奖章;张林秀带领学生参加山西省护理技能大赛"密闭式静脉输液"项目,获山西省职业院校技能大赛组织委员会颁发的优秀指导教师三等奖;安临斐获省建设厅颁发的全市职工比武优秀评委奖;施丽芳获省建设厅颁发的城市消防规划优秀设计三等奖;张勇的《输电线路环境参数适时监测系统开发应用》获省电力公司颁发的科技进步一等奖;石会民获山西省煤矿安全监察局优秀监察员称号;郭丽被评为出席山西省税务局的优秀信息员。2009年,九三学社阳泉市委共发展5名新社员,平均年龄41岁,专业领域涉及教育、医学,学历层次高,其中孟胜国是硕士、副教授,李达在读博士、副教授,郭昧明副高职称副主任医师。

参政议政　年内,九三学社阳泉市委立足阳泉经济、社会发展实际,切实履行参政议政职能。先后深入市农业局、市种植管理站了解种子使用情况,走访农民和各级种子管理部门,掌握最基层情况,在分析对比省内外其他区有关经验基础上,初步形成《关于我市种子管理工作的调研报告》。报告分析了阳泉市种子管理使用的现状和制约因素,提出了对策建议,为推动阳泉经济和社会发展、提高农民收入,促进阳泉经济的新一轮发展,提供了有力的理论支撑。社市委17名省、市、县区人大代表、政协委员在阳泉"两会"期间,就全市公共交通、环境保护、农民增收等课题提出了4件团体提案。全年共收集社情民意102篇,上报62篇,其中李天祥、乔泉生、马宝林、牛运达、冯俊明、王启玉、熊燕如、李胜、郑世军、段淑梅、李玉霞、崔松喜、赵彦军等撰写多篇社情民意并被市政协采用。　（李宏业）

【九阳科技合作】 2008年12月1日,社省委与阳泉市政府签订"九阳科技合作"协议书。该项目是以政治合作为基础、以经济建设为中心、以科技扶贫为形式、以振兴地方经济为目的的一项活动,旨在发挥九三学社专家、学者人才荟萃的优势,为地方提供科技信息发布和项目的引进、咨询服务。2009年是开展九阳科技合作第一年,社市委就合作模式进行了讨论,达成了共识,明确建立联系机制、基本原则及活动内容和方式。全年组织九阳合作科技人员下乡12次。通过增施生物有机肥,解决了重茬种植出现土壤病害增多、作物减产的问题。盂县下社的王建军种植的红薯单产由上年的亩产2500多公斤增加到2009年的4500公斤,增产80%;盂县苌池的张书琴种植的谷子单产由上年的135公斤增加到2009年的277.5公斤,增产105%。九阳合作为农民增收、农业增效发挥了作用,也扩大了九三学社阳泉市委在社会上的影响力。

（李宏业）

【王选关怀基金到基层】 2009年,九三学社阳泉市委通过社省委,向社中央为原主委杜世强争取回2万元王选关怀基金。12月17日,社省委副主委王毓钟、办公室主任单小飞等到阳泉将2万元王选关怀基金发放到阳泉九三学社创始人、前主委杜世强手中,并带来了慰问信。王选关怀基金会是照原九三学社中央副主席、著名科学家王选生前遗愿，由其夫人捐赠100万元发起设立，主要用于为九三学社离退休老同志中经济困难的重病患者且社龄较长、对国家和九三学社组织作出较大贡献的社员提供的医疗补助。（李宏业）

工商联

阳泉市工商业联合会

【概况】 2009年,阳泉市工商联以科学发展观为指导,紧紧围绕市委、市政府的中心工作,服务大局,履行职能,发挥作用,以积极开展参政议政和主动服务会员企业为出发点和落脚点,创造性地开展各项工作,取得了一些成绩，较好地完成了全年工作任务。

理论学习　年内，市工商联深入开展学习实践科学发展观活动。通过党组集中学习、个人自学、专题辅导、集中培训、报告讲座等多种形式进行学习培训活动。召开党组民主生活会，查找班子和个人存在的问题,分析产生问题的主要原因,制定了整改措施。对全市非公企业党组织建设情况进行了摸底。组织部分民营企业家赴枣园参观学习“宁肯苦干不愿苦熬，不等不靠勤奋勤劳,艰苦创业不屈不挠”的艰苦奋斗精神。“七一”前夕,还组织机关全体党员赴平定药林寺八路军制药厂参观,学习革命前辈顽强抗战的“太行精神”。通过学习科学发展观活动，机关全体党员干部受到教育，思想更加统一,行动更加自觉,工作更有成效。

参政议政　年内，市工商联紧紧围绕市委、市政府中心工作,积极参政议政，多次深入会员企业进行走访座谈,开展调研活动,掌握非公企业在发展中遇到的困难和问题,通过政协巡视调研活动、提案和社情民意，积极向各级党委、政府反映。全市各级工商联机关干部和市、县人大代表、政协委员中的非公有制经济代表共撰写提案50余件、议案28件。

组织建设　年内，全市非公有制经济代表人士进入各级人大、政协和工商联的数量增加，非公有制经济人士中,有省人大代表1人,省政协委员2人，省工商联执委以上5人,市人大代表5人,市政协委员10人,市工商联执委以上45人,县区人大代表4人，县区政协委员5人,县区工商联执委以上60人。截至年底,有企业会员1103个、团体会员39个、个人会员1915个,新增会员207个。

凝聚力工程　年内，市工商联继续引导非公经济界和其他新社会阶层人士以“爱国、诚信、守法、贡献”的信念为核心,自觉承担起先富帮后富,坚持共同富裕的社会责任。山西远鑫实业有限公司董事长赵远长、阳泉市志远工程有限公司董事长王新哲等6位非公有制经济界代表各捐款5户,每户1200元,共3.6万元,帮助30户老红军、老八路、新中国成立前老党员改善生活，受到群众赞扬。

（温葆芳　王秀玲　郝晓瑞）

【组团参加经济管理高级研修班】 为了培养一支具有战略思维、世界眼光、宽阔胸襟的企业家队伍,积极应对金融危机带来的影响，推动阳泉经济更好更快的发展,11月,由市委、市政府主办,工商联承办,组织部分重点民营企业的高层管理人员共70余人,参加了在清华大学举办的为期一周的经济管理高级研修班。培训期间,8位国内知名专家、教授和一线企业管理研究学者为学员们讲授了《企业经营问题发现、诊断分析》、《产业集群和中小企业发展》、《世界经济格局与中国宏观经济分析》等高端经济管理课题。培训之余，学员们还参观了北京晋商博物馆和北京现代汽车有限公司。市委书记白云专程赴京参加了开班仪式并作动员讲话。

（温葆芳　王秀玲　郝晓瑞）

【搭建服务非公有制经济平台】 2009年，面对国际性金融危机,市工商联发挥主渠道作用，搭建四大平台,服务非公经济,保持全市非公经济平稳较快发展。一是搭建引导平台、坚定发展信心;二是搭建智力平台,积极建言献策;三是搭建服务平台,为企业排忧解难;四是搭建联络平台,促进人才交流。工商联广泛联系各阶层，促进人力资源优化配置,举办了青年就业招聘会、民营企业招聘活动周等，城区和平定参加招聘的民营企业108家，提供空岗信息5000余条，签订就业意向1472人，其中下岗失业人员492人、进城务工人员79人、高校毕业生151人。

（温葆芳　王秀玲　郝晓瑞）

群众团体

阳泉市总工会

【“工人先锋号”创建活动】 2009年,全市各级工会围绕阳泉市“百项重点工程”建设,坚持哪里有生产建设、哪里有重点工程,哪里就有劳动竞赛,哪里就有“工人先锋号”的旗帜,广泛开展了以创建“工人先锋号”为目标的“比技术创新、比科学管理、比经济效益、比安全生产、比团队和谐”和“创精品工程”的“五比一创”劳动竞赛活动。活动中,共评选出全国工人先锋号2个、省工人先锋号7个、市工人先锋号62个。 (王一珉)

【技术创新活动】 年内,市总工会开展了以“五小”(小建议、小设计、小革新、小发明、小创新)节能发明创造和“十个一”(节约一滴水、一滴油、一度电、一根纱、一锹煤、一块砖、一寸铁、一张纸、一个螺丝钉、一分钱)节约竞赛为主题的职工技术创新活动,活动中,全市共有38599人次提出合理化建议16051项,实现经济价值7989万元。围绕构建竞赛组织常态化、竞赛内容个性化、竞赛形式多样化、竞赛激励系统化的劳动竞赛新格局,全市有344个企业组织技术比赛910项(次),参与职工101356人次,涌现出各类技术能手984名,职工技能水平得到进一步提高。

在山西省第三届职工职业技能大赛中,阳泉市选派21名选手组成7支参赛代表队,取得了团体总分第五名的成绩,其中,速录师比赛获团体第一名,包揽了速录师比赛个人的金、银、铜牌。阳泉市代表山西省在河南省郑州市参加了第三届全国职工职业技能大赛速录师决赛,取得了全国第六名的成绩。

(王一珉)

【劳模选树与管理】 年内,市总工会召开“全市五一表彰大会”,对获得各种荣誉的相关集体、个人进行了表彰。其中,获得市“五一”劳动奖状10个、市先进集体73个、市“五一”劳动奖章19名、市先进个人153名;市总工会出台了《关于专项命名记功表彰工作的实施意见》,规范了专项命名记功表彰管理工作,联合相关部门开展了“全市金融支持地方经济发展作贡献”等7个行业的立功竞赛活动;开展了“新时期工人阶级宣传月”活动,大力宣传劳动模范的先进事迹和优秀品质,营造了“尊重劳动、尊重知识、尊重人才、尊重创造”的社会氛围;完善了劳模服务机制,为全市22名全国劳模发放“三金”(生活困难补助金、困难劳模帮扶金和春节慰问金)131400元,为46名困难省劳模发放困难帮扶金92000元,为69名困难市劳模发放慰问金69000元,为31名市级以上劳模办理补充养老保险26.3万元,为全市22名全国劳模进行了16个项目的健康体检。

(王一珉)

【职工文化建设】 2009年,全市各级工会以“创新我们的学习”为主题,积极引导职工努力成为适应创业创新要求的知识型、技能型工人,涌现出了天元家电有限公司,阳光发电有限公司工程师李国良等一批省级学习型组织先进单位和先进个人;大力推进“职工书屋”建设,建成国家级“职工书屋”示范点5个、市级“职工书屋”示范点25个,基层自建“职工书屋”达116家;在全市开展了“职工书屋”星级竞赛活动,全市有9个“职工书屋”达到四星级建设标准,有37个“职工书屋”达到三星级建设标准,职工书屋的规范化水平不断提高;组织职工开展“读书明志,感悟人生”征文、“我最喜爱的一本书”推荐、职工读书明星评选等“书香山城·读书励志”百日读书系列活动,增强了职工的阅读兴趣,激发了职工的读书热情;积极开展“送电影到工地、送文化到基层,送书籍到工棚”活动,为重点工程工地的职工放映电影20场,向一线职工赠送图书5000余册。 (王一珉)

【"共同约定行动"】 2009年,全市各级工会通过典型示范、分步分类推进等方法深入推进"共同约定行动",指导企业采取共同承诺等形式进行共同约定,努力做到不裁员、不减薪,实现了稳员增效的目标。全市各类企业参与"共同约定行动"并签订"共同约定行动书"的达1772家,覆盖职工237549人。占阳泉市职工约四分之一的阳煤集团工会积极响应市总工会的号召,主动向集团公司发出要约,经过充分协商与行政签订了《阳煤集团应对金融危机确保职工权益"共同约定行动"协议》,不仅不减薪、不裁员、不放假、不待岗,而且还新增就业9600余人,职工年平均工资增长了13.6%。深入开展"推行平等协商、集体合同制度和工资集体协商月"活动,编制了《阳泉市集体协商集体合同工作指南》,建立了"阳泉市集体合同三级管理网络"。全市有982家企业建立起了集体合同数据库,有1652家签订了集体合同,覆盖职工217782人,签订女职工专项集体合同541份,覆盖企事业单位2779家,覆盖女职工114498人。广泛开展"创建劳动关系和谐企业"活动,召开了全市创建劳动关系和谐企业现场推进会,隆重表彰和谐劳动关系模范单位。大力推进工会法人资格登记管理工作,全市2417个基层工会进行了工会法人资格登记,占应登记基层工会的97%。

(王一珉)

【职代会制度建设】 2009年,全市各级工会组织继续深化职工代表大会星级竞赛活动,进一步规范了职工代表大会制度,全市有7个单位的职代会被省总工会命名为五星级职代会、5个单位的职代会被省总工会命名为四星级职代会;大力推进职工代表培训制度、竞选制度、津贴制度等一系列制度的落实;积极探索日常民主管理的有效途径,与市安监局联合开展了职工代表安全专题巡查月活动,全市536个企事业单位的11658名职工代表参加巡查活动,显现了职工代表在安全生产中的监督作用;广泛开展全心全意依靠职工办企业优秀企业家评选活动,阳煤集团公司董事长任福耀、阳泉阀门股份有限公司董事长王彩萍、天元家电公司总经理荆梅珠等被评为山西省全心全意依靠职工办企业的优秀企业家;认真贯彻落实中华全国总工会《〈关于在企业改制重组和关闭破产中进一步加强民主管理工作的通知〉的通知》精神,坚持凡是企业改制,职工安置方案必须经职工代表大会无记名表决通过,切实维护职代会的权威;进一步加大培训力度,不断提高职工代表素质,年内,组织70余名职工代表赴中国劳动关系学院进行封闭式集中培训。 (王一珉)

【劳动保护】 年内,市总工会在全市企事业单位中开展了以"科学发展抓预防,预防为主重教育"为主题的"安康杯"竞赛活动,全市有244个企事业单位参赛;大力推广阳煤集团亚美建工公司的经验做法,引导职工参与企业事故和职业危害隐患的围剿和整改;围绕"关爱生命、安全发展"宣传主题,组织万人参加了全国第七个"安全生产月咨询日"活动;进一步规范全市特聘群众监督员的管理、培训、考核工作;命名了第二十九批"优秀安全班组";积极参加地方煤矿的复产验收工作,推进煤矿安全专项整治工作,有效防止各类生产安全事故的发生。

(王一珉)

【帮扶解困】 2009年,市总工会继续开展对特困职工的"两节"送温暖活动和"迎国庆,庆中秋"慰问活动。圆满结束第四期职工大病救助活动,筹集互助金804.77万元,补偿患大病职工3500人,补偿金额950万元,补偿率达到16‰以上,补偿率全省各市最高。修改完善了职工大病医疗互助实施方案,顺利启动阳泉市第五期职工大病医疗互助工作,共有212271人参加了职工大病医疗互助,缴纳总金额达到了10146110元。开展了金秋助学活动,全市各级工会资助困难职工子女上学793人,发放助学金1460800元。与医药药材公司联合开办了"爱心大药房",为工会会员和困难职工提供一定优惠。冰雪灾害发生后,市总工会及时了解企业和职工的受灾情况,并送去了慰问金。继续推进帮扶中心星级达标建设,五个县区全部达到了五星级帮扶中心标准。 (王一珉)

【就业再就业帮扶工作】 年内,全市各级工会组织认真开展困难职工就业状况调查,大力实施促进职工就业再就业工程,坚持每季度举办一次就业招聘会,县区、乡镇、街道、社区工会不定期举办开展就业洽谈会,实现了用工资源共享、就业平台共建,基本做到了每月有洽谈、季季有招聘、长年不断线,构建了上下互动、资源共享的就业工作网络。全年共发布就业信息18500条,共举办就业招聘会22次,296个用人单位提供了125个工种、7020个岗位,26200余名下岗失业人员、困难职工参加招聘,有3123人初步签订了再就业意向。共发放《工会法》、《劳动合同法》、《促进就业法》等宣传资料22000份。根据全国总工会"千万农民工援助行动"统一部署和省总工会《援助农民工行动十件实事实施方案》的要求,市总工会与市劳动和社会保障局、市农业局联合下发了《关于农民工就业培训的实施方案》,共同开展农民工培训基地建立、农民工就业培训、创业指导等各项工作,形成了培训对象联合组织、培训资源共同配置、培训内容一起设计的"三家抬"工作格局。全市共确定了30个农民工培训基地。三方联合培训农民工19960余人,其中技能培训7060人、素质培训12900人、转移就业4430人。

(王一珉)

【全国工会基层组织建设暨县级工会工作会议】 3月31日~4月2

日，全国工会基层组织建设暨县级工会工作会议在阳泉市召开，全国总工会领导孙春兰、乔传秀、王炯、李世明等参加会议并作重要讲话。会议全面总结了阳泉市"双措并举、二次覆盖"的做法，受到与会人员的好评。市政协副主席、市总工会主席王振国作了《组织联合化，干部职业化，以改革创新精神加强工会基层组织建设》的经验介绍。与会代表先后参观了城区的街道、社区工会，平定的乡镇工会和阳泉煤业集团工会，深入了解这些工会在加强基层工会组织建设，更好地服务职工群众，不断增强工会组织吸引力、凝聚力等方面的实践创新成果。整个会议从会务接待、经验介绍、参观点的准备等都受到了全国总工会领导的充分肯定和与会人员的高度赞扬，在全国工会系统树立了阳泉工会的良好形象。（王一珉）

【工会组织建设】 年内，全市各级工会开展了抓重点、查死角、找空白、扫盲点的"建会攻坚战"，发展会员 20218 人。新组建基层工会联合会（联合基层工会）23 个，其中覆盖企业职工 500 人以上的基层工会联合会（联合基层工会）18 个，圆满完成了省总工会下达的任务。市总工会联合市交通局稳步推进出租车行业建会工作，全市 12 个出租车企业全部组建了工会组织，共发展会员 2104 名。深入开展了以《企业工会工作条例》，《县（区）工会工作规范》、《乡镇（街道）工会工作规范》、《村、社区工会工作规范》、《基层工会工作规范》为主要内容的覆盖企业 500 人以上的基层工会联合会（联合基层工会）达标活动，全市享受省市补助的 65 个基层工会联合会（联合基层工会）全部达到了规范化建设的标准，有 16 个乡镇（街道）工会、7 个基层工会联合会荣获"山西省工会工作标兵单位"称号。城区总工会把现代科技手段运用于规范化管理之中，将原来的"两册三卡一本账"和"十表四簿"的传统管理方式，代之以"组织建设信息管理系统"，在全区基层工会推广试用，提升了基层组织的整体管理水平。

各级工会把非公企业作为重点，大力推进工会主席的直选工作，全市共有 423 个单位直选了工会主席。乡镇（街道）工会干部专职化进程稳步推进，盂县 15 个乡镇（街道）全部配备了副科级专职工会主席。认真落实《企业工会工作条例》，贯彻促进企业发展，维护职工权益的原则，企业工会工作进一步向科学化、制度化、规范化迈进。积极推进工会干部队伍职业化进程，全市共选聘工会干部 120 人。全市各级工会采取联合办班、独立办班、滚动办班等方式，加强对工会干部的业务培训。先后调训 58 名工会干部参加了全国总工会和省总工会的培训。市总工会举办了乡镇（街道）基层工会主席培训班，148 名工会主席参加了培训。全市工会组织建设取得长足进步。（王一珉）

共青团阳泉市委员会

【真情助困进万家活动】 1 月 21 日，阳泉市共青团系统"关注青年民生 奏响和谐乐章"真情助困进万家活动正式启动。全市各级团组织，青年文明号负责人及受助学生、家长参加了活动。本次活动以结对帮扶、大病救助、真情助学、志愿服务为载体，以阳泉市困难群众，尤其是贫困青年职工、贫困学生、患病青少年、进城务工青年及有青少年的"零就业家庭"等困难群体为对象。活动中，团市委为本市失去亲人的贫困青少年家庭购置了米、面、油、肉等年货；为因家庭经济困难即将面临辍学的学生发放了助学金；对 8 岁至 14 周岁患有白血病、癌症、肾病等重大疾病的青少年发放"志远爱心基金"；对患唇腭裂的小李王进行了回访，并送去了节日慰问品和慰问金。本次活动共集结大米 3750 公斤、白面 3750 公斤、油 750 公斤、肉 750 公斤，青年文明号与困难家庭结成对子 260 个，资助困难青少年 150 名。（黄洁诚）

【青年志愿者协会成立暨青年志愿者活动月】 3 月 3 日，阳泉市青年志愿者协会成立暨青年志愿者活动月正式启动。来自社会各界约 1500 余名志愿者代表在城市广场以"城市环保你我共建"、爱心献血、义诊按摩、家电维修、"12355"咨询服务、创业就业咨询、慰问关爱农民工等多种形式，拉开了全市"参与志愿服务，促进科学发展，共建和谐阳泉"青年志愿者服务月活动的帷幕。志愿者们向过往行人发放各类宣传资料，宣传雷锋精神，积极倡导"奉献、友爱、互助、进步"的文明新风。活动月中，市二中、北大街小学、郊区职校等 5 个基层团组织近千名青年志愿者对市区主干道和学校附近的街道进行清扫，清除白色垃圾、城市"牛皮癣"；200 名城管志愿者和青年志愿者赴城市主要街道进行城管协管，参与交通秩序劝导；市疾控中心、市卫校组成医疗服务队，为市民进行体检、健康咨询、测量血压、中医推拿等服务项目；市技校和天元家电的志愿者们发挥自己的专业特长，开展义务为社区群众修理电器活动；200 名太工阳泉学院的青年志愿者和 20 名消防队战士义务献血；"12355"咨询台前，"12355"心理专家和法律专家为青少年和家长进行咨询讲解；中国人民银行阳泉市中心支行的工作人员为市民讲解如何鉴别假钞；来自医疗、法律、文艺等各个岗位的青年志愿者走进阳五高速公路项目部，为数百名农民工送去了免费服务。（黄洁诚）

【青年就业帮扶工作】 2009 年，阳泉市各级团组织积极与市劳动和社会保障局、农业局、人才中心联合开展青年就业创业活动，共举办各类青年就业洽谈会、招聘会 33 场，参与人数 17400 人，为 6400 名大中专毕业生找到就业岗位，向省外输出

35岁以下青年2640人。3月,团市委按照团省委的要求,在全市广泛开展了“百县千乡”青年劳务输出大篷车宣传周活动,并积极与山西省青年创业指导服务中心、太原青年创业服务中心协调,联系了省内外17家企业3150个岗位,举办帮助青年就业洽谈会,全市1309名青年达成意向。同时,联系太原市青创中心,协调中电投华北电力工程有限公司等部分优质企业到市内技校、太原理工大学阳泉学院,对2000名学生进行专场就业招聘指导。郊区团区委积极联系就业岗位600余个,并通过报纸、电视、广播、网站和各村广播站向全区公布,帮助青年就业。　（黄洁诚）

【青年创业小额贷款工作】 3月,团市委坚持“边试点、边培育、边运作、边探索”的原则,逐步推进青年创业小额贷款工作。工作中,团市委领导班子注重申报项目发展前景,突出申报项目地方特色,走进各县区创业青年中,实地查看青年创业项目。年内,全市已有620名优秀青年领取青年创业贷款证,授信额度3077.7万元,实际发放贷款2860.79万元,辐射带动3864名农村青年实现就业,收到良好的实效,青年创业小额贷款工作已在市内全面推开。11月,阳泉市遭遇历史罕见的持续性强降温冰雪天气过程,部分申请了小额贷款的创业青年建设的温室大棚、畜牧养殖等遭受重大损失。团市委领导带领农信社、人保财险等省级以上青年文明号负责同志在第一时间深入灾区,对创业青年进行慰问并开展现场办公,对其进行下一步办理小额贷款和参加意外保险等事宜进行现场指导,帮助其灾后重建工作。（黄洁诚）

【大学生就业创业见习基地】 为帮助缺乏社会阅历和就业技能的大学生掌握职业技术、技能,培养大学生足够的心理承受能力,为大学生就业奠定基础,团市委于4月5日在团市委机关成立了“大学生就业见习基地”,聘用尚未毕业或刚刚毕业的优秀大学生到团市委见习锻炼。为了让见习大学生得到更好锻炼,团市委专门购置了打印机、扫描仪、电子塑封机、裁纸刀、速印机、打孔机等一整套办公设备,使大学生全面了解并熟练掌握现代办公设备,积极引导青年树立健康向上的就业观念。同时,根据青年的就业需求和创业意愿,积极为大学生提供有针对性的指导和帮助,为大学生增强就业技能和就业经验打下良好基础,全面提升大学生的就业实战能力。此外,团市委还与平定县义祥汽车服务有限公司、阳泉经济技术开发区华阳海天汽车服务中心、阳泉市三江工程机械设备有限公司、阳泉腾远科技开发有限公司、重庆德州火锅等27家单位达成协议,成立了阳泉青年就业创业见习基地,为应届大中专毕业生、已毕业未就业大中专毕业生提供3至6个月的见习机会,切实帮助青年增加职业经历,提高就业创业能力。

（黄洁诚）

【“成长·手拉手”热线互动节目开播】 9月19日,由共青团阳泉市委、“12355”阳泉青少年服务中心、阳泉新闻综合广播联合开办的面向青少年的热线互动节目“成长·手拉手”,在阳泉广播电视总台2号演播大厅开播。“成长·手拉手”节目开播现场,不仅有青少年代表,还特别邀请了青少年心理专家、法律工作者、“12355”阳泉青少年服务中心的小记者以及关注青少年健康成长的社会各界爱心人士。通过现场互动,青少年敞开心扉,就生活中、学习中遇到的成长困惑和烦恼向专家面对面的寻求帮助,大家还围绕家庭的教育观念和教育行为、青少年心理健康等问题,进行了交流探讨。从9月19日开始,每周六、日晚上的21点30分到22点25分,调频102.7兆赫、中波1485千赫阳泉新闻综合广播,“成长·手拉手”节目如约和听众见面,节目邀请心理专家、法律工作者做客直播室,用平等的姿态、亲切的语言和听众朋友交流,倾听青少年心声,了解青少年困惑,为青少年健康成长搭起沟通和引导的桥梁。截至2009年底,已举办节目30期。　（黄洁诚）

【“奇瑞华建杯”集体婚礼】 9月27日,共青团阳泉市委、市广播电视总台、市开发区管委会联合举办了“盛世华诞·金玉良缘”阳泉市第三届“奇瑞华建杯”2009盛大青年集体婚礼,来自全市各行各业的60对新人在北山公园喜结良缘。婚典上,市委常委、常务副市长王旭明为新人证婚,市委副书记郃爱国为新人致新婚祝词。作为全市群众性庆祝新中国成立60周年系列活动之一,举办集体婚礼在青年中积极倡导移风易俗、勤俭节约、婚事新办、知荣明耻社会风尚,让新人共同铭记光荣历史,共同感受阳泉变化,共同收获爱情硕果,激发了青年人热爱山城、建设家乡的热情。（黄洁诚）

【第五届“阳泉市十大杰出(优秀)青年”评选活动】 年内,由团市委、市青联联合开展了第五届“阳泉市十大杰出(优秀)青年”评选活动。经过候选人推报、报纸投票、语音投票、个人自述、评审委员会投票、考察公示及律师见证等评选环节,评审委员会评出了第五届“阳泉市十大杰出青年”——史向军、李静、付强、潘广全、杨帆、李瑞卿、靳龙、石晨盛、张怀军、石建军;评选出了第五届“阳泉市十大优秀青年”——王旭东、冯新宽、范基光、李静、张怀庆、侯明非、石建军、郭奋飞、贾雁飞、高飞。　（黄洁诚）

阳泉市妇女联合会

【概况】 2009年,市妇联紧紧围绕全市“统筹城乡、率先转型、全面崛起、富民强市”的战略目标,带领全市妇女开创了妇联工作新局面。

一、围绕中心,统筹城乡妇女发展工作有了新进展。各级妇联组织把促进妇女增收致富、推动妇女创业就业放到更加突出的位置,在统筹城乡妇女发展中发挥了积极作用。一是新农村建设中“两大工程”成效显著。围绕市委构建城乡一体化发展新格局和社会主义新农村建设总体要求,继续深化“双百双千双万”工程和“三八”绿色工程。在“双百双千双万”工程中,加大妇字号基地、巾帼生态园区创建以及女经济人、女科技当家人和农民女状元的培养扶持力度,涌现出平定县绿生源土鸡养殖专业合作社经理荆燕娜等一批新农村建设带头人;在“三八”绿色工程中,积极动员妇女参与通道绿化、环城绿化、交通沿线绿化等,全年新增“三八”造林队30余支,新增绿化面积4200公顷(2.1万亩),涌现出盂县梁家寨乡王只村小流域治理专业户崔玉凤等一批绿化能手。加大了对农村妇女的教育培训工作力度,联合劳动部门举办了首期家政服务员培训班,65名妇女获得了家政服务上岗证书。二是“巾帼建功”活动不断深化。在企业大力开展女职工“学习成才”、“素质达标”和“巾帼文明岗”创建活动,全市有13459名女职工在文化学历或技术等级上上了一个档次、159名女职工获得了学习成才奖、2760名女职工获得岗位能手和技术标兵称号,涌现出市妇幼保健院等3个全国巾帼文明岗、市一院等10个省级巾帼文明岗。截至2009年底,全市有国家级巾帼文明岗20个、省级42个、市级270个。

二、发挥优势,促进和谐社会建设有了新作为。各级妇联组织在和谐社会建设中,找准位置,发挥优势,着力实施“和谐家园创建行动”。一是围绕“转型发展、安全发展、和谐发展”大局,启动了以“安全教育进万家,平安幸福你我他”为主题的安全教育进万家活动,举办了“安全家书寄亲人”、安全治家格言征集和演讲比赛等具体活动。二是围绕“三城同创”总体部署,启动了以“爱我阳泉,美我家园,撑起绿色环保卫生半边天”为主题的“三城同创”巾帼志愿者行动。三是加大优秀典型的选树和宣传力度,推出了全国孝老爱亲模范黄代小、市十佳道德模范赵发海、全国五好文明家庭张怀籽家庭、全国优秀女企业家刘林娣、市十大法制人物王秀明等一批先进典型。四是不断深化“家长教育”工程,在专家巡回宣讲的基础上,在娘子关建立了“家长教育工程”拓展基地,使家庭教育由传统的课堂说教变成了亲子互动式。市家庭教育指导服务中心荣获全国示范家庭指导服务中心称号。

三、关注民生,维护妇女儿童合法权益有了新举措。各级妇联组织认真履行维权职能,着力推进“妇女普法维权行动”,依法维护妇女儿童合法权益有了新举措。一是加大宣传力度,在全社会营造有利于妇女儿童生存发展的良好环境。结合妇联系统“五五”普法规划,对男女平等基本国策、《妇女权益保障法》、《未成年人保护法》等进行持久宣传;开展“三八”维权周、“四下乡”、“世界母乳喂养周”宣传高潮日活动。二是加大典型案件查处与妇女儿童维权力度。与司法部门联合,严惩虐待残害妇女儿童的违法犯罪行为,针对农村妇女和留守流动儿童、外来务工妇女、老龄妇女、下岗失业妇女等维权重点提供法律帮助。三是着力提升少年儿童思想道德素质。开展了以“喜迎60年,我与祖国共成长”为主题的“六一”国际儿童节主会场大型现场直播活动,举办了以“我们的旗帜”为主题的“红色传递”爱国主义教育活动传旗仪式。

四、主动参与,在社会管理和公共服务中迈出新步伐。各级妇联坚持从关注民生入手,坚持服务大局、服务妇女、服务基层,积极参与社会管理和公共服务。一是推动妇女参政议政工作。从完善教育培养机制、优化用人环境、健全用人机制三方面入手,加强女干部的教育培养。截至2009年底,全市科级以上妇女领导干部514名,占全市科级以上领导干部总数的21.4%,其中,科级女干部占科级干部总数的25.7%,县处级女干部占县处级干部总数的10.6%。市直县级党政机关和事业单位中,有49个单位配备了县处级女领导干部,其中有15名担任了单位正职。抓住第八届村“两委”换届契机,大力推动农村妇女进“两委”工作,全市100%的村“两委”都配备了女干部。二是主动参与扶贫济困活动。举行了第十四批“春蕾计划”资助仪式,全市共有318名不同阶段的学生受到社会各界资助,资助金额近9万元。其中,蓝天春蕾扶助活动受助的40名高中女生已经全部顺利完成学业,27名女生考入大学并得到了在大学期间每学年1500元的新资助,计17余万元。加大对弱势群体的关注和帮扶力度,组织妇儿工委成员单位深入各县(区)学校、幼儿园等地进行了慰问,送去了10万多元的慰问金和慰问品。三是提高妇女儿童健康水平。不断深化“妇女儿童健康行动”工程,深入开展健康检查、健康知识讲座、健康知识宣传等活动,推进重点区域(农业县区)、重点人群(流动人口、弱势群体)、重点项目(降消项目、婚前检查等)的普查。深入贯彻全国妇联对农村妇女进行“两癌”(“乳腺癌”和“宫颈癌”)普查的部署,制定了阳泉市农村妇女“两癌”检查项目实施方案,截至2009年底,已为3000余名农村妇女进行了“两癌”检查。

五、开拓创新,妇联自身建设取得新成效。坚持党建带妇建的原则,扎实有效推进基层妇联组织建设。一是加强基层妇联组织建设。(一)按照配齐配强妇联班子的要求,平定、郊区、城区等县(区)顺利换届。(二)健全完善组织体系,全市44个乡镇(街道)共建立妇女组织44个,组建率100%;全市900多个行政村均建立了妇代会组织,组建率100%;100多个社区(居委会)全部建立妇女组织,组建率100%;市直机关和企、事业单位妇委会138个,组建率达95%以上。市、县两级共有女职工委员会1277个,各类妇女社团组织12个,非公有制企业建有妇女组织111个,各级妇联建立了以妇女为主的各类巾帼志愿者服务队伍近千支。二是完成了市妇联办公楼以及市妇女儿童活动中心修缮工程。(罗艳春)

【十届三次执委(扩大)会议】 2月25日,市妇联十届三次执委(扩大)会议在阳泉宾馆会议中心召开。市委副书记郜爱国出席会议并讲话。市妇联主席朱玉芳作了题为《全面贯彻落实科学发展观,努力开创妇联工作新局面》的工作报告,回顾总结了2008年全市妇女工作,安排部署了2009年各项工作。市妇联副主席李国庆传达了省妇联九届九次执委(扩大)会议精神。市妇联十届执委,市、县、乡三级妇联干部,市直机关和企事业单位妇委会主任以及市妇联团体会员负责人共计200余人参加会议。(罗艳春)

【大台北婚纱摄影公司获"山西巾帼文明岗"称号】 2009年,大台北婚纱摄影公司在市妇联帮助下,积极开展创建"山西巾帼文明岗"工作。市妇联根据其行业特点,拟定了创建目标,成立了创建巾帼文明岗领导小组,将创建活动融于大台北的日常工作和管理中,提出了"开创品牌、奉献社会"的服务宗旨,通过优质高效的服务打造"大台北"的品牌。一是积极参与市政府组织的各项活动,为"盛世华诞·金玉良缘"第三届集体婚礼提供60套价值1280元的婚纱套照和结婚当天的新人婚纱、为阳泉春节联欢晚会提供化妆与造型设计。二是连续在《阳泉日报》上为消费者刊登婚纱摄影知识,提供服务热线,方便老百姓咨询。三是与太原理工大学阳泉学院合作设立"大台北教学实训基地",鼓励大学毕业生自主创业。一系列创建活动的开展也为大台北赢得诸多荣誉:在第六届亚太婚纱摄影行业CEO群英会上获"金钻级(中国)杰出影楼奖"、"亚太最佳风尚影楼金像奖";总经理王静媛被授予"卓越CEO成就奖"、"CPA亚太婚纱摄影行业经济促进会常务理事"。年内,大台北以创建巾帼文明岗为载体,调整经营策略,经济效益较上年提高30%,成为集婚纱照、写真照、儿童照、全家福为一体的专业婚纱摄影公司。12月,大台北被山西妇女联合会评为"山西巾帼文明岗"。(杨蕾)

【新农村建设"节能减排"现场观摩暨培训会】 6月10日至11日,市妇联分别在平定县东回镇、盂县东梁乡举办了新农村建设节能减排现场观摩暨培训会。各县区、乡镇、村妇联干部和部分村支书、主任共计120余人参加了会议。会议指出,广大妇女作为节能减排全民行动的一支重要力量,要争做节能减排、保护环境的宣传者、实践者和监督者;各级妇联组织要充分利用各类媒体,广泛宣传节能减排的重要性、紧迫性,努力在全社会营造"节能环保光荣、浪费污染可耻"的良好社会氛围。盂县政协副主席韩文平向参会者讲解了秸秆气炉节能减排原理及使用方法,并现场进行了示范操作。(杨蕾)

【家政服务人员培训班】 7月6日,市妇联在阳煤集团技校举办了全市首期家政服务人员培训班,来自全市各县区的50多名农民工参加了为期6天的免费培训。培训内容主要包括家政基本课程以及骨科、内科、婴幼儿和孕产护理等知识,同时,还邀请专业人员对参训人员进行了职业道德、家庭卫生、烹饪等方面的培训。(韩静)

【"家长教育工程"拓展基地挂牌】 7月22日,市妇联在娘子关举行了"家长教育工程"拓展基地揭牌仪式。市妇联主席朱玉芳在揭牌仪式上要求,要紧紧依托基地,凝聚一批家庭教育方面的专家人才,大力开展家庭教育指导和培训服务,促进家庭教育工作者提高指导服务水平。同时,要不断拓展服务渠道,创新服务载体,发展服务项目,力争把基地办成全省乃至全国的家庭教育特色基地,推动全市家庭教育工作再上新水平。该基地的建立,不仅为广大家长和儿童搭建了互动交流的平台,而且作为推进未成年人思想道德建设的一新举措,也能引导广大少年儿童在领略祖国锦绣山河美丽风光的过程中接受革命传统教育。(黄彦华)

【基层妇女组织建设现场会】 9月9日,全市基层妇女组织建设现场会在平定县召开,会议总结交流了基层妇女组织建设工作的成绩和开展争创示范基层妇女组织活动的经验,并研究部署了下一步工作。省妇儿工委办公室主任张晋叶、市委副书记郜爱国出席会议并讲话。会议表彰了平定县张庄镇宁艾村等10个示范基层妇女组织,平定妇联等100个先进基层妇女组织和李荣华等90名优秀基层妇女干部。中共平定县委等12家单位先后介绍了各自探索加强基层妇女组织建设的做法和经验。与会人员还先后到平定县冠山镇红卫村、平定森宇房地产公司、平定县冶西镇党委等妇女组织建设示范点进行了现场观摩。(罗艳春)

【省妇儿工委督查组到阳泉市督查"十一五"时期"两纲""两规"实施情况】 11月9日~10日,省妇儿工委"两纲"、"两规"督查组到阳泉市就"十一五"期间阳泉市"两纲"、"两规"实施情况进行督查指导。市妇儿工委常务副主任朱玉芳就阳泉市实施《中国妇女发展纲要》(2001~2010)、《中国儿童发展纲要》(2001~2010)、《阳泉妇女发展"十一五"规划》、《阳泉儿童发展"十一五"规划》的情况进行了汇报。省督查组通过查阅资料、召开座谈会等方式，详细了解了阳泉市“两纲”、“两规”实施情况，并先后深入市劳动和社会保障局再就业服务中心、市人才交流中心、城区新华东街社区以及东方生殖医院等地进行了实地查看后，对阳泉市妇女儿童工作给予了充分肯定，认为阳泉市对实施“两纲”、“两规”工作认识到位、宣传到位、政策措施到位、目标责任到位，希望全市各级各部门在工作中要进一步充分认识妇女儿童在经济社会发展中的重要性，突出工作重点，狠抓工作落实，用新的办法应对工作中的薄弱环节；要通过制定可实施的目标方案，增加人力、物力投入，优化妇儿工委工作环境；要强化干部职工教育培训，充分发掘妇女儿童的聪明才智，促进妇女儿童工作再上新台阶。（黄彦华）

【组团参加环渤海区域女性创业成果展示暨合作交流会】 11月20日，以“创业发展·合作共赢”为主题的环渤海区域女性创业成果展示暨合作交流会在山西太原举行。市妇联组织山西吉天利科技实业有限公司、市华新食品厂、大台北婚纱摄影总店参加，并制作了宣传版面，全面反映阳泉市女性创业就业成果。交流会上，全国妇联党组书记、副主席黄晴宜在省领导薛延忠等陪同下接见了阳泉市参展团并详细了解阳泉市参展企业和产品情况。山西吉天利科技实业有限公司生产的阀控式密封铅酸蓄电池系列产品、阳泉市华新食品厂生产的绞股蓝养生保健醋、平定县家乐下岗职工家政有限公司的珠子手工艺品产品在展会上受到与会代表的高度评价。同时，阳泉市华新食品厂与国际环保能源投资集团有限公司签订了投资金额2000万元的合同。（杨玉珏）

阳泉市科学技术协会

【科协成立50周年庆典】 11月19日，市科协成立50周年暨“三个十佳”科技工作者表彰大会在阳泉宾馆召开。阳泉市现任主要领导，长期分管过科协工作的市级老领导，各人民团体负责人以及市科协六届专、兼职主席、副主席和担任过市科协领导职务的老同志及相关部门负责人出席了会议。市委书记白云在会上讲话，市科协主席张秀亲致辞。市委人才工作领导组、市委组织部、市科协对评选出的“三个十佳”科技工作者进行了表彰奖励。（尚红秀）

【《纪念阳泉市科协成立50周年——50年光辉岁月》画册】 2009年，为纪念阳泉市科协成立50周年，由市科协主办、市科普报社承办编印了画册《纪念阳泉市科协成立50周年——50年光辉岁月》。该画册以“科学发展与历史责任”这一红线贯穿始终，通过历史沿革、组织机构、品牌活动、典型展示等方面，记述了阳泉市科协团结带领全市广大科技工作者，为推动阳泉经济社会发展和科技进步所作出的历史贡献，全面反映了全市各级科协及所属团体围绕中心、服务大局、开拓创新的光荣历程。该画册为大16开100页，铜版纸印刷，分为领导关怀、科协概况、科学普及、青少年科技活动、事业单位、县区科协、市级学会（协会、研究会）风采、企事业科协风采、自身建设9个部分。画册剪裁得当、史料翔实、文字流畅、图文并茂，对了解阳泉市科协和阳泉科技事业的发展具有重要的价值。（尚红秀）

【“科技与健康同行”科技工作者登山健步行活动】 6月12日，作为纪念阳泉市科协成立50周年系列活动之一，市科协与市科技局、市体育局在狮脑山联合举办了主题为“科技与健康同行”的阳泉市科技工作者登山健步行活动。这次活动的目的是通过展示全市广大科技工作者团结拼搏、积极向上的精神风貌，提高全市广大科技工作者的身体素质，丰富科技工作者的文体生活，为科技工作者增强联系交流搭建平台，从而进一步团结动员全市广大科技工作者在创建创新型城市、构建和谐社会中发挥重要作用。各县（区）科协、市级学会（协会、研究会）、企事业科协、科技局系统、体育局系统和市直各有关单位的科技工作者约500多人参加了活动。市级领导杨永生、赵永红、李天祥等也参加了当天的登山。（尚红秀）

【矿区科协换届】 矿区科协自1987年召开第一次代表大会以来，22年未换届。2009年9月25日，矿区科协召开了第二次代表大会，审议通过了《矿区科协第一届委员会工作报告》、《矿区科协章程》，选举了第二届委员会和领导班子，顺利实现了换届。99名代表、55名特邀嘉宾参加了大会。（尚红秀）

【盂县和郊区成功创建山西省科普示范县(区)】 2009年，盂县和郊区成功创建山西省科普示范县（区）。这是继平定县之后，阳泉市又成功创建的两个省级科普示范县（区）。自2007年开始，盂县、郊区领导对创建科普示范县工作就高度重视，成立了创建科普示范县工作领导小组，制定下发了《创建全国科普示范县实施方案》，在科普投入、组织管理、科普实践及科普示范效应等方面取得了突出的成绩，在提高重点人群科学素质、增强科普服务能力、优化科普环境等方面发挥了重要的示范带动作用，在2009年达到山西省科普示范县（区）标准。（尚红秀）

【科协获“基层科协重点工作年先进奖”】 4月9日至11日，省人大常委、省惠农办主任王重一、省科协普及部副部长邢义平、太原科协副主席曹慧彬等一行8人组成的省科协基层科协重点工作年检查考核组到阳泉市检查验收工作。市科协领导分别从科普能力、科普工作、科普惠农、全民科学素质、企业科协工作和科协特色6个方面向省科协检查考核组汇报了工作，归纳了市科协的工作特点，并向检查考核组展示了本市基层科协重点工作年工作影集和工作档案。考核组就阳泉市科协取得的成绩给予高度评价，认为市科协领导班子新、点子多、科协队伍有活力、科普活动有新意、整体工作有效益。为此阳泉市科协获得了省科协“基层重点工作年先进奖”。

（冯　静）

阳泉市文学艺术工作者联合会

【概况】 2009年，市文联认真落实市文联三届五次全委会制定的总体工作思路，切实履行“联络、协调、指导、服务”职能，积极带领全市文艺工作者，与时俱进，开创文联工作新局面。

以深入学习实践科学发展观活动为动力，“素质提升工程”再上新台阶。2009年，市文联以学习实践科学发展观活动为动力，以“素质提升工程”为重点，重新修订了阳泉市文联学习、工作、档案管理、考勤等方面的制度；细化、完善了各科室的工作职责和要求；补充了组联部和阳泉市文学艺术创作研究室的工作职责内容；制订了《阳泉文联网络安全保护管理办法》和岗位职责要求。为了更好地管理各协会的工作，促进各协会平衡发展，市文联通过征求意见并针对各协会的工作特点，制定了《阳泉市文艺家协会工作制度》，规范了协会主席团、理事会、主席、秘书长工作职责，制定了《阳泉市文艺家协会工作规则》。出台了《阳泉市文联文学艺术作品产业化发展规划》等，基本形成了一套比较科学、规范、系统的管理制度。

以“四项重点”工作为突破，“品牌带动工程”迈出新步伐。2009年初，在三届五次全委会上，市文联确定了“四项重点”工作，即开展科学发展观学习实践活动，进行“五个一工程”精品创作活动，纪念中华人民共和国成立60周年活动和市文联、各协会换届工作。围绕这四个重点，市文联着力用科学发展观武装头脑、指导实践，坚持两手抓、两不误、两促进，使“品牌带动工程”迈出新步伐。年内，市文联承办了“阳泉市庆祝中华人民共和国成立60周年美术书法摄影剪纸展览”；以“纪念新中国成立60周年”为主题，协办了阳泉市庆祝新中国成立60周年“迎国庆、颂中华”大型歌咏比赛；其他各团体会员也分别开展了庆祝活动。2009年，市文联及各协会均已到届，为保证换届工作顺利进行，市文联在年初全委扩大会议上，对下届协会人选进行了民主推荐，同时，各协会又专门召开了主席团会议，对有关人选进行了民主推荐。年内，市文联荣获省作协颁发的“2008年度优秀创作成绩奖”，这是市文联连续数年获此殊荣。在市委、市政府召开的中欧信息社会阳泉示范项目总结暨全市信息化推进大会上，市文联荣获“阳泉市信息化工作先进单位”称号。此外，市文联结集出版了阳泉建市以来第一部关于文化研究方面的著作——《阳泉文化研究论文集》，约30万字。

以搭平台搞活动为载体，“人才培养工程”跨上新台阶。2009年，市文联依托《娘子关》杂志、阳泉文联网两大平台，通过科学设计栏目，不断创新思路，在及时宣传阳泉市文艺动态的同时，推介和培养了一批文艺人才。与此同时，各协会也通过开展活动、举办座谈会、采风、参加各种全国性博览会，培养了一批人才、储备了一批作品。年内，市文联各协会发展新会员144人，有1人加入国家级协会，有47人加入省级协会。

以创新体制机制为抓手，文化产业发展呈现新态势。为了推动阳泉市的文化产业发展，2009年，市文联以《娘子关》刊物为载体，通过阳泉市文学艺术发展促进会的积极运作，加强与地方和企业的联系，分别与盂县县委宣传部、县文联联合出版了一期《娘子关》盂县专号，与天元商厦联合出版了一期《娘子关》天元专号，这两次合作促进了盂县文学艺术创作，宣传了市内知名企业的管理理念和企业文化。此外，市文联、市民间文艺家协会协助市失业保险中心、市劳动培训中心举办了“阳泉市再就业学员剪纸培训班”，使这项传统特色文化得到传承与发扬。市美协、市书协、市摄协联合举办的《阳泉市美术书法摄影展览》暨销售作品会，探索了文艺作品市场化的道路。市戏协以山城剧社为依托，带着自编自创的节目深入厂矿企业和广场文化活动等地演出。市曲协走进社区演出，丰富了广大人民群众的精神生活。

（高润征　尹玉琴）

【新中国成立60周年庆祝活动】 2009年，市文联举办了多项活动庆祝中华人民共和国成立60周年。为了更好地展示60年来阳泉经济、政治、文化、社会各方面的伟大成就，市文联承办了阳泉市庆祝中华人民共和国成立60周年美术书法摄影剪纸展览。市委书记白云观看了展览，并对文艺工作者的创作成绩及此次展览给予了肯定。为期6天的展览，吸引了近万名市民观展。该展览是阳泉市近年来一次较高艺术水准的展览，在充分展示全市文艺工作者创作实力的同时，也为加快推进阳泉市建设生态文明、平安和谐的宜居家园和具有较强竞争力的现代化区域中心城市提供了有力的文化支撑。年内，市文联还协办了阳泉市庆祝新中国成立60周年“迎国庆、颂中华”大型歌咏比赛。其他各团体会员也分别开展了庆祝活动，市作协在“阳泉市庆祝新中国成立60周年美术书法摄影展”上，展出了150余册体现60年来阳泉市文学创作成就的图书；市美协举办了“新中国60年阳泉美术精品回顾展”；市音协按照市委宣传部“为国庆60年献歌”的统一安排，创作了20首优秀歌曲；市戏协承办了平定供水局主办的“向国庆60周年献礼”专场诗歌朗诵歌舞晚会；市摄协参加了“纪念中华人民共和国成立60周年、阳泉老年体协成立25周年书画摄影作品展”；市电视艺术家协会举办了“唱响阳泉”演唱大赛；市曲协组织了阳泉评说进社区演出活动；市电影家协会组织全市农村数字电影放映队为全市农村放映献礼大片《建国大业》100场。

（高润征 尹玉琴）

【文联及各协会换届筹备工作】 2009年，市文联及各协会均已到届。为保证换届工作顺利进行，市文联在年初全委扩大会议上，对下届协会领导人选进行了民主推荐，同时，各协会又专门召开了主席团会议，对有关人选进行了民主推荐。在此基础上，各协会对代表选举、文件起草、会议筹备等工作做了积极的准备。鉴于协会办公场所等问题尚未得到解决，市委宣传部决定将换届工作延后，目的是为了促进有关部门尽快解决协会目前的“三无”问题，同时，也是为了确保换届工作的顺利进行。虽然如此，平定文联、城区文联还是完成了自身的协会或文联换届工作，郊区文联研究了新一届主席团成员改选方案等。

（高润征 尹玉琴）

阳泉市归国华侨联合会

【概况】 2009年，市侨联积极履行“群众工作、参政议政、维护侨益、海外联谊”四项职能，开创性地开展了各项工作。

理论学习 2009年，市侨联广泛组织侨联委员、侨联机关干部和归侨侨眷开展学习实践科学发展观活动，把广大归侨侨眷的思想和行动统一到科学发展观的精神上来，把智慧和力量凝聚到市侨联的工作任务上来。组织学习胡锦涛总书记提出的“三个充分发挥”和“四个最大限度”重要讲话精神，努力提高机关人员的政治素质。通过各种形式的学习，丰富了理论知识，提高了写作能力，在全省“调研创新年活动”中，市侨联按照调研内容撰写的《关于阳泉市侨联人大代表、政协委员履职情况的调查报告》和《阳泉市困难归侨侨眷生产生活状况的调研报告》被选入了省侨联调研报告文集中，在全省侨联系统名列前茅。《发挥侨联职能，促进社会和谐》的论文在全市统一战线理论研讨评选活动中获得二等奖。

组织建设 2009年，市侨联不断加强干部的队伍建设，并朝着机关管理制度化、规范化方向迈进。市侨联机关由原来的3个编制扩充到了5个，增加了1个副科级职数，并提拔了1名副科级干部，成立了郊区侨界联合小组，为侨联事业的发展提供了有力的保障。建立了长效信访机制，对信访接待工作不断回访、跟踪，确保来信来访的归侨侨眷得到满意。

参政议政 为了强化参政议政职能，提高社情民意的质量，2009年市侨联成立了以副主席杨毅群为组长的社情民意工作小组，组建了包括市侨联机关人员及侨联委员等27人组成的社情民意信息员队伍。市侨联提交的《关于把阳泉市建设为生态旅游城市的建议》提案2009年在市政协会议上获得了优秀提案奖。年内，市侨联共撰写社情民意27篇，其中上报省政协4篇，被市政协《社情民意》刊载5篇，上报统一战线理论研究论文6篇，简报20期，中国新闻网选登了侨联简报6篇。各种信息质量的提高更好地发挥了侨联作为社团组织的职能，宣传了侨联，传达了广大侨界的心声。

（杨桂青）

【“送温暖 献爱心”活动】 2009年，市侨联领导利用传统节日对全市的困难归侨、老归侨和老侨联工作者进行慰问，并通过他们向海外的亲人们表示问候。年内，共对全市82位困难归侨侨眷、老归侨、新移民亲属、老侨联工作者进行了慰问，送去慰问金及慰问品共计1.5万余元。市侨联继续自筹资金，开展“扶侨助学”活动，全年共有9名困难归侨侨眷学生受到了资助，发放助学金7600元。 （杨桂青）

【“晋港澳企业家金桥行动”】 2009年，市侨联积极向港（澳、台）及其他地区的友好社团和朋友介绍阳泉市的经济建设、社会发展和招商引资情况，介绍本市的一些主要投资领域以及自然资源、区位优势、基础设施建设、优惠政策等情况。经过积极宣传推介，扩大影响，与中国欧美同学会副会长、中国欧美同学会加拿大分会会长、加达国际商务投资集团总裁阎长明先生取得联系，并反复研究商讨，为阳泉市推荐了一项节能减排的“富氧燃烧节能”技术，市侨联正在积极与有关单位联系，引进此项技术。 （杨桂青）

【海内外联谊工作】 为了加强对外交流，促进对外交往，2009年，市侨联接待了到阳泉探亲的越籍华人徐锦河先生，蒙古国人巴特尔一行、原旅蒙华侨协会会长培才学校校长段振宝先生夫妇以及日本华侨吴劲女士，旅美青年华侨胡海等华人、华侨，并向他们介绍了阳泉的发展和侨联的工作情况，希望海外华侨华人加强同阳泉侨联的联系，共同为促进两国人民之间的友好往来、促进经济发展作出贡献。同时加大了与欧美同学会、美国晋商会和加拿大山西晋商会的联系。

为了拓展机关干部的工作思路，加强了与全国各省、地区侨联的联系，5月，市侨联组织机关人员去河北省承德市侨联学习取经。11月，浙江省舟山市、山西省吕梁市侨联到阳泉市考察调研。各方相互就各自地区的经济、文化、对外交流、区位优势等进行了介绍了解，就侨联各自的工作状况以及工作思路进行了讨论，对缔结友好侨联达成了共识，既宣传了阳泉，又增进了与各地侨联的友谊，学到了一些好的工作方法。 （杨桂青）

中国国际贸易促进委员会阳泉支会

【概况】 2009年,市贸促会围绕全市经济社会发展大局和政府中心工作,以“产品”和“项目”为抓手,开展了调查研究、信息咨询、专业培训、对外联络等工作,发挥了联系企业与政府的纽带作用和连接企业与市场的桥梁作用。

2009年, 国际金融危机爆发后, 阳泉市出口企业遭受很大冲击。如何规避出口风险、解决融资难题、保障收汇安全成为全市出口企业面临的重大难题。市贸促会积极想办法为出口企业服务,帮助企业在困境中求生存、谋发展。4月,市贸促会先后调研了市五金矿产进出口公司、莹玉陶瓷、佳路国际贸易有限公司等11家企业。在调研中,充分了解企业在国际金融危机环境下国际贸易方面的动态,听取有关部门和企业的要求。针对企业的需求, 市贸促会积极想办法,利用专业协会优势,为外贸企业办理出口信用保险牵线搭桥,帮助他们了解中国出口信用保险公司的基本情况,提出集体加入中信保的建议,并得到了外贸企业的响应。5月19日, 邀请中国出口信用保险公司到市内考察调研,并联合举办了出口信用保险培训班。截至2009年底,已有福赛益特公司、双龙盛国际贸易公司、嘉和国际贸易公司3家企业签订了年保共800万美元的合同意向。为此,《阳泉日报》以《给外贸企业系上安全带》为题报道了此事。

2009年,市贸促会积极发挥网站和纸质媒体的作用,全年共更新各类信息500余条。增加了出口“企业与产品”和“阳泉市名特优产品展示”栏目。“企业与产品”栏目发布了54家企业及相关产品的信息,这些信息基本囊括了阳泉市的特色产品。“阳泉市名特优产品展示”栏目从分析外商的心理和习惯角度出发,集中推介市内产品中获得国家和省级以上权威机构认证的驰名品牌和名优产品,突出介绍了市龙兴化工有限公司的“龙燊牌”氯化聚乙烯、市禾奕农药厂的“禾奕牌”杀虫剂、市鑫盛瓷业有限公司的“古宏牌”耐酸砖、市山塔鞋业有限公司的“山塔牌”胶靴、市泉美餐饮服务有限公司的“泉美牌”餐馆住所、阳泉铝业股份有限公司的“奋飞牌”普通金属合金、山西光远工贸有限公司的“光源牌”组合式燃煤热风炉、平定县巨鑫制件有限公司的“巨鑫牌”铸造制件、平定县莹玉陶瓷有限公司的“莹玉牌”日用陶瓷、林里粉末冶金有限公司的“图形牌”冶金粉末、阀门股份有限公司的“阳牌”金属阀门、山西欢乐喝彩食品有限公司的“欢乐喝彩牌”核桃露等。为获取栏目所需信息,市贸促会采取“走下去”和“请进来”的方法。“走下去”就是到企业了解产品,收集资料;“请进来” 就是请企业销售人员到贸促会来,介绍产品情况,进行座谈,听取专业人员的意见。新栏目建成后,获得企业极大好评,为阳泉市企业和产品开拓国际国内市场提供了一个很好的展示平台。

为解决阳泉市部分外贸企业信息不畅、业务人员素质不高等问题,2009年, 市贸促会采取了以下措施:一是积极发挥外销员实习基地的作用,2007年7月市贸促会外销员实习基地在市佳路国际贸易有限公司挂牌成立后,为企业先后培养了30余名外贸人才,这些外贸人才到企业工作,为企业解决了业务人才短缺的问题;二是举办2009年出证认证业务培训班,并对2008年的优秀手签员进行了表彰,充分调动他们工作的积极性;三是充分发挥市贸促会专业人员的知识特长,帮助企业在邀请外商过程中,出具邀请函,协助企业翻译有关资料,制定接待方案,参与接待安排,为国外企业了解阳泉市企业和产品提供了人才支持;四是积极派工作人员下基层挂职锻炼,2009年, 市贸促会对中嘉磨料磨具有限公司、信瑞商务有限公司等企业的经营现状、人才结构进行了深入的调研,了解了企业目前在金融危机形势下的经营状况、需要的人才类型,并派业务人员下企业挂职锻炼,为帮助企业做大、做强提供了人才支持。

自2008年市贸促会设立加拿大、越南代表处后,代表处遵照驻在国的法律法规,开展促进国际贸易活动,宣传推介阳泉市企业和产品,搜集国际市场供求信息,为市内企业的国际联络、产品推广、市场调研、信息交流等提供帮助。2009年,越南办事处先后就消防车、消防装备、制氧机、矿山救援队、电缆、奥伦胶带、莹玉陶瓷、中佳磨具、电器产品等产品与越南商界进行了广泛的联络,与越南企业签订了第一份电器产品合同,为打开东南亚市场进行了有益的尝试。　(赵红梅)

【组织企业参加国际性展会】 2009年,市贸促会立足服务创新,转变工作思路,通过“三变”实现了展览业务的新突破。即变被动组展为主动参展, 变组织参展为代表参展,变企业自费为政府资助,使展览服务提高到一个新的水平。全年组织企业参加了第23届大连进出口商品交易会暨大连国际工业展览会、第八届中国国际装备制造业博览会、2009中国河北(邯郸)国际采购经贸洽谈会、长沙国际食品博览会、东盟博览会5次展会,为28家企业提供免费展位18个, 推介展示企业产品16类30余种,体现了市贸促会为应对金融危机提供的政策扶持。参展企业也通过参加这些展会, 收集行业和产品信息、宣传介绍了产品、增加了潜在的客户资源。在9月1日参加的第八届中国国际装备制造业博览会上,市电工机械有限公司、奥伦胶带、巨鑫制件雷迪仪表等4个企业借助展会平台, 主动与相关企业联络,积极与专业客户接触,会议期间先后与50多家采购商和企业进行了洽谈，有3个客户与参展单位联络商洽有关订货事宜。在中国河北（邯郸）国际采购经贸洽谈会上，阳泉市包括山西莹玉陶瓷有限公司、山西阳泉市电工机械有限公司、山西中嘉磨料磨具有限公司等11家企业与33个客商建立贸易合作意向，中嘉磨具磨料有限公司等3家企业在当地寻找到了代理商。第六届中国——东盟博览会上，阳煤集团设展位3个，突出展示了加工机械、机械配件等产品。（赵红梅）

【出证认证服务】 2009年，市贸促会共代理签发一般原产地证247份，价值1221万美元。新增阳泉市长青石油压裂支撑剂有限公司、澳法合成材料有限公司、榆林万源镁业（集团）有限公司3家注册企业。

2009年，市贸促会对出证认证的数据进行了分析，分析情况表明：

印度市场长盛不衰 印度市场一直是阳泉市出口的主要市场，年内，共办理出口印度的一般原产地证明书76份，金额455万美元，分别占36%和44%。此外，美国为17份、129万美元，埃及19份、11万美元，墨西哥16份、93万美元，俄罗斯12份、64万美元，南非12份、76万美元。

本地产品异军突起 硅钙和金属镁一直是阳泉市出口的主要产品，分别为57份、322万美元和39份、301万美元，出口额分别占全市出口总额的31%和29%。但是绝大部分是外地生产的。2009年，市内企业生产的石油支撑剂开始出口，共办理6份，金额为106万美元，并且全年的产量都已经签了单。另外，市内企业生产的砂轮虽然只出口了1万多美元，但是由于产品质量高、成本低，市场前景非常看好。

通过这些数据的分析，掌握了全市2009年的进出口情况，为阳泉市2010年各项经济政策的出台，起到了政府“助听器”的作用。

（赵红梅）

阳泉市残疾人联合会

【助残日活动】 5月17日是第19个法定“全国助残日”。在助残日期间，政府部门和社会各界紧紧围绕“关爱残疾孩子发展特殊教育”主题，全面展开助残活动。助残日前夕，市委常委、副市长王旭明到城区培智学校看望了60余名智残儿童，并带去学习用具。城区组织全区中小学开展了第八届“节约一元零花钱，资助残疾人小伙伴”助残教育活动，18所学校23149名学生共捐款52094.1元，用于城区培育学校、新泉小学培育班及北大街小学残疾学生；为市福利院残疾儿童捐赠了10种价值8000元的辅助器具，为区培智学校发放了康复训练专项资金10000元。郊区举行了“优秀残疾学生、爱心园丁、助残模范”颁奖仪式，对高世佳等10名身残志坚的“优秀残疾学生”，王继红等10名关爱残疾孩子、献身特殊教育的“爱心园丁”，黄素玲等5名长期帮助残疾孩子、受到社会各界广泛好评的“助残模范”进行了表彰奖励；区四大班子、乡（镇）领导开展走访慰问活动，共慰问残疾人贫困户22户，共发放慰问金1万余元。平定县举行了“扶残助残”捐助活动，捐助资金4万余元，对79名贫困残疾中、小学生进行了救助。通过一系列活动，营造了良好的社会助残氛围，体现了党和政府及社会各界对残疾人的关心和帮助，使广大残疾人树立起了生活的信心。（赵全明）

【“全国残疾人社区康复示范区”创建工作】 2009年，矿区区委、区政府将创建“全国残疾人社区康复示范区”列为区政府为民办实事项目，加大了社区康复工作力度，积极创建第二批全国残疾人社区康复示范区。5月20日，矿区召开了“创建全国残疾人社区康复示范区”动员大会，会议决定，矿区40个社区将全面启动创建全国残疾人社区康复示范区。省残联巡视员张玉洁，市委常委、常务副市长王旭明出席会议并讲话。11月17日，由省民政厅、省卫生厅、省残联举办的山西省残疾人社区康复示范县（市、区）培育活动启动仪式暨阳泉矿区现场会在阳泉市举行，全省11个市残联分管康复工作的理事长、康复科长和24个开展残疾人社区康复示范县（市、区）培育活动的政府分管领导、残联理事长参加了会议。在城市社区康复示范区创建工作的带动下，郊区依据《全国残疾人社区康复工作规范》和《全国农村残疾人社区康复示范区工作标准》，开始创建农村残疾人社区康复示范区。平定县、盂县开展了规范社区康复工作。

（赵全明）

【第二代全国“残疾人证”换发】 2009年，市残联与市卫生局联合下发了《关于成立阳泉市残疾鉴定医学专家组的通知》，并于4月17日召开了阳泉市第二代残疾人证核发工作暨医学鉴定业务培训会议，有30多名医学专家被聘为市残疾鉴定医学专家组成员，负责新残疾人证核发鉴定工作。截至2009年底，全市11000名残疾人换发新证，依法享受国家和地方政府的优惠政策。（赵全明）

【残疾人康复工作】 创建“白内障无障碍示范市”是“视觉第一中国行动”项目的任务之一，也是解决贫困患者白内障手术难、降低手术成本、建立白内障防治长效工作机制的有效措施。2009年省康复办决定在阳泉市开展“白内障无障碍示范市”创建工作。到2012年基本建成示范市，使筛查出的具有手术指征的贫困白内障患者发现一例手术一例，人工晶体植入率达到95%，达到国家制定的“白内障无障碍示范区”标准。阳泉市制订了实施方案，成立了领导机构和办公室，对手术院点、筛查工作提出了要求。同时积极协调相关部门将贫困白内障患者复明手术纳入城乡医疗救助体系和新型农村合作医疗报销范围。

截至2009年底,日常康复任务完成情况:白内障手术完成986例,盲人定向行走25例,低视力家长培训35例,新收训聋儿29例,聋儿家长培训29例,彩票公益金精神患者服药315例,辅助器具供应1400件。（赵全明）

【残疾人就业工作】 2009年,市残联贯彻落实省劳动和社会保障厅《关于开展就业援助周活动的通知》,围绕“就业援助你我他,真情相助渡难关”的活动主题,对集中安置残疾人就业的企业发放5万元扶持资金,对零就业家庭和就业困难的残疾人家庭进行了摸底调查,向其发放了轮椅、编织机等,扶持个体从业。组织召开了5次残疾人就业招聘会,白象集团山西分公司和阳泉市华新食品厂、阳泉一尊有限公司、沃尔玛超市和阳煤集团育英油品公司招收残疾人员工52名。南煤集团精神病工疗站安置34人就业。组织87名残疾人参加了全省举办的残疾人计算机组装、花卉栽培、面点制作、网页设计、编织、刺绣、手机维修等职业技能培训班,通过了省劳动部门组织的统一考试,取得了职业技能培训证书。对64名盲人进行了保健按摩培训,增强了残疾人参与社会的能力。各县区针对残疾人的不同需求,普遍开展了培训。盂县对168名登记失业的残疾人进行了培训;平定县对50名残疾人进行了农村实用技术培训;城区对63名残疾人进行了计算机等技术培训。全市举办城镇残疾人职业技能培训班21期,培训残疾人1111名;对450名农村残疾人进行了实用技术培训。新安置残疾人就业993名,其中城镇478名,农村515名。（赵全明）

【残疾人文体活动】 2009年,市残联组织开展了残疾人体育活动、特奥进社区活动。参加了山西省第三届特殊奥林匹克运动会,获得金牌18枚、银牌23枚、铜牌3枚。2月25日,城区新华东社区举办了主题为“我参与、我自信、我奉献、我快乐”特奥活动。下站街道兴隆社区举办了第二届体育运动会,社区肢体和轻度智力残疾人参加了运动会。年内,市残联组团参加了山西省第七届残疾人艺术汇演,市盲聋哑人学校《啼血杜鹃》获得戏剧小品类二等奖,郊区选送的独唱《母亲》获声乐类三等奖,二胡独奏《喜获丰收》获器乐类优秀奖。全年在省级报刊、杂志、网站采用发表文章、信息96篇。市级发表200篇。（赵全明）

【残疾人组织建设】 2009年,市残联邀请专家和各级领导,就如何加强党性修养,树立正确的世界观、人生观、价值观及残疾人业务知识,对残疾人工作者进行了培训,努力造就一支人道、廉洁、服务、奉献的残疾人工作者队伍。加强乡、镇残联的队伍建设,下发了《关于做好选配残疾人专职委员工作的通知》,32个乡镇、12个街道办事处的46名残疾人专职委员全部到岗,队伍建设得到了加强。开展基层组织规范化建设。城区在规范化建设中推行“四个六工作法”:即建立“六类”残疾人基本信息登记册、建立残疾人生活状况“六个登记册”、社区对残疾人做到“六清楚”,实行残疾人工作“六上墙”。同时开发了残疾人工作信息化管理系统,实现了残疾人工作信息化管理。（赵全明）

司　法

审　判

【概况】 2009年，全市法院系统切实履行宪法和法律赋予的职责，牢固树立为大局服务理念，紧紧围绕全市转型发展的战略决策开展审判工作。全年共受理各类一审案件9631件，较上年提高11.8%。审结9904件(含旧存)，标的10.6亿元，较上年提高13%和68%。市中院受理各类二审案件722件，审结703件，较上年提高9%和19.5%。全市两级法院进一步强化审判监督，确保裁判公正，规范再审审查和再审审理程序，依法保障当事人行使申诉权。年内共审查各类申诉151件，决定提起再审15件，审结各类再审案件21件(含旧存)，发回、改判14件，维持或调解、撤诉7件。继续开展案件质量评查，通过质评通报、专题分析，提高了审判水平。全市法院共有31个集体或个人受到市级以上表彰奖励，其中，郊区法院被省高院、省劳动竞赛荣记集体一等功、平定法院和盂县法院分获市劳动竞赛委员会一等功和五一劳动奖状称号。

（梁　庆　阎建生）

【刑事案件审判】 年内，全市两级法院共受理各类一审刑事案件868件，审结895件(含旧存)，案件数量较上年下降8%；受理二审刑事案件174件，审结174件，判处罪犯1479人。全市法院加大对黑恶势力犯罪、严重暴力犯罪及多发性侵财犯罪的打击力度。一是依法判处黑恶势力、杀人、抢劫等暴力犯罪案件105件269人，判处抢夺、盗窃、诈骗等多发性犯罪案件231件381人，判处涉枪涉爆犯罪案件25件58人，切实保障人民群众生命财产安全；二是积极参与整顿和规范市场经济秩序，依法惩治经济领域犯罪，共审结商业贿赂、生产、销售伪劣商品、金融诈骗等案件13件，判处罪犯18人；三是依法惩治职务犯罪，判处贪污、受贿、挪用公款和渎职等案件54件64人，原平定县委常委、宣传部部长梁岗平被判有期徒刑13年。与此同时，全市法院正确把握宽严相济的刑事政策，坚持罪刑一致，罚当其罪。年内，依法判处五年以上有期徒刑、无期徒刑、死刑罪犯251人，保持了对严重刑事犯罪的打击力度；依法对643名罪行较轻的初犯、偶犯和未成年人罪犯适用缓刑、管制、拘役、单处罚金或免予刑事处罚，对正在服刑、改造较好的1826名罪犯依法办理减刑、假释，最大限度减少社会对立面。

（梁　庆　阎建生）

【民商事案件审判】 年内，全市两级法院共受理各类一审民商事案件4870件，审结4862件(含旧存)，较上年提高23.6%和12.6%，诉讼标的5.5亿元。受理二审民商事案件527件，审结515件(含旧存)，较上年提高9%和25%。全市法院高度重视审理涉及民生的案件，全年共审结婚姻家庭、相邻关系、民间借贷等普通民事案件2302件，重点保护了妇女儿童、老弱病残的合法权益；审结劳动合同、劳动争议等民事案件485件，维护劳动者特别是农民工的正当权益；审结人身伤害、医疗纠纷、交通事故等民事损害赔偿案件498件，维护弱势群体的合法诉求。（梁　庆　阎建生）

【经济案件审判】 年内，针对经济形势新变化，全市法院更加注重发挥服务职能，为促进经济平稳健康发展提供司法保障。及时审理各类金融、信用纠纷399件，标的2.6亿元，降低和减少金融风险；采用调解、和解和司法重整等法律手段，妥善处理各类合同纠纷717件，标的2.2亿元，助推经济向好回升；对于涉及城乡统筹、重大项目建设和破产重组的案件，两级法院坚持审慎稳妥原则，慎用查封、扣押等强制措施，多方协调，平稳处理，确保党委、政府“保增长、调结构、促改革、惠民生”的各项措施落到实处。

（梁　庆　阎建生）

【行政案件审判】 年内，两级法院积极化解行政争议，支持依法行政。全市法院共受理一审行政案件58件，审结64件(含旧存)；受理二审行政案件21件，审结14件。与上年相比，行政一审案件呈上升趋势，不服行政处罚案件增长明显。在裁判结果中，依法维持具体行政行为15件，部分撤销或撤销5件，原告撤诉37件；通过行政审判，支持和帮助行政机关改善行政执法工作，维护了良好的社会管理秩序。

(梁 庆 阎建生)

【积案清理】 2009年，全市法院把解决执行难问题作为政治使命，针对执行难的诸多原因，进一步健全机制，创新方法，加大力度。一是全力攻坚，圆满完成积案清理任务。共清理2007年以前执行积案1212件，有财产案件积案全部执结，重点案件全部执结，无财产案件结案率98.33%，完成了预定任务。二是多措并举，加大执行新收案件的力度，防止出现新的积案。全年执结各类案件1439件，总执行金额4.9亿元。三是协同联动，深化执行威慑联动机制建设。加强与公安、检察、金融、土地、工商、税务等职能部门的协助配合，共享信息，促使被执行人履行义务。全年共有1203件案件通过工作自动履行。四是能动执行，实现重大案件的多方共赢。外资巴巴多斯公司申请执行阳泉星宇化工集团1.5亿元24案等，涉案标的巨大，事关企业生存和对外形象。市中院通盘规划，并案执行，提出了解决问题的一揽子方案，最终以2800万元偿付金额消化掉1.5亿元债务，案件顺利执结。

(梁 庆 阎建生)

【涉诉信访】 2009年，市中院研究制定了《涉诉信访工作责任制》，坚持一手抓办案质量，源头治访；一手抓涉诉信访的处理，在息诉罢访上狠下功夫。一是深入组织开展“两案三评一访”活动。对省院交办的11件和中院自行排查出的14件越级上访、重信重访案件，组织专人进行自查互查、社会评议和领导带案下访，逐案提出解决方案。至活动结束，省院交办案件全部办结，中院排查案件有10件息诉罢访。二是构建“党委领导、法院理诉、政府解难、多元化解”的信访工作机制。在依法化解的同时，充分运用教育、协调和救济的手段，合力解决当事人实际困难，一大部分涉诉信访案件得以终结。三是深化机制改革。着手建立诉访分离的工作机制，疏通申诉上访渠道，引导群众理性表达诉求；着力推行判后答疑和公开听证，提高涉诉信访案件质量。全年共接处群众来信来访1700余人次，上级交办转办的涉诉信访案件办结率达100%。 (梁 庆 阎建生)

【调判结合化纠纷】 2009年，全市两级法院着眼重调息诉、案结事了，引导法官更新审判观念，把调解作为审判执行工作的优先选择，在立案、审判、执行的全过程自觉落实“调解优先、调判结合”的原则。大力推动调解工作的体制机制创新，为调解优先创造保障条件。矿区法院率先成立了联合调解中心，综合人民调解、行政调解的力量，聚力化解矛盾纠纷。其他县区法院也抓紧落实设立调解中心或巡回调解点。市中院认真开展立案调解工作，在立案调解的程序适用和效力确认等方面进行了有益探索，取得良好效果。各级法院都把调解作为核心内容纳入绩效考核范围，健全完善调解工作的考评办法。年内，全市法院普通民事一审案件调解、撤诉率达60%，较上年提高13个百分点；通过协调方式处理行政纠纷37起，占行政案件总数的57%；促使当事人自动履行、和解执行案件1683件，占全部执结案件的74%，较好实现了重调息诉的效果。

(梁 庆 阎建生)

【司法便民工作】 年内，全市法院继续加强基层基础建设，改善物质装备和“两庭”工作条件，为人民群众接受法律服务提供便利。两级法院均建立了立案信访接待大厅，配置了自动化办公设施，为群众提供导诉、答疑、调解等“一站式”服务。对经济确有困难的当事人实行司法救助，共计减、缓、免交诉讼费560余万元。为方便群众诉讼，市中院采用电脑“随机排案、即时分案”的模式，减少案件流转时间。各基层法院、人民法庭从减轻诉累出发，适用简易程序审理民商事案件1661件，占民商案件总数的34%；巡回审判、就地审结各类案件616件，标的3165万元。

(梁 庆 阎建生)

【司法建设】 2009年，全市两级法院加大了司法建设力度。一是继续开展职业教育和岗位培训，有计划选送法官到学院进修学习；配合最高院巡回授课活动，采用视频同步直播方式，累计培训干警千余人次；两级法院加大资金投入和政策扶持，鼓励法官参加更高层次的学历学位教育；市中院在10月组织开展了人民陪审员专项培训，98名来自全市各行业人民陪审员接受了培训；《阳泉法院志》顺利完成资料收集规整，成书在即；以《法槌》杂志为平台，组织形式多样的学术研究、理论研讨，提升了法院的人文环境；举办丰富多彩的文体活动，营造了团结进取、和谐舒畅的工作氛围。二是切实加强规范化建设，针对管理环节存在的问题，市中院制定出台了《审判绩效考核办法(试行)》，将法官职业道德、业务素质、工作数量和质量、调研能力等情况纳入考核指标，进行量化打分，并将考核结果作为奖惩和提拔使用干警的重要依据。该办法试行后，全院案件质量和效率逐步提高，调解工作明显加强，院风院貌进一步改善，干警主观能动性得到充分的发挥。在全省法院审判绩效考核通报中，阳泉中院综合排名第一。三是切实加强反腐倡廉建设，认真接受人大和社会各界监督，积极邀请人大代表、政协委员、司法监督员视察工作、旁听案件、参与接访、对干警作风进行检查。6月，市中院向市人大常委会专题汇报了全市法院执行工作情况。年内，还设立了24小时举报录音电话和举报电子邮箱。对群众举报的3件人和事进行了及时查处，预防和遏制了违法违纪现象的发生。

（梁　庆　阎建生）

【清理执行积案的“七个到位”经验在全国推广】 从2007年12月9日开始，阳泉市中级人民法院和基层法院，按照中央政法委和省政法委关于“集中清理执行积案活动”的统一部署，对2007年底前的1212件执行清案开展拉网式清理，其中，有财产执行积案672件（包括重点案件93件），无财产执行案件540件（重点案件积案143件），活动于2009年底全部结束。全市有财产积案全部执结，重点案件全部执结，无财产案件结案率98.33%。市中级人民法院在活动中创立了处理无财产执行积案的“七个到位”式工作方法。一是对无财产可供执行的案件，做到案件执行情况向双方当事人反馈到位；二是组织双方当事人召开执行听证会到位；三是对双方当事人的思想工作到位；四是对特困群体的申请执行人救助到位；五是中止、终结执行裁定书质量到位；六是案件情况向党委、人大报告到位；七是案件情况向社会公开到位。12月2日《人民法院报》对该经验在头版进行报道，并以“山西经验”模式在全国推广。困扰全市两级人民法院的“执行难”问题得到有效化解，执行工作进入良性循环，取得了法律效果、社会效果、政治效果的三统一。

（梁　庆　阎建生）

【司法救助】 2009年，市政府采纳中院司法建议，从市财政拨出专款，首次对刑事附带民事赔偿而不能执行的申请执行人进行司法救助。2005年以来，判处死刑和无期徒刑并附带民事赔偿的案件共35件，执行赔偿标的330多万元。但因赔偿人已被执行死刑或无财产赔偿等原因，造成附带民事赔偿不能完全执行或部分不能执行，到2009年，只执行赔偿标的30多万元，不足赔偿金额的十分之一，由此引发了刑事案件受害人长期多次上访，甚至越级上访和缠访、闹访事件。2009年，市中院本着“以人为本、司法为民”的精神，向市政府提出司法建议，由政府出资对刑事案件受害人，即刑事附带民事赔偿的申请执行人进行一定数额的生活补助。市政府采纳市中院建议，从市财政拨出专款100万元，对“刑事附带民事赔偿案件”在“执行不能”情况下的申请执行人，给予一定的司法救助，一般为赔偿总额的四分之一，系中国司法史上首次由政府出资直接补助刑事案件受害人。（梁　庆　阎建生）

【绩效考核】 6月，市中院党组制定了《审判绩效考核办法（试行）》，并在各部门中开展绩效考核。该办法分解量化了各单位的目标任务，将法官职业道德、业务素质、工作数量和质量、调研能力等情况纳入考核指标，进行量化打分，并将考核结果作为奖惩和提拔使用干警的重要依据。通过“制度管人，数字说话”，实现管理的科学规范。6月1日，院长王志刚代表院党组同各基层法院签订了《2009年度工作目标责任书》。该办法试行后，全院案件质量和效率逐步提高、调解工作明显加强、院风院貌进一步改善、干警主观能动性得到充分发挥。在全省法院审判绩效考核通报中，阳泉中院综合排名第一。同时，基层各人民法院以绩效考核为中心，围绕审判、执行工作的重点领域和关键环节，对原有规章制度进行了全面的清理、修订和汇编，增强了审判管理的科学性。在随机抽查的79件刑事、民事、行政、审监和执行案件中，评定为优秀案件的77件，优秀率达97.46%，良好案件的2件，办案质量明显提高。2009年审理的9631起案件中无一例出现上访事件，绩效管理成效明显。

（梁　庆　阎建生）

检　察

【概况】 2009年，全市两级检察机关按照服务大局有新成效、业务工作有新进步、机制创新有新突破、检察形象有新提升、基础建设有新加强的“五新”目标要求，努力实践检察工作主题和总体要求，不断加强各项法律监督工作和自身建设，检察工作扎实有序推进，呈现良好发展态势。（付立宝）

【刑事犯罪打击】 2009年，全市检察机关认真履行批捕、起诉职责，切实担负起维护社会和谐稳定的各项任务。共批准逮捕各类刑事案件545件813人，提起公诉790件1267人（含积案）。年内，全市检察机关严厉打击严重危害社会治安和破坏市场经济秩序的刑事犯罪。坚持“严打”方针，突出打击重点，不断加大对严重暴力犯罪、黑恶势力犯罪以及“两抢一盗”等多发性侵财犯罪的打击力度，共批捕上述“三类重点”犯罪案件227件352人，起诉247件453人；积极参与整顿和规范市场经济秩序工作，共批该类犯罪案件14件15人，提起公诉11件14人；对重点案件实行专案专办和挂牌督办，认真办理刘建武、白海东等9人因涉嫌组织、领导黑社会性质组织、故意杀人、寻衅滋事、敲诈勒索、强迫交易罪一案。同时，全市检察机关充分发挥控申检察职能，受理各类举报线索99件，受理刑事控告和申诉146件，全部审查处理；立案复查刑事申诉案件5件，全部办结。

（付立宝）

【职务犯罪预防】 年内，全市检察机关坚持抓系统、系统抓的工作方法，充分发挥侦查一体化机制作用，落实办案责任，突出办案重点，规范办案流程，确保办案安全。共立查各类职务犯罪案件47件53人，其中立查贪污、贿赂犯罪案件38件

44人,其中大要案24件;立查滥用职权、玩忽职守等渎职侵权犯罪案件9件9人,其中重特大案件2件,已被判决有罪45件52人。通过办案,为国家挽回经济损失195.45万元。

查办职务犯罪大要案工作。全市检察机关坚持把查办数额大、职务高、有震动、有影响的大要案作为重点。共立查贪污贿赂大案24件,查处县处级以上领导干部3人,立查渎职侵权重特大案件2件。成功查办了原阳钢纪检书记孟利平(副处级)贪污挪用公款案、阳泉市南庄煤炭公司副总经理谭振民(副处级)贪污案、阳煤集团三矿副总工程师李大伟(副处级)受贿案、郊区国税局河底国税所所长赵军良贪污案等一批大要案件。

查办重点领域职务犯罪案件。全市检察机关共查办党政、司法、行政执法机关职务犯罪案件5件6人;继续推进治理商业贿赂专项工作,查办商业贿赂案件8件10人;积极参加煤焦领域反腐败专项斗争,查办煤焦领域贪污贿赂犯罪案件18件22人;共查办发生在新农村建设领域的职务犯罪17件18人;积极开展查办危害能源资源和生态环境渎职犯罪专项工作,查办该类职务犯罪8件8人。

积极预防职务犯罪。全市检察机关以落实《山西省预防职务犯罪工作条例》为契机,以完善体制机制建设为抓手,积极开展职务犯罪预防工作。加强机制建设,建议市委调整了市预防职务犯罪工作领导组,加强了领导组办公室职能作用,建立健全内部管理协调及外部工作联系等制度,4个基层院设立了专门机构。经市预防职务犯罪工作领导组决定,在市委党校建立了全省首家预防职务犯罪法制教育基地。加大预防宣传教育力度,新建大型公益广告17块,举办法制讲座或警示教育47次。积极开展各项预防工作,认真开展预防调查和职务犯罪分析,注重发现职务犯罪线索、提出检察建议、提供法律咨询、进行行贿犯罪档案查询,对预计投资147亿元的省重点工程平阳高速公路进行同步预防监督。 (付立宝)

【诉讼监督】 2009年,全市检察机关进一步增强监督意识,创新监督方法,提高监督水平,认真组织开展专项活动,全面加强对刑事立案、侦查、审判,民事审判和行政诉讼、刑罚执行和监管活动的法律监督,有力促进了严格执法和公正司法。

强化刑事立案监督。坚持既依法监督纠正有案不立、有罪不究等问题,防止放纵犯罪,又监督纠正不该立案而立案,特别是动用刑事手段违法插手经济纠纷等问题,确保无辜者不被追究。年内,对应当立案而不立案的,要求公安机关说明不立案理由44件,督促公安机关立案10件;对不应当立案而立案的,纠正2件2人。为了切实加大立案监督力度,全市两级检察机关坚持经常性监督与专项监督相结合。7月至12月,组织开展了立案监督专项行动,对公安、工商、税务等执法机关2007年以后的行政处罚或执法案件卷宗进行审查,同时,还特别注意深挖立案监督案件背后隐藏的职务犯罪,发现并查处了郊区义井派出所所长梁富红和民警杨慧军徇私枉法案。开展立案监督专项行动以来,立案监督工作各项指标有了大幅提升,取得了阶段性成果。

强化侦查活动监督。坚持既保证准确有力地打击犯罪,又切实保障当事人合法权益,注重把监督的重点放在严重违反法律规定、严重侵犯人权的问题上,着力监督纠正刑讯逼供、暴力取证、滥用强制措施、严重违反法定程序等问题,保证侦查活动严格依法进行。对应当逮捕而未提请逮捕、应当起诉而未移送起诉的,决定依法纠正漏捕12人、追诉26人;适时介入引导侦查取证38件,就侦查活动中存在的问题向侦查机关提出书面纠正意见15件,侦查机关纠正15件15人;认真贯彻宽严相济的刑事政策,健全对情节轻微、主观恶性小的初犯、偶犯、未成年人犯罪、老年人犯罪适当从宽的机制,共依法决定不逮捕57件82人,不起诉35件60人;有效防止和监督纠正超期羁押,截至年底,全市检察机关实现自身办案环节连续8年无超期羁押。

强化刑事审判监督。坚持运用抗诉手段加强对有罪不究、罚不当罪等问题的监督,既监督纠正重罪轻判,又监督纠正轻罪重判,正确把握抗诉条件,努力提高抗诉质量。对认为有错误的刑事判决裁定提出抗诉16件,法院改判2件。由矿区检察院提出抗诉、市检察院派员出庭支持抗诉的梁功昌贪污案被高检院评为优秀诉讼监督案件。全国检察机关开展刑事审判法律监督专项检查活动电视电话会议召开后,市检察院及时进行部署,定期进行专项活动情况通报。在自查阶段,确定了检查重点,纠正了市中级法院错误计算审理期限的违法行为;在互查阶段,各县区院间取长补短,交流经验,取得良好效果。

强化民事审判和行政诉讼活动监督。立案审查民事行政申诉案件301件,较上年提高204%。对认为有错误的民事行政判决和裁定提出抗诉11件,提请抗诉3件。积极介入法院系统集中清理执行积案活动,复查法院执行案件594件;办理刑事附带民事案件3件,其中郊区院提起附带民事诉讼的案件,法院判决3名被告人共同赔偿国有煤炭资源经济损失679.96万元;支持社会弱势群体,办理支持起诉案件24件;制定下发了《阳泉市检察机关民事行政部门办理民事督促起诉案件指导意见(试行)》,办理督促起诉案件12件;探索开展民行审判案件同步监督,市检察院同步监督民行审判案件5件;加强了民行检察环节的化解纠纷、维护稳定工作,对法院正确的判决、裁定说服当事人息诉服判。

强化对刑罚执行和监管活动的

监督。对减刑、减教、保外就医、所外就医等开展重点检察，发出纠正违法通知书9份；针对社会反映强烈的职务犯罪人员“投监难”问题，加大监督力度，督促监狱对10名符合收监条件而未收监的已决犯全部收监；对监管活动开展专项检察，及时纠正违法行为，消除事故隐患；认真开展看守所监管执法专项检查，对3起久押不决案件进行清理；加强监外执行监督管理，发出检察建议和纠正违法通知书44份，使8名脱管罪犯得到有效监管；严厉打击狱内又犯罪活动，查处又犯罪案件5件5人。（付立宝）

【工作机制创新】 2009年，全市检察机关以强化法律监督职能和强化自身监督制约为主线，积极推进检察工作机制改革，推进执法规范化建设，创新执法方式，完善执法制度，规范执法行为，有效防止权力滥用，努力提高法律监督的能力和水平。

职务犯罪案件审查逮捕上提一级。按照中央政法委和高检院要求，从9月1日起，省级以下检察院自侦案件由上一级检察院审查逮捕。为保证工作顺利进行，市检察院成立了审查逮捕程序改革领导组，制订了实施方案，对审捕程序改革后的人员配备、办案设施、保障措施做出具体安排。在8月31日又召开全市侦查监督工作会议，再次进行部署。年内，市检察院办理上提一级职务犯罪审查逮捕案件2件3人，全部决定逮捕。

暂缓起诉制度。根据《最高人民检察院关于在检察工作中贯彻宽严相济刑事政策的若干意见》，在多年对特定案件进行非刑罚化处理的基础上，于2009年适当扩大范围，大胆探索对未成年人特别是在校学生暂缓起诉制度，即对符合一定条件的轻微刑事案件，对犯罪嫌疑人设立考验期，暂时不予起诉，期满后根据具体情况再作起诉或不起诉处理。城区检察院对涉嫌犯罪的城区某中学高三学生董某试行暂缓起诉，董某在考验期内遵守有关规定，且珍惜机会、认真备考并考取重庆某大学，最后检察机关对其作出不起诉决定，取得积极社会效果。

量刑意见制度。市检察院按照高检院有关精神，针对刑罚幅度规定过于笼统的问题，将刑事审判监督职能更加具体化，积极探索试行量刑意见制度，并在全市推广。将量刑意见制作成制式文书，与起诉书一起送交法院。在发表公诉意见时发表量刑意见，并与被告人及其辩护人展开辩论，取得一定效果。在实践中对量刑意见的种类、幅度、重点、提出环节及审批程序等逐步加以规范。

内部监督制约。继续制定完善执法办案流程规则，建立健全监督管理机制，强化对重点执法环节和部位的监督制约，有效防止违法办案行为。实行讯问职务犯罪嫌疑人全程同步录音录像制度；实行查办职务犯罪案件“一案三卡”制度，共收回廉洁自律卡46份，办案告知卡49份，回访监督卡59份；组织开展执法不公专项治理活动和集中清理积案专项活动；对2004年以后自侦案件扣押冻结款物开展专项检查清理；制定出台《阳泉市人民检察院关于避免无罪案件，提高案件质量的意见》；认真落实执法过错责任追究制，加强对检察人员在执法办案中履行职责、遵守纪律等情况的监督，保证严格公正执法。

外部监督机制。全市检察机关主动接受人大监督，定期报告工作、通报情况，及时办理人大交办的案件、事项，邀请人大代表听庭评议，认真听取人大代表的意见、建议和要求，健全接受人大及其常委会监督的工作机制，不断加强和改进各项法律监督工作。继续坚持深化检务公开，完善人民群众依法有序监督检察工作的机制，广泛接受社会监督，确保检察权正确高效行驶。发挥人民监督员的积极作用，共对职务犯罪不服逮捕、拟撤案、拟不起诉等“三类案件”8件10人进行监督。（付立宝）

【检察队伍建设】 2009年，市检察院坚持把队伍建设作为检察工作的战略任务和基础性工作常抓不懈，切实加强对检察人员的教育、管理和监督。

思想政治建设。按照市委和省检察院统一部署，全市检察机关认真组织开展了深入学习实践科学发展观活动。市检察院专门成立领导组，认真组织实施，扎实推进学习实践活动，并紧密结合实际，坚持与“大学习、大讨论”活动、社会主义法治理念教育活动相结合。通过开展学习实践活动，进一步提高了干警的思想素质和执法水平，推动了检察工作自身的科学发展。

纪律作风建设。全市检察机关坚持从严治检，认真落实并大力践行《检察官职业道德基本准则》，严格落实党风廉政建设责任制，与干警进行任前谈话、诫勉谈话、廉政谈话45人次，注重加强检察机关执行力建设，严格执行《最高人民检察院禁酒令》和市检察院会议考勤制度。加大检务督察力度，通过明察暗访形式，对全市检察机关节假日警车管理及使用情况、值班情况，对基层院参会情况、办案情况、警务区安全情况进行专项督察。

专业化建设。深入落实高检院《2009～2012推进检察教育培训实施意见》，积极推进检察人员基本素质教育，组织专业培训，支持干警参加继续教育，开展岗位练兵和业务竞赛活动，注重培养高层次人才。重视检察干警参加司法考试工作，采取多种形式支持干警学习，有6人通过司法考试；加大干警培训力度，先后邀请中国政法大学陈卫东教授、中国政法大学诉讼法学研究生院长卞建林教授、国家检察官学院上官春光教授进行专题讲座；先后组织岗位练兵、知识竞赛、业务考试6次。通过教育培训，有效提高了干警的专业水平。

考核机制建设。市检察院研究制定了对各内设机构和基层院的考核办法，对完成年度工作成绩突出的集体和个人给予奖励；同时加大处罚力度，对省院对口考核中排名11个市检察院后3名的内设机构和主要负责人不能评先，最后一名内设机构主要负责人在院务会上做检讨。平定检察院干警王艳娥夺得“全市检察机关公诉人抗辩赛最佳辩手”荣誉称号后，市检察院为王艳娥记三等功，奖励3000元，并号召全市检察干警向其学习。在12月17日全市检察机关反贪污贿赂工作会议上，隆重表彰了反贪办案工作的先进基层检察院、先进集体和先进个人，并颁发奖金。

（付立宝）

【涉检事务联络中心】 4月16日，平定检察院在张庄镇成立全市首个涉检事务联络中心，并为16名检察联络员颁发聘书。该中心主要职责是：加大对涉农刑事犯罪的打击力度；加大对公安机关及派出所对涉农刑事案件有案不立、有罪不究、以罚代刑等问题的监督；加大对人民法院量刑畸轻畸重的涉农刑事案件判决裁定，以及确有错误且已发生法律效力的民事行政判决裁定的抗诉力度；加大对涉农职务犯罪的查处力度；加强预防职务犯罪警示教育；配合镇政府依法妥善处置农村群体事件，认真贯彻落实检察环节的综合治理工作；敞开检察机关大门，畅通人民群众控告申诉、来信来访的渠道。该中心的设立有利于进一步提高检察机关涉农检察工作的综合效能，延伸检察工作触角，完善便民利民措施，为促进农业经济健康发展和维护农村社会和谐稳定提供司法保障。 （付立宝）

【看守所监管工作专项检察活动】 为解决全市看守所监管工作中存在的突出问题，维护正常监管秩序，保障被监管人员合法权益，2009年，市检察院开展了对全市看守所监管工作专项检察活动。重点解决三方面问题：一是整治监管秩序，解决“牢头狱霸”问题；二是加强沟通协调，解决“送监难”问题；三是加大监督力度，解决“跑风漏气”问题，加强对监管场所违禁物品检查，特别是严查手机等通讯工具，加强对干警的教育管理，发现有“通风报信”等影响刑事诉讼活动正常进行的严肃查处。 （付立宝）

【“三深入”实践活动】 10月15日～12月15日，全市两级检察机关集中开展了“深入农村、深入企业、深入社区”的“三深入”实践活动。活动分动员调研、梳理分析、整改落实三个阶段进行。全市两级检察机关组织广大检察人员深入农村、企业、社区进行走访，认真听取群众对检察机关服务全市经济社会发展大局的意见和建议，组织专门力量对在调查研究中发现的问题进行归纳整理，深刻分析问题的原因和症结，认真研究并提出解决问题的对策，从加大服务力度、拓展服务空间、拓宽服务渠道、提升服务质量、提高服务水平等五个方面提出解决问题的工作方案，并完善检察机关服务全市经济社会发展大局的各项工作机制，强化服务大局的工作措施，提高服务大局的水平和质量。 （付立宝）

公　　安

【概况】 2009年，全市公安机关扎实推进“三项建设”（公安信息化、执法规范化、和谐警民关系），把公安工作与保增长、保民生、保稳定结合起来，统筹安排、突出重点、狠抓落实，圆满完成了维护稳定、打击犯罪、治安防范、服务发展、队伍建设等各项任务，为全市经济建设又好又快发展，保障人民群众安居乐业作出了贡献。

围绕国庆60周年安保工作，落实各项维稳措施。2009年，新中国成立60周年安保工作成为全市各级公安机关的中心工作。市局紧紧围绕“确保不出大事，力争少出小事，坚决不出丑事，有事妥善处置”的总体要求，举全警之力，深入推进大情报、大排查、大接访、大整治、大防控“五大行动”，圆满完成国庆安保工作任务。相继开展了“三争做”活动、争创“无越级上访”县级公安机关活动，出台了《关于建立健全信访工作长效机制的意见》、《2009年全局驻京信访接待劝返工作安排》等制度，开展了集中处理进京赴并上访和结案不息访问题专项治理，继续坚持“一把手”定期接待群众来访制度，全力攻坚信访积案，真正从源头上有效预防和遏制信访问题。年内，全市公安机关共受理信访案件386件，查结317件，结案率为82%。其中，省公安厅交办的5起疑难信访案件全部查结，王拴元、慕金玲、李冬燕等一批上访老户息诉罢访。实现了60大庆零上访目标，受到市委、市政府和上级公安机关表扬。

围绕侦查破案要务，严打各类刑事犯罪。全市公安机关相继组织开展了扫黑除恶、打击多发性侵财犯罪、打击拐卖妇女儿童、打击电信诈骗等一系列专项行动，成功打掉了一批危害社会的犯罪团伙，破获了一批有影响的大要案件，抓捕了一批作恶多端的犯罪分子，始终保持了对违法犯罪活动严打的高压态势。2009年，全市共立刑事案件3457起，破获2965起；立八类危害严重刑事案件398起，破获377起，其中破获现行命案24起，破获命案积案1起，破获外省命案2起，现行命案破案率100%；打击处理各类违法犯罪人员13642人。在打击严重暴力犯罪方面，全市公安机关对有影响的大要案件实施重点攻坚，城区公安分局破获“8·12”私藏枪支毒品案，矿区公安分局破获“5·7”系列抢劫抢夺案，郊区公安分局破获“11·16”拐卖儿童案，平定县公安局破获“4·9”系列持刀抢劫强奸女出租车司机案，盂县公安局破获“12·1”南娄镇石佛村故意伤害致死案，西城公安分局破获“3·8”系列重大盗窃案，开发区公安分局破获“6·27”强迫妇女卖淫案。市、县(区)两级公安机关联袂作战，打掉流窜阳泉疯狂作案的特大盗窃犯罪团伙，抓获华爱保、华彦发、华文生等12名犯罪嫌疑人，侦破“6·9”小阳泉故意杀人案，抓获犯罪嫌疑人王秀军。在追逃专项行动中，全市公安机关把追逃任务分解落实到具体责任单位，多措并举全力抓捕，共抓获各类网上逃犯252名，其中命案逃犯29名。年内，全市公安机关还相继开展了“雷雨”、“天网” 知识产权执法专项行动，整治银行卡违法犯罪专项行动，打击制售假发票和非法代开发票专项整治行动。办结公安部、国家税务总局部署的边城税案，破获了张成福、张丙生合同诈骗案，贺建忠挪用资金案等案件。全年共侦破各类经济犯罪案件157起，抓获各类违法犯罪人员71名，为国家、集体和个人挽回经济损失700余万元，有效维护了全市的经济秩序。

围绕消除隐患，强化社会治安管理。年内，全市公安机关不断加大治安管理力度，及时消除各类安全隐患，在认真执行《内部单位保卫条例》基础上，确保对党政首脑机关、国防军工、金融营业网点、水电气热等重点部位、重要设施的安全防范，严格落实人防、物防、技防措施。认真开展监所管理集中教育整顿，有力保障了监所安全。切实加强流动人口和出租房屋的管理，开展了户籍专项整顿，进一步规范了户籍管理工作。以“疏堵、保畅、保安全”为重点，开展了预防重特大道路交通事故消除重点违法行为专项整治行动，查处各类交通违法行为113416起，行政拘留13人，道路交通事故起数、死亡人数、经济损失指数均呈下降趋势。巡警、特警、武警不断加大对重点部位、繁华路段、复杂场所的巡逻力度，实行全天候、全方位巡逻机制；派出所、巡防支队和群防组织深入村镇社区，不断强化巡逻防范，有效预防案件发生。全年共接处警175876起，受理群众求助3356次，居民区三类可防性案件较上年下降1.7%。

年内，全市公安机关继续引深民爆物品专项整治行动，严厉打击涉枪涉爆犯罪，先后破获郊区“4·1”违规储存爆炸物品案，“5·30”非法买卖、运输雷管案，“8·22”仿真枪击伤人案等一批大要案件。全年共破获涉爆案件25起，查处涉爆违法人员58人，收缴炸药4895.5公斤、雷管17953枚。在遏制“黄赌毒”丑恶现象方面，全市公安机关深入开展整治互联网淫秽色情及低俗信息专项行动，会同文化、工商部门对全市互联网经营场所进行不间断清查，坚决取缔“黑网吧”，有效规范网吧经营秩序，全市没有发生在网上传播淫秽色情的问题。继续引深禁赌专项斗争，年内共打掉赌博团伙15个，查处违法人员403人。禁毒部门深入开展禁吸戒毒、禁种铲毒和创建“无毒社区”工作，7月24日，禁毒民警经过3个月的侦察，成功打掉一个重大贩毒团伙，缴获毒品冰毒40余克。全年共破获涉毒案件543起，抓获各类毒品违法犯罪人员284人，缴获毒品土制海洛因22.45克、冰毒236.74克、K粉3.59克、麻古322片。年内还侦破“两抢一盗”案件1700起，其中抢劫案件175起、抢夺案件47起、盗窃案件1478起，抓获刑事作案人员486人，最大限度地保护了群众生命财产安全。

围绕“三项建设”，筑牢公安持续发展基础。“公安信息化建设、执法规范化建设、构建和谐警民关系”为内容的“三项建设”是公安部在新形势下做出的一项重大决策。全市公安机关把“三项建设”作为推动各项公安工作的突破口，一是坚持科技强警战略，不断推进公安信息化建设。在充分调研的基础上，出台《关于进一步推进全市公安信息化建设的意见》，确定了一批重点项目。通过开展全警计算机技能培训，增强了广大民警的计算机操作和信息化应用技能，提高了全市基层公安机关的信息化应用水平。不断加大经费投入，完成了“金盾工程”第二期部分建设目标，形成了覆盖全市公安系统的信息化网络；加快了“天网工程”二期建设步伐，积极实施综合动态管控预警平台的应用，全面启动了现场勘查信息系统建设，在全市配发安装了136台指纹采集仪，建成完善了刑侦信息采集室，使“信息网上查”、“文件网上走”、“案件网上办”逐渐成为全市公安机关新的办公模式，公安科技实战效能进一步增强。二是坚持执法为民理念，大力加强执法规范化建设。制定了《关于大力加强执法规范化建设的实施意见》，出台了《阳泉市公安局执法规范化建设责任分解细则》等文件，将公安执法工作任务层层分解到各县区公安机关、各警种、各部门，做到责任到位、任务明确。针对日常接处警、立案、调查取证、采取强制措施、采取侦查措施，以及案件处理等执法环节中容易出现的执法问题开展了专项整治，通过抓规范执法主体、完善执法制度、强化执法监督等工作，全市公安机关共清理各类规范性文件230件，建立执法制度18个，执法水平进一步提高。8月28日，全市公正执法规范化建设现场会在盂县召开，市公安局被评为全市公正执法星级单位，省委常委、省政法委书记、省公安厅厅长杜玉林在全省公安局长会议上对阳泉的执法规范化建设给予肯定。三是以群众满意为标准，积极推进和谐警民关系建设。全市公安机关深入开展“公安民警大走访”爱民实践活动，先后走访群众20余万人次，为民办好事8000余件，送出慰问金、慰问品18万元。组织开展了“圆梦助学”、扶危济困送温暖、“关爱贫困儿童、扶助春蕾成长”等活动，累计捐款30余万元。

（荆伟停）

【公安队伍建设】 年内，全市公安机关围绕学习实践科学发展观和纪律作风教育整顿活动,公安民警形象和队伍建设有了新的发展。市公安局通过了“省级文明和谐单位标兵”的考核验收,被评为全省保密工作先进集体和全省安全生产专项整治先进单位。在市局组织的科学发展观知识集中测试中,优秀率达100%;在群众满意度测评中,群众对市局学习实践科学发展观活动的满意率达100%。在狠抓党风廉政建设责任制落实方面,不断强化领导干部“一岗双责”工作,追究领导责任3人。不断加强教育培训工作,举办各类培训班16期,参训民警2700多人次,公安民警综合素质和公安队伍整体战斗力明显提高。从“关注民生、改善民生、保障民生”的角度出发,在出入境管理、户口迁移、车辆登记办理等方面推出了一批便民利民措施,全面落实“首接负责制”、“一站式”服务,简化办事程序,提高办事效率,方便群众办事,赢得了人民群众的好评,人民群众安全感满意度测评在全省排名第一。　(荆伟停)

【平定警方侦破杀人抛尸积案】 2月,平定公安局破获一起外地行凶、抛尸阳泉的杀人积案,并将涉嫌故意杀人罪的河北沧州人李海涛押解回境内刑事拘留。经查,该案发生在2007年2月9日上午,平定公安局接锁簧派出所上报,在该镇陈家庄村铬盐厂旧址,发现一具装在旅行箱中的无名女尸。接报后,平定公安局迅速派出刑警赶赴现场展开调查。随后一年多时间内,平定公安局向周边各区县及河北石家庄等相邻地区发出协查通报,走访群众1200余人,查询走失人员40余名。其间,平定县公安局随带破各类案件30多起,但该案一直没有侦破。2008年11月底,省公安厅通报,“2·9”无名尸体身源为2007年1月9日失踪的河北沧州市蓝梦啤酒厂推销员刘英洁。接到通报,平定公安局立即派出专案刑警赶赴沧州走访,并发现该厂业务经理李海涛有重大犯罪嫌疑,其于2007年1月下旬驾驶车牌号冀JP8675上海华普轿车到过平定。2009年2月17日,专案民警再赴沧州,首次传讯并正面讯问李海涛。2月19日晚,李交代了杀人抛尸全过程。死者刘英洁与同厂刘某互相吃醋并发生争斗,刘英洁曾威胁要用硫酸将刘某毁容,或杀死李海涛的儿子。对此,深陷婚外三角畸情中的李海涛深感不安,决意杀死刘英洁以绝后患。2007年1月9日上午,李海涛驾车将刘英洁约至沧州市郊,并在车上将刘杀死,随后将尸体装入后备箱内,于当月23日驾车沿石太高速公路窜至平定县,抛尸于平定县陈家庄村。　(赵雪松)

【“3·15”故意杀人焚尸案告破】 经过两个月连续奋战,盂县公安局成功破获一起杀人焚尸案,犯罪嫌疑人张宏伟被抓捕归案。3月15日,盂县公安局接到报警,秀水镇贺村村东寒长沟内发现一具被焚尸体。接警后,盂县公安局迅速组织警力开展侦破。经查,3月,犯罪嫌疑人张宏伟(男,28岁,河北省望都县人)在河北满城县网吧上网期间,结识了任保振(男,20岁,满城县人)、郝班(男,21岁)。为谋取钱财,张、任二人商议以绑架有钱人子弟的方式进行敲诈。二人以外出打工为由将郝约出,准备将其杀死后实施敲诈。三人于3月10日乘火车到盂县,3月11日,张、任二人让郝在盂县县城一网吧内上网,二人外出购买锤子等作案工具,在贺村村东寒长沟附近一草坡上,两人在谋划杀死郝办法时,张对任的谎言和敲诈方式不满,便持锤猛击任头部,致其当场死亡,后张用耕地附近的玉米秸秆点火焚尸后逃离现场。张带郝即赴河南,在新乡森林公园内一偏僻路段将郝勒死,并将尸体掩埋在一树坑内。后张以郝被绑架为由,用电话向其家人进行敲诈。犯罪嫌疑人张已被公安机关刑事拘留,案件在进一步调查当中。(荆伟停)

【“3·20”爆炸案告破】 3月20日16时30分,盂县公安局指挥中心接到报警,盂县东方振兴煤业有限公司振兴二矿发生爆炸。事故发生后,公安部、省、市各级领导高度重视,逐级批示要求尽快查明爆炸性质和原因。市公安局迅速成立了专案组,抽调市、县两级公安机关精干警力重点从查找雷管来源入手,全力投入调查工作。经过现场勘查、尸体检验、外围调查,初步认定“3·20”爆炸事件系非法购买、储存雷管引发的爆炸事故。经查,3月18日,盂县安监局启封东方振兴煤业有限公司振兴二矿,批准复工复产后,该矿于3月19日组织人员入井进行清理巷道等维护工作,尚不能从正规渠道购买到批供的火工品。当日上午,矿长陈金元通过南娄镇许家沟村人许福季依次联系到秀水镇泥河村人李春圣、北下庄乡獐儿坪村人武玉珠、武保志(在逃)、秀水镇北村人张海红、太原市迎泽区郝庄镇郝家沟村人冯建明,从山西临县人李海有(在逃)处非法购买雷管,并定于3月20日上午在太原环城高速公路朝阳街出口处进行交易。张海红赶到太原交易地点,用4万元购买雷管5000枚。14时30分,杨富永接到陈金元指令后,携带现金与李春圣、陈秀峰、武玉珠到盂县热电厂附近进行交易,用6.5万元现金购买了该批雷管。15时20分,杨富永与陈秀峰将5000枚非法购买的雷管拉回二矿办公楼,并交予张爱玉存放于办公室内。16时30分,张爱玉所在办公室即发生爆炸事故,致使蔡永清、赵彦军4人死亡。据公安部民爆专家分析,事发当时,可能是张、杨二人清点之后用脚往床下推塞雷管时引发爆炸。专案组民警连续奋战7个昼夜,先后将犯罪嫌疑人陈金元、李春元、武玉珠、许福季、张海红抓获,并于3月27日在太原市迎泽区郝庄镇郝家沟村一举将涉嫌非法买卖爆炸物品的犯罪嫌疑人冯建明抓获,6名犯罪嫌疑人悉数落网,“3·20”爆炸案全案告破。　(赵雪松)

【巡警支队打掉冒充警察入室抢劫犯罪团伙】 5月至6月，市局巡警支队经过连续作战，打掉一个冒充警察入室抢劫的犯罪团伙，抓获团伙成员6名，破获抢劫、盗窃案件40余起。5月31日晚，市局巡警支队接到报案：有两名男子假冒派出所民警，携带警察工作证件，进入二矿小南坑受害人李某家中，声称抓捕吸毒人员，将受害人控制后，以搜家为由抢走受害人手机两部和18K金项链一条，并用手铐将受害人铐在卧室后逃离。接到报案后，市公安局迅速成立专案组侦破该案。专案民警在市局网监支队配合下，于6月1日下午在北大街超时空网吧将犯罪嫌疑人李鹏飞(男，22岁，无业，2008年曾因敲诈被矿区法院判处管制六个月)、李杰(男，17岁，无业)、王敏(女，15岁，无业，2008年曾因吸毒被城区分局行政拘留)抓获，当场缴获假警察证一个和匕首一把。经突审，三人对5月31日晚冒充警察入室抢劫的犯罪事实供认不讳。办案民警经过深挖细查，李又交代了5月分别在南山公园和三角线加油站附近持刀抢劫照相机一部和MP4一部的犯罪事实。另外，犯罪嫌疑人李鹏飞、李杰还交代，从3月至5月期间，单独或伙同荆金萍(男，21岁，无业，2008年曾因盗窃被矿区法院判处有期徒刑一年)、王旭明(男，无业，曾因盗窃被公安机关劳动教养)、王健(男，16岁，无业)等多名"两劳"释放和吸毒人员，有分有合，先后在城区、矿区、郊区、平定实施盗窃、抢劫，诈骗作案40余起的犯罪事实。民警乘胜追击，先后将该团伙主要成员荆金萍、王旭明、王健抓获归案。上述6名犯罪嫌疑人被刑事拘留，案件在进一步深挖中。　(荆伟停)

【开发区分局打掉强迫卖淫犯罪团伙】 开展严厉打击组织、强迫妇女卖淫犯罪活动以来，开发区公安分局精心组织、周密部署，全警出击，协同作战，于6月27日一举打掉一个专门强迫妇女卖淫犯罪团伙，抓获犯罪嫌疑人6名。6月23日凌晨2时许，辖区居民郭某报案称：6月22日晚22时至次日凌晨2时，其两个姊妹段某和李某被人绑架4小时。接报后，开发区公安分局迅速展开调查工作。办案民警根据线索，实施蹲坑守候，于6月25日在郊区方圆假日酒楼将正在实施交易的主要犯罪嫌疑人王振东(绰号"东哥"，男，27岁，山西文水县人)抓获，并当场解救两名少女闫某(女，14岁，初中文化程度，平定县人)和安某(女，15岁，初中文化程度，阳泉城区人)。经审讯，初步认定系有预谋、有组织的强迫妇女卖淫的犯罪团伙。为进一步查清犯罪事实，分局成立了专案组，对案件进行深挖细查。经过两天奋战，专案组民警分别于6月25日、26日在城区、郊区固庄煤矿成功抓获犯罪嫌疑人金帅帅(男，汉族，17岁，北京西城区人)、徐晋东(别名"宝宝"，男，19岁，山西长治人)。后又根据嫌疑人交代，于6月27日分别在固庄煤矿和平坦垴成功抓获犯罪嫌疑人黄志强(别名"小川"，男，19岁，山西太原人)、赵鹏(男，22岁，山西临猗县人)、张敬虎(别名"大虎"，男，17岁，河北涿鹿县人)。经查，6月以来，犯罪嫌疑人王振东伙同金帅帅、徐晋东、黄志强、赵鹏、张敬虎、王云玲(女，15岁，阳泉城区人，在逃)有分有合，以找小姐包夜、找对象或"碰磁"名义在开发区、城区、郊区骗取9名受害人至固定住所，以控制人身自由、殴打等方式强迫其进行卖淫活动，并从中牟利近万元。犯罪嫌疑人王振东等6人被刑事拘留，案件在进一步审理中。(荆伟停)

【矿区公安分局连破两起诈骗案】 开展"打击电信诈骗"专项行动以来，矿区公安分局主动迎战，经过缜密侦查，成功破获翟中华、赵晓峰诈骗案件。

7月1日，矿区公安分局接到青海省格尔木市青藏铁路女职工吕晓艳报案。称其在2004年通过网上聊天认识了一个叫张末的阳泉男人，并以姐弟相称。后张通过网络聊天、手机魔音功能和手机短信多次以开公司、做生意、家人生病、出车祸为由，骗取吕410918元。接到报案后，矿区公安分局高度重视，立即组织精干警力，全力开展侦破工作。办案民警根据吕提供的账号，先后到中国银行、农业银行、邮政储蓄等金融部门逐一进行查询取证。之后，又通过公安部全国人口基本信息网络系统，确定"张末"系辖区居住人员翟中华。7月15日下午，翟在市区晚来秋网吧上网时被办案民警擒获。经查：2004年以来，翟(网上化名"张末"，男，32岁，平定人，住蔡洼二区18-1-2号，无业)通过网络聊天虚构事实骗取他人信任，作案60次，诈骗人民币41万余元，所有赃款用于赌博挥霍一空。翟被刑事拘留，案件在进一步审理中。

8月15日，矿区分局在湖北武汉警方配合下成功侦破赵晓峰重大诈骗案。2006年，受害人郭某通过网上聊天认识了赵晓峰(男，26岁，太原市人，无业)。通过网聊和见面，二人发展为恋人关系。2007年1月，赵晓峰以其父亲病重为借口向郭某借款，郭某汇去4万多元。4月，赵又以其被人扣留为借口向郭某借款，郭再汇4万多元。两次骗局轻松得手后，赵尝到甜头，并伺机再次下手。6月，赵以能为高考落榜生办理上大学为借口，骗得郭某为他介绍高考落榜生及家长。从2007年6月至2008年11月，赵晓峰从郭某处骗得高考落榜生钱款共计58.4万元，并挥霍一空。案情败露后，受害学生家长多次催要钱款，郭某无力偿还，无奈之下，最终到矿区公安分局报案。矿区分局立即组织民警开展调查取证工作，并走访多名受害人，充分掌握了赵的犯罪事实，于2009年7月28日将赵列为网上逃犯进行追捕。8月11日，在获悉赵将乘飞机从成都飞抵武汉的重要线索后，办案民警于当晚火速赶到武汉天河国际机场，在当地警方协助下，将其成功抓获。经突审，赵对其诈骗他人70余万元的犯罪事实供认不讳。遂被公安机关刑事拘留，案件在进一步审理中。（荆伟停）

【城区公安分局捣毁私藏枪支毒品犯罪窝点】 8月12日凌晨2时，市局指挥中心接到报警：北大街阳钢永昌农贸市场旁的一综合楼有二十多人拿着砍刀闹事。接警后，城区公安分局快速反应，组织警力迅速赶赴现场，严密控制嫌疑目标，经依法对泉中北路2号楼3单元14号住宅进行搜查，现场缴获各类管制刀具10把，钢珠枪、仿真枪7支及若干钢珠枪枪管、枪架、弹簧等零件，冰毒、麻古12包以及冰葫芦、吸毒板、酒精灯等各种制毒工具、吸毒用品，现场抓获违法犯罪嫌疑人21名。公安机关继续开展案件深挖工作，通过走访摸排和技术侦控，掌握了犯罪嫌疑人基本情况并抓捕归案，涉嫌非法私藏枪支的主要犯罪嫌疑人臧旭东被刑事拘留，涉嫌吸食毒品的9名违法人员何莎莎、李震、白发、秦海博、郭夏日、王进军、刘东明、梁斌、王朋被行政拘留并处罚款。（荆伟停）

【交通违法记录实现省内异地处理】 9月20日，交通违法记录可实现省内异地处理。凡发生在省内城市道路或公路(含高速公路)被交通技术监控资料记录的超速行驶、机动车不按交通信号灯规定通行、机动车违反规定停放等非现场违法行为，当事人对违法行为无异议的，都可选择到违法地或车辆注册地的交警部门接受处理，经交警部门开具处罚文书后，到邮政储蓄银行、工商银行和建设银行营业网点缴纳罚款，并通过全省异地处理自动对账系统予以确认，消除违法记录。按照要求，公安交警部门可受理外地机动车在阳泉市的非现场违法记录、阳泉市机动车在省内其他地市的非现场违法记录；阳泉市机动车在省内发生的200元以上的非现场违法记录，车主或驾驶人必须到违法行为发生所在地的交警部门接受一般程序处罚。（李雅琼）

【矿区警方破获一起15年杀人积案】 10月，因酒后伤人致死潜逃15年的犯罪嫌疑人郭志刚被矿区公安分局民警押解回阳泉，依法收押。1994年7月7日中午，郭与好友陶某、张某等人吃饭期间，郭与陶发生口角，在厮打中，郭用水果刀将陶捅伤，因救治无效死亡。郭连夜坐火车逃亡。其后，郭隐姓埋名在外打工15年。10月，在深圳市桂园派出所开展的检查流动暂住人口行动中，郭被当地警方依法传唤，矿区分局迅速介入，郭主动交代故意伤害致死人命案情，一起陈年积案被破。（李雅琼）

【校园警务室在市十一中成立】 为提高在校学生学法、用法、守法观念，增强法律意识，马家坪派出所在多方调研基础上，报请矿区公安分局批准，于11月3日在市十一中学成立全市首个校园警务室。警务室配备了专职民警、联防队员，公开民警联系电话，建立完善了相应工作制度，对做好校园及周边社会治安防范、有效预防刑事案件和治安案件发生具有重要意义。（赵雪松）

【"12·1"故意伤害致死案告破】 12月2日下午，公安机关接到南娄镇石佛村武万明报警称，其父武存才被其兄武军明殴打致死。接警后，盂县公安局迅速出警。到达案发地后，犯罪嫌疑人武军明驾驶摩托车正欲外逃，并手持菜刀与民警对抗，后被当场制服。通过现场勘查、走访调查，案情基本查清。犯罪嫌疑人武军明长期以来因些微琐事对其父武存才动辄辱骂、殴打，致其父身上遍布伤痕。12月1日上午，因嫌武存才入厕弄脏家里床铺，武军明用棍棒等物对其父进行殴打，致其父当场死亡。犯罪嫌疑人武军明被依法刑事拘留，案件在进一步调查中。（荆伟停）

【"12·20"入室凶杀案侦破】 12月31日，郊区"12·20"入室凶杀案被警方一举破获，涉案犯罪嫌疑人魏炳琳被刑事拘留。至此，2009年发生在阳泉辖区的现行命案全部告破，命案破案率达100%。12月20日上午11时50分，警方接到群众报案，受害人丁某及其女友卢某在阳泉铝矾土矿某居民楼住所内被杀。接警后，市公安局和郊区分局抽调30多名精干警力组成"12·20"专案组，围绕现场进行细致勘查和摸排、走访工作。经过10个昼夜奋战，专案组民警于12月30日依法传唤了魏炳琳。16个小时后，魏交代了其报复杀人的犯罪事实。魏炳琳(23岁，山西芮城县人)，12月20日凌晨4时许，魏炳琳想起丁某夺其女友之恨，手持钢管到铝矾土矿居民区，用钥匙打开单元防盗门进入被害人卢某家中。随后，魏用钢管猛击丁、卢头部，致使二人颅脑损伤死亡，并抢劫丁某价值2万余元的金项链1条后逃离现场。魏被刑事拘留，案件在进一步审理中。（李雅琼）

消　防

【概况】 2009年，武警阳泉消防支队围绕中心，服务大局，采取亮点带动、试点引路的工作方法，引导官兵牢固树立"想做事，敢做事，做成事"的工作理念，抓机遇，谋发展，求突破，使阳泉消防工作及部队各项建设有条不紊，蓬勃开展，取得一定效果。全市连续13年未发生重特大恶性火灾事故，连续6年保持零伤亡。2009年全市共发生各类火灾84起，直接经济损失77.9万元，较上年火灾起数下降13.4%，直接经济损失下降45.2%。官兵同时参与抢险救援106起，救助遇危群众209人，为保卫阳泉经济建设和人民生命财产安全作出了积极贡献。2月，阳泉消防一中队中队长李静还被山西省劳动竞赛委员会授予“山西省五一劳动奖章”。

（王子成）

【基层基础建设】 年内，阳泉消防支队投资840万元新建的消防科普教育基地竣工并投入使用，阳泉的消防科教事业迈开新步伐。投资880万元加强了车辆装备建设及个人防护装备，新增各类消防执勤车7部，所有超、到期服役车辆全部退出执勤，部队装备实力大幅增强。同时，支队依托特勤中队人员装备优势，及时整合资源，报经市政府批准，在全省率先成立了突发灾害事故抢险救援支队，市委、市政府于11月9日举行授旗仪式，引起社会各界关注，消防官兵服务社会有了更加专业的服务平台。（王子成）

【资金保障】 2009年，阳泉消防支队财政业务预算640万元，较上年提高23.9%；收缴配套费300余万元，争取企业赞助70万元。特别是通过协调，申请到1000万元城投贷款，并先后获得市政府同意和市人大常委会审议批准，贷款本金、利息及偿还将全部由市财政承担，部队正规化建设有了强大的资金保障。

（王子成）

【重大火灾隐患整治】 年内，通过高压督改和跟踪督察，全市已销案的12家重大火灾隐患无一反弹；重新确定的两家重大火灾隐患，一家改变使用性质，另一家执行了停业行政处罚，全市消防安全环境进一步改善。（王子成）

【消防宣传】 2009年，阳泉消防支队以消防宣传“六进”为载体，以实施新《中华人民共和国消防法》为带动，积极加大宣传力度，成功举办了新《消防法》宣传、“剪报有奖”颁奖、119消防宣传周启动等多项大型宣传活动，营造了浓厚的舆论宣传氛围。继续发挥网络优势，积极加大信息宣传力度，年内共在国家级媒体发稿3篇、省部级媒体发稿80余篇、市级媒体发稿120余篇、中国消防网发稿60余篇、山西消防网发稿340余篇，信息宣传的推动作用得到有效发挥。（王子成）

【科技强警】 年内，阳泉消防支队大力实施“人才强消、科技强警”战略，通过政策倾斜和积极引导，在职干部全部取得计算机等级证书，取得大专以上学历，技术干部均取得初级以上技术职务。2008年至2009年，先后有5名战士考入军校，2名战士保送入学，4名干部读研、读博，支队政委伦新民被黑龙江建筑学院聘为首位军人客座教授，带动和促进了部队良好学风的形成。特别是支队自主开发的战警业务信息化系统，填补了全国消防部队战警业务数据信息化管理空白，顺利通过了总队组织的专家评审。

（王子成）

【精神文明建设】 2009年，阳泉消防支队在获得省级和谐文明单位、拥政爱民先进集体的基础上，又被评为全国精神文明建设先进单位和全省文明和谐标兵单位，取得了部队精神文明建设的重大突破。同时，基层大、中队全部进入市级文明单位行列。一中队连续三年被公安部、团中央命名为国家级青年文明号；郊区大队被团市委命名为“青年文明号”示范集体，并获评省级文明单位和省级军警民共建先进单位。部队精神文明建设走在了全省前列。

（王子成）

司法行政

【概况】 2009年，全市司法行政机关积极履行职责、充分发挥作用，取得较好成绩。市司法局被中宣部、司法部、全国普法办表彰为全国“五五”普法中期先进集体，被市委、市政府表彰为“市级精神文明单位”、“全市政风行风评议活动先进单位”，被市政法委表彰为“全市公正执法二星级先进单位”。全市司法行政系统1个集体、2名个人分获全市政法系统“双十佳”、“五一”劳动奖章，其中1名个人被荣记二等功。7人被省司法厅评为“百优”先进个人。市法律援助中心被司法部授予“法律服务与法律援助构建社会主义和谐社会”主题实践活动先进集体，被省司法厅评为“十佳”先进集体。（段怀平）

【法制宣传】 年内，“法律八进”活动继续深入开展，法制宣传教育呈现手段多样化、载体多元化、内容大众化、运行规范化的局面。全市举办法治报告会和法制讲座134场，5万余人接受培训。举办了全市公职人员年度法律知识统考，全市3万干部应试，参考率达98%，考试合格率达100%。播出“说法在线”广播节目92期，接听群众法律咨询电话360个。举办了“12·4”法制宣传日活动，社会效果良好。开展形式多样“送法下乡”活动，发放法律书籍1000余册，散发宣传资料50000余份。各县区、各部门结合实际也开展了形式多样的法制宣传教育活动，取得明显成效。市十三届人大常委会第二十次会议，审议并通过了《关于阳泉市第五个五年法制宣传教育规划实施情况的报告》，对阳泉的普法教育工作给予肯定。

（段怀平　翟宇峰）

【依法治市】 2009年，全市司法系统召开全市“法治阳泉”建设动员大会，对五年依法治市工作全面总结，“法治阳泉”建设全面启动。组织全市首届“十大法治新闻人物”评选活动，表彰命名了一批依法治理示范典型。“民主法治村”、“依法治理示范单位”等创建活动全面推进，全市28个单位达到省级普法依法治理标准。在全省纪念依法治省工作十周年暨“法治山西”建设大会上，阳泉推荐的6个十佳先进集体和1个十佳先进个人受到省委、省政府的表彰奖励。接受省委“和谐办”和依法治省检查考评组的综合考评，成绩名列全省各市前茅。

(段怀平 翟宇峰)

【劳动教养工作】 2009年,市劳动教养管理部门大力加强安全排查、安全防控、应急处置、安全责任制建设和场所正规化、法制化管理,深入开展安全大排查、月度安全竞赛、教育矫治工作大联检以及在劳教人员中广泛开展“形势教育”、“养成教育”等专项活动,扎实推进了平安场所和现代化文明场所创建工作,促进了教育挽救质量的稳步提高,确保了场所秩序总体持续安全稳定,劳动教养工作连续5年实现全省“四无”目标,市劳教所被省劳教局荣记三等功。劳教人员就业训练基地运行规范、持续发展,劳教经济克服危机影响运行质量健康平稳。(段怀平 翟宇峰)

【法律服务】 2009年,市司法系统充分发挥律师、公证、法律援助、司法鉴定等职能作用,为促进各项经济措施落实和经济平稳较快发展提供法律服务和保障。全市为贫弱群众提供法律援助651件,接待群众各类咨询8923人次,无偿代写法律文书625件,受援人总数达到9448人,为受援人挽回经济损失和获得经济赔偿500余万元。加强对公证工作的监督和管理,强化了公证质量管理和制度建设,全面完成了公证机构布局调整工作。办证量达11613件,其中民事公证2393件、经济公证8721件、涉外公证499件。全市律师共担任法律顾问149家,办理各类案件1496件。其中,代理刑事辩护案件314件,办理民事、经济案件986件,行政案件15件,办理非诉讼法律事务62件,解答法律咨询3157人次,协助办理上访案件11件。司法鉴定能力、鉴定质量不断提高,共出具鉴定书2746件,采信率为100%。基层法律服务所担任法律顾问127家,代理诉讼215件,代理非诉讼事务127件。

(段怀平 翟宇峰)

【基层法制工作】 2009年,全市深入推行司法助理员民情日志、重大民间纠纷快报制度,开展了纪念《人民调解委员会组织条例》颁布实施20周年活动,认真开展了民间矛盾纠纷“集中排查调处”。全年共排查出各类民间矛盾纠纷1227起,调解成功1192件,调解率100%,调解成功率达97%以上。积极探索调解工作机制改革,人民调解、行政调解、司法调解“三调合一”的工作机制逐步建立。刑释解教人员安置帮教工作的各项措施落到实处,较好地预防和减少了重新违法犯罪。全市部署了“和谐回归”活动,集中开展了对刑释解教人员调查摸底。全年共接收刑释解教人员330人,全部落实了衔接帮教,帮教率100%,安置率达85%以上。

(段怀平 翟宇峰)

【社区矫正试点】 年内,市委、市政府“两办”印发了《关于全面开展社区矫正工作的通知》,明确了工作制度、职责和工作措施。全市社区矫正试点基础工作逐级到位,组织业务人员参加了全省社区矫正工作培训班,学习了外地经验,对2005~2009年全市社区矫正对象进行了集中专项调研摸底,为社区矫正工作全面开展夯实了基础。截至年底,全市共有矫正对象823名,其中缓刑对象634名,假释34名,暂予监外执行和保外就医9名,管制146名。(段怀平 翟宇峰)

【司法机关建设】 2009年,全市司法机关建设取得较大进展。市晋东公证处办公场所得到解决。国债投资司法所建设任务基本完成,郊区、矿区已全部完成建设任务。司法所管理体制进一步理顺,人员、编制、经费等问题得到解决,“规范化司法所”创建工作深入开展,全市有7个司法所被命名为省级规范化司法所。全市法律援助窗口建设投入不断加大,便民措施落实到位。劳教场所环境进一步改善,信息化基础建设和应用工作进一步加强,办公自动化水平进一步提高。县区司法局建设逐年加强,平定县司法局主动争取、积极作为,在党委、政府的支持下,办公楼建设进展顺利。年内,市司法局组织国家司法考试考生报名、参考资格审查等工作,全市有238名考生报名参加,有35人通过考试,取得法律职业资格。

(段怀平 翟宇峰)

仲裁

【仲裁员队伍建设】 7月28日,第三届阳泉仲裁委员会召开聘任仲裁员大会。市委常委、常务副市长、阳泉仲裁委员会主任王旭明向116名仲裁员颁发聘书并讲话,对仲裁员和仲裁工作人员认真履行职责、积极宣传仲裁、保证公正廉洁、提高业务技能等方面提出明确要求。进一步强化了仲裁员和仲裁工作人员的公正意识和责任意识,仲裁队伍自身建设得到加强。(崔莉莎)

【仲裁宣传】 2009年,阳泉仲裁委员会秘书处加大宣传力度,及时对原有仲裁规章制度进行了清理编纂,重新编印了新的《仲裁员工作手册》和《仲裁手册》,共计7万余字,印刷1000余册,保证了仲裁业务需要。11月底,又开办了阳泉仲裁委员会互联网站,扩大了阳泉仲裁的社会影响,提高了阳泉仲裁知名度。年内,加强了与新闻媒体的合作,市级新闻媒体共编发宣传仲裁新闻稿件5件、专题节目3期,仲裁宣传力度明显加强。(崔莉莎)

【仲裁案件】 2009年,阳泉仲裁委员会共受理仲裁案件18起,收案标的金额4095万元,办结11件,结案标的金额2392万元。在仲裁办案方面,阳泉仲裁委员会秘书处主要抓了以下几方面:一是继续贯彻“程序就是生命,程序必须合法”的理念。为保证对办案程序的制度化管理,在重新修订仲裁规章制度的基础上，及时对仲裁员进行培训，确保承办案件的仲裁员掌握新的规则，严守办案程序。仲裁委秘书处工作人员严把立案关、组庭关、审理关、裁决关，确保每起案件严格执行程序，高质量得到审理。二是继续坚持为构建和谐社会发挥作用的理念，始终坚持以热心服务当事人、竭诚维护当事人的合法权益为宗旨，在仲裁案件过程中全面贯彻调解原则，努力促成当事人达成和解并自动履行，彻底解决矛盾纠纷。在办结案件中，经调解双方案外和解撤回仲裁的占73%，自动履行率达80%，取得较好社会效益，赢得社会各界好评。三是继续坚持贯彻效率原则。在保证办案质量的同时，加快办案节奏，提高办案效率。四是坚持依法公正办案，敢于维护仲裁公信力。在积极开展疏导调解工作，促使当事人化解矛盾纠纷的同时，对于那些损害对方权益而拒不认错悔过的当事人，特别是房屋买卖合同纠纷中的某些损害购房者权益的房地产开发商，严格依照法律规定裁决其承担法律责任，切实维护了购房者合法权益和房地产市场的健康发展。（崔莉莎）

典型案例

【唐某 宋某某故意伤害致人伤亡案】 唐某，男，1986年9月21日生，汉族，四川省华蓥市人，建筑工人，租住阳泉市城区青年路洪东小区，因涉嫌故意伤害罪于2008年8月16日被刑事拘留，同年9月19日经阳泉市城区人民检察院批准，被阳泉市公安局城区分局执行逮捕。宋某某，男，1984年3月15日生，汉族，四川省宜宾市人，涉嫌故意伤害罪于2008年9月19日被阳泉市城区人民检察院批准逮捕，2009年1月19日，由阳泉市公安局城区分局执行逮捕。

市检察院分别于2009年1月4日和3月16日向市中级人民法院提起公诉，中院依法组成合议庭对该案进行合并审理。经审理查明，2008年6月22日0时30分许，被告人宋某与李某在阳泉市天地缘娱乐城与王某某、蔡某某、樊某某、李某某等人发生口角，唐、宋等分别持匕首、啤酒瓶、铁凳对蔡、樊、王等人实施伤害。随后，被害人被李某某等人送往医院救治。2008年7月3日，樊经抢救无效死亡。2008年8月15日16时，侦查人员在阳泉正达宾馆将唐某抓获。2009年1月14日16时，四川省宜宾市侦查人员在翠屏区桑林里45号附4号，将被告人宋某某超抓获。

市中院经审理认为，被告人唐、宋伙同他人，故意对被害人身体实施伤害，致一人死亡、两人重伤，其行为构成故意伤害罪。市检察院指控事实及罪名成立。在共同犯罪中，被告人唐系主犯，应按照其所参与的全部犯罪处罚；被告人宋友超系从犯，应从轻或减轻处罚。由于唐、宋的犯罪行为，给附带民事诉讼原告人造成的经济损失应予赔偿，宋主动赔偿被害人原告人经济损失10万元，具有一定悔罪表现，可对其酌情从轻处罚。附带民事诉讼被告人阳泉市天地缘娱乐中心在经营活动中具有过错，应承担相应责任。依照《中华人民共和国刑法》有关规定，被告人唐犯故意伤害罪，判处有期徒刑15年；被告人宋犯故意伤害罪，判处有期徒刑9年；被告人唐、宋共同赔偿附带民事诉讼原告人各项经济损失人民币438658.63元；附带民事诉讼被告人阳泉市天地缘娱乐中心赔偿附带民事诉讼原告人各项经济损失人民币68766元。

（阎建生）

【“80”后抢劫案】 郭某某，男，1988年2月7日出生，汉族，系山西省寿阳县人；宋某某，男，1988年9月23日出生，汉族，系山西省阳泉市郊区人；王某某，女，1985年12月31日出生，汉族，系山西省阳泉市郊区人。三犯于2008年9月30日因涉嫌犯抢劫罪被阳泉市公安局郊区分局刑事拘留，同年10月18日被逮捕。2009年5月15日，市人民检察院指控郭、宋、王犯抢劫、抢夺罪，向市中级人民法院提起公诉。市中院依法组成合议庭，于6月12日开庭审理。经审理查明，2008年5月至9月，郭、宋、王在城区、矿区、郊区等地多次抢劫、抢夺他人金项链、金耳环等财物。宋参与抢劫犯罪10起，抢劫价值44674.8元，参与抢夺犯罪8起，抢夺价值29820.86元；郭参与抢劫犯罪10起，抢劫价值40806.52元，参与抢夺犯罪6起，抢夺价值27858.86元；王参与抢劫犯罪8起，抢劫价值34280元，参与抢夺犯罪6起，抢夺价值27858.86元。市中院认为，郭、宋、王以非法占有为目的，有分有合，大肆以暴力、胁迫等方法多次当场抢劫、抢夺他人财物，且数额巨大，其行为均构成抢劫罪、抢夺罪。依据有关规定，宋被数罪并罚，执行无期徒刑，并处罚金7万元；郭数罪并罚，执行有期徒刑19年，并处罚金7万元；王数罪并罚，执行有期徒刑18年，并处罚金6万元。

（阎建生）

经济管理

计划工作

【"百项工程"建设】 2009年,阳泉市把推进项目建设、加大各领域投资力度作为经济工作的重中之重。在科学总结前三年成功经验的基础上,继续实施"百项工程"建设,特别是抓住中央扩大内需的机遇,抓好新上项目的开工和续建项目的建设,为全市经济保持平稳较快发展奠定坚实的基础。一是制定了切合实际的奋斗目标。在多次征求相关部门、县区、项目单位意见,并通过政府常务会审议的基础上,制定了符合市情的《2009年"百项工程"实施方案》。总体安排项目166个,项目总投资841亿元,年内计划投资162亿元。二是建立了层层落实的目标责任制。5月22日《阳泉日报》上公布了"百项工程"实施方案,明确了各县区、各部门、各单位的目标责任任务,明确了各位副市长的工作职责。进一步强化了目标责任制,形成一级抓一级、层层抓落实的工作格局,确保了工程的有序推进。三是形成了实时监控的工作机制。为及时反映百项工程建设的成效和工程建设中存在的困难、问题,市发改委每月按时编制"百项工程"月报,定时向省重点办、市委、市政府报送,及时指导工程建设,协调解决工程建设中存在的问题。四是营造了宽松和谐的建设环境。市委、市政府领导高度重视百项工程建设,市领导多次亲临工程建设现场,主持召开多种形式专题会议。市发改委具体承办了"百项工程"推进大会、银企洽谈会、观摩推进会等全市性大会。通过这些会议,研究布置工程建设管理工作,解决相关疑难问题,从而保证了工程建设的良好外部环境和内部秩序。五是开通了高效便捷的绿色通道。市发改委牵头组织财政、审计、纪检、监察、国土、建设、环保等8个职能部门联合组成"项目指导服务小组",组织相关专业技术人员分别深入各县区,开展了现场咨询服务和现场办理相关手续,变以往的督促为"指导"、检查为"服务",高效、便捷地为百项工程和中央新增投资项目单位提供各类前期服务。六是开展了督促检查工作。成立了市重点工程建设监督检查联席会议领导组及办公室,不断完善重点工程建设的激励约束机制和科学的考核办法,定期公布各县区、各责任单位任务完成情况,并对阻碍重点工程建设的单位和个人,以及贻误时机的单位和直接责任人进行责任追究,有效地保障了项目顺利推进。经过积极努力,"百项工程"进展良好。全年166个"百项工程"项目中有148个项目开工建设,累计投资194.2亿元,为计划的119.8%。"百项工程"的顺利建设,带动了全社会固定资产投资的大幅度增长,增幅达到55%,创历史新高。为实现"保增长、保民生、保稳定"的目标作出了积极的贡献。

(卢立峰　赵瑞智)

【扩内需投资项目】 2009年,按照中央扩大内需项目要求,先后组织召开了全市中央投资项目推进会,中央投资项目通报会等3次全市性的大会,向市直各部门和各县区做出工作部署,组织项目申报和争取工作。市领导亲自带队,市发改委班子成员和科室全体出动,与省发改委等部门进行了"无缝对接"。中央扩大内需新增中央投资以来,全市分4批共有144个项目争取到中央投资2.2亿元。在项目的实施过程中,市发改委先后承接了2轮中纪委组织的新增中央投资项目检查和1次国家发改委稽查特派办的专项检查。积极配合省纪检委牵头的联合检查组开展了5轮新增中央投资项目检查和1次省纪检委组织的案件调查,以及省发改委和省稽查办的多次检查和稽查。牵头与市纪委等部门联合完成了对中央投资项目的多次检查工作,组织市直8部门开展了扩大内需服务指导工作,以旬报的形式定期向省有关部门报送中央投资项目的进展情况，为阳泉继续争取中央投资创造了一个较为宽松的环境。对中央新增投资项目全面完成了国家规定的三个“百分之百”的目标任务，确保了项目开工率高、资金到位好、建设管理规范，得到中央、省检查组的充分肯定。（卢立峰 赵瑞智）

【煤炭工业可持续发展】 2009年是全省煤炭工业可持续发展试点工作正式实施的第三年，也是国家要求全省进行全面总结的一年。为进一步明确工作目标和工作任务，市发改委制定了2009年阳泉可持续发展试点工作要点。出台了《阳泉市煤炭可持续发展基金安排使用管理办法（试行）》，提出了2009年省可持续基金支持项目市配套计划(草案)。通过积极争取，全市基金共安排支出3.7亿元，其中跨区域生态环境治理支出1.88亿元，用于城市绿化、环境治理等项目；资源型城市转型和重点接替产业发展支出1.49亿元，用于道路建设、农业产业调整、京晋科技项目合作、中小企业担保等项目；解决因采煤引起的社会问题支出0.35亿元，用于移民搬迁、平定师范建设补助等项目。煤炭工业可持续发展试点政策的实施对全市推进产业结构优化升级，促进区域经济协调发展和资源型城市转型发挥了积极的作用。

（卢立峰 赵瑞智）

【产业结构调整】 2009年，阳泉市积极把握金融危机产生的市场“倒逼机制”，按照建设新型能源基地、新型材料及装备制造业基地和现代服务业基地“三大基地”的发展思路，推进产业结构调整。引导推动各类企业投向加工制造、文化旅游、现代农业等产业。全年共确定经济结构调整重点项目65个，并纳入“百项工程”管理。项目总投资446.5亿元，年内计划投资54.8亿元，实际完成投资68.5亿元，完成年度投资计划的125%，超过“百项工程”平均增速6个百分点。中信焦化、昕亮木器、热电联供管网工程等一批项目竣工投产；200万吨干法水泥、15万吨高级耐火、40万吨有机复合肥、40万吨电石、3652尿素、吉天利循环经济科技园区等一批项目稳步推进；河坡2×30万千瓦、娘子关2×60万千瓦、格盟国际2×100万千瓦等一批电力项目前期工作顺利推进，全市产业结构呈现出不断优化的态势。（卢立峰 赵瑞智）

【现代服务业项目】 2009年，阳泉市按照“三年形成雏形、五年初具规模、十年基本构筑完整产业体系”的奋斗目标，建立了市级服务业项目库，重点推进列入“百项工程”的服务业项目和进入省政府 “1+10工程”盘子的服务业项目。旅游业突出抓了娘子关景区、翠枫山自然风景区、藏山风景区、梁家寨温泉以及大阳泉“历史文化名村”的保护性建设和开发。与此同时，大力发展商贸、物流、信息等现代服务业，突出抓了美隆国际商城、万通汽贸物流园、天融中心商业广场、晋东商贸物流园等重点项目。服务业增加值达到143.9亿元，增长12.5%，占地区生产总值的比重达到41.3%，排全省前列。（卢立峰 赵瑞智）

【统筹城乡发展工作】 2009年，阳泉市把发展民营经济作为推动资源型城市转型、加快城乡一体化建设的切入点和突破口，根据市委研究出台的《关于进一步加快民营经济发展的决定》和有关实施意见，由市发改委牵头编制了《民营经济三年振兴规划》。《规划》进一步完善和细化了支持鼓励民营经济发展的政策措施以及民营经济腾飞计划，为推动民营经济发展确立了目标、指明了方向。围绕城乡一体化建设，编制完成了《阳泉市城乡一体化发展综合配套改革试验区总体方案》，通过了省发改委专家组的评审认证，并正在积极争取列为全省市级城乡一体化发展综合配套改革试点城市。深入推进农业产业化富民工程，蔬菜种植面积达到7333.3公顷（11万亩），其中新建成日光温室95.3公顷(1430亩)、大棚23.3公顷(350亩)。新增核桃种植面积1000公顷(1.5万亩)，累计达到13533.3公顷(20.3万亩)；杂粮种植面积达到13846.7公顷(20.77万亩)，比上年增长12.52%。“3+2”农业产业化富民工程成为农民增收的主要途径，农民人均纯收入增幅连续两年超过城镇居民收入增幅。

（卢立峰 赵瑞智）

【基础设施建设】 2009年，阳泉市抓住国家加大投入拉动经济增长的机遇，以开展“三城同创”为契机，大力度推进基础设施建设，夯实基础，完善功能，增强辐射带动能力。城市路网建设全面启动，保晋路、广阳路、泉东路等9条涉及居民出行和交通设施完善的道路相继开工并稳步推进。阳五高速市区至盂县段、307国道水峪至娘子关段等一批重大基础设施工程全面开工；热电联产管网、中低压电网改造工程已经完工或投入运营；龙华口水电站、娘子关水源地保护等一批民生工程建设进度加快；赛鱼路大修、太旧高速坡头和平定两个出入口改造工程等一批重点市政工程顺利推进，促进城市形象品位有了较大提升。

（卢立峰 赵瑞智）

【循环经济】 2009年，按照资源合理配置、能量合理流转、产业科学耦合和符合环境容量的原则，阳泉市全面布局循环经济发展的推进方向、重点领域和重大项目。继续推进南煤和阳铝、平定县、新华东街社区等4个省级循环试点建设，充分发挥其示范作用，在此基础上，通过努力争取省发改委已将吉天利有限公司列为省循环经济试点企业。开展了省级循环经济试点单位中期评估考核，省考评组对阳泉市近年来循环经济工作的开展情况给予了充分肯定。编制完成了《阳泉市粉煤灰综合利用专项规划》。全市已建成煤矸石电厂3家，较大的矸石砖厂5家，较大的粉煤灰砖厂5家，阳煤集团还建成了瓦斯烧结铁氧体生产线和瓦斯烧结氧化铝生产线,全市年煤矸石和粉煤灰综合利用量达到450多万吨。全市年固体废弃物综合利用率达到45%,不仅有效地解决了废物污染问题,而且大大提升了废物综合利用水平。市区范围内新型墙体材料在建筑工程中的应用比例达到80%,位居全省前列。

(卢立峰　赵瑞智)

【桃河流域生态环境综合治理工程】 根据山西省全面启动生态省试点建设,大力推进重点生态环境综合治理工程的工作部署,2009年市发改委牵头编制完成了《阳泉市以桃河流域为重点的生态环境综合治理项目建设方案》。项目共分核心工程和辐射工程两大类,涉及农业、林业、水利、环保、建设多个行业,以及企业和社会等各个方面。项目正扎实推进并取得明显的阶段性成效,18个核心项目有15个项目开工,完成投资3.91亿元;13个辐射项目有5个项目开工,完成投资4000万元,项目总体进展顺利,为桃河流域生态环境改善起到积极的作用。(卢立峰　赵瑞智)

【争取资金项目】 2009年,市发改委及时掌握有关信息,加强沟通和协调,争取上级资金支持工作取得了较大突破。继续开展推进特色产业基地建设竞赛活动,围绕市委、市政府工作重点,抓住山西煤炭工业可持续发展、老工业基地改造、城乡一体化等政策机遇,特别是抓住国家加大投资力度拉动内需的机遇,争取上级资金、项目工作力度进一步加大。充分调动项目单位的积极性,努力协调,积极攻关,争取更多的国家投资和省煤炭可持续基金用于阳泉经济社会的发展。全年共争取国家投资和省煤炭可持续基金5.54亿元,比上年增长28.5%,取得了较大突破,为全市投资的增长奠定了良好的基础。

(卢立峰　赵瑞智)

【发展和改革调研】 2009年,市发改委加大发展和改革调研的力度。一是密切跟踪形势发展,及时提出对策建议。定期对经济运行情况进行分析,特别是按照当前扩大内需的要求,坚持每月对重点工程项目建设情况进行全面分析。在全市经济工作会议召开前,提出了2010年经济社会发展主要目标和主要任务的建议。并积极做好信息发布工作,全年《阳泉发展和改革工作动态》共刊发工作动态94期,143篇,其中多篇被《阳泉信息》、《阳泉政务信息》等引用,及时为市委、市政府决策提供参考。二是围绕中心工作,广泛开展调查研究。开展深入学习实践科学发展观以来,在做好全年经济社会发展计划的同时,坚持围绕事关全市经济和社会发展全局的重点、难点问题,针对推进项目建设,加快结构调整、发展方式转变,加快资源型城市转型等各个方面,在全市开展广泛深入的调查研究,集中精力、智力,集中时间出一些调研精品,不断提升研究水平和政策建议质量。在《山西经济日报》、《阳泉日报》、《阳泉经济》等刊物上发表了《充分发挥比较优势、推动阳泉转型发展》、《深入落实科学发展观、推动发改工作上台阶》等多篇调研报告。三是着眼长远发展,全面启动"十二五"规划编制工作。经过积极筹备,牵头组织召开了"十二五"规划启动会。会议传达了国家、省电视电话会议精神,对扎实做好"十二五"规划编制工作提出了具体要求。并征求了各县区规划基本思路的建议。四是加强政策研究,稳步推进医疗体制改革。在深入开展调查研究,对国家、省相关政策进行充分解读的基础上,牵头制定了《阳泉市深化医药卫生体制改革实施方案》。

(卢立峰　赵瑞智)

【招投标工作】 2009年初,为了贯彻落实《招标投标法》和《山西省工程建设项目招标投标条例》,维护招投标市场秩序,依法惩处招投标活动中的违法违纪行为,努力从源头上预防和治理腐败,促进全市招标投标事业的健康发展,市发改委有关人员专门赴长治市进行了专题调研和学习,写出了专题调研报告。并根据阳泉市现状,提出了《2009年全市〈招标投标法〉贯彻落实情况专项执法检查实施方案》,编辑了《招标投标法规汇编》。6月9日,组织召开了全市招标投标专项检查动员大会。会后成立了两个专项检查组。7月1日正式开通了山西省招标评标专家库阳泉终端,标志着全市招投标工作进入了规范化的轨道。从9月开始,用1个半月的时间,对市直51个单位115个项目、5个县区及开发区、4个招标代理机构的执行《招标投标法》情况进行了检查。为进一步规范全市建设项目设备招标行政监督工作,出台了《关于加强全市基建物资采购招标行政监督工作的通知》,为全市招投标工作的健康发展奠定了坚实的基础。

(卢立峰　赵瑞智)

国有资产管理

【概况】 2009年,面对国际金融危机的严峻挑战,全市国资系统深入学习实践科学发展观,坚决贯彻市委、市政府的决策部署,攻坚克难,奋力拼搏,千方百计"保增长、保民生、保稳定",出资企业经济运行保持了平稳发展势头,为全市经济社会发展作出了积极贡献。企业资产总额、实现利润和净资产三项主要经济指标均超额完成年初确定的目标。资产总额达133.1亿元,完成年度目标的105.7%,比上年增长16.9%;实现利润5.5亿元,比3.5亿元的年度目标增加2亿元,比上年增长29.1%;净资产达36.2亿元,完成年度目标的109.7%,较2008年末的30.8亿元增加5.4亿元,比上年增长17.4%,国有资产保值增值率达110.8%。在经济指标稳定增长的同时,职工收入稳步提高,在岗职工年人均工资比上年增长14.8%。困难企业职工生活得到切

实保障，维稳工作成效明显，安全生产实现了全年无事故。（路 毅）

【金融危机应对工作】 2009年，市国资系统积极应对金融危机，企业生产经营平稳增长。一是加强服务协调和运行监测力度，企业生产经营稳定运行。市国资委完善了领导班子成员联系企业制度，深入企业开展“三抓三保”活动，即“抓生产、抓项目、抓安全，保增长、保民生、保稳定”，结合学习实践科学发展观活动，委领导带队深入企业达120多人次，加大了为出资企业服务协调力度。5月分两批企业组织召开了“积极应对金融危机保增长促发展”座谈会，定期召开经济运行分析会议，加强对企业经济运行的协调监测力度，努力解决企业的困难和问题，确保企业正常生产经营。通过艰苦的工作，出资企业主营业务收入从6月开始逐月提高，全年实现了正增长。企业深入开展“管理年活动”，突出“强化管理夯基础、奋力拼搏渡难关”这一主题，密切关注经济形势和市场变化，根据自身实际，采取多种措施，确保了国有经济平稳增长。二是加强营销管理，不断开拓市场。面对生产经营困难，各企业把营销工作放在龙头地位，全力开拓市场，确保企业生存发展。市铝业股份有限公司集中力量开拓新市场，在上海等地区增加销售网点，采取多渠道销售策略，加大高档铝型材、铝门窗的销售力度，争取客户预付款，缓解了公司资金紧张的压力，5月开始逐步启动上年10月停产的电解槽，抓住了市场机遇，走在了全省乃至全国同行业的前列，为全系统和全市工业经济指标好转做出了贡献。市食品总厂有限公司下大力拓展团餐业务，全年团餐业务销售额达到500万元，比上年增长45%。市煤气公司积极拓展大型用户，制定用气激励政策，完善供气保障措施，全年煤气销量比上年增长27%，突破1亿立方米大关，企业整体经营规模五年翻两番，迈上了新台阶。一批停产企业和以租赁业务为主的企业，也千方百计提高租金收入，确保企业和职工队伍的稳定。三是强化成本管理，积极挖潜增效。市水泵厂有限公司围绕人本、销售、技术、生产、质量、财务、供应和后勤，狠抓“7+1”管理，开展了以“增收节支、节能降耗”为主题的强化内部管理活动，全年电、煤消耗分别下降3.3%和24.7%，水泵产量提高51.6%。市阀门股份有限公司狠抓材料供应、工艺技术、经营销售三个环节，广泛开展“深入挖潜、增产节约”活动，全年节约支出1454万元，消化了金融危机带来的产品降价因素，保证了经济效益的稳步提升，实现利润319万元。市自来水公司面对全市工业经济结构调整造成用水量数年徘徊的现实，继续狠抓内部挖潜增效，努力消化职工工资增长、社保缴费率提高、电费增长、水价降低等四大不利因素共计761万元，超额完成了市国资委下达的利润指标，继续成为全系统企业管理的标兵单位。四是强化人本管理，优化人员结构。通过实施“计划、分类”管理办法及职工素质工程的实施，引导企业不断优化职工的年龄结构、文化结构、技能结构。对运行态势较好、有发展前景的重点企业，积极鼓励引进各类人才，对停产半停产企业严格控制人员进入，下大力清理“放手续”、“两不找”等人员。两年来，市信达投资管理公司等13户重点企业经核准共引进专业技术和管理人才268人。2009年，监管企业共减少人员1400余人。其中，隆鑫商厦有限公司、粮油公司、铝业股份有限公司、百货大楼股份有限公司、水泵厂有限公司等20户企业清理和解除劳动关系400余人。五年时间，全系统企业减少人员超过6000人，为企业的进一步改革和发展创造了条件。

（路 毅）

【重点项目建设】 2009年，市国资系统积极推进布局结构调整，重点项目建设成效明显。一是全力抓好重点项目建设。9年内，企业实施的重点项目有25个。列入市重点的“百项工程”有4户企业8个项目，市国资委确定的企业“自建项目”有17个。25个项目总投资15.2亿元，全年完成投资额4.7亿元，项目开工以来累计完成投资7.7亿元，完成总投资的50.7%。市属棚户区改造安置工程和晋东医药物流配送中心等11项重点工程已经完成，累计完成投资4.1亿元。市热力公司仅用140天时间，就圆满完成了龙川热源管网工程，使全公司实现了历史性的三大突破。一是入网供热面积突破1000万平方米，供热用户突破10万户，年主营业务收入突破亿元。二是企业经营创新和技术进步取得新进展。华龙超市面对激烈的市场竞争，积极开辟新网点、改造旧商场，拓展经营领域，成立了商汇通公司，推出了具有本地一卡通功能的商汇通卡，加盟商家发展到140余家；创办桃河家园网上购物，开创了我市购物新潮流。阀门股份有限公司多年来坚持不懈开发新产品，在闸阀、蝶阀、煤气阀等产品的基础上，已拓展到止回阀、冶金阀等多个类别100多个系列1200多个规格。其中，59个系列填补了国家空白，10个系列达到国际先进水平。三是积极谋划矿机装备工业园。按照市委、市政府提出的全市经济社会发展总体要求，为振兴全市传统机械装备制造业，打造一个现代化的矿机装备产业园区，经过充分调研，提出了在市区与平定县交界处建设“阳泉矿机装备工业园”的思路和设想。园区规划总面积5.72平方公里，由全国知名的广州博为国际产业园区运营研究中心进行规划设计，总体规划设计方案已于年内初步完成。（路 毅）

【国有企业改革重组】 2009年，市国资系统扎实推进国有企业改革重组，国有经济活力进一步增强。全系统以“做大做强一批、关闭退出一批、放开搞活一批、逐步消化一批”

改革为重点,扎实推进国有企业改革重组,取得一定成效。在做大做强一批方面,重点推进水泵厂有限公司、阀门股份有限公司、铝业股份有限公司、电工机械有限公司改革,先后与华通路桥集团、阳煤集团等企业进行了多次合作洽谈,为企业改制重组做了大量的前期准备工作。在放开搞活一批方面,市高压电瓷厂联手市国泰耐火材料有限公司和民营企业山西融发贸易公司,合作建设晋东地区最大的建材装饰材料市场,组建了混合所有制的高雅融发装饰市场有限公司。市信达投资管理公司出资1300万元,联合华通路桥集团等8户企业,组建了注册资本达8000万元的汇通小额贷款股份有限公司,2009年6月开业至年底,实现利润355.3万元。市医药药材公司抓住医药卫生体制改革的机遇,积极履行社会责任,增强企业发展后劲,投资457万元建设晋东医药物流配送中心,已于年底投入运营。在关闭退出一批方面,市医药药材公司新特药经营部、郊区药材公司、庆丰水工有限公司等3户企业破产清算工作进程过半。市粮食工业公司和粮油副食品经管中心破产进入法律程序。在逐步消化一批方面,对市纺织集团、晋盂钢铁有限公司、电石有限公司等停产企业,认真落实我市关于解决困难企业职工生活困难的一系列政策措施,协调市劳动、财政等部门解决困难企业职工医疗保险、个人代企业垫交养老保险等问题,按月为市纺织集团等企业7000多名放假职工借资发放生活补助1650万元,确保了企业和职工队伍的稳定。

(路　毅)

【保民生保稳定工作】 2009年,市国资系统强化责任意识,圆满完成保民生保稳定任务。一是全面加强安全生产工作。按照国家、省、市关于企业安全生产的一系列安排和部署,国资委高度重视安全生产工作,委领导带队多次深入企业进行安全督查。各企业针对自身特点,查问题、找隐患、抓培训、定规程、大投入,深入开展安全生产专项整治活动,认真制定完善安全生产应急预案,有效应对暴雪等自然灾害,全年无安全生产事故,是国资委成立以来安全生产形势最好的一年。二是全面加强信访维稳工作。围绕新中国成立60周年大庆,从二季度开始,陆续出台了一系列加强信访和维稳工作的措施,9月又召开了全系统信访维稳工作会议,对国庆维稳工作进行了部署。国资委领导耐心接待群众上访,解决了一批信访积案。全年共接待职工上访974人次,妥善处理了晋盂钢铁有限公司、高压电瓷厂等企业的群体上访,赴省进京上访人员明显减少。信访维稳工作受到了市委、市政府的充分肯定。三是全面落实保民生任务。市国资委把保民生作为维护稳定促进生产的重要任务来抓,千方百计确保"职工不失业、工资不降低",全力解决困难企业职工社会保障、上岗就业、工资收入等民生问题。国资委按照"分类、分批"的办法,积极争取中央、省帮扶资金,解决企业历年拖欠职工工资2256.6万元。采取多种措施,争取市财政资金,变现企业闲置资产,全力解决晋盂钢铁有限公司、电石有限公司等停产企业职工的水、电、暖等问题,确保了停产企业职工生活稳定。(路　毅)

【国有资产监管体系建设】 2009年,市国资系统努力健全国有资产监管体系,国资监管进一步加强。一是加强企业领导班子建设。针对监管企业领导班子存在的问题,2月,委党委集中对部分企业领导班子进行了充实调整。在这次调整中,本着精简、统一、效能的原则,采取企业党委成员和董事会成员双向进入、交叉任职,企业纪委书记兼任工会主席的企业领导任职新模式。严格按经营业绩及党风廉政考核结果选配干部,实施企业领导能上能下新机制。这次调整,共免职46人,提拔36人,平调14人,降职使用3人,领导职数减少21名。企业领导班子的年龄结构、知识结构进一步优化。进一步加强企业领导人员培训,组织举办了企业领导人员学习实践科学发展观暨国资政策法规培训班,与市委组织部联合在天津南开大学举办了企业领导人员管理培训班,参训人员达400人次。二是进一步完善经营业绩考核体系和薪酬管理。经过几年的努力,初步形成了以利润总额和净资产收益率为基本指标,以企业改革、项目建设、企业管理、党建廉政等工作为专项指标的综合考核体系;形成了定量考核与定性考核相结合、企业领导班子综合考核与企业领导人员考核相结合、考核档次与奖惩相挂钩的考核评价机制,考核评价工作进一步得到规范。在此基础上,进一步规范了企业领导薪酬分配,形成了以业绩为主、综合兑现的薪酬分配机制。年内,52户企业法人代表平均薪酬水平为50923元,较上年的55058元降低7.5%,薪酬水平控制在企业职工平均工资的2~10倍之间,达到了财政部、国务院国资委对国有企业领导人员待遇的原则规定。三是强化国有产权管理。进一步加强资产转让的财务审计和资产评估工作,有效杜绝国有资产隐形流失。企业的资产处置实行严格的进场交易制度,对中源硫铁矿有限公司等5个单位的5宗闲置资产通过市产权交易市场公开处置。进一步加大企业不良贷款处置力度,对星宇化工集团、建虹无机化工厂、华龙购物中心和华联商厦有限公司等4户企业的2.4亿元不良贷款进行了处置,增加净资产1.8亿元。国资委成立5年多来,累计处理企业不良贷款19.6亿元,增加净资产16.6亿元,国有资本结构得到明显优化。四是出台了加强全面预算管理的意见。为实现出资人与经营者目标一体化,国资委继续扩大全系统预算管理工作试点,3月份出台了《关于加强监管企业全面预算管理与目标责任制考核的意见》,把企业的财务预算管理与经营者目标责任考核挂钩,进一步规范企业财务行为。

(路 毅)

【企业党风廉政建设】 2009年,市国资系统深入开展学习实践科学发展观活动,企业党建和党风廉政建设进一步加强。一是企业党建工作扎实推进。全系统开展的学习实践科学发展观活动,历时半年时间。国资委机关及所属的79个党组织、6334名党员参加了学习实践活动。各级党组织共组织中心组学习290次,专题讲座86次,开展"解放思想大讨论"座谈会73次,组织培训160次,撰写学习体会5823篇,参学率达到了100%,下大力解决了一批影响和制约企业科学发展的突出问题,基本实现了"党员干部受教育、科学发展上水平、人民群众得实惠"的总体目标。6月,召开了纪念建党88周年总结表彰大会,22个先进基层党组织、101名优秀党员、25名优秀党务工作者受到了表彰。二是企业党风廉政建设得到加强。全系统认真落实党风廉政建设责任制,加大了对重点项目、重点领域的监督检查力度。国资委制定下发了关于进一步落实"七项要求"等规定以及促进企业领导人员廉洁从业的具体办法。对8户企业离任的法人代表进行了经济责任审计,并对发现的问题进行了处理。加强信访举报和案件核查工作,初核信访件6件。配合市纪检委、市检察院查处了原阳钢留守处主任孟利平贪污公款案件和经贸资产经营有限公司原董事长、总经理赵玉泉、原副经理陆天增涉嫌经济犯罪案件。

(路 毅)

资源管理

【国土资源管理概况】 2009年,面对金融危机带来的严重冲击和考验,市国土资源局以构建保障和促进科学发展新机制为主线,以严格保护资源、科学配置资源、合理开发资源为重点,正确处理保增长与保红线的关系,合理调配,积极争取用地指标,努力满足建设用地需求;大力组织土地开发整理,增加耕地面积,提高耕地质量,保持耕地总量动态平衡,"双保"工作取得了阶段性成效;着力推进土地使用制度改革,认真组织土地招拍挂,收取土地纯收益2.8亿元,在经济形势非常困难的情况下,创造了国土收益新高,为增加各级财政收入,促进经济发展作出了贡献;抢抓机遇,精心组织开展了煤炭资源整合,煤矿企业兼并重组换证工作,采矿许可证换证率达到96%,为煤炭行业依法有序、更好更快发展奠定了基础;持续不断加大对各类土地矿产资源违法行为的整治力度,连续组织了打击非法采矿"09春雷行动"、"09利剑行动",取缔了私挖滥采坑点,开展了对涉煤涉矿工程的排查和叫停,加强了对浅层煤、浅层矿的调研,积极主动做好第十次卫片执法检查工作,顺利通过了国家和省年度验收,国土资源管理程序保持了相对稳定,在提供资源保障、促进经济发展、维护社会稳定等方面起到了重要的作用,作出了应有贡献。

(张晓萍)

【"双保"工作】 2009年,市国土资源部门认真落实中央部署采取的应对金融危机,拉动内需、保证增长和国家粮食安全的战略性措施。按照统筹兼顾、保障重点的原则,合理安排用地指标,争取上级机动指标;认真组织土地开发整理复垦,引导和鼓励盘活城市存量土地,既满足了建设用地需求,又保证了耕地总量不减少,使"双保"工作得到了较好落实。2009年省下达阳泉市新增建设用地计划指标300公顷,其中农用地205公顷(耕地136公顷)、未利用地95公顷。已上报批准和待批11个批次,共使用农用地216.71公顷(耕地139.06公顷)、未利用地36.6公顷,占省政府下达市指标的105.7%(102.3%)、38.5%。另外,还上报2个单独选址用地162.91公顷(不占用市指标)。上述用地共涉及各类重点工程项目67个,基本满足了项目用地需求。加大土地开发复垦整理工作力度,争取省厅将盂县列入了全省基本农田整理试点县,省级投资约1个亿,该项目可新增耕地156.3公顷;市级立项10个项目,完成后可新增耕地320.73公顷。全年验收新增耕地745.6公顷,可用于占补平衡面积468.94公顷。

(张晓萍)

【土地市场建设】 2009年,市国土资源部门根据部、省统一要求,针对全市土地市场建设过程中存在的问题,组织开展了土地市场调查评估。市、县两级全部建立了土地市场动态监管系统,土地来源、供地计划、出让公告、成交公示和供地结果、开发利用监测、市场交易等信息及时上传国土资源部专业网公示,实行网上监管,透明运行。全年全市共批准供地74宗,其中以出让方式供地56宗、121.74公顷,收取出让金4亿元,收取土地纯收益2.63亿元;以招、拍、挂公开出让方式供地44宗、99.39公顷,收取土地出让金3.93亿元,收取土地纯收益2.59亿元。市区出让11宗、5.36公顷,收取土地出让金6242.5万元,收取土地纯收益3030万元,超额完成了市政府下达的指标任务。(张晓萍)

【矿产资源管理】 2009年,市国土资源部门加大了矿产资源管理工作的力度。根据煤矿企业兼并重组换证工作时间要求紧的状况,主要领导亲自协调、分管局长坐镇指挥、相关科室现场办公,使换证步伐明显加快,由原来的全省换证空白市跃居全省第一,扭转了工作被动局面,得到了省国土资源厅和市政府的肯定。兼并重组后,全市保留煤矿企业53家,已经办证的51家,已经领证的49家。同时,非煤资源整合和有偿使用工作有序推进,全市核准保留后的非煤矿山企业270家,关闭111家,关闭比例为29%,其中应核查191家,自动放弃79家;现已通过审核的142家,已上报备案的95家。另外,加大了各种矿产资源规费征缴力度,全市共征收矿产资源补偿费8691万元,土地复垦费96.44万元;追缴2008年度的矿产资源补偿费10111万元,土地复垦费100.79万元;收取采矿权价款678.63万元。(张晓萍)

【地质灾害防治】 2009年,市国土资源部门把地质灾害防治作为责无旁贷的大事来抓。建立了地质灾害防治管理信息系统;全市确定了146处地质灾害重点隐患点,发放“防灾明白卡”和“避灾明白卡”2800份;开展了地质灾害气象预报预警工作;省级赛鱼地质灾害治理工程优化了设计方案,积极落实配套资金;加紧做好2007年和2008年农村地质灾害搬迁与治理工程的后续工作。(张晓萍)

【执法监察】 2009年,市国土资源部门始终把查处土地、矿产资源违法违规行为放在维护国土资源管理秩序、维护社会稳定、促进和谐发展的突出位置常抓不懈。一是土地卫星照片执法检查顺利通过了部、省验收。共查出违法用地17宗,对15宗进行了立案查处,罚款51.84万元,没收建筑物7275.3平方米,移送纪检监察机关案件14宗,党政纪处分8人。另外,加强了对日常土地违法案件的查处。共立案77起,面积为31.94公顷,没收建筑物1227.28平方米,收回土地9.11公顷,罚款249.72万元,全市土地市场秩序进一步好转。二是打击非法采矿专项整治效果明显。在“09春雷行动”中,共排查非法采矿坑点443个,发现存在非法采矿行为的坑点9个,全部进行了取缔,共扣押非法采矿设备59台,罚款20.9万元;“09利剑行动”中,共取缔私挖滥采坑点50处,排查19个涉煤工程,全部停工,机械设备已全部撤离施工现场,排查取缔非法储煤场119个,扣押非法采矿设备64台(件),罚款13.8万元,行政拘留45人,行政处分6人。三是信访工作摆上了重要位置。积极开展“信访积案化解年”活动,全年共受理群众信访378件(人)次,举报电话243个,并进行了及时转办、督办,做到了件件有回音、事事有交代。(张晓萍)

【基础业务工作】 2009年,市国土资源部门对基础业务工作集中抓了四个方面的工作:一是第二次土地调查工作农村部分数据库建设及基本农田上图补划已通过省级验收,城镇调查通过了市级初验;二是土地利用总体规划修编完成了9个专题的评审,对现有土地现状分类数据进行了基数转换,完成了主要控制指标的确认、分解以及大纲的编制工作;三是加快了土地发证步伐,共计发放国有土地使用证745个,农村集体土地所有权证12个,集体建设用地使用权证67个,农村宅基地使用证4800个;四是组织了全市1:2000数字化线划图测制,完成了4000平方公里的测制任务。(张晓萍)

【水资源费征收】 2009年,山西省针对水资源费的征收标准出台了晋价商字〔2008〕406号文件和晋价商字〔2009〕200号文件。市水资办迅速与市物价、财政部门积极联系,原文转发至全市自备水源单位、水利工程单位、城镇公共供水企业等所有取用水单位及全市采矿排水企业,要求全市认真遵照执行。同时,为了让更多的取水用户了解文件的内容,以“世界水日”和“中国水周”为契机,在《阳泉日报》开办水法宣传专版,并进行了答记者问;在阳泉电视台连续一周对水资源费调整文件播放;在市政府网站和水利网开展宣传活动。通过宣传,使广大取、用水户对市水资源费的征收范围和标准有了详细的了解,进一步增强了全社会的节水意识、水患意识和法制意识,取得了良好的效果。水资源费征收标准调整后,面对世界金融危机带来的影响,面对全省水资源费征收任务重、难度大的实际,正视现实,采取多种措施,攻坚克难,通过向政府汇报等形式,形成了推动水资源费征收的强大动力。此次水资源费调整重点对采矿排水费进行了大幅度涨价,因此采矿排水费的征收成为水资源费征收的重点和难点。全市各级水资源管理部门通过各种渠道落实采矿排水费的征收工作。年内,全市征收水资源费4268万元,其中市区征收3089万元、盂县征收450万元、平定征收190万元、郊区征收569万元。(安晓峰)

【取水许可清理工作】 2009年,根据省水利厅在全省开展取水许可清理工作的统一安排,市水利局领导高度重视此项工作,迅速成立了清理专项行动领导组,制定了实施工作方案,全面部署了清理工作。首先,向全市相关单位下发了《关于进一步加强取水许可管理的通知》,要求全市自来水公司、水利工程单位、无证或过期失效取水许可证单位限期到相应水行政主管部门办理取水许可证。其次,向各县(区)转发了《关于开展山西省取水许可清理工作的通知》,各县(区)已按照通知要求,安排部署了此项工作。按照工作实施方案,全市各级水资办加班加点,克服困难,深入基层,逐个排查,按照工作实施方案,圆满完成了各阶段工作任务。此外,取水许可数据库的录入工作已基本完成,换证工作完成了80%。(安晓峰)

【水资源信息化建设】 2009年,全市水资源信息化建设继续推进。市水资办通过省补和自筹经费共投资300余万元,建成了市、县水资源监控中心,各项设施已基本配套,全市安装水资源监控系统33套,针对系统运行过程出现的问题,与厂家联系,进行定期检查和维修,系统运行正常。(安晓峰)

【水资源基础工作】 2009年,市水资办按时完成了各类年报的上报工作，并通过省水资办验收；按时向各县区及市直取用水单位下达了年度用水计划，要求各用水户严格按照下达的用水计划取水，对超计划用水实行累进加价制度；完成了全市废污水处理回用情况调查工作，按省要求编制了调查报告和相关表格；继续完成取水许可证的换发工作；加强水资源信息的发布等工作。同时，还加强水资源课题研究和项目开发，向省水利厅上报了《阳泉市桃河流域生态环境综合治理项目》等8个涉水项目，总投资11.96亿元。向市发改委上报了《阳泉市娘子关泉口河道整治与生态修复项目》的可行性研究报告。（安晓峰）

质量技术监督

【“百千万调研培训”活动】 2009年，市质量技术监督局组织全市质监系统中层以上干部百余人带着金融危机对企业造成的影响、企业生产经营管理中存在的主要问题以及企业质监业务帮扶需求等课题，深入企业进行调研，问政于企、问计于企、问需于企。调研组先后深入市重点企业、名牌企业、国有困难企业、民营企业和市政府重点工程、重点项目等调研400余次，形成调研报告100余份。通过调研，针对企业需求、发挥部门职能作用和技术优势，制定了涉及1387家企业近万人的培训方案，通过组织系统内专业技术人员和邀请专家授课，举办专题讲座等形式，结合企业需求，广泛开展企业免费培训服务工作。共计对企业特种设备管理和作业人员、食品生产加工企业和小作坊管理人员、质量认证企业和中小企业质量管理人员、企业标准管理人员、重点耗能企业节能管理人员、企业计量管理及检定人员等进行了32次10000人的法律法规、产业政策和标准及技术市场信息的培训。（白青堂）

【重点企业项目服务工作】 2009年，市质量技术监督局出台了《阳泉市质量技术监督局服务“三保”工作方案》，制定了《关于深入落实科学发展观，认真开展重点企业重点项目联系活动的实施意见》，对市重点调产项目、专项投资项目、重点企业中与质监业务联系紧密的9家“市属国有困难企业”、12家“非公有制企业”、7个“重点项目”，进一步明确牵头服务责任、完善服务举措、加大服务力度，落实免费培训、规费减免等各项优惠政策。年内，全市共有61家企业获得工业产品生产许可证，56家企业获得食品生产许可证，36家企业取得特种设备制造、安装、改造、维修及充装许可，48家企业通过计量保证能力评价，24家实验室通过资质认定，98家企业获得ISO 9001认证，16家企业获得ISO 14001认证，企业整体质量管理水平明显提升。（白青堂）

【名牌战略】 2009年，市政府对方大添加剂有限公司、市食品总厂等5家山西省名牌产品企业落实了100万元的名牌奖励资金。由全市推选的山西三来食品有限公司生产的马铃薯全粉、山西鑫源电线电缆有限责任公司生产的电线电缆、阳泉天隆工程材料有限公司生产的快硬硫铝酸盐水泥、山西亚美建筑工程材料有限责任公司生产的亚美水泥获选“山西省名牌产品”，至此全市“山西省名牌产品”达到24个，质量信誉企业达到121个。全市名牌企业对经济增长的贡献率明显提升，年内虽然受到金融危机的负面影响，19家名牌企业中的10家企业实现了产值增长，7家企业创产销量历史新高。（白青堂）

【标准化战略】 2009年，市政府落实了50万元的标准化战略专项资金，鼓励和扶持企业参与国家标准、行业标准的制（修）订，增强企业核心竞争力。全市共有6家企业主持和参与制（修）订国家标准26项，8家企业主持和参与制（修）订行业标准和地方标准16项。西小坪耐火材料有限公司通过主持和参与制定14项国家和行业标准，成为目前世界最大的硅质耐火材料生产基地；阳泉华岭耐火材料有限公司通过参与4个行业标准的制定，占领了行业制高点，建成全国硅铝质耐火材料生产中心；方大添加剂（阳泉）有限公司、山西国阳新能股份有限公司、山西阳泉铝业股份有限公司、阳泉仪表有限责任公司等企业依靠各自产业优势，积极参与制（修）定国家、行业标准工作，对全市产业结构调整及优化升级起到了积极推动作用。盂县旺兴原种猪场农业标准化示范区、平定县西回小杂粮农业标准化示范区、阳泉市种鸡养殖标准化示范区3个国家级农业标准化示范区项目进入全面实施阶段。制定实施了电信、餐饮、商贸等主要服务业标准，提升第三产业发展质量。同时，先后开展了酒店服务、社区管理、旅游风景区建设等服务标准化试点。（白青堂）

【特种设备安全专项整治】 2009年，市政府出台《阳泉市特种设备安全生产专项整治工作方案》，组织召开了全市特种设备安全生产专项整治工作动员会。按照“企业自查自整，县区政府排查摸底、省市县三级联动分类整治”的方式，分四个阶段全面推进特种设备专项整治，共排查特种设备生产和使用单位381家，各类特种设备3081台、气瓶31327只、压力管道110余公里，对存在问题的特种设备一一督促整改，以消除安全隐患。（白青堂）

【食品安全专项整治】 2009年，市质量技术监督局先后开展了乳制品、蜂产品、豆制品、肉制品、饮料等专项检查。为了确保食品质量安全，对26家豆腐生产加工企业和14家纯净水生产企业、17家月饼生产单位进行了产品抽检，对33家企业使用的153种食品添加剂进行了清理、登记、备案确认，对13家饮料企

业使用添加剂的用量和使用范围进行了现场核查。（白青堂）

【重点产品专项整治】 2009年，市质量技术监督局对重点产品实施专项整治。一是为保民生开展了民生计量器具、家电下乡产品专项检查、“清新居室”专项检查和甲流防控物资专项检查。在民生计量器具监管方面，深入开展计量惠民专项行动，结合“诚信计量进市场、公正计量进行业、安全计量进煤矿、健康计量进医院、光明计量进镜店、服务计量进社区乡(村)”，强化对批发市场、集贸市场、大型商场超市贸易结算计量器具、民用“三表”(水、电、煤气)、煤矿安全计量器具、医用计量器具的监督检查和指导服务，涉及民生和安全的计量器具的定检率达到了90%以上。在家电下乡产品专项检查中，对6大类20余个生产厂家100余个规格型号的家用电器产品进行了检查。在“清新居室”专项行动中，以木家具和内墙乳胶漆生产企业为重点，统一抽样、统一建档、统一执法检查、统一公布抽检结果，对不合格的企业在《阳泉日报》进行了曝光。在甲型H1N1流感防控物资专项检查中，深入到9个甲型H1N1流感防控物资集中储备的单位对价值611万元的防控物资进行了检查。同时，主动将省局甲型H1N1流感防控相关产品质量监督抽查的信息通报市防控办和主要防控物资储备单位。帮助市一院对购进的200套价值不合格一次性防护服，进行了退货处理，挽回经济损失2万余元。二是开展了危险化学品道路运输车辆罐体检验检测专项检查。与市交通局、市公安局联合转发了《关于加强危险化学品道路运输槽罐车检验管理工作的通知》，共检查7个运输企业的115台设备，进一步规范了危险化学品道路运输车辆罐体的检验检测行为。

（白青堂）

【质量安全监管制度体系建设】 2009年，市质量技术监督局质量安全监管制度体系建设有序开展。一是建立了以层级责任制为主要内容的责任制度体系。制定了《阳泉市质量技术监督局行政许可和重点监管项目层级责任制度》以及《食品生产许可证获证企业证后监督管理制度》、《工业产品生产许可证获证企业巡查制度》、《强制性认证产品获证企业巡查制度》等相关配套制度，按照“谁考核谁负责、谁发证谁负责、谁检验谁负责、谁监管谁负责”的原则，对各个层级行政管理、执法检查、检验检测各个方面的监管责任进行细化，构建分工明确、职责清晰的监管体系。二是建立了以预警预判为主要内容的风险监控制度体系。通过完善日常监管制度、隐患排查制度、备案登记制度、产品召回制度、举报奖励制度、年度报告审查制度、投诉举报制度等，扩大信息来源、强化风险监测，增强监管工作的预见性，变事后监管为事前预警预判，对质量安全苗头性问题做到早发现、早处置、早规范，把隐患消灭在萌芽状态。三是建立了以应急预案为重点的应急反应制度体系。先后编制实施了《产品质量突发事件应急预案》、《食品安全突发事件应急预案》、《阳泉市特种设备安全事故应急预案》等，并积极组织、参与应急救援综合演练，以提高实战能力。

（白青堂）

工商行政管理

【概况】 2009年，全市工商系统积极应对金融危机，紧紧围绕全市经济发展中心，强化监管，优化服务，各项工作取得新的成绩。一是促进了各类市场主体健康发展。认真落实省政府出台的服务市场主体，促进经济发展的政策，积极推行一审一核、审核合一、当场办理、限时办结，促进了全市各类市场主体健康快速发展。年内，全市登记注册的内资企业达3461户、注册资本总额131亿元，私营企业达5819户，农民专业合作社582户，个体工商户达25159户。二是扎实开展送服务进企业集中帮扶活动。先后召开了全系统所有在职干部职工和部分大型国有企业、重点民营企业、个体工商户代表参加的动员大会，落实帮扶计划。全系统入企帮扶干部达4001人次，走访各类市场主体7915户次，召开座谈会616次，发放宣传资料13000余份，发放调查问卷1646份，帮助企业解决实际问题275个，指导2313户经营户办结了年检、登记等手续。先后与邮政银行联手为企业发放贷款2700多万元，办理动产抵押81件，帮助企业融资6.6亿元。办理股权出质登记6件，金额1400余万元。集中帮助400余名高校毕业生、下岗失业人员和返乡农民工实现了再就业。集中帮扶全市51户煤矿兼并重组企业申请了名称预核准工作，成为全省第一家完成名称预核准的地市。三是大力实施商标战略，促进企业增强自主创新能力。全市共申请注册商标84件，其中，涉农商标46件，服务业商标20件。培育“公司+商标+农户”经营模式10户，推荐著名商标19件，驰名商标1件。成功举办了第三届山西品牌节阳泉展区的品牌展示活动。全市累计注册商标788件，其中，国际注册商标1件、中国驰名商标1件、山西省著名商标42件。四是实施惠农工程，推进新农村建设。先后查处涉农案件17件，为农民挽回经济损失40余万元。注册农副产品商标46件。制定合同示范文本14种，规范涉农企业68户，联及农户2000余家，合同金额8000余万元。发展农民专业合作社582户，比上年增长82%，有效促进了农村经济发展。

（白俊生 王 沣）

【市场监管】 2009年，全市工商系统坚持营造规范有序的市场环境，市场监管和行政执法工作取得新突破。一是强化流通环节食品安全监管。全系统严格落实属地监管责任，突出重点地区、重点市场、重点环节、重大节日，依法严厉打击经销假冒伪劣食品和商品的违法行为,查处案件392起。9月,借助现代信息监管手段,以计算机网络为依托,以商品条形码为切入口,通过建立经营者自律平台、网络监管平台、公众服务平台三大平台,建立了食品安全电子监管系统。实现了食品电子台账管理功能、"问题"食品查处追溯功能、监管执法预警功能、经营主体经济户口管理功能等"十大功能",进一步增强了监管的针对性、维权的及时性、监督的广泛性、行业的自律性和服务的有效性。新华社山西分社、《山西经济日报》、《山西晚报》等媒体给予专题报道。二是开展虚假违法广告专项整治。查处违法广告案件226件,其中万元案件35起,比上年增长182%,三项指标均创历史之最。三是加大打击传销力度。充分利用打击传销纳入社会治安综合治理的有利条件,进一步强化社会宣传,完善监控网络,大力推进"无传销社区、村镇、院校"建设,增强打击传销的整体合力。城区分局开展了"无传销社区"和"直销经营服务示范点"评比活动,进一步营造了全社会打传工作氛围。四是查无照专项行动成果进一步得到巩固。先后查处无照经营328户,无照变有照431户,依法处理307户,限期整改23户。在查处市场主体违法案件中,郊区局查办案件47起,万元案件18起;平定局查办案件158起,万元案件14起;盂县局查办案件104起,万元案件20起。五是加强反垄断和反不正当竞争执法力度。以重点案件为突破口,先后查处不正当竞争案件55件,垄断案件7件。郊区局查处3起限制竞争案件,超额完成省、市局下达的工作目标。平定局敢于碰硬,重拳出击,查处了一批影响较大的典型案件。六是治理商业贿赂。从邮政、保险、新华书店等不同领域入手,查处案件29件,有效地治理整顿了商业贿赂。七是开展打击商标侵权工作。查办案件181起,其中万元案件20起,完成省局下达指标的5倍。开发区分局查处的假冒娇马润滑油案件,引起了较大的社会反响,山西卫视进行了专题报道。八是打击合同欺诈行为。查处案件168件。备案合同格式条款32件,调解合同争议6起,办理抵押物登记64件,对拍卖活动进行现场监管9次,有效维护了合同当事人的权益。九是继续加强治理超限超载工作,先后检查储煤场及货源点760户,检查汽配及维修点2300户次,清理非法储煤场及货源点131户。十是积极配合有关部门做好社会治安综合治理和"三城同创"工作。开展了学校及周边治安综合治理、甲型流感等疾病防控,以及打黑除恶、扫黄、禁毒、反假币、反洗钱等专项工作。特别是在"三城同创"工作中,先后对全市的24条主要街道的3000余户经营户进行了全面的检查,与15个集贸市场主办者、447户经营户签订了"三城同创"目标责任状和承诺书,取得了较好效果。

（白俊生　王　沣）

【信用体系建设】 2009年,全市工商系统坚持营造诚信守约的信用环境,信用阳泉建设进入新阶段。作为建设"信用阳泉"的牵头单位,市工商局充分发挥牵头组织作用,全力以赴推进信用体系建设,已初步建成了市、县、所三级信用信息数据中心,扫描入库企业档案80多万页,归集了各类市场主体3万余户以及1万余名企业高管人员的基本信息,圆满完成了省局交办的异地信用信息数据库备份建设任务。实现了省市县三级联网,建成开通了"信用阳泉"网站,实现了对各类市场主体的基本信用信息的分类查询。启动了OA办公自动化公文处理系统,实现了无纸化办公,提高了工作效率,节约了办公成本。对阳泉红盾网站进行了软件更新,使网络更加快捷、便利。全年"信用阳泉"网站点击率突破15万人次,名列全省前茅,充分展示了信用体系建设的成果和企业信用形象。同时,积极组织引导企业深入开展"守合同重信用"活动,全市守合同重信用企业累计达738户,其中,国家级13户、省级166户、市级559户。

（白俊生　王　沣）

进出口商品检验检疫

【概况】 2009年,市出入境检验检疫局积极应对金融危机,认真开展"质量和安全年"活动,全力以赴做好甲型H1N1流感疫情防控工作,不断提高工作效能,提升服务水平。全年共检验检疫出入境货物574批,货值2201万美元。其中检验检疫出境货物537批,货值1664万美元,比上年批次、货值分别下降8.06%和59%;检验检疫入境货物37批,货值537万美元,比上年批次、货值分别下降24.49%和61.93%。监督食品企业完成219142枚检验检疫标志加贴工作;检验鉴定出口货物包装材料308批,168万个;灭害处理木质包装66批,计13899个;检验检疫标准集装箱1379个,灭害处理出境集装箱500个。签发各类检验检疫证书(单)1505份。共检验监管出境货物512批,货值12174万美元,其中,检验监管出口煤炭419批,货值12064万美元。检验监管出口工业用添加剂93批,货值110万美元。

（李　静）

【"质量和安全年"活动】 2009年,市出入境检验检疫局为全面落实全国质检工作会议各项部署,有效推动"质量和安全年"活动的开展,结合辖区的实际情况,精心组织,周密部署,迅速行动,成立工作领导组,及时进行任务分解,保证了"质量和安全年"活动的扎实推进。在对企业全面进行排查的同时,积极组织人员深入平定莹玉陶瓷有限公司、方大添加剂责任有限公司(阳泉)分公司等30余家出口企业进行帮扶,帮助企业积极开展"质量安全年"活动,通过采取认证认可、绿色通道、直通放行等扶优扶强措施,帮助企业提高国际竞争力,培育知名品牌扩大出口,帮扶2家出口企业获得了绿色通道资格,这在阳泉市还属首次。在突出重点的基础上,加强发展战略研究和质量综合分析工作,结合检验检疫工作实际,在研究国内外同行业先进经验的基础上,对大宗商品耐火材料行业面临的形势和存在的问题进行了全面、客观的分析,深入剖析了耐火材料发展的未来前景,并提出了一个时期促进耐火行业发展的政策建议和发展方向,对存在的问题进行科学分析,针对性提出解决对策并形成政策建议供领导决策。 (李 静)

【进出口食品安全专项整治】 2009年,市出入境检验检疫局大力加强食品安全专项整治工作。一是多次组织全局干部职工认真学习体会《食品安全法》的有关条款,切实提高做好食品整顿工作的责任感和使命感;为检验学习效果,巩固学习成绩,进行《食品安全法》知识闭卷考试。为提高检验人员开展食品安全监管工作的业务素质,增强责任意识,规范执法行为起到了积极的促进作用。二是扎实做好食品添加剂专项整顿工作,全面落实企业主体责任,打击添加非食用物质和滥用食品添加剂违法行为。对辖区方大食品添加剂阳泉公司进行了全面清查:查原辅料供应商资质是否备案,检验结果是否齐全合格,并对主要原辅料进行抽查检验;查与食品接触包装材料厂家资质,是否有出入境食品包装备案书,包装是否过有效期;查标识加贴管理,是否有领用核销台账,是否专人保管;查化验室、企业质量档案建设情况、管理体系运行是否合理有效、食品添加剂的备案制度、原材料检验验收制度、质量追溯与不合格品召回制度、风险预警与快速反应等制度的建立与落实。通过清查,全面提升检验检疫执法把关的能力,确保检验检疫有效监管真正落实到位。三是结合年内工作主要目标,强化责任,明确辖区重点区域、重点产品,增强整顿工作的目的性和有效性,做到工作措施落实到位,确保食品质量安全。 (李 静)

【进口商品市场监管】 2009年,市出入境检验检疫局为进一步加强对流通领域进口商品的检验监管工作,为消费者营造放心的消费环境,联合工商行政管理部门对外资零售企业沃尔玛超市及全市相关大型连锁超市经营的进口家用电器、进口食品和进口化妆品开展了市场监管和监督检查工作。通过对进口食品、化妆品和进口家用电器的索证、索票、登记备案及建立进货台账制度的检查,进一步规范了进口商品经营者的经营活动,为市民营造了一个放心的消费环境。 (李 静)

【木质包装企业安全监管】 2009年,市出入境检验检疫局加大对木质包装企业安全监管工作的力度:一是把检验关口向前延伸,建立不定期抽查制度,重点加大对木质包装原材料进货、生产过程的检验,确保原料安全;二是提高木质包装处理的安全性,在大力宣传和帮扶下,辖区内4家木质包装生产企业全部淘汰了老式熏蒸房,取而代之的是符合标准的、灭活率高的整体熏蒸房;三是加大对木质包装处理后产品的检验,确保有害生物不传出;四是通过各种方式,加大对电子监管网的宣传,积极营造推进电子监管网建设的良好氛围。年内,辖区内4家木质包装企业全部安装了视频监控系统。 (李 静)

【服务地方经济发展】 2009年,市出入境检验检疫局以学习实践科学发展观为契机,服务地方经济发展。一是全面听取企业需求。由局领导分别带队深入出口企业,进行实地调研,认真倾听企业的合理化建议,增加检验检疫帮扶措施的有效性和针对性。二是减轻企业负担。贯彻落实国家质检总局的通知精神,减免检验检疫收费,全年共减免了检验检疫费10万余元。积极利用各类优惠性原产地证帮助企业扩大出口,降低出口成本。全年共签发的各类优惠性原产地证书共219份,带证出口货值共达921多万美元。全市出口企业凭各类“原产地证”,共享受给惠国关税减免约314万元。加强实验室建设为企业提供便捷,降低出口成本。三是送政策信息技术。大力开展“检验检疫在基层,服务企业百日行活动”,利用检验检疫技术、信息优势,及时、准确地为进出口企业提供国际市场需求信息、技术性贸易壁垒信息,提供优质的信息和咨询服务。在一系列措施下,全市日用陶瓷和食品添加剂出口批数和货值均呈现逆势增长,日用陶瓷批数和货值分别比上年同期增加了28.7%和9.07%,高档骨质瓷的出口比上年提高了200%;食品添加剂批数和货值分别比上年同期增加了51.45%和66.9%。四是加快验放速度,缩短检验周期。按照“监管有效、风险可控”的原则,不断挖掘内部潜力,缩短检测周期和检验检疫流程。以创建青年文明号为载体,通过创建活动带动全局转变工作作风。在窗口单位集中的办公室开展创建活动,实行预约报检、急事急办、特事特办等便利企业的服务措施,实施24小时预约检验检疫和“5+2”工作模式,无节假日承诺制、首问负责制、ABC角顶岗制等相关服务举措。五是帮助出口企业提高自检、自控能力。一方面是加强对企业实验室建设(包括质量管理体系建设和提高检测能力)和ISO 9000体系的指导,使之顺利通过实验室认证考核和ISO 9000体系认证考核,帮助1家出口企业按照ISO 17025标准建立了实验室体系,帮助6家出口企业建立了ISO 9000体系;另一方面是通过举办培训班,及时向企业通报国外技术性贸易壁垒等风险信息,帮助出口企业规避风险,减少不必要的损失。年内,为辖区内所有进出口商品生产企业免费培训报检员43人,为国阳新能国际贸易公司全体人员进行进出口商品检验检疫知识培训等。六是培养企业第一责任人意识。积极引导企业诚实守信、提升质量管理水平,帮助企业从源头上提高产品质量,树立“企业是产品质量的第一责任人”的意识。

(李 静)

审计管理

【概况】 2009年,市审计局进一步加大审计创新力度,加快审计科学发展进程,充分发挥审计监督的“免疫系统”功能,全年共审计(调查)单位64个,查出违规问题金额52093万元、管理不规范金额72881万元,已上缴财政13249万元,促进增收节支4602万元,移送有关部门单位处理事项1件。 (白海峰)

【预算执行审计】 2009年,市审计局加大预算执行审计的力度,以促进公共财政管理体制和预算制度改革、推动积极财政政策的贯彻实施。一是高度关注宏观财政政策的执行情况,揭示了预算约束不力、财政收支不实、部门预算执行不严等突出问题。二是密切关注全市重点工作的推进情况,扩大审计覆盖面,把承担重点项目多、使用财政资金量大的二、三级预算单位纳入审计范围,查出挤占、挪用专项资金3374万元。三是注重发挥审计在“保增长、促转型”中的建设性作用,重点围绕非税收入、财政资金结余、政府投资、部门单位落实“民生”政策等方面存在的问题,深入剖析体制性、政策性、制度性的缺陷和障碍,提出了优化财政资源配置、建立政府投资项目监督制衡机制、完善医保统筹管理办法等30条建议,其中11条建议已被有关部门单位采纳。市财政和地税部门按照审计建议改进了城维税征收计划;市科技局采纳审计建议后,出台了《阳泉市重大科技计划项目管理暂行办法》。

(白海峰)

【固定资产投资审计】 2009年,市审计局进一步改进和完善政府投资项目跟踪审计和竣工决算审计的工作机制,将政府投资项目全部纳入审计监督范围,彻底扭转了政府投资项目多头审计和违规委托社会中介机构审计的混乱局面,审计力度和覆盖面空前加大。通过审计,共核减投资(结算)9916万元,并针对部分工程项目违反基建程序、投资失控、变相挪用资金和胡支乱花等问题,特别是阳泉示范高中建设项目超预算投资2.6亿元和公共汽车公司搬迁项目严重超投资、发生工程质量事故的问题,专题向市政府上报了《尽快建立和完善政府投资项目监督制衡机制的意见》,引起了市政府的高度重视。 (白海峰)

【企业审计】 2009年,市审计局科学整合审计资源,集中骨干力量开展大兵团作战,高质量完成了省厅授权的阳煤集团对外投资情况审计。审计范围覆盖了阳煤集团及其57个二级控股和参股公司、74个三级控股和参股公司,全面摸清了2004年以来企业的对外投资情况,发现了企业对外投资扩张目标较高但投资质量较差、投资规模较大但投资收益较小、资金闲置较多且融资成本较大等5个方面的17项问题,并结合全省整合煤炭资源实现转型发展的政策要求,从有利于企业转变经济发展方式、优化投资结构、完善投资监督机制、控制投资风险等方面提出了审计建议,在审计的广度、深度方面均取得良好成效。

(白海峰)

【经济责任审计】 2009年,市审计局以规范和制约权力的运行为目标,引导和促进领导干部贯彻落实科学发展观,树立民主决策、科学决策的意识,审计质量和审计工作水平不断提高。共完成对11名党政领导干部和企业领导人员的任期经济责任审计,查出违规金额10897万元,提出了推进改革发展、完善制度机制的审计建议34条。年度经济责任审计工作的特点,一是以促进增收节支、保障政府财力为重点,加强对大额财政财务收支的审计,确保政府财力的增加。查出欠征、少征采矿权价款、矿产资源补偿费等财政专项收入1514万元,欠缴、滞留应上缴财政水资源费2589万元,隐瞒、坐支财政规费收入、预算外收入165万元;同时,针对各部门、单位财政专项资金结余较大的情况,为财政增加可调剂财力1571万元,对项目进度缓慢所形成的结余资金1871万元,提请市财政在安排预算时予以关注。二是以严格审计执法、狠抓决定落实为手段,提高领导干部遵纪守法的自觉性。针对某些问题屡查屡犯、屡犯屡查的现象,采取明确审计决定执行主体、将领导干部执行和落实审计决定情况纳入经济责任审计重点内容等措施,切实落实审计决定,提高审计效能。三是以把握审计重点、搞好审计评价为目标,逐步建立科学的审计评价指标体系。重点通过评判领导干部的主要工作业绩、是否依法行政以及科学执政能力的高低、管理水平的优劣等,更好地服务于党委、政府的干部管理需要。

(白海峰)

【非税收入审计】 2009年,市审计局结合当年预算执行情况审计,继续深化政府非税收入审计工作,加大对拥有非税收入审批权、征收管理权、分配使用权的主管部门及下属单位的审计力度,努力遏制非税收入“跑冒滴漏”的问题。一是督促检查2008年以来审计决定的落实情况,加大清收力度,累计收缴或督促有关部门单位上缴非税收入6143万元。二是按照市委、市政府关于集中开展煤焦领域和非煤领域反腐败专项斗争的要求,积极配合纪检监察部门进行清理整治工作,收缴非税收入783万元。三是加强对非税收入政策缺陷、制度弊端、管理漏洞等方面的综合分析研究,促进完善有关制度和办法。如针对现行城市基础设施配套费征管办法粗放,缺乏具体明确的执行标准,导致45个建设单位欠缴配套费1.2亿元及超规划多建面积10万余平方米的问题,专题向市政府上报了《审计要情》,提出了改进征管办法、增加政府可用财力的建议。对此,市委书记白云作出重要批示,要求相关部门认真整改。市纪检、监察、财政、审计、规划、建设等部门联合组成专项治理工作组,制定清欠方案,开展了集中清缴工作。（白海峰）

物价管理

【价格调控】 2009年,面对国际金融危机的冲击,全市各级物价部门积极应对,迎难而上,始终把控制物价平稳运行作为首要任务,取得了良好的成绩。首先,加大了对食品价格的监测预警力度,健全网络,科学选点,实行日报制度,随时掌握有关商品的价格变化。出现异动,及时上报,为上级掌握价格动态进行科学决策提供了及时的服务。在甲型H1N1流感流行期间,对防治甲型H1N1流感的药品、用品及时进行监测,每日报告省局和市局,为防治甲型H1N1流感流行期间全市有关药品、用品的平稳作出了重要贡献。其次,加大了价格监督检查的力度,开展了春节、"五一"、国庆节日期间的市场巡查,采取告诫、检查等方式,千方百计维护节日市场的价格平稳。在防治甲型H1N1流感期间,市物价检查所先后两次大规模地对全市药品市场进行了检查,维护了药品市场,特别是防治甲型H1N1流感药品、用品价格的基本稳定。三是合理及时使用价格调节基金,稳定节日市场和应对自然灾害期间的市场物价波动。全市价格调节基金共使用1459.1万元,其中用于节日重要副食品价格补贴338万元;用于暴雪期间重要副食品补贴60万元;用于蔬菜大棚基地建设等594万元; 用于其他补贴457.1万元。另外,还争取省政府价调金270万元,用于4个养殖基地建设。这些资金的使用,有效缓解了物价大幅上涨的势头,维护了群众利益。2009年,全市居民消费价格指数为100.1%,大大低于年初确定的涨幅4%左右的目标。（葛斌盛）

【民生价格政策】 2009年,市物价局积极推行民生价格政策,努力促进社会和谐稳定。一是根据国家取消公路客运附加费的政策,从4月1日起,对里程大于20公里的152条公路客运票价进行了调整,降价0.025元/人·公里。二是配合医疗卫生体制改革,适时公布了基本药物零售指导价格,涉及药品296种、2349个剂型规格。其中,降价的药品占公布品种的45%, 平均降幅12%;价格不变的占49%;只有6种短缺药品的价格有所提高。三是配合黄金旅游假日,对全市旅游景点的门票价格进行了清理整顿,明确了各景点免费开放项目等惠民政策,落实了门票价格公示制度。四是强化规范了物业收费管理,全年先后对宏泉小区三期、居馨园小区前期、凤凰城小区等13个小区的物业管理进行了调查核实,制定了收费标准,涉及住宅面积83万平方米。五是组织开展了药品和医疗服务价格、教育收费、驾驶员培训收费等专项检查, 共检查出违纪金额502.3万元。（葛斌盛）

【收费项目清理整顿】 2009年,市物价局围绕减负增收,积极清理整顿收费项目,坚决查处乱收费,为全市经济发展创造宽松的环境。一是清理整顿收费项目。按照国家有关政策,1月1日起, 取消了38项收费项目,为企业等生产经营单位减轻了负担,为创造宽松的发展环境起到了积极的作用。二是根据省物价部门精神,取消了6个公路收费站。三是开展了"收费许可证"的年度审验工作,共审验单位474个,年审率达100%。四是开展了涉农价费专项检查,对农业县区在农资、农业用水、用电价格及收费等方面的政策执行情况进行了专项检查,查处违纪案件,保护了农民利益。五是开展了全市涉企收费和煤炭运销系统收费专项检查,共检查出价格违纪金额10605.6万元, 对大部分问题已做了处理。（葛斌盛）

【价格调整】 2009年,市物价局通过调整物价,促进资源的合理利用和相关行业的平稳运行。一是进行了水价改革。从2009年1月1日起调整了水资源费的收费标准,即由原来的0.50元/立方米和1.00元/立方米, 调整到1.00元/立方米和2.00元/立方米。二是根据新的油品价格形成机制和国家定价,适时调整了油品价格。全年国家共8次调整了汽油、柴油零售价格,其中提高5次、降低3次,汽油每吨累计提高1520元,柴油每吨累计提高1420元。三是调整了用电价格。除居民用电外,其他用电价格均有所调整, 平均千瓦时上调0.0388元,一定程度上缓解了煤电差价造成的电力行业严重亏损问题,促进了企业的正常运行。四是顺利推行了公交IC卡。根据市政府安排,对全市公交运行费等问题进行了全面调研,进行了成本审核,召开听证会,通过反复酝酿, 于12月份顺利实施。公交IC卡的实施,使全市告别了月票时代,向城市管理现代化、数字化迈出了一步。五是根据国务院《全国危险物品和医疗处置实施建设规划》的有关规定,对全市医疗废物集中处置的成本费用进行了审核,经征求相关单位意见,并参照其他城市的收费标准, 会同环保、卫生、财政、建设等部门,制定并出台了阳泉市医疗废物集中处置的收费标准,促进了相关单位的平稳运行,推进了环境保护工作。六是对阳泉站到阳泉北站公铁客运专线票价进行了审定。七是审核调整了殡葬收费标准。八是对城市暖气供热价格调整进行了价格成本审核,并召开了全市听证会。（葛斌盛）

投资促进工作

【概况】 2009年,阳泉市紧紧围绕“统筹城乡、率先转型、全面崛起、富民强市”,全面推进和大力实施“主动接轨世界,借力发展阳泉”的对外开放战略,全市对外开放、投资促进工作有了突破性的发展。2009年,全市共有150个招商引资项目实现外来投资到位,实际到位资金83.5亿元,完成年计划的103%,比上年增长8.2%,占同期固定资产投资的48.7%。其中:省外境内投资项目125项,到位资金72.74亿元,市外省内项目19项,到位资金7.08亿元,两项合计79.82亿元,占到位资金总量的96.68%,比上年增长9.5%。全市签约各类对外经济技术合作项目104项,项目总投资175.76亿元,合同协议利用外来投资162亿元,签约合同数和协议利用外资分别完成年目标任务的115%和108%。全年共策划征集、包装组织推出招商引资合作项目286项,为历年来项目数量最高。完成年目标任务的110%。(李俊贤)

【招商活动】 2009年,由市政府主办、市投资促进局具体承办,组团参加了 “第四届中博会”、“第十三届投洽会”、“第十二届渝洽会”、“西洽会”“东盟博览会”“重点工程项目北京推介会、上海推介会和深圳推介会”、“山西省重点招商项目推介会”等9次大型推介活动,成果丰硕。共签约项目32项,项目总投资80.28亿元,引进外来资金68.09亿元。其中,“第四届中博会”签约投资合作项目18个,项目总投资33.2亿元,引进外来资金23.52亿元。15个项目审批完毕,12个项目开工建设,4个项目已完工,开工率67%。到位资金1.62亿元。“第十三届投洽会”共签约投资合作项目13个,项目总投资26.58亿元,引进资金24.07亿元。9个项目开工建设,开工率69.2%。到位资金2.71亿元。“山西省重点招商项目推介会”签订项目1项,总投资20.5亿元,引资20.5亿元。同时,借助这些高层平台,广泛对接有向外投资发展意向的国内外企业、集团公司共12批次,接待客商80余人次,且有深圳市节能减排委员会、马来西亚(福州)华人商会等8个集团公司先后到阳泉进行考察对接。主动联系浙江华升电力设备有限公司、国际环保能源投资集团公司、世界杰出华商协会、台湾中鼎集团等企业的高管及负责人员,就太阳能、风能发电设备制造、城市路灯节能改造、电力装备制造等项目进行了交流和洽谈。(李俊贤)

【招商工作站建设】 2009年,阳泉市通过前期联系、考察,并经积极洽谈对接,至年底,已在上海、广州、深圳、厦门、重庆分别建立了5家对外招商引资工作联络站。工作站的建立,为全市招商引资工作延长了手臂、拓宽了领域、缩短了时间、减少了环节、降低了成本、提高了效率,使招商项目更具方向性、针对性、可操作性,为全市招商引资工作增添了活力。(李俊贤)

【投资促进网建设】 2009年5月,市投资促进局为全面介绍市投资环境、引资政策、合作项目,创建开通了阳泉市投资促进网,并通过网站这个信息平台,采取网上推介、在知名招商网站做广告宣传等形式,全方位扩大对外宣传,大大减少了信息沟通成本,提高了信息交流速度。同时,与省招商引资信息管理系统进行了对接,规范了利用外来投资统计工作。(李俊贤)

【招商引资宣传体系建设】 2009年,市投资促进局为营造宣传氛围,加大了招商引资宣传力度,形成整体合力。一是建立了“投资促进工作信息”,编辑发布投资促进工作信息60期。制订了信息管理制度,把信息宣传工作纳入规范化管理轨道;二是查漏补缺,充实完善图文资料,不断加强资料库建设。初步完成了12856个图文资料的收集工作,其中包括11596个图片资料、44个录像资料以及13种特色产业图文资料;三是进一步加强政务信息报送工作。其中,《山西日报》报道2次,《阳泉日报》报道10次,省办采用信息15条,省网采用信息2条,采用率为30%。同时,通过电视、网络等各种新闻媒体对近年来全市招商引资工作发展状况做了专题报道,为营造良好的投资环境起到了积极的推动作用;四是针对当前招商引资外部形势和条件的变化,制作了《重点项目招商手册》、《对外开放宣传手册》、《旅游招商手册》、《招商投资要素手册》、《现代服务业招商手册》等宣传推介资料,为外商投资、对外宣传工作奠定了基础。(李俊贤)

信息工作

【中欧信息社会项目】 中欧信息社会项目是中国政府与欧盟的合作项目,旨在利用先进的信息和通信技术改善政府服务,项目的主要方式是智力援助,以培训、研讨、考察学习为主要内容。国信办选择了包括阳泉在内的全国6个城市,分别完成不同的示范项目。阳泉的示范项目是:“面向城市和农村公共服务系统”,主要目标是强化政府的服务功能和运转效率。阳泉的示范项目共历时3年,圆满完成任务。2009年6月22日,市委、市政府组织召开总结大会,会上,市委书记白云宣布“中国阳泉”英文网站和全市百个乡村、社区信息化示范站点正式开通运行,并与3个乡村信息化示范站点的负责人现场视频对话;市长李栋梁作重要讲话。该项目历时三年,重点完成了党政城域网建设,以滚雪球式的方式建设市区专用千兆光纤城域网络,覆盖面积35平方公里,连接全市200个党政单位,架设光缆2500芯公里,主干、支干节点全部升级为千兆。完成市县乡村四级党政网工程，实现了100%市县乡三级党政机构联网，完成了约90%的社区、80%的行政村接入政府网。建成乡村、社区信息化示范站点100个,为示范点举办培训班40多期,培训骨干2000多名。建立了政府英文网站、100个乡村信息化示范站点、政府网站群系统、四级党政网络管理系统等18个子系统的建设任务。　（师艳红）

【信息安全专项大检查】 2009年，市信息中心为贯彻落实省信息安全检查组对全市信息安全检查的反馈意见,中心配合市委、市政府两办部署开展全市信息安全大检查,向全市下发了《关于开展信息安全大检查落实计算机安全防范措施的通知》(阳办发〔2009〕33号),组织市信息化工作办公室、市保密局、市公安局和市国家安全局成立联合检查组,对全市各部门的信息安全开展大检查。网控中心承担了相关工作,深入到市县的20多个单位进行信息安全检查,并提交信息安全检查报告。安全检查之后,组织全市各单位安全保密人员和网络技术人员分2批进行了信息安全培训。培训班就安全保密形势、安全保密规定、技术防护手段相关内容做了讲解和示范。同时,就落实各单位的信息安全制度和措施,做好本单位的安全防范工作作了进一步安排。

（师艳红）

【"数字城管"工程】 "数字城管"工程是市委、市政府确定实施的"三城同创"十大工程之一。主要任务是依托政府现有网络,整合公安部门"天网工程"、交警指挥系统等资源,实现城市的网格化管理。在主要街道、繁华地段公共场所补充安装电子监控设施,配套网络终端设备,完善网络功能,建立数字化城市管理综合监控系统。2009年为有效推进该项工程,市信息中心组织人员对全市现有网络情况进行认真调研，参照国家相关文件精神，本着资源整合、互联共享的要求,研究出台了《阳泉市数字化城市建设项目的工作方案》(阳政办发〔2009〕130号)。该方案明确了工程的组织领导机构，对工程涉及的部门及单位进行了职责分工，并提出了整体预算方案和具体的工作要求。（师艳红）

【政府网站评测工作】 2009年,山西省第一次组织全省政府网站开展评测工作。为了做好政府网站评测工作，市政府办组织召开了全市网站评测工作会，全市100余家相关单位参加了会议。会议就全市的政府网站评测工作做了全面部署,向与会单位详细讲解"山西省政府网站评测指标",对做好评测准备工作进行具体安排。市信息中心承担了全市网站评测的具体工作。对照网站评测指标体系的6项一级指标、23项二级指标、71项三级指标,对市政府门户网站"中国阳泉"进行了全方位的整改，包括频道栏目的扩充,检索、留言版等功能的优化,内容和超链接的检查和补充等。对于信息公开、网上办事、公众参与等涉及其他部门单位的栏目与功能,积极协调督促相关单位按要求修改和完善网页。经过2个月的努力,市政府网站在此次评测中，获得了在全省11个地级市中名列第四的较好成绩。　（师艳红）

无线电管理

【森林防火单位无线电台抢修】 2009年入春以后,全市气候干燥,森林防火进入了特险期。一些森林防火单位的无线电通信电台发生了不同程度的问题,向阳泉市无线电管理处发出了求救。市无线电管理处于3月22日派出技术人员,利用星期天奔赴发现故障的黄统岭林场、东木口林场进行技术支援。抢修分队技术人员修设备、调天线、排故障,终于恢复了森林防火无线通信,保障了森林防火无线调度网的正常运行。

（李凤萍）

【学校电磁辐射干扰排查】 4月，矿区二矿东四尺小学校对联通阳泉分公司和阳泉电信公司设置于学校办公楼顶的公众通信基站电磁辐射问题存有疑虑，并向市无线电管理处反映。市无线电管理处随即派出监测站技术人员携专用设备到现场进行电磁辐射测试，并邀请了校方代表参加。通过对校内人群活动较多的10多个场所获取的测试结果进行分析，其基站电磁辐射值均满足中华人民共和国《环境电磁波卫生标准》要求。测试完成后,无线电技术人员及时将测试结果反馈给校方,并耐心解释有关电磁辐射知识,较好地消除了校方对基站电磁辐射的疑虑。　（李凤萍）

【有线电视干扰排查】 5月3日下午3时许，市无线电管理处值班人员接到阳煤集团新闻信息中心无线电干扰申诉,反映从下午1时20分开始，该中心有线信号除阳煤集团自己播出的一套节目正常以外,从鑫诺3号卫星和中星6B接收到的电视图像全部显示马赛克，声音信号也同时消失，而同时市广电中心播出的信号正常，请求协同排查干扰。当时正值"五一"假期,而阳煤集团又肩负着6万多有线电视用户的转播任务,情况十分紧急。该处马上组织技术人员赶赴受干扰现场。在阳煤新闻信息中心楼顶，技术人员利用安装低噪放大器的0.6米抛物面天线和FSP 30频谱仪，校准角度，对鑫诺3和中星6B两颗星下行3.7~4.2GHz频段进行对星接收测试,频谱上未发现受干扰迹象。随后，又对周围区域水平全方位角度进行测试，背景噪声电平在较宽的频域里有不同程度的突起，噪声电平最大达-83dBm。经分析排查,最后在该大楼发现一干扰源，拆除该设备后，有线电视节目信号全部恢复正常。　（李凤萍）

综合工作

【工业经济综述】 2009年是进入新世纪以来全市工业经济发展最为困难的一年，也是全市工业系统广大干部职工齐心协力、攻坚克难、经受严峻考验并取得明显成效的一年。在国际金融危机的严重冲击下，全市工业经济经历了一场“冰火两重天”的严峻考验，即由2007年至2008年8月的持续高速增长，逐步演变为2008年10月至2009年8月的持续负增长。在应对国际金融危机中，全市工业系统按照市委、市政府“保增长、保民生、保稳定”的工作主题，科学决策应对，着力破解难题，努力化危为机，使全市工业经济增速由1月份的-17%，回升到12月份的45.8%。工业经济呈现出止跌回升、企稳向好的运行态势。2009年，由于受国际金融危机的冲击，全市大部分工业企业处于停产半停产状态，产品销售不畅，经济运行低迷，亏损企业增多，经济效益下滑。面对出现的严重困难和问题，认真贯彻落实国家和省、市应对危机的一系列工作部署，把深入学习实践科学发展观活动与全力以赴抓运行、保增长、调结构、促转型紧密结合起来，采取了多项推进工业经济平稳较快发展的有效措施。一是完善预警预测机制，增强工业经济运行工作前瞻性。建立了市、县两级工业经济运行调度体系，每月组织召开一次工业经济运行分析会，对规模以上企业存在的问题逐一分析研究，提出并采取相应的对策和措施，确保市委、市政府决策部署的贯彻落实。新增了工业企业停产、半停产情况月报表、主要产品价格月报表、主要产品旬报表、月报表和主要调控指标月报表等监测措施，对重点行业、骨干企业、重要生产要素和主要工业产品进行实时监控，跟踪国际国内主导产品的市场变化、价格变化，及时分析和掌握经济运行的新情况、新问题，引导企业有效应对危机，把国际金融危机带来的冲击降到最低程度。二是缓解企业资金紧张局面，确保企业正常生产经营。针对企业存在的融资难等问题，通过开展调查摸底和分析筛选，及时掌握企业流动资金和项目建设资金的短缺情况，向金融部门推荐了一批产品有市场、信用等级好、符合产业政策的企业和项目。在全市2009年工业重点项目金融推介会上，共向全市金融机构推介工业重点项目83个，项目总投资为150亿元，有17家企业的18个贷款项目签订了8.59亿元贷款协议。在山西省重点节能项目银企洽谈会上，阳光发电公司、河坡发电公司等企业的3个重点节能项目签订了6.5亿元融资协议。为阳泉铝业公司等4户企业共争取到1400万元的省工业经济运行调节专项扶持资金。为全市企业争取到省、市节能资金、淘汰落后产能奖励资金和补偿资金等各类资金7500万元，并为12户资源综合利用企业减免税收951万元，有效地促进了企业的生产经营。三是加大企业帮扶力度，积极解决生产经营中存在的问题。11月10日至12日，全市遭受历史罕见的暴雪袭击后，及时开展了抗雪救灾工作。在及时调查了解、汇总上报灾情的同时，向市委、市政府提出了“关于对重点受灾企业的帮扶意见”，主动协调各方面的力量帮助企业恢复生产，积极组织企业开展生产自救。及时将市、县两级政府筹集的429万元雪灾帮扶资金发放到盂县西小坪耐火材料有限公司、平定莹玉陶瓷有限公司等20户重点受灾企业，帮助企业尽快恢复了生产。与此同时，还积极协调有关部门解决了企业生产经营中存在的煤炭供应、铁路运输、供电、供热以及企业减负等多项重大问题。2009年，全市规模以上工业企业完成工业总产值416.75亿元，比上年增长7.5%。完成工业增加值170.4亿元，比上年增长2.6%。完成销售

工

业

收入552.62亿元，比上年增长19.1%。实现利税82.76亿元,比上年增长20.8%。实现利润33.1亿元,比上年增长26.8%。全市工业经济综合指标在全省位列第三名,市经委被评为全省2009年度完成工业经济目标优秀单位。（毕映成）

【工业经济结构调整转型】 2009年,阳泉市坚持以工业结构调整为主线,以大项目建设为中心,以技术改造和技术创新为重点,以转型发展为目标,加快了培育壮大优势产业和骨干企业的步伐。一是大力推进技术改造,重点项目建设进展顺利。建立了经委领导与重点企业、重点项目联系制度,积极深入到重点企业和重点建设项目工地进行调研,及时帮助企业解决项目建设中的困难和问题。2009年,列入全市工业重点推进项目计划的40个重点非煤技改项目,有25个新建项目开工建设,当年完成项目投资23.5亿元,占项目投资总额的17%。其中,阳泉铝业公司年产5万吨铝型材扩建项目、盂县中信焦化公司年产60万吨焦炭技术改造二期工程、盂县南娄集团百万吨新型干法水泥生产线等18个项目完工投产。随着这些项目的逐步建成投产,将为全市工业经济转型发展奠定良好的产业基础。二是不断强化技术创新,企业核心竞争力有效提升。在积极推进信息化与工业化融合过程中,加强了以企业为主体、以技术为纽带的产学研合作,进一步加大了企业技术中心的建设力度。2009年,全市又有2户市级企业技术中心晋升为省级企业技术中心。全市已拥有29户企业技术中心,其中国家级企业技术中心1个、省级企业技术中心5个、市级企业技术中心23个。企业技术中心的建立和不断升级,不仅发挥了信息化对于工业经济核心竞争力的提升作用,推进了重点行业和骨干企业的信息化改造步伐,而且有效提升了企业的研发、设计、生产和管理现代化水平。组织完成了对四项市级新产品的鉴定工作。获得省技术创新资金扶持的五项技术创新项目全部完成,并投入生产运行。列入全市技术创新项目计划的34个重点项目均如期完成,当年共投入技术创新资金近1亿元,新增工业总产值1.2亿元,比上年提高了80%。三是实施煤与非煤联动发展,煤企非煤项目建设有序展开。按照市委、市政府关于在煤炭企业兼并重组过程中实施煤矿企业"煤"与"非煤"联动发展的要求,起草了"关于加快资源型城市转型、实施煤炭企业煤与非煤联动发展的意见",并经市政府常务会议研究通过,正式下发执行。同时,向煤炭企业重点推介了30多个"非煤"项目,组织全市产煤县区的领导和新煤炭企业主体负责人赴晋城、焦作等地学习考察,新上一批"非煤"项目的工作正在有序展开。通过不断调整，全市已形成了以煤炭、电力、铝工业、化工、新型材料和装备制造为主的六大产业。2009年,六大产业的经济总量占到全市工业的95%,其中非煤产业比重占到22%。（毕映成）

【能源资源综合利用率提高】 作为煤炭资源型城市,阳泉市资源型、初加工型和粗放型工业比重较高,能耗高、污染重,资源利用方式粗放,循环经济发展处于起步阶段。2009年,阳泉市积极落实国家有关政策,大力推进节能降耗、资源综合利用和淘汰落后工作,努力提高了能源资源的综合利用率。一是强化节能目标管理和技术推广,提高了企业生产效率。制定了《阳泉市2009年各县区和重点耗能企业节能目标》,建立了阳泉市节能项目库。2009年实施的32个重点节能项目全部开工建设,有20个项目投入试生产。其中,阳光发电有限公司的除尘器干出灰系统改造与粉煤灰综合利用等10个项目,共获得省节能专项资金3520万元。通过节能项目的实施,使热电联产、中央空调节能技术、风机水泵变频节能技术、余热回收节能技术和绿色照明技术等一批先进的节能技术工艺和设备得到了推广应用。仅耐火行业,就有50余户耐火企业的70多条耐火窑炉引进了天然气烧成工艺,不仅节约了能源、提高了生产效率,而且减少了环境污染、增加了经济效益。2009年,全市万元GDP能耗比上年下降7.2%，超额完成省下达的目标任务,并荣获省"2009年节能工作先进市政府"称号,成为全省被表彰的四个市之一。二是加大资源综合利用工作力度,推进了循环经济的发展。会同有关部门审核了阳煤集团国阳热电公司第二分公司综合利用热电机组等一批资源综合利用产品(机组)的资质认定。推进盂县峪华建材有限公司年产15万立方米蒸压加气混凝土砌块及8000万块蒸压粉煤灰砖项目等一批资源综合利用项目建设。一矿多营公司10万立方米煤矸石免烧系列建材项目已经完工,并投入试生产。南煤新型建材有限公司煤矸石烧结砖项目二期工程已完成主体窑炉建设。这些项目投产后,年可新增煤矸石和粉煤灰用量各30万吨。2009年,全市固体废弃物综合利用率达到45%,市区范围内新型墙体材料在建筑工程中的应用比例达到80%,位居全省前列。三是认真落实国家产业政策,完成了淘汰落后产能任务。根据国家和省出台的一系列淘汰落后产能政策规定,通过多方协调努力,积极帮助企业收集完善有关淘汰落后产能的申报资料,对列入2009年全省淘汰落后产能计划的娘子关发电厂、阳泉狮头特种水泥有限公司等10户企业的15台套落后生产装置全部按规定进行了关停淘汰,为实施"关小上大"和重点项目建设置换出了资源和环境空间。同时,为有关企业争取到国家财政淘汰落后奖励资金1125万元,省财政淘汰落后补偿资金189万元,并及时将到位资金审核下拨到有关单位。（毕映成）

【节能降耗】 2009年,阳泉市认真

分析研究市情特点和阶段性特征，紧紧围绕实现转型发展、可持续发展重大战略，围绕重点产业、重点企业等关键环节，以《节约能源法》为指导，制定下发了《关于开展2008年度节能工作目标责任评价考核工作的通知》、《关于2009年阳泉市节能宣传周活动安排意见的通知》、《阳泉市2009年各县区和重点耗能企业节能目标》等相关文件，把节能降耗作为调整经济结构、转变发展方式的重要抓手和突破口，在结构节能、技术节能、管理节能和社会节能上齐抓并举，全市节能降耗工作取得了明显成效。6月16日，节能宣传周系列主题活动启动仪式在北山公园举行，市委、市人大、市政府、市政协的领导出席了此次大会，阳煤集团、阳泉铝业公司等19家重点耗能单位派出方队参加这次启动仪式。大会围绕宣传主题共布置展板112块，发放宣传资料1万余份，集中展示了《节约能源法》等法律法规和近年来节能降耗工作情况以及取得的成绩，展示了各重点耗能企业在节能方面的先进做法和技术成果，展示了一些日常节电节水小知识。以环境综合治理为重点，坚决淘汰浪费资源、污染环境的落后工艺、技术、设备和产品，加大对高耗能行业的约束和限制，严格执行“上大压小”政策，鼓励企业积极进行技术改造，上规模、上档次，实现节能减排。2009年，电石行业淘汰了4座6300千伏安的电石炉和2座8000千伏安的电石炉，水泥行业淘汰4台干法中空回转窑，电力行业淘汰2台35吨循环流化床锅炉，钢铁行业淘汰2座炼铁高炉。其中，钢铁行业淘汰落后产能30万吨，电石行业淘汰落后产能7.96万吨，水泥行业淘汰落后产能22万吨，电力行业淘汰落后产能12兆瓦，全面完成了省《关于下达2009年水泥、造纸、电石和铁合金行业淘汰落后产能计划的通知》要求的淘汰落后任务。实施节能技术改造项目，利用先进节能工艺和节能设备对生产装置进行改造是企业完成节能量的有效手段，也是工业城市尽快降低能耗、实现节能目标的重要措施。为此，认真组织落实“十大重点节能工程”，实施了一批国家、省和市重点节能项目，增强了节能的后续力量。在节能新技术开发和推广方面，市节约能源工作领导组办公室先后制定公布了《阳泉市重点节能新产品、新技术推广目录（第一批）（第二批）》，共涉及煤炭、电力、建材等行业的12项高效节能新产品、新技术，在阳煤集团、阳光发电公司等企业进行了推广，收到了很好的效果。2009年，市科技局共安排节能技术研发项目12项，投入研发经费225万元。　（毕映成）

【重点耗能企业节能管理】　2009年，全市加强了对重点耗能企业的节能管理工作，不仅要求认真贯彻落实节能方针政策，完善节能规章制度，而且要求在管理上上台阶，技术上上水平。一是要求企业认真执行能源利用状况报告制度。列入全省重点监控的“双百”企业，已全部实行网上直报、汇总制度，并逐步扩大到“省千家”企业和年耗能五千吨标准煤以上的企业。二是做好能效对标工作。市阳光发电公司和阳泉铝业股份有限公司与国内的先进指标对标，通过狠抓管理、改进工艺等措施，使企业的产品单耗不断降低。阳泉铝业股份有限公司的电解铝电耗和阳光发电有限公司的供电煤耗在全国处于领先水平。三是搞好能源审计和规划。全市重点耗能企业积极开展能源审计工作，编制了节能规划，制定了节能目标。四是规范建设能源管理体系。市重点耗能企业都建立了能源管理机构，明确了能源管理岗位职责，建立起了落实到车间、班组和个人的节能责任制，实施节奖超罚措施。五是加强能源计量管理。各个重点耗能企业都对高能耗设备建立了管理台账，实施定期测试、维护，计量器具的配备基本到位，并对配备的各类仪表按规定进行检定和校准。

（毕映成）

【非重点耗能单位节能管理】　2009年，为了搞好“十一五”期间以及长远的建筑节能工作，先后成立了阳泉市建筑节能领导组和阳泉市建筑节能监管中心，以加强全市建筑节能的日常监管工作，并出台了《关于加强全市建筑节能工作的通知》、《阳泉市城市建筑节能规划》、《关于进一步强化我市建筑节能工作若干事项的通知》等一系列文件，基本建立健全了建筑节能管理体系。同时，为进一步推动建筑的节能改造工作，成立了市建筑节能改造工作领导组和市建筑节能改造工作专家组，为全市的建筑节能改造提供了强有力的支持。全年共实施9个居住建筑改造项目，改造面积达到17.5万平方米。全年新建建筑施工阶段节能强制性标准执行率市区达到100%，县区达到80%。申报可再生能源建筑应用示范项目5个，市财政（阳财预字〔2009〕200号）安排60万元用于新型墙体材料研发与生产项目。加快了墙体材料改革步伐。市墙改办紧紧围绕工作目标任务，下发了阳墙办〔2009〕1号文件《阳泉市墙改办2009年度“禁实”工作安排意见》，对全市的“禁实”工作进行安排部署，明确责任、落实到位，完成了全年各项目标任务。城区、矿区、开发区实现无一实心黏土砖生产企业，平定、盂县县城规划区内“禁实”工作稳步推进，全年行政执法19件，错案率为零，关闭6户实心黏土砖生产企业，核减产能0.8亿块标砖。全市新型墙材年产量达5.5亿块标准砖，利用工业废渣110万吨，新型墙材在建筑工程中的应用比例达45%，城区、矿区、开发区达85%。市墙改办连续多年被评为省墙改先进单位，并在2009年长治召开的山西省墙材革新工作暨经验交流会上作了经验介绍。其次是交通领域节能工作 。2009年，在加快交通发展的同时，以节约油料降低消耗为重点创新机制、体制，推进科技进步,不断完善政策措施。市交通局积极发挥行业管理职能,下发了《阳泉市交通系统关于实施交通运输节油政策措施的意见》,在运输行业大力推广高速重载柴油汽车,淘汰报废小吨位汽、柴油车,推广涡轮增压技术,节油效果显著,大吨位柴油汽车百公里油耗降低20%~30%。2009年全市油改气客车240辆,节约汽油360万公升,新上出租车720辆全部为双燃料汽车,年节约汽油120万公升。鼓励修理行业进行废油回收,全年共回收废油10余吨。再次是公共机构节能工作。为落实国务院颁布的《公共机构节能条例》,成立了市公共机构节能工作领导组,并在机关事务管理局下设了公共机构节能管理办公室,制定了《阳泉市公共机构节能管理考核办法》,城区、平定也成立了公共机构节能工作领导组,初步建立了公共机构节能管理体系,加强了公共机构节能的管理力度。市机关事务管理局下发了《关于制定"十一五"后两年公共机构节能规划的通知》,要求各县区政府制定公共机构节能规划,并报送市公共机构节能管理办公室,通过对全市公共机构能源资源消耗状况的核查,市公共机构节能管理办公室初步掌握了全市公共机构节能工作的基本情况,并制定出台了《阳泉市公共机构"十一五"后两年节能规划》。市机关事务管理办公室分别对盂县、郊区、平定、城区、开发区和矿区机关事务管理局等单位的公共机构节能工作进展情况进行了检查,并进行了量化考核。市机关事务管理局与市统计局联合下发了《关于做好全市公共机构2009年度能源资源消耗统计工作的通知》,进一步完善了全市的公共机构能耗统计工作,2009年全市公共机构能源消耗比2008年有所降低。 (毕映成)

【工业园区建设】 2009来,全市的工业园区建设取得了很大成效,工业园区在产业结构优化升级,加快城乡一体化建设进程,扩大招商引资,实现项目、资金、人才、技术的集聚和实现规模经济效益等方面发挥了有效的平台作用,造就了一批资源共享、优势互补、独具特色的产业或相对集合的产业群。全市已建成的工业园区有:郊区白泉工业园、开发区东区工业园、盂县西小坪工业园、阳铝"奋飞"铝工业园等4个市级重点工业园区;在建的工业园区有:平定龙川乙炔化工工业园、张庄煤化工工业园、冶西煤电铝工业园、盂县南娄工业园、盂县孙家庄煤电化工工业园等5个县级重点工业园区;拟建的工业园区有:郊区河底新型建材工业园、旧街铸造工业园、平定冠升高科技工业园等5个特色工业园区。2009年,全市工业园区总规划面积84.53千平方米; 入园工业企业120户; 安置劳动力19178人,其中农业劳动力占88%;实现工业总产值978583万元,约占全市工业总产值的20%;完成工业增加值325992万元,实现利税163182万元。从行业分布来看,主要集中在耐火、煤化工、冶金、铝材料、装备制造、精细化工等行业。工业园区建设采取多措并举。一是坚持科学安排,规划先行。按照"规划科学、定位准确、布局合理、功能健全"的要求,在充分调研基础上起草了《阳泉市工业园区建设发展"十一五"规划》,编制了《阳泉市工业园区布局规划》。全市工业园区建设发展的总体规划思路是着力抓好白泉工业园等市级工业园区的升级,尽快规范南娄工业园等县级工业园区的建设,积极推进阳煤兆丰(冶西)煤电铝工业园区等特色工业园区的发展,使工业园区成为资源型城市转型、煤炭企业转产、发展现代工业、走工业强市道路的产业基地和接替平台。二是制定了一系列具体推进措施。制定科学规划,措施和规划包括引导工业园区健康发展、引导一批重点项目作为工业园发展支撑、鼓励大企业直接创办工业园、鼓励和引导城市中的企业退城进园、以工业园为载体实现招商引资新突破、完善软硬环境建设营造良好的投资环境、拓宽多元化融资渠道等。三是着力抓好一批市级工业园区的升级。按照一个县区建设一个市级工业园的要求,对郊区白泉工业园、盂县西小坪工业园、平定龙川工业园、开发区东区工业园等重点工业园区进行规范、评审并命名为市级工业园区。同时抓好以上市级工业园区的升级工作,到"十一五"末全部建设成山西省示范工业园区,特别是郊区白泉工业园区在已被命名为"山西省示范工业园区"的基础上,进一步加快发展速度,力争在"十二五"期间建成一个经济规模在百亿元以上的大型工业园区,并成为省级经济开发区。尽快规范一批县级工业园区的建设。从发展县域经济的要求出发,尽快对盂县南娄工业园区、牛村煤电化工工业园区,平定巨城耐火及新材料工业园区、张庄煤化工工业园区,郊区河底新型建材工业园区等基础设施比较完善、产业发展已有一定规模的工业园区在园区总体规划、基础设施建设、管理体制机制等方面进行进一步的规范,突出推进主导产业,提升综合竞争力,使其成为县域经济的重要发展平台,逐步培育成市级工业园区。积极推进一批特色工业园区的发展。规划和推动大企业、大集团根据各自的经济结构特点和企业发展目标,采取企地共建模式建设一批具有显著产业特色的工业园区,包括阳煤兆丰(冶西)煤电铝工业园、阳铝"奋飞"铝工业园、新型煤机装备制造工业园等新型特色工业园区。"兆丰"和"阳铝"两户企业已形成年生产19万吨电解铝的产量,并正在建设新增20万吨电解铝工程,完工后全市年产电解铝可达40万吨。 (毕映成)

煤炭工业

【阳煤集团概况】 2009年,阳泉煤业(集团)有限责任公司(简称阳煤集团)抵御经济危机冲击,经营业绩再创历史辉煌。一是各项经营指标在危机中保持高速增长。全年营业总收入完成450亿元,比上年提高31.2%,实现利润13.6亿元;企业总资产达到800亿元,比上年增长30.72%,净资产达到240亿元,比上年增长32.6%。分产业看,煤炭产业完成收入176亿元,比上年增长10%;化工产业完成收入102亿元,比上年增长54.5%;铝电产业完成收入27亿元,比上年增长17.4%;建筑地产业完成收入37.7亿元,比上年降低4.56%;中小企业集团及其他产业完成收入50亿元,比上年增长16.3%;贸易和物资经销业完成收入100亿元。二是煤炭产业乘势而进硕果累累。全年商品煤产量完成4409万吨(折合原煤5000万吨以上),比上年增加562万吨;总进尺完成36.6万米,单进达到205米,比上年提高17米。选运系统争取铁路运力、调整市场结构取得历史性突破,外运总量完成3942万吨,铁路增量连续两年超过400万吨,位居全国各大煤炭企业前列;单一电煤和冶金煤用户用量分别突破300万吨和100万吨;综合售价比上年增加5.68元/吨;喷粉煤完成497万吨,比上年增产47万吨,块炭完成455万吨,比上年增产35万吨。十个主体生产矿奋勇争先,二矿成为首个千万吨矿,寺家庄公司一次采全高工艺获得成功。抢抓全省煤炭资源配置、整合机遇,强力推进煤矿重组工作,将太原、临汾、阳泉、忻州、朔州、晋中等6个市、13个县区的77座小矿整合为31座矿井,新增产能3000万吨,新增煤炭储量25亿吨。集团公司煤炭产能和基建规模达到1.15亿吨以上,为3至5年内形成亿吨级煤炭基地奠定了坚实基础。三是化工产业逆势而上后劲十足。化工企业内强管理、外拓市场,主要化工产品销量达到374万吨。正元集团、齐鲁一化在市场窘迫的情况下实现利润1.25亿元,三维集团力扭前9个月连续亏损局面,全年实现利润1500万元,氯碱化工顺利复产。组建阳煤化工投资公司,引进资金8亿元,积极推进上市前期准备工作。继续实施并购重组,增资控股正元集团,控股齐鲁一化,成功收购山东恒通化工,新增销售收入17亿元。榆次、昔阳、和顺、沧州等化工基地相继开工建设。四是辅助产业择机而动顺势发展。受市场深度冲击的铝电产业苦练内功、蓄势而动,电解铝、氧化铝成功复产,电解铝一期技改恢复建设,取得80万吨/年铝土矿探矿权。贸易服务产业异军突起,国际贸易和物资经销公司实现利润过亿元,墨玉宾馆、药林会议中心酒店档次再上台阶。机械电气业紧跟煤炭主业发展步伐,华越公司规模和效益同步增长;华鑫公司坚持科技创新,永磁电机、变频控制彰显自主研发能力;奥伦分公司分层皮带打入国际市场。建筑建材地产业面对外部市场低迷严重困境,稳固内部市场,提升素质,消化库存,在收入下降情况下利润比上年增长4900万元,亚美公司减亏增盈417万元,实现了稳健发展。推进煤层气勘探、开发、利用一体化进程,积极实施气代油、瓦斯发电、压缩煤层气、液化煤层气等瓦斯利用项目。五是安全管理基础不断夯实。扎实推进煤矿安全生产专项整治,效果明显。本煤层瓦斯抽采完成8500万立方米,生产矿井瓦斯超限次数比上年下降53.8%,瓦斯治理三年规划正式启动。深化干部职工队伍教育培训,推进现场质量标准化建设,全面落实干部下井考核和现场管理骨干"在先、在后、在位"要求。设立非煤行业安全专员,建立安全专员管理制度。调整安全工资政策,严格安全奖惩机制,矿处级干部38人次受到安全问责,安全奖惩金额达1.8亿元。提前对43人进行矿长资格培训,对180人进行安全资格培训,保证了兼并煤矿人员及时到位。全年百万吨死亡率0.09,新景、平舒等12个煤矿实现安全生产。六是重点项目建设有序推进。成立项目前期管理部,强化证照手续办理,严格落实项目任务书制度,重点项目建设进展顺利。煤炭产业方面,寺家庄、运裕等矿井相继投产,元堡、榆树坡、七元、景福等项目开工建设,泊里前期加紧运作,泰安、长沟、新元、永兴、赵家分区等续建项目快速推进。资源争取成果显著,新增地质储量37亿吨。非煤产业方面,临猗45万吨尿素、三维万吨级白乳胶、昔阳40万吨电石等重点项目顺利开工,180万吨甲醇、60万吨烯烃项目完成前期调研,沧州300万吨尿素项目进入场平阶段。电解铝一期技改、奥伦扩建、华越技改和采掘设备制造实体化稳步实施。七是矿区面貌持续改善,职工生活水平不断提高。在企业发展的同时,致力于增加就业,提高职工收入,持续改善职工住房和生活设施,帮扶弱势群体,企业呈现出和谐稳定、群情振奋的良好局面。本部职工人均收入达到46208元,比上年提高13.6%。全年新增就业岗位9631个,其中安置职工子女高校毕业生1341人。两区改造住房建设和商品住宅竣工65万平方米,4000户职工迁入新居。投资5.4亿元改善矿区基础设施,三电厂冷凝热回收利用一期工程完成,新增供热能力150万平方米;矿区居民24小时全天候用水基本实现;北大西街、育才路、西河路改造完毕;五矿、新景矿、矸石电厂污水处理工程完工;矸山治理工程完成91.7公顷,新增绿化面积23万平方米。（任经生）

【应对危机措施效果显著】 2009年,阳煤集团实施紧缩资金、降低成本、调整结构、严格考核、确保就业等应对经济危机措施。扎实推进管理流程和生产流程再造,执行招工、售房、用车、出国审批制度,取消不必要的庆典、会务、参观等活动,全年可控成本比上年度降低15%以上,吨煤成本降低10%。积极开展易货贸易和代销服务,努力降低采购成本,全年节约采购资金7000余万元。重点开展领导干部经济责任和降低成本专项审计，审计节支9800余万元。发展计划部、技术中心、煤层气分公司、三维、丰喜等部门和单位积极走出去,全年争取政策性资金9.58亿元。严格定员管理和薪酬管理，清退临时用工15412人,争取待岗人员生活费和失业保险政策减免共8000万元,保证了职工就业和放假职工的生活稳定。

（任经生）

【山西宁武榆树坡煤业公司】 2009年2月12日,阳煤集团与山西国新能源发展集团、山西国际电力集团签订协议,合作重组山西宁武榆树坡煤业有限公司,掀开全面战略合作的新篇章。山西宁武榆树坡煤矿,位于宁武县阳方口工矿镇,保有储量2055万吨,年生产能力15万吨,矿井服务年限为56年,井田勘探区煤种为气煤和焦煤,属稀缺资源,储量丰富,交通便利,具有较好的开发前景。 （任经生）

【王君省长视察棚户区改造工程】 2009年3月28日,省委副书记、省长王君莅临阳煤集团视察了棚户区改造工程现场,并就做好此项惠民工程提出要求:要以改善城市环境,创建和谐社会为目标,牢牢把握工程质量,加快进度,早日让棚户区职工入住满意新居。在馨泽苑住宅小区施工现场,王君认真听取有关工程的介绍,详尽了解工程 质量和进度。王君说,山西省是国家的能源重化工基地,国有重点煤矿棚户区多,部分煤矿职工仍居住在条件简陋、基础设施匮乏的棚户区。阳煤集团心系棚户区职工,及早行动,科学部署,推进迅速,在棚户区改造方面做了大量的前期准备工作,取得可喜的成绩。王君强调,棚户区改造工程是改善民生、落实科学发展观的重要举措,是一项惠及百姓,让人民群众充分享受改革发展成果的“民心工程”,阳煤集团一定要再接再厉,扎实推进,确保棚户区居民早日住上优质房、放心房、满意房。

（任经生）

【全总领导孙春兰充分肯定阳煤工作】 2009年3月31日,参加全国工会基层组织建设暨县级工会工作的300余名代表汇聚阳煤集团,就公司工会工作进行现场观摩。莅临阳煤集团指导工作的有：中华全国总工会党组书记、副主席、书记处第一书记孙春兰,全总党组副书记、副主席、书记处书记乔传秀,全总副主席、书记处书记王炯,山西省委副书记、省政协主席薛延忠,山西省人大常委会副主任、省总工会主席郭海亮，山西省总工会常务副主席高凤平等。在观看完阳煤集团工会工作的专题片，实地参观视察了新景矿调度室、任务楼等地,深入了解集团公司改革发展和工会工作后，孙春兰高兴地说，在大悲大喜的2008年，阳煤集团勇于承担政治责任和社会道义，特别是在抗击雨雪冰冻灾害的时候,倾力组织电煤生产;在抗击汶川强震时，与灾区人民同呼吸,派出援建突击队,有情有义,关键时刻发挥了工人阶级的骨干作用,作出了突出的贡献,彰显了一个特大型国有企业的风范和良好形象。在到新景矿实地观摩前，孙春兰、薛延忠等领导亲切接见了阳煤集团公司劳动模范蔡廷军、任海平、贾彬丽、黄山、李国栋,并同他们一一握手，合影留念，殷切地鼓励他们:要珍惜荣誉,再接再厉,充分发挥模范带头作用，为企业的发展作出新的贡献。 （任经生）

【一矿免烧建材厂正式投产】 2009年3月31日,一矿免烧建材厂举行投产运营剪彩仪式。一矿免烧建材项目是阳煤集团首次利用国外低息贷款，引进先进自动化生产线进行规模生产的项目，是一利民利企的环保节能项目。免烧建材项目的建成投产为阳煤集团填补了免烧建材项目的空白，开创了引进国外政府贷款开发项目的先河，使矸山变废为宝，为阳煤集团其他企业提供了宝贵的经验。项目投产后,每年可消化煤矸石15万吨,节约标准煤2.25万吨,减排二氧化硫500吨,安置待业人员60名,产值达到1600万元,具有良好的经济效益和社会效益。整个项目投资2965万元,占地面积28000平方米，引进世界制砖先进技术水平，采用西班牙普亚塔斯机械设备有限公司制造的液压和高频震动相结合的全自动切块机械生产线,以过火煤矸石、粉煤灰、炉渣、河砂、水泥为原料,主要生产普通砖、空心切块、铺路石、路牙石等系列产品，经山西阳泉质量技术监督检查所测试，达到了GB/T15229-2002标准。项目生产过程全封闭、无污染、无放射,系列产品抗压强度高,密实度好、耐候性强,是绿色环保产品。 （任经生）

【阳煤集团获中国生态贡献奖】 2009年4月3日,在全国绿化委员会、国家林业局、全国绿化基金会联合主办的生态中国颁奖大会上,阳煤集团获中国生态贡献奖。阳煤集团围绕打造环境友好型企业、创造良好人居环境的核心目标，坚持以人为本、生态优先的发展理念,全面落实省市各项造林绿化指标，以专业化施工提升工程质量，信息化管理促进工作效能，目标化考核带动整体水平，法治化保障巩固绿化成果。在厂矿区绿化、坑木林营造、矸石山治理等方面均取得了成就,已完成绿化面积90万平方米,绿化覆盖率提高了5.8个百分点，达到了31.5%，矸山治理复垦绿化和生态恢复完成167公顷。坑木林基地经营总面积达到了23473.7公顷,林地面积23300.1公顷。其中,0.8万公顷林地被界定为国家重点公益林和天然林，多次受到省市有关部门的表彰。 （任经生）

【安全生产十项规定】 2009年4月8日，阳煤集团召开煤矿安全生产专项动员大会，就为期一年的安全生产专项整治工作做全面部署。按照全省煤矿专项整治工作内容要求，阳煤集团制定十项严规：一是围绕“变高为低，抽放达标”的目标强化瓦斯抽放。针对生产能力逐步延伸，导致矿井抽采能力紧张等问题，要新投运泵站，完善抽采系统，提高抽采能力，实现抽采达标。二是围绕“变下为上，系统可靠”目标，改造和完善通风系统。各单位通过落实12项生产矿井和试运转矿井优化通风系统和提升通风能力的技术方案，明确整改措施，加强局部通风管理，联合通风管理。三是进一步改造和完善电力系统。加大高压开关保护的更新换代工作，提高电缆连接质量；在高瓦斯区域、瓦斯突出区域和局扇相对集中地点增设局扇专供系统；配齐各类机电人员。四是做好矿井防治水工作。28项防治水工程按照项目工程量和工期组织实施。五是进一步合理集中生产，提高单进水平。针对综掘机械化程度低等制约单进水平提高的问题，采取加大综掘设备投入等十方面措施提高单进水平。六是强力推进煤矿安全质量标准化上水平，把推进安全质量标准化工作，作为组织生产建设的前提和保证。七是加强瓦斯抽采队伍正规化建设，强化抽采管理机构设置，提升抽采管理技术人员素质。八是落实煤炭职工和区队班组干部培训计划。九是切实转变干部作风，严格下井管理和考核，对弄虚作假、作风不实的干部要进行安全训诫谈话，直至给予安全问责和组织处理。十是加强安全意识培育和安全文化建设。通过报纸、电视、网站、安全专刊“四大媒体”优势，以及“二五”安全活动等，强化安全舆论宣传，增强职工安全意识。

（任经生）

【收购新大地煤业公司】 2009年5月15日，阳煤集团签署收购山西新大地煤业有限公司的协议。这是阳煤集团年内兼并整合重组地方煤矿的又一重大举措。此次成功收购山西新大地煤业有限公司为阳煤集团主业扩张又添新军，为阳煤集团煤炭战略发展注入新的活力。山西新大地煤业有限公司始建于1984年，地处晋中市和顺县，环境优越，交通便利。该矿井田面积6.53平方公里，保有资源储量5662万吨，矿井已实施90万吨/年机械化升级改造，具有良好的发展前景。

（任经生）

【任福耀获中国优秀创新企业家称号】 2009年6月，在首届中国企业创新活动日暨2009年（第九届）中国企业创新论坛上，阳煤集团董事长、党委书记任福耀荣获“中国优秀创新企业家”称号。本届活动以金融危机对中国经济影响下的企业创新为主题，由中国生产力学会、中国市场学会、中国企业报社主办。活动旨在贯彻落实十七大报告提出的关于“提高自主创新能力、建设创新型国家”的指示精神和中央“保增长、扩内需、调结构”的战略部署；引导企业积极应对金融危机，坚定信心，迎接挑战，增强使命感，承担起保增长、保民生、保稳定的社会责任。同时，本届活动面向全国企业及企业人士，邀请国家发改委、国务院国资委、国务院研究室、中国社会科学院、北京大学等机构的专家学者、知名人士组成专家推选委员会，秉承科学、公平、公正的原则，最终推选出2009年中国企业最具创新力十大领军人物、中国最具创新力企业、中国优秀创新企业家等奖项。

（任经生）

【万吨级白乳胶项目奠基】 2009年7月8日，阳煤集团万吨级白乳胶项目开工奠基仪式在晋中市榆次化工园基地举行。晋中榆次化工园基地万吨级白乳胶项目，是阳煤集团立足于白乳胶开发、生产、技术创新，依托自身品牌优势，根据国内市场发展需求，经过充分调研论证而上马的项目，是阳煤集团加快推进“突出主业，强煤强化”战略，加快打造晋中煤炭、电力、化工新型产业基地，构造循环经济产业链而实施的一项重大决策。该产品有着优良的黏结性和绿色环保性，广泛用于印刷、木材黏结、建筑、装潢等方面，其余产品市场空间也非常广阔。项目计划投资3亿元。投产后，年销售收入预计达到3.5亿元，年平均利润预计达到2500万元。

（任经生）

【阳煤集团参与临汾煤矿兼并重组工作】 2009年7月17日，临汾市举行煤矿企业兼并重组整合框架协议签字仪式。阳煤集团作为全省煤炭资源整合七大主体之一，与临汾市政府、各县（市、区）政府签订了《临汾市煤矿企业兼并重组整合框架协议》。标志着阳煤集团参与临汾市煤炭资源整合工作进入整体对接的实质性运作阶段，对煤炭主业进一步做大做强，早日实现“强煤强化、五年千亿”目标，具有重要意义。按照所签订的“一揽子”框架协议，临汾市现有的392座煤矿分别由7家国有大型煤炭企业和10个地方骨干煤炭企业实施兼并重组，从根本上改变临汾市煤矿企业“多、小、散、乱”的格局和安全基础薄弱的现状，整体提升煤炭产业集中度和装备水平，签订框架协议后，兼并重组整合工作将进入资产评估、资产交易等具体实施阶段。根据阳煤集团对临汾市煤矿企业兼并重组规划方案，此次对临汾市的煤炭资源整合将涉及安泽、翼城、乡宁、蒲县、襄汾5县，原有煤矿总数为61座，规划整合为19座。原有井田总面积为143.94平方公里，规划整合后总面积为155.7平方公里。原有总资源储量为6.192亿吨，规划整合后总资源储量为8.226亿吨。原总生产能力为1338万吨/年，规划整合后总生产能力为1350万吨/年。

（任经生）

【阳煤集团跻身中国企业500强前200名】 2009年8月，由中国企业联合会，中国企业家协会评选的中国企业500强名单出炉，阳煤集团位列2009中国企业500强第179名，综合排名较上年提升38位。同时，阳煤集团董事长、党委书记任福耀受邀参加在浙江省杭州市召开的"2009中国企业500强发布暨中国大企业高峰会"。2008年,在阳煤集团500强排名较2007年后退11位的情况下,任福耀董事长作出"认清自我、知耻后勇、奋起直追"的批示。阳煤集团在详细分析内部和外部矛盾的基础上,大力推行基数增长制和资本回报制,积极实施联营整合发展战略,发展取得了令人瞩目的成绩,实现营业收入343亿元,较2007年的226亿元提高了117亿元,增幅达52%,首次跨入中国企业500强排名前200名。

（任经生）

【元堡煤矿增资扩股协议】 2009年8月16日,阳煤集团与山西国新能源集团、山西国际电力集团在太原举行战略合作座谈会暨山西右玉元堡煤矿增资扩股协议签字仪式。阳煤集团与国新能源集团、国际电力集团结成战略合作伙伴关系,联手整合元堡煤矿,是三方在煤炭产、运、销,煤电一体化及联营、整合地方煤炭资源等方面进行的再次合作,力争用3年时间在晋北地区打造一颗璀璨的明珠,将元堡煤矿建设成为一个年产500万吨的现代化矿井,以良好的业绩回馈股东、回报社会。右玉元堡煤矿始建于1958年,位于右玉县城东南元堡子镇,井田面积4.32万平方公里,批准开采9号、11号煤层,批准开采年生产能力为15万吨,煤种为长焰煤,原为右玉县地方国营元堡煤矿。2006年12月8日,山西国新能源集团与右玉县人民政府签署《关于有偿转让右玉县地方国营元堡煤矿整体产权合同书》,并对其进行改制,通过资源整合井田面积扩大到22.64平方公里,新扩井田资源储量为4.2亿吨左右,规划建设年生产能力300万吨的现代化矿井。2008年11月19日,山西国新能源集团与山西国际电力集团签订合作协议,共同对元堡煤矿进行改制,成立山西右玉元堡煤业有限责任公司。2009年5月11日,阳煤集团与山西国新能源集团、山西国际电力集团正式达成合作重组山西右玉元堡煤业有限责任公司的协议。（任经生）

【阳煤集团煤矿管理体制实施重大改革】 2009年,伴随煤炭主业扩张和煤炭资源整合等进度加快,为适应煤炭主业格局发生的重大变化,确保对安全生产和经营管理的科学管控,阳煤集团对原有煤矿管理体制实施重大改革。10月30日研究决定,成立阳煤集团晋东、寿阳、晋北、晋南4个煤炭区域公司。年内,集团公司煤炭主业发展迅速,与上年相比,煤矿数量已由16处增加到现在的47处,集团直管煤矿地域由8个县市区增加到16个县市区,按照现有规模进度,预计2010年,生产和基建规模将达到亿吨左右,与2008年比较翻了一番多,在这样的形势下,对煤矿管理体制进行改革势在必行。本次煤矿管理体制改革着手组建的晋东、寿阳、晋北、晋南4个煤炭区域公司作为集团公司总部的派出机构,代表集团并按照授权范围,分别管理辖区内煤矿的日常安全生产、基建技改和经营管理。以此为标志,阳煤集团新战略提出的建立管理跨度适当的母子公司管理体制正式起步。

（任经生）

【地方煤炭工业概况】 2009年,市煤炭工业局紧紧围绕保持煤炭经济平稳较快发展第一要务,按照"保安全、保市场、保运力、保价格、保货款回收、保持一定的增长速度"的总体要求,扎实开展了"'一通三防'管理年"活动,大力推进煤炭经济结构调整,稳妥实施了煤炭资源整合和企业兼并重组,加快了煤炭经济发展方式的转变,进一步增强了煤炭工业发展活力,促进了煤炭工业可持续发展和煤炭经济又好又快发展,为和谐阳泉的建设作出了积极的贡献。受国际金融危机冲击、全球经济下滑和全市地方煤矿在实施煤矿企业兼并重组整合、长时间停工停产的情况下,累计完成煤炭产量1629.62万吨,比上年减少940.54万吨、下降36.59%;完成销量1636.62万吨,比上年减少854.86万吨、下降34.31%;平均吨煤售价395.62元,比上年增加7.8元、增长2.01%;完成销售收入59.26亿元,比上年减少21.01亿元、下降26.17%;完成工业增加值35.08亿元,比上年减少3.26亿元、下降8.34%;实现利税20.8亿元,比上年减少3.2亿元、下降13.33%;职工人均年收入达31848元,比上年增加3299元、增长10.36%。全年累计发生生产安全事故4起5人,比上年事故起数减少4起、下降50%,死亡人数减少12人、下降70.5%;煤炭百万吨事故死亡率为0.34,比上年下降39%。全年杜绝了较大事故的发生。（杨晋闻）

【煤炭资源整合和煤矿兼并重组】 2009年,按照省委、省政府的部署和要求,阳泉市制定了全市地方煤矿企业兼并重组整合的指导意见和实施方案,成立了兼并重组整合领导组及办公室,组织对全市所有煤矿多次进行了详细认真的调查摸底,绘制了全市煤矿兼并重组整合规划图。经过广泛宣传、深入调研、专家论证和专题研究等一系列工作,全市确定了兼并重组整合保留矿井53座、年生产总能力4760万吨、平均单井年生产能力为89.81万吨的总体规划方案并经省政府批准。在全市各级、各部门、各煤矿企业的共同努力下,到年底,取得了兼并重组整合工作方案批复100%、协议签订100%、名称预核准100%、采矿证换发96%、主体企业进驻接管98%的突破性进展,整体进展工作在全省名列前茅,全市煤炭工业进入了一个全新的发展阶段。（杨晋闻）

【"一通三防"和瓦斯治理】 2009年,市煤炭工业局坚持把煤矿安全作为重中之重,制定下发了《关于深刻吸取屯兰煤矿事故教训认真开展煤矿"'一通三防'(通风、防尘、防火、防瓦斯)管理年"活动的意见》,在全市地方煤矿组织开展了"'一通三防'管理年"活动,提出了5项工作目标,明确了管理机构、管理制度、工作体系、两防措施、示范矿井、示范县区建设等6个方面50项活动的内容,先后开展了四个阶段的活动。到年底,全市所有地方煤矿均成立了"一通三防"专门管理机构,完善了6个方面20项管理制度,实行了队组每班日排查、环节部门周排查、矿级领导月排查的"一通三防"隐患排查工作机制。全市煤矿全部按要求配齐了瓦斯监测仪器。所有矿井瓦斯监测监控系统在线运行率达到了90%以上、监控覆盖率和迅速处置率均达到了100%,全年实现了瓦斯事故为零的目标。全市所有煤矿完善了煤尘爆炸性鉴定资料,建立了完善的防尘供水系统,设置了不小于200平方米的地面消防水池和井下消防管路系统。全市建立完善了地面瓦斯抽放系统30套,配备移动瓦斯抽放泵54台。南煤集团南庄煤矿、大阳泉煤矿及燕龛煤炭有限责任公司程庄煤矿初步建成了国家瓦斯治理"双百工程"示范矿井。　（杨晋闻）

【煤矿建设和调产项目】 2009年,南煤集团2×135兆瓦煤矸石发电项目正式投入运营,二期工程2×330兆瓦煤粉锅炉、直接空冷、供热机组建设正式启动。南煤集团年产2亿标块新型建材煤矸石烧结空心砖二期项目工程完成投资0.068亿元,环境影响评价报告已通过评审,已进入隧道窑主体工程建设,预计2010年底前完成。南煤集团西上庄煤电一体化电厂项目累计完成投资9710万元。南煤集团矿井低浓度瓦斯综合利用二期工程编制完成了环境影响报告和初步设计。郊区保安煤矿90万吨/年建设项目完成投资1亿元,预计2010年底前全面完成项目建设。平定汇能煤业有限公司90万吨/年建设项目完成投资1.2亿元,主、副井已贯通,预计2010年底前全面完成项目建设。盂县大贤煤矿90万吨/年改扩建项目完成投资0.5亿元,土建工程全部完成,预计2011年内竣工验收。盂县石店煤矿30万吨/年焦化厂配套回收工程项目完成投资0.1亿元,并全部完工。　（杨晋闻）

【煤矿技术改造】 2009年,市地方煤矿重点加快实施了上社70~150万吨/年、上社二景30~90万吨/年、常顺煤矿90万吨/年、兴峪煤业90万吨/年、圣天宝地90万吨/年5个煤矿的机械化升级改造工程,有18个机械化开采矿井的机械化程度达到96%、采区回收率达到78%,全市所有煤矿的机械化程度达到52%、采区回收率达到60%。同时,还加快了基建矿井转产和竣工验收,重点加强了各类基本建设项目的施工进度,盂县南湾煤矿、秀寨煤矿和山西富鑫煤业3个矿井通过竣工转产验收,总投资4656.5万元,净增能力45万吨,其中盂县南湾煤矿15万吨/年资源整合工程总投资1011.82万元、盂县秀寨煤矿15万吨/年资源整合工程总投资1334.8万元、山西富鑫煤业有限公司15万吨/年改扩建工程总投资2309.88万元。此外,煤矿"三大系统"建设得到了进一步加强,全市地方煤矿所有瓦斯监控系统完成了改造升级工程,井下作业人员定位监控系统已有市营大阳泉煤炭公司和各产煤县区的3个试点矿实现了四级联网运行,所有产量监控系统已全部实现四级联网,各监控系统上线率均达到90%以上。　（杨晋闻）

【标准化矿井建设】 2009年,市煤炭工业局继续把质量标准化建设工作作为煤炭行业发展的一项基础工作加以实施,以推进煤炭企业各系统、各环节、各专业达标为基础,以完善"三条线"和"三推行"为抓手,明确专人、落实责任,真正把安全质量标准化工作延伸到每个环节、每个岗位,努力实现全员化、过程化、精细化管理。督促企业淘汰落后工艺、更换过期设备、更新陈旧设施,努力创建一批精品工程和示范矿井。到年底,全市所有保留矿井中达到国家级标准的矿井1个,达到一级质量标准化的矿井10个,达到二级质量标准化的矿井7个。　（杨晋闻）

【煤炭经济运行】 2009年,全市地方煤矿累计生产洗煤、块炭280.49万吨,煤炭洁净化比重达到了15%。新建神堂90万吨/年、阳胜120万吨/年和汇能180万吨/年3座洗煤厂,完成投资达1.2亿元,预计在2010年上半年投入运行,届时系统内地方煤矿的洗选能力将超过1000万吨,原煤入洗率将由30%提高到42%。全市共有22座矿井安装了瓦斯抽采系统并进行了瓦斯抽采,全年累计抽采瓦斯1.61亿立方米,比上年增长了26.88%,抽采率达到45%以上。全市瓦斯发电厂总装机容量达到了1.3万千瓦,储气能力达到4万立方米,全年利用瓦斯4533万立方米,比上年增长了5.12%,瓦斯利用率达到了28%,其中瓦斯民用3262万立方米,瓦斯发电1271万立方米。　（杨晋闻）

【矿井关闭】 2009年,市煤炭工业局继续把矿井关闭工作作为全年工作的重点,明确了各县区政府、各企业集团和矿井主体全面负责所管辖或所兼并重组整合矿井的关闭工作,并于8月底前在新闻媒体进行了公告;同时,明确了44个政策性关闭矿井和无法参与兼并重组整合的矿井的补偿工作由各县区政府负责落实,确定了每个矿井不低于200万元的补偿标准。到年底,列入关闭范围的7个被整合矿井和44个政策性关闭矿井已基本关闭,使全市的矿井关闭工作取得了突破性进展。　（杨晋闻）

【煤矿矿区生态环境治理】 2009

年,全市各煤矿企业严格按照规定逐月足额提取10元/吨的矿山环境恢复治理保证金,严格专户储存、专款专用,有效地使用好可持续发展资金。同时,积极统筹煤炭开发与生态环境保护,加快推进“蓝天碧水”工程和造林绿化工程,上社煤炭公司、盂县常顺煤矿和兴峪煤业建成了封闭式筒仓或厂房式封闭煤仓,并已陆续投入使用。全市地方煤矿共完成矿区造林面积145公顷,矿区绿化覆盖率达到了35%;消化煤矸石48万吨,消化利用率达到25%,有效改善了职工的生产、生活环境,促进了和谐矿区建设。

（杨晋闻）

【南煤集团西上庄煤矿建设项目通过国家发改委核准】 2009年12月10日,国家发展和改革委员会发文正式核准南煤集团西上庄煤矿及洗煤厂项目。西上庄矿井及洗煤厂项目是集团公司西上庄煤电一体化项目的重要项目之一,其建设规模为500万吨/年,服务年限81.6年,总投资约53亿元。该矿井井田面积58.234平方公里,地质储量10.2亿吨,矿井采用立井盘区式开拓,中央并列式通风,建成后将实现装备现代化、系统自动化、管理信息化的现代化矿井建设目标。南煤集团公司积极推进西上庄煤电一体化项目核准工作,做了大量前期准备工作,于2008年取得了国家发改委同意西上庄煤矿开展前期工作的咨询复函,并列入了2008年国家重点开工项目。按照国家发改委核准要求,项目的环评、水保、土地预审、安全核准等支持性文本得到专家评审和有关部门的批复,至2009年11月核准条件全部具备。12月10日经国家发展和改革委员会最后核准。该项目的核准及开工建设,将使南煤集团实现前所未有的跨越式发展,同时也将缓解现有生产矿井接替紧张的局面,实现企业的可持续发展。

（李宝珺）

【集中管理取得成效】 2009年,南煤集团通过对预算指标层层分解和落实,煤炭主业单位成本费用得到了控制和降低。集团公司完成了对各单位部门的流程再造和制度整合,使集团公司组织架构趋于合理,促进了各单位管理水平的提高。特别是通过对销售、供应、基建进行集中管理,集团化运作,减少销售费用支出1609.30万元;减少采购总量6400.16万元,降低了22.59%;库存余额比年初减少了546.14万元,降低了19.16%。同时,通过物资集中招标采购,有效降低了采购成本。通过进一步理顺内部基建管理程序,使工程质量、工期、安全、造价得到了有效控制。

（李宝珺）

【技术创新实现突破】 2009年,南煤集团针对瓦斯治理、资源回收、巷道支护、煤炭洗选等方面存在的安全隐患和技术难题进行攻关,并取得72项技术创新成果。在全市举办的技术创新评选活动中,有5个项目被阳泉市科技局评审为市级科学技术成果。特别是12号煤层综采面瓦斯治理技术被山西省评为科技创新进步奖,15号煤复杂地质条件残采区回收综合技术、薄煤层综采面初采技术等总体上达到了国内先进水平。通过这些技术成果在生产中的应用,有力地推动了煤炭主业安全生产,促进了经济效益的提高,特别是通过对洗煤厂原煤筛分系统、压滤系统、提斗系统、浓缩系统和储装运系统改造,引进浮选工艺,实现了双系统运行,精煤产量从2006年的45万吨,提高到2009年的110万吨,实现了产品结构顺应市场的调整,产品附加值的大幅度提高。

（李宝珺）

【龙川热源改造工程】 龙川热源改造项目是阳泉市政府为解决阳泉市的供暖问题,决定由龙川发电公司承担的市政工程、民心工程、社会责任工程。工程总投资约1亿元,供热面积年520万平方米,2009年由南煤龙川发电公司承担的供热首站建设和5.5公里管线敷设,从6月1日正式开工至11月3日竣工。该工程的建设不仅可以使发电余热得到利用,而且可以增加龙川发电公司两台机组的开机时间和发电小时。

（李宝珺）

【安全生产创新高】 2009年,南煤集团狠抓安全生产专项整治,切实履行重大危险源监督管理职责,引深和谐班组和质量标准化优胜队竞赛评比活动,全面推广严谨的安全管理方法,并用提取的专项安全奖励基金用于奖励安全工作先进单位。同时组织开展了安全生产月、知识竞赛和科技周等宣传活动,促进了安全文化建设。集团公司还建立了安全生产信息档案管理制度,提高了安全工作信息化、规范化水平。全集团安全生产状况得到了进一步好转。集团公司所属大阳泉矿井保持安全生产达到1200天以上,通泰公司保持安全运行达到1800天以上。

（李宝珺）

【生产矿井单产单进创企业最好水平】 2009年,南煤集团公司煤炭主业通过调整采掘衔接,改造运输系统,实现了集中生产、集中管理的格局,15#煤月度单产突破14.5万吨,12#煤月度单产突破4万吨,12#煤月度单头掘进超过300米,均创企业历史最好水平。煤炭主业生产效率的大幅度提高,带动了主要经济指标的超额完成,主营业务收入完成19.18亿元,比预算增加5.41亿元,提高39.29%;实现利润31122.35万元,比预算增加27669.81万元,是预算的8倍。在经济环境不利的情况下,保持了经营平稳运行。

（李宝珺）

【第三届“员工节”】 2009年5月14日,以“创新发展、争创一流”为主题的南煤集团第三届“员工节”在南煤集团体育活动中心隆重开幕。员工节先后举办了技术大赛、创新成果评选、体育比赛、演讲大赛4个大项、21个小项的系列活动。共有17个基层单位的993名职工参加了各项活动。经基层单位层层选拔的227名选手参加了采煤机司机、轨道工等14个工种的比武活动，经过理论考试、实际操作、综合考评三个环节的考核，最终有14名选手分别获得各个项目的第一名；体育比赛精彩纷呈，共21支代表队参加了拔河、篮球、毽球等5个大项7个小项的比赛，经过激烈角逐，共产生了7个团体冠军；演讲比赛催人奋进，17名基层推选的职工围绕安全生产、质量标准化建设、企业管理、新项目建设、企业文化等内容，讴歌了一批在各项工作中涌现出的先进人物和先进事迹；创新成果评选硕果累累，有72项创新成果进行申报，经过严格评审，南庄公司、大阳泉公司联合申报的"12号煤层综采工作面瓦斯治理"获得特等奖。经集团公司研究决定，对在技术大赛中各工种取得第一名的南庄公司范彦伟等14人聘任为"首席员工"，聘期两年，按规定享受"首席员工"津贴，并一次性奖励3000元。对在技术大赛中各工种取得2~6名的大阳泉公司单全科等70人授予"技术能手"称号，并一次性奖励1000元。对在创新成果评选活动中获得特等奖的"12号煤层综采工作面瓦斯治理"项目给予一次性奖励50万元，对获得一、二、三等奖的项目分别给予一次性奖励2~10万元。对在体育比赛和演讲大赛获奖的团体和个人给予奖励。　（李宝珺）

【荫营煤矿概况】　荫营煤矿是一座现代化的中型矿井，始建于1952年6月，经过改造年生产能力由120万吨提高到了240万吨。井田储量丰富，达2.48亿吨，可采储量达1.67亿吨。其产品为无烟煤，主要品种有洗大块、洗中块、洗小块、末煤和型煤5种，适用于建材、化工、冶金、电力和民用。该矿毗邻太旧高速公路，又有铁路专用线与石太铁路线相连，交通十分便达。20世纪90年代，在国家统计局公布的煤炭企业排名中，荫营煤矿跻身"中国煤炭企业百强"行列。2009年，原煤生产完成240万吨，营业收入达7.21亿元。年内在中国煤炭协会公布的全国煤炭企业百强中，荫营煤矿位列第93位。　（周立业）

【固庄煤矿概况】　2009年，固庄煤矿坚持内强管理，外拓市场、节约挖潜，降本提效，克服了金融危机带来的不利因素，较好地完成了全年各项工作目标。一是经营经济工作运行平稳。全年生产原煤110万吨，销售煤炭111万吨，块炭率达30.91%，回收率达83.5%，均衡率达92.6%，安全质量标准化动态达标率保持100%；全年工业总产值达5.86亿元，经济效益稳步增长，瓦斯发电厂从5月中旬正式并网发电，7个多月发电1013万千瓦/小时。二是文明和谐建设成效显著。坚持把文明创建工作摆在重要位置，出台了《文明创建工作考核办法》，形成了月考核、半年奖惩、年终评比的长效工作机制。2009年再次获得了"全国文明单位"荣誉称号。三是职工生活水平稳步提高。再次调整公积金补贴比例，企业补贴比例由12%提高到了20%，在阳泉市率先达到了政策允许的最高档次；足额兑现各种福利待遇和经济奖励，年人均收入达到了4.37万元；新旧区职工食堂、井下职工洗衣房等先后建成投入使用，职工健康体检、旧区环境改造、管网改造如期进行，职工群众生活条件进一步改善；积极开展走访慰问、送温暖活动，及时发放兑现扶贫帮困、金秋助学、大病互助等资金，帮扶机制进一步完善，全年各类救助达20余万元，切实解决了职工群众的实际困难。（赵志江）

电力工业

【概况】　2009年，全市发电总装机容量240万千瓦。其中，阳光发电4×30万千瓦，河坡发电2×5万千瓦+2×10万千瓦，阳煤集团3×13.5万千瓦煤矸石发电、第二热电厂3×0.6万千瓦，第三热电厂2×3.5万千瓦+1×6万千瓦，南煤龙川发电2×13.5万千瓦，其他煤层气发电、预热发电等7.14万千瓦。全市电力工业完成发电量122.54亿千瓦时，完成工业总产值27.02亿元，完成工业增加值13.68亿元，完成主营业务27.10亿元，实现利税848万元。受多种因素的影响，电力工业的各项经济指标比上年有所下降。全市全社会最大负荷92万千瓦，网供电最大负荷63.5万千瓦。负荷结构是：煤矿及高危用户负荷在34.5万千瓦左右，其中，煤矿20万千瓦左右（阳煤15万千瓦）、电气化铁路5万千瓦、氯碱企业5万千瓦左右、阳煤氧化铝2万千瓦，占37.50%；冬季采暖和市政重点用户负荷在4.5万千瓦左右，占4.89%；电解铝负荷在28万千瓦左右(其中，阳铝11万千瓦，兆丰17万千瓦)，占30.43%；电石、铁合金、钢铁、水泥等高耗能负荷在11万千瓦左右，占11.96%；城乡居民生活用电负荷在6万千瓦左右，占6.52%；其他商业服务业和中小企业负荷在8万千瓦左右，占8.70%。电网结构现状：全市有500千伏变电站1座，主变2台，容量2000兆伏安；220千伏公用变电站5座，主变9台，容量1290兆伏安；公用220千伏线路17条，长度354.712公里；有110千伏公用变电站18座，主变35台，容量1303兆伏安；公用110千伏线路45条，长度366.517公里。　（毕映成）

【阳泉供电分公司概况】　2009年，阳泉供电分公司全力推进企业发展方式和电网发展方式的转变，努力构建和谐企业，在安全生产、优质服务、电网建设及和谐企业建设等方面做了大量卓有成效的工作，各项事业不断创新，取得了丰硕的成果。年内公司完成投资达3.8亿元的电网建设任务,完成220千伏连庄变电站增容和长岭变电站母线改造工程,完成了110千伏中社输变电工程、110千伏盂县秀水变电站增容工程和农村低压电网改造工程,全市电网已经形成两个220千伏双环网,电网结构更加完善。全年公司完成售电量33.2亿千瓦时,主营业务16.65亿元,上缴税金0.94亿元。(柴晓政)

【安全生产】 2009年,阳泉供电分公司坚持以设备治理为重点,狠抓安全责任制落实,加大反违章力度,强化现场规范化和作业标准化,落实各项反事故措施,设备健康水平和人员安全意识得到全面提升。投入大修技改资金6000余万元,完成35千伏断路器机构大修40台、110千伏及以上主变大修3台,主网设备健康水平大大提升。完善应急管理机制,成立事故抢修队8支,投资50余万元储备各种抢修用材料、防汛物资、备品备件232多件,圆满完成了全市重要活动和重大节日期间的保电任务。大力开展防山火工作,组建了100多人的群众信息员队伍,全年未发生山火引起的线路掉闸。在当年的特大暴雪中,全公司投入供电抢险物资210万元,500余名电力工人在重要变电站、主要线路巡视除冰长达80余小时,取得了抗冰保电的重大胜利。截至年底,公司安全生产超过3000天,电网调度突破10000天,达到历史最好水平。(柴晓政)

【优质服务】 2009年,阳泉供电分公司进一步提高服务水平,平均接电时间由2006年的25.31天缩短到19.33天。不断拓宽缴费渠道,在营业窗口和人员密集的超市小区运行14台综合自助缴费终端,在城区、平定开展了移动POS收费机试运行,开通了银联卡缴费业务,并在此基础上逐步开展了充值卡交费和移动卡交费的试运行,客户缴费进一步便捷。"95598"客服系统功能日趋完善,客户满意率达98.41%,在全省连续三年实现供电服务零投诉,在全市重大节日期间连续六年实现"95598"热线零投诉,连续四年在全市"双评"活动中保持第一。(柴晓政)

【农电管理】 2009年,阳泉供电分公司大力实施"新农村、新电力、新服务"农电发展战略,努力解决经济发展较快的县、乡、村电力供需的紧张矛盾。积极筹措资金8000余万元,完成平定大峪站主变增容改造、苌池、柏井、任家峪站综自及盂县县调升级改造和平定化工Ⅰ、Ⅱ线路的改造工程,农村电力网架结构进一步加强。投资1500余万元,完成了15个电气化乡、158个电气化村的改造工程。全市农网电压合格率达到98%以上,处于省内先进水平。(柴晓政)

【高危用户管理】 2009年,阳泉供电分公司面对供电区域内162家高危及重要客户,不断完善管理体系,保障了安全供电目标的实现。定期开展重要用户用电隐患排查,检查发现隐患151条,下达隐患整改通知书151份,消除隐患137条,并将安全隐患及时上报政府有关部门,多方协调消除用户安全隐患。坚持"合法用户供好电、非法用户不供电"的原则,积极协助市政府对18座煤矿采取了临时断电措施。配合市安监局、环保局、国土资源局对92户非法、违法用户采取了断电措施,确保了全市高危及重要用户的安全有序供电。(柴晓政)

【履行社会责任】 2009年,阳泉供电分公司围绕市委市政府打造"富民强市、宜居家园、区域性中心城市"的战略目标,全力支持产业结构调整和阳泉市"三城同创",保证电力充足供应。积极向省电力公司争取资金1500余万元,全力配合市政府做好阳五高速公路建设设计的电力线路改迁工作。为城市亮化工程、阳五高速、龙川工业园区等十几项重大项目开通了"绿色通道"。多次组织员工开展献爱心活动,社会捐款近30万元。(柴晓政)

【和谐企业构建】 2009年,阳泉供电分公司以学习贯彻党的十七届四中全会精神为主线,深入贯彻落实科学发展观,全面加强党建和思想政治工作。坚持和完善职代会工作制度,不断加强民主管理,提高企务公开的质量和水平,广泛听取群众意见和建议,畅通了员工参与民主管理的渠道。大力开展"忠诚企业、和谐建家"活动,企业关爱员工、职工忠诚敬业的氛围更加浓厚。积极开展"忠诚企业、和谐建家"、"喜迎国庆"等主题活动,深化"工人先锋号"和班组建设活动,荣获"全国文明单位"、"国家电网公司文明单位"称号,创建国家级"工人先锋号"1个、省市级"工人先锋号"7个,荣获阳泉市"五一劳动奖状"。(柴晓政)

【阳光发电有限责任公司概况】 2009年,阳光发电公司根据国家政策导向和行业发展新形势,立足实际,提出了"全面构建安全型、效益型、和谐型、可持续发展型的阳光发电"的发展思路,以科学发展观总揽全局,以利润指标为中心,以全面预算管理为基础,以隐患排查治理为主线,以对标管理为抓手。干部员工树立"全公司一盘棋"的思想,扎实工作、攻坚克难,全力应对金融危机冲击、电力市场低迷、煤价高位运行等一系列困难与挑战,优质高效完成了一、二号机组检修任务,妥善分流安置了辰光员工,国庆安保工作顺利完成,上网电价得以成功落实,圆满完成了董事会下达的各项指标。全年发电量69.1688亿千瓦时,厂用电率6.07%,供电煤耗342克/千瓦时,上网率93.43%,销售收入完成185585.74万元,机组利用小时累计完成5764小时。(王爱红)

【安全生产】 2009年,阳光发电公司开展了安全生产专项整治、"三项行动"及安全性评价等工作,全年共排查治理各种隐患88项;相继组织了电缆着火、防洪防汛、事故应急通讯等一系列应急预案演练。创新性地开展了“人人都是安全员”、“安全扎根于班组”等活动，从管理违章、装置违章和人员违章三个方面入手，展开了反习惯性违章活动；强化安全生产教育培训，举办了“关爱生命、安全发展”为主题的安全知识竞赛、安全生产大讨论、合理化建议征集等活动；严格按照“四不放过”的原则，严肃不安全事件的调查分析，制定落实防范措施；加强安全生产的全员、全过程、全方位管理，营造和培育以“习惯性遵章”为基础的安全文化氛围。在国庆60周年大庆期间，公司制定了国庆安保措施，完成了保安全、保发电、保环保等各项任务，全年公司安全运行无事故，圆满完成了安全生产“十不发生”的奋斗目标。（王爱红）

【设备治理】 2009年，阳光发电公司通过分析全省用电形势，周密安排、多方协调，先后完成了2号机组小修和1号机组大修工作，并利用机组停备机会完成了11台次备用消缺、8台次脱硫设备检修任务，共完成标准项目548项、非标项目132项、技改项目136项。1号机组大修首次实现了网络信息化全过程监督管理，克服了时间紧、任务重、夏季高温等诸多困难，紧紧围绕“1158”的大修目标，严格执行“521”节能对标措施，安全、优质、高效完成了1号机组大修任务。在大修中实施了国家863项目低NO_X燃烧技术改造，NO_X排放量降低了640mg/m^3；主机及小机轴封改造，油中进水问题得以解决，缸效得到大幅提高；空预器、屏式过热器改造，提高了锅炉效率，解决了部分屏式过热器超温内氧化隐患。机组修后实现了水压、点火、启动、并网一次成功，各项运行安全技术指标均达到或超过预期目标。全年设备消缺率达97.19%以上。公司完成了220千伏稳控切机装置改造和214、215线路保护升级改造，解决了电量输出的“瓶颈”问题；完成了灰场四级子坝加筑工程，增加库容250万立方米，延长了灰场使用年限；详细制定了三年设备滚动治理规划。（王爱红）

【经营管理】 2009年，阳光发电公司推行全面预算管理，加强经济活动分析，明确预算管理责任，采取比较分析法、动态分析法、预测分析法等多种手段提高分析质量，查摆问题，研究对策，用分析结果指导生产经营工作，各项技术经济指标均在预算范围之内。11月，抓住国家发改委调整电价的契机，特别成立了电价攻关小组，对大量数据的详细测算，以及与有关部门的反复协调，公司四台机组上网电价每千瓦时上调0.01元，并自2009年11月20日起执行。与阳煤集团签订的电煤合同价格达到420元/吨，较2008年上涨了50元/吨。根据市场变化及时调整经营思路，在执行以往燃料精细化闭环管理的基础上，进一步强化管理，积极协调，在保煤量、提煤质、控煤价、压成本方面做了大量艰辛细致的工作。一是在保证机组安全、经济运行的前提下，以较低价格购进煤泥、煤粉，并克服煤泥晾晒困难等不利因素，合理确定掺烧方案。二是加强入厂煤质督查，加大运输车辆的监管力度，对GPS卫星定位系统进行了升级改造。三是改进皮带秤计量装置，对煤耗进行准确计量。四是根据市场变化，及时调整运费标准。成立了对标管理领导小组，下设对标管理办公室和各专项指标组，明确职责，落实责任；下发了《对标管理实施方案》、《对标管理评价体系》及《三年节能滚动规划》，明确对标工作内容、要求和程序，按对标管理步骤实施，逐月跟踪检查，及时分析，及时反馈，及时修正，全过程进行考核与评价。（王爱红）

【人力资源管理】 2009年，阳光发电公司依托兆光、耀光、同华三个对外运营项目部的有利条件，本着以人为本的思想，在广泛倾听员工呼声、了解员工思想动态、征求员工意见的基础上，详细、合理制定了《辰光公司员工分流安置办法及实施方案》，积极、安全、妥善地完成了辰光公司员工的分流安置工作。推行管理创新，建立和完善了人才培训激励机制，修编了不适应公司发展的管理制度，企业管理水平进一步向精细化发展。在培训方式上创新，公司根据现实和发展需要，编制下发了《培训工作导则》，逐月下达培训任务书；开辟了培训年专网，方便员工网上学习；组织了电气设备点检、财会税务知识、化学水处理操作等专题讲座；开展集控运行值际竞赛、电气技术比武等岗位练兵活动，培育企业人力资源优势。在分配机制上创新，实行了绩效工资和企业年金，进一步将员工薪酬与工作业绩挂钩，推进了内部分配制度改革。在生产管理上创新，根据机组现状优化检修周期，制定防磨防爆奖惩激励机制，电气车间试行点检定修制，机炉车间优化检修人员管理，热控车间推行培训积分制等，不断提升生产管理水平。在信息化管理上创新，自主开发了计算机网络督办管理系统，大幅提高了工作效率和制度的执行力；高质量完成了员工信息采集工作，建立起一套人力资源电子信息档案，人力资源管理工作向规范化、标准化、制度化的方向又迈上了一个新的台阶。（王爱红）

【机组供热改造和干除灰综合利用项目】 2009年，阳光发电公司为了拓展企业生存空间，实现可持续发展，积极推进机组供热改造和干除灰综合利用项目。已完成两大工程项目的可研编制和论证工作，开工前的各项准备工作正在紧张进行中。其中，热电联产供热协议已于11月20日签订，按照协议规定，公司将自2010年采暖期开始向市区供热约500万平方米，最大供热面积可达1800万平方米。公司开拓粉煤灰、炉渣和脱硫石膏的营销力度，粉煤灰销售23.5万吨，销售炉渣5446吨、石膏8058吨,实现了外销零的突破。公司加强现有各运营项目部的运行管理和员工培训工作,在确保兆光一期2×300兆瓦机组安全稳定运行的基础上,圆满完成了二期2×600兆瓦机组的调试工作,并顺利通过了168小时试运行。同华和耀光项目部人员也已全部到岗,设备安装调试工作正在进行中。(王爱红)

【河坡发电有限责任公司概况】2009年,省经委核定河坡发电公司发电量由上年的15.89亿千瓦时下调为11.27亿千瓦时。面对发电计划大幅下调,煤、水、油等原材料价格大幅上涨的严峻形势,公司采取强有力措施,确保安全生产,确保机组稳发多供。完善安全体系,健全安全制度,层层落实责任;严格落实设备专责制和项目负责制,高标准进行了机组计划检修,强化设备日常维护,保证设备时时处于最佳状态;严格落实岗位责任制,精心调整,加强巡检;全公司一盘棋,团结协作。到8月26日7时40分,公司发电量达11.27亿千瓦时,提前127天完成省经委下达的全年调控发电任务。截至12月31日24时,公司完成发电量16.81亿千瓦时,安全生产天数累计达1983天。(李维华　冯国平)

【特大雪灾应对】11月中旬,阳泉遭遇了五十年来不遇的特大雪灾,积雪厚度超过50厘米。公司立即启动紧急应急预案,采取多项措施,确保安全生产和稳定供热。具体措施包括加强设备维护、专项安全检查、确保线路安全、全天候应急值班、储足供热用煤等。11月12日凌晨,城市供热主管网故障,公司讲政治、顾大局,在保证桃北热网满出力运行的同时,加带了龙川公司承担的桃南热网,锅炉负荷极限运行长达87小时,确保了阳泉人民在极端天气下的取暖。

(李维华　冯国平)

【环保工作获"山西省环境友好型企业"称号】2009年,河坡发电公司坚定不移致力于建设高标准节能环保企业。灰坝加固、煤场挡风墙、粉煤灰分选等系列环保工程稳定运行,环保效益、社会效益日益凸现。在脱硫设施管理上,进一步加大治理力度,严格落实人员、责任、资金三到位,把脱硫设施管理纳入日常管理考评体系,千方百计采取各种措施,确保脱硫设施稳定运行,脱硫设施脱硫率、投运率各项指标均符合国家环保标准,为实现阳泉碧水蓝天发挥了积极作用,工业污染源排放全面达标;厂区绿化成效显著,成为阳泉市园林绿化达标单位。12月29日,公司荣获"山西省环境友好型企业"称号,这是公司在环保工作方面获得的最高奖项,也是继荣获"阳泉市环境友好型企业"、"阳泉市环境保护工作突出贡献奖"、"山西省环保工作先进企业"等荣誉后,公司在环保方面的又一殊荣。

(李维华　冯国平)

【上大压小项目】2009年元月18日,国家能源局以国能局电力〔2009〕17号文复函,同意河坡发电公司开展"上大压小"项目前期工作。元月23日,李小鹏副省长到公司慰问时,要求加快上大压小项目进度,争取早日开工建设。在集团公司大力支持下,项目按照核准、现场准备和世行贷款三步齐抓的原则,紧锣密鼓推进。一是核准申报提速。核准所需的38个支持性文件和协议已取得31个,其余7个正在抓紧办理。10月28日,取得国土部项目土地预审批复文件,11月3日取得水利部水土保持方案批复文件。二是现场工作进展迅速。9月20日施工设备进驻现场、22日召开试桩大纲审查会、30日完成施工;10月13日开始现场试桩。三是世行工作稳步开展。按照世行要求进行的四个工作程序:项目识别、项目准备、项目评估和项目谈判签订协议,第二阶段项目准备工作即将完成,待项目可研收口、环评报告和土地移民报告修订后,下一步世行将组织开展项目评估工作。

(李维华　冯国平)

【员工培训】2009年河坡发电公司按照集团部署和企业发展需要,为从根本上解决员工生存问题对员工进行转岗、分流。本着人人有活干、有饭吃、干多多吃的思路,在保证四台机组稳定运行的前提下,进行300兆瓦机组运行人员的培训工作。近期目标为一年之内具备承担2×300兆瓦机组集控运行条件;远期目标是公司现役机组关停后,除承担上大压小项目以外,另外承包其他企业2×300兆瓦机组的运行工作。通过出台切实可行的方案,大规模组织宣传、动员,采取公开、公平、公正,自愿报名的方式,经过短短一个多月的时间,对运行分场以外的男45周岁以下、女40周岁以下的公司员工进行了转岗分流,整个过程平稳、有序。公司投入大量资金,根据实际情况,采取内外结合形式,7月9日开始对新参加运行工作的84名员工及原有运行人员进行大规模强化培训,有力促进了企业可持续发展。

(李维华　冯国平)

【锅炉除焦】2009年进入供热期后,由于机组电、热负荷持续居高,锅炉一直高负荷运行,加之主煤种硫份超过2%,四台锅炉结焦严重威胁机组安全。公司果断决策,在不停炉、保证安全的前提下清理积焦,全公司一盘棋,明确分工,通力合作,群策群力,于12月3日晚8时到12月8时早8时,经过108个小时连续奋战,成功将堆积在炉膛的200多立方米积焦清除,1#锅炉恢复正常,避免了停炉带来的经济损失和不利影响。

(李维华　冯国平)

【代管企业运营工作】2009年,华北最大的垃圾发电企业——太原同舟公司依托河波发电公司,实行以厂管厂模式。按照把同舟办成"集团的窗口、太原的形象、华北的样板、全国的优秀"的目标,在注入理念、管理和人才的同时，融合了"人气旺、干劲足、凝聚力强"的河电光荣传统。通过科学谋划、凝心聚力、强化管理，企业发生了巨变。2009年3月，同舟公司基建工程通过国家环保部组织的竣工环保验收，同时通过了太原市公安消防支队的工程消防验收。标志着企业成为城市环保企业。全年实现安全生产；累计处理垃圾44万吨，比年设计能力33万吨超11万吨；发电9500万千瓦时，比董事会指标减亏1050万元，实现了全年"不亏损"的目标。

（李维华　冯国平）

冶金工业

【铝工业概况】 2009年，阳泉市铝工业围绕提高资源效益，依托资源优势和煤炭、电力、铝镁产业基础，以发展氧化铝、电解铝、铝型材、铝合金、铝箔、金属镁、镁合金等系列化深加工产品为主导，走加工增值之路，实现煤—电—铝产业"规模化、一体化、高效化"和镁工业规模化。有色冶金重点抓了阳泉铝业股份有限公司5万吨铝型材和阳煤集团新增20万吨电解铝建设。受国际金融危机的严重影响，以及市场需求不足、售价、成本倒挂，全年企业限产或停产，电解铝市场下半年才开始有所好转，电解铝全年累计生产8.29万吨，不足生产能力16.8万吨的50%，比上年下降44.6%；氧化铝2月停产，10月重新生产，全年实际生产7.03万吨，只占到产能40万吨的17.6%，比上年下降79.9%。2009年，全市铝工业完成工业总产值4.95亿元，完成工业增加值3.49亿元，完成主营业务4.92亿元，各项经济指标比上年大幅度下降。（毕映成）

【铝业公司职工轮训工作全面铺开】 2009年2月24日开始，阳泉铝业公司职工轮训工作全面铺开。在公司轮训领导组的直接领导下，在公司相关部门的大力配合下，公司各党支部、党总支认真组织了职工轮训工作。通过轮训，使公司职工队伍真正做到了在放假期间企业精神不能忘、企业作风不能丢、职工队伍不能散、专业技术不生疏的目标。参加轮训的职工表示，通过轮训不仅提高思想认识，了解当前形势，进一步系统学习岗位技能，对于此后上岗工作非常有好处。为了做好职工轮训工作，公司轮训领导组对轮训工作进行了全面的安排部署，公司党工部、劳动人事部、生产技术部、计审部、工会、质检中心等部门为轮训工作各负其责，早准备，早计划，确保了轮训工作的质量。公司各党支部、党总支在轮训工作中，不仅按照公司轮训领导组的要求完成培训和考试，而且还根据本单位的工作要求、不同工种、不同岗位的技术特点，进行有针对性的培训，使培训效果更加明显。特别是供销公司，邀请副总工程师叶细发为销售人员讲解公司各种产品的知识及特性，使销售人员对公司的产品有了更加全面的认识，为做好产品销售打下了扎实的基础。（马　丽）

【安焕晓在铝业公司调研】 4月27日，省人大常委会副主任安焕晓与省人大常委会科教文卫委部分委员一行13人在市人大常委会副主任吴丽萍、副市长李体柱、市人大科教文卫委部分委员及市科技局相关负责人陪同下来铝业公司调研，公司领导梁璧等陪同进行了调研。安焕晓一行首先到公司合金铸造公司、供销公司产品展示大厅进行了实地参观，并在董事长、党委书记梁璧陪同下参观了公司的生态园林景观。在调研期间，公司领导介绍了大力实施科技创新节能减排工程，有效地实现了资源的循环利用，积极引进高级人才和高新项目等方面取得的成绩，安焕晓在听取汇报后对公司一直以来大力开展科技创新，引进高级人才等方面所取得的成绩给予了充分的肯定，并对公司的生态园林建设给予了高度评价。

（马　丽）

【铝业公司被省政府授予"关爱农民工用人单位"称号】 在12月1日召开的全省首届"十佳百优"农民工和关爱农民工模范单位表彰大会上，阳泉铝业公司被省政府授予"关爱农民工用人单位"光荣称号。

（马　丽）

【耐火材料工业】 2009年，全市耐火材料工业发展势头良好。一批重点企业得到发展壮大。西小坪耐火公司通过技术改造形成了年产25万吨的生产规模，主要生产焦炉用硅砖、黏土砖以及不定型耐火材料等。耀森耐火公司形成了10万吨高铝砖，南娄工业集团形成了20万吨特种耐火材料，恒誉窑业工业公司、华玲耐火公司等一批耐火企业也得到了长足的发展。初步形成三个耐火工业园区。全市已经建成了西小坪耐火材料工业园、白泉工业园窑沟耐火区、巨城耐火工业区3个耐火工业园区。全市共有耐火企业260户，产能315万吨，其中产能20万吨及以上的有2户，产能5万吨～10万吨的有6户，产能2万吨～5万吨的有25户，产能1万吨以下的有227户。产品有硅砖、高铝砖、不定型耐火材料等8个系列100多个品种。耐火材料产能得到大幅提高。随着环境保护政策的日趋强化和市场对耐火材料产品质量要求的不断提高，率先在全国对耐火行业进行了整体环保综合改造治理，加大了淘汰落后生产工艺和落后生产设备力度，实施了"变烧煤为烧气、变人工控温为电子控温、变倒烟窑为隧道窑"的"三变"工艺革命，全力推进耐火材料产业向绿色环保、清洁生产、节能高效方向发展，取得了显著成效，全市累计推倒了1000座"蒙古包"、500多座污染严重的倒烟窑，建成100多条工艺先进的隧道窑，年生产能力达到200万吨，耐火砖消耗煤炭由过去的1吨下降为0.4吨，劳动强度大大降低，经济效益显著提高，环境污染明显减轻。全年全市规模以上工业耐火材料企业完成工业总产值8.76亿元，完成工业增加值4.18亿元，完成主营业务8.36亿元，实现利税9701万元，分别比上年增长6.8%、20%、6.1%和0.4%。（毕映成）

化学工业

【概况】 2009年，全市化学工业以特色煤化工和精细化工为发展方向，充分利用市内煤化工技术优势和资源基础与产业基础，培育发展具有地方优势的拳头产品，形成两个产品链：即煤化工产品链、乙炔化工产品链。大力支持和鼓励中小企业积极发展新领域精细化工、化工高新技术产品。积极采用先进适用技术和信息化技术，改造和提升化肥和基本化工原料等传统产业。依托阳煤集团、远鑫实业、金石化工等优势企业发展电石、聚氯乙烯、PVC建材等乙炔化工产品链。2009年，受国际金融危机严重影响，当年主要产品开工不足，多数产量下降，硫酸生产3.8万吨，下降52.7%，烧碱生产1.85万吨，下降72.3%，聚氯乙烯生产1.49万吨，下降62.3%。蓄电池增长16.5%。多数产品市场不稳定，盈利空间不大。2009年，全市规模以上化工企业完成工业总产值6.94亿元，完成工业增加值1.59亿元，完成主营业务6.71亿元，实现利税3037万元，各项指标比上年大幅度下降。（毕映成）

【山西晋达碳素股份有限公司】 山西晋达碳素股份有限公司位于平定县张庄镇工业园区，是山西省利用煤炭优势深加工、生产碳素制品规模最大、品种最多的企业。主要产品"晋达"牌碳素毓产品，包括石墨电极、碳阳极、半石墨质阳极碳块、普通碳块、电极糊、各种阳极糊及碳素增碳剂等10余种产品。产品通过了ISO 9002质量认证，售后服务周到，价格合理。产品销往国内15个省市自治区及俄罗斯和东南亚各国。2009年，公司员工1100余人，固定资产6600余万元，年生产各种碳素制品8万余吨，创利税800余万元。（周立业）

装备制造业

【概况】 阳泉市的装备制造业是伴随着煤炭采掘业的发展而逐渐产生、形成和壮大起来的，主要产品有水泵、阀门、平衡吊、仪表、高压电瓷、矿山设备以及工矿配件等产品30多类、1000余种。特别是经过近几年产业结构的不断调整，已形成了一批在全国同行业具有明显优势的产品和企业。阳泉华越机械有限公司、山西京宇磁源新材料有限公司、阳泉阀门股份有限公司、阳泉市水泵厂、山西吉天利科技实业有限公司等企业在全国同行业中已占有一席之地。山西京宇磁源新材料有限公司生产的烧结钕铁硼稀土永磁材料，阳泉阀门股份有限公司生产的核电站专用阀、大口径新型闸阀，阳泉电子工程实业有限公司生产的光干涉甲烷传感器煤炭瓦斯报警系统、山西金星纺织器材有限公司生产的盖板针布等十多种机械产品处于国内同行业先进水平；阳泉市鑫天通机械配件有限公司、阳泉同达实业有限公司、阳泉精工铸造公司、阳泉中压阀门厂、阳泉市勤工技术实业开发有限公司、平定县巨鑫制件有限公司等一批民营企业的加入和崛起，已成为全市装备制造业的新生力量；一批中高档铸件、低锰耐磨铸钢、水泵、阀门、除尘器、锅炉、新型焊机、汽车零部件、铝合金及镁合金深加工产品等产业集群已见雏形。2009年，全市规模以上装备制造企业完成工业总产值6.78亿元，比上年下降7.9%；完成工业增加值2.44亿元，比上年增长1.9%；完成主营业务6.67亿元，比上年下降7.1%；实现利税6042万元，比上年增长74.1%。（毕映成）

【阳泉水泵厂安全质量达国家二级标准】 2009年，阳泉水泵厂按照省、市安全生产监督管理局的要求，以全市第一个试点企业的身份参加了国家机械制造企业质量标准化评级活动。该厂全体员工通过不懈的努力，克服重重困难，安全质量达国家二级标准。全厂员工在达标过程中采取了一系列措施。一方面对不同工种不同岗位的员工进行专业技能和安全防范知识培训，提高了员工安全专业知识和自救互救能力。另一方面对照评价标准，抽调专门人员对查出的103个问题予以整改，先后整修设备400余台，整修工业电梯20余部，整理接地网线300余米，整修和更换电器箱80余个，对15台车床进行大修，使安全评价和管理工作从设备设施上得到了保障。（周立业）

【大口径新型阀门生产科研基地】 大口径新型阀门生产科研基地项目是阳泉阀门股份有限公司实施整体搬迁、扩大场地、扩大规模、提升工艺制造技术、实现二次创业的技改工程项目。项目具有产品进市早、起点高、研发能力强、市场广阔、行业竞争对手少和企业质量管理集约等诸多优势。项目新扩改建一座年生产能力12000吨、计6800台套大中口径阀门产品，产值达年20835万元规模的阀门制造企业。企业集阀门产品专业研发、机械加工、装配工厂、加工工艺于一体，采用数控技术和高效专用设备。项目选址郊区白泉工业园区，总占地面积18万平方米。（周立业）

建材工业

【概况】 2009年，全市建材工业实施结构调整、行业重组、技术改造等一系列措施，一些建材产品，如水泥、铝合金门窗、新型墙材等产品的产量和质量、档次有了大幅度的提高，形成了一定的工业基础。全市具有一定生产规模的建材企业有131家，其中水泥企业7家、新型墙材企业45家、黏土砖企业60家、商品混凝土企业10家、建筑陶瓷企业5家、商品粉煤灰企业2家、铝塑门窗企业2家。建材产品生产规模为：水泥，300万吨；特种水泥，20万吨；新型墙体材料，6亿块标准砖；中高档瓷砖，600万平方米；中高档卫生洁具，70万件。2009年，全市规模以上建材企业完成工业总产值2亿元，比上年增长28.2%；完成工业增加值1.71亿元，比上年下降5.7%；完成主营业务1.92亿元，比上年增长21.5%；实现利税1045万元，比上年下降9.6%。（毕映成）

【南煤新型建材有限责任公司】 南煤新型建材有限责任公司是南煤集团及其子公司广源工业责任有限公司共同出资建设的。该公司是由西安墙体材料研究设计院设计，引进德国砖坯挤压机、砖坯切码机及卸坯系统，是国内生产规模最大、自动化程度最高、生产工艺最先进、生产质量达国际一流水平的煤矸石烧结砖生产线。项目总投资1.2亿元，年生产2.6亿块煤矸石页岩烧结多孔砖和煤矸石页岩烧结空心砖。煤矸石页岩烧结多孔砖和煤矸石页岩烧结空心砖具有抗压强度高、寿命长、隔热好、节能显著、放射性极小等特点，符合绿色、生态、环保等发展要求和国家出台的最新墙体政策，是黏土砖的替代产品。（周立业）

【华伦陶瓷煤矸石瓷质砖项目获国家金桥奖】 阳泉是煤炭资源型城市，煤矸石是排放量和累计堆放量最大的工业废弃物。历年已累计堆存1.5亿吨，占全市固体废弃物排放量的65%，成为第一大污染源。煤矸石瓷质砖项目是华伦陶瓷公司与中国地质大学合作，利用煤矸石资源，采用中国地质大学863计划课题的科研项目。煤矸石瓷质砖的特点是原料中加入30%煤矸石，既降低了成本，又减少了污染，还具有零吸水率、无放射性、光泽度高等特点。主要用于楼堂馆所的室外地面装饰和台面装修。该项目不仅符合国家产业政策，而且保护了资源，改善了环境，具有明显的经济效益和社会效益。2009年，煤矸石瓷质砖项目荣获中国技术市场协会颁发的金桥奖。（周立业）

轻纺食品工业

【城镇集体企业概况】 2009年，市城镇集体工业联社继续解放思想，推进企业改革继续加大转型力度。家具厂想方设法开辟家具城自营面积700平方米，年增收6万元，同时提出大幅提高年收入的用厂现有土地在优质地段滨河路置换新的家具城的方案，并于7月呈报市政府；高频焊管公司积极转型改造，把闲置封存多年的落后设备集中拍卖变现115万元，共投资150万元，并于5月完成场地、店铺4300平方米改造工程，还购置安装1台16吨龙门吊车，更换4台行车，建成钢材市场后，完善了市场功能配套工程，已招商30户，市场租金也由上年32万元提高到80余万元；天桥商场千方百计增加经营面积，8月将商场楼三层办公室用房全部腾出，增加经营面积600余平方米，已进入招商引资洽谈中；塑料厂积极争取到市商务局30万元的省财政专项资金补助，对已建成的永昌盛集贸市场进行了全面改造，改造后的永昌盛菜市场经营面积达到1920平方米，平均日销售蔬菜3万公斤，整个市场的年销售额达到1200万元，上交税费30多万元，荣获全市首批“社区标准化菜市场示范点”称号。

（任国平）

【企业和谐稳定建设】 2009年，市城镇集体工业联社坚持以人为本，以职工群众利益为本，采取多种措施，切实解决困难职工的生活问题，实现职工与职工、职工与企业之间的和谐相处，促进了和谐社会的进程。联社及时组织有关人员对所属企业的资产状况、债务状况、人员情况、欠社保费用、改制费用等情况进行了调查摸底；组织各企业工会认真开展“共同约定行动”，与企业行政签订约定书，应对金融危机带来的不利影响；按时将1100余份困难职工档案表输入全国总工会网站；14个单位1300余名职工参加了第五期大病医疗互助活动；及时发放了16个企业1～12月困难职工生活补助计330余万元，受益职工达1400余人；由市总工会“金秋助学”援助特困职工子女上大学17人；为13名困难军转干及时办理增加生活补贴手续，并组织他们进行了体检；为11名离休干部提高了医疗待遇；开展了“生育关怀温暖行动”和在职党员及工作人员计生情况专项检查，计生工作通过年度考核验收，并获辖区优胜单位。组织离退休干部赴西柏坡重温“两个务必”教导，进一步提升了对新中国成立60年和改革开放30年来党领导人民取得举世瞩目伟业的新认识。各企业领导班子积极为职工群众办实事、解难题。塑料厂认真分析市场周边情况，对影响市场经营的不利因素提前预案，做到心中有数，力争把不利影响降到最低；从上年8月起为在职职工上浮一级工资。供销公司吸取职工的意见建议，努力开源节流，将商场的三楼和后院的仓库区进行改造，对外租赁，增加营业收入，从上年8月开始，在岗职工人均月增资不低于50元，职工福利在原来基础上每人增加200元。色织有限公司、工具一厂面对停产状态，认真、耐心地做职工的思想工作，在极其困难的条件下，力保养老保险、失业保险按月缴纳，确保稳定。粉末冶金公司在汛期来临前，认真进行安全检查，针对安全隐患，采取积极措施进行预防，并及时向上级有关部门反映情况，力保厂区和宿舍区的安全。橡胶厂积极协调市劳动部门，适当降低养老保险缴费比例，使当年度办理退休的职工垫付养老保险费有所下降。电机厂有限公司保证职工工资足额发放,医疗保险费足月缴纳。家具装饰厂向市政府提交了以产权置换建设新家具市场、增加职工上岗的方案;以稳定为前提,妥善搞好朝阳街职工宿舍的动迁工作。轻机厂职工活动室已于7月正式启用,并安置部分职工上岗;基本解决了职工家属区的供水问题。精达金属制品公司对职工宿舍和车间顶部进行了防漏处理,并于11月将职工宿舍前的土路进行水泥硬化。建筑装潢公司确保医疗保险不欠费,为大病职工及时报销医药费提供方便。铸管有限公司认真处理租赁户的遗留问题,加强对租赁户的管理,并积极联系合作伙伴。金属结构厂克服金融危机带来的不利影响,努力拓展市内外业务,科学制订发展计划,部分新产品在2009年第四季度试制成功,焊工高卫红贡献突出受市劳动竞赛委员会"五一"表彰,并荣记三等功。进一步完善信访制度和强化信访工作领导责任制,明确各级第一责任人;采取明察暗访了解群众热点难点问题及时研究解决;针对不同时期重点,如国庆60周年期间,根据市委、市政府部署立即召开全社干部大会,把维护稳定作为一项重大政治任务,全社上下开展矛盾纠纷隐患排查化解活动和机关干部下访活动,社党委书记、主任负总责,班子成员分片负责,深入企业排查矛盾问题,做到早介入、早研究、早处理,有效预防和化解了各类矛盾,对于偶发的涉访案件,联社党委积极协调有关部门,认真解决涉及职工切身利益的问题。及时妥善地解决了结构厂因洪灾造成的部分职工生活困难问题。实现了非正常群体性进京赴省零上访目标;日常工作中每日确保一名领导负责接待来访人员,并做到了热情接待认真听取、耐心解答、及时查询与督察,尽力解决其合理诉求,按政策规定真办事、办实事,使全社未发生各类非正常集体越级上访事件,努力维护了各企业和联社全系统的和谐稳定。 (任国平)

【安全生产】 2009年,市城镇集体工业联社以"关爱生命、安全发展"为主题,加大安全隐患排查力度,将安全事故隐患消灭在萌芽状态,采取企业自查、自整与社领导组平时检查和重点抽查相结合的方式开展安全隐患排查治理,累计整改安全隐患45处,安全资金投入近5万元。培训教育特种作业人员4人(车工),参加市消防培训17人,安全生产工作通过年度考核验收。以强化社会治安综合治理目标责任制和领导责任制为龙头,以创建"平安和谐单位"为活动载体,深入贯彻落实《"法治阳泉"建设实施纲要》。在联社机关、天桥商场、二轻招待所及全系统全面引深和推进平安建设,开展"迎国庆 保安全 促和谐"活动,做到责任到人,措施到位,力保基层企业平安,实现了安全生产无事故和联社治安环境良好的局面,维护了联社改革、发展、稳定的大局。安全生产工作通过了市安全生产责任制年度考核、综合治理工作通过了年度考核,并被评为"平安单位",计划生育工作也通过了辖区考核。

(任国平)

【食品工业重点技术改造项目】 2009年,阳泉市4个项目列全省食品工业重点技术改造项目,分别是华新食品有限公司绞股蓝保健醋口服液项目、三来食品有限公司6000吨紫甘薯生产线项目、金福来有限公司5000吨全脂奶粉生产线项目和鸣风肉食品加工有限公司肉鸡生产线项目。食品工业重点技术改造项目旨在加快食品工业结构调整,促进规模化、现代化进程的实现,使之逐步形成为支柱产业。

(周立业)

【社区放心早餐连锁店】 2009年4月,市食品总厂有限公司在南煤社区开设了全市第一家放心早餐连锁店,店内消毒柜、冷藏柜等设备一应俱全。食品包括馒头、花卷、大麻花、豆浆、抿曲、老豆腐等70余个品种花样,供居民选择。市食品总厂有限公司于2004年开始实施放心早餐工程,至2009年已经发展到60余个早餐售货亭为市民提供方便。南煤社区放心早餐连锁店是市食品总厂有限公司响应商务部发出的"放心食品进社区"号召,同时也是应对金融危机、转变经营观念作出的选择。 (周立业)

综合工作

【概况】 2009年,全市农业系统干部职工以“科学发展,服务三农”为主题,把促进农民增收作为全年工作的重点,切加强农业农村工作的组织实施,各项重点工作全面推进,较好地完成了工作任务。据农业部门统计,全年农村经济总收入完成291.77亿元,比上年增长4.7%;粮食产量连续5年保持在2亿公斤以上,达到2.2亿公斤;农民人均纯收入达到5801元,比上年增长6.9%,位列全省第二,比全省平均水平高出1436元,比全国高出800元。

农村经济继续保持平稳发展势头。2009年全市第一产业收入14.88亿元,比上年增长11.2%;为农民提供人均纯收入1163元,增长29.9%,其中畜牧业423元、核桃产业80元、蔬菜产业230元、粮食360元、其他(包括水果、花椒、生态林业、花卉、食用菌等)70元。全市共落实农资综合直补面积5.54万公顷(83.1万亩),资金2918.1万元;粮食直补面积5.54万公顷(83.1万亩),资金418.5万元;良种补贴面积4.42万公顷(66.3万亩),补贴资金663万元。粮食生产克服严重春旱给春播带来的困难,按时完成了任务,农作物总播种面积达6.39万公顷(95.78万亩),比上年增加1.6%,其中粮食作物播种5.94万公顷(89.11万亩),比上年增加3.2%。粮食总产2.2亿公斤。

“3+2”农业产业化富民工程再上新台阶。“3+2”农业产业,即畜牧业、蔬菜、核桃3个主导产业加小杂粮、生态林业2个潜力产业。2009年以来,面对低迷的畜牧业市场形势,全市发展畜牧养殖的积极性依然不减,全年投入畜牧业发展资金1.66亿元,其中民营资金1.32亿元,占80.0%。一大批规模化的养殖园区和大型养殖企业开工建设并投入生产。全市全年生猪新增存栏能力5万头,猪存栏达到15.3万头、出栏19万头,分别比上年增长了14.2%、21.5%。全市蛋鸡存栏达到185万只,比上年增长了9.8%。全市奶牛养殖下滑的局面止跌,存栏2400头。全市畜牧业收入达到6.2亿元(农业局统计数据),比上年增长6.9%;畜牧业为农民提供人均纯收入423元,比上年增长10.4%。核桃种植面积继续稳步增长。全市全年新增核桃种植面积0.13万公顷(2万亩),累计达到1.37万公顷(20.5万亩)。万亩以上核桃种植乡镇达到7个、千亩以上村17个、500亩以上村109个,核桃种植已经形成规模优势。受气候影响,核桃全年总产400万公斤,为农民提供人均纯收入80元,与上年持平。以日光温室为主的蔬菜产业发展迅猛。由于市政府扶持设施蔬菜产业发展的措施到位,全市2009年又建成日光温室95.33公顷(1430亩)、大棚23.33公顷(350亩)。2008年、2009年两年完成了市委、市政府提出的三年内(2008~2010)发展200公顷(3000亩)设施蔬菜的目标任务。全市日光温室面积超过333.33公顷(5000亩)、蔬菜大棚73.33公顷(1100亩),集中在全市80个设施蔬菜生产基地,平均规模达到5.33公顷(80亩),为菜农提供人均纯收入超过5000元。全市蔬菜产业总收入超过2亿元,为全市农民提供人均纯收入230元,比上年增长50元。杂粮产业在稳定面积的基础上,更加注重特色。全市小杂粮种植面积1.38万公顷(20.77万亩),较2008年增加0.17万公顷(2.6万亩),增加12.52%。全市杂粮总产3391.4万公斤,增产260.22万公斤,比2008年增加7.67%。截至2009年,全市共有农产品加工龙头企业(销售收入100万元以上)29家,其中销售收入亿元以上1家、千万元以上8家,具有较大影响和带动能力的只有大寨饮品有限公司,中等规模的有万和油脂、云阁肉制品、欢乐喝彩核桃露、三来食品、华新醋

农

业

业、田园乳业、乳泉乳业等。

新农村示范村和重点推进村建设进展顺利。31个示范村经过3年的建设后示范效益明显，69个重点推进村各项建设任务完成。移民搬迁全年共搬迁22个村、661户、2285人。

农产品质量安全专项整治效果明显。全市出动执法人员2790人次，检查生产基地、批发市场和经营单位1051家次，查封无标签、无产地及各种手续不全的种子370公斤、农药5940公斤、饲料3710公斤。检查中，未发现5种禁用高毒农药及三聚氰胺、蛋白精等违禁化学物质。检查各类农资生产企业137个次，查处假劣种子14公斤；查获过期农药14瓶；依法没收高毒农药氧乐果65瓶，封存扣押其他各类农药15种493瓶(袋)。

各项重点工作全面推进。全市农民专业合作社已发展到571个，其中2009年新发展250个，超额一倍完成全年任务，社员总数达12851人，筹资总额2亿元，带动农户4万多户。2009年各级农业部门突出抓了培训工作，培训农民17000多人，仅市级农业部门集中培训就超过2000人。继续加强动物疫病防控。全市全年免疫各类易感动物191.6万头(只)，其中：用口蹄疫疫苗免疫猪8.52万头，免疫牛6000头、免疫羊5.16万只；用高致病禽流感疫苗免疫各种禽类166.85万只；用猪瘟疫苗免疫猪8.09万头；高致病性猪蓝耳病疫苗免疫猪7.19万头；免疫鸡新城疫148.5万只。免疫密度均达到100%。特别是4月底爆发甲型H1N1流感以来，按照省、市的安排，市农业部门认真组织了防控工作，及时开展了甲型H1N1流感检测、监测和流行病学调查。全市共监测种猪场1个，商品代饲养场25个，散养户123个，屠宰场2个。

综观2009年农业农村工作，主要有以下特点：一是市委、市政府高度重视，在年初的全市农村工作会上，市委书记白云就做好2009年农业农村工作进行了安排部署，市委、市政府主要领导多次深入基层调研，解决农业农村工作中的实际困难和问题。二是资金投入力度大。在财力紧张的情况下，市政府继续安排1000万元专项资金扶持发展设施蔬菜，并追加资金兑现了2008年发展日光温室超预算部分的补助资金。工矿商贸企业帮扶新农村建设工作经过各方面的共同努力，2009年共到位帮扶资金1000万元。社会资金投入农业产业化发展热情不减，全市投入规模养殖、设施蔬菜发展的资金2亿多元。国家对种粮农民补助、农机补助资金标准越来越高。三是农村基础设施和社会事业发展水平不断提高。在全市农村实现村村通硬化路的基础上，通过三年来新农村示范村和重点推进村实施“四化四改”和“五个一”工程建设(“四化”指绿化、美化、硬化、量化，“四改”指改水、改厕、改厨、改圈，“五个一”指一个文化科技活动室、一个村级卫生所、一个健身休闲广场、一个便民超市、一所标准化小学)，农村面貌焕然一新。农村新型合作覆盖面和保障水平不断提高，农村养老保险试点工作全面实施，农民越来越多地分享着改革开放的伟大成果。 (赵丽萍)

【工矿商贸企业结对帮扶新农村建设】 2009年是全市工矿商贸企业结对帮扶新农村建设的第二年，帮扶工作取得了显著成效，工作机制初步形成。第一，帮扶工作实现了规范化和制度化，为工作的长效开展奠定了基础。市建设社会主义新农村工作领导组出台了《阳泉市工矿商贸企业结对帮扶新农村建设帮扶资金管理办法(试行)》(阳新农组字〔2009〕1号)，对帮扶资金的来源及使用范围、帮扶资金的拨付流程与管理、帮扶资金使用的监督等作了具体的规定。确立了重点帮扶村所在乡(镇)政府及乡(镇)会计服务(核算)中心为帮扶资金拨付和使用的管理主体，重点帮扶村所在乡(镇)的党委为帮扶资金使用的监督主体，各级新农村建设领导组办公室为指导检查主体。建立了帮扶资金拨付中的专户管理制度、帮扶资金使用中的报账制度、帮扶资金监督中的公示制度和责任追究制度。使帮扶资金拨付的流程更加明晰，帮扶资金的使用更加规范，帮扶资金使用的监督更加完备。第二，帮扶企业的积极性普遍提高，帮扶资金的到位率较高。2009年全年到位帮扶资金1000万元，13%的企业提前全额完成了两个帮扶年度的任务。山西阳泉第二监狱、阳泉市志远工程有限公司超额拨付帮扶资金共18万元。第三，帮扶资金的使用更加集中，推动效应更加明显。帮扶资金以项目为载体，重点用在了帮扶村发展主导产业，推进“3+2”农业产业化项目的生产设施建设和农田水利基本建设，以及农产品加工项目上；重点用在了帮扶村完善公共基础设施，完成省“四化四改”、市“三清五改一绿化”(“三清”即清垃圾、清煤堆、清路障，“五改”即改路、改厨、改厕、改水、改房)等新农村建设任务，以及农村集中供气、供暖和大中型清洁能源工程、农村安全饮水工程、公共卫生保洁设施等建设上；重点用在了帮扶村各项社会公益事业发展，完成省级新农村建设“五个一”工程建设以及教育、卫生、文化、体育等软硬件建设上。帮扶资金以其准确的投向，在新农村建设急需的方面发挥了重要的推动作用。到年底，市级帮扶项目共带动完成投资5000万元，一大批产业发展项目和农村基础设施建设项目建成投入使用。 (刘沛华)

【新农村建设】 2009年，全市上下按照中央提出的新农村建设“二十字方针”(“二十字方针”即：生产发展、生活宽裕、乡风文明、村容整洁、管理民主)，围绕发展新产业、建设新村镇、健全新保障、树立新风尚、培育新农民、创建好班子的“五新一好”工作重点，紧密结合阳泉实际，立足科学发展，坚持城乡统筹，扎实推进全市社会主义新农村建设，全市农村实现又好又快发展，呈现出农民持续增收、基础设施进一步改善、社会事业全面进步、乡村和谐稳定的良好发展态势。一是新农村建设工作机制不断完善。全市进一步充实了新农村建设工作领导组，领导组成员由30个单位扩大到44个。全市进一步明确县（区）政府是新农村建设的责任主体，市、县（区）委农办是新农村建设的协调主体，市、县（区）职能部门是新农村建设的推进主体，乡（镇）政府和村级组织是新农村建设的实施主体。全市进一步推进了工矿商贸企业结对帮扶新农村建设工作，2009年全市工矿商贸企业帮扶到位资金1000万元，初步形成全社会共建新农村的良好氛围。二是示范村新农村建设步伐加快。31个试点村按照“一年起步，两年完善，三年取得示范效应”的工作要求，在产业发展、基础设施、社会事业、乡风文明和村容整洁等方面发挥了明显的示范效应。平定县理家庄村、盂县温池村、郊区桃林沟村等10个村被评为省级社会主义新农村示范村。69个重点推进村，“四化四改”和“五个一”工程各项建设任务全部完成。这些村文化科技室、卫生所、健身休闲场广场、便民超市、标准化小学“五个一”工程普及率为100%。三是农村基础设施不断完善。全市进一步加大公共财政扶持力度，促进城市基础设施向农村延伸。率先在全省实现了村村通水泥（油）路“全覆盖”，实现了城乡客运一体化管理，使城市公交更多惠及乡村和农民。继续实施农村饮水安全工程。解决了231个自然村、9.06万人的饮水安全问题，使全市84%的农民实现了安全饮水。继续加大农村生态建设力度。全年共完成各类造林0.76万公顷（11.42万亩），其中完成主干道路林带建设200公里、园林村绿化100个，完成水土保持综合治理面积74.1平方公里。继续加快推进农村气暖配套。为条件具备的农村地区进行了煤气、天然气的接入和集中供热。继续发展农村沼气和秸秆气化炉。全年共推广6050户，建成节煤炕连灶（吊炕）267户。继续实施移民搬迁，全年共搬迁22个村、661户、2285人。四是农村社会事业进一步发展。加快发展农村教育事业。全市全年完成危房改造22.53万平方米，全市农村中小学生人均公用经费分别达到530元和329元，超过了国家标准；推进了25所农村中小学食堂标准化改造，实施了“营养早餐”工程。加快发展农村文化事业。全市新建乡镇文化站24个，建成村文化室340个、农家书屋250个，实现了村通广播电视“全覆盖”。加快发展农村医疗卫生事业。建成标准化村卫生所169个；启动实施“大学生村医”计划，选聘大学生村医100名；全市县、乡、村三级医疗机构达标率达到80%，农村医疗预防保健服务网络逐步健全。加快农村保障制度建设。启动新型农村社会养老保险。全市累计参保登记30.12万人，参保率80%，全市60周岁以上80729名老人享受到了每人每月30元的基础养老金。农村新型合作医疗共有56.5万人参加，参合率91.3%，人均筹资额提高到100元。农村低保、农村医疗救助金、五保供养资金全部足额发放。实施“福星工程”，建成乡镇敬老院11所。加强农村市场体系建设，全市累计建成“农家店”894家，受益农村居民达到62万人。五是农村社会更加和谐稳定。全市进一步加强农村基层组织建设，继续深入开展“三级联创”活动和“五个好”党委、党支部的创建（三级联创即：农村基层组织建设先进县区、“五个好”乡镇党委、“五个好”村党组织以及县区涉农部门和乡镇站所的创建工作。“五个好党委”即：好班子、好队伍、好路子、好体制、好制度。现在中组部提出了基层党组织的新的五好标准：班子建设好、党员队伍好、制度机制好、工作业绩好、群众反映好）。到年底，全市960个行政村有873个配备大学生村官。积极开展“文明和谐新农家”等一系列群众性乡风文明创建活动，认真实施公民道德建设工程，不断提高农民综合素质。积极开展科技、文化、卫生“三下乡”活动，农村数字电影实现了一村一月一场电影的目标。举办了“华通杯”魅力乡村评选，评选出了郊区桃林沟等10个魅力乡村、平定理家庄等14个和谐发展乡村、盂县肖家汇等13个生态良好乡村。

（郑海宁）

【两企业入选“513”工程省级梯次企业】　为了支持和促进农产品加工企业的发展，《山西省人民政府关于做大做强农产品加工龙头企业的意见》（晋政发〔2009〕32号）要求，各有关部门要采取有力的措施，切实落实财政、税收、金融等各项优惠政策，大力支持农产品加工龙头企业“513”（按照省、市、县三级总体规划、分层次推进、重点扶持的原则，在现有农业产业化国家级及省级龙头企业中选择30个企业、在全省资源型企业转产和招商引资企业中选择20个投资额在亿元以上的企业，作为省级梯队重点培育的50个企业；选择100个有一定规模、发展前景好、带动力较强的农产品加工龙头企业，作为市级梯队进行培育和指导；选择300个成长性好的农产品加工龙头企业，作为县级梯队进行培育和指导）工程省级梯次企业的发展。2009年，山西省政府第51次常务会议确定了52家企业为农产品加工龙头企业“513”工程省级梯次企业，其中有阳泉市的山西大寨饮品有限公司和阳泉市裕盛源农产品开发有限公司两家企业。

（吕　璐）

【网络远程教育】　多年来，阳泉市农广校与西安交通大学始终保持着良好的教学合作关系，已开设3个层次的12个专业，有效地扩大了学员的选择范围，2009年招生13人。2009年，又与东北农业大学网络教育学院联合办学，开设农林经济管

理、动物科学、农学、园林和农村管理与发展等9个专业,首次招生达12人。 (王 熙)

【继续教育工作】 中专后继续教育是面向农业系统和农村基层在职干部、技术人员的一种再教育,属于系统内部的一种教育,招生群体具有一定的局限性。通过市农广校上下全体的不断努力和积极争取,2009年市农广校中专后继续教育招生108人,位居全省第一,与2008年相比有了较大提高。 (王 熙)

【绿证培训】 2009年,全市绿证培训共1250人,颁证1130人。其中,平定县培训500人、颁证466人,盂县培训600人、颁证537人,郊区培训150人、颁证127人,再次取得骄人的成绩。 (王 熙)

【农村劳动力转移培训阳光工程】 2009年,阳泉市按照《中共中央国务院关于2009年促进农业稳定发展农民持续增收的若干意见》(中发〔2009〕1号)、《关于切实做好当前农民工工作的通知》(国办发〔2008〕130号)和省、市农村工作会议精神,进一步加大农村劳动力转移工作力度。认真制订工作方案,明确目标任务。严格优化筛选,整合教育资源。深入基层,大力开展宣传。合理引导,切实加强培训。创新培训方式,深入乡村包点。积极组织返乡农民工创办农民专业合作社。举办招聘周为返乡农民工提供再就业服务等多种措施,抓好农村劳动力转移培训阳光工程和返乡农民工再就业工作。2009年,全市计划完成农村劳动力转移引导性培训3万人,农村劳动力转移1万人。到年终,全市共完成引导性培训3.1万人,农村劳动力转移1.2万人,阳光工程6000人。阳光工程涉及工业制造、计算机应用、农产品加工、餐饮旅游服务、社区服务、家政保健服务、商业营销和耐火等专业。从2008年9月至2009年底,全市农民工累计返乡人数2.82万人,全市共开展返乡农民工培训81期,其中,技能培训转移到非农产业27期,培训1500余人;农业科技培训62期,培训8500余人。截至2009年11月底,返乡农民工再就业2.23万人,重新外出打工人数1.41万人,其中到省外打工0.29万人、省内县外0.49万人、本县0.63万人,从事农业生产人数0.82万人。

(高 明 吴 瑜)

【农民专业合作社建设】 农民专业合作社是农业产业化的重要载体,发展农民专业合作社是提高农民组织化程度,促进农业产业化发展的重要途径。2009年,阳泉市经营管理站从以下几个方面大力发展农民专业合作社:一是继续结合全市的"3+2"农业产业化政策,鼓励农民积极兴办合作社,提高组织化程度。截至12月底,全市农民专业合作社已发展到571个,社员总数12851人,农户入社率达到54%,带动农户40000余户,其中2008年以来新发展250个。二是指导合作社进行规范化建设,推动农民专业合作社向规范化、产业化、品牌化、规模化、效益化方向发展,3个县(区)各确定了10个重点培育的县级合作社,在政策、资金上予以倾斜,从中培育市级农民专业合作社示范社10个,重点予以扶持,有9个合作社被省农业厅命名为省级农民专业合作社示范社。三是按照分类指导、分级负责、注重实效、方法灵活的原则,分市、县(区)、乡(镇)三级对农民专业合作社进行培训,全市共举办21期培训班,培训4000余人次,发放宣传材料10000余份。四是积极指导合作社申报项目,争取各种扶持资金,以项目带动合作社发展。平定县保康黄瓜干专业合作社成功申报农业部合作社示范项目,阳泉市常家山绿色柴鸡专业合作社等11个合作社成功申报省农业厅合作社示范项目,项目资金总额达60多万元。 (李志钢)

【农村土地承包管理】 2009年,阳泉市农村经济经营管理站加大对《农村土地承包法》的宣传贯彻力度,认真解决农村土地承包中的遗留问题,切实保护农民的土地承包权益。认真清理、规范整理和严格管理土地承包档案,进一步健全土地承包档案管理制度,确保土地承包档案完整、齐全和真实有效,全年共整理规范土地承包合同7.1万份,补充完善各种资源承包合同80余份。 (王润红)

【农村财务和集体资产管理】 2009年,各县(区)农经部门把加强和规范农村财务与资产管理作为促进农村基层党风廉政建设的一项重要内容,主要抓了以下工作:一是不断完善农村会计委托代理和"三笔会签,两级联审"(即每张原始凭证均须由经手人、村委主任、支部书记三笔会签,并由村民理财小组进行审核,审核合格后加盖"理财小组专用章",不合格的退回承办人,经过理财小组审核的原始凭证,按规定时间报乡镇农村会计服务中心,由中心主任最终审核,合格后加盖票据审核专用章,准予报账)等财务管理制度,截至2009年,全市32个乡镇全部建起了村级会计服务中心,全部实行了会计电算化管理,纳入农村会计服务中心核算体系的村925个,占到全市总村数的97%。二是为提高财会人员素质,全市共举办农村会计培训班19期,培训人员1200人次。三是全市各乡镇都依托会计服务中心成立了"四资"(资金、资产、资源、资本)监管中心,对"四资"进行逐村逐项清查核实,建立健全各类资产、资源管理台账,使农村"四资"账实相符,管理有序。截至年底,已经对222个村的财务进行了审计,审计金额5.5亿多元,纠正和调整差错帐150余笔。

(李志钢)

【劳动力转移培训安置】 为进一步贯彻国家退耕还林政策,巩固退耕还林已有成果,市农村服务中心举办的"巩固退耕还林成果劳动力转移培训"班于2009年5月25日在郊区下白泉村开班，150余名退耕农民参加了培训。培训班按照省农业厅要求，聘请相关专家就种植、养殖、服务、加工等一系列实用知识进行了系统培训与实地操作，并结合阳泉市农业、农村特点，为农民在退耕过程中遇到的技术问题提供咨询，最大限度保证广大退耕农民学到一技之长，促其就业。经过4个月的培训，退耕农民学到了就业技能，增强了就业本领，拓宽了就业渠道。中心还积极联系厂矿、企业，为退耕农民解决就业问题。截至9月30日，经过培训的150余名退耕农民全部得到了合理安置，转移培训工作做到了培训率100%、合格率100%、安置率100%，圆满完成了省农业厅下达的转移培训任务。

（李永胜）

【农业信息化建设】 2009年，阳泉市农业局以信息服务为核心，以"网络延伸、资源开发、信息发布"为着力点，全市农村信息化建设取得了新进展，为农民增收、农村经济发展提供了有力保证。一是阳泉市农业综合信息门户网站进一步完善。阳泉市农业综合信息门户网站——阳泉农业信息网，共设置了40多个栏目，同国家级、省级和市内各相关网站100多个链接。2009年，利用阳泉农业信息网向全市提供农业技术、市场、价格等"三农"（农业、农村、农民）信息15000多条。二是农村市场信息服务网络进一步向基层延伸。全市所辖3个农业县（区）都建立了农业信息服务站，并注册应用农村供求信息全国联播系统（一站通）。全市32个乡镇都依托农技服务站初步建立了农业信息服务点，延伸至农业产业化龙头企业15个、农村合作及中介组织136个、农业生产经营大户135户、农村经纪人261人、行政村700个以上。三是"三电合一"（电视、电话、电脑）农业信息服务平台基本建成。通过实施农业部"三电合一"农业信息服务项目，重点建设了农业与农村经济统计数据库、农业专业技术人才数据库、农业生产实用技术数据库、农产品价格数据库等4个数据库；利用电话语音系统，有效为农业生产经营者提供了语音咨询和专家远程解答服务。

（张 艳）

种植业

【农业生产】 2009年，阳泉市围绕建设现代农业，认真落实粮食补贴政策，实施玉米增粮工程，推广农业实用技术，在战胜旱、雹、风、冻、雪等自然灾害的情况下，农业生产圆满完成了全年目标任务，兑现了省定2亿公斤粮食产量的目标任务，并荣获省委省政府"2009年度粮食生产先进市"称号。2009年阳泉市农业生产的特点，一是粮食作物面积基本保持了近年的水平，完成了省定5.2万公顷（78万亩）的任务。二是玉米面积仍然保持了较高比重，面积达5.18万公顷（77.67万亩），占粮食作物面积的87.2%，占农作物总面积的80.5%。

粮食生产情况 2009年全市粮食播种面积5.94万公顷（89.11万亩），比上年增加0.18万公顷（2.77万亩），增加3.2%；总产量21.96万吨，比上年减产3.3%；亩产量246.4公斤，比上年减产6.3%。其中，玉米播种面积5.18万公顷（77.67万亩），比上年增加0.34万公顷（5.09万亩），增加7%；总产量19.736万吨，比上年减产1.7%；亩产量254.1公斤，比上年减产8.2%。谷子0.36万公顷（5.37万亩），比上年减少9.3%；总产量1.054万吨，比上年减产9.1%；亩产量196.3公斤，比上年增产0.2%。豆类面积0.20万公顷（2.94万亩），比上年减少33.9%；总产量0.383万吨，比上年减产40.2%；亩产量130.3公斤，比上年减产9.4%。薯类面积0.17万公顷（2.5万亩），比上年减少6.7%；总产量0.635万吨，比上年减产3.8%；亩产量254公斤，比上年增产3.1%。小麦播种面积240公顷（3600亩），与上年持平；总产1070吨，比上年减产0.9%；亩产297公斤，比上年减产1%。

油料生产情况 2009年，全市油料面积900公顷（1.3万亩），比上年减少34.0%；总产0.09万吨，比上年减产35.7%；亩产69.2公斤，比上年减产3.5%。

蔬菜生产情况 2009年，全市蔬菜、瓜果播种面积3700公顷（5.56万亩），比上年减少5.1%；产量15.3万吨，比上年减产5.8%。

果业生产情况 2009年，阳泉市果业继续以郊区为主得到较好发展。自2008年以来，郊区政府大力扶持果业生产，果农栽一亩果树，政府补助300元，加上近年来苹果价格较高，种植面积逐步增加，2009年春季，郊区新建果园66.67公顷（1000亩），全市新建果园86.67公顷（1300亩），新栽品种全部为富士系列。全市果园面积2100公顷（3.14万亩），其中苹果面积1800公顷（2.69万亩），还有面积百亩至几千亩不等的梨、桃、杏、葡萄等园地，总产1.16万吨，比上年减少0.24万吨，减产17.1%。

花卉、食用菌、药材的开发 2009年，全市花卉种植34户，4个较大的花卉生产企业，花卉种植面积达276公顷（4140亩），多以设施栽培的形式进行开发，保护地面积43100平方米，共有46个温室，生产规模达141万盆，年销售收入达1600万元。全市食用菌销售133万袋，合133万公斤，比上年略有增加，销售收入达348万元，纯收入280万元，比上年增加20.3%。2009年全市药材种植面积达300公顷（0.5万亩），比上年减少一半。品种以金银花为主。

（陈胜艳）

【玉米增粮工程】 2009年，阳泉市围绕建设现代农业，突出粮食安全和农产品质量安全，大力实施玉米增粮工程，重点开展了高产创建活动。在贯彻落实山西省农业厅《关于印发〈2009 年山西省粮棉高产创建工作方案〉的通知》精神的同时，提出了全市高产创建活动意见,即:建设一批集中连片的万亩或千亩玉米高产示范区。具体任务:盂县建设 2 个万亩玉米高产示范区,平定县建设 1 个万亩或 2 个 333.33 公顷(5000 亩)玉米高产示范区,郊区建设 1 个 333.33 公顷(5000 亩)或 2 个 133.33 公顷(2000 亩)以上连片玉米高产示范区。创建目标:盂县玉米高产示范区为省级“农业部粮棉高产创建示范片”,要严格按照省粮棉高产创建工作方案实施,亩产指标为 600 公斤;平定县和郊区为市级玉米高产创建示范区,亩产指标为 500 公斤。

为搞好高产创建活动,阳泉市成立了由市农业局局长任组长的阳泉市粮食高产创建活动工作领导组。活动集中在省定优势玉米示范基地建设项目和玉米丰产方建设项目实施区进行。

盂县农业局承担的是省玉米高产创建活动项目和玉米丰产方建设工程项目。高产创建活动项目涉及 2 个乡镇、9 个村、2958 个农户,分别是:苌池镇 666.67 公顷(1 万亩),包括芝角、南苌池、东苌池、西苌池、下罗五个行政村 1578 个农户;孙家庄镇 666.67 公顷(1 万亩),包括西盂北、东盂北、沟西、土塔 4 个行政村 1380 个农户。按照统一整地播种,统一肥水管理,统一技术培训,统一病虫防治,统一机械收获的“五统一”要求,重点抓了优良品种、集成高产技术、病虫害防控、测土配方施肥、机械化生产五个方面技术措施的落实。按照省农业厅 2009 年优势农产品示范基地建设实施意见,盂县选择大丰 26、中科 11、先玉 335、沈玉 18 等 4 个品种进行高产示范,为搞好高产创建活动,以推广玉米“一增四改”(增加种植密度,改套种为平播、改粗放用肥为配方施肥、改人工种植为机械化作业)技术为关键,综合实施测土配方施肥、高密度栽培、精量播种、地膜覆盖、病虫草害综合防治等技术,增产效果明显。测产情况:孙家庄镇示范区,展示面积 666.67 公顷(1 万亩),种植品种为先玉 335、大丰 26、中科 11、沈玉 18,实测 30 点 30 个样品,平均亩产 621.8 公斤; 苌池镇高产创建示范区 666.67 公顷(1 万亩),种植品种为沈玉 18、先玉 335、大丰 26,实测 30 点 30 个样品,平均亩产 643.7 公斤。省玉米丰产方建设项目的实施面积为 3333.33 公顷(5 万亩),涉及 11 个乡镇 54 个村和 2 个农场。其中西烟镇、东梁乡和县农场共 1333.33 公顷(2 万亩)实施机械深耕技术;南娄镇、牛村镇、路家村镇、仙人乡和县良种场共 1333.33 公顷(2 万亩)实施秸秆机械粉碎直接还田技术;上社、西潘、孙家庄、秀水、梁家寨共 666.67 公顷(1 万亩)实施增施有机肥技术。项目资金 150 万元,其中秸秆直接还田、机深耕技术补助资金 120 万元,项目乡镇组织农机统一作业,县农业局验收后,县财政局已根据上报花名册将资金拨付盂县农业局;增施有机肥技术补助资金 30 万元,已由县农业局招标有机肥生产企业统一采购,分发到户。项目区 3333.33 公顷(5 万亩) 玉米增产 250 万公斤,增收 475 万元。

平定县承担的玉米丰产方建设工程项目面积 4666.67 公顷 (7 万亩), 主要分布在东回镇的 42 个村和张庄镇古贝地区的 13 个村。共打造旱井 103 眼、完成投资 45.8 万元;整修石埂 53.53 公顷(803 亩)、54000 多米、动用土石方 14500 余立方米,完成投资 45.3 万元;整修土埂 40.67 公顷(610 亩)、24000 多米、动用土方 5000 余立方米、完成投资 4.03 万元;里砌外垫 10.93 公顷(164 亩)、动用土方量 9600 余立方米、完成投资 7.7 万元;田间道路建设完成 3000 米、完成投资 24 万元, 共计完成工程投资 126.83 万元。配套农艺措施实施到位,在项目区实行统一品种,采取统一技术措施,并在播种前结合科技进村入户项目,对项目区农民进行了技术培训与技术指导,共培训农民技术员 30 余人、农民 280 余人;对项目区耕地进行了土样采集,并进行了土壤分析化验,采集土样 150 个,分析化验 750 项次;对项目区农用物资进行了统一招标采购,购得土壤改良剂 25.6 吨、投资 20352 元;土壤保水剂 11.67 吨、投资 29.13 万元;农艺措施完成投资 65.77 万元。项目建设完成工程建设投资 192.6 万元,管理费用完成 10 万元,完成总投资 202.6 万元。项目区平均亩产 570 公斤。

郊区创建的市级玉米高产示范区,亩产 513 公斤,示范效果很好。

(赵　欣)

【粮食补贴】 2009 年,阳泉市各级部门认真贯彻落实中央省市粮食补贴政策,在稳定粮食直补政策的前提下,加大对种粮农民的农资综合直补力度,重点鼓励多产粮、产好粮,调动了农民的生产积极性,进一步促进了粮食增产和农民增收。根据晋财建〔2009〕10 号《关于拨付山西省 2009 年对种粮农民直接补贴抓紧做好兑付资金工作的通知》,2009 年阳泉市粮食补贴对象为 2008 年全市种植粮食作物(不包括薯类)的农户,补贴范围为 2008 年全市种植的粮食作物 (不包括薯类),补贴标准为小麦 61 元 / 亩,其中农资综合直补 51 元 / 亩、粮食直补 10 元 / 亩; 玉米和其他杂粮为 40 元 / 亩,其中农资综合直补为 35 元 / 亩、粮食直补 5 元 / 亩。

在政策贯彻落实中,市委市政府高度重视。一是抽调干部多次下乡宣讲政策,使中央及省的政策及时深入农民心中;二是多次召开粮食补贴工作会议, 进行全面部署。同时市农业局、市财政局多次联合发文, 对此项工作进行督促安排。2009 年全市粮食补贴面积为 5.57 万公顷(83.55 万亩),其中小麦面积 240 公顷(0.36 万亩)。粮食补贴资金总额 3349.59 万元, 涉及全市 3

个农业县区、32个乡镇、954个行政村、16.6万农户。2009年粮食补贴面积的核实工作已于9月结束。全市实际粮食补贴面积5.76万公顷(86.45万亩)，其中玉米5.18万公顷(77.72万亩)、小麦153.33公顷(0.23万亩)、谷子及其他杂粮(不包括薯类)5666.67公顷(8.5万亩)。各县区作物面积是:平定县2.19万公顷(32.83万亩),其中小麦153.33公顷(0.23万亩)、玉米2.00万公顷(30.02万亩)、谷子等1720公顷(2.58万亩);盂县2.86万公顷(42.86万亩)，其中玉米2.56万公顷(38.38万亩)、谷子等2986.67公顷(4.48万亩);郊区7173.33公顷(10.76万亩),其中玉米6243.33公顷(9.32万亩)、谷子等960公顷(1.44万亩)。

2009年,阳泉市享受国家良种补贴资金663万元，补贴标准10元/亩。全市3个农业县区的玉米、小麦全部享受良种补贴资金。其中,平定县补贴的作物为玉米和小麦，玉米补贴面积1.6万公顷(24万亩)、小麦补贴面积333.33公顷(5000亩)，补贴总额为245万元;盂县补贴作物为玉米,补贴面积2.32万公顷(34.8万亩),补贴总额为348万元;郊区补贴的作物为玉米,补贴面积4666.67公顷(7万亩)，补贴总额为70万元。2009年全市实际种植玉米面积5.14万公顷(77.13万亩),超省预拨面积7333.33公顷(11万亩),各县已预付资金按标准全额补助种植玉米的农户,共计771万元。

(陈胜艳)

【无公害水果标准化示范园建设】 2009年,全市确定了4个果园作为无公害示范建设示范园，平定县1个、盂县1个、郊区2个，面积533.33公顷(8000亩)。其中苹果园面积466.67公顷(7000亩)、梨面积53.33公顷(800亩)、葡萄面积6.67公顷(100亩)、桃6.67公顷(100亩)。全市无公害示范园实现产量287.6万公斤，产值460余万元。无公害示范园果品质量好,售价高,销售快,已经在市场上形成了良好的声誉,促进了示范园的建设发展。　(冯瑞瑞)

【果业合作社】 果业合作社是阳泉市果业经济合作组织的主要运作模式,在技术推广、生产经营、产品销售等方面发挥了极大的作用。阳泉市2009年共有7个果业合作社,844户果农入社,规模有406.25公顷(6500亩)。其中,阳泉市郊区三异果业合作社,是阳泉市第一个果业专业合作社,也是阳泉市规模最大、参加人数最多的果业合作社。自成立以来,为全市果业发展起到了有力地推动作用。到2009年,已发展会员150人,果园面积400多公顷(6000多亩),现有资产400余万，年实现销售收入240万元,会员人均纯收入达6000元,打造了“三异”果业品牌,带动阳泉地区果品行业的发展,使广大农民得到切实的经济利益,也取得显著的社会效益。　(冯瑞瑞)

【设施蔬菜】 2009年,各级农业部门按照市政府的要求，继续大力发展设施蔬菜，推进全市高产高效农业的进程。全年全市设施蔬菜开工建设基地50个，开工建设面积133.33公顷(2000亩),共投入各类建设资金9500余万元。其中日光温室完成95.33公顷(1430亩)、蔬菜大棚完成23.33公顷(350亩),超额完成了年度工作计划和目标。郊区的东村村、路家山村,盂县王炭嘴、禅房村,平定县宁艾村、南阳胜村等一批起点较高、规模较大的新蔬菜温室大棚基地已逐步形成。2009年，阳泉市的设施蔬菜建设呈现以下几个特点。

一、扶持政策力度大,带动效果显著。2009年,市政府在设施蔬菜建设上继续实施扶持政策：完成0.67公顷(10亩)以上日光温室连片建设,市政府每亩补助1万元,县(区)政府每亩配套补助1万元;完成0.67公顷(10亩)以上蔬菜大棚集中连片建设，市政府每亩补助1000元,县(区)政府每亩配套补助1000元。这一政策大大激发和调动了广大农民群众和一些民营企业家的积极性。

二、各级领导高度重视。设施蔬菜基地建设项目开工以来，各级领导高度重视,市委书记白云、副市长王敬瑞等领导亲自到郊区河底镇的北庄村、东村、平定县张庄镇宁艾村等地进行调研、考察,详细询问生产建设情况,各县(区)政府、农业局、蔬菜中心多次召开会议，研讨日光温室建设实施工作,认真规划设计,组织实施,督促进度。

三、建设积极性高，增收效果明显。在政府强有力的政策引导和各级领导关注下,全市建设设施基地积极性空前高涨,尤其是从2008年冬天以后,全市菜价持续处于高位,如新建的郊区东村、盂县禅房村、平定县甘泉井村等设施蔬菜生产基地一年的亩收入都达到2万元以上，个别可达到3万元~4万元以上,很大程度上激发了农民的温室建设热情。

四、建造形式多样,投资主体多元。日光温室建设出现多方投资的特点,投资方有集体、有合作社、有个人、有企业、有集体加农户等多种形式，民营资本开始流向设施蔬菜产业,2009年，民营资本建造日光温室占全市新建日光温室面积的70%。

五、建设标准高、规模大、效益好。2009年所建日光温室均为跨度大、采光好、保温性强的新型高标准日光温室，大部分基地还使用了卷帘机、保温被、保温板、节水灌溉等高效农业设施。各基地结合自身的财力、物力情况,因地制宜,骨架结构和墙体都呈现多样化的特点,许多新基地在日光温室建设过程中还聘请了山东寿光和榆次等地的专业温室建设队伍帮助建设，为其他基地的日光温室建设起到了示范带动作用。

六、宣传力度大，群众发动充分。2009年，市、县(区)各级蔬菜中心充分利用报纸、电视台、电台等新闻媒体的宣传作用，宣传各级政府的有关政策，宣传广大农民在发展蔬菜致富中的一些先进典型，用身边的事实来说服和启发农民，充分调动农民的生产积极性；同时扶持条件较好的基地成立专业协会组织，建立相应的管理制度，使全市蔬菜生产逐步实现建设规范化、品种优良化、种植标准化。

七、加强技术指导，搞好科技服务。2009年，市、县(区)、乡(镇)农业科技人员全部深入基地，深入到田间地头，为农民提供技术、物资信息等服务，帮助农民解决生产难题，并对工程建设做好技术指导和服务工作，确保工程进度和建设质量。加强对农民的技术培训，组织市、县(区)蔬菜中心科技人员深入到全市重点蔬菜基地，将蔬菜优良品种、农药、农膜等生产资料和技术资料送到菜农手中，并在现场举办培训班进行技术指导。阳泉市蔬菜中心多次组织技术人员及重点基地负责人赴北京、山东寿光等现代农业科技示范园进行参观学习，了解掌握最新的生产技术和信息。对一些较大的新建蔬菜基地还从寿光、榆次、河南等地聘请了40余名具有丰富种植经验的“土专家”进行长期驻村指导。

(李凯红)

【蔬菜产业得到提升】 2009年，阳泉市蔬菜中心继续以京晋科技合作为契机，充分发挥北京市科技、信息和人才优势，推进阳泉市资源型城市转型和城乡一体化进程，通过高新科技投入提升阳泉市农业科技内涵，提高阳泉市农业现代化水平。一是举办蔬菜日光温室建设和栽培技术培训班，聘请北京市农科院高级农艺师陈春秀讲课，并赴郊区、平定县等基地进行实地考察及进行现场技术指导。郊区蔬菜中心还在郊区河底镇举办了蔬菜生产专题讲座。二是组织科技人员分赴北京南宫、韩村河高科技示范园及山东寿光进行参观学习，以提高其在新形势新任务下的业务水平。三是从北京市农林科学院蔬菜研究中心、山东寿光、河南郑州引进32个蔬菜新品种进行试种和示范，蔬菜新品种分布在郊区的北庄村、东村，盂县禅房村，平定宁艾村等。(王志红)

【蔬菜突发灾害应对措施】 2009年11月10~12日，阳泉市普降暴雪，对全市设施蔬菜生产造成严重影响。据统计，受此次暴雪天气影响，全市设施蔬菜受灾面积280公顷(4200亩)，其中220公顷(3300亩)温室大棚倒塌，承担试验示范新品种的郊区东村、盂县禅房村、平定县宁艾村3个基地全部受损；露地蔬菜受灾面积达到711.33公顷(10670亩)，灾害涉及27个乡(镇)、73个村，经济损失达到2.69亿元，给农民增收和市场供应造成了严重困难。灾情发生后，市委书记白云、市长李栋梁、市委副书记郜爱国、副市长王敬瑞分别深入到郊区、平定县部分受灾蔬菜基地进行了调研，对抗灾救灾工作做出了具体部署，并于11月21日召开全市设施蔬菜抗灾救灾现场会。各级政府全力以赴抗灾救灾，市政府拿出500余万元，对垮塌日光温室每亩救助资金5000元，同时在省农业厅救灾半年贴息贷款的基础上又延长半年贴息贷款，3个农业县区分别拿出100余万元用于生产自救，各驻地企业也进行了对口捐助。市、县(区)农业部门迅速行动，制定抗灾救灾工作方案，加强组织领导，坚持24小时值班制度，下派技术人员蹲点到村到户，分发宣传资料，科学指导救灾工作，并对实际情况进行摸底调查。各基地不等不靠，根据温室损毁情况，采取切实可行的修复措施，积极筹措资金，购置修复用的钢管、钢丝、竹竿、棚膜等物资，并在有条件的温室及时育苗，恢复生产。各级各部门及各基地相互配合，措施得力，行动迅速，在短时间内抗灾救灾取得了显著效果。至2009年底，全市共投入救灾及重建资金2000万元，使受灾设施蔬菜基地垮塌日光温室恢复80%，并育苗200余万株，部分修复后的温室已投入生产。(李凯红)

【设施蔬菜现场观摩会】 2009年5月19日，在山西省农业厅副厅长王高勇的带领下，由各地市农业部门分管领导和蔬菜专家组成的观摩团一行深入阳泉市蔬菜基地，召开设施蔬菜现场观摩会。王高勇及观摩团一行人对阳泉市在设施蔬菜产业方面取得的成绩表示肯定。2008年以来，在政府的政策引导和资金扶持下，阳泉市蔬菜产业快速发展并涌现出一大批规模化设施蔬菜种植基地，此次观摩会设在平定县张庄镇宁艾村(华通路桥公司)和郊区河底镇东村两个观摩点。截至2009年底，华通集团积极探索“工业反哺农业”之路，投资5600余万元在平定县宁艾村、盂县牛村镇温池村建设日光温室400余栋，年产有机蔬菜700余万公斤以上。东村累计投资1300余万元，建设日光温室100余亩，平均亩收入达2.5万元至3万元。(王志红)

【阳泉市组团参加中国(山西)特色农产品交易博览会】 2009年10月20~26日，由农业部和山西省人民政府主办的中国(山西)特色农产品交易博览会在山西展览馆举办。阳泉市派出了由150多人组成的代表团参加了博览会，全市23家企业100余种特色农产品在农博会上精彩亮相。阳泉市瑞盛种植有限公司的蔬菜、华新食品厂的绞股蓝养生醋、西回小杂粮基地有限公司的小米、大寨饮品有限公司的核桃露4种产品获得了“畅销产品金奖”；东安农业生态专业经济合作社的核桃、三来食品有限公司的马铃薯全粉、万和油脂有限公司的冷榨葵花油、乳泉奶牛厂的凝固型酸奶、田园乳业有限公司的全脂巴氏杀菌鲜牛奶、金得蜂蜜饮料有限公司的蜂蜜

6种产品获得了“畅销产品奖”；此外，万和油脂有限公司“招财鱼”系列食用油合作项目获得了“最佳贸易成果奖”，平定高效农业示范园区项目获得了“优秀招商引资奖”，农博会阳泉市展厅获得“优秀设计造型奖”。（梁丽珍）

【阳泉市组织参加十二届渝洽会 第七届中国国际农产品交易会】 2009年5月13日～16日，阳泉市组织了十余种名特优农产品参加了在重庆市举办的第十二届渝洽会。2009年9月7日～11日，阳泉市组织了山西华新食品厂和西回小杂粮基地有限公司两家企业参加在吉林省长春市举办的第七届中国国际农产品交易会。（梁丽珍）

【“西回”牌小米评为山西省名牌农产品】 2009年12月7日，阳泉市西回小杂粮基地的“西回”牌小米通过了山西省名牌农产品评选委员会办公室组织的专家评审，被认定为山西省名牌农产品。（梁丽珍）

【无公害农产品认证】 2009年，阳泉市3个单位的3个产品获得无公害农产品认证及证书。其中，平定县保康黄瓜干专业合作社的“龙筋”牌黄瓜获得无公害农产品证书，证书编号为WGH-09-01751，证书有效期为2009.01～2012.01；平定县绿生源土鸡养殖专业合作社的“绿生源”牌鲜鸡蛋获得无公害农产品证书，证书编号为WGH-09-05286，证书有效期为2009.07～2012.07；平定县盈丰养殖专业合作社的“牌岭”牌鲜鸡蛋获得无公害农产品证书，证书编号为WGH-09-05287，证书有效期为2009.07～2012.07。（梁丽珍）

【农业科技入户工程】 2009年，阳泉市农业科技入户工程在平定县实施，平定县农业局负责开展具体工作。在工作中，全市始终以主导品种、主推技术和主体培训为关键，积极探索实践科技人员直接到户、良种良法直接到田、技术要领直接到人的科技成果快速转化机制。在主导品种上，在东回镇13个示范村的500户核心示范户中，推广农大84、中金368、潞玉13等3个优质玉米品种，实现了玉米高产优质化。500个科技示范户的323.28公顷（4849.2亩）玉米全部使用了农业技术部门推荐的优良品种。在主推技术上，重点推广应用了配方施肥、农作物病虫害综合防治、田间化学除草、农机节本增效、生物覆盖等5项实用技术，实现了玉米生产高效良法化。（一）配方施肥：按照不同类型测定土壤，根据目标产量为科技示范户开具配肥处方，配肥面积333.33公顷（0.5万亩），降低肥料投入成本20%，使肥料利用率提高10%。（二）农作物病虫害综合防治：以主要作物防病治虫为重点，开展统防统治1333.33公顷（2万亩）。（三）田间化学除草：推广应用面积333.33公顷（0.5万亩）。（四）农机节本增效：推广春播机播、秋后机械深翻各1333.33公顷（2万亩）。（五）生物覆盖技术：利用农作物秸秆覆盖，改善土壤理化性状，增加土壤有机质，提高土壤保水保肥力，应用面积333.33公顷（0.5万亩）。

通过努力，2009年平定县农业科技入户示范工程取得了实质性的效果。13个村500个科技示范户和近10000个辐射户的玉米产量均有不同程度的提高。据统计，项目区内科技示范户玉米平均产量为463公斤/亩，辐射带动户玉米平均产量为420公斤/亩，普通农户玉米平均产量为400公斤/亩。科技示范户比辐射户平均产量增加43公斤/亩，增产10.23%；科技示范户比普通户平均产量增加63公斤/亩，增产15.75%；辐射户比当地普通户平均产量增加20公斤/亩，增产11.65%。与2008年相比，科技示范户玉米平均产量较2008年的420公斤/亩增加43公斤，辐射户、普通户玉米平均产量分别比上年增加32公斤、23公斤。在春干、秋旱、冬暴雪灾害情况下，扣除价格因素，农业科技入户示范户农民亩收益增长10.2%。（高明 吴瑜）

【种子质量监督】 为加强全市种子质量管理，确保农业用种安全，2009年，阳泉市种子管理站开展了种子质量监督抽查工作。一是认真执行经营备案审查，加强市场整顿，逐步建立推行种子诚信档案，规范种子市场的准入和退出机制。并组织了农作物种子市场专项抽查活动，通过对种子企业证照、备案情况、包装、标签等方面检查，严格规范种子经营单位的经营行为和经营资质，杜绝假冒伪劣种子进入市场，为农业生产保驾护航。2009年全市登记备案的种子经营单位30家，其中盂县7家、平定县14家、郊区9家。5月，根据山西省种子管理站要求，种子管理站开展了对全市种子经营企业的诚信考核评分工作，结果由省种子管理站向社会公布。二是加强种子市场质量抽检、开展种子检验员体制建设。1月至3月，开展了对全市种子经营企业玉米种子标注质量检查和实物质量的监督抽查工作。共检查8家种子企业19个玉米种子标签样品，标注合格的标签样品17个，标签标注样品合格率为89%。农作物种子实物质量监督抽查共涉及8家种子企业，扦取玉米种子样品10个，代表种子批重117314公斤，通过对种子样品四项质量指标纯度、净度、发芽率、水分的检测，质量指标达到国家规定种用标准或种子标签标注值的样品有8个，样品合格率为80%。部分种子样品存在水分超标、纯度低于标签标注值等问题。（李世英）

【新品种区域试验】 为了鉴定新品种的区域适应性、丰产性、抗逆性等优异性状，筛选适宜阳泉市种植的农作物新品种，加快新优品种的更换步伐，2009年，市种子管理站承担了由山西省农作物新品种评审委员会安排的农作物品种区域试验。根据试验要求，在全市3个农业县（区）安排3类农作物试验示范点37个，参试品种115个，包括玉米、大豆区域试验、玉米引种试验。其中，大豆中晚熟区试为17个品种，试验布点平定县海源农场，试验面积3000多平方米；中晚熟区玉米引种试验共47个品种，试验布点盂县良种场，试验面积10000平方米。为确保高质量、高标准地完成试验示范任务，种子管理站认真组织实施新品种试验示范工作，加大了管理力度，加强了技术培训和田间检查力度，加强基础设施建设。经过全市各承试单位一年的共同努力，于11月底将试验数据上报省站，圆满地完成了2009年的区试任务。

（李世英）

【“张杂谷”系列谷子杂交新品种示范成功】 为了提高阳泉市良种利用率，调整优化农业结构，增加农民收入，2009年，市种子管理站积极开展农作物新品种引进示范工作，首次从河北省张家口市引进谷子杂交新品种张杂谷3号、张杂谷5号进行示范推广，在平定县、盂县、郊区安排谷子新品种示范点28个，示范面积6.33公顷(95亩)。谷子被称为“五谷之首”，营养丰富，是阳泉市主要种植的传统农作物之一，近年来，由于没有优良谷子品种的更替，种植多年的普通品种抗逆性降低，产量减少，经济效益下滑，种植面积逐年缩小。为此，市种子管理站根据阳泉市谷子种植生态区域特性，在对“张杂谷”系列品种充分调研的基础上，首次引进杂交谷子品种进行示范种植。张杂谷3号、张杂谷5号是由河北省张家口市农科院选育的系列杂交谷，其杂交优势明显，具有高产、节水、耐瘠、耐旱等突出优点，并且米质优、适口性好，在全国第四次小米鉴评会上被评为一级米。短短几年时间，该品种在国内示范推广面积达6.67万公顷(100万亩)，增创经济效益2.6亿元。 （李世英）

【京晋科技合作项目】 京晋农业科技合作项目自2008年实施以来，市种子管理站承担了京科鲜食玉米系列品种的引进示范工作，经过两年的示范推广证明，该系列品种具有适应性广、抗病虫性强、产量较高的特性，非常适宜在阳泉市推广种植，能够取得较高的社会、经济和生态效益。为了进一步扩大种植面积，发挥该系列鲜食玉米的种植效益，2009年，市种子管理站结合实际情况，进行科学规划与合理安排，加快了京科系列鲜食玉米品种的推广步伐，有效扩大了推广面积，截至2009年底，全市示范推广点增加到21个，总面积达25.4公顷(381亩)，比2008年增加了4倍多。4月中旬，市种子管理站召集全市种植鲜食玉米的20余名示范户、市县农业局和市科技局相关科站的负责人，就京晋科技合作项目鲜食玉米产业发展进行座谈。会后，为示范种植户免费发放了价值2万余元的鲜食玉米试验品种。从2009年的示范情况来看，鲜食玉米系列品种表现较好，京科糯2000穗大、穗形整齐、糯性强，京紫糯218具有鲜艳的外在紫色、口感好，京科甜183产量较高、甜味高，这些特征特性都非常具有市场竞争力，相比其他品种糯玉米，京科系列玉米很受消费者的青睐；对于鲜食玉米种植户，经济效益明显；对于加工企业，京科鲜食玉米品种由于商品性好，市场占有率、利润保持率较高，所以比普通品种赢利多，经济效益较为明显。

（李世英）

【农业技术项目研究】 2009年，市种子管理站坚持以项目促发展，加强了农业科技项目的研究、申报以及农业新技术的推广工作，其中有两项农业科技项目分别获得了阳泉市科技进步三等奖和二等奖。

市种子管理站与郊区种子管理站就山旱地玉米高产栽培技术进行试验示范，共同申报完成《山旱地玉米超高产种植示范》项目。市种子管理站结合实际，引进了耐密型玉米品种大丰26号、先玉252在郊区后峪、三郊、孔南庄等村进行布点示范，经过田间观察对比，这两个品种具有适应性、抗逆性强等优异特性，产量比大田玉米平均亩产量增加35.2%，高产种植示范取得成功。

市种子管理站与平定县种子管理站共同完成的“玉米密植高产栽培技术推广”项目通过专家组验收，获得市科技三等奖。该项目主要针对阳泉市玉米传统种植观念和栽培方式，提出适当增加种植密度、采用良种良法配套的技术措施，推广了农大84、先玉335、农大236、京单28等一批耐密、优质的玉米新品种，取得了显著的经济和社会效益。

由市种子协会承担完成的“阳泉市玉米种植区划研究”项目通过专家组验收，获得市软科学二等奖。该项目的研究成功，为科学合理安排玉米种植提供了理论依据，对农民科学选种和企业种子经营具有重要意义。项目内容主要针对当前种植结构调整步伐的加快以及新品种的不断更新换代，以玉米的生态适宜性作为决策依据，通过对全市玉米种植区的调查研究，以光照、温度、海拔、降水量、土壤等自然条件为依据，根据《山西省生态区域划分标准》，综合各生态环境因素与玉米品种特性，结合当地实际，进行了阳泉市玉米种植生态区域划定和品种推介。 （李世英）

【农产品质量安全监管】 2009年，市农业局组织开展了全市农产品质量安全整治暨执法年活动，进一步提升了全市农产品质量安全水平和市场竞争力。一是农产品质量安全责任制得到深入落实。阳泉市农业局与各县(区)农业部门签订了阳泉市农产品质量安全整治暨执法年活动责任书。农业投入品生产、经营单位全部与县级农业部门签订了质量安全承诺书。平定县畜牧兽医局和养殖户签订了100余份保证书。二是农产品质量安全整治暨执法年活动取得阶段性成果。为巩固近年来农产品质量安全整治成果，不断提高全市农产品质量安全水平，阳泉市组织开展了农产品质量安全整治暨执法年活动，重点开展种植业产品、生鲜乳、饲料、兽药及兽药残留、“三品”（无公害农产品、有机食品、绿色食品）、农资打假等6项专项整治行动。全市出动执法人员2790人次，检查生产基地、企业、批发市场和经营单位1051家（次），查封种子370公斤、农药5940公斤、饲料3710公斤。检查中，未发现5种禁用高毒农药及三聚氰胺、蛋白精等违禁化学物质。全市共抽检蔬菜样品228个批次，合格率达97.8%；抽检农药标签106个，合格率达97.17%；抽检牛奶120个批次，合格率达100%；抽检饲料和饲料添加剂628个批次，合格率达100%；抽检兽药35批次，合格率达91.4%；抽检畜产品209批次，合格率达100%。三是长效机制进一步完善。通过一年来的筹备，阳泉市《农产品市场准入工作的实施意见》已经市政府批准，将于2010年上半年开始实施市场准入。阳泉市积极引用、推广农业国家、行业标准的同时，因地制宜，探索制定并发布了农业地方行业标准17个。其中：种植业14个、畜牧业3个。四是建立农产品质量安全应急体系。制定了《阳泉市重大农产品质量安全事故应急预案农业部门操作手册》，成立了阳泉市重大农产品质量安全事故应急指挥领导组及办公室和事故调查组、事故处理组、综合、宣传信息组等工作机构。　（张　艳）

【“三个万亩”种植基地建设】　“三个万亩”基地建设，是2009年全市农村工作会议上，市委、市政府为稳步推进全市小杂粮发展而确定的重点工作。具体内容为：万亩优质谷子基地建设、万亩优质甘薯基地建设和万亩优质马铃薯基地建设。2009年，市农业技术部门为了推进“三个万亩”种植基地建设，采取了多种措施。一是制订实施方案，确定了“三个万亩”基地建设的主要地点、种植作物、主要实施内容和主要责任人，并明确了各阶段的主要工作任务；二是引进新优品种，共引进农作物优种6个，其中谷子新优品种3个、马铃薯新优品种1个、甘薯新优品种2个；三是推广先进技术，主要包括薯类高产栽培技术、立体种植技术、谷子优质高产栽培技术、抗重茬技术以及6个优种的综合配套栽培技术等；四是开展技术培训，共举办农技培训班7期，提供咨询服务11次，深入田间现场指导37次，共培训技术骨干200多人次，接受农民咨询1700多人次，发放技术资料1.5万份册；五是加强示范建设，重点抓了平定县前徐峪沟、西回，盂县上细腰、北庄只、狮子神、里庄等6个农业科技示范点建设，总示范面积130多公顷（2000余亩）。以上措施效果良好，据2009年底统计，万亩谷子基地总产量201.3万公斤，平均亩产达到201.3公斤，比全市谷子亩产增加66.1公斤，亩均增收150多元；万亩甘薯基地总产量（折粮）239.8万公斤，平均亩产达到239.8公斤，比全市甘薯亩产增加78.6公斤，亩均增收280多元；万亩马铃薯基地总产量（折粮）217.4万公斤，平均亩产达到217.4公斤，比全市马铃薯亩产增加36.2公斤，亩均增收180多元。

（李文鸿）

【“九阳”农业科技合作项目】　“九阳”农业科技合作项目是九三学社阳泉市委和阳泉市农业局为认真落实九三学社山西省委员会与阳泉市政府于2008年12月1日签订的“九阳科技合作”协议书而开展的一个科技合作项目。主要内容是在阳泉市大力示范推广由山西大学应用化学研究所研制的新型生物有机肥，具体实施工作由市农业技术推广站承担。2009年春开始，市农业技术部门通过召开座谈会、举办技术讲座、实地进行技术指导、及时解决存在的实际问题等多种办法措施开展工作，共在平定县、盂县、郊区等3个农业县区安排14个乡镇30个村的5个农民专业合作社、400余农户、289.33公顷（4340亩）农作物（包括玉米、大豆、蔬菜、花生、马铃薯）进行了生物有机肥和豆肥宝（豆类作物专用生物有机肥）两种肥料试验。通过对各个生育期的观察和年终实地测产的结果表明，该两种生物肥料确实具有一定的“减少土壤传播病害、抗重茬、促进作物根系生长、改良土壤、优化品质、增加产量”的作用，效果最好的地块增产幅度达到20%以上。　（李文鸿）

【郊区新造地生土熟化项目】　2009年，为了贯彻落实国务院〔2004〕8号《关于将部分土地出让金用于农业土地开发有关问题的通知》和财政部、国土资源部财建〔2004〕174号《关于印发〈用于农业土地开发的土地出让金使用管理办法〉的通知》精神。阳泉市土壤肥料站帮助郊区农业局农技中心做了大量基础工作，包括对项目区的考察、项目论证、可研报告编写等，经过省农业厅及有关部门审查和论证，在省市各级有关部门的支持帮助下，郊区农技推广中心向省农业厅争取到了阳泉市郊区新造地土壤熟化项目。项目实施地点在阳泉郊区白泉工业园区。建设规模255.13公顷（3827亩）。

项目区农业生产中存在的主要问题：土壤熟化程度低，土壤结构不良，理化性状差，水、肥、气、热不协调，抵御自然灾害能力弱。土壤养分含量低，供养分能力差，有机质含量小于0.5%，土壤全氮0.02%～0.03%，速效钾在50毫克/千克左右，速效磷含量在0.002‰～0.003‰，不能满足作物对营养的需求。致使粮食产量低，制约着项目区农业的发展和农民的增产增收。

经过一年的建设，该项目得以在郊区基本完成，其经济效益、社会效益和生态效益明显。（一）通过对项目区实施生土熟化综合配套农艺技术措施，在2009年自然气候条件异常的情况下，项目区玉米生长强劲，产量达到预期的目标。通过对项目区内15个观察样点进行产量调查，项目区玉米平均亩产达到377.3公斤，总产144.39万公斤，较项目实施前亩增产127.3公斤，共增产48.72万公斤，亩增收178.22元，总增收68.21万元；同时，通过项目实施，亩节约化肥5.9公斤，亩节约化肥投资14.75元，总节约投资5.65万元。增收节支两项合计73.86万元，大灾之年，实现了农业增效、农民增收。(二)通过项目的实施，提高了政府及业务主管部门加强土地建设、管理、提升土地质量的能力和水平，更加有效地推进了全区的土地复垦工作和耕地质量建设工作，为全区农业的转型发展奠定了基础。生土熟化综合配套农艺技术实施应用，充分发挥了耕地的生产潜力，提高了农产品的产量和质量，增强了农产品的市场竞争力，拓宽了农民增收的路子。同时明显提升了项目区农民的科技素质和科学种田水平，提高了对培肥土壤，保护和提高耕地质量的认识，增强了从事耕地质量建设的自觉性和积极性。(三)通过项目实施，项目区农业生产条件得到改善，土、肥、水资源得到合理有效利用，为促进农业可持续发展奠定了基础。通过项目实施，改善了土壤理化性状，增强了土壤保水保肥及抵御自然灾害的能力。通过推广秸秆还田、平衡施肥等技术，避免秸秆焚烧造成的大气污染和盲目施肥造成的肥料损失浪费，并减轻了对地表水和地下水污染，减轻作物生理病害的发生，为无公害农产品生产营造了一个良好环境。（宁春宝）

【农药市场监管年活动】 2009年4月7日，阳泉市农业局主持启动了“农药市场监管年”活动。市农业局植物检疫保护站成立了领导组，制定了《阳泉市2009农药市场监管年活动实施方案》。为规范农药经营单位，强化源头管理，从3月10日开始，市植保站对全市已备案和新提出办理农药经营许可证的农药生产、经营单位的基本情况进行调查摸底、规范整顿和现场勘验。对符合条件的生产、经营单位发放申请表，对其经营人员进行备案，实行上岗培训、闭卷考试，考试合格者发放上岗证，单位换发农药经营许可证。2009年全市共换发农药经营许可证32家、上岗证55个。同时对全市农药生产、经营单位全部进行建档立案，发放统一的进销台账和“禁、限用农药公告”以及“阳泉市农药经营规范制度”等，要求经营户严格按农药规范制度办事，对禁、限用农药严格把关，对所经销农药进货、销售及用途都记载清楚，做到经营管理规范化、科学化、日常化，为农业生产营造良好的外部环境。市植物检疫站分别于2009年3月、5月、6月、7月、9月，对全市农药市场进行了全面检查。检查一方面以甲胺磷等5种高毒农药、毒鼠强等禁用农药和限用高毒农药的销售使用为重点，另一方面以农药标签为重点，主要检查产品登记证号、有效成分名称、含量、登记作物、防治对象、毒性标识和企业名称标明等。检查范围由城郊进一步扩展到乡村，整顿规范了全市农药市场。到2009年底，共出动检查人员288人次，检查农药生产经销企业、蔬菜、水果生产企业或农民专业合作经济组织186家(次)，没有发现生产、销售和使用甲胺磷等5种禁用高毒有机磷农药的行为。农药标签共抽查106个，合格率97.17%。

（魏彦丽）

【农业植物检疫】 2009年，阳泉市植物检疫保护站在全市范围内进行了黄瓜绿斑驳病毒病、大豆疫病、葡萄根瘤蚜和苹果蠹蛾等检疫性有害生物的疫情调查监测和花生黑腐病、扶桑绵粉蚧和梨枯梢病的专项调查。由于2009年阳泉市种子、苗木等繁殖材料及粮菜果等农产品以调入为主，未育任何种子、苗木，所以没有进行种子、苗木产地检疫。2009年，阳泉市向外调运种子1次，为玉米种子3000公斤；外调鲜活农产品24批次，计168750公斤，其中省内调运15批次，计120000公斤；省间调运9批次，计48750公斤，品种以苹果为主。（魏彦丽）

【农业生产自然灾害】 2009年，阳泉市遭受了大范围长时间的旱灾，部分地区遭受了不同程度的风灾、雹灾、低温冻害、暴雪、病虫害等自然灾害，给全市农业生产造成重大损失。

旱灾　据市气象台资料显示，从2008年10月23日至2009年2月7日，市区连续3个多月无有效降水，比历年平均值偏少约26毫米，是阳泉市1951年有气象记录以来同期极少值，最长连续无降水日数已接近历史极值(1999年)。根据气象干旱等级指标，阳泉达到重度干旱。2月8日土壤墒情监测，全市干土层厚度达16厘米到18厘米，土壤严重缺水，干旱对冬小麦的安全越冬、生长造成影响。全市春播期持续干旱，市气象台测得1~4月降水量只有22.8毫米，比历年同期平均值46.1毫米少23.3毫米，减少50.5%，大部地区土壤墒情处于轻度到中度干旱。5月上旬末才出现春季第一场好雨，使春播条件大大改善。但从5月下旬直到6月底，市气象台测得降水量只有44.1毫米，比历年同期平均值93.3毫米少49.2毫米，减少52.7%，大部地区土壤墒情又处于轻度到中度干旱状态。7月下旬到8月上旬全市降水持续偏少，北部偏少7成，中南部偏少4成。降水偏少，对大秋作物产量造成一定程度的不利影响。冬旱接春旱，春旱接夏旱，使平定县、郊区的玉米播期比往年推迟了一个月，造成了全市作物的缺苗断垄和毁种，造成冬小麦减产，造成了大秋作物晚熟。又遇10月16~18日和11月1~2日两次大风低温冻害以及11月9~12日百年不遇的暴雪灾害，造成全市粮油菜普遍减产，直接经济损失达1亿元，灾害涉及3个县区的农村。

冻灾　1月22～24日，大风寒潮天气袭击阳泉市，全市普遍降温10℃～12℃，西北风6～7级，并伴有短时8级西北风，最低气温19℃，给设施蔬菜生产带来影响，个别大棚设备陈旧，致使部分蔬菜严重冻伤，无法恢复生长。据统计，全市共有40余公顷(700余亩)受害，其中平定县16.67公顷(250亩)、盂县10公顷(150亩)、郊区20公顷(300亩)，共有3.33公顷(50亩)绝收，直接经济损失达700万元。11月1～2日两天，阳泉市突然大风降温，全市西北风达4～5级，伴有短时6～7级大风，最低气温下降4℃～5℃。这次突然大风降温天气，致使郊区15.2公顷(228亩)农作物受损，其中设施蔬菜9.2公顷(138亩)、露地菜受冻6公顷(90亩)，涉及河底镇、荫营镇、杨家庄乡3个乡镇8个村，受灾蔬菜主要是北瓜、黄瓜，直接经济损失达300万元。

雪灾　11月9～12日，阳泉市遭受了百年未遇的暴雪袭击，降水量和积雪深度创历史纪录(历史同期降水量极值：2000年1月1日16.5毫米。最大积雪深度：1960年11月24日23厘米)。市区降水量66.5毫米，积雪深度达42厘米；平定县降水量超过61毫米，积雪深度达47.4厘米；盂县降水量超过47.3毫米，积雪深度达44.9厘米。这次降雪天气在阳泉市历史上是非常罕见的，从1951年有正规气象记录以来还没有出现过如此大的降雪天气，这次暴雪天气给全市农业生产带来严重影响，灾情损失惨重。据实地调查，全市日光温室受损面积280公顷(4200亩)，垮塌面积220公顷(3300亩)，蔬菜大棚受损面积86.67公顷(1300亩)，垮塌面积33.6公顷(504亩)，露地蔬菜未收获面积743.38公顷(11150.68亩)，玉米等其他农作物未收获面积6660余公顷(10余万亩)，造成直接经济损失2.85亿元。灾害涉及3个县区的大部分村。

风灾　受高空较强冷空气影响，2009年阳泉市遭受多次大风降温天气，给大田作物及设施蔬菜生产造成了很大损失。尤其是10月16～18日，连续3天6～8级的西北风袭击，致使全市6660余公顷(10万余亩)大田作物被刮倒，大田作物遭受到不同程度的危害。受灾作物主要有玉米和谷子，其中玉米6666.67公顷(10万亩)，减产10%；谷子333.33公顷(5000亩)，减产40%，直接经济损失达650余万元；此外全市日光温室受灾120公顷(1800亩)，棚膜刮破208座，弯曲变形40座，棚架倒塌6座，直接经济损失达160万元。累计直接经济损失达800余万元。受灾县区主要为平定县和盂县。

雹灾　5月16日、6月8日，盂县东北部地区遭受两次较大冰雹袭击，4000余公顷(6万余亩)农田受害，涉及3个乡镇、36个行政村，有660余公顷(1万余亩)进行了二次补种；3.33公顷(50亩)大棚被灌，损失惨重。7月1日下午，郊区义井镇9个村庄遭受冰雹袭击，持续时间15分钟，造成232公顷(3480亩）农作物受灾，57.33公顷(860亩)受毁严重，减产一半的122.67公顷（1840亩），受灾最重的蔬菜40.67公顷(610亩)，涉及1828户，直接经济损失400万元。9月26日下午，平定县锁簧镇立壁村、东白岸村，张庄镇岳家山等5个村遭受冰雹袭击，致使533.33公顷(8000亩)农作物遭受不同程度损坏，其中玉米受灾面积433.33公顷(6500亩)、谷子和豆类100公顷(1500亩)，直接经济损失200万元。

野生动物危害　近年来，阳泉市野猪、野兔、田鼠等野生动物种群数量快速增加，啃食庄稼事件频繁发生，且呈加重发生趋势，给农业生产带来影响。据统计，2009年全市农田鼠害累计发生1.21万公顷(18.1万亩)，仅9月份一个月的时间（正值玉米灌浆期），全市就有2504公顷(37560亩)农田遭到了野猪、野兔、野鼠等野生动物的毁损，涉及15个乡镇120余村13000余农户，直接经济损失达1200余万元。遭受野生动物侵害的作物主要为玉米、谷子、薯类。此外，还有4.27公顷(64亩)果园受到侵害。

此外，还有病虫草害。经统计，2009年，全市各类自然灾害给农业生产造成直接经济损失达4.3亿元，且有许多损失无法估计。

灾情发生后，全市各级农业部门技术人员深入灾情现场，组织指挥救灾，力争将损失降到最低。特别是在雪灾发生后，各级各部门领导分别在第一时间深入到受灾蔬菜基地进行了调研，对抗灾救灾工作做出了具体安排部署，鼓励菜农增强信心，加快温室大棚的修复重建工作，力争把灾害损失降到最低程度。市、县(区)农业部门迅速行动，制定抗灾救灾工作方案，加强组织领导，坚持24小时值班制度，下派技术人员蹲点到村到户，分发宣传资料，科学指导救灾工作，并对情况进行摸底、调查。全市日出动劳力6200个，动用工程机械120台(辆)投入抗灾救灾工作。此外，市政府对暴雪灾害中垮塌日光温室给予每亩5000元救助扶持补助。

（陈胜艳）

【测土配方施肥的应用推广】　盂县在测土配方施肥推广应用上积累了丰富的经验。2005年，盂县仙人乡中低产田改造新造河滩地生土熟化项目由盂县农业技术推广中心大力推广测土配方施肥技术，制定了野外采土、取样、化验分析方案，对400公顷(6000亩)土地进行分类、选址，选择有代表的地块，采集土样30个，对每个土样的土壤有机质、全氮、有效磷及速效钾等土壤理化性状项目10项进行了化验分析，共分析300项次。室内化验完成后，对化验数据进行了汇总、整理，经过科学测算研究制定出具体的配方施肥实施方案。2006年，盂县作为省级测土配方施肥技术推广22个示范县之一,率先在阳泉市实施测土配方施肥,初始面积为3333.33公顷(5万亩),辐射带动面积25.87万公顷(38万亩),设立效果跟踪观测点10个,共采集土样300个。按照施肥类型区印发测土配方施肥建议卡,示范区、带动区每户1份,测土配方施肥建议卡入户率达到95%以上。2007年,盂县是国家级测土配方施肥技术推广项目县。中央投资50万元免费为全县2.67万公顷(40万亩)良田实施测土配方施肥,其中配方肥施用面积1.33万公顷(20万亩)。通过项目实施项目区肥料利用率提高4~5个百分点,平均每亩节本增效30元以上,总节本增效1200万元以上。并建立测土配方施肥数据库1个。2008年,中央补贴50万元,免费为盂县1.33万公顷(20万亩)粮田实施测土配方施肥,同时完善了测土配方施肥数据库,建立了测土配方施肥指标体系,开发县域施肥决策专家系统1个。2009年,盂县继续实施国家级测土配方施肥项目,中央补贴40万元,免费为全县1.33万公顷(20万亩)粮田实施测土配方施肥,建立起耕地资源信息管理系统,编辑出版耕地地力评价成果资料一套。

2009年,在耕地综合生产能力建设项目中,平定县大力推广测土配方施肥技术,对项目区所在村的800公顷(12000余亩)土地进行分类取样,对每个土样的有机质、全氮、有效磷及速效钾等土壤理化性状项目进行化验分析。室内化验完成后,对化验数据进行汇总、整理,并结合4年来耕地土壤养分调查数据,经过科学测算研究制定出具体的配方施肥实施方案。结合宣传培训指导农民测土配方施肥面积800公顷(12000亩),为农民科学施肥提供可靠依据,改变了以前盲目施肥的习惯,提高了施肥效益。

(赵丽萍)

【阳泉市昌鑫生物有机肥厂投产】 2008年7月21日,阳泉市昌鑫农业科技开发有限公司在阳泉市工商行政管理局正式注册登记成立。公司在微生物肥料项目的研究开发上,在生物有机复合肥产品的多功能、多样化、系列化上,在建立绿色食品种植生产基地上做了许多实实在在的工作。阳泉市昌鑫生物有机肥厂由山西昌达伟业建材集团投资17733万元组建,年产40万吨生物有机肥项目,分两期建设。项目一期总投资7911万元,设计生产能力固体肥料10万吨、液体肥料3万吨,于2009年11月建成投产。二期投资9822万元,设计生产能力固体肥料20万吨、液体肥料7万吨,将于2010年12月份建成投产。项目全部建成后,年生产生物有机肥总量可达40万吨。厂区占地面积103335平方米,总建筑面积41875平方米,拥有生产、实验设备202套,固定资产总值14733.4万元,生产经营流动资金3000万元。2009年有职工200人,其中微生物和土肥专业人员20名(中科院院士1人,中国农业科学研究院菌保中心研究员2人,河北省科学院微生物研究所所长、研究员1人,微生物专家哈尔滨市绿洲源生物工程研究所所长、高级工程师1人),工人150人。公司生物有机肥项目技术来源于哈尔滨市绿洲源生物工程研究所。该所研发的绿洲生物复合肥于2004年在农业部申请登记。经全国试验,2007年10月农业部已批准颁发正式肥料登记证。(宁春宝)

【农村可再生能源建设】 2009年,农村可再生能源建设取得新进展。盂县南娄镇坡头村旺兴原种场300立方米沼气集中供气工程建成并投入使用,可为全村398户村民提供炊事能源。郊区旧街乡枣园农产品开发有限公司500立方米沼气集中供气工程项目已批复,120万元省级补助资金已下达,施工单位的招标工作也已完成,正在进行施工前的准备工作。此外,2009年,全市推广秸秆气化炉7902户,其中平定县420户、郊区1409户、盂县6073户;完成省柴节煤炕连灶(吊炕)495铺,其中郊区137铺、盂县358铺;发展农村户用沼气42户、太阳灶20户。(翟艳芳)

【农作物秸秆资源调查与评价】 2009年,根据《国务院办公厅关于加快推进农作物秸秆综合利用的意见》和省农业厅的安排,阳泉市确定在平定县石门口乡的卢家庄村、小桥铺村,锁簧镇的东白岸村、官道沟村;盂县苌池镇的东苌池村、水岭底村,西烟镇的南头村、东村;郊区西南舁乡西南舁村、杜家庄村等3个县(区)6个乡(镇)12个村开展了农作物秸秆资源调查与评价工作。在此基础上,形成了全市农作物秸秆资源调查与评价报告,完成了"阳泉市秸秆综合利用规划",为推进全市农业循环经济工作奠定了基础。

(翟艳芳)

【农产品产地工矿企业区环境安全普查】 为加强农产品产地管理,确保农产品质量安全。2009年,市农业局对平定县、盂县1.12万公顷(16.8万亩)的农产品产地工矿企业区环境安全进行普查。其中平定县0.44万公顷(6.6万亩)、盂县0.68万公顷(10.2万亩)。(翟艳芳)

【农作物病虫害发生与防治】 2009年,全市农作物总播种面积为6.39万公顷(95.78万亩),病虫草鼠害总体呈中等偏轻发生,据不完全统计,农作物病虫草鼠害累计发生2.87万公顷次(43万亩次),防治10.41万公顷次(156.15万亩次),预测预报准确率、防治面积、防治效果三项指标均达到了85%以上,挽回粮菜果等各种农作物损失5327.96吨。全市粮食作物以玉米为主,2009年全市累计发生各种玉米病虫害3.79万公顷次(52.33万亩次),防治2.89万公顷次(43.3万亩次),挽回玉米损失532吨。其中玉米蚜主要发生在盂县东部仙人乡一带,发生程度为3级,发生面积9466.67公顷次(14.2万亩次),防治2666.67公顷次(4万亩次)。玉米矮花叶病主要发生在平定个别乡镇,发生程度为3级,发生面积4666.67公顷次(7万亩次),防治2133.33公顷次(3.2万亩次)。玉米螟全市发生3466.67公顷次(5.2万亩次),防治3066.67公顷次(4.6万亩次)。除玉米外的粮食作物主要有谷子、薯类等,病虫总发生面积为8860公顷次(13.29万亩次),其中谷子4553.33公顷次(6.83万亩次)、马铃薯4306.67公顷次(6.46万亩次);总防治面积为1万公顷次(15万亩次)。随着谷子等小杂粮播种面积的增加及2009年特殊气候影响,谷子病虫发生呈上升趋势。马铃薯28星瓢虫全市发生面积2546.67公顷次(3.82万亩次),防治面积4140公顷次(6.21万亩次),主要发生在盂县东梁、西烟等马铃薯种植区。油料发生病虫700公顷次(1.05万亩次),防治573.33公顷次(0.86万亩次)。全市蔬菜病虫发生4486.67公顷次(6.73万亩次),防治面积1.35万公顷次(20.31万亩次),其中病害发生1753.33公顷次(2.63万亩次)、虫害发生2733.33公顷次(4.1万亩次)。露地和保护地蔬菜病虫发生均比上年严重,虫害明显重于病害,其中主要病虫有黄瓜霜霉病、番茄病毒病、辣椒疫病、白粉虱等。全市果树病虫发生9533.33公顷次(14.3万亩次),防治2.54万公顷次(38.1万亩次)。其中主要病虫有果树腐烂病、白粉病、桃小食心虫、金纹细蛾、金龟子等。全市农作物草害发生4.03万公顷次(60.52万亩次),化学除草1.21万公顷次(18.16万亩次);农田鼠害发生1.21万公顷次(18.1万亩次),防治6933.33公顷次(10.4万亩次)。暴发性害虫黏虫,全市二代黏虫发生800公顷次(1.2万亩次),比上年减少533.33公顷次(0.8万亩次),防治面积200公顷次(0.3万亩次),各县(区)玉米田均有发生,无特别重发地区;三代黏虫发生2000公顷次(3万亩次),比上年少666.67公顷次(1万亩次),防治300公顷次(0.45万亩次)。(魏彦丽)

【植保专业化防治队伍建设】 发展基层植保专业化服务组织是有效控制农作物重大病虫危害、保障农业生产安全、农产品质量安全和农田生态环境安全的有效举措。在2008年建立了9支专业防治队的基础上,2009年,市植物检疫保护站积极引导农作物病虫害专业化防治组织有序发展,新增专业防治队11支,到2009年底已建立了20支农作物重大病虫害应急防治专业队,防治专业队员达200余人,服务面积可覆盖3个农业县区的18个乡(镇)3333.33公顷(5万亩)的粮、菜、果等农作物,辐射面积2万余公顷(30余万亩)。专业防治队为适应市场需求,在市、县植保站的扶持和技术指导下,及时向农民传递防治技术信息,承包某一项病虫草害的防治任务。从病虫监测、防治方案、防治药剂、施药机械、田间作业、防治效果等,都由专业化防治组织负责,保证施药质量,确保防治效果,收取合理的承包费用,以维持服务队的日常运作。有的服务组织已经从2008年的免费服务向较低标准的收费过渡,使更多农民认识到植保专业化防治的好处,从而赢得市场,壮大服务组织的实力。

(魏彦丽)

养殖业

【畜牧业生产】 2009年,全市发展养殖业的积极性高涨,社会闲散资金逐步向养殖业倾斜,各种形式的资金投入为正在发展的畜牧业注入了新的动力,畜牧产业化格局初具规模。2009年,全市畜牧业收入6.2亿元,为农民提供人均纯收入达423元,分别比上年同期增长6.9%、10.4%。全市生猪存栏15.3万头,比上年增长14.2%,出栏19万头,比上年增长21.5%;禽类存栏200万羽,比上年增长14.9%;其中蛋鸡存栏185万只,比上年增长9.8%;羊存栏6.3万只,比上年增长3.2%;兔存栏11万只,比上年增长59.4%;奶牛存栏2400头。肉产量分别达到1.8万吨,比上年增长38.5%、蛋产量1.5万吨,比上年增长25%、奶产量0.85万吨,比上年下降15%。(姚惟波)

【《标准化养蜂实用技术》手册编制】 2009年,阳泉市养蜂技术推广站结合阳泉市养蜂实际,编制了《标准化养蜂实用技术手册》500本,全部免费发放给蜂农。本手册通俗、易懂、实用,便于操作,能够满足不同层次的读者阅读。该手册的编制,为充分利用阳泉市得天独厚的蜜源优势和独特的气候条件这一资源优势,大力促进农村家庭养殖蜜蜂,积极为蜂农推广科学养蜂新技术、新机具、新品种,开展养蜂实用技术培训,促进全市蜂农增产增收作出了贡献。(王 刚)

【标准化养蜂示范基地建设】 2009年11月7日,阳泉市科技局组织省市有关专家,对阳泉市养蜂技术推广站承担的“标准化养蜂示范基地建设”项目进行了验收,与会专家一致认为:该项目选题准确,技术合理,资料完整,数据翔实,从阳泉地域特色出发,针对阳泉养蜂发展的实际,通过建立标准化养蜂基地,推广标准化养殖技术,实现了蜂产品的标准化生产,促进了阳泉蜂业快速、健康、可持续发展,社会效益显著,在国内同类项目中达到了先进水平。(王 刚)

【养蜂良种繁育】 2009年,阳泉市养蜂技术推广站共建立7个种蜂良种繁育点,分别从黄山种蜂场、吉林科学养蜂研究所、浙江农科院、浙江萧山种蜂场、平湖市种蜂场等地引进黑美意、黄环系蜂王、松丹1号、美意、洪德兴金蜂王、平湖蜜浆王、黄山1号、黄山2号等8个优良蜂种,通过良种繁育点人工培育王台

免费发放给蜂农,共计5600多只。全市良种覆盖率达到90%,提高了本地蜂种的抗逆性,增加了蜂农的经济效益。 (王 刚)

【养蜂技术培训】 2009年,阳泉市养蜂技术推广站积极开展科普宣传活动,不断提高蜂农组织化程度。4月7日,市养蜂技术推广站在平定县举办了标准化养蜂技术培训班,规模养蜂户50余人参加了培训。会上养蜂户与平定金得蜂蜜饮品公司合作,成立了平定县蜂业协会,通过协会团结和组织全县从事养蜂、蜂产品加工销售的单位和个人,为平定县养蜂业的可持续发展做出努力。8月11日,又在市农业局召开了秋季蜜蜂饲养管理和蜂病综合防治培训班。9月25日,市养蜂技术推广站与市人才办、市科技局联合举办了养蜂科技知识讲座,就养蜂在国民经济中的地位、全市蜂业基本情况、蜜蜂授粉以及养蜂成本及经济效益作了深入浅出的讲解。来自全市各县区的40余名大学生村官参加了培训,这次培训的目的是使大学生村官初步了解全市蜜蜂产业基本情况及其直接、间接经济价值,回去能够更好地向农民宣传,为农民致富开辟新的渠道。

(王 刚)

【产地检疫】 动物的产地检疫是从源头控制动物及动物产品安全的重要手段。2009年,阳泉市动物检疫站深入各县(区)畜牧中心、乡镇中心站、养殖场(户)进行调研,加强产地检疫报检点项目的管理,把产地检疫的重点放到对养殖环节的监管上。全年共完成动物产地检疫97.50万头(只),其中猪1.02万头、牛130头、羊2162只、禽96.11万羽、其他1303只。消毒运输车辆863辆。 (王艳凤)

【屠宰检疫】 动物的屠宰检疫作为肉类上市前的最后一道关口,是控制疫病的重要手段,是保障肉品安全,防止"病从口入"的关键环节。2009年,市动物检疫站进一步强化定点屠宰监督管理,完善生猪屠宰检疫逐日登记台账。一方面检疫人员积极与屠宰户沟通,了解确切情况,另一方面深入市场,了解生猪肉市场的需求,确保屠宰检疫的质量和效果。全年全市共检疫入场屠宰生猪9.40万头,检出病害猪47头。对检出的病害猪肉全部按规定进行了无害化处理,检疫率、出证率、无害化处理率达均达100%。

(王艳凤)

【省界动物检疫】 2009年,盂县东木口检查站由于改道等种种原因,暂时停止工作。平定县旧关省界动物防疫监督检查站仍担负着防止重大动物疫病传播流行的重要职责。为了更好地保证动物及动物产品的安全,树立动检执法形象,杜绝一切公路"三乱"(乱收费、乱罚款、乱设站卡)行为的发生,市动物检疫站按照《2009年阳泉市动物卫生监督工作要点》(阳动检字〔2009〕9号)统一安排,进一步完善执法、监督、考核、评价机制,检查站人员坚持24小时值班,严格检疫,文明执法,认真工作,多次受到农业部、山西省农业厅检查组的好评。全年省界动物防疫监督检查站共检查各类载畜禽车辆1.81万辆(次),检疫各类畜禽1587.02万头(只),畜禽产品6.96万吨。检出不符合规定的载畜禽车辆2408辆(次),畜禽22.82万头(羽),畜禽产品7070.67吨,其中无检疫证明的2337辆(次),涉及畜禽16.70万头(只),畜禽产品6926吨;证物不符的71辆(次),涉及畜禽6.11万头(只),畜禽产品344.67吨。对查出的不符合规定的动物及动物产品均依法实施补检、重检。

(王艳凤)

【动物疫病监测】 2009年,阳泉市动物疫病检测中心将动物疫病监测作为防控重大动物疫病工作的重要内容来抓。把自检任务、采样任务分解到各县区,要求各县区加强领导,高度重视,把动物疫病监测作为疫病防治的重要内容纳入议事日程,安排技术人员按时按要求,保质保量完成日常监测、采血、采样任务,并把实验室检测、采样任务完成情况和监测结果作为2009年考核的重要内容。2009年全市共开展各类集中监测5次,其中,禽流感集中监测1次,A型口蹄疫集中监测2次,春季动物疫病集中监测1次,秋季动物疫病集中监测1次。同时组织县(区)坚持每月开展日常监测,主要以禽流感、新城疫监测为主。全年共在3个农业县区的62个乡镇104个村开展监测采样,累计监测78个规模场、72个散养户和3个屠宰场。全年共采集各类样品9261份,其中自检6286份,向山西省动物疫病预防控制中心报送监测样品2975份,超过上级安排的集中监测自检3700份、送检1850份的监测任务。经检测,禽流感抗体平均合格率达到93.33%、鸡新城疫抗体平均合格率达到87.62%、O型口蹄疫抗体平均合格率为91.02%、猪瘟抗体平均合格率为97.85%。通过监测,阳泉市未发现A型口蹄疫感染家畜,所有动物疫病的免疫抗体合格率都达到了农业部要求的合格标准,每次集中监测进行免疫效果评估分析及时上报省站,同时将监测结果以文件形式向各送样单位进行了反馈,并要求各县区做好抗体不合格场(户)的补充免疫工作和免疫跟踪监测工作。布氏杆菌病和结核病的检测工作,根据阳泉市农业局年初制定的监测计划,与奶牛布病、结核病检测同步进行。全年共监测114个养殖场和散养户。检测家畜3221头,未见阳性反应。

(赵继鹏)

【灾后疫情监测】 2009年11月9日夜至12日晨,阳泉市遭受史上罕见的暴雪突袭。暴雪给全市畜牧业造成巨大的经济损失。灾情发生后,阳泉市动物疫病检测中心迅速深入受灾养殖场查看灾情,积极指导养殖户排查隐患。同时为防止灾后发生重大动物疫情,检测中心积极组织开展了各种动物疫病监测和流行病学调查、密切跟踪、科学判断疫情形势。先后排查各种畜禽93.5万头(羽),实验室检测畜禽样品480份,均未发现其他动物临床异常症状,也未发现动物疫情发生和流行,做到了灾后不放松、灾后无大疫。

(赵继鹏)

【畜产品安全监测】 为了加强畜产品质量安全管理,提高畜产品质量安全水平,使广大市民吃到安全放心的畜产品,2009年,市动物疫病检测中心分别于1月、4月、7月、9月、10月对全市的生猪屠宰场、农贸市场、农产品批发市场以及大型超市开展畜产品兽药残留例行监测采样。样品包括猪肝、猪肉、鸡肝、鸡肉4类,分别检测盐酸克仑特罗即"瘦肉精"残留、磺胺类药物残留、抗生素药物残留及涉及畜产品安全的其他监测项目。5次抽样共抽取猪肉样品30批、猪肝样品40批、鸡肉样品36批、鸡肝样品30批,共计136批。经省饲料兽药监察所文件反馈,5次送检的136批样品检测合格率均达到100%。在完成省抽检任务的同时,市动物疫病检测中心还配合农业部畜禽产品检测中心(青岛组)完成了包括猪肝、猪肉、鸡肉、鸡蛋、牛羊肉和猪尿7类样品共计126批次的例行监测抽样任务,有力地保障了全市畜产品市场安全。

(赵继鹏)

【重大动物疫病防控专项整治活动】 2009年3月至6月,阳泉市开展了以"三查三强化"为主题的重大动物疫病防控专项整治活动。在这次整治活动中,通过查防控措施落实情况,强化制度和机制建设;通过查基层防疫人员工资和经费落实情况,强化动物防疫体系建设;通过查各级各部门履行职责情况,强化责任制和责任追究制度建设。经过4个月的专项整治,全市广大干部群众的防疫责任意识进一步增强,重大动物疫病综合防控措施规范到位率得到显著提高;防控责任制和追究责任制进一步健全,各种疫病应急预案进一步得到完善;动物防疫体系建设进一步推进,盂县村级防疫员的补助由往年的不足50元增长到100元。至此,全市村级防疫员每人每月100元补助全部列入县(区)财政预算,在全省率先彻底解决了村级防疫员补助不到位的问题。

(李秀华)

【动物重大疫病防控】 2009年,阳泉市畜禽疫病防治站坚持"加强领导,密切配合,依靠科学,依法防治,群防群控,果断处置"的方针,取得了全市无重大疫情发生的防控成果,有力保障了畜牧业健康发展。一是全年免疫各类畜禽191.6万头(只),共计使用各类强制免疫用苗300多万毫升(头份);二是开展流行性病学调查4次,摸清了基层养殖底数和疫病流行情况;三是开展集中消毒日活动10次,累计消毒1533万平方米;四是更新补充了近10万元的疫情应急储备物资;五是制作张贴了动物防疫责任公示牌3000块,进一步明确防疫责任制;六是修订完善了口蹄疫、高致病性禽流感、猪蓝耳病、猪瘟、甲型H1N1流感等应急预案和节假日期间的应急预案;七是开展了以兽药管理为主的畜产品安全工作,完成了35个批次的兽药抽检任务,并对经销假兽药的违法行为依法进行了查处,进一步维护了兽药市场的正常秩序。

(李秀华)

林 业

综合工作

【概况】 2009年,全市林业系统紧紧围绕创建国家级园林城市和建设生态文明的总目标,创新机制,真抓实干,全力推进六大绿化工程建设,加大森林资源管理力度,圆满完成了各项工作任务,促进了全市林业又好又快发展。全市全年共完成各类造林7613公顷(11.42万亩),其中国家级工程完成5927公顷(8.89万亩)、省级工程完成687公顷(1.03万亩)、市级工程核桃基地建设完成1000公顷(1.5万亩),完成义务植树200万株。林业产业发展迅速,核桃基地已发展到10533公顷(15.8万亩),苗木基地总面积达819公顷(1.23万亩),当年新增353公顷(0.53万亩)。花卉基地35处,85公顷(1280亩)。森林资源保护力度进一步加大,森林采伐控制在限额之内。全市全年征占用林地收取规费335280元,郊区集体林权制度改革试点全面完成。森林火灾继续控制在低发水平,森林火灾受害率0.4‰。各类林业有害生物发生面积8667公顷(13万亩),成灾面积300公顷(0.45万亩),成灾率3.2‰,比上年下降2.8‰。

(张 艳)

【古树名木资源普查】 根据山西省绿化委员会的安排部署,2008年阳泉市在全境开展古树名木资源现状普查。2009年,阳泉市林业部门又在普查基础上,进一步查遗补漏,汇总建档。截至2009年底,全市共有古树18个科和1个名木27个树种846株古树名木。其中:按年龄分,一级(500年以上)208株、二级(300~499年)189株、三级(100~299年)449株;按地域分,盂县137株、平定县502株、郊区173株、城区8株、矿区1株、开发区25株。

(张 艳)

【林业系统民主评议政风行风活动】 为了切实加强政风行风建设,不断优化发展环境,积极开创林业建设新局面,市林业局认真开展了以"端正政风行风、优化发展环境"为主题的民主评议政风行风活动。通过开展上下联动,人人参与的政风行风评议工作,端正了行风,转变了作风,推动了工作,全林业系统上下形成了"敬业为林、优质服务、文明执法、廉洁高效"的行业新风,各项工作取得了良好效果。一是精心组织,扎实推动行风转变。行风评议工作全面铺开后,市林业局按照全市统一部署,结合林业工作实际和行业特点,认真安排部署,调整充实组织领导机构,制订实施方案,召开动员会议,广泛宣传开展行风评议活动的重大意义,进一步提高思想认识。从市政府法制办、市纪委、新闻媒体、民营林业大户和基层群众中聘请了15名行风监督员,充分发挥社会各界的监督作用。开通各类渠道,创新形式,采取“走出去,请进来”,深入基层调研、召开座谈会、设立意见箱、发放征求意见卡和召开监督员会等多种形式,向相关部门、单位、基层林业工作者、民营林业大户、行风监督员、社区代表等广泛征求意见,共征求到各类意见建议485条。二是强化服务,切实履行部门职能。全市林业系统广大干部职工加强学习、转变作风,变被动服务为主动服务,力求把政策、技术、信息送到基层。做到“领导在一线调研,干部在一线服务,情况在一线掌握,困难在一线解决,措施在一线落实”。仅市林业局机关下乡监督、检查和指导服务的人数就达300多人次,真正把推动六大绿化工程和创建国家园林城市的各项措施落到实处。据统计,2009年共办结各类行政审批事项283件,办理群众咨询100多人次,发放宣传资料3000余份,答复市人大代表、市政协委员建议案、提案6件,进一步提高了各级机关的办事效率,树立了政府机关的良好形象。（张 艳）

造林绿化

【概况】 2009年,全市共完成各类造林7613公顷(11.42万亩),占年度计划6667公顷(10万亩)的114.2%。其中国家生态工程太行山绿化完成造林5133公顷(7.7万亩)、退耕还林荒山造林完成793公顷(1.19万亩)、省级六大绿化工程石太高速铁路沿线造林353公顷(0.53万亩)、交通沿线荒山绿化267公顷(0.4万亩)、科技示范林完成67公顷(0.1万亩)、新建核桃基地1000公顷(1.5万亩)。此外,完善主干道路林带建设200公里,完成园林村绿化100个,义务植树200万株。（张 艳）

【退耕还林工程】 2009年,全市继续把巩固退耕还林成果和完成年度造林任务作为退耕还林的两大重点。一方面对近年来已实施的退耕还林不合格面积进行全面补植补造,进一步提高完善,确保全市8667公顷(13万亩)退耕地和17333公顷(26万亩)配套荒山造林“稳得住、不反弹”。另一方面与六大绿化工程紧密结合,统筹安排,合理布局,优先把任务安排在主干道路沿线两侧,进一步扩大造林规模,增加绿化厚度。全年完成退耕还林793公顷(1.19万亩),占任务的100%,其中栽植人工乔木林267公顷(0.4万亩)、封山育林267公顷(0.4万亩)、栽植干果经济林200公顷(0.3万亩)、薪炭林60公顷(0.09万亩),完成补植补造1933公顷(2.9万亩),生态移民41人,退耕农户技能培训862人。同时,把退耕还林后续产业发展与核桃基地建设有机地结合起来,充分发挥退耕还林的综合效益。（张 艳）

【太行山绿化工程】 太行山绿化是国家拉动内需重点实施的生态工程,也是阳泉市“山上治本”的主体工程。该工程立足工程任务量大(占到全市总造林任务的75%),且投资标准低(国家每亩投资只有100元)的实际情况,为确保工程建设的质量和效益,一方面选择乡土树种,大力推广容器苗和直播造林新技术;另一方面充分发挥大户优势,把零星分布的小工程整合成集中连片的大工程,继续按照“三高(规划起点高,施工标准高,科技含量高)四精(苗精选、地精整、树精栽、林精管)五配套(林、路、碑、牌、标)”的标准,与封山育林、封山禁牧工程相结合,最大限度地发挥国家工程的生态效益和社会效益。2009年,全市完成太行山绿化示范工程人工造林4600公顷(6.9万亩),占任务的100%,封山育林533公顷(0.8万亩)。（张 艳）

【通道绿化工程】 2009年,全市通道绿化工程继续坚持以通道绿化为突破口,对两条循环路(市区→桃林沟→甘河→李家庄→李荫路→街上公园入口→街上公园出口→阳盂路郊区段→清城收费站→阳盂路盂县段→乌玉→314省道→仙人→207国道盂县段→十八盘出省口→207国道郊区段→玉泉路→义白路→市区;市区→三岔口→冠山旅游路→冠山→小蘑菇度假村→冶西北川路→北茹绿化景区→冶西村→五矿办公区→范家庄→龟背山→宋家庄→松树山→平定路→北岭坡绿化区→市区)、太旧高速公路、京太高速铁路、207国道、307国道实施全方位、高标准的绿化工程,采取“三清、两保”(清临建、清垃圾、清煤场,保连接、保厚度)措施,进一步拓展了造林空间。主干道路沿线一律规划20米以上的宽林带,全部栽植5厘米以上大苗。完善主干道路林带建设200公里,占计划的100%,平均成活率达到90%以上,取得了规模大、标准高、模式新、措施硬的新突破。郊区进一步加大阳盂路杨树沟至苇泊段通道绿化完善工作,栽植各类花灌木30万余株,共绿化林带近5公里,绿化面积11万平方米,栽植各类苗木约50余种,完善提高大型景点绿化5处,约3万平方米。盂县京太高速铁路绿化工程严格招投标程序,高标准完成沿线造林353公顷(0.53万亩),占任务的100%,栽植新疆杨、五角枫、火炬、油松、侧柏等大规格苗木59万株。（张 艳）

【沿线荒山绿化工程】 2009年,市林业部门针对全市荒山造林立地条件差、造林难度大、成活保存率低的客观实际,科学配置耐干旱、抗瘠薄的乡土树种,严把整地关、苗木规格关和栽植关“三关”,抢抓春雨两季最佳造林季节，突击进行整地和栽植。选择侧柏、油松、五角枫、香花槐、火炬、山桃等耐干旱、抗瘠薄的乡土树种，石头坡上全部用石头垒边，外高里低，保土蓄水，没有土或土层不够的全部换土，阔叶树苗木栽前在水中浸泡48小时，针叶树苗木全部选用带土胎大规格苗木，确保一次造林成功见效。特别是两条循环路造林工程，标准高、质量好，绿化成效十分明显。全市全年通道沿线目及范围高标准实施荒山造林267公顷（0.4万亩），占计划的100%，成活保存率达85%以上。（张　艳）

【环城绿化工程】 2009年，市、县（区）、乡（镇）环城、环镇绿化工程因地制宜，积极开展绿化工程建设。市、县两级全年共完成环城荒山造林133公顷（0.2万亩），占计划的100%。市区环城绿化重点布局在新景矿背后和北岭坡空档区域，工程建设全部采用反坡条田整地，油松、侧柏苗木规格高1.5米，冠幅40厘米以上，高标准完成荒山绿化67公顷（1000亩），占计划的100%。各县（区）环城绿化因地制宜、科学规划，环城林带、荒山造林、景区建设全面展开。平定县继续把冠山、松树山等“七山”以及平定路、冠山路“两路”作为环城绿化的主体工程，以进一步扩展连片为主题，重点实施了松树山城郊森林公园二期扩建、中社虎神庙绿化，并配置了建筑景点、硬化了景区道路，搭起了城市森林公园的框架。郊区把环城绿化工程主要布局在街上、坪上、刘备山一带，突出景区建设，努力在加密、增厚、立体绿化三个方面做文章，高标准完成环城绿化任务66.67公顷（1000亩），栽植侧柏、刺槐等11万株。盂县环城绿化突出“六个山头（水神山、杏山、高城山、茄坪山、霞峰山、狐子山），四个绿化景点（高速铁路阳泉北站绿化景点、西城武绿化景点、小坪梁绿化景点、古咀绿化景点）”建设，着力建设香河绿化带，基本形成环城绿化大框架。（张　艳）

【园林村镇绿化工程】 2009年，按照园林村“四个一（绿化一条入村道路、建设一条环村林带、美化一条主要街道、建成一个绿化景点）”绿化标准，全市各村投入大量资金和劳力，统一购买绿化苗木，拆除清理废弃建筑物，整修扩大绿化场地，大搞村庄园林景点建设。各县（区）充分调动乡村两级的积极性，科学组织、广筹资金，园林村建设迈出可喜步伐。全市全年完成园林村绿化100个，占任务的100%。（张　艳）

【厂矿区绿化工程】 2009年，在六大绿化工程建设快速推进的大好形势下，全市机关单位、厂矿企业抢抓机遇，添绿补缺，大搞庭院绿化和厂矿区绿化美化。全市各企业厂矿完成荒山造林153公顷（0.23万亩），占计划的100%。特别是阳煤集团，把厂区庭院绿化和矸山治理纳入重点建设项目，完成厂区庭院绿化23万平方米，实施矸山治理82公顷（1230亩），累计达到221公顷（3317亩），为全市厂矿区绿化起了示范作用。（张　艳）

【桃河生态修复工程】 桃河是阳泉的“母亲河”。长期以来受干旱气候和煤炭过度开采的影响，桃河流域植被减少、水土流失加剧、生态面貌不佳。为迅速启动桃河流域环境综合治理和生态修复工程，市林业局与市发改委紧密配合，在认真调查规划、广泛征求意见的前提下，科学制定了《阳泉市以桃河流域为重点的生态环境综合治理工程林业项目实施方案》和《阳泉市以桃河流域为重点的生态环境综合治理工程2009年度林业项目实施方案》，并于2009年6月中旬通过省级专家评审，省发改委于7月22日正式批复。该工程2009年下达全市人工造林任务533公顷（0.8万亩），封山育林2400公顷（3.6万亩），争取省级投资500万元。截至年底，该项工程完成人工造林433公顷（0.65万亩），封山育林2400公顷（3.6万亩）。（张　艳）

林业产业

【概况】 2009年，阳泉市立足资源优势，坚持集中连片、规模发展、突出特色的发展原则，不断扩大林业产业建设规模，提高发展质量，优化结构布局，林业产业不断发展壮大。2009年全市林业总产值收入达到24586万元，其中第一产业（造林育苗、木材采伐、经济林产品收入等）12804万元、第二产业（林木加工）11000万元、第三产业（林业旅游）782万元。（张　艳）

【核桃基地建设】 核桃基地建设是阳泉市农业结构战略性调整实施的两大支柱产业之一，也是林业“产业增效”的重点项目。截至2009年，全市核桃基地已发展到10533公顷（15.8万亩），已有50%的幼树开始挂果，急需加强科学管理。为此，市林业部门积极调整建设思路，由前几年的发展为主迅速转向发展与管理并重。一是加强技术指导、培训和服务。按照全市农村工作会议精神，经过严格推荐、筛选和考核等程序，按期完成了市级核桃管理技术服务队增员计划，并及时组织召开了总结表彰会和技术培训会。全市70名队员已调整划分为3个大组18个工作小组，分赴两县一区32个乡（镇）415个包点村（户）的核桃生产第一线，对核桃基地建设全面开展科学管理和指导服务。2009年全市高标准完成新栽面积1000公顷（1.5万亩），占计划的150%，补植补造707公顷（1.06万亩），占计划的106%，总用苗量40.4万株，总产量200万公斤，产值4211万元。二是组织有关乡（镇）外出考察核桃加工项目。由市核桃产业协会牵头，与市农村服务中心联合，组织有关乡村和企业，赴汾阳核桃深加工龙头企业，对核桃产品的深度开发项目进行了前期考察和调查研究，通过调查了解掌握了核桃油加工情况，并同中科院北京分院植物研究所采后生理病理学实验室徐勇教授进行了技术洽谈,为核桃产品开发奠定了基础。截至2009年底,全市15个重点乡镇对核桃基地科学管理的重视程度进一步提高,基地村农民群众科学间种、科学管护的意识进一步增强。 (张 艳)

【苗木基地建设】 2009年,面对造林绿化任务的不断增加,各级林业部门不断加大对种苗基地的建设力度。全市共建成各类育苗基地111个,其中国有场圃4个、乡村集体苗圃9个、个人育苗基地98个。苗木品种100多种,总育苗面积820公顷(1.23万亩),其中新育苗353公顷(0.53万亩),占任务的106%,产苗量3249.8万株,培育容器苗200万株。同时,结合国家发展优良木本粮油树种和生物质能源树种的要求,确定文冠果为阳泉市林木种苗产业和良种选育的发展特色。2009年春季在盂县仙人乡建设文冠果采种林13.3公顷(200亩),繁育圃0.7公顷(10亩)。累计建成文冠果采种林33.3公顷(500亩),繁育圃2公顷(30亩),在全省规模最大。全市林业工程建设除部分大苗相对短缺外,当地苗木基本涵盖了全市荒山造林、城市绿化、通道绿化、经济林基地建设的用苗需求,为全市六大绿化工程建设和园林城市创建作出了贡献。 (张 艳)

【花卉产业】 2009年,阳泉市依托自然优势,抓住创建国家园林城市的大好机遇,大力发展花卉产业。全市已建起花卉基地35处,85.3公顷(1280亩)。其中保护地栽培10.1公顷(151亩)、露地栽培75.3公顷(1129亩),培育各类苗木花卉530万株(盆)。办起规模较大的花店49个,总产值1160万元。全市达5000平方米的大型花卉生产基地6处、达3000平方米以上的9处、达2000平方米以上的19处,全市花卉产业得到稳步发展。

(张 艳)

【森林旅游】 2009年,药林寺、冠山、狮脑山等省级森林公园,通过加大资源综合开发力度,强化内部基础建设,完善旅游服务设施,积极在经营管理上下内功,与交通、旅游等相关部门加强横向联系,互补资源优势,扩大对外开放和服务力度,接待能力得到明显提高。森林旅游不仅丰富了全市城乡居民的物质文化生活,而且通过合理开发,有效地提高了反哺国有林业的能力。2009年,全市共接待游人4.16万人,创收45万元,比上年增长38.7%,取得了较好的社会效益和经济效益。同时,市林业局积极向省林业厅申报平定松树山、盂县水神山、郊区刘备山3个城郊型森林公园,经省森林公园管理中心综合评判,2009年先期将平定松树山列入补助范围,并下拨建设资金40万元。

(张 艳)

林业管理

【森林资源管理】 2009年,全市森林资源管理工作进一步强化。一是积极开展各类实施方案编制工作。随着林业工程管理的不断完善和规范,前期工作量越来越大,对管理工作标准要求也越来越高,按照省林业厅安排部署,结合阳泉市实际,市林业局组织开展了林场经营方案、桃河流域实施方案、公益林划分实施方案以及郊区碳汇林项目实施方案编制工作,为有序开展各项林业工程项目奠定了良好的基础。二是严格征占用林地审核审批。为进一步强化各级政府和林业主管部门的责任意识,规范林地管理工作,市林业部门对征占用林地实行层层把关,严格审核审批程序,尽量减少林地的征占用,对确需征占用林地的,限期恢复森林植被,减少林地流失。坚决杜绝了未批先占、少批多占、不批而占的现象。2009年全市受理审核征占用林地项目3起,省厅审核批准3起,总面积63.09公顷(946.34亩),收缴森林植被恢复费474.91万元;办理林木采伐许可证58份(张),采伐林木蓄积1779.5462立方米,占省批准采伐限额指标的16.51%。三是严厉打击各种破坏森林资源的违法行为。按照省林业厅的统一部署,开展了"绿盾三号"专项行动,对乱砍滥伐等林政案件进行侦破查处,有效遏制了乱砍滥伐、乱占林地的势头。特别是经过市、县办案人员一个多月的奋战,办结了山西省挂牌督办的10起案件之一、由国家林业局行政案件稽查办公室批转的"阳泉市盂县南娄镇陈家沟村村委会乱砍滥伐林木案",并通过媒体将案件查处结果公开曝光,在社会上反响强烈。据统计,在"绿盾三号"行动中全市共出动人员800人次,车辆50台次,排查各类森林案件线索40余条,清理征占用林地场所2处,行政处罚9人,林政罚款335280元,恢复林业用地0.86公顷(12.9亩)。 (张 艳)

【封山禁牧】 按照《山西省封山禁牧办法》规定,阳泉市已于2008年6月1日起全面实施封禁。为了巩固封禁成果,市林业部门进一步强化组织领导,明确职责,坚持宣传和教育相结合,科学引导和严格管制相结合,积极实施,稳步推进。全市野外散养羊群数量大幅下降,植被得到恢复,生态环境得到了有效保护和改善,截至2009年,全市散养的山羊的数量由封禁前的32万只下降到1.02万只,下降率96.8%;舍饲养殖牛、羊3.8万只(头),其中牛3.1万头、羊0.7万只,固定牛舍、羊舍29.6万平方米,逐步走上了农、林、牧和谐发展之路。

(张 艳)

【集体林权制度改革】 全省《集体林权制度改革试点工作方案》下发之后,2009年3月28日,市林业局组织郊区各乡(镇)分管领导到灵石县参观学习。5月,抽调8个业务科室、16名业务熟悉、责任心强的工作人员,深入郊区包乡(镇)、包重点村,积极开展林改指导和督查。首先,采取以会代培办法,认真学习贯彻中央关于集体林权制度改革的有关精神。参加培训人员包括乡(镇)、村林改领导组和工作小组全体成员共计500多人。其次,于7月4日,由王敬瑞副市长亲自主持召开了林改工作汇报会和再动员会。再次,为了加快林地面积勘界进度,利用学校放假的机会,聘请太原理工大学阳泉学院在校学生40多名,帮助各村开展面积勘界调查。截至9月底,全市林改主体改革任务全面完成。本次林改全市共发放林权证1.1万份,涉及125个村,农户28619户,确权林地面积为16133公顷(24.2万亩),确权率达到99%。家庭承包率达到87.7%,实现分山面积10800公顷(16.2万亩),联户承包的面积3333公顷(5万亩),群众满意率达到100%。 (张 艳)

森林资源保护

【森林防火工作】 2009年春季,针对全市热点、火点居高不下,火情事故接连不断的严峻形势,市防火指挥部先后三次召开森林防火紧急会议。在进一步加强森林防火责任、预防、扑救三大体系建设的同时,着重在两项硬措施上下功夫。一是加大巡查监控力度,在预防上下功夫。组织重点林区、重点乡镇护林队伍严密看管、瞭望塔人员昼夜监控,市、县(区)、乡(镇)三级共出动宣传督查车辆146部、1600多人,努力消除火情隐患。2009年7月,由市林业局与阳泉移动分公司共同合作建设的市森林远程视频监控系统正式启动,经过4个月的建设、安装、调试,监控系统主体工程已全部安装完成,并正式进入运行阶段。森林远程视频监控系统的正式启动,对掌握全市森林资源动态,有效预防森林火灾的发生以及火灾的扑救起到了重要作用。通过全市层层不间断巡查督查,有效控制了热点、火点的高发态势。二是加强扑火应急队伍建设,在扑救上下功夫。市、县两级财政支出专项资金,在20个重点乡(镇)组建灭火应急队伍1500人,以应对突发火情,做到了早发现、早出动、早扑灭。由于2009年春季气候异常,加之群众防火意识不强,全市发生森林火灾9起,过火面积755公顷(11322亩),受害林地面积159公顷(2379亩),受害率0.4‰。全市森林火灾受害率控制在1‰以内。 (张 艳)

【林业有害生物防治】 2009年,全市林业有害生物防治继续坚持"预防为主、科学防控、依法治理、促进健康"的方针,以"四率"(林业有害生物成灾率、林业有害生物无公害防治率、林业有害生物种苗产地检疫率、林业有害生物灾害测报准确率指标)"一降三提高"(降低林业有害生物成灾率,提高林业有害生物无公害防治率、林业有害生物种苗产地检疫率、林业有害生物灾害测报准确率)为目标,全面控制林业有害生物的发生、蔓延和危害。全年全市各类林业有害生物发生面积8667公顷(13.0万亩),成灾面积300公顷(0.45万亩),成灾率3.2‰,比2008年下降2.8‰。面对严重灾情,各级森林防护站不等不靠,一是积极筹措资金43.67万元,购买农药7.5吨,悬挂诱捕器300个,投放赤眼蜂1.6亿头,动用喷雾器械20万台次,投工投劳15万个。全年无公害防治各类林木病虫害7667公顷(11.5万亩),无公害防治率达88.4%,比2008年提高3.2%;二是全面加强监测网络建设,根据全市林业有害生物发生规律合理配置红脂大小蠹等病虫害监测网点39处,配备监测调查工具,培训观察调查人员,对全市78000公顷(117万亩)林地实施监测监控,灾害测报准确率达85%,比2008年提高14%;三是依法开展森林植物检疫工作,严防危险性病虫传播,种苗产地检疫率达到97.4%,比2008年提高1.4%;复检调运苗木753万株;对调出的4750立方米木材按照规定进行了调运检疫,把危险性有害生物拒之门外,有效保护了阳泉市造林绿化成果。 (张 艳)

农业机械

【概况】 2009年,市农机局围绕全市"3+2(3个主导产业即畜牧业、蔬菜、核桃,2个潜力产业即小杂粮、生态林业产业)"农业产业化富民工程,注重实效,突出特色,抓住关键,努力寻找工作的切入点和突破口,着力实施农业机械化"1234(打造一个平台、建设两个体系、实施三项重点工程、在四项工作上取得新突破)"工程,经过全市农机工作者的辛勤努力,圆满完成了各项任务。 (杨秀明 李慧斌)

【农业机械装备水平】 截至2009年底,全市农业机械总动力121.73万千瓦,比2008年的118.88万千瓦增加了2.85万千瓦;农用拖拉机为拥有量7452台,比2008年的6781台增加了671台;农用运输车达到21240台;农用三轮车达11562台;机引犁、机引播种机、铺膜机、秸秆还田机等农用配套机械达到11404台,比2008年的10901台增加了503台。随着阳泉市农机购置补贴惠农政策的深入贯彻落实,全市的农机装备有了大幅度提高,配套机具也有了明显改进。

(杨秀明 李慧斌)

【农业机械化安全生产】 2009年,全市农机安全监理培训工作牢固树立安全发展的理念,以农机安全生产专项整治为主线,加强组织领导,落实各项制度,强化防范措施,加大宣传力度,强化农机经营组织的安全生产主体责任和农机监管主体责任的落实。全年全市无死伤农机事故发生;在册拖拉机联合收割机2428台。新注册登记机车1013台,其中变型拖拉机556台,拖拉机、联合收割机注册登记457台。拖拉机、联合收割机检验1173台;全市在册驾驶员1141人;全市新训新考驾驶员712人,其中持大中型证G本的537人、持小型H本的55人;全市农机安全生产专项整治排查摸底2535台动力农业机械,其应注册拖拉机313台,实际注册登记313台;应检验注册拖拉机88台,实际检验88台。 (杨秀明 李慧斌)

【农机新技术新机具推广】 2009年,市农机局严格按照省、市下达的计划任务,及早部署,严格管理,科学规划,制定了《阳泉市2009年农机化技术推广重点项目计划》,全年完成机收面积3726.67公顷(5.59万亩),完成任务2000公顷(3万亩)的186.3%;设施农业机械化配套工程,新增卷帘机1410台,完成计划100台的1410%;新增微耕机298台,完成计划30台的993%;实施面积74.67公顷(0.112万亩),完成计划66.67公顷(0.1万亩)的112%。农作物秸秆机械化综合利用技术新增还田机27台,完成计划20台的135%,农作物秸秆综合利用技术推广面积2.32万公顷(34.8万亩),完成任务1.07万公顷(16万亩)的217.5%;机械化节本增效工程新增示范区666.67公顷(1万亩),完成计划666.67公顷(1万亩)的100%。 (杨秀明 李慧斌)

【农机市场监管】 2009年,全市各级农机部门充分发挥监管职能,有效提升农机产品质量、作业质量、维修质量和服务质量水平,促进了全市农机市场的健康发展。一是积极开展"3·15"农机维权宣传活动。2009年的"3·15"农机维权宣传活动以"质量监管,维权护农"为主题,主会场设在平定县,同时盂县、郊区设立了分会场;全市共投入宣传车辆5部,制作宣传版面9块、宣传条幅4幅;整个活动共散发宣传资料2000余份,解答群众各类疑问和咨询100多人次,受到了广大消费者的极大关注和一致好评。二是进一步完善全市农机质量监督管理体系建设。市农机部门认真贯彻落实全省农机化质量工作会议精神,不断增强质量意识,加快阳泉市各级农机质量监管体系建设,开通农机质量投诉网上报告系统,及时上报重大质量投诉事件,提高质量监管水平。三是拓宽农机质量投诉受理渠道,提高投诉受理工作水平。全市各级农机质量投诉站认真开展了农机质量投诉受理工作,通过各种渠道和形式,向社会公布农机质量投诉电话。农机质量投诉站本着依法维护各方当事人合法权益的原则,科学公正、廉洁高效地妥善调解和处理各类农机质量纠纷。2009年全市共受理并妥善处理农机投诉7起。四是做好玉米收获机质量抽查工作。2009年,市农机局在全市范围内开展了玉米收获机的质量调查工作。通过调查发现,几个品牌的收割机在本地一些玉米结穗高度低、果穗下垂率适应性上都较差,普遍在传动部分的皮带及链条方面易损,在售后服务上有待进一步提高。 (杨秀明 李慧斌)

【农机服务社会化】 农机大院是农机合作组织的有效载体和必要场所,能够在解决广大农机户机具"存放难"问题的基础上,促进农机户走向合作,也有利于农机合作组织的更好发展。2009年,市农机部门把农机大院作为建设农机社会服务体系的中心工作,一是完善农机大院职能,使农机大院具备零配件供应、维修保养、信息咨询和组织作业等基本职能。二是做好规划,各县区要对农机大院进行科学布点,分类建设,规模要适度,形式要多种多样,使农机大院辐射全市农村。三是搞好服务,帮助农机大院建立管理制度、确定收费标准等,使农机大院在较高的起点上面向市场,开展机械化作业。四是要组织好春秋两季的农机常规作业,创新管理服务模式,发挥农机大院的桥梁纽带作用,完善农机跨区作业信息系统。2009年,全市实施机耕面积3.77万公顷(56.54万亩),完成任务3.33万公顷(50万亩)的113.08%;实施机播面积3.66万公顷(54.84万亩),完成任务2.67万公顷(40万亩)的137.1%。 (杨秀明 李慧斌)

【农机科技工作】 2009年,市农机部门及其科技人员认真研究推广农民实用机械,为调整农业结构、增加农民收入、实现全市农业和农村经济发展的目标作出了贡献。一是完成了省农机局和市科技局下达的《秸秆气化材料加工设备(树枝粉碎机)》项目科研任务。2009年,市农机部门围绕全市社会主义新农村建设,进行了秸秆气化材料加工设备的推广示范,在推广使用生物质气化炉项目中,针对解决秸秆气化材料问题,经过考察、论证,引进了北京顺诚明星农牧机械厂生产的SZFS—600型树枝粉碎机一台,在郊区杨家庄乡进行试验、改造,辐射推广周围3个村的气化炉原料加工。此课题获得省农机局"2008年现代农机科技开发推广项目计划任务"和市科技局2009年科技项目立项。二是进行生态农业工程技术机械化示范调研。为了引导农民调整经济结构,提高农业生产力水平,进行畜牧养殖机械化技术示范研究,市农机局组织科技人员到郊区义井镇牛家峪村进行了考查、调研,并购置了草粉加工机械及配套设备。通过该项目的实施,每亩可增加收入50元,通过试验示范辐射带动实施了66.67公顷(1000亩),总计增收5万元,养殖增收50万元,利用沼气减少煤炭费用15万元。该项目不仅增加了农民收入,还解决了农民秸秆焚烧带来的环境污染,经济效益和社会效益明显。三是做好农产品加工装备摸底工作。农机人员深入县区进行调研,完成了2009年农产品加工的调查统计年报。据调查,全市各类农产品加工机械拥有量为3225台(件),其中碾米机970台、磨粉机1267台、榨油机205台、果蔬机械13台、包装机械16台、畜牧机械754台。(杨秀明 李慧斌)

【农机工作会议】 2009年4月22日,全市农机工作会议召开。会议总结了2008年全市农机化工作,客观分析农机化发展面临的新形势新问题,部署了2009年全市农机化工作。各县区农机局的负责人参加了会议。会议由局党组成员、副局长马占元主持。市农机局党组书记、局长沈文光代表局党组做了题为《学习实践科学发展观,全力推动我市农机化事业健康发展》的工作报告,并与各县区农机局局长签订了农机安全生产责任状。会上,对2008年来全市农机系统涌现出的先进单位和先进个人进行了表彰。

（李慧斌）

【免费为田间作业拖拉机联合收割机挂牌发证】 2009年,市农机局从为民办实事出发,以惠农、支农、强农为目的,多次到农村调研,了解农民的实际需求,盂县是阳泉市的农业大县,拖拉机拥有量多,但农民申请注册、挂牌积极性不高,农机安全存在一定隐患,为消除安全隐患、保障农民生命财产安全,市、县农机局积极寻找对策,努力争取财政支持,试点开展免费为田间作业拖拉机、联合收割机挂牌发证工作。此项工作的展开,使盂县农机局成为全省首家免费为拖拉机挂牌服务的县区,受到了群众好评。

随着为拖拉机、联合收割机免费挂牌发证工作的开展,为全市农机工作带来了两个质的转变。一是工作作风有了质的转变,变过去农民兄弟上门来办事为现在农机工作人员走下去为民服务。二是管理方式有了质的转变,变过去收费型管理为现在的服务型管理,拉近了农机部门与农民之间的关系,使农民兄弟深深感受到了党的惠民政策的温暖。　（李慧斌）

【"三项行动"和专项整治工作】 2009年,市农机局党组对农机安全生产工作高度重视,科学部署,细致工作,积极开展了"三项行动"(宣传行动、执法行动、教育行动)和安全专项整治工作,夯实了农机安全生产的基础,取得了预期的效果。一是成立机构,落实人员,明确任务。市人民政府办公厅下发《阳泉市人民政府办公厅关于印发阳泉市农机安全生产专项整治工作方案的通知》,成立了王敬瑞副市长为领导组组长、农机局沈文光局长为常务副组长的专项领导组,并与县区签订了责任书。市农机局成立了以马占元副局长任组长、县区局长等人为成员的"三项行动"领导组。二是广泛宣传,营造氛围,搞好培训。充分运用广播、电视、报纸等宣传媒体对农机安全生产的法规政策,安全常识等方面进行广泛宣传报道,举办了讲座,在全市形成了重视农机安全的良好氛围。三是积极创新,有序推进,惠农扶农。为了完成山西省农机局下达的3个"百分之百"任务,提高全市拖拉机的挂牌率、检验率和驾驶员的持证率,各县区农机局积极开拓创新,制定惠农政策,如平定县农机局为挂牌车辆柴油补贴、盂县农机局免费进村入户为农机户挂牌等,创造了有效可行的经验。四是认真摸底,细化制度,强化管理。市农机部门对全市农机具拥有情况开展了调查摸底工作,掌握了第一手资料,整理后汇编成册,归档管理。同时,强化了对农机大户和农机驾校的管理,对驾校驾驶员的培训报名、体检、考核进行了抽查和跟踪,从驾驶员报名开始,全面审验新报名驾驶员的档案,做到手续规范齐全,安全生产管理制度齐全,驾驶人员培训到位,使整个驾校的工作有一个大的提升。五是克服困难,提前完成,效果显著。2009年,全市完成3个"百分之百"(应上户百分之百、应检验车辆百分之百、注册车辆持证率百分之百)和各县区50户农机拥有户的调查以及驾校的规范化管理这些硬指标。

（李慧斌）

【平定县农机局在全省率先全面完成农机专项整治任务】 2009年,平定县农机局紧紧围绕省农机局下达的3个"百分之百"这个硬任务,结合创建"平安农机"和"三项行动"活动,展开深入细致的工作,到2009年9月上旬在全省率先全面完成了3个"百分之百"的任务。一是加强宣传,广泛发动。通过各种媒体、庙会等形式散发资料、张贴宣传画3000余份,营造出良好的安全专项整治氛围。二是政策拉动,规范管理。积极出台《平定县2009年度农业机械燃油补贴实施办法》,对两证齐全并参加年度检验的机车按功率大小进行300元~1000元不等的燃油补贴,大大提高了农机驾驶员接受管理的主动性和自觉性。三是减免费用,让利于民。对于上户、办证的机手只收取必要的工本费,对于特别困难的机手实行先办手续后交费。四是真抓实干,力求实效。分3个组深入全县基层,进村入户,上门服务,做到上户、办证、照相、体检等一条龙服务,收到了良好的效果。

（李慧斌）

【农机购置补贴】 2009年,全市实现农机购置补贴1328万元,完成任务600万元的221.33%;带动农民投资2900万元,完成任务1500万元的193.33%;购置农机具4067台套,完成任务1500台套的271.13%。2009年,全市各级农机部门认真贯彻国家、省的有关精神,积极开展农机补贴工作,及时将补贴款下发到位,极大地调动了农民购买农机具的积极性。农机购置补贴工作中呈现出了以下几个特点:一是农机补贴范围更为广泛,由2008年的11大类33个小类扩大到13大类36小类,包括耕整地机械、种植施肥机械、排灌机械、畜牧水产养殖机械等105个品目机具;二是补贴比例有所提高,100马力以上大型拖拉机和高性能青饲料收获机、大型免耕播种机、挤奶机械补贴单机限额都由原来的8万元提高到12万元,让农民得到了更多实惠;三是购机补贴实现网上审批,进一步方便了农民购买农机,确保了农民买得称心、用得放心;四是全市的农机投入资金创历史之最,补贴范围更广、补贴比例增加,80马力以上拖拉机和玉米收获机、薯类收获(种植)机械在中央财政补贴资金的基础上,可分别享受省级财政资金给予的10%和15%累计补贴的优惠政策,使农民购置大型农机的比例较往年有一定增加;五是购置大型收获类机械数量有所提高,如自走式玉米收获机、自走轮式谷物联合收割机等,这些机械不但可以用于自家耕作,还作为一种增收新渠道受到农民的普遍欢迎。 (李慧斌)

【机械化保护性耕作农业工程】 2009年,阳泉市加大了机械化保护性耕作项目的实施力度,各项建设任务进展顺利。全年全市实现机械化保护性耕作面积1333.33公顷(2万亩),其中盂县666.67公顷(1万亩)、平定县533.33公顷(0.8万亩)、郊区133.33公顷(0.2万亩),完成任务1333.33公顷(2万亩)的100%。项目实施地点选择在平定县、盂县、郊区的9个乡镇33个村,建立了盂县苌池镇、南娄镇、西烟镇,平定县张庄镇、巨城镇、东回镇,郊区白泉机械化保护性耕作示范区。其中高标准试点区面积完成666.67公顷(1万亩)高标准示范田面积666.67公顷(1万亩),完成任务的100%,辐射推广面积666.67(1万亩)。2009年新增保护性耕作机具113台,完成任务20台的565%,其中包括各种型号深松机3部、各型播种机20部、旋耕机27台。全市实施机械化保护性耕作的耕地玉米平均亩产548.6公斤,比对照田增产20%,亩省工5个,亩增收节支243.72元,在取得经济效益的同时,也获得了很好的生态效益和社会效益。

在项目实施过程中,市农机部门采取有效措施,确保了项目的顺利完成。一是加强组织领导,明确任务指标。市农机局与各县区农机部门签订了责任书,把建设任务分解并落实下去。盂县、平定县、郊区都成立了有分管县长及各有关部门领导参加的保护性耕作项目领导组,并与各乡镇农机站签订了目标责任状,确保了任务的顺利完成。二是加强宣传教育和培训工作。为了加大宣传力度,使广大农民主动实施机械化保护性耕作技术,市农机部门派出技术人员在农忙时节对机械化免耕播种等作业情况进行了跟踪指导,使机械化保护性耕作技术受到了农民的普遍欢迎,有力地推动了这项工作的开展。2009年,全市共召开保护性耕作现场会和技术培训4次,培训技术人员及农机操作手4000人,散发宣传资料4000余份,发放保护性耕作挂图4500张。其中,4月17日,平定县农机局在前黄安村举办了示范区农户、农机操作手和村镇等有关负责人参加的机械化保护性耕作技术培训班;9月中旬再次召集农机大户和农机操作手进行了为期15天的秋季农机操作手培训,系统地讲解了机械化保护性耕作技术的发展和技术内涵。三是加大资金投入力度,保证建设质量。在用好国家投资的基础上,农机部门积极争取地方配套资金,建立"引导、扶持型"投入机制,对农民购买机具实行部分补贴,全市全年投入机械化保护性耕作项目支持资金223.73万元,其中国家补贴资金77.67万元、省级资金26万元;盂县投入资金58.45万元,平定县投入资金128.68万元,郊区投入资金36.6万元。 (李慧斌)

综合工作

【概况】 2009年，在市委、市政府的正确领导下，全市水利系统干部职工坚持以科学发展观为统领，紧紧围绕全省兴水战略和全市"统筹城乡、率先转型、全面崛起、富民强市"的战略目标，积极践行可持续发展治水思路，提升水利管理水平，加速推进水利建设，水利体制改革取得新突破，防汛抗旱取得新成效，水利工作呈现出又好又快发展的强劲势头，全面完成了省、市下达的各项任务指标。全市全年水利投资突破3亿元，比上年增长50%，其中到位省级以上资金6974万元、市级资金4500万元，创历史新高。

（陈阳春）

【水利专家库建立】 2009年4月，阳泉市水利科技咨询专家库建立。入选专家库的专家按照"自愿申请、单位推荐、资格认定、按需选取、动态管理"的原则，由山西省水利系统具有中级职称以上、实践经验丰富的技术人员及相关科研院所、高等院校等单位的教授组成，共计各类涉水专业专家50人。水利专家库的建立，标志着阳泉市水利行业有了系统的技术储备、人才资源，可以更好地发挥专家在水利行业的技术指导作用，为行政领导决策提供科学依据，为涉水行业提供相关的宏观决策咨询、项目论证、工程评审等服务，进一步推进水利管理工作的科学化、规范化、程序化。进入阳泉市水利科技咨询专家库的专家，将参与阳泉市水利基本建设项目的勘察、规划、设计（包括项目建议书、可行性研究报告、初步设计报告、施工详图设计、重大设计变更）等审查，以及重大项目前期方案的论证。

（陈阳春）

【水资源费征收标准调整】 2008年12月30日，山西省物价局、财政厅、水利厅联合以晋价商字〔2008〕406号文印发了《关于促进节约用水调整我省水资源费征收标准的通知》，决定于2009年1月1日起，进一步提高全省的水资源费征收标准。在维持现行水资源费征收范围不变的基础上，提高水资源费征收标准。自备水源一般用途取用水、地表水和地下水分别由原来的每立方米0.5元和1元提高到1元和2元（地下水超采区由1.2元提高到3元）。另外还规定城镇公共供水和水利工程供水供工业、商业、经营服务业使用，地表水、地下水分别由原来的每立方米0.25和0.5元提高到0.50元和1元（地下水超采区由0.6元提高到1.5元）。该文件针对城镇公共供水和水利工程供水水资源费不易操作的问题，规定在最终供水环节采用价外附加的方式征收水资源费。为严格控制地下水开采，将超采区和非超采区水资源费标准差别幅度由原来的20%提高到50%；针对现行标准对高耗水、高污染行业差别水资源政策不易操作的弊端，还对差别水资源费征收对象和标准作了明确规定；还大幅度提高了采矿排水水资源费征收标准，规定排水量每立方米征收1.2元的水资源费，对没有安装排水计量设施的采矿企业，按照开采吨矿石或原煤3.00元计征水资源费。

2009年又下发了晋价商字〔2009〕200号文《关于采矿排水水资源费征收事项的补充通知》，对采矿排水水资源费的征收标准做了进一步明确，要求从2009年1月1日起，采矿排水水资源费统一暂按每吨原煤或原矿3.00元计征水资源费。（陈阳春）

水利工程

水保生态建设

【概况】 2009年，全市水保工程建设紧紧围绕"三城同创"的总体部署，争取省以上各类水保投资1072

水 利

万元,超额完成了市政府工作目标任务。国家水保重点建设工程二期项目重点在郊区北部、平定县娘子关、盂县龙华河三大项目区实施,共综合治理水土流失面积74.1平方公里,完成投资2160万元,完成任务的102.9%。同时,在项目区的19个村实施了巩固退耕还林成果水利项目,完成基本农田建设373.3公顷(5600亩)。年内,狠抓了个户治理和大户奖励"两个机制"的落实,充分调动了农户的积极性,促进了水保治理的快速发展。(陈阳春)

【国家水保重点建设工程】 阳泉市国家水土保持重点建设工程二期项目自2008年实施以来,以项目区为单位,以小流域为单元,体现行业特色、突出综合治理、创新发展机制、强化项目管理,重点在郊区北部、平定县娘子关、盂县龙华河三大项目区实施水保工程建设,2009年共综合治理水土流失面积74.1平方公里,完成投资2160万元,完成任务的102.9%。其中,郊区阳北项目区实施河底、狮脑山、苇泊河、燕龛4条小流域,综合治理水土流失面积24.1平方公里;平定县娘子关项目区实施岔口、张山峪、岳家庄3条小流域,综合治理水土流失面积24平方公里;盂县龙华河项目区实施西掌、肖家汇、上社3条小流域,综合治理水土流失面积26平方公里。截至2009年底,全市完成二期水土流失综合治理面积113.5平方公里,完成项目总投资3306万元。

(陈阳春)

【巩固退耕还林成果水利项目】 2009年,山西省水利厅下达阳泉市巩固退耕还林项目基本农田建设任务373.3公顷(5600亩),工程分布在两县一区的19个村,其中平定县基本农田建设任务为153.3公顷(2300亩)、盂县基本农田建设任务为113.3公顷(1700亩)、郊区基本农田建设任务为106.7公顷(1600亩)。经过市林业局和各有关县区的积极努力,2009年全市实际完成基本农田建设373.3公顷(5600亩),圆满完成了省厅下达的任务。

(陈阳春)

【生态大户表彰】 近年来,阳泉市不断深化水保体制改革,探索创新生态环境建设和管理的新机制,充分调动广大人民群众和社会各界治山治水的积极性,掀起了民营水保生态建设的高潮,涌现出一大批个人投资开展水保生态环境建设的民营水保大户,参与治理开发小流域,经营绿色产业,成为阳泉市生态环境建设的生力军。2009年,阳泉市分别在全市农村工作会议和全市水务工作会议上对2008年通过验收的81个水保生态大户进行了表彰奖励。

2009年全市民营水保生态建设大户表彰奖励名单

全市农村工作会议表彰名单
(11名,各奖3万元)

白计昌　郊区旧街乡保安村
马玉田　郊区旧街乡枣园村
王振生　郊区平坦镇长吉岭村
王忠刚　平定县冶西镇下南茹村
王身杰　平定县巨城镇新盘石村
田计罗　平定县东回镇西回村
赵科贵　平定县巨城镇南山沟村
裴海平　平定县东回镇前黄安村
耿黑眼　平定县柏井镇里牌岭村
崔石头　盂县下社乡乔家庄村
梁高青　盂县梁家寨乡椿树底村

全市水务工作会议表彰名单
(70名,各奖1万元)

贾秉堂　郊区杨家庄乡北村
赵庆二　郊区平坦镇龙门村
赵河军　郊区荫营镇坪上村
苗　军　郊区旧街乡路家庄村
蔡心亮　郊区荫营镇上烟村
王春海　郊区义井镇西峪掌村
王玉珠　郊区平坦镇后峪村
石　忠　郊区杨家庄乡白家庄村
闫润红　郊区旧街乡南沟村
荆喜忠　郊区旧街乡测石村
赵玉生　郊区平坦镇西上庄村
赵富锁　郊区旧街乡南沟村
王志军　郊区旧街乡南沟村
连旭权　郊区平坦镇柳渠村
曹爱平　郊区河底镇曹家掌村
王二宝　郊区杨家庄乡庙岭村
张宝贵　郊区平坦镇吴家掌村
姚戌贵　郊区旧街乡测石村
杜来义　郊区旧街乡虎峪村
赵仙孩　郊区荫营镇下荫营村
黄文文　郊区旧街乡保安村
王喜莲　郊区平坦镇西上庄村
张拽生　平定县柏井镇张家岭村
田永魁　平定县东回镇石窑掌村
宋宝柱　平定县张庄镇张庄村
王海民　平定县岔口乡马上固村
刘贵兰　平定县巨城镇巨城村
程有明　平定县东回镇中小川村
王继惠　平定县张庄镇北后峪村
穆俊庆　平定县东回镇后石窑村
冯建斌　平定县张庄镇下马郡头村
时瑞军　平定县东回镇里黄安村
张克慰　平定县张庄镇夏庄村
翟有祥　平定县东回镇郗家峪村
韩忠信　平定县东回镇后小川村
王文武　平定县张庄镇王家坪村
李贵柱　平定县娘子关镇金窝庄村
李明昌　平定县柏井镇乱安村
赵四海　平定县岔口乡冯家峪村
李润明　平定县柏井镇柏木井村
张福贵　平定县柏井镇张家岭村
穆非根　平定县东回镇前石窑村
邵晓宏　平定县巨城镇北庄头村
于瑞兴　平定县东回镇小边地村
李荷峰　平定县娘子关镇上董寨村
赵向明　盂县苌池镇西掌村
李尚林　盂县上社镇大西里村
任忠华　盂县苌池镇西掌村
史保成　盂县梁家寨乡猫铺村
刘学义　盂县上社镇北木口村
苏建平　盂县苌池镇河口村
韩德杰　盂县上社镇下石塘村
高喜爱　盂县仙人乡角雨村
赵春香　盂县苌池镇西苌池村
刘兰兵　盂县上社镇榆林坪村
崔学科　盂县上社镇宋家庄村
韩青海　盂县上社镇白藏村
齐贵明　盂县西潘乡李庄村
石美珍　盂县北下庄乡北下庄村
杨海兵　盂县仙人乡烧磁窑村

崔万金　盂县上社镇秋林村
张晓林　盂县东梁乡北蒋村
冯润北　盂县上社镇外滩头村
张卫青　盂县北下庄乡东坡头村
赵爱堂　盂县苌池镇大连巅村
宋宏文　盂县苌池镇大围村
苏秦宝　盂县苌池镇河口村
张树青　盂县苌池镇神泉村
王润贵　盂县上社镇下石塘村
侯玉成　盂县西烟镇南社村

（陈阳春）

饮水安全工程

【概况】 2009年，全市农村饮水安全工程按照“企水结合、煤水结合”的工作思路，以实现饮水安全全覆盖为目标，以创建饮水安全达标乡镇活动为抓手，加速推进，超额完成。全市共建饮水安全工程224处，完成投资5029万元，其中省级以上资金2852万元、市级配套资金315万元，共解决了231个自然村、9.06万人的饮水安全问题，超过省、市下达计划的51%。（陈阳春）

【郊区李家庄集中供水工程】 郊区李家庄集中供水工程于2009年4月开工，11月基本完工，总投资197.38万元，其中国补150万元。主要建设内容为：兴建调蓄水池2座，铺设输配水管道6588米，配套水泵1套，加压泵3套，管理设施及控制性建筑物1处。工程建设总工程量5.21万立方米，其中土方5.19万立方米、砌砖0.01万立方米、砼及钢筋砼0.01万立方米。总投工9.28万个工时。该供水工程解决了李家庄乡的冯家庄、黄砂岩2个自然村2701口人的生产生活用水，改善了长岭、余积梁沟、甄家庄、桃坡4个自然村2471口人的生产生活用水，同时可改善项目区群众的生活条件，为保障群众身体健康、促进农村经济发展打下了坚实的基础。

（陈阳春）

【盂县西烟联村供水维修工程】 盂县西烟联村供水工程位于盂县西烟镇西邢村，距县城40公里左右，始建于1980年。工程共有水源井2眼，井深分别为115米和113米，出水量为25～50吨/小时左右。由于工程运行多年，机泵年久失修，管道多处渗漏崩裂，管理站房屋已成危房，工程运行经常出现事故，严重影响正常供水，导致该地区人畜饮用水得不到保障。2009年，经过供水站与县水利局多次协商及勘测设计，决定对该供水管道进行维修加固，彻底重建联村供水管理站，建泵站管理房共计84.97平方米，建深井配电房7.9平方米，硬化管理站道路及庭院546平方米，更新一级、二级提水机泵配套4套，工程设计总工程量1276平方米，总投工978个工日，投资29.82万元，其中国补23万元、自筹6.82万元（工程先后共投资63.82万元），彻底解决了该区6村720户2890人850头大牲畜的饮水安全问题，为促进西烟镇西北部农民的生产、改善群众的生活发挥了极大的作用。（陈阳春）

【平定县岔口乡甘泉井村供水工程】 岔口乡甘泉井村位于平定县城北部45公里处，2009年全村有村民175户640多口人。村里“地下无资源，地上没企业”，是个典型的纯农业行政村。2005年村里投资建起一座3500立方米的蓄水池，人畜吃水困难得到极大缓解。2009年又投资160万元，打了1眼深580米的水井，让村民吃上了无污染、甘甜爽口的深井水，同时确保了温室生产用水。村民人均年纯收入也由过去的2000元提高到了5000元。

（陈阳春）

【水利系统干部下基层活动】 为进一步推进山西省兴水战略的顺利实施，圆满完成全省农村饮水安全全覆盖的任务，9月13日～24日，阳泉市水利部门参与了省水利厅开展的全省水利系统千名干部下基层活动，重点对各县的自然村进行逐村排查，全面了解2000年以来的饮水安全投资情况和饮水现状，掌握各县存在引水安全问题的村庄数和人口数。经过细致的排查摸底，阳泉市农村的基本情况是：截至2008年底，全市涉及农村人口的县区有3个，乡村32个、行政村955个、自然村1134个，180415户，总人口822603人，其中农业人口661774人、全市水库移民人口496人；农村总耕地面积54595.2公顷（818928亩），农民人均纯收入3870元/年。农村饮水工程情况：据调查全市共有农村饮水工程1058处、供水能力2442.2万立方米/年，受益的有1134个自然村、661774人，年实际供水量1612.35万立方米/年，其中生活用水量1355.2万立方米/年、工业用水量211.05万立方米/年、农田灌溉用水量46.1万立方米/年。农村饮水安全情况：根据调研成果，截至2009年底，全市没有解决农村饮水安全问题的有456个自然村，涉及21.64万人（包括林场），占全市农村总人口的33%。

（陈阳春）

【饮水安全达标乡镇创建活动】 2009年，阳泉市继续开展饮水安全达标乡镇创建活动。平定县冠山镇，郊区李家庄乡、西南舁乡荣获“饮水安全示范乡镇”称号；平定县冶西镇，郊区杨家庄乡，盂县路家村镇、下社乡、梁家寨乡荣获“饮水安全达标乡镇”称号。（陈阳春）

水库水电工程

【概况】 2009年，阳泉市水利部门在全市24座水库中重点加强了病险水库除险加固改造项目的落实和小水电建设，突出安全生产、经营管理和工程建设3个环节，加强了水库维修养护管理和安全运行管理。龙华口水电站工程和病险水库除险加固改造工程作为全市水利系统2009年六大重点工程之一，进展顺利，4座运行中的水电站实现平稳运行，水库维修养护管理取得新成效。

（陈阳春）

【龙华口水电站导流工程通过阶段验收】 2009年7月6日，受山西省水利厅委托，由阳泉市水利局主持，邀请省水利厅、市发改委等有关专家和技术人员组成验收委员会，对盂县龙华口水电站导流工程进行了阶段验收。大坝枢纽工程导流洞位于左坝肩山体内，洞长135.0米，设计截面为城门洞形，断面尺寸为高4.9米、宽4.8米，进口底板高程529.0米，坡比1.78%，最大泄洪量154.0立方米/秒。导流工程于2008年9月开工，2008年10月30日贯通，2009年4月6日完成洞身扩挖后，导流工程全部完工。专家组在资料审阅和现场检查后，对该工程给予肯定。导流洞工程顺利通过验收。 (陈阳春)

【龙华口水电站工程完成年度建设任务】 龙华口水电站工程是阳泉市实施兴水战略的标志性工程。2009年，龙华口水电站工程落实各类资金1.34亿元，完成投资2.2亿元，大坝主体、公路改线、移民工程相继开工，并圆满完成年度施工计划。其中，大坝枢纽工程已浇筑砼14.8万立方米，完成土石方49.4万立方米，固结灌浆总进尺1.3万米，坝基砼碾压高程达到年度目标529米；公路改线工程于2009年10月份竣工通车，共完成路基土石方42.5万立方米、建桥梁6座，涵洞13道，隧道2条491米；移民安置工作有序展开，库区移民已列入国家移民后期扶持计划，搬迁新村的"三通一平"(水通、电通、路通和场地平整)工作已经展开。 (陈阳春)

【病险水库除险加固】 2009年，阳泉市水利部门对一批病险水库进行了除险加固。一是启动山南水库除险加固改造工程。工程于2009年3月4日开工，总投资440万元。年底，除放水洞、进水塔工程外，其他工程全部完成，完成投资220万元。二是根据省水利厅关于小型水库"降等一批、报废一批、加固一批"的精神，对境内长期不蓄水、防洪隐患较大的龙门水库和冠庄水库进行报废处理，进入报废处理程序。三是完成了全国第四批病险水库除险加固规划和水库应急除险前期工作。截至年底，平定县尚怡、下董寨、下马郡头、白杨沟，郊区油瓮，盂县黄树岩等6座水库完成了大坝安全鉴定或应急除险初步设计。(陈阳春)

【水库维修养护管理】 2009年5～6月，市水利局组织相关人员对2008年水利维修养护工程进行验收。其中，下董寨水库溢洪道维修、杜家峪水库大坝修复、上董寨河道堤坝维修和大石门水库溢洪道出口维修4项工程经过验收检查，质量符合设计要求，资金使用合理，档案资料齐全，工程质量合格；山南水库卧管改造，灯花水库放水洞、溢洪道改造维修等工程待完工后，将按照《山西省水利厅省级水利专项资金项目申报与监督管理实施细则》的有关规定组织验收。 (陈阳春)

【水电站平稳运行】 2009年，全市水电站运行平稳。盂县夫城口、北峪口、梁家寨，平定县绵河4座水电站全年完成小水电发电890万千瓦小时，完成年度任务的148.3%。其中夫城口水电站完成发电量420万千瓦小时、北峪口水电站完成发电量200万千瓦小时、梁家寨水电站完成发电量150万千瓦小时、绵河水电站完成发电量120万千瓦小时。 (陈阳春)

水源保护工程

【概况】 娘子关泉是阳泉市最主要的供水水源，关乎全市人民的饮水安全，娘子关水源保护受到了社会各界的高度关注。在阳泉市人大十三届一次会议上，《娘子关水源急需保护》的议案被列为市人大重点议案，也成为了阳泉市百项工程之一。自2007年底启动娘子关水源保护工程以来，截至2009年底，已实施了污水处理厂和垃圾填埋场建设、环境卫生整治、泉口周边拆迁治理、生态修复及河道治理、污染企业搬迁等"五大工程"。 (陈阳春)

【娘子关水源保护工程】 2009年，娘子关水源保护工程按照"一年起步、三年明显见效、五年全部完成"的建设思路，重点实施垃圾填埋场建设、污水处理厂建设、环境卫生整治、泉口周边治理、河道生态修复、污染企业搬迁等工程，累计完成投资6305万元。一是垃圾填埋场基本完工。2009年完成垃圾填埋场后坝、截洪沟、排洪沟、库区防渗覆土碾压等工程。二是污水处理厂完成厂区绿化及电源接入工程，管网建设方面正在积极争取省级投资。三是开展环境卫生整治。五龙泉泉口50米周边拆迁全部完成，累计拆迁面积达7000多平方米。四是初步完成娘子关段河道疏浚与生态修复工程。共栽植各类树木11000余株，河道湿地种植芦苇56.75万余株。五是娘子关公路改线工程正式启动。2009年12月10日阳泉市至娘子关一级公路水峪至娘子关段工程奠基开工。公路全长21.96公里，概算投资16.7亿元，工程由中国建筑工程总公司投资建设。通过实施水源保护建设，娘子关五龙泉口水质化验生物指标已达饮用水标准。 (陈阳春)

水利管理

水资源管理

【概况】 针对阳泉市水量衰减、水污染严重、城市发展缺乏后续水资源保障、现状用水存在安全隐患、地表水开发利用程度不够的水资源新形势，阳泉市实行严格的水资源管理制度，进一步加强水资源管理，为阳泉市经济社会发展提供水利保障。

(陈阳春)

【水利规费征收】 市水利局开征的水利规费主要有三项，分别是"水资源费”、“河道维护管理费”和“水土流失补偿费、治理费”。2009年水资源费征收标准进行调整后，山西省水利厅下达阳泉市征收水资源费任务是1.98亿元，比上年增长了6倍。到2009年底，全市共征收水资源费7362万元，较上年增收4000万元；完成河道维护管理费征收100万元；完成城市水土流失补偿费、治理费征收150万元。

（陈阳春）

【水资源监控中心建成】 截至2009年，全市共投资300余万元，建成了市、县水资源监控中心，安装水资源监控系统33套，初步实现了水资源自动化管理。（陈阳春）

【取水许可监督管理】 2009年，阳泉市取水许可管理工作进一步加强，按照省水资委下达的年度用水计划，对全市各用水户进行了分解，严格按照下达的用水计划取水，实行用水总量控制，坚决遏制用水浪费。全年换发取水许可证150套，新发证14套，新发证的批准水量为131.5万立方米。（陈阳春）

综合经营

【概况】 2009年，阳泉市在水产品养殖方面积极推进结构调整和渔业产业化进程，使全市渔业生产保持了良好的发展势头。全年养殖水面计36公顷，投放鱼种131吨，成鱼产量555吨，实现渔业产值875万元。同时，山南水库实现正常运行，藏山国家级水利风景区顺利通过水利部验收。（陈阳春）

【娘子关渔业结构调整顺利】 2009年3月娘子关电厂关停后，依靠娘子关电厂发电尾水的罗非鱼生产逐渐萎缩。阳泉市水产技术推广站加大了娘子关渔业养殖品种结构调整，大力推广鲟鱼养殖。2009年，山西娘子关渔业有限公司通过承包，建起罗非鱼越冬大棚，除保留一部分池塘生产罗非鱼外，大部分池塘通过改造，调整养殖品种转产鲟鱼。2009年，娘子关鲟鱼推广面积达到了3.33公顷（50余亩），鲟鱼产量235吨，鲟鱼产值500万元。（陈阳春）

【无公害水产品产地认定和产品认证】 2009年，平定县娘子关镇鑫盛养鱼场和盂县梁家寨地热水苗种场两家养殖单位提交申请，进行无公害水产品产地认定和产品认证。2009年9月平定县娘子关鑫盛养鱼场通过了省健康养殖示范场的评审验收，产地认定已通过，产品认证已上报农业部农产品认证中心。其对全市渔场发展具有积极的示范带动作用。（陈阳春）

【山南水库完成供水310万立方米】 2009年5～6月，阳泉市干旱少雨，桃河断流，水库干涸，后半年新景矿自建污水回用设施，用水量萎缩，山南水库供水量较往年有所减少，全年完成供水量为310万立方米。（陈阳春）

【藏山国家级水利风景区通过水利部景区办复查】 2009年10月31日，以原山东省水利厅厅长宋继峰为组长的水利部景区办专家组一行9人到盂县藏山水利风景区进行复查。藏山风景区于2008年被授予国家级水利风景区。经过一年多的建设，景区面貌有了很大改观，景区年收入突破了500万元大关，景区管理也有了较大水平的提高。水利部景区办专家对藏山风景区旅游资源、管理机制及办法、景区规划及落实情况等进行了详细了解，并与景区管理人员进行了座谈，对景区建设提出了很好的意见和建议。专家组通过了藏山风景区复查，并对风景区工作予以了充分肯定，认为景区文化底蕴厚重，旅游资源丰富，区位条件优越，开发形式多样，景区发展充满潜力。同时专家组希望景区在以后规划建设中，要做好“水”文章，科学分析水资源现状，减少地下水的开发使用，景区用水尽可能以地表水为主，以拦蓄工程为主，以节水为主，把节水、污水处理、循环用水作为景区的高科技展示点。要适当增加水景观比例，以小、巧、灵、节、新为主。同时，景区要重视开发与保护的关系，对开发项目进行多方论证，慎重选择。（陈阳春）

执法工作

【概况】 2009年，全市水利执法工作一方面以3月22日世界水日和3月22日～28日中国水周为契机，加强全市水法宣传。另一方面从严格审批，加强执法队伍建设和加大执法力度入手，理论联系实际，不断进行执法实践，使各级执法队伍的执法能力、办案水平有了不同程度的提高。（陈阳春）

【水法宣传】 2009年，针对山西省水资源费征收标准的调整，为了让更多的取水用户了解调整内容，市水利部门以“世界水日”和“中国水周”为契机，在《阳泉日报》上开设水法宣传专版，并进行了答记者问；在阳泉电视台图文频道连续一周对水资源费调整文件内容进行播放；在市政府网站和水利网开展宣传活动。通过宣传，使广大取、用水户对阳泉市水资源费的征收范围和标准有了详细的了解，进一步增强了全社会的节水意识、水患意识和法制意识，取得了良好的社会效果。（陈阳春）

【水产品质量抽检】 为从源头把好水产品质量关，2009年，市水产站对进入阳泉市的每一批鱼苗都进行了孔雀石绿、氯霉素药物残留快速检测，确保鱼苗检测率达到100%。每个季度，定期对全市养殖场的全部在养水产品进行孔雀石绿、氯霉素和硝基呋喃药物残留检测。2009年，市水产站对在养水产品共进行4批次32个成鱼样本，7个鱼苗样本的孔雀石绿、氯霉素药物残留快速检测,检测结果全部为阴性。全年对批发市场和超市在售水产品进行了33个样本的药物残留快速检测,结果为5个样本孔雀石绿呈阳性,其中市产鲟鱼经送山西省水产品质量安全检测中心进行实验室检测,结果为合格产品;对另4个市场阳性样本,要求经销商更换进货渠道,进货时要索要检疫证明和药物残留检测报告(或无违禁药残保证书)。市水产站全年共组织执法检查6次,共出动执法人员51人次,对全市8家规模养殖场进行了多次养殖执法检查。全年水产品药物残留抽检产地合格率为100%,市场水产品药残抽检合格率为90.5%。

(陈阳春)

【河道清理整治】 清理整治河道垃圾工作是市政府城乡环境卫生清洁工程的任务之一,2009年市水利部门按照“谁设障,谁清除”的原则,加强了河道执法工作,以解决河道“脏、乱、堵”为切入点,组织开展了清理整治河道垃圾工作。全年共清理整治河道垃圾约51万立方米,其中市区完成约5万立方米、平定县完成约26万立方米、郊区完成约15万立方米、盂县完成约5万立方米,确保了河道的行洪畅通。

(陈阳春)

水利体制改革

【水利体制改革取得实质性突破】 2009年,市政府抓住地方机构改革的契机,积极推进全市水务一体化工作。2009年11月,市委、市政府以阳发〔2009〕29号文下发了《阳泉市人民政府机构改革方案》通知,市县(区)组建水务局的方案相继出台。在原市水利局的基础上,整合了由原国资委、建设局管理的市自来水公司、市污水处理厂和市节水办3个单位,组建成立了阳泉市水务局。市水务局的成立标志着阳泉市市级实现了城乡水务一体化管理,确立了“一龙管水,团结治水、合力兴水”的崭新格局,初步形成城乡防洪除涝、节水供水、排水治污、水资源保护、水环境治理一体化的保障体系。涉水事务的统一管理,将为阳泉市经济社会又好又快发展提供更加坚实的支撑和保障。

(陈阳春)

【内部审计管理】 为了加强阳泉市水利系统事业单位财务监督管理,规范事业单位财务收支核算,保证事业单位各项资金的使用效果,2009年,市水利局对下属市山南水库管理处、市娘子关泉域管理处、市水产站、市河道站、市城市防洪调度中心、市水资源技术咨询服务中心等6个单位2008年度财务收支管理及资本积累情况进行了内部审计,出具了内审报告。针对管理工作中存在的问题,为建立健全内部审计长效机制,强化监督职能,还出台了《阳泉市水利局内部审计管理制度》(讨论稿)。 (陈阳春)

防汛抗旱

【概况】 2009年,阳泉市先旱后涝。春季连续120多天无雨雪,遭遇50年不遇大旱;全年降雨681.1毫米,比历年同期偏多32%。面对严重的水旱气象条件,全市各级水利部门坚持防汛抗旱两手抓方针,通过不断努力,实现了大汛大旱无大灾,保证了良好的生产生活秩序。

(陈阳春)

防　汛

【雨情】 据市气象部门统计,2009年1~5月市区降雨90.7毫米,比历年同期偏少3.7毫米;平定县降雨90.5毫米,比历年同期偏多2.9毫米;盂县降雨65.6毫米,比历年同期偏少24.7毫米。进入汛期6~9月,市区降雨458.6毫米,比历年同期偏多35.4毫米;平定县降雨449.2毫米,比历年同期偏多49.8毫米;盂县降雨419.4毫米,比历年同期偏少7.6毫米。进入汛期降雨虽比历年同期偏多,但特点是发生局部地区大暴雨,最为突出的两次降雨分别是:7月7~9日市区降雨63.6毫米、平定县降雨55.1毫米、盂县降雨69.8毫米,8月20~22日市区降雨79.4毫米、平定县降雨80.6毫米、盂县降雨79.3毫米。

(陈阳春)

【水情】 2009年汛期虽然降雨偏多,但桃河和龙华河均无大的径流流量,8月22日龙华河最大流量达0.99立方米/秒。8月26日桃河最大流量达21.5立方米/秒。大石门水库按批准的正常控制运用计划度汛。 (陈阳春)

【灾情】 2009年汛期6~9月,全市无大的灾情。8月1日下午平定县大石门、柏井、娘子关3个乡镇遭遇暴雨袭击,倒塌房屋32间、堤防损坏3处650米,直接经济损失达154万元。

8月21~22日,全市降大到暴雨,加上近一周的连续降雨,使桃河阳泉市精诚化工有限公司段南河坝部分发生坍塌,硫磺库内部分硫磺泄入河道滩槽内,由于清理及时,未造成污染。21日,市金属结构厂家属院5户11间平房进水达1米,没有人员伤亡,衣物及粮食遭到洪水浸泡。 (陈阳春)

【防汛隐患排查处置】 2009年,全市共排查出防汛隐患1131处、3637间,其中河道120处、水库塘坝29座、危房867处3637间、危旧校舍2处、铁路1处、煤矿3处、地质灾害及私挖滥采灾害13处、城市护坡96处。重点隐患有:平定县龙门地质灾害治理项目在龙门水库内大量弃渣,对河道及巨城镇镇政府所在地构成重大威胁;三矿排矸场已发生位移,对官沟村构成威胁;义井河建筑设障;桃河郊区旧街煤矿段设障;盂县槐树岩改河工程等河道设障防汛隐患。针对各类隐患,市县两级防汛指挥部下达了限期整改命令66份，明确了行政责任人、技术责任人、具体责任人，并按期进行了处置。对市重点新水源建设工程龙华口水电站工地、桃河设障和龙泉家园护坡隐患，市委书记白云做了专门批示，要求有关部门和责任单位尽快解决。市防汛指挥部第一副总指挥副市长王敬瑞带领水利、国土、安监、建设、规划部门负责人督查重点防汛隐患整改工作，责成责任单位和部门限期完成了防汛隐患整改。对汛期无法彻底根除的隐患，均采取了临时措施，以确保人民群众生命财产的安全。　（陈阳春）

【抢险队伍和物资落实情况】　2009年，根据防汛形势的变化，市防汛部门对市级防汛储备物资进行了调整，增加了10台大流量排涝水泵，核销了麻袋，调整了铁锹钢镐储存单位，保证了防汛物资关键时候能够调得出。全市储备的防汛物资主要有水泥、铅丝、钢材、木材、草袋、编织袋、铁锹、钢镐、汽油等19种，价值240万元。市财政拿出10万元，用于支付上年物资储备单位物资管理费和贷款利息。市防汛办对市级防汛储备物资进行全面检查，市级物资全部按计划储存到位。全市组织了13800人的抢险队伍及729辆抢险车辆，全部落实到位。各县区、乡镇、水库及有防汛任务的单位，都储备了必要的抢险物资。

（陈阳春）

【水库防汛检查及应急处理情况】2009年汛前，市水利局水库防汛检查组对全市水库进行了全面检查，对查出的问题当场填写了防汛隐患限期整改书，并由检查单位和被检查单位负责人签字，将整改意见向当地县区政府进行了通报。平定县宁艾村管理的白杨沟水库和杜家峪水库，编制的防抢撤应急预案比较完善；龙门、冠庄两座水库进行应急报废处理，省厅下达阳泉市16万元资金，2009年完成溢洪道开挖，接通上下游河道，打通洪水出路；在建工程龙华口水电站编制了防洪预案，并经县政府批准实施，保证了工程施工度汛安全；病险水库应急除险方面，对灯花水库进行了初步设计，并正式上报了省防办；对油瓮水库完成了初步设计。　（陈阳春）

【防汛培训】　2009年5月19日，市、县防办主任及抢险队长在汾河二库参加了为期一周的全省防汛抢险干部培训班，接受了比较系统的专业培训。5月25日，邀请省厅专家对市级防汛抢险机动队进行了专业培训。2009年6月25日，受市武警支队邀请，市防办高级工程师、主任陈志刚通过视频会议系统对全市500多名武警官兵进行了防汛抢险知识培训，对市级防汛抢险机动队进行了专业培训，通过各层次大力培训，各级防汛意识有了很大提高，防汛减灾技能有了极大提高，减灾效果是近年最好的一年。2009年6月15日，阳泉市分管防汛副市长、分管防汛副县（区）长、市水利局局长参加了山西省防汛指挥部在太原市召开的行政首长防汛指挥决策研讨会，听取了省防汛指挥部副总指挥、省水利厅副厅长裴群所作的专题辅导。　（陈阳春）

抗　旱

【旱情发展过程及特点】　2009年1月到4月，阳泉市降水量比历年平均值偏少5成，2008年冬至2009年春，全市持续干旱，严重影响到春播生产。直至5月上旬出现中到大雨，才使全市旱情得到彻底缓解，春播得以顺利进行。5月下旬到6月下旬，全市降水又偏少4～5成，出现“卡脖子旱”，农作物大面积受旱。盛夏全市降水正常，气候适宜。立秋后，全市阴雨天气增多，8月下旬到9月上旬，全市降水量为213.4～249.8毫米，是历年同期（约68毫米）的3.5倍。立秋以后，全市大秋作物逐渐进入成熟期，阴雨寡照对农作物的灌浆成熟不利。降水偏多，有利于土壤蓄水，但同时也容易造成作物的贪青晚熟，给农业生产带来一定的影响。　（陈阳春）

【旱灾及损失】　2009年，阳泉市出现50年一遇的冬春连旱，全市有27个乡镇、14.88万人出现临时性饮水困难。省水利厅、市委、市政府高度重视，共下达各类省、市抗旱资金和物资385万元，解决了8.2万人、0.37万头大牲畜的临时性饮水问题。2009年全市旱灾损失主要有以下几个方面：

一、农、林、牧业损失情况

2009年，全市农林牧旱灾损失7280万元。其中，农业方面：2009年全市春播面积56666.7公顷（85万亩），其中粮食作物53333.3公顷（80万亩）、经济作物3333.3公顷（5万亩）。郊区的荫营镇、平坦镇、旧街乡等受旱严重，受旱面积5333.33公顷（8万亩）；平定县的10个乡镇2万公顷（30万亩）农作物普遍受旱；盂县是受旱最严重的县区，主要是盂县东部和西部地区，受旱面积2.47万公顷（37万亩）。全市受旱面积5万公顷（75万亩），重旱3万公顷（45万亩），绝收面积3333.3公顷（5万亩），因旱减收粮食3500万公斤，造成农业损失7100万元，其中经济作物损失1500万元。林业方面：由于2008年冬2009年春全市大部分地区连续100多天没有降水，气候干燥，加之秋冬季冷空气活动频繁，风力较大，极易发生森林火灾。据阳泉市森林防火办统计，阳泉市2009年秋冬季接到30多起野外起火或用火报告，所幸没有引起大的火灾。据进一步统计，林业方面幼林受旱6666.7公顷（10万亩），大棚蔬菜和水保林、通道绿化树木受到一定的影响，因旱造成经济损失100万元。牧业方面：畜牧受灾大畜700头，由于长期靠拉水喂养，造成经济损失80万元。

二、人畜饮水情况

从2008年10月下旬起，全市大部分地区连续100多天无降水，根据气象干旱等级指标，阳泉已到重度干旱；从历史气候资料来看，1966年、1982年、1999年秋季也出现持续90天以上无降水，2008年到2009年秋冬阳泉市接近历史干旱的极端气候。

全市主要常年性河流水量衰减明显，滹沱河流量衰减1/3，龙华河流量衰减1/2，部分小河流已断流。山南水库、尚怡水库等15座常年蓄水的水库，平均蓄水量370万立方米，不足历年蓄水量的50%。全市有旱井、水窖5.6万眼，存水量仅40余万立方米，不足历年的1/3，有不少村旱井、水窖已无存水。全市中浅层水井，约有70%出现不同程度的水位下降。有26个乡镇、234个行政村、10.75万人、5400头大畜发生临时性饮水困难，尤其是农村养殖大户出现严重缺水。其中，平定县张庄、东回、娘子关、柏井、巨城、锁簧、石门口、岔口等8个乡镇的71个行政村、3.75万人、2100头大畜缺水；盂县苌池、上社、孙家庄、牛村、南娄、路家村、西潘、西烟、东梁、仙人、北下庄等11个乡镇的125个行政村、4.5万人、3000头大畜缺水；郊区荫营、平坦、旧街、河底、西南舁、杨家庄、李家庄等7个乡镇的38个行政村、2.5万人、300头大畜缺水。

盂县是全市受旱最严重的县区，盂县东部和西部地区是盂县的旱中之旱。盂县东部仙人乡和北下庄乡是纯旱井蓄水区，有12个村、1144户、4673人、356头大畜靠到庄只深井供水点拉水生存。拉水时间长达1年的村子有交口、岭西岩、石圪泽、里山南、东关头、西关头等。庄只供水点每天拉水的车辆达二三十辆，每天拉水100多吨。供水点水价为4元/吨，群众拉水水价15元/吨以上。东梁乡阳坪旺村，全村98户、400人，该村无水源，仅靠蓄雨水生活，村里有水洞70个，2008年以来无大雨，水洞蓄水少，从2008年5月份就开始拉水，平均每人拉水支出200元。该村为贫困村，多数群众靠采药换钱买水吃。

平定县张庄镇东部神峪、史家山等8个村、7019户、21467人吃水困难，由于2009年降雨少，旱井灌水不足1/2，从2009年3月开始，一直延续到6月初，部分村需到十几公里以外的供水点拉水，每吨水费需要20元以上。

三、城市干旱缺水情况

由于2009年1月至6月份降水偏少，市区129.6毫米，比历年偏少32.7毫米；平定县129.5毫米，比历年偏多23.2毫米；盂县114.1毫米，比历年偏少50.7毫米。干旱造成部分河流断流，水库蓄水减少，地下水位下降，导致城市实际供水量低于正常需水量。缺水时段出现在6~7月上旬，年缺水量达123万立方米，影响人口10万人，其中郊区年缺水量20万立方米、平定县年缺水量30万立方米、盂县年缺水量38万立方米、市区年缺水量35万立方米。

四、生态环境方面

2009年，全市有天然林和人工林8万公顷(120万亩)，牧坡总面积18万公顷(270万亩)，这些绿色生态环境绝大部分依靠天然雨水来补给水分，若干旱持续时间长，会受到一定影响，2009年干旱时间出现在1~6月，由于冬春连旱降雨偏少，导致6666.7公顷(10万亩)幼林受旱，经济损失80万元，发生森林火灾3次，经济损失500万元。

(陈阳春)

【抗旱措施】 2009年，面对50年一遇的干旱天气，阳泉市水利部门克服困难，采取有效措施，积极服务社会。

第一，及时启动了抗旱应急供水点。全市共启动了59个抗旱应急供水点，实行限价供水，规定供水点水价不超过4元/吨，保证水量、水质，确保供水点周边群众有水拉、能吃得起。同时，积极发挥3个农业县区抗旱服务队作用，深入到旱区为群众维修机泵242台套、铺设管道3000米、租赁设备125台套，浇灌果树5.3万株、新建水利工程3处，维修水利工程35处。提供拉水水包50个、为边缘贫困山区送水达5380次，计24765吨，累计解决3.5万人、2000头大畜应急饮水。为农业挽回粮食损失5万公斤，增产水果1.5万公斤，挽回经济作物损失15万元。全市通过节水园区建设、配套，发挥水利工程效益和抗旱服务组织的作用，广开水源，扩大浇地等一系列措施的实施，抵御和战胜了阶段性干旱。挽回粮食作物损失4500万公斤，按每公斤1.8元计，挽回经济损失8100万元。挽回经济作物损失1600万元。

第二，积极组织各类水利工程抗旱春浇。利用部分水库、塘坝、泵站等设施做好蔬菜、冬小麦、生态林及绿化美化工程的灌溉，充分发挥水利设施的减灾作用。

第三，积极筹措抗旱资金。市防汛指挥部下达省级抗旱资金150万元；盂县政府筹集30万元资金和价值25万元抗旱物资，下发到旱灾区；平定县财政拨专款15万元用于购买一辆8吨拉水车为旱区送水；郊区政府也筹集了抗旱资金和物资。

第四，统计全市拉水情况。全市县、乡、村三级抽调专人逐乡、逐村、逐户了解饮水困难情况，并将拉水的乡镇、村庄、户数、人数、大畜、拉水点情况全部进行了统计。全市拉水的乡镇26个、村庄147个，涉及59360人、2890头大畜。(陈阳春)

乡镇企业

综合工作

【概况】 2009年，随着国际金融危机对实体经济冲击的延伸和扩大，民营企业遇到了前所未有的挑战。在此严峻形势下，市中小企业局正视困难，科学应对，化危机为机遇，变挑战为动力，带领全市中小企业在逆境中寻求新的发展生机，经济运行出现了积极的变化，冲击明显减缓，与上年相比，降幅逐步回落，民营企业逐步走出低谷，开始向好的态势转变。年内，市中小企业局始终把民营经济作为壮大县域经济的主体力量和有效实现形式，以发展民营经济为主体，做大做强县域经济，积极应对金融危机，推动中小企业、民营经济快速发展。全市民营经济完成增加值89.58亿元，占全市GDP的25.69%；上缴税金21.58亿元，占全市财政收入的27.63%；乡镇企业为农民提供人均纯收入3079元，占全市农民人均纯收入的53%。市中小企业局全年主要抓了以下六方面的工作。

一、积极培育规模企业。引导和培育了山西吉天利科技实业有限公司、山西远鑫实业有限公司、山西华通路桥集团有限公司和盂县西小坪耐火集团等一批知名度高、牵动力大、行业领先的民营大企业、大集团，以此拉动经济的快速增长。如华通集团副食蔬菜批发市场总投资3000万元，第一期投入960万元，年内已经入住300户试运营，安置1500余人就业。

二、大力扶持潜力企业。积极扶持有品牌、有市场、有发展潜力的民营企业进行资产重组，扩张规模，提升档次。郊区组建了华岭耐火、华银耐火、恒冠集团、丰泽耐火4家耐火联合体，增强了在市场经济中的抗风险能力。8月15日，被列入省循环经济试点项目、市“百项工程”重点项目的吉天利科技工业园区在盂县苌池镇奠基。积极引导和支持平定莹玉煲汤瓷、礼品瓷等产品上档升级创品牌。

三、不断扩大民营经济总量。随着2009年市场经济企稳回升,阳泉市民营经济下降幅度逐渐缩小，企业现状逐步好转，经济总量不断扩大。华通路桥集团全年完成生产总值34.8亿元，比2008年增加9亿元，增长35%，创利税3.1亿元，综合实力在全省百强企业中排第37名，企业利润排17名，创历史最好水平。

四、认真落实扶持政策。不折不扣地抓好《中华人民共和国中小企业促进法》和《山西省实施〈中华人民共和国中小企业促进法〉办法》及各项政策措施的落实，认真履行权利和义务，努力为企业营造一个良好的法制环境和发展环境。结合阳泉市实际和企业家意见建议，借鉴外地经验，研究起草了《关于进一步加快民营经济发展的决定》和《关于进一步促进民营经济发展的实施意见》(讨论稿)。10月22日，市委召开党政联席会议，专题研究了两个文件的讨论稿。12月，两个文件正式出台下发。

五、参与园区建设、国企改革和技术开发。按照市委、市政府《关于加快农村工业园区建设的实施意见》精神，结合全市实际，进一步加快了平定龙川、盂县西小坪、郊区白泉3个县级工业园区，以及张庄、河底、牛村等工业小区的规划、建设和完善提高工作。鼓励支持民营企业自主或联合建立科研机构，组建科研队伍，建立科技创新激励机制，加快新产品、新技术的开发。成立耐火产品研发中心，以此推动耐火企业提升产品档次，巩固扩大市场。积极鼓励企业与国内外知名企业、大专院校联合，在资金、技术、人才方面取得支持，让企业打破地域限制，在更大范围内实现资源共享，大搞技术创新和新产品开发。加强现代企业管理，认真贯彻相关法律制度，促使有条件的企业建立和完善现代企业制度,改变家族式管理,引导民营企业在体制创新、管理创新、技术创新和科学决策上下工夫,全面提升发展层次。

六、创优环境强化服务。深入贯彻《山西省实施〈中华人民共和国中小企业促进法〉办法》,积极应对国际金融危机,解决经济发展中面临的突出问题。建立完善人才培育、创业辅导、信用担保等服务体系,全市组建了5个民营企业担保机构。积极采取措施应对雪灾给企业和群众带来的损失,市中小企业局在第一时间及时统计受灾情况,全市民营企业共有209家企业受灾,面积达到38万平方米,损失1.9亿多元,将受灾企业情况及时上报市政府,并组织企业开展自救,有效地降低了企业损失,如华通集团的农业高效示范园区蔬菜大棚遭受特大雪灾后,政府发放政策性补助款960万元。

(相淑华)

【民营企业家座谈会】 7月8日,阳泉市民营企业家座谈会召开。市领导白云、郜爱国、樊盛武、杨永生、荆东生、王湜洲、王振国,各县区、市直有关部门负责人和部分民营企业家参加了座谈会。市委副书记郜爱国主持座谈会,市委常委、市委统战部部长杨永生通报了全市民营企业发展状况调研情况。会议就当前民营经济发展遇到的困难和问题进行了座谈。市委书记白云要求全市上下要高度重视民营企业发展,采取切实有效的措施,大力支持民营企业发展,在创优民营经济发展环境、氛围上下工夫;下大力解决企业发展过程中遇到的具体问题和实际困难;下工夫培育企业家队伍,加强企业家队伍建设;大力培育民营龙头企业和旗舰企业;着力推进全民创业、鼓励全市上下"人人想当老板、人人争当老板、人人都有创业冲动、人人都来创业",形成全民创业的良好氛围。 (相淑华)

【扶持民营经济发展政策出台】 2009年,市委、市政府高度重视民营企业的发展,分管领导专门抽出时间深入企业调研,不仅实地查看民营企业应对金融危机的做法,而且倾听民营企业家的呼声和建议,多次召开不同层次的民营企业家座谈会,广泛征求各个方面的意见和建议。在此基础上,安排市中小企业局起草关于促进全市民营经济发展的政策措施,以通过强有力的政策扶持措施,为民营经济加快发展提供政策环境保障。市中小企业局在大量搜集企业家意见和建议的基础上,结合《中华人民共和国中小企业促进法》和《山西省实施〈中华人民共和国中小企业促进法〉办法》的贯彻落实,结合全市实际和国家近几年出台的关于中小企业健康发展的一系列政策,并借鉴外地经验,形成了《关于进一步加快民营经济发展的决定》和《关于进一步促进民营经济发展的实施意见》(讨论稿)。

10月22日,市委召开了党政联席会议,专题研究了《关于进一步加快民营经济发展的决定》和《关于进一步促进民营经济发展的实施意见》(讨论稿)。市中小企业局局长任云祥进行了汇报,市四大班子主要领导都发表了意见,各部门负责人都进行了发言讨论,提出了很好的意见和建议。会后,根据联席会议精神和各部门提出的意见建议再次进行了修改,12月16日市委办公厅和市政府办公厅以阳发〔2009〕39号印发了《关于进一步加快民营经济发展的决定》,12月24日以阳办发〔2009〕94号印发了《关于进一步促进民营经济发展的实施意见》,从放宽市场准入、拓宽融资渠道、优化土地资源配置、推进技术进步、创新人才战略、落实扶持政策、完善激励机制和加强组织领导八个方面制定了扶持措施。两个文件的出台和实施,为全市中小企业和民营经济加快发展提供了强有力的政策支持。

(相淑华)

企业管理

【郜爱国带队调研民营经济】 6月11日至24日,市委副书记郜爱国带领市中小企业局有关人员深入到各县区和开发区进行调研。调研围绕保增长、保民生、保稳定,促进民营企业应对危机健康发展进行,并分县区召集企业负责人进行座谈,倾听民营企业当前的生产经营状况,了解和解决企业发展中存在的问题,征求民营企业对市委、市政府扶持民营经济发展的意见和建议。

此次调研结合行业特点和企业发展,实地调研企业16家。其中,平定县5家,分别为平定县长青石油支撑剂有限公司、兴陶石油支撑剂公司、昌鑫农业科技有限公司、莹玉陶瓷有限公司、华通路桥集团有限公司建材分公司;盂县3家,分别为山西吉天利科技实业有限公司、昕亮木业有限公司、西小坪耐火材料有限公司;郊区5家,分别为三名糖酒副食仓储物流有限公司、中机伟林矿山机械有限公司、华通生态园、中创陶粒有限公司、天隆特种水泥有限公司;开发区2家,华奥起重机械有限公司和麟豪机械制造有限公司;矿区1家,金法支护有限公司。每到一个县区,调研人员都要组织企业家进行座谈。各企业负责人就企业经营中存在的困难和问题,及对市委、市政府扶持民营经济发展的意见谈了各自的看法,并就资金短缺、人才进不来留不住、经济环境不够宽松、土地使用等突出问题提出了一些意见和建议。郜爱国要求市中小企业局积极考虑民营企业发展存在的困难和问题,尽最大努力,在政策允许的范围内用足用活相关政策,促进民营经济健康快速发展。 (相淑华)

【党政联席会议专题研究民营经济发展问题】 10月22日,市委、市政府召开党政联席会议,专题研究促进民营经济发展的有关内容。市领导白云、李栋梁、郜爱国、孙水生、刘高官、王舰民、樊盛武、陈继光、高全怀、王旭明、宋师璇、杨永生、方庆灵、荆东生、王湜洲等出席会议。

根据市委、市政府的安排,此前由市领导带队,专门就进一步加快民营经济发展的课题在全市进行了较为全面深入的调研,总结分析了全市民营经济发展的基本情况,广泛征求干部群众对于加快民营经济发展的好意见、好办法。会上,与会领导就《关于进一步加快民营经济发展的决定》(讨论稿)和《关于进一步促进民营经济发展的实施意见》(讨论稿)进行了认真研究讨论。会议认为,近几年,市委、市政府积极推进"大民营"战略,全市民营经济发展迅猛,成为全市区域经济的重要带动力量和实现社会稳定的重要经济支柱。当前,加快民营经济发展,是阳泉市争创新优势、增强发展后劲、提升综合经济实力的重要战略举措,是全力推进新型能源、新型材料及装备制造业、现代服务业"三大基地"建设的重大行动,是建设具有较强竞争力的现代化区域中心城市的重点突破口,全市上下必须进一步解放思想,统一认识,彻底根除民营经济发展的观念性障碍,增强紧迫感和使命感,真正把民营经济作为全市经济增长的支撑点和大动力,采取强有力的举措,走出一条具有阳泉特色的民营经济发展之路、腾飞之路。

市委书记白云在讲话时指出,没有县域经济的发展,就没有阳泉经济整体的发展。在县域经济的发展中,民营经济的不断壮大是重要的推动和支撑。全市上下必须统一认识,进一步解放思想,加强对民营经济的领导,加大对民营企业的指导和支持力度,多为民营经济的发展壮大解决实际困难和问题,营造良好的发展环境和氛围,切实体现出政策的导向作用,促进民营经济快速发展,尽快形成一批龙头企业,实现国有、民营企业发展的"比翼双飞",使阳泉市的经济转型迈出更大的步伐,进一步增强全市的经济综合实力。市长李栋梁指出,在《关于进一步加快民营经济发展的决定》和《关于进一步促进民营经济发展的实施意见》的修改完善中,必须对照上级的法规和政策要求,体现阳泉的实际,使之具有科学性、针对性和可行性,真正发挥全市性政策的指导作用,推动全市民营经济实现科学发展。 (相淑华)

【人大代表视察中小企业】 7月28日、29日,市人大常委会副主任荆东生带领部分市人大代表与常委会组成人员,对全市中小企业发展情况进行视察。副市长王湜洲一同视察。

近几年,市委、市政府积极实施"大民营"发展战略,进一步激活了全民创业的热情,有力地推动和促进了中小企业、民营经济的快速发展,全市民营经济连续5年保持两位数以上的增长速度。为做好市政府关于全市中小企业发展情况报告的审议工作,市人大常委会组织了此次视察。视察围绕全市中小企业发展现状、发展过程中存在的困难和问题、工作思路和主要任务进行。代表们先后深入到盂县中信焦化有限公司、市下千耐火材料有限公司、开发区华奥钢结构有限公司、城区新天地商业广场、矿区金法支护有限公司、平定昌鑫农业科技有限公司等实地了解情况。视察结束后,市人大代表与各县区相关部门负责人进行了座谈,听取了各县区及全市中小企业民营经济发展情况的汇报,并就中小企业发展中的问题和困难提出了意见和建议。

(相淑华)

【政协委员调研中小企业】 6月22日,市政协副主席李裕厚和部分政协委员一行8人,到市中小企业局就全市中小企业发展情况进行调研。市中小企业局局长任云祥就全市中小企业民营经济基本情况做了汇报。近几年,市委、市政府坚持解放思想、政策引导、放手发展、重点扶持,实施专项推进,进一步激活了全民干事创业的热情和潜力,有力地推动和促进了全市中小企业、民营经济的快速健康发展。全市中小企业、民营经济的发展呈现出总量不断攀升、规模逐步壮大、结构日趋合理、活力日益增强、运行平稳健康等特点,但也存在经济比重较低、规模总量小、发展不平衡、产业集聚低、资金融通机制不活、企业成长缺乏资金等问题。

针对这些情况,李裕厚指出,全市中小企业存在的突出问题主要是规模小、档次低、增幅慢,具体表现在解放思想不够、没有一支很好的民营企业家队伍、产品缺乏品牌、从业人员素质低、政策落实不够到位等方面。李裕厚强调,在下一步工作中,要充分认识到中小企业在社会经济发展中的重要作用,建立政府主导的扶持中小企业的发展平台,解决企业在发展过程中的实际困难;鼓励和引导建立行业协会,维护自身利益;企业要建立自己的产品品牌,不但有数量,而且要有质量;大力培育企业家队伍,吸纳大学毕业生到民营企业,提高职工队伍素质;提高企业科技创新能力;进一步优化企业发展环境,引导企业开拓创新。 (相淑华)

企业建设

【"西小平"成为全市首个国际注册商标】 2009年,盂县西小坪耐火材料公司收到了商标国际注册受理通知书,该公司"西小平"商标申请通过了总部位于瑞士日内瓦的《马德里协定》知识产权组织机构的受理,成为阳泉市首个国际注册商标。

盂县西小坪耐火材料有限公司是一家主要生产焦炉硅砖的企业。公司成立运营后,每年上交国家利税居同行业之首,是亚洲规模最大的耐火材料生产企业,产品远销日本、美国、德国、津巴布韦、印度、南非等十几个国家和地区。为帮助该企业更好地保护知识产权,使企业进一步拓宽销路,占领国际市场,扩大国际知名度,市县有关部门多次深入该企业进行调查研究,建议企业申请商标国际注册,并协助企业起草了申请国际注册商标的相关资料,及时帮助企业向国家商标局国际商标受理机构咨询相关信息。在市县工商部门的帮助和扶持下,2008年11月,盂县西小坪耐火材料公司的"西小平"商标正式向国家商标局国际商标受理机构提出申请商标国际注册事宜。

"西小平"商标申请注册成功后,首先将在《马德里协定》成员国日本使用。之后,争取在短期内将"西小平"商标在《马德里协定》成员国法国、德国、荷兰等国家进行国际注册。 (相淑华)

【华通路桥集团大力发展循环经济】 华通路桥集团是以建筑业为主业、多业并举的阳泉市最大的一家民营企业,也是全省"百强民营企业"之一。华通路桥集团下属的建材分公司是阳泉市一家专门生产蒸压粉煤灰砖的企业,生产的蒸压粉煤灰砖大小与普通黏土砖一样,但比普通黏土砖结实、光洁、细腻,看上去更美观。经检测,其物理指标、化学指标均达到国家和行业的有关标准,而最为独特的是生产这种砖的原材料——粉煤灰、炉渣、电石渣、脱硫石膏,全是电厂排出的工业废物。

过去建筑业常用的实心黏土砖由于浪费资源、破坏耕地,自1998年起被国务院、国家各部委多次下文限制,直到完全禁止。华通路桥集团2008年开发生产的蒸压粉煤灰砖填补了市场空白,订单源源不断。华通路桥集团建材分公司一年可生产蒸压粉煤灰砖1亿块,可利用各种工业废物25万吨,可节省烧砖用土25万立方米、节约用地6.67公顷(100亩)、节约用煤1万吨。

在阳泉市,以电厂为代表的重工业企业每天都会排放大量废物,不仅污染环境,有关企业还要为倾倒、存放这些废物花大笔的钱。按照循环经济理论,华通路桥集团从进军新型建材产业伊始就把目光瞄向了废物利用领域。2007年,华通路桥集团专门成立了旨在研发利用工业废物生产新型建材技术的建材研究所。截至2009年底,研究所已开发工业废物利用技术5项,形成新产品4项。除了利用粉煤灰、炉渣、电石渣、脱硫石膏生产蒸压粉煤灰砖外,华通路桥集团还可以用粉煤灰配合水泥生产保温砂浆;利用粉煤灰、炉渣配合水泥制瓦;将电石泥(氯碱厂、乙炔气厂废物)用于电厂脱硫,而电石泥经过电厂脱硫后便成为脱硫石膏,回收后又可用于制砖和加工水泥。利用自己研发的技术,从2008年起,华通路桥集团共建成5家生产新型建材的下属企业,并和晨光电厂、阳光电厂、龙川电厂等一批企业签订了废物利用协议。据测算,阳泉市仅粉煤灰的排放一年就达400多万吨,而华通路桥集团的设想是不断壮大自己的新型建材产业,力争将全市每年产生的400多万吨粉煤灰全部利用起来,变废为宝,为建设资源节约型、环境友好型社会做出积极努力,实现经济效益和社会效益的双赢。

(相淑华)

【生物有机复合肥项目开工】 4月13日,阳泉市重点调产项目和"百项工程"项目之一的生物有机复合肥项目在平定县龙川工业园区开工建设。开工仪式上,市委副书记郃爱国和副市长王敬瑞、王湜洲为工程奠基。中国科学院院士、中国农业大学生物学院教授陈文新应邀出席仪式。项目的开工建设,不仅填补了阳泉市乃至全省复合肥生产的空白,而且标志着全国最大的生物有机复合肥生产基地将在阳泉市建成。

年产40万吨的生物有机复合肥项目总投资1.77亿元,项目位于平定县石门口乡南坪村,占地面积150亩,由山西昌达伟业建筑集团有限公司下属的阳泉昌鑫农业科技开发有限公司筹建。项目分两期建设,一期工程设计能力15万吨,预计2010年7月完工,8月投产;二期工程设计能力25万吨,预计2010年8月开工,年底完工。项目全部建成投产后,每年可实现销售收入30亿元,实现利税4.5亿元,可满足近40万公顷(600万亩)农田的用肥。生物有机复合肥项目的主要原料为城市垃圾和酿造业的下脚料。核心技术为固氮菌、根瘤菌、磷细菌等多种微生物的培养和繁殖。与传统化肥相比,使用生物有机复合肥每亩可节约肥料成本90元。

(相淑华)

商业贸易

国内外贸易

【概况】 2009年，市商务局认真贯彻落实国家、省、市拉动内需扩大消费以及促进外贸稳定增长政策，努力克服国际金融危机带来的严重冲击，较好地完成了保增长、保民生、保稳定目标，继续保持了商务事业的健康稳步发展，为阳泉地区经济和社会发展作出了新贡献。全市全年社会消费品零售总额实现149.4亿元，完成市目标任务的105.2%，比上年增长21%。其中，城市实现109.1亿元，比上年增长21%；农村实现40.3亿元，比上年增长20.6%。批零业实现113.2亿元，比上年增长19.8%；住宿餐饮业实现25.7亿元，比上年增长33.2%；其他行业实现10.5亿元，比上年增长8.2%。全年外贸进出口总额实现9355万美元，比上年下降39.5%。其中出口实现5370万美元，比上年下降55.3%，进口实现3985万美元，比上年增长15.6%。全年利用境外资金实现8990.9万美元，完成省目标任务的102.4%，比上年增长36.8%。阳泉市委、市政府授予市商务局"支持新农村建设先进单位"、"信息化工作先进单位"、"民主评议政风行风工作先进单位"称号；山西省商务厅授予市商务局"商务经济运行分析工作先进单位"、"市场运行监测工作先进单位"、"外资工作先进单位"、"全省商务系统信息工作先进单位"、"全省酒类工作先进单位"、"整顿规范汾酒专卖店工作三等奖"称号。

（李宇红　李建军）

【万村千乡市场工程】 2009年，通过市、县两级政府和商务部门的共同努力，省下达的建设和改造新农村推进村便民店69个的任务全部完成，市下达的万村千乡市场工程全覆盖任务40个的任务提前两个月超额完成，实际完成43个。全市万村千乡市场工程从2005年开始实施到2009年底，累计投资3000余万元，建设和改造"农家店"894家，营业面积达到45940平方米，覆盖了全市100%的乡镇和93.5%的行政村，实现了"农家店"覆盖全市行政村目标。与此同时，立足于提高对全市894个"农家店"商品的统一配送能力，在进一步巩固和提高4个县级配送中心配送能力的基础上，投资300余万元建设和改造乡镇配送站14个，农村商品流通网络进一步完善，"农家店"商品统一采购或配送率达到50%，取得良好的经济和社会效益。在拉动农村消费增长20%的同时，农村生产、生活消费不安全、不方便、不实惠的现状得到改观，农村富余劳动力就业3100余人，受益农民达到62万人。

（李宇红　李建军）

【"家电下乡"工作】 2009年，市商务局在广泛宣传家电下乡政策、对市县两级商务部门和承办企业有关人员统一进行家电下乡政策和实际操作培训的基础上，为了确保家电下乡工作的顺利开展，推荐阳泉天元家用电器有限责任公司列入了国家财政部、商务部确定的家电下乡中标销售企业。3月24日，家电下乡工作在全市启动。至年底，备案家电下乡产品指定销售网点241个；家电下乡产品种类由4个扩大到9个，分别是冰箱、彩电、手机、洗衣机、计算机、空调、热水器、微波炉、电磁炉；为了解决农民购买家电下乡产品补贴手续繁琐问题，与市财政局联合出台了《阳泉市家电下乡产品财政资金补贴兑付办法》，在全省率先实施"即买即补"办法；为了促进家电下乡工作的健康发展，联合市工商、质监部门开展专项检查和整治行动，为实施家电下乡工程创造了良好环境。至年底，家电下乡产品销售30966台件，销售金额达到6095万元。其中冰箱、彩电、计算机、洗衣机销售量位居前四。兑付家电下乡产品补贴670万元，兑付率达85%。

（李宇红　李建军）

【"12343"市场体系建设】 2009年,市商务局继续实施"12343"市场体系工程,城市商业服务功能不断增强。沿桃河的太行国际商城、滨河世纪城的沃尔玛阳泉店、新天地商业广场、农贸市场、五金建材城完工并开业运行,一条滨河商业带功能已经显现;市区以兴隆、河边街为中心的核心商圈向四周得到扩展,金街购物中心开业,美隆商业国际广场竣工并开始试营业;以平定东升市场、山海天饭店,郊区王朝大酒店、华龙超市荫营店为代表的两个城市外围商圈正在兴起;河边街商业中心、北大西街商业中心得到了较大的改造和提升,以新天地商业广场为代表的桃北东路商业中心,成功引进国际国内著名连锁品牌沃尔玛、麦当劳、肯德基、苏宁电器等巨头,开业一年多以来,已经形成了一个具有较高人气、较强竞争力的新型商业中心区;以泉美、湘临天下、金酷、内蒙古大酒店为代表的泉中路特色餐饮街和以燕川、泉美国际为代表的小阳泉特色餐饮街成为吸引阳泉本地和外来消费的主要去处;城市北部李荫路和307复线交汇处的物流中心建设已具规模,城市东部的平定商贸物流园正在建设当中。标志着全市城市商业正在步入流通结构日趋合理、流通方式现代化的发展阶段。

(李宇红　李建军)

【社区商业"双进"工程】 2009年,市商务局以"两培育、一改造、一规范"为抓手,培育社区商业示范社区,培育社区商业示范店,改造标准化菜市场,规范家政服务工作。在6月24日召开全市社区商业"双进"工程促进会后,立足全市社区的实际情况,做了大量积极有效的工作。培育社区商业示范社区方面,推荐马家坪社区申报国家级社区商业示范社区,创建城区新华东街社区、开发区康达社区等10个社区为市级商业示范社区,全市累计创建国家、省、市商业示范社区共20个。培育社区商业示范店方面,年内支持华龙超市连锁集团发展社区连锁便利店40个,支持食品总厂有限公司发展社区早餐店30个,支持云阁肉制品有限公司发展社区放心肉店30个。标准化菜市场改造方面,按照全市三年内改造10家标准化菜市场的目标,选择永昌盛菜市场、日潭菜市场、华龙乐购菜市场进行了标准化改造,到年底全部改造完成并开业。规范家政服务工作方面,由市商务局牵头,会同市财政局、总工会共同实施,确定市商贸培训中心和平定家乐家政下岗职工有限公司为培训机构,并全程指导开展培训工作。2009年,全市共举办家政服务培训2期,进行了家政服务知识和技能培训,免费培训学员450人,促进了社区家政服务的健康发展。

(李宇红　李建军)

【汽车以旧换新工作】 2009年,按照省财政厅、商务厅等10厅局关于《山西省贯彻汽车以旧换新实施办法实施细则》的通知精神,市商务局、市财政局、市环保局成立了联合服务平台,建立了联席会议制度,开通了服务热线,设立了专门的办公地点,开展汽车以旧换新工作。按照国家财政部、商务部2009年第20号公告的政策规定,第一批审核办理23辆符合条件的车辆,给车主发放补贴9.4万元。12月28日,财政部、商务部下发关于调整汽车以旧换新补贴标准有关事项的通知后,按照新的政策规定,以旧换新补贴标准从3000元~6000元提高到5000元~18000元,对已经发放的23辆车的差额补贴资金正在审核办理当中。此项政策的推行,对于引导汽车消费新观念、促进汽车消费有着积极的意义。

(李宇红　李建军)

【农副产品市场建设】 2009年,市商务局根据省政府实施"双三十"农产品市场工程精神,推荐华龙超市连锁集团、三来食品有限公司两企业为"双三十"农产品流通企业,推荐蔬菜瓜果批发交易市场、粮油综合交易市场为"双三十"农产品批发市场。经省商务厅组织专家组进行评审论证,阳泉市蔬菜瓜果批发交易市场、粮油综合交易市场、华龙超市连锁集团等3家被省政府确定列入全省"双三十"农产品市场工程建设体系。蔬菜瓜果批发交易市场改扩建项目于9月开工,完成硬化工程5500平方米;粮油综合交易市场改扩建项目于5月开工,完成基础建设项目1200平方米,有关设备已订购;华龙超市农副产品物流配送中心、冷链系统改扩建项目于8月开工,建成配送中心2个、冷库2座,改造库房6间,组建起一支物流配送汽车队。农产品流通基础建设进入了改造提升阶段。

(李宇红　李建军)

【外贸增长点培育】 2009年,市商务局通过建立重点外贸企业经常联系制度,充分运用外贸发展资金扶持和帮助企业发展,着力培育新的增长点。一是新的进出口企业亮点凸显。全年新办理进出口经营权备案登记企业10家,全市获权企业首次突破100家,达到107家,其中实绩企业40家,占获权企业总数的41%。日本能源润滑油有限公司、国阳新能国际贸易有限公司、五金矿产进出口有限公司、方大添加剂有限公司4家企业进入全省进出口企业100强,分列第35、44、72、86位。国阳新能国际贸易有限公司作为年内新获权企业,当年实现进出口1651万美元,占到全市进出口总额的17.6%,成为阳泉市第二进出口大户;长青石油支撑剂有限公司作为新获权企业,进出口突破200万美元。二是扩大进口成效显著。2009年,进口实现3985万美元,比上年增长15.6%,进口额占到进出口总额的42.6%。日本能源润滑油有限公司、国阳新能国际贸易有限公司、西格里泉海碳素有限公司3家企业进入全省进口100强,分列第24、26、60位。三是一批出口企业逆势上扬。方大添加剂有限公司、太行电熔镁有限公司、平定莹玉陶瓷有限公司出口业绩均超过200万美元，增幅分别为40.5%、46.6%、22.4%。其中方大添加剂有限公司出口839万美元，居全市出口第二。市五金矿产进出口有限公司、方大添加剂有限公司、福赛益特国际贸易有限公司、林里粉末冶金有限公司4家企业进入全省出口100强，分列第39、50、85、95位。这些新的增长点的出现，对于遏制外贸下滑，保持稳定发展，发挥了重要作用。

（李宇红 李建军）

【出口信用保险】 为了应对国际金融危机的影响，帮助企业树立信心，攻坚克难，2009年，市商务局组织召开了外贸企业应对金融危机分析会、“共谋发展、共渡难关”座谈会、“助出口、防风险、促外贸”交流会等一系列活动。同时，多次深入企业开展调研指导，送政策、送服务、送温暖，帮助企业利用一切有利条件，克服一切不利因素，求生存、求发展，取得了积极效果。2009年，市嘉和国际贸易有限公司、双龙盛国际贸易有限公司、福赛益特国际贸易有限公司参加了出口信用保险，至此，全市外贸投保企业达到4家。参加出口信用保险，对于外贸企业在防范风险、资信调查、融资等方面发挥了重要作用。

（李宇红 李建军）

【对外承包工程】 2009年，全市对外经济合作继续保持了稳步发展势头。宏厦一建作为全市首家获得对外承包工程经营权企业，在蒙古国完成对外承包工程营业额6104.7万元，比上年增长6%，累计完成营业额2.7亿元；带动劳务输出58人，累计输出劳务583人。华通路桥集团作为全市的大型民营建筑企业，在市商务局的帮助下，顺利获得了对外承包工程经营权，成为了全市第二家获得对外承包工程经营权企业。（李宇红 李建军）

【利用外资】 2009年，市商务局围绕已经签约的外资项目，实行了项目落实责任制，建立了重点项目单位联系制度，全程跟踪，定期问效，协调解决项目落实中存在的问题，加强对企业的政策宣传和指导，取得显著成效。在跟踪的10个重点外资企业中，有山西河坡发电有限责任公司、山西汇能煤业有限公司、西格里泉海碳素有限公司、方大添加剂有限公司、山西圣火炉料有限公司、山西佑圣肉联有限公司、山西兆丰铝挤压技术发展有限公司7家实际到位境外资金共8990.9万美元，比上年增长36.8%。利用境外资金主要分布在煤炭、电力、机械电子、耐火材料、中国冶金矿产、畜牧等行业，投资方以香港地区、德国、韩国为主。（李宇红 李建军）

【外商投资企业联合年检】 2009年，市商务局立足于投资服务的完善、投资政策的明确、投资环境的优化，缩短工作时间，提高服务效率，加大了对外资企业的指导和服务力度。年内新批外资企业1家（山西晋盂港城无纺布制品有限公司），办理增资扩股外资企业2家（西格里泉海碳素有限公司增资4781.2万美元、山西佑圣肉联有限公司增资4295.37万美元），为阳泉华润燃气有限公司、山西佑圣肉联有限公司、山西合诚汽车检测有限公司3家办理了有关变更事项。由市商务局牵头，联合市财政局、工商局、国税局、地税局、外汇局、统计局等6部门对全市外资企业进行了网上申报，一站式集中联合年检外资企业21家。服务手段、服务态度、服务效率受到外资企业好评。2009年，面对金融危机的影响，对全市27家外资企业的经营情况、工人工资、社会保险、环保等情况进行了摸底调查，成立了外商投资企业“维稳”工作领导组，制定了工作方案，明确了应对措施，为外资企业保持稳定发展提供了有力保障。（李宇红 李建军）

【招商引资与商品贸易】 2009年，由市商务局牵头，组织相关部门和企业参加了在广东省深圳市举办的第十一届中国国际高新技术成果交易会。在与国际、国内有关客商充分接触、沟通的同时，参观了深圳市多家节能环保企业，组织台湾机械系新能源中心、国际环保能源投资集团有限公司、海格供应链（香港）有限公司等企业举办了大型恳谈会，达成一批合作意向。组织40家企业参加了西洽会、哈洽会、东北亚博览会以及省内省外组织的外贸出口转内销对接会共7次活动，达成商品贸易协议8000万美元。

（李宇红 李建军）

【市场监测和应急储备】 2009年，市商务局在认真做好节假日市场监测和600种生活资料、300种生产资料日常监测工作的基础上，将承担万村千乡市场工程的企业列入监测样本企业，扩大了日常市场监测范围，提高了对市场发展动态监测的准确性，为国家、省、市科学决策、指导市场运行发挥了重要作用。加强了日常和节假日市场供应工作的检查和指导，完善了成品粮、油、食糖、猪肉、农资等重要商品代储制度，确保了市粮食局国家储备库、阳泉云阁肉制品有限公司、阳泉糖酒副食批发有限公司、华龙超市连锁集团、市生产资料公司等商业代储单位和企业保持节假日和应急状态下的商品供应量和供应能力，货源充足，市场供应稳定。

（李宇红 李建军）

【组建商务执法大队】 2009年，市商务局被列为全国首批商务综合行政执法试点单位。10月13日，市商务局采取“竞争上岗、双向选择”的方式，对现有执法人员进行了整合归并，组建了市商务执法大队，隶属市商务局，编制16名，为正科级全额预算事业单位，参照公务员法管理，承担全市商务领域的行政执法工作。市商务执法大队内设办公室、食品检测中心和3个稽查队。其中，稽查一队负责流通领域食品安全、畜禽屠宰、酒类流通管理等领域的行政执法工作；稽查二队负责拍卖、典当、洗染、美容美发、成品油经营、报废汽车回收、再生资源回收等特殊行业的行政执法工作;稽查三队负责直销、商业特许经营、零供交易、零售商促销、汽车交易、生活必需品应急管理等交易规程的行政执法工作。为规范商务行政执法工作,商务执法大队制定了详细的内部管理制度和行政执法制度。制定并公示了《大队职责》、《工作承诺》、《部门职责》、《岗位职责》、《行政执法工作流程》等内部工作制度,详细规定了每个岗位的职责、要求和工作程序,进一步完善了内部运行工作机制。根据行政执法主体合法、依据合法、程序合法、法律使用准确和文书使用规范五项基本要求,市商务局对商务执法大队进行了执法委托,出具了《行政执法委托书》;商务执法大队整理出市级商务部门具有行政执法职责的法律、法规、规章14部,制定了《行政执法案件办理程序》、《行政处罚自由裁量权参照执行标准》,使用了统一的执法文书,规范了填制方式和内容,实施了《行政执法文书管理制度》和《行政执法案卷立卷与管理规定》等规章制度,全面规范了商务行政执法工作。(李宇红　李建军　刘怀禄)

【“12312”商务举报投诉专线】 2009年,市商务局按照商务综合行政执法试点工作要求,建立了“12312”商务举报投诉服务中心,承担全市商务领域举报投诉和咨询服务等相关职能。同时,为“12312”服务中心调配了1名分管领导和2名工作人员。“12312”服务中心制定了《中心职责》、《工作守则》、《中心受理范围》、《中心受理条件》、《工作流程》、《工作承诺》、《保密制度》、《规范用语》8项制度和规定,并上墙公示。市政府办公厅以阳政办发〔2009〕137号印发了《阳泉商务领域举报奖励办法》,奖励资金列入财政预算,保证了“12312”服务中心的高起点规范运作。同时,市商务局以阳商市字〔2009〕121号《关于建立“12312”商务举报投诉服务中心联系点的通知》,在城区、矿区、郊区和平定县、盂县设立了5个“12312”服务联系点,落实了工作人员,建成了覆盖全市商务领域的“12312”举报投诉服务体系,为商务综合行政执法工作提供了支撑。

(李宇红　李建军　刘怀禄)

【执法人员培训】 2009年,为进一步提高商务行政执法人员依法行政的能力和综合业务素质,规范执法行为,市商务局为商务执法大队和“12312”服务中心工作人员举办了10期培训班。通过专家授课、案例分析、现场讨论、写心得体会等多种形式,重点学习了国务院《生猪屠宰管理条例》、《商业特许经营管理条例》、《中华人民共和国报废汽车回收管理办法》、《山西省畜禽屠宰管理条例》、《山西省酒类管理条例》、商务部《流通领域食品安全管理办法》、《酒类流通管理办法》、《成品油市场管理办法》、《美容美发业管理暂行办法》、《洗染业管理办法》、《典当管理办法》、《再生资源回收管理办法》、《零售商促销行为管理办法》、《零售商供应商公平交易管理办法》等14部市级商务部门具有行政执法职责的法律、法规和规章。参加了市政府法制办举办的阳泉市行政执法人员培训班。重点学习了《行政法基本知识》、《行政诉讼法》、《行政复议法》、《国家赔偿法》、《行政处罚法》和《山西省行政执法条例》、《山西省行政执法责任制规定》、《山西省行政执法证件管理办法》、《山西省行政执法检查规定》以及国务院《全面推进依法治国实施纲要》等综合性的法律法规和基础知识。阳泉商务执法大队全体人员参加了培训,并通过了省法制办组织的统一考试。

(李宇红　李建军　刘怀禄)

物资流通

【概况】 2009年,市物资集团公司坚持把保经营、保生存、保稳定作为首要任务,努力完成年初制定的目标。全年累计完成购进17058.76万元,比上年同期的23127.45万元减少6068.69万元,降低2.24%;累计完成销售收入18102.22万元,完成年计划18000万元的100.57%,比上年同期的26039.39万元减少7937.17万元,降低30.48%。国资委考核的经营业绩指标完成情况:实现利润年初目标为-290万元,实际完成-393万元;资产收益率年初目标为-4.41%,实际完成-5.92%;动资产周转率年初目标为2.5次,实际完成1.66次;成本费用占主营业务收入比重年初目标为101%,实际完成103.07%;当年工资兑现率年初目标为100%,实际完成80%;养老、失业、医疗保险缴费率年初目标为100%,实际完成70%;全年安全重大责任事故年初目标是零,实际为零。至年末全集团的资产总额2.2亿元。负债总额1.53亿元,所有者权益6700万元。全集团有成员企业14个,其中9个特困企业。

(程文庆)

【报废汽车暨再生资源循环利用项目】 2009年,市物资集团公司所属的阳泉市报废汽车回收(拆解)中心,由于受场地规模、技术等软硬件的限制,始终未能实现行业标准化。为了使企业更好地适应市场经济形势的发展要求,配合全市汽车贸易行业发展规划的实施,市物资集团公司于2008年10月向市发改委提出“阳泉市报废汽车拆解暨再生资源循环利用中心建设项目”申请。2009年1月省发改就此项目在太原主持召开了专家论证会。5月4日省发改委以晋发改城环发〔2009〕683号文对该项目的可研报告进行了批复,并且在企业自筹资金的基础上利用省煤炭可持续发展基金进行入股支持。12月14日省发改委以晋发改城环字〔2009〕1833号文下达了项目的投资计划,在2009年内下达入股引导资金400万元。集团公司对此项目精心规划。即项目建设重点放在报废汽车回收(拆解)

场地及拆解、回收、储存、销售等配套内容上，使回收(拆解)中心在规模化、标准化方向上迈出更大的步伐。 (程文庆)

【钢材市场实现顺利搬迁】 2009年，市钢材市场面对场地租期已满，无法再续约的状况，积极做出了“短、平、快”的搬迁方案，并付诸实施。即与阳泉市福泉装饰工程有限公司签署了合作协议，由福泉装饰公司出资按钢材市场使用要求，在位于义白路的河坡村建设新的钢材市场。至年底，新的市场已经建成，按照协议钢材市场原有的34个老客户集体迁入，由协议双方联合开发并管理新的钢材市场，实现优势互补、利益共享、共同发展的目标。

(程文庆)

【安全工作】 2009年，市物资集团公司针对企业领导安全意识淡薄，排查和治理隐患的力度不够的现实，加大了安全治理的力度。首先在年初完善了安全责任制，公司与所属企业签订了安全责任状，并督促布置所属企业与租赁单位签订安全责任书。二是通过会议、培训、增强了企业领导的安全意识，除新中国成立60年大庆和重大节假日开会布置安全任务外，每月一次的安全例会从不间断。10月，公司还举办了企业领导干部消防安全培训班，并进行了考试，从而提高了安全防范意识。三是常抓不懈的安全检查。公司安委会坚持在节前进行检查，发现隐患及时指出、及时整改，有效地避免事故的发生，为进驻户营造“安全有保障，放心搞经营”的氛围。四是开展了重点领域的安全防范工作。民爆公司是集团公司所属企业中的高危行业企业，安全工作是重中之重，为此，民爆公司层层签订安全责任状，坚持每月召开安全例会，开展炸药库的应急演练，选派职工赴太原参加安全培训等。五是加大了对安全设施的投资力度。在公司安委会的监督下，全年各系统安全投入达到10多万元。民爆公司防爆墙和安全培训投资7万元，金属公司投资3万元对库房照明线路进行了改造；机电公司投资5000元购买了各类灭火器等。六是对隐患查处不手软。果断停用了建材公司位于青年路多年运转的小型锅炉，中止了化轻公司化学危险品的经营。由于监督到位，措施得力，安全隐患得到彻底解决，确保了全年系统的整体安全。 (程文庆)

石油经销

【概况】 2009年，阳泉石油公司面对国际金融危机影响，以进取的状态、创新的精神和务实的作风，变压力为动力，化挑战为机遇，迎难而上，奋力拼搏。针对面临的严峻形势，不断调整营销思想和营销策略，使经营工作始终保持良性发展态势。全年完成销量17.37万吨，其中零售量完成11.59万吨，直销量完成5.54万吨，润滑油销量完成0.24万吨。非油品完成销售收入189万元。年内，公司被省工商行政管理局授予“重合同、守信誉”企业称号；被市政府授予“2009年度全市安全生产标兵单位”称号；被市委宣传部市思想政治工作研究会评为“企业文化建设先进单位”；被市商务局授予“2009年度阳泉市内贸流通先进集体”称号；被省公司授予“2009年安全生产先进单位”称号；公司油库被省公司评为“先进油库”称号。

(帅栋梁)

【成品油市场稳定工作】 2009年，阳泉石油公司面对国际金融危机的影响，从政治责任和社会责任的高度出发，采取多种措施，努力协调各方力量，力保阳泉地区成品油市场的供应。在抓资源方面，加强与省公司的协调沟通，最大限度地提高资源兑现率，保证了阳泉地区资源充足。在抓销售方面，千方百计掌控资源，强化调控措施，力保市场供应，严格经营纪律，积极化解矛盾，确保了市场的稳定。同时，面对市场上社会加油站油品质量和价格的冲击，阳泉石油公司依然执行市场最低价格，主打石化品牌，保证油品质量，提高服务水平，真正实践了国有企业的社会责任。 (帅栋梁)

【商标打假维权】 为打造中石化的国际品牌形象，严惩不法分子的侵权行为，维护消费者和公司的合法权益，2009年阳泉石油公司继续贯彻落实中石化销售事业部打假维权工作会议精神，进一步开展打假维权的各项工作。一是积极协调相关部门继续加大市场巡查力度，及时反馈相关信息资料；二是继续实行省公司月上报制度，密切关注市场动态；三是继续加强沟通交流，借助政府行为整顿成品油市场，维护企业利益；四是继续利用新闻媒体等手段加大宣传力度，树立中石化品牌形象。6月，阳泉石油公司积极配合阳泉市郊区工商局，端掉了一个隐藏在阳泉郊区河底镇苏家泉村的非法土炼油窝点，为当地石化企业的公平竞争扫除了障碍，同时进一步净化了阳泉地区的成品油市场，维护了消费者和石化企业的合法权益。 (帅栋梁)

【雪灾天气保障用油供应】 11月10日下午16时，阳泉石油公司接到阳泉市应急指挥中心电话，太旧高速公路阳井段因暴雪滞留了数十辆车和1000多司乘人员一天一夜，车内油料已用完，司乘人员处于严寒之中，急需迅速补充燃料，援助受困人员。接到通知后，公司迅速启动自然灾害应急预案和直销配送应急预案，制订了暴雪天气应急配送方案，同时派出3辆直销配送车和2辆流动加油车，并携带部分食品赶赴太旧高速阳井路段，在阳泉市应急救援指挥中心的指挥下，直销配送油品安全送达西郊村附近的高速公路加油站，流动车辆在高速公路管理站排雪车辆的引导下陆续为受困不能行走的车辆加油，救援队伍直到次日5点才归队，确保了滞留车辆人员得到了及时救助。此次应急救援共配送油品29吨,流动加油2.4吨,安全准时完成了救援任务,受到了集团公司、省公司和当地政府的一致好评。 (帅栋梁)

【"我要安全"主题活动】 2009年,阳泉石油公司深入开展"我要安全"主题活动,旨在提高全员安全价值观的塑造、安全责任意识的强化、安全意识的转变和安全行为习惯的养成。公司领导高度重视,结合全国开展的"安全生产年"活动和省公司的实施方案,制订下发了《阳泉石油分公司"我要安全"主题活动实施方案》,召开了动员会,成立了由经理任组长,各部室负责人为成员的活动领导组,各基层单位也都按照公司统一安排,逐级成立了由主要领导挂帅的领导小组,层层进行了动员,有针对性地结合自身实际制定了活动方案或计划,明确了各个阶段的工作重点。一年来,各部门、各片区、各直属单位上下联动,严格运作,通过系列活动的持续开展,使"我要安全"逐渐成为全员自觉追求的工作行为。为确保人人参与,确保活动取得明显效果,公司在内网上开辟了"我要安全"宣传文件夹,定期撰写黑板报,定期下发活动简报,及时公布活动动态,展示活动亮点、热点,把各项活动作为全年安全工作助推剂来抓,系统上下形成了人人参与的良好氛围。(帅栋梁)

粮油购销

【概况】 2009年,全市粮食系统认真执行党和国家的粮食政策法规,全面履行粮食流通管理职责,积极应对金融危机对粮食行业带来的冲击和严峻挑战,圆满完成了全年粮食工作任务,保障了全市粮食安全,为全市实现"统筹城乡、率先转型、全面崛起、富民强市"战略目标,建设生态文明、平安和谐的宜居家园和具有较强竞争力的现代化区域中心城市作出了积极贡献。全年共收购粮食7.89万吨,其中收购玉米7.12万吨,完成省下达任务的158%;共调入小麦6.6万吨,大米4.4万吨,完成省下达全年产销衔接目标的110%;共销售粮食24.46万吨。全市粮食呈现出购销两旺势头,为保增长、保民生、保稳定作出了积极贡献。在全省粮食工作会议上,市粮食局被评为2009年度粮食工作模范单位。 (苏芝舜)

【粮食安全体系构建】 2009年,市粮食局大力构建粮食安全体系,提高了粮食宏观调控和应急能力。一是粮食应急保障体系进一步完善,应急能力不断提升。在征求各有关部门修改意见后报请市政府下发了《阳泉市粮食应急预案》,制定出台了《阳泉市市级成品粮油应急储备管理暂行办法》,为有效应对地震等各类自然灾害及有关突发性公共事件,确保全市粮价基本稳定、安全奠定了基础。市军粮供应站坚持以兵为本的服务宗旨,在强化内部管理、加强质量管理、搞好优质服务、搞好军民共建等方面取得新进展。二是充实粮油储备规模,优化储备粮油品种结构,进一步夯实了粮食宏观调控基础。为适应全市人口增长和经济发展对粮食需求的刚性增长,最大可能地应对各种粮食风险。7月,经市政府批准,建立了可供城镇居民10天口粮的市级成品面粉2000吨和小包装食油100吨的应急储备;年末根据省政府下达的地方储备粮油规模指导性计划,市粮食局主动与有关部门协调沟通,积极向市政府汇报,建议再增加1.5万吨玉米、3000吨应急成品大米和400吨小包装食油的市级储备规模,从而使市储备粮规模,结构日趋合理,储备粮油的保障能力日趋提升。11月中旬发生的特大雪灾中,全市因交通阻断,造成粮油蔬菜等生活品价格出现大幅上涨,粮油市场出现波动,为应对不期而来的粮食风险,上烟、西河滩粮库的两个面粉厂超负荷运转,市级2000吨成品面粉及时轮换,有力地平抑了粮油市场价格,确保了全市粮食市场供应的稳定。三是强化储粮管理,确保了库存粮油品质安全。加强粮情监控,加大科学保粮力度,全面提高粮食仓储管理水平,认真组织开展了春、秋季储粮安全大检查,确保了全市粮食库存安全无事故。国有粮食购销企业库存粮油合格率达到99%。深入开展示范站(库)建设达标和现代化粮库建设活动,全市有10个站库达到了"示范站库"标准,阳泉储备库和盂县储备库达到了现代化粮库建设标准。创新和完善储备粮轮换工作的体制机制,制定了《市级储备粮借用和轮换管理办法》,全年轮出小麦2.3万吨,轮入小麦1.2万吨。积极推广"三项"储粮新技术,积极开展绿色储粮,积极推行机械通风、双低储粮、中草药防治、高大平房仓储粮技术,全市科学保粮数量达15万吨,科学保粮率达到98%,承储粮质量始终处于良好状态。 (苏芝舜)

【粮食流通改革】 2009年,市粮食局认真落实省局下达的国有粮食购销企业产权制度改革的目标任务,确定了"科学规划、因地制宜、统筹协调、促进和谐、推动发展"的改革原则,把重点放在把握方向、督促指导上,把改制的主动权最大限度放在基层单位,充分调动了县区粮食局抓改制的主动性和创造性,保证了各项改制任务的顺利推进,较好地完成了省局下达的国有粮食购销企业产权制度改革任务。全市23个国有粮食购销企业兼并重组为13个,完成公司制改造7个。改制后的国有粮食购销企业呈现出市场竞争能力明显增强、企业经济效益明显提升、宏观调控主渠道作用更加突出的良好势头。全市国有粮食购销企业实现减亏311万元。在全省粮食工作会上,市局和平定县粮食局被评为"产权制度改革先进单位",郊区粮食局被评为"扭亏增盈

工作先进单位"。 （苏芝舜）

【"放心粮油"工程】 2009年，市粮食局始终把"放心粮油"工程作为服务城乡消费，保障粮油食品安全，促进粮食产业化发展的重要举措。切实在强化领导、明确责任、狠抓落实上下功夫，圆满完成省、市政府确定的40个放心粮油骨干示范店建设任务。同时，建设完成1个市级配送中心、2个县级配送中心(市县累计5个)，发展经销门店（点）304个(累计383个)。2009年，全市"放心粮油"工程取得了良好的经济效益和社会效益，共实现赢利627万元。在全省粮食工作会上，市粮食局和盂县粮食局被评为放心粮油工程建设先进单位。 （苏芝舜）

【粮食多种经营工作】 2009年，全市粮食多种经营工作迈出新步伐。强化粮食经营工作，破除单纯靠补贴、吃政策饭的大锅饭思想，树立吃市场饭的新理念，充分挖掘和发挥粮食部门的各种资源优势，延伸粮食产业链条，提升粮食附加值，增加粮食职工收入。市局整合直属粮库粮食加工产业资源，做大做强"三虎"牌面粉，在西河滩库新建小麦面粉加工生产线一条并投入生产，使"三虎"牌面粉的年生产能力达到4万吨，当年实现利润21万元。平定县粮食局在发展小杂粮加工项目上做文章，注重产品开发研究，产品发展到4大类、40多种，市场销量不断提高。平定小杂粮还于10月参加了全国粮油食品展，受到好评。 （苏芝舜）

【粮食市场监管】 2009年，市粮食局认真履行粮食市场监管职责，开展了形式多样的执法活动。一是圆满完成粮食清仓查库任务。认真贯彻国务院《关于开展全国粮食清仓查库工作的通知》和省政府的文件精神，在各有关部门的配合支持下，精心组织实施，按照规定程序和标准，对全市4个行政区域的35个粮食储存点，共计252个储粮仓库进行了彻底清查。清查结果表明，全市粮食库存账实相符，账账相符，数量真实，质量良好，储存安全。清查结果真实可靠，顺利通过了省级复查和国家级抽查，受到了省粮食局的表彰。二是开展了粮食收购政策落实情况检查。对全市从事粮食收购活动的粮食经营者进行了3次检查，重点检查了收购资格、收购行为、台账执行和粮食储藏等情况，对5家企业违规行为作出了现场纠正和限期整改处理，进一步规范了粮食收购市场。三是加强对"放心粮油"工程检查。按照《山西省"放心粮油"经销网络监督管理办法》的要求，对新建工程和已运行的经销网络进行了两次全面检查，促进了全市放心粮油经销网络的规范运行。四是加强对成品粮油市场检查。会同工商、技术监督、卫生、物价等部门联合对粮油市场进行专项检查3次，共出动人员120余人次，检查粮食经营户44家，对7家经营场所卫生较差的粮店提出责令改正。五是开展粮食统计制度执行情况检查。市粮食稽查队对市区290户非国有粮油经营户进行了两次检查。 （苏芝舜）

供销合作商业

【概况】 2009年，市供销系统商品销售总额完成71367万元，完成市政府下达目标任务的118.9%，比上年增长13.7%；利润完成53.7万元，比上年增长26%；农资供应总额完成5659万元，比上年增长13.5%；农副产品收购完成3294万元，比上年增长4.4%。各项经济指标保持了较高的增长势头。市社直属企业职工工资平均增长10%以上，各项社会保险实现应保尽保。上半年，在化肥价格波动较大的情况下，千方百计筹措资金，及早组织筹备货源，通过连锁配送，发挥农家店、便民店的主渠道作用，以优惠的价格、优质的服务、优良的品种供应市场，减轻农民负担。并通过发放化肥使用宣传手册、免费测土施肥等多项服务措施引导农民科学施肥，年内全系统供应各种化肥18000余吨，基本满足了全市农村的化肥需求，受到了广大农民的好评。各县区供销社紧紧围绕全市农业产业发展的总体规划和特点，组织和参与开发了核桃、花椒、小杂粮等系列农产品。年内共有28个品种的农产品参加了省农产品博览会，受到了广泛欢迎。盂县供销社注册了富盂、蕊晶等6个当地农产品商标，扩大了当地农产品的知名度。年内，新办各类专业合作社17个、农民经纪人协会2个，带动了专业合作社等农业产业化经营组织，促进了全市农业发展，农民增收。 （光喜珍）

【农村现代流通网络工程建设】 2009年，全市加大了农村现代流通网络建设工作力度。全市供销社系统基层社网点改造总数达759个，网点改造乡镇覆盖率达100%，村级覆盖率达79%。已建成2个市级、5个县级物流配送中心，实现了多种商品向各级营业网点的及时、有效配送。2个市级和5个县级配送中心进一步加大了与县区社网络的联合与连接，和基层网点之间实现互联互动，合作双赢，逐步完善了配送中心的经营服务功能，增加了经营范围和品种，提高了配送比例。为切实解决市、县级配送中心配送成本偏高的问题，平定、盂县供销社的县级配送中心又牵头成立了以中心乡镇为主的11个小区域配送中心，采取联购分销的办法，联合农村批发大户参与农村商品配送，有效地降低了配送成本，提高了配送覆盖率，提升了网络的运营质量。平定县供销社还与县农业银行合作，面向全县的农家店和便民店店主提供"金穗惠农卡"产品服务。持有"金穗惠农卡"的店主可享受交易明细折、农户小额贷款载体、农村社保医保费用代缴代付、财政补贴代理等多项服务。2009年6月，刘维佳副省长先后深入盂县西烟供销社、苌池供销社、盂县供销社配送中心和市天元家电公司，就供销社系统“新网工程”建设开展情况进行专题调研，听取汇报后，刘维佳副省长说，“新网工程”开展以来，阳泉市的相关工作开展得有声有色，取得了很好的成绩，值得充分肯定。在物流配送方面，还大有文章可为。政府要在市场主导的同时，与供销社系统有效对接，加强物流配送工作，在源头上把好产品质量关，解决农民“买难、卖难、买差”的问题。供销社系统充分利用网络优势，不断挖掘发展潜力，抓住机遇，乘势而上，促进“新网工程”各项工作的良性循环运行，为建设社会主义新农村助力加油。

（光喜珍）

【“家电下乡”】 2009年，天元家电公司作为全市最大的家电销售企业，以“诚信为本”为企业宗旨，集中力量，整合、挖掘、利用公司内部各种资源，全力开展“家电下乡”工程建设，拉动农村消费。年内投资2000余万元，在平定县城建成了2000多平方米的家电销售分中心。充分利用“新网工程”的网络优势，在农村中心集镇设立了多个连锁销售网点，进一步完善销售和服务网络，拓展和扩大农村市场覆盖范围，在担负起社会责任的同时，努力实现与企业的共赢。在销售过程中，公司严把进货关、质量关、价格关，设立了“家电下乡”咨询专线和销售专柜，积极与市商务局、财政局配合，实行了购买直接补贴制度，极大地方便了广大农民购买。全年，共销售家电下乡产品9大类14000余台(件)，实现销售2800余万元。下乡的家电产品在节能、环保、安全、质量等方面更符合农民的需求和农村的使用环境，价格实惠，耐用性强，很受农民的欢迎。（光喜珍）

药材经营

【概况】 2009年，阳泉医药药材公司全体员工充分发扬了“勤奋、拼搏、向上”的企业精神，同心同德、真抓实干，完成了年初确定的各项工作目标，使企业重新步入健康发展的快车道。全年销售收入实现3579万元，较上年同期2748万元，增长30.24%；三项费用总额561万元，较上年同期下降89万元；费用率为15.67%，较上年同期下降7.98个百分点；亏损为316万元，较上年同期亏损250万元，增亏66万元，其中新药特药经营亏损32万元；在岗职工月均收入为750元，较上年同期690元增长8.7%；缴纳各项社会保险费64.4万元，其中缴纳养老保险费17.6万元、医疗保险费43.5万元、失业保险费3.3万元。

（郝晋辉）

【企业形象塑造】 2009年，阳泉医药药材公司面对激烈的市场竞争，为赢得社会和客户的信赖和支持，为提高社会和广大市民对企业的认知度，树立企业品牌形象，通过报纸、电视等新闻媒体对公司品牌进行了大力的宣传，提升了企业的形象。首先，在《阳泉日报》设立了宣传栏，在4~9月的每周二和每周四对国家的医改政策和医药知识进行了宣传，使广大的人民群众在了解国家的医改政策和医药知识的同时，对医药企业也得到了认同。其次，在媒体上对企业徽标、广告语进行了公开的征集。征集信息发出后，得到了社会各界人士的积极响应，在两个月的时间内，共征集到徽标60余件，广告语230余条。在经过专家和 相关部门的领导评比后，选出了企业的徽标和广告语。经新闻媒体公布后，得到了社会的各界的认可，提高了企业的知名度。第三，通过电视飞播字幕广告等方式对企业医药信息和有关政策进行了宣传，增强了与患者的沟通与联系，提高了企业形象。特别是在甲型H1N1流感严重影响到人民群众正常生活的时候，及时在电视上公布了预防甲型H1N1流感的药方，并准备了大量预防和治疗甲型H1N1流感的药物，为广大市民预防流感提供服务。第四，印制了大量的宣传册和包装袋，并发放到客户手中，让社会及时了解企业的服务、政策等，较好地宣传了企业的品牌形象，提升了公司的社会信誉度，为增强企业的市场竞争力奠定了基础。

（郝晋辉）

【医药物流配送中心建设】 为贯彻落实国务院《关于深化医药卫生体制改革的意见》，实现药品集中采购制度，全面实行县、乡、村三级药品统一配送的目标，2009年阳泉医药药材公司经考察论证后决定建立医药物流配送中心，并报市国资委、市发改委、市规划局和市环保局等有关部门，在征得政府相关部门同意后，5月开工建设医药物流配送中心。为保证此项工程的按时完成，公司做了大量的工作。一是及时编写可行性研究报告等材料，并上报省、市相关部门，得到了省、市财政的大力支持，为建设医药物流配送中心提供了资金保证。二是加强工程管理，保证工程按时完成。公司领导经常深入到工地，现场指导并督促工程进度，及时解决工程中遇到的困难和问题，使此项工程得以保质保量按期完成。三是精心组织，保证了设备安装的完成。中心设备种类多数量大，为保证设备安装到位，工作人员一方面要精打细算，另一方面还要安装工作按期完成，为此，企业职工付出了大量的劳动。在工程建设过程中，市委、市政府和国资委有关领导多次现场指导，帮助解决施工中的有关问题，经过上下的多方努力，医药物流配送中心按期完成，并于12月23日宏张开业。

（郝晋辉）

盐业专营

【概况】 2009年，阳泉盐业分公司以促进山西盐业事业的持续、稳定、健康发展为己任，内强管理、外树形象，紧紧抓住改革、管理、服务三条主线，上下齐心、奋力拼搏、克服重重困难，超额完成了全年利润指标。一是进一步优化产品结构，在提高人民健康水平的基础上，逐步更新新一代绿色营养盐。推出了数种多品种营养盐，通过全面推广宣传，品种盐已在人民健康观念中占据了一定的位置，市场销售也在稳步提升。二是转变经营思路，建立科学合理的商品运销机制。根据省公司建设新的“产区分装、直达县级、就站分发”的商品调运新模式的总体部署，继续稳步实行能够直达县公司、厂矿的直接配送，对于不能直达的采取火车站来盐后，即通知各县公司和用盐单位直接在车站配送，有效地降低了短途运输成本，节约了迂回运输的费用。三是加强仓储建设，确保盐商品安全。年内本着高性价比的原则，迅速敲定施工队伍，对库区需维修的库房一次性做了维修处理，有效地避免了商品损失的危险，确保了盐商品的安全。四是打造现代化企业的管理模式。以加快建设盐业配送网络为中心，转换机制和体制，建立强大的盐商品供应链，努力扩大自营业务，适应市场和经济政策的发展变化，打造盐业全新的管理模式的工作进展顺利。全年销售各种盐 16610 万吨，实现销售收入 1700 万元。（曹　浚）

【资金管理】 2009 年，阳泉盐业分公司不断加大资金管理力度，继续清欠，及时回笼资金。一是严格执行省公司制定的应收账款管理办法，做到钱货两清，杜绝任何新的欠款现象的发生。二是继续组织联合清欠小组，采取各种有效手段，积极清欠，所有新欠款和工业盐用户的欠款实现全部清欠，企业资金运行呈现出良性循环的局面。

（曹　浚）

烟草专卖

【概况】 2009 年，市烟草专卖局面对国际金融风暴国内经济态势明显下滑等不利因素，强化市场监管，严格规范管理，注重人才建设，有力推动培育品牌、卷烟营销、双基管理、内外监管、锤炼队伍五项工作向纵深发展，保持了全市行业持续健康稳步发展的良好态势。2009 年，全市卷烟销量平稳增长，调入总量 52270 箱，销售总量 51001 箱，比上年增长 3.56%；实现销售收入达到 6.53 亿元，比上年增长 17.38%；实现利润 9562 万元，比上年下降 8.41%，实现税金 4981 万元，比上年增长 94.87%；费用率为 7.59%，比上年下降 0.7 个百分点。（李国民）

【现代流通建设】 2009 年，市烟草专卖局以品牌培育、物流贯标为重点，不断完善卷烟销售网络，持续推进现代流通建设步伐。一是加强市场调控，保持卷烟价格稳定。紧紧把握“有序供应、供销平衡、信息工程”三个环节，及时了解卷烟市场走势及价格走势，调整销售策略，确保市场价格稳定。二是挖掘市场潜力，促进销售结构提升。结合打造“诚和”服务品牌，充分发挥客户经理等人员作用，加大对“新建工程、农村市场、大型商场”的关注力度，创新营销方式，开展“专家式服务”，促进销售结构的稳步提升。三是深化协同营销，培育重点骨干品牌。建立工商协同营销工作规范和信息沟通机制，加快重点品牌整合培育、联动运行和掌控调配。在全省局组织驻晋工业厂家公开评价商业企业协同效果的活动中，阳泉烟草名列第七，公司经理测评名列第一。四是完善需求预测体系。依靠“双万信息工程”，收集掌控社会库存和零售户库存信息，确定营销预测重点，形成了较为完善的市场综合预测系统。五是启动网上订货，优化营销模式。建立客户“网购码”，开辟网上订货专项网页，选取具备条件、有参与意向的零售客户签订“网上订货协议书”。于 11 月 23 日全面启动网上订货，优化营销服务模式，至年底，网上订货户已达到 1031 户，占总户数的 20%以上。六是开展练兵竞赛，提升营销队伍素质。结合优秀县级营销部创建活动，强化农网服务力量，提高农村客户满意度。在营销队伍中开展“应知应会”岗位练兵，完善岗位职责考核标准，打造具有“敢干、能干”的高素质营销队伍。营销中心整体荣获“省级青年文明号”称号。七是深入开展物流贯标工作。按照物流有关要求，在借鉴先进省市贯标经验基础上，结合工作实际，以“做我所写、写我所做”为原则，以“规范有序、高效便捷、服务精准”为目的，重新梳理物流工作流程，编写、整理物流运行标准、工作职责、内部制度等内容的文字资料，形成 15 大类、30 大项、320 小项、约 30 万字的套装工具书。将“管理零缺陷、安全零事故、规范零违纪、服务零投诉”作为管理目标，在物流中心各部之间开展了“比管理手段、比管理办法、比管理效果”竞赛活动，有效提高物流运行的规范化、标准化。

（李国民）

【市场监管】 2009 年，市烟草专卖局坚持把“端窝点、断源头、破网络、抓主犯”作为市场监管的突出重点，充分发挥专卖监管职能，加强卷烟打假，规范证件管理，有效保障良好的卷烟经营秩序和市场环境。一是扎实推进卷烟市场集中整顿、确保有序经营。建立重大案件协调、检查考核和后勤保障工作机制，形成了市县联动、上下结合、保障有力的两级打假机制，采取集中整顿与日常监管相结合，为卷烟经营保驾护航。全市共查处涉烟违法案件 623 起，查获违法卷烟 787.226 万支，标值 231.22 万元，捣毁贩藏售假窝点 8 个，进一步提升了市场净化率。二是深入挖掘线索全力经营，取得打假破网的新突破。将打假破网任务层层分解到岗、考核到人，形成了卷烟零售户参与，烟草专卖执法为主，公安、工商等多部门配合的打假网络。成功收网了经营 3 个月的“1·20”网络案件，该案涉案金额 400 余万元，判刑3人,行政处罚22人,涉案金额、抓获人员均为全市历史之最,实现了打假破网工作新突破。三是进一步规范证件管理。按照“统筹兼顾、依法规范、便民利民、稳妥推进、维护稳定”五项原则,开展了许可证延续换发工作。全市换发许可证4380户,重新申办许可证331户,经营秩序得到进一步规范。

(李国民)

【队伍建设】 2009年,市烟草专卖局按照省局统一部署,以深入开展学习实践科学发展观活动为契机,强化思想政治工作和企业文化建设,企业形象不断改善,队伍素质明显提升。一是学习实践科学发展活动取得实效。全市行业深入学习实践科学发展观活动历时近半年,顺利完成了3个阶段12个环节的各项工作。通过认真学习理论知识、深入基层调研、开展解放思想大讨论、撰写心得体会、百人问卷调查和专题民主生活会等多种活动形式,广泛征求各层面的意见和建议,积极查找出制约阳泉烟草科学发展的5个方面、41项突出问题,制定出有措施、有目标的整改方案,建立整改落实工作长效机制。组织开展百人群众满意度测评,群众满意率达到99.5%。二是全面完成用工分配制度改革后续工作。为进一步巩固改革成果,改革领导组紧抓岗位竞聘后岗位、员工重新洗牌的有利时机,以合理套薪、完善制度、启动考核三项工作为抓手,印发全套8册工具书,内容涵盖全员流程化、工作职责、改革资料、劳动规章制度等,以全新的工作理念、薪酬体系、考核测评推动各项工作向纵深发展,实现了改革工作的精彩结束。三是精心打造“诚和”服务品牌。从诚和服务理念、流程、传播和考评体系四大体系建设着手,集思广益完成了《诚和服务体系》的设计和印制工作。编撰完成《阳泉烟草故事集》和企业之歌《凝聚力量》的创作,描绘出了兢兢业业、勇于开拓的集体人格,凝练出了阳烟人的精神风貌。四是不断强化员工教育培训。按标准参加省局举办的各类人员在岗专业技能培训,实行培训人员当月岗效考核工资与培训考试成绩相挂钩的硬政策。全市行业参加省局各类技能培训平均成绩名列全省第二。高度重视内部培训,全年组织行业相关人员开展消防演练、安全驾驶、新闻写作、摄影技能、PPT制作等培训达240余人次,有效促进员工综合素质提升。五是开展庆祝新中国成立60周年系列活动。努力克服人员少、任务重等不利因素,组织参加了全省行业体育运动会、歌咏比赛等活动,展示阳泉烟草团结奋进的企业形象和激情奉献的员工风采。组织退休员工健康体检、健康疗养,走访慰问退休老职工。 (李国民)

交　通

铁　路

【阳泉火车站概况】 2009年1月9日，阳泉火车站组建（石太客专线）阳泉北站车间。至此，阳泉站行政机构设办公室、劳动人事科、计划财务科、安全科、技术科、运输和统计科、职工教育科、信息技术科、综合科；党群组织设党委、纪委、工会、团委，辖党群工作办公室。车站下设阳泉调度车间、运转一车间、运转二车间、运转三车间、客运车间、货运车间、北站车间、白羊墅运转车间、货运车间9个生产车间。中间站石太干线上有获鹿、头泉、上安、岩峰、井陉、南张村、井南、南峪、娘子关、程家、下盘石、岩会、乱流、赛鱼站，支线上有新井、凤山站，共16个。1个装卸站，共计201个班组。多元经营企业有阳泉铁路实业总公司和2个（阳泉、白羊墅）劳动服务公司。2009年末全站共有职工2892人，其中，干部389人，女职工339人，党员987人，团员111人；专业技术职务中级人员8人、初级人员66人，工人技师97人，高级技工1019人。

阳泉火车站中心里程位于石太线107.300公里处，车站等级为一等站，业务性质为客货运兼办的综合性车站，技术性质为编组站。管辖石太线东自获鹿站下行进站信号机16.099公里，西至赛鱼站上行进站信号机115.032公里，共18个车站。其中，一等站2个，三等站6个，四等站10个。线路总延长429.64公里。主要客运设施有候车室5个（井陉站1个、井南站1个、娘子关站1个、阳泉站1个、阳泉北站1个），行包房3处（井陉站1处、娘子关站1处、阳泉站1处），旅客站台12个（中间站有8个，阳泉站、阳泉北站各2个），旅客天桥通道（阳泉站）2座，地下通道4个（中间站有2个，阳泉北站1个，白羊墅站1个），站台雨棚4座（阳泉站、阳泉北站各2座）；日均接发列车368列（其中旅客列车32列，阳泉火车站8列，阳泉北站24列）；主要货运设施有货场9个（其中中间站4个），总面积25万多平方米，货场一次堆货量35万多吨；货物仓库14座（其中中间站12座），占地1.2万平方米，专用线62条（其中军用专用线10条）；衔接3条专用铁道及1条地方铁路；主要货物列车编组设施有编组（阳泉、白羊墅、简子沟）场3个；牵出线20条；装卸线34条，到发线105条（其中中间站68条）。年办理货物3791.2万吨；有大型装载机械26台，小型装载机械6台，最大起重能力50吨；配属专用调车机11台、调度机4台；固定资产总额原值11669.1万元。

阳泉火车站主要担负着山西省阳煤集团所属一、二、三、四矿、新景矿，国有统配煤矿山西省阳泉荫营矿、固庄矿、南庄矿及阳泉煤炭运销公司、晋中煤炭运销分公司煤炭的外运组织任务，以及石太线阳泉地区及阳泉站管辖内沿线各中间站的旅客运输、下行列车（空车除外）全部及上行列车的编解，阳泉市（城区、矿区、郊区）三区（平定、盂县）两县、山西昔阳和河北井陉周边地区的石油、化工、煤炭、矿石、矿建及军运物资的到发任务。　（武海生）

【生产与经营指标完成情况】 2009年，阳泉火车站运输收入220697万元，其中客运收入5048万元、货运收入215649万元；运输总支出20133.16万元；旅客发送量159.6万人，货物发送3791.2万吨；日均装车1631车，日均卸车230车，静载重64.9吨；中转时间5小时、停站时间26.3小时，日办理车7083辆。多元经济总收入49827万元，利润506万元；截至12月31日，车站连续实现安全生产1040天。年末，荣获阳泉市人民政府“2009年

交通 邮电

度安全生产先进企业”(奖牌)称号。

(武海生)

【石太客运专线阳泉北站投入运营】 2009年4月1日,石太铁路客运专线正式开通运营,首列时速250公里的北京西至太原载客和谐号动车组于上午10时46分途经阳泉北站。石太客运专线于2005年6月11日开工建设,是全国第一条省际高速铁路,设计时速300公里以上,预留时速350公里。专线东起石家庄北站,途经阳泉北站,止于太原站,线路全长约190公里,其中盂县境内长度约52公里。项目总投资150亿元,其中盂县段投资约50亿元。段内隧道长度约34公里,桥梁总长度约8.5公里,隧桥合计约42公里。全线共有桥梁94座、隧道32座,隧道长度占全线的58.7%。其中全长27.8公里的太行山隧道,是全国最长的铁路山岭隧道。根据铁道部4月1日零时正式开始实行的新的列车运行图安排,石太客运专线共安排动车组列车27对、普速列车9对,分两个阶段开行。第一阶段自4月1日起开行动车组17对,其中北京铁路局担当8对。石家庄北——太原直达动车组运行时间为上行(石家庄北——太原)69分钟、下行(太原——石家庄北)73分钟;北京西——太原直达动车组运行时间为上行(北京西——太原)2小时59分钟、下行(太原——北京西)3小时12分钟。太原——北京西运行时间比既有时间压缩5小时32分钟,石家庄到太原运行时间比既有时间压缩3小时46分钟。

(赵平枝)

公　　路

【市交通局概况】 2009年,市交通局圆满完成了各项指标任务,目标考核、路网密度、公路等级、晴雨通车、村路覆盖、筑路引资、安全生产、应急保障、治理双超、史志编纂10项工作均列全省第一,为服务地方经济发展和改善交通环境提供了有力保障,被省交通厅授予2009年度“目标考核优秀单位”、“村通水泥路全覆盖优秀单位”、“安全工作先进集体”等多项荣誉称号。2009年,市交通局成员企业实现利润100万元,资产保值增值率达100%,离退休职工养老金发放率为100%。

公路建设　2009年,公路建设固定资产投资目标45000万元,实际完成71324.2万元,完成目标的158.5%;县乡公路改造工程目标50公里,实际完成83.25公里,完成目标的166.5%;通达通畅工程目标100公里,实际完成238公里,完成目标的238%;新增通水泥路建制村目标2个,实际完成2个,全市具备条件的建制村通达率达到100%;新增通车里程目标30公里,实际完成53.94公里,完成目标的179.8%;新增高级次高级路面目标30公里,实际完成139.4公里,完成目标的464.7%。

公路养护　截至2009年底,县乡公路养护好路率目标73%,实际达到83.56%,比目标任务提高10.56%;年平均好路率目标71%,实际达到83.51%,比目标任务提高12.51%;养护综合值年末目标65,实际达到76.4,比目标任务提高17.5%;养护综合值年平均目标62,实际达到76.32,比目标任务提高23.1%;创建文明示范路目标30公里,实际完成55.7公里,完成目标任务的185.7%。

公路运输　年内,公路运输完成客运量3100万人,完成旅客周转量106900万人公里,分别完成年计划的100.1%和100.3%;完成货运量7280万吨,完成货物周转量338500万吨公里,分别完成年计划的100.26%和100.03%。

农村客运　2009年,建制村通客车率目标96.5%,实际达到97%,比目标任务提高0.5个百分点。

公共交通　2009年,票款收入目标为6000万元,实际达到7004万元,超额完成目标任务16.73%;千车公里收入目标为3000元,实际完成3066元,超额完成目标任务2.2%;百公里燃料消耗目标为汽油36公升、柴油26公升、天然气36立方米,实际完成百公里消耗汽油33.56公升、柴油22.56公升、天然气33.94立方米,比目标任务分别下降7%、13.2%和6%。

交通安全　年内,辖区内未发生1起死亡1人及其以上县乡公路建养责任事故;客货运输车辆未发生1起一次死亡5人及其以上责任事故;局直属企业营运客货运输车辆2755辆,交通事故死亡4人。万车死亡率为14.5人/万车,低于控制指标。辖区内未发生1起营业性危货运输车辆造成严重环境破坏的行车事故。　(王九存　史晋阳)

【公路重点工程】 2009年,市交通局承担的各项重点工程稳步推进。其中,阳五高速公路阳泉至盂县段工程全年完成计划投资的102%,达19.8亿元,为2010年全线竣工通车奠定了基础。市西环高速公路郊区新店至盂县中兰段,已列入计划,2010年即可开工建设。307国道复线二期工程水峪至娘子关一级公路建设,全线22.2公里,于2009年12月10日正式开工。平定县境内的广阳路建设工程于12月10日开工。阳五高速公路阳泉至盂县段平定县境南北互通连接线于年内开工建设。盂县境内省道运煤专线二期工程及水神山旅游专线分别于2009年7月8日、8月1日竣工投入运营。省道盂榆线改扩建工程年内正式开工建设。盂县汽车客运站建设工程前期工作年内全部完成。太阳高速公路建设征地拆迁等前期工作顺利完成。郊区政府自筹资金4.4亿元建设的新北大街工程,2009年11月已试通车成功。

(王九存　史晋阳)

【率先在全省实现“村村通”水泥(油)路全覆盖】 2009年,阳泉市率先在全省实现了“村村通”水泥(油)路全覆盖。全市累计投资16.2亿元,完成“村村通”公路建设总里程3146公里,全市960个建制村全部通上了水泥(油)路。8月25日全省村通水泥(油)路全覆盖现场推进会在阳泉市召开,山西省领导及与会代表对阳泉市在实施村通水泥(油)路工程全覆盖工作中取得的成绩给予了充分肯定,认为阳泉市农村公路建设成功经验对进一步推动全省村通水泥(油)路全覆盖工程向纵深发展,具有重要的典型示范和影响带动作用。8月26日《山西日报》、9月2日山西卫视《新闻调查》及9月12日至14日《山西新闻联播》均予以专题报道。村通水泥(油)路全覆盖工程被评为阳泉市2009年十大新闻之一。

（王九存　史晋阳）

【精神文明建设】 2009年,市交通局把精神文明建设列入全局目标责任状考核重要内容。开展了文明和谐单位、文明和谐示范窗口、文明路、文明车、文明家属等"八个文明"创建活动,2009年,创建省文明和谐单位3家(交通局、运管处、道路处),保持市文明(标兵)单位4家,省厅和市文明和谐示范窗口4个,创建文明路53公里,评选文明公交车、出租车、客运车各20辆。大村收费站先后获得"省文明示范窗口"、"市文明单位"、"市工人先锋号"、"市(劳动)模范集体"等多项荣誉。

（王九存　史晋阳）

【"特困职工救助基金"】 2009年,市交通局加大了对特困职工的帮扶力度,在全局筹集特困家庭互助基金,设立阳泉市交通局"特困职工救助基金",救助基金用于资助患有重大疾病和遇有重大变故的局属职工。8月24日,按照自愿捐款的原则,局属11个基层单位和全局干部职工踊跃捐款,当天共捐款1120145元,其中,单位捐款973000元、职工捐款147145元。为将此项基金管好、用好,市交通局于9月18日制定了阳泉市交通局《特困职工救助基金管理办法》,共7章18条。10月15日成立了阳泉市特困职工救助基金管理委员会,负责对救助基金的募集、管理、使用。救助基金设专门账户,专款专用,独立核算,建立专门档案。截至年底,已为23名患大病职工发放救助金5.1万元。

（王九存　史晋阳）

【平定县交通局加强公路养护】 2009年,平定县按照"属地管理、行业指导、社会监督"的管理模式,把公路养护作为工作的重中之重,把全县农村公路全部纳入养护范围。全年共签订养护合同385份,聘用养护工人598人,设专职养护督察人员10人,为10个乡镇各配备1台养护管理专用车,全县公路养护率达到了100%,实现了有路必养。

针对平定县公路建设任务重、里程多,且存在一定的"重建轻养"问题,平定县交通局采用日常养护和重点养护相结合的办法,在全面抓好日常养护的同时,先后对冠山至药林寺、七柏线、东张线、东西线、杨白线、西石线等重点线路100余公里进行了重点养护,总投资达1000万元。为确保养护工作顺利推进,平定县交通局成立了"养护工作专项领导组",并按照签订的《平定县农村公路养护合同》把各乡镇管辖路段的养护工作责任落实到人,积极开展全方位的养护专项整治和安全隐患大排查,细化日常管理,加大督查力度,严格执行奖惩制度,全面推动农村公路养护工作的开展。平定县交通局还根据路段级别、类型和交通流量大小,因地制宜采取了5种不同程度的养护方法,即日养护、周两次养护、周一次养护、月养护和季养护,并在公路两侧选择地段专设景观、种植花草,真正实现了"车在路上行,人在花中游"、"车载文明、路有文化"。平定县已基本形成了连接国省干道和县、乡、村四位一体公路网格局,全县318个村实现村通水泥(油)路全覆盖。基本达到"三白一黄"(即树白、墙白、边线白,三级以上公路全部有黄色中线)、"三无"(路面无堆积物、路肩无杂草、桥涵无堵塞)、"三齐"(里程码齐全、标志牌齐全、防护设施齐全)、"三洁"(路容整洁、路貌整洁、两侧环境整洁)、"三有"(有检查结果、有措施制度、有养护工程结算)的目标。

（王九存　史晋阳）

【平定县治超工作效果明显】 年内,阳泉市"无缝隙、拉网式"治理非法超限超载车辆专项行动启动后,平定县即成立了治超工作领导组,制定了治超实施方案,按照"源头监管与路面治理相结合、重点治理与长效治理相结合、治超站点检查与路面流动稽查相结合"的办法,各成员单位严防死守、群防群控、多管齐下,在各检测点、主要道路出路口通过张挂标语、贴示通告、散发传单等方式,加强对非法超限超载车辆的监管工作。平定县交通局、县公路段成立了3个治超流动稽查队,负责对县乡公路和国、省道治超工作的稽查;县交通局、交警部门建立了应急保障制度,县治超办还对全县治超执法人员进行职业技能培训。年内,平定县共组织集中治超行动80余次,检查车辆3.1万辆,查处超限超载车辆27辆,卸载货物183.2吨,罚款和收取道路损坏赔(补)偿费99.4万元,经过治理,车辆超限超载率由上年的0.04%下降到0.01%。

（王九存　史晋阳）

【盂县运煤专线公路建设工程竣工】 7月8日,盂县运煤专线公路建设工程竣工通车。盂县运煤专线公路建设是市政府"百项工程"之一,也是盂县政府确定的"十大重点工程"项目。该项目总里程9.823公里,总投资5297万元,建设等级为二级公路。工程分两期建设,第一期工程是上乌纱至良种场段,建设里程6.326公里,于2006年10月开工,2007年10月竣工,投资2897万元;第二期工程是乌玉至上乌纱段,建设里程3.497公里,于2008年7月开工,2009年7月1日竣工,投资2400万元。整个工程建设,共完成征地拆迁投资296.1万元,动用土方360926立方米、石方107885立方米,完成防护工程15970立方米,石砌边沟7541立方米,铺筑沥青路面9.823公里,修筑中、小桥梁5座120米,砌筑涵洞23道。

(王九存 史晋阳)

【源头治超车辆管理系统正式启用】 11月1日,阳泉市源头治超车辆管理系统正式启用,实现了科技治超。司机持IC卡(电子运单)进入源头单位时,首先接受电子读卡器的检查,在对车辆和人员证照审查合格后(如证照有问题,检查仪自动报警,车辆不得进入货场),车辆进入货场装载。当一辆辆装满煤炭的货运车辆经过磅房时,电子监控系统自动抓拍,车载重量数据和车辆过磅图片同步上传至源头治超管理系统,并自动生成源头管理各类报表,用以管理人员查询。车辆出厂后,运政管理稽查人员可在任何地点使用读卡仪查询该车相关数据(如车辆装载地、车辆轴数、装载重量、车辆道路运输证、从业人员资格证、源头单位装载、记重、开票人员信息以及车辆违章信息等)。如发现问题,将违章记入卡内,自动生成黑名单。待接受处罚后,方可从事运输活动。11月1日,源头治超先进单位盂县跃进煤矿,在全市率先使用源头治超车辆管理系统,将科技手段深入到了源头管理的每一个环节,实现了真正意义上的科技治超。该源头治超车辆管理系统,采用B/S结构,对源头单位使用条件要求低、投资小,使用ADSL就能实现数据和图像的传输,性能稳定,使用方便,操作简单,易于推广,科技含量高,在任何上网的电脑上,依据管理权限,均可实现及时查询和数据管理,有利于各级管理部门和领导对源头治超工作的监督和管理。

该系统是中国航天科技集团专门根据阳泉市源头治超实际情况,按照阳泉市治超办治超工作标准要求研发的。阳泉市源头治超车辆管理系统运行以来,性能稳定,效果良好。简化了登记和审核手续,降低了管理成本,提高了工作效率,受到了货源单位和广大司机的一致好评。该系统计划分三期推广使用,一期选定平定县阳煤集团五矿、盂县跃进煤矿、郊区燕龛煤矿、阳煤集团新景矿4个货运源头单位作为试点;在取得成效的基础上,二期在全市全面推广安装;三期将对系统进行全面总结和完善。

(王九存 史晋阳)

【抗击冰雪灾害】 11月9日夜间至12日早上,全市出现了历史罕见的暴雪天气。市交通局立即启动应急预案,兵分数路,投入到抵御冰雪、抢险救灾的工作中。

10日,阳泉客运总站当即停发了全部56条客运线路、242个班次的客车,并利用多媒体显示屏播放停发讯息,及时疏导滞留旅客。在车辆停发期间,总站要求司机加强车辆检修保养和防滑工作,确保车况良好,能随时投入营运。同时,密切关注天气变化和路况信息,准备随时调整调度计划,启动停发班次。

11日凌晨2时35分,市交通局按照省交通厅和市政府的指示,调集10辆公交车和5辆大客车,迅速展开对太旧高速公路平定县至旧关段滞留车辆和人员的救援工作。到下午14时,应急救援车队满载300余名被困人员返回平定县宾馆,在安排了受助人员的午餐后,又把需要转乘列车的旅客,送到阳泉火车站。所有被救助人员无一人因困致伤。与此同时,市交通局修造公司、市交通集团汽车保修总厂、平定县义祥汽车维修公司、一汽阳泉服务站、二汽阳泉服务站、娘子关兴义汽车维修公司等7家汽车维修企业的40名技术人员,携带油箱喷灯、防冻液、润滑油、电瓶等车辆救援物品,连续在冰雪中奋战近30个小时,成功对被困太旧路的170多辆故障车实施了救援。

11日早上,局党组紧急召开局属各单位领导会议,制订了《清理河边街路段积雪的紧急安排》方案,将任务责任到每个单位和领导。局机关各科科长和各单位领导带头,率520多人,分路段投入到清雪除冰工作中,确保了公交车的正常运营。负责义白路、307复线北外环和阳井线养护的宏大公司,也出动铲车4辆,运输车辆9台,养护工人53名,清理危险路段积雪和冰面20多处,抛洒公路工业用盐和融雪剂38吨,保证了这三条重要道路的畅通和救援工作。

市公交总公司在大雪中,除对所有营运车辆分别安装了防滑链,采取了防寒、防冻措施外,还派出经验丰富的老驾驶员代替3年以下驾龄的新驾驶员上路。11日、12日两天,公交总公司共投入600余台运营车辆,确保了市区10多条公交线路的正常运营,为市民雪天出行提供了方便,两天累计运输乘客超过55万人次。

12日凌晨2点30分,局党组又连夜召集相关部门负责人召开应对暴雪自然灾害专题落实会议,成立了抢险救灾领导组,进一步开展抢险救灾工作。12日凌晨4点,由4名局领导带队的4个抢险救灾小组,带着8辆装满火腿肠、方便面、面包、矿泉水等食品的汽车,按照职责分工,深入农村公路、辖区高速公路、铁路阳泉北站、307复线、出省公路阳井线等地,及时救助受困车辆和人员,做到了不遗漏一辆车、一个人,做到了保饭吃、保住所、保衣穿、保水喝、保油加、保车修、保畅通、保安全“八保证”。

此外,为确保城市出租车正常运行,市道路运输管理处召集12家出租车经营企业负责人召开了专题会议,对出租汽车安全运营、解决市民出行难等问题做出具体安排,并对出租车辆在运营中不打计价器、索要高价、无正当理由拒载等不良行为,进行了处罚。11、12日两天,共查处违规营运出租车60余辆,有力地维护了群众的合法权益。

(王九存 史晋阳)

【阳泉至娘子关一级公路水峪至娘子关段奠基】 12月10日,阳泉至娘子关一级公路水峪至娘子关段工程开工仪式在平定县水峪村举行。阳泉至娘子关一级公路水峪至娘子关段是山西省构筑“通达四邻、互相协调、快速便捷”公路网络的重要路段。它的建设对完善山西省路网结构、构建综合交通运输网、促进晋煤外运及旅游产业开发等具有十分重要的意义。阳泉至娘子关一级公路水峪至娘子关段位于阳泉市平定县境内，路线起于平定县巨城镇大麦峪村南与坡头至水峪公路相接，经巨城、下董寨、城西村、苇泽关，至终点娘子关镇晋冀交界处，公路全长约21.96公里，概算投资16.7亿元，按一级公路标准建设，设计时速每小时60公里双向4车道，建设工期2年。工程由中国建筑工程总公司采用BOT模式承建。

（王九存 史晋阳）

【盂县农民崔存怀自发组建义务补路队】 盂县农民崔存怀自发组织9名村民进行义务修路，是一支不要国家一分钱、不计任何报酬的农民义务补路队。这支队伍先后自筹资金5万余元，无偿为农村公路义务养护作贡献，已经默默无闻在农村公路养护义务补路两年之久，自愿集资购买水泥、石子、砂子等补路原材料及施工养护机具，两年来，累计填补坑槽530余处，补修路面620余平方米，清理垃圾和路障杂物2120平方米。为弘扬农民义务补修队的高尚品德，盂县交通局号召全县养路员工向他们学习，并将他们作为先进典型在全县养护工作中进行借鉴推广。通过开展学习活动，盂县农村公路养护管理工作取得了明显成效，好路率达到85%以上，比上年同期提高了5个百分点，有效地保证了全县农村公路的安全畅通。（王九存 史晋阳）

【阳泉公路分局概况】 2009年，阳泉公路分局继续加强全面管理，努力保障公路的安全与畅通，认真维护行业和单位的和谐稳定，各项工作均取得了良好成绩。

公路建设再掀新高 2009年市公路分局共完成工程建设9项，总里程124.6公里，累计完成公路建设投资7.6亿元。先后开工了省道盂榆线盂县城至西南庄二级公路改建工程、省界杨树庄至白泉二级公路改建工程、国道207线东木口至白岩沟二级公路改建工程、省道石阳线郊区过境公路工程4项93.6公里；完成的路面改造工程有省道石阳线李家庄至荫营、国道207线十八盘至东木口、国道307线坡头至赛鱼等5项31公里。

公路养护转型推进 2009年，市公路分局在养护工作中，着力推动预防养护与日常养护、季节养护、全面养护、科学养护相结合，切实加强养护巡查。在养护机制上，实行了公路病害修复责任限期制，及时处置路基和路面严重病害，做到坑槽不过夜，翻浆不隔天，裂缝不发展。在日常养护中，按照“提前预防，早期处置”的原则，积极主动防治，做到了早介入，早治理，全年处理路面坑槽103806平方米，油路罩面222463平方米，刷油灌缝195225平方米，加固路基边坡145541平方米，保证了路况质量的良好和行车的安全，推动了养护转型。

公路收费平稳过渡 2009年，面对将要撤站的形势，市公路分局1～5月份坚持定期召开收费工作例会、加强收费稽查等方式，继续加强通行费征收管理，保持了人心不散、秩序不乱、收费力度不减，共收取车辆通行费3950万元。5月31日晚24时，分局按照省政府通告精神和上级安排，组织各收费站立即停止收费，同时挂出横幅进行通告，并妥善保管好收费记录、票据，封存收费站资产，做到了停收工作的规范、有序。停收撤站后，分局认真做好收费人员的稳定工作，多次召开会议进行安排部署。12月同合同到期人员终止了劳动合同，其他职工在待岗期间也安全稳定，保证了收费站停收撤站工作的平稳过渡。

路政执法得到规范 年内，按照市政府出台的《阳泉市公路环境整治实施方案》，市公路分局积极协调各县区政府、各职能部门加强联动，实现了“政府组织，部门联动，齐抓共管，依法治理”工作格局，全面落实“三城同创”的各项任务措施，公路环境治理取得了良好效果。继续严格落实治超责任倒查追究制，打好治超工作持久战。开展了为期45天的“利剑”治超专项行动，更加严格执行统一的超限超载认定标准，严格遵守车辆检测与处理程序，坚持做到超限必卸，处罚必严，严防严查，不放一辆超限车出点，充分发挥和展示了治超主力军作用，为全省治超工作和2009年阳泉市进入全省前三名作出了贡献，分局西郊、白泉超限运输检测点被省治超领导组授予“全省先进治超站点”的荣誉称号。

路桥监管平稳推进 2009年，市公路分局以严格落实监管责任为出发点，以支持与服务为切入点，以促进路桥企业良性运营、稳定发展为落脚点，坚持参与不干预、监督不越位、支持不包办、服务不怠慢的原则，确保了路桥企业在激烈的市场竞争中集中精力抓业务，千方百计促效益，一心一意谋发展。在建工程的质量和进度都受到了市建管处的表扬。忻保1标段路基工程全线首家贯通，桥梁大梁的预制以精美、密实的质量作为现场会的榜样，接受了同行的参观。与此同时，工程安全、廉政也实施到位。年内，路桥公司除忻保1标、25标外，又承揽了分局杨白线工程、平阳高速第20合同段工程，工程总计投资6亿元。

党建文明建设同步 年内，市公路分局全面开展了“爱岗敬业、争创一流”、文明和谐单位、文明服务窗口和青年文明号的创建工作，继续保持了省级文明和谐单位称号，单位文明和谐水平得到了进一步提升。2009年，阳泉公路分局荣获全省交通系统“行政执法先进单位”，全省公路系统“优秀单位”、“安全生产先进单位”称号。（韩 静）

【应急能力提高】 2009年阳泉公路分局不断完善应急保障机制，通过健全组织机构,加强制度建设,进一步提高了应对各种突发性事件的能力。一是汛前对存在隐患的路段进行排查,做好预防性措施。二是加大各种灾害的处治力度。2009年,因持续强降雨导致的307线坡头路段和省道闫贾线山体塌方,阳泉公路分局在第一时间启动公路抢险应急预案,及时处治了公路灾害。三是按照全省的统一部署,圆满完成了8月31日全省在阳泉市举办的国防交通运输保障队伍跨区机动演练任务,受到了省市领导和军区首长的肯定。四是面对2009年特大雪灾,紧急启动了暴雪灾害Ⅰ级预警,共出动人员6400人次,机械车辆1035台次,清除冰雪479万平方米,撒防滑料7000立方米,撒工业盐200吨,为700多辆滞留车辆免费提供了1万多元的食品和饮水,累计投入资金259万元,短时间内干线公路恢复了通行。通过对各种应急情况的处置,锻炼了队伍,积累了经验,应急能力得到进一步提高。(韩　静)

【科技创新】 2009年,阳泉公路分局重视科技创新工作的开展,全年实施技术创新项目6项,分别是:在役中小跨径梁桥承载能力评估及提高承载的课题研究、山区双车道公路交通安全设计与事故预防对策研究、高分子减速路标的试制与应用、平交道口除泥带的尝试、SBS改性沥青应用、阳泉市公路地理信息系统开发,均有较高的科技含量和推广价值。2009年阳泉公路分局荣获全省公路系统技术创新项目一等奖1项、三等奖2项。(韩　静)

【文明路建设】 2009年,阳泉公路分局结合阳泉市"三城同创"活动,积极开展了文明路建设工作。确立了国道207线、307线、石阳线、双阳线、闫贾线11条路段共计236公里为文明路建设路段,各路段依托自然环境,通过植树、植草,设置标语、图案、景点等方法,美化了公路环境,突出了公路文化特色。全年共种植树木8024棵,花草41700平方米,新增景点3处,基本上形成了"路肩有草、路边有树、边坡有色、交界有景"的公路绿化、美化格局。同时,进一步完善了干线公路的标志、标线和安全防护设施,干线公路的服务能力和服务品味有了进一步提升。(韩　静)

【省道石阳线路面改造工程】 省道石阳线大黄沟——郊里(K133+100——K137+100)段和荫营——李家庄(K151+230——K157+772)段,均是运营十几年以上的超龄路。

大黄沟——郊里段位于石阳线盂县与郊区接壤部,建于1957年,1992年改造为二级收费公路,路基宽度12米,路面结构为23厘米水泥混凝土面板+15厘米水泥稳定砂砾基层,2002年进行了沥青加铺路面改善,但由于处于石阳线大交通量路段,平均日交通量达15631辆,且均为大吨位、超载运煤车辆,造成原有水泥混凝土面板裂缝、错台、断板、沉陷等病害加剧,桥面破损严重,沥青混凝土加铺层大面积裂缝、推移、壅包、波浪和坑槽,已成为薄弱路段。改造工程大黄沟—郊里(K133+100——K137+100)段全长4.0公里,公路等级为二级,路面宽度11米,计划投资为922.35万元,于5月8日开工,7月20日完工。完成路面4公里,片石砼矮墙4公里等,完成投资922.35万元,完成总投资的100%。

荫营——李家庄段是省道石阳线的终点路段,位于阳泉市区北侧,也是阳泉市的北出口公路,原为山重三级公路,1996年改建为城市一级路,设计行车速度60公里/小时,路基宽度26米,其中机动车道宽16米,非机动车道宽2×3.5米,其间设分隔带2×1.5米。路面结构为机动车道4+6沥青混凝土+15厘米水泥稳定砂砾基层+15厘米水泥稳定砂砾底基层,非机动车道4厘米沥青碎石+20厘米水泥稳定砂砾基层。多年来两侧商业用地开发、住宅、商铺、厂房等基建工程施工造成沿线路面污染破损、排水设施、安保设施等毁损严重,大量地表水渗入路基,使路基发生沉陷、变形,再加上交通量的日益增长,以及车辆荷载的长期作用,造成路面出现沉陷、翻浆、网裂、坑槽、脱皮、松散等严重病害,道路的服务水平及使用品质日益下降。改造工程荫营——李家庄(K151+230——K157+772)段全长6.542公里,为一级公路,设计行车速度60公里/小时,路基宽26米,计划投资2539.65万元,于5月8日开工,8月10日完工,完成路面6.542公里,完成投资2539.65万元,完成总投资的100%。(韩　静)

【国道207线路面改造工程建设】 国道207线盘口——东木口(K886+601——K895+560)段长8.959公里,为二级公路,路基宽度8.5米,水泥混凝土路面,是1998年改建的盘口至元吉公路的一段,随着沿线经济的快速发展,交通量逐年递增,特别是大吨位车辆交通量猛增,运煤车辆超载严重,道路超负荷运营,造成路况急剧下降,水泥混凝土面板裂缝、错台、断板、沉陷等病害加剧,交通十分不畅,行车极不安全,已成为薄弱路段。改造工程于2009年6月20日开工,10月20日完工,设计标准为水泥混凝土路面,完成投资1743.8万元,完成总投资的100%。

国道207线白泉——长岭(K935+000——K939+700)段长4.7公里,修建于1984年,公路等级为二级,路基宽度12米,路面基层为25厘米石灰土+20厘米泥结碎石,路面面层为7厘米沥青碎石。由于当时建设标准低,使用年限长,随着近年来交通量的增加,尤其是大吨位、超载车辆的增多,公路遭受了严重的损坏,路面破损率都在70%以上，主要病害有龟裂、坑槽、拥包、松散、翻浆、车辙、沉陷等，大量地表水渗入路基，再加上长期重车辗压导致路基变形，每年春融期前后，这些路段的翻浆十分严重，急需进行路面改造。改造工程于2009年6月15日开工，9月25日完工，设计标准为水泥混凝土路面，完成投资906.8万元，完成总投资的100%。

（韩　静）

【307线赛鱼至坡头段路面改造工程】 国道307线赛鱼——坡头段路面改造工程，全长7公里，行车道宽26米，为城市一级公路。工程主要由市政工程管理局组织实施雨水、污水、排水系统；阳泉公路分局组织实施路基、路面改造工程。工期3个月，总投资8000余万元。其中阳泉公路分局项目部承揽了K445+044——K452+044段路面改造，工程于7月19日开工，10月25日完工。完成路面7公里，完成投资3169.5万元，完成总投资的100%。

（韩　静）

【国道207线东木口——白岩沟公路改建工程】 国道207线东木口——白岩沟公路改建工程全长23.8公里。路线起点盂县东木口，经洞沟、交口、东会里、白土坡、咀子上、东林尖、霍树头至终点阳泉郊区白岩沟与省道杨白线衔接。全线采用二级公路技术标准，路基宽度10米，设计速度：东木口至东会里11.545公里，采用60公里/小时，东会里至白岩沟12.259公里，采用40公里/小时；桥涵汽车荷载等级采用公路－Ⅰ级；路面全部采用沥青砼路面结构。工程计划投资19445万元。改造于2009年10月25日开工，截至2009年底主要完成路基土石方83.1万方，涵洞353米/41道，防护工程5073立方米，桥梁基础1426立方米/6个，特殊路基处理28800立方米，完成征地拆迁等。

（韩　静）

【省界杨树庄至白泉公路改建工程】 省界杨树庄至白泉公路改建工程，由杨树庄至白泉公路及其与省道214连接线两部分构成，其地处阳泉市北部，横跨阳泉市郊区与平定县，连接河北井陉，是阳泉市与河北省井陉县乃至晋冀两省的一条经济大动脉，是山西省东部的经济走廊和晋煤外运的一条黄金大通道。该项目的建设，可极大地提高阳泉路网通行能力，促进阳泉对外的交流，对阳泉市乃至全省的经济发展具有十分重要的意义。省界杨树庄至白泉改建工程，主线杨白线起点为平定县（省界）杨树庄村，途经神水泉、西家庄、小岭、铺北、东峪、郝家庄、岔口、罗面嘴、雨下沟、五里庄、西南舁、白岩沟、下章召、韩庄、三郊、千亩坪，终点白泉接G207线。该工程全长44.101公里，其中，主线长39.652公里，省道214连接线长4.449公里，隧道1895米/3处。全线采用二级公路技术标准，设计速度采用60公里/小时（局部段落设计速度采用40公里/小时），路基宽度10～12米。全线桥涵汽车荷载等级为公路－Ⅰ级。路面结构除隧道采用钢筋水泥砼路面外，其余均采用沥青砼路面铺筑。工程预算投资40079万元，于2009年10月31日开工建设，截至2009年底主要完成路基土石方、防护工程、桥涵构造物、隧道、预制场地、征地拆迁等建设。（韩　静）

【省道盂榆线盂县县城——西南庄公路改建工程】 省道盂榆线盂县城——西南庄公路东临盂县城，与双阳线、G207相连进入河北平山；西连寿阳、晋中、太原，进山西主要公路网；北与石阳线及闫贾线相接，进入忻州地区及河北；南与石阳线、G207、G307及娘阳线相连，进入河北井陉，在阳泉市综合运输网中发挥着重要的作用。但由于该段公路使用年限长、承受大交通量，导致公路损坏严重，已无法适应交通运输的需要。省道盂榆线盂县城——西南庄公路改建工程全长17.79公里，路线起点位于盂县城关与省道石阳线交叉处，终点至西南庄（寿阳交界）。其中K3+400——K14+000段采用二级公路技术标准，路基宽度10米；K0+000——K3+400段盂县外环建成后将作为城市连接线、K14+000——K17+790段为越岭路段，路基宽度为7.5米。工程计划投资6987万元，于2009年11月5日开工建设。截至2009年底完成矮墙浇筑4405立方米/13.72公里，完成总量的100%；完成排水工程11299立方米，完成总量的100%；完成沙砾找平层19000平方米，完成总量的100%；完成挖除旧路面70000平方米，完成总量的66%；完成基层29000平方米/4000米，完成总量的18%；完成沥青混凝土面层28000平方米/4000米；完成土石方4万立方米，完成防护工程5300立方米；完成采备水泥865吨；钢筋530吨；黄砂1850立方米；碎石7220立方米；片石4500立方米；块石2060立方米等；完成拌合楼、预制场地、征地拆迁及其他前期工作。

（韩　静）

【桥梁安全隐患排查】 2009年，阳泉公路分局从危桥治理项目、桥梁安全运营及日常管理等方面对所属桥梁进行了安全隐患全面排查。一是加强桥梁隐患排查工作的组织领导。阳泉公路分局根据管养干线公路情况，制定了切实可行的实施方案，并成立了由主要领导为责任人的桥梁隐患排查机构。二是完善责任追究制。明确桥梁管理工作的责任单位和责任人，要求各公路段每月进行经常性检查，道班、责任人每日进行巡查。对排查出的危桥，严格按照“四不放过”（事故原因查不清楚不放过、事故责任者得不到处理不放过、广大职工群众受不到教育不放过、防范措施没有落实不放过）原则，做到专人监控，定期监测，并设置和完善相应的限载限速警示标志。三是严把危桥改造设计关。合理选择桥型、结构和改造方案，确保桥梁结构安全和耐久性。同时，加强施工现场安全和质量管理。四是建立健全桥梁突发事件应急预案。结合桥梁养护实际,阳泉公路分局在制定桥梁安全事故总体应急预案的基础上,进一步明确信息上报、交通保障与恢复等工作的职责和程序,切实做到防控管理到位,应急处置有序。通过桥梁安全隐患排查,进一步提升了阳泉干线公路桥梁安全运行和建设管理水平。

(韩 静)

【公路地理信息系统】 地理信息系统(简称 GIS)是 20 世纪 70 年代发展起来的一门边缘科学,它综合了地学、系统论、信息论、计算机科学等多学科成果,是一个以空间数据管理为基础的计算机软硬件系统。它采用计算机网络、数据库、图形学、多媒体等最新技术,对地学信息进行处理,能够实时、快速、准确提供、修改和更新地理空间和属性信息,为有关部门进行决策提供有效支持。随着阳泉市各级公路路网结构的进一步完善,阳泉公路分局以往路况数据管理手段已不能满足公路养护和管理的要求,为全面反映分局公路养建成果和公路现状,使分局的公路路况资料做到准确、齐全、翔实,只有通过建立基于 GIS(地理信息系统)技术的高效、智能化公路管理系统,才能更好地解决公路在管理、养护、路政等领域的标准化、系统化、自动化的问题,提高管理决策的准确度和可靠性,为分局公路信息化管理创造最佳的支撑环境。年内,阳泉公路分局和北京恒达时讯科技开发有限责任公司联合研发了阳泉市公路地理信息系统,计划于 2010 年投入使用。该项目实施后,将强化"公路基础数据库"的核心数据平台,提高图属结合的可视化公路网管理性能,增强基础数据对各业务领域的支持力度,为公路养护管理提供及时、准确、全面的路况信息,为各级领导的决策提供科学依据。 (韩 静)

【阳泉交通征稽分局概况】 2009 年,是燃油税改革实施的第一年,是全省交通运输系统进一步理顺管理体制,实现交通征稽机构整体职能转变的重要一年。阳泉交通征稽分局紧紧围绕征稽改革的各项工作部署,继续发扬"忠于责任、勇于开拓、甘于奉献"的交通征稽精神,立足本职站好岗,勤奋工作收好尾,服从大局,忠于责任,职工队伍继续保持了思想不散、工作不乱,面对改革分流,广大干部职工团结一心、齐心协力,较好地完成了征稽善后等全年各项重点工作。12 月 25 日,在全省交通征稽工作总结表彰暨山西省交通运输执法局成立大会上,阳泉交通征稽分局被山西省交通运输厅授予"交通规费征收突出贡献奖",被省征稽局评为"2008 年度完成工作目标责任制先进单位"、"2009 年度文明和谐单位"。同时,分局被阳泉市劳动竞赛委员授予集体"一等功"。 (范文生)

【娘子关收费站等一批二级公路收费站停止收费】 5 月 31 日 24 时整,阳泉交通征稽分局娘子关交通征费所停止对一切过往车辆的收费工作。娘子关征费所于 1990 年 8 月 25 日经省政府批准成立,是全市境内最早设立的公路收费站,主要任务是按照国家规定征收省道 315 线过往车辆的通行费,为政府筹措资金完成公路还贷任务。截至 2009 年 5 月 31 日,娘子关征费所共征收通行费 3.22 亿元,有效地缓解了全市公路建设资金不足的矛盾,对推动全市公路建设发展起到了重要作用。与娘子关公路收费站一样,阳泉市境内的盂县、上社等 5 个政府还贷二级公路收费站共计 155 个全部取消。这次停止收费的 155 个收费站,涉及 106 条二级公路,总里程达 6651 公里。 (范文生)

【征稽善后工作】 2009 年,阳泉交通征稽分局面对人员转岗分流的严重压力和养路费清欠追缴的繁重任务,严格按照省交通征稽分局工作部署,保证了各项收尾工作顺利进行。

依法清欠 2009 年,为完成好征稽工作的收尾工作,阳泉征稽分局严格按照国家五部委、山西省征稽分局各项文件要求,对 2008 年以前的欠费车辆进行依法清缴。一是成立了清欠工作领导组织机构,制定了具体的要求,下发了《关于继续做好"两费"清欠工作的通知》(晋交征稽阳字〔2009〕2 号)和《关于进一步做好"两费"清欠工作的补充通知》(晋交征稽阳字〔2009〕12 号)等文件,具体安排清欠工作。二是认真开展宣传工作,于 2 月上旬开展了较大规模宣传活动,在阳泉电视台、《阳泉日报》等新闻媒体进行宣传,营造良好工作氛围。三是做好与驻地政府的协调工作,积极向市政府分管领导汇报,协调市政法委(公安交警、人民法院)、物价、纠风等部门支持分局依法进行的清欠工作。同时与阳泉市公安局交通警察支队联合行文印发了《关于在车辆管理环节加强清理公路养路费欠费工作的通知》,要求公安交警车管机构在办理车辆转移、注销、换(补)证、变更、检审验等项车管业务时,对 2008 年 12 月 31 日存在欠缴公路养路费的车辆加强查验,同时督促车主到辖区交通征稽机构办理养路费补缴手续。四是不断加大催缴力度,采取电话、手机短信、快递邮件、欠费通知单直接送达、报纸电视公告等形式催缴。五是对清理难度较大的欠费车辆,依法申请法院强制执行。六是积极开展长期滞留车辆处理,14 台长期滞留车辆得到圆满解决。通过以上措施的实行,保证了依法清欠工作的顺利进行。截至 2009 年末,全分局累计发放催缴公路规费通知书和行政处理决定书共计 8780 份,清理欠费车辆 29 台,清回欠费 43492 元。

档案整理 为全面准确反映征稽的历史,2 月,阳泉征稽分局召开专题会议并下发了《关于做好档案整理归档工作的通知》(晋交征稽阳字〔2009〕8 号),对做好档案整理工作进行了全面安排部署。9月,为进一步检验基层各单位档案整理情况,分局办公室抽调档案室有关人员,对基层各单位档案整理情况进行巡检,并就档案整理工作中存在的问题进行现场指导,及时指正,确保档案整理工作顺利进行。11月,基层各单位按照工作部署,对本单位档案整理归档工作进行了认真回头看,及时拾遗补缺,完善档案资料。12月,分局年度工作考核组对各档案整理归档工作进行了全面检查验收。

资产清查 年初,阳泉征稽分局下发了《关于开展资产清查工作的通知》(晋交征稽阳字〔2009〕9号),要求基层各单位全面开展资产清查工作,确保各类资产账账、账卡、账实相符。下半年,分局再次下文要求各单位对资产清查进行认真回头看,并派出固定资产专项检查考核组,对各单位资产管理情况进行逐一检查、核实,纳入微机管理。11月,按照分局统一部署,分局年终考核组对各单位固定资产管理情况进行了全面考核。通过开展自查自纠和分局督导检查,保证了国有资产完好无缺。

财务管理 3月6日,阳泉征稽分局下发了《关于进一步加强财务管理工作的通知》(晋交征稽阳字〔2009〕10号),要求基层各单位要及时理清往来账务,规范财务管理,按规定处理遗留问题,确保财务管理规范、有序。上半年,分局按照省交通运输厅、省征稽局《关于开展"小金库"专项治理的通知》要求,成立了治理"小金库"专项工作领导组,对各单位进行了认真清查,未发现"小金库"现象。下半年,分局考核组对各单位财务管理情况进行了详细考核。从考核情况来看,各单位在财务管理方面状况良好,财务管理工作正常有序。

人员安置 税费改革以来,阳泉交通征稽分局将人员安置作为2009年各项工作的重中之重,付出了大量的精力、物力、财力,使各类人员得到妥善安置。

在编人员安置。6月15日,人力资源和社会保障部、交通运输部、国家税务总局、国家公务员局联合下发了《关于做好成品油税费改革税务等部门接受人员工作的通知》(人社部发〔2009〕57号),明确要求国家税务系统和地方税务系统通过招录公务员,招聘事业单位工作人员等方式接受部分在编公路养路费征稽管理人员,同时印发了具体的实施方案,开始进行养路费征稽人员的安置。阳泉征稽分局严格按照省交通运输厅、省征稽分局统一部署,认真组织单位在编人员参加了税务系统的招录用工作,通过发布招考简章、报名、资格审查、笔试、面试、体检、考察、公示等各个环节的严格筛选,分局共有21名职工即将转入税务系统。9月30日,省编委下发了《关于组建山西省交通运输执法机构的通知》(晋编字〔2009〕35号)对现有征稽机构重组、人员安置做了明确安排,依托征稽机构组建交通运输执法机构,人员在系统内部成建制转岗。在编人员的分流安置得到了落实。

编外人员安置。阳泉征稽分局编外用工主要有养路费协征劳务派遣人员、通行费收费劳务派遣人员和非全日制用工三类。2009年12月14日,省征稽局下发《关于全省交通征稽系统编制外劳动用工安置的指导意见》(晋交征稽字〔2009〕84号),阳泉分局严格按照要求,结合市政府12月18日娘子关收费站编外人员安置协调会议要求和分局实际,制定下发了《阳泉交通征稽分局编制外劳动用工安置实施办法》,对编外人员通过一次性经济补偿、再就业待安置等方式给予了妥善处理。 (范文生)

【阳泉煤炭运销分公司概况】 2009年,阳泉煤炭运销分公司煤炭销量全年累计完成2283.8万吨,比上年减少799.6万吨,下降25.9%,完成考核指标2061万吨的110.8%。其中,公路销量1969.1万吨,比上年减少722.7万吨,下降26.8%,完成考核指标1860万吨的105.9%;铁路销量314.7万吨,比上年减少76.9万吨,下降19.6%,完成考核指标201万吨的156.6%。煤炭产量全年累计完成513.4万吨,比上年增加35.3万吨,增长10.7%,完成考核指标340万吨的151%。销售收入全年累计实现108.46亿元,比上年增加7.56亿元,增长7.5%,完成考核指标76.3亿元的142.15%。利润总额全年累计实现5.57亿元,比上年增加11266万元,增长25.35%,完成考核指标2.92亿元的190.75%。非煤产业全年累计实现收入11479万元,完成考核指标6150万元的186.65%。全年累计实现税金6.85亿元,比上年增加1.04亿元,增长17.9%。其中上缴国税2.72亿元,地税4.13亿元。

(范录庭)

【煤炭资源整合】 年内,按照全省煤炭资源整合规划,阳泉煤炭运销分公司作为山西省煤炭运销集团的全资子公司对阳泉市14个区域煤矿开始实施整合,共涉及28处煤矿。截至11月,兼并新组的5家煤矿全部签署转让协议,并换发证照。整合工作计划2至3年全部完成,整合后煤炭保有储量将达到8.35亿吨,新增1.12亿吨,生产能力将由445万吨/年提升为1395万吨/年,占全市地方控制总产能4000万吨/年的34.8%。阳泉煤炭运销分公司将跨入千万吨级煤炭生产企业。 (范录庭)

【"安全群监"活动】 2009年,为防范煤矿事故发生,强化现场安全监督,阳泉煤炭运销分公司在全系统煤矿深入开展了"强化安全群监"活动。采取的具体措施,一是通过职代会、企务公开和集体协商等形式,组织职工参加安全生产的民主管理和民主监督;二是发挥工会自身优势,开展多种形式的安全宣传教育,做好员工安全技术培训,营造安全文化氛围;三是加强群众监督员队伍建设,提高员工安全意识和安全技能;四是加强班组安全检查,组织实施好班组安全建设办法;五是建立安全隐患事故举报奖励制度,畅通举报渠道,及时发现消除隐患,防止事故发生。通过群众监督活动,实现了“五零”目标,“五”即“五个推进”:推进员工安全宣传培训教育,推进班组安全建设,推进安全群监队伍建设,推进现场安全检查,推进员工劳动保护;“零”即“一个为零”:工亡事故为零。 (范录庭)

【“七项措施”推进矿井建设】 2009年,阳泉煤炭运销分公司采取七项措施推进本质安全型矿井建设。一是8月13日公司领导带队深入燕龛程庄矿9304综采工作面和15102综掘工作面参观学习与交流检查。二是召开安全生产现场会,总结所属煤矿质量标准化建设与安全生产的成绩,深刻分析采掘机运通存在的问题与隐患。三是加大安全投入,提高矿井装备水平,以点带面,推广质量标准化工作,全面推进本质安全型矿井的建设。四是加强“一通三防”(矿井通风,防治瓦斯、防治煤层、防灭火),建立健全防治机构、防治队伍,采取“四位一体”(突出危险性预测、防治突出措施、效果检验、安全防护措施四个方面构成一个整体)综合措施,消灭盲巷,管好尾巷,杜绝微风、无风作业。五是严格落实“预测预报、有疑必探、先探后掘、先治后采”规定,开展水害专项检查、专项整治活动。六是继续广泛开展“隐患治理”活动,把隐患排查治理工作制度化、规范化、日常化、群众化,融入安全生产全过程,常抓不懈,对重大隐患,实行挂牌督导。七是以安全生产,促进资源整合顺利实施。运用“一矿一策,重点突破”的思路,高度负责,倒排进度,保障资源整合目标的实现。

(范录庭)

【阳泉燕煤公司提升煤矿质量标准化水平】 2009年,阳泉燕煤公司树立“抓质量就是抓安全,抓质量就等于增效益”理念,全面推进采、掘、机、运、通五大专业质量管理,有力提升了矿井安全质量标准化建设水平。一是成立了以总经理为组长,各分管副总经理为副组长的“煤矿安全质量标准化建设”考核领导组,负责对矿井安全质量标准化进行检查考核。二是确立了“以点带面、重点突破、专业推进、整体达标”的总体规划,明确专人,落实责任,真正把质量标准化延伸到每个环节、每个岗位,努力实现全员化、全过程化、精细化管理。三是加强现场管理,特别是加强工作面遇构造、过断层现场把关,及时消除事故隐患。四是狠抓各系统、各专业薄弱环节治理,做到薄弱环节有突破,优势专业有巩固、领先项目有创新。五是继续在各专业开展质量标准化达标竞赛,从井下巷道、工作面的管线吊挂、巷道维修、安全设施、材料码放、牌板管理等基础工作和“点滴小事”入手,开展“精品硐室”、“精品巷道”和“精品工作面”创建达标竞赛。年内,公司自查考核达到了国家一级安全质量标准化矿井标准。

(范录庭)

【阳泉平定公司天然气项目开工奠基】 10月13日,阳泉平定公司天然气项目开工奠基,该工程为山西天然气东线贯通工程的一部分,是阳泉平定公司与省天然气公司的合作项目。该项目预计2010年完成,设计输气管道32.33公里,预计总投资1.2亿元。主要用于平定龙川等工业园区内企业的工业供气,工程的建设将对打造“蓝天碧水”、改善县域民生和实现转型发展起到积极的支撑作用。 (范录庭)

【省运阳泉公司概况】 2009年,省运阳泉公司在省集团公司的领导下,贯彻“七项重点工作”,全面完成了集团公司下达的各项任务指标。全年实现营业收入10138万元,比上年增长25.8%;完成换算周转量30000万吨公里,比上年增长20%;实现利润64万元;安全工作平稳推进,未发生重特大责任事故和破坏环境事故;在岗职工的工龄工资到位,职工年收入人均达到12253元;安排再就业人员12人;对外招聘人员27人;年内,省运阳泉公司荣获“市级文明单位”称号。(朱自明)

【省运阳泉公司稳步发展】 2009年,省运阳泉公司积极落实七项重点工作,推动企业实现跨越式发展。

一是积极推进场站建设,不断提升客运站场的经营档次。客运站场建设是公司近几年来的核心工作,因此,公司紧紧抓住这个核心,从思路上、措施上、办法上不断求新求变,力争确保各项站场建设任务的如期开展和完成。2009年12月23日左权汽车站成功落成运营,为公司站场建设改造创建了新模式、提供了新经验;12月25日昔阳汽车站新站建设顺利奠基;和顺汽车站新站建设已接近完工,公司正在积极进行旧站的开发规划,以旧站开发收入全部投入新站建设;盂县汽车站已与县政府签订协议,新站建设由政府负责,建成后经营权交付公司;榆社汽车站的各项建设立项手续已经完备,公司已与县政府签订建站协议,征地工作正在进行;阳泉站的建设已与阳泉市交通局进行了多次沟通,现在阳泉站的建设已经引起了市政府的重视,公司正在争取全面参与阳泉站的建设和经营权。

二是积极推进客运公司化改造进程,确保客运经营增长方式的转变。首先,公司针对一开始来自地方企业和经营户对推进客运公司化改造的干扰、阻挠,召开了多次专题会议进行研究分析,制定了“坚定信心、个个击破”的针对性措施。各客运分公司在公司方案的指导下,与经营户、车主进行了广泛的接触、交流、沟通、协商,最终取得了广大经营户的理解、支持,使得公司提高单车管理费工作得以顺利开展,也使公司的客运单车管理费调整工作在十分艰难的客运竞争环境下取得了圆满的成功。其次，按照省集团公司《关于推进以控股为主的客运公司化经营指导意见》，阳泉公司根据企业自身情况，提出了两种模式，具体为“高抵押责任制经营模式和合作经营模式”。在此基础上，客运公司化改造领导组办公室针对2007年、2008年、2009年采集的所有车辆的收入数据，进行了汇总分析，按照线路和车型、效益进行了分类测算，基本确立了每条线路、每个单车公司化改造的指标方案。2009年成功对到期更新的阳泉至和顺、阳泉至左权、阳泉至大同、和顺至阳泉、和顺至太原的5条线路进行了公司化改造，寿阳至阳泉的12部车辆已上报省局待批。这17部车的顺利改造标志着公司客车公司化改造已经顺利实施。

三是不断推进晋东物流中心步入现代物流的行列。物流的发展直接关系到公司的发展进度和速度，为实现物流工作进度目标，2009年3月公司对晋东物流中心进行了公开招标，通过招标调整了主要领导，调动了各个方面的积极性，商铺租金调整工作也已完成。车场出入车辆收费工作正准备实施。信息平台的建设已确立了思路和方案。由于受2009年特大雪灾的影响，使晋东物流中心的出租商铺损毁严重，原先的一系列改造计划无法得以落实。此外，公司榆社恒达物流中心已经注册立项，正积极向省发改委争取资金，资金一到位就可开工建设。

四是努力实现货运工作向现代货运转型的步伐。货运的发展是2009年阳泉公司最大的难题，一是金融危机的影响使得阳泉市及其周边的煤炭、耐火、甚至其他行业的产品大面积滞销，导致货源形势十分恶劣。二是燃油税的实行使公司对货运车辆的控制力大大削弱，截至2009年末，公司40部在册车辆的管理费收取工作难度极大，只有靠办理二级维护和车辆检验这些手段来控制。面对这样的实际，公司制定了向发展货源基地转型的货运发展策略，积极与榆社华能电厂进行接触和沟通，与厂方达成长期合作的意向，在车辆发展上积极迈出了公司化改造的新步伐，2009年8月筹集资金300多万元，购置货运车辆11部以公司化经营模式投入运营。同时公司还多次派出人员与过去的老客户进行货源联系，为货运业务的全面开展奠定了基础。

五是加快4S店的建设和发展。4S店建设是公司的空白，公司领导班子多次召开专题会议，认真研究，通过市场调研、摸底，与许多厂商进行了认真详细的咨询和商谈。克服了时间短、任务重、资金紧的困难，与中通客车公司多次协商，已初步具备了一个集整车销售、维修服务、配件供应和信息反馈为一体的4S店雏形。

六是千方百计加强驾校的建设。驾校是公司七项重点工作的缺项，为此，公司确定专人负责驾校项目。通过多方与省运管部门和市运管部门的沟通和协调，已经给予了公司明确的建设意见，正在积极运作当中。

七是积极开展资本运作，确保企业土地资本增值保值。随着左权汽车站的投入使用，左权汽车站的土地置换也随之完成，新站建设用地2.8公顷(42亩)，公司新增土地2.17公顷(32.5亩)；昔阳汽车站的建设县政府为公司圈定了建站用地，旧站变现资金将用于新站的土地征用；和顺汽车站的主体建设已到二层，工程完工后，公司将以旧站的开发变现资金投入接管新站。昔阳汽车站与和顺汽车站建设完成后，加上左权站的新站，公司土地资产将增加4.83公顷(72.5亩)。

（朱自明）

【安全管理工作】 2009年，省运阳泉公司始终把安全管理工作放在重要位置，着力构建“领导重视、机构健全、职责明晰、保障得力、监督到位”的安全管理长效机制。公司结合全省年内发生的几起群死群伤事故和“6·3事故”，多次召开安委扩大会，汲取教训，举一反三，细化安全措施，安排部署安全工作，深入一线对安全隐患逐一排查，争取做到不放过任何一个可疑环节。同时不断完善和健全各项安全组织机构和安全管理制度，层层签订安全生产责任状，狠抓“双基”(基础、基层)管理和“两个”源头(车头、人头)，严格驾驶员的培训考核和审验工作，按照统一管理、统一险种、统一险额的原则，完善了车辆的保险管理制度，对国家与政府部门要求的强制性险种不漏保一人一车。继续加大了安全统筹金和互助金的收取力度，努力降低企业经营风险和排除风险的能力。有效地运用GPS和行车记录仪，切实强化了车辆运行的监管，推动了公司安全管理工作逐步迈上正规化、规范化、制度化管理轨道。

（朱自明）

【企业管理】 2009年，省运阳泉公司新班子调整后，首先提出的就是“整顿、调整、充实、规范”，整顿就是要在劳动纪律、工作作风、领导干部履职、政令畅通、基层实体的经营亏损等几个方面进行整顿；调整就是要结合公司的发展需要，对现有的经营机制、体制和人员进行优化和调整；充实就是要建立有效的用人机制，不断在各个方面引进适合公司发展的各类经营管理人才；规范就是要用两个月时间结合公司发展实际修订完善各项经营管理规章制度，自上而下形成一种用制度管人、按制度办事的良好氛围。截至年底，这几项工作已基本完成，通过整顿，机关的劳动纪律有很大改观，打卡考勤制度的实行起到了良好的效果，干部履职、政令畅通等几个方面也有明显改善。通过中层干部的调整，优化了中层干部队伍，使一批年富力强的青年干部走到了主要实体的领导岗位上来。通过招聘12名大学生充实到机关管理人员队伍中，为实现阳泉公司的人才战略迈出了坚实的步伐。通过修改完善和

制定一系列的管理制度和规范,使公司走上"以制度管人、按制度办事"的管理轨道。　(朱自明)

【阳泉公司左权汽车站落成】 2009年12月23日,阳泉公司左权汽车站落成启运。左权新站于2005年经省交通厅专家论证批准立项,2006年3月破土动工,此项工程被列为左权县重点工程。新站占地面积2.8公顷(42亩),主体大楼建筑面积2834平方米,配备先进的电子显示系统、电子监控系统、车辆安全检测中心,配有行包安检仪,实行电子报班、电子售票,是一个功能齐全、设施先进、设备一流的二级客运站。左权汽车站的落成启运,是阳泉公司资本成功运作的典范,标志着阳泉公司站场建设序幕的拉开。

(朱自明)

【阳泉公司昔阳汽车站新站开工】 12月25日,阳泉公司昔阳汽车站新站建设工程正式开工。新建昔阳站为二级汽车站,地处昔阳县新城黄金地段,紧邻207国道,该项目占地面积24966平方米,建筑面积6169平方米,其中候车大厅建筑面积3076平方米,计划于2010年底完工,该工程预算总投资1600万元,被列为昔阳县重点工程。该站的建设,将对改善当地的城乡客运环境,提升当地的服务功能,满足城乡人民群众的交通运输需求起到积极的推动作用。　(朱自明)

邮　电

邮　政

【概况】 2009年,市邮政局以建设和谐企业为目标,深化企业改革,强化基础管理,加快能力建设,提升服务水平,圆满完成了各项工作任务。全局累计实现业务收入7039.26万元,完成省公司预算目标的105.38%,比上年增长11.64%。　(梁永强)

【航空票务业务】 航空客票代理业务是极具效益的邮政电子商务类示范性业务,是中国邮政集团公司、山西省邮政公司2009年强力推进的一项重点业务。根据集团公司电子商务会议精神和省公司票务业务发展的工作安排,阳泉市邮政局于4月全面启动了航空客票代理业务工作。电子商务局在信息技术局的协作下,分期分批完成了全市57个电子化支局网点的开通测试工作,保证邮政航空客票代理网点遍布全市范围,形成"电子化支局网点+'11185'客户服务中心+专营厅柜"的立体销售终端网络。同时,电子商务局积极组织各网点营业人员参与集团公司开展的包括系统操作、营销技能与航空基础知识在内的业务培训,确保电子化支局网点的一线人员均能熟练查询、实时出票,为客户提供相关的咨询服务,保证了业务的正常开展。截至2009年底,电子化网点累计出票758张。

(贾维钢　梁永强)

【网上商铺开始营业】 为了增加营销渠道,4月,市速递局在淘宝网上开设了名为"阳泉邮政速递山西土特产专卖店"的网上店铺(网址http://shop57813061.taobao.com/)。该网店在线提供30余种商品,涉及食品、电子产品等种类,为广大客户提供物品选购、寄递"一条龙"服务。开办网上商店不需要投入太多的人力物力成本和通信成本,业务一旦开办便可形成两方面的收益,一方面可以获得售出产品进货价和销售价差价利润分成,另一方面可以激活包裹、物流、速递、汇兑业务,增加邮政业务收入。

(贾维钢　梁永强)

【代销集邮品业务】 4月,市邮政局南山邮政所等10个网点开办代销集邮品业务,集邮爱好者可以在就近的网点买到自己喜欢的邮品。集邮专业自一体化经营以来,由于销售渠道单一等原因,影响了业务的正常开展。2009年,市邮政局在火车站邮政综合楼设立了高端客户邮品展示厅,积极为集邮专业解决业务发展过程中遇到的各种困难,对集邮公司提出的增加代销集邮品网点的建议,市邮政局组织召开了集邮专业研讨会,确定在全市范围内选定10个位置好、人流量大、营业收入高的网点作为集邮品代销点,采取以网点坐扣代销手续费,按月上交集邮公司业务收入的形式结算。此举既方便了消费者,满足了市场需求,又带动了集邮业务的快速发展。　(贾维钢　梁永强)

【"母亲节"营销活动】 2009年母亲节期间,市邮政局大力开拓速递礼仪市场,和新华小学联合开展了首届"浓情五月天,感恩母亲节"活动,走到学生中间进行"回报母爱,弘扬中华民族传统美德"的宣传教育。通过在校园张贴海报,悬挂条幅,向学生散发宣传单,给学生放映电影多种形式进行大力宣传,营造氛围,感召学生在"母亲节"到来之际为妈妈写一封感谢信,用"信"的方式来表达自己对妈妈的爱,并利用学校召开的母亲节主题班会,介绍速递礼仪产品,手把手的指导学生填写特快详情单。据统计,母亲节期间,速递局共收寄鲜花和特快信件4000余件,实现业务收入3.2万元。由于投递时限较短,投递量巨大,速递局提出了"投递百分百,感恩你我他"的口号,按照投递段道进行分类整理,缩短投递时间,提高投递质量,确保了母亲节当天,让发出祝福的每位学生母亲都及时收到来自子女的祝福。

(贾维钢　梁永强)

【中邮快货业务】 2009年,市邮政局物流分公司采取有效措施,加快中邮快货业务的发展,取得了明显成效。5月,省际、省内中邮快货业务收入实现1.2万元,比上年同期增长358.25%,创快货业务开办以来的历史最好水平。为使该业务快速、健康、规模发展,物流分公司从4月份起就开展了中邮快货专项营销活动,将医药、电子和轻工行业列为活动的重点发展目标。采取的措施：一是重点维护老客户，在区域范围内拓展业务，在运营质量方面重点抓中邮考核的相关指标。二是在新客户的开发上，通过针对式走访客户和大力宣传，开发了汇丰药业有限公司、精工仪表有限公司、新华书店和红方手机专营店等多家企业，与之签订了合作协议。三是在合作共赢的基础上，通过与社会物流合作，利用其揽收点多、货源充足等资源优势，选择适合大网承载的货物进行运作，取得了良好的效果。通过以上措施，促进了中邮快货业务快速发展。（贯维钢　梁永强）

【全省首家邮政EMS旗舰店】　6月19日，市邮政局开办了全省首家邮政EMS旗舰店。近年来，阳泉快递市场发展迅猛，每年以30%的速度递增，越来越多的民营公司加入到快递的竞争行列，截止到6月初，阳泉市快递公司已经超过30家。为了提高邮政速递的市场竞争力，充分满足客户急速增长的需求，为广大客户提供便利优质的现代化邮政服务，阳泉市邮政局建成了这座具有一流水准的大型营业厅。阳泉市邮政EMS店融现代服务理念、引领服务新潮流于一体，不仅带给客户一个宽敞舒适的环境，更让人在其中领略到全新的服务模式。一是营业柜台私家化，大厅里的营业柜台经过精心处理和人性化设计，让人感受到家的温馨。二是经营超前化，各种特快服务展示在用户面前，任人自由选择。三是服务自助式，自动查询机可以让客户在营业厅自由徜徉，各种疑难都可按精心设计的程序轻松找到答案。一旦需要帮助，只需轻按指示灯，便有专人出现在面前，提供贴身的个性化服务。该店地理位置优越，北靠开发区最密集的人口居住地，常住人口3多万人；南临阳泉市的商业新区——滨河世纪城；西与城区、矿区的主要干道相连；东贯拥有写字楼、行政机构。它的设立让开发区及周边的客户能更加快捷地办理特快业务，节省了客户的时间，更重要的是为客户开启了一个了解邮政EMS的新窗口，具有广阔的发展空间和巨大的经济效益。（贯维钢　梁永强）

【二级支行挂牌成立】　6月24日，市邮政储蓄分行所属30个二级支行全部挂牌成立，标志着阳泉市邮政储蓄事业又迈上了一个新台阶。自5月15日阳泉市邮政储蓄分行全面组建以来，便将所属一级、二级支行的组建挂牌作为重要的工作来抓。在市邮政局相关部门的支持和配合下，市邮储分行积极与当地公安、消防、银监、工商、税务等部门沟通，仅用20余天便完成了开业手续的审批办理，在规定时间内完成了各级分支机构的开业挂牌工作。市邮储分行各级分支机构的组建到位，有利于进一步理顺邮政储蓄管理体制，促进邮政储蓄观念创新、产品创新和服务创新，有效防范和化解金融风险，更好地适应银行业监管法制化、规范化的管理要求，促进阳泉邮政储蓄银行的又好又快发展。

（贯维钢　梁永强）

【中秋"思乡月"营销活动】　2009年，市邮政局在中秋"思乡月"营销活动中，采取"强化领导、精心组织，加强宣传、打造品牌，突出重点、对口营销，规范录入、保证质量"的4项措施，超额完成山西省邮政公司下达的各项量收指标。活动期间，寄递业务量达到4418件，完成省公司力争计划的116.26%；递送业务量达到2125件，完成省公司力争计划的163.5%；员工福利配送业务量达到1674件，完成省公司力争计划的128.8%；实现差价收入36.6万元，完成省公司力争计划的104.57%，比上年增长91.32%，绝对值增加17.47万元。

（贯维钢　梁永强）

【企业管理】　9月，市邮政局生产指挥调度中心按照"大网运、大集中、大管理"的工作思路，积极采取措施降本增效，对内部生产作业组织进行了调整，将原来的5个生产班组合并为邮件分拣组、邮运接发组2个班组。在此基础上，打破内部处理岗位界限，推行了生产作业一岗多能的"全能工"制，根据业务处理流程和业务量变化情况，运用累计工时法，合理安排作业班次，按照生产工序、作业环节，因地制宜采用"交叉作业法"，实现了内部作业人员的满负荷工作制，最大限度地提高了工作效率。同时还调整了分拣内部作业组织，将普通邮件的处理时限推迟一个频次处理，此举不仅提高了分拣作业效率，而且有效减少了邮件分拣封发人员数量，为实现交叉作业创造了便利条件。生产指挥调度中心将调整出的2名邮件分拣人员充实到特快分拣，保证了特快邮件的处理时限。

（贯维钢　梁永强）

【反假货币邮资明信片】　2009年，市邮政局函件广告公司积极拓展函件业务政务、商务类市场，以功能性封片卡为依托，主攻行业营销，收到良好效果。9月，函件广告公司以中国人民银行阳泉市分行开展全国反假货币宣传月活动为契机，结合反假货币工作实际情况，精心策划营销项目，设计制作了反假货币知识竞赛邮资明信片，以此为载体在全市范围普及反假货币基本知识。邮资明信片正面进行银行形象宣传，背面印制反假货币知识竞赛题目。明信片通过"新农村数据库"免费发放给群众，答题后可将附片寄回，参加"反假货币知识竞赛"抽奖活动。该项目的实施，从客户需求为出发点，有效推动了中国人民银行反假货币工作的顺利开展，不仅宣传了反假货币的相关政策、法规和鉴别知识，提高了广大群众特别是农民的反假货币意识和鉴别假币能力，而且促进了各商业银行农村市场的开拓。该项目共印制邮资明信片10万枚，实现收入18万元。

（贯维钢　梁永强）

【函件专业全年计划提前完成】 2009年,市邮政局重视函件专业业务的发展,通过提升“专业管理能力、市场反应能力、项目策划能力、产品开发能力、市场营销能力、渠道拓展能力、经营效益能力”七大能力,有效推动了函件业务的发展。截止到10月底,市邮政局函件专业业务收入累计完成656.29万元,完成省公司计划的102.55%,全省排名第一,增幅达到47.82%,提前两个月完成了全年计划。

(贾维钢　梁永强)

【盂县藏山路 广场支局完成装修改造】 11月12日,盂县藏山路、广场支局两个网点的新营业厅装修改造完成,正式启用。这两个新营业厅是市邮政局为改善网点服务能力,提升服务水平而进行装修改造的。经过装修改造的两个营业厅,改变了以前狭小拥挤的状况,营业面积分别增加到100平方米,营业台席分别由原来的1个增加到4个,布放了ATM机,配备了大堂经理,购置了绿化设施,为用户提供了宽敞舒适的用邮环境,市场竞争能力显著增强,为各项业务发展奠定了良好基础。

(贾维钢　梁永强)

电　信

【阳泉联通分公司概况】 2009年是电信体制改革深入推进、重组格局基本形成、企业快速进入工作状态的关键一年。面对融合重组的艰巨任务和经营的压力,阳泉联通分公司全体员工统一思想、坚定信心、创新发展,强化执行,开创了各项工作的新局面。

2009年,全年净增电话宽带用户23781户,比上年增长23.97%;宽带用户市场份额达到77.5%;2M以上用户占比达到86%;发展“电脑+宽带”用户323户。持续做好3G业务支撑,全面启动了3G业务市场营销,净增3G出账用户4349户。融合业务发展22605户;工矿企业综合语音VPN发展71户;农村综合语音VPN发展111个;平安互助业务发展404个。净增GSM出账用户12234户,比上年增长7.46%,G网80元以上占比达到17.8%;“灵通包月”用户渗透率达到17.71%;无线市话活跃用户占比达到77%;固话用户活跃用户占比达到78.48%,固话业务收入降幅控制在11.8%以内。发展G网有效用户1205户,发展G网宽带用户120户。成功与市政府签订战略合作框架协议,在通信基础设施建设等5个方面与市政府展开深度合作。大力推广重点行业应用,确保在农村党政网、平安城市、煤矿、金融等项目上取得突破,ICT业务完成232万元。2009年营业收入完成30774万元;利润完成5256万元。收入EBITDA率完成47.02%。

实现了基础网络能力的跨越式提升,资本性支出完成2.46亿元。建设3G基站124个,新增载扇372个,新建3G室内分布系统50套,实现了市区、县城、重点旅游景区以及交通干线的3G网络覆盖,保证了3G业务的顺利运营。同时大力开展了补网扩容,新建2G基站92个,新增载频276个;实施移动核心网替换工程,顺利完成了摩托设备替换工作,替换基站数量340个,载频数量1880个,及时解决了2G网络瓶颈问题,完成了“光速城市”一期、二期项目的建设,共完成了1126栋楼宇的FTTB覆盖,城市FTTB新增宽带能力30970线,城郊、乡镇和农村新建扩容能力5696线,安装ONU1826个。城市2M以上接入能力占比达到98.3%,较年初提升8%,提前实现了省公司95%的宽带升级提速目标;4M以上接入能力占比达到89%、8M以上接入能力占比达到59.6%,为宽带业务发展提供了有力支撑。大力推进铁塔、杆路等资源的共建共享,通过共建共享节约建设成本1264万元。

全年固网客户综合满意度达到83.6分,比上年提高了2.8分;移动网客户综合满意度达到81.8分,比上年提高了5.8分。在省公司举办的“全新联通、全心服务”竞赛中,阳泉联通分公司分别获得了团体三等奖、“服务维系工作先进单位”三等奖、“障碍不过夜、装机百分百”优秀项目二等奖。

开展了建章立制工作,加强了队伍建设,全年完成采购需求数量273个,完成及时率100%,签订采购合同57份,合同总额360.2万元,节约采购金额28.82万元。建立健全了安全生产责任体系,开展了隐患排查治理工作,确保了全年安全生产无事故。　(王　毅)

【《阳泉市企业信息录》】《阳泉市企业信息录》经过3个月的广告征集、信息整理、排版制作,于2009年1月出版发行。该书主要提供了阳泉市吃、住、娱乐、购物、旅游、健康、教育、综合8个方面的信息,是一本首次通过图文并茂的形式立体介绍山城阳泉消费、生活的综合性服务丛书,为企业对外交流与合作起到桥梁纽带作用。本书的发行是联通分公司为各行业用户提供崭新服务的又一平台,也是宣扬新联通、新服务的一种方式。本书在发行方面采取赠阅与销售并举的原则,通过对商务客户、大客户的赠阅,加强了与他们之间的联系和沟通,通过面向市场的销售,方便了广大市民的出行,也树立了新联通新服务的形象。

(王　毅)

【营业网点实现用“ADSL+VPN”方式接入联通营账系统】 2009年,阳泉联通分公司将联通收费网点由原采用133拨号上网更改为ADSL接入。集团客户响应中心根据公司安排,制定了多对方案进行比较和反复测试,最终在VPDN和VPN两种方案中选择了安全性较高的VPN方案。通过使用VPN业务,对每个接入终端使用固定IP地址,指定专用VLAN,与互联网隔离,可有效解决ADSL用户非法接入营账系统的问题，实现安全访问营账系统。通过接入方式的改造，解决了原133拨号网速慢(156Kbps)、运行不稳定的问题，更改为“ADSL+VPN”方式后大大提高了网络速度(2Mbps)，提高了网络的稳定性和安全性。（王 毅）

【3G业务全面启动】 3月12日11点15分，阳泉联通分公司打通3G可视电话，从而使阳泉市成为全省继太原市之后第二个打通3G可视电话的地市。3G是阳泉联通分公司2009年的重点工程。春节期间公司对工程进行了全面部署与统筹安排，采用项目管理方式对项目实施整体管控和全过程监控。2月完成地址勘测并对核心网MGW2设备全部安装完毕，同时3G配套抱干也全面展开，完成了核心网2G、3G互操作升级、MGW1扩容升级、MGW2新建入网、HLR割接入网等各项3G移动核心网建设任务。4月20日一期工程新建的81个宏基站全部投入运行。6月20日组织了3G网络验证工作，共验证测试了1041个测试点。（王 毅）

【小灵通基站信息实现计算机数据库管理】 对于小灵通基站信息的管理，阳泉联通分公司一直尝试采用一种科学的方法，以便对基站故障信息，电源引入方式、电费缴纳情况、主干配线资料等实现动态管理。2009年1月线路维护中心用SQL SERVER和DELPHI自主开发的数据库软件，实现了上述功能。对于基站故障管理，只要将每日发生故障的处理结果对应输入，即可在任何时段中根据需要统计同类故障的数量、单个基站发生故障的次数、重复故障情况等，为实现基站故障维护从事后处理变事前预检预修创造了条件。该软件还可以对基站的电费缴纳情况进行实时管控，不仅能够准确记录单个基站的电费缴纳金额、缴纳时间、客户联系电话，而且还可以自动计算给定时间段内的电费交付数额，统计已缴费用户数和不缴费用户数，从而避免漏交费或重复付费情况的发生。软件的另一个功能是建立了基站的主干配线及电源相接资料库，为故障查修提供基础资料信息，从而缩短故障查修时间。（王 毅）

【阳泉联通分公司获“2008年中国信用共建年度榜重信用企业”称号】 2009年4月，阳泉联通分公司被山西省工商行政管理局、全国市场信用共建联盟、中国信用“4·16”高峰论坛组委会联合授予“2008年中国信用共建年度榜重信用企业”称号，是阳泉市唯一获此殊荣的单位。公司长期以来致力于服务质量、内部管理及对外合作等各个方面的诚信建设，始终恪守“诚信服务、依法经营”的理念，坚持经济效益和社会效益并举的方针，严格执行合同管理、合同履约、工商监管、纳税信誉、银行信用等方面的要求，将诚实守信和规范服务作为增强企业信誉、树立企业形象、提高企业核心竞争力的重要工作来抓，努力提高专业水平和服务质量，依法依规经营，诚信为先，履约遵约，获得了客户和社会好评与肯定。

（王 毅）

【中标阳泉南煤集团西上庄煤矿信息化建设项目】 5月8日，阳泉联通分公司凭借雄厚的资源优势、技术优势和优质的服务，成功中标阳泉市南煤集团西上庄煤矿信息化建设项目。南煤集团是公司重要的A类大客户，已使用公司固定电话2800余部，宽带800余户。此项目中标后，可为公司新增1000多部电话、300部宽带，每年为公司新增收入50余万元。（王 毅）

【IP城域网实现扁平化】 根据2009年IP网络扁平化工作实施要求，阳泉联通分公司集团客户响应中心于5月12日凌晨成功实现IP城域网扁平化改造。扁平化后网络设备路由由原学习全省OSPF路由变为只学习本地OSPF路由。扁平化的实施，减少了设备路由的转发条目，提高了数据转发效率和网络设备性能，同时网络出口由原经太原NE5000E连接骨干路由的三级级联变更为直接连接骨干路由器的二级级联，减少了路由转发跳数，提高了网络转发速度。（王 毅）

【阳泉市电信分公司概况】 2009年，中国电信阳泉分公司按照全市打造“信息化阳泉”的总体要求，落实聚焦客户的信息化创新战略，以天翼移动、宽带及融合业务为重点，坚持以中高端客户为目标市场，实施分客户群差异化营销，不断加大市场拓展，积极提升网络品质，努力改善服务水平，取得了企业效益和社会效益双丰收，市场份额明显增加，企业效益显著增长。

（高 彬）

【营销活动】 2009年，中国电信阳泉分公司坚持“走出去”战略，主动出击，灵活经营，先后开展了“百日会战”、“冬季攻势”和“春蕾行动”等一系列大规模的营销活动，不断掀起全业务发展高潮。组织营销力量深入繁华闹市、居民小区、乡镇农村，开展了“天翼进市场”、“天翼进小区”、“天翼进乡村”的大规模宣传促销活动，收到了良好效果。同时，加强营销组织，落实分片包点责任制，重点对每条商业街道、聚类市场目标用户进行一对一宣传促销。此外，积极发挥全员积极性，号召公司全体干部员工行动起来，积极投身全业务发展大潮之中，通过实施“四落实”(落实业务发展目标和责任人，落实具体营销措施，落实目标拓展区域，落实目标完成时间进度和激励措施)，使营销活动取得成功。（高 彬）

【终端社会化销售】 年内，中国电信阳泉分公司积极推进终端社会化销售，一是加快手机卖场建设，打造CDMA销售主渠道。在市区黄金地段开办天翼手机专营店，通过规范

VI 标示吸引用户眼球,促进现场销售。同时签约社会手机销售网点为电信合作网点,形成了以自有手机专营店为主,合作网点为辅的手机销售网络,改变了原有 CDMA 手机只有自有销售的格局,初步构建了 CDMA 销售体系。二是推进终端社会化销售。签约区域合作代理商,在自有厅和专营店设立了销售专柜,引导社会代理商积极参与终端销售渠道的铺货,丰富了终端种类,拓宽了进货渠道。同时,落实终端社会渠道进货补贴政策,鼓励社会渠道自主进货销售。此外,丰富终端供货渠道,积极提供适合公司发展的机型,及时满足了市场需求。三是建立手机售后服务平台。采取第三方代理方式,设立市级维修中心 1 家,县级维修中心 2 家,接机点 7 家。通过完善终端销售产业链,以良好的售后服务促进了终端销售。

(高　彬)

【网络优化】 2009 年,中国电信阳泉分公司通过组织开展 C 网整治工作,移动网质量进一步提升。完成了本地网阳泉——盂县、阳泉——平定传输成环工作,其中阳泉——平定环利用了接收过来的光缆,城域网汇聚接点之间光缆也已经全部成环,进一步优化了城域网建设。

(高　彬)

【企业管理】 2009 年,中国电信阳泉分公司加大了企业管理力度,一是建立健全财务规章制度,进一步完善内控流程。制定了《询价、竞争性采购管理办法》、《营业款稽核管理办法》、《坏账管理办法》等规章制度。完善了内控管理流程,使企业运营更加流畅、有效。开展了新内控制度自评工作,查找到了新内控制度在执行上的薄弱环节,对症下药,以使新内控制度更加满足公司的经营需要。二是认真开展税务自查和财务自查,规范财务管理工作。根据国税稽查局转发总局通知,对照了通信业自查提纲,对 2005 年~2007 年 3 个年度的税款申报和缴纳情况开展了自查工作,并对自查中发现的问题及时进行整改和完善。三是加强预算管理,严格落实降本增效理念。以预算分析会为平台,建立健全预算分析会制度,通过对各部门预算执行情况做出及时通报,对发现的问题及时反馈并落实,采取积极措施实行降本增效,促进了公司经营水平的有效提高。根据各生产单位的实际情况,设置了专职的预算管理员,并制定了《预算管理员考核办法》,进一步提高公司财务管理水平和会计质量信息,有效规避企业运营风险。 (高　彬)

【班组管理】 年内,中国电信阳泉分公司为提高基层员工的执行力,加强了对班组的管理,增强了班组团队的战斗力和凝聚力。一是调整班组架构。按照满足全业务运营和优化作业组织的总体要求,对现有生产班组进行了调整和优化,特别是按照分客户经营的要求新增了家庭客户直销、政企客户直销、综合支撑等班组,重点对各项业务发展提供了组织保障。二是下发了《推进班组建设指导意见》,提出了优秀班组建设创建达标率 2009 年、2010 年、2012 年要分别达到 5%、20%和 50%的班组建设目标。通过推进班组基础建设、组织建设、创新建设、技能建设、民主建设、文化建设、团队建设和安全建设,把班组建设成为"安全文明高效、培养凝聚人才、开拓进取创新、团结学习和谐"的基层组织。三是组织开展班组长培训,以"如何做好班组长"视频讲座和《现代企业班组建设与管理》书本为内容,采取集中培训和自学相结合、理论学习和实践相结合的方法,使基层班组长的业务、技术、管理等方面的素质明显提高。 (高　彬)

【阳泉移动分公司概况】 中国移动通信集团山西有限公司阳泉分公司成立于 1999 年 9 月,2002 年 7 月上市,转变为外商独资企业,下辖平定、盂县 2 个县分公司及市区、矿区、郊区、开发区 4 个营业部,公司本部设综合、财务、人力、党办(工会办)4 个职能部室和 5 个市场营销、客户服务、业务支撑、网络维护等专业机构。公司秉承"创无限通信世界,做信息社会栋梁"的企业使命,不断加快通信建设,大力开拓市场,深化管理改革,践行社会责任,实现了企业发展的历史性跨越。截至 2009 年末,公司有各类员工 416 人,公司网络覆盖率达 99.8%以上,覆盖城乡的各类营业网点达 391 个,服务客户 81.26 万户,已经成为全市收入、客户和网络规模最大,网络质量和服务最优的主导电信运营企业。同时,公司不断深化改革,积极引进现代化管理模式和先进的管理理念,努力打造卓越的运营体系,建设卓越的组织,培育卓越的人才,现代管理制度日臻完善,企业文化锻造为强企之魂,员工精神风貌奋发向上。公司先后获得"全国精神文明建设工作先进单位"、国家级"诚信单位"、"全国巾帼文明岗"、"青年文明号",山西省"五一劳动奖状"、"守合同重信用"企业、"安全生产先进单位"、省级"模范单位"、"文明单位"、"文明和谐单位标兵""诚信单位"、"青年文明号",阳泉市"三八红旗集体标兵"、"重质量、守规则、讲诚信"单位等荣誉称号。

(贾丽军)

【市场拓展】 2009 年,阳泉移动公司围绕"发展、保有、价值"三大主题,瞄准集团、家庭、个人三大市场,坚持品牌经营、信息运营,策略调整资费价格,收入市场份额持续提升,运营收入累计完成 48864 万元,增幅全省排名第三。积极关注城市份额较低区域市场及农村市场,"争保增"并重,大力发展客户,客户规模达到 81.26 万户。在省公司"2009 年度山西移动客户发展标高超越竞赛"中,阳泉移动公司荣获二等奖。采取多种有效措施,广泛吸纳话务量,话务量比上年增幅 8.68%。坚持深度运营、渠道切入、品牌渗透,实施体验营销和精确营销,大力发展新业务,占比达 17.52%。强化 G3 品牌宣传,3G业务发展顺利，从1月5日开始试运营,取得良好效果。高度重视集团客户保有工作,实施集团客户优惠购机活动、集团信息化促销活动等,持续推进个性化营销,集团信息化收入超额完成全年目标,全省排名第三。　（贾丽军）

【服务水平提升】 2009年,阳泉移动公司开展"满意100"全年服务竞赛,强化营业员业务技能、畅通信息交流平台、深化班组文化建设,进一步提升了营业员服务主动性、积极性和团队凝聚力。市区等3个营业厅被省公司评为"2009年度服务竞赛优秀班组",以优质服务促进生产经营的全面发展。持续塑造"我们在乎您的感受"服务品牌,依托三大客户品牌特点,精确定位服务群体,实施针对性、差异化服务,满足品牌诉求,满意度稳步提高。实施2009年集团客户附加服务计划,开展集团客户关怀活动,持续推进VIP客户服务计划,开展了全球通俱乐部健身系列活动,进一步拉近了集团客户关系,集团客户满意度和忠诚度不断提高。公司全年满意度达84.47%,领先度达14.29%,综合满意度全省排名第二。　（贾丽军）

【网络运营能力持续领先】 2009年,阳泉移动公司坚持面向市场、面向客户的原则,以"质量领先、运行高效、支撑有力"为目标,夯实网络建设、维护、优化工作,网络支撑能力进一步提升,网络质量和规模持续领先。全年新建基站88个,达610个。新增载频780块,达5361块。新增交换30万门,达120万门。新增光缆2551公里,总长达11990公里。新建管道30公里，总长达184公里,有力支撑了市场发展。网络运维水平持续提升。重点排查和普遍整治相结合,消除现网安全隐患,实现了网络安全稳定运行。狠抓客户感知和用户投诉,网络客户满意度进一步提高。持续开展网络优化,灵活运用各种优化手段,有效提升网络能力。积极应对突发故障,11月阳泉市遭遇了百年一遇的雪灾,公司上下全员行动,破冰除雪,发电应急,整个冰雪天气期间,网络未发生任何故障。应急通信能力不断强化。完善和更新了应急预案,开展了各专业应急演练工作,提高了应急能力,2009年除夕，完成了盂县仙人乡火灾应急通信保障工作,得到了省、市各部门和人民群众的好评。开展网络"节能减排",依法互联互通,科学共建共享,营造了良好的网络运营环境。（贾丽军）

【企业管理】 2009年,阳泉移动公司完善管理制度、优化管理流程,进一步提升管理效率与管理质量,在省公司办公效率考评中排名全省第一。引进全面质量管理,积极开展QC小组(质量管理小组)活动,成立了6个QC小组，其中网优QC小组被评为全国通信行业优秀QC小组。人力资源管理和绩效管理工作不断强化。加强对员工的职业化培养和塑造,全年累计举办各类培训50期623人次,员工整体素质明显提高。推进"积分+绩效"的考核管理模式,增强了绩效管理的实效性和公平性,激发了员工工作热情和积极性。改革组织机构,成立人力资源部、宽带业务部,进一步适应了企业发展需要。财务管理水平不断提升。加强全面预算管理,适时进行预算的结构性调整,确保了公司预算执行率的完成。强化固定资产实物管理,定期对资产进行全面清查，各项资产做到了账实相符。高度重视内控管理工作，完成了2009年内控测试自查,顺利通过了集团公司内控测试。强化风险意识,不断完善风险防范管理,促进企业健康有序发展,最大程度的规避了企业经营风险。　（贾丽军）

【铁通阳泉分公司概况】 2009年铁通公司继续作为中国移动子公司,保持独立运营,主要承担以有线宽带为主的固定通信业务的相关任务,铁通阳泉分公司加强与阳泉移动公司的协同发展,始终坚持"一个移动"的原则,采取"存量保稳定,增量靠协同"的经营策略,全力做好以宽带为主的固网业务发展工作及网运安全保障工作,大力开展"规范管理年"活动,确保实现了宽带业务大发展、语音业务保平稳、增值业务上规模、结构调整见成效的目标。2009年,铁通阳泉分公司经营收入达到735.17万元,其中数据业务收入完成134.84万元,新业务收入完成21.11万元。新增固定电话402部,发展宽带640线,截至2009年底，固定电话在网用户达到14238部,ADSL宽带在网用户达到3745线。截至2009年底,全市已有交换局点20个,交换机容量达到31600线;宽带局点19个,宽带端口达到5296线。　（米桂英　陈　琼）

【铁通阳泉分公司与阳泉移动协同发展】 为了加强与阳泉移动协同业务发展的需要,2009年5月1日,铁通阳泉分公司成立了协同业务发展部,建立了协同发展队伍,基本理顺了协同发展各个环节的协作流程,年内,人员已到位,工作流程已完善,初步走上了正轨。协同业务发展部以全面拓展城市宽带和NGN-IP电话业务为主，新建小区宽带建设4个1600户,小区网络覆盖延伸工程4个1500户。截至2009年末，发展城市宽带999户,NGN-IP电话124户。

（米桂英　陈　琼）

【铁路专网划转】 11月17日,为了做好铁路专网交接前的确认工作，铁通阳泉分公司成立了资产划转专项工作小组,对划转设备和人员进行了摸底、统计和审核,按照划转工作推进计划,建立了日常业务联系和信息反馈机制。完成了各类设备和报表的汇总统计审核,按照计划顺利完成设施及人员划转工作。12月15日,铁通阳泉分公司与石家庄通信段顺利完成了铁路专网资产划转交接工作,铁通专网资产及人员正式划转铁道部管理。

（米桂英 陈 琼）

【阳泉长途电信线务局概况】 2009年，阳泉长途电信线务局创新管理、提升服务，圆满完成了年初制定的各项指标和专项工作。线路维护考核指标一、二级干线无全阻；干线故障处理有效率100%，本地网光缆百公里平均障碍次数0.65，本地网故障修复逾限率0，代维线路无障碍。安全生产无事故。财务考核指标全面完成。年内，荣获"阳泉市直机关党建先进单位"、"阳泉市标兵文明单位"称号；在省长途电信线务局星级文明单位考核中，获得了"五星级文明单位"称号。（霍聪智）

【一级干线维护工作】 2009年，市长途电信线务局继续深入开展一级干线标准化维护工作，重点解决线路潜在威胁和标志盲区。为了保证线路明显化标志存量，在城区管道热熔标志磨损严重地段补钉不锈钢地标365块，线路沿线墙面、护栏等地段粘贴不干胶提示语220处，粉刷标语块65处；逐步开展了地井及进线室整治，加挂标志牌120块，对脱落光缆进行重新固定15处。继续对高速管道光缆进行整治。在槽道丢失较多的过桥地段继续用PVC塑管进行保护，管上粘贴"国防光缆"即时贴，同时制作了L型扁钢挂钩，对加套的PVC管进行固定保护。针对2009年高速路隔离带施工频繁的现状，加大了巡回力度，每周保证巡回两次，针对部分地井上覆被盗、普通井盖直径小不能使用这一情况，定制了一批直径1米的大型井盖。开展了接头盒重新固定工作，针对原有接头盒固定卡子松脱，接头盒脱落于地的普遍情况，制作扁钢挂钩，用膨胀螺丝予以重新固定，共固定接头盒56处。开展了随线到户回访工作，要求巡护员对线路沿线所有商铺、企业、住户进行地毯式的回访，共完成回访326户。6月和9月，市长途电信线务局分两次组织安保部及局相关人员对一级干线及二级干线直埋沿线的大型机械进行了地毯式的登记宣传，建立了新的登记回访簿，共登记大型机械32台。（霍聪智）

【二级干线维护工作】 2009年，阳泉长途电信线务局开展了二级干线的维护工作。在直埋、管道地段进行了各类标志加密，增加标石165块，不锈钢地标86块，刷写标语块65处。对架空线路进行摸底，对危及光缆安全的线路隐患进行了及时处理，加套三线交越保护管220米，升高电杆12处，扶正电杆5处。对平定南关、鹊山等新农村建设影响线路安全地段及时进行了迁改。及时测试备用光纤，特别是一级干线倒接用备用光纤经常保持传输性能完好。（霍聪智）

【外力监控现场安全工作】 2009年，影响光缆安全的赛鱼路、德胜街、南大街、平定东大街大修项目，煤气管道、热力管道建设等12项公路、城建工程相继开工，其中涉及一级干线安全的外力影响有10处计8千米。这些工地队伍杂、大型机械多、施工人员多，给阳泉长途电信线务局的盯守配合工作带来了很大的压力。为此，线务局层层落实责任制，强化各项具体防范措施，特别是对各盯守点统一规范，在盯守现场挂横幅、插彩旗、撒白线、建立盯守日记，突出对大型挖掘机械及施工现场的动态监控，杜绝出现死角、盲区、漏洞、空档和"漏盯"、"脱盯"现象，筑牢安全防线，确保了线路平安畅通。（霍聪智）

【线路接收与维护】 2009年，阳泉长途电信线务局新接收维护原联通干线131千米，接收维护移动本地网线路1488千米，接受维护固网本地网线路773千米，共计2392千米。接收维护后，及时划分了维护段落，安排了人员到位，2月，在干线上安装了巡检纽扣，纳入巡检系统管理，并安排落实了维护台账的实地绘制工作，要求逐杆、逐井登记光缆米带和余留，确保资料真实、可用。对光缆进行统计和摸底，进行了实地测试，核实了光缆的程式、长度、芯数及系统开放情况，因移交过程中没有任何材料和仪器仪表，而原联通干线又都为655.652混合缆，线务局根据库存光缆程式，进行了对应，确保应急。进行了干线的隐患摸底排查，对危及线路安全的隐患进行及时处理。共处理倒杆16处，跨路升高8处，开展了加套"三线交越保护管"工作，完成260米。响应属地公司"畅响网络"活动的要求，积极开展了移动本地网线路维护工作，8月份开始逐步开展了新接收本地网线路的摸底、熟悉工作，部分基站配备了钥匙，节约了查障时间。接收维护后，处理障碍25次，就断电、光板故障等配合出查28次，完成了线路改迁3处。（霍聪智）

【应急抢修比武演练】 年内，按照省长途电信线务局"学业务、比技能、争先锋、选精英"劳动竞赛活动的安排部署，阳泉长途电信线务局成立了竞赛组织机构，制定了培训方案，克服生产任务重、无适合场地、器材短缺等困难，自己动手，创造条件，开展了应急抢修比武培训活动。培训本着全员参与、普遍培训、择优选拔的原则，全体维护人员都参加了训练，整体抢修能力得到提高。培训结束后，挑选了3名优秀员工进行集中训练。在10月中旬省长途电信线务局举办的技术比武中，阳泉长途电信线务局获得大赛三等奖。（霍聪智）

城乡建设

综合工作

【概况】 截至2009年底，阳泉市城市人口57.15万人（不含两县和郊区农业人口），其中暂住人口1.82万人，城市人口较2008年增加0.87万人。城市面积651.99平方公里，其中，建成区面积51.48平方公里。城镇化水平达到59.1%。2009年全市城市市政公用设施建设完成投资106043万元（不含住宅）。完成投资按行业分：城市供水完成投资1395万元，占总投资的1.32%；城市燃气完成投资1355万元，占总投资的1.28%；集中供热完成投资32750万元，占总投资的30.88%；道路及排水完成投资55584万元，占总投资的52.41%；园林绿化完成投资13781万元，占总投资的13%；城市环境卫生完成投资1178万元，占总投资的1.11%。（赵庆江）

【城市燃气】 2009年，全市新增燃气供气管道51.2公里（不含两县），供气管道累计达到539.78公里。新增燃气用户12927户，城市燃气用户累计达到145759户。2009年燃气供气总量45456.05万立方米，全市居民用气普及率达到86.60%。（赵庆江）

【集中供热】 2009年，市区全年新增集中供热面积193.07万平方米（其中住宅169.90万平方米），集中供热面积累计达到1639.96万平方米（其中住宅1269.20万平方米），供热普及率达到85.88%。（赵庆江）

【道路排水】 2009年，阳泉市城市道路长度累计达到423.4公里；城市道路面积累计达到545.21万平方米。人均拥有城市道路面积9.54平方米。城市排水管道长度累计达到291公里，排水管道密度5.65公里/平方公里。全市路灯盏数达到14470盏。（赵庆江）

【园林绿化】 2009年，全市建成区绿化覆盖面积累计达到1989.15公顷，建成区绿化覆盖率38.64%。人均公共绿地面积达到8.83平方米，建成区绿地率34.95%。（赵庆江）

【保障性住房与房改工作】 2009年，山西省政府下达阳泉市保障性住房建设任务为60.08万平方米（8640套）。实际开工82.55万平方米（10705套），完成省政府目标任务的137.40%，当年完成投资7.23亿元。其中，(1)国有重点煤矿棚户区改造项目。目标任务是开工新建住房45.26万平方米（6280套），实际完成45.53万平方米（6310套），占目标任务的100.60%，完成投资3.32亿元。(2)经济适用住房建设。目标任务是计划开工新建11万平方米(1600套)，实际开工11.23万平方米（1366套），占目标任务的102.09%，完成投资1.01亿元。(3)廉租住房建设。目标任务是开工新建3.82万平方米(760套)，实际开工新建5.3万平方米（1024套），占目标任务的138.74%，完成投资5847万元，其中市区开工1.08万平方米（216套）、平定县开工2.7万平方米（564套）、郊区开工1.02万平方米（144套）、盂县开工0.5万平方米（100套）。(4)城市棚户区改造。全市开工新建20.49万平方米（2005套），完成投资2.32亿元。其中大连路西改造工程二期开工6.8万平方米（700套）、天桥以东旧区改造开工3.2万平方米（312套）、平定县城中村改造开工5.5万平方米（456套）、房地产开发涉及拆迁棚户区建设安置住房开工4.99万平方米（537套）。

2009年底，全市城镇居民人均住宅建筑面积达到29.75平方米。居民居住状况继续改善。住宅建设和房地产开发业拉动GDP作用明显。同时，全市各物业管理公司代

建设 环保

管房屋建筑总面积达到612万平方米(其中住宅建筑面积530万平方米),物业管理面积覆盖率达52.61%。

深化住房制度改革。2009年,在继续稳步出售公有住房的同时,加速推进住房分配商品化、社会化进程。全年出售公房278套,出售面积1.76万平方米。

. 公积金归集率进一步提高。截至2009年底,全市参加住房公积金职工19.18万人,占应参加职工人数的85.9%;当年归集住房公积金4.38亿元,累计归集18.17亿元(含两县、郊区及阳煤集团)。

(赵庆江)

【村镇建设】 2009年,全市小城镇建设步伐进一步加快。一是农村困难群众住房解困工作进展顺利。年内省政府下达了300户解困任务,实际完成329户,其中盂县220户、平定94户、郊区15户,解困房已全部竣工并交付使用。二是积极开展规划编制工作。先后编制完成了平定县、盂县和郊区的县域村镇体系规划、71个新农村建设规划;平定县巨城镇、锁簧镇、岔口乡,盂县西潘乡和郊区西南舁乡的总体规划及郊区大阳泉村的历史名村保护规划的编制工作已着手开展。三是扎实搞好乡镇建设管理工作。以荫营镇、冠山镇、秀水镇3个镇为试点,进一步加强乡镇的建设管理工作,完善镇容镇貌管理制度,强化文明村镇建设,镇区卫生和镇容镇貌进一步改善。(赵庆江)

规划设计

【城乡一体化规划编制和城市总体规划修编工作】 按照全省推进城乡一体化试点城市的要求,2009年,市规划局组织开展了多项城乡一体化专项规划的编制工作。(一)启动了新一轮城市总体规划修编。(二)编制完成了赛鱼至坡头收费站、义井至平定高速路出口两侧的用地规划和城市形象设计方案。(三)编制完成了平定路两侧、郊区江正大街南侧、207国道西南舁段、桃北东路、白泉工业园区等地块控制性详细规划31项,规划覆盖面积约145公顷,城市建设用地范围内控规覆盖率达到80%。(四)完成了《阳泉市城市总体规划——供热规划调整(2008~2020)》的编制和报批工作,组织完成了热电联产(龙川热源)管网设计,截至年底该工程已实施完成。(五)完成了石太铁路南迁改线规划和新建阳泉至盂县货运专线规划,规划主要是结合石太铁路客运专线北移,拟将石太线路的货运功能南移。(六)组织开展了北大街和下站片区景观风貌整治规划编制工作,委托重庆市规划设计研究院编制。(七)组织完成了桃河公园两岸及跨河桥梁夜景规划。加强城市路桥建设规划。(八)完成了保晋路、漾泉大道、泉兴路、泉东路、泉西路、广阳路、赛西路大修和煤山路、矿山路与307复线道路规划,平坦立交桥至307国道复线道路修建性详细规划方案已经完成,泉西路道路修建性详细规划共编制了10余套方案。(九)完成了太旧高速公路阳泉出入口改造规划和市区集贸市场、便民市场布点规划。(十)编制完成了《阳泉市城市绿地系统与防灾避险规划》、桃河流域环境治理与生态修复工程规划、市区建筑景观色彩总体规划等。(王　丹)

【平定 盂县县域城镇体系规划】 2009年,市规划局编制完成了《平定县县域城镇体系规划(2007~2020)》和《盂县县域城镇体系规划(2006—2020)》,规划均立足当地实际,对城镇规模、基础设施、社会服务设施等提出了目标要求。

(王　丹)

【规划效能建设】 年内,市规划局组织对城市出入口主干道沿线综合整治工作进行了前期调查摸底,其中:赛西路经桃北路至深圳街沿线两侧涉及拆迁建筑物91处16326平方米。307复线经义白路至义平路沿线长25.7公里,两侧50米范围涉及拆迁的建(构)筑物221处423254.9平方米。阳盂公路经郊区江正大街至李荫路沿线全长29.35公里,道路两侧50米范围内涉及拆除的建筑476处263720.3平方米。矿区规划办组织对区属中小学教育用地规划进行调整,完成了二矿、三矿、洪城河小学、矿二中等校园总体规划;郊区规划办完成了荫营镇区社会公共服务设施发展与布局规划、荫营南区控制性详细规划等;开发区规划办积极配合北山公园二期工程建设,主动承担了工程测绘任务,保证了工程顺利实施。

(王　丹)

【城乡规划管理】 2009年,市规划局继续加强对城乡规划的管理,全年共核发建设项目选址意见书52个,建设用地规划许可证71个,建设工程规划许可证118个,建设工程竣工规划认可证33个,建筑节能认定书105个。批准建设工程面积102.68万平方米,其中公共建筑13.83万平方米,住宅建筑面积74.42万平方米,其他项目建筑面积14.43万平方米。竣工规划认可率达到100%,建筑面积24.44万平方米。(王　丹)

【规划执法】 2009年,市规划局组建了阳泉市城乡规划执法监察大队。新组建的监察大队与阳泉市规划监察处一套人马、两块牌子,人员编制由13人扩编为50名,另招聘了20名阳泉籍农村退伍军人作为城乡规划执法监察协管人员,使规划监察队伍建设得到了强化,对各建设项目进行不定期的巡查,发现问题及时进行查处,违法建设查处率达到100%。全年共下达各类法律文书113份,立案查处了7家违法建设单位,罚款38万元,共拆除各类违法、临时建筑物3000余平方米,拆除了影响城市景观的广告牌匾12块。拆除了开发区大连路东、西口加油站的主体部分和附属物,面积3312平方米。在全市范围内对房地产开发中违规变更规划、调整容积率问题进行了专项整治和对《城乡规划法》贯彻落实情况进行了专项执法检查,成立了由分管副市长任组长的组织领导机构,制定了专项检查实施方案,在全市主要新闻媒体公布举报电话,设立了举报箱,共在市级媒体发布消息30篇,编发工作动态19期,印发1000余份。对453个在建项目(其中市区295个、平定103个、盂县55个)进行了拉网式重点检查。(王 丹)

【城市房屋拆迁】 2009年,市规划局共审核、发放房屋拆迁许可证6件,补发1件;审核批准拆迁建筑面积89620.03平方米,其中住宅61147.68平方米,非住宅28472.35平方米。组织实施完成了义井河综合治理一期工程,共建设拆迁安置住宅楼5栋,总建筑面积26830.18平方米,其中底商面积约6384.7平方米、住宅建筑面积20445.48平方米、完成投资5910万元、可安置240户。(王 丹)

【测绘工作】 2009年,市规划局完成阳泉市GPS城市导线网控制测量160点,1∶1000补测图2平方公里,市区——矿区(1∶1000)航测补图和人工数字化补图10平方公里;完成阳泉市区1∶5000地形图缩编100平方公里,阳泉市1∶10000地形图数字化1250平方公里;为华盛北路设计提供道路定线2公里和纵横断测量;完成阳泉市建成区土地调查地籍外业及数据入库工作。(王 丹)

【金地商务大厦设计】 年内,市建筑设计院完成了金地商务大厦的设计。该大厦位于阳泉市南大街南侧,是一座集商业、办公为一体的综合性大楼,总高度为69.9米,属于高层民用建筑一类。该工程地下2层,地上20层。一至四层为商业区,五至二十层为办公区,总建筑面积26777.1平方米。(魏秀琴)

【金地博士苑设计】 2009年,市建筑设计院完成了金地博士苑住宅小区的设计。该小区位于阳泉市新华东街,占地面积14671.15平方米,由1号、2号、3号、4号住宅楼及附属设施组成,总建筑面积41347.2平方米。其中,1号楼地下一层,地上十三层,建筑高度为37.8米,建筑面积7943.6平方米;2号楼、3号楼地下一层,地上六层,建筑高度为19.9米,建筑面积为4143.7平方米和4740.3平方米;4号楼地下一层,地上十五层,建筑高度为43.78米,建筑面积24519.6平方米。(魏秀琴)

【名仕豪庭设计】 由市建筑设计院设计的名仕豪庭工程,是阳泉市的重点工程。该工程位于阳泉市南大街(新华东街)与南庄路交叉口处,由1号、2号、3号楼组成,总建筑面积41748.1平方米。其中,1号楼建筑层数为地上25层,地下2层,建筑高度为77.0米;2号楼地上12层,地下2层,建筑高度为34.4米;3号楼地上2层,地下2层,建筑高度为9.1米。(魏秀琴)

【采煤沉陷区综合治理巨兴小区 平定新派小区工程设计】 由阳泉市建筑设计院设计的采煤沉陷区治理工程巨兴小区、平定新派小区,是国家级重点工程。巨兴小区位于市区北部,南为平坦垴居住区,北为城市绿化用地,东与居馨花园小区相临,西接洪城路。小区占地19.7公顷,总建筑面积211506.4平方米,其中住宅面积188435.9平方米、底商面积5244.0平方米、公建面积17826.5平方米。

新派小区位于市区南部的平定县境内,小区占地18.54公顷,总建筑面积215560.7平方米,其中住宅面积201621.8平方米、底商面积4768.9平方米、公建面积9170.0平方米。(魏秀琴)

【和顺县集中供热管网工程设计】 由市建筑设计院设计的和顺县集中供热管网工程,其供热范围为县城规划区域内全部民用及部分工业建筑,区域总面积27.5平方公里,供热面积283万平方米,其中现状供热面积103万平方米、规划供热面积180万平方米。工程建设主要包括新建热力一级管网16.663千米,新建和改建热力站26座,工程总投资11929.75万元。(魏秀琴)

【和顺县县城煤气工程设计】 由阳泉市建筑设计院设计的和顺县县城煤气工程,充分利用矿井瓦斯气,减少环境污染,为节能工程。该工程总供气量为每日6万立方米,年供气量为2190立方米,气化率90%,可供居民用户15000户,公共福利用户100户。燃气管道长度5.1公里,项目总投资6503.3万元。(魏秀琴)

城市建设

【市政设施概况】 2009年,阳泉市市政工程管理局(阳泉市商品道路开发总公司)内抓管理,外树形象,较好地完成了各项生产任务。全年完成市政工程总产值1.36亿元。其中,市政工程有限公司完成生产总值1.03亿元;市区路灯管理所完成工程性生产总值523.5万元,亮灯率保持在98%以上;市区道路养护所完成360万元,市政设施修复及时率达100%;排水设施养护管理所完成197.3万元;其他单位完成0.23亿元。

路政监察规费收入达153.58万元,赛鱼路经营管理站截至9月25日共收取车辆通行费980万元。(赵庆江)

【市政设施管理】 2009年,市政工程管理局以服务市民为出发点,加强市政管理工作。一是路政监察室根据工作实际完善了城市道路及市政设施日常巡查制度,保证巡查率达100%。二是市区道路养护所及时对德胜东街、三角线路、泉中北路等路段的破损路面进行补修;清理因大雨造成狮脑山路散落的岩石和淤土,并在危险地段砌筑护坡,解决了市民的行路困难,消除了安全隐患;对桃河桥、泉中路铁路跨线桥等市区桥梁进行了清洗,给市民创造干净、整洁、明亮的城市环境。三是排水设施养护管理所按照对外服务承诺"水无塞"的要求,不定时、不定期、多点、多面检查管网畅通情况,做到"接到报修不过夜,发现问题不迟缓",全年共清挖雨水井2937座、污水井1092座、截流井33座;换雨蓖、截流蓖345块;换污水井盖72块(套);疏通管道12800米,有力保证了全市地下排水管网的畅通。四是市区路灯管理所为消除安全隐患,对路灯专用变压器等关键部位进行专项检查,发现问题及时处理,并对破损设备进行更换,保证了路灯设施的安全运行。同时加强路灯监控和巡查,及时发现问题,及时解决,确保亮灯率达98%以上。

(赵庆江)

【自来水公司概况】 2009年,市自来水公司围绕"安全供水、优质服务、加强管理、加快发展"的工作思路,加快实施供水基础设施建设步伐,继续做大做强供水事业,提高安全供给能力,提升服务水平,稳步推进企业文化建设,各项工作继续保持良好的上升态势。全年实现供水产值8363.36万元,比上年增加588.57万元;完成有效供水量3303.98万吨,比上年增加2.59%;水质综合合格率99.78%;供水设施修复及时率为100%;完成全员劳动生产率50574元/人·年,比上年增加3.01%;有效供水单位电耗为1659千瓦时/千立方米,比上年降低1.18%;代收污水处理费620.03万元,比上年提高11.72%。

(赵庆江)

【西线技术改造工程】 2009年,市自来水公司以新建地表水处理系统为手段,以实现经济水源增加产量、降低成本、提高利润为目的,投资约1000万元实施西线地表水技术改造工程。该项目将仅有蓄水功能的2.3万立方米水池通过改建实现了"预沉"和"蓄水"双功能。同时,通过新建沉淀反应池和滤池、新旧系统的衔接改造、新建北山加压站等措施,使西水源产量大幅提高,使已有的西线双输水管线实现投资效益,并解决了配水无法满足产、输能力的矛盾。由此,基本完善了西线产、输、配体系,使各体系功能得以充分发挥,西线经济水源产水量年可增长100万吨左右,吨水成本降低0.024元。 (赵庆江)

【供水质量管理】 2009年,市自来水公司加大了对城市供水质量的管理。一是在三级泵站新建加氯消毒工程,弥补了30多年前娘子关一期工程的设计缺陷,彻底解决了无法满足猫脑山配水厂以东用户饮用达标自来水的历史遗留问题。该项目投资近200万元,并以年增加20.23万元消毒成本换来15万人饮用达标自来水。二是先后投资近54万元,对公司化验室通风、电路、气路、给排水等系统及工作环境进行了规范和改造;投资55万余元,对四路低本底αβ测量仪、原子吸收分光光度计、紫外分光光度计等15台(套)老化检测设备进行了更新,并通过省级验收实现了扩项,可检测项目由原来的41项扩展为47项,在全省同行中处于较高水平。

(赵庆江)

【城市供水和节约用水】 2009年,全年城市供水管道累计达到592公里。全年城市供水总量6754.77万立方米,其中,居民家庭用水2016.37万立方米,占供水总量的29.85%。城市供水人口达到57.15万人,供水普及率100%,人均日生活用水量129.56升。2009年完成节水263万立方米,对促进经济发展,缓解城市用水紧张状况起到了重要作用。 (赵庆江)

【煤气公司概况】 2009年,市煤气公司发挥阳泉市煤层气资源丰富、优质洁净、价格低廉的优势,着力加快对耐火业、陶瓷业、铝业、食品加工业、材料制造业以及燃煤锅炉、茶浴炉、餐饮大灶、公共食堂等单位的"以气代煤"燃煤设施改造。随着供气范围不断延伸,供气区域不断扩大,企业供气规模得到快速扩张,供气量连年快速增长。全年完成工业总产值4982万元,销售煤气1.24亿立方米,煤气收费率达到99%,用户灶前压力合格率达到100%,气质合格率达到100%,维修及时率达到100%。 (卢义武)

【城乡一体化燃气进展】 按照全市加快城乡一体化燃气发展的总体要求,2009年,市煤气公司加快了向市区周边乡镇农村的供气管道等基础设施的建设,年内,供气覆盖范围已经扩展到市区东部、北部周边乡镇农村,城乡燃气用户数量连年以10%左右的速度快速增长,全年发展居民用户5558户。(卢义武)

【热力公司概况】 2009年,市热力公司完成了热电联产(龙川热源)管网工程建设任务,供热规模、供热区域、经济实力进一步增长,供热质量和服务质量持续提升,实现了经济效益和社会效益的双丰收。全年实现供热产值1.41亿元,比上年净增2567万元,增长了22.2%;签订入网合同89家,受理面积112.88万平方米,查处补签私接整体用户9家。入网供热面积达到1072万平方米,用户总数达到102161户,其中居民98070户、非居民4091户。供热面积首次突破1000万平方米、供热用户首次突破10万户。

(赵庆江)

【供热设备检修改造】 供热设备及管网的夏季检修改造工作是确保冬季良好运行、优质供暖的基础。2009年,在检修改造工作中市热力公司确立了"双检四保"的检修目标("双检"即全面无死角检修、保质定量检修,"四保"即保设备管网无病运行、保热网附件可调可控、保供热设备经济配置、保热网工况优化平衡)。从4月初停暖后,市热力公司立即全面转入检修改造工作,至4月底检修工作基本完成。共清洗换热器141台、除污器122台,检修更换循环泵、补水泵及电机272台,检修改造站内外各类阀门13232个,检修电气柜368面,清理井室2100余座,拆除更换庭院管及用户室内管道5354米,完成投资312万元。通过检修改造,保证了冬季的稳定供热,没有发生任何因设备故障造成停暖的事故。 (赵庆江)

【城市绿化概况】 2009年,全市各级、各部门以改善城市生态和区域生活环境为出发点,扎实推进创建国家园林城市步伐。全年建成区累计新增各类绿地面积53.15万平方米,绿化覆盖面积达到1989.15万平方米,绿化覆盖率38.64%,人均公共绿地面积达到8.83平方米。

(赵庆江)

【南山公园 儿童公园综合改造工程】 南山公园、儿童公园综合改造工程于2008年3月开工,当年完成改造面积12万余平方米。2009年工程重点是在2008年的基础上进行续建,南山公园新植苗木18572株,完成改造面积2.1万平方米;儿童公园栽植苗木22139株,完成改造面积1.4万平方米。两个公园的综合改造工程累计完成投资2194.78万元,2009年完成投资为561.78万元。 (赵庆江)

【市区公共绿地景观提升工程】 该工程主要包括市区部分公共绿地的改造提升、对市区主要街道行道树的补植补种和行道树树池恢复等内容。2009年完成了彩石园八卦广场整修,在体育馆游园、彩石园等多个游园栽植地被植物2.2万株,乔木1000余株,花灌木18300余株。同时还成功举办了南山公园国庆菊展,共摆放63个品种的菊花、22个品种的其他花卉15万株。工程完成投资300万元。 (赵庆江)

【义白路二期绿化工程】 义白路二期绿化工程主要是对一期工程中存在的部分绿化断垄地段进行补植完善,于2009年9月开工,共完成种植火炬、侧柏、新疆杨等各类乔灌木10089株,新增绿化面积3万平方米,完成投资211万元。

(赵庆江)

【植物园建设工程】 阳泉植物园位于市区东部王母垴山上,南与山西北方晋东化工有限公司接壤,东临义白路,与开发区隔桃河相望,规划占地面积73公顷,投资概算1.69亿元,工程计划建设周期5年。工程于2007年开工,已完成道路铺设、修筑水渠等工作。2009年重点组织完成了施工图设计、园内"海棠春雨"景区的施工图纸编制和招投标工作等,累计完成投资2800万元。 (赵庆江)

【环境卫生概况】 2009年,全市环卫清扫保洁面积371万平方米;城市生活垃圾无害化处理量完成20.28万吨,无害化处理率达到91.02%;全年污水处理量2901.9万立方米,污水处理率达到82.24%。 (赵庆江)

【环境卫生管理】 2009年,城区环卫处在环境卫生管理中,坚持以探索长效管理机制为目标,坚持"日常工作抓规范、中心工作保质量、重点工作求突破、整体工作上台阶"的思路,围绕"三城十区"建设和"三城同创"总目标,以创建卫生城市和环境卫生清洁整治工作为主线,积极采取各种管理措施,取得了明显效果。

一、打造十二条环卫"严管街"

城区环卫处以环卫"严管街"为载体,在管理南大街、泉中路、北大街、德胜街等12条主要街道中,加大对清扫保洁、垃圾清运、公厕管理、垃圾容器清洗和环卫设施等方面人力和物力投入。同时,出台了"严管街"管理实施方案。并且按照《全国城镇市容环境卫生统一劳动定额》制定了"严管街"作业考核标准,考核实行百分制,由3名副处长分别担任清扫保洁、垃圾清运、公厕管理3个督察组组长,每日不定时进行检查,每周通报一次检查情况,每半月小结一次。经过采取严格的管理措施,使严管街作业质量得到了进一步提高。

二、实行"六个三"管理新措施

围绕"三城同创"工作,积极探索长效管理机制。一是采取三控,即对重点地段、重点公共场所、重点商业区进行重点监控。二是采取三定,即"定人、定岗、定作业标准"。确保每一个员工在额定的工作时间内,高质量地完成清扫保洁任务。三是延伸,即在重点监控的基础上,向沿街商铺、沿街办公楼楼墙屋角延伸,向大街小巷结合部延伸,向城乡结合部延伸。四是查,即查作业情况、查在岗情况、查上下班交接情况。五是见面,即整改通知与责任人见面,整改结果与部门负责人见面,整改落实情况与主要领导见面。六是要求,即路面清扫保洁见本色,果皮箱清洗见本色,垃圾桶除垢见本色。

三、规范网格化管理

为了避免小街小巷清扫保洁划归街道办事处后出现网格化管理漏洞,城区环卫处紧密结合"严管街"管理,重新划分了单元网格和责任人,将原来的单元格整合为83个,同时加大内部督促检查力度,每日不定期进行检查。同时,处管理科人员分片包点进行监管,对违反规定的按照管理办法下达整改通知书,并在每周一例会上通报。这样,不仅保证了小街小巷清扫保洁工作的顺利进行,而且使网格化管理工作进一步得到了规范 (王世钧)

【职工实事实办】 2009年,城区环卫处为稳定环卫职工队伍,解决他们的退养和医疗的后顾之忧,坚持以人为本的原则,积极为职工办实事办好事。一是为符合缴纳养老、医疗、失业保险(男45岁,女35岁以下)的138人办理了三项保险手续,单位缴纳37.4万元,个人缴纳14.5万元。二是为不符合条件的200人,根据山西省人力资源和社会保障厅出台的《关于统一规范全省城镇企业职工补缴基本养老保险费的办法》补缴了三项保险。三是对182名不能缴纳和无能力缴纳自愿放弃的人员,根据阳政办〔2006〕110号文件精神执行。由于采取了积极的态度为职工办实事,从而解决了职工的后顾之忧,稳定了职工队伍。（王世钧）

【环卫收费】 2009年,城区环卫处在收费工作上始终坚持"公开收费标准、规范收费行为、强化收费手段"的做法,促环卫收费工作。首先是责任到人,奖罚分明。收费科35名收费员工,每人每月扣除20%的工资作为风险金,每季度考核一次,完不成任务的下一个季度再扣20%。年底如完不成任务,扣除部分不返还,且按任务的5%作为罚金;如完成任务,除返还所扣除的外,按年初所签状的条款进行奖励。其次是加强教育,提高认识。明确收费工作在全处的重要性,加强员工思想教育,正面引导,用正确的方法和思路让员工树立信心,用"以人为本,以实做事,以优取胜,以严把关"的具体理念去培养员工的能动性、主动性。形成"能奉献、能吃苦、能攻关、能自律"的良好氛围。第三是规范行为,完善制度。制定了详细监督管理制度、工作计划和管理目标,坚持每周两次例会,严格执行省、市的各项条例,不断提高员工的思想素质和业务工作能力,加强职业道德教育,杜绝一切不正之风,真正做到爱岗敬业,无私奉献。经过采取创新的环卫收费方法,全年共完成垃圾处理费收费近400万元,确保了环卫事业的稳定发展。（王世钧）

【冰雪清除工作】 2009年,针对市内几十年不遇的雪灾,城区环卫处及时启动《清雪除淤应急预案》,在第一时间全员出动,采取有效措施开展清雪除冰工作。一是处领导下基层,分片包点,组织开展清雪除冰工作。二是四个环卫所组织夜班清扫人员、白班保洁员700余人,清理主干道冰雪。三是响应区政府号召,组织协调铲车4台清理主次干道冰雪。历时20天共抛散融雪剂40吨,出动人员1.5万人次。针对雪灾造成的垃圾不能及时清运的问题,一是组织"4050"人员对主次干道固定垃圾点周围10米的积雪积冰进行清理,保证清运车辆畅通。二是组织人员车辆对德胜街、青年路等主次干道固定垃圾点积存垃圾进行突击清运。三是主动协调租赁平定垃圾场倾倒垃圾。四是组织装卸工拾捡马路边雪堆垃圾,确保了雪灾后市区环境卫生。（王世钧）

【矿区环卫概况】 2009年,矿区环卫处以"创建国家级卫生城市"为工作重点,加大净化工作力度,提高整治"脏、乱、差"工作质量,强化城市环境卫生管理,狠抓清扫、清运、清掏三大工作任务的落实。全年共清运各种垃圾10266吨,其中清理多年积存死角垃圾1830余吨,清掏各类粪便5280余吨,生活垃圾的清运全部实行了封闭化运输。街道日清扫面积达52万平方米。清扫保洁率达到100%。垃圾收集运输密闭化,定时定点收运,日产日清,清运率达100%。（孙燕平）

【环卫基础设施得到改善】 2009年,矿区环卫处加大了环卫基础设施的投入。全年共购置果皮箱450个,垃圾桶400个。在赛鱼西收费站、桃南路、洪城河等地段新安装果皮箱150个,更换100个,维修70余个;馨康家园、洪城河地段新增垃圾桶100余个,日潭小区、洪城河、平坦小区更换垃圾桶170余个,北大西街新增、更换不锈钢果皮箱50个,缓解了矿区城市基础设施不足的现状。（孙燕平）

【环境卫生治理】 4月24日起,矿区采取由各办事处负责,涂料主要靠政府统一配送,办事处适当自置的方式,发动社区干部、低保户、退休老党员、志愿者等,在矿区范围内集中开展了"牛皮癣"清洗、粉刷"大会战"。共出动人员2800余人次,政府统一配送涂料26.88吨,共计粉刷主支干路、居民社区墙壁立面79200平方米,清理、覆盖小广告32680余条,粉刷树木6900余棵,粉刷线杆70余根。此外,阳煤集团二矿还自行投资26万元,雇用专业队伍,粉刷居民区楼群、休闲广场及街道墙壁立面31536平方米。截至5月底,全区共计粉刷面积110736平方米,矿区容貌焕然一新。（孙燕平）

建筑施工

【概况】 2009年全市共有在建工程334项,建筑面积549.92万平方米,工程造价54.71亿元。其中:市区(含城区、矿区、开发区)在建工程227项,建筑面积364.35万平方米,工程造价37.33亿元;平定48项,建筑面积86.82万平方米,工程造价7.12亿元;盂县22项,建筑面积51.20万平方米,工程造价5.83亿元;郊区37项,建筑面积47.55万平方米,工程造价4.43亿元。（赵庆江）

【建筑安全生产监督管理】 2009年,全市建筑安全生产监督管理工作坚持"安全第一,预防为主,综合治理"的方针,进一步完善建筑安全监管机制,落实监管主体和生产主体的责任,以建筑施工安全生产专项整治和规范管理工作为主线,以建筑施工安全检查标准为尺度,加强安全培训教育,强化安全生产许可证动态管理,认真开展安全生产监督检查,全面推进建筑安全标准化工地的创建,保持了全市建筑施工安全生产的平稳发展。全年共组织开展建筑施工安全大检查12次,督查建筑施工企业76个,督查建筑工程项目600多项(次),排查各类安全隐患2000多项，注销17家企业的安全生产许可证，下发行政处罚通知书13份，下达隐患整改通知书30份，下达停工整改通知书93份。全年建设工程开工前安全生产条件审核率达100%；百亿元施工产值死亡率为0，年负伤频率0.12‰；建筑工程安全监督覆盖面市区达到100%，县区达到27%；特殊工种持证上岗率100%；全年创建安全质量标准化工地23个。

（赵庆江）

【建筑施工安全生产专项整治】 2009年是省委、省政府确定的安全生产“专项整治年”，为确保这项工作落到实处，市建设部门一是召开全市建设系统安全生产专项整治动员大会，下发了《关于印发全市建筑施工安全生产专项整治实施方案的通知》（阳建建发〔2009〕32号），明确了专项整治的内容、方式、方法、步骤、措施和任务，明确了各县区，各建设、施工、监理及监管单位等责任主体的职责，提出了具体的工作要求，公布了专项整治举报电话和电子邮箱。二是制定了《关于在我市实施建筑工程项目安全生产联名责任状公示制度的通知》（阳建安发〔2009〕7号），与各相关单位签订了责任状，在施工现场出入口显要位置设置了公示牌，对建设项目的主管单位、监管单位等相关责任单位和责任人进行公示，明确各单位的安全生产责任，广泛接受社会监督，进一步强化各责任单位及责任人的安全生产责任意识，促进了专项整治工作的落实。三是重点对市内注册的28个房屋建筑及市政工程施工企业的安全生产专项整治工作进行了多次督查检查。查安全管理机构的建立、安全管理人员的配置、专项整治方案的制订、经费的落实以及专项整治工作开展情况，查企业安全生产管理制度、安全生产责任制的建立健全及落实情况，推动施工企业逐步完善了从公司到项目、从项目到班组、从班组到工人的安全生产管理体系，进一步调动了施工企业抓安全抓管理的主动性，促进了施工企业安全生产管理工作的落实。四是抽调各县区建筑安全执法人员、部分施工企业安全管理专业技术人员共18人，组成2个专项整治联合督查小组，对在建工程进行了全面的督查整治。对未办理施工许可证的71项工程，按照分级属地管理的原则，分别下达了停工整改通知书，责令建设单位停止工程建设，完善相关手续，并责令监理单位停止监理业务，施工单位停止施工活动，施工人员撤离现场；对证照齐全、合法经营的建筑施工企业及房屋建筑和市政工程项目，加大监督检查力度，强化日常监管。通过认真督查，及时消除了各类安全隐患，有力地促进了全市的建筑施工安全生产。

（赵庆江）

【安全预警工作】 2009年，市建设部门继续把安全预警工作放在重要位置，一是按照国家住房和城乡建设部、省住房和城乡建设厅对起重机械备案登记工作要求，下发了《关于转发省建设厅〈关于建筑起重机械备案有关问题的意见〉的通知》（阳建安发〔2009〕8号），对全市建筑施工起重机械进行了备案。已办理起重机械备案568台，其中塔吊408台、物料提升机128台、施工电梯32台；办理起重机械登记使用162台，其中塔吊121台、物料提升机18台、施工电梯23台；清理各种淘汰起重机械13台。二是针对高、中考期间建筑施工安全生产及施工扰民问题，及时下发了《关于加强高、中考期间建筑工程施工管理的通知》（阳建安发〔2009〕10号），对高、中考期间施工现场安全生产和文明施工进行了详细的安排布置并进行了监督检查，确保高、中考的顺利进行。三是针对2009年夏季气温较高的情况，为保障施工现场一线施工人员的生命安全和身体健康，维护职工权益，保持高温季节的施工生产生活秩序，下发了《关于做好高温季节施工现场防暑降温工作的紧急通知》（阳建安发〔2009〕14号），对施工单位开展防暑降温、疾病防治及作息时间等提出了具体指导意见。四是针对2009年上半年全省建筑安全事故频发的状况，及时下发了《关于2009年上半年全省建筑施工安全生产事故的通报》（阳建安发〔2009〕15号），对7起事故逐一通报，再次给各建筑施工单位及责任人敲响警钟，做到防患于未然，全力抓好安全生产。五是针对11月份强降雪对建筑工程施工造成的严重影响，及时下发了《关于近期强降雪气候安全生产相关工作的通知》（阳建安发〔2009〕23号），对强降雪情况下建筑施工现场防雪、防滑、防煤气中毒、防火、防盗、防坍塌等工作提出了具体要求，并开展了冬季施工安全检查。（赵庆江）

【安全质量标准化工地创建活动】 年内，市建设部门在深入开展安全生产专项整治的同时，结合阳泉市提出的“三城同创”工作目标，大力推进建筑施工现场安全生产标准化工作。一是下发了《关于建筑施工现场环境卫生集中整治的紧急通知》（阳建建发〔2009〕58号），提出了整治的重点内容、整治标准及保障措施。二是按照省住房和城乡建设厅颁布的《建筑工程施工安全管理标准》，对施工现场的安全管理、安全防护等统一尺度，严格要求。三是重点对场地的硬化、围墙（围挡）的美化、现场周边环境卫生的保洁、拖带抛洒现象的治理等进行了严格的督查整治。督促施工现场新建围挡570米，重新粉刷、整修围挡890米，出入口道路硬化约1300平方米，清理生产生活垃圾300余吨，使施工现场环境卫生状况得到进一步改善。在全省卫生城市检查验收中，受到检查组的好评。2009年，全年申报建筑安全标准化工地45个，年底达到竣工具备评审条件的23个。

（赵庆江）

【建筑节能】 2009年，市建设部门进一步加强了建筑节能监管力度。一是严把施工图审查备案关。加强建筑节能设计深度管理，鼓励提高建筑节能设计标准，确保设计深度满足规范标准。二是严把建筑节能施工质量关。对检查中发现的问题及时下达“整改通知书”,做到整改不到位工程不验收。三是严把材料进场关。对进入现场的节能保温材料进行审查登记，要求必须有复检报告和省住房和城乡建设厅的节能产品认定证书。四是组织编制了《阳泉市城市建筑节能规划》,经专家论证后正在修编。年内,组织了4次建筑节能大检查，共检查工地189项(次),下达整改通知书82份。市区建筑节能工程执行率达100%,平定、郊区、开发区建筑节能工程执行率达90%以上，盂县建筑节能工程执行率约70%。 (赵庆江)

房地产业

【概况】 2009年,全市城镇常住人口57.15万人(不含两县和郊区农业人口),城镇居民人均可支配收入14240元。全市实有住房总建筑面积1638.78万平方米，全市城镇人均住房建筑面积达到29.75平方米。全年办理公有住房成本价出售审批1.76万平方米、278套,其中直管公房0.49万平方米、80套;标准价补差审批4.88万平方米、650套,其中直管公房0.86万平方米、32套；全年归集售房金额1249.85万元，其中直管公房归集205.73万元。同时,积极探索住房分配货币化,在具备条件的单位推行住房分配货币化工作。先后对市国税局、市银监分局两家单位制定的住房分配货币化方案予以批复。

(赵庆江)

【房地产交易市场管理】 2009年,全市房地产交易量稳步上升,房地产交易市场进一步活跃。全年共办理各类房屋登记7370件,建筑面积120.17万平方米。其中,办理初始登记1633件,建筑面积20.05万平方米;转移登记4156件,建筑面积43.75万平方米;抵押登记775件，建筑面积38.87万平方米；注销登记315件，建筑面积11.92万平方米;预告登记491件,建筑面积5.58万平方米。

全年共办理各类房地产交易(含转让、抵押、租赁等)5018件,交易建筑面积82.46万平方米，成交金额11.93亿元。其中,办理购买商品房手续1705件,建筑面积20.55万平方米,成交金额42886.54万元(其中商品住宅1539套,成交面积16.89万平方米,成交金额33655.77万元;经济适用房13套,成交面积0.12万平方米,成交金额114.81万元);办理房改售房282户,成交面积1.73万平方米,成交金额643.56万元;办理房改补差338户,成交面积2.73万平方米,成交金额335.11万元;办理拆迁办证208户,成交面积1.99万平方米,成交金额1421.7万元;办理集资、清房购买、继承、赠与、互换、拍卖、判决、抵顶等手续281件,成交面积2.1万平方米,成交金额1424万元;办理房改房首次上市559件,成交面积4.01万平方米,成交金额8099万元;办理其他存量房上市475件,成交面积3.88万平方米,成交金额8404万元(其中,住宅466套,成交面积3.74万平方米,成交金额7079万元;办理非住宅9件,成交金额556万元);办理现房住宅抵押470件,抵押面积9.55万平方米，抵押金额5420万元;办理现房非住宅抵押140件,抵押面积17.6万平方米,抵押金额40524万元；办理在建工程抵押6件,抵押面积8.44万平方米,抵押金额7100万元;办理预购商品房抵押权预告登记146件，抵押面积1.72万平方米,抵押金额2938.5万元;办理房屋租赁登记备案408件,登记备案面积8.16万平方米。

(赵庆江)

【廉租住房制度建设】 根据国家和省逐步将城市低收入住房困难家庭纳入廉租住房保障范围的要求，2009年,阳泉市开展了城市低收入家庭住房状况调查工作,基本摸清了全市城市低收入家庭住房状况及住房需求。经市政府批准,将全年人均可支配收入低于上年城镇人均可支配收入50%(人均月收入约为554元)且人均住房建筑面积低于10平方米的家庭纳入廉租住房保障范围,保障面积标准由人均住房建筑面积10平方米调整为13平方米;租赁补贴标准由每平方米每月4.51元调整为9元。按照新的保障标准，全市符合条件的住房家庭4816户。 (赵庆江)

【房地产市场整顿】 2009年,市建设局为进一步规范房地产市场秩序,促进全市房地产业健康发展,一是加强资质管理，规范市场准入。按照国家有关法规,对进入阳泉市房地产市场的房地产开发企业、估价机构和物业服务企业的资信、人员及办公场所及相关条件严格审核。全年共办理房地产开发企业资质审批58项,其中新审批10家;办理房地产估价机构资质审批3项,其中新审批1家;办理物业服务企业资质审批25项,其中新审批物业服务企业10家。二是强化预售监管,规范销售行为。进一步规范商品房预售许可审批,完善商品房预售合同登记备案制度,严肃查处未取得商品房预售许可证擅自进行销售或发布房地产广告的非法行为。全年有58.82万平方米(4803套)商品住宅办理了商品房预售许可证,办理商品房预售备案62.96万平方米(5531套)。三是加强住宅专项维修资金的管理。进一步加大住宅专项维修资金的收缴和管理力度,督促房地产开发企业及时将代收资金归入市专设账户,截至2009年底,已累计归集资金3954.06万元。同时,批复了7个住宅小区的维修资金使用申请,拨付维修资金25.8万元。四是培育服务理念,提升物业管理水平。把完善业主大会制度,规范业主大会和业主委员会的运行为重点，引导居民积极开展小区自治，正确行使权利，自觉履行义务。同时抓好物业服务企业的管理工作，规范物业服务市场主体行为。积极引进外地优秀物业服务企业参与市内小区管理，吸收先进的服务理念和管理经验，全面提升物业管理水平。五是引导房地产开发企业切实履行社会责任。严格要求开发企业努力营造文明、安全、卫生的施工环境，建立良好售后服务，切实维护购房者合法权益。（赵庆江）

【直管公房管理】 截至2009年，由市建设局负责管理的直管公房有16.91万平方米、3374户。年内，市建设部门进一步采取措施，强化管理。一是建立、健全档案，为直管公房的管理奠定了基础。二是抓好房屋租金的收缴。截至年底，已收缴租金111.12万元，收缴率达到了年计划的102%。三是加强住房的维修管理。建立各项维修制度，实行社会服务承诺，为住户提供优质高效服务，切实保证住房的正常、安全使用。小修及时率达到95%以上，住房完好率达到75%以上，住房安全率达到100%。（赵庆江）

城市管理

【概况】 2009年，阳泉市城市管理行政执法局围绕年初下达的城市管理工作目标任务，开拓创新，扎实工作，城市管理各项工作有序推进，城市品位进一步提高。

一、大力开展城市严管街创建活动

按照市政府确定的二十条严管街，市执法局制定了《城市严管街管理办法（试行）》，启动城市严管街创建活动，明确了管理范围，制定了管理标准，建立了责任制。一是取缔马路占道摊点和店外伸舌头行为；二是拆除了沿街墙体张贴大型广告及乱挂乱吊物；三是清洗覆盖了沿街喷涂广告、张贴广告和破旧对联；四是清理沿街门店前的乱堆乱放物及移动广告牌匾；五是敦促各职能单位对各自的专有设施及公用设施进行了更新、清洗、粉刷等工作。矿区执法大队重点对桃北中路、桃北西路、北大西街、桃南路、矿山路、煤山路、洪城河路7条“严管街”及一矿、二矿、四矿文化休闲广场的街区景观进行了综合整治。城区执法大队对北大街、南大街、泉中路、兴隆街等12条重点街路和滨河世纪城、兴隆商贸两大中心进行了集中整治。取缔马路占道摊点600余个，治理店外伸舌头764处，下达拆除大型墙体广告通知书17份，拆除墙体广告119块，覆盖喷涂广告60000余处，清洗张贴广告15000余处，清理破旧对联1600余幅，清理移动广告牌匾967块，拆除广告条幅1264条，清理沿街店铺张贴物3968处，清理隔离护栏3780余米。严管街整治工作有序推进。

二、加大城市管理行政执法力度，积极开展“三城同创”活动

《阳泉市“三城同创”（创建国家园林城市、国家卫生城市、国家环境保护城市）实施方案》出台后，市执法局按照实施方案确定的工作任务，主要从六个方面开展了创建活动。

一是采取专业治理与群众治理相结合的方法，开展了城市“牛皮癣”整治活动。市执法局加大了对市区主要道路、次支干道两侧建（构）筑物、各类设施上张贴物涂写物的清理覆盖力度，及时进行清理和粉刷覆盖。同时还通过组织“4050”人员集中采取夜喷晨涂和不间断巡查的方法，重点对北大街、泉中路、南大街、新华东街、南庄路、南山北路、河边街、北大西街、桃北路、矿山路、煤山路、大连路、天津路等20余条主次干道的张贴、喷涂广告进行了清洗覆盖，共清洗张贴小广告7000余处，覆盖喷涂广告16000余条，城市“牛皮癣”、小广告泛滥现象得到有效遏制。同时，各区执法大队组织指导街道办、社区、居委会全面开展了居民小区、楼宇的清洗及整治活动。

二是开展了户外广告、门头牌匾专项整治。围绕广告牌匾、各式条幅、各种灯箱广告造成的视觉污染，市执法局强化了广告牌匾的治理工作。着重对未经审批擅自设置、悬挂、破坏建（构）筑物立面景观、画面污损、字体残缺、年久陈旧失修、亮化设施显示不完整的广告和牌匾标识、软体广告以及宣传条幅等，进行了全面改造、整饰和拆除。共拆除广告牌匾865块、墙体大型广告435条、过街条幅576条，规范门亭广告273块，清理移动广告牌匾1057块。

三是开展了建筑工地及扬尘污染专项治理。积极落实建设施工工地有两名执法人员进行管理的制度，对全市临街建设工地进行了有效监管，尤其是对南大街道路维修、北大西街重新铺设、育才路和西河路拓宽改造、平坦小区道路硬化等重点工程项目进行了监管。所有工地都按规定要求设立了围墙、围栏，出入口道路进行了硬化处理，运输散装物料、渣土的车辆全部苫盖、清洗，有效地制止了因沿路抛洒引发的扬尘污染。同时，还组织协调环保、建设、公安交警等部门开展联合执法，对城区、矿区和开发区范围内的建筑工地进行了突击夜查，查处纠正夜晚施工噪音案件15起，下达责令改正通知书15份，有效监控了建筑施工垃圾乱倒、沿途抛洒等违法行为，从源头上抑制了城市扬尘和噪声污染。

四是组织开展了以服务“高考”、“中考”为主要内容的城市噪音专项整治活动。6月1日～22日期间，开展了以服务高考、中考为重点的控制城市噪音污染专项整治活动。下发了《关于“高考”和“中考”期间进一步加强城市噪音管理的通知》。组织执法队伍对学校周边马路摊点、店外经营、乱停乱放等违章行为进行了依法取缔，同时要求施工工地夜间22时后必须停止一切施工活动，早市在考试期间一律关闭。同时还公布了5部监督举报电话,对群众投诉的55起"夜间施工扰民"和其他经营性行为引发的噪音扰民事件进行了依法查处,确保了"高考"、"中考"工作的顺利有序进行,得到了考生家长和社会各界的一致好评。

五是开展了城市公用设施专项整治。对城市主、次干道两侧的公用设施管护不到位、影响城市景观的现象,采取多种督办方式,督促产权单位解决。协调市网通分公司、供电分公司、公交总公司等相关职能部门和产权单位,对通讯设施、沿街邮政广告设施、人行道上电力设施、公交设施上的张贴物、喷涂物进行清洗,同时对相关标识、标线进行刷新。共计对人行道上的443个公话亭,32个交接箱和48根通信电杆进行了油漆和刷新;整饰电杆330余根、站牌站亭490余处、变配电箱90余个处、广告灯箱700多个处、交警设施20余处;清洗隔离护栏3780余米、更换破损站牌70多处、更新站牌广告50余处。

六是拆临、拆违,服务重点工程。棚户区改造是全市重点工程,矿区执法大队配合阳煤集团在马西区棚户区改造工程中,对40个钉子户依法进行了拆除,得到了阳煤集团领导的高度赞扬。此外,还配合阳煤集团物业管理公司对馨康家园、宏泉小区进行了清理整治,规范整顿门店60余个;配合阳煤集团对北大西街、育才路、西河路实施了改造工程,拆除临时、违章建筑2000余平方米,栽种更换树木300余棵。改造后的这三条路宽敞平整、卫生洁净、环境优美,达到了预期目的。

三、继续推进城市网格化管理试点工作

为切实推进城市网格化管理工作,2009年,市执法局在城区实行城市网格化管理试点工作的基础上,将城市网格化管理工作在全市范围内全面开展。矿区基本完成城市网格化管理的调研论证工作,制订起草了城市网格化管理实施方案,划定了单元网格,明确了责任对象,初步确立了"大队管面、中队管片、队员管格"的"三位一体、三级联动"网格化管理机制。开发区城市网格化管理正在积极地前期准备当中。 (张 浩)

【机构改革】 2009年,根据《中共阳泉市委 阳泉市人民政府关于印发〈阳泉市人民政府机构改革方案〉的通知》(阳发〔2009〕29号)文件精神,阳泉市城市管理行政执法局由市政府直属机构改为部门管理机构,由市住房保障和城乡建设管理局管理。按照《阳泉市城市管理行政执法局主要职责内设机构和人员编制规定》,调整后的主要职责为:(一)贯彻执行国家城市市容环境管理方面的方针、政策及相关的法律、法规,研究拟定全市城市市容环境管理的中长期规划并组织实施;(二)负责整治规范马路市场,治理取缔流动摊点、占道经营等影响城市环境的经营行为;(三)承担全市城市容貌管理责任,负责市容环境工作行政许可事项的审批与监管,负责治理乱涂乱贴小广告等违法行为,并实施行政处罚;(四)依法对各区执法大队实施行政处罚委托,实施领导监督和管理;(五)承办市政府、市住房保障和城乡建设管理局交办的其他事项。内设机构与人员编制不变。 (张 浩)

重点工程

【污水处理厂再生水项目】 市污水处理厂再生水项目由四部分组成,概算总投资7055.75万元。该项目主要包括以下内容:一是泵站和管网输送系统,于2006年开工,2007年4月已完工并具备运行条件,完成投资1980万元;二是自动化控制系统,于2008年5月开工,2009年4月已完工进入运行,完成投资330万元;三是主电配送系统,2009年完成设备采购,完成投资600万元;四是双模法水处理系统,于2009年4月开工,当年完成车间土建主体,安装部分工艺管道及设备,完成投资2846万元。 (赵庆江)

【坡头高速路出口改造工程】 该工程主要是结合高速收费站改造和307国道改线工程对现状绿地和原洗车站东西两侧绿地进行景观改造提升,分两部分实施,一是移植和调整现有绿地内的苗木。二是对保留的绿地进行提升,在丰富植物品种的同时,增加亮化和园林小品等配套设施。工程于2009年10月1日开工,截至年底,完成新植树木330株,移植树木800余株,起挖灌木3895株,外运渣土780立方米,砌筑花岗岩道牙140余米,砌筑挡墙1100余立方米,开挖土石方28000余立方米,铺装广场300余平方米,安装灯具210余套,并安装新姿雕塑一座,完成投资270万元。 (赵庆江)

【兴隆商业步行街改造】 该工程于2008年5月15日开工,至2009年底,完成了步行街的道路、路灯、排水、雕塑设计等工程,完成投资1000万元。 (赵庆江)

【桃河北岸河堤建设】 该工程西起五渡公路桥,东至五渡铁路桥,全长881.9米。工程于2009年3月开工,7月底竣工,完成投资约900万元。 (赵庆江)

【北山中路东段工程】 该工程起点为泉中北路,向西接至市电石厂东,长680米,宽25米。工程于2008年1月开工,至2009年底基本线型已形成,完成投资561.16万元。 (赵庆江)

【热电联产(龙川热源)管网工程】 该工程于2009年4月开工,10月底完工,共铺设管网38公里,新建大型换热站1座,完成投资3.4亿元(其中市热力公司完成投资2.3亿元、龙川电厂完成投资1.1亿元),新增供热能力500万平方米。 (赵庆江)

【桃河城区上游段（芦湖桥——赛鱼)河道治理】 该工程从芦湖桥至原西收费站,全长5.5公里,估算投资1.45亿元,工程分两期实施。一期工程于2009年5月1日开工,至年底已完成一期水工部分建设任务,完成投资9600万元,新增绿化面积17.3万平方米。二期绿化工程于2009年11月22日开工建设,计划于2010年8月完工。 （赵庆江）

【赛鱼路大修】 该工程从高速公路坡头出口至河神庙，全长10.74公里,估算投资1.8亿元。工程分两期实施，一期工程于2009年8月1日开工,10月31日完工,完成了高速公路坡头出口处至赛鱼桥主干道大修,共完成投资8200万元。二期工程计划于2010年完成。 （赵庆江）

环境保护

综合工作

【概况】 2009年,全市环境保护工作围绕创建国家环保模范城的总体目标,突出治污减排这一主线,明确重点,强化措施,大力实施区域环境综合整治、水环境保护、工业企业达标提升、矿山生态恢复治理、废物综合利用等五大工程,取得了明显成效。全年市区环境空气质量二级以上天数达到353天,比上年增加了8天;大气污染指数1.80,比上年下降10.9%，环境空气质量稳定达到国家二级标准。 （尚观宇）

【蓝天碧水工程暨环境保护工作会议】 4月23日,市委、市政府召开“全市蓝天碧水工程暨环境保护工作”会议。会议总结了2008年全市环保工作，部署了2009年工作任务。2009年阳泉市环境保护工作的总体要求是:大力实施“11555”战略工程,即围绕创建环保模范城市的目标,按照“一年起步、三年建成省级、五年建成国家级”环保城市的工作思路,突出污染减排这一主线,全力实施区域环境综合整治、水环境保护、矿山生态恢复、工业企业全面达标巩固提高、废物利用“五大工程”;认真落实加强领导、严格执法、保护生态、加大投入、队伍建设“五项措施”;全面完成环境质量、污染减排、生态文明建设、工业污染防治、环境综合治理“五项指标”。会上,市委常委、常务副市长王旭明代表市政府与各县区人民政府、开发区管委会、市直有关部门、重点企业共29个单位签订了2009年度环保目标责任书,将全市环保目标任务进行了分解,明确了各级政府、部门和有关单位的环保任务。各单位将责任书指标层层分解到具体责任人,通过分解指标,落实责任,全市环保工作形成了“人人头上有指标,千斤重担大家挑”的格局,从而为全年环保目标任务的落实创造了条件,奠定了基础。通过全市上下的共同努力,2009年，阳泉市环保目标责任制荣获了省优秀奖。 （尚观宇）

【环保模范城市创建】 8月12日，市委、市政府召开“三城同创”动员会,全面启动了阳泉市“三城同创”工作,即:创建国家园林城市、创建国家卫生城市、创建国家环境保护模范城市。市委、市政府印发了《阳泉市“三城同创”实施方案》(阳发〔2009〕23号),确定“三城同创”工作的指导思想是:全面贯彻落实科学发展观,以营造优良人居环境,提高城市文明程度,促进经济、社会与环境协调发展为目的,以各级政府为主导,以净化、美化、绿化、亮化、硬化为内容的“五化”建设为突破口,动员全社会力量,努力把山城阳泉建设成为生态、文明、平安、和谐的宜居家园和具有较强竞争力的现代化区域中心城市。“三城同创”工作的总目标是,到2010年建成国家园林城市,到2011年建成国家卫生城市和省级环境保护模范城市,到2013年建成国家环境保护模范城市,整体跨入国家园林城市、国家卫生城市和国家环境保护模范城市先进市行列。9月10日,市政府正式出台了《阳泉市创建国家环境保护模范城市工作方案》(阳政办发〔2009〕114号),成立了阳泉市创建国家环境保护模范城市领导组办公室,确定2010年建成省级环保模范城市。市环保局抽调专人负责日常工作,并先后到长治、晋城、大庆、哈尔滨等创模先进城市考察学习。在汲取先进城市经验的基础上,组织开展了创模规划基础资料的收集工作,为编制全市创建环保模范城市规划打下了基础。为了加强考核和管理,起草了创建环保模范城市年度验收考核标准,并印发到各县区和有关单位。（岳一平 尚观宇）

【环保宣传】 6月5日，市环保局与太原理工大学阳泉学院联合举办纪念“6·5”世界环境日暨“保护母亲河行动”宣传活动。6月9日至12日,阳泉市组团参加了由省蓝天碧水工程领导组和省委宣传部组织的全省蓝天碧水工程成就展,张宝顺、王君等省领导参观了阳泉市的展览后,对近年来阳泉市蓝天碧水工程取得的成绩给予了充分肯定。全年在国家、省、市级媒体上发表宣传报道文章210多篇。8月8日,由省委宣传部组织,《经济日报》、山西电视台、山西广播电台、《山西日报》、《山西经济日报》、黄河新闻网等多家媒体记者组成的“喜迎60年”记者团,就阳泉市环保事业发展情况进行采风。9月15日,中央电视台新闻联播播出了《生态建设和保护并重,促进人与自然和谐》,充分报道了阳泉市矸石山生态恢复治理的巨大成果,引起社会各界的广泛关注。9月15日至18日，省人大城建环保工委主任王晓林带领省人大环境影响评价法执法检查组和省三晋环保行记者团,对阳泉市贯彻实施《环境影响评价法》及全市环保工作进行检查和采访。 （尚观宇）

【绿色创建】 2009年,市环保局积极组织开展绿色学校和绿色社区创建活动。经过层层推荐评比,阳泉市第六中学、矿区赛鱼小学2个学校荣获"省级绿色学校"称号;市第十四中学、市朝阳小学、市漾泉学校、郊区李家庄中学校、平定县南坳明德小学、盂县南娄镇中学校、盂县北下庄乡中学校、盂县苌池镇下王村小学共8所学校荣获"市级绿色学校"称号;上站街道办事处小阳泉南社区、上站街道办事处新华东街社区、上站街道办事处小阳泉北区、南山路街道办事处北岭社区、北大街街道办事处青年路社区共5个社区荣获"省级绿色社区"称号;刘家堖社区、北大街街道办事处中心广场社区、上站街道办事处德胜街社区、南山路街道办事处南庄路社区共4个社区荣获"市级绿色社区"称号。 (岳一平)

【环保能力建设】 2009年,市环保局继续加快推进环保标准化建设。市环境监测站投入369万元,重点加强了实验室分析能力的提高,更新了原子吸收、离子色谱等大型监测仪器;在空气质量日报工作方面,完成了平坦站的报批搬迁和市中心站的设备大修工作;编制完成了娘子关水质自动监测站建设方案,开展了工程招标、场地协调、落实建设资金等工作。市环境监察支队投入130余万元,加强环保执法装备建设,执法装备达到了国家标准化建设的硬件要求。市辐射环境监测管理站加强对辖区涉源单位的现场监督检查,积极推进辐射安全许可证核发和换发工作,20家涉源单位和75家射线装置单位均领取了辐射安全许可证。市环境信息与在线监控中心完善污染源在线监控平台,29家重点企业安装了在线监控系统,全部联网运行,提高了环境监控的水平。 (尚观宇)

【生态示范建设】 2009年,阳泉市全力加强生态环境保护,大力推进生态示范区建设,全年新创建了平定岔口乡、盂县北下庄乡、郊区杨家庄乡3个环境优美乡镇,平定县岔口乡红富庄村、盂县北下庄乡西井村、郊区杨家庄乡北杨家庄村等21个生态文明村,牛家峪养猪专业合作社和阳泉市金凤凰农业科技有限公司2个规模化畜禽养殖污染防治示范点和山西汇能煤业公司、盂县兴峪煤业公司、旧街煤矿、荫营煤矿4座生态示范矿井。 (尚观宇)

【环保引资】 2009年阳泉市各级环保部门向国家、省申报环保专项资金项目29个,申请到环保专项资金6490万元。各生产经营单位也充分发挥市场机制的作用,选择项目,引进资金。山西中玮投资有限公司对平定县污水处理厂实行了托管经营,深圳产学研科技环保公司投资建设郊区污水处理厂,此举拓宽了环保投融资渠道,极大地缓解了环保治理资金紧张的矛盾。 (尚观宇)

【污染物排放统计】 年内,市环保局对全市240个重点工业企业的污染排放及处理利用情况进行了统计。工业废水排放量为547.75万吨,工业废水排放达标率为98.35%,工业废水中主要污染物COD的排放总量为460.05吨。工业煤炭消费总量1271.18吨,工业废气排放量为11570799万标立方米,工业二氧化硫排放量100146.6吨,工业烟尘排放量15766.06吨,工业粉尘排放量为8192.18吨。工业固体废物产生量1662.65万吨,工业固体废物综合利用量为378.9万吨,工业固体废物综合利用率为22.79%,工业固体废物贮存量为88.65万吨,工业固体废物处置量为1164.72万吨,工业固体废物排放量为33.12万吨。 (尚观宇)

环境治理

【概况】 2009年,全市环境污染治理主要是电力行业的烟气脱硫工程、矸石山综合治理、水环境保护与城市环境综合治理。对污染严重的企业进行了关停淘汰,对不达标或不能稳定达标的企业实施了停产治理。同时,调整了产业结构,大力发展循环经济,推行清洁生产,大大减少了污染物排放量,保障了环境质量和环境安全。 (尚观宇)

【污水处理厂建设】 年内,全市已建设的5家污水处理厂中,市污水处理厂、平定县污水处理厂和盂县污水处理厂3家正常运行,污水处理能力达到13万吨/日。郊区污水处理厂于9月份建成并投入试运行;娘子关污水处理厂主体工程已完工,并进行了单机试车。平定、盂县污水处理厂进一步完善了配套管网建设,进一步提升了污水处理能力。 (尚观宇)

【水环境保护】 2009年,市环保局继续加大对重点排水企业的日常监管,全面推进阳煤集团五矿、新景矿、矸石电厂、固庄煤矿等重点企业污水处理工程,总投资5825.8万元,治理工程全部完成并投入试运行,形成年减排1497吨COD的能力。大力推进污水资源化工程。日产中水4.8万吨的市污水处理厂再生水利用工程,共完成投资5756万元,泵站和输送管网、再生水利用膜滤水车间主体、自动化控制系统等主体工程基本完成。日产中水2.16万吨的平定污水处理厂中水回用项目,共完成投资1575万元,调试工作已经完成,出水水质达标,具备了向龙川电厂供水的条件。 (尚观宇)

【水源地保护】 2009年,市环保局在完成饮用水源地保护区划分、立标工作的基础上,全面开展了饮用水源地污染源核查,为饮用水源地保护提供了科学依据。继续大力推进娘子关水源地保护工程,投资2381万元完成了娘子关污水处理厂主体工程建设;投资700万元建设垃圾填埋场,年内完成了场内弃渣清理、主坝、防洪坝、泄洪管、截洪沟、场区防渗等工程；五龙泉水源保护示范园工程，投资1650万元，累计拆迁28户居民和3家单位，拆迁面积5400平方米，拆出场地13300平方米，封堵旱厕57个，设置环卫厕所31个；河道生态修复治理工程，投资150万元，种植了大量垂柳、芦苇及灌木，面积达4万多平方米。通过实施一系列的水源地保护措施，水源地生态环境进一步得到改善。（尚观宇）

【矿山生态恢复治理】 2009年，全市煤炭开采生态恢复与治理规划通过省环保厅组织的专家论证，平定、盂县、郊区编制完成了煤炭开采生态恢复与治理规划。25家重点煤矿编制完成了矿山开采生态恢复治理方案。阳煤集团、南煤集团、荫营煤矿、固庄煤矿等煤矿在2008年矸山综合治理的基础上，2009年共投资2510万元，全面完成了生态恢复扫尾工程，并从植物的补栽补种、提高生态恢复质量入手，进一步将矸石山生态恢复向园林化建设方向发展。盂县共投资400万元启动了盂县石店煤矿、上社煤矿等地方煤矿的生态恢复治理工程，2009年完成矸山治理面积12.67公顷(190亩)。（尚观宇）

【城市环境综合整治】 2009年，市环保部门以大幅度提升市区空气质量为核心，开展了清洁能源改造、集中供热、供气、机动车尾气和扬尘治理等大气环境综合整治活动。加大餐饮业原煤禁燃的监督检查力度，共组织开展禁烧原煤专项行动19次，没收或拆除燃煤设施67台(套)，限期整改72户，督促安装油烟净化和高空排放装置78台(套)，市区清洁能源使用率稳定在95%以上；强化机动车尾气监管，开展了营运机动车排气污染集中整治活动，全年检测机动车656辆，对70辆不合格车辆实施限期治理；加强集中供热，新热源龙川电厂热源，总投资3.4亿元，于2009年4月开工，10月底竣工，共铺设管网38公里，新建大型换热站1座，新增供热能力500万平方米，全年新增供热面积190.07万平方米，供热普及率达到85.88%；进一步扩大城市气化范围，全年新增居民燃气用户12927户，居民用气普及率达到86.60%，市区周边的高压电瓷厂、国泰耐火厂、瀑里工业区等企业全部改用城市管道煤气。通过综合整治，市区环境质量得到明显改善。（尚观宇）

【区域环境综合整治】 2009年，平定、盂县被列入全省环境综合整治的重点县区。按照省厅的部署要求，两个县均成立了环境综合整治领导组，制订了实施方案，召开了动员会，加大了环境集中整治力度。积极推进县城集中供热、供气等工程，累计拆除燃煤锅炉536座；大力开展耐火矾石行业、饮用水源地保护区、城镇污水处理厂、垃圾处理和整治违法排污企业保障群众健康等一系列专项行动，区域环境违法现象得到有效遏制，环境质量大幅提升。平定县城二级以上天数达到338天；盂县县城二级以上天数达到350天。（尚观宇）

【工业污染源全面达标】 年内，市环保部门积极引导、支持、督促企业将污染治理与调整产业结构、技术改造和推行清洁生产结合起来，全面提升污染防治水平。电力行业方面，在整体完成脱硫的基础上，启动了脱氮工程，投资1000万元完成了阳光发电公司1号机组低氮燃烧系统改造工程，年削减氮氧化物2000吨；焦化行业方面，投资3944万元完成了盂县晋玉焦化公司、中信焦化公司的焦炉煤气脱硫工程，具备了环保验收条件；耐火矾石行业方面，从改变燃料结构入手，实施了第二轮工艺革命，125家耐火矾石企业签订天然气改造合同，已有74家完工并使用天然气，共拆除煤气发生炉91座，年替代原煤40万吨，减排SO_2 1.05万吨。（尚观宇）

【消耗臭氧层物质淘汰】 9月16日是“国际臭氧层保护日”，全市组织开展了以“全球参与，携手保护臭氧层”为主题的宣传活动，组织了消耗臭氧层物质淘汰工作培训班。为了摸清全市消耗臭氧层物质的基本情况，市环保局组织开展了首次消耗臭氧层物质申报登记工作。全市涉及消耗臭氧层物质的企业包括工业制冷、家用制冷、泡沫行业、清洗行业、汽车拆解行业等，执法人员按要求对全部企业进行了现场检查，并制作了现场检查记录。（岳一平　尚观宇）

【机动车尾气检测与监督管理】 10月22日起，全市开展了营运机动车排气污染集中整治活动。集中整治对象是在市内注册营运的公交车、中巴车、小巴车、出租车及准备办理营运的机动车。凡交通管理部门注册的机动车进京时，必须同时取得机动车环保监测合格证和进京机动车环保合格证，全年共检测进京车辆1204辆，换发进京合格标志154辆次。（尚观宇）

环境执法

【概况】 2009年，市、县两级环保部门与监察、公安、工商、供电等有关部门密切配合、协同作战，先后组织开展了“两高一资”(高污染、高能耗，资源型)行业、钢铁行业、涉砷行业、饮用水源保护区和城镇污水处理厂、垃圾填埋场、电厂脱硫设施运行情况、“北京护城河”和整治违法排污企业保障群众健康等一系列专项行动，有力地打击环境违法行为。同时，市环保局还加大了环境信访案件的调查处理力度，切实维护群众的环境利益，维护了社会稳定。（尚观宇）

【环保专项行动】 4月14日全国、省、市整治违法排污企业保障群众健康环保专项行动电视电话会议之后，阳泉市政府于4月24日印发了《阳泉市整治违法排污企业保障群众健康环保专项行动实施方案》(阳政办发〔2009〕55 号),成立了环保专项行动领导组,组织各级政府和有关部门紧紧抓住环保专项行动这条主线,切实解决群众反映强烈、影响社会稳定的环境突出问题,严查环境违法行为。全市共出动执法人员 3043 人次,检查重点企业 1316 家次,对 14 家不达标企业实施了停产治理,对死灰复燃的 50 座燃煤竖窑和 8 座倒烟窑进行了彻底拆除,对未办理环保手续的 22 家洗煤企业实施了强制断电,对污染严重的 3 家企业进行了挂牌督办,共办理各类环境信访案件 200 件,行政处罚 32 家,罚款 82.6 万元,有力地打击环境违法行为,保障了群众的健康和环境权益。(尚观宇)

【钢铁行业和涉砷行业专项检查】 至 2009 年,全市仅存钢铁企业 2 家,分别是盂县万汇钢铁有限公司和阳泉市中亚铸钢制品有限公司。年内,市环保局对两家企业进行了专项检查,发现盂县万汇钢铁有限公司有 2 座 210 立方米炼铁高炉未办理环保审批手续,配套建设有带式烧结机 1 台,环境污染问题严重。按照省环保厅《关于对未批先建钢铁项目的处理决定》(晋环发〔2009〕138 号)文件要求,环保部门对其下达了限期于 2009 年 12 月 30 日前关闭的决定,到年底该厂已经停产关闭;阳泉市中亚铸钢制品有限公司因市场原因自然停产。

全市共有 2 家涉砷企业,分别是山西华阳天成化工有限公司和平定锁簧稀土有限责任公司,这两家企业均使用硫铁矿原料生产硫酸,2009 年均因市场原因停产。

(尚观宇)

【饮用水源保护】 水环境质量直接关系人民群众的身体健康,为此,市环保部门按照省、市政府下达的"饮用水源保护区内的污染源必须关闭或搬迁"的要求,在关闭搬迁直接影响娘子关饮用水源保护区内的 5 家重污染企业的基础上,3 月 31 日又对全市最大的排水企业娘子关电厂实施了全面关停,致诚化工公司基本完成了异地搬迁的前期工作。饮用水源保护区内污染企业的关闭或搬迁,有效地改善了环境质量,保障了饮水安全。(尚观宇)

【城镇污水处理厂专项检查】 2009 年,市环保局组织开展了城镇污水处理厂专项检查。市污水处理厂由于原设计工艺未预留应急事故池建设用地,当进水量满负荷后,存在未处理污水直接外排的隐患。该厂日产生污泥 50 吨左右,一部分填埋到市垃圾处理厂进行了无害化填埋,一部分晋鑫农业科技公司用于农业。平定县污水处理厂 2009 年产生污泥 555 吨,除一部分用于农用外,其余部分运输至填埋场进行简易填埋,未进行无害化处理,存在二次污染隐患。郊区污水处理厂正在进行调试,未投入正式运行。盂县污水处理站产生的污泥现全部集中填埋,未经无害化处理。针对检查中发现的二次污染隐患问题,市、县环保部门要求存在问题的污水处理厂立即整改,防止发生二次污染。

(尚观宇)

【垃圾填埋场专项执法检查】 年内,市环保部门在对市垃圾处理厂的现场检查中发现,市垃圾处理厂原设计工艺中垃圾渗滤液直接回喷填埋场,未配套建设专用处理设施,实际运行中问题才显现,雨季垃圾渗滤液量产生量很大,约每日 400 立方米左右,存在污染隐患。执法人员要求该厂重新设计并建设渗滤液处理设施,保证渗滤液不产生污染。(尚观宇)

【化工企业专项检查】 2009 年,市环保局组织对全市的化工企业进行了环境安全检查。全市有化工企业 28 家,其中,14 家处于停产或半停产状态,2 家已关闭。检查中,要求正常生产的企业加强对现有环保设施及废渣场的维护和管理,确保达标排放;已停产的化工企业,要对其产品和原材料加强管理,妥善保管,严防泄露。对阳泉市古州威远物资未启用环保设施、生产原料未按环保要求乱堆乱放等违法行为进行了处罚,要求其限期完成原料堆放场地的硬化和封闭,产品出炉的烟气经过处理后达标排放。此次检查消除了这些企业的环境安全隐患,保障安全文明生产。(尚观宇)

【环境污染末位淘汰】 9 月 27 日,市环保局、市行政效能办公室组成联合检查组,赴平定县、盂县、郊区对全市 2009 年环境污染末位淘汰企业及设施进行现场检查。全市涉及淘汰的企业及设施有三个,分别是郊区炎兴耐火材料厂的 1.1 万吨 / 年煤气倒烟窑、平定新鑫碳素有限责任公司的 200 吨 / 年 3 吨煤坑式焙烧炉和盂县星宇耐火材料有限的 2 万吨 / 年煤气倒烟窑。县区政府对环境污染末位淘汰工作高度重视,县区环保局、行政效能办公室多次深入拟淘汰企业进行督促,截至 10 月 30 日,以上三个企业的污染设施全部按照省政府的要求全面完成了淘汰任务,档案资料齐全。

(尚观宇)

【环保信访】 2009 年,市环保局全天畅通"12369"环保举报热线,实行 24 小时值班制度,坚持有诉必查,有查必果,无论反映的环境问题大小,执法人员都必须到现场调查,将处理结果当面或书面答复举报人。全年共受理群众环境污染信访案件 200 件,上级转办 50 件,结案率 100%,做到了事事有落实、件件有回音,有力地维护了人民群众的环境权益。(尚观宇)

【排污费征收】 2009 年,全市各级环保部门认真贯彻执行《排污费征收使用管理条例》,严格执法,采取各种措施,强化排污费征收力度。全年共征收排污费 3514.48 万元,其中,市环保局征收 1790.85 万元,盂县环保局征收 1166.95 万元,平定县环保局征收 271.51 万元,郊区环保局征收 244.91 万元,城区环保

局征收18.35万元，矿区环保局征收21.91万元。（尚观宇）

环境监测

【概况】 2009年，市环境保护监测站和平定、盂县、郊区环境保护监测站分别对辖区内的环境质量进行了监测。监测结果表明：全市环境空气质量有了明显改善，市区、盂县县城空气质量达到了国家二级标准，平定县城、郊区荫营镇空气质量达到了国家三级标准；酸雨频率有所上升；地表水环境质量无明显变化，主要控制断面的水质仍处于高污染水平，桃河水质局部有所改善；城市地下水综合水质受到不同程度污染；声环境质量状况总体较好。（尚观宇）

【环境空气质量状况】 2009年，市、县两级环境监测监测站分别在市区、平定县城、盂县县城、郊区荫营镇共设立了13个环境空气自动监测点位，实施环境空气质量日报监测。其中市区设6个监测点，平定县城设3个监测点，盂县县城设2个监测点，郊区荫营镇设2个监测点。监测结果表明，全年空气质量有所好转，空气污染逐渐呈下降趋势，影响空气质量的主要污染物仍是二氧化硫和可吸入颗粒物。

2009年，全市空气质量有效监测天数365天，市区二级以上天数353天，比上年增加了8天，在全省11个地市中排名第5名。平定县城二级以上天数338天，比上年增加了22天。盂县县城二级以上天数350天，比上年增加了59天。郊区荫营镇二级以上天数354天，比上年增加了14天。

市区空气综合污染指数1.80，在全省11个地市中排名第七。平定县城空气综合污染指数2.09，盂县县城空气综合污染指数1.77，郊区荫营镇空气综合污染指数1.99。

一、二氧化硫污染状况

2009年，市区环境空气中二氧化硫的年平均浓度为0.046毫克/立方米（标准值0.06毫克/立方米），比上年下降17.9%。平定县城二氧化硫的年平均浓度为0.063毫克/立方米，盂县县城二氧化硫平均浓度为0.060毫克/立方米，郊区荫营镇二氧化硫的年平均浓度为0.064毫克/立方米。从年平均浓度值看，市区、盂县县城均达到了国家二级标准，平定县城、郊区荫营镇达到了国家三级标准。

二、可吸入颗粒物污染状况

2009年，市区可吸入颗粒物的年平均浓度为0.072毫克/立方米（标准值0.10毫克/立方米），比上年上升1.4%。平定县城可吸入颗粒物的年平均浓度为0.073毫克/立方米，盂县县城可吸入颗粒物的平均浓度为0.056毫克/立方米，郊区荫营镇可吸入颗粒物的年平均浓度为0.072毫克/立方米。全市可吸入颗粒物年平均浓度全部达到了国家二级标准。

三、二氧化氮污染状况

2009年，市区环境空气中的二氧化氮年平均浓度为0.025毫克/立方米（标准值0.08毫克/立方米），比上年下降16.7%。平定县城二氧化氮的年平均浓度为0.025毫克/立方米，盂县县城二氧化氮平均浓度为0.017毫克/立方米，郊区荫营镇二氧化氮的年平均浓度为0.016毫克/立方米。全市二氧化氮平均浓度全部达到了二级标准。

四、降水污染状况

2009年，阳泉市区大气降水共采集53个样本，监测降水量共608.7毫米，pH年均值为5.71，全年pH值介于4.58～8.38之间，低于酸雨标准（酸雨标准为pH值<5.60）的降水出现了7次，全年酸雨的频率为13.2%，酸雨频率上升了4.1个百分点。（尚观宇）

【地表水环境质量状况】 年内，市、县（区）两级环境保护监测站对桃河、南川河、温河的25个有效断面进行了监测。桃河的晓庄、白羊墅、娘子关三个断面是阳泉市地表水的主要监测断面，也是省控断面。白羊墅断面是桃河阳泉段的主要控制断面，簪石桥断面为平定南川河的主要控制断面，河下断面为盂县秀水河的主要控制断面，温池断面为盂县温河的主要控制断面，韩庄桥为郊区温河的主要控制断面。监测结果表明，25个监测断面中，桃河晓庄、娘子关断面水质为优，其他监测断面的水质均受到不同程度的污染，全市河流水质污染依然严重。

一、地表水水质状况

桃河：2009年入境断面晓庄的水质状况为Ⅰ类，水质属优，综合污染指数0.284；控制断面白羊墅水质状况为Ⅳ类，属轻度污染，主要污染物为化学需氧量，综合污染指数为0.457；出境断面娘子关水质状况为Ⅱ类，水质良好，综合污染指数0.298。

南川河：簪石桥断面为劣Ⅴ类水质，属重度污染。主要污染物为氨氮、生化需氧量、化学需氧量。与2008年相比水质类别没有变化。

秀水河：河下断面为劣Ⅴ类水质，属重度污染。主要污染物为氨氮、化学需氧量。与2008年相比河下断面的水质类别没有变化。

温河：温池断面为劣Ⅳ类水质，属轻度污染。主要污染物为氨氮、化学需氧量、溶解氧。韩庄桥断面为劣Ⅴ类水质，属重度污染，主要污染物为氨氮、化学需氧量、生化需氧量。与2008年相比温池断面有所好转，韩庄断面的水质类别没有变化。

二、地表水主要污染物状况

1.主要污染物氨氮的监测情况

2009年，阳泉桃河晓庄断面氨氮年平均浓度为0.130毫克/升，未超过Ⅲ类标准（1毫克/升），全年未出现超标值；白羊墅断面年平均浓度1.03毫克/升，超过Ⅲ类标准0.03倍，全年超标率达50.0%；娘子关断面年平均浓度0.398毫克/升，未超过Ⅲ类标准，全年超标率达9.1%。

平定南川河的簪石桥断面氨氮

年平均浓度5.12毫克/升，超标4.12倍,超标率达75.0%。

盂县秀水河的河下、温河的温池两个断面氨氮年平均浓度分别为3.62毫克/升和1.47毫克/升,超标2.62和0.47倍。超标率均达100%。

郊区温河的韩庄桥断面年平均浓度13.6毫克/升，超标12.6倍。超标率达100%。

2.主要污染物化学需氧量的监测情况

2009年,桃河晓庄、娘子关断面的化学需氧量年平均浓度分别为13.4、13.9毫克/升,未超过Ⅲ类标准(20毫克/升);白羊墅断面的化学需氧量年平均浓度24.1毫克/升,超过Ⅲ类标准0.20倍;晓庄、娘子关断面的年平均浓度较上年分别上升16.4%和10.4%，白羊墅断面的年平均浓度下降13.1%。

平定南川河磛石桥断面化学需氧量的年平均浓度40.9毫克/升,超标1.04倍。盂县秀水河河下断面和温河温池断面化学需氧量的年平均浓度分别为37.4和28.4毫克/升,超标0.87和0.42倍。郊区温河韩庄桥断面年平均浓度34.8毫克/升,超标0.74倍。与上年相比,南川河磛石桥断面的年平均浓度有所上升,升幅为38.2%。秀水河的河下断面平均浓度有所下降，降幅为38.2%，温河的温池断面年平均浓度无明显变化。温河韩庄桥断面的年平均浓度有所上升，升幅为17.6%。 (尚观宇)

【地下水环境质量状况】 2009年,市环境监测站对桃河沿岸的4个地下水监测点进行了监测。监测水井分别是:一级泵站和化工厂新水井、自来水13#井、电厂2#井。从监测结果看,桃河沿岸地下水除受自然地质因素影响外,同时还受到菌类不同程度的污染,在测的4个水井中菌类全部超过了国家地下水环境质量Ⅲ类标准。一级泵站、化工厂新水井、电厂2#井综合水质变化不大;自来水13#井由2008年的Ⅴ类水质变为Ⅳ类水质,水质略有所好转,但仍超过国家Ⅲ类标准。根据地下水主要污染物综合污染指数评价,全市地下水主要污染物为总大肠菌群、硫酸盐、总硬度,其污染分担率之和占80.37%。 (尚观宇)

【集中式生活饮用水源地水质状况】 阳泉城市饮用水源以集中式供水为主，主要以东水源作为取水水源。2009年监测结果统计表明,东水源的水质类别为Ⅳ类,受地质因素影响,主要超标项目为总硬度。

(尚观宇)

【声环境质量状况】 2009年,市区功能区噪声监测共布设7个点位，其中一类区2个、二类区2个、三类区2个、四类区1个。经监测,一、二、三、四类区昼间,二、三类区夜间等效声级的年均值均未超过国家标准限值。与上年相比,除三类区昼夜等效声级上升0.2个百分点外,一、二、四类区的昼夜等效声级均有所下降,降幅在0.3~0.4个百分点之间。

2009年,市、区两级环境保护监测站对市区51.03平方公里建成区面积内的200个有效监测点位的区域环境噪声进行了监测,平均等效声级为53.7dB(A),各类声环境区等效声级(昼间)均未超过《声环境质量标准》(GB3096-2008),区域声环境质量较好。

2009年，通过对市区48条主要交通干线路段进行监测,平均等效声级为66.5dB(A),低于国家标准限值（执行《声环境质量标准》GB3096-2008)。平定县政府招待所门前监测点的道路交通噪声平均等效声级69.2dB(A),低于国家标准限值，较上年等效声级上升了4.5个百分点。盂县西关桥东侧监测点的道路交通噪声平均等效声级66.5dB(A),低于国家标准限值,较上年等效声级上升了1.5个百分点。郊区政府招待所门前监测点的道路交通噪声平均等效声级64.7dB(A),低于国家标准限值,较上年等效声级下降了4.2个百分点。 (尚观宇)

财税 金融

财　政

【概况】 2009年,全市财政总收入78.09亿元,比上年增长14.61%;全市一般预算收入29.77亿元,比上年增长13.77%;一般预算支出执行48.88亿元,比上年增长20.29%。

年内,财政部门克服金融危机对财政经济运行的冲击和诸多不利影响,进一步增加科学理财、精细理财的主动性、积极性,提高在不同环境下理财的应变能力,在加强收支管理,推动财政良性运行和发展方面迈出坚实的步伐。一是通过寻找财政收入增长点,狠挖潜力、优化结构,加强收入征管,实现了财政收入的持续平稳增长。二是加强财政管理,优化支出结构,落实和体现促增长、调结构、扩内需、保民生的精神和要求,使财政资金安排更加科学合理,预算执行取得了预期效果。三是加强财政综合管理,全面提高理财水平。积极推进部门预算的科学化和精细化管理,及时掌握和分析各部门预算执行进度和项目绩效情况,从严审核各项费用,有效节约了财政资金。四是认真开展党风廉政建设和政风行风建设,大力推进财政体制机制创新,努力构建教育、制度、监督并重的惩治和预防腐败体系,将财政部门建设成了上级放心、部门信任、群众满意、社会认可的政府机关。通过上述努力,从根本上保证了财政中心任务的圆满完成,为全市社会稳定和经济繁荣作出了积极贡献。 （王　谦）

2009年度一般预算收支决算总表

表15-1 单位:万元

一般预算收入		一般预算支出	
科目名称	决算数	科目名称	决算数
税收收入	242601	一般公共服务	81607
增值税	72425	国防	1635
营业税	47822	公共安全	34840
企业所得税	33296	教育	105868
个人所得税	10103	科学技术	6163
资源税	16003	文化体育与传媒	8273
城市维护建设税	27743	社会保障和就业	73988
房产税	9269	医疗卫生	35222
印花税	7226	环境保护	22918
城镇土地使用税	11853	城乡社区事务	49806
土地增值税	439	农林水事务	27998
车船税	2060	交通运输	12237
耕地占用税	1023	采掘电力信息等事务	7716
契税	3339	粮油物资储备管理等事务	6383
非税收入	55139	金融监管支出	554
专项收入	27702	地震灾后恢复重建支出	2617
行政事业性收费收入	15187	国债还本付息支出	645
罚没收入	8480	其他支出	10305
国有资本经营收入	-5074		
国有资源(资产)有偿使用收入	2565		
其他收入	6279		
本年收入合计	297740	本年支出合计	488775

（王　谦）

【2009年全市财政总收入创历史新高】 2009年，阳泉市财政总收入完成78.09亿元，为年度预算的105.36%，超收3.97亿元，比上年增长14.61%，增收9.95亿元，增长水平比全省平均水平高13.33个百分点，在全省各市中排第二位，实现了超预算、超上年、超全省平均水平的飞跃。其中一般预算收入完成29.77亿元，为年度预算的105.24%，超收1.48亿元，比上年增长13.77%，增收3.60亿元。一般预算收入增长水平比全省平均水平高6个百分点。

分部门看，国税收入完成44.97亿元，为年度预算的105.51%，比上年增长15.04%，增收5.88亿元；地税收入完成27.61亿元，为年度预算的105.61%，比上年增长15.02%，增收3.60亿元；财政系统组织收入5.51亿元，为年度预算的102.86%，比上年增长9.39%，增收0.47亿元。

分级次完成情况看，阳泉市本级财政总收入完成41.58亿元，为年度预算的113.47%，比上年增长24.48%，增收8.18亿元；平定县完成6.22亿元，为年度预算的75.46%，比上年下降22.39%，减收1.79亿元；盂县完成15.05亿元，为年度预算的102.36%，比上年增长13.37%，增收1.78亿元；郊区完成6.66亿元，为年度预算的100.73%，比上年增长9.88%，增收0.59亿元；城区完成3.78亿元，为年度预算的100.41%，比上年增长7.75%，增收0.27亿元；矿区完成3.36亿元，为年度预算的114.65%，比上年增长23.23%，增收0.63亿元；开发区完成1.45亿元，为年度预算的117.32%，比上年增长25.30%，增收0.29亿元。

总结2009年全市财政收入组织工作，主要是通过“三项突破”，完成了“规模跨越”。一是在大气候经济形势比较困难的情况下，通过寻找财政收入增长点，狠挖潜力、优化结构，实现财政收入增长的突破。到11月底，全市规模以上工业增加值比上年同期下降0.8%，而全市财政总收入同期增幅高达17.52%。二是加大抓收入的工作力度，千方百计应收尽收，财政收入增长幅度在全省各市中遥遥领先。三是一年中两次刷新财政总收入单月入库历史记录，为全年收入任务的完成奠定了坚实基础。

（王　谦）

【廉政教育】 2009年，市财政局在廉政教育中注重“四个结合”，努力创新廉政教育的方式方法，收到良好效果。一是教育载体创新与教育形式创新相结合。充分利用现代信息技术，运用网络、电教、影视等载体，采用版面、声像、图文、网站等形式，开展立体式、全方位、多视角的教育，增强了教育的渗透力。二是经常性教育与突击性教育相结合。将党风廉政教育列入党员教育计划和党组理论学习中心组学习计划，以上党课、支部学习会、中心组学习、专题讲座等形式开展经常性教育。同时，抓住重大节假日这一时机，提前开展突击性教育，防范“假日腐败”；在干部任前开展谈话，实行早提醒，防范“职务腐败”。三是正面示范教育与反面警示教育相结合。运用廉洁奉公、勤政为民的先进典型，开展正面示范教育。采取案例剖析等形式，进行反面警示教育，增强警示告诫作用和效果。四是党风廉政教育与财政职业道德教育相结合。大力开展职业道德教育、依法行政教育，重在营造以廉为安、以廉为荣、以廉为美、以廉为乐的廉政文化氛围，增强了干部爱岗敬业的精神和依法理财的自觉性。（王　谦）

【小额担保机构整合工作】 2009年10月，阳泉市采取多种办法对国有控股及参股的信用担保机构进行了整合。(一)市财政局委托中介机构，对国有控股及参股的担保机构进行审计评估，摸清底数。(二)对政策性担保机构进行整合。把市级国有控股及参股的担保机构方舟担保有限责任公司整合为法人机构，集中资源，做大做强；并按照公司制的要求，完善法人治理结构。县区担保机构仍由各县区注资运行，与方舟公司实行联保机制。(三)原公司多元担保的贷款风险仍由其注册资本承担；在原公司开支的职工一律参加招聘考试，重新录用，离退休人员仍留在原主管部门，人事关系不变。(四)建立资本金扩充机制和风险控制机制。(五)强化银企合作，支持信用担保机构与金融机构互利合作，合理确定风险承担比例。(六)加强与省、市、县区中小企业担保机构的业务合作，实行联保、互保、共保、再担保，增强担保实力，分散风险。

（王　谦）

【《阳泉市义务教育经费保障机制改革和中小学校舍安全工程文件汇编》】 为更好地推进义务教育经费保障机制改革和中小学校舍安全工程建设，便于各级政府部门、中小学校了解有关政策法规，市财政局、市教育局编印了《阳泉市义务教育经费保障机制改革和中小学校舍安全工程文件汇编》，编入2006年至2009年4月底有关会议材料和政策文件68篇，分为领导讲话、政策文件、经费文件和法律法规4个部分，涵盖了义务教育经费保障机制改革和中小学校舍安全工程的所有政策规定。

（王　谦）

【全市教育系统财会知识培训】 为适应义务教育经费保障机制改革的需要，进一步规范基层教育财务管理工作，2009年5月，市财政局、教育局联合用一周时间，对全市400余名中小学财务工作人员和校长进行培训。培训内容包括会计基础工作规范、会计档案管理、中小学财务会计准则、中小学会计制度、部门预算、基建会计实务、义务教育经费保障机制政策解读等。（王　谦）

【雪灾救助】 2009年11月9～11日，阳泉市暴雪成灾，农业受损尤为严重。灾害发生后，市财政局立即与有关部门共同核实灾情，制定补助办法，对受灾农户实施救助。市级财政紧急筹措并拨付600万元农业救灾专项资金，帮扶受灾农户和种养基地恢复生产。对在雪灾中垮塌的日光温室每亩救助5000元；同时按照省政府对死亡畜禽的补助标准，对养殖户补助肉牛1500元/头、奶牛3000元/头、猪600元/头、羊300元/只、鸡10元/只、鸭12元/只、鹅15元/只、兔子50元/只。市财政负担补助资金总额的20%，省财政负担50%，县财政负担20%，养殖户负担10%。　（王　谦）

【"家电 汽摩下乡"政策得到落实】 为了更好地落实家电下乡政策，市商务局和财政局联合下发了《阳泉市家电下乡工作实施方案》和《阳泉市家电下乡产品财政补贴资金兑付办法》，规定农户购买人除了可以到户口所在地乡镇财政所申请补贴外，在市内"天元家电"（全国家电下乡中标销售企业）购买下乡产品的农户购买人，还可现场购买，即时兑付。通过这种办法，有效促进了"家电下乡"政策的顺利实施。年内农户购置家电下乡产品25548台件，领取家电下乡财政补贴资金670万元；购置汽摩下乡车辆1851辆，领取汽摩下乡财政补贴资金59万元。家电下乡财政补贴兑付率取得全省第四的好成绩。　（王　谦）

【财政大力支持城市基础设施建设】 2009年，阳泉市城市基础设施建设重点工程较多，资金需求量大，项目建设资金严重不足。为保证项目不受资金制约，市财政部门实地调查，及时掌握工程进度，了解资金需求状况，合理调度预算内外资金，按进度及时拨付。全年共拨付资金41953万元。其中，桃河公园亮化绿化、四个小游园建设、儿童公园、南山公园综合改造、市区公共绿地景观提升工程等创建国家级园林城市项目支出7117万元；新建、改建水冲式公厕、垃圾中转站建设、粪便处理场等创建国家级卫生城市项目支出1202万元；廉租房建设工程、热源管网建设项目、深圳街扩宽、再生水利用工程、义井河安置房回购等市政重点工程支出2.06亿元；归还国债及法国政府借款、国家开发银行及工商银行还本付息2554万元；用于城市规划，桃河管护、污水处理厂运行、道路日常维护、街道清洁等维护运行支出10456万元。财政资金的及时到位，确保了创建国家级园林城市、卫生城市和热源建设工程、路网工程等城市公用设施建设及日常管理维护的顺利实施。　（王　谦）

【农村财会人员培训】 2009年，市县两级由财政局领导挂帅，分别成立了农村财会人员培训工作协调领导组，明确了分工，落实了责任，保证了农村财会人员培训工作的有序开展。市会计函授学校积极参与农村财会人员培训工作的组织规划、教材修订、制度管理、职能划分等工作。同时根据实际情况，制定了农村财会人员培训经费管理办法，从财政局相关科室选择具有丰富"三农"工作经验的科长、股长和教师任教，还深入村镇一线进行教学。截至10月底，全市农业县区均举办了3期培训班，共培训农村财会人员1277人；其中平定县418人，盂县593人，郊区266人，超额完成了培训计划。　（王　谦）

【压缩"三公"支出】 根据中共中央办公厅、国务院办公厅《关于党政机关厉行节约若干问题的通知》要求，结合2009年市级部门预算草案编制工作，市财政局按部门、单位逐户逐项核定压缩"三公"支出（因公出国出境、公务用车、公务接待）和市级党政机关节电、节油、节水指标。同时加强了相关的管理工作：一是按照科学化、精细化要求，继续深化预算管理改革；二是落实责任，全面推进，提高预算执行的均衡性和效率；三是创新支出管理方法，为厉行节约提供制度支撑；四是全面推进党政机关国有资产管理工作，明确责任主体，夯实财务管理的基础。　（王　谦）

【会计核算中心开展财务联系人专业培训】 针对各单位财务联系人会计专业知识欠缺等问题，市财政局会计核算中心在2009年开展了一系列专业培训。一是对新上岗的财务联系人进行培训。培训包括报账业务、行政事业单位会计制度、政府收支分类科目使用、固定资产管理、往来款核销、报表分析、会计资料归档保管七个方面的内容，培训采用互动的教学方式，注重会计实务操作。培训中学员可以就工作中遇到的问题进行询问，授课人员对提出的问题一一给予解答，取得良好效果。二是在9月份首次与厦门国家会计学院联合举办了财政财会知识培训班，70余家集中核算单位的财务主管和联系人参加了培训，聆听了国家前沿会计理论家刘用铨博士讲授的"财政集中管理与预算会计改革"、邓建平博士讲授的"金融战略与大国崛起"等学术报告。上述培训对提升各单位的财务管理水平起到积极的推动作用，同时也是会计核算中心创新服务方式的有益尝试。　（王　谦）

【对销售再生资源缴纳的增值税先征后退】 根据国家政策，阳泉市从2009年起，在一定期限内对符合条件的增值税一般纳税人销售再生资源缴纳的增值税实行先征后退政策。通过摸底、审核，当年全市有17户企业符合相关条件。市财政部门按要求将其相关退税资料上报省财政厅和财政部驻山西省财政监察专员办事处，共计上报缴纳增值税489万元，按70%退付增值税金额342万元。　（王　谦）

税　务

国家税务

【概况】 2009年，阳泉市国税系统坚持细管理、重落实、严要求，夯实基础,强化服务,巩固创新,求真务实、锐意进取,各项工作取得了新的成绩。深入学习实践科学发展观活动圆满完成,取得了预期效果;加强教育,构建和谐,干部队伍整体素质进一步提高;健全机制,强化监督,党风廉政建设不断深化;注重节约,科学管理,机关行政事务逐步规范;国税收入实现平稳较快增长,为地方经济社会发展提供了有力保障。全年国税收入累计完成488175万元,比上年同期增长21.71%,增收87063万元,完成年度计划的112.69%,圆满实现全年计划目标。

(王建业)

【确保税收收入持续平稳增长】 2009年,针对金融危机对经济税源的严重影响,全市国税系统进一步统一思想,强化监控分析,突出抓好专业化管理,实现了税收收入的持续平稳增长。一是加强对组织收入工作的督查指导。年初同基层一把手签订了"目标责任书",进一步明确了局领导和科室包点包片制度。严格税收计划完成情况考核,加大对收入进度的跟踪监控和督查力度,确保收入计划真正落到实处。二是强化重点税源控管。建立完善了煤炭和耐火行业纳税评估模型,切实提高了纳税评估的针对性和准确性,增加税款3742万元。重点加强了对停产半停产企业的管理,针对税源实际,采取了加强日常巡查巡管、加强发票管理等8项措施。扩大税源监控范围,市级重点税源监控企业达到268户,收入比重达本级收入的85.1%。三是加强经济税收分析预警。充分掌握企业的生产经营情况、变化趋势、影响税负和税收收入的各种因素,深入开展税收分析。全年共召开专题分析会60余次,提出针对性的建议30余条,对9个重点行业的26户企业提出了预警,进一步增强了组织收入工作的主动性和预见性。四是大力清缴欠税。对欠缴税款的纳税人实行分档监控、分类清缴,对欠税50万元以上的企业按月进行跟踪督查。坚持"定计划、定人员、定期限、定措施"的清欠方法,将欠税清缴纳入目标责任制考核,明确职责,严格考核,全力压缩陈欠,坚决杜绝新欠。2009年,全市国税系统共清理陈欠836万元。

(王建业)

【依法治税】 2009年,市国税系统坚持内外兼治、重在治内的指导方针,强化执法监督,规范执法行为,大力整顿税收秩序,不断推进依法治税。一是严格审核把关,严格执法过错责任追究制,发挥税收执法管理信息系统的作用,执法正确率稳步提高。二是推行税收工作日常提醒制度,促进了执法行为的进一步规范。三是开展税收专项督察审计。针对自查、重点检查和省局检查中发现的7个方面18项问题,召开专题会议,深刻剖析原因,明确整改要求,对相关责任人进行批评教育、责令作出书面检查、予以通报批评和经济惩戒处理。四是充分发挥执法监督员的积极作用,确保执法监督落到实处。五是严格落实国家税务总局《规范性文件管理办法》,严把规范性文件"出口关",在规范性文件出台前,由法规部门进行审核。六是根据国家税务总局有关文件精神,深入基层开展调查研究,及时反馈现行税收政策执行中存在的问题,全年共上报反馈报告7篇。2009年,市国税局顺利通过省委依法治理办公室"全省依法治理示范单位"的验收。

(王建业)

【全面落实税收政策】 2009年,市国税系统不折不扣地落实党中央、国务院一系列"保增长、扩内需、调结构"的减税政策,对促进全市经济复苏回升起到积极作用。截至12月底,通过落实增值税小规模纳税人征收率调整政策,为纳税人减轻税收负担5744万元;免征个人储蓄存款利息税2600万元;减免1.6升及以下排量车辆购置税3661万元,有力促进了全市经济的企稳回升。同时,认真贯彻落实国家各项出口退税政策,提高了出口退税工作效率。与市人民银行国库科和市外汇管理局建立了联动、协调配合机制,出口退税由每月一批办结改为随时申报、随时办理;从出口企业申报退税资料,到资金划转至其基本存款账户,由原来的至少30个工作日缩短为不超过12个工作日,提高了企业资金周转速度,为企业应对金融危机、走出困境发挥了积极作用。全年共办理出口退(免)税977万元。

(王建业)

【税收宣传】 2009年,市国税局围绕"税收·发展·民生"的宣传主题,创新形式、丰富内容,扎实有效地组织开展税收宣传。一是开展了"三问"(问计于村官、问效于纳税大户、问需于个体工商户)系列宣传活动。二是发放税法宣传资料1万余份,赠送《新税收政策读本》2000多册。三是运用多种形式,增强宣传实效。如创作了评说《税收连着你我他》;与阳泉日报社联合举办税收法律法规有奖知识竞赛;举办税收知识大赛;与各大超市合作,在购物袋上印制税收宣传口号;开展税收宣传"五进"(进社区、进学校、进机关、进厂矿、进庙会)活动等。四是突出新闻报道工作。仅在税收宣传月期间,就在新闻媒体及各级税务部门开办的宣传专栏上发表新闻稿件60余篇,向省局报送税收宣传月专刊10期。

(王建业)

【税务稽查】 2009年,市国税系统积极开展税务稽查工作,大力优化税收环境。一是按照省局部署,对大型连锁超市及电视购物企业、建筑安装业、办理出口货物退(免)税业务的重点企业、三年以上未实施稽查的重点税源企业、煤焦企业及非煤矿山企业、非居民企业共6个行业以及平定县一个重点地区进行了专项检查。二是组织开展了国家开发投资公司成员企业、重点税源企业、大型连锁超市以及银行、保险、通信、发电、石油化工5个行业的大型企业集团共198户纳税人的税收自查工作。三是加强发票协查工作,按期回复率达

100%。通过税务稽查,全年共查补税收收入9686万元。（王建业）

【完善税源管理体系】 2009年,市国税局通过完善税源管理体系,努力夯实管理基础。一是采取多种措施,完善税源"无缝隙"管理体系。制定并实施了《个体税收征收管理办法》,开展对基层征收单位的点对面、点对点督促辅导,坚持每月与工商部门进行登记信息交换和比对,加强对管户的实地巡查,强化户籍管理,最大限度杜绝漏征漏管。二是完善数据质量发布平台,按期发布各类数据,开展征管基础数据检查清理,确保综合征管软件信息数据的完整、准确和安全。三是开展税收征管基础检查,针对检查中发现的4个方面29个问题,认真进行整改。由于进一步夯实了征管基础,全年增值税、消费税和个人所得税综合申报率稳步提高到月均99.69%;入库率提高到月均98.7%;个体申报率提高到月均99.52%。

（王建业）

【税种管理】 2009年,市国税系统通过强化日常监管,进一步加强税种管理。(一)增值税管理。通过组织学习培训、开展政策咨询辅导、印制发放《新税收政策》宣传册等措施,确保各项新税收政策学习、宣传、贯彻、落实到位。组织了相关课题的专题调研,严格相关月报、季报制度,建立了增值税政策的反馈机制,促进了政策管理水平的提高。强化了对税收优惠政策企业的管理。开展了税收政策落实情况检查,查补税款2345.26万元。(二)消费税管理。全面落实成品油消费税、烟草消费税相关政策,严格征收管理。全年累计完成消费税2629万元,比上年增收2014万元,增长327.48%。(三)所得税管理。召开了企业所得税政策研讨会,并组织150余名税收管理员、大厅申报人员和430余名大中型企业财会人员参加企业所得税相关业务培训。主要针对重点"警示企业"开展评估763户次,调增应纳税所得额6767万元,评估补征税款780.2万元,全年累计入库企业所得税30043万元,比上年增长74.33%。开展了企业所得税管户清查,摸清了底数。加强亏损企业管理,亏损面大幅度降低到18.6%。开展所得税专项检查,查增应纳税所得额5201.15万元,调减亏损额4518.49万元,查补企业所得税170.62万元。(四)车辆购置税管理。通过加强宣传、完善制度、强化"一条龙"管理、改善窗口形象,不断提高车辆购置税管理水平。全年共组织入库车辆购置税12838万元,比上年下降26.98%,减收4744万元。（王建业）

【服务水平明显提高】 2009年,市国税局强化理念,完善体系,服务水平得到明显提高。一是开展了"税收服务年"活动。二是落实"一窗式"、"一站式"、"限时制"、"首问责任制"等便民服务措施,推行刷卡缴税服务方式。三是推行"税收服务质量考核评价暂行办法",构建全面绩效考核办法。四是完善"税收服务回访制度"、"税务机关与纳税人联系制度"。五是全面落实税收优惠政策。年内共计办理残疾人就业、资源综合利用等各类减免税款11330万元;办理固定资产抵扣27560万元。六是召开了全市国税系统纳税服务工作会议,为做好下一步纳税服务工作奠定了基础。（王建业）

【扎实推进煤焦领域反腐败专项斗争】 2009年,市国税局扎实推进煤焦领域反腐败专项斗争,抽调业务骨干组成12个专项检查组,重点对煤焦企业和非煤矿山企业开展专项稽查,集中清理整治企业偷逃税问题。年内共查结52户企业,查补税收收入301万元。同时,对煤焦领域反腐败专项斗争工作进行了"回头看",对重点岗位、关键环节人员进行了重新申报,没有发现税务干部入股办矿,利用职权为配偶、子女、亲属和特定关系人谋取私利等问题。（王建业）

地方税务

【概况】 2009年,面对国际金融危机的严重冲击,全市各级地税部门努力挖掘潜力,不断强化征管,积极寻找和培育新的税收增长点,努力克服金融危机对组织收入造成的冲击,保持了收入的持续稳定增长。全年共组织各项收入459575万元,比上年增长13.48%,增收54608万元。其中:各项税收276066万元,比上年增长15.02%,增收36052万元;各项规费基金收入183509万元,比上年增长11.25%,增收18556万元,其中煤炭可持续发展基金完成150013万元,比上年增长12.66%,增收16853万元。

（史庆生　黄晓琳）

【税源监控】 2009年,市地税部门进一步强化税源监控。一是5月份在全市组织开展了税源大调查,重点是全市640户重点纳税企业的生产经营和纳税情况。此次调查涵盖了地税负责征收的全部税种和费种的收入指标,摸清了税源底数,找准了工作的着力点,提出了保持税收可持续增长的应对措施。二是突出抓好对重点行业、重点工程、重点企业、重点税种的"四重监控"。主动与市发改委联系,组织开展了重大建设项目税收管理情况摸底调查,及时掌握各项工程的立项、开工、投资、进度情况,跟进管理。通过强化重点税源监控,确保了主体收入及时足额入库。（史庆生　黄晓琳）

【煤炭企业税费征管】 2009年,全省煤炭资源整合深入推进。市地税部门密切关注煤炭资源整合进程和它给税费征管所带来的影响,采取一系列措施,认真做好煤炭资源整合过程中的税费征收工作。一是跟踪煤炭资源整合进程,组织开展了专题调查,进一步澄清了管户和税源底数。二是主动与政府有关部门沟通,建立了联席会议制度,及时掌握资源整合工作动态,主动解决企业兼并重组中遇到的税收政策和税收管理问题。三是强化税费征收管理,及时清缴。努力做到服务到位、管理到位、税收不丢,防止了税收流失。四是强化煤炭企业各项规费基金特别是煤炭可持续发展基金的征收管理。继续严格实行“一把手工程”、“一票否决”和基金税收“同征、同管、同查、同考核”的“一体化管理”,突出抓住管户管理、产量核定、票据管理、申报审核、查验补征和稽查检查等重点部位和关键环节,严格、依法、全面开展基金的征收、管理、稽查检查。2009年,全市煤炭地方税收完成147459万元,比上年增长29.38%,占全市地方税收比重达53.41%。煤炭税(费)收入保持了稳定的增长,成为全市地方税收增收的重要来源。(史庆生 黄晓琳)

【强化税种管理】 2009年,市地税部门大力强化税种管理,抓好各项税收政策落实:(一)贯彻落实新企业所得税法及相关配套政策,全面完成了企业所得税汇算清缴,保持了企业所得税稳定增长;(二)加强个人所得税管理,强化年所得12万元个税申报管理,推进个人所得税全员全额申报和个人所得税管理系统上线扩面工作,年内有1054人办理自行纳税申报,比上年增长20.18%;(三)实施新营业税条例及实施细则,对重点税收政策的变化及时跟踪反馈;(四)加强车船税代扣代缴管理,完善与保险机构的协调机制,代收率达98%;(五)开展货物运输业自开票纳税人年审,规范货物运输业税收秩序;(六)开展土地增值税清算检查,进一步完善了基础数据;(七)开展增值税、消费税与城建税征管信息比对核实工作,查找申报异常原因,及时追缴税款入库,促进了相关各税管理;(八)推进房地产税收一体化管理,开展房地产开发项目大清查,与市房产交易中心建立了房产档案联系与备案制度,实现了土地、房屋交易信息即时传递、数据资源共享、税源实时监控。

(史庆生 黄晓琳)

【全省考评获佳绩】 在2009年省地税局首次开展的“基层税务所征管状况分析考评”中,阳泉市地税系统获佳绩。全市42个税务所中有35个受到通报表扬,被通报表扬率全省第一。其中平定县娘子关税务所的考核得分在全省800多个税务所中排名第一。在2009年全省地税系统优秀征收管理员现场网络评分选拔中,市地税局14名征收管理员全部入选,入选率为100%,再次获得全省第一;其中有2人以满分获得税收管理员考核的全省并列第一名,有3人分别获得登记人员考核的全省第一、二、三名。

(史庆生 黄晓琳)

【推进依法治税】 2009年,市地税部门积极探索信息化条件下强化执法监督的有效途径,不断推进依法治税工程。一是市地税局制订了《阳泉市地方税务局税收执法信息化考核方案》,依托综合征管软件系统,将日常考核与重点考核、内部考核与外部评议相结合,在城区地税局开展了试点。二是继续开展了“规范执法示范单位”创建活动,加强税收执法检查和评查,在各基层局开展了自查和重点检查,并对2006年以后全市地税系统税务行政复议工作开展情况进行了全面自查。三是认真贯彻落实各项税收优惠政策,加强对各类享受税收优惠政策人员和企业的资格审查工作,建立健全了相关底册和台账。通过上述各项工作,全市地税系统依法治税进一步推进。郊区地税局平坦税务所和盂县地税局直属一分局被省地税局命名为“规范执法示范单位”。市地税局被省委、省政府授予1999~2009年全省“公正执法十佳单位”称号。

(史庆生 黄晓琳)

【强化稽查检查】 2009年,市地税部门继续围绕重点行业和区域,进行税收专项检查和税收专项整治。一方面开展了对大型连锁超市及电视购物企业、建筑安装业、煤焦生产企业、营利性医疗机构及教育培训机构、三年以上未实施稽查的重点税源企业的重点检查和专项检查。另一方面,组织邮政、电力、金融等行业对近三年的纳税情况进行了认真的自查。2009年,全市共稽查纳税单位178户,查补各项收入3151万元,完成省地税局下达年稽查任务的126.81%,查补入库率达100%。 (史庆生 黄晓琳)

【推行同城通办】 2009年,市地税部门推行涉税事项同城通办,在同一县区内,纳税人可任意选择地税网点办理涉税事项,受到纳税人普遍欢迎。至年末,同城通办已覆盖70%的税务所和71%的管户。城区办税服务大厅2008年人均月开票1325份,大厅内排长队现象严重,实施同城通办后,人均月开票减少到552份,纳税人可随到随办。平定地税局有的管户原来到县城缴税,单程就有30公里,缴一次税需要一上午,实施同城通办后,纳税人就近缴税,缴一次税只需10分钟。此项管理服务措施为全省地税系统首创,得到省地税局肯定,被市政府列为2009年政府工作创新项目,国家税务总局网站进行了专门报道。

(史庆生 黄晓琳)

【优化纳税服务】 2009年,市地税部门结合实际,不断创新服务。市地税直属一分局进一步向纳税人公开了工作人员姓名、岗位、编号和税务违法行为处罚标准,按月公开纳税人的税务违法处理结果,自觉接受纳税人和社会各界的监督。市地税直属二分局和三分局针对重点行业、重点税种加大宣传力度,上门进行辅导和约谈,及时宣传税收政策。市地税直属五分局实行申报期最后一天提醒服务,避免纳税人因疏忽未申报导致的不必要损失。市地税局稽查局在抓好稽查、严格执法的同时,根据发现的问题对企业进行有针对性的政策服务。城区地税局开展了“个人‘提’诺、组织‘审’诺、签名‘定’诺、干部‘践’诺、跟踪‘问’

诺”的“五诺连环”推进服务承诺活动。郊区地税局以进一步优化办税窗口的服务为基础，不断为纳税人提供优质服务。矿区地税局结合工作实际，对实行的“一窗式”服务、文明办税公开、服务承诺、执法责任追究等制度内容进行了整合和完善。平定地税局通过推进规范化税务所和办税服务厅建设，进一步优化服务。盂县地税局在办税服务厅设置了“税收优惠纳税服务绿色通道”。开发区地税局深入推行全程服务、约谈服务，受到纳税人的欢迎。

（史庆生　黄晓琳）

金　融

银行业

【概况】 阳泉市银行业共有政策性银行、国有商业银行、股份制银行、城市商业银行、农村信用社、村镇银行及财务公司等7类14家机构，门类较为齐全，布局合理，遍布城乡。2009年，阳泉市银行业贯彻落实国家宏观调控政策，努力把“保增长、扩内需、惠民生、调结构、提质量、增活力”的各项措施落到实处，重点支持了阳五高速、石太铁路、阳煤集团氧化铝项目、南煤集团煤矸石电厂等一批重点项目的建设。至年末，全市银行业资产总额811.23亿元，负债总额796.37亿元，所有者权益14.86亿元。全市银行业金融机构本外币各项存款余额699.21亿元，比年初增长20.7%；各项贷款余额293.08亿元，比年初增长29.85%，贷款增量和增速均达到历年最高水平。金融规模继续扩大，进一步优化了金融生态环境。各银行业金融机构紧紧围绕地方经济发展思路，支持地方经济发展。在市政府召开的阳泉市“百项工程”银企洽谈会暨项目合作签字仪式上，银企双方签约项目35个，融资总额178.69亿元，有效地解决了企业融资困难。全年累计投放支农贷款78.2亿元，支持了17个种植养殖基地（园区）建设和29个县域农业产业化龙头企业，支持了39个农民专业合作社、31个供销社，带动农户6053户，创建了30个示范信用村、18个示范信用市场（街道）、3个示范企业信用共同体，累计为30余万农户提供了存款、贷款、结算等金融服务，为支持农业发展、农民致富作出积极的贡献。面对强降雪降温灾情，全市银行业机构采取有效措施，全力抗雪救灾，对遭受雪灾的中小企业和农户及时给予支持，履行社会责任。

（王　辑）

【人行阳泉中支概况】 中国人民银行阳泉市中心支行隶属于中国人民银行天津分行，有17个职能部门，130名员工，下设2个县支行。2009年，人行阳泉中支认真贯彻落实国家应对国际金融危机的宏观调控政策措施，紧紧围绕“保增长、扩内需、调结构”的主要任务，奋力拼搏，扎实工作，较好地发挥了基层人民银行的职能作用，有力地支持了地方经济平稳较快发展。　（高鑫娟）

【支持地方经济建设】 2009年，人行阳泉中支围绕市委、市政府确定的发展战略，进一步加强与地方政府及相关部门的沟通协调，通过经济金融形势分析会、市政府的相关会议，主动向政府领导汇报工作，定期向市委、市政府主要领导报送《阳泉市经济金融运行情况分析》，出台了《金融支持阳泉市扩大内需，促进经济社会全面发展的指导意见》、《关于金融支持对外贸易发展23条意见》等一系列指导意见，有效引导金融机构优化信贷结构，加大信贷投放。山西新闻联播对阳泉中支落实科学发展观，支持地方经济发展进行了报道。　（高鑫娟）

【拓展政银企合作交流平台】 4月29日，人行阳泉中支与市经委联合召开了“阳泉市2009年工业重点项目推介会”，共同签署了“关于进一步推进银企合作，加强银行业与工业项目支持框架协议”，全市金融机构共与18家企业达成了总额8.59亿元的贷款意向。9月28日，与市发改委、市银监分局共同召开了2009年阳泉市“百项工程”银企洽谈会，共签订35项贷款协议，总金额达178.686亿元，创历史新高。《山西日报》二版头条对此进行了专题报道。　（高鑫娟）

【加大对中小企业的资金支持】 2009年，人行阳泉中支加大对中小企业的资金支持。一是认真执行由中支制定、政府转发的《阳泉金融支持中小企业发展26条指导意见》，引导金融机构不断创新金融产品和融资方式，加大对有市场、有订单但暂时出现经营或财务困难的中小企业的信贷支持力度，为全市经济保持平稳较快发展打下了坚实基础。二是在市政府领导下，阳泉小额贷款公司发展迅速，成效突出。至年末，全市共批准成立13家，覆盖了全市三区两县与开发区，对阳泉市金融体系形成有力补充。其贷款全部投向辖区“三农”、中小企业和个体工商户，实现了“三农”经济、中小企业、社会及其自身四赢的目标。同时，小额贷款公司实行市场化差别利率，并对农户贷款实行优惠利率，对引导民间借贷利率，抑制民间高利贷行为发挥了积极的作用。10月初，山西省政协副主席李雁红到阳泉进行调研，对此给予充分肯定。人行阳泉中支与忻州、大同中支联合选题《民间资本参与或设立融资类机构支持中小企业发展效果好》被国务院办公厅采用，王岐山副总理作了批示，并被选为总理备选调研课题。　（高鑫娟）

【加强对“三农”的信贷支持】 2009年，人行阳泉中支把巩固农村信用社改革成果，促进农村信用社与新农村建设的互动双赢作为工作重点，进一步加强对农村信用社票据后续监测考核，推进农村信用社的健康有序发展。指导制定了全市惠农工程实施方案。农村信用社在主导产业生产基地、重点龙头企业、农产品专业市场建设等方面资金投入的不断增加，推动了辖区新农村建设。（高鑫娟）

【金融支持青年就业创业】 人行阳泉中支与团市委联合召开了“阳泉市金融支持青年就业创业工作座谈会”，共同制定了《阳泉市金融支持青年就业创业实施方案》，切实解决青年创业过程中的资金瓶颈问题。《金融时报》对此进行了报道。（高鑫娟）

【着力维护金融稳定】 2009年，人行阳泉中支着力维护金融稳定。运用行内征信、反洗钱、调查统计部门的信息，积极探索重点行业监测方式方法，协助太原中支起草制定了《山西省重点行业及关联金融风险监测工作指引》和《区域金融稳定监测台账实施细则》，对维护金融体系稳定发挥了作用。人行阳泉中支加强对中小金融机构的风险监测，采取督促指导、约见谈话等方式，及时进行风险提示，切实规避风险。加大存款准备金政策执行力度，加强对辖内法人金融机构流动性监测，督促做好村镇银行存款准备金缴存。加强利率监测体系建设，注重监测利率政策调控效果，指导地方法人金融机构完善内部计结息操作规则，建立民间借贷利率监测点，切实加大对民间借贷利率的监测和引导力度。组织撰写了《区域金融稳定报告》和《区域金融运行报告》，做好货币政策实施效果的评估研究，促使货币政策传导及时、权威和有效。应阳泉电视台之邀，中支刘贵斌行长作客“关注”栏目，与阳泉经济信息中心主任和企业家代表，共同探讨金融危机起因、危害及应对之策，有效引导公众预期，提振社会信心。（高鑫娟）

【提升金融服务水平】 2009年，人行阳泉中支大力开展“央行支付，中流砥柱，关注农民，服务三农”支付清算系统宣传活动，大力改善农村支付环境，扩大支付系统、公民联网核查系统、支付信用信息查询系统在乡镇的覆盖率，城乡一体化支付结算网络基本形成。大力推行公务用卡，推广农民工银行卡特色服务业务。提高出口退税审批效率，加快出口企业资金流转。开展“反假币宣传月”和“金融知识进社区”活动，优化券别结构，建立了人民币横向调剂信息平台，积极推动银企之间开展人民币横向调剂业务。为应对暴雪影响，出台了《关于积极应对雪灾做好金融服务工作的意见》，确保了资金汇划渠道畅通和市场现金供应，开辟了救灾贷款绿色审批通道，对受灾企业视情况给予部分或全部利息减免。（高鑫娟）

【征信宣传】 2009年，人行阳泉中支积极推进“金诚”工程，全力打造社会信用数据平台。非银行信息采集面进一步扩大，实现了与银监、住房公积金管理中心、环境保护等多部门的信息共享。全面推进资信评级工作，经验在全国资信评级会议上进行了交流。积极推进阳泉市应收账款质押登记公示系统建设工作，缓解中小企业融资难的问题。建立了小额贷款公司贷款业务数据采集监测系统，为小额贷款公司数据接入征信中心奠定了基础。太原中支王小平副行长专门观看了系统演示，该系统在全省调统工作会上进行了经验交流，总行调统司听取了汇报，建议在山西省开展试点的基础上在全国推广。对农村信用体系建设进行督促指导，在全市46个农村信用社开展了农村信用体系建设。（高鑫娟）

【着力促进外向型经济发展】 2009年，人行阳泉中支结合实际，积极搭建资金融通桥梁，促进银企合作。4月份，与中行阳泉市分行联合举办了“国际结算贸易融资产品银企对接会”，对一系列为中小进出口企业量身定制的国际结算贸易融资新产品进行宣传、讲解，受到进出口企业的广泛好评。进一步强化与各涉外经济管理部门的协调沟通，积极参与各类招商引资活动，在国际资本流动规模大幅缩减的状况下，使阳泉市外商投资企业外汇资本金大量流入。以“诚信兴商”宣传月为契机，组织金融机构大力开展“规范个人外汇投资理财，严厉打击非法网络炒汇等外汇违法违规行为，维护辖区外汇市场秩序”主题宣传活动，《阳泉日报》对宣传活动进行了全方位的报道，并刊发刘贵斌行长答记者问《大力开展“诚信兴商”宣传活动，深入推进辖区外汇市场信用体系建设》。（高鑫娟）

【阳泉银监分局概况】 2009年，中国银行业监督管理委员会阳泉监管分局围绕“保增长、防风险、促稳定”的工作大局，认真贯彻适度宽松的货币政策，增强银行业抵御风险能力；持续推进科学监管，增强银行业科学发展能力；积极推进银行业改革，增强银行业核心竞争能力；切实加强案件防控，增强银行业安全发展能力；大力改进和完善金融服务，增强银行业综合服务能力。对银行业机构实施差别化监管，促使不良贷款有控有降，实现“双控”（坚决控制不良贷款余额快速反弹，把不良贷款比例有效控制在上年的水平内）“双降”（确保不良贷款余额降低，不良贷款比例较上年下降）目标。不断改进监管方式，创新监管手段，实施了案件防控、不良贷款“双控”“双降”、小企业金融服务三项中心工作领导分工责任制，完善三项中心工作目标责任体系和考评体系，有效防范和化解了金融风险，确保了辖内银行业安全稳健运行，为全市经济平稳较快发展作出贡献。（郭　英）

【强化窗口指导】 2009年，阳泉银监分局强化“窗口指导”作用，通过监管谈话、座谈会、风险提示等方式，积极引导银行业机构增强大局观念和服务意识，明确信贷投放重点，认真贯彻落实国家各项宏观调控政策和适度宽松的货币政策。支持地方经济发展。推进小企业金融服务工作，完善制度措施，出台了相关文件，设立了小企业金融服务机构。协助市政府组织召开了阳泉市“百项工程”银企洽谈会暨项目合作签字仪式。通过创办《中小企业金融服务情况专报》，加强信息沟通。强化政策引导，切实加大信贷支农力度。履行社会责任，积极应对冰雪灾害。督促全市银行业机构采取有效措施，全力抗雪救灾，做好防灾、抗灾工作，确保辖内银行业安全运行。

（郭　英）

【案防能力得到提升】 2009年，阳泉银监分局结合辖区实际，采取多项措施，深化全市银行业金融机构案件防控工作，案防能力得到新的提升。一是开展“制度执行年”活动和创建“案件防控达标银行”活动。二是构建内部案件防控机制、监管督导机制、社会协调机制“三位一体”的案件治理防控工作机制，确保各部门及时协调联动。三是组织了银行业案件防控警示教育活动，举办了“银行业反腐倡廉警示教育展览”活动，辖内银行业机构重要岗位人员1200余人次参加了活动。四是逐步建立起一套较为有效的内部控制与管理机制，防控意识和主动性明显增强，有效降低了操作风险。工商银行阳泉分行和建设银行阳泉分行成功堵截了6起利用ATM机具作案的案件和2起利用假存单作案的案件，阳泉市商业银行成功堵截了1起利用假银行承兑汇票进行诈骗的案件，平定监管办成功处置了1起冒名诈骗的案件。全年银行业实现“零”案件。　（郭　英）

【强化风险管控】 2009年，阳泉银监分局采取多种措施，强化风险管控。一是坚决防止“不良贷款”反弹。严格落实责任，逐级签订不良贷款“双控”（或“双降”）责任书；严格控制新增不良贷款；突出对重点机构不良贷款的监管。截至年末，全市银行业不良贷款余额较年初下降3968万元，不良贷款占比下降2.52个百分点。二是强化信息科技风险管控。加大检查力度，督促各金融机构把信息科技风险纳入全面风险管理体系。对阳泉市商业银行进行了现场检查，对农村信用社和村镇银行进行了重点抽查。三是坚持审慎原则，增强地方中小金融机构抵御风险的能力。四是加大处置非法集资工作力度。配合市政府开展了房地产业、农业两行业以及各县区非法集资风险排查工作，配合公安部门查处了某公司涉嫌非法集资案，切实起到打击一个、震慑一方的作用，维护了经济社会和谐稳定。

（郭　英）

【银行业改革与服务创新】 2009年，阳泉银监分局坚持统筹规划，实施分类指导，银行业改革与服务创新取得新成效。一是助推大型银行改革向纵深发展，引导推动农行分支机构股份制改革，支持农行“三农”金融事业部制改革和惠农卡的发行，促进农行加强服务“三农”功能。二是推动邮政储蓄银行改革，充分发挥其网络服务优势。跟踪农业发展银行改革推进情况，加大政策传递和窗口指导力度。三是支持非银行金融机构落户阳泉，优化了全市银行业金融机构的网络布局。四是深化中小金融机构改革，督促阳泉市商业银行建立健全科学的法人治理架构和风险管控机制，加快县域分支机构建设，引导督促农村信用社进一步深化管理体制改革，引导盂县汇民村镇银行坚持服务“三农”的方向和小额信贷市场的定位。五是进一步推进村镇银行试点工作，提高农村地区银行业金融机构的覆盖率。　（郭　英）

【阳泉农发行概况】 2009年，中国农业发展银行阳泉市分行认真执行国家宏观调控和“三农”工作政策，突出加强基础管理，着力信贷支农工作，强化经营核算意识，加大新业务拓展力度，努力构建和谐银行，全行各项工作实现又好又快发展。信贷资金持续稳定健康运行，有效地支持了全市粮油购销储各项业务发展，在农村经济发展和新农村建设中发挥了政策性职能作用。至年末，贷款总额53389万元，其中政策性粮油储备、调控贷款18637万元，准政策性粮食收购贷款180万元，产业化龙头企业、农业小企业以及流转粮食等商业性短期贷款6310万元，商业性中长期农村基础设施贷款12920万元，仓储设施贷款285万元，各类挂账占用贷款15057万元。各项存款余额49888万元，其中企事业单位存款17462万元，专项存款2426万元，同业存款30000万元。

按照总、分行统一安排部署，从2009年4月起，农发行阳泉市分行组织开展了“遵章守纪，合规经营”活动。重点加强各类管理制度和业务操作规程的落实，突出加强重点环节管控和重要环节、重点岗位及其工作人员排查；通过不断完善内控机制，为每位干部职工设立“违规记分台账”，对每一个操作环节出现的违规行为按人进行登记管理；聘请23名行风监督员，加大了外部监督力度，形成了全员齐抓共管氛围，有效地堵塞了漏洞，提升了合规和合法的经营管理水平。

年内，农发行阳泉市分行按照信贷政策，选择由省、市、县三级财政共同投资的省重点水利工程盂县龙华口水电站建设项目作为营销对象，开展贷款调查和审查，协助企业完善贷款资料并上报省分行审批。8月5日，向该项目发放农村基础设施建设八年期贷款8270万元，有力地支持了该项目的顺利实施。

（翟瑞光）

【阳泉工行概况】 中国工商银行阳泉分行主要担负着全市工商企事业单位的存款、贷款、结算、票据贴现、外汇及各项代理业务和百万城镇居民的储蓄业务，在阳泉市经济建设中起着重要作用。2009年，阳泉工行各项工作取得累累硕果。稳步推进行务公开工作，进一步加强民主管理。深入开展全员培训，全年累计组织各类培训49期、1904人次，提高了全行员工岗位服务和履职能力。获得“全国精神文明建设工作先进单位”、“全国企业文化建设先进单位”、国家级“职工书屋”等荣誉。

赢利情况　2009年，阳泉工行经营效益再创新高。截至年末，实现拨备前利润27262万元，比上年增盈5732万元，完成全年任务的112.59%。实现账面利润27397万元，比上年增盈3121万元。

贷款业务　阳泉工行贷款投放审慎稳健。截至年末，各项贷款余额52.4亿元，贷款利息收入3.19亿元。进一步加大对公路、电力、煤炭、城建等优势项目的支持力度，全年公司贷款净增8.77亿元，较上年同期增加3.16亿元，增幅56.37%。积极支持小企业发展，全年中小企业贷款净增5559万元，完成全年任务的111.18%。不断丰富个人信贷业务品种，推动了个人信贷业务的快速发展，全年个人贷款净增6274万元，较上年同期净增1396万元，增幅349.43%。年内，阳泉工行采取了有效的风险防控措施，全年清收转化不良贷款580万元，不良贷款余额占比0.5%。

存款业务　2009年，阳泉工行各项存款稳定增长。截至年末，人民币各项存款时点余额152.91亿元，各项存款时点净增3.67亿元，完成全年任务的168.47%。其中，储蓄、机构和公司时点分别较年初增加9.94亿元、6.04亿元、20.62亿元，完成全年任务的91.91%、241.72%和245.21%。银行类理财产品销售近百亿。其中，法人理财产品销售65.67亿元，完成全年任务的273.63%；个人理财产品销售34.32亿元，完成全年任务的159.58%。

中间业务　2009年，阳泉工行中间业务快速发展。截至年末，实现中间业务收入5188万元，较上年同期增加925万元。中间业务收入占营业总收入的比重为8.02%，较上年同期上升0.71个百分点。认真开展“服务品质提升年”活动，持续改进客户服务，加快网点装修改造步伐，建成1个财富管理中心，3个贵宾理财中心，2个离行式自助网点，进一步拓展了服务渠道。

内控管理　阳泉工行内控管理日趋严密。扎实开展内控评价工作，构建了良好的内控文化环境。在省分行年内组织的内控评价中，内控过程评价为一级。扎实开展“纠违规、促内控、防案件百日集中教育整治活动”，检查发现问题565个，整改率达到94.69%，追究责任人144人次。认真落实省分行经营管理“十条禁令”，深入开展集中警示教育活动，加大员工不良行为动态排查力度，严肃查处了员工自办业务、屡查屡犯等问题。全年未发生重大责任事故和经济案件。

企业文化　年内，阳泉工行荣获“全国精神文明建设工作先进单位”、“全国企业文化建设先进单位”、国家级“职工书屋”等荣誉，行建行评工作名列全市公共服务业第一名。运用多种载体开展文明单位创建活动，组织了形式多样的文体活动，增强了员工的责任感和归属感。制定了年度全员培训计划，深入开展全员培训，全年累计组织各类培训49期、1904人次，提高了全行员工岗位服务和履职能力。召开了第四届职工代表大会第二次会议，稳步推进行务公开工作，进一步加强了民主管理。（贾志强）

【阳泉农行概况】　2009年，中国农业银行股份有限公司阳泉分行各项业务实现又好又快发展，多项指标在省分行综合绩效考核中名列前茅，主要指标创建行30年来最好水平。

存款　全年全行各项存款（含同业）余额93.46亿元，较年初净增20.85亿元，较上年同期多增8.26亿元。其中储蓄存款余额63.30亿元，较年初净增8.98亿元；对公存款余额27.26亿元，较年初净增9.11亿元，较上年同期多增7.73亿元；人民币同业存款余额2.9亿元，较年初净增2.76亿元，较上年同期多增4.2亿元。

贷款　全年全行各项贷款余额32.46亿元，较年初净增6.26亿元，增幅为23.88%。新增贷款主要是阳煤集团新增短期流资贷款3亿元；山西远鑫实业公司新增流资贷款7610万元；山西华通瑞盛种植有限公司新增流资贷款800万元；阳五高速公路项目银团贷款2.7亿元。余额存贷比为35.84%，比年初下降0.3个百分点，高出全省平均水平10.11个百分点。

“三农”业务　全年全行共发放惠农卡102814张；激活100564张，激活率97.81%，发卡量和激活率在全省均排名第二。发放农户小额贷款1179万元。为山西瑞盛种植有限公司、盂县玛丽商贸有限公司、盂县供热公司、郊区昌达搅拌站等一批涉农优良中小企业发放贷款2900万元。

中间业务　全年全行实现中间业务收入2038万元。其中银行卡收入952万元，电子银行业务收入127万元，代理基金收入231万元，投行业务收入76万元，代理保险手续费收入270万元。

不良贷款　全年全行清收自营不良贷款7100万元，完成省分行下达计划的1009.97%，全省排名第一。其中一次性清收阳泉宏大公路有限公司不良贷款本息2205万元，保证了对省分行党委不欠息承诺的兑现，提高了对利润的直接贡献率。委托资产处置完成951万元，完成省分行下达计划的105.64%，全省排名第四。

经营效益　全年全行实现拨备前利润1.27亿元，较上年同期增盈488万元，完成省分行全年计划7356万元的172.23%。（李文彬）

【阳泉中行概况】　2009年，中国银行股份有限公司阳泉市分行认真落实总、分行发展战略和“扩规模、调结构、做品牌、练内功、降成本、上水平”十八字工作方针，抢抓市场机遇，加快业务发展，加强风险内控，强化精细管理，改善资产质量，消化历史问题，实现了存款、贷款、中间业务等主要业务的持续、稳定、健康发展。

经营概况　截至年末，本外币资产总额86.39亿元，较年初增加16.84亿元，增幅24.22%。人民币各项贷款余额为31.21亿元，较年初增加1.68亿元，增长5.7%。本外币负债总额为85.31亿元，较年初增加16.83亿元，增幅24.58%。人民币各项存款余额83.64亿元，较年初增加16.88亿元，增长25.28%。本外币股东权益合计10794.17万元，较上年同期上升135.71万元，增幅1.27%。各项经营净收入19935万元，较上年同期增加1439万元；税后利润为8683万元，较上年同期增加136万元。全年风险管理水平进一步提高，实现了2009年零案件平安年目标。

公司金融业务　年内继续实施重点大型优质客户与中小企业客户协调发展战略，积极优化客户结构与行业结构，不断完善重点客户营销服务体系，努力提高公司金融核心竞争力。

公司存款规模持续扩大。截至年末，人民币公司存款余额为375537万元，较年初增加106065万元，增长39.36%。

继续调整贷款结构。积极贯彻落实国家扩大内需、促进经济增长政策，加大对阳泉市2009年拉动内需所上重点工程、基础设施建设、民生工程等重点领域和重点行业的信贷支持力度，为“百项工程”遴选的优质项目设立“绿色通道”，简化审批环节，最大限度地提高审批效率，公司贷款业务稳步增长。不良贷款占比1.33%，较年初下降2.36个百分点，授信资产质量创历年来最好成绩。

国际结算及贸易融资业务。为中国银行传统优势业务。2009年，中国银行阳泉市分行努力克服国际金融危机影响，深化“主动服务”，开展“走访企业，排忧解难”活动，举办2009年国际结算产品推介会，开展贸易融资业务产品“一对一”上门培训，千方百计帮助受金融危机影响较大的进出口企业解决融资难的问题，并有效规避业务风险，全年累计办理国际结算业务5163.86万美元。

个人金融业务　加快网点转型，提高网点综合效能，建立面向市场、以客户为中心的服务模式，提升特色产品影响力，为个人客户提供全面的金融服务。

完善考核激励机制，促进储蓄存款持续稳定增长。积极开展全员营销活动，完善相关考核办法，在全辖开展了“首季开门红”竞赛活动、“下决心、鼓干劲、上份额、促发展”业务竞赛活动、“秋季基础客户定向营销活动”等各种竞赛活动，大力吸收储蓄存款。截至年末，人民币储蓄存款余额为459159万元，较年初增加61222万元；外币储蓄存款余额为620万美元，较年初增加4万美元。

加快网点改造与转型建设，逐步完善网点服务功能。按照2008年～2010年三年网点装修改造规划，2009年加快了网点建设工作步伐，加大了网点租赁、装修、硬件设施等财务资源的投入力度，继上年装修改造市区支行及两县支行5个网点后，年内又对市分行营业部、市辖青年路分理处、开发区分理处、四矿分理处、南山分理处、车站分理处6个网点进行了标准化改造。改造后的网点统一设置业务洽谈区、客户休息区等，统一配备叫号机、ATM取款机等，统一实行综合柜员制，大力推进业务流程整合工作，使布局更合理，服务功能更全面，解决了客户反映较多的排队等候时间长、自动柜员机不足等问题。

积极储备项目，努力保持个人金融贷款领先地位。积极发展有市场销售潜力和影响力的房地产项目，加大对已达成合作意向的房地产项目的跟进和营销力度，继续保持了中行个人住房贷款的领先地位。同时，与汽车经销商签订战略合作实施协议，积极办理个人营运车辆贷款和个人工程车辆贷款业务，年内为129个客户成功办理了出租车营运权证质押贷款。

大力拓展个人中间业务新产品。个人理财、代理保险、个人黄金成为个人金融中间业务新的收入增长点。通过进一步细分客户差异性需求，完善银行卡网上支付和网银还款功能，并通过完善设备的更换和安装，有效改善持卡人的用卡环境，使银行卡、代理保险等中间业务产品保持了良好的发展势头。截至12月末，共发展新商户35户，商户收单交易额3545.23万元，较上年同期增加2275万元；共代售保险产品4468万元，实现代理保险手续费收入128.69万元。全年实现中间业务净收入1433.81万元，比上年增加22.47万元，增幅1.59%。

（王跃卿）

【阳泉建行概况】 2009年，中国建设银行股份有限公司阳泉分行以科学发展观为统领，坚持改革创新、文化引路的发展思路，强化市场竞争分析，优化结构调整，加快业务转型，夯实管理基础，强化风险控制，实现了全行各项工作又快又好地发展，对支持地方经济发展作出了应有的努力。

经营概况　负债业务。至年末，全口径存款余额达103亿元，较年初新增23.16亿元。个人存款当年新增11.32亿元，创历史最好水平；企业存款时点余额50.34亿元，当年新增12.69亿元。资产业务。2009年，阳泉分行认真贯彻落实国家的宏观调控政策和金融监管要求，加大了信贷投放对经济发展的支持力度。至年末，各项贷款余额达50.71亿元，新增18.47亿元，新增占比54.39%。其中，对公非贴现贷款新增16.24亿元；全年累计办理票据贴现9.66亿元；个人贷款当年累计发放1.42亿元，余额达到2.56亿元，较年初新增9429万元。资产质量。累计回收公司类不良贷款本金442万元，回收个人类不良贷款61万元，不良贷款余额1297.38万元，不良贷款率0.26%，不良贷款两项指标实现双降，资产质量在系统内和区域同业中均位居第一。经营效益。全年实现营业收入25013.60万元，实现中间业务收入2854万元，实现税前账面利润14008.16万元。

风险防范　一是加强信贷管理。严把贷前的业务核准关，确保风险管理关口前移；加大评级覆盖，评级率达100%；加强了对正常四级、关注类、不良类贷款的分类重检以及关键时点监测，有效防止了资产质量下滑。二是加强主动风险管理。一方面建立了风险矩阵管理体系，提高了关键风险点的监控检查频度和深度；另一方面细化防控措施，加强了各类应急演练。三是加强合规管理。深入开展了“制度落实年”等系列活动，坚持警示教育，加强效能监察，全年积分176人次，积分累计263分。加大各类检查、审计问题整改，全年整改率达到98.39%，是全省无整改问题的二级行之一。四是加强平安建行创建。全面落实国庆等年度内重要时段的安全防控，实现了全年未发生任何案件和事故的目标。并有效制止了针对建行自助设备的两起案件。

机构改革　2009年，建行阳泉分行作为全省试点，在认真学习总结他行经验、取得员工理解和支持的基础上，于6月完成了机构调整，人员部署到位。改革后，管理部门由18个压缩至10个，经营中心由1个增加至6个，从事经营的主体单位达到25个。全行客户经理增加至66人，较改革前增加38人，全行经营层面人员占比达41.77%，较改革前增加了13.49%。对全辖网点实行了扁平化管理，成立了网管中心，对4大类32项重点事项实行后台集中管理。不仅符合总行战略导向，与“以客户为中心”经营理念相吻合，而且达到了“突出经营为中心、体现专业为核心；优化管理流程，改进内部服务；人往前走，事往后走”的目的。　（齐建萍）

【阳泉市商业银行概况】　2009年，阳泉市商业银行秉持“诚信经营，构建和谐再辉煌；创新品牌，稳健求胜促发展”的企业宗旨，求真务实，拼搏进取，取得良好业绩，被阳泉市企业家联合会、阳泉市企业家协会评为2009年度“阳泉企业50强”，并授予“优秀企业”称号。2009年全年实现利润8177万元，各项指标完成情况良好。

资产总额达到422204万元，较年初422739万元减少535万元，募集股金9036万元。资本总额达到54378万元，较年初41009万元净增13369万元，增长33%；注册资本金33397万元。

各项存款余额339718万元，较年初净增149万元，增长0.04%。其中对公存款余额232454万元，占各项存款余额的68%，较年初减少11030万元，降低4.5%。储蓄存款余额107266万元，占各项存款余额的32%，较年初净增11180万元，增长12%。

各项贷款余额232513万元，较年初净增21732万元，增长10.3%。存贷比例68%；表外授信业务银行承兑汇票余额92512.4万元，较年初增加22969.4万元。（马志庆）

【农村信用社概况】　2009年，全市农村信用社认真贯彻落实“保增长、调结构、促发展”宏观调控政策，坚持规模、质量、效益相协调的经营理念，坚持服务“三农”不动摇，助推中小企业不松劲，狠抓服务营销不懈怠，内部管理日趋规范，风险防控能力进一步增强，经营管理水平有效提升，自身业务实现平稳、较快发展，有力地促进了地方经济回升向好。

截至年末，全市农村信用社各项存款余额146.1亿元，较年初增加25.7亿元，增长21.31%，名列全省第三；各项贷款余额82.3亿元，较年初增加17.9亿元，增长27.91%。按照五级分类口径，不良贷款余额为14.8亿元，较年初净压3.8亿元；不良贷款占比为18.04%，较年初下降10.93个百分点，不良贷款绝对额净压、占比下降均名列全省第一。全年各项收入11.76亿元，经营利润4.95亿元；其中债券投资收入2.49亿元，占总收入的21.2%，债券投资综合收益率5.04%。资本充足率7.17%，较年初提高3.6个百分点；不良贷款拨备覆盖率68.06%，较年初提高34.22个百分点；贷款损失准备充足率为131.02%，较年初提高56.28个百分点。

服务“三农”取得新成果。2009年全市农村信用社累计发放支农贷款78.2亿元：向盂县华龙养殖园区等26个园区（基地）投放贷款6258万元，向401户规模经营户投放贷款1445万元，向平定县冠森综合养殖公司等40个重点农业龙头企业投放贷款1.2亿元，向平定县保康黄瓜干专业合作社等49个农民专业合作社提供信贷资金1571万元，带动6598户农户增收致富；向郊区东南异农家店等42个商贸流通企业投放贷款2446万元。截至年末，评定信用乡镇1个、信用村280个、信用户11万余户，占辖区农户总数的57.38%，累计发放小额信用贷款1.09万户、3.12亿元。同时，实施多样化的支农服务举措，有效促进了农业增效、农民增收、农村经济发展。与团委联合开办了青年创业贷款业务。5月，省委书记张宝顺亲自为盂县首批13名青年颁发青年创业贷款证。截至年末，全市农村信用社共为529名青年颁发了青年创业贷款证，发放贷款2433万元。此外还开办了公职人员贷款、园丁贷款等新型小额贷款业务，累计发放公职人员贷款73户、186万元，发放园丁贷款74户、145万元。

帮助企业克服金融危机影响，

促进全市经济发展。全年累计向691个中小企业发放贷款63亿元，向市政府"百项工程"中的42个企业和项目发放贷款8亿元，为辖内中小企业办理贴现2.95亿元，签发银行承兑汇票2.57亿元。

年内，在阳泉市金融工作会议上，山西省农村信用社联合社阳泉办事处被阳泉市劳动竞赛委员会荣记集体一等功一次，并获得市政府给予的60万元专项奖励；办事处副主任王俊明和信贷部副总经理王永锋分别荣记个人二等功和三等功。

（曹　志　郭鹏飞）

保险业

【概况】 2009年，阳泉市保险业发展呈现两方面态势。一是由于受国际金融危机影响，阳泉市保险业务出现起伏。全年实现保费收入148681.7万元，比上年下降2.77%。其中，财产险保费收入36336.6万元，下降0.05%，基本与上年持平；人身险保费收入112345.1万元，比上年下降3.62%，下降幅度较大。全年赔付及给付支出金额45218.6万元，比上年增长6.34%，这是与收入下降同时发生的。其中，财产险赔付17663.5万元，增长0.16%；人身险给付金额27555.1万元，增长10.71%，幅度较大。二是面对国际金融危机影响和市场竞争加剧，经营发生困难，全市各保险主体积极创新工作思路，转变经营观念，准确把握政策机遇和市场机遇，用创新的思维破解难题；积极加强自身建设，重视队伍质量和人才素质的提高，加强内部管理，提升服务水平；采取多种措施积极防范和化解保险业风险。（王　辑）

【阳泉人保财险概况】 2009年，中国人民财产保险股份有限公司阳泉市分公司积极应对市场快速变化的严峻挑战，强责任、强服务、强落实，统一思想、扎实工作、顽强拼搏，全面完成了各项工作任务。至年末，总保费收入26825.71万元，市场份额66.29％。共受理各类报案32727件，比上年增长15.11%；案件处理率101.97%；车险理赔周期12.89天，比上年提速25.36%；车险小额赔款支付速度加快。

创新工作思路，转变经营观念，实施差异化经营、效益化发展；准确把握政策机遇和市场机遇，用创新的思维破解难题；讲求工作实效，不摆花架子，不搞面子工程，大力弘扬干事创业的良好风尚。

2009年，面对各种严峻考验，公司加强精细化管控，狠抓"防、化、控、法"四字。承保体现一个"防"字。车险业务采取分类指导办法提高盈利能力，推进差异化资源配置；非车险业务不以牺牲效益来换取发展；承保中心推行季度业务质量检查制度，采取奖罚并举的考核机制，把风险防在萌芽状态，提高了风险管控能力。理赔体现一个"化"字。通过提高现场查勘率、强化保险协作修理厂管控、建立远程定损监控系统、防范诉讼风险、提高追偿能力、加大伤人案件调查力度等措施，杜绝了假案、错赔案的发生，提高了公司服务客户的效率，为公司稳健经营提供了扎实的基础。财务体现一个"控"字。推行预算管理，加强经营成本管理；倡导厉行节约，大兴勤俭办事之风；防范资金风险，重点对应收保费、未达账项、营业费用进行管控，确保经营成果的真实性。合规体现一个"法"字。利用《阳泉市保险行业机动车辆保险自律公约》平台，建立同业主体之间的约束机制，维护了市场稳定。

按照"严格标准、注重质量、全面提升、整体推进"的原则，年内开展了提升标准化营销团队建设质量的工作，加强了营销职场的建设、销售人员的活动量管理、营销员个人档案管理、代理业务管理以及销售人员的代理资格证的持证工作。年内共组织了4次代理人资格证考试，有80余人次参考，全辖营销员持证率达到100%。（赵　虹）

【中国人寿阳泉分公司概况】 2009年，中国人寿保险股份有限公司阳泉分公司围绕"固本强基，抓早赶前，创优争效，防范风险"的工作思路，上下团结，开拓创新，保费规模保持稳定增长，业务结构进一步优化，经营管理进一步加强，服务水平进一步提升，各项工作取得了新的成绩。全年总保费收入82879.4万元，其中股份公司保费80228.4万元，比上年增长6.4%。长期险首年保费50077.2万元，其中首年期交保费8736.3万元。短期意外险保费收入1421万元，比上年增长5.4%。公司市场份额65%。全年累计支付赔款和给付金19796.6万元，为34万团体及个人客户提供了养老、医疗、意外等方面的风险保障。

公司大力加强领导班子和销售队伍建设。年内调整启用了13名素质较高的优秀干部，增强了基层班子战斗力。营销员佣金、养老金、保证金等三金实现了市级集中管理，人员数量有所增加，队伍产能得到提高。出台了兼职讲师管理办法，举办各类培训15期。启动了企业年金工作，激发了广大员工爱司敬业的工作热情。

公司不断加大内控合规力度。年内开展了"内控评估补充测试"、"内控自我评估"、"产品销售违规行为自查自纠专项活动"和"内控标准学习"活动。认真履行反洗钱义务，多次受到市人行表扬。通过第二届"诚信我为先"活动，全辖认真开展以"规规矩矩做保险、实实在在卖保险、明明白白买保险"为主题的诚信教育活动，诚信合规考试合格率达80%以上。

年内，中国人寿保险阳泉分公司在大力发展业务的同时，十分注重提升客户服务水平。一是进行柜面整合，将市区10个柜面整合为1个A柜面和2个B柜面，业务实现了全市联网。二是推行零现金制度，根据保监会要求，公司与工商银行、中国银行和农业银行开通了新单银行转账业务和股份续费银行转账业务。三是强化后援服务，按时完成柜面系统上线工作，加大了对柜面人员的培训和考核力度，80%的柜员通过了总公司持证上岗资格考试。持续开展“争创星级柜面，争当星级柜员”活动，一星级柜员达到44人，占柜员总数的53%。参加省公司2009年度柜面岗位服务技能大赛，荣获团体二等奖。四是深入推广“1+N”服务品牌。积极开展以“牵手”为主题的系列客户服务活动，发放国寿鹤卡，成功举办“6·16”客户节，组织健康讲座、高考讲座、VIP客户旅游、“姚明杯”趣味篮球赛等活动，向社会推广国寿“1+N”服务品牌，赢得了客户赞誉。(王 钦)

【中国人寿财保阳泉中支概况】2009年是中国人寿财产保险股份有限公司阳泉市中心支公司成立以来第一个完整的经营年度。公司紧紧把握实现盈亏平衡经营目标的核心，调整策略、优化结构、强化管理、夯实基础，上下团结一心，励精图治，克服困难与压力，各项工作取得长足发展。全年实现总保费收入3508.67万元，其中车险保费收入3095.36万元，非车险保费收入413.31万元，支付各类赔款1124.42万元，为和谐阳泉建设作出了积极的贡献。

公司按照“人才强司、人才兴司”的发展策略，着力打造一支思想觉悟高、政策水平高、专业技术高、综合素质强的员工队伍。一年来在强化队伍培训方面做了大量工作。一是培训新入司员工，二是兼职讲师选拔培训，三是经常性组织专业技术、财务、业务知识等培训，四是举办全员“大练兵”技能比武。同时积极完善员工保障体系，完成了员工合同签订、档案转移、社会保险关系转移等手续办理及接续工作。这些措施对稳定队伍、顺利开展工作、培育中坚力量起到了积极的作用，也为更好地服务社会大众奠定了良好的基础。

年内，公司采取多项措施，着力提升服务水平。严格遵照《客户服务规范》的要求，一是对服务网点环境建设、员工基本礼仪、销售承保理赔服务、日常工作行为等按标准进行了规范；二是对所辖机构和工作人员的服务规范、服务承诺落实情况进行检查、抽查和考核；三是认真落实核心服务；四是积极参加本地政府部门组织的各类宣传活动。通过一系列卓有成效的工作，公司在省公司开展的“客户服务规范”百日竞赛活动中夺得第一名。

公司视“依法合规”为开展一切工作的前提，着力建设合规文化。年内进行了多次财务业务数据真实性检查、依法合规经营自查、税务自查、车险业务自律自查等工作；按月开展“回头看”自查，督促各项制度和工作要求的落实；严格落实总公司提出的“五条禁令”和省公司的“二十六条红线”，打击“三假”(假保险机构、假保单、假赔案)；在新《保险法》出台以后，按新《保险法》的要求认真履行告知义务，做到诚信经营、按条律告知、按时效服务，严防投诉和诉讼情况发生；积极开展反洗钱工作，制定了反洗钱工作制度、组织体系；强化销售人员的依法合规意识和风险防范意识，提升诚信经营和合规经营能力。

2009年11月10日至12日，阳泉市遭到了百年不遇的大雪灾侵袭。公司快速启动应急机制，对6起在雪灾中受损失的企财险客户进行了快速查勘理赔，支付赔款共计100余万元，收到客户赠送的锦旗3面，引起了较强烈的社会反响。

(郭荣新 高瑞凤)

【太平洋产险阳泉中支概况】2009年，中国太平洋财产保险股份有限公司阳泉中心支公司严格执行核保政策，严把进口关，严格控制各种成本费用，承保利润和经营效益在全市各家财产保险企业中名列前茅。截至年末，各类保费(实收)2570.55万元，完成年计划的84%，其中：车险业务实收保费2042.36万元，占比为79.45%，非车险实收保费528.19万元，占比为20.55%。加大对应收保费清收工作的检查督导力度，收到明显效果。截至12月底，共清回应收保费22.41万元，使应收保费控制在上级公司要求的范围之内。同时有效地避免了新的应收保费的形成，确保了公司的安全运营。截至年末，公司接到各类报案7005起，比上年大幅增加29%，结案率88%，超过上级公司85%的要求；累计支付各类赔款1052.15万元，比上年降低187.95万元，增幅为-15.15%；综合赔付率40.93%，符合上级公司要求，在全市八家财产保险公司中排名靠前。 (黄章麒)

【太平洋人寿阳泉中支概况】2009年，中国太平洋人寿保险股份有限公司阳泉中心支公司推行条线化管理，在金融危机席卷全球，行业内市场竞争日趋激烈的形势与背景下，切实加强干部队伍建设，优化业务结构，着力推进公司内控管理，加强成本控制，加大市场开拓力度，坚持合规经营，各项工作取得新的成绩。2009年总保费收入25688.48万元，比上年下降28.54%，完成分公司下达任务的91%，在阳泉寿险市场的份额排名第二。其中长期险保费收入25363.04万元，比上年下降28.88%；短期意外险保费收入49.99万元，比上年增长27.48%；短期健康险保费收入49.99万元，比上年下降26.36%。全年赔付件数314件，累计支付赔款和给付金354.75万元。公司坚持真诚服务、规范经营，连续被评为“山西省纳税信用A级企业”，多次被山西省政府授予“守合同重信用”企业，多次被纳入阳泉市委、市政府扶贫工作组，向“帮扶村”多次捐书捐物，积极开展“扶贫送温暖”下乡活动，以实际行动彰显了太平洋寿险富有责任感和使命感的优秀企业公民形象。

(冯 虹)

【平安产险阳泉中支概况】阳泉是国内最大的无烟煤生产基地，为平安产险提供了广阔的发展空间。在激烈的保费市场竞争中，中国平安财产保险股份有限公司阳泉中心支公司实施进攻战略，实现了跨越式发展。2009年，公司累计完成原保险保费收入3056.99万元。其中车险原保险保费收入2854.95万元，占比为93.39%；非车险原保险保费收入202.04万元，占比为6.61%，其中企财险原保险保费收入34.46万元，家财险原保险保费收入6.44万元，责任险原保险保费收入39.00万元，货运险原保险保费收入39.51万元，保证险原保险保费收入0.1万元，健康险原保险保费收入29.93万元，意外险原保险保费收入52.60万元。自2009年2月实施车险见费出单以来，应收保费状况明显好转，有力地维护了消费者利益，降低了公司资金风险。　（李　嫣）

【平安人寿阳泉中支概况】　2009年，中国平安人寿保险股份有限公司阳泉中心支公司呈现出飞快的发展趋势。公司人力资源发展到300余人；全年新投保3476件，累计10569件，客户增至10165家，更多的阳泉人认可了中国平安人寿保险。全年保费收入3777.45万元。其中人寿保险保费收入3610.08万元，占比95.57%；意外伤害保险保费收入2.23万元，占比0.06%；健康保险165.14万元，占比4.37%。全年涉及理赔数量37件，共赔偿19.87万元。　（郭金慧）

【大地保险阳泉中支概况】　2009年，中国大地保险阳泉中心支公司按照总公司"承保有利润，发展有效益"的总体部署，在山西分公司党委、总经理室的正确领导下，坚持以降赔付、增效益为中心的方针，进一步调整业务结构，加大业务推动力度，不断加强基础管理，继续深化各项改革，狠抓队伍建设，全面提升理赔管理水平，努力提高经营效益。在市场主体日渐增多、竞争更加剧烈的情况下，全年共完成保费收入3891.16万元，比上年同期下降18.98%。其中，车险业务保费收入2478.56万元，占比63.69%，比上年同期下降19.62%；非车险业务保费收入1310.38万元，占比33.67%，比上年同期下降18.75%；人身险业务保费收入102.22万元，占比2.64%，比上年同期下降3.4%。全年理赔共接受车险报案4528件，立案4864件，结案4606件，结案率为88.75%，低于上年同期6.1%，车险精算满期赔付率为59.81%，全险种精算满期赔付率为51.71%，在全省地市公司中位居前列。同时清理历年遗留案件200余起，非车险结案335起，人身险结案1229起，在业务保持稳健发展的情况下，业务结构调整取得了较好成效，经营效益良好。公司一直把企业文化建设作为一项长期性的基础工作来抓。加强党员队伍建设，发挥工会、共青团等群众组织的作用，进一步开展了省级"重信用，守合同"单位、省级"青年文明号"创建活动，加强员工政治思想工作，开展形式多样、内容丰富的文体活动，改善员工福利待遇，激发全体员工朝气蓬勃、奋发向上、拼搏进取、勇争一流，促进公司发展再上一个新台阶。公司被省工商局评为省级"重信用、守合同"单位。　（张华明）

证券　投资

【概况】　2009年，因受全球金融危机影响。阳泉信达公司和德胜东街营业部业务经营遭遇严重困难。面对严峻的经济形势，两家机构"坚定信心克时艰，自主创新求发展"，采取超常规措施，为实现"保增长、保民生、保稳定"目标作贡献，在期货经纪业务、小额贷款业务、保险代理业务、证券产品营销、开放式基金销售、创业板相关工作等方面取得了可喜成绩。　（王　辑）

【信达公司概况】　2009年是全球金融危机持续扩散和蔓延的一年。阳泉信达投资管理公司经营遭遇进入新世纪以来最严重的困难。面对严峻的经济形势，公司上下以"坚定信心克时艰，自主创新求发展"为主线，积极采取各项应对措施，努力实现"保增长、保民生、保稳定"工作目标，全年实现营业收入410万元，实现利润112万元。

期货经纪业务　顺利完成增资扩股工作，注册资本由4520万元增至7000万元，并完成了股权变更，公司参股股东由山西晋达碳素股份有限公司变更为内蒙古远鑫镍业有限公司，进一步理顺了公司股权，完善了法人治理结构，健全了经营管理层，为日后扩大经营规模，申请新的业务资格创造了条件。内控管理从严从细，结合新的《期货交易管理条例》及配套管理办法和规范性文件，重新修订了公司的《内控管理制度》，内容涵盖了公司治理、财务管理、风险控制、结算、经纪业务、内部稽核、反洗钱、信息系统、营业部管理、突发事件应急管理等11大类30多项管理制度，使制度适应新的形势，公司运营更加规范有序。进一步加大了经营透明度，通过公司网站向社会公开了公司及其分支机构的基本情况、历史沿革、高级管理人员及从业人员、公司股东、诚信记录等信息。信息系统得到加强，根据期货业协会《信息技术管理指引》和检查细则，以及证监部门现场检查情况，对公司信息系统的技术管理、机房建设、核心系统、安全、日常运行、备份、系统维护和营业部管理运行等方面进行了完善。建立了风险监控网络，公司总部设置了首席风险官，各营业部设立了专职的风险监控人员，通过各项有效的防控措施，对每日的交易情况进行严密监控，始终把风险置于可控、在控的范围，全年未发生较大数额的穿仓事件，未发生重大预警，一般风险预警也大大降低。加强了职工培训力度，采取分期分批办法，先后组织各营业部负责人参加了期货业协会和交易所举办的专项培训；选派业务骨干参加了交易所举办的业务培训；选派技术人员参加了期货业协会、交易所以及信息系统技术单位举办的技术培训；选拔10名有发展潜力的员工参加了大连期货学院在北京、太原举办的学习班；组织公司所有高管人员参加了证监会组织的高管培训并顺利通过了证监会的资质测试。全年累计外派培训人员达40余人次，占职工总数的40%以上，有效地提高了队伍素质。延伸了客户服务范围，以“与客户共成长”为理念，从开户环节入手，认真履行告知义务和风险提示义务，对新进客户坚持把规则讲透，把风险讲够，帮助投资者充分了解期货交易的特点和风险，熟悉期货市场的法律法规，增强风险防范意识。此外，公司还组织骨干力量，不定期地远赴运城、临汾、晋城、大同、晋中、嫩江等地，对远程投资者予以培训指导，受到客户的好评。完成了分类评级和统一开户工作，经过“公司自评——证监局初评——证监会终评”等程序，于11月完成评级工作，公司被评为C类CC级，位居全省第三。通过一年的不懈努力，截至年末，期货公司新增客户755户，客户累计1880户，比上年同期增长67%；新增客户保证金8800万元，累计客户保证金15000万元，比上年同期增长142%；累计成交量7450亿元，比上年同期增长148%；累计手续费收入1130万元，比上年同期增长93%；实现利润469万元，比上年同期增加176%。期货公司还获得了大连商品交易所授予的2009年度“最具成长性会员”和“市场服务奖”两项荣誉。

小额贷款业务　根据银监会和人行总行联合下发的《关于小额贷款公司试点的指导意见》，阳泉信达投资管理公司联合华通路桥集团有限公司等股东，于7月1日组建了阳泉市汇通小额贷款股份有限公司，注册资本8000万元，其中阳泉信达公司出资1300万元，占总股本的16.3%。作为股东委托的经营者，阳泉信达公司力排急功近利思想，坚持“合法合规经营，稳健持续发展”经营宗旨，稳扎稳打推进各项工作。并主动上门联系业务，大力开发业务新品种，提高闲置资金利用率，加快资金周转。截至年末，小额贷款公司累计放贷2.5亿元，资产总额8380万元，贷款余额6320万元，贷款全部正常，无逾期贷款。各项收入491万元，剔除计提风险准备63万元，实际实现税后利润266万元，其中公司获股利43万元。

保险代理业务　由于受金融危机影响，保险资源相对萎缩。公司引进制订了具有营销特色和激励活力的《伙伴代理营销制》，并将公司内部组织机构调整为综合部、财务部、财险部、寿险部等4个管理部门和2个营销督导区。由于合作伙伴的原因，截至年末，实现保费收入105.6万元，手续费收入15.2万元，亏损31.8万元。　　（张怀军）

【德胜东街营业部概况】 2009年，山西证券有限责任公司阳泉德胜东街营业部在公司“超常规发展”策略指引下，紧跟公司发展步伐，抓住经济复苏下的市场机遇，继续巩固原有市场份额，大力拓展新的客户资源，积极应对大同证券入驻阳泉带来的市场竞争，在日常管理、基础运营、产品营销、员工培训、品牌宣传等方面做了大量工作，取得了较好效果。截至11月底，营业部开户客户数51340户，较上年末增加7177户，增长16.25%（资金账户数）；实际完成交易量341.24亿元；客户资产总值达26.21亿元；开放式基金余额5334.49万份、市值5611.67万元，1月～11月共计销售开放式基金2601.8万份、ETF363万份。此外，还圆满完成了公司主推基金的销售工作，销售诺安基金183.4万，员工完成率97.67%；销售汇丰晋信大盘基金1191.4万，员工完成率100%；销售上证央企50ETF380.6万、汇丰晋信中小盘基金822.1万元，均圆满完成营业部营销任务。

（李慧俊）

教 育

【概况】 2009年，阳泉市教育系统继续全面推进素质教育，整体教育质量不断提高。

一、坚持"以人为本、德育为首"的工作理念，构建中小学德育"规范管理、科学运作"的工作体系，全面推进素质教育。建立健全了省、市级德育示范学校专项工作统一管理档案制度、德育工作开放日制度、德育示范校与友好学校的德育协作机制、德育示范学校复查、表彰制度等，开展"三个十"(即评选10个学校品行养成教育先进单位、10个学校心理健康教育先进单位、10个学校家庭教育指导先进单位)评选活动，促进家庭教育、心理健康教育和学生养成教育"三项教育"活动的开展；结合纪念新中国成立60周年庆祝活动，突出爱国主义教育和校外学生实践教育，在全市广大中小学生中间开展了"我爱我的祖国"主题系列教育活动；组织全市近万名中小学生开展"我爱我的祖国"主题演讲竞赛活动，近十万名中小学生参加"中华魂"主题读书教育活动；以创建"园林学校"、"绿色学校"为抓手，主动参与全市"三城同创"工作。全市850所学校（幼儿园)100%参与了学校安全专项整治活动，创建市级"平安文明校园"12所。全年未发生学校食品卫生安全事故。积极应对甲流疫情，全市学校甲流疫情未发生暴发事件。5所学校通过"省级体育传统项目学校"检查验收。

二、坚持"规范办学、提升水平"的工作思路，促进全市城乡基础教育均衡发展。整合小学初中教育资源，缓解城市区小学升初中压力，阳泉三中、阳泉四中各增加4个教学班，市实验中学增加6个教学班；推进实施普通高中新课程改革，组织观摩阳泉一中高一年级新课程实验"研究性学习"成果展示活动，建立了全市高中学生综合发展报告电子管理系统，在郊区荫营中学召开全市普通高中新课程改革实验推进工作现场会，2009年普通高考继续保持全省领先位置；开展"阳泉市教育城域网和农村中小学现代远程教育工程教学应用年"系列活动，提高城乡学校教育信息化手段的应用以及教学仪器、图书配置和实验教学普及水平。

三、坚持"提升质量、规范发展"的工作方针，加快幼儿教育、职业教育和成人教育发展步伐。在全市实现基本满足学前三年教育城乡全面普及基础上，以星级幼儿园创建达标为抓手，努力实现幼儿园管理科学化、优质化；把发展职业教育作为普及高中阶段教育的重要增长点，加大职业教育招生完成情况在督导评估中的权重。以组织参加联合办学招生洽谈会等形式，加大了市内外厂矿企业联合办学、订单培养工作力度。全市6所中职学校项目被列入国家2010年~2015年基础能力建设规划。各类中等职业学校全年共计招生7403人，占高中阶段招生总数的45.4%，其中阳泉市普通中专、职业高中、技校招生5903人。全市中职应届毕业生一次就业率达90%以上。成人教育以学习型乡镇创建为契机，加强县、乡、村三级成人专业技术技能培训网络建设，郊区成为阳泉市开展学习型乡镇的示范县区。

四、坚持"面向基层、整体提升"的工作部署，加强教师队伍建设。组织省教学能手25人、省学科带头人16人到郊区、平定、盂县3个农业县区进行"送教下乡"活动。组织开展市教育科学"十一五"规划2009年课题鉴定结题、全市第五届教育科学优秀成果评奖活动和全市优质课、优秀案例、优秀校本课题"三优工程"评选活动。市教育局主办的《阳泉教育》被评为全国教育内部最佳期(报)刊，市教育科学研究网也成为全市教师开展教育科研工作的有效平台。2009年全市共有42名教师被授予全国、全省模范教师、优秀教育工作者等荣誉称号，共

教育 科技

认定教师资格897人。全市义务教育学校绩效工资中70%的基础性津贴全部发放。

五、坚持“科学执政、依法行政”。围绕“推进阳泉教育科学发展、办好人民满意教育”的活动主题,突出“提升服务水平和办学质量、促进城乡教育均衡发展”的实践载体,做到了“结合实际有特色、实事求是有举措、开拓思路有创新、扎实工作见成效”。

2009年,阳泉市被教育部评为“全国推进义务教育均衡发展工作先进地区”和“全国学前教育工作先进地区”,市教育局被中宣部、国家新闻出版总署联合授予“全民阅读活动先进单位”称号,被国家体育总局评为“全国群众体育先进单位”,被省教育厅评为“2009年度全省教育工作先进单位”,并获“2009年度完成安全工作任务奖”。

(任瑞庆 史治勇)

【重点工作责任目标考核】 2009年12月16日~30日,市教育局组织部分省、市督学组成评估组,对11所直属学校、5个县区及开发区进行评估。评估组通过听取县区领导关于教育工作的汇报,查看有关档案资料,与教育局机关工作人员、中小学校长进行座谈,较全面地了解了全市教育工作责任目标落实情况。经过全面汇总、认真分析,2009年教育工作的主要特点是:(一)各级政府以及党政领导对教育工作高度重视,政府行为到位;(二)农村义务教育经费保障机制改革顺利实施,各项经费足额到位;(三)财政预算内教育经费继续增加,“三个增长”基本实现;(四)进一步加大教育基建投入,办学条件有了新的改善;(五)教育教学改革不断深化,为教育发展注入了新的活力;(六)教师队伍建设进一步加强,教师素质有新的提高。 (胡月庆)

学前教育

【概况】 2009年,阳泉市共有各级各类幼儿园290所,分别为市辖6所、城区16所、矿区32所、郊区110所、平定县76所、盂县38所、开发区12所。其中省级示范园9所,市级示范园10所。入园幼儿27854人,幼儿园教职员工1716名。2009年,学前教育工作深入贯彻落实幼教两个法规和《幼儿园教育指导纲要》精神,坚持以科学发展观统领学前教育改革和发展全局,坚持依法办园,促进学前教育整体协调发展。一是加强管理增强活力,促进城乡学前教育均衡发展。一批公办幼儿教师到农村幼儿园支教,带动辐射农村幼儿园的保教水平提高,缩小了城乡差距,促进了均衡发展。二是加强师资队伍建设,提高教师专业水平。采取“请进来、走出去”的方法,邀请省幼教专家赵爱云到阳泉传经送宝,现场指导,同时组织教师外出到北京、太原参观学习,聆听全国幼教专家朱家雄教授的讲座,接受先进的教育信息和教育理念。选拔第二届省级教科研骨干培养对象6名并参加了相关学习培训活动。三是评估验收市级示范幼儿园,郊区辛兴幼儿园、矿区天骄幼儿园成为市级示范幼儿园。四是加强民办学前教育机构管理,规范办园行为。对在一年内办园成绩优秀的民办幼儿园进行了表彰奖励,对办园质量下降的幼儿园下达了整改通知书,整改不合格的收回了办园证书并责令停办。五是狠抓幼儿园的安全卫生工作。根据国家、省《关于进一步加强学校、幼儿园甲型H1N1流感防控工作的紧急通知》和《中小学幼儿园安全管理办法》文件精神,对全市三区两县和开发区15所幼儿园的安全工作及甲型H1N1流感防控工作进行了抽查,促使各幼儿园的安全防范意识普遍增强,安全管理工作得到进一步改进和加强。 (杨晓麟)

【幼儿教师教科研骨干培养】 2009年7月,根据山西省教育厅《关于开展幼儿教育教科研骨干培养活动的通知》精神,市教育局选拔市实验幼儿园李仙玉、市级机关幼儿园李莉、阳煤集团董存瑞幼儿园郑艳梅、郊区实验幼儿园武文涛、平定县直机关幼儿园苗锦丽、盂县职工幼儿园逯良香等6名教师为第二届山西省幼儿教育教科研骨干培养对象并参加了山西省幼儿教育中心组织的相关培养活动。这是继全省第一届教科研骨干培养活动后进行的新一轮培养活动,活动通过个人自学指定书目、集中聆听专家讲座、集体观摩研讨教育活动、反思分析总结等形式,提高培养对象在实践中的教育研究能力,以发挥培养对象在全市学前教育教科研研究工作中的引领作用。 (高改鱼)

【星级幼儿园验收】 2009年12月,根据阳托幼字〔2007〕6号《关于印发〈阳泉市幼儿园星级管理有关规定〉及更换〈幼儿园办园证〉的通知》精神,市教育局会同市物价局、市卫生局等单位,按照《阳泉市幼儿园星级管理有关规定》,对全市申报星级验收的6所幼儿园在办园条件、办园水平、办园效果三个方面的50个项目进行了评估验收,批准城区实验幼儿园、矿区天骄幼儿园、郊区下白泉幼儿园、阳煤集团桥头幼儿园4所幼儿园为阳泉市四星级幼儿园;批准阳煤集团升华实业公司第二服务中心宏翔幼儿园、第六服务中心幼儿园2所幼儿园为阳泉市五星级幼儿园。截至2009年底,全市三星级幼儿园84所、四星级幼儿园43所、五星级幼儿园16所。

(宋春燕)

基础教育

【概况】 2009年,阳泉市基础教育工作坚持以办人民满意的教育为宗旨,通过完善制度、强化管理、深化改革、加强指导,促进了全市基础教育健康协调均衡可持续发展,义务教育阶段学校的工作中心开始向内涵发展倾斜。全市有小学402所,在校生94105人。有普通中学89所，其中完全中学9所，单办普通高中6所，普通初中61所，九年一贯制学校13所(其中民办学校4所)。普通高中在校生26468人，普通初中在校生63692人，其中民办学校在校生1794人。2009年，全市基础教育工作的主要特点，一是实施“义务教育水平提升工程”。2009年5月在城区、矿区、开发区的义务教育标准化建设先后通过复评验收之后，全市所有县区的义务教育标准化建设全部达到了省定标准，成为全省第一个整体实现义务教育标准化建设，在原有“两基”达标的基础上整体实现更高标准“普九”的地级市。二是实施“示范高中建设工程”。2009年，市第十五中学通过山西省示范高中复评验收，至此，全市省级示范高中数达到6所，按全市130万人口计算，每20万人就拥有一所省级示范高中，而且这些学校都均衡分布在每个县区，招生数占到全市普通高中招生总数的70%以上。三是深化基础教育课程改革。市教育局先后组织了3次“省教学能手名师送教下乡活动”，组织省教学能手、骨干教师，深入到郊区、平定、盂县15所农村中小学送教下乡，共上示范课60余节，召开教学研讨会30场次，参加观摩研讨教师700余人次。四是规范办学行为。2009年，市教育局把“规范课程开设、规范招生秩序、规范学校教学常规管理、规范考试管理、规范学籍管理、规范高考补习班管理、规范教师从教行为、规范学生用书管理、规范收费行为、落实管理责任”等10项内容作为规范办学行为的重点加以治理。五是狠抓常规工作。2009年，共下发有关基础教育的文件和函件37个，编发行风评议信息26期，高中课程改革简报72期，参加省厅培训会议等15次，接待省厅等检查8次，召开全市基础教育工作会、培训会、研讨会等12次，深入县区、学校检查调研达90天，撰写汇报、总结、培训材料近60万字，省、市报刊发表新闻报道10篇。（张继忠　张维堂）

【普通高中青年教师培养】　为进一步促进青年教师尽快成长为教育教学工作的中坚和骨干，培养和造就一批全市、全省乃至全国的“名师”，2009年，在阳泉市启动了普通高中青年教师培养工程，对全市普通高中教龄在5年以内的624名青年教师，由市教育局指定的教育专家进行“一对一”的培养与指导。市政府把培养普通高中青年教师列入全市2009年的突破性工作之一，并划拨专款20万元。2009年，共听、评青年教师教学课、示范课、观摩课、研讨课等共计2300节次，举办专题培训、讲座50余次，市教育局还专门邀请山大附中9个学科的一线教师，为阳泉600多名青年教师讲学。通过年底的考核评选，共评出67名“教学新秀”、5所“青年教师培养工作先进学校”和5名“青年教师培养工作先进校长”。

（张继忠　张维堂）

【高中省级示范校均衡分布】　2009年，阳泉市第十五中学通过山西省示范高中复评验收，至此，阳泉市省级示范高中数达到6所，占公办普通高中的42.8%。这些学校均衡分布在每个县区，分别是：阳泉市第一中学校(市区)、阳泉市荫营中学校(郊区)、阳泉市第十一中学校(矿区)、平定县第一中学校、盂县第一中学校、阳泉市第十五中学校(矿区)。全市每10万人拥有一所普通高中，每20万人拥有一所省级示范高中，示范高中招生数占到普通高中招生数的70%以上，阳泉市的普通高中学生中10人就有7人是在省级示范高中中就读。

（张继忠　张维堂）

【规范中小学办学行为】　2009年，市教育局采取“建立机制抓长效、完善制度抓责任、强化督导抓整改、突出重点抓落实、政策引导抓导向”等措施，把“规范课程开设、规范招生秩序、规范学校教学常规管理、规范考试管理、规范学籍管理、规范高考补习班管理、规范教师从教行为、规范学生用书管理、规范收费行为、落实管理责任”等10项内容作为规范办学行为的重点加以治理。7月份，采取不打招呼、直接深入教室检查的方式，对矿区、城区、平定县等中小学校有偿补课现象进行了检查，并将检查结果在全市通报。通过治理，全市中小学规范办学行为取得实效：一是学校布局均衡分布、师资结构均衡配备、教学设施均衡配置、教学质量均衡提升；二是国家、地方、校本课程一门都不少，坚持面向全体，注重个性培养。坚持综合素质评价，等级制体现，注重平时表现，从道德品质、公民素养、学习能力、实践能力、审美与表现能力和运动与健康状况等6个方面进行；三是义务教育阶段双休日、节假日和高中一、二年级国家法定节假日学校全部停止了集体补课。

（张继忠　张维堂）

【义务教育均衡发展工作获国家先进】　在2009年11月6日~7日召开的全国推进义务教育均衡发展现场经验交流会上，阳泉市被教育部评为全国92个推进义务教育均衡发展先进地区之一。1995年，阳泉市率先在山西省第一家通过了国家“两基”验收，成为首批“普九”达标的地级市。在义务教育均衡发展工作中，阳泉市坚持“推进城乡教育均衡发展、办好人民满意教育”的发展主题和工作思路，坚持教育优先发展、均衡发展、科学发展的目标不动摇，各项教育事业都取得了可喜的成绩，特别是在城乡义务教育均衡发展方面进行了积极的探索与创新，取得了一系列成功经验：一是坚持发挥好普通高中的引领作用，以普通高中的率先发展带动城乡义务教育阶段学校的均衡分布和协调发展；二是始终坚持依法治教、规范办学，为城乡义务教育均衡发展提供可靠保证；三是不断加大农村和城市薄弱学校的改造力度，保证全市城乡每一所学校的硬件设施都跟得上现代化教育教学需求；四是进一步巩固和完善全市教育扶困保学资助体系,让每一个农村和城市困难家庭子女都能读得起书、上得起学;五是切实加强教师队伍和学校管理队伍建设,为城乡义务教育均衡发展提供充足的人才保障和智力支撑。经过不断的巩固提高,阳泉市基本实现了城乡义务教育均衡协调发展,做到了城乡学校分布、师资结构、教育设施、评价体系、教学质量5个方面的基本均衡,并于2008年底,在山西省率先实现所有市辖县全部通过山西省义务教育标准化建设验收,成为全省第一家整体实现更高标准"普九"达标的地市。中央电视台、中国教育报以及山西省各大新闻媒体都曾对阳泉市教育发展情况进行过专题报道,江苏、山东、河北、内蒙古以及省内其他地市的政府和教育部门也曾多次组团到阳泉市学习考察,国家教育总督学、教育部副部长陈小娅率领国家教育督导团在对阳泉"两基"工作进行实地督导后给予如下评价:"阳泉市在实现'两基'达标后,经过十年的巩固提高,教育的均衡发展走在了前面,而且工作扎实,创造了很好的经验,是一个成功的探索,给予我们很好的启迪。" (任瑞庆)

【第三届基础教育"三优工程"评选】 2009年3月~10月,市教育局组织开展了阳泉市第三届基础教育"三优工程"评选活动。"三优工程"内容包括"优质课"、"优秀案例"和"优秀校本课题"三项。参评学科包括小学9个学科、初中13个学科、高中包括信息技术与通用技术在内的15个学科。评选活动采用逐层选拔形式,县(区)级评优活动于3月~7月进行,10月进行市级评选。阳泉市成立评选领导组,组建16个学科评委组,所有学科的评选工作分16个组,分别在相关县区及学校设点、分组,确定5个评选点,市教研室按照分组情况负责组织评委,对各学科参评教师的课堂教学进行量化评价。评选以学科集中,随评选点学校教学进度,在课堂中进行。通过层层认真评选,共评出市级优质课一等奖37节、二等奖74节、三等奖73节。市级优秀案例一等奖15篇、二等奖25篇、三等奖107篇。市级优秀校本课题一等奖10个、二等奖21个、三等奖33个。 (王建军)

职业教育

【概况】 2009年,阳泉市共有中等职业学校17所、包括普通中专5所、职业高中10所、技工学校2所;建成国家级重点职业学校3所,国家级重点技工学校1所,省级重点职业学校5所,省级合格职教中心2所;建成汽车运用与维修、机械制造与控制、机电技术应用、采矿技术等省级示范专业(点)11个。其中,市交通职业中专学校汽车运用与维修专业为教育部确定的国家技能型紧缺人才培养培训基地,市职业中专学校为教育部确定的首批中等职业教育德育工作实验基地学校,市体育运动学校连续第二轮被国家体育总局确定为国家高水平体育后备人才基地。 (侯胜华)

【中等职业教育学校具备招生资格】 为进一步规范中等职业学校办学行为,提高办学水平,根据晋教职〔2009〕4号文件《关于全面清查全省中等职业学校办学资质的通知》精神,市教育局及时制定了《中等职业学校办学资质清查工作方案》,并组成了中等职业学校办学资质清查工作组,严格对照《中等职业学校设置标准(试行)》、《中等体育运动学校设置标准(试行)》、《中等艺术学校设置标准(试行)》,于4月8日~16日,对全市14所中等职业学校的办学资质进行了全面的清查。经省教育厅认定,全市14所中等职业学校具备中等职业学历教育招生资格。其中市文化艺术学校、郊区平坦职业学校、平定南坳职业学校、冶西职业学校因校园占地面积、校舍建筑面积较低,实习实训条件较差,教师数量不足,专业和实习指导教师短缺等原因,被认定为限期一年整改学校。 (侯胜华)

【平定县职教中心和郊区职教中心通过省教育厅复查验收】 根据晋政办函〔2009〕170号《转发省教育厅关于开展县级职教中心建设督导验收工作的通知的通知》精神,2009年10月23日~29日,省督查组一行4人对平定县职教中心、郊区职教中心进行复查验收,通过听取县区政府工作汇报、实地查验各项指标、召开座谈会、向政府县区反馈等步骤,平定县职教中心、郊区职教中心通过省教育厅的复查验收。 (侯胜华)

【郭志琴等被省职业技术教育学会授予教育教学名师和杰出校长称号】 根据山西省职业技术教育学会《关于评选表彰首届"山西省中等职业教育教学名师"活动的通知》精神,2009年4月~7月,省职业技术教育学会举办首届"职业教育教学名师、杰出校长"评选活动。经过教师个人申报、学校择优推荐、市教育局推荐、省评审委员会评审,郊区职业学校郭志琴、市职业中专学校姬慧敏被授予"首届山西省职业教育教学名师"称号,市职业技术学院院长霍世平、市体育运动学校校长于剑刚被授予"首届山西省职业教育杰出校长"称号。 (侯胜华)

【国家助学金惠及数千职校生】 为促进教育公平,加快中等职业教育发展,帮助贫困家庭学生顺利接受中等职业教育,党和政府设立了中等职业教育国家助学金。资助对象为具有中等职业学校全日制正式学籍的在校一、二年级(包括五年制高职的一、二年级和未升学高中毕业生接受一至一年半职业教育的学生)所有农村户籍的学生和县镇非农业户口的学生以及城市家庭经济困难学生。资助标准为每生每年1500元,由中央与地方按6:4分担。2009年,阳泉市除阳煤培训中心所属职业一校、职业二校、技校及中专部外(地方分担资金由省级财政负担),有6017名符合条件的学生领到了国家助学金,资助金额达474.6万元,资助面占到全市中职一、二年级在校生总数的76%。

(侯胜华)

【中等职业教育招生】 2009年,阳泉市教育局采取六项措施推进中等职业学校招生工作:一是加强对高中阶段教育学校招生工作的统筹和领导,严格普通高中学校规模、轨制及班容量招生计划的审批,加大职业教育招生完成情况在督导评估中的权重。二是积极组织各中职学校举办大型宣传活动,通过版面展览、广播宣传、文艺演出、电视、报纸等新闻媒体及时公布招生计划和招生信息及国家关于大力发展职业教育的方针政策和对中等职业学校学生的资助政策等,进一步加大了中等职业教育招生宣传工作;三是结合目标任务和县区、学校实际,对招生工作进行了任务分解;四是以组织参加联合办学招生洽谈会等形式,加大了联合办学、订单培养工作力度;五是坚持实行"五个放开"(即计划、时间、分数、年龄、地域放开)招生政策及"随招随注"的灵活的学籍管理办法;六是积极开辟农村青年、社会适龄青年、返乡农民工、进城农民工、退役士兵、生产服务一线职工、下岗失业人员等城乡劳动者接受中等职业教育的渠道。2009年,阳泉市进入各类中等职业学校学习的学生达7403人,占高中阶段招生总数的45.4%。其中全市普通中专、职业高中、技校招生6041人,在校生数达到19405人,招生数和在校生数分别占高中阶段教育招生数、在校生数的41%和43%,职普达到0.75∶1,基本形成了中等职业教育和普通高中教育规模相当、同步发展的格局。 (侯胜华)

【农村劳动力转移和实用人才培训】 为贯彻落实《国务院办公厅关于进一步做好农民工培训工作的指导意见》,2009年,阳泉市采取"校企联合、定向培训"的模式,以定点、定向和订单培训为主,在重点对煤矿、冶炼、化工、制造等行业急需的农民工进行培训的同时,还对部分农民工进行了餐饮、酒店、农产品加工等方面的职业技能培训,使受培训的农民工97%走上了就业岗位。全年全市职业教育累计培训农民工1500人,转移1350人。 (侯胜华)

【六校项目被列入2010年~2015年基础能力建设规划项目】 为争取国家、省、市对职业教育资金的投入,将符合条件的中职学校项目列入投资储备项目,根据晋发改科教函〔2009〕24号《关于编制中等职业教育基础能力建设规划(二期)的通知》和阳发改社〔2009〕287号《关于阳泉市2010~2015年中等职业基础能力建设项目计划草案和规划(二期)的报告》,2009年,市体育运动学校综合训练馆、综合训练射击馆建设项目,市文化艺术学校教学、综合楼和学生餐厅建设项目,市技工学校教学楼和学生食堂建设项目,阳泉煤矿技工学校循环地面实习实训基地建设项目,市工业学校实训中心大楼建设项目,被列入2010年~2015年中等职业教育基础能力建设规划项目。(侯胜华)

【市交通职业中专学校入选省实训基地建设项目】 为加强中等职业学校实训基地建设,加快全市经济社会发展急需技能型短缺人才的培养步伐,切实提高职业教育的培养能力和培养质量,根据晋教财〔2009〕156号《关于申报2009年山西省中等职业学校实训基地项目的通知》,市交通职业中专学校作为教育部、交通部、中国汽车工业协会、中国汽车维修行业协会确定的汽车运用与维修专业领域技能型短缺人才培养培训基地,严格按照实训基地建设的要求,积极申报并顺利入选省实训基地建设项目。

(侯胜华)

高等教育

【教育教学】 2009年,太原理工大学阳泉分院各项工作有新进展。一是采矿工程、电气工程及其自动化、城市规划3个专业顺利通过了合格评估。二是获得大学生KAB创业教育基地命名,并相继派遣6名教师参加KAB教育讲师资格培训,取得KAB教育讲师资格证。三是组织机电系的煤矿机电教学实验中心、信息系的电气技术实验教学中心分别申报2009年国家级实验教学示范中心,争取到建设资金100万元。四是本科生在上半年与理工大的统考中,各门课程的及格率比往年有了较大幅度的提高,2009届本科毕业生学位获得人数为85%,校内统考及格率也大大高于往年。

(禹润喜)

【科技创新】 2009年,太原理工大学阳泉分院共申请到教育厅教改项目4项,省教育科学研究院教研课题1项,山西省煤炭基金会教学研究项目3项,到账经费3万元;市科技局科技项目2项,到账经费10万元;横向课题1项,到账经费4万元;申报2009年教育厅科技项目2项。组织了5项省教育厅教改项目的结题验收工作。年内,该院教师公开发表论文204篇,其中国家级期刊23篇、中文核心期刊4篇、校刊106篇。主编或参编教材专著43部,均为国家级出版社出版,其中4部教材为教育部"十一五"规划教材,专著1部。获阳泉市科技局科技项目一等奖1项,获市级以上学术论文奖6项。 (禹润喜)

【学生工作】 2009年,太原理工大学阳泉分院共安排普通本科招生计划270名,专升本计划210名,专科招生计划1950名,对口专科200名。其中,普通本科报到281人,专升本报到249人,普通专科报到1929名,对口专科报到249人。2009年完成招生计划的103.3%。

2009 届毕业生本科 11 个专业 921 人,已就业 697 人,就业率 75.7%;专科 22 个专业 1556 人,已就业 1036 人,就业率 66.6%。本科部分在毕业生较多的情况下,比 2008 年(本科 8 个专业,毕业生 745 人)山西省教育厅确认就业率 67.6%提高 8.1%;专科在比 2008 年人数减少的情况下(16 个专业,毕业生 1641 人),比山西省教育厅确认就业率 69.2%降低了 2.6%。年内,该院如期开展了 2009 届毕业生单项奖学金、2009 优秀毕业生奖学金和 2008 ~ 2009 学年奖学金的评定工作,15 名 2009 届毕业生获得单项奖学金,获奖金额 5100 元;217 名学生获得优秀毕业生奖学金,获奖金额 13.94 万元;1413 名学生获得 2008 ~ 2009 学年奖学金,获奖金额共计 82.11 万元。同时,该院还按照省教育厅、财政厅的安排和部署,按时组织了国家奖助学金的评定工作。共评选出 13 名学生获得国家奖学金,奖励标准为 8000 元 / 年·人;评选出 268 名学生获得励志奖学金,奖励标准为 5000 元 / 年·人;评选出 1983 名学生获得国家助学金。设立勤工助学岗位共计 330 个,岗位涉及教学助理、学生工作助理、实验室管理、卫生清扫等各个方面。组织评定煤矿井下专业学生奖学金,共有 244 名学生获得奖励,其中一等 28 人、二等 75 人、三等 141 人,奖励金额共计 3.75 万元。该项奖学金已经全部发放到获奖学生手中。

(禹润喜)

成人教育

【概述】 2009 年,阳泉市成人教育工作坚持"重点工作出成果,既定工作抓落实,常规工作抓规范"的原则,全年工作主要体现在五个方面。第一,依托 32 所乡镇农民文化技术学校和 954 所村农民文化技术学校,继续开展农村劳动力实用技术培训和富余劳动力转移培训。全年实用技术培训达 140068 人次,富余劳动力转移培训 5000 余人次。第二,继续倡导终身学习理念,开展学习型乡镇创建活动。第三,"科教兴乡兴县"工程进展顺利,平定县、盂县、郊区 3 个农业县区 32 个乡镇全部达"科教兴乡兴县"标准,合格率为 100%。第四,按照《中华人民共和国民办教育促进法》、《民办教育促进法实施条例》和《山西省"民办教育促进法"实施办法》,对全市民办教育学校及办学机构进行审批和管理。第五,对所辖函授站进行教学检查和年检审批。 (李慧忠)

【农村成人教育】 2009 年,全市农村成人教育依托 32 所乡镇农民文化技术学校和 954 所村农民文化技术学校,开展了农村劳动力实用技术培训。依托农村成教基地对回乡初高中毕业生普遍进行职业技能培训以提高其创业与就业能力。其中对从事农业生产的劳动力进行了实用技术培训,以增强其掌握和运用先进实用技术的能力,全年开展实用技术培训共计 13 期 6 个专业,培训人数达 140068 人次。对进入非农产业和城镇就业的农村劳动力提供了转移培训,以提高其就业素质和技能,全年共转移培训 5000 余人次。开展学习型乡镇创建活动,组织 3 个农业县区的相关领导和教育局相关科室负责人,根据《山西省科教兴乡评估验收实施办法》,对达标的"科教兴乡"示范基地的分乡镇进行抽查,抽查的乡镇全部合格。

(李慧忠)

【职工教育】 2009 年,为提高企业职工的专业职能,对 20%以上的乡镇企业职工进行了岗位培训,全年共完成各类职工教育培训 256550 人,全员职工教育总经费 4497.2 万元,占职工工资总额的 1.33%。按时完成了阳泉市的职工教育统计工作,统计企业普及率达到了 75%。开展计算机应用能力培训考核工作,全年共培训考核 1900 人。

(李慧忠)

【民办教育机构管理】 2009 年,按照省教育厅《关于加强民办教育管理工作的若干意见》的要求,在继续延用《关于加强民办教育机构招生广告管理的通知》(阳教成字〔2005〕7 号)的基础上,市教育局与市纠正行业不正之风办公室联合下发了《关于开展 2009 年暑期规范办学行为专项检查的通知》(阳纠办〔2009〕7 号)和《关于对全市无证办学进行清理整顿的通知》(阳教成字〔2009〕3 号),由市县纠风部门和教育部门工作人员组成专项小组,通过自查和明察暗访相结合的形式,对全市辖区内规范办学情况和义务教育阶段的民办教育机构进行摸排,对有举报、有反映的县区、学校进行重点检查。对全市未取得民办学校办学许可证而擅自开展学历教育、学前教育、自考助学及其他文化教育的民办学校及其培训机构进行清理整顿,重点清理在办学房屋、教学设施、消防和交通安全、食品卫生等方面存在严重安全隐患的家庭作坊式培训机构,取消了 6 所培训机构和 1 所职业高中,审批了 11 所新办的学前教育机构。截至 2009 年底,全市共有各级各类民办教育机构 108 所,其中,学前教育 46 所,小学和初中一体学校 1 所,小学、初中、高中一贯制学校 4 所,各级各类培训机构 57 所。此外,还对在阳泉市招生的 23 所省内外民办高校进行备案,并在《阳泉日报》上进行公示。

(李慧忠)

特殊教育

【概况】 2009 年,阳泉市有特殊教育学校 2 所,教职工 105 人,其中专任教师 49 人,教师合格率 100%。全市有适龄三类残疾儿童 388 人,在校生 375 人,入学率 96.7%,在校生辍学率为零。其中,市盲聋人学校在校聋生 118 人,城区培智学校在校弱智生 65 人,除此之外,全市有随班就读点 32 个,随班就读班 88 个,学生 192 人,其中听力残疾 28 人、视力残疾 12 人、智力残疾 152 人。

2009年，各级政府共投入117万元发展特殊教育，学生人均经费2280元。特殊教育学校学生享受“四免一补”政策，学杂费、住宿费、课本费、作业本费全部免费，每人每年还享受生活补助费400元。随班就读的学生免除了学杂费和课本费。

（张维堂　王　斐）

【城区培智学校开展残疾儿童康复训练】 2009年，城区培智学校在市、区残联的支持帮助下，确定10名学生为康复训练对象进行训练。学校从2008年开始确定康复训练对象，到2009年，共有40名。在确定训练对象后，制定康复训练方案，对家长进行多次培训，在家长协助下，根据“运动能力”、“感知能力”、“认知能力”、“语言交往能力”、“生活自理能力”、“社会适应能力”等6项训练内容进行有计划、有目的的康复训练。各科教师分别对重、中、轻度智障学生制订训练计划，撰写训练教案，做到“一生一目标，一人一方法，因人而异，因材施教”，详细记录训练情况，从饮食起居、读书写字、与人交流等方面，教师对每个孩子做到耐心、关心，对康复训练进行阶段性评价。学生张东旭、李昌入学时被人背着进校园，现在已能自己走路；岳政、石凯语、史腾飞由不会说话到康复训练后已能与老师、同学交流，还会背古诗、说英语单词。所有的孩子在老师、家长的精心培育下都有了不同程度的提高。

（张维堂　史治勇）

【市教育局获“国家全民阅读先进单位”称号】 2009年12月，中央宣传部、中央文明办、国家新闻出版总署在深圳市召开了全民阅读经验交流及表彰会，阳泉市教育局获得了“国家全民阅读先进单位”的荣誉称号。

（李枢评）

【平定县青少年校外活动中心建成】 2009年，平定县青少年校外活动中心建成，该中心从2006年3月动工兴建，建筑面积3142平方米，总投资366万元，12月份通过了省级验收，正式投入使用。（李枢评）

【“三个十”评选活动】 2009年，为了进一步推进未成年人思想道德建设，市教育局从学生养成教育、家庭教育、心理健康教育三个方面为重点，在全市学校开展了“三个十”评选活动，活动从4月份开始，历时8个月，到12月底结束。活动分学校申报、县区考核推荐、市局表彰奖励等三个阶段。最后矿区马家坪小学、矿区赛鱼小学、矿区红岭湾小学、郊区河底小学、盂县实验小学、城区下站小学、城区新华小学、平定冶西示范小学、平定南坳明德小学、盂县逸夫实验小学10所学校获得了“养成教育先进学校”称号；阳泉市十五中、郊区荫营中学、荫营二中、盂县一中、盂县秀水一中、平定一中、城区北大街小学、阳泉一中、城区教育局、阳泉十中10个单位获“心理健康教育先进学校(单位)”称号；矿区段家背小学、阳泉十六中、平定三中、盂县二中、阳泉十一中、阳泉七中、阳泉六中、平定锁簧一中、郊区杨家庄中学、郊区三泉中学10所学校获“家庭教育指导先进学校”称号。（李枢评）

【教育局获省“2009年学校治安综合治理先进集体”和市政府“安全生产先进单位”荣誉称号】 2009年，市教育局严格按照年初同省教育厅、市政府签订的安全生产工作目标责任状和安全生产专项整治工作责任状各项指标任务的具体要求，抓规范、抓落实、抓整改、抓队伍建设，进行了全员、全时段、全方位安全管理，安全工作保持了稳定的发展态势，全年没有出现任何安全责任事故，学生保持了零伤亡。市教育局获得了省综治委“2009年学校治安综合治理先进集体”和市政府“安全生产先进单位”荣誉称号。

（李枢评）

教师队伍建设

【实验中学公开招聘教师】 2009年8月，市教育局和市人事局面向社会为市实验中学招聘教师。招聘范围及对象为应、往届大学本科学历以上的大学毕业生和市外的在职教师。通过公开招聘条件、笔试、面试、体检、公示等环节，最终249名应聘考中，择优聘用了16名优秀大学生。（乔海林　李艳萍）

【第九届中小学教学能手评选】 2009年3月～11月，市教育局组织开展了阳泉市第九届中小学教学能手评选活动。在各县(区)推评工作的基础上，市教研室组织学科评审组，从师德修养、学识水平、教学能力及成绩、教研科研工作、培训与培养教师等5个方面，15个评价要素对参评教师进行量化评价。为了使评选能手与教学研究、观摩研讨结合起来，教学评价中采取以学科集中分科设点的办法进行，全市集中在5个点17所学校进行，按照评选点学校的教学进度确定课题，市教研室统一编排讲课顺序并提前两天通知参评教师，通过对参评教师的讲课、说课，以及对学科知识、教育教学理论问题答辩进行量化评价，评出118名市教学能手，其中高中26名、初中44名、小学48名。（王建军）

【普通高中教师新课程远程培训】 2009年，阳泉市继续进行普通高中教师新课程远程培训。2008年，已培训普通高中教师、教研员1140人，占全市普通高中教师、教研员总数1779人之64%。年内，剩余的639名普通高中教师教、教研员全部参加了培训，职业高中、教育学院部分教师共193人也参加了培训。截至2009年8月，阳泉市普通高中教师全部参加了新课程培训，比教育司规定的时间提前一年完成了培训任务。（郭鸿雁）

【普通高中新课程教师培训】 2009年6月，市教学研究室组织了全市相关教师和学科教研员参加了省综合实践、通用技术、信息技术的学科培训。6月又组织了省、市基地校教师骨干教师和教研员76人参加了"山西省普通高中新课程实验高二年级10大学科培训班"的培训,培训期间进行了集体备课和交流,为高二开设选修课程打下了基础。在2008年培训的基础上,2009年7月3~4日阳泉市进行了普通高中新课程实验教师的全员培训工作,全市高中语文、数学、英语、物理、化学、生物、政治、历史、地理、通用技术10大学科的教师共3000多人参加了培训。7月中旬,市教育局又组织全市高中教师参加了全国继续教育中心组织的网络培训。培训坚持"面向全员、主体参与、因地制宜、边培训、边总结、边提高、以校为本、研训结合"的原则,对全体教育行政管理者、教科研人员、学科教师进行培训。培训内容包括:课程标准、教材培训、教学研讨、课例研讨、学科教学指导建议、选修课课时内容解析。8月份,各校又集中教师用两周时间进行新教材备课研讨,为开学工作做好准备。(王建军)

【名师送教下乡】 2009年4月,市教育局3次联合组织省教学能手31人、学科带头人31人"送教下乡"。活动分别在郊区河底中学、义井中学、千亩坪小学,平定县张庄中学、宁艾小学,盂县牛村中学、牛村小学等15所农村中小学进行,共上观摩课、示范课60余节,召开教学观摩研讨会30场次,参加教师700余人。活动涉及初中语文、数学、物理、历史、音乐,小学语文、数学、英语、科学、音乐、美术、体育等科目。课后进行了研讨、交流,并对农村教师进行了案例式培训。山西出版集团出版的2009年5月15日《学习报教育周刊》对此活动进行了报道。

(王建军)

【第六次认定教师资格】 根据《教师资格条例》,2009年8月,阳泉市面向社会进行第六次教师资格认定,1068人参加教育学、教育心理学考试,251人参加教育教学能力测试。897人认定了教师资格,其中,幼儿园教师资格8人,小学教师资格705人,初中教师资格94人,高中教师资格68人,中等职业学校教师资格22人。

(乔海林　李艳萍)

【中小学教师专业技术职务评审】 根据省人事厅、省教育厅有关规定,阳泉市完成了2009年度中小学校教师系列高级教师职务评审工作和2008年中初级教师职务评审工作。高级教师申报113人,审查、讲课后不合格8人,最后通过95人;2008年中初级教师申报270人,审查、讲课后不合格2人,最后通过268人。

(乔海林　李艳萍)

【义务教育学校绩效工资改革】 根据省教育厅统一安排,阳泉市教育局与市人事局、市财政局联合下达了《关于市属义务教育学校绩效工资实施办法》,其中基础性绩效工资占绩效工资总量的70%,按月发放;奖励性绩效工资主要体现工作量和实际贡献等因素,由学校在核定的总额内根据规范的分配程序和要求,采取灵活多样的分配形式和办法,自主决定分配,合理拉开差距。根据实际情况,在奖励性绩效工资中设立班主任津贴、岗位津贴、超课时津贴、教育教学成果奖励等项目,全市各个县区在9月底前完成了全市义务教育学校职工绩效工资基础性绩效工资的发放工作。

(乔海林　李艳萍)

【大中专毕业生就业指导】 2009年,市教育局积极教育和引导大中专毕业生进一步端正就业观念,增强从业信心,转变就业视野,努力帮助大中专毕业生实现就业。通过双向选择,全市148名大中专毕业生签订了就业协议书,其中综合类毕业生126人、师范类毕业生22人。

(乔海林　李艳萍)

【"普通话初步普及"和"汉字的社会应用基本规范"】 根据省政府办公厅《关于开展城市语言文字工作评估的意见》(晋政办发〔2005〕17号)文件精神,继2008年12月完成平定县和郊区两个三类城市语言文字工作评估之后,2009年4月12日~14日,阳泉市语言文字工作委员会组织盂县三类语言文字工作评估暨全省语言文字评估工作现场观摩活动。经过听取汇报、实地考察、集中汇总几个步骤,阳泉市语言文字工作评估团确认盂县三类语言文字工作达标。至此,阳泉市全面完成了所辖二、三类城市语言文字工作的评估达标工作,成为全省第一个实现"普通话初步普及"和"汉字的社会应用基本规范"的地级市。

(郭鸿雁)

教育经费与办学条件

【中小学校舍安全工程】 根据山西省政府办公厅《关于全省中小学校舍安全工程的实施意见》和王君省长在省十一届人大二次会议提出的将用两年时间在全省实现中小学校舍安全工程全覆盖等"五个全覆盖"的工作要求,为进一步提高全市中小学校防震抗灾能力,切实保障广大师生生命财产安全,使学校成为抵御自然灾害最安全的地方,2009年,阳泉市将中小学校舍安全工程列为为民办的十件实事之一,阳泉市"八个全覆盖"工程之一。结合阳泉市中小学校舍现状及布局调整等实际,制定了阳泉市校舍安全工程实施意见,成立了领导组,同各县区签订了目标责任书,将省下达阳泉市12.89万平方米的危房改造任务,全部落实到各县区,市级配套资金4880.75万元全部落实到位,同时,编制了《阳泉市中小学校舍安全工程总体规划及分年度实施计划》、《2008~2010年中小学校舍安全工程建设规划表》和《2008、2009两年中小学校舍安全工程建设投资计划表》。截至2009年底,阳泉市省批137个维修改造项目全部开工建设,实际施工面积25.87万平方米,完成投资2.11亿元,改造危房面积22.53万平方米。

(贾　刚　王清林)

【助学工程】 2009年,阳泉市在实施国家规定的农村义务教育经费保障机制改革、城市全部免除义务教育阶段学生杂费和“两免一补”工作的同时,组织实施了3项助学工程。一是“兴大”高中助学工程。这是由北京“六合兴”济困助学中心理事长薄熙成发起的,从2007年秋季开始,总计资助金额540万元。2009年,全市有900名贫困高中生享受到这项资助,金额180万元。二是远鑫集团资助被重点院校录取的贫困大学生,这项资助从2008年开始,资助20名被重点院校录取的大学生,连续资助4年,每生每年资助5000元,总计100万元。2009年资助20万元。三是阳光房地产公司发起的阳光助学工程,每年资助贫困学生100名,每人资助1000元,连续资助3年,总计资助30万元。2009年资助10万元。

（贾 刚 王清林）

【营养早餐工程】 实施营养早餐工程是市委、市政府2009年为人民办的十件实事之一。2009年,全市实施营养早餐工程共投入219.9万元,由市、县两级财政5∶5比例分担,并以县区为责任主体,通过公开招投标制选择供奶企业,保证牛奶质量和学生饮用安全。平定县、盂县、郊区、矿区、开发区及市二中、市十一中、市盲聋人学校的10995名义务教育阶段寄宿学生每人每天免费供应半斤牛奶。

（贾 刚 王清林）

【生源地信用助学贷款】 为贯彻《财政部 教育部 银监会关于大力开展生源地信用助学贷款的通知》(财教〔2008〕196号)精神,进一步完善助学贷款政策,山西省教育厅、山西省财政厅、国家开发银行山西省分行决定2009年在2008年11个试点县(市、区)的基础上全面开展生源地信用助学贷款工作,进一步扩大生源地信用助学贷款覆盖面。2009年,阳泉市全面开展了生源地信用助学贷款工作,城区、矿区、郊区、平定县、盂县及开发区全部与国家开发银行山西省分行签订了贷款合作协议,开展生源地信用助学贷款业务,截至2009年底,共有390人申请助学贷款,申请贷款金额近200万元。（贾 刚 王清林）

【“三项教育”工程】 2009年,阳泉市“百项工程”涉及教育经常建设的有3项工程,分别为:阳泉一中新校区(阳泉示范高中)建设工程、阳泉师范专科学校建设工程、阳泉职业技术学院改扩建工程。(一)阳泉一中新校区(阳泉示范高中)建设工程规划建设资金9000万元,2009年底,阳泉一中新校建设工程共完成建安总产值8165万元,占全年投资计划的90.72%。其中完成建筑安装工程7705万元,完成其他投资460万元。主要建设项目为:进行建筑物二次结构,门、窗安装,室内外装饰、装修,室外管沟、道路施工,设施、设备安装,部分绿化工程等,截至11月底,6栋教学楼、3栋宿舍楼,科技图书楼、办公楼、对外交流中心、学生餐厅等共计13栋单体建筑主体工程全部完工并通过验收。学校内外装修工程、层面工程及外网工程等正在进行当中。(二)阳泉师范专科学校建设工程规划建设资金9500万元,完成投资4380万元,占全年计划投资的461.1%。主要建设项目为:餐饮中心等4项2008年开工2009年建设的项目,体育馆等3项2009年开工建设的项目,共计7项。截至2009年底,7项工程中完工并通过验收的项目有3项,图书馆、体育馆、教学楼和宿舍楼4项工程主体完工。(三)阳泉职业技术学院对2008年停工的风雨操场、综合服务楼、实验楼配楼、东操场项目复工继续建设,完成投资880万元,占全年投资计划的5.87%。

（贾 刚 王清林）

【农村寄宿制学校食堂标准化改造】 农村寄宿制学校食堂标准化改造工程,以新建、改扩建灶房,设备购置、设备维修为主要内容,按照标准化要求,充分利用现有资源,做到集中投资1所,改造成功1所。2009年,市政府将改造25所农村中小学食堂列为推进教育均衡发展的工作之一,为了完成25所中小学食堂改造,7月10日,市财政局、教育局联合将改造农村寄宿制学校食堂标准化工程项目专项资金100万元下达到各县区,食堂改造建设专项资金由市政府每所补助4万元,不足资金由县区安排解决。各县区教育部门利用暑假时间,集中对所确定学校进行了改造,截至9月1日开学前完成了所有改造任务。

（贾 刚 王清林）

教育科研

【教育科学“十一五”规划课题2009年鉴定结题工作】 2009年8月15日,阳泉市教育科学规划办公室聘请专家组对2009年6月前完成研究任务的市教育科学“十一五”规划课题进行评审鉴定。申报结题的课题共有29项,内容涉及学生学习方式的研究、学习兴趣的研究、课堂教学模式的研究、反思教学研究、信息技术与各科教学的整合、教学评价研究、德育渗透研究、教学策略研究、校本课程研究等。8月15日,市教育科学规划领导小组办公室组织专家召开鉴定会,对29项课题进行鉴定,被评定为A级、B级和C级的23项课题通过鉴定结题;定为D级的课题有6项,未通过鉴定结题。

（李艳萍）

【教育科学“十一五”规划2009年度9项课题立项】 2009年8月16日,市教育科学规划办公室召开市教育科学规划领导小组学术委员会评审会议,对市教研室、城区、矿区、盂县等7个单位(学校)申报的12项年度课题进行严格评审,最终通过立项课题9项,立项课题总数占申报课题总数的75%。这次申报课题内容涉及合作学习研究、自主学习研究、有效性教学研究、研究性学习指导、师生关系研究、体育心理研究等多个方面。立项课题符合新

课程教学实际,研究目的明确,课题方案计划周密,研究人员配备合理,具有一定的方向性、实用性和可行性。（史治勇）

【宋崇魁当选为全国教育内部报刊协作会会长】 2009年10月26日~29日,由全国教育内部报刊协作会主办,郑州市教育局、《郑州教育》报承办的“第二十届全国教育内部报刊协作交流研讨会”在河南郑州举行。阳泉市教育科学研究所所长、《阳泉教育》副主编宋崇魁当选为下一届全国教育内部报刊协作会会长,《阳泉教育》被评为全国教育内部最佳期刊。（李艳萍）

【高中新课改“同课异构”教研活动】 2009年5月26日~6月3日,阳泉市教育局分别组织了全市高中14学科同课异构活动。“同课异构”是选择同一学科、同一教学课题、同一个年级学生,由不同的教师,运用不同的教学方法、教学资源,建构不同的教学过程来达成同一教学目标。这种教研形式是一种多层面,全方位的合作、分享、交流、提升的教学研究模式,可以更好地比较不同的教师对统一教材内容的不同处理,比较不同的教学策略所产生的不同教学效果。此次活动采取主讲教师先上课、后说课,最后听课教师讨论点评的形式进行展示交流。授课教师是在2008年阳泉市普通高中新课程课堂教学大赛中各科获一、二等奖优秀教师,参与听课交流的是各普通高中学校高一年级对应学科教师。这次活动重在落实新课改教学理念,教师用不同的方式完成同一目标,这种活动形式,彰显教师教学个性,引导启发教师深入钻研教学,落实新课程理念。（王建军）

【学科竞赛】 2009年,市教学研究室组织开展了初中、高中数学、物理、化学、生物、英语学科竞赛活动。初中有13836名学生参赛,其中数学有2252名学生参赛,有3名学生获得全国一等奖,39名学生获得全国二等奖,95名学生获得全国三等奖;物理有2201名学生参赛,有6名学生获得全国一等奖,13名学生获得全国二等奖,22名学生获得全国三等奖,34名学生获得省级优秀奖;化学有3280名学生参赛,有7名学生获得全国一等奖,21名学生获得省级一等奖,42名学生获得省级二等奖,78名学生获得省级三等奖;生物有1302名学生参赛,有5名学生获得省级一等奖,28名学生获得省级二等奖;英语竞赛分初二、初三年级分别进行,初二年级英语有2600名学生参赛,有15名学生获得国家级一等奖,21名学生获得国家级二等奖,26名学生获得国家级三等奖,31名学生获得国家级优秀奖;初三年级英语有2201名学生参赛,有13名学生获得国家级一等奖,18名学生获得国家级二等奖,22名学生获得国家级三等奖,25名学生获得国家级优秀奖。高中有4768名学生参赛,其中数学有1258名学生参赛,有2名学生获得省级一等奖,7名学生获得省级二等奖,48名学生获得省级三等奖;物理有640名学生参赛,有1名学生获得省级一等奖,12名学生获得省级二等奖,51名学生获得省级三等奖,12名学生获得省级优秀奖;化学有596名学生参赛,有1名学生获得全国二等奖,5名学生获得全国三等奖,37名学生获得省级二等奖,27名学生获得省级三等奖;生物有623名学生参赛,有3名学生获得全国二等奖,10名学生获得全国三等奖;英语竞赛分高二年级、高三年级分别进行,高二年级英语有801名学生参赛,有4名学生获得国家级一等奖,7名学生获得国家级二等奖,8名学生获得国家级三等奖,9名学生获得国家级优秀奖;高三年级英语有850名学生参赛,有5名学生获得国家级一等奖,7名学生获得国家级二等奖,9名学生获得国家级三等奖,9名学生获得国家级优秀奖。（李爱存 王建军）

【平定县教师进修校课题阶段性研究成果获全国一等奖】 2009年11月15日,平定进修校在合肥召开的全国教育科学“十一五”规划教育部重点课题《有效推进区域教师专业化发展》经验交流会暨第八届年会上,被评为全国教育科学“十一五”规划教育部重点课题“有效推进区域教师专业化发展”2007~2008年度研究与实验工作先进单位,课题阶段性成果《四轮驱动让培训更有效》经教育部中小学教师综合素质培训项目领导小组及中央教科所有效推进区域教师专业化发展总课题组专家委员会评审,被评为第八届年会成果一等奖,入选大会成果交流光盘材料,有19篇相关论文被评为优秀成果奖。（郭鸿雁）

【“中美合作公民教育”项目第二轮实验启动】 “中美合作公民教育”项目是教育部课程中心2005年从美国引进的教育合作项目,在上海、江苏、山东、云南等地开展实验,有数十万学生参与。阳泉市从2006年启动这一项目,市十一中、郊区义井中学、城区北大街小学被确立为山西省首批实验校,积极进行实验和研究,并取得了阶段性成果。2009年6月,市教育局召开了“中美合作公民教育”项目第二轮实验启动校长工作会议暨教师培训会议。实验校代表市十一中副校长薛利敏就本校开展公民教育的实践经验做了专题汇报。来自14所实验校近70名公民教育项目实验教师参加了培训。9月,市教研室组织召开了全市公民教育开展情况交流研讨活动,24所实验学校的实验教师到会并发言,为公民教育实践活动的开展提供了交流平台,推进了项目的有力实施。

（张美玲 王建军）

教育装备与现代教育技术

【概况】 2009年3月,市教育局本着教学性、科学性、创新性、启发性、实用性的原则，共选送教师优秀作品35件参加了山西省第十届自制教具评选活动，共有21件获奖。其中市十一中王建国的"波的产生和传播"、矿区段家背小学赵伟光的"多功能划线器"、南煤集团幼儿园王艳艳、郗秀花的"小鼓咚咚"、南煤集团幼儿园赵晓霞的"神奇的圈"4件作品获一等奖；市十一中王建国、张书清的"驻波演示器"、南煤集团幼儿园胡晶涛、王姬芳的"多功能棋盘"，姚云的"彩布穿穿乐"和"多变十六格"，杨承岭的"爱拼才会赢"等5件作品获二等奖；三等奖12件。在本次评选活动中，矿区沙台小学的翟星转、南煤集团幼儿园的姚云、王凯霞、王艳艳被评为全省自制教具能手，市教学仪器装备科获活动组织奖。　　（孙秉达）

【矿区普及实验教学工作通过省教育厅验收】 2009年12月22日～25日，山西省教育厅装备处副处长张利江专家组一行5人，对矿区普及实验教学工作进行复验。验收组听取了矿区政府关于普及实验教学情况的汇报，查阅了相关资料，并对红岭湾等7所学校进行实地考察。验收组认为：矿区政府对普及实验教学工作高度重视，为各中小学校配备了充足的实验教学仪器，并在普及实验教学建、配、管、用四个方面措施得力，管理规范，基本达到了山西省普及实验教学标准。　　（孙秉达）

【第九届中小学实验教学能手评选】 2009年6月～10月，市教育局组织开展评选第九届中小学实验教学能手活动。根据阳教研字〔2009〕1号《关于评选阳泉市第九届中小学教学能手的通知》，针对实验教师选拔的相关内容下发了补充通知。评选采取学校推荐、县区选拔、市教育局组织评审的办法进行。分中学物理、中学化学、中学生物、小学科学4学科对全市23名被推荐选手分实验管理笔试、实验操作、实验说课、实验报告、实验管理记录和发表论文等方面进行整体评价。共评出市实验教学能手11人，其中中学物理2人、中学化学5人、中学生物1人、小学科学3人。　　（张　黎）

【教育网和远程教育工程教学应用年"十佳"活动】 为提高阳泉市的教育信息化应用水平，市教育局把2009年确定为教育网和远程教育工程教学应用年，并开展规模较大的"应用年十佳系列活动"。十佳系列活动是："十佳应用能手"、"十佳应用校长"、"十佳专题活动"、"十佳教育叙事征文"、"十佳专题学习网站"、"十佳校本资源库"、"十佳学生电脑作品"、"农远工程优秀项目学校"、"农远工程优秀项目县区"、"阳泉市教育城域网和农村中小学现代远程教育工程教学应用现场会"。"十佳"系列活动总体设计思路是依托网络设备和网络资源，在阳泉市城域网和农村远程教育工程实施的大环境里开展活动。"十佳应用能手"的整个比赛过程，按照教师的日常教学过程设计；"十佳应用校长"用竞赛形式导向校长说出自己的见解，同时，通过专家提问，现场互动，形成讨论、交流局面，凸现创新理念，突出新颖做法；"十佳专题活动"展示了网络环境下的教研、实践、研究性学习、作文等不同形式的活动，对创造性地使用网络资源，最大限度地发挥信息化工具的作用，起到了积极地研究与示范作用。十项活动的评比过程、结果及资料，制作了专题网站，供全体教师浏览、学习，实现资源共享。　　（张大虎）

科学技术

综合工作

【概况】 2009年，全市科技自主创新能力不断提升，在积极应对国际金融危机、提升传统产业素质、培育新型产业成长、服务社会主义新农村建设等各个方面都取得了显著成效。年内，全市共实施市级重大科技创新项目95项，投入专项资金2432万元。向上争取科技计划立项66项，资金669万元。全社会科技投入（R&D）继续增长，达到3.74亿元，占到了全市GDP的1.1%。企业创新意识不断提高，全市新培育省级技术中心3家，市级以上技术中心达到30家。各类科研机构和研发中心的创新和开发能力不断增强，全年共有市级科研成果50项，省级和国家级成果共3项。全市专利转化实施率超过国家平均水平，达到了21%；技术合同交易保持高速增长，达到3808万元。山西省吉天利科技实业有限公司、山西勤工技术实业开发有限公司通过高新技术企业认定，全市高新技术企业认定和保留7家，全年高新技术产业产值达到35亿元，高新技术产业增加值占到全市地区生产总值的5%。新培育认定省级民营科技企业16家，民营科技企业总数达到45家。专利申请量再创历史新高，达到308件，每10万人申请专利达到23件。全市3个农业县区全部被列入省级以上科技富民强县专项行动计划，其中郊区、盂县为国家级，平定为省级。年内，全市申报实施省级农村技术承包计划33项，面向全市农村开展农业实用技术推广培训2000多场次，选派100名科技特派员深入农村开展科技服务，在全省首创农村科技特派员和大学生村官"一肩挑"工作。科技创业园一期工程创业大楼和服务大楼正式投入使用，二期工程专家大楼主体顺利完工，华越、华鑫电气、北京通达耐火等10余家企业研发机构入驻园区。积极探索科技风险投资和科技银行建设，出台了《阳泉市科技风险投资建设方案》，科技风险投资框架已模拟成型。京晋科技合作向纵深发展，17个合作项目取得了阶段性进展，阳泉金隅通达公司的年产15万吨优质矾土基均质耐火原料项目已落

户郊区,通达耐火研究所入驻创业园。与此同时,科普工作影响不断扩大,科技文化建设不断引向深入。(李银河)

【"科技与健康同行"登山活动】 6月12日,市科协与市科技局、市体育局在狮脑山联合举办了主题为"科技与健康同行"阳泉市科技工作者登山健步行活动。这次活动旨在通过展示全市广大科技工作者团结拼搏、积极向上的精神风貌,提高全市广大科技工作者的身体素质,丰富科技工作者的文体生活,为科技工作者增强联系交流搭建平台,从而进一步团结动员全市广大科技工作者在创建新型城市、构建和谐社会中发挥重要作用。各县(区)科协、市级学会(协会、研究会)、企事业科协、科技局系统、体育局系统和市直各有关单位的科技工作者约500多人参加了活动。(尚红秀)

【企事业科协发展促进会成立】 7月9日,市企事业科协发展促进会第一次会员代表大会在阳泉北冰洋大酒店召开。会议通过了《阳泉市企事业科协发展促进会章程》、《阳泉市企事业科协发展促进会财务管理办法》和《阳泉市企事业科协发展促进会会费收取办法和标准》,选举产生了市企事业科协发展促进会第一届理事会理事、常务理事、副理事长、理事长,推举了秘书长。杨永生被聘为名誉理事长,市科协主席张秀亲当选为理事长。该促进会是由市企事业科协、有关部门和企事业单位科技工作者自愿组成的全市性、非营利性社会团体,成立时有团体会员23个,个人会员154人。该促进会的宗旨是:团结和组织全市企事业科协和企事业单位科技工作者,促进企事业学术繁荣与发展、技术开发与创新、科技推广与普及、人才成长与提高、科技与经济的密切结合,为推进企事业技术创新、提高经济效益、加快改革与发展服务。(尚红秀)

【农村科技特派员工程】 2009年9月18日,市委组织部和市科技局举行"阳泉市科技特派员工程启动仪式",并出台了《阳泉市科技特派员工程实施方案》和《阳泉市农村科技特派员管理办法》,成立了由市委常委、组织部部长宋师璇为组长,市政府秘书长董贵堂、市科技局局长要真等为副组长的科技特派员领导组,领导组下设办公室,办公室设在市科技局。领导组按照自愿报名和组织审查的原则,经过遴选,最后确定了100名科技人员作为阳泉市首批科技特派员。这些科技特派员中,有外聘的7人,市内的93人(其中大学生村官39名)。市委组织部、市科技局等8部门针对大学生村官专业基础知识扎实、科技素养高、年富力强,但缺乏专业支持和科技组织的实际情况,联合发布了《关于深入开展科技特派员农村科技创业行动的意见》,通过对大学生村官进行一系列农业科技实用技术培训,盂县东梁村大学生村官特派员张灵芝,平定县东回镇前黄安村的村官王增光、王琳,平定柏井镇的陈素光等一批大学生村官科技特派员开始创业并取得初步成效。(李银河)

【应用心理学研究会成立】 9月25日,阳泉市应用心理学研究会第一次会员代表大会在阳煤集团总医院召开。会议表决通过了《阳泉市应用心理学研究会章程(草案)》、《阳泉市应用心理学研究会财务管理制度和会费收取办法(草案)》,选举产生了市应用心理学研究会第一届理事会理事、常务理事、副理事长、理事长,推举了秘书长。阳煤集团总医院院长贾江武当选为理事长。至此,全市的市级科技学会(协会、研究会)达到了58个。(尚红秀)

【科技强警示范县(区)】 10月11日~16日,矿区、盂县和平定县经省公安厅、省科技厅专家组的联合验收考核,正式成为山西省首批"科技强警示范县(区)"。年内,全市各县区开展了"平安县(区)"创建工作,按照"向科技要警力"的要求,公安、科技部门通力合作,创新机制,科学规划,不断加大公安科技投入,积极开展公安科技培训,夯实科技强警基础,推进公安科技建设和应用,全警科技应用技能明显提高。矿区通过"四防"工作法和"天网"视频监控三级网络平台,实现了"两高一低(公安机关驾驭治安局势的能力提高、人民群众安全感提高,刑事案件特别是可防性案件发案率降低)"治安防控的总目标。盂县积极落实建设项目和资金,两年投入1423万元完善了公安科技基础设施、公安应用信息系统、指挥中心、治安防控、刑事技术、警用装备、示范所队等方面的建设,在公安实战中取得明显成效。平定县按照"基础工作信息化、信息工作基础化"的要求,加强信息采集和科技应用,加强科技强警成功案例和经验的总结与推广,实现了刑事案件破案数、打击处理数、抓获逃犯数的比上年上升和刑事案件发案数比上年下降的目标。(李银河)

【科技工作者表彰大会】 11月19日,庆祝市科协成立50周年暨"三个十佳(十佳青年科技工作者、十佳科普志愿者、十佳科技辅导员)"表彰大会在阳泉宾馆隆重召开。阳泉供电分公司马维青、郊区农业局蔬菜中心农艺师王英利、太原理工大学阳泉学院副教授王满寿、阳泉铝业公司总工程师石文斌、阳光发电公司高级工程师宋豪杰、阳煤集团选运处高级工程师张顺杰、市第一人民医院副主任医师、市林业科学研究所高级工程师郗文保、阳煤集团三矿高级工程师郝宝慧、山西北方晋东化工有限公司高级工程师程庆华荣获"十佳青年"科技工作者称号;市超声医学工程学会理事长王存义、市图书馆学会秘书长田亚西、市心理学会理事长刘成福、矿区赛鱼小学高级教师刘和平、市医学会秘书长范正栋、市蜂业协会秘书长高志鸿、阳光发电公司科技负责人常晋艳、市第一人民医院科协秘书长梁惠莲、阳煤集团三矿科协秘书长翟福堂、平定县东回镇前黄安村国家级农村科普带头人裴海平荣获“十佳科普志愿者”称号;郊区石卜嘴小学高级教师王小荣、阳泉第一中学高级教师杨胜、阳泉第四中学高级教师武瑾、市玉泉中学高级教师荆芬、矿区段家背小学一级教师赵伟光、矿区洪城河小学高级教师郭志红、城区下站小学高级教师梁玉所、平定县冠山联校东关小学一级教师梁芳芳、郊区育才小学一级教师靳晓芳、矿区红岭湾小学高级教师冀秀琴荣获“十佳科技辅导员”称号。获奖者分别获得10000元、3000元奖金。市劳动竞赛委员会为“十佳青年科技工作者”记一等功,为“十佳科普志愿者”和“十佳科技辅导员”记二等功。另外,市第一人民医院副主任医师王世伟、阳煤集团采矿研究所高级工程师乔志英、阳煤集团新元矿工程师刘会田、阳煤集团五矿工程师宋建军、市气象局研究员级高工李润春、阳泉丰裕农业科技有限公司农艺师杨树盛、市农业局高级农艺师段红星、市林业局工程师胡博、市第一人民医院主管护师赵承芳、盂县农技中心高级农艺师赵明双、阳泉阀门厂总工程师梁志宝、阳泉水泵厂高级工程师雷明等13人获市优秀科技工作者称号;市林里粉末冶金有限公司董事长乔国强、市财政局局长任美福、市供电分公司副总经理兼总工程师李斐明、阳泉日报社总编杨鸿龙、阳泉市上社煤炭有限责任公司总经理周峰、固庄煤矿矿长岳国庆、阳光发电公司总工程师柳成亮、市科技局局长要真、市教育局局长赵平有、阳泉铝业公司董事长梁璧、市委人才工作领导组办公室主任程会平11人获热心科协事业奉献奖。(尚红秀)

科技成果推广

【阳煤集团与瑞典开展科技合作】 12月14日,由科技部副部长马颂德带队的亚洲开发银行CDM项目专员沈一扬、国际金融专家万绍鸿、项目管理专家卢均钦、瑞典碳资产市场部副总裁英格玛·艾里克松等CDM项目国际管理官员专家及省科技厅有关领导、山西省CDM技术中心专家一行16人,赴阳煤集团平舒煤矿就项目合作进行了考察。当日,阳煤集团与瑞典碳资产市场就开发阳煤平舒煤矿“煤矿乏风氧化项目”达成了合作意向。本次签约项目主要是利用德国技术对煤矿排放的瓦斯进行全部回收利用的环保CDM项目。项目整个处理过程不产生二次污染,处理率达99%以上,是一项减排量较大、国际贡献度显著的优质CDM项目。项目的实施,不但可提高瓦斯资源的利用价值,增加经济效益,而且对于煤矿区环境保护具有积极的示范作用。 (李银河)

【科技创业园】 经过3年的建设,市科技创业园一期工程创业大楼和服务大楼于2009年投入使用。创业大楼地下一层,地上八层,建筑面积共9千多平方米。该大楼可为开展产品开发、中试研究、科技示范、技术推广及与之相关的技术咨询、教育培训、技术贸易、科技交流等提供多种服务。服务大楼地下一层,地上四层,建筑面积5000多平方米。作为园区整体规划配套服务设施的一部分,主要为入驻企业的工作人员提供餐饮、住宿、商务等服务。年内,华越、华鑫电气、北京通达耐火等10余家企业研发机构入驻园区,借助平台,通过与国内科研院所合作建立技术研发机构,企业推出了一批高新产品,攻克了一批技术难题,产生了一批专利和科研成果。年内,入园企业华越机械实现产值6亿元,华鑫实现产值5亿元,创业园区的集聚效应和核变效应正逐步显现。此外,创业园区二期工程专家大楼主体也于年内完工。 (李银河)

专利工作

【专利申请量首次突破300件】 2009年,全市科技研发资金专利项目所占比例超过了20%,通过专利奖励、资助等手段,专利申请量再创历史新高,达到308件,每10万人申请专利达到23件。年内,科技部门以专利创新带动企业创新,培育市级专利工作试点企业10家,其中,有2家企业被列为第4批全国知识产权试点单位,6家专利试点企业被列入阳泉市“专利技术产业化工程”单位,30多项专利技术成果被授予省、市级技术进步奖和国家部级技术成果奖,78项新技术、新产品在国内外大型展览会、博览会上获奖。市知识产权办公室被国家知识产权局评为“全国知识产权培训工作先进集体”,盂县被授予“全国首批实施国家知识产权强县工程区县”,市科技局局长要真被评为“全国知识产权培训工作先进个人”。 (李春英)

【专利试点企业】 4月9日,全市邀请省知识产权局局长阎毅、副局长牛忠荣及全市有关专家召开“阳泉市专利试点企业评审会”。根据《阳泉市企业专利试点工作办法》的规定,经企业申请、县区科技局推荐,市知识产权办初选,经过参评企业汇报、专家质询和专家当场打分等程序,最终产生2009年度专利试点企业为:盂县西小坪耐火材料有限公司、市建工申华暖通设备有限公司、市勤工实业有限公司、郊区下千耐火材料有限公司、山西鑫源机械制造有限公司、平定张氏砂器陶艺坊6家企业。 (李春英)

【专利获金奖】 2009年10月,市知识产权办公室组织全市电力、机械、化工、农业等行业的33个优秀专利项目参加了在无锡召开的第六届中国国际专利与名牌博览会。会上,平定莹玉陶瓷有限公司的“高档骨质瓷系列产品”项目获得本次博览会特别金奖;市鑫盛瓷业有限公司的“瓷质高强耐磨盲道砖”、山西阳泉美帅科技开发有限公司的“新型多功能书包”、山西建工申华暖通设备有限公司的“带流量刻度指示和锁闭功能的自力式流量控制阀”、市勤工技术实业开发有限公司的“高效燃气锅炉”、市下千耐火材料有限公司的“鱼雷式铁水罐用改性氧化铝—碳化硅—碳砖及其制造方法”、市新鑫科技研究所有限责任公司的“预防和控制煤矿采掘工作面瓦斯煤尘爆炸的技术设备”、山西华通蓝天环保有限公司的“河流、沟渠莲鱼池蓄水坝养鱼种藕防护装置”、盂县社会福利高锰耐磨件厂的“环保型铝矾土竖窑炉”和“一种多元素低合金水淬耐磨钢”9个项目获得本次博览会金奖。 (李春英)

【公开招标自主知识产权项目】 2009年,市科技部门认真贯彻落实市委、市政府“资源型城市转型,大力发展高新技术产业”工作方针和“建设省级科技示范区” 的工作重点,推进了全市国家级知识产权试点市的建设,提高了企业的自主创新能力,鼓励和激发了全市企业自主创新的积极性。3月份,全市在装备制造领域中对拥有核心自主知识产权的机电产品项目进行招标,以期达到引导和示范全市自主创新工作的开展。本着公开、公正、透明、效率的原则,邀请有关专家,对参加投标企业进行了企业汇报、公开评审、专家质询及专家当场打分等程序,最终评选出市建工申华暖通设备有限公司、山西华鑫电气有限公司、阳泉市勤工技术实业开发有限公司、阳泉市新鑫科技研究所有限责任公司为自主创新能力较强、拥有核心知识产权的企业。

(李春英)

【发掘企业自主知识产权】 4月份,市科技局知识产权办公室会同省知识产权专家深入到县区企业,采取“一厂一策”的办法,通过查看企业生产状况,与技术人员交流,发掘自主知识产权,帮助企业自主创新。金融危机以来,全市企业面临经营生产出现的困难,更加深刻地认识以知识产权为核心的技术的重要性。市科技局抓住这一有利时机,一方面积极引导企业加大科技投入,不断引进使用新技术,开发新产品;另一方面组织专家深入企业,宣讲知识产权的重要性,提高企业知识产权意识。通过专家指导帮助,年内,平定莹玉陶瓷有限公司申报专利13项,西小坪耐火材料有限公司申报专利15项。阳泉澳丽丝科技涂料有限公司、平定张氏砂器陶艺坊、平定巨鑫制件有限公司、中信焦化有限公司等几家公司也积极申请专利。截至年底,全市共申报专利133项,平定县和盂县的申请量均提前完成。 (李春英)

【组团参加全国农业高新科技成果博览会】 11月,全市有9个优秀涉农项目参加了在陕西杨凌农业高新技术产业示范区召开的“第十六届中国杨凌农业高新科技成果博览会”。其中,山西华通蓝天环保有限公司张鹏报送的专利项目“河流、沟渠莲鱼池蓄水坝养鱼种藕防护装置” 在展会上与杨凌佳呈实业有限公司签订了合作意向;市郊区浩丰小杂粮合作社报送的“红薯类系列新产品”项目受到欢迎。本届农高会以“科技引领,创业推动,现代农业”为主题,为自主知识产权的技术和品牌搭建了一个与资本对接的良好平台。 (李春英)

科普工作

【科普示范县(区)】 2009年,盂县和郊区成功创建山西省科普示范县(区),这是继平定县创建省级科普示范县之后,全市又成功创建的两个省级科普示范县(区)。自2007年以来,盂县、郊区领导高度重视,成立了创建科普示范县工作领导小组,制定下发了《创建全国科普示范县实施方案》,在科普投入、组织管理、科普实践及科普示范效应等方面取得了突出的成绩,在提高重点人群科学素质、增强科普服务能力、优化科普环境等方面发挥了重要的示范带动作用,达到了山西省科普示范县(区)标准。 (尚红秀)

【科普宣传阵地建设】 2009年,市科协加强并重视科普宣传阵地的建设。一是在《阳泉晚报·教育周刊》开辟青少年科技创新专题和科普知识专版;二是市心理学会参与了团市委的“12355”青少年服务台(阳泉是全国41个“12355”青少年服务台建设试点城市之一),并派出10名心理专家为全市的青少年提供心理咨询服务,搭建起青少年便捷的心理诉求和实际需求援助通道,切实解决了青少年在生活、学习、工作等方面遇到的困难和问题;三是市图书馆学会在农村新建了两个流动借阅站,丰富了农民的业余文化生活。年内,市气象科普教育基地——翠枫山自然风景区旅游服务中心和矿区赛鱼小学科学宫被评为全国科普教育基地。 (尚红秀)

【科普惠农兴村】 2009年初,市科协对全市的农村科普示范基地、农村专业技术协会和带头人进行了一次统计与调查,对优秀的集体和个人进行了表彰和命名,并对基础好、发展势头好的农技协和科普示范基地以及农村科普带头人进行了全国实施“科普惠农兴村计划”的相关培训。在了解掌握第一手资料的前提下,各县(区)科协根据各自的实际情况,共申报农村专业技术协会6个(市科协向中国科协推荐平定县鑫盛养殖协会、平定县南上庄蔬菜种植协会、盂县牛业协会、盂县路家村镇养殖协会、郊区林业协会、郊区东村养殖协会为先进农村专业技术协会),农村科普示范基地3个(平定县糯玉米生产加工基地、盂县牛村生态养猪基地、郊区北庄永恒绿宝蔬菜种植基地为先进农村科普示范基地），农村科普带头人3名。

（冯　静）

【**大学生村官科普培训**】　2009年，为进一步提高全市农民和社区居民的科学素质，市科协抓住市委组织部对全市300名新任大学生村官培训的契机，特邀请省科协副主席王德贵，省人大常委、省科协常委王重一对即将上任的大学生村官进行了科技知识培训。省科协副主席王德贵以《科学素质与科学发展》为课题，从科学概念的缘起，到科学技术的发展；从公民科学素质，到《全民科学素质行动计划纲要》的实施；从贯彻落实科学发展观，到如何开展基层科普工作等进行了详尽的介绍。省人大常委、省科协常委王重一以《科普惠农计划与“三农”问题》和《提高公民科学素质，创建和谐文明社区》为课题，从“是什么”、“为什么”、“如何做”三个方面，对科普惠农计划、解决“三农”问题的基本思路、农民科学素质行动和城镇劳动人口科学素质行动等内容进行了针对性讲解。培训活动为大学生村官即将上任奠定了良好的科普工作知识基础。（冯　静）

【**农函大分校被评为“返乡农民工培训工作先进单位”**】　2009年，市科协与市委组织部、市农业局、市科技局、市妇联及农函大等部门联合实施了“农村党员干部现代远程教育工程”、“新型农民科技培训工程”，着力培养有文化、懂技术、会经营的新型农民。由于工作突出，成绩显著，市农函大分校被中国农函大授予“返乡农民工培训工作先进单位”称号。（冯　静）

【**“全国科普日”暨第六届“科普三晋”系列活动**】　9月19日是全国科普日，围绕“节约能源资源，保护生态环境，保障安全健康”活动主题，市各级科协组织和广大科技工作者、科普志愿者深入到乡村、社区、学校、工厂等场所，先后举办了“预防甲型H1N1流感”、“话说高血压”等科普展览，此外，还举办了送医送药到农家、科普志愿者献爱心义诊、爱国主义科普电影周、健康饮用水专题讲座、心理健康座谈会和药剂联合论坛等科普活动。并首次整合社会资源，利用全市处于闹市区的电子大屏幕同步宣传科普日有关内容，播放科普短片。据统计，全市有40多个单位、1万多人参加了宣传活动，展出科普挂图、展板200余张（块），发放科普资料5万余册，活动取得了良好效果。（冯　静）

【**科协“五个十”系列活动**】　年内，在山西省科协主持召开的“五个十（评选十大科技贡献杰出人物、十大科普功臣、十大优秀科技传播平台、十件公众喜爱的优秀科普作品、十项最有影响的科协品牌）”系列评选活动中，经过公众推荐、媒体宣传、公众投票、专家评审等程序，阳泉矿区赛鱼小学科学宫荣获省科协“五个十”系列评选活动十大优秀科技传播平台奖，市科协获组织奖。

（王拉有）

【**学术交流**】　2009年，市中医药学会会员、阳煤集团总医院的陈星参加了中国科协学术年会，她的论文《丹参注射剂临床应用新进展》入选中国科协第十一届学术年会第22会场即“全国中青年科技创新与成果展示论坛”论文集，并记继续教育Ⅰ类学分6学分。

市医学会充分调动学会人才和技术优势，承办省级学术年会5次，举办市级各种类型学习班、培训班45次，参加人数1.5万人次。这些学术会议层次高、规模大、质量高，有力推动了全市医学学术水平的提高和医学科学的进步，受到全市广大医务工作者的欢迎和好评。

平定县科协于6月13日在县政府报告厅举行了“以人为本，科技创新”报告会，特邀中国科协继续教育中心知识创新与创造力开发讲师团副团长、中国创造学讲师团首任团长、省科协副主席关原成主讲，全县700多名教师聆听了报告，为进一步提高平定县的青少年科技创新工作打了坚实的基础。

市图书馆学会、市心理学会、市护理学会、市农学会等学会也结合自己的实际开展了各类学术交流活动。据不完全统计，年内，全市各学会（协会、研究会）共开展各种类型的学术交流活动38次，参加省以上学术会议18次，参加人员5000多人次，交流论文2000余篇，出版科技期刊10种，发表论文900余篇。

（宋崇军）

青少年科技活动

【**青少年科技创新鼓励政策出台**】　2009年5月，由市科协牵头，市教育局、市科技局、市人事局共同下发了《关于进一步加强青少年科技创新工作的实施意见》，明确了加强青少年科技创新工作的指导思想、工作目标和原则、主要内容和形式及保障措施，提出了具体的表彰奖励办法。一是初中阶段获阳泉市青少年科技创新大赛项目一等奖的学生在中考录取时加5分，并可选择有利于自己发展的学校学习。在初中阶段获山西省青少年科技创新大赛项目一等奖的学生，在升入高中时，可在全市范围内选择省级示范高中学习，也可按特长生对待，升入高中；二是小学阶段获阳泉市青少年科技创新大赛项目一等奖的学生在升入初中时可选择适合自己发展的学校学习；三是在青少年科技创新方面作出贡献的优秀科技教师在职称评审、评模、评优时可作为重要条件之一；四是首次设立了“青少年科技创新市长奖”、“科协主席奖”、“热心科技创新奉献奖”等奖项，表彰在青少年科技创新大赛中成绩突出的学生及支持青少年科技创新工作的单位和个人。该意见的出台在全市各个学校引起了较大反响，激发了青少年科技创新的热情。

（宋崇军）

【**段家背小学在省青少年机器人竞赛中创佳绩**】　2009年5月，由矿区段家背小学组成的机械奥运机器人队伍，代表阳泉参加了第九届全国青少年机器人竞赛(山西赛区)联赛。最终获得省一等奖2项、二等奖3项、三等奖9项，填补了阳泉机器人竞赛活动的空白。(宋崇军)

【第24届阳泉市青少年科技创新大赛】 2009年，第24届阳泉市青少年科技创新大赛共收到各县区及市直学校申报的参赛项目和作品共计2133件，其中优秀发明199项、优秀论文377篇、优秀科学幻想绘画1548幅、优秀科技实践活动9项。经过严格评审，共评出市级优秀项目一等奖16项、二等奖30项、三等奖50项，优秀科学幻想绘画一等奖28幅、二等奖72幅、三等奖100幅，机器人竞速一等奖2名、二等奖2名、三等奖3名，优秀科技实践活动一等奖2项、二等奖2项、三等奖5项，优秀科技辅导员及优秀组织奖若干名。全市大赛结束后，选出了83件作品参加第24届山西省青少年科技创新大赛，阳泉一中周顺的《动态win32 api过滤监控ksapifire wallex使用说明》、矿区西河小学杨懿的《无尘自动皮鞋刷》、王嘉伟的《多功能药瓶》获省优秀项目一等奖，郊区石卜嘴小学姚佳琪的《多功能灭火车》等20幅作品获省优秀科学幻想绘画一等奖，矿区红岭湾小学的《我为节能降耗献妙计》获省优秀科技实践活动一等奖。此外还有20件、33件作品分获省二、三等奖，郊区教育局、矿区科协、阳泉一中、玉泉中学获省优秀组织奖。在山西省大赛中全省共评出优秀科幻绘画一等奖62名，阳泉市选手占20名，其中有8幅绘画选送全国，名列全省第一；小学组的3个报送全国项目，阳泉市占2名。在全国的青少年科技创新大赛中，阳泉市的参赛作品全部获奖，共获得项目三等奖2项，科幻绘画二等奖1项、三等奖7项、科技实践活动二等奖1项，市科协获全国优秀组织奖。

2009年6月12日，在阳泉宾馆会议中心召开了由市科协、市教育局、市科技局共同主办的第24届阳泉市青少年科技创新大赛总结表彰会。市委常委、常务副市长王旭明，市委常委、统战部长杨永生，市政协副主席赵永红出席会议。省科协副主席关原成也专程参加会议。这次表彰会上，矿区西河路小学杨懿获全市第一个青少年科技创新市长奖（奖品为惠普笔记本电脑1台)、郊区教育局副局长荆履义获热心科技创新工作奉献奖(奖金2000元)、阳泉一中周顺、矿区西河路小学王嘉伟获科协主席奖(学习机一台)。会上展示了来自洪城河小学、西河路小学、阳泉一中、段家背小学等学校的9件获奖作品。

(宋崇军)

气　　象

【概况】 2009年，市气象局被中央精神文明建设指导委员会命名为“全国文明单位”。全年主要工作：一是承办“山西省天气预报质量考评系统(地市版)业务推广会”，来自全省各地市气象局相关业务管理和技术人员20余人参加会议。该系统是由市气象局承担的省局科研项目，已取得阶段性成果并进入推广试验期。二是积极为政府部门安排的各种重大活动提供优质的气象服务并召开专题新闻发布会，国庆期间，通过媒体为公众观看庆典、出行和旅游等提供预报服务。三是市气象局雷电防护监测中心为阳煤集团奥伦胶带分公司和山西兆丰铝业有限责任公司进行了全面的防雷安全评估，并取得了良好的社会效益。年底，狮脑山综合探测基地建设接近尾声。(陈　鹏)

【气象现代化建设】 为了更好地推动阳泉气象业务现代化进程，提高服务质量和效率，2009年，市气象局将省局配发的3台联想电脑和图形工作站一台配发的两台服务器及彩色扫描打印一体机，更新用于预报会商的液晶大屏幕电视二台，一并配发到气象台，同时对气象台业务用机的内存、硬盘等进行了升级改造，更新主机房空调设备。新增3台惠普1050激光打印复印机，分别配发到业务科室。平定局对现有的微机进行了扩展和更换。安装2台新式联想电脑替换了旧式机，并安装了5台新式液晶显示器。盂县局添置电脑2台，惠普打印复印机1台，海尔志高空调1台，分别为两县局配备数码照相机和摄像机各1台。全部投入业务运行。

年内，全市地面测报业务质量稳中有升，测报错情率为0.0，全市250班无错情2人，百班无错情4人。气象产品的接收和DVBS下行传输业务良好，信息产品接收完好率达99.86％，常规资料传输质量100%，精细化预报传输质量99.98%，自动站传输质量99.88%，区域站传输质量98.76%。修改了本年度决策气象服务周年方案和农业气象决策气象服务周年方案。完善了重大天气过程和灾害性天气过程结束后总结上报流程，制定了《阳泉市灾害性天气预报预警发布业务规定》、《阳泉市气象局灾害性天气联防方案》、《重大天气会商》及相关信息通报制度，保证了气象服务的及时性、准确性和预报业务的规范性。

市气象局注重加强科研队伍管理，积极鼓励业务人员进行科研项目申报。年内共申报省局一般课题3项，经省局批准立项1项:《中短期天气预报集约化平台》。申报青年基金科研课题1项，经省局批准立项1项:《县级气象局综合业务平台》，共申请经费2万元。在省局管理的一般课题2项:《山西省市两级天气预报质量考评监控平台》和《基于WRF模式的中短期精细化预报业务实验》，共申请经费3万元。申请并立项地方科研项目1项:《科普基地建设项目》，申请经费5万元。市局为科研项目划拨专项经费3万元。

2009年11月，市科技局组织

省内外有关专家对市气象局完成的“空冷供热机组气象观测分析研究”课题进行了成果评审。与会专家在听取课题组汇报、查阅相关资料后，一致认为：该项目研究目标明确、内容全面、技术路线合理、分析方法先进，资料翔实、结论可靠、具有较好的应用前景，达到了国内同类研究的先进水平。

年内，参加中国气象局培训中心举办的天气学、人工影响天气、气象探测专业远程教育培训班3期，共培训25人；组织参加山西省气象局自动站仪器保障培训班、气象灾害信息员志愿者培训班各1期共培训6人；县区组织参加人工影响天气高炮作业操作培训班3期，共培训炮手70人；气象职工参加大中专学历培训2人，研究生学习6人。

（王廷元）

【气象服务】 2009年，市气象局从防灾减灾的大局出发，精心组织，积极主动地为各级政府和广大人民群众防灾减灾、生产生活提供准确的天气预报和优质的气象服务。全年市局气象台共发布气象服务简报58期，森林防火信息5期，新闻发布会9次，重要天气报告卡6次，重要天气过程预报服务总结22期，预警信号54次，每周气象服务动态30期，抗旱气象服务15期，专题气象服务8期，农业气象服务信息16期，气候评价12份，短期气候预测15份，天气预报总结12期，中期旬预报34期，干旱监测33期，灾情月报旬报13期。此外，还在《阳泉日报·晚报》发表信息60多次，通讯报道25次，为市委市政府发送预报服务短信280次，计14000条。

（李定平 李润春）

地　震

【概况】 2009年，市地震局坚持经济建设与防震减灾工作一起抓，坚持以人为本，服务于构建社会主义和谐社会，认真贯彻落实防震减灾法律法规和方针政策，面对新形势新任务的机遇和挑战，站在对党、对人民、对历史负责的高度，全面推进阳泉市防震减灾工作的开展和事业的发展。在2009年度山西省地震系统综合评比中，市地震局获山西省地震系统综合评比三等奖。

（郭金贵 赵慧星）

【防震减灾】 2009年，阳泉市防震减灾主要工作：一是认真贯彻落实省政府《关于做好我省国家级地震重点监视防御区和省重点防御城市防震减灾工作的意见》（晋政办发〔2007〕134号）；二是市政府拨款15万元对台站地震仪器进行了改造，开通了地震信息节点内、外网专线，设立地震监测设施和环境保护标志；三是积极推进“三网一员”建设，每个乡镇、街道都配备了防震减灾助理员，每个行政村、社区配备了地震灾情速报员，对本辖区灾情速报员的通讯方式和手机号码进行了登记、造册，并落实“三网一员”补助；四是认真开展学校校舍建设工程安全隐患排查，采取措施进行整治和整改；五是稳步推进农村民居地震安全工程建设，将农村民居地震安全工程示范点扩大到5个；六是建成地震科普示范学校20所，并严格按照“十有、三纳入”的标准进行规范；七是积极落实《山西省地震应急救援规定》，市政府印发了《阳泉市人民政府办公厅关于印发阳泉市落实山西省地震应急救援规定的实施意见的通知》（阳政办发〔2008〕102号），将责任分解、落实，确保了应急救援各项工作落到实处；八是市政府印发《阳泉市人民政府办公厅关于印发市地震应急避难场所建设实施意见通知》（阳政办发〔2008〕146号），年底建成一所符合国家标准的地震应急避难场所。

（郭金贵 赵慧星）

【《中华人民共和国防震减灾法》贯彻落实】 5月1日，是修订后的《中华人民共和国防震减灾法》颁布实施日。新修订的《防震减灾法》共九章93条，其中政府职能职责28条，地震部门职能职责26条，相关部门职责22条，与原法相比，结构更加合理、内容更加全面、制度更加完善。此次修订是根据国家经济社会发展和防震减灾事业发展新形势，在总结防震减灾工作经验，特别是总结汶川8.0级特大地震抗震救灾工作经验的基础上，对防震减灾法律制度进行的全面修改和完善。

市地震局本着“防震减灾，全社会共同参与”的精神，在“两会”期间向600多名人大代表和政协委员赠送了新修订的《防震减灾法》单行本和科普宣传资料共计1500多份。12月2日，市人大贯彻落实《防震减灾法》执法检查组对全市防震减灾工作情况进行检查，在听取市、县（区）政府及防震减灾领导组有关成员单位的工作汇报的基础上，检查组对各级政府和有关部门贯彻落实《防震减灾法》所做的工作表示满意，同时就地震监测设施改造、应急设施和应急通道规划、建设工程抗震设防等方面提出了意见和建议。通过执法检查，各职能部门进一步提高了对《防震减灾法》的认识，强化了依法防震减灾的意识，增强了防震减灾责任感、使命感和紧迫感。

（郭金贵 赵慧星）

【“5·12”汶川地震一周年纪念活动】 5月12日是国家确定的首个“防灾减灾日”，阳泉市以“加强防灾减灾、构建和谐社会”为宣传活动主题，以《突发事件应对法》、新修订的《中华人民共和国防震减灾法》、《山西省防震减灾条例》等法律法规为宣传内容，通过新闻媒体开辟专栏、街头宣传、印发科普知识、电视飞播、报刊登载、网站宣传、开展应急演练活动、悬挂标语等多种形式展开为期一周的宣传活动。

此次纪念活动由市政府应急办、市民政局和市地震局牵头举办。5月7日～8日，市减灾委员会28个成员单位在北山公园、邮政广场、城市广场等地同时开展宣传活动。5月12日，在北山公园开展了阳泉市“防灾减灾日”现场宣传活动，市委、市人大、市政府、市政协领导和与市减灾委员会28个成员单位参加了宣传活动。现场悬挂“认真贯彻落实新修订的《中华人民共和国防震减灾法》”和“科学减灾,纪念汶川大地震一周年”的大型标语。市委常委、市委秘书长樊盛武主持活动仪式,市人大常委会副主任吴丽萍、副市长刘兆林、市政协副主席马文建等参加了活动。各县区也举行了形式多样的纪念宣传活动。

此外,为纪念“5·12”汶川特大地震一周年,5月6日~12日,赛鱼小学(国家级防震减灾科普教育基地)、市第十中学、市技校等全市430所中小学及幼儿园开展了应急安全避险逃生演练,上社煤炭有限责任公司、市交通局、市煤气公司、阳泉联通公司、阳泉石油公司、豪门家私城等部门和企业结合自身特点,也开展了一系列有针对性的地震应急演练。通过这次演练,大大增强了各级各类学校应对突发性地震灾害的综合能力,加强了社会民众和学校师生的应急防范意识,锻炼提高了救援队伍的应急反应能力。 (郭金贵 赵慧星)

【地震应急救援队伍建设】 地震应急救援队伍是减轻地震灾害的重要救援力量。2009年,在已有武警、公安、消防、卫生、通信、建设、公路7支地震应急专业救援队的基础上,阳泉市增加了矿山地震应急专业救援队,在册人员达到了669人。社区是防震减灾工作的基础单元,社区地震应急救援志愿者队伍是城市社区地震应急救援的重要力量。年内,各县区进一步加强对社区防震减灾工作的指导和帮助,加强社区地震应急志愿者队伍建设,共组建了18支社区志愿者队伍,在册人员1782人。组织志愿者队伍学习有关防震减灾法律法规和防震避震知识,增强了防震减灾意识、自救互救技能及心理承受能力。

(郭金贵 赵慧星)

【地震应急避难场所建设】 7月28日,是唐山地震33周年纪念日,阳泉市首个地震应急避难场所在城区阳光广场正式启动挂牌。市地震局局长魏英祖与城区区委副书记、区长曹凯民共同为地震应急避难场所揭牌。“阳光广场——七中操场”应急避难场所的建设和启用,是提高城市综合防灾能力、应对突发性灾害事件的重要举措,也是保障人民群众生命财产安全的重要措施。

“阳光广场——七中操场”位于新华西街社区,面积为30500平方米,地势平坦空旷、交通便利,与外界有6条疏散通道,且供水、供电设施及排污系统齐全,周边涵盖着阳光社区、朝阳社区、南深沟社区、南山北路社区,可同时容纳1.5万人紧急避难。作为阳泉市首个地震应急避难场所,按照“就近疏散,一所多用,平灾结合”原则,平时服务于居民休闲健身,当发生地震及其他大的自然灾害时,能为周边社区居民提供应急避险场所,并得到避险、医疗、物资等方面的基本救助。应急避难场所确定了应急指挥部、应急物资供应处、应急卫生防疫处、应急厕所、应急食宿区、应急保卫处等场地,配备了应急供水、供电、通信、广播、消防等比较完备的生活设施,设置了有关标志牌。年内,阳泉市还相继在矿区、盂县各建成地震应急避难场所1处,在两县三区及开发区共确定避险场地21处。

(郭金贵 赵慧星)

【中小学校舍抗震设防监管】 2008年四川汶川地震后,市地震局根据教育部、中国地震局等11部委关于《全国中小学校舍安全工程实施细则》和市政府《关于全市中小学校舍安全工程的补充意见》文件精神,按照阳泉市中小学校舍安全工程领导小组的要求,市地震局成立了中小学校舍安全工程技术指导组,落实“强化管理,服务县区,保障安全”的职责任务,分别对全市44所中小学校舍新、扩、改建建设工程进行了抗震设防要求审核,并实地查看,针对普遍存在抗震设防不达要求和工程场地、建设质量出现的问题提出了要求和建议。(郭金贵 赵慧星)

【地震台电磁波观测升级】 为强化地震前兆观测,实现台站观测项目的数字化、自动化和规范化,10月22日,对市内地震台电磁波观测项目进行升级,由原单机运行模式升为网络运行模式。升级后,台站电磁波观测数据将实时传输到山西省地震电磁辐射观测台网中心和阳泉市地震局,实现了不间断连续记录,资源共享。 (郭金贵 赵慧星)

【防震减灾机构调整建设】 按照国务院防震减灾三大体系建设的要求和《山西省地震应急救援规定》的职责,阳泉市高度重视防震减灾工作,认真落实《关于进一步加强我省防震减灾综合能力建设的通知》(晋政办函〔2009〕63号)文件精神,进一步完善防震减灾工作体系和队伍建设。12月31日,市编办印发《关于市地震局调整人员编制和内设机构的批复》(阳编办字〔2009〕100号),撤销阳泉市地震分析预报中心,6名编制人员并入市地震局,编制调整后,市地震局编制总数为16人。市地震局增设“应急救援科”与“地震应急中心”两个内设机构,调整后的市地震局内设机构为三科一室一中心,即办公室、科技监测科、震害防御科(抗震设防管理科)、应急救援科(法规管理科)、地震应急中心(市防震减灾领导组办公室)。

(郭金贵 赵慧星)

综合工作

【概况】 2009年,阳泉市以推动文化大发展、大繁荣为主题,狠抓艺术创作,全面加强公共文化服务体系建设,推进了各项社会文化事业的发展。

繁荣艺术创作生产,努力推出精品力作。年内,全市共创作完成舞台文艺作品60余部(件),获省级奖10余部(件)。创作美术作品215件,参加省级以上美展100余件,获奖21件。召开了全市艺术创作工作座谈会,总结了2009年艺术创作工作,提出了2010年工作计划。围绕庆祝新中国成立60周年,成功举办了10余场重大演出活动。市直专业艺术院团演出经营和艺术建设都保持了良好态势, 全年共演出730场,实现纯收入176万元,投资60余万元用于投排新剧目和更新设施,增强了院团实力。市艺校举办了教学成果展示晚会和专业课公开展示活动,展现了学校雄厚的师资力量和独特的教学方法。

文化设施阵地建设步伐加快。召开了全市推进乡镇综合文化站建设现场会,24个乡镇综合文化站全部列入国家和省补助范围,中央、省补助资金528万元全部到位。24个乡镇文化站建设项目中有15个完成主体建筑,其余9个乡镇文化站在建,完成投资约1600万元。年内,县区文化场馆建设按计划推进,城区文化馆已进入配套设施的安装调试和内部装修阶段。平定县投资300万元对文化中心进行了维修改造,盂县文化中心已开工建设,郊区文化中心建筑设计规划进展顺利,矿区"两馆"建设已请有关专家论证。此外,平定县顺利通过了文化部开展的第二次"全国文化先进县"复查验收。

群众文化活动蓬勃开展。年内,组织了"三节"、"群星风采"等大型群众文化活动,同时充分调动各级公共文化机构、基层群众及各文化协会的积极性,以越来越多的社区、农村争相举办文化艺术节为显著标志,全市群众性文化活动遍布城乡。送文化下乡活动扎实有效,以各专业剧团和文化事业单位为主体,为农村、社区、企业、军营送戏2000余场、送图书4000余册、赠送书画作品、义务写春联280余幅,特别是市直剧团开展的"送欢乐到基层"活动,深受广大群众欢迎。300个农家书屋基建工程基本完成,总配送图书13.8万册、光盘6900盘。变"送文化"为"种文化",开展了"文化服务到基层"活动,共培训文化馆、站、室工作人员和文艺骨干500多人。

文化遗产保护、图书、展览、电影等各项文化事业全面发展。年内,共投资290万元对盂县释迦寺5处重点文物保护单位进行了维修,完成了阳泉市第7批全国重点文物保护单位和第5批山西省重点文物保护单位的申报(其中,国家级申报5处,省级申报7处)工作。发掘元代、清代古墓葬9座, 出土文物50余件。第三次全国文物普查接近尾声,共登记文物点981处,其中新发现742处、复查239处。对全市非物质文化遗产的种类、数量、分布情况、生存环境等进行了全面普查,共收集线索4300余条,照片4300余张,音像资料130多小时,确定重点项目81个。市图书馆获得全国"全民阅读活动"先进单位称号,全年图书借阅20余万人次, 较上年增长了10%以上。开展了全市图书馆评估定级工作及"学子论坛"讲座等7次读者服务活动。举办了全省公共图书馆长业务研讨会和新中国成立60周年阳泉地方文献展。编辑整理出版了《共享文丛》系列丛书。"共享工程"阳泉支中心建设进展顺利,与党员远程教育相结合建立了303个乡村和社区基层站(点),并开通了图书网站(www.yqtsg.com.cn)。全年共举办庆祝中华人民共和国成立60周年成就展等大型展览24次。扎实抓好农村电影放映工作,共完

文

化

成放映场次 11616 场，完成率达 100%。

强化文化与出版物市场监管，净化社会文化环境。全年出动执法检查人员 3343 人次,检查网吧 4845 家（次），歌舞娱乐场所 1417 家（次），音像制品经营单位 100 家（次),出版物市场 858 个(次),印刷企业 270 家（次），打字复印店 720 家(次),受理举报 93 件,停业整顿违规经营场所 57 家,取缔无证照经营酒吧、网吧 38 家,取缔无证书摊、音像店、软件店 64 家,收缴各类非法、盗版图书、音像制品、软件 22340 册（盘），集中销毁非法盗版图书 13000 余册、音像制品 7000 余盘。对《阳泉日报》、《娘子关》及 19 家内部资料性出版物和 9 家省报驻阳泉记者站进行了初审；深入开展打击假记者、假新闻、假报刊、假记者站专项行动,查处非法报纸期刊 160 份。市文化新闻出版局连续第七年被省“扫黄打非”工作领导小组授予全省“扫黄打非”工作先进集体。

文化产业加快发展。年内,组织刻花瓷、煤雕等文化产品参加了深圳文博会和北京文博会的展出，大大提高了阳泉的文化品牌和知名度。大力支持平定刻花瓷文化旅游园区建设,该项目被列入全省文化产业发展纲要。阳泉市推出的刻花瓷精品“盛世昇平”于 2009 年 8 月在北京民族文化宫首发,向新中国成立 60 周年献礼,成为阳泉市高端文化品牌。阳泉市煤雕系列产品也频频亮相国内各大展会,并被中国美术馆收藏,品牌知名度不断提高。与此同时,新增娱乐休闲等传统文化产业投资 1300 余万元。

推动文化体制改革。制定出台了《关于深化文化体制改革的工作方案》和《关于组建阳泉市文化市场综合执法大队的工作方案》,组建了市文化广电新闻出版局,院团改革、电影行业转企改制工作有序推开。

（王景莲）

【文化广电新闻出版局成立】 2009 年 11 月 16 日,市委、市政府下发《关于印发〈阳泉市人民政府机构改革方案〉的通知》(阳发〔2009〕29 号)。方案规定,“组建市文化广电新闻出版局，挂市版权局的牌子。并将原市文化新闻出版局(市版权局)的职责、市广播电视总台(局)承担的行政职责进行整合,划入市文化广电新闻出版局,不再保留市文化新闻出版局。市广播电视总台不再挂市广播电视局牌子。”经过调整,阳泉市文化广电新闻出版局正式成立。（王景莲）

专业文化

【“送欢乐 到基层”】 为庆祝新中国成立 60 周年,营造文明、健康、欢乐、和谐的文化氛围,丰富和活跃基层群众文化生活,2009 年 5 月 27 日,市文化新闻出版局组织市直专业艺术院团开展“送欢乐 到基层”活动。市歌舞团组织精品节目,利用舞台流动车进入小阳泉社区,演出了歌舞《中华全家福》、歌曲《山丹丹花开红艳艳》、小品《网恋》等精彩节目,拉开了活动的序幕。

（胡忠义）

【48 件美术作品入选省展】 2009 年,全市共有 48 件美术作品入选第十五届山西省美术作品展,该展于 7 月 8 日～12 日在省城展出。48 件美术作品中,有国画、油画、版画、水彩、雕塑共 10 件作品荣获二等奖。

（郭雅菁）

【全省村通水泥(油)路全覆盖阳泉现场推进会专场文艺晚会】 2009 年 8 月 24 日晚,由市委宣传部、市文化新闻出版局、市交通局承办的全省村通水泥(油)路全覆盖阳泉现场推进会专场文艺晚会在阳泉宾馆报告厅举行。晚会以气势恢宏的歌舞表演《花海春潮》拉开了序幕,整个晚会形式多样、异彩纷呈。有反映阳泉市“村村通”、“户户通”工程为新农村建设作出贡献的歌舞《三回娘家》,有表现人民建设公路的信心和决心的大合唱《建设山西大交通》,有实现宜居家园美好愿望的歌舞《我发现你越来越美丽》,还有人民群众期待依托公路奔小康的交响戏曲联唱《康庄大道》等节目,充分表达了全市人民实现农村公路“村村通”全覆盖目标的喜悦心情。

（胡忠义）

【“辉煌的阳泉——庆祝中华人民共和国成立 60 周年成就展”】 2009 年 9 月 29 日,由市委、市政府主办,市委宣传部、市文化新闻出版局、市展览馆承办的“辉煌的阳泉——庆祝中华人民共和国成立 60 周年成就展”在市文化中心展览馆隆重开展。展览通过“沧桑巨变”、“锦绣画卷”、“崭新篇章”三大板块,系统回顾了新中国成立 60 年阳泉各个领域取得的巨大成就,展望了以“三城同创”为目标和载体,建设宜居家园、打造现代化区域中心城市的美好远景,展现了阳泉人奋斗不止的豪迈气概和不断超越的城市精神。

（郭雅菁）

【3 部作品获中国戏剧文学奖】 2009 年 11 月 19 日,在福建省泉州市风景名胜地惠安县举行的第六届中国戏剧文学奖颁奖会上,阳泉市王伟、郭灵芝创作的喜剧小品《网恋》获小型剧本银奖;田伟泓创作的大型戏曲本《女人家》获铜奖;赵晓丽创作的大型广播剧《桃花红了》获剧本奖。（郭雅菁）

【美术精品 60 年回顾展】 2009 年 11 月 20 日,由市委宣传部、市文化新闻出版局、市文学艺术界联合会主办,市美术家协会、市美术院、市展览馆承办,市粮食局协办的新中国成立 60 周年阳泉市美术精品回顾展在市展览馆开幕。展览内容丰富、形式多样,103 幅作品涉及国画、油画、版画、水粉画等多个门类,大多数作品曾经在省级和全国性展览上获奖,包括 2009 年入选第十一届全国美展的国画《春消息》、水彩画《大河之声》、版画《闹春》、油画《晋商》、国画《家乡短信》、版画《兄弟》6 幅作品。（郭雅菁）

【2009年艺术创作会】 2009年12月2日，市艺术创作指导中心召开了2009年艺术创作工作会。会议总结了2009年艺术创作工作，并提出了2010年的工作计划。年内，市艺术创作指导中心围绕全市中心工作和庆祝新中国成立60周年等重大节庆活动，组织各创作小组积极开展艺术创作，共创作戏剧6部、舞蹈13个、歌曲33首、曲艺小品6个，新创美术作品215件。市艺术创作指导中心、各艺术院团领导及部分作品作者共20余人参加会议。

（胡忠义）

【4人获得第十二届山西省"杏花奖"】 2009年，全市组织9名选手参加了由山西省文化厅、山西省戏剧家协会联合举办的第十二届山西省"杏花奖"评比演出。经"杏花奖"总评委会评选，阳泉有4人获得杏花奖，市豫剧团演员杨萍在现代豫剧《女人家》中成功塑造了"老耿"的角色，市晋剧院演员郝恩梅在晋剧《官印记》中很好地饰演了"何文秀"一角，二人均获得了戏曲类表演奖；市艺术研究室田伟泓创作现代豫剧《女人家》获得编剧奖；市歌舞团声乐演员唐芳获声乐类演唱奖。

（郭雅菁）

【艺校获24个奖项】 2009年，在山西省艺术院校第七届音乐舞蹈比赛中，市文化艺术学校获得24个奖项，创下了该校参加此项赛事以来获奖数量历次之最，成为市艺校自主改革创新的一个里程碑。

（郭雅菁）

社会文化

【"精彩阳泉"非物质文化遗产项目展演】 2009年2月9日（正月十五），由市委、市政府主办，市委宣传部、市文化新闻出版局承办的阳泉市2009年元宵节"精彩阳泉"非物质文化遗产项目展演在南山公园门口举行。市委书记谢海、市长白云及市级四套班子领导一同观看了展演。展演分为"序、煤海春潮、民风乡韵、仇犹古风、腾飞新区、文献名邦、魅力倾城7个部分。来自各县区的29支表演队伍和24辆装饰精美的彩车，为市民奉献了一场异彩纷呈的文化盛宴。已列入国家级非物质文化遗产项目的平定"武迓鼓"和已列入省级非物质文化遗产保护项目的"赵氏孤儿"、"平定刻花瓷"以及"旱船"、"高跷、挠阁"、"牛斗虎"等项目首次集中亮相。

（张燕红）

【"百花迎春"群众文艺汇演颁奖晚会】 2月13日（正月十九）晚，由市2009年"三节"活动领导组、市文化新闻出版局主办，市群众艺术馆承办，市广播电视总台（局）协办的2009年"百花迎春"群众文艺汇演颁奖晚会在市广电总台1号演播厅举行。汇演由市、县（区）文化部门精心组织，群众文艺工作者精心创作，从4000多个节目中层层遴选，推出了130个优秀节目参加全市文艺评奖。经过评委组认真评审，共评出优秀节目一等奖10个、二等奖16个、三等奖19个，郊区、盂县、矿区、平定县和城区5个文化体育局获得优秀组织奖。（张燕红）

【文化下乡】 2009年5月7日，市文化新闻出版局参加了由市委宣传部牵头组织的"践行科学发展，走进庄只村"全市2009年文化、科技、卫生"三下乡"集中活动。活动中，市直文艺团体演出了舞蹈《绿》、歌曲《五福临门》、《双脚踏上幸福路》、豫剧清唱《劝驸马》等12个精彩节目。市图书馆向庄只村赠送了包括文学艺术、农业科技、历史法律等20余类共350余册图书。（张燕红）

【消夏演出】 2009年7月11日，市文化中心2009消夏晚会演出拉开帷幕，同时，中心广场消夏系列演出活动也正式启动。演出活动由9支常年在中心广场活动的文艺爱好者队伍组成，由中心文体指导站统一组织。先后有太极拳、恰恰舞、太极扇、探戈、管乐独奏、太极剑、京剧、形意拳、斗牛舞、小品、伦巴、排舞等15个节目，200余人参加演出。

（马宏凯）

【文化信息资源共享工程】 阳泉市图书馆2003年加入全国文化信息资源共享工程，2009年建成了文化信息资源共享工程阳泉支中心。馆内新购置了一批现代化技术设备并组建了馆内局域网，开通了自己的网站，实现了图书馆的知识服务、文献提供、业务工作、管理工作的自动化、网络化，极大地提高了服务水平与服务效率。"共享工程"电子阅览室供读者使用的计算机77台，中心机房设备包括有服务器、路由器、防火墙、交换机等，用于数据提供、主页发布、图书馆业务管理等服务。接入了10M因特网带宽，为读者查找各类文献资源提供了有力的保障。

（马宏凯）

【刻花瓷精品"盛世昇平"向新中国成立60周年献礼】 由阳泉市平定古窑陶艺有限公司制作的中国刻花瓷瓶"盛世昇平"向中华人民共和国成立60周年献礼仪式，于2009年8月8日在北京民族文化宫隆重举行。"盛世昇平"刻花瓷瓶由北京理工大学王乐耕博士创意并完成设计，清华大学周淑兰、吕晓庄、张守智教授组成专家组，山西平定古窑陶艺有限公司组织的多名工艺师共同制作完成。作品制作历时一年，经近百次实验调整，最终以全手工装饰工艺高温烧制而成，工艺难度大，艺术价值高。"盛世昇平"刻花瓷瓶的成功制作及其工艺技术文化内涵，对弘扬民族文化、宣传民族知识、促进民族团结、传承古窑技艺、彰显华夏文明具有积极的意义，具有较高水平的纪念意义和收藏价值。

（马宏凯）

【煤雕作品获"百花杯"金奖】 2009年10月29日～11月2日，阳泉煤玉雕塑厂创作的煤雕艺术作品"龙腾盛世”在杭州结束的第十届中国工艺美术大师暨国际艺术精品博览会上获“百花杯”金奖,成为首个荣获“百花杯”奖的工艺美术类作品。此次获奖的“龙腾盛世”煤雕作品,是山西煤玉雕塑厂为庆祝中华人民共和国成立60周年而创作的。该作品长60厘米,高45厘米。作品大胆借鉴中国古城楼建筑传统风格,布局呈二檐三间四柱层叠式,结构疏密得当,张弛有致,雕刻精巧细致,繁而不密,选材质地细密,光泽柔美,作品主体立壁分别雕刻九龙九凤,寓意“龙凤呈祥,共庆盛世”。

(马宏凯)

文　物

【“文化遗产日”宣传活动】 2009年6月13日,由市委宣传部、市文化新闻出版局主办,市文物局、市群众艺术馆、城区文体局承办的“文化遗产日”宣传活动在市文化中心广场举行。活动展出展板6块、照片100多张,发放宣传资料2000余份。全市的文化遗产保护工作从2008年开始,共组织了3次文物普查工作,至2009年6月13日,县级行政区域普查完成率为60%,共登录文物点537处,其中新发现351处,馆藏文物2400余件,同时为加大宣传力度,市文物局印制《阳泉三普纵览》2000本。在推进非物质文化遗产普查工作中,全市普查人员做了大量工作,发现、挖掘、整理了40多项有价值的非遗项目。

(王燕平)

【文物安全大检查】 2009年9月,市文物局配合省文物局对全市文物进行了为期5天的消防安全大检查。检查围绕保护单位消防给水、技防设施、灭火器具、制度落实、藏品库防盗防破坏、对外开放文物保护单位防拥挤踩踏等易发事故内容,重点对平定县冠山书院、盂县大王庙、泰山庙、释迦寺、藏山祠、烈女祠、郊区关王庙等国家级、省级重点文物保护单位和盂县、平定县藏品库进行了检查。

(韩利忠)

【非物质文化遗产普查】 2009年9月,全市非物质文化遗产普查活动全部结束,共收集线索4300余条,照片4300余张,音像资料130多小时,新发现项目占项目总数的15%~20%,为更好地传承保护历史文化打下了基础。普查自2009年4月12日正式开始,采取专业队伍普查和地方人员普查相结合的办法,内容涵盖了全市具有突出历史、文化和科学价值的非物质文化遗产,包括民间舞蹈、传统戏剧、曲艺、传统手工技艺、传统医药等项目。普查人员深入乡镇农村,通过走村串户、访问座谈等方式,对全市非物质文化遗产的种类、数量、分布情况、生存环境等方面内容进行了普查,并对一些传统手工技艺进行现场拍摄和观摩,收集留存了大量全面而有价值的资料,同时,还发现了一大批扎根民间的老艺人,掌握了极为丰富的非物质文化遗产资源信息。普查中挖掘的不少项目都具有较强的独立性,并带有鲜明的个性和地域特色,其中盂县的重点项目42个、平定重点项目23个、郊区重点项目10个、城区重点项目6个,这些艺术都承载了当地源远流长的历史文化变迁,具有重要的历史意义。

(王燕平)

文化艺术

【18部文学作品集出版】 2009年,全市共出版文学作品集18部,其中评梅女子文学社会员的作品集有9部。评梅女子文学社社长魏文瑾主编的6人卷《红鬃马文丛》作品集包括:指尖的《槛外梨花》、刘中华的《竹风晚醉》、姚桂萍的《雪花的心事》、史晓蓉的《云斋心境》、寒月的《一个脚印五瓣花》、葛艳红的《想飞》,此外,还有小岸的散文集《水和岸》、魏文瑾的诗歌集《海棠依旧》及魏文瑾主编的评梅女子文学社社员作品集——《红鬃马·八》。其他9部是:杨志忠的《光棍三条半》,张晋蜀的《时事求是》,王保国的《白乌鸦》,林默的《真水无香》,任海成的《高唱低吟》,桦楠、黄炜著的《裸魂》,崔亮云、杨有贵的《盂县诗词》,刘瑛的《医殇》,葛海林的《地火》。

(高润征　尹玉琴)

【获奖文学作品】 年内,阳泉作者陋岩的小说《九月菊花香》在第四届中华宝石文学奖上获短篇小说奖,王拉寿的短篇小说《长辫子的爱》在第六届情人节征文上获银奖,张计庭的歌词在“感动中国——2009年全国第三届新创歌曲、歌词大赛”中获优秀奖,评梅女子文学社社员指尖的散文《骨头上的花朵》在“洁达杯”全国大奖赛上获一等奖,评梅女子文学社副社长文德芳的散文《吹尽狂沙始到金》在第二届“新视野”杯全国文学征文中,获随笔类二等奖,评梅女子文学社副社长小岸的中篇小说《半个夏天》被《小说选刊》选载,并获得2009《山西文学》优秀作品奖。(高润征　尹玉琴)

【文艺社团活动】 2009年,全市文学艺术蓬勃发展,协会工作丰富多彩,文学社团生机勃勃,各项事业全面推进。

市作家协会　2009年,市作家协会以纪念“5·23”和深入学习实践科学发展观活动为重点,通过举办杨吉文长篇小说《李家村纪事》座谈会,小岸、王保国、张晋蜀、石迎春作品座谈会,评梅女子文学社社员作品集《红鬃马·八》座谈会,“人大文学”创作座谈会,李土、朱存业作品座谈会,王计忠儿童文学作品《瞌睡虫奇遇记》座谈会,阳泉市文学创作座谈会等,为广大文艺工作者搭建了交流创作经验的平台。在“庆祝新中国成立60周年美术书法摄影展”上,展出了《晋东文丛》、《红鬃马文丛》及部分个人作品集共150余册图书。2009年接纳新会员15名,加入省作协5名。至年底,全市有中国作协会员5名、山西省作协会员123名、市作协会员274名。

市美术家协会　2009年,市美术家协会在“新天地”举办了“阳泉市美术书法摄影展览”,展出554件作品;组织了“送文化、送欢乐”下基层公益慰问活动;参与举办了“阳泉市老年体育美术、书法、摄影展览”、“新中国成立60年阳泉美术精品回顾展”、“‘采空区’当代艺术邀请展”、“问道郭东生艺术作品展”及学术研讨会,还参与了《阳泉工人画》一书的编辑工作。为开阔视野,提高创作水平,该协会还组织部分骨干到上海参观全国美展国画作品展览,赴盂县“骆驼道”采风,共创作写生作品200余件。宫来祥等画家自发到阳泉平定农村进行采风活动,张何、王建华等组织部分画家到煤矿井区、家属生活区体验生活,聂明等到晋商博物馆、平定、昔阳老铁厂、晋中老票号采风。

市书法家协会　2009年,市文联、市书协联合召开了阳泉市书法创作座谈会和作品观摩会,组织部分书法家到盂县路家山养老中心采风,捐赠书法作品20余件,还参加了第二人民医院组织的职工艺术节,创作书法作品20余幅。

市戏剧家协会　2009年,市戏剧家协会召开了主席团会议,研究下届主席团成员改选的方案及拟订主席、副主席及理事人选名单。此外。还配合相关部门组织承办了“阳泉市庆‘六一’儿童食品安全系列活动之艺术展”、“向国庆60周年献礼”专场诗歌朗诵歌舞晚会。

市音乐家协会　5月25日,市音协按照全国“金钟奖”大赛组委会的要求,组织全市9件优秀音乐作品参加省音协初赛。这9件作品是:由矿区“春之声”合唱团演唱的《山西的醋》,金铉词、余自强曲;由朱艳红演唱的《我等待》,卢元隆词、王玉兰曲;由杨波演唱的《沁园春·雪》,毛泽东词、余自强曲;由李予演唱的《就是你》计忠、古丫词、王玉兰曲;《警嫂情》,刘运策词、王紫曲;由“酸咖啡组合”杨波、朱艳红演唱的《有一种爱》,田伟泓词、王玉兰曲;《博爱》,计忠、古丫词、王紫曲;由OUTU组合演唱的《爱在心里》,杨健词曲。7月,市音乐家协会组织重点词曲作者创作了一批赞美祖国、歌颂阳泉的歌曲,经有关专家评选,为全市即将展开的歌咏比赛推荐了20首优秀歌曲。9月,阳泉市“迎国庆、颂中华”大型歌咏比赛圆满结束,从8月中旬到9月19日,全市歌咏比赛经过初赛、复赛、决赛层层选拔圆满结束。这场群众歌咏活动历时1个多月、参加人数达30多万人。

市摄影家协会　元宵期间,市摄影家协会组织70余人分别到郊区、平定、盂县、昔阳等地进行采风,共创作作品1000余幅。4月,组织部分协会骨干赴榆次东阳、介休等地进行为期3天的采风创作。5月,王孝邦、王谦在盂县培训摄影骨干50余人。年内,市政协摄影学会与阳泉老年体协联合举办“纪念中华人民共和国成立60周年、阳泉老年体协成立25周年书画摄影作品展”,同时,还完成了《阳泉文学艺术60年(摄影卷)》的编辑工作。

市舞蹈家协会　2009年,市舞协舞蹈考级站组织全市少儿舞蹈培训机构的500多名学生,分别在市青少年宫和绿神俱乐部参加中国舞蹈家协会二至七级的中国舞蹈考级,参加考试的学生年龄最小5周岁,最大16岁。考试中,孩子们规范标准的动作,优美的舞姿表演受到了北京和省里考官的一致好评。年内,市舞协参与组织了市总工会主办的全市女职工全民健身排舞大赛,并为阳煤集团工会女工部女职工培训全民健身排舞。年内,市舞协带领工人文化宫舞蹈班的学员参加了由市体育局主办的全民健身启动日舞蹈展示。同时,还完成了《阳泉文学艺术60年(舞蹈卷)》的编辑工作。

市曲艺家协会　2009年,市曲艺家协会组织召开了全市曲艺创作研讨会、阳泉评说传承与发展研讨会、曲艺作品改稿会及“三城同创”作品创作研讨会等,对全市曲艺创作现状进行了认真分析讨论,对部分重点作品进行剖析、研讨,提出了“推新人、抓新作、出精品”的创作目标。并组织阳泉评说进社区演出活动,先后在德胜街社区、新华西街社区、太上街社区等进行专场评说演出。年内,市曲艺家协会在市福利院举办了封闭创作小品笔会。荆自保、郗永东排演小品《违章之后》参加了市安全生产日的巡回演出,郗永东、王金玉、吴丽萍表演的小品《探亲》参加了热电联产改造工程的慰问演出活动。

7月26日,市曲艺家协会邀请省曲艺专家李鸿民先生为市曲艺工作者进行了曲艺表演专题讲座。12月22日,在矿区举办了由矿区区委主办、市曲协承办、以非物质文化为载体的宣传“三城同创”迎新年曲艺专场晚会。

市电影家协会　2009年,市电影家协会争取财政投资13万余元,为全市32个乡镇放映队配备流动放映专用三轮摩托车。投资9万余元,为全市32台农村数字电影放映机全部安装GPS、GPRS全球定位系统和数据回传系统的技术升级,实现全市农村电影放映工作的现代化科学管理。9月,组织两支放映队到省重点工程龙华口水电站建设工地慰问演出10场电影。为迎接共和国60华诞,组织全市农村数字电影放映队为全市农村放映献礼大片《建国大业》100场。年内,市电影家协会吸纳协会会员32名。

市电视艺术家协会　年内,市电视艺术家协会组织19件电视艺术作品参加了山西省第十七届电视艺术评奖活动,并举办阳泉市第四届电视艺术评奖活动,还参与承办了“阳泉市2009年春节文艺晚会”和阳泉广播电视总台首届主持人选拔赛、唱响阳泉歌手大赛等多项大型电视文化活动。

市民间艺术家协会　2009年,

市民间艺术家协会在第九届“民间文艺山花奖”大赛上，平定古窑陶艺公司选送的“盛世升平”、“四方连续缠枝牡丹纹刻花梅瓶”被选为入围评选作品。为进一步繁荣发展全市的民间艺术，平定刻花瓷作品等民间文艺作品先后参加了第五届中国(深圳)文化创意产业博览会、第四届中国(北京)国际文化创意产业博览会、山西省首届非物质文化遗产展演活动、首届新晋商、新形象博览会、首届中国(宁夏)文化艺术旅游博览会、山西省纪念建国六十周年成就展、首届中国(山西)特色农产品交易博览会等。

由平定古窑陶艺有限公司公司承担的中国刻花瓷文化园区建设项目主体结构基本完成。其主打产品——刻花瓷系列产品入选上海世博会指定行政礼品合作企业。

高长虹研究会 年内，《高长虹文集》出版工作已全面展开，与中央编译出版社签订了出版合同。《阳泉日报》刊登了6篇关于高长虹的文章。 （高润征 尹玉琴）

档 案

【概况】 2009年，市档案局抓了五项工作，取得明显成效。

一、以服务中心工作为重点，积极开展档案服务工作。为隆重纪念中华人民共和国成立60周年，市档案局举全局之力对180多万字的档案史料反复斟酌，十易其稿，编纂完成《阳泉解放》一书。同时，与党史办合作编纂出版了《当代阳泉重要文献选编》，收录了阳泉建市后从1948年至2009年60多年来地方党政军、人大、政协的历史性文献70篇(件)，近40多万字。围绕国庆60周年活动，积极开展各种档案的宣传和利用，为《阳泉日报》、《太行明珠——阳泉》邮资明信片珍藏册提供了大量的馆藏珍贵历史图片，对提升档案价值，彰显档案馆的文化教育功能起到了积极作用。年内，市档案馆共接待社会各界利用档案人员523人次，提供档案2299卷，资料54册，为全市各方面提供了大量翔实的第一手资料，解决了编史修志、招工、土地权属确认等一系列涉及民生的问题。

二、以“两个体系建设”为重点，创建档案管理新格局。全年共移交进馆档案457卷又1304件，电子版照片158张，光盘70张，录像带133盘，接受捐赠照片48张，先后从中央档案馆、中国人民解放军总政档案馆等单位征集回革命历史档案77份。深入近30家基层单位进行档案业务分类指导，为全市各行各业提供优质服务。有序开展档案开放鉴定工作，拓宽档案服务范围，全年鉴定馆藏档案72个全宗2175卷档案，确定开放档案1938卷，控制利用档案237卷。完成了5个县区综合档案馆的规划和筹建工作。

三、以数字化档案馆建设为重点，加快档案现代化管理步伐。一是实施数字化带动战略，推进档案的数字扫描和全文录入工作。在编纂《阳泉解放》一书过程中，充分利用数字化扫描技术对历史照片、阳泉区图等档案进行扫描，同时把征集进馆的革命历史档案进行全文录入，共录入百万余字，转换了档案存储载体，档案数字化建设取得了新进展。二是做好阳泉新闻及电子文件的采集、归档工作，按照事件、人物等分门别类，进行整合编制，刻录光盘。到年底，共采集新闻246次，电子文件归档200余件，充分发挥了档案工作的现实效应。三是全力打造阳泉档案局政府网站。四是推进现代化基础设施设备建设，添置笔记本电脑9台，为《阳泉解放》一书的顺利编纂提供了有利条件。

四、以法制建设为重点，促进档案事业全面协调可持续发展。一是深入开展法制宣传教育，增强档案法制意识。充分利用网络优势，重点在门户网站上开辟专栏，大力宣传档案法律法规进一步扩大了档案法制知识的普及面，加强了依法治档工作力度，促进全市档案事业健康发展。二是着力加强档案法制制度建设，为依法治档提供有力保障。在档案业务指导工作中，逐步开展对各级机关及有关单位机关文件材料归档范围和文书档案保管期限的审批制，不断完善档案进馆方案，修订进馆范围，明确保管期限，把关系普通百姓切身利益和反映单位基本职能的文件材料列入进馆范围，使其成为档案馆馆藏的组成部分。三是进一步提升档案执法队伍素质，增强依法治档执行力。积极组织人员参加执法培训，严格档案执法人员持证上岗、亮证执法，实行档案执法人员备案制，完善执法公示制，营造严格执法、依法行政的良好发展环境。四是开展档案行政执法检查，维护档案法律法规的权威。

五、以提高素质为重点，继续加强队伍建设。一是以深入学习实践科学发展观活动为契机，切实提高全体人员的政治素养。二是深入学习党的十七届四中全会精神，切实加强党的建设。三是深入学习刘义全同志先进事迹和崇高精神，打造一支无私奉献的档案干部队伍。

（葛雅萍）

【《阳泉解放》编纂出版】 2009年，为纪念中华人民共和国成立60周年，按照全国档案编研出版工作指导委员会关于组织编辑出版《城市解放》档案史料系列丛书总体部署，市档案局编纂出版了《阳泉解放》一书。此书由市档案局(馆)长曹慧明主编，是中国档案出版社出版的全国档案编研出版重点项目，是“十一五”国家重点图书出版规划项目“城市解放系列丛书”之一。国家档案局局长杨冬权为该套丛书作总序，市委书记白云为该书写了序言。

《阳泉解放》的主要内容是市档案馆馆藏的阳泉建市和解放初期的革命历史档案。本书共编辑文件143份，共计53万字，分解放前阳泉概况、解放阳泉、阳泉建市、巩固新生政权四大部分。全书以第一手档案史料全面系统地再现了20世纪阳泉解放初期波澜壮阔的革命斗争历史，以生动的素材向世人展示了阳泉作为中共创建的第一个城市人民政权的显著地位和历史风采，是一本进行爱国主义教育、革命传统教育的生动教材和历史教科书。

（葛雅萍）

【档案鉴定】 2009年，市档案馆按照《中华人民共和国档案法》关于"档案自形成之日起满30年向社会开放"的规定，根据《阳泉市档案馆档案开放、划控方案》，对档案的开放与控制标准进行严格把关，对涉及开放年限的馆藏的1978年至1979年的全宗档案进行了分类鉴定。通过对72个全宗2175卷档案的认真审核鉴定，确定开放档案1938卷，控制利用档案237卷，并对1973年以来已完成鉴定的5607卷档案加盖了"开放"章。截至2009年底，市档案馆对馆藏满30年的96个全宗36519卷档案，已全部进行了开放鉴定，其中可以向社会开放利用的档案达17123卷，控制利用的档案9396卷。（葛雅萍）

【档案收集】 2009年，市档案馆共移交进馆档案457卷又1304件，电子版照片158张，光盘70张，录像带133盘，接受捐赠照片48张。在编撰《阳泉解放》一书的过程中，市档案局(馆)组织业务骨干先后到中央档案馆、中国人民解放军总政档案馆、河北省档案馆、石家庄国家档案馆、河北阜平县国家档案馆，共查找到有关阳泉解放时期的革命历史档案112份。这些珍贵史料的收集整理不仅为《阳泉解放》一书高质量、高水平的编纂出版提供了有力保障，同时也极大地填补了阳泉市革命历史档案馆藏的空白。同时，市档案馆开展了对党史资料以及各种有历史价值的实物等党史资料的征集工作，征集到珍贵的革命历史照片48张。通过征集，丰富了馆藏档案史料，填补了许多馆藏空白。至年底，市档案馆馆藏档案达到136个全宗，88192卷又4194件，各种录音录像846盘，照片9500张，馆藏资料22842册。（葛雅萍）

新闻　报纸

【新闻中心概况】 2009年，市新闻中心以科学发展观为统领，紧紧围绕落实党的十七届四中全会精神和庆祝新中国成立60周年两件大事，围绕"统筹城乡、率先转型、全面崛起、富民强市"这一主要工作目标，注重发挥"中心"职能，对内加强队伍建设和新闻管理，对外强化组织协调和记者接待，在基调上把握，在舆论上造势，正确宣传党的路线方针政策，生动反映全市人民的伟大实践，使对外新闻宣传工作呈现出大事报道有力、重点报道突出、热点引导得当的态势，为把阳泉市建设成为生态文明、平安和谐的宜居家园和具有较强竞争力的现代化区域中心城市营造了良好的舆论氛围。

（郝文彤）

【对外新闻报道】 2009年，经市委宣传部、市新闻中心的精心组织、策划和协调，全市的对外宣传工作呈现出层次高、篇幅长、影响大等特点。3月31日，中央电视台新闻联播以《山西阳泉：基层工会联合会破解非公有制企业职工维权难》为题，报道了阳泉基层工会联合会通过选聘职业化的工会干部，帮助职工解决实际困难，破解维权难的经验。9月12日，中央电视台新闻联播以《服务居民：创建和谐社区》为题，报道了阳泉市城区小阳泉南社区在学习实践科学发展观活动中，积极为居民办实事、解难事，使社区工作走在全省前列的做法。9月15日，中央电视台在"新闻联播"头条位置以《生态建设和保护并重，促进人与自然和谐》为题，播发了阳泉市在砑石山治理中采取的有力措施和成功经验，着重反映了阳泉市在生态建设和环境保护方面取得的成效。这一稿子是新闻联播节目《经典中国·辉煌60年》专栏中的一个重头稿子，时长1分半。在中央电视台新闻联播头条位置播发阳泉稿件，这在阳泉新闻史上属于首次。新闻播发之后，不仅阳泉市委、市政府领导非常满意，而且省委主要领导还打来电话表示祝贺和鼓励。12月27日，《中国文化报》以《多彩文化奇葩，成就魅力阳泉》为题，整版报道了阳泉丰富的旅游资源和阳泉煤雕、平定刻花瓷等独具魅力的传统文化。《山西日报》刊播阳泉新闻的质量明显好于过去，仅头版头条稿子就有11篇，不少稿子影响较大。

阳泉是典型的资源型城市，重工业比重大且结构单一，据测算，就按现在的开采速度，阳泉的煤炭只够挖50年，那么50年之后怎么办，阳泉应当怎样发展？《山西日报》分别以《阳泉加减乘除迎春天》、《转型发展看阳泉》两个头条，具体介绍了阳泉进行老工业基地改造和资源型城市转型的成功经验，用大量数据和生动事例回答了这一问题，受到了省市领导的充分肯定。

2009年，阳泉市在省及省以上新闻媒体播发新闻稿件1280条，数量质量均创历年最好水平。国家级新闻媒体发稿52条，其中新华社19条、《人民日报》3条、中央电视台7条、中央人民广播电台6条、《经济日报》3条、《工人日报》6条，《中国文化报》8条。省级媒体发稿1128条，其中《山西日报》282条、山西电视台360条、山西电台290条、《山西经济日报》138条、《山西工人报》58条。

（郝文彤）

【阳泉日报社概况】 2009年，市报社坚持"三贴近"原则，强化管理，狠抓思想理论和业务技能学习，牢牢把握正确舆论导向，全年宣传工作基本实现了"点的突破，面的活跃，质的提高"。

一、围绕中心，突出重点。2009年，《阳泉日报》紧紧围绕全市"统筹城乡、率先转型、全面崛起、富民强市"的发展战略，突出保增长、保民生、保稳定的工作主线，重点组织了全市人大政协"两会"、深入开展学习实践科学发展观、百项工程、新农村建设、实施“3+2”农业产业化富民工程、煤炭企业兼并重组整合、村村通、石太客运专线、道德模范评选、三大基地建设、三城同创、喜迎新中国成立60周年、抗击甲型H1N1流感、抗击暴雪灾害等战役性报道。开展了以宣传“经济发展稳定、农民生活富裕、精神生活充实、人居环境良好”,以全市新农村建设重大成就为主题的大型活动“魅力乡村大赛”,举办了“安全在我心中”、“住房的变迁”“我与邮储银行”、“1949～2009庆祝中华人民共和国成立60周年头条新闻大赛”等一系列征文活动。以多种形式宣传报道了阳泉市各项建设取得的新成就、新进展,为促进全市经济平稳较快发展发挥了作用。

二、瞄准市场,准确定位。年内,市报社狠抓报纸的可读性与实用性,日报与晚报版进一步区分内容特色。晚报努力改变太“正”、太“重”、太“硬”的“小日报”面貌,加强社会新闻、舆论监督报道、服务类报道的分量,突出了贴近百姓喜闻乐见的娱乐信息版面,拓展了与日报不同的文化市场。

三、编撰《内参》,架设“热线”。《阳泉日报》坚持不定期地向市四大班子主要领导报送《阳泉内参》(2009年共发3期,总发44期),为市领导提供第一手信息资料。《阳泉日报》坚持常年在头版醒目位置刊登“中共阳泉市委社情民意通道”语音电话号码和电子邮箱,方便群众与政府沟通,更以报纸为介质,在政府与普通民众间建起互动桥梁——晚报《热线》版,并由过去的一周一期改为一周两期。 (苏 伟)

广播电视

【概况】 2009年,阳泉广播电视工作舆论引导能力、媒体综合实力、总台影响力均稳步提升。全年,广播节目中心“阳泉新闻”栏目播出新闻4800条,新闻专题“山城故事”150期,“政风行风热线”100期,“说法在线”100期,“行风追踪”60期;电视节目中心播出“阳泉新闻”3112条,“111报道”257期,“民情民声(晚间新闻)”1426条,“关注”52期,“法制空间”52期。全年在省级台播发稿676条,在中央台播发稿10条。创阳泉历史最好水平。

(马 芳 戴红英)

【广电网络覆盖成功】 2009年,市广播电视总台按照国家“村村通”标准,采取有线网络、小系统、无线等三种方式互补,广播电视覆盖率达100%。全市共设5个发射台和转播站,同时传输108套数字电视、47套模拟电视节目、13套调频立体声广播节目,并开展了数据交换、INTERNET接入、电路出租等业务。年内,数字电视业务已完成14.5万户的整体转换。全年网络有线用户新增1.3万户,总用户达到25万户,覆盖全市所有乡镇和526个行政村。

导向正确,把握有度 一是应对危机的宣传有序。2009年针对国际金融危机的严重影响,认真落实中央和省委的重大决策部署,采取了一系列应对措施,在新闻节目中开设了“走进重点工程”、“三个发展在阳泉”、“统筹城乡促发展”、“岁末年初话发展”等专栏,推出了“困境求生”等中小企业应对危机的调查性系列报道,组织了一系列宣传战役,全年经济工作的宣传做到了既有点、又有面、天天报、不断线。二是重大活动的宣传有声有色。围绕“纪念新中国成立60周年”、“三城同创”等重大主题,开设的重点栏目有:“科学发展在身边”、“国事家事60年”、“策马千里走太行”、“致力‘三城同创’,建设宜居家园”等,深受广大听众和观众喜欢。尤其是电视新闻“小阳泉南社区服务居民创建和谐社区”与“生态建设和保护并重,促进人与自然和谐”两个节目在中央电视台“新闻联播”播出后,扩大了阳泉的知名度。三是突发事件的报道有节有度。2009年,阳泉遭遇突如其来的暴雪灾害,记者克服重重困难,及时赶赴灾情严重的现场,特别是与救援队同时赶到高速路车辆被困现场,第一时间发回报道,在当天的新闻中及时播出了受灾情况,为全市协调救援和资金救助提供了重要依据,抗击雪灾的一些鲜活的报道也在省台和中央台适时播出。其间,新开播的科教频道和交通广播频道充分发挥各自优势,推出特点鲜明的报道,尤其是交通广播以其独到的定位,为全市抗击雪灾作出了贡献。此外,在应对“10·30”重大交通事故的报道中,反应迅速,处置得当,有理有据,得到业内外人士的称赞。

充实内涵,加大外宣,媒体综合实力稳步提升 首先是频道频率更加专业化。频道和频率是广播电视宣传中最基本的要素,也是最基本的内涵。2009年新开播的科教频道和交通广播频道,一开播就受到全市人民的欢迎,成为总台大宣传格局中的一大亮点。两个频率频道开播后,以其资讯快速、贴近民生的特点感动着山城人民,成为山城阳泉文化事业大发展大繁荣的一道靓丽的风景。对于提升总台媒体的综合实力和竞争力有着重要的意义。其次是对外宣传再创新纪录。广播和电视两个中心全面完成年初目标责任状规定的任务,全年在省级台播出676条,在中央台播出10条。其中,广播新闻在省台播出289条,在中央台播出3条;电视新闻在省台播出368条,在央视播出7条,其中“新闻联播”3条,创历史最好水平。

打造精品,塑造品牌,广电总台影响力稳步提升 一是获奖节目稳中有升。年内,在省级以上各类评奖中,共获得27个奖。其中,广播连续报道《来自抗震救灾第一线的报道》、电视专题《瞬间的永恒》获得山西新闻奖一等奖,广播专题《大钟镗镗》获得中国广播电视协会广播专业委员会专家奖一等奖。二是节目创新力度加大。随着科教频道和交通广播频道的开播，总台掀起了新一轮节目更新和创新。新版节目中，“民生记录”、“小韩帮忙”、“交广双行线”、“901早班车”已在听众中产生一定影响。传统节目中，“阳泉新闻”、“111报道”、“关注”、“说法在线”、“政风行风热线”等节目也在内容、形态、主持人风格等方面进行了探索和创新，老节目焕发了新活力。

重大活动精彩纷呈　2009年是举办重大活动次数较多的一年，除了2009年春节文艺晚会之外，还举办了“阳泉广播电视总台首届主持人大赛”、“唱响阳泉新天地歌手大赛”、“梦想大冲关”、“广播少儿故事大赛”等重大活动，承办了“全市首届道德模范颁奖典礼”、“媒体推介会”、“记者节文艺晚会”、“新年音乐会”等文艺晚会。这些活动和晚会，极大地丰富了山城百姓的文化生活。　（马　芳　戴红英）

【技术事业】　2009年，阳泉广电总台保障有力，技术事业水平稳步提升。一是实现了优质安全播出。安全播出是广播电视的生命，年内，无论是无线传输，还是有线传输，无论是“两会”、元旦、春节等重要节日，还是国庆60周年庆典活动，都实现了优质安全播出。二是巩固了技术事业基础。投资125万元购置了一号演播厅LED大屏幕和电脑效果灯光，投资65万元更新了城市广场大屏幕系统，投资100万元购置了4套摄录设备，完善了二号演播室视讯系统，投资140万元购置采编播设备，用于科教频道的开播。同时，对狮脑山机房进行了装修改造，技术事业基础更加完善。三是打赢了各项重大战役。2009年大型活动多，且多为现场直播，技术设备中心的职工不怕疲劳，连续作战，圆满完成了每一次直播任务，为重大活动提供了有力的保障。

（马　芳　戴红英）

【产业发展】　阳泉广电部门科学谋划，产业发展和创收稳步提升。一是积极稳妥推进数字电视整转。2009年，受国际金融危机的影响，全市经济发展趋缓，加之数字电视整转重点向经济条件较差的地区延伸，以及直播卫星冲击有线市场等多种因素的制约，整转工作遇到了前所未有的压力。面对挑战，网络中心采取一系列积极有效的措施，一方面把新增用户直接发展为数字用户，把荫营、固庄煤矿的4720个用户整合到全市大网中。另一方面，借鉴“村村通”工作的经验，促进数字电视在相对富裕的农村发展，关闭模拟信号，促进数字用户整转。至年底，市区关模工作已基本完成，共关闭42000户，县区关模用户70512户，占全部数字用户的80%。全年共发展数字用户4.6万户，全市累计达14.5万户。二是多管齐下实现数字电视的增值发展。数字电视是广电产业中最大的产业。除了整转工作外，还加大了增值业务的营销，付费节目销售收入达390万元。利用歌手大赛的平台推出“抽奖回馈数字用户”活动，提高百姓的认知度。加大了双线网改造力度，在市区和平定共完成设计4万户，铺设光缆2.4万米，已开通2.4万户。加大了非法卫星地面接收设施的清理力度，联合行动9次，查处相关人员67人，清缴非法设施5945套。此外，与陕西广电签订了落地费战略协议，陕西广电每年保底完成阳泉数字电视公司节目落地费用70万元。通过上述一整套措施的实施，网络各项业务收入达到6300万元，全面完成了目标责任状规定的任务。三是超额完成广告创收。金融危机带给地方最直接的影响是大型工矿企业和能源附属企业处于停产和半停产状态，对商贸、地产、零售业造成较大的冲击。在许多房地产客户出现了资金紧张，广告计划缩减的情况下，广告经营中心认真分析市场，在危机中求商机，勇敢地跳出传统广告营销圈子，拓展广告的宽度和深度，推出了主持人大赛、歌手大赛等大型活动，将广告栏目化，栏目经营化，做好黄金时段营销、专业频道营销、电视剧营销，逐渐在困境中求得主动，实现了创收增加、效益提升的目标。全年广告等各项收入共完成3600万元，超出规定的目标任务。在金融危机的不利局面下，呈现出逆势上扬的良好态势。

（马　芳　戴红英）

【首届主持人选拔赛】　备受全市人民关注的市广播电视总台首届主持人选拔赛半决赛于4月22日～23日进行，4月29日圆满落下帷幕。入围前10名的选手通过“精彩阳泉、串词接龙、新闻会客室、我的舞台·我的精彩”4个环节的展示，经过央视著名主持人韩乔生、省广播电视总台播音指导李然的精彩点评、评委组的现场评分和市公证处工作人员的现场公证，排出了最终名次：王钶、韩超、郭海萱分别获得了冠、亚、季军。市委常委、市委宣传部部长高全怀，副市长李体柱等领导在现场观看比赛并为选手颁奖。本次选拔赛共有340人报名，其中，年龄最大的39岁，最小的只有18岁，历时两个月。经过初赛的海选、复赛的晋级、半决赛的竞争、总决赛的角逐共进行了27场比赛。选手们在台上精彩展示和韩乔生、石兰、李然等评委的专业点评成为大赛的亮点、看点。此次主持人选拔赛是广电总台首次举办的连续直播场次最多、技术难度最大、环节设计最为复杂的群众文化活动。

（戴红英　马　芳）

【交通广播开播】　11月13日，FM90.1阳泉交通广播正式开播。刚开播的交通广播及时围绕隆冬季节，特别是恶劣天气后的路况如何安全行车，准确发布最新交通资讯，快速传递市委、市政府为应对突发事件作出的各项决策，及时为交通行车提供了服务，体现了交通广播“雪中送炭”的重要作用。开播一周就收到了全市热心听众的大量反馈信息，仅17日就收到短信近400余条及许多热线电话，得到了司机朋友的热情赞扬。

阳泉交通广播开播是阳泉广电总台继科教频道全新改版后的又一重要举措。节目以“及时的交通新闻、专业的汽车资讯、多彩的休闲娱乐、丰富的生活话题”为突出特点，充分发挥交通广播的独特优势，创新节目运营模式，通过节目打造名主持人，通过主持人打造名牌栏目，不断提高收听率和影响力，为“文明驾驶，安全出行”的和谐交通氛围提供即时讯息，为全市“三城同创”提供舆论支持。(戴红英　马　芳)

文化市场管理

【“扫黄打非”工作获省级奖励】 2009年3月，市文化新闻出版局被省“扫黄打非”工作领导小组授予“2008年山西省‘扫黄打非’工作先进集体”称号，这是市文化新闻出版局连续第七年获此荣誉。

(刘建民)

【销毁侵权盗版及非法出版物行动】 2009年4月22日，在市文化中心南门隆重举行侵权盗版制品及各类非法出版物集中销毁活动。共集中销毁非法出版物20000余册(盘)，其中非法图书13000余册、非法音像制品7000余盘。活动的目的是宣扬打击盗版，消除腐朽文化，保护知识产权，规范市场秩序，向全社会集中展示阳泉市反盗版斗争的成果，唤起广大人民群众理解和参与“扫黄打非”斗争的积极性，增强社会各界的支持和参与“扫黄打非”斗争的意识。　(刘建民)

【文化经营单位专职安全管理人员培训】 2009年4月24日，市文化新闻出版局会同市安监局举办了全市文化市场经营场所专职安全管理人员培训班。培训班分4期，每期3天，来自全市各网吧和娱乐场所的270余名安全员分批参加培训，系统学习国家有关安全生产法律法规及阳泉市有关规定，旨在提高文化经营场所经营者及安全管理人员的安全管理意识和能力，是市文化新闻出版局为落实全市安全生产“专项治理年”、“规范管理年”有关要求而采取的一项重要措施。

(刘建民)

【“打击侵权盗版 保护知识产权”签名活动】 为宣传动员全社会特别是青少年参与打击侵权盗版活动，增强保护知识产权意识，2009年4月29日，市文化新闻出版局联合市教育局在市一中举办了“打击侵权盗版 保护知识产权”签名活动。市一中500余名学生在“打击侵权盗版 保护知识产权”的横幅上郑重地签上了自己的姓名，以示自觉抵制盗版的决心。开展签名活动的目的是为了让广大青少年牢固树立保护知识产权、打击盗版的观念，号召青少年一起参与打击盗版出版物活动，坚决抵制侵权盗版和非法出版物，积极检举揭发制售盗版的违法行为，保障青少年的健康成长，维护青少年的合法权益，在全社会营造尊重知识、尊重他人智力劳动成果、尊重知识产权的良好氛围。签名活动与保护知识产权专项活动紧密结合，对于遏制各种侵权行为，营造声势，进一步规范全市出版物市场秩序，切实提高公民的知识产权保护意识具有重要的推动意义。

(李丽霞)

【“五老”网吧义务监督员】 为净化社会文化环境，进一步加强网吧等文化市场监管，2009年5月22日，市文化新闻出版局和市文明办、市关工委在市文化中心为聘任的120名老干部、老战士、老专家、老教师、老模范等“五老”网吧义务监督员颁发了聘书。该活动便于及时反映、传递群众和社会各界对于网吧经营中存在问题和执法人员管理工作的建议、意见，促进监管部门改进工作，严厉打击各类违法违规经营行为，进一步规范全市互联网上网服务营业场所的经营秩序。　(李丽霞)

社会科学

理论研究

【党校工作概况】 2009年，市委党校（阳泉行政学院）紧紧围绕“四个服务”（为推进党的理论创新服务，为提高党校教学质量服务，为党委和政府决策服务，为社会主义经济建设、政治建设、文化建设、社会建设和党的建设服务）的要求，转变观念，多措并举，科研能力和水平不断提高。校院领导亲自带队，先后组织教学科研人员深入到乡镇街道、田间社区、党政部门和企事业单位，开展调查研究，掌握基层实情，共形成调研报告2篇，完成理论文章26篇，在市级报刊发表6篇、省级以上报刊发表5篇，并有多篇获奖。其中，杨珍君撰写的《建设国家级园林城市之争》一文在国家级报刊发表，并荣获中央民族大学“985”工程项目成果奖；杨建荣申报的《新时期山西城市公民道德建设研究》被列入山西省哲学社会科学“十一五”规划2009年度课题；李志华完成省级课题《山西煤炭资源型城市环境污染问题研究》。为充实市委党校图书馆馆藏图书，专程到北京购置各类新书籍2000余册，开通“中国知网”，有效发挥图书、资料、信息在教学科研中的基础作用。（李培梦）

【《阳泉论坛》】 为了充分发挥党校（行政学院）学习宣传马列主义、毛泽东思想、邓小平理论、“三个代表”重要思想和科学发展观的主阵地作用，服务党委、政府中心工作，市委党校（阳泉行政学院）于2005年10月创办了内部资料性刊物《阳泉论坛》。《阳泉论坛》的办刊宗旨是，坚持理论联系实际，围绕全面建设阳泉小康社会大局和市委、市政府确定的各项工作重点，为市委、市政府完善决策、改进工作提供依据与支持。《阳泉论坛》设“党的建设”、“经济研究”、“企改热点”、“三农聚焦”、“社区声音”、“干部教育”、“名家访谈”等栏目。《阳泉论坛》为双月刊，16开本，发送对象是阳泉市五大班子主要领导，市委、市政府各部门主要领导和各县区主要领导。《阳泉论坛》印刷数量300份，山西省内部资料准印证第K085号。编辑部设在市委党校（阳泉行政学院）理研室。截至2009年12月，《阳泉论坛》累计出刊25期，刊登各类理论研究、政策宣传和反映干部教育成果的文章共计300余篇。（李培梦）

改革与发展研究

【文件起草】 2009年，市发展研究中心起草和参与起草了大量重要文件及材料，包括《阳泉市“三城同创”实施方案》以及相关实施细则和制度、《阳泉城乡一体化发展综合配套改革试验区总体方案》、《阳泉市煤炭、耐火、铝业税费缴纳情况调查》、《阳煤集团近三年来缴费纳税情况调查》等，较好地发挥了决策参谋作用。（郝　增）

【专题报告】 2009年，市发展研究中心围绕全市中心工作，积极履行决策咨询职能，先后提交了涉及城市经营、国企改革、产业发展、城乡一体化等方面领域研究报告和决策建议共9篇，对阳泉市经济发展、产业结构调整有着重要的参考价值。（郝　增）

【《阳泉经济》】 《阳泉经济》作为市政府主办、发展研究中心承办的市级刊物，2009年，紧紧围绕经济社会发展的重点热点，在组稿、编辑、栏目、版面等各个环节狠下功夫，为全市社会经济发展研究提供了相互沟通的平台和桥梁，尤其对三农问题、城市经营、节能减排、城乡一体化、宏观经济运行、金融体系建设、产业发展研究等方面进行了从宏观领域到微观领域、从理论高度到实践应用较为全面的研究，理论性、知识性、可读性进一步增强，

成为阳泉市经济方面的权威性刊物。 （郝 增）

史志工作

【党史工作会】 2009年3月，阳泉市召开党史工作会议。市党史工作领导组成员，各县区委分管党史工作的副书记、党史研究室主任和市委党史研究室的全体干部职工，共60余人参加了会议。会议传达了习近平同志对党史工作的重要指示精神，总结了2008年全市的党史工作，安排部署了2009年的党史工作，并对2008年度阳泉市党史工作中涌现出的先进集体和先进个人进行了表彰。市党史工作领导组常务副组长、市委常委、市委秘书长樊盛武作了重要讲话。 （刘玉林）

【《当代阳泉重要文献选编》第一卷正式出版】 为系统回顾新中国成立60年来阳泉市建设发展所走过的历程，为科学执政提供决策参考，2009年，市委党史研究室和市档案馆合作编纂出版了《当代阳泉重要文献选编》第一卷。本书共收录选编了阳泉建市后从1948年至2009年60多年来党政军、人大、政协的历史性文献70余篇共计39万多字。其中，不少文献属首次公开。从中可以看到新中国成立以来，在中国共产党的正确领导下，阳泉地方历届党委政府是如何团结带领广大人民群众大力发展民主政治、经济文化和各项社会事业的；是如何实事求是、从阳泉实际出发，正确贯彻坚持党的路线、方针、政策的；进入改革开放新时期，又是怎样坚持党的基本路线，不断开拓创新，推进城乡全面小康社会建设发展的。该书的编印出版，不仅系统整理和积累了阳泉当代史上的重要文献资料，而且为了解过去、继往开来，总结历史经验教训，提高各级领导的执政能力，推动各方面工作的科学发展，提供了有益的参考和借鉴。该书由市委书记白云作序，山西出版集团三晋出版社正式出版。（刘玉林）

【《阳泉市历届党代会市委委员名录》初稿完成】 编纂《阳泉市历届党代会市委委员名录》是列入《阳泉市党史工作“十一五”规划》的重点课题。市委党史研究室于2009年全面铺开了这本书的资料征集和编纂工作。在编纂过程中，本着对党的事业和阳泉历史高度负责的态度，以严谨求实的治学精神，既做好历史资料的抢救整理工作，又做好现实资料的查找收集工作，先后同市、省和全国各地多位在阳泉工作过的老同志取得联系，并采取登门走访或致函的方式，查阅了省市县档案、史志部门保管的大量资料，终于在年底以前完成了该书的初稿编纂和审定任务，该书将在2010年出版面世。（刘玉林）

【宣传教育工作】 党史宣传教育，是党史工作发挥资政育人作用的重要途径。2009年，市委党史研究室在搞好党史研究工作的同时，进一步加强党史宣传教育，认真处理好党史研究和成果转化的关系，坚持开门办史、开门讲史，使党史工作走出“书斋”为科学发展大局服务。在纪念新中国成立60周年之际，市委党史研究委室与市委宣传部、市讲师团、阳泉日报社联合组织了纪念新中国成立60周年百题知识竞赛和征文比赛；与市电视台、市档案局在“关注”栏目联合举办了纪念阳泉解放建市60周年专题节目。本室还积极组稿进行网上党史宣传，及时更换新鲜内容，保持这一渠道的畅通、有效。 （刘玉林）

【《抗损调研成果(阳泉卷)》总稿审定任务完成】 2009年，市委党史研究室在上年抗战期间阳泉市人口伤亡和财产损失的全面普查和专题调研工作取得初步成效的基础上，又组织专门力量对整理出的调研报告、统计表格、证人证言、大事记、图片音像资料、专题等数十个类型的抗损调研成果共96卷约300余万字进行了修改、补充和审定，为2010年《抗损调研成果(阳泉卷)》的出版做好准备工作。（刘玉林）

【2009版《阳泉年鉴》出版】 2009年10月，《阳泉年鉴(2009)》由方志出版社正式出版。《阳泉年鉴(2009)》是由阳泉市委、市政府安排部署、市地方志办公室具体主持编纂的第14部年鉴。从2008年3月开始筹备，经过7个月的紧张工作，到10月，2009版《阳泉年鉴》的组稿、编辑、总纂等工作已全部完成。该书全面反映了阳泉市2009年度经济与社会发展的基本情况和最新成果。该书计约80余万字，内有中英文目录和38个彩色版面，由厦门翰林彩印有限公司印刷，主编任佟苏。

（董雪卉）

【修志业务培训】 2009年，市地方志办公室针对近年来全市二轮修志工作中存在的具体问题以及多数修志人员专业知识欠缺的实际情况，专门举办了全市二轮修志专业人员培训班。特邀省内方志专家到场讲学、解惑答疑，基础性、针对性、实务性、互动性强，融专业理论于修志工作实践，讲学结合，释疑解难，易学易懂，效果明显。全市各级方志部门的60余名专业修志人员参加了培训。 （董雪卉）

【《志鉴类书稿编审制度》出台】 2009年，为了规范编纂出版《阳泉市志》、《阳泉年鉴》工作程序，提高工作效率，保证工作质量，便于工作考核，阳泉市地方志办公室拟制了《志鉴类书稿编审制度》，并在单位内部开始执行。整个制度分撰稿、组稿、审稿、校稿及其他五部分，对各个工作环节的基本任务和具体要求作了明确的规定，对提高志鉴类稿件质量具有重要作用。

（董雪卉）

【二轮修志工作稳步推进】 2009年是阳泉市二轮修志工作全面启动的第三年。年内，市地方志办公室领导干部结合学习实践科学发展观活动，多次深入县区和基层修志单位进行调研，督促指导基层修志工作，有效地促进了全市二轮修志工作的全面开展。截至年底，市直多数承担二轮修志任务的单位完成初稿撰写任务，城区、矿区、郊区和平定县的二轮修志工作也在有序推进，盂县二轮修志工作开始起步。按照全省规划要求，阳泉市应于2013年完成二轮修志任务。（董雪卉）

【修志队伍建设】 2009年，面对繁重的二轮修志任务，市地方志办公室领导班子把加强全市修志队伍建设放在重要位置，采取有效措施强化全市修志队伍建设。一是积极组织修志培训班，全面提高修志队伍的整体素质。通过举办专职修志人员培训班并聘请方志专家授课的形式，强化提高专业修志人员的业务素质和工作能力；通过举办市直修志单位修志撰稿人培训班，普及方志知识，强调方志体例，传授修志方法，规范工作要求。二是建立联系制度，动态掌握和解决撰稿人的工作困难。市地方志办公室责成各责任编辑与各承担修志撰稿任务单位的撰稿人建立联系制度，随时检查督促各单位修志工作，掌握其工作进度、任务完成情况，解决其工作中遇到的困难和问题。三是组织有关人员参加各类知识讲座及其他社会活动，提高工作人员的综合素质。针对方志工作涉及领域多、需要编修人员知识面广的特点，市地方志办公室积极组织修志人员参加各类知识讲座，了解信息，掌握知识，年内多次参加市委、市政府及其有关部门组织的各类专题讲座及其他社会活动。

（董雪卉）

【参公过渡工作】 2006年5月国务院颁布的《地方志工作条例》对各级地方志工作部门的职能和任务作了规范和明确，全国从上到下各级地方志部门逐步纳入参照公务员法管理范围。年内，经省、市组织人事部门批准（阳人字〔2008〕37号文件），从2008年12月起，阳泉市地方志办公室正式过渡为参照公务员法管理的事业单位，所有在职人员一律参照公务员法管理。截至2009年底，市地方志办公室参照公务员法管理过渡工作全部完成。（董雪卉）

【《走过六十年》出版】 2009年10月，《走过六十年》——国庆六十周年纪念专辑面世。全书分彩页、走过1950年代、走过1960年代、走过1970年代、走过1980年代、走过1990年代、走进21世纪、亲闻亲历和文献档案9个部分，计40万字，照片300幅。该纪念专辑经过平定县史志办公室全体工作人员一年的努力，通过搜集资料和整理编排，采取大处着眼、小处着笔，挖掘当事人第一手资料的编辑方法，分条编目，配以珍贵的历史照片，图文并茂。该书以60年来平定县发生的大事、要事为主线，全面记述了平定县政治、经济、文化、社会等各个方面取得的丰硕成果，共同见证新中国成立60年来平定的历史，是平定县政府向新中国成立60周年献上的一份厚礼。该书面世后，受到社会各界好评，尤其是平定籍老干部的高度赞誉。（洪晓琴）

【《平定县信用合作社志》出版】 2009年12月，《平定县信用合作社志》由中华书局出版发行，是山西省第一部县级信用合作社专志。该书经过两年的辛勤编纂，四次修改，县史志办精心审核，得以成书。全书计93万字，分12章，从体制结构、基层社概况、存贷款、结算、经营管理及效益、行政管理、企业文化、党群组织、人物及数据总汇多方面记述了平定县信用合作社从有考的信用合作史实至2005年末的情况，体现了平定县农村信用社物质文明、精神文明、政治文明建设的成果，也体现了平定信合人的文化生活。

（洪晓琴）

【《东关村志》及画册《风雨春秋》出版】 2009年12月，平定县《东关村志》历经3年编纂完成，由山西人民出版社出版。《东关村志》计95万字，全面反映东关村有史以来的自然和社会、历史与现状，重点记述了新中国成立后至2007年底，东关村风俗人情、衣食住行，农业、工业、矿业、商业、文化艺术、教育、卫生、体育等方面翻天覆地的变化。该村志略仿县志体例结构，以章、节、目依次排列，设15章84节320个目。画册《风雨春秋》收集了东关村各个历史时期发展进程的图片900余幅，以图解说历史，客观真实地再现东关不同历史时期自然风貌、人文历史和经济建设方面的状况。志书和画册发行后，受到社会好评，尤其是史志界学者给予认可，是平定进入新世纪村志系列的楷本。（洪晓琴）

卫生 体育

卫　生

综合工作

【概况】 2009年,全市卫生工作又有新的发展。全市医疗卫生机构发展到494个,实有病床6781张,卫技人员9409人,医疗用房面积703939平方米,万元以上设备3084台(件)、价值3.36166亿元。全市医院85所,其中三级医院3所、二级医院13所、一级医院(含企业、乡卫生院)56所、民营医院10所、社会办医3所。全年总诊疗3908231人次,其中急诊141487人次,抢救成功率达到90.88%。住院100517人次,治愈、好转率达到97.48%。入院、出院诊断符合率达到99.36%,平均每人次住院费用5835.24元,住院平均每日费用513.94元,平均住院日14.4天。全市床位使用率为69.46%,门诊平均每人次医疗费用148.75元。2009年市直医疗卫生单位共开展新技术、新项目96项,科研项目20项,论文108篇。

（张义所）

【农村卫生】 2009年,全市农村医疗卫生事业蓬勃发展,呈现出良好的态势。3个农业县区共有3所综合医院、32所卫生院、848个村卫生所,农村三级医疗卫生服务网络基本健全。年内,全市共筹资679.7万元,对32所卫生院进行了设备更新、房屋维修和新建,设施、设备均达到山西省《乡镇卫生院达标建设评审标准》。2006年~2009年,市、县筹资821万元,完成了820个村卫生所的规范化建设,达标率80%以上。为覆盖乡村农民就医,年内,市、县又投资845万元,对219个空白村按照标准进行新建,并配置了设备、人员,逐步投入使用。全市共招聘100名大学生村医,充实到村卫生所,举办了乡、村两级内儿科医生培训班、乡(镇)卫生院管理人员和建立农民健康档案专题培训班,并对1390名村医实行注册管理。

新型农村合作医疗制度是农村卫生工作的重中之重。2009年全市参合农民达到58.86万人,参合率达到91.3%,按个人20元、国家80元的比例,全年筹资5648.34万元,上年节余1706.83万元,共计7355.17万元。2009年农民医疗费报销起付线由原来市级1000元降至600元,省级1500元降至1000元。全年新农合补偿支出5913.64万元。

（张义所）

【城市社区卫生】 社区卫生服务工作是为解决城镇居民就医难、看病贵的一项重点工作。在2007年~2008年投资1577万元的基础上,2009年又投入750万元用于社区卫生服务机构建设和装备。全市落实了社区卫生服务机构人员编制389人。完成了14个社区卫生服务中心、42个社区卫生服务站的标准化建设任务。有37个社区卫生服务机构纳入医保网络,入保率达78.72%。全市社区卫生服务机构积极开展"六位(健康教育、预防、保健、康复、计划生育、基本医疗)一体工作,市政府和市卫生局的领导慰问了市内的艾滋病感染者,了解他们的生活和工作情况,鼓励他们战胜疾病,勇敢地面对生活,并送去慰问金5000元和部分生活用品,使他们感受到了党和政府的关心和社会主义大家庭的温暖,为居民建立健康档案41.5万人(份),建档率达到85%。慢病管理工作逐渐开展,社区管理的高血压患者约1.5万人,糖尿病患者4481人,全年为居民发放健康处方60余万份,举办健康讲座135场次。通过以上措施,使社区居民就医难现象得到缓解。

在2009年6月召开的全国社区卫生服务体系建设重点联系城市第二组片区交流会上,阳泉市社区卫生工作得到卫生部领导的肯定。为了进一步推进社区卫生工作,创建省级社区卫生服务示范机构,

2009年10月，召开了全市社区卫生工作经验交流会，10个社区卫生服务机构的代表交流了经验，与会人员到晋东社区、南边堰等服务站进行了实地参观。这次会议，表彰了一批先进集体和个人，推进了社区卫生服务工作。　（张义所）

【应急抢救】 2009年，为应对突发公共卫生事件，阳泉市加强了应急抢救工作，健全机构、充实力量、提高应急抢救能力。市卫生部门成立了95人、分5个医疗卫生专业组的“市级专家咨询委员会”，组织了甲型H1N1流感应急处置演练、突发重大交通事故应急救治演练，参加了“长城号”国家反恐演习，通过演练，提升全市应急救援能力。2009年应急救援突发性事件15起，其中交通事故10起，煤气中毒、爆炸各1起，塌方2起，传染病急救1起。最大的1起交通事故是2009年10月29日下午，在国道207线郊区霍树头路段发生的一辆大轿车翻到70米深的沟内，导致13名乘客当场死亡、40名乘客受伤的重大事故，受伤人员得到及时处置和分送救治。

（张义所）

【震后救助】 根据省卫生厅《关于做好对口支援茂县医疗卫生恢复重建工作的通知》，全市组建一支18名医务人员的工作队，于2009年2月27日从阳泉出发，28日到达四川茂县，发挥内、外、妇产、针灸、麻醉、放射、检验、计免、传染病管理等方面专家的优势，历时3个多月，对灾区医务人员进行了培训、带教、技术帮扶，举办技术专题讲座39次，指导制定重建规划、修订制度，并接诊病人1600余人次，查房328人次，会诊近百人次，指导抢救危重病人33例，手术62例，深受灾区人民欢迎。工作队于2009年6月2日返回。　（张义所）

医　　疗

【概况】 2009年，全市继续开展医院管理年活动，全年审批新医疗机构46个，年度校验1021个，对15个医疗机构下达整改通知书，注销2个诊所。全年评审了19个医疗机构。全市完成了970例白内障手术，超过省厅安排的400例任务。完成对五台、繁峙、静乐、和顺等贫困县的万名医师支农济困任务，全年举办继续医学教育项目49期，培训8000多人次。培训社区医生护士103名。2009年度795人参加医师资格实践技能考试，587人合格，合格率为74%；通过参加笔试，179人及格，及格率30%。对医疗机构用血进行了规范化管理和督查，全市全年医疗用血基本安全、有效，市中心血站加强管理，保证了全市医疗机构用血及时、安全、可靠。中医药事业发展平稳，市中医医院和2所县中医医院都有特色专科。盂县中医院中药房被列入省建设项目。平定县中医医院承担省中医适宜技术项目在平定县推广的任务。

（张义所）

【第一人民医院】 2009年，市一院以创建“全国百姓放心医院”为契机，以三高一低（提高管理水平、提高服务质量和医务人员执业素质、降低医疗纠纷和差错率）为目标。完成了内科医技楼的搬迁工作，床位扩至1000张。全年门诊量48.36万人次，比上年同期增长4.6%；入院1.87万人次，比上年同期增长12.5%；出院1.85万人次，比上年同期增长11.4%；手术12361人次，比上年同期增长6.8%；抢救成功率95.6%，床位使用率80.7%，平均住院日13.9天。固定资产达到4.39亿元。全年未发现重大医疗事故和生产事故。

医院以“树名医、创名科、立名院、打造三名品牌”为动力，加大技术人才队伍建设力度，4月，市一院召开了硕士研究生、护理本科生招聘现场会，通过面试与笔试及护理基础理论考试和技能考核，从参加应聘的125名硕士生、护理本科生中选出30人签订了入院协议。同时审核了72名大中专毕业生相关证件及人事档案、办理了81名拟聘人员的有关手续。

医院积极开展医学科研、教学工作，完成了山西医科大学等院校的实习带教任务，组织山医五年级学生69人参加了毕业考试。全年引进（开展）新技术、新项目36项，科研项目9项，共发表论文45篇。

（张义所）

【第三人民医院】 市三院发挥“仁爱、诚信、团结、求精、创新”的精神，2009年各项工作较上年又有发展。全年业务收入较上年同期增长21.0%，门诊人次同比增长10.2%，住院人次同比增长8.9%，出院人次同比增长8.1%。病床使用率同比增长9.2%。手术人次同比增长10.4%。医院注重医疗安全、医疗质量，严抓规范执业教育，全年专病培训17次，参加人员2285人次，编印《医院感染管理知识》，人手一册，坚持每季一次进行防感染工作督查考核。对输血病例、危重病患者进行日常性访视，保证医疗服务的安全性和有效性。加大了手术安全力度，对需手术的部分病人采取访视择期手术的办法，即通过访视，选择时机进行手术，从源头上把好安全关。全年共进行访视择期手术2055例、急诊手术436例（其中高难度手术188例）。访视重症患者2373人次（其中危重病患者169例）。通过这些措施，医院危重病人抢救成功率达到95.71%，危重病人护理合格率100%，全年无医疗事故及医疗纠纷发生。医院还加强了重点病历重点内容的管理及住院医师规范化培训的管理，对疑难、危重、死亡病例、新技术项目病例、输血病例、重大致残手术、药物不良反应病历进行管理。使护理文书书写合格率达99.7%，医疗病案甲级率95%。2009年7月，儿科申玉萍、心内科荆海莉医师书写的病历获得全省病历规范奖和阳泉市病历展评第二、第三的好成绩。全年引进新技术、新项目27项，科研项目8项，论文25篇。　（张义所）

【第四人民医院】 2009年，市第四人民医院坚持以病人为中心，以提高医疗服务质量为主题，全年门诊量达到44890人次，手术800例，住院2655人次，出院2582人次，病床周转率22.4次、使用率58%，较上年提高5%。出入院诊断符合率99%，平均住院日8.4天。住院病历甲级率97%以上，手术前诊断符合率100%。无菌手术切口甲级愈合率为100%，出院患者调查满意度为95%。医院在社区卫生服务工作、甲型H1N1流感防控工作、人才引进等工作方面均圆满完成任务。全院引进(开展)新技术、新项目6项，全年发表论文9篇。

(张义所)

【疾病控制中心】 2009年，市疾病控制中心以高度的责任心从事疾病防控工作。一是认真严格地进行了法定的疫苗接种，使全市接种率达95%以上，未发现事故；二是对一次性医疗、卫生用品及医疗、托幼机构进行消毒监测，合格均达到94%以上；三是对各类从业人员体检5000余人次，全年完成疾病等微生物检验样品7948份、27674项，提供报告数据90557个，完成饮用水、食品等理化检样2966份、7517项次；四是开展对结核病、地方病、手足口病、禽流感、性病、艾滋病和以霍乱为重点的肠道病的监测工作，为提高全市整体疾病防控能力提供了技术参数；五是积极防控甲型H1N1流感疫情，及时对全市240名专业人员进行了培训，对60余个单位进行消毒、宣传、防控技术指导，为防控全市甲型H1N1流感疫情发挥了重要作用。

(张义所)

【卫生学校】 2009年，市卫校在教学中应用科学发展观，收到明显成效。年内招收新生541人。全年各学期期中、期末考试都取得良好成绩，全校平均补考率降为1.96%，毕业率达98.4%。在山西医科大组织的8科统考中，取得了4科第一、3科第二的好成绩。40名护理专业毕业生参加了省卫生厅组织的护理操作统考，均达到优秀成绩。学校18名老师参加了全省组织的“案例版”护理教材的编写工作。

(张义所)

【卫生监督所】 2009年，市卫生局卫生监督所共出动卫生监督人员2422人次，监督检查相关单位1898户次，新办和换发卫生许可证(餐饮服务许可证)309个，监督覆盖率达100%。全年抽检餐具900份，纠正不合格56户次，查处违法经营12户次，实施量化分级管理率达100%。卫生监督主要通过节假日食品卫生监督检查、专项整治、日常监管和广泛宣传等方式，把督查与教育融为一体，提高餐饮、食品服务人员的依法依规服务意识和人民群众识别不合格饮食品的能力。全年对住宿、淋浴、游泳等公共场所的53个单位负责人进行培训，增强规范意识。对42个放射诊疗机构从场地、人员、管理等方面进行监督和规范，加强了全市劳动卫生和职业卫生管理。

(张义所)

【中医医院】 年内，市中医医院坚持“突出特色，科技兴院”的方针，充分发挥中医药特色，医院整体工作达到了预期目标。2009年门诊病人43096人次、收住院病人935人次、开展手术103台、病床使用率43.61%，业务总收入较上年有所提高。出入院诊断符合率大于90%，平均住院日小于18天，住院病历甲级率大于90%，手术诊断符合率大于90%，无菌手术切口甲级愈合率大于95%。医院扩建门诊、住院楼建设项目面积13000平方米，总投资2700万元，其中，中央预算内投资1000万元，地方投资1700万元。该项目被国家确定为“十一五”期间100所重点地市中医院建设项目，列入本市2009年“百项工程”，并办理了规划用地许可证、建设项目选址意见书。全年引进(开展)新技术、新项目3项，发表论文9篇。

(张义所)

【口腔医院】 2009年，市口腔医院狠抓管理与技术服务，圆满完成了山西省卫生厅根据中央转移支付中西部地区儿童口腔病综合干预试点项目的阳泉试点任务。本项目主要内容是：为7～8周岁的适龄儿童六龄齿做免费窝沟封闭，预防龋齿发生，共封闭1385颗牙齿，成功率达97%，经省卫生厅验收合格并给予高度评价。全年为小学生口腔健康普查7750余人次。全年8次邀请国内外专家举办种植牙技术等讲座，并以传、帮、带形式为市内患者种植21颗牙齿，全部成活。2009年度完成了医院各项指标任务，全年门诊量7.5万人次，业务收入比上年增长31.2%。在谋求医院发展方面积极主动申请与相关医院重组，创建更好、更大的口腔专科医院。全年引进(开展)新技术、新项目3项，发表论文2篇。

(张义所)

【肿瘤防治研究所】 2009年，市肿瘤防治研究所门诊人数8968人次，住院670人次，出院638人次，治愈好转率93.65%。出入院诊断符合率100%、平均住院天数36.7天、住院病历甲级率96.3%、门诊处方合格率96.1%、影像检查阳性率45%、无菌手术切口甲级愈合率98.4%。

年内，该所继续进行国家863项目《食管癌遗传资源收集及其功能基因组》科研课题的调查研究工作，在中国医科院肿瘤研究所国家重点实验室多名专家指导协作下，调查360人，查阅病例550份，专访村镇460个，完成家系调查153对。继续完成三项市级科研项目：即“肿瘤标记物研究、乳腺癌保留乳房手术研究、10000例乳腺癌临床流行病学调查”的科研课题。2009年9月，共15人参加了肿瘤学术会议，3人参加了护理技术培训班，12人参加了省、市放射培训。承办了全省肿瘤规范培训班暨阳泉市肿瘤医师学会成立大会，参加人员约120人，由8位省肿瘤专家分别作了专题讲座。召开了全市乳腺病理专题讲座及研讨会，由省肿瘤医院副院长王晋芬、流行病室张永真作了专题讲座。承担“中央转移支付地方财政全国百万妇女乳腺癌筛查项目”，阳泉被确定为全国试点地区，2009 年复查人数 7090 人，初查人数 1791 人。10 月 27 日开展了中央财政 2009 年度医改对农村适龄妇女两癌筛查项目，共筛查 1870 人，查出 11 例乳腺肿瘤，其中 3 例在该所免费做了手术。全年引进(开展)新技术、新项目 6 项，发表论文 3 篇。　（张义所）

【中心血站】 2009 年，市中心血站注重加强内部管理，共整理完善血液档案 11388 人份，将有关血液管理的献血体检等资料全部整理归档。全年采集血液 12055 人次、4732400 毫升，全部为无偿献血，满足了全市医疗用血。为了鼓励社会成员献血，免费为献血者及其家人体检，订阅《健康必读》等资料，全年出动采血车 1100 多次，为献血者提供方便。

（张义所）

【医疗救援中心】 2009 年，市紧急医疗救援中心全年接听有效求救电话 6034 个，出车 5775 次，运转病人 4315 人次，参与重大突发公共事件应急抢救 53 次。全年组织体检人次达 3.3 万余人次。对 2009 年 2 月 4 日太旧高速公路重大交通事故、10 月 30 日 207 国道霍树头段特大交通事故、11 月 10 晚南外环自建房彩钢瓦倒塌事故等 30 多起重大突发事件进行了积极有效的应急抢救和运送。在防控甲型 H1N1 流感疫情中，坚持人、车、药常备，转送发热病人 43 例。单位注重应急理论和技能的提高，有 9 人取得高级学历证书。全年发表 5 篇论文。

（张义所）

【健康教育所】 2009 年，该所坚持预防为主方针，以知识服务为中心，以城乡社区为重点，落实“中国公民健康素养促进行动”，参与“三城同创”工作，开展了多形式多主题多层面的健康教育和健康促进活动，使城乡居民健康知识知晓率达到 83.5%，健康行为形成率达到了 71.3%。在健康教育与健康促进工程启动仪式中，开展了咨询、义诊和宣传活动，发放了《全面健康生活方式倡议书》、《中国公民健康素养》等 5 种宣传资料 5000 余份。印制户外墙报《中国公民健康素养——基本知识与技能 66 条》600 个，分发到全市的社区、学校、医卫单位、公共场所。深入社区，分类指导，建立了 35 个健康教育示范点。发放《中国公民健康素养——基本知识与技能释义》500 本，培训县级健康素养促进行动工作网络专业人员 35 名，培训率达到 80%；购买中国健康教育协会编印《健康中国人——中国公民健康素养解读》200 套，在城乡居民中开展传播活动，传播活动覆盖率以县为单位达到 60%。组织医疗卫生单位开展以烟草健康警示为主题的宣传活动，发放宣传资料和宣传画 5000 份，编印公共场所禁止吸烟标志 4000 个，发放到了市县(区)医院、学校、部分公共场所和机关。开展了申报和创建无烟医院活动。

该所以《健康天地报》为宣传阵地，从多层次、多角度向大众宣传健康知识，全年编发《健康天地报》20 期、6 万余份。多次专题报道“全民健康生活方式行动”、“健康教育知识普及行动”和“全民控烟活动”等重点工作，开辟相关知识专栏，刊登相关知识 800 多篇。　（张义所）

【医学学会办公室】 2009 年，市医学学会承办省级学术年会 3 次，举办市级各医疗专业培训班 45 次。9 月在阳煤总医院举办了“国际骨科学术研讨会”，4 名英国骨科专家讲了课。医学学会坚持民主办会原则，积极与各专业带头人联系，累计有 21 个专业委员会。学会有 6 个团体会员、700 名个人会员，发展趋势转好。学会本着公开、公正、公平原则，全年受理医疗事故鉴定申请 14 例，完成 5 例，接受咨询 70 余人次。

（张义所）

【红十字会】 2009 年，市红十字会在自身建设和组织救援灾区工作中均有成绩。红十字会基层组织发展到 295 个。11 月份，全市突降暴雪，降水量 67 毫米，雪深平均 45 厘米，造成交通中断、大棚蔬菜、禽畜、林木等严重损失。市红会办公室一方面组织群众自救，一方面调拨 12 顶帐篷、4 吨面粉、800 床棉被及环境消毒剂、饮水消毒剂等物资送往灾区。2009 年“博爱一日捐”收到捐款 51.13 万元，用于减灾、救灾。对艾滋病感染者给予物质慰问。在春节期间，购买面粉 30 吨、连同省红会下拨的 10.36 万元的物品送到 2063 户困难家中。对白血病、尿毒症、先天性心脏病等 33 名大病患者，救助 21.5 万元。全市 880 所学校中有 60%的学校建立了红会组织，通过红会活动，培养学生的人道、博爱、奉献精神。利用多种形式对 2200 多名群众进行自救、救助知识培训。

（张义所）

疾病控制

【概况】 2009 年，阳泉市疾病控制工作取得了较大成绩，全年没有甲类传染病发生，乙、丙两类传染病发生 21 种，总报告发病数为 6982 例，报告发病率为 529.46/10 万，比 2008 年下降了 13.69%，死亡 9 例，报告死亡率为 0.6825/10 万，报告病死率为 0.13%，传染病漏报率为 0.48%。

2009 年 3 月，针对甲型 H1N1 流感疫情，全市及时采取防控措施，成立领导组，组建了 10 支 5 类 60 多人的应急队伍，明确定点医院，准备防控物资，确定发热门诊，开展防控知识宣传，提供预防药物，为重点岗位、重点人群接种了 14.1667 万支甲型 H1N1 流感疫苗，在严密观察的情况下，有效地防控和延缓了甲型 H1N1 流感疫情在市内的发生。2009 年 10 月 28 日，确诊阳泉首例甲型 H1N1 流感病人，全年共确诊 295 例，治愈 287 例，死亡 1

例,隔离1例,有6例继续住院。

全市计划免疫接种率达到99%以上,连续33年未发生脊髓灰质炎病,结核病、艾滋病、地方病的防控也都保持良好局面。高血压、糖尿病、肿瘤病等慢性病的预防和治疗在社区卫生服务机构和市肿瘤防治研究所的努力下得到了很好的防治。为8000多名妇女进行了宫颈癌和乳腺癌免费普查。以市妇幼保健院为首的妇保单位开展了妇女孕前和怀孕早期补服叶酸、预防新生儿出生缺陷,见到实效。

(张义所)

【传染病疫情监测】 2009年,全市在原有市一院和市妇幼保健院2家流感监测哨点医院的基础上,根据国家有关要求,积极创造条件,又增加了平定县人民医院作为流感监测哨点医院和市疾控中心的一个网络实验室,形成了基本覆盖全市的流感监测网络。3家医院重点加强流感疫情监测、报告和采样,网络实验室在疫情发生集中的关键时期,人停机不停,全力开展标本检测,密切关注疫情进展和毒株变化,为制订防控策略提供了重要的科学依据。年内,对采集的1500份流感咽拭子进行了流感病毒核酸检测,流感病毒阳性总数为485份,其中甲型H1N1流感病毒核酸阳性299份、流感病毒总阳性率为32.33%,其中甲型H1N1流感病毒阳性率占流感病毒比例为61.65%。市一院、市妇幼保健院流感监测哨点医院的核酸检测阳性率高于全省平均水平,特别是市妇幼保健院阳性检出率位居全省首位,多次受到省卫生厅的表彰。 (张义所)

【艾滋病防控】 阳泉市自2000年发现报告首例艾滋病病人以来,艾滋病病人/感染者累计报告84例,死亡11例。现实际管理艾滋病病人和感染者16例,纳入治疗7例,治疗满12个月仍坚持治疗3例。其干预措施有:第一,对易感染艾滋病和性病的人进行预防宣传教育与干预活动,减少了他们传播或感染艾滋病的机会。同时积极开展了艾滋病母婴阻断,对全市的8401名孕产妇进行了HIV检测,无阳性病例。第二,以社区、工地及高危人群集中的公共场所为重点,围绕遏制艾滋,履行承诺,“权益、责任、落实”宣传主题,采取群众喜闻乐见的方式,开展艾滋病防治知识的宣传教育活动。并为300余名参加活动的群众发放宣传资料、香皂、牙膏等宣传品。活动采用有奖知识问答、现场咨询、散发宣传资料等形式,群众踊跃参与,场面热烈。通过宣传活动使广大群众对艾滋病防治知识有了进一步的了解,自我防范能力得到了加强。第三,加强医疗救治,采取有效措施,保证所有艾滋病患者都能得到规范治疗。第四,加强帮扶救助,确保所有艾滋病患者及其家庭都能享受到党和政府的关怀,为落实国家“四免一关怀”(“四免”:一是对农村居民和城镇未参加基本医疗保险等保障制度的经济困难人员中的艾滋病病人免费提供抗病毒药物;二是在全国范围内为自愿接受艾滋病咨询检测的人员免费提供咨询和初筛检测;三是为感染艾滋病病毒的孕妇提供免费母婴阻断药物及婴儿检测试剂;四是对艾滋病病人的孤儿免收上学费用。“一关怀”:将生活困难的艾滋病病人纳入政府救助范围,按照国家有关规定给予必要的生活救济),积极扶持有生产能力的艾滋病病人,避免对艾滋病感染者和病人的歧视。

(张义所)

【结核病防治】 2009年,全市开展了以“夯实工作基础,提高工作质量”为目的的结核病防治质量管理年活动,以“完善机制、量化指标、转诊追踪、规范管治、痰检质控、药品管理、信息建设、人员培训、督导检查、健康促进”十项内容为重点,推行“首查负责制、定期通报制、严格奖惩制”三项制度,全面加强结核病防治工作。一是举办多种业务培训班,提升防控队伍业务水平和技能;二是加强痰检实验室建设,严把实验室质控关,进一步规范药品和耗材存储、使用管理;三是开展多种形式健康教育活动,加强督导与沟通机制,对督导发现的问题追踪整改,病人治疗管理工作得到进一步规范。全年累计发现初治涂阳病人415例,完成全年任务的101%。复治涂阳29例,重症涂阴13例,初治涂阴184例。全市各项目县初诊病人2527人,占全市总人口数的191/10万,初诊病人中查痰人数为2507人,查痰率为99.21%;全年制作痰涂片7521张,免费拍胸片1521张,全年确诊肺结核病人641例,检出涂阳病人444例,阳性检出率为69.27%。

依据省、市结核病防治工作要求,经过专业人员的共同努力超额完成了省定病人发现任务。同时,还对5个县区组织开展了4次结核病项目督导、随访和痰涂片质量控制等工作。 (张义所)

【手足口病防治】 年内全市无鼠疫、霍乱甲类传染病报告。在积极开展手足口病防控工作方面,认真加强疫情监测报告,及时掌握疫情动态信息;积极开展病例流调、采样、检测和疫情处置工作,疫情得到有效控制。2009年全市共报告手足口病483例,无重症病例。

(张义所)

【地方病防治】 2009年,全市地方病防治工作主要以碘盐监测、布鲁氏杆菌防治、地方病示范县、项目县为主,稳步推进。

一、碘盐监测:根据2009年《山西省碘盐监测方案》和《山西省实现消除碘缺乏病目标县级考核评估实施方案》,结合全市实际情况确定了碘盐监测点,开展了碘盐一级批发企业及居民户的碘盐检测工作。检查碘盐加工批发点1个,采碘盐样品108份,合格率为94.4%。食用碘盐1463份,居民碘盐覆盖率99.12%,碘盐合格数1430份,碘盐合格率97.74%,检出非碘盐13份,非碘盐率0.88%。

在全市5个县区随机抽取小学各一所，共抽取5所小学8~10岁在校学生各42人进行了甲状腺肿大调查。共调查208人，甲状腺肿大8人，肿大率4%。未发现新克汀病人，表明全市处于基本消除碘缺乏病状态。按时完成了加工、批发和居民碘盐样品监测1529份，并对全市病区疫情进行了常规监测。此外，还相继开展了病区生活饮用水氟含量监测和8~12岁学生氟斑牙患病调查工作等。

二、布鲁氏杆菌防治：全市布鲁氏杆菌防治经过血清学检查零送样品83份，检验确诊阳性病人2例，发病率为0.15/10万。患者经积极治疗，均已治愈。

三、地方病示范县、项目县工作：2009年，盂县和郊区分别被确定为地方病防治建设示范县和地方病防治健康教育项目县。省、市地方病专家多次对示范县、项目县进行了技术指导和培训，并对建设方案、工作进度、监测采样、质量控制等提出了要求，对示范县水碘、尿碘实验室检测工作存在的困难和问题及时协调和解决。11月，盂县通过了省卫生厅的地方病示范县验收，成为阳泉市继平定县后的第二个地方病示范县。 （张义所）

【消毒管理监测】 年内，为有效防控传染病的发生和流行，加强了医疗卫生单位的消毒管理和效果监测工作，先后组织开展了一次性医疗、卫生用品监测，以及医疗机构和托幼机构的消毒效果监测，监测合格率分别达到了94.33%和94.12%。 （张义所）

【卫生监测与检验】 全年体检各类从业人员达5000余人，较上年明显上升。卫生监测完成了枯、丰两期水质监测、作业场所有毒有害因素监测和农村改水工程水质监测等工作。同时，还完成受理、委托各类检测共计200余份。卫生检验工作在参加国家、省的检验考核和技能测试中均获得了满意或优秀的结果。市疾控中心检验人员在提高业务技能和检验质量的前提下，全年共完成疾病等微生物检验样品7948份、27674项次的检测工作，提供报告数据90557个。同时，完成生活饮用水、食品等理化检样2966份，7517项次。 （张义所）

卫生监督

【概况】 2009年，市卫生监督部门依法对饮食品、医药市场、公共场所、劳动、放射卫生等与群众健康密切相关的要害地方进行了监督检查。全年共出动监督人员35156人次，对受查单位进行了40239户次的督查。在督查中，给予警告处理的130户次，责令改进的312户次，停业整顿2户次，取缔无证经营58户次，罚款49150元，现场纠正412户次，没收不合格食品等价值1.7万元。为提高执法人员素质，对全市289名监督员进行了培训，基本健全了县、乡、村三级卫生监督网络。2009年6月，组织全市各级卫生监督部门出动监督人员300多人次，进行《中华人民共和国食品安全法》宣传。遵循《食品卫生监督量化分级管理制度》中"全程监督、量化评价"的原则，在履行监督检查中采取现场打分、综合考评的办法进行管理，效果良好。 （张义所）

【食品安全监督】 2009年6月1日《中华人民共和国食品安全法》颁布施行后，全市各级食品药品监管部门积极发挥综合监督作用，协调各有关部门认真履行职责，强化责任落实和协作配合，注意防止职能调整中的空隙和漏洞。一是组织召开食品安全协调会议，以政府会议纪要的形式，明确在市县机构改革落实到位之前，继续由卫生、工商、质监等部门履行原来的工作职能，确保在机构改革和职能调整期间不出现监管的盲区和空白，杜绝食品安全事故的发生。二是组织开展了打击非食用物质和滥用食品添加剂专项整治和中秋、国庆期间等食品安全专项督察检查。出台了《关于做好2009年中、高考期间食品安全工作的通知》等4个检查方案。2009年，全市先后出动执法人员7951人次，监督检查单位10316户次，重点整治1151户次，重点整治品种280种。三是继续以新闻发布会的形式，对2008年3起典型举报案件的有功人员分别给予了1846元到6000元不等的奖励，发布了阳泉市2008年度食品安全十大典型案件。同时还以学习宣传贯彻新颁布的《中华人民共和国食品安全法》为契机，开展食品安全法宣传月活动，并积极利用平面媒体，在《阳泉日报》上开辟"食品安全法"宣传专栏，连续刊登18期，有效地营造了人人关心食品安全、积极参与食品安全建设的社会氛围。四是邀请部分市政协委员和人大代表，对市内部分食品企业进行实地调研，最终形成了《阳泉市食品安全监管调研报告》和《以贯彻实施〈食品安全法〉为契机加大对餐饮消费环节监管的建议》，并提交全市"两会"，引起了与会人员和各级领导的重视。五是接受市人大常委会对全市食品安全工作的审议。通过听汇报、现场检查等方式，市人大常委会对全市食品药品监管系统在创新构建食品安全工作体系、强化食品安全宣传、认真开展专项整治、探索建立长效监管机制等方面所作的大量工作表示满意，经过分组讨论和集体表决，最终以高票通过了全市食品安全工作报告。 （梁 伟）

【药械安全】 2009年，市食品药品监督管理局集中解决了影响药品医疗器械安全的突出问题。一是狠抓案件查处，保证药品市场规范有序发展。开展了药品医疗器械百日检查、加强流感防控相关药械、非药品冒充药品等五次专项监督检查，全市出动执法人员3710人次，检查涉药单位1756次，查处案件78起，案值3.6万余元，罚没款14万余元。特别是针对媒体发布虚假广告误导群众消费的行为，投资10余万元购置违法药品广告监测仪器设备，对违法药品广告开展实时监测，年内，对夸大宣传、误导群众消费的37种药品、11种保健品的违法案件移送工商部门处理。其中，对16种违法广告药品和65个品种、81批次的非药品冒充药品责令进行下架停售。二是提高药品抽验的靶向性，为行政监督提供技术支撑。在药品抽验工作中，坚持“三个结合”，即药品抽验与快检相结合、重点品种抽验与常规检查相结合、外出学习取经与内部学习提高相结合，增强目的性，提高了行政执法的技术含量。共监督抽验药品603批次，检出不合格35批次，不合格率为12.4%。三是强化GSP认证换证工作，树立药械安全管理典型，规范药品经营使用行为。市食品药品监督管理局以药品经营企业认证换证工作为契机，出台了《阳泉市药品零售企业〈药品经营许可证〉2009年度换证工作实施方案》，并采取双管齐下的办法，一方面组织全系统开展GSP检查员再学习再培训，提高执法人员的综合业务水平；另一方面，召开全市药品经营企业培训会、认证换证工作推进会，努力提高企业思想认识和管理水平。同时在阳煤集团总医院召开全市药品质量规范管理现场会，并由6家A级信用单位进行了现场交流发言，会后组织与会的100余家涉药涉械单位集体参观了全市“样板”企业金象大药房。通过搭建互动交流平台，提升了药品医疗器械经营使用单位保证质量、保障安全的意识和水平。

（梁　伟）

【食品药品监督管理机构改革】 2009年，根据市委、市政府《关于印发阳泉市人民政府机构改革方案的通知》（阳发〔2009〕29号），设置阳泉市食品药品监督管理局，为正县级建制，是阳泉市人民政府32个工作部门之一。2009年7月22日，省食品药品监督管理局派专人到阳泉，将市食品药品监督管理局正式移交于当地政府，参会的有市委组织部、人事局、编办等相关人员。

市食品药品监督管理局按照机构改革文件精神，相继于2009年12月16日上午将城区分局移交当地政府；2009年2月16日下午将矿区分局移交当地政府。2009年12月17日上午将郊区分局移交于当地政府；2009年12月17日下午将平定分局移交于当地政府；2009年12月21日将盂县分局移交于当地政府。

（田红梅）

妇幼保健

【概况】 年内，市妇幼保健院在保障全市妇女、儿童健康工作中取得了较大成绩。一是对全市15所托幼机构进行重点抽查。二是对全市132名保健店进行了培训。三是对全市10所爱婴医院进行了查访。四是为全市27个单位的1071名妇女进行了体检。五是对孕产妇死亡、围产儿死亡、新生儿缺陷情况进行了分析。全年孕产妇死亡2例，死亡率19.21/10万，较上年下降50%。提前实现了两纲（《中国妇女发展纲要》、《中国儿童发展纲要》）目标的要求。

年内，全市妇幼保健部门积极完成妇幼卫生目标责任，市妇幼保健院、平定县、盂县、矿区、城区5个妇幼保健院已上等达标，上等达标率为83.33%；县医院产科急救中心建设5所，完成率100%；县级产科规范化应建设16所，实际完成14所，规范化建设率达87.5%；全年共培训妇幼人员1911人次，培训率为100%，合格率为100%。

（张义所）

【妇幼保健工作】 2009年，全市6个妇幼保健院均得到加强，综合医院产科14个，87.5%以上达标。全市妇幼工作人员培训1911人次。全年对3694名农村妇女住院分娩给予补助，共计110.09万元。对7113名农村妇女增补叶酸，对6551名农村妇女进行了宫颈癌普查工作。年内，全市婴儿死亡率降为8.99‰，3岁以下儿童系统管理率达到87.17%，5岁以下儿童死亡率为10.52‰，7岁以下儿童保健覆盖率达到90.15%，新生儿死亡率降为7.37‰，出生缺陷率降至138.48/万。孕产妇住院生产率升为98.49%（其中城市100%，农村97.7%），农村高危产妇住院分娩率达100%，孕产妇死亡率降至17.99/10万，婚前检查率仅9.57%。（张义所）

爱国卫生

【卫生城市创建工作】 2009年，阳泉市全面启动了“三城同创（国家园林城市、国家卫生城市、国家环境保护模范城市）”工作。8月12日，根据市委、市政府的安排部署，以爱卫办为基础，建设系统抽调有能力、懂业务的14名工作人员和10名专职督查员，于8月18日组建了国家卫生城市创建办公室，制定了工作计划，明确了具体职责，办公室有工作人员28人，分为综合组、资料组、督查组、工程组，在市“三城同创”指挥部的领导下，全面组织协调国家卫生城市创建工作。10月下旬和12月下旬先后两次专请省爱卫办高升华主任到阳泉市检查指导创建工作并提出建设性意见，根据实施方案制定了城市创卫实施细则；结合创卫标准要求，制定了全市环境卫生管理办法、爱国卫生管理办法等文件，将创卫10项指标65条内容逐条具体化，产生了165条具体标准。强化监督检查机制。督查组人员和选调的10名专职环境卫生监督员实行岗位责任制，责任到人，每天对市区进行督查。同时完成了3个垃圾中转站、新建改建了29座公厕，将64座单位公厕对市民开放。

（王浩亮）

【城乡环境卫生】 年内，市爱卫会充分利用“爱国卫生月”这一特定形式，紧紧围绕“清洁城乡，保护健康”

这个主题，于4月8日~5月8日一个月的时间,组织开展了“全市环境卫生集中整治活动”。活动共投入资金4341万元,出动15.81万人次,车辆3149台次,共清理积存垃圾15.16万吨,清理卫生死角3600个,拆除违章建筑1419处,取缔占道经营摊点1149个,清除违规广告69357余条,新建垃圾池638个,更新增加果皮箱385个,更新增加垃圾箱(桶)690个。城乡环境卫生面貌发生了很大变化。（王浩亮）

【清雪除冰】 11月9日,阳泉市突降特大暴雪,给群众社会带来极大不便。市创卫办根据市政府安排,对街道办事处、单位进行督促,共组织34000余人次进行清雪运雪,出动清雪机械设备100余台次,铲雪、清路近20万平方米,清运积雪6万余立方米。（王浩亮）

【除“四害”控鼠蟑】 2009年春季,全市共组织投放鼠、蟑药8吨之多,秋季又投资26.8万元对地沟美洲大蠊进行了大规模的消杀工作。消杀范围从市工商局到小阳泉、泉中路到阳煤集团以及平坦垴一带。9月18日到10月22日,在市爱卫会的精心组织下,组织专业机构进行了每周一次灭蟑活动。此项工作共组织了124个工作人员,60台车次,对近10平方公里的70公里管道进行了彻底的扑杀，总投药量30000枚烟雾弹,1000瓶敌敌畏,10月22日对380个点进行了检查,消杀状况良好。这次灭蟑工作对2005年以来出现的美洲大蠊进行了彻底的根治。12月7日至11日,全市5个县区除“四害”顺利通过省考核鉴定,鼠蟑密度全部控制在国家标准以内。（王浩亮）

【农村改水改厕改灶】 2009年,全市对农村的不卫生、不安全厕所进行了水冲式、沼气式、双瓮漏斗式卫生厕所的改造。其中,如:郊区在西南畀乡、杨家庄乡、旧街乡等地改造建成沼气式厕所227个;在荫营镇、河底镇、义井镇、李家庄乡等完成户厕改水冲式厕所800余个。盂县大力开展文明卫生新农村建设,改灶成果丰硕,共新建、改建气灶、电磁炉5000余户,既改善了农村环境卫生,节约了资源,又减少了污染,保证了农民健康。截至年底,全市农村改水受益人口64.6万人,改水受益率为90.14%；全市农村总户数23.17万户，已改厕12.41万户,改厕普及率为53.56%。（王浩亮）

体　　育

【概况】 2009年,阳泉市体育工作以科学发展观为统领,全力推进竞技体育、群众体育、体育产业及其他各项体育工作的全面协调可持续发展,较好地完成了全年各项目标任务。

竞技体育　通过大胆探索竞技体育“多维支撑”训练新模式、制定训练工作实施方案、优化项目结构、加强教练员队伍建设、强化后勤保障、积极改善竞技训练条件等措施,促进了运动水平的不断提高，有3名运动员入选国家队,6名运动员分别入选国家青奥会射击、蹦床集训队。参加省级以上重大竞技体育比赛成绩喜人。参赛第十三届省运会资格赛获得31金、35银、26铜,继续保持全省金牌榜第四位的好成绩;参加第十一届全运会,有34名阳泉籍运动员取得决赛资格,并获1金、2银、1铜的好成绩,省劳动竞赛委员会为市体育局荣记集体二等功;举办市级青少年竞技类体育比赛,有4名运动员达到国家一级运动员标准,有51名运动员达到国家二级运动员标准。另外,全市还有36人获国家二级裁判员、4人获国家一级裁判员。

群众体育　一是继续广泛开展全民健身活动。年内,以庆祝新中国成立60周年和8月8日“全民健身日”等时节点为契机,全市各县区、学校、农村、社区、企事业单位积极组织开展群众性体育活动,先后举办了体育健身大拜年活动和华牌、体育舞蹈、足球等各项目的比赛达2000余项次,参加活动的总人数超过55万人次。全市常年坚持参加体育锻炼的人口达56万人次,占全市总人口的42.5%。二是继续加大农民体育健身工程力度,积极与省体育局沟通,努力争取国家、省对农民体育设施的政策和资金支持,切实把农民体育健身工程的好事办好、办实。年内完成了150个农民体育场地的建设任务。三是继续加强群众体育组织建设。2009年桥牌协会成立,并加大社会体育指导员的培训力度,在全市5个县区共计培训了340名社会体育指导员,不断扩大全市社会体育指导员在全民健身活动中的覆盖面,使他们更好地服务于广大人民群众开展全民健身活动。四是继续推动学校体育、农村体育、社会体育的发展。认真贯彻落实中共中央、国务院《关于加强青少年体育增强青少年体质的意见》,采取有效措施,努力提高青少年健康水平,并努力推进学校体育场馆的对外开放,提高现有公共体育设施的利用率。农村体育活动以乡镇为重点,积极发展具有农村特色的乡村体育。全市各行政村充分利用传统庙会和节日,举行农民运动会以及篮球、大秧歌等全民健身活动500多项次,参加人数达到10万人次。以社区为重点的城市体育活动有新发展,居民参加各种晨晚练点和其他体育场所的锻炼活动更加活跃,形式多样的社区运动会、家庭趣味运动会广泛开展,体育健身活动已成为越来越多的社区居民日常生活习惯。

体育产业　2009年,市体育局继续坚持以体为本,突出抓好体育彩票销售工作，全市全年增机41台,完成销量1602万元,全面超额完成了省体彩中心下达的全市增机40台、年销售体育彩票1519万元的目标任务,成为全省率先完成省体彩中心目标任务的市。同时,积极开展体育竞赛表演和全民健身服务培训,市体育馆通过市场运作方式成功举办了第六届“中国移动杯”超级篮球对抗赛;市体校、市体育馆、市体育场积极利用现有资源开展青少年业余体育培训工作,提供场地服务,实现了社会效益和经济效益的双赢。

体育设施建设　一是体育场工程建设项目顺利推进。市体育中心体育场工程为政府全额投资项目,一期工程基本完工,二期工程项目于年内开工建设,并完成了体育场观众席及主席台座椅安装工程、田径场地非赛区地面面层涂料工程,完成工程投资约114.26万元。电子记分屏、比赛场地灯塔项目正在进行方案设计和论证。二是体育基础设施进一步健全完善。年内,市体育局积极争取到中央、省资助市、县体育设施建设维修资金300万元,分别资助平定县文体局、盂县文体局、郊区文体局、市体校、市体育馆维修改造体育设施;积极争取中央资助农民体育健身工程项目资金50万元,资助全市农业县区实施农民体育健身工程;下拨2007年、2008年市级农民体育健身工程配套资金75万元和市级体育彩票公益金53万元,建成了符合国际标准丙烯酸面层的4片网球场地及附属配套设施,经省体育局球类运动管理中心专家组验收,被省体育局批准为山西省首家青少年网球训练基地。至年底,全市共有各级各类体育场地1230个,场地面积1499408平方米,全市人均体育场地面积1.14平方米。

体育教育　市体校坚持探索学校可持续发展的办学途径,在全力确保竞技体育训练各项工作顺利开展的同时,狠抓学校安全工作不放松,狠抓常规教学和管理不放松,狠抓学生德育教育不放松,狠抓招生和就业指导工作不放松,学生的成材率、就业率稳步提高,有2名队员输送到省优秀运动队,28名学生升入到北京体育大学、首都体育大学、西安体育学院、山西体育职业学院,有6名高考培训班的学生升入重点高等院校,有4名篮球专业的学生正式签署就业协议。

(张保泉　李素芳)

【台球裁判员培训班】 为进一步推动全市台球比赛逐步走上规范化轨道,不断提升比赛水平,8月16日~20日,由市体育局主办、市台球协会承办的阳泉市首期台球裁判员培训班在绅派老枪台球俱乐部开班。本期培训班特邀了省台球协会国家一级裁判员李世森、李博针对普尔八球、九球、斯诺克规则、赛事编排等裁判知识进行了讲解。经过培训、笔试及临场实习裁判,最终有10人达到了国家二级裁判员的标准。　(张保泉　李素芳)

【裁判员培养和管理工作】 2009年,为了不断提高裁判员的理论素质和业务能力,采用赛前培训、外派学习等方式,积极培养年轻的裁判员。全年共举办了篮球、乒乓球、网球、羽毛球、体育舞蹈、台球等项目裁判员培训班6项次,100多人参加了培训学习和考核,有36人被批准为国家二级裁判员,还有4人被省体育局批准为国家一级裁判员。另外,全市派出篮球、田径等15个项目的25名裁判员参加省运会裁判工作,使全市裁判员的执法能力得到了进一步锻炼。

(张保泉　李素芳)

【“全民健身日”启动仪式】 8月8日清晨,市体育馆门前人山人海,花毽凌空飞舞,歌声欢快嘹亮,来自全市各社区、街道、农村的数千名群众,前来参加由阳泉市全民健身委员会主办,阳泉市体育局承办的庆祝全国“全民健身日”启动仪式暨全民健身展示活动。9点整,市体育馆内在庄严的国歌声中拉开了阳泉市庆祝全国“全民健身日”启动仪式暨全民健身展示活动的序幕,市委、市政协领导及市全民健身工作委员会成员单位的负责人出席了启动仪式,并观看了体育舞蹈、五禽戏、幼儿体操、跆拳道、广播体操等精彩纷呈的健身表演。全市的庆祝活动从8月8日开始一直持续到国庆节,全市各县(区)、各单位、各单项体育协会等开展了形式不同的全民健身活动,掀起全市全民健身活动新热潮,从而使“每天锻炼一小时、健康工作五十年、幸福生活一辈子”的体育健身理念进一步深入人心。

(张保泉　李素芳)

【《阳泉市参加省级以上体育比赛运动员 教练员奖励实施办法》修订】 为了进一步激发广大运动员、教练员的积极性和创造性,鼓励其在重大体育比赛中奋力拼搏创造优异成绩,2009年,在认真调研的基础上,参考国家、省有关竞技体育奖励规定,阳泉市2000年制定的《阳泉市参加省级以上体育比赛运动员、教练员奖励实施办法》(阳政办发〔2000〕83号)从奖励范围、奖励对象、奖励标准等方面进行了重新修订,使之更加符合全市经济社会发展的现状。新修订的《阳泉市参加省级以上体育比赛运动员、教练员及相关人员奖励办法》共17条,已经市政府审核以阳政办发〔2009〕127号文件下发实施,对全市体育事业的发展起到了促进作用。

(张保泉　李素芳)

【体育工作新突破】 2009年,市体育局按照“选好苗子、着眼未来、打好基础、系统训练、积极提高”的后备人才培养原则,认真抓好优秀体育人才培养工作,努力提高竞技体育水平。一是制订了训练工作实施方案,并经常深入一线对训练工作进行督促和检查。二是积极改善竞技训练条件,建立《运动员技术档案》,对其进行技术、体能、战术、心理、生理等八个方面监控,合理掌握运动量及运动强度,以便有针对性地进行训练。三是积极为优秀运动员创造参加高水平比赛的机会,以赛带练,促进了运动水平的不断提高。2009年,全市有射击运动员王智伟、乒乓球运动员武扬、摔跤运动员陈占国 3 名运动员入选国家队，超额完成了输送 1 至 2 名运动员入选国家队的目标任务。另外，全市还有李泽亨、杨鹏斌、张睿、窦亚楠 4 名射击运动员和穆童、王鹏钧 2 名蹦床运动员分别入选国家青奥会射击、蹦床集训队。

（张保泉　李素芳）

竞技体育

【省运会获 31 金】 2009 年 7 月 10 日，阳泉 279 名运动员参加了第十三届省运会资格赛的田径、体操、柔道等 15 个项目的比赛，并获得了 31 金、35 银、26 铜的奖牌，继续保持全省金牌榜第四位的好成绩。

（张保泉　李素芳）

【王婧获全国射击锦标赛冠军】 6 月 18 日，在河南省射击运动管理中心举行的全国射击团体锦标赛女子小口径运动步枪 3×20 项目比赛中，全市射击运动员王婧打出了 585 环的好成绩，达到国家运动健将标准，并和队友合作以 1748 环的成绩获得女子小口径运动步枪 3×20 项目的团体冠军。

（张保泉　李素芳）

【王智伟获全国射击团体锦标赛第三名】 2009 年 6 月 19 日～23 日，在云南省北教场体育训练基地举行的全国射击团体锦标赛（男子手枪项目）比赛男子 10 米气手枪比赛中，四川队的蒲琪峰以 683.3 环夺得第一名，河北队的奥运冠军庞伟以 0.8 环的微弱劣势居次席，阳泉市运动员王智伟以 681.9 环的成绩获得 10 米气手枪第三名。此外，由王智伟、于伟和刘毅组成的山西队发挥出色，以总成绩 1740 环获得团体冠军，顺利拿到了男子 10 米气手枪团体的第十一届全运会决赛资格。（张保泉　李素芳）

【武杨获中国乒乓球公开赛女子单打亚军】 在 2009 年国际乒联职业巡回赛中国乒乓球公开赛中，阳泉籍运动员武杨获得女子单打亚军。决赛中，前三局刘诗雯发挥出色，以 3∶0 领先，第四局武杨凭借稳健的削球扳回一局。随后，刘诗雯一直保持优势，以 4∶1 取得决赛的胜利。虽然武杨最终屈居亚军，但她独特的发球和旋转削球给人留下深刻的印象，成为本次比赛最大的黑马。（张保泉　李素芳）

【削球小将武杨扬威世青赛】 12 月 16 日，为期 8 天的 2009 年世界青年乒乓球锦标赛在哥伦比亚的卡塔赫纳落下帷幕，全市输送的运动员武杨分别夺得女子团体和女子单打两枚金牌。继 14 日武杨与队友合作摘得女子团体金牌之后，在 16 日进行的女子单打决赛中，作为头号种子选手的武杨战胜了队友顾玉婷，摘得女单冠军。女单决赛进行的异常激烈，武杨在以 11 比 6 拿下首局之后，被顾玉婷以 14 比 12、11 比 6 扳回两局，在接下来的比赛中武杨凭借丰富的经验，稳扎稳打，以 11 比 5，11 比 9 和 11 比 5 连胜三局，最终以 4 比 2 锁定胜局，捧得本届世青赛的女单桂冠。

（张保泉　李素芳）

【涂潇勇夺蹦床世锦赛金牌】 2009 年 11 月，在俄罗斯圣彼得堡举行的第 26 届世界蹦床锦标赛中，阳泉籍运动员涂潇与北京奥运会蹦床个人金牌得主陆春龙及董栋、叶帅 4 人组成的国家男队，最终以 126.70 分的成绩战胜了白俄罗斯队，夺得男子网上团体金牌，加冕世锦赛三连冠。（张保泉　李素芳）

【青少年竞技类体育比赛】 2009 年，阳泉市体育竞赛坚持以青少年为重点，积极促进竞技体育水平的提升。全年先后主办了阳泉市“新体育李宁专卖店杯”中学生篮球比赛、“迪欧咖啡杯”2009 阳泉市中学生射击比赛和阳泉移动全球通俱乐部首届健身活动羽毛球联谊赛，共有千余名运动员报名参赛。在全年省、市级比赛中，全市有 4 名运动员达到国家一级运动员标准，有 51 名运动员达到国家二级运动员标准。

（张保泉　李素芳）

【阳泉少年棋手获全国冠军】 在 2009 年第 21 届全国协作区少年象棋比赛中。由市象棋协会会长梁春堂带队、市象棋大师刘建军为总教练的新华小学象棋队 9 名选手参加比赛。最终新华小学象棋队获得全国协作区 12 岁组团体冠军，小选手黄河获得 9 岁组全国个人冠军，14 岁郝冰馨和 16 岁王亚娴分获大赛的亚军。（张保泉　李素芳）

群众体育

【“迎新中国成立 60 周年·走太行”大型户外活动】 为迎接新中国 60 华诞，纪念和缅怀在太行山区及为解放中华民族牺牲的革命先烈，由市委宣传部、市体育局和阳泉日报社主办，市登山协会承办的阳泉市“迎新中国成立 60 周年·走太行”大型户外活动于 5 月 4 日正式启动。经过 4 个多月的时间，广大登山爱好者在市登山协会的组织下，利用节假日和双休日徒步穿越了太行山区的摩天岭、黄崖洞、阳曲山等 20 多处抗战遗址，总行程超过了 5000 公里，其中徒步完成约 1000 多公里。9 月 18 日～20 日，完成了最后一站平型关战役遗址的徒步活动。参与者在徒步攀登的过程中，不仅挑战了自己的生理极限，还在太行山深处寻访到了一些鲜为人知的抗战故事，受到了深刻的爱国主义教育。（张保泉　李素芳）

【第六届“中国移动杯”超级篮球对抗赛】 6 月 3 日晚，市体育馆通过市场运作形式成功举办了第六届“中国移动杯”美国体育使者职业篮球队 VS 立陶宛共和国苏托瓦俱乐部职业篮球队的超级篮球对抗赛，美国队以 99∶91 战胜立陶宛队获得了此次比赛的胜利。本次比赛是为迎接新中国成立 60 周年和 8 月 8 日全国第一个“全民健身日”而举办的一次国际体育赛事，由市体育局、市体育馆主办,中国移动阳泉分公司冠名,中国人寿保险阳泉分公司、中国人保财险阳泉分公司、郊区煤运公司、郊区义东沟村、东方宾馆协办。它的成功举行,给全市人民提供了一次现场欣赏国际体育赛事的机会,丰富了市民的文化体育生活,也对促进全市篮球运动的发展和全民健身活动的开展起到了积极作用。（张保泉 李素芳）

【“钱柜·老枪”杯中式黑8台球总决赛】 7月13日,由市台球协会、钱柜KTV、绅派老枪撞球馆共同主办的全市“钱柜·老枪”杯第四站中式黑8台球总决赛在绅派老枪撞球馆正式落下帷幕。这次赛事从举办之初便受到了台球爱好者的热烈欢迎,预选赛期间,众多台球爱好者纷纷报名参赛。7月11日至13日,全市积分排名前32位的选手、预选赛胜出的16名台球选手和16名自愿报名参赛的台球爱好者通过单败淘汰赛制进行了激烈角逐。最终,白福禄、李健、李山和韩晓贤夺得大赛前4名。本次比赛为台球爱好者提供一个相互交流、提高技法的平台。

（张保泉 李素芳）

【阳煤一矿队获省武术锦标奖】 7月26日至29日,在2009年全国形意拳邀请赛暨省第26届传统武术锦标赛上,阳煤一矿代表队的选手获1金3银,阳煤一矿代表队被大赛组委会授予“体育道德风尚奖”。本次大赛分为形意拳类、传统武术类、传统太极拳类、武术推手、散打擂台赛五大类70余个单项比赛,共有来自全国各地的138支代表队、1400余名选手参赛。赛场上,一矿参赛选手坚持文明参赛、以武会友,他们良好的竞赛风尚、严明的纪律作风、顽强的拼搏精神,不仅充分展示了新时代矿工的精神风貌,而且战绩喜人:巩冠权获得男子中年B组传统形意拳棍术冠军;胡瑞青、张军亮、赵栓玉分别摘得男子青年组八卦拳、男子青年组自选形意拳、男子老年组传统形意拳棍术的亚军;韩三平、许万恒、巩冠权、冯成生、王秀梅也获得好成绩。

（张保泉 李素芳）

【“大地保险杯”台球公开赛】 为庆祝新中国成立60周年,迎接第一个全国“全民健身日”,由阳泉市体育局、阳泉广电传媒有限公司主办,市台球协会承办,中国大地财产保险股份有限公司阳泉中心支公司赞助的阳泉市“大地保险杯”台球公开赛于9月8日至9月10日在阳泉市绅派老枪撞球馆举行。这次比赛共有来自北京、河北、宁夏、福建、辽宁、吉林、黑龙江及山西太原、大同、临汾等省市的100多位选手参加,采用中国台球协会审定的8球竞赛规则,通过单淘汰赛制决出名次。最终,阳泉市选手盖佳获得冠军,并赢得1万元人民币和价值2000元的飞利球杆;夺得第二名的北京选手杨建龙,获得5000元人民币及价值1500元的飞利球杆。这次由中国大地财产保险股份有限公司阳泉中心支公司赞助的阳泉市“大地保险杯”台球公开赛,吸引了全国各路台球精英前来参加比赛,对推动全市台球运动起到了积极作用。

（张保泉 李素芳）

体育彩票

【省体育彩票管理中心阳泉市中心挂牌】 为进一步推动全市体育彩票工作的发展,经山西省体育彩票管理中心批准,原阳泉市体育彩票维管中心更名为山西省体育彩票管理中心阳泉市中心。7月20日,山西省体育彩票管理中心阳泉市中心在市体育中心正式挂牌。在市体彩中心筹备成立过程中,市体育局筹集资金8.6万元装修了面积200多平方米包括办公室、会议室、库房等在内的体彩办公场所,极大地改善了体彩的办公条件,为全市的体彩发行工作创造了良好的工作环境。

（张保泉 李素芳）

【体育彩票销售“三个突破”】 2009年,市体育局以理顺市、县两级体育彩票管理渠道和大力发展农业县区销售网点为抓手,在抓好服务和做好宣传上下功夫,通过采取健全体彩管理机构、利用各种新闻媒体、大型赛事活动、流动宣传车等形式广泛深入地宣传体育彩票、完善体彩销售网点管理办法、多次组织网点业主及销售员进行座谈,开展业务和营销培训等措施,大力推进网点建设,取得了明显效果。全年全市增机41台,完成销量1602万元,全市体彩销售,实现“三个突破”,即:日销量突破20万元,月销量突破200万元,年销量突破1600万元,超额完成省体彩中心下达的全市增机40台、年销售体育彩票1519万元的目标任务,成为全省率先完成省体彩中心目标任务和唯一超额完成增机任务的市,受到了省体育局、省体彩中心的表彰。

（张保泉 李素芳）

体育场地建设

【省青少年网球训练基地暨市南山网球中心建成】 8月14日,山西省青少年网球训练基地暨市南山网球中心正式挂牌。这是山西省第一个挂牌成立的青少年网球训练基地。南山网球中心工程是为进一步推动全市体育设施建设,经市政府研究决定修建的,5月份开工建设,经过几个月的紧张施工,共投资247万元建成了包含符合国际标准丙烯酸面层的4片网球场地及附属配套设施,可用于承担国家级、省级网球比赛和服务于全市全民健身活动、青少年网球训练,并通过省体育局球类运动管理中心专家组验收。山西省青少年网球训练基地暨市南山网球中心的建成投用,必将对促进全市网球运动的普及、提高全市青少年网球竞技水平起到积极的推动作用。（张保泉 李素芳）

【体育场工程建设】 市体育中心体育场工程为政府全额投资项目,

2000年12月26日开工建设，一期工程概算投资4819.39万元，到2008年底，一期工程基本完工。2009年开工建设二期工程项目，概算投资1091.83万元，主要项目包括电子记分显示屏、比赛场地照明灯塔、观众席座位安装、蓬河、绿化等。截至年底，体育场观众席及主席台座椅安装工程、田径场地非赛区地面面层涂料工程已全部完工，完成工程投资约114.26万元。电子记分屏、比赛场地灯塔项目正在进行方案设计和论证。另外，还完成了外墙涂料工程保修期内的维修工作、绿化工程的维护管理工作。

（张保泉　李素芳）

【体育基础设施】 2009年，为给全市开展竞技体育训练和全民健身活动创造更好的条件，市体育局积极争取到中央、省资助市、县体育设施建设维修资金300万元，分别资助平定县文体局50万元、盂县文体局110万元、郊区文体局80万元、市体育运动学校30万元、市体育馆30万元，用于维修改造体育设施；积极争取中央资助农民体育健身工程项目资金50万元，分别资助盂县21万元、平定县19万元、郊区10万元实施农民体育健身工程；下拨2007年、2008年市级农民体育健身工程配套资金75万元和市级体育彩票公益金53万元，大力推动全市公共体育设施建设。

（张保泉　李素芳）

【人均体育场地面积达到1.14平方米】 体育场地设施是开展全民健身活动的主要载体，市体育局在加大体育设施建设力度的同时，积极引导和促进全市体育场地的建设。年内，全市共有各级各类体育场地1230个，场地面积1499408平方米，全市人均体育场地面积1.14平方米，圆满完成了2009年市政府目标责任制39项指标"人均体育场地面积达到1.14平方米"的目标任务。（张保泉　李素芳）

【村级农民体育健身工程】 2009年，市体育局改变过去统一配置的做法，坚持"从基层来，到基层去"的原则，即以村级基层组织根据自然条件和群众喜好选择的体育器材为依据确定当地建设项目，真正做到农民喜欢什么、就做什么，农民需要什么、就建什么。在推进农民体育健身工程建设过程中，积极与省体育局沟通，努力争取国家、省对全市农民体育设施的政策和资金支持，并大力推进全市村级农民体育健身工程工作，完成了中央资助的50个、省体育局下达的100个共计150个农民体育场地的建设任务。在年底进行的考评验收中，省体育局考评组对全市高质量地完成全年农民体育健身工程任务给予充分肯定。（张保泉　李素芳）

社会生活

人民生活

【概况】 2009年,城镇单位在岗职工平均工资34720元,较上年增长10.0%,行业间差距明显。据抽样调查显示,全年城镇居民人均可支配收入14240元,比上年增长7.0%;城镇居民人均消费性支出8547元,增长0.16%。农村居民人均纯收入5801元,增长6.9%;农村居民人均生活消费支出3894元,减少1.0%。城镇占调查总户数20%的低收入家庭人均可支配收入6542元,增长8.2%;农村占人口20%的低收入者收入2518元,增长8.2%。城乡居民家庭恩格尔系数(即居民家庭食品消费支出占家庭消费支出的比重)分别为37 %和35.9%。城乡居民收入、消费绝对额均创历史最好水平。

(刘玉祥 李华星)

【城市居民生活】 2009年,全市上下积极应对全球金融危机,采取有力措施,努力化解影响经济发展的不利因素,使全市国民经济在困境中仍保持了较为稳定的增长。

一、收入增速放慢,全年运行平稳

2009年,全市城市居民人均可支配收入较上年增加935元,增幅比上年缩小6.88个百分点,速度明显放缓,近三年来首次跌落到一位数,剔除价格因素,居民可支配收入实际增长7.0%,明显低于往年增长水平。随着国际金融危机对阳泉经济影响的逐步减弱,居民收入呈现出一季度逐月回落,二、三、四季度回升趋稳态势,下半年收入增长保持在5%左右。从居民收入变化可以看出,由于金融危机对全市经济的影响,2008年四季度开始部分企业开工不足,职工收入受到影响,延续到2009年上半年,在国家扩大内需宏观调控政策实施后,下半年部分企业生产逐步恢复正常,职工收入稳中趋升。

二、在可支配收入构成中,四类指标"二升二降"

(一)2009年,虽然国际金融危机对阳泉市部分企业影响严重,职工收入受到影响,但作为支柱产业的煤炭行业受冲击相对较小,煤矿职工收入仍保持较高水平,工薪收入成为居民家庭收入的重要支撑。2009年城市居民人均工薪收入10440元,较上年增长10.75%,对可支配收入的贡献率108%,拉动可支配收入7.62个百分点,其占家庭总收入的67%,较上年扩大1个百分点。

(二)2009年,城市居民人均经营性收入664元,较上年下降26.51%,使可支配收入减少1.8个百分点,其占家庭总收入的4.3%,较上年缩小1.9个百分点。从分月情况看,经营性收入由于受2009年元旦、春节两大节日拉动,头两月保持较好增长,但从3月开始出现下降。

(三)利息收入增加、股息红利收入锐减,影响财产性收入下降。2009年,阳泉城市居民人均财产性收入62元,较上年下降14.86%,其中利息收入比重上升,股息红利收益比重明显下降。作为家庭财产收入重要构成的股息红利收入,由于受国际金融危机连带股市走低影响,大幅减少,居民家庭理财更多选择稳妥风险小收益低的金融投资,2009年居民利息人均收入43元,较上年增长5.3倍。

(四)转移性收入稳步增长。2009年,城市居民人均转移性收入4425元,较上年增长8.69%,对可支配收入贡献率为38%,拉动可支配收入2.66个百分点,其占家庭总收入的28.4%,从转移性收入构成看,养老金和离退休金占80%以上。国家多次上调养老金和离退休金标准,同时为保障低收入家庭生活水平多次上调社会救济标准,这些因素为转移性收入的增长提供了政策性保障。

三、居民消费支出持平,各类消费变化明显

2009年,居民家庭人均消费性

支出8547元，较上年仅增0.16%，基本持平。变化特点是：上半年下降明显，下半年企稳回升，居民八大类消费呈现“三升五降”（详见下表）。

2009年城市居民家庭消费支出情况表

表20-1

指　标	绝对值（元）	增长（%）	消费结构（%）
消费支出	8547	0.16	100
一、食品	3170	5.97	37.08
二、教育文化娱乐服务	864	18.23	10.10
三、交通和通信	973	49.08	11.38
四、医疗保健	968	-17.63	11.33
五、衣着	1019	-2.67	11.92
六、居住	872	-19.17	10.20
七、家庭设备用品服务	449	-2.49	5.25
八、其他商品及服务类	232	-41.48	2.71

（刘玉祥　李华星）

（一）食品类支出3170元，较上年增长5.97%。其中：粮油类支出639元，下降0.41%；肉禽蛋水产品类支出582元，下降5.16%；蔬菜类支出345元，增长7.5%；糖烟酒饮料类支出448元，增长27.08%；干鲜瓜果类支出213元，增长3.98%；糕点奶及制品支出249元，下降9.09%；在外饮食消费支出623元，增长18.12%。可以看出，食品类支出增加主要是糖烟酒类消费及在外饮食消费拉动。

（二）教育文化娱乐服务类支出864元，较上年增长18.23%。其中：文化娱乐用品支出200元，增长9.06%；教育支出372元，增长9.71%；文化娱乐服务支出292元，增长40.17%，主要是三季度外出旅游人数增加。

（三）交通和通信类消费支出973元，较上年增长49.08%。其中：交通类支出477元，增长1.6倍；通信类支出496元，增长17.6%。家用汽车购置税的下调和燃油税的实施在一定程度上刺激了居民消费，家用汽车正逐步进入寻常百姓家庭。

（四）医疗保健类支出968元，较上年下降17.63%。其中：药品支出557元，下降33.25%；医疗费支出322元，增长8.24%。

（五）衣着类消费1019元，较上年下降2.67%。其中：服装类支出710元，较上年下降5.44%。

（六）居住支出872元，较上年下降19.17%。其中：水电燃料支出554元，较上年下降6.95%；住房装潢支出237元，下降40.56%，影响居住类支出下降35.6%。

（七）家庭设备用品及服务类支出449元，较上年下降2.49%。其中：耐用消费品支出220元，下降11.8%；家庭日用杂品支出138元，增长7.6%；家庭服务类支出42元，增长0.71%。

（八）其他商品及服务类支出232元，较上年下降41.48%。其中：其他商品支出139元，下降44.8%；服务类支出93元，下降35.59%。

（刘玉祥）

【农民生活】 2009年，在国际金融危机和严重春旱及煤矿关停整合等诸多因素影响下，阳泉各级党委政府认真贯彻落实科学发展观，保证各项支农惠农政策的贯彻执行，调整产业结构和种植结构，广开农民增收渠道，全市农民人均纯收入达5801元，较上年增加374元，增长6.9%，全年农民收支情况呈现如下特点：

一、工资性收入持续增长，增幅下降。2009年，全市农民人均工资性收入3553.23元，较上年增加260.04元，增长7.9%。工资性收入在全部纯收入中所占比重为61.3%。具体看，人均从本乡地域内劳动所得2835.43元，增长8.8%；从非企业组织中得到工资收入502.95元，下降7%；从外出从业得到收入214.86元，增长47.7%。数据表明，从本乡地域内劳动得到收入依然是工资性收入主体。

二、家庭经营性收入与上年基本持平。2009年，全市农民人均家庭经营收入为1674.7元，较上年减少4.76元，下降0.2%，基本持平。具体看，第一产业收入723.16元，较上年下降8.4%；第二产业收入108.34元，较上年下降3.5%；第三产业收入843.2元，较上年增长8.4%。由于2009年农产品价格大幅下跌，使人均农业收入536.4元，较上年下降8.8%；牧业收入184.8元，较上年下降7.4%，特别是受“三鹿”事件影响的奶牛养殖，很多养殖户入不敷出，纷纷低价出售奶牛，造成第一产业收入下降，农民家庭经营收入没有增长。

三、从分县（区）资料看，盂县农民人均纯收入5995元，较上年增加446元，增长8.0%，增幅为全市第一；郊区为6023元，增加378元，增长6.7%；平定为5408元，增加281元，增长5.5%。各县（区）均持续增长，但县（区）间排位发生变化，从增幅排队情况看，由2008年的盂县、平定、郊区变为2009年的盂县、郊区、平定。

四、农民人均生活消费支出下降。2009年，全市农民人均生活消费支出3894元，较上年下降1%。其中，食品类支出1397元，下降0.9%；衣着类支出477元，下降2%；居住类支出759元，下降

11.3%;家庭设备、用品及服务类支出218元,增长41.6%;医疗保健类支出259元,下降4.1%;交通通讯类支出321元,增长2.2%;文教娱乐用品支出350元,增长7.7%;其他类支出113元,下降4.2%。

五、主要耐用品百户拥有量有增有减。2009年,农村居民家庭百户拥有彩电120台、洗衣机94台、电冰箱50台、摩托车49辆、电话机89部、移动电话153部、家用计算机21台、抽油烟机22台,分别较上年增长2.6%、-1.1%、2.0%、-4.0%、-1.2%、7.7%、31.3%和1.1%。

2009年农村居民家庭生活消费支出情况表

表20-2

支出类型	2009年	2008年
食品	1397	1409
衣着	477	486
家庭设备、用品及服务	218	154
医疗保健	259	270
交通通信	321	314
文教娱乐用品及服务	350	325
居住	759	856
其他	113	118
生活消费总支出	3894	3933

(李华星)

社会保障

【概况】2009年,全市各级社会保障部门以"保增长、保民生、保稳定"为工作主线,统筹就业、社保体系建设、收入分配制度改革、和谐劳动关系创建等工作取得较好成绩,圆满完成了各项目标任务。

就业再就业工作 2009年,世界性金融危机直接影响着全市就业再就业工作,市县社会保障部门把稳定和扩大就业作为中心工作,确保了就业形势总体稳定。全市累计实现新增就业22542人,完成全年目标任务的114.43%;创业就业5110人,完成100.2%;下岗失业人员实现再就业达11910人,完成100.93%(其中安置就业困难对象3190人,完成101.4%);扶持创业510人,完成100.59%;农村劳动力技能就业培训9800人,完成108.9%;创业培训1500人,完成100%;转移农村劳动力8876人,完成100.9%;技能鉴定6100人,完成103.4%。全市进入各级公共就业服务机构求职登记5.5万余人,提供用工信息6364条,提供就业岗位48898个,先后举办各类招聘会168次,使26459名求职者与用人单位初步达成用工协议,其中城镇17079人(包括"4050"和零就业家庭成员862人,下岗失业人员960人,大中专院校毕业生5336人),农村富余劳动力9380人,全市登记失业率在3.78%以下,低于省定4.2%的控制目标。2009年,全市共有6930名企业下岗职工领取内退生活费1875.6万元,有11833名下岗失业人员享受社保补贴3508.86万元,有5118名从事公益性岗位的下岗失业人员享受岗位补贴1905万元,有21名下岗失业人员和1户企业办理小额担保贷款141万元,有6981名下岗失业人员参加免费再就业培训,享受再就业培训补贴380万元,有12968名下岗失业人员享受免费职业介绍,补助职业介绍补贴费188万元,有10057名困难企业人员领取困难生活补助2131.35万元。

社会保障体系建设 2009年,全市继续加大财政投入,不断深化社保领域各项改革,使全市社会保障体系建设稳步推进,保障覆盖面进一步扩大。养老、医疗、失业三项主要社会保险覆盖面分别达到92.1%、90.63%、83.5%,社会保险综合覆盖率达88.74%,新型农村养老保险试点取得突破性进展,参保率达81.2%,覆盖全市所有农业县区,劳动保障城域网覆盖率达100%,初步形成了与社会主义市场经济体制相适应的社会保险体系。全市企业退休人员养老金连续5年提高待遇标准,2009年共为近5万退休人员增发养老金6000万元,全市人均养老金达1157元。职工医疗保险两次提高基本医疗和大病统筹保险基金最高支付限额,分别从2.33万元、10万元提高到4.5万元和13万元;城镇居民基本医疗保险统筹基金最高支付限额由2万元提高到3.5万元;基金支付比例也相应提高,一级医院由60%提高到70%,二级医院由55%提高到60%,2009年医疗保险基金支出比上年增加3000余万元。失业保险金发放标准统一提高到561元。提高了工伤人员和工亡遗属的待遇水平。对符合计划生育政策规定的生育费用采取了定额结算办法。同时,认真贯彻落实"五缓四降三补"政策,全市共有86户企业累计缓缴各项保险费

阳泉市各项社会保险参保人数及基金征缴情况一览表

表20-3

项　目	参保人数(人)	完成目标任务(%)	征缴基金(万元)	完成目标任务(%)
企业养老保险	137461	100.7	66860	113.2
机关事业养老保险	23087	100.4	8320	114.4
新型农村养老保险	304278	165.7	15119	577.9
城镇医疗保险	531313	100.2	57008	170.1
失业保险	194900	102.7	4496.16	224.8
工伤保险	115223	100.2	3859	142
生育保险	57671	104.9	703	175.3

(郑　兵)

5488万元（其中：养老保险缓缴3742万元、失业保险缓缴946万元、医疗保险缓缴616万元、工伤保险缓缴169万元、生育保险缓缴15万元）；累计降低保险费1865.6万元（其中：失业保险降低1470万元、医疗保险降低264.4万元、工伤保险降低36万元、生育保险降低95.2万元）；有11户企业93709人享受补贴600万元，有效地减轻了企业负担，稳定了就业岗位。

劳动关系创建活动 年内，各级劳动保障部门以开展和谐劳动关系建设为主线，深入贯彻落实《就业促进法》，大力实施劳动合同制度，签订企业劳动合同12.4万份，签订率达98.5%。同时，积极建立健全处理境内拖欠工资突发事件应急预案，开展清理整顿人力资源市场秩序专项行动，共检查从事职业介绍的组织或个人113户，对21户有违法事实的组织或个人下达整改指令书，对1户"黑中介"依法进行了取缔，切实维护了求职者合法权益。截至年底，全市有125户市属以下国有企业、255户集体企业、865户其他企业进行了劳动用工备案，备案率达68%；立案受理劳动争议案件447件，结案443件，结案率达99%；受理劳动保障监察投诉举报案件230件，立案208件，结案203件，结案率98%。全市各级劳动保障监察机构共主动检查用人单位5000余户，涉及劳动者18.07万人次，责令用人单位补签劳动合同1.5万余份，督促用人单位为职工补缴社会保险860万元，为劳动者补发拖欠工资345.17万元。全市农民工工资专用账户运行良好，已有55家建设单位开设账户存入专项资金836.23万元，有力维护了劳动者合法权益。

（李玉魁　郑　兵　王丙全）

社会保险

【新型农村养老保险工作】 2009年，阳泉市新型农村社会养老保险试点工作在三个农业县（区）启动。省政府将盂县、郊区列入全省首批新农保试点县（区），为整体推进全市城乡一体化，市政府将平定列入全市试点，参照省试点同时开展工作，全市60岁以上没有享受其他社会养老保险待遇的农村老人每人每月领到30元基础养老金。同时制定出台了《阳泉市开展新型农村社会养老保险试点工作的实施意见》，采取镇、村联动方式大力推进保险工作。年内，共为80729名60周岁以上的农村居民发放基础养老金近3000万元，有力保障了农村老人的生活。全年参保登记人数304207人，保费征缴收入10873.2万元，累计发放养老金3426万元，基础养老金发放率100%，完成各项目标任务名列全省第一。

（苏振恭　王玉萍）

【企业养老保险补缴工作】 为进一步扩大社会保险覆盖面，切实维护职工的合法权益，按照全省统一安排，阳泉市从2009年11月开始进行为期五个月的补缴养老保险费工作。补缴养老保险费人员范围和条件为：山西省城镇企业职工基本养老保险参保范围内仍与单位保持劳动关系且在岗工作，并在国家规定的劳动年龄之内，应参加而未参加基本养老保险的单位职工，或中断缴费未接续养老保险关系的单位职工，单位和职工如有补缴的意愿和能力，可以补缴基本养老保险费。在国家规定的劳动年龄之内具有山西省户籍的城镇个体工商户和灵活就业人员，本人自愿，也可参照该办法补缴基本养老保险费。全市共为6191名参保人员办理了补缴养老保险费，补缴金额达9562万元，其中企业职工办理补缴1787人，灵活就业人员办理补缴4437人。

（苏振恭）

【大学生参保工作启动】 按照国务院和省政府要求，阳泉市制定了将大学生纳入城镇居民基本医疗保险参保范围的政策，6月1日，大学生参保工作启动，截至年底，全市在校大学生参保人数达8046人，基本做到应参尽参。（马晓华）

【医疗保险补助资金】 2009年，市医疗保险中心共争取上级财政医疗保险补助资金2755万元。其中：中央财政对阳泉市关闭破产企业国有退休人员参加城镇职工基本医疗保险补助资金1328万元，中央财政和省级财政对阳泉市城镇居民基本医疗保险补助资金1362万元，省级财政对省属国有困难企业职工基本医疗补助资金65万元。（马晓华）

【陈金甫到阳泉调研】 2月19日至20日，人力资源和社会保障部医疗保险司副司长陈金甫一行6人，在省劳动和社会保障厅副厅长王建文陪同下到阳泉，就城镇居民基本医疗保险工作进行专题调研指导。市委常委、常务副市长王旭明、市政府副秘书长张东明、市劳动和社会保障局局长樊如珍等参加了调研。调研中，陈金甫听取了阳泉市城镇居民基本医疗保险试点工作情况汇报，先后召开了医保经办机构工作人员座谈会、定点医疗机构管理人员座谈会和社区参保人员座谈会，对全市城镇居民基本医疗保险试点工作进展情况、存在问题及改进方向进行了探讨。（马晓华）

【城镇居民门诊医疗统筹补偿工作启动】 4月1日，阳泉市城镇居民基本医疗保险门诊医疗费的统筹补偿政策工作启动。对2008年没有享受城镇居民基本医疗保险待遇的参保居民，采取定点备案、定点记账、月月支付的办法进行门诊医疗费统筹补偿。到2009年底，全市参保居民中有53654人次享受了门诊医疗费的统筹补偿待遇。（马晓华）

【医保中心实现医疗费用计算机网络结算管理】 4月20日，市医疗保险中心服务大厅城镇职工医疗保险计算机网络结算系统开发调试成功。市医疗保险中心服务大厅受理的参保职工当年发生的医疗费用。实行了计算机网络结算管理，结束了手工结算历史，服务效率明显提高。

（马晓华）

【城镇职工基本医疗保险和大病统筹保险最高支付限额提高】 8月11日，市劳动和社会保障局印发《关于提高阳泉市城镇职工基本医疗保险和大病统筹保险最高支付限额的通知》(阳劳社险〔2009〕140号)，将全市城镇职工基本医疗保险支付限额由4万元提高到4.5万元；将城镇职工大病统筹保险最高支付限额由12万元提高到13万元。（马晓华）

【失业保险基金实现市级统筹】 年内，《阳泉市失业保险基金实行市级统筹实施办法》正式出台，规定从1月1日起在全市范围实行市级统筹。全市失业保险征缴实行统一缴费基数和缴费比例、统一失业保险待遇、统一基金管理使用、统一失业人员管理和失业保险金社会化发放，进一步增强了失业保险基金的调剂功能，分散了支付风险，充分发挥了失业保险在促进就业、维护社会稳定工作中的重要作用。

（朱新超）

【困难企业生活补助发放到位】 年内，市失业保险中心积极落实给困难企业发放生活补助的政策，从2008年8月至2009年底，阳泉市共有92户企业，108095人次领到困难企业生活补助2131.35万元。

（朱新超）

劳动仲裁

【劳动仲裁工作】 2009年，市、县两级劳动争议仲裁委员会共受理劳动争议案件447件，办结447件，办结率100%。市劳动争议仲裁委员会受理劳动争议案件167件，已办结167件，办结率100%。其中：因工伤发生纠纷的案件78件，占总案数的47%；因解除和终止劳动关系发生纠纷的案件39件，占总案数的23%；因劳动报酬发生纠纷的案件8件，占总案数的5%；因缴纳养老保险发生纠纷的案件29件，占总案数的18%；要求确认劳动关系的案件4件，占总案数的2%；其他案件8件，占总案数的5%。全年全市共为职工解决工伤待遇、解除劳动合同经济补偿金、拖欠工资等530余万元。

（孙玉华）

【劳动保障信访】 2009年，全市劳动保障部门共接待群众来访3160批3277人。市劳动保障局共接待群众来访2371批2877人，其中集体访24批345人，信访办结率为98%。在7月召开的全市信访工作会上，市劳动保障局被市委、市政府评为信访工作先进集体。（孙玉华）

劳动就业

【劳动力市场工资指导价位】 2009年，市劳动保障系统抽调各县(区)劳动保障部门、省属企业和市直企业工资干部和统计人员，按照省厅对阳泉下达的工资增长指导线和

阳泉市2009年度劳动力市场工资指导价位表

表20-4　　　　单位：元

项目 工种	等级	高位	中位	低位	项目 工种	等级	高位	中位	低位
矿井开掘工	高级工	9000	8000	6500	会计人员	高级工			
	中级工	8000	7000	5500		中级工	3000	2700	1200
	初级工	6000	5000	4000		初级工	2800	2400	900
井下采矿工	高级工	8000	7000	6000	汽车驾驶员	高级工	3700	3200	2800
	中级工	7000	6000	5000		中级工	2700	2100	1500
	初级工	5000	4300	3700		初级工	2000	1400	900
矿井开采辅助工	高级工	5500	4500	3500	起重装卸机械驾驶员	高级工			
	中级工	4500	3500	2800		中级工	1500	1300	1200
	初级工	3000	2500	2000		初级工	1300	1100	900
矿井机车运输工	高级工	7000	6000	5000	邮件处理员	高级工			
	中级工	6000	5000	4000		中级工	1200	1100	1000
	初级工	5000	4000	3000		初级工	1100	1000	900
支护工	高级工	7000	6500	5500	邮政营业员	高级工	1200	1100	1000
	中级工	6000	5500	4000		中级工	1100	1000	960
	初级工	5000	4000	3000		初级工	1000	920	820
矿山安全监测工	高级工				前厅服务员	高级工			
	中级工	4500	3500	3000		中级工	1150	950	800
	初级工	3500	3000	2000		初级工	950	800	720
矿井通风工	高级工	5500	4500	4000	客房服务员	高级工			
	中级工	4000	3000	2500		中级工	1200	1100	1000
	初级工	3000	2500	2000		初级工	1100	900	750
焊工	高级工	5500	4700	3800	中式烹调师	高级工			
	中级工	4500	3700	3000		中级工	1800	1400	1100
	初级工	3500	2700	1800		初级工	1400	1200	720
铸造工	高级工	3000	2200	1700	专业电力设备检修工	高级工			
	中级工	2500	1800	1300		中级工	4000	3000	2100
	初级工	2000	1500	1000		初级工	3000	2100	1500
车工	高级工	2000	1800	1200	保管员	高级工			
	中级工	1800	1600	1000		中级工	2500	2000	1500
	初级工	1500	1200	800		初级工	1500	1200	720
机修钳工	高级工	1500	1300	1100	银行储蓄员	高级工			
	中级工	1200	1000	900		中级工	2600	2200	2000
	初级工	1000	900	800		初级工	2000	1800	1520
维修电工	高级工	4500	3500	3000					
	中级工	3500	2500	2000					
	初级工	2500	1700	1000					

（杜静萍）

《阳泉市建立劳动力市场工资指导价位制度工作方案》,通过对全市范围生产经营正常的36户企业、25个工种、6500余名职工的工资收入进行调查、统计、分析、汇总、加工,确定了阳泉市2009年度劳动力市场工资指导价位,并经省厅批准进行了发布,为广大求职者和用人单位确定薪酬提供了参考。(杜静萍)

救灾救济

【社会救助】 为进一步严格城乡低保的申请、审核、评议、公示等制度,巩固动态管理下的应保尽保,2009年,市民政部门组织专门力量,深入各县区对开展低保规范化管理情况进行全面检查,收到良好效果。

2009年,全市农村五保供养7650户7906人,累计支出1402.78万元(含实物折款102.7万元),实现了应保尽保。年内分两次向农村五保对象发放一次性补助,第一次每人100元共发放77.34万元,第二次每人300元共发放237.2万元。

全市32个乡镇敬老院,经过三年建设,已完工并接收五保对象入住的11所(平定4所、盂县2所、郊区5所),主体工程基本完工待配套的19所(平定6所、盂县11所、郊区2所),在建2所(盂县1所、郊区1所),形成的固定资产总值约8000万元。

年内,市民政部门还出台了《关于进一步规范和完善城乡医疗救助制度的意见》,进一步提高了医疗救助范围和补助水平。全市城乡医疗救助工作以城乡低保和农村五保对象为救助重点,确保其得到及时有效的大病医疗救助。在此基础上,逐步把低保边缘户、因医疗费用支出较大、严重影响家庭基本生活的特殊困难群体纳入救助范围。取消原救助病种限制,取消救助起付线,提高全市救助封顶线和救助比例,简化救助审批程序。改进救助方式,加大事前救助力度,在以住院救助为主的基础上,积极开展门诊救助,资助"参合(新型农村合作医疗)"、"参保(城镇居民基本医疗保险)"救助,临时医疗救助和大病关怀救助。年度滚存预留的医疗救助应急资金,不超过当年基金收入的控制比例。2009年,累计发放城市医疗救助金835.31万元,救助31359人次;累计发放农村医疗救助资金757.8万元,救助6607人次,有效缓解了特困群众、残疾人、灾民、五保户等弱势群体看病难的问题。(裴海峰)

【救灾救济】 年内,全市民政部门发放城乡困难群众"两节"期间物资和生活补贴330万元。资助特大病困难群众152人次,资助金额121.9万元。下拨灾民冬春、应急、旱灾、雪灾等生活困难补助资金1342万元,保障了农村灾民、特困户的基本生活。11月9日晚至12日上午,境内连遭强降雪,给工农业生产造成重大损失,给人民生活带来很大影响。面对灾情,全市各级民政部门迅速启动救灾应急预案,积极投入到抗灾工作中,及时救助公路滞留人员,妥善安排部分受灾群众基本生活。11月25日,还举行了"送温暖、献爱心"现场捐赠仪式,全市各级党政机关、企事业单位、社会各界,积极参与社会捐助,共收到捐款1109.5万元。(裴海峰)

福利事业

【社会福利工作】 2009年,全市各级民政部门在积极推动养老服务社会化示范活动基础上,加快发展养老服务事业。对全市确定的8家市级示范单位进行了检查指导,制定了"蓝天计划"项目建设规划,稳步推进市社会福利院"孤残儿童阳光综合楼"项目建设。完成了福利企业资格认定和年检工作,继续规范福利企业生产经营和用工行为,积极保障残疾职工合法权益。(裴海峰)

【福利彩票发行】 年内,市民政管理部门加强福利彩票发行管理,提升服务水平。全年福利彩票销售额达5760万元,为国家筹集公益金1863万元。(裴海峰)

人口与计划生育

【概况】 2009年,全市人口和计划生育工作围绕中心,大力推进优质服务,严格落实"一票否决"制,严肃查处违法违纪行为,全市低生育水平进一步巩固。据人口抽样调查,

阳泉市2009年城乡居民最低生活保障标准简表

表20-5

低保对象	城市低保	农村低保
户数	18941户	17888户
人数	43259人	36354人
所占比率	占全市城镇人口的6.6%	占全市农村人口的5.5%
累计发放	7877.91万元	3597.37万元
上级下拨资金	8835.6万元	2979.88万元
市级配套资金	800万元,全部下拨县区	600万元,全部下拨县区
人均月补差	150.60元	88元(低保人均每月110元)
第一次一次性补助	每人150元,共发放667.6万元	每人100元,共发放377.88万元
第二次一次性补助	每人160元,共发放692.14万元	每人120元,共发放436.25万元

(裴海峰)

年末全市常住人口为132.38万人，比上年末增加0.42万人。全市出生人口12715人，人口出生率为9.62‰；死亡人口8485人，死亡率为6.42‰；自然增长率为3.2‰，符合政策生育率为93.78%，人口性别比为103.57，人口计生工作呈现出持续健康发展的良好势头。

服务体系建设和综合治理 年内，投资192万元新建6个乡镇中心服务站，广泛开展了示范服务中心、服务站室争创活动和优质服务“八进家”活动，五个县(区)全部成为国家优质服务县(区)，阳泉市成为全省唯一一个整体跨入全国优质服务先进单位的地市，为形成市、县、乡三级联动服务机制奠定了坚实基础。公安、民政、卫生、林业、人口计生等各级各部门协调配合，齐抓共管，逐步形成了“政府主导、部门协调、群众参与、区域协作”的计生工作格局。

出生缺陷干预工程和“生育关怀”行动 年内，市人口和计生部门加大了预防出生缺陷知识的宣传力度，开展了新婚夫妇免费保健服务工作。平定、郊区探索建立了结婚登记、免费婚检、一级干预的一条龙服务机制。同时，按照“政府投入、社会捐助、关爱帮扶、群众受益”的运行机制，多渠道筹措资金，累计发放救助金15.55万元，对全市65户特困计生家庭进行了慰问。盂县、郊区分别对贫困学子、计生专职干部进行了关怀慰问，并在计划生育家庭养老保险中实行了优惠政策。

依法行政和流动人口管理 严格落实计划生育奖励扶助政策，2008年奖扶资金全部发放到位，2009年全部列入财政预算，并兑现了城镇职工退休时的一次性奖励政策。加大了社会抚养费征收力度，全年征收社会抚养费387.42万元。针对流动人口特点，利用现代信息管理系统开展跟踪服务，设定每季度首月份为流动人口集中服务月，深入到流动人口聚集地、集贸市场开展宣传、咨询和督查，流动人口计划生育“一盘棋”格局初步形成。

人口信息化管理和新型生育文化建设 建立了全员人口信息数据库，完成了由单机版向网络版的升级，实现了全市人口数据大集中。建立起信息直报系统，人口数据的统计管理实现现代化。在住宅小区、大中型企业以及重点村设立了永久、醒目的人口计生公益宣传栏或电子宣传栏；培育了28个早期教育示范点，搭建起县、乡、村三级早教服务平台；新闻媒体开设了“人口家园”、“人口与社会”、“人口纵横”等专题栏目，强化了宣传效果。同时，多次聘请有关专家对全系统干部进行了大规模业务培训，市、县、乡三级层层开展了练兵比武活动。在全省计生技术服务比武竞赛中，阳泉市获得团体二等奖、9项第一名的好成绩。 (张海银 路军平)

【计划生育药械市场专项整治行动】 4月3日，全市召开计划生育药械市场专项整治工作动员会。人口计生、公安、卫生、工商、质量技术监督、食品药品监管、出入境检验检疫等部门领导和工作人员参加了会议。8月21日，全市召开计划生育药械市场专项整治行动工作进展情况汇报会。各相关部门负责人就各系统计划生育药械市场专项整治行动工作开展情况作了汇报，专项整治行动取得一定实效。

(张海银 路军平)

【流动人口计划生育“一盘棋”工作】 6月25日，市人口计生工作领导小组召开全市流动人口计划生育“一盘棋”工作部署会。公安、民政、劳动和社会保障等部门分管领导和工作人员参加会议。7月6日至7日，全省流动人口计划生育“一盘棋”试点工作汇报会在阳泉召开。各地市人口计生委分管副主任、流动人口管理科科长、试点县(区)人口计生局局长参加了汇报会。汇报会期间，参会人员还参观了郊区义东沟装饰城和城区南煤社区的流动人口计划生育工作。 (张海银 路军平)

【席小平到阳泉调研】 8月11日，国家人口计生委党组成员、中国计生协会党组书记、计生协会专职副会长席小平到阳泉，就“生育关怀行动”进行专题调研，并到平定县冠山镇聚胜獭兔养殖基地和城区南山街道办事处新华东街社区实地考察。省人口计生委副主任杨建勇，省计生协专职副会长刘金莲，省计生协秘书长闫秀梅，市领导刘高官、樊盛武、刘兆林等陪同调研。

(张海银 路军平)

【市人口和计划生育服务中心新楼启用】 9月25日，市人口计生委举行阳泉市人口和计划生育服务中心新楼搬迁仪式。新楼建筑面积4700多平方米，搬迁后的大楼环境优良、设施先进，人口计生技术服务功能实现进一步拓展。

(张海银 路军平)

【阳泉成为国家计划生育优质服务地市】 12月16日，国家人口计生委以国人口发〔2009〕98号文件通报表彰2009年度计划生育优质服务先进单位，阳泉市平定县列为受表彰单位之一。至此，阳泉县区全部成为国家计划生育优质服务先进单位，成为全省唯一全部县区达到国家级优质服务先进县区的地市。

(张海银 路军平)

【《阳泉市人口和计划生育史》和《辉煌计生》图片集出版】 为客观反映阳泉市人口和计划生育工作发展历程，特别是改革开放30年来人口和计划生育工作所取得的成绩，按照省人口计生委要求，市人口计生委组织有关人员，并聘请史志编纂方面的专业人士，历时15个月，编纂完成《阳泉市人口和计划生育史》，全书40万字。同时，为反映改革开放30年来阳泉市的人口计生工作，市人口计生委、市计生协会联合编纂出版了《辉煌计生》图片集。共收录300多张照片，以图片形式展现了人口计生工作30年的发展历程。

(张海银 路军平)

民族 宗教

【概况】 截至2009年底，境内共有回、满、蒙、维、苗、朝、土家、维、锡伯、壮、侗、瑶、白、彝、藏、布依、朝鲜、哈尼、傣、黎、傈僳、佤、纳西、达瓦尔、仡佬、阿昌、畲、水、羌、塔吉尔、独龙、鄂温克、毛南等33个少数民族，人口3335人，其中回族1954人，主要居住在城区，是阳泉人口最多的少数民族。流动人口534人、暂住人口69人，主要是来境内经商的新疆维族、青海回族和西藏、四川等地的藏族。境内少数民族聚居村盂县秀水镇东白水蒙古族聚居村，有蒙古族人口410人，占该村总数的36.6%；蒙古族户数110户，占该村总户数的27%。村路全部硬化，家家通电、通水、通电视、通天然气，户户都有固定电话，学生均能接受九年制义务教育，卫生状况良好。至6月，建设中的“蒙汉团结一条街”一期工程已基本竣工。相对聚居街道有4个，为回族相对聚居住区，分别是城区上站街道办事处、城区下站街道办事处、城区南山路街道办事处、城区义井街道办事处。境内清真食品主要以饮食业为主，集中在城区、矿区范围，清真饮食小商小贩89家，成建制企业仅有3家，其中1家集体企业、2家私营企业。

境内有道教、佛教、伊斯兰教、基督教、天主教五大宗教，宗教团体有市伊斯兰教协会、市佛教协会、市基督教“两会”（基督教“三自”爱国运动委员会、基督教协会）、天主教爱国会筹备组。全市经政府批准的法定宗教活动场所26处（其中佛教17处、道教1处、伊斯兰教1处、基督教5处、天主教2处），其中2009年新增8处（佛教7处、道教1处）。宗教教职人员42人，其中伊斯兰教阿訇1人，佛教比丘（比丘尼）23人，天主教神甫2人，基督教长老4人、传道员11人。截至年底，全市信教总人数55774人，其中佛教44281人、道教500人、伊斯兰教2422人、基督教6342人、天主教2229人。 （崔建明）

【慰问民宗代表和救济少数民族困难户活动】 2009年春节期间，市、县（区）民族宗教事务管理部门组织开展了对民族宗教界代表人士慰问和对少数民族困难户救济活动。市政府拨出慰问、救济专款8.5万元，慰问民族宗教界代表人士50余人，救济少数民族困难户30余户。同时，在宗教节日、传统节日和民族宗教界代表人士生病住院期间，市民族宗教局工作人员主动上门走访、慰问，拉近了与少数民族群众和信教群众之间的距离，增强了凝聚力和感召力。 （崔建明）

【“双五好”星级评比活动】 开展宗教“双五好”活动，是统战系统凝聚力工程的一项重要内容，是引导宗教与社会主义社会相适应的一种有效形式和方法。市民族宗教管理部门在活动中，一是把开展“双五好”活动与宗教活动场所规范化管理结合起来。通过活动，推动贯彻《宗教事务条例》和《山西省宗教事务条例》，规范和健全宗教活动场所制度建设，突出抓好财务制度和人员管理。二是与开展“三化一平安”（绿化、美化、净化、平安）活动结合起来。加强对宗教活动场所的安全管理，防范发生重大责任事故，春节和“五一”节前，市民族宗教管理部门对全市宗教活动场所安全和制度落实方面进行了检查，对各场所存在的问题督促进行了整改，指导郊区按照年初制定的《圣泉寺安全整治工作方案》，对圣泉寺存在的安全隐患进行了集中整治。三是与开展创建“和谐寺观教堂”活动结合起来。按照省局工作安排，在全市宗教活动场所深入开展创建“和谐寺观教堂”活动，在工作中注意总结和推广好的经验和做法，积极发挥各宗教团体和宗教活动场所的主观能动性，以点带面，示范推动，使“双五好”活动和创建“和谐寺观教堂”活动取得明显成效。 （崔建明）

旅游餐饮服务

旅 游

【概况】 2009年,阳泉市外事旅游管理部门进一步加大景区建设力度,强化旅游行业监管,大力培育旅游市场,旅游产业呈现健康发展势头。按旅游统计口径计算,到年底,全市国内旅游接待人数673.35万人次,较上年增长16%;国内旅游收入44亿元,较上年增长4%;接待入境旅游人数13618人次,较上年增长39%;旅游外汇收入512万美元;旅游总收入45亿元,较上年增长4%。28家旅行社营业额为8300万元,较上年增长11%;16家旅游景区营业额为3790万元,较上年增长6%;5家旅游星级饭店营业额为8932万元,较上年增长7%。达到阳泉旅游历史上的一个新高度,旅游产业呈现出蓬勃发展势头。

景区建设 在推进全市旅游产业发展中,全市旅游系统突出抓好景区开发规划和基础设施建设,着力打造娘子关、藏山、翠枫山、狮脑山百团大战纪念碑等旅游品牌。娘子关景区积极申报河道治理和临泉步行街整治工程,改造一期工程亚行贷款7700万元、政府配套资金7700万元到位。翠枫山景区作为全市首家国家级AAAA级风景区,通过狠抓景区内服务设施完善,在全市起到示范作用,景区二期工程建设正在筹备中。藏山荣膺国家级AAAA级风景区,上半年景区公路、停车场绿化工程全面竣工。评梅石家花园景区通过完善景区配套设施建设,受到市民青睐。滹沱河风景带作为市县两级重点项目,通过管理机制的完善,正在进行招商引资。药林寺森林公园(原八路军制药厂遗址)作为红色革命教育基地已挂牌,并与北京双鹤制药集团签订了合作开发意向书。2009年,全市旅游产业要素发展加快,星级酒店、旅游商品、旅游交通、旅游电子信息平台呈现出可喜发展局面。阳煤集团宾馆旅游管理中心成立,墨玉宾馆升三星级正式挂牌,药林寺会议中心申五星通过国家旅游局终评;煤雕、刻画瓷、小杂粮等旅游纪念品市场效益良好;旅游电子信息网络在行业内形成,并产生社会影响。

旅游宣传 为加快旅游业发展步伐,2月8日,市外事旅游局在平定金源国际大酒店举行了"阳泉市生态旅游年启动仪式"。河北、太原的旅游企业、媒体及全市旅游景区、旅行社、星级宾馆派人参加。通过版面宣传、签约等形式扩大了阳泉旅游知名度,增强了企业发展信心。4月1日,在城市广场举行了全市扩内需、促消费春季旅游行动暨"一卡通"启动仪式。"一卡通"居民消费券的推出起到了拉动内需的作用。在4~5月活动期间,全市旅游景点一律半价入市,星级宾馆对旅游团队实行折扣优惠,推出由全市十家重点旅游景区参加的旅游门票"一卡通"年票,旅行社组织入市旅游,推广"本地游"精品线路,市民热情参与,"五一"假日游客出游量大增。阳煤集团宾馆旅游管理中心配合全市扩大内需春季旅游行动,启动了300万消费券回馈社会活动,发行旅游消费券2万张,创收28万元。通过全市旅游行业努力,阳泉扩大旅游消费春季行动取得明显成效。按照国家旅游统计口径计算,4~5月,全市接待国内游客为121.3万人次,国内旅游收入为8.37亿元,较上年均增长17%。在秋季旅游行动中,"十一"黄金周又创下最好水平,黄金周期间,全市共接待旅游者30万人次,较上年增长6.8%,旅游总收入达1亿余元,较上年增长10%。其中旅游景点接待游客7.8万人次,景区门票收入312万元;旅行社组接人数8000人次,较上年增长60%,各项指标均好于上年同期。其中旅游"一卡通"年票及山西农旅卡带动消费明显。

旅游安全 2009年,按照省旅游局、市安委工作要求,市旅游系统分步骤重落实强化旅游安全专项整治工作,先后下发了《阳泉旅游安全“三项治理”行动实施方案》、《阳泉市2009年“旅游安全月”活动实施方案》、《阳泉市旅游安全生产专项整治第三阶段工作实施方案》等五个文件,要求全市旅游行业各部门、各单位按照五个方案推进安全工作。一是部门协作,强化舆论宣传导向,开通了24小时旅游安全服务电话,并在各种新闻媒体中公示,顺畅了旅游安全服务通道,构建了与广大游客沟通的服务信息平台。二是结合整治检查,强化旅游执法,为广大游客旅游安全保驾护航。在6月10日~12日,市旅游局成立旅游安全专项整治检查组,对全市三个县区、14家旅游企业进行安全专项整治大检查。三是省市县三级联动,协同配合,确保旅游安全回头看工作落到实处。9月19日~22日,由省安监执法总队队长郭虎银带队,和市安监系统交叉执法检查,对全市3个县区旅游主管部门、7个旅游景点、1个旅行社、1个星级宾馆安全专项整治及国庆期间安全生产情况进行抽查,检查组充分肯定了阳泉市旅游安全工作取得的成绩。

(石晓军)

【生态旅游年活动启动】 2月8日,阳泉市2009生态旅游年暨平定县“金源杯”元宵狂欢节活动启动。省旅游局副局长王炳武、省环保局副局长刘泗龙、市人大常委会副主任荆东生、副市长刘兆林、市政协副主席王振国出席启动仪式。活动旨在进一步加大生态旅游产品的推广力度,广泛宣传环境友好型旅游理念,大力倡导资源节约型旅游经营方式,切实满足不断升级的旅游消费新风尚,把阳泉市旅游业建设成为遵循可持续发展原则的绿色产业。在启动仪式上,娘子关景区、翠枫山景区、藏山景区分别与太原新闻国际旅行社、山西友谊之旅、河北康辉旅游集团签订了《生态旅游合作发展意向书》,山西金源国际酒店与山西商务国际旅行社签订了《旅游合作意向书》。 (石晓军)

【“一卡通”年票发行】 为充分发挥旅游扩大内需、促进消费的拉动作用,按照“保增长、扩内需、调结构、重民生”要求,市旅游主管部门制定了春季旅游行动方案,并于4月1日启动了居民旅游“一卡通”年票行动,通过旅游企业和景点让利,调动公民积极参与旅游,促进全市旅游产业持续稳定较快发展,实现旅游产业拉动内需3亿元到4亿元的旅游消费计划。4月24日,市旅游主管部门召开新闻发布会,正式推出旅游门票“一卡通”。旅游“一卡通”年票发行10万份,面额为60元,游览景区包括藏山、娘子关、固关、冠山、药林寺、翠枫山、小河石家花园、银圆山庄、和谐生态园等10个景区(点)门票各一张。年票发放对象为市民和持有本市暂住证的外地居民,有效期为1年,即从2009年5月1日到2010年4月30日止。市民持年卡可在有效期内到10个景区游览一次。华信、华夏、万通等23家旅行社,银圆山庄、固关、和谐生态园3家景区,北冰洋大酒店以及郊区文物旅游局参与旅游年票的发行。 (苏建平)

【网友旅游活动基地成立】 10月23日,由市旅游局、城区文体局主办的“全国首家网友旅游活动基地”成立仪式在大宇商务会馆举行。该基地由搜狐的“知青party”、“知青家园”、“老年博客村”、“巴渝广场”4个博客圈首先发动。活动得到阳泉大宇商务会馆、万通旅行社、银雨天地广告公司响应。基地成立仪式后,来自北京、上海等地的搜狐博客圈圈友举行了“忆青春、聚友情、康乐游”三日主题游览活动。网友们游览了大寨、虎头山森林公园、娘子关、狮脑山、藏山、冠山等市内及周边旅游景点。该基地的成立,对借助网络互动和引导优势,扩大阳泉知名度,发展旅游文化产业,打造合作共赢平台具有重要意义。

(王雯莉)

【28家旅行社缴存质保金】 12月3日,在全市旅行社质量保证金存缴协议签字仪式上,旅游主管部门监管的28家旅行社分别与中国邮政储蓄银行阳泉分行和中国银行阳泉分行签订了质量保证金存缴协议。按照新施行的《旅行社条例》规定,从5月1日起,旅游行政管理部门不再直接管理质量保证金,并按照“统一标准、区别对待、明确期限、过后补齐”的要求,加快建立缴退顺畅的质量保证金制度。按照该条例规定的标准,从事国内、入境游业务的旅行社质量保证金为20万元。为方便全市旅行社质量保证金的存储和监管,市旅游局根据全市旅行社分布情况,经过对各家银行旅行社质量保证金存储承诺和服务方案进行比较后,按照方便存储、集中管理、严格监督的原则,在国家旅游局推荐的11家银行中,重点推荐了中国邮政储蓄银行阳泉分行和中国银行阳泉分行,作为旅行社质量保证金的存储银行。旅行社如存在违反旅游合同约定,侵害旅行者合法权益等行为,经旅游行政管理部门查证属实的,旅行社因解散、破产或其他原因造成旅游者预交旅游费用损失等情况发生的,旅游行政主管部门可通过银行将质量保证金以现金或转账方式直接支付给旅游者;对于人民法院裁决、裁定及其他生效法律文书认定旅行社损害旅游者合法权益,旅行社拒绝或无力赔偿的,人民法院可从旅行社质量保证金账户上划拨赔偿款。 (石晓军)

餐　饮

【饮食服务公司“四项机制”促发展】 2009年,阳泉饮食服务有限公司从企业实际出发,制定了四项符合公司实情的机制:一是建立党员干部学习教育机制。重新完善了党委中心组学习制度、党支部集中学习制度、一课三会制度、领导班子成员民主生活会制度、在岗及后备干部培训制度,确定了每年按工资总额的1%提取干部培训专项经费,重新制定了全公司企业领导人员廉洁从业有关规定,从而实现了在党员干部学习教育方面经费到位、制度到位、考核到位。二是建立国有资产管理机制。成立了公司预算管理委员会,制定了预算管理制度。依照财务法规和国资委有关规定,结合公司实际,制订了财务预算制度、财务监督制度、财务审批制度、租赁管理制度、薪酬管理制度等,为加强国有资产管理、促进资产良好运营、确保资产保值增值提供了制度保证。三是建立企业科学发展促进机制。重新设置公司经营管理机构,重点抓好资产租赁管理,成立租赁管理专门科室,租赁由分散管理转为集中管理。统一合同文本,统一招标程序,统一管理方式,最大限度地发挥资产效能,堵塞漏洞,规避风险。同时,对公司的相关规章制度进行废、改、立,将不符合政策要求和法律法规的内容全部废除,并完善制订了各科室、部门、岗位的工作制度和岗位职责,保证全公司工作有章可循,用制度强化管理落实到位。四是建立企业和谐发展机制。加强了企业文化建设,成立了书法、摄影、文学创作、歌咏、舞蹈和乒乓球、篮球、游泳、毽球等兴趣小组和团队,定期进行培训和比赛表演活动。

在四项机制带动下,公司下属各部门呈现出比学赶超态势。人民照相馆采取公司借一块、职工集一块的办法,筹集10万元引进了一台原值60万元,且只经过短期运行,各方面性能良好的二手彩扩设备,帮助企业重新起步,并收到初步效益。东风旅馆通过法律手段将所欠租金全部追回,维护了企业和职工的权益。按市场行情重新为泉北浴池确定租赁标准,由原每年18万元提高到25万元。兴达旅店在起用年轻干部后,在服务项目、环境卫生和服务方式上下功夫,逐步吸引顾客,经济效益稳步提升,职工人均增资300元。阳泉面食馆降成本提质量,积极打造招牌菜,赢得群众好评,经济效益和社会效益获得双丰收。

通过机制体制创新,保障了企业的良好运行和健康发展,圆满完成年内各项工作任务。主营业务收入完成923.83万元,实现利润12.79万元,较上年增长15.92%。净资产收益率完成1.05%,流动资产周转率完成3.06次,年末公司资产负债率实现54.73%,较上年减少2.04个百分点。在岗职工年人均收入12264元,较上年增加1236元,增幅11%。内养、病休职工按规定全部发放了应领工资。上交社会各项统筹251.39万元,上缴率达100%。（朱书慧）

【"颐寿"糕点获"山西省名牌产品"称号】 1月,市食品总厂"颐寿"牌系列糕点获"山西省名牌产品"称号。作为阳泉市的老字号国有食品、糕点加工企业,多年来,市食品总厂始终坚持"诚实经营、真情服务"宗旨,制订了一系列规章制度,将食品生产的法律、法规和企业的规章制度落实到生产的各个岗位,产品质量高,企业信誉好,得到全市广大消费者认可。"颐寿"牌糕点继获得"山西省放心食品"、"山西省著名商标"称号、QS市场准入认证资质后,于1月再获"山西省名牌产品"称号。（毕文静）

【田园乳业获41.4万元贷款贴息】 12月1日,市田园乳业有限公司获得41.4万元的原料奶收购贷款贴息。"三鹿问题奶粉"事件发生后,为鼓励乳制品生产企业继续做好原料奶收购工作、保护奶农利益、促进乳制品行业健康发展,财政部印发了《原料奶收购贷款中央财政贴息管理办法》,对乳制品企业收购原料奶贷款给予一定期限和比例的利息补贴,并按照企业经营情况好、具有一定生产规模、"三鹿问题奶粉"事件后企业整顿规范较好、银行信用等级优良等条件公布了全国乳制品生产企业贷款贴息名录,田园乳业有限公司系全市唯一一家享受该政策的企业。原料奶收购贷款贴息除中央财政安排贴息50%以外,省、市财政各分担25%。贴息期限为2008年10月1日至2009年年底,贴息率按中国人民银行规定的6个月期贷款基准利率6.21%的1/2(即3.105%)确定。田园乳业有限公司领取的利息补贴是2008年10月至2009年3月底期间的贴息发放。（郑晓丹）

【"泉美"逆势投入谋发展】 2009年,泉美餐饮服务有限公司面对全市服务行业特别是餐饮业竞争激烈的局面,"不裁员、不减薪、保民生、促增长",以实施品牌战略为主线,对旗下各部门进行优化改造,不断提升"泉美"品牌知名度。同时加大企业文化、团队文化、执行文化建设力度,进一步强化质量管理、细节管理、安全管理工作,公司的经济效益和社会效益均取得较好成绩。

年内,泉美公司倾力打造晋东最具影响力的四星级酒店——泉美国际大酒店,出色地接待了政界、商界、演艺界等要员名人。并于10月改造完成了十三楼多功能商务会议厅,十二楼五星级豪华行政楼层,引进了世界顶级酒店品牌产品、国际五星级酒店知名洁具,在全市首家推出公寓式豪华套房服务产品,受到宾客青睐。作为泉美餐饮的主阵地,面对严峻竞争环境,泉美总部从6月开始进行全面改造装潢,重新定位市场,凸显简约中式风格,并更名为"泉美饭店",在服务质量和新客源方面取得全面提升。在不断增强多元餐饮经营的基础上,泉美豆捞坊在原中餐经营基础良好的情况下,进行了产品多元化改造。经过半年运营,泉美豆捞变单一涮锅产品扩展为多样化和层次化的新模式,通过科学搭配,汤料更加营养美味,形成了雅俗共品的特色美餐。9月至12月较上年改造前同期比,营业额提高近90万元。

在国际金融危机背景下,泉美逆势投入优化改造旗下经营部门的决策，换来了企业的整体提升，连续第六年被阳泉市政府评为“重合同守信用单位”，被市政府、市人才市场确定为“全市首批大学生就业见习基地。” （张海东）

【大清花饺子落户阳泉】 6月，满族第一家全国连锁机构沈阳大清花饺子落户阳泉。沈阳大清花始创于清朝乾隆年间，是集制酒与餐饮为一体的大型餐饮连锁企业。

阳泉大清花饺子馆位于新建路西段，下站派出所对面，经营面积近500平方米，特色包间8个，可容纳200人就餐。其特色有三点：一是由铁岭直发阳泉的胡家老酒，选用优质粮食为原料，经祖传独特满族酿酒工艺酿造而成，入口醇香浓厚；二是大清花饺子始创于清朝乾隆年间，历史悠久，源远流长，各式饺子经历代秘传，仍保持着料重、味浓、皮薄、馅大、油润鲜香的满族特色，具有浓重的民族特点和乡土气息；三是为满足山城百姓的不同口味，特聘沈阳大清花总部厨师料理铜质御锅炖菜，包括牛肉、羊肉、鸡肉、素菜、海鲜等，真正做到汤鲜、味美、实惠。在秉承绿色天然选料为特色，精工细作为根本，为阳泉消费者提供正宗满族风味菜的同时，还兼营湘、粤及地方风味等菜系。 （李莲芳）

服　务

【概况】 2009年，阳泉市把发展现代服务业、优化产业结构作为一项重要工作来抓，出台了《关于加快服务业发展的实施意见》和《关于加快服务业发展的若干鼓励政策》，并把54项服务业项目列入全市的“百项工程”。截至11月，54个项目完成投资43.99亿元，占全年目标任务的99.53%。近年来，阳泉着力构建“1234”城市商贸网络流通体系，即“一个滨河商业带、两个商业圈、三个市级商业中心、四类有特色的商业街”，积极发展新型流通业，先后引入沃尔玛、苏宁电器、肯德基等知名品牌入驻滨河世纪城。同时，放手鼓励民营资本投资服务业，富百家、农贸市场、五金建材城、金街购物中心、美隆国际商城等一批商贸中心投入使用。围绕信息化带动工业化，重点发展电子商务、电子政务、电子教育、电子便民等信息服务，全面打造“数字阳泉”。政策和投资的到位为全市旅游产业、现代服务业快速发展注入了活力。2009年，全市服务业实现增加值102.1亿元，占GDP比重的40.5%，较上年增加1.7个百分点。（李德平）

【阳泉宾馆实现“六保六提高”】 2009年，阳泉宾馆继续完善工作机制，拓宽经营渠道，以提高经济效益为中心，以强化管理为重点，实现了“六保六提高”。营业收入1633.9万元，较上年减少1.3%，各种费用总额1758.1万元，较上年下降3.8%，基本完成年初制定的经营管理目标。

保经营，提高经济效益。年内，阳泉宾馆的前厅、客房、餐饮等一线对客服务部门，围绕年初制定的营业收入指标和费用控制指标，积极投入到各项接待工作中。前厅部加强了窗口行业形象塑造，礼仪迎宾文明礼貌，坚持客来必留原则，并根据季节变换随时调整客房、会议价格，用差异化创造市场、特色化争夺市场，取得较好业绩。客房部将卫生是酒店的生命线贯穿于日常服务管理全过程，完善了消毒间功能，配备浸泡池、消毒池，建立各种制度25项，并对布草间进行分类存放，做到防潮、防盗、防鼠、防霉变，确保客人安全使用，并为阳泉宾馆赢得省级防疫达标A级单位称号。同时，客房部还狠抓员工素质软件教育培训，规范岗位文明用语，提高对客服务质量，成立“三互小组”（互帮、互助、互管），设立员工光荣栏，将比武和每月评出的优秀楼层及员工在光荣栏内进行公示，充分调动员工积极性。餐饮部立足饭菜推陈出新、结构调整上，倡导“绿色、环保、健康”的饮食文化理念，对分餐制的国宾接待形式不断充实提高，圆满完成了市四大班子内外事务及各项重大接待任务。全年累计接待大小会议564次，其中，国家级会议3次，省部级会议61次，市级会议276次，其他会议224次；累计接待住客7万余人，全年平均住客率55%。

保运转，提高设施运行质量。工程、机电、养护部门是确保主楼设施设备安全运行的职能保障部门。全年共接到客房部报修3350次，其中工程维修1683次、机电维修1329次、木工维修338次。楼上设施设备大修9次，各维修部门人员为确保主楼正常经营接待，做到变被动维修为主动检修，有效改善了设施运行现状，延长了设备使用寿命，保证了阳泉宾馆的正常运转。

保秩序，提高宾馆整体形象。年内，阳泉宾馆的全面质量管理工作继续实行一把手工程，职能部门全质办围绕宾馆经营管理大局，充分发挥全面质量管理的效能和作用，为维护全馆正常经营管理秩序作出了努力。下半年，在市政府支持下，在宾馆内部铺设了柏油场地路面，有效提升了宾馆整体形象，产生良好的社会效应。

保安全，提高馆内保障系数。2009年，阳泉宾馆筹措50万元对主楼的安全监控系统进行了完善，安全系数大大增强，实现了消防和安全监控系统两到位，人防与机防有机统一，为实现馆内安全经营、防盗、防破坏创造了必要的物质条件，确保了全年安全经营无事故。

保增收，提高全员节能降耗意识。年内，阳泉宾馆将节能降耗考核工作确立为全年的八项重点工作之一，设立了专门的节能降耗考核机构，出台了以水、电、煤气、物料用品等为主要内容的节能降耗考核办法，施行了联勤、联责、联效，挂回款率的“三联一挂”考核制度。通过考核,全馆费用总额较上年下降3.8%,全员节能降耗意识有了提高。

保稳定，提高全员工作积极性。9月,阳泉宾馆同市劳动保障部门积极沟通，为全员进行了参保,并从10月1日起执行，有效稳定了新老员工队伍,提高了职工的社会地位和工作积极性。

年内,阳泉宾馆围绕“六保六提高”,把握升“四星”契机,加强对员工的素质教育培训和企业文化建设,努力凝聚员工队伍,为全面实现“文化为根,创造人企合一新境界;以人为本,打造阳泉煤城第一楼”的中长期发展战略目标,打下坚实基础。

（韩静炜）

【阳泉服务业22家样本企业调查概况】 在社会转型升级进程中,服务业在国民经济中的地位也随着经济水平的提高而不断地上升,成为区域经济发展的加速器和增长点。作为全市经济转型的一个重要组成部分,把握好服务业发展方向,对于实现经济发展转型升级,具有重要意义。据阳泉市调查监测中心2009年服务业抽样调查的22家样本企业调查资料显示:年内,受金融危机影响，服务业企业收入和效益虽然有所下降,但随着市委、市政府保增长促发展改民生一系列措施的具体落实,职工人数和工资稳定增长,呈现出喜忧参半的态势。

一、总体运行情况:

1.样本企业分布于三种经济成分。国有企业8家占36.4%、集体企业6家占27.2%、私营企业8家占36.4%。

2. 样本企业集中于四大行业。租赁和商务服务业7家占33.3%,主要从事房屋租赁、提供会计服务、业务咨询、代理广告、广告喷绘活动；居民服务和其他服务业7家占33.3%,主要从事打字复印、提供保安服务、美容美发、摄影、汽车修理活动;交通运输、仓储和邮政业6家占28.6%，主要从事公路和铁路运输(有的为企业自备铁路专用线)活动；文化、体育和娱乐业2家占4.8%。主要从事室内体育场馆健身、室内歌舞娱乐活动。

3.服务业企业营业收入和营业利润减少。(见下表)

二、服务业企业发展存在问题及面临困难

1.整体经营规模偏小,竞争力不强。服务业企业户均从业人员111人，户均营业收入1699万元。缺乏形成规模化经营的服务连锁企业,难以形成规模效应,大部分企业管理水平不高,服务水平较低,竞争力较弱。

2.发展环境有待优化。传统上对一、二产业扶持优惠政策较多,促进三产发展的政策较多为旅游、流通等少数行业，致使服务业发展的整体水平相对偏低。第三产业总体布局不合理、功能不配套、层次较低、缺乏协调管理的问题。

3.结构性差异明显。我市服务业仍以传统的生产性运输企业为主,现代物流、金融保险、信息咨询、中介、科技等现代化服务业高技术、高附加值的现代服务业缺乏。农村服务业体系不够健全，与新农村建设的标准和要求还存在差距。

4.认识上稍有偏差。从认识上看,长期以来,由于受非物质生产劳动不创造新价值的观念影响，对服务业发展重视不够。在政策制定方面,税收政策、信贷政策和其他相关政策偏重于鼓励投资而不是鼓励消费的倾向仍然存在，推进服务业发展的政策措施相对滞后。

2009年22家服务业样本企业调查简表

表21-1

	全部	分经济类型看			分行业看			
		国有经济	集体经济	私营经济	租赁和商务	居民服务和其他	交运、仓储、邮政	文化、体育、娱乐
营业收入(万元)	37394.4	33430.6	2167.2	1796.6	6444.6	2193.1	28701.5	55.2
户均(万元)	1699.7	4178.8	361.2	224.6	920.6	313.3	4783.6	27.6
较2009年(万元)	-13263	-14854.7	-778.3	251.4	-5654.6	-466.5	-3492.1	-7.4
增减幅度	-34.8%	-40.6%	38.3%	48.7%	-54.4%	-34.5%	-30.1%	-12.7%
营业利润(万元)	-304.5	-88.5	-173.5	-42.5	-337.1	-154.2	201.6	-14.8
利税(万元)	-539.5	-342.7	-184.3	-12.5	-427.1	-142.7	-8.9	-21.4
从业人员(人)	2458	1427	840	191	240	672	1526	20
较2009年(人)	109	-34	83	26	持平	68	-12	持平
增减幅度	5.8%	-2.3%	10.9%	11.7%	无	13.8%	-0.3%	无
应付工资总额(万元)	5526.5	4525.5	794.9	206.1	509.5	630.9	4379.1	7.0
较2009年(万元)	56.5	82.1	-15.3	-17.3	-105	-68.4	141.7	-1.1
增减幅度	3.6%	5.5%	-2.6%	-15.3%	-5.3%	-12.9%	8.4%	-7.3%
职工月均工资(元)	1873.6	2643	789	900	1769	782	2391	292

5.人才缺乏制约服务业的发展。现有的人才存量难以满足服务业发展的需要；人才结构不合理，综合型管理和专业人才尤其缺乏，以及技能型工人的缺乏都制约了服务业企业的发展。　（张秀玲）

【墨玉宾馆升"三星"】　面对金融危机带来的挑战和行业竞争，墨玉宾馆在继续加强硬件设施和系统改善服务功能外，更加着力从组织、管理、企业文化和企业制度四大方面进行软件提升，使得酒店的软硬件均得到发展。2008年10月，山西省旅游局星级评定委员会专家对墨玉宾馆申报三星级酒店工作进行了检查评定，并于2009年1月正式授予墨玉宾馆国家三星级旅游酒店称号。升"三星"后，墨玉宾馆加大软硬件建设力度，树立了良好的社会形象，取得较好业绩。围绕阳煤集团建企60周年，墨玉宾馆争取集团投资，对宾馆主楼外墙、前后院地面等外围环境进行了装修；在加强硬件建设的同时，墨玉宾馆着力在软件上下工夫，在职工中开展集中性政治理论学习、业务知识学习十余次，通过推行诚信、亲情化服务，实现了服务标准化、公开化和透明化；通过完善监督投诉机制，向宾客及服务单位发放征求意见表，倾听群众意见和建议，形成了投诉"件件有人管、事事有人抓"的监督格局；通过提高职工素质和改进服务，在单位形成了"岗岗争文明，人人是形象，处处见和谐"的良好创建氛围；通过完善和建立健全宾馆经营管理考核、材料消耗、报废物品审批等相关管理制度，对各项指标分解，层层落实到岗位人头。虽受金融危机影响，墨玉宾馆逆市而起，收入较上年增长11.5%，成本费用较上年节约23%，为全年经营工作圆满完成奠定了基础。　（张　霞）

【沃尔玛阳泉店开业】　1月10日，沃尔玛阳泉店开业。沃尔玛阳泉店是世界500强之首——沃尔玛在山西境内继太原店（2家）和大同店后开设的第四家分店，也是阳泉第一家外资零售企业。引进世界著名零售企业，建设沃尔玛阳泉店是阳泉市在2006年"港洽会"落实的重点签约项目。沃尔玛阳泉店地处阳泉市城市商业网点规划的三个市级商业中心区中的桃北东路商业区，建筑面积17660平方米，营业面积9600平方米，经营生鲜、食品、服装、家电、日用百货等商品25000余个品种。　（李德平）

【居然之家阳泉店开业】　11月28日，居然之家阳泉店在开发区滨河建材城开业。北京居然之家投资控股集团有限公司是国内著名的家居连锁企业，是北京市十大商业品牌之一。

居然之家以"美化家居"为目标，集品牌展示和销售为一体，为顾客提供家居设计和装修、装饰材料、家具及家居饰品等服务，市场、超市、专卖店等多种业态互动共生。居然之家阳泉店是开发区重点招商引资项目，也是全市大型家居建材主题购物中心。居然之家阳泉店一期建筑面积约3.2万平方米，二期建筑面积3.8万平方米，总投资约2.5亿元，预计年销售额可达3亿元，提供就业岗位3000多个。居然之家阳泉店购物环境幽雅洁净，建材家居产品种类齐全，汇集了国际、国内著名建材品牌200余家。居然之家阳泉店以经营中高档家居建材品牌为主，可为消费者提供家装、建材、家具"一站式"服务。其中一期卖场为两层，一层经营瓷砖、洁具、地板，二层经营家装设计、橱柜、门窗、楼梯和吊顶壁纸、布艺等。　（张华萍）

2009年阳泉市个体及私营服务业情况一览表

表21-2　　单位：户、人、万元

分　类	个体工商户			私　营　企　业			
	户数	从业人员	注册资金	户数	投资者	雇工	注册资金
旅馆业	3028	7183	7390.65	193	368	3555	17775.50
娱乐服务业	157	361	1710	42	97	532	3444
计算机应用服务业	52	100	190.50	184	281	825	5170
其　他	21923	37752	49135.50	5400	13207	50156	71649.24
合　计	25159	45396	58426.65	5819	13953	55068	742858.74

（王　枫）

区县简况

城区

【概况】 阳泉市城区位于市区东南部,面积16.19平方公里。城区人民政府驻南大街300号,辖6个街道办事处、44个社区居民委员会。2009年末总人口172662人,人口自然增长率2.11‰(人口变动抽样调查数据)。

2009年,全区生产总值73.96亿元,比上年增长10.0%;全社会固定资产投资总额48.97亿元,比上年增长61.2%;社会消费品零售总额82.1亿元,比上年增长22.7%;财政总收入3.78亿元,比上年增长7.75%,其中一般预算收入2.01亿元,增长17.64%;城镇居民人均可支配收入14972元,比上年增长11.2%。

经济结构继续优化。围绕国家重点鼓励支持的行业和领域,以项目建设促进结构优化,拉动经济增长。全区48个项目完成投资16.45亿元,其中列入市“百项工程”的4个项目完成投资7.01亿元。金街购物中心、美隆国际商贸城项目竣工开业。服务业占GDP的比重由上年的74.2%提高到79.26%;实现税收30092万元,比上年增长5.77%。

人居环境持续改善。全年组织完成了7个单位和19个小区的园林达标创建任务,补栽补种各类乔、灌木1.5万株,新增绿化面积6.25万平方米,全区绿化覆盖率30.7%,绿地率27.39%,人均公共绿地面积10平方米。初步实现环卫作业全覆盖。辖区空气质量二级以上天数达353天。大气综合污染指数下降10.9%。万元规模以上工业增加值能耗下降30.6%。万元地区生产总值二氧化硫、化学需氧量排放量均下降10%。辖区内环境空气质量整体达到国家二级标准。

大力实施借力发展战略,先后组织有关企业和项目单位参加“中博会”、“厦洽会”和“渝洽会”等大型招商活动,签订投资合作协议5项,合同协议利用外来投资19.78亿元,实际到位9.53亿元。非公经济加速发展,全年完成增加值36.8亿元,比上年增长16.5%;实现税收31339万元,比上年增长6.14%。

大幅度增加财政对民生和社会各项事业的投入,全年用于社保与就业的支出比上年增长25.75%,用于教育、医疗卫生、文化体育的支出分别比上年增长27.08%、36.41%和194.56%。和谐社区建设跻身全国首批“示范城区”行列。中小学校舍安全工程完成年度任务。义务教育标准化建设达到省定标准。规划的6个社区卫生服务中心和16个社区卫生服务站全部建成。甲型H1N1流感得到有效防控。社会保障体系进一步完善。城镇居民医疗保险覆盖率达到97%。努力稳定和促进就业,新增就业岗位5732个。实行山西省社会保险“五缓四降三补”政策后,为81户困难企业减负30多万元。认真落实低收入家庭廉租住房保障政策,为1084户家庭发放廉租房补贴316.3万元,为40户家庭落实了实物配租。城镇居民人均可支配收入14972元,比上年增长11.2%。城镇登记失业率3.6%。城镇基本社会保障覆盖率89.67%。居民消费价格总水平上涨0.1%。

(王世钧)

领导人名单

中共阳泉市城区委员会

书　记　李春泽
副书记　曹凯民
　　　　任晓华
　　　　马　俊(挂职)
常　委　李春泽　曹凯民
　　　　任晓华
　　　　马　俊(挂职)
　　　　高锦孝　弓林柱　史喜平
　　　　范秀林(女)
　　　　李宏革　王明厚　苏友常

李宏革(11月免)
李忠义(11月任)
党校党务副校长
李忠何(11月任)

中共阳泉市城区纪律检查委员会

书　记　高锦孝

阳泉市城区人大常委会

主　任　李忠祥
副主任　李　力　姚培万　吴祥玉
夏爱林(女)

阳泉市城区人民政府

区　长　曹凯民
常务副区长　弓林柱
副区长　王明厚　李保存　胡道宏
杨红梅(女)

政协阳泉市城区委员会

主　席　杨柱英
党组书记　杨柱英
副主席　余占玉(女)　田秀贞(女)
董美玲(女)　任锁才

阳泉市城区人民法院

院　长　杨玉春(女)

阳泉市城区人民检察院

检察长　张　启

阳泉市城区公安分局

局　长　梁华奎(9月免)
李宣祥(9月任)
政　委　顿占福

阳泉市城区人民武装部

部　长　苏友常
政　委　李进军
副部长　鲁泽宇

【和谐社区建设创出佳绩】 2009年,中共阳泉市城区区委、区政府在大力开展和谐社区示范单位创建活动中,不断推进社区标准化建设,进一步完善社区服务功能,被国家民政部授予“全国和谐社区建设示范城区”称号。一年来,城区把和谐社区建设作为全区的一项重要工作来抓,并且在顺利完成第四届社区党组织和居委会换届选举工作的基础上,以“三城十区”(建设开放文明城、诚信服务城、繁荣和谐城,打造经济文化区、文化经济区、教育先导区、人才聚集区、税收诚信区、市民文明区、管理规范区、消费洼地区、平安和谐区和窗口形象区)建设为统领,坚持“以人为本、服务群众、强化自治、共创和谐”的基本方针和“对照标准、全面创建,突出重点、注重特色”的工作思路,坚持以强化组织领导为关键,以社区基础设施建设为突破,以组织队伍建设为保证,以创新社区服务体系为重点,深入持久并不断加快和谐社区创建步伐,使社区出现了管理规范有序、环境舒适温馨、服务完善便捷、区内自治良好的效果。同时,具有城区特色的管理好、服务好、环境好、风尚好的“四好”和谐社区建设也成绩突出,从而有力推动了全区和谐社区建设工作又好又快地向前发展。

(王世钧)

【多种形式解决就业问题】 2009年,中共阳泉市城区区委、区政府不断创新就业服务形式,并且采取“帮”、“扶”、“推”、“引”、“维”等办法,着力解决就业困难群体的就业和再就业问题。一是信息“帮”。对辖区内企业及需就业人员进行有针对性的走访、调研,及时了解和掌握当前金融危机对企业的影响和就业岗位需求变化情况,广泛收集企业生产情况、各类岗位需求情况、员工情况及需就业人员的数量、技能、就业意向等,并建立信息数据库。二是培训“扶”。利用社区工会再就业培训学校,与区委党校、驻区企业联手对需就业人员开展实用性强、就业前景较好的技能培训,已进行培训300余人。三是活动“推”。举办了15场“阳光再就业”等各类招聘会,为企业和就业人员搭建就业服务平台,共提供就业岗位4000余个。四是政策“引”。通过各种载体,采用多种形式,积极宣传党和国家有关方针政策,使广大企业职工了解当前国内国际形势,中央、省、市以及区委、区政府出台的应对金融危机的各种举措,引领广大企业职工做好本职工作,共渡难关、共克时艰。五是法律“维”。在就业人员实现就业的同时,帮助他们与企业及时签订劳动合同,向就业人员发放维权手册,提供免费维权服务,为他们撑起法律保护伞,解除他们的后顾之忧。

(王世钧)

【环境综合整治成绩喜人】 2009年,中共阳泉市城区区委、区政府以提高城市管理水平,解决城市管理难点、焦点问题为工作重点,认真落实重点工作目标任务,使市容市貌得到进一步改善。首先,从维护城市形象,提升城市品位出发,坚持立足区情、管疏并重、以疏为主、因势利导的原则,在管理模式上构建了城管执法内部、相关职能部门、街道办事处(社区)“三位一体”的“大城管”、“大执法”体系。其次,在管理方法上逐步延伸推进,采取驻点把守、循环清理与定点防范有机结合的方式;在管理地域上,由主级干道向背街小巷延伸,由公共地域向居民小区、单位庭院延伸,由城市中心区向城市结合部延伸。对乱摆乱放多发地域,设置城管执法岗亭,驻点把守,从点到面,动静结合;在管理力量组合上,对主要大街、重要部位配齐配强执法人员,实行定点定人的守点布控和全天候监控跟踪管理;在暂时保留设摊的街道本着“五个统一”的原则规范经营,即统一划线定位、统一种类设施、统一经营时间、统一收费标准、统一亮证经营,使人流、车流、物流拥挤混杂且严重占道的行为得到较好清理。第三,完成了9条严管街的综合整治任务,实现了南大街、北大街、泉中路零摊位标准,圆满完成了城市环境综合整治的各项任务。(王世钧)

【金街购物中心隆重开业】 2009年11月6日,阳泉市城区“港洽会”签约项目、被列为市“百项工程”之一的金街购物中心举行了隆重的开业庆典。阳泉金街购物中心于2007年7月在“港洽会”上签约,是城区重点招商项目。该项目由北京海润房地产开发有限公司投资建设,总占地面积14857.8平方米,总建筑面积5.5万平方米,总投资额为2亿元。金街购物中心是集购物、娱乐、休闲、会展于一体的大型购物广场,它的建成,将为广大市民提供一个功能多样化、情景多样化、经营多样化,以中高档精品百货、家电为主的购物场所,将在提供劳动就业岗位、繁荣地方经济等方面作出积极贡献。(王世钧)

【关心下一代工作】 2009年,城区关心下一代工作从抓基层、打基础入手,在学校、街道、社区开展了多项活动,取得了明显效果。一是狠抓学校、家庭、社会结合点,发挥“五老”(老干部、老党员、老教师、老年志愿者、老模范)作用,加强未成年人思想道德建设,共建“和谐家园”。二是创建社区法制教育示范学校,大力宣传预防青少年犯罪,加强对青少年的法制教育,增强其辨别是非的能力,使其远离毒品,远离赌博,增强与犯罪行为作斗争的勇气,做守法的小公民,并掌握正确的防卫、防护方法。三是全区中小学以“一室三校”(图书室,法制学校、家长学校、科技学校)为载体,对学生广泛开展教育。全区在学校、街道、社区建立了74个基层关工委组织,各街道聘请了950名“五老”人员,使青少年“离校不离教”。

(王世钧)

【参加第四届中部投资贸易博览会】 2009年4月26日至28日,城区组团参加了在安徽合肥举办的第四届中部投资贸易博览会,取得丰硕成果。共签订经济合作协议3项,总投资8.18亿元,拟引资5.18亿元。其中,阳泉市三宏房地产开发有限责任公司和江苏省鑫长江商务会馆有限公司投资的天融中兴商业广场项目、阳泉市金地房地产开发有限公司投资的“金地商务大厦”项目和“名仕豪庭”项目分别在山西省和阳泉市投资项目签约仪式上签约。另外,还与家乐福中国区副总裁康柏德、江苏悦达南方控股有限公司副总经理毛成昌等外商进行了投资合作洽谈。(王世钧)

【领导干部赴北京大学学习培训】 根据中央、省、市关于大规模培训干部、大幅度提高领导干部素质的要求,2009年6月8日,城区组织34名领导干部赴北京大学马克思主义学院进行学习培训。本次培训旨在加强干部的拓展创新能力、理论联系实际能力、应对突发事件和金融危机的能力,采取“走出去”的方式,充分利用高校雄厚的师资力量和优良的教学环境,取得了良好的效果。

(王世钧)

【群众文体活动】 2009年,为了丰富人民群众的精神生活,区委区政府不断创新机制、创新内容,全区群众文化活动蓬勃开展,丰富多彩。一是组织了包括10项大型活动的“群星风采全民健身”文化活动,全区6个街道办事处的44个社区、15个文化体育指导站共举办了综合文化活动100余场次。二是举办了“清风扬正气,反腐铸和谐”城区2009年反腐倡廉文艺晚会、“未来之星——祖国颂"演讲大赛、有12支合唱队参加的全区“爱我中华”大型歌咏比赛、“迎国庆,爱家乡”新发现文物图片专题展。三是举办了新泉观文化广场“戏迷公益演唱周”活动,协办了由山西电视台主办、阳泉市戏迷协会承办的《看大戏》栏目。四是进行了全区机关干部“全健排舞”培训,举办了新天地商业广场“智勇大冲关”大型文化娱乐健身活动。(王世钧)

【街道办事处环卫作业队伍组建工作全面启动】 2009年,为了有效推进“三城同创”活动,加快建设“三城十区”步伐,进一步改善人民群众的生活环境质量,城区区委、区政府全面启动了街道办事处环境卫生作业队伍组建工作,下发了《街道办事处组建环境卫生作业队伍的实施方案》、《街道办事处组建环境卫生作业队伍的实施细则》和《关于街道办事处组建环境卫生作业队伍近期工作安排的通知》等文件,在人员、责任、资金、措施和工作进度等方面对组建街道环卫作业队伍工作提出了明确要求。一是规定了背街小巷、居民小区环境卫生作业以街道办事处为责任主体;二是规定了环境卫生作业队伍以街道办事处为单位进行组建,由清扫人员和其他保洁人员组成,任务是对杂居型、产权不明确、无独立产权单位、无物业管理等无专人管理的居住小区、楼院、出入口、背街小巷和绿地进行日常清扫保洁。全区街道环境卫生作业队伍共有清扫保洁人员150余人,清扫保洁面积为46万平方米,年投入经费87万元。(王世钧)

矿　区

【概况】 阳泉市矿区位于阳泉市区南部,面积10.18平方公里。矿区人民政府驻北大街386号,辖6个街道办事处、40个社区居民委员会。2009年年末总人口228918人,人口自然增长率3.11‰(人口变动抽样调查数据)。

2009年,全区生产总值110.96亿元,比上年增长6.2%;工业增加值92.19亿元,增长5.1%;第三产业增加值完成16.55亿元,增长11.1%。财政总收入3.36亿元,比上年增长23.2%;一般预算收入1.72亿元,比上年增长20.5%。全社会固定资产投资67.59亿元,比上年增长59.4%。社会消费品零售总额12.1亿元,比上年增长15%。居民人均可支配收入13960元,比上年增长6.3%。签订对外合作项目4项,合同利用外资2.8亿元,到位2.1亿元。

经济保持平稳较快发展。佰益粮贸物流中心项目交易大厅主体完成。矿用钢丝绳等7个重点调产项目建成投产或开始试生产;日潭小区综合改造等8个重点工程完成全年任务。重点项目全年完成投资2.49亿元,完成年计划的103%。新增规模以上民营企业3家、个体工商户536户。民营经济营业总收入19.4亿元,比上年增长9.2%;上缴利税1.06亿元,比上年增长14.1%。

多措并举帮助企业渡难关。帮助企业争取项目资金950万元。发挥行业协会作用,召开了2次银企洽谈会,促进了银企合作。帮助企业申报各类科技项目21个,争取研发资金200万元。新增2家民营科技企业,2家高新技术企业完成重新认定。全年举办各类讲座、培训班16个,参加人数达1400余人次。1011名下岗失业人员实现再就业。机械配件制造业实现产值15.9亿元,比上年增长28.6%。

"三城同创"工作深入开展。全年绿化投资6600余万元,新增绿化面积52.8万平方米,绿化覆盖率38.42%,绿地率32.1%,人均公共绿地7.96平方米。拆除主支干道沿路1.3万多平方米违章建筑;完成北大西街、矿山路、沙坪路等主干道沿路的净化、美化、绿化、硬化、亮化任务。西河路、育才路拓宽改造工程完工。全年万元生产总值综合能耗下降5.9%,环境空气质量稳定达到国家二级标准。

新社区建设扎实推进。15个社区达标。新建或改扩建3栋社区综合服务楼,并全部投入使用。马家坪社区成为省级商业示范社区,新增小河滩等3个市级商业示范社区;社区志愿者网上注册910人,获"全国志愿服务工作先进集体"称号。

各项社会事业全面推进。全年新增就业4382人,城镇登记失业率3.8%。全年安置"零就业"家庭17人、特困大学毕业生40名、"4050"等困难人员306名。新建、改造中小学校舍5.9万平方米,完成投资3400余万元。累计资助贫困生1600余人次,近30万元。申请发明专利38件,新申报省级著名商标2件。平潭街、桥头社区卫生服务中心改扩建基本完成。区财政全年用于民生方面的投入5400余万元,比上年增长14.9%。(王 泉 李荷花)

领导人名单

中共阳泉市矿区委员会

书　记　董仙桃(女)
副书记　张清河　黄俊德
　　　　姚　丽(女,挂职)
常　委　董仙桃(女)　张清河
　　　　黄俊德
　　　　姚　丽(女,挂职)
　　　　王　刚　邢强敏　郭爱聪
　　　　吴亚非　高海明
　　　　王晓丽(女)
　　　　邵满存(2月免)
　　　　张小武(4月免)

中共阳泉市矿区纪律检查委员会

书　记　王　刚

阳泉市矿区人大常委会

主　任　孙彦增
副主任　梁兰芳(女,11月免)
　　　　曹喜生(11月免)
　　　　史豪强　石文辉
　　　　唐　鲁(11月任)
　　　　连秀芳(11月任)

阳泉市矿区人民政府

区　长　张清河
常务副区长　邢强敏
副区长　王晓丽(女)　王宝新
　　　　王贵平　徐本宁

政协阳泉市矿区委员会

主　席　苏满晓
副主席　史华荣(11月免)
　　　　安文娟(女,11月免)
　　　　丁慕国　康银柱
　　　　温巧兰(11月任)
　　　　贺志强(11月任)

阳泉市矿区人民法院

院　长　王海贵

阳泉市矿区人民检察院

检察长　王永强

阳泉市矿区公安分局

局　长　李宝祥(9月免)
　　　　王振明(9月任)
政　委　王根明(9月免)

阳泉市矿区人民武装部

部　长　徐文彬(2月免)
　　　　张小武(2月任)
政　委　邵满存(2月免)
副部长　胡政军

【黄代小当选全国道德模范】 在第二届全国道德模范表彰活动中,山西省阳泉市矿区蔡洼街道蔡东社区居民黄代小经组织推荐,并经过报纸、网络、手机或声讯等方式多层投票,被授予全国"孝老爱亲模范"光荣称号。2009年9月20日,参加了第二届全国道德模范表彰颁奖典礼,受到了李长春等党和国家领导人的亲切接见。黄代小是现实生活中的一位普通人,她十五年如一日伺候前儿媳的举动,向人们诠释了道德的力量。　(李荷花)

【五矿矿长林彦清荣获中国首届网评“好矿长”称号】 2009年6月26日、27日，在人民大会堂举办的三十集电视连续剧《矿哥矿嫂的幸福生活》开机仪式新闻发布会暨中国煤企首届“我们心目中的好矿长”全国网络评选揭晓表彰大会上，阳煤集团五矿矿长林彦清荣获中国首届网评“好矿长”称号，成为全国网络评选十名“好矿长”之一。

（孙燕平）

【工资查询系统开通】 矿区会计核算中心为方便全区干部职工查询财政统发工资，2009年7月，借助矿区政府网开通了工资查询系统。全区行政事业单位职工通过该系统，输入职工代码即可查询个人工资明细。同时，职工可点击网站查询个人住房公积金余额。财政统发工资查询系统的启动，有效节约了每月发放工资表、电话查询等行政成本，是矿区财政局开展信息化建设、实施信息惠民的具体体现。

（王宏英）

【矿区环境保护监测站扩项通过资质升级认定】 2009年12月19日，山西省实验室资质认定评审组对矿区环境保护监测站进行了两年一度的计量认证扩项、复查换证现场评审。矿区环境监测站通过一年来卓有成效的工作，顺利通过了省质量技术监督局和省环保局的质量扩项认证，可测环境要素由计量认定前的9项扩展为15项。省评审组对矿区环境保护局的工作给予了充分肯定。（李荷花）

【市十二中校园改造工程】 阳泉市第十二中学校园改造工程，于2007年11月立项(阳矿发改发〔2007〕21号)，经市规划局规划，工程分为三期。一期工程为教学楼2幢、办公楼1幢(共12341.08平方米)；二期工程为图书科技楼1幢和教学实验楼1幢；三期工程为运动场地建设和校园绿化、亮化。其中，教学办公楼2008年被列为省、市、区重点工程。2008年4月10日在市建筑市场公开招标，山西省宏图建设工程有限公司以1580.799万元中标，由山西诚正建设监理咨询有限公司监理，于2008年9月11日开工，2009年9月11日竣工启用。教学楼设置49个教室和3个学生交往厅。教室面积达到72平方米，超过67平方米的国家标准，内设多媒体、广播、监控、网络等现代化设备，配置多维黑板及侧板。办公楼设置45个办公室，内设通讯、网络等设施。至2009年年末，二期工程已完成地质勘探、施工图设计、抗震审查等工作。（王宏英）

【平潭街道办事处“三城同创”工作落到实处】 2009年8月25日，平潭街道办事处召开“三城同创”工作动员大会，确保创建任务落到实处。会后，采取了一系列扎实举措。全区共发放涂料300余袋，清洗各类张贴物14024份，粉刷“牛皮癣”小广告12155余条，清理卫生死角25处，清理积存垃圾80.5吨，粉刷树木2145棵、电线杆19根，修整草坪8120平方米，清洗各类站牌20处、护栏杆1500米、公用电话亭2个。对平潭街西社区1、2、3、4小区墙面以及洪城路的两侧墙面进行了粉刷，粉刷面积达16000余平方米。大力开展“灭四害”活动。经测试，鼠密度未超出国家标准。对平潭东社区、平潭西社区、苹果园社区、东山社区进行了亮化，共18处；还对33336平方米路面进行了硬化。

（孙燕平）

【扶贫济困工作】 2009年，矿区民政局对A、B类低保对象个人实际支付医疗费用的救助比例由原来的60%、50%分别提高到80%和60%，取消了病种限制，扩大了救助范围，救助封顶线由原来的2万元/年提高到了3.5万元/年，同时开展了医前救助服务。全年共救助1077人次，发放救助金251.8万元。全年共清理不符合条件的低保户372户、736人，至年末，全区低保户3538户、8047人，累计发放低保金1513.1万元，并为38名特困家庭子女上大学发放资助金15.2万元。修订完善了《阳泉市矿区城市低保审批工作制度》，下发了《关于严肃社区低保工作纪律的通知》，进一步规范了低保审批程序。（王宏英）

【矿区公布首批区级文物保护单位】 2009年9月30日，矿区人民政府以阳矿政发〔2009〕26号文件公布首批区级文物保护单位。根据《中华人民共和国文物保护法》、《山西省文物保护条例》和《山西省文物保护单位保护管理暂行方法》的有关规定，矿区区政府对区境内的文物进行了普查和筛选。经研究批准，确定平潭街马王庙(清代)、简子沟日寇煤炭生产线(近现代)、辰光电厂职工俱乐部(近现代)等3处具有一定历史及研究价值且保存较好的不可移动文物为矿区文物保护单位。区政府要求各街道办事处和相关职能部门，要按照有关规定，认真执行“保护为主、抢救第一、合理利用、加强管理”的方针，切实做好文物保护单位的保护管理工作。

（孙燕平）

郊　区

【概况】 阳泉市郊区位于阳泉市中部，面积625.62平方公里(其中阳泉经济技术开发区8.73平方公里)。郊区人民政府驻荫营镇，辖4乡4镇、184个村民委员会和2个居民委员会。2009年年末总人口281585人，人口自然增长率2.82‰(人口变动抽样调查数据)。

2009年，全区生产总值422857万元，比上年增长6.4%。财政总收入66588万元，比上年增长9.88%。固定资产投资266592万元，比上年增长57.9%。城镇居民人均可支配收入13576元，比上年增长12.9%。农民人均纯收入6023元，比上年增长6.7%。年末全区金融机构人民币各项存款余额90.74亿元，比年初增长 20.4%；人民币各项贷款余额 44.61 亿元，比年初增长 54.3%。

农业在曲折中前行。全区农作物种植面积 7511 公顷，比上年增长 1.3%。其中粮食种植面积 6839 公顷，增长 1.6%。粮食总产量 21825 吨，比上年减产 2.1%。主要经济作物中，蔬菜产量 62655 吨，比上年增长 6.8%；水果产量 5556 吨，比上年增长 7.7%。肉类总产量 3018 吨，比上年增长 33.1%。牛奶产量 3477 吨，比上年下降 29.2%。禽蛋产量 6228 吨，比上年增长 27.8%。水产品产量 4 吨，比上年下降 33.3%。年末农业机械总动力 18.98 万千瓦，比上年增长 67.4%。机械耕地面积 5194 公顷，比上年增长 2%；机械播种面积 3993 公顷，与上年持平；机械收获面积 168 公顷，比上年增长 6.3%。全区农机化经营总收入达到 6058 万元，比上年增长 2.7%。

工业总体稳中有升。全年规模以上工业企业完成增加值 167843.9 万元，比上年增长 0.1%。其中：国有企业完成 70716.5 万元，下降 9.1%；集体企业完成 17853.7 万元，增长 13.6%；股份制企业完成 64692.2 万元，增长 11%；股份合作企业完成 2445.2 万元，增长 84.7%；外商及港澳台投资企业完成 11150.3 万元，下降 27.3%；其他企业完成 986 万元。规模以上工业企业实现利税 92283.2 万元，比上年增长 29.8%。企业亏损面为 41.3%，亏损额 3445.2 万元，比上年净增加 1691.6 万元。

交通邮电业良性发展。公路线路年末里程 841.79 公里，其中县级公路 95.3 公里、乡级公路 126.26 公里、村级公路 620.23 公里。年末民用汽车保有量 2123 辆，比上年末增长 9.9%。治超工作把路面严查作为重点，共检查检测车辆 71.48 万辆，查扣超限超载车辆 35 辆，超限超载率由上年的 0.14%下降到 0.004%。全年邮电业务总量 2696 万元，邮路总长度 590 公里。年末固定及移动电话用户总数 24.32 万户，比上年末增加 1.57 万户。宽带接入用户 1.17 万户，比上年末增长 49.6%。

各项事业健康向上。共有各级各类医疗卫生机构 237 个，床位 1037 张，其中综合医院 4 个。共有卫生人员 1358 人，其中医生 768 人。每千人拥有医生 3.6 人，每千人拥有病床 4.8 张。共有 11.63 万人参加了新型农村合作医疗，“参合率”达到 85.78%。福利机构拥有床位 878 张，收养人数 358 人，国家抚恤、补助各类优抚对象 574 人。社会保障体系初步建立，参加企业职工养老保险、医疗保险、失业保险、工伤保险、生育保险人数分别为 3100 人、14625 人、7112 人、14007 人、3254 人，农村养老保险参保人数 107376 人。城市低保、农村低保分别为 8517 人和 6006 人，累计发放低保资金 2295.6 万元。城镇登记失业率 4.03%。荫营镇区空气质量达Ⅱ级及以上天数 354 天，比上年增加 49 天；空气综合污染指数 1.99，比上年下降 0.04。全年完成造林面积 1280 公顷，比上年增长 66.9%；四旁植树 70 万株，增长 9.4%；当年新增育苗面积 100 公顷，增长 25%。（翟栓富）

领导人名单

中共阳泉市郊区委员会

书　记　赵　峰
副书记　杨　勇　刘红霞(女)
　　　　王丽梅(女，挂职，4 月任)
常　委　赵　峰　杨　勇
　　　　刘红霞(女)　谭伟中
　　　　王如生　郭少敏　王振杰
　　　　李育平　王建华
　　　　李学军(2 月免)
　　　　冯学勤(4 月任)
党校常务副校长　李生禄

中共阳泉市郊区纪律检查委员会

书　记　谭伟中

阳泉市郊区人大常委会

主　任　王梦贺
副主任　张凤英(女)　杨承祥
　　　　陈玉俊　王可剑

阳泉市郊区人民政府

区　长　杨　勇
常务副区长　郭少敏
副区长　郭　斌　程继喜
　　　　张丽娟(11 月任)
　　　　田进勇

政协阳泉市郊区委员会

主　席　要宜为
副主席　杨济才　乔国强　任保军
　　　　王振涛(女)

阳泉市郊区人民法院

院　长　冯晋明

阳泉市郊区人民检察院

检察长　贾建胜

阳泉市郊区公安分局

局　长　李银江
政　委　李　华(1 月任)

阳泉市郊区人民武装部

部　长　冯学勤(2 月免)
政　委　李学军
副部长　黄厚杰

【郊区林权改革】 2009 年，郊区投入 40 万元资金，采取分山到户和集体均股均利的模式进行林改。10 月 10 日郊区在西南舁乡咀子上村隆重举行了林权发放仪式，并接受了省级验收。参与本次林改的林地面积为 24.6 万亩(1.64 万公顷)，涉及全区 125 个行政村 28619 户的

69961人，其中享受计生等优惠政策10150户。实现分山到户面积为162333.5亩(10822.23公顷)，联户承包面积为50110.06亩(3340.67公顷)，集体股份经营面积为12951亩(863.4公顷)，集体保留面积为16545.6亩(1103.04公顷)。林地确权面积为24.2万亩(1.61公顷)，确权率达到99%，发放林权证1.1万份，划分宗地1.5万份。(陈益廉)

【郊区选手陈占国获第十一届全运会单项摔跤冠军】 在第十一届全运会男子自由式摔跤66公斤级比赛中，郊区的选手陈占国连克强手，在决赛中以3:0的绝对优势勇夺冠军。陈占国1996年毕业于平坦镇石卜嘴学校，刚入学就入选学校体育队。他每天坚持训练，无论春夏秋冬，从不间断。1998年进入市体校。2004年起，先后参加了全国66公斤级精英赛、锦标赛、三跤比赛、青年锦标赛、城市运动会，获第一名2次、第二名2次、第三名2次、第五名1次。在本次全运会上，陈占国克服膝伤困扰，以拿臂、抱腿绝技，战胜各路高手。这是继1975年段林章获第三届全运会自行车男子60公里个人赛冠军后，郊区籍运动员第二次获得全运会个人项目的金牌。

(陈益廉)

【国家硅铝质耐火材料质量监督检验中心试验大楼主体工程完工】 2009年9月24日位于白泉工业园区的国家硅铝质耐火材料质量监督检验中心试验大楼主体工程顺利完工。该工程由郊区政府与市质量技术监督局携手共建，工程占地面积6公顷，由质检中心、科研中心、交易中心、展览中心、实验基地五部分组成。可满足全市300余家、全省600多家耐火企业的国内、国际检验要求。(陈益廉)

【抗雪救灾】 11月9日，阳泉市郊区出现强降雪降温天气，降雪量之大，持续时间之长，均创历史极值。暴雪导致交通中断，学校停课。据统计，受灾群众3.5万人，因灾造成1人死亡、6人受伤，直接经济损失达到3.2亿元。灾后，区财政局拿出300万元专项资金给予补助，民政局接到社会各界捐款27万元，13家驻区企业和区重点企业拿出250万元用于结对帮扶。(陈益廉)

【荫营南区新城建设】 荫营南区新城建设是区委、区政府实施“打造阳泉新北区，建设荫营明珠城”战略部署之一，是阳泉新北区建设的标志性工程。南区新城占地面积186.7公顷(2800亩)，新建区人口约3万人，总建筑面积115.8万平方米。其中住宅建筑面积100.3万平方米，商业服务建筑面积10.4万平方米，文、教、体建筑面积5.1万平方米。荫营南区一期淑花园建设工程于2008年6月中旬奠基开工，到2009年10月全部竣工。该工程投资3.8亿元，主要建设南炉小区住宅楼30栋，总建筑面积10.5万平方米，商业服务建筑面积7万平方米，建成后可安置1200户拆迁户入住。

(王千来)

【郊区迈入“全省造林绿化先进县”行列】 2009年6月，阳泉市郊区获“全省造林绿化先进县”称号。2009年，郊区围绕省厅六大绿化工程和市委、市政府创建园林城市的总体要求，区财政投资700万元，用于造林绿化六大工程建设。一、通道绿化取得新突破。对遍布城乡的大小公路开展了高标准的绿化工程，累计完成国道、省道林带建设45公里，县、乡级公路绿化130公里，村村通公路绿化100公里。在通道两侧建设大型景点10余处，约3万平方米。栽植各类苗木50余种，共30万株，共完成通道绿化40公里，总投资约600万元。二、荒山绿化质量有了新提高。荒山绿化标准使用2米以上大苗，达到一次造林一次成景。荒山造林133.33公顷(2000亩)。三、环城绿化创出新模式。建设了近33.33公顷(500亩)的大垴公园，并开展外围绿化，辐射周围10个村，完成荒山造林266.67公顷(4000余亩)。四、村镇绿化出现新奇迹。建设自然和谐、绿树成荫的田园式村庄。全年完成义务植树50万株，四旁树栽植43万株。五、企事业单位呈现新面貌。开展了场区绿化、企业周边道路绿化等工程。完成企事业单位绿化10个。六、学校绿化成为新亮点。广大师生义务植树，全区有70%的学校成为园林化学校。

(王千来)

【治超工作优秀区】 4月21日，全省召开公路治理超限超载工作会议，阳泉市郊区被评为“治超工作优秀区”，山西省劳动竞赛委员会为郊区人民政府记集体一等功。自全省治超工作开展以来，本着“政府牵头、部门联动、社会参与、综合治理”的原则，郊区全面开展了“无缝隙、拉网式”集中治理工作，取得显著成绩。

(赵连珠)

【郊区煤矿重组整合】 8月28日，郊区煤矿企业兼并重组整合动员大会在区政府六楼会议室召开。会议要求，从2009年到2010年，通过兼并重组整合，全区所有矿井要实现综合机械化(或机械化)开采，资源回收率要达到80%以上，90%以上的矿井要建成一级安全质量标准化矿井。(赵连珠)

【郊区被命名为“山西省科普示范区”】 2009年6月，在山西省召开的推进全民科学素质纲要实施暨基层科协重点工作年总结会上，阳泉市郊区被省科协命名为“山西省科普示范区”。在创建省级科普示范区活动中，区委、区政府高度重视，成立了工作领导小组，制定下发了《创建省级科普示范区实施方案》，在科普投入、组织管理、科普实践以及科普示范效应等方面取得了突出成绩，在提高重点人群科学素质、增强科普服务能力、优化科普环境等方面发挥了示范带动作用，经考验组验收，确认达到山西省科普示范区的标准。总结会上，郊区阳泉市永恒绿宝农业种植基地被评为省级农村

科普示范基地，郊区青少年活动中心、翠枫山风景区被评为省级科普教育基地。 （王千来）

开发区

【概况】 阳泉经济技术开发区是经山西省人民政府批准的省级开发区，位于阳泉市城区东北外围，南部与城区相连，西部与矿区相毗，北、东部与郊区相邻，面积10.06平方公里。开发区管委会驻大连路，辖5个行政村、3个社区。2009年年末总人口34936人，人口自然增长率2.79‰(户籍统计数据)。

2009年，地区生产总值66264万元，比上年增长12.84%。科工贸总收入240402万元，比上年增长18.07%；工业增加值41114万元，比上年增长12.40%。财政总收入14471万元，比上年增长25.3%。固定资产投资115786万元，比上年增长60.15%。城镇居民人均可支配收入13306元，比上年增长8%。社会消费品零售总额60831万元，比上年增长18.72%。进出口总额4085.081万美元，比上年增长8.28%。

招商引资工作成绩显著。全年入区企业190家，其中规模以上企业10家。引进项目19项，总投资24.53亿元；其中引进省外项目18项，引进省外资金18.78亿元。

2009年，以大力推进“三城同创”工作为契机，在市政、环卫、园林绿化、环境保护等方面实施立体改造，完成固定资产投资4390.32万元，比上年增长6%。规模以上工业企业能耗比上年下降5.8%；污染物排放量比上年下降10%。不断完善东区工业园区的基础设施建设，全年完成工程投资1840.70万元，平台工程、道路工程、拆迁安置楼工程和主供水工程进展顺利。同时，在西区建成区基础上继续加大城市基础设施投资力度，全年完成工作量1720.75万元，其中完成道路工程6项、绿化工程3项、市政、环卫基地建设3项、城市维护工程8项、元宵节亮化及国庆60周年亮化工程2项，新建交警四大队业务楼和十中教学楼已经封顶。

社会事业迈出新步伐。参加了阳泉市举办的“迎国庆，颂中华”歌咏比赛，获二等奖。建成社区卫生体系，积极开展居民计划免疫、预防保健和康复指导工作。圆满完成人口和计划生育目标管理责任书规定的各项指标和任务，连续第六年被评为市计划生育达标单位，开展了“生育关怀”活动，被市计生委评为2009年度流动人口计划生育“一盘棋”工作先进单位。认真做好复员退伍军人信息系统数据信息收集、填报、微机录入工作，认真落实国家关于提高优抚对象抚恤标准的政策规定，及时足额发放了优抚补助金。重新进行了“三老”人员摸底登记，落实了“三老”补贴。继续推进殡葬改革。防灾救灾工作顺利开展。认真落实各项残疾人康复工作，积极为残疾人康复创造条件。综治工作成绩突出，连续第三年被评为“平安县区”。开发区公安分局治安大队被市政法委评为“执法为民”模范集体，同时被市劳动竞赛委员会授予“五一劳动奖状”。在103家生产经营性企业中开展了安全生产专项整治，检查超限超载嫌疑车辆3560辆次，取得明显成效。开发区管委会机关获阳泉市精神文明单位称号。

（张医才 韩利敏）

领导人名单

中共阳泉经济技术开发区工委

书 记 董惠明
副书记 李利生
杨自明

中共阳泉经济技术开发区纪检工委

书 记 刘振明
副书记 杨金元

阳泉经济技术开发区管委会

主 任 李利生
第一副主任 董惠明
副主任 杨自明
李明春
高 银
办公室主任 杨金元
经济开发局(民营经济发展局)
局长 姜东升
社会管理局(西区街道办事处)
局长(主任) 武治学
财政局局长 贾秉强
建设环保局局长 刘建军
人事劳动局局长 刘秀田
党群工作办公室主任 张医才

【新入区重点工业项目】 2009年，阳泉经济技术开发区又有煤矿液压支架、多功能智能化防盗门、“新金宝”矿机等多个项目落户，使矿用设备、建材、房地业开发等主导产业更具实力。

“煤矿液压支架产业”项目由山西欣通建筑集团公司投资建设。项目总投资18000万元，占地91.78亩(6.12公顷)，规划年产销液压支架1200架。项目于2009年7月中旬入区开工建设，预计到2011年6月建成投产。该公司为民营建筑施工企业，成立于2003年，拥有各类技术人员300余人，其中高中级专业人才40余人。公司经营范围包括房屋建筑、矿山工程、机电设备安装工程、房地产开发等。

“多功能智能化防盗门”项目由阳泉市麟豪机械制造有限责任公司和浙江航鹰锁业有限责任公司共同建设。项目总投资11800万元，占地50亩(3.33公顷)，于2009年4月在开发区东区开工建设，预计2010年12月建成投产。阳泉麟豪公司成立于2000年，位于开发区烟台路6号，是省内最大、阳泉市唯一的防盗门开发设计和产销企业，有职工160人，其中管理人员10人、高中级技术人员28人、大中专毕业生36人。产品有楼宇门、异形门、防火门、工业门、车库门等6大系列40余个品种,并可施工安装小区智能化监控设备。

“新金宝矿机”项目由金宝物资有限公司投资建设。项目总投资4544万元,占地面积20亩(1.33公顷),于2009年4月入区开工建设,预计2010年6月建成投产。该公司成立于1998年,业务以经销钢丝绳、高压胶管、矿用产品为主,注册资金300万元,有员工20人。

(韩利敏 刘 晶)

【北山公园建设项目】 为阳泉市重点工程建设项目,2009年,主要以完成二期工程为重点,同时继续完善一期工程。全年累计完成工作量828.87万元。其中完善公园一期工程(主要包括零散工程和维修工程),完成工作量46.46万元;二期工程完成工作量782.41万元。二期工程主要包括园林绿化工程、园内道路工程、后山景点工程、管理房及公共厕所工程、供水及供电工程、防汛工程和新增加的视频监控系统工程。

(韩利敏 刘 晶)

【民政工作】 2009年,开发区民政工作扎实开展,受到人民群众好评。一是按时完成残疾军人、在乡复员退伍军人、参战参试退役人员等25名复员退伍军人信息系统数据信息收集、填报、微机录入工作。认真落实国家关于提高优抚对象抚恤标准的政策规定,及时足额发放了优抚补助金。根据上级要求,制订下发了《开发区优抚对象医疗保障实施办法》。“十一”前夕,对驻区阳泉市消防大队和预备役248团进行了慰问,共送去慰问金4万元。并向开发区25名优抚对象发放了每人500元慰问金。2009年接收退役士兵2名。根据省、市有关安置改革政策,向2名退役士兵发放了自谋职业一次性经济补助金30800万元。二是上年底村支“两委”换届后,对“三老”人员(年满60岁的老干部、老党员、老模范)重新进行了摸底登记,按照开发区《关于对“三老”人员生活的补贴》的文件要求,对退下来的老干部落实了“三老”补贴。三是继续推进殡葬改革,发放殡葬费11000元。四是婚姻登记日趋规范,截至年末,结婚登记150对,离婚登记23对,办结率100%。五是防灾救灾工作顺利开展,制订了《开发区防灾救灾实施方案》、《自然灾害应急预案》。在遭受特大雪灾时启动了自然灾害应急预案,组织人员积极抗灾、救灾,努力降低损失。雪灾发生后,向平坦垴村遭受雪灾损失的菜农发放补偿金34700元;开发区各界群众捐款1.4万元。

(韩利敏 刘 晶)

【人口和计划生育工作】 2009年,开发区计生工作以“稳定低生育水平,提高出生人口素质”为中心,以“夯基础、建机制、强责任、严管理、重宣传、促和谐”为抓手,圆满完成人口和计划生育目标管理责任书规定的各项指标和任务。一是开展了“生育关怀”活动。对开发区13户因病致贫的特困计生家庭开展了“生育关怀,温暖行动”慰问活动,发放慰问金6500元。二是连续第六年被评为市计划生育达标单位。截至2009年9月底,全区育龄妇女8475人,出生192人,人口出生率5.47‰,符合政策生育率94.79%,出生长效节育措施落实率81.8%,政策外出生社会抚养征收兑现率87.1%,尤其是2009年度社会抚养费征收率达100%。三是于7、8、9三个月,各村、各社区集中力量对流动人口逐门逐户进行调查登记录入工作,共登记767户1349人,并全部录入微机,被市计生委评为“2009年度流动人口计划生育‘一盘棋’工作先进单位”。

(韩利敏 刘 晶)

【残疾人救助】 2009年,根据市残联的工作安排和部署,开发区管委会认真落实各项康复工作,积极为残疾人康复创造条件。根据《阳泉市残疾人康复中心〈关于创建阳泉市白内障无障碍市的实施办法〉的通知》的要求,经过严筛细选,共完成白内障复明手术6例。在市残联的帮助下,给3名残疾人购置配发了助听器,2名残疾人进行了普及型假肢装配,另有2人得到相应康复训练和肢体矫形手术救助,发放轮椅4台。开发区在办理居民医疗保险时,实行重度残疾人免费参保;110余名残疾人优先享受了城市最低生活保障金和生活救助金。

(韩利敏 刘 晶)

【开发区连续三年被评为“平安县区”】 2009年,开发区以“平安县区”创建为目标,以“国庆安保”为主线,综治工作成绩突出,连续第三年被评为“平安县区”。年内先后开展了打击盗抢机动车、打击两抢一盗、09利剑行动、社会治安整治、扫黄打非、治枪辑爆等专项行动。全年共立刑事案件144起,侦破案件86起,办理行政治安案件99起,治安形势总体平稳,未发生重大矛盾纠纷和治安事件。年内开发区国税分局、北山公园二期工程、供电小区、上五渡村颐康小区完成了视频监控系统的安装工程。开发区财政拿出2.88万元,对原有的80名楼院长每人每月发放30元补贴;年内新成立的三个社区遴选出的40名楼院长,又增补经费1.44万元。公安分局在治安问题比较突出的康达小区推出了“爱民钉防工程”,举行了“爱民钉防工程”启动仪式,发放宣传贴图1000余份,接待群众200余人。群众踊跃报名安装,至年末共完成了1200余户的安装工作,有效制止了钻窗入室案件的发生。同时,对5个村、6个社区、10个重点地区、50家公共娱乐场所、20余家特种行业、70余家生产单位进行了彻底清查。截至年末,共查处黄、赌、毒案件5起,收缴毒品6.03克,抓获人员27名,通过清查活动,有效净化了社会治安环境,切实维护了社会稳定。

(韩利敏 刘 晶)

【安全生产管理】 2009年,为了切实抓好安全生产工作,开发区有关部门大力强化制度建设,调整出台了一系列规章制度，如《安全生产事故应急预案》、《安全生产责任“三落实”》、《安全管理“一岗双责”责任制度》等。同时，在103家生产经营性企业中开展了安全生产专项整治活动，共出动检查人员240人次，查出隐患123条，下达隐患整改通知书17份，并于年内全部整改完毕。对方大公司“7·10”爆炸事故及时进行了调查处理。还成立了建筑施工、生产企业、人员密集场所及食品安全3个检查组，开展了一次安全生产“回头看”再检查活动，进一步规范了生产经营企业的安全生产行为，取得了良好的效果。

（韩利敏　刘　晶）

【治超工作成效明显】 2009年，开发区大力开展治超工作。全年共出动执法人员580人次，出动执法车辆412台次，检查超限超载嫌疑车辆3560辆次，劝返9辆，查处26辆，开展市场巡查55次，检查汽车配件及维修点285户次，限期整改2户，取得明显成效。

（韩利敏　刘　晶）

【社区卫生体系建成】 2009年，开发区建成包括1个卫生服务中心和6个服务站的社区卫生体系。全年门诊和急诊诊疗43993人；计划免疫人数3567人，其中甲型H1N1流感疫苗接种人数2270人；累计建立居民个人健康档案2.4万份；儿童保健人数1798人，孕产妇保健人数254人，上门服务人数1869人；在社区接受规范化管理的糖尿病患者人数246人；康复指导人数443人；举办健康教育讲座59次，参加人数2718人；制作预防保健宣传板报186期，对手足口病、麻疹和甲型H1N1流感等疾病的防控知识进行了宣传；有两名医务人员参加了山西省全科医生培训。（韩利敏）

平定县

【概况】 平定县位于阳泉市南部，面积1395.10平方公里。平定县人民政府驻冠山镇，辖8镇2乡、318个村民委员会和16个居民委员会。2009年年末总人口335122人，人口自然增长率3.77‰（人口变动抽样调查数据）。

2009年，全县生产总值455690万元，比上年增长8.32%。财政总收入62156万元，比上年减少22.39%。固定资产投资362327万元，比上年增长20.7%。社会消费品零售总额172447万元，比上年增长21%。城镇居民人均可支配收入12774元，比上年增长13.41%；农民人均纯收入5407元，比上年增长5.44%。年末全县金融机构存款余额860102万元，比年初增长25.99%；各项贷款余额288018万元，比年初增长10.3%。

全县农作物播种面积36.7万亩（2.45万公顷），粮食总产量95534吨，比上年增长5.58%。全年完成造林任务3.51万亩（0.23万公顷），通道绿化20公里，小流域治理面积30平方公里。平定县荣获“全市畜牧发展先进县”称号，全省生猪产业新技术推广现场会、全省雁门关生态畜牧经济区标准化养殖场（区）建设现场会先后在平定召开。全县10个省级新村镇建设试点村和50个重点推进村主要指标均达到省、市确定标准；农机购机补贴、粮食直补和农资综合补贴等各项强农惠农政策全部落实兑现。

全县年初确定的36个重点工业调产项目共计完成投资10.83亿元，占年计划的72.68%。积极开展煤矿企业兼并重组，生产矿井由原39座整合为14座。全年完成限额以上工业总产值422372万元，比上年增长1.75%；规模工业增加值159015万元，比上年增长6.36%；工业产品销售产值412887万元，比上年增长0.1%。

商贸物流市场体系日趋完善。县城锦程花园商业步行街建成，山西华通集团公司3万平方米农贸蔬菜批发市场开张营业。全年共计引进县域外投资项目29个，实际到位资金25亿元。大力实施“放心粮油工程”，培育发展省级配送中心1个、县级骨干示范中心店11个、乡村级销售店100个。推进农村“万村千乡”市场建设，全县便民农家店增加到385个。

继续实施县城“东扩西进北连”战略。全年开工建筑面积60万平方米，建成面积21万平方米，完成小城镇开发建设面积3万平方米。县城集中供热（二期）全年新增煤气用户3200余户。平定博物馆建成投入使用。全力实施城乡电网、路网改造工程，有冶西220千伏变电站新建、东回输变电站增容等项电网工程正在建设；完成县内公路通达通畅工程102公里，县乡公路改造工程40.25公里。

全年申报国家专利45项，先后实施省、市、县三级科技项目21项，有工厂化无土栽培、矾石焙烧新技术、纳米耐火材料开发与生产等10项科技创新项目得到推广应用。县城二级和优于二级以上天气天数338天，比上年增加22天。县教师进修学校获“全国课题研究与实验先进单位”称号；高考首批达线1141人。县志二轮修编工作顺利进行，影印整理出版了清光绪《平定州志》。积极开展非物质文化遗产抢救保护工作，列入县级以上保护项目29项，平定古窑陶艺有限公司被国务院表彰为“全国民族团结进步模范集体”。全县医疗机构达标率96.37%，有85个村卫生所完成标准化建设；参加新型农村合作医疗农民230188人，“入合率”93.2%，共计补偿医药费2701.89万元。平定县荣获“全国人口和计划生育优质服务先进县”称号。全年新增就业岗位3450个，转移安置农村富余劳动力2370人，使下岗失业人员实现再就业960人；参加新型农村社会养老保险农民90065人，为60周岁以上的30443名养老对象发放养老金1097万元。民兵预备役和国防后备力量建设成效显著，县人武部被省政府、省军区表彰为“先进人民武装部”。（刘春生　刘　勇）

领导人名单

中共平定县委员会

书　记　马　骥
副书记　王银旺　申志纯
常　委　马　骥　王银旺　申志纯
　　　　杨艳红(女)　赵珍珠
　　　　张映涛　李维程　杜平华
　　　　李宏革(11月任)
　　　　孙　毅　赵建军
　　　　赵金玺(挂职,4月免)
党校常务副校长
　　　　郭海联(11月免)
　　　　石银山(11月任)

中共平定县纪律检查委员会

书　记　杨艳红(女)

平定县人大常委会

主　任　李建恩
副主任　张存喜　白宝忠　刘选民
　　　　赵庆华(女)

平定县人民政府

县　长　王银旺
常务副县长　张映涛
副县长　杜平华　郜福田
　　　　张金凤(女)　张志先

政协平定县委员会

主　席　李维澜
副主席　王忠义　郭海联　赵远长
　　　　郝建国

平定县人民法院

院　长　高　武

平定县人民检察院

检察长　范海生

平定县公安局

局　长　丁福光
政　委　张晋龙

平定县人民武装部

部　长　王志明
政　委　赵建军
副部长　卢珍柱

【"3+2"农业产业化富民工程】 2009年,平定县围绕建设"特色农业大县"目标,本着"规模化养殖、区域化种植、系列化加工、现代化服务"的原则,全力推进并实施以畜牧、干果、蔬菜为主导产业,以生态林、小杂粮为潜力产业的"3+2"农业产业化富民工程建设,收到了良好效果。至年底,初步形成了以生猪、蛋鸡和奶肉牛等为主的规模养殖产业,全县有千头以上猪场26个、5000只以上规模养鸡场15个、百头以上养牛基地4个;优质干果产业主要分布在石门口、柏井、东回、巨城和岔口等5个乡镇,全县有核桃基地3667公顷(5.5万亩);形成了以设施栽培为重点的商品蔬菜产业,有商品蔬菜基地1267公顷(1.9万亩)。在巨城、岔口两个乡镇发展生态林产业,其中种植梧桐树11万株、刺槐2667公顷(4万亩);小杂粮产业基本上形成"企业+基地+农户"的发展模式,全县优质杂粮种植面积达到4667公顷(7万亩)。（刘　勇　洪晓琴）

【新型出租车亮相平定县城】 2009年3月,平定县交通局结合本县出租车行业长期以来无标识、无秩序的实际情况,组建成立了和谐出租汽车有限责任公司,按照安全、平稳的原则,首批投放县城街头20辆新型出租车试运行,正式运营后又投入80辆,驾驶员经过考试、审查、进行出租行业相关法律法规制度培训、领取客运出租车从业资格证后上岗。这些出租车均为东风雪铁龙轿车,车身统一为浅蓝色,车顶配有标志灯,车内配有卫星定位仪、电台、计价器,整体美观大方,完全按照城市出租汽车的规范标准运作。（刘　勇　洪晓琴）

【老龄人才资源信息网开通】 2009年5月14日,依托平定县政府网站建立起来的老龄人才资源信息网正式开通。作为其中的一个分站,它是县政府网站的重要组成部分,包括老龄人才介绍、政策法规、健康养生和人力资源库等6个栏目,收入了全县各个领域、各个层次50岁以上,并有中级以上职称的老龄人才1256人,其中拥有高级职称者131人。老龄人才中,卫生系统130人、教育系统742人、农业系统33人、经贸系统206人、宣传系统46人、发改系统40人、其他单位59人。（刘　勇　洪晓琴）

【影印出版清光绪《平定州志》】 2009年7月,影印清光绪版《平定州志》由线装书局正式出版发行。清光绪八年(1882),时任山西巡抚的曾国荃倡修编成《平定州志》,这是平定历史上的一大文化工程,较全面地记述了山西省直隶平定州境内的御制、舆地、建置、食货、职官、选举、人物、艺文、杂志等诸方面内容,计16卷,分装上、下两函共有16册,该书较之历史上纂修的数种志书,体例更完备、内容更丰富,也最能代表平定乡土文化和体现古州"文献名邦"风采,弥足珍贵。此次影印出版,是抢救和弘扬平定历史文化的善举,对于研究和传承地方历史文化具有重要意义。（刘　勇　洪晓琴）

【"盛世昇平"刻花瓷瓶北京首发】 2009年8月8日,由平定古窑陶艺有限公司精心制作的"盛世昇平"刻花瓷瓶作为新中国成立60周年献礼国瓷在北京民族文化宫隆重举行首发仪式。"盛世昇平"刻花瓷瓶系纯手工制作,限量发行560套;它以56个民族吉祥图案为题材,遵循民族平等、多元一体、和谐团结、繁荣发展的设计原则，按照阴阳相间、黑白对比的美学要求，采用列入非物质文化遗产保护名录的传统刻花瓷工艺技法，使作品主题突出，寓意深刻，时代特征明显，器型独特大方，工艺装饰精美。该刻花瓷瓶净高49厘米，寓意新中国成立于1949年；配底座通高60厘米，寓意2009年为新中国成立60周年；瓶颈上“盛世昇平”四个字由著名书法家欧阳中石题写，底款由著名古文字、古陶瓷专家水既生篆刻。首发式上，中国民族博物馆、北京闽龙陶瓷艺术馆等现场收藏了“盛世昇平”刻花瓷瓶，还被国家博物馆、首都博物馆等7家国家级博物馆定为收藏品。（刘　勇　洪晓琴）

【古州煤业有限公司挂牌成立】 2009年12月10日，山西平定古州煤业有限公司举行揭牌仪式。该公司是根据省、市、县煤矿企业兼并重组整合实施方案，由平定县政府出资组建成立的。对全县21个煤矿企业进行整合后，形成了8个矿井主体；并对这8个矿井主体实行控股，股比占51%。

（刘　勇　洪晓琴）

【朱存业获“中国当代徐霞客”称号】 2009年5月19日，由中宣部、中央文明办和共青团中央等12家单位联合主办，中国青年报社、中国青少年宫协会和中国(宁海)徐霞客开游节组委会共同承办的第三届“中国当代徐霞客”评选活动在浙江省宁海县揭晓，平定县旅游散文作家朱存业入选并获奖。朱存业，中国作家协会山西分会会员、中国散文学会会员。1988年编辑出版了《平定县地名志》，1989年至1991年写作完成了《古州散记》(上、中、下)。其后游历祖国山川，累计行程13万公里，足迹遍及600多个自然和人文景点，并相继有《华夏散记》、《华夏纪行》、《华夏履踪》、《华夏漫笔》、《走进台湾》等著作付梓，共300余万字。（刘　勇　洪晓琴）

【平定成为全省首个三类城市语言文字工作达标县】 2009年1月，山西省教育厅语言观察组和阳泉市语委评估团对三类城市平定县语言文字管理工作及其应用状况进行了实地检查评估，认为现阶段平定县语言文字的社会应用基本符合《国家通用语言文字法》的相关规定，如期达到了“普通话初步普及”和“汉字的社会应用基本规范”的工作目标。近年来，平定县把语言文字应用作为加强县区管理、推动县区发展、提升群众素质和打造县区品牌的一项基础工作来抓，把语言文字规范作为创优环境的重要举措纳入到建设“文明平定、和谐平定”的总目标中，开展了以县城为中心，以党政机关、中小学校、新闻媒体和公共服务行业等为重点的推广普及活动，组织全县900余名公务员进行普通话水平培训、等级测试，并健全制度、建立机制、强化管理，加大语言文字工作力度，不断完善全县的语言文字环境，收到了良好效果。

（刘　勇　洪晓琴）

盂　县

【概况】 盂县位于阳泉市北部，面积2522.83平方公里。盂县人民政府驻秀水镇，辖8镇6乡、453个村民委员会和12个社区居民委员会。2009年年末总人口305519人，人口自然增长率3.61‰(人口变动抽样调查数据)。

2009年，全县生产总值67.64亿元，比上年增长9.2%。财政总收入15.05亿元，比上年增长13.4%；一般预算收入5.76亿元，增长23.3%。固定资产投资41.3亿元，比上年增长51.5%。社会消费品零售总额23.1亿元，比上年增长23.1%。城镇居民人均可支配收入14602元，比上年增长10.1%；农民人均纯收入5995元，比上年增长8%。年末全县金融机构本外币各项存款余额130亿元，比上年增长24.3%；各项贷款余额35.3亿元，增长14.6%。

新农村建设扎实推进。全县粮食总产量1.02亿公斤，肉奶牛养殖1.1万头，生猪饲养9.8万头，獭兔养殖6.1万只，核桃种植12.3万亩(0.82万公顷)。特色农业加速发展。新增设施蔬菜650亩(43.3公顷)，推广万寿菊种植3000亩(200公顷)，发展红枣经济林120亩(8公顷)。大寨饮品、欢乐喝彩食品、佳佳美小杂粮等加工能力保持稳定。兴旺獭兔皮草、玉泉牌沙棘茶、玉泉牌小杂粮在中国(山西)特色农产品交易博览会上获得好评。村容村貌明显改观，农民生产生活条件不断改善。新建高标准农民住房22万平方米，新增沼气和秸秆气化6175户，建成园林村24个，完成农村安全饮水工程123处，建成新水源地10处，农村经济总收入达到75.6亿元。

工业经济企稳回升。稳步推进煤炭资源整合重组，3个主体企业组建完成，全县65个矿井整合为25个，煤矿现代企业制度初步建立。全面启动“8+6”(培植八大主导产业，拓展六条实现途径)工业提升工程，大力发展循环经济。完成工业增加值34亿元，实现利税8.6亿元。“十大重点调产项目”完成投资6.62亿元。全年招商引资项目达30个，到位资金22亿元。积极开展整治违法排污企业环保专项行动，拆除燃煤竖窑24座，否决“两高一资”项目19个，单位GDP能耗降低8%。大力发展民营经济，全县民营企业累计达到472户。

基础设施建设成绩斐然。水神山路建成通车；龙华口水电站大坝浇注达到529高程，公路改线全部完成；运煤专线二期、金龙西街中心广场、藏山中路改扩建、秀水东街延伸线建成投用；县人民医院门诊住院大楼完成主体工程；县城垃圾处理场完成一期工程。“三城同创”工作全面推进，完成县城绿化20万平方米，人均公共绿化面积6.25平方米;县城二氧化硫减排1400吨,县城环境空气质量二级以上天数达到350天,大气污染指数1.77,比上年下降24%。

民生不断改善,各项社会事业协调发展。村通硬化路、农村新型养老保险、"万村千乡市场工程"提前实现了全覆盖。中小学校舍改造工程全面启动,其中15所完工投入使用。县乡村三级医疗机构达标率达到84%,新型农村合作医疗"参合率"达到92.5%。高标准完成了集塑胶跑道、人造草坪足球场、塑胶网球场于一体的县体育场改造。社会保险和劳动就业稳步推进,城镇基本社会保障覆盖率达到96.5%,新增城镇就业岗位3495个,城镇登记失业率控制在3.8%,城乡"低保"、"五保"实现了应保尽保,新型农村养老保险工作被确定为全国试点。科技创新步伐加快,盂县成为国家级科技富民强县专项行动试点县和全国首批实施知识产权工程县。藏山忠义文化和旅游宣传工作顺利推进,聘任著名导演陈凯歌担任藏山文化推广大使,并在北京人民大会堂举行了签约发布会;《赵氏孤儿》影视剧拍摄前期工作取得进展。(赵平枝)

领导人名单

中共盂县委员会

书　记　吕昌政
副书记　刘德跃　荆存柱　王谦柱
常　委　吕昌政　刘德跃　荆存柱
　　　　王谦柱　段宏华　马　俊
　　　　武润珍　武　雪(女)
　　　　高永红　王海珠
　　　　闫文斌(挂职,4月任)
党校常务副校长
　　　　王秀果(女,11月免)
　　　　张文星(11月任)

中共盂县纪律检查委员会

书　记　王谦柱

盂县人大常委会

主　任　张存福
副主任　武俊义　贾春梅(女)
　　　　李素明　李唐圣

盂县人民政府

县　长　刘德跃
副县长　武润珍　常　军(女)
　　　　王叶森　韩加政
　　　　闫庶民(4月免)
　　　　郗文保(11月任)

政协盂县委员会

主　席　史和斌
副主席　韩文平(女,11月免)
　　　　张彦萍(女)　韩计明
　　　　左　征

盂县人民法院

院　长　陈福顺

盂县人民检察院

检察长　李锦宪

盂县公安局

局　长　邵　喜
政　委　杨福英(11月免)

盂县人民武装部

部　长　王海珠
政　委　李晓军

【五大民生工程】 2009年,盂县统筹城乡发展,实施五大民生工程,使全县30万百姓不同程度受益。一是教育均衡发展工程,投资7800万元实施校舍安全工程,全县改造学校20所,改造面积75250平方米。二是创业就业工程,新增就业人数3495人,创业就业人数315人,下岗失业人员再就业1120人,转移农村劳动力2520人,帮助365名城镇就业困难人员实现了就业。三是医疗健康工程,投资8000万元建造盂县人民医院门诊住院大楼,完成了西烟、上社、苌池、北下庄、东梁等11家乡(镇)卫生院国债项目,新建、改建空白村卫生所123所;为5个中心卫生院配备了救护车,为14家乡镇卫生院配齐了医疗设备。全县有870名重点优扶对象纳入医保体系,"新农合"受益群众达21.18万人次。四是社会保障工程,拿出近150万元作为优扶对象的生活补助,拿出47.7万元为优扶对象购买御寒衣物确保其温暖过冬,拿出165万元作为农村适龄参保人员缴费补助,全县29923名60周岁以上的农民领到了养老保险金,实现了60岁以上农村居民新型养老保险全覆盖。五是住房安居工程,在启动经济适用住房和廉租房建设工程的同时,启动了农村困难群众住房解困工程,220户农村困难群众住房解困工程全部完成。(赵平枝)

【运煤专线公路建成】 2009年7月8日,盂县运煤专线公路建设工程竣工通车。该工程是依据2005年县人大代表议案,经县政府批准立项建设的。运煤专线公路项目总里程9.823公里,总投资5297万元,建设等级为二级公路,分两期建设。第一期工程为上乌纱至良种场段,建设里程6.326公里,第二期工程为乌玉至上乌纱段,建设里程为3.497公里。工程动用土方360926立方米,石方107885立方米,完成防护工程15970立方米,铺筑沥青路面9.823公里,修筑中小桥梁5座120米,砌筑涵洞23道。

(赵平枝)

【金龙西街新建广场】 2009年8月,盂县金龙西街新建广场投入使用。该工程是2009年盂县三级干部会议确定的"十大工程"之一。广场位于金龙西街北侧,总投资2000万元。2008年8月开工建设,其中广场占地面积32256平方米，广场外围道路及人行道占地面积24000平方米。工程包括道路硬化、广场绿化、庭院景观灯、健身器材、石雕、休闲坐凳、篮球场、羽毛球场、音乐喷泉等项目。该工程集休闲、娱乐、漫游于一体，是盂县政府投资建设的公益性休闲场所，也是盂县创建省级园林县城的又一个标志性工程。（赵平枝）

【水神山路竣工通车】 2009年8月，盂县水神山路竣工通车。水神山路是阳泉北站的主要配套工程，于2008年4月开工建设。该工程北起阳泉北站，向南经大吉村、盂县一中、晋盂铁厂、东坪村等11个单位和村庄，与阳石线相交，全长4.32公里，总占地750亩（50公顷），总投资1.6亿元。道路等级为城市主干线II级，路面结构设计为沥青混凝土路面。路宽60米，机动车道宽2×15米，为2×4车道，非机动车道宽2×4.5米，人行道宽2×5米。中心绿化隔离带宽6米，机动车道与非机动车道之间绿化带宽2×2.5米，内设路灯，部分景点穿插绿化。（赵平枝）

【建制村通水泥（油）路全覆盖】 2009年，盂县交通局加大建制村通水泥（油）路工作力度，克服施工难度大、资金紧张等困难，多方筹集资金200余万元，于6月1日修通了园子沟村10公里村通水泥路，提前一年实现了全县建制村通水泥（油）路全覆盖。（赵平枝）

【《盂县百年老照片选集》出版发行】 2009年4月，《盂县百年老照片选集》由山西人民出版社出版发行。该书编纂者为盂县政协文史资料委员会、藏山文化研究会，韩万德任主编。编纂历经3年零9个月，搜集了1100余幅珍贵历史照片，上限为清代末期，下限至1985年底，记录了盂县百余年中的重大事件和重要历史人物，涵盖政治、经济、军事、文化诸方面。全书分“名胜古迹”、“党政春秋”、“军事纪略”、“乡村万象”、“工交实录”、“财贸集锦”、“教育文化”、“卫生体育”、“社会剪影”、“人物拾遗”10篇，旨在宣传盂县，启迪后人，激励人们共建和谐美好盂县。（赵平枝）

【东梁乡特色农产品推介会】 县委县政府积极引导，政策支持到位，调动了东梁乡干部群众投身农业调产的积极性，建成了五千头肉牛生产基地等五个大型生产基地，生产了多种特色农产品。为了进一步沟通产销渠道，2009年8月25日，东梁乡举办了首届特色农产品推介会。推介会展出了双千亩反季节西瓜基地生产的西瓜、双千亩旱地蔬菜基地生产的茴子白、三千亩万寿菊基地生产的万寿菊、万亩小杂粮基地生产的小米等20多种特色农产品，受到消费者好评和商家青睐。（赵平枝）

【昕亮木业有限公司投产】 2009年4月，盂县首家高档实木家具企业“山西昕亮木业有限公司”投产。该项目是县委县政府确定的调产项目，被阳泉市政府列入“百项工程”。项目占地10万平方米，总投资1亿元，年设计生产能力2400套，可实现利税4000万元，产品包括办公、书房、卧室等6大系列60多个品种，所有产品均以实木加工而成。（赵平枝）

【《盂县人文》入藏国家图书馆】 2009年4月30日，《盂县人文》主编赵润生在北京文津街7号国家图书馆（老馆）接受国家图书馆收藏《盂县人文》创刊号、第二辑和《盂县文史资料》荣誉证书。作为新版《盂县文史资料》，《盂县人文》先后出版二辑。其中纪念改革开放30年专稿先后被《阳泉文史资料》和山西省政协纪念改革开放30年征文选集《共同的记忆》转载，10余万字的盂商史料全部入选《晋商史料全览》。此外，《盂县人文》所载的申奥史料、北京奥运火炬手史料、支援汶川史料和诉日索赔史料等大大提高了刊物的收藏价值和文献价值。（赵平枝）

人物

人物简介

白 云

1960年12月出生，女，汉族，山西省五台县人。1976年12月参加工作，中共党员，硕士研究生毕业。1976年12月始，先后在国防科委廿基地通讯总站、雁北军分区后勤部、朔县县委宣传部、平朔矿区工委、朔州市委筹备组、共青团朔州市委工作。1990年4月，任共青团朔州市委书记。1993年3月至2001年2月，任共青团山西省委副书记、党组副书记、山西省政协常委。2001年2月至2003年6月，任共青团山西省委书记、党组书记、山西省人大常委。2003年6月至2006年2月，任吕梁地委副书记、吕梁市委副书记。2006年2月，任阳泉市委副书记、代市长。2006年4月，任阳泉市市长。2009年4月，任中共阳泉市委书记。系中共山西省委委员、十一届全国人大代表。

白云担任中共阳泉市委书记后，团结带领全市广大干部群众，深入贯彻落实科学发展观，开拓进取，创新工作，攻坚克难，为推进阳泉市经济和社会的全面发展作出了积极贡献。

以准确把握市情特征和发展规律为重点，不断完善加快科学发展的战略思路。阳泉是山西最具代表性的老工业基地和最具代表性的工矿型城市，也是典型的煤炭资源型城市。针对阳泉市情，白云结合深入开展学习实践科学发展观活动，把研究完善阳泉经济社会可持续发展，加快资源型城市转型的新思路、新途径、新举措作为最大的实践，在历届市委、市政府艰难探索的基础上，组织党政领导干部深入开展调查研究，认真分析阳泉的市情特点，准确把握阳泉经济社会发展的一般规律和阶段性特征，进一步明确发展定位，完善发展思路，创新发展模式，明确提出了以科学发展观为统领，按照省委、省政府提出的“转型发展、安全发展、和谐发展”的要求，紧紧围绕“统筹城乡、率先转型、全面崛起、富民强市”这一主题，着力走好转型、统筹、和谐、创新、绿色发展之路，加快建设新型能源、新型材料及装备制造业和现代服务业“三大基地”，努力把阳泉建设成为生态文明、平安和谐的宜居家园和具有较强竞争力的现代化区域中心城市的战略思路和奋斗目标，突出“统筹、转型”重点，确立了建设“三大基地”的产业结构调整方向，明确了“富民强市”的战略目标和“宜居家园”、“区域性中心城市”的基本定位，具有很强的针对性和可操作性，是阳泉走科学发展之路、全面建设小康社会的具体途径，得到了全市人民的认可。

以有效应对国际金融危机冲击为重点，千方百计保持经济平稳较快发展。面对国际金融危机的冲击，白云带领全市上下认真贯彻中央和省委应对金融危机的一系列决策部署，确保经济平稳较快发展。一是努力扩大固定资产投资规模。2009年全市共安排重点项目166个，总投资841亿元，无论是实施项目数量、投资规模，还是完成投资都创下阳泉市项目建设新记录，投资对经济增长贡献率达到55%左右，成为拉动经济增长的主要因素。二是全力保持企业正常运行。认真落实国家“五缓四降三补”政策，全市86家企业享受到了保险费缓、减政策，涉及资金7300余万元。大力加强经济运行监测预警和协调服务工作，深化晋京科技合作，加强银企联合，全方位帮助企业度难关。三是积极促进城乡消费。注重培育消费热点，不断促进消费升级，努力启动农村消费，扩大消费总量，呈现出城乡消费两旺的势头。2009年，全市生产总值完成348.7亿元，比上年增长7.1%；全社会固定资产投资完成242.5亿元，比上年增长55%；社会消费品零售总额149.45亿元，比上年增长21.0%；财政总收入完成78.1亿元，比上年增长14.6%；一般预算收入完成29.8亿元，比上年增长13.8%；城镇居民人均可支配收入14240元，农民人均纯收入5801元，比上年分别增长7.0%和6.9%。大多数指标提前两年基本实现了“十一五”规划目标，各项事业都取得了新进展、新成效，在全省地区经济社会发展情况考核中，阳泉的发展指数排第四，发展水平排第五，取得了明显好于预期的成效。

以调整经济结构、创新发展模式为重点，强力推进资源型城市转型发展。白云从地方实际出发，领导全市相关部门及工作人员把调整经济结构作为经济工作的主线，坚持把保增长与调结构有机结合，统筹推进。一是不断改造提升传统产业。按照省委、省政府统一部署，积极推进煤炭资源兼并重组整合工作，全市矿井数量由158个减少到53个，生产能力由年产3503万吨增加到4760万吨，矿井单产能力由22.2万吨/年提升到89.8万吨/年。通过资源整合，为煤炭产业素质、资源利用水平和安全生产水平的提升创造了条件。同时，引导推动煤炭企业积极投资加工制造、文化旅游、现代农业等非煤产业，煤炭产业转型发展有了新的进展。二是大力培育新兴产业。谋划和推进实施了一批重大项目：昕亮木器、中信焦化、晋东购物广场等一批项目顺利竣工并投入运行；冀东一期200万吨干法水泥、15万吨高级耐火、40万吨有机复合肥、40万吨电石、3652尿素和吉天利循环经济科技园区等一批项目稳步实施；娘子关2×60万KW、河坡2×30万KW、格盟国际2×100万KW等一批项目前期工作有序推进。三是加快发展旅游文化产业。把发展旅游文化产业作为结构调整的重中之重和实现转型发展、可持续发展的潜力优势产业，确立了“三年形成雏形、五年初具规模、十年基本构筑完整产业体系”的发展战略和奋斗目标。娘子关旅游风景区、大阳泉古村开发等重大项目持续推进，与之配套的307国道水峪至娘子关段旅游通道已开工建设，《娘子关》、《赵氏孤儿》等挖掘阳泉文化内涵的电视剧拍摄前期工作顺利。用于旅游文化产业总投资在20亿元以上。与此同时，商贸、物流、信息等现代服务业也得到了快速发展。四是扶持民营经济发展壮大。研究制定了《关于进一步加快民营经济发展的决定》、《关于进一步促进民营经济发展的实施意见》，完善细化了支持鼓励民营经济发展的一系列政策措施，鼓励民营企业加快新产品、新技术开发，提升企业发展层次，参与国有企业改革重组，不断拓展民营经济发展领域和空间，全市民营经济健康发展。

以统筹城乡发展为重点，加快推进城乡一体化进程。围绕破解城乡“二元结构”矛盾这一历史性课题，市委十届二次、五次全会先后作出了推进“七个方面一体化”和抓好“十六项重点工程”、搞好“六项重点改革”等战略部署，形成了一系列具体的规划和意见，进一步明确了发展目标和发展重点。阳泉市被确立为全省推进城乡一体化发展试点市，同时，申报全国城乡一体化试点市工作也已启动。在具体推进中，突出中心城市、县城、小城镇建设重点，由点到线、由线连面的城乡一体化发展格局正在形成；大力实施“3+2”产业化工程、工业园区化建设工程，促进农村经济发展、农民群众增收；不断探索完善“以工补农、以城带乡”长效机制，各级财政对“三农”的投入稳定增长，新农村建设取得新的进展。

以全面实施“三城同创”为重点，着力打造宜居家园和现代化区域中心城市。继2008年阳泉实现省级园林城市创建目标之后，白云又领导制定了同步推进“创建国家级园林城市、国家级环保模范城市、国家级卫生城市”的工作部署。一是狠抓城市基础设施建设。阳五高速和新城大道、漾泉大道的规划建设，拓展了城市发展空间；启动了围绕新干道的功能区域规划布局工作，泉东路、煤山路等九条城市路网工程陆续开工。阳五高速一期（阳盂段）、307复线二期等工程开工建设，平阳（曲）、平大（寨）、阳五高速二期（盂五段）前期准备工作进展顺利。“北水南调”龙华口水电站加紧建设，娘子关水源地保护和二期提水工程进展顺利，市、县区污水处理厂投入使用，热电联产管网、中低压电网改造工程扎实推进，城市供水、供电、供热、供气、网络通信及治污能力进一步增强。桃河综合治理二期、新天地商业广场、美隆国际、植物园等一批重点市政工程顺利推进，城市功能进一步完善，形象品位进一步提升。二是狠抓国家园林城市创建。围绕创建国家级园林城市，建成了一批公共绿地和景观大道，创建了一批园林达标单位和园林居住区，完成“五环四道”绿化9.63万亩，建成区绿化覆盖率达38%，人均公共绿地面积8.79平方米。三是狠抓国家环保模范城市创建。突出治污减排重点，大力实施区域环境综合整治、水环境保护、矿山生态恢复治理、工业企业全面达标巩固提高、废物综合利用等五大工程，积极推进桃河流域综合整治和滹沱河流域生态保护，全市环境质量进一步改善提高。市区环境空气质量稳定达到国家二级标准，受到了省委、省政府的表彰奖励，《人民日报》、中央电视台等媒体作了专题报道。四是狠抓国家卫生城市创建。以“净化、美化、绿化、亮化、硬化”为抓手，组织开展城市环境卫生综合整治活动，实施了主要街道整饰、基础设施配套、集贸市场和便民市场建设、社区整饰、城市亮化、公共卫生和行业卫生整治、数字城管等十大工程，城市卫生环境面貌进一步改善。加强城乡医疗卫生建设，强化疾病预防控制，积极开展甲型H1N1防控工作，人民健康水平有了新的提高。

以深化改革、扩大开放为重点，不断增强发展的活力和动力。白云组织领导市委市政府及其相关部门工作人员，深入推进全市行政审批制度改革，稳步实施政府机构改革，全面加强经济调节、市场监管、社会管理和公共服务，致力于建设服务型、高效型政府。实施“借力发展”战略，全方位推进招商引资，阳泉先后组团参加了第四届“中博会”、北京、上海项目推介会等区域经济合作交流活动，新签各类经济技术合作项目104项，项目总投资175.76亿元，实际到位资金82.85亿元，比上年增长8.2%。组团赴东北“四市”考察学习，与七台河市缔结为友好城市。

以依法治市、文化强市为重点，积极推进民主政治和文化建设。白云组织领导市委市政府及其相关部门工作人员做了大量实际工作。一是注重民主政治建设。积极支持人大及其常委会依法履行职能，充分发挥人大权力机关的作用。坚持完善多党合作和政治协商制度，建立健全同民主党派合作共事机制。充分发挥各民主党派和无党派人士人才荟萃、智力密集的优势，支持各人民团体依照法律和章程独立自主开展工作。切实加强对台、民族宗教、侨务等工作。启动部署“法治阳泉”建设工作，深入开展“五五”普法教育，努力提高依法行政效力。加强政务、企务、村务公开工作，切实保障人民群众依法行使民主权利。加强基层政权建设，进一步健全完善以党支部为核心的村级组织和基层民主建设各项制度。坚持党管武装原则，积极支持国防、驻阳泉部队和民兵预备役部队建设，军民融合式发展工作走在全省前列，民兵训练、征兵等工作受到上级表彰。二是加强精神文明建设。以构建社会主义核心价值体系为重点，深入开展社会主义思想道德建设和理想信念教育。扎实推进群众性精神文明创建工作，广泛开展文明创建活动，命名了一批文明单位、文明乡村(社区)、军民共建单位和文明景区。重视未成年人思想道德教育，加大爱国主义革命传统基地建设力度，积极为未成年人健康成长创造良好环境。三是强化新闻宣传工作。着力巩固马克思主义在意识形态领域的指导地位，推动党的理论创新成果进企业、进农村、进社区、进学校、进军营。大力宣传科学发展的先进经验、先进典型，弘扬太行精神、右玉精神等。不断加强与重点媒体的战略合作，加大对外宣传工作力度，提升阳泉的知名度和影响力。强化网络宣传监管和网上舆论引导，健全完善突发公共事件新闻报道的管理和规范机制。四是推进文化体制改革。按照省委、省政府统一部署，基本完成了文化体制改革任务。继续实施以“五个一工程”为龙头的精品战略，规范文化市场管理，推动文化事业繁荣。围绕打造品牌、开拓市场，挖掘推广煤雕、刻花瓷等文化产品，全市文化产业快速发展。

以改善和保障民生为重点，扎实推进和谐阳泉建设。白云组织领导全市各级党委、政府坚持把实现好、维护好、发展好最广大人民的根本利益作为各项工作的出发点和落脚点，努力让全体人民共享改革发展成果。一是突出抓好“八个全覆盖”，健全完善社会保障体系。从阳泉实际出发，组织实施了“八个全覆盖”。到2009年末，“村通广播电视”、“村通硬化路”、“万村千乡”市场工程、“县乡村三级卫生服务体系”等4项已经实现全覆盖，“中小学校舍安全改造”完成62.7%，“农村安全饮水工程”的农村自来水入户率达到75%，农村居民新型养老保险参保率达到80.5%，13个“乡镇文化站”建设主体工程完工，走在了全省前列。继续推进就业再就业和社会保障体系建设。全市累计实现新增就业22542人，创业就业5110人，下岗失业人员实现再就业人数达到11910人，城镇登记失业率为3.78%，低于省定4.2%的控制目标；全市医疗、养老、失业等社会保障覆盖面不断扩大，城乡低保实现了应保尽保。教育基本实现均衡发展，受到国家教育部的表彰；农村三级医疗机构总体达标率达到89%，社区卫生机构规范化建设达标率为93%，招聘的100名大学生村医全部到位，群众看病难、看病贵的问题得到较好解决。狠抓采煤沉陷区治理和棚户区改造，矿区生态环境和矿工生产生活条件明显改善。市委、市政府承诺为全市人民办的十件实事圆满完成。被评为全省2008年度和谐社会建设先进市。二是全力维护社会稳定，积极营造安定有序的社会环境。围绕庆祝新中国成立60周年，坚持工作重心下移、防范关口前置，全面强化基层基础工作。继续引深县区委书记大接访，开通社情民意通道和网上信访受理中心，落实领导包案制度，一批信访问题得到了解决；深入开展“进万户门、解万家难、暖万人心”活动，积极维护人民群众切身利益；认真做好矛盾纠纷排查，积极化解矛盾。大力加强社会治安综合治理工作，不断引深平安创建活动，推进“天网”工程建设，严厉打击暴力恐怖势力、黑恶势力等严重刑事犯罪和邪教组织等非法活动，维护了社会的和谐稳定，人民群众安全感和满意度进一步提高。三是高度重视安全工作，确保实现安全发展。从战略高度加强对安全生产工作的领导，健全安全生产目标管理体系，强化和落实安全生产责任制。扎实开展“质量和安全年”活动以及安全生产专项整治，强化全员、全过程、全方位质量和安全管理，严肃查处各类安全生产事故，安全生产形势持续好转。

以深入学习实践科学发展观活动为契机，不断加强和改进党的建设。白云始终坚持以改革创新精神全面推进党的各项建设。组织全市各级领导机关和党员干部认真学习贯彻党的十七届四中全会和省委九届十次全会精神，组织召开了市委十届六次全会，研究制定了贯彻落实中央、省委会议精神的实施意见，就新形势下进一步加强党的建设作出全面部署，党的思想、组织、制度、作风和反腐倡廉建设进一步加强。一是深入开展学习实践科学发展观活动。坚持把深入学习实践科学发展观作为重要政治任务，围绕“统筹城乡、率先转型、全面崛起、富民强市”活动主题和实践载体，坚持边学边改、边查边改、边整边改，圆满完成了全市第二批学习实践科学发展观活动，第三批学习实践活动扎实推进，基本上达到了党员干部受教育、科学发展上水平、人民群众得实惠的目的。二是大力加强领导班子和干部队伍建设。结合政府机构改革，稳妥推进领导班子调整和干部交流。认真贯彻执行党的干部路线和方针政策，进一步提高了选人用人的公信度。中组部首次进行的全国组织工作满意度调查，阳泉市群众对干部选拔任用工作的满意度高于全国平均水平，对防止和纠正用人上不正之风的满意度高于全国、全省平均水平。加大培养选拔优秀年轻干部力度，从优秀村干部中招录了50多名乡镇公务员和县乡事业单位工作人员。围绕人才强市战略，坚持培育和引进并重，全面加强人才工作，全年共引进各类人才5524人。三是切实加强基层党组织建设。强化各级党委(党组)抓基层党建工作责任制，建立健全市、县(区)委常委会向全委会报告抓基层党建工作情况并接受评议的制度。继续引深“三级联创”和先进乡镇党委创建活动。结合第八届村委换届工作，进一步优化村级领导组织结构，党支部书记村委会主任“一肩挑”比例进一步扩大。新选配300名大学生村(社区)干部，基本实现“一村一社区一名大学生干部”的目标。积极探索在现代企业制度下发挥企业党组织政治核心作用的有效途径，加强非公有制企业党建工作，抓好社区组织换届选举工作，积极推进机关、学校等基层党组织建设。四是狠抓反腐倡廉建设。始终坚持“两手抓、两手都要硬”的方针，把党风廉政建设与反腐败工作贯穿融合到经济社会发展全过程，做到同部署、同检查、同落实。以健全完善党风廉政建设责任制为龙头，构建了上下贯通、左右联动的党风廉政建设责任机制，形成了一级抓一级，层层抓落实，齐心协力抓党风廉政建设的良好氛围。同时，大力加强督查考核，由市级领导带队分组深入基层进行党风廉政建设责任制考核，有效促进了责任制的落实。认真贯彻落实中央《建立健全教育、制度、监督并重的惩治和预防腐败体系实施纲要》和《建立健全惩治和预防腐败体系2008—2012年工作规划》，扎实抓好责任的分解和工作的落实。继续深化行政审批、财政和人事制度改革，健全完善各项管理制度，致力于从体制与制度上预防和制止腐败行为的发生。扎实推进农村党风廉政建设，农业县区集中开展了农村集体清产核资工作，所有乡(镇)都设置了“四资”管理台账。所有行政村都大力推行“三务”公开，全部成立了纪检监督小组，推进基层民主管理，郊区被命名为“全国村务公开民主管理示范单位”。强化党性教育，市委理论中心组多次集体学习廉政建设有关制度、规定和反腐倡廉政策措施，制定下发了《认真学习贯彻中央〈关于实行党政领导干部问责的暂行规定〉等四个重要文件的通知》；召开反腐倡廉教育报告会和专题辅导报告，教育和引导全市广大党员干部自觉做政治清醒、正气在身、为政以廉、洁身自好的表率。不断引深煤焦领域反腐败专项斗争，严肃查处权钱交易和官商勾结、官煤勾结等违法违纪行为，取得了阶段性成效。大力治理行业不正之风，教育乱收费、公路“三乱”和医药购销不正之风得到有效遏制。对全市各涉煤企业和单位进行了检查，共追缴各类资金9.66亿元。切实加大案件查办力度，受理群众来信来访以及电话举报550件次，立查90件，处分违纪党员干部165人，其中县处级干部15人，为国家和集体挽回经济损失2923.5万元。在全市深入开展了“学习右玉精神，加强领导干部作风建设”活动，市委研究制定了《关于加强领导干部党性修养大力树立和弘扬良好作风的意见》和《关于领导干部进一步改进工作作风严肃工作纪律的若干规定》，进一步促进了干部作风转变和工作落实。通过狠抓党的建设，为经济社会全面协调可持续发展提供了坚强的组织保证和政治保证。(李顺宽)

李栋梁

1958年8月出生，山西省左云县人。1975年8月参加工作，1977年5月加入中国共产党，研究生学历，经济师。先后在左云县委、雁北地委、省经委、省委整党办、省经济管理干部学院、朔州市人事局、平鲁区和朔州市人民政府工作。2009年4月任中共阳泉市委副书记、代市长，2009年5月任中共阳泉市委副书记、市长。

李栋梁长期担任市县主要领导干部，政治成熟、思路清晰，善于从战略和全局的角度谋大事，具有较强的组织领导能力和驾驭全局能力。担任阳泉市市长后，在深入调查研究的基础上提出了一系列符合阳泉实际的经济社会发展思路。面对阳泉立地条件差、农业基础薄弱的实际，紧紧围绕农业增产、农民增收，坚持走高效农业发展的路子，致力于建设现代农业示范区，加快形成种植区域化、养殖规模化、加工系列化的高效农业发展格局。面对金融危机的冲击，以保持经济平稳较快发展为主攻方向，推进新上项目早开工，续建项目早竣工，建成项目早达产。同时，努力做好项目的储备工作，积极争取国家和省的投资项目,吸引更多的国内外大集团、大企业到阳泉投资发展。积极创优环境,帮助和扶持国有企业上项目,鼓励和引导民营资本上项目。同时,抓住煤炭资源整合重组的机遇,“一矿带一企”,努力发展一批地面调产项目,以项目带投资,以投资促增长。面对阳泉工矿型城市的实际,紧紧围绕建设宜居家园和“精品阳泉”的目标,坚持走经营城市的路子,多渠道筹集建设资金,多方位吸引建设主体,进一步完善城市功能,加快城市基础设施建设。通过高起点规划、高标准建设、高质量管理,努力形成“一个区域一个特色、一条街道一个景观、一座楼房一个风格,一个游园一个文苑”的城市格局,真正把阳泉建设成为具有较强竞争力的现代化区域中心城市。

李栋梁上任伊始就提出“诚信执政、科学谋政、依法行政、和谐理政、清廉从政”的施政理念,作风务实,勤勉干练,努力创造经得起实践、群众和历史检验的政绩。紧紧围绕“统筹城乡、率先转型、全面崛起、富民强市”发展主题,坚定不移地走好转型、统筹、和谐、创新、绿色发展之路,加快推进新型能源基地、新型材料和装备制造业基地、现代服务业基地建设。面对国际金融危机的严重冲击,带领政府一班人深入贯彻落实科学发展观,突出抓好“保增长、保民生、保稳定”的各项工作,全市经济在极度困难的情况下保持了平稳较快增长。一是实施项目带动战略,积极推进结构调整和转型发展。坚持扩大投资需求带动经济增长,重点项目建设实施成效明显,推进了传统产业新型化、新兴产业规模化。以旅游、物流为重点的服务业加速发展,全市产业结构呈现出不断优化的态势。二是稳步推进统筹城乡发展,努力提升综合竞争力。按照推进城乡“七个方面一体化”的思路,布局和启动了“十六项工程”、“六项改革”,取得了积极成效。围绕增加农民收入,全面推进种植区域化、养殖规模化、加工系列化。蔬菜、核桃、小杂粮种植,生猪、蛋鸡、奶肉牛养殖以及龙头企业发展实现了新突破。阳泉城镇化率达到59.1%。三是积极开展“三城同创”,努力建设宜居家园。大力加强城乡基础设施建设和生态环境建设,积极推进国家园林城市、卫生城市、环保模范城市“三城同创”工作。全市建成区绿化覆盖率达到38.64%,人均公共绿地面积达到8.83平方米。城市生活垃圾无害化处理率达到91.02%,污水处理率达到82.24%。全市二氧化硫和化学需氧量减排提前完成“十一五”目标。市区二级以上天数达到353天,生态文明建设再上台阶。四是高度关注民生,扎实推进和谐阳泉建设。大力推进“五大惠民工程”和“五个全覆盖”工程,“村通硬化路”、“村通广播电视”、“乡镇文化站”、“万村千乡”市场工程以及农村居民新型养老保险实现全覆盖,走在全省前列。各项社会事业全面进步。基础教育实现了均衡发展,城镇养老保险、医疗保险、失业保险水平均排全省第一。全市就业形势基本稳定,城镇登记失业率控制在4%以内。同时,在全省率先建立煤矿安全监管“五人小组”,积极开展以煤炭为重点覆盖各行业、各领域的安全生产专项整治活动,严格落实“两个主体”责任,全市安全生产形势持续稳定好转。注重加强社会管理,切实抓好群众工作和社会治安综合治理,人民群众安全感满意度测评在全省名列前茅。

作为政府主要领导,李栋梁顾全大局,坚持讲民主、讲团结、谋大事、求发展,自觉维护市委的权威,对人大负责、受人大监督,坚持向市政协通报工作,自觉接受社会各界和人民群众的意见和建议。与班子成员团结协作,积极支持副职工作。作为政府党风廉政建设第一责任人,严格遵守中央关于廉洁自律的各项规定,认真履行党风廉政建设责任制。带头廉洁自律,自觉规范从政行为,扎实推进惩治和预防腐败体系建设。同时,严格对班子成员和政府组成人员的管理教育,严格要求身边工作人员和家庭成员,努力做到权为民所用、情为民所系、利为民所谋,在全市干部群众中树立了良好的形象。 (师红艳)

李国栋

1981年12月出生,山西省平遥县人。1999年9月从阳煤集团技工学校毕业后参加工作,同年通过自学取得山西省高等专业企业管理专业大专文凭。是阳煤集团二矿丈八区综采一队的一名综采电工。

李国栋参加工作10年,一直奋战在采煤第一线。从开始对设备的不熟悉到能够熟练掌握井下综采工作面电器设备的性能原理,及时解决生产过程中出现的问题,李国栋经历了一个“实践——学习——再实践”反复提高的过程。刚参加工作时,由于他对电器知识不太懂,违反操作规程带电作业造成短路,使他的眼睛受到弧光伤害,以至1个月不能正常看东西。这件事给了他深刻的教训,从此他上班在井下虚心向师傅学习请教,上井后把技术要点记在笔记本上,不清楚的还要找图纸或书核对,直到弄明白为止。为了掌握过硬的本领,他报名参加函授学习,认真学习了综采业务知识,操作技能得到提高。

功夫不负有心人。通过勤学苦练、钻研技术、大胆实践,李国栋不仅全面掌握了综采电气理论,而且自主创新出了“望、闻、问、切”电气事故处理法,成为处理电气事故的行家里手。面对出现故障的机电设备,他总是不管多晚也要把问题解决了才上井,绝不把问题留给下一班,即便自己处理不了,也要和师傅们一起排除故障。一次生产中,机组突然停机,他检查发现机组所有的功能全部不起作用,于是他把上盖打开检查,也没有发现异常,工友们都在焦急地注视着他。李国栋不慌不忙，仔细思考后，再次对整流桥进行了细致检查，终于发现有一根小线由于脱焊导致接触不良，他立即将线头进行了连接，送上电后，机组恢复了正常运转。

知识改变命运，岗位成就事业。2002年调入综采一队后，李国栋下定决心要干出一番成绩。2003年，他参加了集团公司为期3个月的首届综采维修电工高级工培训班的学习，以优异的成绩取得了机电技师职称。2007年9月，在河北省唐山市举行的“开滦杯”第二届全国煤炭行业职业技能大赛中，与148名综采维修电工同场竞技，不到10分钟的时间，就把两台开关一台通信设备上的5个故障准确地排除，比规定时间提前15分钟完成，经过理论与实践的比拼，最终取得第四名，被授予“全国煤炭行业技术能手”称号。在全矿的技术比武中多次荣获第一名，连续三届获得矿级首席综采维修电工称号，为他所在的综采一队赢得了荣誉。

2008年，对于李国栋和综采一队都是不寻常的一年。年初，全矿制定出年产原煤900万吨的奋斗目标，而综采一队作为全矿的王牌采煤队，必须实现年产400万吨。为了确保目标的实现，李国栋在自己的工作岗位上一丝不苟、兢兢业业地发挥着应有的作用，及时处理设备故障，最大限度地发挥综合机械化采煤的效能，大大减少了机电事故率，提高了设备的完好率和使用率，综采一队全年设备完好率始终保持在98%以上、使用率100%。

小改小革是李国栋的强项，作为一名技术能手，他没有把自己局限于一般的故障处理和操作技能的提高中，而是经常联系生产实际进行一些技术改革，为生产效益的提高作出贡献。近几年，他共完成了变频开关、机组先导启动回路、设备转载溜闭锁系统、315A开关与设备的衔接、回风瓦斯断电故障显示、4×315保护回路装置、馈电开关过流保护、软启动装置等10余项技术改造项目，提合理化建议26条，创造了可观的经济效益。为了解决丈八区十采区使用的开关经常发生故障的问题，他经过对设备的内部分析，改进了触点，大大降低了故障发生率，仅此一项一年就可为企业减少5172万元的经济损失。

由于工作业绩突出，2006年李国栋荣获集团公司劳模标兵称号；2007年被授予全国煤炭行业技术能手称号；2008年被省劳动竞赛委员会荣记个人一等功，矿党委和集团公司党委向广大职工发出了“向李国栋学习”的号召；2009年荣获全国五一劳动奖章。（龚晋宝）

代维华

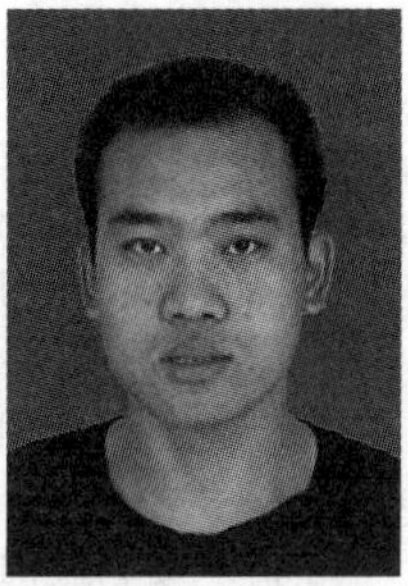

1979年9月出生，阳泉市郊区人。1997年5月参加工作，高中文化程度，2002年7月加入中国共产党。先后担任阳泉市铝业公司铸造车间小组长、大班长，2008年任合金铸造公司经理助理。2009年就读于山西省委党校经济管理大专班。

1997年学校毕业后正赶上阳泉市铝业公司招聘员工，代维华成为合金铸造车间的一线员工。实际工作中，他深知自己文化水平不高，要想实现自身价值，唯有苦干、实干加巧干，抓住一切学习机会来提高技术水平。1998年，公司要上马盘条生产线，代维华向公司领导主动申请，到四川省德阳市学习。学习过程中，他脚踏实地，抓住一切机会深入生产一线，理论联系实践，虚心向各位师傅学习请教，从而比较熟练地掌握了生产设备和工艺规程知识，为日后顺利开展工作奠定了坚实的基础。盘条生产线上马后，他全身心投入到生产中，24小时跟班检测、记录、分析生产工艺数据，经过1个月的不懈努力，终于确定了铝盘条的生产温度、冷却水压力、轧制速度、成分配比、铝液除渣、除气、静置工艺以及设备正常运行的各种机电参数。在此基础上，他制定出了盘条的生产工艺规程，为公司生产合格的铝盘条做好了充分的技术准备。生产过程中他发现，铜铸轮的维护是关键，正确的保养措施可有效延长铸轮的生产寿命，并改善其冷却效果，使铝盘条的产量质量大幅度提高，生产成本显著降低。通过长期的摸索总结，他制定出了铜铸轮的上油、打磨、除锈、压轮等有效维护措施，成功地将铸轮的寿命从4000吨延长至11000吨，为公司创造了可观的经济效益。

2004年，公司调整产品结构，新上了一条同水平热顶半连续水冷合金棒生产线。代维华凭着一股勇于创新、善于摸索的干劲，通过实践总结出了全系列合金棒生产的铝液温度、流量、冷却水温、水压、铸造速度、成分配比、除渣、除气操作工艺以及突发停水、停电、铸死、漏铝事故的应急处理措施，最终使整个生产环节的工艺和操作实现了规程化。与此同时，他还带出了一批生产技术过硬的合金棒技术骨干，使他们很快成长为各生产班组的带头人，对公司的发展发挥了重要作用。

2008年是公司的跨越之年，为大幅度提高合金棒、铝盘条的深加工能力，保证产品质量，新的合金铸造车间投入生产。新车间采用了先进的煤气加热工艺，安装了电磁搅拌系统、20吨合金棒生产线与先进的西门子驱动连铸连轧盘条生产设备。新设备对生产管理者提出了更高的要求，为进一步促进生产，代维华被破格提拔为经理助理。作为一名公司的中层管理者，他深知责任重大，除了懂生产，更要善管理。面对席卷全球的2009年金融风暴给公司带来的巨大困难，公司领导班子提出了在“苦练内功、节能降耗”上寻找出路。在认真分析了新车间的能源使用情况后，公司制定出了水、电、煤气等的科学调度规章，使能源使用适时,关停力求及时,杜绝空耗现象发生。作为一名从生产一线成长起来的管理者,代维华对“以人为本,以情管理”有着切身的体会,群众是企业的主人,他们的聪明才智和主人翁责任心是企业发展的无穷动力,是“节能降耗”战役胜利的关键所在。因此深入生产生活实际,密切干群关系便成为代维华的日常工作重点。代维华的以身作则大大激发了广大员工的岗位责任心,各种技术革新和设备改造方案在生产中不断涌现。“上标准岗、干标准活”,力求节约成为员工的自觉行动,从而有效地减少了生产资料的损耗,提高了产品合格率,降低了生产设备的维修成本,为企业的生存发展贡献了力量。

在阳泉铝业公司工作的12个年头,代维华与同事们在用“敬业、勤学、创新”铸造驰名“白羊”品牌的同时,参与了公司多项技术革新与改造,谱写了自己闪光的青春。2002年被评为公司的先进工作者,2004年获市五一劳动奖章,2005年被市劳动竞赛委员会荣记二等功,2006年被评选为公司的金牌员工,2007年获市经济技术创新能手、市劳动模范称号,2008年被评为全国优秀农民工、省十佳农民工、市道德模范,2009年荣获全国五一劳动奖章。　（王素军）

李冬花

1951年1月出生,女,山西省盂县人。初中文化程度,1973年9月参加工作,1988年6月加入中国共产党。曾在阳泉市城区第二耐火厂工作,2001年担任新华东街社区党总支书记、主任。李冬花是一个身患小儿麻痹的残疾人,但她却用一瘸一拐的双脚走出了一条充满阳光、充满自信的成功之路,用自己的一片真情开创了新华东街社区工作的崭新局面。在她的领导下,新华东街社区先后获得了全国群众体育先进单位、全国优秀青年中心、全国文化先进社区、全国特奥活动示范社区、全国未成年人思想道德建设工作先进单位、全国残疾人之家、全国文明和谐社区等近百项荣誉称号。

新华东街社区成立之初,办公室和办公设施非常简陋陈旧。为了改善办公条件,更好地开展社区工作,2003年,李冬花多次跑规划局、建设局提交申请方案。在她的坚持和努力下,社区服务中心最终被审批下来开始建设。然而工程开工后,问题和困难接踵而来,个别居民向有关部门反映社区新办公楼完工后会影响他们的采光,工程被迫停工。李冬花怕延误工期,就采取居民联名签字、设置居民意见箱等方式广泛征求意见,并多次与住户进行协调,终于得到了广大居民的理解和支持,社区办公楼得以重新施工。为了办公楼的建设,她倾注了大量的心血。

“群众的利益就是我的利益,群众满意是我最大的幸福”,李冬花不仅是这样说的,也是这样做的。居民李林花和穆秀英被一家开发商雇用清扫小区卫生,答应每月支付工资150元,可时间不长便开始拖欠工资,在连续两个月没有领到工资后,李林花和穆秀荣找到开发商询问,他们却借口推诿。李冬花得知这一情况后,与她俩一起找到开发商,在她的调解下,开发商当场将拖欠的工资交给了穆秀荣、李林花。外来务工人员小赵在一家酒店打工,无缘无故被老板辞退,拖欠工资3个月,小赵多次索要未果,于是她找到李冬花寻求帮助。李冬花当即到酒店对此事进行核实,据理力争,为小赵讨回了所欠工资。几年中,她先后为8名外来务工人员讨回拖欠工资。

李冬花对居民有着深厚的感情,尤其是对社区家庭生活困难的弱势人群。担任居委会主任后,她坚持走访社区低保户和困难户,了解他们的生活状况,并做好记录,组织社区党员干部帮助他们解决实际困难。社区内有一名服刑人员王某,在看守所一直惦念着家里的妻子和儿子。李冬花了解到情况后,及时与看守所取得联系,并自己花钱买东西亲自去看望王某,为其妻找到一份清洁工的工作,多次与学校联系为他的儿子减免了学费,解除了王某的后顾之忧,使其能够安心改造。2003年阳光广场建成,李冬花和社区工作人员凭着一颗真诚的心和多年的信誉,赢得了市规划局领导的信任,取得广场的管理权,使阳光广场成为阳泉市唯一一家由社区管理的广场,一次性安排下岗人员52名。她还利用阳光广场开招聘会,为下岗失业人员、外来务工人员提供招聘岗位和信息,先后安置下岗失业人员和外来务工人员362名。

在物质生活日益丰富的同时,精神生活也显得尤为重要。在社区主任李冬花的带领下,社区成立了女子威风锣鼓队。成立之初,社区没有资金,她就主动从自己家拿出1万元购买了锣、鼓和各种服装道具,随着文艺队伍的不断壮大和各种器材的不断增加,她一直往里垫钱,一共垫付了2万多元,而且一垫就是4年。至2009年底,新华东街社区拥有了新风文艺宣传队、女子威风锣鼓队、太极拳队等22支文体队伍,先后参加阳泉市和城区的各类演出百余场,自己主办活动千余场,社区文化活动开展得有声有色。

李冬花在平凡的社区工作岗位上,用真情、用智慧、用全心全意为群众服务的理念,谱写出了不平凡的篇章,同时也获得了多项荣誉。她先后获得全国模范人民解调员、全国优秀党务工作者、山西省五一巾帼奖、山西省先进个人奖、山西省三八红旗手、山西省十大女杰等近百项荣誉。2009年荣获全国五一劳动奖章。　（董淑萍）

人物名表

副地市级以上领导人名表

（以姓氏笔画为序）

表 23-1

姓名	性别	出生年月	籍贯	政治面貌	文化程度	毕业院校	参加工作时间	职务及任职时间
马文建	男	1952.7	山西沁源	中共党员	电大专科毕业	山西广播电视大学阳泉分校	1968.12	市政协副主席(2007.5～)
王 民	男	1955.4	山西蒲县	中共党员	中央党校函授本科毕业	中央党校领导干部函授班	1971.3	市委常委、市纪委书记(2008.8～)
王旭明	男	1962.3	山西临县	中共党员	省委党校在职研究生班毕业	省委党校	1983.9	市委常委(2006.8～) 副市长(2006.9～) 2007.8 明确为常务副市长 市政府党组副书记(2007.6～)
王志刚	男	1955.8	山西太原	中共党员	中央党校函授本科毕业	中央党校领导干部函授班	1972.2	市中级人民法院代院长(2008.11～2009.5) 市中级人民法院院长(2009.5～)
王建功	男	1951.2	山西保德	中共党员	大学本科毕业	山西矿业学院	1971.10	太原理工大学阳泉学院党委书记(2003.2～)
王振国	男	1956.10	山西寿阳	中共党员	大学专科毕业	晋中师专	1974.12	市政协副主席(2007.5～) 市总工会主席(2008.9～) 市总工会党组书记(2008.8～)
王舰民	男	1951.4	山西榆社	中共党员	硕士研究生毕业	吉林大学(在职学习)	1969.4	市委常委(2000.6～) 副市长(2000.7～2007.5) 市行政审批中心党组书记(兼,2002.10～2005.6)
王敬瑞	男	1953.8	山西平定	中共党员	省委党校脱产专科毕业	省委党校大专培训班	1972.5	副市长(2000.7～)
王斌权	男	1962.2	山西和顺	中共党员	中央党校函授本科毕业	中央党校函授学院	1981.10	市长助理(2008.8～) 市公安局局长(副厅级)、党委书记(2008.4～)

续表

姓名	性别	出生年月	籍贯	政治面貌	文化程度	毕业院校	参加工作时间	职务及任职时间
王湜洲	男	1960.4	山西平定	中共党员	中央党校函授本科毕业	中央党校函授学院	1981.9	副市长(2006.9～) 市国资委党委书记(兼,2006.11～)
方庆灵	男	1958.1	河北滦南	中共党员	大学本科毕业	解放军军事交通学院	1976.2	市委常委(2008.3～) 军分区司令员(2007.8～)
白　云	女	1960.12	山西五台	中共党员	硕士研究生毕业	中国人民大学工商管理学院	1976.12	市委副书记(2006.2～2009.4) 代市长(2006.2～2006.4) 市政府党组书记(2006.3～2009.4) 市长(2006.4～2009.4) 市委书记(2009.4～)
任衍钢	男	1958.10	山东济宁	民进	大学本科毕业	山西师范学院	1975.1	市政协副主席(2007.5～)
刘兆林	男	1953.9	阳泉郊区	民建	大学普通班毕业	山西农学院	1976.9	副市长(2002.3～) 民建阳泉市委主委(2002.4～)
刘高官	男	1956.5	山西山阴	中共党员	中央党校函授本科毕业	中央党校函授学院	1972.3	市委常委(1995.1～2006.6) 市委秘书长(1995.3～2000.6) 市委副书记(2000.6～2006.6) 市政协党组书记(2006.6～) 市政协主席(2007.5～)
许文珍	男	1954.10	山西盂县	无党派	自考专科毕业	中国政法大学	1975.12	市政协副主席(2007.5～)
孙水生	男	1951.1	河南武陟	中共党员	中央党校函授本科毕业	中央党校领导干部函授班	1972.7	市委副书记(1998.4～2006.6) 市委党校校长(2000.10～2006.12) 阳泉行政学院院长(2002.10～2007.2) 市人大常委会党组书记(2006.6～) 市人大常委会主任(2007.5～)
杨少华	男	1958.9	内蒙古卓资	中共党员	函授本科	工程兵指挥学院	1976.12	军分区参谋长(2006.8～)
杨永生	男	1961.10	山西临猗	中共党员	大学本科毕业	山西大学	1982.9	市委常委、市委统战部部长(2006.9～)
李天祥	男	1956.12	山西定襄	九三学社	大学本科毕业	太原工学院	1974.8	市政协副主席(2007.5～)
李利生	男	1966.10	山西柳林	中共党员	硕士研究生毕业	山西大学	1992.9	阳泉经济技术开发区管理委员会主任(2005.12～) 阳泉经济技术开发区党工委副书记(2006.5～)
李体柱	男	1958.2	山西黎城	中共党员	中央党校函授本科毕业	中央党校函授学院	1975.1	副市长(2002.3～2009.8)

续表

姓名	性别	出生年月	籍贯	政治面貌	文化程度	毕业院校	参加工作时间	职务及任职时间
李栋梁	男	1958.8	山西左云	中共党员	法学硕士	吉林大学	1975.8	市委副书记(2009.3～　) 副市长、代市长(2009.4～2009.5) 市政府党组书记(2009.4～　) 市长(2009.5～　)
李家忠	男	1951.5	阳泉郊区	中共党员	大学普通班毕业	太原工学院	1969.7	市教育学院党委书记(2005.5～　)
李裕厚	男	1951.6	山西盂县	中共党员	省委党校函授专科毕业	省委党校	1967.2	市政协副主席(2005.4～　) 市政协党组副书记(2007.6～　)
吴丽萍	女	1955.11	北京	无党派	大学本科毕业	山西大学	1975.12	市人大常委会副主任(2007.5～　)
吴学斌	男	1952.7	山西大同	中共党员	大学专科毕业	雁北师范专科学校	1969.4	市人大常委会副主任(2006.4～　)
宋师璇	男	1951.6	山西介休	中共党员	中央党校函授本科毕业	中央党校函授学院	1970.4	市委常委、市委组织部部长(2006.8～　)
张　清	男	1950.1	阳泉郊区	中共党员	省委党校脱产专科毕业	省委党校	1968.8	市人大常委会副主任(2003.4～　) 市人大常委会党组副书记(2007.6～　)
陆崇相	男	1958.3	江苏滨海	中共党员	中央党校函授本科毕业	中央党校函授学院	1976.2	军分区政治委员(2008.12～　)
陈继光	男	1951.5	山西平定	中共党员	函授中专毕业	中央农业广播学校	1973.4	副市长(2000.7～2006.9) 市国资委党委书记(兼,2004.6～2006.11) 市委常委、政法委书记(2006.9～　)
邰爱国	男	1954.2	山西黎城	中共党员	中央党校函授本科毕业	中央党校函授学院	1970.10	市委副书记(2000.9～　) 市委党校校长(2006.12～　) 阳泉行政学院院长(2007.2～　)
赵永红	女	1957.3	山西平定	民盟	大学本科毕业	山西医学院	1974.8	市政协副主席(2007.5～　)
荆东生	男	1952.9	阳泉郊区	中共党员	中央党校在职研究生毕业	中央党校	1974.8	市人大常委会副主任(2005.4～　)

续表

姓名	性别	出生年月	籍贯	政治面貌	文化程度	毕业院校	参加工作时间	职务及任职时间
胡克勤	男	1958.8	山西长治	中共党员	自学考试专科毕业	山西大学	1976.2	市人民检察院代检察长（2008.11～2009.5） 市人民检察院检察长(2009.5～)
段存寿	男	1953.3	山西平定	中共党员	中央党校函授本科毕业	中央党校函授学院	1970.3	市人大常委会副主任(2006.4～)
高全怀	男	1950.9	阳泉郊区	中共党员	中央党校函授本科毕业	中央党校领导干部函授班	1972.1	市委常委、市委宣传部部长（2002.6～ ）
彭喜平	女	1959.2	河南清丰	中共党员	大学本科毕业	山西大学省委党校大学班	1976.7	市委党校常务副校长（2005.3～ ） 阳泉行政学院常务副院长（2005.4～ ）
董惠明	男	1951.11	山西平定	中共党员	函授专科毕业	山西经济管理干部学院	1976.7	阳泉经济技术开发区党工委书记（2006.11～ ）
谢　海	男	1953.10	山西繁峙	中共党员	中央党校函授本科毕业	中央党校领导干部函授班	1971.11	市委副书记(2003.6～2006.2) 代市长(2003.6～2004.2) 市长(2004.2～2006.2) 市委书记(2006.2～2009.3)
甄　铭	男	1959.4	山西神池	中共党员	函授本科	宣化炮兵指挥学院	1976.12	军分区政治部主任(2004.3～)
樊盛武	男	1954.1	山西晋城	中共党员	中央党校函授本科毕业	中央党校领导干部函授班	1970.9	副市长(1997.4～2006.9) 市委常委、市委秘书长(2006.9～)
霍世平	男	1963.4	山西和顺	中共党员	大学本科毕业	山西师范大学	1980.9	太原理工大学阳泉学院院长（2001.12～ ）

人物名录

先进人物名录(220人次)

全国五一劳动奖章(3人)

李国栋	代维华	李冬花

山西省五一劳动奖章(11人)

任海平	刘爱红(女)	韩　军	王晓程	王银祥	任建斌
尹东生	郑　红(女)	张俊荷(女)	王春宇	耿春光	

山西省一等功(8人)

蔡廷军	王春光	尹保红	石建功	刘建平	张福光	冯成平	张有庆

山西省二等功(11人)

宇文军刚	朱　琪	韩二锁	范胜虎	张　莉(女)	刘　滟(女)	郗宝润	翟忠德	武绍晋
宋嘉文	王先能							

山西省三等功(13人)

李爱祥	杨少春	苏建斌	聂有生	李银华(女)	蒋五生	任　强	杨二胖	刘彦才
张柱娥(女)	王雷杰	田伟泓(女)	刘宝凤(女)					

山西省职工技术创新能手(1人)

任建斌

阳泉市五一劳动奖章(19人)

李乃珠	杨乃清	李　慧	贾彬丽(女)	郝　琛	苗　俊	乔立业	张晋生	鲍隆国
肖培泉	范丽青(女)	郝朝勇	王　然	冯治平	姚改娣(女)	陈立民	田计罗	李聿茂
郎俊生								

阳泉市一等功(28人)

耿黑眼(女)	马玉田	董贵银	梁志言	杨栋善	韩守义	王国富	翟　晨	赵秀江
徐亚萍(女)	尹杰文	王万平	李秀成	徐连琴(女)	陈培林	史华红(女)	张宏思	李志钢
王桃良	张怀明	岳秋明	郝巨平	赵宝银	武俊海	王英利(女)	胡婉英(女)	张福贵
申　彪(女)								

阳泉市二等功(48人)

解文汇	王润明	白忠堂	高　勇	张　炜	武俊义	门春华(女)	谢生玮	刘建斌
任双明	张喜林	吴捧贵	史鹏华	高鹏飞	陈炳才	王泽荣	孙培哲	韩永生
张益智	王述建	王建伟	崔丹柯	任振华	翟华江	王效增	王四元	魏　润
程中山	黎泽良	李军田	穆世斌	侯宝清	郭明海	赵建忠	崔进柱	辛文君
胡金毛	赵剑忠	陈树鸿	贾立宏	荆所成	荆明善	赵　裕	张艳芳(女)	宋晓文
刘国庆	荆素俭(女)	崔建明						

阳泉市三等功(58人)

魏双云	刘保真	薛建东	贾四孩	任新保	宋喜增	王伟鹏	谢　斌	秦补元
荆海平	赵慎斋	王　浩	杜申才(女)	胡跃奇	吴广军	赵智明	要会平	阎国安
李俊芳(女)	高卫红	秦颖钢	赵海霞(女)	戴海军	褚忠芳	刘建敏	聂　斌	胡守祥
和素林(女)	梁文斌	阎建军	刘顺利	罗　蓬	郭建勇	王　军	郝爱孩(女)	张俊宝
张建国	刘长生	张　铭	郗胜元	霍志刚	郝彦伟	梁双成	李顺年	韩八斤
董治平	陈彦彬	马新民	王建生	韩彦花(女)	刘文华(女)	史海明	郭海瑞	杨齐玉
郝秀萍(女)	赵海洪	张素敏(女)	牛志东					

阳泉市职工经济技术创新能手(20人)

谢　斌	张　炜	魏双云	郝　琛	王雷杰	韩守义	乔立业	尹杰文	吴广军

任双明 张喜林 赵智明 要会平 李俊芳(女) 高卫红 鲍隆国 张俊荷(女) 胡守祥
阎建军 贾立宏

高级专业技术人员名录(405人)

2009年,阳泉市各类专业技术人员中,晋升高级专业技术职务(包括副高晋升正高)者共405人。其中,技工学校系列副高8人,工程系列正高1人、副高18人,自然科学系列副高1人,群众文化系列正高2人、副高4人,新闻系列副高2人,农业系列副高4人,艺术系列副高13人,卫生系列正高55人、副高163人,体育教练系列副高1人,统计系列副高4人,会计系列副高6人,党校系列副高2人,盲人按摩系列副高1人,经济系列副高2人,高校系列副高4人,中学教师系列副高105人,乡镇企业系列副高9人。具体人名依系列分录于后。

技工学校系列(副高8人)

周雪琴(女) 张 展(女) 吕纯玲(女) 何润林(女) 胡海泉 王利华(女) 武 丽(女) 阎怀青

工程系列(正高1人、副高18人)

正高

梁 璧

副高

王文君(女) 孙志鸿 杨智滨 周晋奎 王蝉兆 胡江涛 李彦明 张大庆 刘红斌
岳峥峰 郝秦峰 姜 伟 石良生 娄淼根 王彦德 张志宏 刘凤翔 逯新保

自然科学系列(副高1人)

田忠科

群众文化系列(正高2人、副高4人)

正高

陈玉梅(女) 唐永军

副高

任宇华(女) 潘荣本 苏峰景 赵丽丽(女)

新闻系列(副高2人)

段平虎 李 华(女)

农业系列(副高4人)

李永泉 李秀华(女) 杨志英(女) 康香莲(女)

艺术系列(副高13人)

马 俊 赵华双 要素明 康广兴 张银生 刘海涛 张红红(女) 侯润娥(女) 张志平
李青枝(女) 李向荣 杨 萍(女) 朱艳丽(女)

卫生系列(正高55人、副高163人)

正高

赵元福 张晋平 张秋万 郭昧明 吕爱文 丁中华 许学风(女) 牟 君 高健康
冯娟娟(女) 师景英(女) 刘宝风(女) 刘润生 马海盛 巨建芳(女) 阎俊民 王 华(女) 王方东
孔繁丽(女) 薛金铭 戴育英(女) 刘湘林 张 怀 曹建新(女) 路秀平(女) 李卫红(女) 王义平
樊改荣(女) 赵健民 张莉萍(女) 贾顺利 林月星 张慧君(女) 段宝萍(女) 高晓峰(女) 周海峰
郭富香(女) 高飞凌 李占荣 任海林 杨慧芳(女) 郝丽丽(女) 王晓丽(女) 王艳红(女) 高 峰
王海香(女) 朱戌明 李 斌 王素锦(女) 尚向东 贾春芝 黄沛理 高岩芳(女) 潘东红
史通方

副高

白海琴(女) 张东明 张志强 张瑞生 李剑英 阎庆国 郭守义 俞爱琴(女) 杜俊德
孙亚兵(女) 张保安 赵素英(女) 张瑞娟(女) 李维玲(女) 石存芳(女) 张巧变(女) 邢秀峰(女) 梁晋泉
秦 越(女) 武亚仙(女) 牟 炜(女) 葛建忠 曲启明 史承祥 王明艳(女) 高红梅(女) 王军怀
罗 茜(女) 周 青(女) 张红艳(女) 史守彤 张蓉芳(女) 赵林艳(女) 梁先兰(女) 高海荷(女) 王卫平

武富云(女) 李永军 范文平 周建伟 王　钊 潘翠先(女) 袁富海 王秀英(女) 张鸿儒
孙巨笔 杨齐玉 李学琴 高海娴 靳文青 梁晋华(女) 桑晓燕(女) 宋晋萍(女) 檀计文
石丽琴(女) 宋芬敏(女) 王桂花(女) 冯艳青(女) 张季秀(女) 荆淑敏(女) 任桂花(女) 李春玲(女) 郗金锁
赵丽虹(女) 郗宝汶(女) 侯银萍(女) 张兰英(女) 郭焕清(女) 王文萍(女) 冯桂荣(女) 赵变良(女) 陈庆生
冯银转(女) 王淑芝(女) 王海英(女) 张艳玲(女) 黄　伟(女) 靳　跃 李兴铭 王丽新(女) 高福音
荆慧琴(女) 史志琪 翟永明 苏俭波 荆秀平(女) 范正栋 杨世忠 颜　华(女) 张世博
张年田 张建丽(女) 张艳花(女) 张文丽(女) 常鲜林(女) 田素芳(女) 赵林红(女) 余鲜花(女) 王东辉
齐永华(女) 李瑞娥(女) 毕梅梅(女) 季小平(女) 张改花(女) 温亚丽(女) 李素萍(女) 赵翠萍(女) 郭瑞斌
苏文华(女) 李福娥(女) 杨联芳 杨壮凤(女) 肖润平(女) 李　丽(女) 王义钢 刘双明 庞跃锋
王振钧 田　伟 杨瑞祥 刘晓波 刘浩波 尹俊生 高素兰(女) 葛长平 高彦平
刘玉英(女) 张俊峰 张桂珍(女) 代林彦(女) 赵志清(女) 李炜宏(女) 霍　芳(女) 高素珍(女) 穆成柱
陈　星(女) 段玉蚕(女) 郭月珠(女) 韩兰芳(女) 张文静(女) 高　丽(女) 戴先红(女) 柴素英(女) 杜德明
杜巧丽(女) 韩翠红(女) 王爱君(女) 史玉琴(女) 荣便梅(女) 张彦萍(女) 王晓波(女) 杨俊丽(女) 王增宏
王　媛(女) 魏俊娥(女) 赵新英(女) 张颖芳(女) 李　霞(女) 高彩虹(女) 王智田 魏庆宏 马建平
任昌丽(女)

体育系列(副高1人)

胡秀红

统计系列(副高4人)

邵玉玲(女) 郑世军 王存财 弓志忠

会计系列(副高6人)

王梅玲(女) 张彦凤(女) 王雅萍(女) 李艳芳(女) 陈　丽(女) 吴志坚

党校系列(副高2人)

张文科 史智宇

盲人按摩系列(副高1人)

郭海庆

经济系列(副高2人)

赵鑫帅(女) 张手雷

高校系列(副高4人)

潘冬花(女) 刘秀文 赵晓丽(女) 黄翠兰(女)

中学教师系列(副高105人)

季润林(女) 刘爱平(女) 李金爱(女) 任三妮(女) 刘占田 高秀花(女) 郑爱萍(女) 史永莲(女) 刘瑞平
王海庆 李晓平(女) 李成林(女) 冀丽娟(女) 丁荣国 单桃荣(女) 任延平(女) 李素平 贾瑞江
李永祥(女) 王春贵 李秀琴(女) 耿林柱 郝振娣(女) 岳计全 梁拴栋 姚文才 郭银梁
王怀平 魏兴华 翟素卿(女) 郝巧荣(女) 李彦科 高海英(女) 廉思璐(女) 赵玉贵 潘培先
赵富喜 赵志峰 赵红生 宋志平 段科爱 赵双柱 赵华萍(女) 彭桂卿(女) 刘银栋
李秀森 赵红艳(女) 张彦平(女) 韩智丽(女) 郭俊香(女) 程润霞(女) 杨贵芳(女) 吕红江(女) 王连环
张大虎 李德庆 郝文彪 周秀莲(女) 张红梅(女) 罗　薇(女) 曹春义 米　静(女) 史华荣
史英鹏(女) 郭晓丽(女) 吕春芳(女) 王志平(女) 史燕华(女) 宋爱梅(女) 郭翠峰(女) 李晓燕(女) 帅连科
冯治平 杨　胜 韩素琴(女) 张淑华(女) 付建星 路锦锋 韩锦平 张志林 韩贵恒
赵瑞芳(女) 武江浩 古建恒 赵素明 高　明 崔俊虎 秦雪梅(女) 李彦明 阎爱珠
陈秀科 刘俊福 李海生 鲍玉才 潘玉明 李学志 程海福 张巨才 刘全栓
赵秀红(女) 韩素珍(女) 梁振英(女) 王聪明 王春如 付　文

乡镇企业系列(副高9人)

邱自民 杨殿铭 王建平 王炳华 刘红冠 朱银堂 张晋平 帅玉昌 盛晋平

大事记

阳泉市2009年大事记

1月

1日　阳泉失业保险由县级统筹改为市级统筹，标志着全市在失业保险方面实现了统一缴费基数和缴费比例、统一失业保险待遇、统一基金管理使用、统一失业人员管理和失业保险金社会化发放“六统一”。

8日　中共山西省委常委、省委秘书长高建民到阳泉，深入乡村、企业看望生活困难的职工群众。

9日　在第三届“山西省十大杰出检察官”评选活动中，市检察院公诉处处长车建丽被评为“山西省十大杰出检察官”之一，市检察院反贪污贿赂局副局长赵彦被评为“山西省优秀检察官”。

13日　省政府下发《关于命名阳泉市、平顺县为山西省园林城市(县城)的通知》，阳泉市被命名为省级园林城市。

20日　在北京举行的全国精神文明建设工作表彰大会上，省电力公司阳泉供电分公司、阳泉第二监狱、中国建设银行股份有限公司阳泉分行、阳泉市气象局、阳煤集团一矿获全国文明单位称号；平定县冠山镇、阳泉市郊区平坦镇桃林沟村获全国文明村镇称号；中国工商银行股份有限公司阳泉分行、中国移动通信集团阳泉分公司、阳泉市公安消防支队获全国精神文明建设工作先进单位称号；阳泉市郊区荫营镇、平定县张庄镇宁艾村获“全国创建文明村镇工作先进村镇”称号。

23日　省委常委、副省长李小鹏到山西河坡发电有限责任公司检查城市供热工作，并慰问坚守岗位的一线职工。

月内　市人口计生委被国家人口计生委、卫生部、科技部、教育部、国务院妇女儿童工作委员会办公室、中国残疾人联合会6部门联合授予“全国预防出生缺陷知识竞赛优秀组织奖”称号，是山西唯一获奖的地市。

在中国科协、财政部表彰的“2008年全国科普惠农兴村先进单位和带头人”中，平定县东回镇前黄安村党支部书记、村委会主任裴海平被评为“全国科普惠农带头人”，成为全市唯一获奖的个人。

在团市委、市青联联合举办的第五届“阳泉市十大杰出(优秀)青年”评选活动中，被评为“阳泉市十大杰出青年”的分别是：史向军、李静、付强、潘广全、杨帆、李瑞卿、靳龙、石晨盛、张怀军、石建军(盂县)；被评为“阳泉市十大优秀青年”分别是：王旭东、冯新宽、范基光、李静(女)、张怀庆、侯明非、石建军、郭奋飞、贾雁飞、高飞。

平定绿生源土鸡养殖专业合作社和平定盈丰养殖专业合作社于2008年底获得省农业厅无公害农产品产地证书，实现了阳泉无公害畜禽产品认证工作零的突破。

由人民日报社网络中心与国务院新闻办《网络传播》杂志联合主办、中国网联网承办的首届中国互联网品牌大会上，阳泉新闻网获“中国地方网站网民口碑奖”、“全国奥运报道博览会最佳创新报道奖”，成为山西唯一获两项殊荣的新闻网站。阳泉新闻网由阳泉日报社主办，创建于2005年。

由华龙超市连锁集团开通的阳泉市首家网络购物网站——桃河家园网成为市民购物新宠。华龙超市将经营的1500余种商品全部搬上桃河家园网，网上购物以礼品类为主，为方便市民购物，集团组建了30多人的物流配送队伍，凡在网上购买商品的城区、矿区、开发区、郊区居民，均可享受送货上门服务。

在卫生部开展的2008年“全国优秀乡村医生”评选活动中，平定县巨城镇岩会村卫生所的李志成被授予“全国优秀乡村医生”称号。

矿区民政局入围民政部公布的“2007～2008年度全国婚姻登记规范化单位”。

阳泉市城区、矿区、郊区及开发区户口迁移工作实现户籍网上办理“一站式”服务，市民可直接在迁入地的派出所一次性办理落户。

2 月

13日 在北京召开的全国粮食流通监督检查工作会议上，阳泉市粮食局被评为2008年度全国粮食流通监督工作先进单位。

月内 市科技局被科技部、人事部联合授予“科技管理先进集体”称号，第7次被省科技厅授予省级“先进单位”称号。

盂县西小坪耐火材料公司的“西小平”商标申请通过了《马德里协定》知识产权组织机构的审查，成为全市首个国际注册商标。

3 月

10日 由团市委、市教育局和市少工委联合主办的历时一年的全市中小学生中华古诗词吟诵大赛圆满结束。全市500余所中小学校的千余名中小学生参赛。新华小学、下站小学、盂县逸夫实验小学获团体一等奖。

19日～20日 省委常委、省纪委书记金道铭到阳泉，就经济社会发展和反腐倡廉建设等情况进行调研。

20日 16时30分，盂县东方振兴煤业有限公司振兴二矿发生爆炸，造成4人死亡。经公安部民爆物品专家鉴定，系死者生前下肢意外触动，引发私藏在办公室床下电雷管爆炸所致。

26日 德国鲁尔区项目公司执行主任汉斯·路德维格·布劳斯在阳泉宾馆为全市党员干部作题为《德国大鲁尔都市区的结构调整》的学术报告，系统介绍了鲁尔区资源型城市转型发展的成功经验。

27日～28日 省委副书记、省长王君到阳泉，就党风廉政建设责任制落实、第二批学习实践科学发展观活动及贯彻落实扩大内需、促进经济增长决策部署等情况进行调研。

月内 经商务部审核批准，天元家电公司成为阳泉市唯一一家“家电下乡”中标销售企业。

阳煤总医院肾内科护士张美斌被中华全国总工会授予“全国女职工建功立业标兵”荣誉称号。

4 月

1日 石太铁路客运专线正式开通运营，首列时速250公里的北京西至太原载客“和谐号”动车组于10时46分途经阳泉北站。

全国工会基层组织建设暨县级工会工作会议在阳泉宾馆召开。中华全国总工会副主席、书记处第一书记孙春兰出席并讲话，省委副书记、省政协主席薛延忠到会祝贺并致辞。

5日～8日 第十三届中国东西部合作与投资贸易洽谈会在西安曲江国际会展中心举办。会上，阳泉签订商贸协议23项，贸易总额达500万元。

8日 在市委、市政府举行的重奖科技功臣、科技企业家新闻发布会上，对获得2006~2007年度作出突出贡献的山西阳光发电有限责任公司总工程师、高级工程师柳成亮，市林业科学研究所所长、高级工程师郗文保，阳煤集团有限责任公司副总工程师、高级工程师张福喜3名二等奖科技功臣各奖励5万元；对山西华鑫变压器有限公司董事长李慧、阳泉铝业股份有限公司董事长梁璧、阳泉阀门股份有限公司董事长王彩萍3名二等奖科技企业家各奖励3万元。

13日 阳泉昌鑫农业科技开发有限公司年产40万吨的生物有机复合肥项目在平定县龙川工业园区开工建设。该项目总投资1.77亿元，建设周期两年，项目建成后，将填补山西省复合肥生产空白，成为全国最大的有机复合肥生产基地。

14日 在市十三届人大常委会第十六次会议上，李栋梁被任命为副市长、代市长。

17日 省委常委、常务副省长申联彬就民生工作到阳泉调研。

26日～28日 在合肥举行的第四届中国中部投资贸易博览会上，阳泉签约投资合作项目18个，项目总投资33.2亿元，拟引外资23.52亿元，项目涉及煤化工、能源、种植、养殖、现代服务业等多个行业和领域。

27日 省人大常委会副主任安焕晓到阳泉，就全市科技工作进行视察。

30日 阳泉首个小企业金融业务中心在工行南大街支行挂牌成立。

月内 住房和城乡建设部正式批准阳煤集团太行公司为房地产开发一级资质企业，系阳泉市首家、山西省第四家获得该资质的企业。

经中国建筑行业协会评选，阳煤集团宏厦三建荣获2008年度“全国工程建设质量优秀企业”称号。

全国首届新课程小学优秀课例研究与评选结果揭晓，阳泉报送的小学语文、数学、英语等8个学科的参评课例共有43篇获奖，获奖篇数占全省20%，走在全省前列。

阳泉旅游主管部门推出市内旅游“一卡通”。纳入“一卡通”的景区(点)共10个，分别是：娘子关景区、藏山风景区、翠枫山景区、药岭寺景区、冠山景区、固关景区、评梅(小河石家花园)景区、银圆山庄、和谐生态园、关王庙景区。

5 月

1日 桃河城区段上游（芦湖桥—赛鱼)河道治理工程开工。工程东起赛鱼，西至芦湖桥，全长5.58公里，总投资1.26亿元。

8日～10日 在晋中市榆次

金融大酒店举行的第十八届(2008年度)山西新闻奖评选活动中,阳泉日报的通讯《为了震撼世界的15秒》获一等奖;通讯《建国路58号》、消息《2300亩矸山治理后春意盎然》获二等奖;通讯《山城新名片:基础教育均衡发展》、消息《新闻秩序"百日整治"今起行动》、时评《破格提拔并非奖励英雄的最佳选择》获三等奖。

13日 北京军区原司令员李来柱上将到百团大战纪念馆(碑)参观调研。省委常委、省军区司令员方文平,市领导白云、樊盛武、方庆灵等陪同调研。

26日 在市十三届人大四次会议上,李栋梁当选市长。

31日 24时整,阳泉交通征稽分局娘子关交通征费所停止对过往车辆收费工作,境内的盂县、上社等5个政府还贷二级公路收费站也同时停止收费。

6月

2日 副省长张建欣到阳泉,就甲型H1N1流感群防、群控和基层医疗卫生体系建设工作进行调研。

3日 副省长刘维佳与省供销社主任王俊辰等先后深入盂县西烟供销社、苌池供销社、盂县供销社配送中心和市天元家电有限公司,就阳泉供销社系统"新网工程"开展情况进行专题调研。

4日 14时,阳泉对口支援四川茂县医疗卫生队完成任务返回阳泉。医疗队于2月27日启程奔赴茂县,接诊门诊患者1600余人次,会诊疑难病例98人次,指导抢救重危病人33例,手术62例,开展新工作4项,举办专题讲座39次,开展义诊活动4次,完成了572人次适龄儿童的常规免疫、1万余名儿童的流脑疫苗应急接种。

30日 省人大常委会副主任靳善忠到阳泉,就《山西省劳动合同条例(草案)》征求意见和建议,并就阳泉贯彻实施《劳动合同法》和《劳动合同法实施条例》情况进行调研。

7月

1日 由中央财经领导小组办公室副主任刘鹤、副省长牛仁亮率领的"山西转型发展"课题组到阳泉,就资源型城市转型进行专题调研。

3日 在北京召开的第四次全国自强模范暨扶残助残先进集体和个人表彰大会上,城区新华东街社区残疾人协会被国务院残工委命名为"残疾人之家",系山西省唯一一家受表彰的城市社区。

7日 为迎接新中国成立60周年,阳泉启动城市亮化工程。

9日 全国人大常委、财经委副主任委员吴晓灵等到阳泉,就农村金融运行情况及中小企业、农民贷款难问题进行调研。

13日 阳泉与七台河市缔结为友好城市,系建市以来缔结的第21个友好城市。

月内 市级机关事业单位会计核算中心被中华全国妇女联合会、全国妇女"巾帼建功"活动领导小组授予"巾帼文明岗"称号。

18日~20日 在广东省惠州市召开的农工党全国组织工作会议上,农工党阳泉市委被农工党中央授予"组织工作先进集体"称号。

26日~27日 农业部纪检组组长朱保成到阳泉,就强农惠农政策落实情况进行调研。副省长刘维佳参加调研。

8月

12日 阳泉召开"三城同创"动员会,全面启动国家园林城市、国家卫生城市、国家环境保护模范城市的"三城同创"工作。

20日 在第二届全国道德模范评选表彰活动颁奖仪式上,矿区蔡洼街道办事处蔡东社区居民黄代小获"全国孝老爱亲模范"称号,全省仅两人入选。该活动于4月至9月在全国举行,收到选票7000多万张。黄代小以十五年如一日照顾瘫痪在床的前儿媳刘雪莲的先进事迹入选。

21日 全市召开煤炭企业兼并重组整合大会,全面展开地方煤炭企业兼并重组整合工作。按照《阳泉市煤炭企业兼并重组整合实施方案》要求,全市地方煤炭企业矿井个数将从151个整合保留到53个,分别由9家主体企业集团管理;全市所有矿井要实现综合机械化开采,资源回收率达到80%以上。

24日 全国政协副主席、民建中央第一副主席张榕明到阳泉视察指导工作。

25日 山西省村通水泥(油)路"全覆盖"阳泉现场推进会召开,副省长牛仁亮等省市领导与各市代表参加竣工仪式。阳泉市累计投资16.2亿元,完成"村村通"公路建设总里程3164公里,全市960个建制村全部通上了水泥(油)路,提前实现村通水泥(油)路"全覆盖"目标。

28日 全国人大常委会副委员长、民革中央主席周铁农到阳泉调研。

月内 郊区工商业联合会河底镇分会第一届会员代表大会召开,会议选举产生了郊区工商业联合会河底镇分会第一届执行委员会委员和执行委员会主席、副主席、秘书长。标志着阳泉市首家工商联乡镇分会成立。

9月

16日 卫生部健康教育首席专家、全国心血管病防治科研领导小组副组长、中国老年保健协会副会长、中国老年保健协会心血管病专家委员会主任委员、首都医科大学附属北京安贞医院主任医师洪昭光教授应邀到阳泉举办"健康直通车"讲座。洪昭光被百姓誉为"海内外健康教育传播第一人"。

19日 由《检察日报》方圆杂志社和阳泉市检察院主办、阳泉市矿区检察院承办的“职务犯罪查办和预防一体化研讨会”召开,高检院相关部门负责人及来自全国10个省市检察机关的70余名代表参会。

26日 零时,运行了近14年的阳泉西收费站正式被撤销。

27日 全国最大煤雕作品“和乐四方瓶”亮相阳泉。作品通高4米、胸阔1.8米,重达1.75吨,由省级工艺美术大师王永刚设计,11名工匠参与创作,历时2个半月,耗资20万元。

28日 阳泉举办纪念新中国成立60周年暨多党合作和政治协商制度确立60周年座谈会,市领导白云、郎爱国、孙水生、刘高官、杨永生等及各民主党派市委、市工商联、市侨联负责人,民族宗教、非公有制经济、无党派人士、党外干部、港澳台侨界代表参加会议。

29日 《辉煌的阳泉》——庆祝新中国成立60周年成就展在市文化中心开展。展览由市委、市政府主办,市委宣传部、市文化新闻出版局、市展览馆承办,到10月20日结束。

在北京召开的国务院第五次全国民族团结进步表彰大会上,孟县秀水镇东白水村、平定县古窑陶艺有限公司荣获“全国民族团结进步模范集体”称号,阳泉煤业集团审计处处长吴景厚(锡伯族)荣获“全国民族团结进步模范个人”称号。

10月

1日 副市长王敬瑞作为优秀公务员代表、二矿党委书记任玉明作为全国先进基层党组织代表,赴京参加了首都国庆60周年庆典活动,在天安门观礼台观摩了大阅兵和群众游行,并参加了国庆联欢晚会。

市公交总公司筹备的“阳泉火车站—阳泉北站”公交专线开通,运行线路为阳泉火车站—义白路—乌玉—双阳线—阳泉北站,全程50公里,正点运营75分钟,票价8元,早班车为6时,末班车为19时40分。

15日~27日 在广州召开的第106届中国进出口商品交易会上,阳泉的10家进出口企业展示了机电、日用陶瓷、矿产、铁合金、耐火材料等50多种产品,签约金额860多万美元。

16日~19日 在天津召开的中国农工民主党全国宣传工作会议上,农工党阳泉市委被授予“中国农工民主党宣传工作先进集体”称号。

19日 在江苏苏州召开的全国和谐社区建设工作会议上,城区及新华东街社区分获“全国和谐社区建设示范城区”、“全国和谐社区建设示范社区”称号。

20日 在第十一届全运会男子摔跤比赛中,阳泉市运动健儿陈占国夺得自由式66公斤级金牌。

21日~26日 在中国(山西)特色农产品交易博览会上,阳泉市签订农业产业化招商引资项目5项,引资额达33亿余元,为阳泉参加各类农博会之最。

26日 省委常委、常务副省长申联彬到第三批学习实践活动联系点阳泉市郊区进行调研。

省委常委、副省长李小鹏到山西阳光发电有限责任公司,就国有企业党建工作进行调研;后又到阳五高速公路维社隧道、市热电联产龙川热源工程中继泵站、阳煤集团馨泽苑小区建设工地,就重点工程建设和冬季供暖工作进行专题调研。

26日~27日 省政协副主席李雁红到阳泉,就金融服务农业发展、农民增收情况进行专题调研。

28日 在北京国际会议中心举行的“全国网络传播联盟”成立暨全国网站互动共享协作大会上,由市委宣传部主管、阳泉日报社主办的新闻门户网站——阳泉新闻网(www.yqnews.com.cn)获“全国地方门户创新品牌奖”,并当选首届全国网络传播联盟常务理事单位。

在人民大会堂召开的全国老年教育“双先”表彰大会上,阳泉市推荐的刘芝田、杨建国被授予“全国先进老年教育工作者”称号。

月内 在第七届“阳泉市十佳少先队员”评选活动中,胥经纬、郝冬、赵子宁、崔啸啸、石泽坤、张仪、史星月、崔灏、白惟哲、朱文羽被评为第七届阳泉市“十佳”少先队员,陈军、孙羽翾、吕昊、石雅楠、张淑漪、苏腾宇、眭祎、许竞舟、梁雅洁、王晋敏被评为第七届阳泉市“十优”少先队员。

在市委宣传部、市文明办、市委农办、阳泉日报社举办的华通杯“魅力乡村”大赛“十佳魅力乡村”评选活动中,经群众投票,桃林沟、下千亩坪、西回、宋家庄、宁艾、三都、西小坪、小湖、枣园、温池(按得票数多少排列)等十个村子入选。

在全国煤矿瓦斯防治工作会上,阳泉市新鑫科技研究所研发的“预防和控制煤矿采掘工作面瓦斯煤尘爆炸技术装备”和“巷道快速密闭墙”被作为先进技术及示范项目开始在全国推广。

11月

2日 经交警部门初步认定,国道207线“10·30”交通事故系驾驶员操作不当造成的单方事故。10月30日15时50分,一辆车号为晋A 53772的欧曼大轿车由河北省西柏坡返回太原,在行至郊区境内国道207线917公里处时,不慎撞毁路边水泥护墩后坠入山沟,导致车内10人当场死亡,3人在送往医院途中死亡,41人受伤。

兴大高中助学工程发起人、中国扶贫开发协会副会长、北京六合兴济困助学中心董事长薄熙成到阳泉,与平定一中、荫营一中、孟县一中受助学校校长进行座谈。助学工程已连续三年从平定、孟县、郊区各选100名贫困生。并向每人资助2000元,已有900名学生受助。

3日 市热电联产龙川热源

(从南煤集团龙川发电公司热源到市区儿童公园敷设一次供热管网19.8公里)管网工程竣工剪彩仪式举行。该工程是2009年阳泉实施的“百项工程”重点项目之一,于4月28日开工建设,总投资3.3亿元。

截至3日15时,阳泉共确诊甲型H1N1流感病例33例,治愈10例。全市病症呈现病例持续增加、患病人员以儿童和学生为主、区域较为集中、病无明显变异等特点。按照市委、市政府要求,10月29日到位的第一批1000份疫苗全部用于一线防控医护人员,11月1日到位的第二批2.5万份疫苗在一周内完成发放工作。

由中宣部、中央文明办、国家新闻出版总署联合在深圳召开的全民阅读经验交流会上,阳泉市教育局被评为全民阅读活动先进单位。

7日~9日 在江苏无锡举行的第六届中国国际专利与名牌博览会上,阳泉市知识产权办组织的电力、机械、化工、农业等方面的33个优秀项目参展。平定莹玉陶瓷有限公司选送的“高档骨质瓷系列产品”获得大会特别金奖;阳泉市鑫盛瓷业有限公司选送的“瓷质高强耐磨盲道砖”,山西阳泉美帅科技开发有限公司选送的“新型多功能书包”,山西建工申华暖通设备有限公司选送的“带流量刻度指示和锁闭功能的自力式流量控制阀”,阳泉市勤工技术实业开发有限公司选送的“高效燃气锅炉”,阳泉市下千耐火材料有限公司选送的“鱼雷式铁水罐用改性氧化铝—碳化硅—碳砖及其制造方法”,阳泉市新鑫科技研究所有限责任公司选送的“预防和控制煤矿采掘工作面瓦斯煤尘爆炸的技术设备”,山西华通蓝天环保有限公司选送的“河流、沟渠莲鱼池蓄水坝养鱼种藕防护装置”,盂县社会福利高锰耐磨件厂选送的“环保型铝矾土竖窑炉”和“一种多元素低合金水淬耐磨钢”9个项目获得金奖。

10日~12日 受高空较强冷空气东移影响,阳泉出现百年一遇的暴雪天气,降水量之大和雪深度均成为有记录以来的历史极值。截至12日,市区、平定和盂县的降雪量分别达到57.2毫米、48.1毫米和39.8毫米,积雪深度分别达到39.8厘米、40.0厘米和42.6厘米,给全市工农业生产造成超过10亿元的重大损失。

13日 省委副书记、省长王君,省委常委、省政法委书记、省公安厅厅长杜玉林到阳泉,指导救助因雪灾在太旧高速公路受困人员、车辆工作。

调频FM90.1的阳泉交通广播启动试播。

19日 庆祝阳泉市科协成立50周年暨“三个十佳”科技工作者表彰大会在阳泉宾馆召开。

20日 副省长陈川平就煤矿企业兼并重组、安全生产和企业应对雪灾、生产自救工作到阳泉进行调研。

26日 阳泉举行全市首届道德模范颁奖典礼。市精神文明建设指导委员会命名表彰了10位“阳泉市首届道德模范”,分别是郊区桃林沟村党支部书记李乃珠,郊区公安分局巡警大队大队长史玉林,盂县秀水镇第一中学教师张昀,盂县众鑫实业有限公司董事长古米贵,阳泉新东律师事务所律师刘新东,矿区蔡洼街道蔡东社区居民黄代小,平定县东回镇木槽村居民张怀籽,阳泉天元家电有限责任公司董事长、党支部书记李景春,盂县西小坪耐火材料有限公司董事长武本有,平定县地税局锁簧税务所所长杨慧田。

28日 居然之家阳泉店在开发区滨河建材城开业。居然之家阳泉店是开发区重点招商引资项目,也是大型家居建材主题购物中心。一期建筑面积3.2万平方米,二期3.8万平方米,总投资约2.5亿元,预计年销售额可达3亿元,提供就业岗位3000多个。

12月

1日~4日 中纪委常委、最高人民检察院党组副书记、副检察长邱学强到基层联系点平定县检察院调研。

15日 《阳泉市养犬管理办法(试行)》开始施行。该《办法》规定,禁止居民养大型犬、烈性犬,养小型观赏犬应向当地公安派出所申请报批。

17日 阳泉火车站售票系统升级陆续完成,开始启用新版火车票。新版车票最大变化是将过去车票下方的一维防伪条码变成了二维防伪图案,其防伪性能较前更高。

28日 城区重点招商引资项目和全市“百项工程”项目之一的美隆国际商城开业。该项目总建筑面积近10万平方米,总投资3.2亿元,是集商业、餐饮、健身、娱乐、休闲于一体的现代经营模式购物中心。

29日 市司法局举行山西省阳泉市晋东公证处成立启动仪式。原城区、矿区、郊区3个公证处整体上划归市公证处统管,并在此基础上组建了阳泉市晋东公证处。办公地点迁至北大东街金联大厦A座5层。

月内 阳泉市体育局的体育、卫生与艺术教育科,矿区文化体育局,平定县文化体育局,城区新华东街社区及阳泉煤业(集团)有限责任公司工会5个单位和王敬瑞、王励、董建堂、任保军、张金锐5人受到国家体育总局表彰,分获“全国群众体育先进单位”和“全国群众体育先进个人”称号。

市工行获全国总工会授予的国家级“职工书屋”称号。

阳泉市知识产权办公室被国家知识产权局授予“全国知识产权培训工作先进集体”荣誉称号,盂县被授予“全国首批实施国家知识产权强县工程区县”荣誉称号,市科技局局长要真被授予“全国知识产权培训工作先进个人”荣誉称号。

2009年全市主要核算指标一览表

表25-1 单位:万元

指标名称	绝对额		2009年比上年增长(%)
	2009年	2008年	
一、总产出	9222740	9207756	10.4
第一产业	112220	98214	16.6
第二产业	5865198	6338712	7.3
工业	4882561	5651163	2.0
第三产业	3245322	2770830	16.5
交通运输、仓储和邮政业	861891	821105	8.5
批发和零售业	948053	783742	23.6
住宿和餐饮业	264485	158298	38.5
二、地区生产总值	3487100	3304063	7.1
第一产业	58461	50768	6.8
第二产业	1992722	2034429	4.0
工业	1757722	1870000	1.9
第三产业	1435917	1218866	12.4
交通运输、仓储和邮政业	312563	297772	3.5
批发和零售业	267711	221313	19.4
住宿和餐饮业	152000	90974	25.0
三、人均地区生产总值(元/人)	26383	25094	6.7
四、支出法地区生产总值	3487100	3304063	7.1
五、最终消费支出	1544735	1500061	6.1
居民消费支出	1027713	1014138	2.2
政府消费支出	517022	485923	14.5
六、资本形成总额	2514778	1489317	55.1
固定资本形成总额	2424632	1421839	55.6
存货增加	90146	67478	45.4
七、货物和服务净流出	－572413	314685	

(潘维新　和继明)

统计资料

2009年全市国民经济和社会发展主要指标

表25-2

指标名称	单位	2009年	2008年	2009年为2008年(%)
一、工业(规模以上)				
工业企业单位数	个	171	204	83.8
工业增加值	亿元	170.40	153.44	102.6
工业总产值	亿元	442.18	400.24	110.5
年末固定资产原值	亿元	568.03	478.97	118.6
年末资产总额	亿元	1020.18	793.77	128.5
销售收入	亿元	466.46	413.96	112.7
利税总额	亿元	84.57	73.23	115.5
二、农业				
农村乡(镇)人口	万人	72.8	73.0	99.7
农村乡(镇)劳动力	万人	39.4	37.8	104.2
年末实有耕地面积	公顷	54271	54271	100.0
农村经济总收入	亿元	291.77	271.93	107.3
农村经济净收入	亿元	57.24	54.44	105.1
乡镇企业增加值(现价)	亿元	46.58	52.88	88.1
三、工农业主要产品产量				
原煤	万吨	5522.03	6582.50	83.9
发电量	亿千瓦时	122.54	146.69	83.5
水泥	万吨	122.60	123.13	99.6
生铁	万吨	4.11	6.65	61.8
粮食	吨	219645	220405	99.7
油料	吨	592	540	109.5
蔬菜	吨	90125	88455	101.9
肉类	吨	10951	10332	106.0
四、交通运输和邮电业				
公路客运量	万人次	2428.0	3266.5	74.3
公路货运量	万吨	2840.0	8128.5	34.9
铁路客运量	万人次	165.3	151.2	109.3
铁路货运量	万吨	3940.4	3785.2	104.1

续表

指 标 名 称	单 位	2009 年	2008 年	2009 年为2008 年(%)
邮电业务总量	亿元	27.75	17.75	156.3
五、固定资产投资和建筑业				
全社会固定资产投资总额	万元	2424632	1558473	155.6
城镇固定资产投资	万元	2208337	1472029	150.0
城镇项目投资	万元	1888549	1196450	157.8
房地产投资	万元	319788	275579	116.0
农村非农户投资	万元	216295	86444	250.2
新增固定资产	万元	701283	710616	98.7
资质以上建筑企业单位数	个	78	78	100.0
建筑业总产值	万元	798017	705731	113.1
建筑业完成竣工产值	万元	294541	297697	98.9
六、城市公用事业				
年末实有铺装道路面积	万平方米	637.2	550	115.9
公共汽车运营车辆	辆	381	524	72.7
公共汽车客运量	万人次	10941	12274	89.1
年末实有出租车数	辆	1936	1483	130.5
自来水生产能力	万吨 / 日	35.05	24.22	144.7
全年供水总量	万立方米	7256	7739.41	93.8
天然气供气总量	万立方米	51588.51	53361	96.7
城市人均住宅建筑面积	平方米 / 人	29.75	24.7	120.4
七、国内贸易业				
社会消费品零售总额	万元	1494460	1235554	121.0
市的零售额	万元	1091093	901824	121.0
县的零售额	万元	261673	215348	121.5
县以下零售额	万元	141694	118382	119.7
外贸进出口总额	万美元	9355	15456	60.5
直接利用境外资金	万美元	8990.9	4881	184.2
八、社会事业				
高等学校在校生	人	8710	9050	96.2
中等专业学校在校生	人	4456	4739	94.0
技工学校在校生	人	6593	6310	104.5
普通中学在校生	万人	9.02	8.77	102.9

续表

指标名称	单位	2009年	2008年	2009年为2008年(%)
职业中学在校生	人	9520	9375	101.5
小学在校生	万人	9.41	10.33	91.1
幼儿在园数	万人	2.79	2.81	99.3
卫生机构数	个	494	368	134.2
医院	个	44	37	118.9
床位数	张	6781	6082	111.5
卫生技术人员	人	9409	8360	112.5
执业医师	人	3522	3048	115.6
注册护士	人	3432	3085	111.2
九、劳动工资				
就业人员	万人	62.2	61.2	101.6
第一产业	万人	14.5	15.2	95.4
第二产业	万人	26.5	25.8	102.7
第三产业	万人	21.2	20.2	105.0
在岗职工年末人数	万人	22.69	22.32	101.7
国有经济	万人	18.15	18.07	100.4
集体经济	万人	2.66	2.87	92.7
在岗职工工资总额	亿元	75.71	67.92	111.5
国有经济	亿元	65.58	58.54	112.0
集体经济	亿元	5.35	5.9	90.7
在岗职工年平均工资	元	34720	31564	110.0
国有经济	元	37468	33545	111.7
集体经济	元	22131	21700	102.0
十、财政金融				
财政总收入	亿元	78.09	68.13	114.6
一般预算收入	亿元	29.77	26.17	113.8
一般预算支出	亿元	48.88	40.63	120.3
金融机构现金收入	亿元	967.76	948.81	102.0
金融机构现金支出	亿元	987.48	955.03	103.4
货币净投放	亿元	19.72	6.22	317.0
十一、家计、物价				
城市居民人均可支配收入	元	14240	13306	107.0

续表

指 标 名 称	单 位	2009年	2008年	2009年为2008年(%)
城市居民人均消费性支出	元	8547	8533	100.2
农民人均现金收入	元	5797	5274	109.9
农民人均现金支出	元	5234	5362	97.6
农民人均纯收入	元	5801	5427	106.9
城市居民消费价格总指数	%	100.1	105.6	

（潘维新 和继明）

2009年全市平均每天经济活动情况

表25-3

指 标 名 称	单 位	2009年	2008年	2009年为2008年(%)
地区生产总值	万元	9554	9052	105.5
农业总产值	万元	307	269	114.1
工业总产值(规模以上)	万元	12115	10965	110.5
全社会固定资产投资	万元	6643	4270	155.6
一般预算收入	万元	816	717	113.8
金融机构现金收入	万元	26514	25995	102.0
公路客运量	万人次	6.65	8.95	74.3
公路货运量	万吨	7.78	22.27	34.9
铁路客运量	万人次	0.45	0.41	109.8
铁路货运量	万吨	10.8	10.37	104.1
原 煤	万吨	15.13	18.03	83.9
发 电 量	万千瓦时	3357	4019	83.5
社会消费品零售总额	万元	4094	3385	120.9
国有单位职工平均工资	元	102.65	91.9	111.7
集体单位职工平均工资	元	60.63	59.45	102.0
农民人均纯收入	元	15.89	14.87	106.9

（潘维新 和继明）

附

录

重要地方文件目录

中共阳泉市委员会

表 26-1

文　号	文　件　标　题	发文日期
阳发〔2009〕1 号	中共阳泉市委、阳泉市人民政府关于做好 2009 年安全生产工作的通知	2009 年 1 月 5 日
阳发〔2009〕2 号	中共阳泉市委贯彻党的十七届三中全会精神，深入推进城乡一体化的实施意见	2009 年 2 月 13 日
阳发〔2009〕3 号	中共阳泉市委常委会 2008 年工作总结	2009 年 2 月 19 日
阳发〔2009〕4 号	中共阳泉市委常委会 2009 年工作要点	2009 年 2 月 19 日
阳发〔2009〕5 号	中共阳泉市委关于印发县(区)委、市直党(工)委抓基层党建工作责任书的通知	2009 年 2 月 24 日
阳发〔2009〕6 号	中共阳泉市委、阳泉市人民政府关于表彰“三农”工作先进集体和模范个人的决定	2009 年 2 月 26 日
阳发〔2009〕7 号	中共阳泉市委关于开展深入学习实践科学发展观活动的实施意见	2009 年 3 月 11 日
阳发〔2009〕8 号	中共阳泉市委、阳泉市人民政府关于表彰 2006 ~ 2007 年度在我市科技进步中作出突出贡献人员的决定	2009 年 3 月 24 日
阳发〔2009〕10 号	中共阳泉市委关于转发《阳泉市人大常委会 2009 年工作要点》的通知	2009 年 3 月 26 日
阳发〔2009〕11 号	中共阳泉市委关于转发《阳泉市政协 2009 年工作要点》的通知	2009 年 3 月 26 日
阳发〔2009〕12 号	中共阳泉市委常委开展深入学习实践科学发展观活动的实施方案	2009 年 4 月 13 日
阳发〔2009〕13 号	中共阳泉市委关于转发白云等同志职务任免的通知	2009 年 4 月 11 日
阳发〔2009〕14 号	中共阳泉市委、阳泉市人民政府关于表彰全市信访工作先进集体和先进工作者的决定	2009 年 5 月 15 日
阳发〔2009〕17 号	中共阳泉市委、阳泉市人民政府关于新中国成立 60 周年庆祝活动的安排意见	2009 年 6 月 1 日
阳发〔2009〕18 号	中共阳泉市委关于加强领导干部党性修养，大力树立和弘扬良好作风的实施意见	2009 年 6 月 2 日
阳发〔2009〕19 号	中共阳泉市委、阳泉市人民政府关于推进民兵基层建设融合发展的意见	2009 年 6 月 16 日
阳发〔2009〕20 号	中共阳泉市委、阳泉市人民政府关于表彰阳泉市信息化工作先进集体和先进工作者的决定	2009 年 6 月 19 日

续表

文　号	文　件　标　题	发文日期
阳发〔2009〕22号	中共阳泉市委印发《关于进一步加强和改进常委(党组)中心组学习的实施意见》的通知	2009年7月6日
阳发〔2009〕23号	中共阳泉市委、阳泉市人民政府关于印发《阳泉市"三城同创"实施方案》的通知	2009年7月31日
阳发〔2009〕24号	中共阳泉市委、阳泉市人民政府、阳泉军分区关于表彰民兵基层建设先进单位和先进个人的通知	2009年8月19日
阳发〔2009〕25号	中共阳泉市委、阳泉市人民政府关于表彰阳泉市模范教师和教育系统先进工作者的决定	2009年9月7日
阳发〔2009〕26号	中共阳泉市委、阳泉市人民政府关于深入文化体制改革的实施意见	2009年12月4日
阳发〔2009〕27号	中共阳泉市委、阳泉市人民政府关于印发《阳泉市事业单位清理规范和分类改革实施方案》的通知	2009年9月29日
阳发〔2009〕28号	中共阳泉市委关于开展向道德模范黄代小学习的决定	2009年10月14日
阳发〔2009〕29号	中共阳泉市委、阳泉市人民政府关于印发《阳泉市人民政府机构改革方案》的通知	2009年11月16日
阳发〔2009〕30号	中共阳泉市委、阳泉市人民政府关于印发《平定县人民政府机构改革方案》的通知	2009年11月16日
阳发〔2009〕31号	中共阳泉市委、阳泉市人民政府关于印发《盂县人民政府机构改革方案》的通知	2009年11月16日
阳发〔2009〕32号	中共阳泉市委、阳泉市人民政府关于印发《阳泉市郊区人民政府机构改革方案》的通知	2009年11月16日
阳发〔2009〕33号	中共阳泉市委、阳泉市人民政府关于印发《城区人民政府机构改革方案》的通知	2009年11月16日
阳发〔2009〕34号	中共阳泉市委、阳泉市人民政府关于印发《矿区人民政府机构改革方案》的通知	2009年11月16日
阳发〔2009〕36号	中共阳泉市委、阳泉市人民政府关于命名第十三批文明单位(村)的决定	2009年11月23日
阳发〔2009〕37号	中共阳泉市委关于贯彻落实党的十七届四中全会和省委九届十次全会精神,加强和改进新形势下党的建设的实施意见	2009年12月16日
阳发〔2009〕38号	中共阳泉市委、阳泉市人民政府关于进一步落实党风廉政建设责任制工作的意见	2009年12月16日
阳发〔2009〕39号	中共阳泉市委、阳泉市人民政府关于进一步加快民营经济发展的决定	2009年12月17日
阳办发〔2009〕1号	中共阳泉市委办公厅关于落实抗损调研专项经费的情况通报	2009年1月7日
阳办发〔2009〕2号	中共阳泉市委办公厅关于调整阳泉市预防职务犯罪工作领导组组成人员的通知	2009年1月9日
阳办发〔2009〕3号	中共阳泉市委办公厅、阳泉市人民政府办公厅转发《中共山西省委办公厅、山西省人民政府办公厅关于在全省开展"进万户门、解万家难、暖万人心"活动的通知》的通知	2009年1月12日
阳办发〔2009〕4号	中共阳泉市委办公厅转发《中共山西省委办公厅关于做好信息报送和舆论宣传工作,进一步推进"进万户门、解万家难、暖万人心"活动的通知》的通知	2009年1月13日
阳办发〔2009〕5号	中共阳泉市委办公厅关于召开市委十届五次全体会议的通知	2009年1月17日

续表

文　号	文　件　标　题	发文日期
阳办发〔2009〕7号	中共阳泉市委办公厅、阳泉市人民政府办公厅关于组织完成《阳泉年鉴(2009)》撰稿工作的通知	2009年2月13日
阳办发〔2009〕8号	中共阳泉市委办公厅关于表彰2008年度先进工作者的决定	2009年2月23日
阳办发〔2009〕10号	中共阳泉市委办公厅转发《中共山西省委关于各级党委(党组)抓基层党建工作责任制》的通知	2009年2月25日
阳办发〔2009〕11号	中共阳泉市委办公厅关于2008年工作总结和2009年工作安排	2009年2月26日
阳办发〔2009〕14号	中共阳泉市委办公厅、阳泉市人民政府办公厅、预备役步兵第二四八团关于表彰2008年度优秀预备役军官和基层一对好主官的决定	2009年3月2日
阳办发〔2009〕17号	中共阳泉市委办公厅关于成立市委深入学习实践科学发展观活动领导小组的通知	2009年3月11日
阳办发〔2009〕19号	中共阳泉市委办公厅、阳泉市人民政府办公厅关于调整阳泉市人民政府军队转业干部安置工作领导组组成人员的通知	2009年3月17日
阳办发〔2009〕20号	中共阳泉市委办公厅、阳泉市人民政府办公厅关于调整阳泉市农村基层党风廉政建设工作领导组组成人员的通知	2009年3月17日
阳办发〔2009〕21号	中共阳泉市委办公厅、阳泉市人民政府办公厅关于调整阳泉市实施公务员法工作领导小组组成人员的通知	2009年3月17日
阳办发〔2009〕22号	中共阳泉市委办公厅、阳泉市人民政府办公厅关于调整阳泉市推行企务公开民主监督制度协调领导组成员的通知	2009年3月17日
阳办发〔2009〕23号	中共阳泉市委办公厅、阳泉市人民政府办公厅关于调整阳泉市特困职工援助工作领导组的通知	2009年3月17日
阳办发〔2009〕24号	中共阳泉市委办公厅印发《关于进一步加强全市党委系统值班工作的实施意见》和《全市党委系统值班工作考评办法》的通知	2009年3月17日
阳办发〔2009〕25号	中共阳泉市委办公厅、阳泉市人民政府办公厅关于2009年全市党风廉政建设和反腐败工作任务分解的意见	2009年3月23日
阳办发〔2009〕26号	中共阳泉市委办公厅关于转发市委宣传部《2009年全市宣传思想工作要点》的通知	2009年3月24日
阳办发〔2009〕27号	中共阳泉市委办公厅关于转发市委统战部《2009年全市统战工作要点》的通知	2009年4月1日
阳办发〔2009〕28号	中共阳泉市委办公厅关于印发《2009年度全市统战工作目标责任考核方案》的通知	2009年4月9日
阳办发〔2009〕29号	中共阳泉市委办公厅、阳泉市人民政府办公厅关于进一步净化社会文化环境，促进未成年人健康成长的实施意见	2009年4月15日
阳办发〔2009〕30号	中共阳泉市委办公厅关于表彰2008年度全市党政密码工作先进单位和优秀工作者的决定	2009年3月15日
阳办发〔2009〕31号	中共阳泉市委办公厅关于调整市委深入学习实践科学发展观活动领导小组人员的通知	2009年4月24日
阳办发〔2009〕33号	中共阳泉市委办公厅、阳泉市人民政府办公厅关于开展信息安全大检查落实计算机安全防范措施的通知	2009年5月5日
阳办发〔2009〕34号	中共阳泉市委办公厅、阳泉市人民政府办公厅关于2009年度深入开展民主评议政风行风工作的实施意见	2009年5月11日
阳办发〔2009〕35号	中共阳泉市委办公厅、阳泉市人民政府办公厅关于表彰2008年度全市民主评议政风行风工作先进单位和岗位的决定	2009年5月11日

续表

文　号	文 件 标 题	发文日期
阳办发〔2009〕36号	中共阳泉市委办公厅、阳泉市人民政府办公厅关于表彰全市信访工作先进集体和先进工作者的决定	2009年5月15日
阳办发〔2009〕38号	中共阳泉市委办公厅、阳泉市人民政府办公厅关于改进市领导到基层调研工作有关问题的规定	2009年5月26日
阳办发〔2009〕39号	中共阳泉市委办公厅、阳泉市人民政府办公厅关于党政机关带头厉行节约的通知	2009年5月26日
阳办发〔2009〕41号	中共阳泉市委办公厅关于转发《省委办公厅关于对全省领导干部作风建设情况进行督查的通知》的通知	2009年5月31日
阳办发〔2009〕42号	中共阳泉市委办公厅关于市级领导开展联系“八个一”活动的意见	2009年6月7日
阳办发〔2009〕43号	中共阳泉市委办公厅关于成立阳泉市加强领导干部党性修养大力树立和弘扬良好作风学习教育活动领导组的通知	2009年6月2日
阳办发〔2009〕44号	中共阳泉市委办公厅、阳泉市人民政府办公厅关于调整明确市机构编制委员会组成人员的通知	2009年6月3日
阳办发〔2009〕46号	中共阳泉市委办公厅转发《关于充分发挥检察职能为全市经济社会发展大局服务的意见》的通知	2009年6月5日
阳办发〔2009〕47号	中共阳泉市委办公厅关于开展纪念建党88周年系列活动的实施意见	2009年6月10日
阳办发〔2009〕49号	中共阳泉市委办公厅、阳泉市人民政府办公厅、阳泉军分区政治部印发《关于培育新型民兵的实施意见》的通知	2009年6月23日
阳办发〔2009〕50号	中共阳泉市委办公厅、阳泉市人民政府办公厅关于成立阳泉市城市亮化工作领导组的通知	2009年6月30日
阳办发〔2009〕51号	中共阳泉市委办公厅、阳泉市人民政府办公厅关于对全市县域经济发展情况进行调研的通知	2009年7月7日
阳办发〔2009〕53号	中共阳泉市委办公厅关于调整阳泉市双拥工作领导组组成人员的通知	2009年7月9日
阳办发〔2009〕55号	中共阳泉市委办公厅关于严禁用公款出国(境)旅游的实施办法	2009年7月16日
阳办发〔2009〕56号	中共阳泉市委办公厅、阳泉市人民政府办公厅关于印发市、县(区)和市直重点部门领导接待群众日安排的通知	2009年7月23日
阳办发〔2009〕57号	中共阳泉市委办公厅关于调整市委党史工作领导组成员的通知	2009年7月27日
阳办发〔2009〕59号	中共阳泉市委办公厅、阳泉市人民政府办公厅关于成立“三城同创”指挥部的通知	2009年7月31日
阳办发〔2009〕60号	中共阳泉市委办公厅、阳泉市人民政府办公厅关于调整阳泉市信访工作领导组组成人员的通知	2009年8月6日
阳办发〔2009〕61号	中共阳泉市委办公厅、阳泉市人民政府办公厅关于调整处理信访突出问题及群体性事件联席会议组成人员和工作机构的通知	2009年8月6日
阳办发〔2009〕62号	中共阳泉市委办公厅关于冯智等同志职务任免的通知	2009年8月6日
阳办发〔2009〕63号	中共阳泉市委办公厅、阳泉市人民政府办公厅关于成立阳泉市社区矫正工作领导组的通知	2009年8月7日
阳办发〔2009〕64号	中共阳泉市委办公厅认真学习贯彻中央《关于实行党政领导干部问责的暂行规定》等四个重要文件的通知	2009年8月11日

续表

文 号	文 件 标 题	发文日期
阳办发〔2009〕65号	中共阳泉市委办公厅、阳泉市人民政府办公厅印发《关于进一步推进创建劳动关系和谐企业活动的意见》的通知	2009年8月18日
阳办发〔2009〕66号	中共阳泉市委办公厅、阳泉市人民政府办公厅关于表彰2008年度“百项工程”建设先进集体和先进个人的决定	2009年8月25日
阳办发〔2009〕73号	中共阳泉市委办公厅、阳泉市人民政府办公厅关于调整阳泉市村务公开协调领导组组成人员的通知	2009年9月22日
阳办发〔2009〕74号	中共阳泉市委办公厅、阳泉市人民政府办公厅关于全面开展社区矫正工作的通知	2009年9月23日
阳办发〔2009〕76号	中共阳泉市委办公厅、阳泉市人民政府办公厅关于在市县(区)建立文化市场综合执法机构的实施意见	2009年11月30日
阳办发〔2009〕77号	中共阳泉市委办公厅、阳泉市人民政府办公厅关于国庆期间领导干部坚守工作岗位严守工作纪律的通知	2009年11月25日
阳办发〔2009〕79号	中共阳泉市委办公厅、阳泉市人民政府办公厅印发《2009～2013年全市禁毒工作规划》的通知	2009年9月19日
阳办发〔2009〕80号	中共阳泉市委办公厅关于认真做好2010年度《阳泉日报》发行工作的通知	2009年10月26日
阳办发〔2009〕82号	中共阳泉市委办公厅关于认真做好2010年度《中共中央办公厅通讯》、《秘书工作》征订工作的通知	2009年11月2日
阳办发〔2009〕83号	中共阳泉市委办公厅关于认真做好2010年度党报党刊发行工作的通知	2009年11月3日
阳办发〔2009〕84号	中共阳泉市委办公厅、阳泉市人民政府办公厅、阳泉军分区政治部关于表彰我市参加全省“联动—2009”联合实兵演练暨民兵高炮连实弹射击考核先进单位和先进个人的通报	2009年11月3日
阳办发〔2009〕86号	中共阳泉市委办公厅、阳泉市人民政府办公厅关于做好应对雪灾工作,确保人民群众生产生活秩序稳定的紧急通知	2009年11月12日
阳办发〔2009〕87号	中共阳泉市委办公厅、阳泉市人民政府办公厅关于调整阳泉市地方志编纂委员会成员的通知	2009年11月19日
阳办发〔2009〕88号	中共阳泉市委办公厅、阳泉市人民政府办公厅关于进一步做好应对强降雪工作开展“救灾、帮困、送温暖”活动的通知	2009年11月23日
阳办发〔2009〕89号	中共阳泉市委办公厅、阳泉市人民政府办公厅关于在全市开展向受灾和贫困群众“送温暖、献爱心”社会捐助活动的通知	2009年11月23日
阳办发〔2009〕91号	中共阳泉市委办公厅、阳泉市人民政府办公厅关于印发《全市党风廉政建设责任制考核实施办法》的通知	2009年11月30日
阳办发〔2009〕92号	中共阳泉市委办公厅关于召开市委十届六次全体会议的通知	2009年12月7日
阳办发〔2009〕93号	中共阳泉市委办公厅、阳泉市人民政府办公厅关于认真做好新一轮社区党组织和第四届社区居民委员会换届选举工作的意见	2009年12月15日
阳办发〔2009〕94号	中共阳泉市委办公厅、阳泉市人民政府办公厅关于进一步促进民营经济发展的实施意见	2009年12月24日
阳办发〔2009〕95号	中共阳泉市委办公厅、阳泉市人民政府办公厅关于成立阳泉市2010年“三节”活动领导组的通知	2009年12月24日
阳办发〔2009〕96号	中共阳泉市委办公厅、阳泉市人民政府办公厅关于做好2010年元旦、春节期间有关工作的通知	2009年12月29日

续表

文　号	文　件　标　题	发文日期
阳办发〔2009〕97号	中共阳泉市委办公厅、阳泉市人大常委会办公厅阳泉市人民政府办公厅阳泉市政协办公厅关于做好2010年元旦、春节期间有关工作的通知	2009年12月29日

阳泉市人大常委会

表26-2

文　号	文　件　标　题	发文日期
阳人发〔2009〕1号	对市军分区政治部《关于补选阳泉市第十三届人民代表大会代表的请示》的批复	2009年2月4日
阳人发〔2009〕2号	关于史友松同志任命职务的通知	2009年2月25日
阳人发〔2009〕3号	关于何海平同志任命职务的通知	2009年2月25日
阳人发〔2009〕4号	关于免去周成保同志职务的通知	2009年2月25日
阳人发〔2009〕5号	阳泉市人民代表大会常务委员会关于印发《关于批准阳泉市新北大街建设项目贷款的决议》的通知	2009年2月26日
阳人发〔2009〕6号	关于李栋梁同志任命职务的通知	2009年4月14日
阳人发〔2009〕7号	对盂县人大常委会《关于补选市第十三届人民代表大会代表的请示》的批复	2009年4月15日
阳人发〔2009〕8号	关于印发《阳泉市人民代表大会常务委员会关于批准市桃河公园河道梯级蓄水二期工程等五个项目贷款的决议》的通知	2009年4月29日
阳人发〔2009〕9号	关于印发《阳泉市人民代表大会常务委员会关于批准市桃河公园河道梯级蓄水二期工程等三个项目贷款的决议》的通知	2009年4月29日
阳人发〔2009〕10号	关于印发《阳泉市人民代表大会常务委员会关于批准市热电联产管网工程、桃河阳泉城区段上游河道治理工程项目贷款的决议》的通知	2009年4月29日
阳人发〔2009〕11号	阳泉市人大常委会关于批准《阳泉市人民政府关于桃河公园河道梯级蓄水二期工程等三个项目委托代建模式的议案》的决定	2009年5月5日
阳人发〔2009〕12号	阳泉市人大常委会关于纪念地方人大设立常委会30周年活动的安排意见	2009年6月15日
阳人发〔2009〕13号	关于印发《阳泉市人民代表大会常务委员会关于批准2008年市本级财政决算的决议》的通知	2009年6月24日
阳人发〔2009〕14号	关于印发《阳泉市人民代表大会常务委员会关于加快全市“3+2”农业产业化富民工程实施步伐的决议》的通知	2009年6月24日
阳人发〔2009〕15号	关于免去周保武同志职务的通知	2009年8月26日
阳人办发〔2009〕1号	关于召开市十三届人大常委会第十五次会议的通知	2009年1月4日
阳人办发〔2009〕2号	关于印发市人大机关2008年各部门工作总结的通知	2009年1月7日
阳人办发〔2009〕3号	关于对全市社会治安管理工作情况进行视察的通知	2009年1月8日

续表

文　号	文　件　标　题	发文日期
阳人办发〔2009〕4号	关于市政协常委会议室和市人大小会议室办公家具、会议设备购置费用的请示	2009年1月16日
阳人办发〔2009〕5号	关于组织市十三届人大代表进行集中视察的通知	2009年2月17日
阳人办发〔2009〕6号	关于印发阳泉市第十三届人大常委会第十四次会议对市人民政府专项工作报告的审议意见的通知	2009年2月23日
阳人办发〔2009〕7号	阳泉市第十三届人大常委会第十五会议纪要	2009年3月8日
阳人办发〔2009〕8号	关于2008年各县区人大信息采用情况的通报	2009年3月8日
阳人办发〔2009〕9号	关于表彰2008年度人大信息工作先进单位和个人的决定	2009年3月8日
阳人办发〔2009〕10号	关于对全市新型农村合作医疗情况进行视察的通知	2009年3月8日
阳人办发〔2009〕11号	关于召开深入学习实践科学发展观活动征求意见座谈会的通知	2009年3月20日
阳人办发〔2009〕12号	关于召开市十三届人大常委会第十七次会议的通知	2009年3月27日
阳人办发〔2009〕13号	关于视察全市“3+2”农业产业化富民工程实施情况的通知	2009年4月7日
阳人办发〔2009〕14号	关于对全市工业废弃物综合利用情况视察的通知	2009年4月13日
阳人办发〔2009〕15号	阳泉市第十三届人大常委会第十六次会议纪要	2009年4月15日
阳人办发〔2009〕16号	关于召开阳泉市第十三届人民代表大会第四次会议的通知	2009年4月20日
阳人办发〔2009〕17号	关于列席阳泉市第十三届人民代表大会第四次会议的通知	2009年4月20日
阳人办发〔2009〕18号	阳泉市第十三届人大常委会第十七次会议纪要	2009年4月20日
阳人办发〔2009〕19号	关于召开市十三届人大常委会第十八次会议的通知	2009年4月29日
阳人办发〔2009〕20号	关于对全市法院执行工作情况进行视察的通知	2009年5月10日
阳人办发〔2009〕21号	关于开展《中华人民共和国行政诉讼法》执法检查的通知	2009年5月14日
阳人办发〔2009〕22号	关于成立市人大机关治理“小金库”工作领导小组的通知	2009年6月17日
阳人办发〔2009〕23号	关于印发阳泉市第十三届人大常委会第十五次、第十七次会议对市人民政府专项工作报告的审议意见的通知	2009年6月22日
阳人办发〔2009〕24号	关于召开市十三届人大常委会第十九次会议的通知	2009年6月24日
阳人办发〔2009〕25号	阳泉市第十三届人大常委会第十八次会议纪要	2009年6月30日

续表

文号	文件标题	发文日期
阳人办发〔2009〕26号	关于视察全市中小企业发展情况的通知	2009年7月1日
阳人办发〔2009〕27号	关于组织驻我市省人大代表进行专题调研的通知	2009年7月20日
阳人办发〔2009〕28号	关于转发《省人大常委会关于开展中华人民共和国环境影响评价法执法检查的通知》的通知	2009年7月20日
阳人办发〔2009〕29号	关于征订《山西省地方性法规规章应用系统数据库》的通知	2009年7月27日
阳人办发〔2009〕30号	关于对我市创建国家园林城市工作视察的通知	2009年7月29日
阳人办发〔2009〕31号	关于印发阳泉市第十三届人大常委会第十八次会议对市人民政府和市中级人民法院专项工作报告的审议意见的通知	2009年7月31日
阳人办发〔2009〕32号	关于召开山西省人大第二届法制工作研讨会所需经费的报告	2009年8月3日
阳人办发〔2009〕33号	关于召开全市人大工作座谈会暨监督工作宣传展板组稿的通知	2009年8月4日
阳人办发〔2009〕34号	关于转发省人大常委会《关于省委加强人工作的意见贯彻落实情况问卷调查的通知》的通知	2009年8月11日
阳人办发〔2009〕35号	关于做好迎接全国人大常委会食品安全法执法检查组准备工作的通知	2009年8月17日
阳人办发〔2009〕36号	关于印发《防震减灾法》执法检查的通知	2009年8月21日
阳人办发〔2009〕37号	关于组织市人大代表开展2009年专题调研活动的通知	2009年8月27日
阳人办发〔2009〕38号	阳泉市第十三届人大常委会第十九次会议纪要	2009年9月3日
阳人办发〔2009〕39号	关于彭文智同志的免职通知	2009年9月3日
阳人办发〔2009〕40号	关于王和平同志调任工作的报告	2009年9月4日
阳人办发〔2009〕41号	市人大常委会办公厅关于印发《阳泉市人大常委会党组会议制度》的通知	2009年9月10日
阳人办发〔2009〕42号	市人大常委会办公厅关于印发《阳泉市人大常委会党组民主生活会制度》的通知	2009年9月9日
阳人办发〔2009〕43号	市人大常委会办公厅关于印发《阳泉市人大常委会机关关于上级常委会领导在阳泉进行公务活动的接待办法》的通知	2009年9月9日
阳人办发〔2009〕44号	市人大常委会办公厅关于印发《关于加强市县(区)人大常委会工作联系的若干意见》的通知	2009年9月9日
阳人办发〔2009〕45号	关于市人大机关科级干部职数审核的报告	2009年9月9日
阳人办发〔2009〕46号	关于召开市十三届人大常委会第二十次会议的通知	2009年9月10日
阳人办发〔2009〕47号	关于对全市城市管理行政执法工作情况视察的通知	2009年9月21日

续表

文号	文件标题	发文日期
阳人办发〔2009〕48号	关于对全市食品安全情况进行视察的通知	2009年9月21日
阳人办发〔2009〕49号	关于对全市"五五"普法工作情况进行视察的通知	2009年9月23日
阳人办发〔2009〕50号	市人大常委会办公厅关于印发《阳泉市人大常委会机关报刊订阅规定》的通知	2009年9月29日
阳人办发〔2009〕51号	关于为纪念地方人大设立常委会30周年开展"我与人大共奋进"征文活动的通知	2009年10月17日
阳人办发〔2009〕52号	关于组织部分市人大常委会组成人员赴右玉、包头、鄂尔多斯学习考察的报告	2009年10月20日
阳人办发〔2009〕53号	阳泉市第十三届人大常委会第二十次会议纪要	2009年10月22日
阳人办发〔2009〕54号	关于听取市人民政府应对甲型流感暴发防控工作情况报告的意见	2009年10月28日
阳人办发〔2009〕55号	关于高卫娟同志调入的申请	2009年10月28日
阳人办发〔2009〕56号	市人大常委会办公厅关于印发《上级人大在阳泉进行公务活动的接待工作流程》的通知	2009年11月2日
阳人办发〔2009〕57号	关于召开市十三届人大常委会第二十一次会议的通知	2009年11月3日
阳人办发〔2009〕58号	关于对我市贯彻执行《中华人民共和国未成年人保护法》工作情况进行检查的通知	2009年11月4日
阳人办发〔2009〕59号	关于全市防控甲流工作的审议意见	2009年11月9日
阳人办发〔2009〕60号	关于召开市、县(区)人大教科文卫工作会议的通知	2009年11月9日
阳人办发〔2009〕61号	关于《阳泉市人民政府关于有线电视数字平台建设及电视数字整体转换工程项目还款计划的备案申请》的回复	2009年11月19日
阳人办发〔2009〕62号	关于做好2010年"一报两刊"征订发行工作的通知	2009年11月27日
阳人办发〔2009〕63号	阳泉市第十三届人大常委会第二十一次会议纪要	2009年11月30日
阳人办发〔2009〕64号	关于对市十三届人大四次会议代表议案建议办理情况进行视察的通知	2009年12月1日
阳人办发〔2009〕65号	关于印发对市工商行政管理局工作评议意见的通知	2009年11月30日
阳人办发〔2009〕66号	关于印发《阳泉市人大常委会法律培训资料汇编》的通知	2009年12月2日
阳人办发〔2009〕67号	关于认真学习《社会主义法治理念读本》的通知	2009年12月7日
阳人办发〔2009〕68号	关于组织我市的省十一届人大代表进行视察的通知	2009年12月15日
阳人办发〔2009〕69号	关于印发《市人大办公厅关于机关老干部学习考察活动的暂行规定》等5项制度的通知	2009年12月22日

续表

文　号	文　件　标　题	发文日期
阳人办发〔2009〕70号	关于印发《省人大代表活动经费管理使用办法》的通知	2009年12月22日
阳人办发〔2009〕71号	阳泉市第十三届人大常委会第二十二次会议纪要	2009年12月23日
阳人办发〔2009〕72号	关于召开市十三届人大常委会第二十三次会议的通知	2009年12月23日
阳人办发〔2009〕73号	关于印发《阳泉市人大常委会机关值班工作制度(试行)》的通知	2009年12月29日
阳人办发〔2009〕74号	关于印发《市人大常委会领导省外公务活动暂行规定》的通知	2009年12月29日
阳人办发〔2009〕75号	关于印发《市人大常委会机关接待工作制度》的通知	2009年12月29日

阳泉市人民政府

表26-3

文　号	文　件　标　题	发文日期
阳政发〔2009〕1号	关于在全市开展安全生产专项整治的通知	2009年1月18日
阳政发〔2009〕2号	关于局部调整市郊区荫营镇土地利用总体规划的批复	2009年1月5日
阳政发〔2009〕3号	关于2008年度全市人口和计划生育工作目标管理责任制考核情况的通报	2009年1月5日
阳政发〔2009〕4号	关于表彰2008年度全市安全生产暨煤炭工作模范单位先进企业和优秀工作者的决定	2009年1月6日
阳政发〔2009〕5号	关于对阳泉市桃河治理建设规划的批复	2009年2月6日
阳政发〔2009〕6号	关于阳泉市桃河公园河道梯级蓄水二期工程等三个项目委托代建有关事项的通知	2009年2月5日
阳政发〔2009〕7号	关于表彰农业产业化发展民营生态建设农民专业合作社发展先进集体和模范个人的决定	2009年2月26日
阳政发〔2009〕9号	关于表彰2008年商务工作先进集体和先进个人的决定	2009年2月18日
阳政发〔2009〕10号	关于表彰2008年度全市环境保护工作先进集体和先进个人的决定	2009年4月22日
阳政发〔2009〕11号	关于局部调整平定县冠山镇、石门口乡土地利用总体规划的批复	2009年4月13日
阳政发〔2009〕12号	关于局部调整盂县秀水镇、孙家庄镇土地利用总体规划的批复	2009年4月13日
阳政发〔2009〕13号	关于局部调整阳泉市郊区荫营镇、平坦镇、义井镇、李家庄乡土地利用总体规划的批复	2009年4月13日
阳政发〔2009〕14号	关于局部调整阳泉市旧街乡土地利用总体规划的批复	2009年4月13日

续表

文　号	文 件 标 题	发文日期
阳政发〔2009〕15号	关于对房地产开发中违规变更规划、调整容积率问题开展专项治理的通知	2009年5月13日
阳政发〔2009〕16号	关于阳泉市开展新型农村社会养老保险试点工作的实施意见	2009年4月21日
阳政发〔2009〕17号	关于表彰2008年度金融支持地方经济发展先进集体和先进个人的决定	2009年6月3日
阳政发〔2009〕18号	关于局部调整平定县娘子关镇、冠山镇土地利用总体规划的批复	2009年6月9日
阳政发〔2009〕19号	关于进一步加强节油节电工作的通知	2009年6月22日
阳政发〔2009〕20号	关于下达阳泉市2009年国民经济和社会发展计划的通知	2009年6月22日
阳政发〔2009〕21号	关于推进煤矿企业兼并重组整合的指导意见	2009年6月24日
阳政发〔2009〕22号	关于印发市人民政府2009年工作目标责任分解的通知	2009年6月14日
阳政发〔2009〕23号	关于二〇〇九年防汛工作安排意见	2009年7月7日
阳政发〔2009〕24号	关于印发阳泉市煤矿企业兼并重组整合实施方案的通知	2009年8月19日
阳政发〔2009〕25号	关于局部调整平定县冠山镇冶西镇土地利用总体规划的批复	2009年8月7日
阳政发〔2009〕26号	关于认真做好第六次全国人口普查的通知	2009年8月20日
阳政发〔2009〕27号	关于局部调整郊区西南舁乡、河底镇土地利用总体规划的批复	2009年7月20日
阳政发〔2009〕28号	关于调整第三届阳泉仲裁委员会组成人员的通知	2009年9月7日
阳政发〔2009〕29号	关于筹办阳泉师范高等专科学校有关事宜的决定	2009年12月15日
阳政发〔2009〕31号	关于保障全市农民农村中小学校生活取暖用煤和城市区集中供热用煤的暂行办法	2009年10月12日
阳政发〔2009〕32号	关于表彰全市环卫职工标兵优秀环卫职工优秀环卫管理工作者的决定	2009年10月20日
阳政发〔2009〕33号	关于印发阳泉市深化医药卫生体制改革实施方案的通知	2009年10月26日
阳政发〔2009〕35号	关于撤销山西博丰审计事务所有限公司等16家市级守合同重信用单位荣誉称号的决定	2009年12月30日
阳政发〔2009〕36号	关于命名山西嘉瑞房地产开发有限公司等68家企业为2008年度市级守合同重信用单位的决定	2009年12月30日
阳政办发〔2009〕1号	关于印发阳泉市城乡公交一体化实施方案的通知	2009年2月17日
阳政办发〔2009〕2号	关于加强突发事件信息报送工作的通知	2009年1月5日

续表

文　号	文 件 标 题	发文日期
阳政办发〔2009〕3号	关于认真做好二〇〇九年春运工作的通知	2009年1月6日
阳政办发〔2009〕4号	关于免去阳泉市城市建设投资有限公司有关人员职务的通知	2009年1月6日
阳政办发〔2009〕5号	关于印发2009年安全生产考核指标和奖惩办法的通知	2009年1月7日
阳政办发〔2009〕6号	关于印发阳泉市安全生产各项制度的通知	2009年1月8日
阳政办发〔2009〕7号	关于调整阳泉市打假领导组成员的通知	2009年1月9日
阳政办发〔2009〕9号	关于在全市森林防火重点乡(镇)组建灭火应急队伍的通知	2009年1月19日
阳政办发〔2009〕10号	关于启用阳泉市人民政府外事办公室等二枚印章的通知	2009年2月4日
阳政办发〔2009〕11号	关于做好2008年度政府信息公开年度报告有关事项的通知	2009年2月4日
阳政办发〔2009〕12号	关于转发全市非煤矿山化工烟花爆竹民爆器材企业安全生产专项整治工作方案的通知	2009年2月10日
阳政办发〔2009〕13号	关于表彰2008年政务信息标兵单位、先进单位和优秀工作者的决定	2009年2月12日
阳政办发〔2009〕14号	关于印发阳泉市企业技术中心管理办法的通知	2009年2月17日
阳政办发〔2009〕15号	关于加强农村义务教育阶段寄宿制学校工作的实施意见	2009年2月24日
阳政办发〔2009〕16号	关于进一步推进食品放心城市创建工作全面提高食品安全保障水平的意见	2009年2月24日
阳政办发〔2009〕17号	关于征集2009年市人民政府为民办实事建议的通知	2009年2月22日
阳政办发〔2009〕18号	关于转发全市民用爆炸物品安全管理专项整治工作方案的通知	2009年2月25日
阳政办发〔2009〕19号	关于在全市开办中国人寿保险股份有限公司农村小额保险的通知	2009年2月27日
阳政办发〔2009〕20号	关于成立阳泉市公共机构节能工作领导组的通知	2009年2月27日
阳政办发〔2009〕21号	关于启用阳泉市公共机构节能管理办公室印章的通知	2009年2月27日
阳政办发〔2009〕22号	关于二□□九年民兵组织整顿工作的通知	2009年3月2日
阳政办发〔2009〕23号	关于印发阳泉市特种设备安全生产专项整治工作方案的通知	2009年2月23日
阳政办发〔2009〕24号	关于调整阳泉市劳动竞赛委员会组成人员的通知	2009年3月4日
阳政办发〔2009〕25号	关于印发阳泉市煤矿安全生产专项整治工作方案的通知	2009年3月2日

续表

文 号	文 件 标 题	发文日期
阳政办发〔2009〕26号	关于深刻吸取屯兰煤矿事故教训认真开展煤矿"一通三防"管理年活动的意见	2009年2月23日
阳政办发〔2009〕27号	关于印发阳泉市2009年新型农村合作医疗制度实施方案(试行)的通知	2009年3月4日
阳政办发〔2009〕28号	关于调整阳泉市人事争议仲裁委员会组成人员的通知	2009年3月10日
阳政办发〔2009〕29号	关于调整阳泉市事业单位人事制度改革领导组组成人员的通知	2009年3月10日
阳政办发〔2009〕30号	关于成立阳泉市粮食清仓查库领导组的通知	2009年3月11日
阳政办发〔2009〕31号	关于启用阳泉市人民政府督查室等四枚印章的通知	2009年3月15日
阳政办发〔2009〕32号	关于成立深入学习实践科学发展观活动领导小组及工作机构的通知	2009年3月18日
阳政办发〔2009〕33号	关于转发全市道路运输安全生产专项整治工作方案的通知	2009年3月18日
阳政办发〔2009〕34号	关于转发全市交通基础设施建设安全生产专项整治工作方案的通知	2009年3月18日
阳政办发〔2009〕35号	关于转发全市水上交通安全生产专项整治工作方案的通知	2009年3月18日
阳政办发〔2009〕36号	关于在全市安全生产工作中进一步发挥工会组织作用的实施意见	2009年2月26日
阳政办发〔2009〕37号	关于表彰劳动和社会保障工作模范单位的通报	2009年3月26日
阳政办发〔2009〕38号	关于印发阳泉市打击非法采矿"09春雷行动"实施方案的通知	2009年3月24日
阳政办发〔2009〕39号	关于开展在用机动车排放污染物检测工作的通知	2009年3月25日
阳政办发〔2009〕40号	关于印发阳泉市道路交通安全专项整治工作方案的通知	2009年3月12日
阳政办发〔2009〕41号	关于印发阳泉市农机安全生产专项整治工作方案的通知	2009年3月16日
阳政办发〔2009〕42号	关于调整阳泉市打假领导组成员的通知	2009年3月31日
阳政办发〔2009〕43号	关于印发第四届中国中部投资贸易博览会阳泉代表团工作方案的通知	2009年4月2日
阳政办发〔2009〕44号	关于印发第十二届中国(重庆)国际投资暨全球采购会阳泉代表团工作方案的通知	2009年4月2日
阳政办发〔2009〕45号	关于印发城乡环境卫生集中整治活动方案的通知	2009年4月2日
阳政办发〔2009〕46号	关于落实2008年三晋环保行提出整改意见的报告	2009年4月2日
阳政办发〔2009〕47号	关于成立阳泉市桃河流域生态环境综合治理工程领导组的通知	2009年3月3日

续表

文 号	文 件 标 题	发文日期
阳政办发〔2009〕48号	关于成立阳泉市热电联产(龙川热源)管网工程建设指挥部的通知	2009年4月13日
阳政办发〔2009〕49号	关于落实省政府关于进一步加强中央扩大内需新增投资项目管理的通知的紧急通知	2009年4月14日
阳政办发〔2009〕50号	关于王拥国等二十三人任免职务的通知	2009年4月30日
阳政办发〔2009〕51号	关于印发政府法制工作目标责任制分解考核指标的通知	2009年4月15日
阳政办发〔2009〕52号	关于印发阳泉市2009年推进依法行政工作要点的通知	2009年4月14日
阳政办发〔2009〕53号	关于印发阳泉市食品安全整顿工作方案的通知	2009年4月21日
阳政办发〔2009〕54号	关于成立阳泉市重点工程领导组的通知	2009年4月21日
阳政办发〔2009〕55号	关于印发阳泉市整治违法排污企业保障群众健康环保专项行动实施方案的通知	2009年4月24日
阳政办发〔2009〕56号	关于印发开展安全生产规范管理年活动实施意见的通知	2009年4月24日
阳政办发〔2009〕57号	关于印发阳泉市消防安全专项整治工作方案的通知	2009年3月5日
阳政办发〔2009〕58号	关于成立阳泉市甲型H1N1流感防控领导协调组的通知	2009年5月4日
阳政办发〔2009〕59号	关于加强甲型H1N1流感防控工作的通知	2009年5月4日
阳政办发〔2009〕60号	关于印发阳泉市清理整顿土地市场秩序及卫片执法检查工作实施方案的通知	2009年4月22日
阳政办发〔2009〕61号	关于王旭明王敬瑞王□洲同志分工调整的通知	2009年5月11日
阳政办发〔2009〕62号	关于印发阳泉市2009年地质灾害防治方案的通知	2009年5月11日
阳政办发〔2009〕63号	关于印发阳泉市旅游行业安全生产专项整治工作方案的通知	2009年5月12日
阳政办发〔2009〕64号	关于印发对畜禽产品屠宰证明审验复核的实施细则的通知	2009年5月12日
阳政办发〔2009〕65号	关于印发全市机械、轻工、纺织、烟草、商贸五个行业企业安全生产专项整治工作方案的通知	2009年5月15日
阳政办发〔2009〕66号	关于扎实推进安全生产“三项行动”的通知	2009年5月15日
阳政办发〔2009〕68号	关于2008年市级城市教育费附加征收奖励办法的通知	2009年5月26日
阳政办发〔2009〕69号	关于印发人行阳泉支行关于金融支持对外贸易发展的指导意见的通知	2009年5月26日
阳政办发〔2009〕70号	关于进一步加强全市甲型H1N1流感防控工作的通知	2009年5月26日

续表

文　号	文　件　标　题	发文日期
阳政办发〔2009〕71号	关于将大学生纳入城镇居民基本医疗保险试点范围的通知	2009年4月29日
阳政办发〔2009〕72号	关于2008年度金融支持地方经济发展考核奖励情况的通报	2009年6月3日
阳政办发〔2009〕73号	关于转发山西省应急知识宣教训练纲要的通知	2009年6月10日
阳政办发〔2009〕75号	关于调整阳泉市治理非法超限超载车辆工作领导组组成人员的通知	2009年6月17日
阳政办发〔2009〕76号	关于印发市政府办公厅保密工作制度的通知	2009年6月23日
阳政办发〔2009〕77号	关于同意换发生猪定点屠宰证书和标志牌的批复	2009年6月25日
阳政办发〔2009〕78号	关于成立阳泉市干线公路重点工程建设领导协调组的通知	2009年6月25日
阳政办发〔2009〕80号	关于阳泉市“三方万户百日”农机大回访行动实施方案	2009年6月29日
阳政办发〔2009〕81号	关于印发阳泉市城市亮化工作实施方案的通知	2009年7月3日
阳政办发〔2009〕82号	关于印发报送市人民政府公文考核办法(试行)的通知	2009年7月1日
阳政办发〔2009〕83号	关于做好招商推介和筹备项目合作签约有关事宜的通知	2009年7月7日
阳政办发〔2009〕84号	关于转发山西省开展省级依法行政示范县示范单位创建活动实施方案的通知	2009年7月9日
阳政办发〔2009〕86号	转发市国土资源局等部门关于阳泉市地理信息市场专项整治工作实施方案的通知	2009年7月16日
阳政办发〔2009〕87号	关于对全市义务教育阶段寄宿制学校寄宿生实施营养早餐工程的通知	2009年7月20日
阳政办发〔2009〕88号	关于进一步加强全市煤矿安全工作的通知	2009年7月24日
阳政办发〔2009〕89号	关于印发阳泉市村卫生室全覆盖实施方案的通知	2009年7月24日
阳政办发〔2009〕90号	关于转发市卫生局等部门制订的《关于开展向社会公开选聘大学生村医工作的实施方案》的通知	2009年7月24日
阳政办发〔2009〕91号	关于印发第六届中国——东盟博览会阳泉代表团工作方案的通知	2009年7月28日
阳政办发〔2009〕92号	关于印发第十一届中国国际高新技术成果交易会阳泉代表团工作方案的通知	2009年7月28日
阳政办发〔2009〕93号	关于成立山西平阳高速公路建设管理处的通知	2009年7月31日
阳政办发〔2009〕94号	关于印发第六届中国国际中小企业博览会暨中西中小企业博览会阳泉分团工作方案的通知	2009年8月10日
阳政办发〔2009〕95号	关于调整阳泉市住房公积金管理委员会组成人员的通知	2009年8月11日

续表

文　号	文 件 标 题	发文日期
阳政办发〔2009〕96号	关于成立阳泉市精神病医院建设领导组的通知	2009年7月9日
阳政办发〔2009〕97号	关于做好政府信息公开工作情况自查整改工作的紧急通知	2009年8月14日
阳政办发〔2009〕98号	关于贯彻落实国务院关于加强市县政府依法行政的决定精神的情况汇报	2009年8月14日
阳政办发〔2009〕99号	关于印发阳泉市奶牛养殖场(户)销售鲜牛奶补助办法的通知	2009年8月10日
阳政办发〔2009〕100号	关于调整阳泉市防汛抗旱指挥部组成人员的通知	2009年8月17日
阳政办发〔2009〕101号	关于加强全市中小学校舍安全工程工作的通知	2009年8月21日
阳政办发〔2009〕102号	关于在全市组织开展安全生产大检查的通知	2009年8月24日
阳政办发〔2009〕103号	关于印发阳泉市煤矿企业兼并重组整合规划方案的通知	2009年8月24日
阳政办发〔2009〕104号	关于印发第十三届中国国际投资贸易洽谈会阳泉代表团工作方案的通知	2009年8月28日
阳政办发〔2009〕105号	关于进一步加强银行业安全工作创建和谐稳定金融环境的通知	2009年8月27日
阳政办发〔2009〕106号	转发市人事局市财政局市教育局关于阳泉市义务教育学校绩效工资实施办法的通知	2009年9月2日
阳政办发〔2009〕107号	关于调整阳泉市人民政府安全生产委员会及其办公室组成人员的通知	2009年8月28日
阳政办发〔2009〕108号	关于聘任“三城同创”义务监督员的决定	2009年9月9日
阳政办发〔2009〕109号	关于保障规范性文件质量推进依法行政的实施意见	2009年9月2日
阳政办发〔2009〕110号	关于做好规范性文件清理和登记工作的通知	2009年9月2日
阳政办发〔2009〕111号	关于成立阳泉市规范性文件清理工作领导组的通知	2009年9月7日
阳政办发〔2009〕112号	关于调整阳泉市土地利用总体规划修编工作领导组的通知	2009年9月8日
阳政办发〔2009〕113号	关于扩大滨河世纪城等区域为高污染燃料禁燃区的通知	2009年9月9日
阳政办发〔2009〕114号	关于印发阳泉市创建国家环境保护模范城市工作方案的通知	2009年9月8日
阳政办发〔2009〕115号	关于印发阳泉市创建国家卫生城市实施细则的通知	2009年9月10日
阳政办发〔2009〕116号	关于印发阳泉市公路环境整治实施方案的通知	2009年9月9日
阳政办发〔2009〕117号	关于成立阳泉市放心粮油工程建设领导组的通知	2009年9月11日

续表

文号	文件标题	发文日期
阳政办发〔2009〕118号	关于阳泉调整市爱卫会组成人员的通知	2009年9月8日
阳政办发〔2009〕119号	关于实行领导包片包矿制度加强煤矿兼并重组期间安全工作的通知	2009年9月9日
阳政办发〔2009〕120号	关于表彰奖励推进标准化战略重点项目先进单位的通知	2009年9月18日
阳政办发〔2009〕121号	关于全市中小学校舍安全工程的补充意见	2009年9月16日
阳政办发〔2009〕122号	关于进一步规范和完善城乡医疗救助制度的意见	2009年9月10日
阳政办发〔2009〕123号	关于做好2009年国庆节期间有关工作的通知	2009年9月22日
阳政办发〔2009〕124号	关于进一步认真贯彻落实《国旗法》的通知	2009年9月24日
阳政办发〔2009〕125号	关于在全市开展城市房屋抗震性能和农村危房调查工作的通知	2009年9月15日
阳政办发〔2009〕126号	关于印发中国(山西)特色农产品交易博览会阳泉市组委会工作方案的通知	2009年9月20日
阳政办发〔2009〕127号	关于印发阳泉市参加省级以上体育比赛运动员、教练员及相关人员奖励办法的通知	2009年9月28日
阳政办发〔2009〕128号	关于对桃河辛兴水源地水功能进行调整的通知	2009年9月27日
阳政办发〔2009〕129号	关于转发山西省人民政府办公厅关于进一步加快重点工程项目前期手续办理和加强重点工程质量安全管理的通知的紧急通知	2009年10月1日
阳政办发〔2009〕130号	关于印发阳泉市数字化城市建设项目的工作方案的通知	2009年10月9日
阳政办发〔2009〕131号	关于成立阳泉市深化医药卫生体制改革领导组的通知	2009年10月10日
阳政办发〔2009〕132号	关于成立阳泉市村卫生室全覆盖协调领导组的通知	2009年10月14日
阳政办发〔2009〕133号	关于印发2009年阳泉市道路安全隐患排查治理工作方案的通知	2009年10月14日
阳政办发〔2009〕134号	关于印发阳泉市开展社区戒毒和社区康复试点工作实施方案的通知	2009年10月14日
阳政办发〔2009〕135号	关于统筹城乡发展加强中心乡镇工作的通知	2009年10月15日
阳政办发〔2009〕136号	关于印发阳泉市开展农产品市场准入工作的实施意见的通知	2009年10月13日
阳政办发〔2009〕137号	关于印发阳泉市商务领域举报奖励办法的通知	2009年10月19日
阳政办发〔2009〕138号	关于转发阳泉市商务综合行政执法试点工作方案的通知	2009年10月19日
阳政办发〔2009〕139号	关于启用阳泉市治理非法超限超载车辆工作领导组阳泉市治理非法超限超载车辆工作领导组办公室两枚印章的通知	2009年10月23日

续表

文　号	文 件 标 题	发文日期
阳政办发〔2009〕140号	关于对阳泉气象观测站新址气象探测环境的保护意见	2009年10月20日
阳政办发〔2009〕141号	关于印发阳泉市门前四包责任制管理办法的通知	2009年10月26日
阳政办发〔2009〕142号	关于对学校甲型H1N1流感防控措施落实情况进行监督检查的通知	2009年10月30日
阳政办发〔2009〕144号	关于调整阳泉市甲型H1N1流感防控领导协调组的通知	2009年11月2日
阳政办发〔2009〕145号	关于成立既有建筑节能改造工作领导组的通知	2009年9月5日
阳政办发〔2009〕146号	关于规范整顿阳泉地区天然气市场区划问题的通知	2009年10月21日
阳政办发〔2009〕147号	关于印发阳泉市政府与阳煤集团联席会议制度的通知	2009年11月5日
阳政办发〔2009〕148号	关于做好应对强降雪降温天气预防灾害发生确保安全稳定的紧急通知	2009年11月11日
阳政办发〔2009〕149号	关于印发阳泉市关于对重点受灾企业的帮扶意见的通知	2009年11月16日
阳政办发〔2009〕150号	关于阳泉市煤气公司等三个市政公用企业调整监管体制的通知	2009年11月16日
阳政办发〔2009〕151号	关于继续做好清雪防灾工作的通知	2009年11月16日
阳政办发〔2009〕152号	阳泉市文化产业发展规划纲要(2009—2015年)	2009年11月25日
阳政办发〔2009〕153号	关于对雪灾后恢复日光温室蔬菜生产给予救助扶持的通知	2009年11月20日
阳政办发〔2009〕154号	关于加快做好清运积雪工作的通知	2009年11月24日
阳政办发〔2009〕155号	关于印发阳泉市创建国家园林城市实施细则的通知	2009年11月30日
阳政办发〔2009〕156号	转发山西省人民政府办公厅关于落实省人大常委会对检查行政诉讼法实施情况报告审议意见的通知	2009年11月27日
阳政办发〔2009〕157号	关于印发阳泉市反洗钱工作联席会议制度的通知	2009年12月1日
阳政办发〔2009〕158号	关于印发阳泉市养犬管理办法(试行)的通知	2009年12月3日
阳政办发〔2009〕159号	关于上报2010年度对外招商引资项目的通知	2009年12月9日
阳政办发〔2009〕160号	关于转发阳泉市煤矿安全生产五人小组督查工作方案的通知	2009年12月10日
阳政办发〔2009〕161号	关于2010年部分节假日安排的通知	2009年12月11日
阳政办发〔2009〕162号	关于启用阳泉市住房保障和城乡建设管理局印章的通知	2009年12月11日

续表

文 号	文 件 标 题	发文日期
阳政办发〔2009〕163 号	关于印发阳泉市煤炭企业兼并重组关井实施方案的通知	2009 年 12 月 14 日
阳政办发〔2009〕164 号	关于加强今冬明春防火工作的通知	2009 年 12 月 17 日
阳政办发〔2009〕165 号	关于加强气象灾害防御能力建设的通知	2009 年 12 月 17 日
阳政办发〔2009〕166 号	关于启用阳泉市第六次全国人口普查领导小组阳泉市第六次全国人口普查领导小组办公室两枚印章的通知	2009 年 12 月 22 日
阳政办发〔2009〕168 号	关于启用阳泉市文化广电新闻出版局印章的通知	2009 年 12 月 24 日
阳政办发〔2009〕169 号	关于全市甲型 H1N1 流感疫苗接种情况的通报	2009 年 12 月 30 日
阳政办发〔2009〕170 号	关于转发关于贯彻实施国家标准校车标识的实施方案的通知	2009 年 12 月 31 日
阳政办发〔2009〕172 号	关于进一步加强森林防火工作的实施意见	2009 年 12 月 24 日
阳政办发〔2009〕173 号	关于调整市森林防火指挥部组成人员的通知	2009 年 12 月 31 日
阳政办发〔2009〕174 号	关于对雪灾后恢复设施蔬菜生产给予延期贴息贷款的通知	2009 年 12 月 31 日
阳政办发〔2009〕175 号	关于梁爱卿等二人任免职务的通知	2009 年 12 月 24 日
阳政办发〔2009〕176 号	关于翟素梅等五人任免职务的通知	2009 年 12 月 31 日

政协阳泉市委员会

表 26-4

文 号	文 件 标 题	发文日期
阳协发〔2009〕1 号	政协阳泉市十一届委员会常务委员会关于加快我市服务业发展的建议案	2009 年 2 月 27 日
阳协发〔2009〕2 号	关于表彰 2008 年度政协信息工作先进单位先进个人的决定	2009 年 5 月 10 日
阳协发〔2009〕3 号	关于表彰十一届一次会议以来优秀提案办理提案先进单位和先进工作者的决定	2009 年 5 月 20 日
阳协发〔2009〕4 号	关于推进我市创业就业工作的建议	2009 年 8 月 31 日
阳协发〔2009〕5 号	关于刘高官同志赴台参访的报告	2009 年 10 月 13 日
阳协发〔2009〕6 号	政协阳泉市十一届委员会常务委员会关于发展我市高新技术产业促进资源型城市转型的建议案	2009 年 12 月 18 日
阳协办〔2009〕1 号	关于举办 2009 年“迎新春委员联谊会”的通知	2009 年 1 月 13 日

续表

文　号	文 件 标 题	发文日期
阳协办〔2009〕2号	关于2008年度全市政协系统个人反映社情民意工作情况的通报	2009年1月14日
阳协办〔2009〕3号	关于召开2009年全市政协系统社情民意信息工作会议的通知	2009年2月12日
阳协办〔2009〕4号	关于下发2009年反映社情民意信息工作季度考核量化指标的通知	2009年2月10日
阳协办〔2009〕5号	关于修订《全市政协系统信息工作考评办法》的通知	2009年2月13日
阳协办〔2009〕6号	关于印发《关于进一步做好新形势下反映社情民意信息工作的意见》的通知	2009年2月13日
阳协办〔2009〕7号	市政协十一届七次常委会议参会情况通报	2009年2月19日
阳协办〔2009〕8号	关于召开市政协十一届八次常委会议的通知	2009年2月19日
阳协办〔2009〕9号	关于孔德慧等同志职务任免的通知	2009年2月26日
阳协办〔2009〕10号	关于市政协十一届八次常委会议的情况报告	2009年2月27日
阳协办〔2009〕14号	关于开展“创业就业”专题调研的通知	2009年4月12日
阳协办〔2009〕19号	关于召开全市政协系统社情民意信息分析会的通知	2009年5月4日
阳协办〔2009〕20号	政协阳泉市委员会办公厅关于对市政协委员履行职能考评的通知	2009年5月10日
阳协办〔2009〕21号	政协阳泉市委员会办公厅关于表彰2008年度政协信息工作先进单位先进个人的决定	2009年5月10日
阳协办〔2009〕22号	关于印发《政协阳泉市委员会办公厅关于委员调研、视察工作的办法》的通知	2009年5月12日
阳协办〔2009〕23号	市政协十一届八次常委会议参会情况通报	2009年5月11日
阳协办〔2009〕24号	关于召开政协阳泉市第十一届委员会第三次会议的通知	2009年5月12日
阳协办〔2009〕25号	关于征集“纪念人民政协成立60周年文史资料”稿件的通知	2009年5月11日
阳协办〔2009〕26号	关于召开阳泉市政协提案和社情民意信息工作表彰会的通知	2009年5月11日
阳协办〔2009〕27号	关于报送《关于我市食品安全监管工作情况的调研报告》的报告	2009年5月14日
阳协办〔2009〕29号	关于市政协委员2008年度履行职能的情况通报	2009年5月19日
阳协办〔2009〕31号	关于印发《关于二〇〇九年市政协常委会重点工作及新中国成立60周年和人民政协成立60周年庆祝活动安排》的通知	2009年6月23日
阳协办〔2009〕32号	关于举办庆祝人民政协成立60周年政协知识竞赛的通知	2009年6月30日

续表

文号	文件标题	发文日期
阳协办〔2009〕35号	关于开展集体林权制度改革试点工作调研的通知	2009年7月10日
阳协办〔2009〕36号	关于设立阳泉市政协社情民意研究中心的请示	2009年7月22日
阳协办〔2009〕37号	关于成立市政协计划生育情况专项检查领导组的通知	2009年7月23日
阳协办〔2009〕38号	关于共同筹资联合举办"辉煌60周年"摄影作品展览的有关通知	2009年7月30日
阳协办〔2009〕39号	关于转发《山西省政协信息处关于加强政协信息工作的通知》的通知	2009年8月11日
阳协办〔2009〕43号	关于举行庆祝中华人民共和国和人民政协成立60周年——"辉煌60年"摄影展览开展仪式的通知	2009年8月21日
阳协办〔2009〕44号	关于召开市政协十一届十一次常委会议的通知	2009年8月21日
阳协办〔2009〕45号	市政协关于报送《我市集体林权制度改革试点工作情况的调研报告》的报告	2009年9月1日
阳协办〔2009〕46号	关于市政协十一届十一次常委会议的情况报告	2009年9月1日
阳协办〔2009〕47号	关于印发《市政协常委会议室管理办法》的通知	2009年9月7日
阳协办〔2009〕49号	关于成立阳泉市改革创新研究会的报告	2009年9月15日
阳协办〔2009〕50号	关于《市政协十一届三次会议以来委员撰写提案情况通报》的通知	2009年9月20日
阳协办〔2009〕52号	市政协关于举办庆祝中国人民政治协商会议成立60周年专题报告会的通知	2009年9月23日
阳协办〔2009〕53号	关于解决阳泉市改革创新研究会筹办经费的报告	2009年9月22日
阳协办〔2009〕55号	关于市政协常委会组成人员视察我市重点工程项目的通知	2009年10月27日
阳协办〔2009〕56号	关于举行市政协纪念人民政协成立60周年政协知识竞赛抽奖暨颁奖仪式的通知	2009年10月27日
阳协办〔2009〕57号	庆祝人民政协成立60周年政协知识竞赛表彰决定	2009年10月27日
阳协办〔2009〕61号	市政协关于召开各县(区)政协市各民主党派、工商联、侨联,市政协各专委会负责人座谈会的通知	2009年11月20日
阳协办〔2009〕62号	关于成立阳泉市改革创新研究会的请示	2009年11月25日
阳协办〔2009〕63号	关于郭映普同志任职的通知	2009年12月3日
阳协办〔2009〕64号	关于召开市政协十一届十二次常委会议的通知	2009年12月8日
阳协办〔2009〕65号	市政协十一届十一次常委会议参会情况通报	2009年12月14日

续表

文　号	文　件　标　题	发文日期
阳协办〔2009〕66 号	关于杨静芳等同志职务任免的通知	2009 年 12 月 15 日
阳协办〔2009〕67 号	关于市政协十一届十二次常委会议的情况报告	2009 年 12 月 17 日
阳协办〔2009〕68 号	关于免去张贵红同志职务的通知	2009 年 12 月 23 日

2008 年度阳泉市科技进步授奖项目

表 26-5

获奖等级	文章标题	单位名称	人员名单
应用研究 一等奖 6 项	1.疏水性煤层开采条件下节水型综合防尘技术研究及应用	山西国阳新能股份有限公司 北京科学技术大学	张庆恒　张福喜　张吉林　刘继勇 范维新　周润金　梅文元　李虎贵 李千斌　刘俊平
	2.强化本煤层瓦斯抽采主动支护式封孔技术试验研究	山西国阳新能股份有限公司 河南理工大学	游　浩　孙玉宁　张福喜　陈国华 赵长春　马建宏　朱伶俐　赵庆珍 张爱科　周润金
	3.古滑坡建设场区再造工程技术综合应用	山西太行建设开发有限公司	赵贵生　王挨云　李若辉　王惠荣 王玉荣　周耀亮　李　浩　行磊磊 杨　军　马博恒
	4.M 型超声心动图下测定心室同步性并再同步化治疗心力衰竭的研究	阳泉市第一人民医院	王凤琴　王希章　周　青　石文意 李建勇　高晓峰　张芬芳　郑伟建 宋剑辉　张凯明
	5.小剂量甲状腺素对小儿顽固性心力衰竭治疗作用的临床研究	阳泉市第一人民医院	杨凤美　贾融和　刘宝凤　刘润生 梁慧莲　曲启明　石文意
	6.彩色多普勒血流显像对股骨头血流情况的临床研究	阳泉市第一人民医院	马　芳　励　钢　石文意　吕志刚 郭玉霞　白占国　高靖宇　古锦瑞 鲁永健
成果推广及产业化 一等奖 4 项	7.先玉 335 在盂县试验示范推广	盂县种子公司	付宝生　赵永军　赵欣欣　李瑞华 李　冬　刘培青　赵　欣　郭晓华 郭俊红　祁东光
	8.鲜食糯玉米加工项目	阳泉丰裕农业科技有限公司	杨树盛　卢素昌　赵建峰　裴宝明 刘秋生　刘宇宽　岳文明　毛双林 张军庆　杨贵华
	9.7 米焦炉用硅砖	山西盂县西小坪耐火材料有限公司	武本有　郝良军　韩八斤
	10.D、DG、DF、MD85-67 型多级离心泵	阳泉水泵厂有限责任公司	雷　明　张继武　马凤莲　张建全 付景泉　孟振英　王鸿民　王庆喜

续表

获奖等级	文章标题	单位名称	人员名单
软科学 一等奖3项	11. 山西省阳泉市水资源综合规划报告	阳泉市水资源管理委员会 山西省水资源研究所	张江华 宁维亮 董翊立 安晓峰 窦艳芳 胡 淼 王永珍 高红波 杜保存 杨巧莉
	12.管理"六化"体系的研究与应用	阳泉煤业(集团)有限责任公司	林彦清 于晋华 祁致祥 张永建 赵建贵 王卫平 王冬平 王富明 孙晋秀 刘中华
	13. 阳泉煤炭资源型城市转型研究	阳泉市科技情报研究所	要 真 王东柱 郝葆良 张庭杰 李永寿 杨建国 张智日 赵华峰 于世明
应用研究 二等奖9项	14. 两种暴发性松扁叶蜂综合防控技术研究	阳泉煤业(集团)有限责任公司	张彦德 赵慎斋 郭瑞生 郭存珍 温晓红 古宝义 孙亚义 陈建书 邵建明
	15. 内置式平衡容器高精度监测汽包水位的方法及试验研究	山西阳光发电有限责任公司	宋豪杰 魏双云 耿瑞明 李文刚 辛长春 侯建志 刘立琨 刘 波
	16.地热能的开发与利用	山西国阳新能股份有限公司	李忠书 李美生 岳 勤 牛毓慧 杨荣清 马天东 付 鸿
	17. 碎裂围岩巷道变形破坏规律及其控制技术研究	山西国阳新能股份有限公司 中国矿业大学	陈国华 靖洪文 乔志英 陈坤福 武 钢 东兆星 姚建新 许国安 郑栓龙 王玉禄 杨晓成
	18. 高瓦斯矿井综放工作面沿空侧回采巷道矿压规律及维护技术研究	山西国阳新能股份有限公司 中国矿业大学	杨乃时 屠世浩 孙世民 鲁 岩 赵岩峰 周润金 丁日斌 刘林绪 李忠杰 王方田
	19. 高瓦斯综放面本煤层与邻近层采动卸压瓦斯同步抽采技术研究	阳泉煤业(集团)有限责任公司 中国矿业大学	游 浩 许家林 张福喜 杨胜强 刘福军 赵世铎 王聪利 吴仁伦 赵长春 屈庆栋
	20. 国阳二矿煤矿井下电网监测监控系统研究	山西国阳新能股份有限公司 北京威通诚信机电科技有限公司	胡少昆 潘龙成 潘 越 王晋宏 路永生 王宝山 王润成 任刚平 金详武 侯 成
	21. 防弧光短路技术在点解铝整流系统中的研究与应用	山西兆丰铝业有限责任公司电解铝分公司	王德海 魏迎辉 刘克昌 石晓亮 李慧生 姬九军 韩军军 李晓军 方志勇 董 越 杨兴龙
	22. 静脉镇痛泵芬太尼个体化用药规律性研究	阳泉市第一人民医院	张振泉 梁慧莲 王 胜 王凯红 李占荣 张惠东 杨卫玉
成果推广及产业化 二等奖3项	23.大口径燃气翻板阀	阳泉阀门股份有限公司	梁志宝 赵爱花 张治勤 徐立明 王彦红 刘春玲 武 军 靳利铭 王永明 梁双珍
	24.蒸压粉煤灰砖	阳泉市华通建筑材料研究所 华通路桥集团建材分公司	宋坤亮 杨书典 牟宏伟 荆建平 仝相波
	25.鲟鱼的引进与推广	阳泉市水产技术推广站	刘卫平 孟晓强 赵鲁东 高树根

续表

获奖等级	文章标题	单位名称	人员名单
软科学 二等奖 3 项	26. 区域科技评价指标体系及计量软件开发研究	阳泉职业技术学院	郝家龙　苏　颖　翟纯红　闫守琦
	27.阳泉市玉米种植区划研究	阳泉市种子协会	李　平　祁东光　毕建华　冯富萍 李世英　安保中　荣润全　延根祥 梁新华　郭俊红
	28.现代物业管理研究与应用	山西太行建设开发有限公司	赵贵生　王挨云　阎爱成　李君成 张高峰
应用研究 三等奖 17 项	29.采用 3AP 断路器提高发电机出线可靠性	山西阳光发电有限责任公司	柳成亮　李向宏　武晋涛　高永明 李郭民　许新昌　边志强　史红香
	30. 纯 PPS 不覆膜滤料在大型锅炉布袋除尘器上的应用	山西阳光发电有限责任公司	魏绍青　柳成亮　杨立功　杨小明 张润成　张树苗　高建明　高忠寿 胡学军
	31. 汽轮机旁路控制系统性能优化	山西阳光发电有限责任公司	宋豪杰　魏双云　耿瑞明　牛大为 梁继明　李安萍
	32. 循环水系统电机双速节能技术试验研究	山西阳光发电有限责任公司	魏绍青　许新昌　武晋涛　李向宏 孟井明　王奋强　边志强　高宝胜 徐纪国　郝　亮
	33. 软围岩大巷全断面锚注一体化加固技术的应用	阳泉市旧街煤炭有限责任公司	冯恩湖　杜志文　王卫平　吕真才 荆振华　史建明　王满存　李文泽 张济民
	34. 矿井水回用于井下降尘喷雾技术研究	山西国阳新能股份有限公司 石家庄泽绿水科技有限公司	杨乃时　周润金　刘贯博　李美生 牛毓慧　李忠杰　王立武　李继臣 郑迎芳　李淑敏
	35.CASS 成图软件在公路工程土石方测量中的应用	阳泉市郊区交通局	杨玉明　张运贤　王小靖
	36. 企业青工网上成才平台的研发与应用	阳泉煤业(集团)有限责任公司	白　英　游　浩　陈国华　张小虎 安宏伟　荆　洲　杜　波　王琳娜 李文斌　赵剑宏
	37. 煤矿井下供电设计软件的开发应用	山西国阳新能股份有限公司 北京华夏矿安科技有限公司	潘龙成　路永生　王晋宏　伊鹏达 史兴瑞　赵东明　靳　文　孔令生
	38. 水泥混凝土路面不等距斜缩缝在路面施工中的应用与研究	阳泉市交通局道路管理处 阳泉市交通建设工程质量监督站　平定交通局	王小靖　张运贤　曹继春　郄　宁 郝淑华　侯旭东　刘亚瑞　王瑞斌
	39. 煤矿大型井架扳立法整体起立技术的研究与应用	山西宏厦第一建设有限责任公司	罗金良　周瑞宏　耿延方　杨　勇 封　姣
	40. 潜孔钻机深孔爆破技术在矿山立井施工中的研发与应用	山西宏厦第一建设有限责任公司	王彦德　李新巍　马志刚　张绍江 赵卫明　尚永红　章　印　赵显毅
	41. 平定刻花瓷生产技术的开发与应用	平定古窑陶艺有限公司	冯海明　李金平　葛银平　赵瑞娥
	42. 提高电解铝整流效率的研究与应用	山西兆丰铝业有限责任公司电解铝分公司	王德海　魏迎辉　刘克昌　石晓亮 李慧生　姬九军　韩军军　李晓军 董　越　杨兴龙　吕春海

续表

获奖等级	文章标题	单位名称	人员名单
应用研究 三等奖 17 项	43. 上模振动式免烧砖成型机的研发应用	盂县□元粉煤灰免烧砖厂	路润财　代王林　付联英　侯宝清
	44.高血压与血浆 N 末端脑钠肽原的相关性研究	阳泉市第一人民医院	高晓峰　李占荣　王希章　王凤琴　王淑春　周　青　张芬芳　赵俊琴　赵春红
	45. 临床超声诊断羊水过多与胎儿畸形相关关系研究	阳泉市妇产医院	张素萍　王耀田　赵　翔
成果推广及产业化 三等奖 5 项	46.马铃薯营养糕点的推广应用	山西三来食品有限公司	王彦宝　王志远　程晓升
	47. 越冬茬黄瓜嫁接苗直接定植法研究	郊区蔬菜中心	张　洁　陈丽娟　王英利　王斌武　郭俊红　杨凌云　宋翠文　梁建鸿　丁丽琴　李瑞英
	48. 全人工饵料饲养加州鲈试验示范	阳泉市水产技术推广站	刘卫平　孟晓强　赵鲁东　万珍如
	49. 春玉米密植高产栽培技术推广	平定县种子管理站 阳泉市种子管理站	延根祥　张永全　祁东光　冯富萍　安保中　李世英　聂林涛　杜国瑞　潘素珍　张英明
	50.JCB4 便携式甲烷检测报警仪	山西科林矿山检测技术有限责任公司	武　钢　徐玉龙　李　浩　杨硕才　王　林　吴长青

2009 年度阳泉市授权(或公告)专利一览表

表 26-6

序号	申请人	发明人	申请号	类别	专利名称	通讯地址
1	杜志刚	杜志刚	200410090206	发明(授权)	快速密闭墙	矿区二矿小南坑 63-1-7
2	山西盂县西小坪耐火材料有限公司	武本有　武根怀　郝良军　韩八斤　尹建斌	200710062482	发明(授权)	7.63 米焦炉用半硅砖	盂县西小坪耐火材料有限公司
3	山西盂县西小坪耐火材料有限公司	武本有　武根怀　郝良军　韩八斤　尹建斌	200710062484	同上	7 米焦炉用硅砖	盂县西小坪耐火材料有限公司
4	山西盂县西小坪耐火材料有限公司	武本有　武根怀　郝良军　韩八斤　尹建斌	200710062471	同上	7.63 米焦炉用硅砖	盂县西小坪耐火材料有限公司
5	阳泉煤业(集团)有限责任公司	王　瑛　梁爱堂	200710139283	同上	综放工作面高抽巷下返钻孔初采瓦斯抽放方法	市北大西街 5 号
6	山西盂县西小坪耐火材料有限公司	武本有　武根怀　郝良军　韩八斤　尹建斌	200710062457	同上	硅质隔热耐火砖	盂县西小坪耐火材料有限公司

续表

序号	申请人	发明人	申请号	类别	专利名称	通讯地址
7	杨叶浓	杨叶浓	200810212105.8	发明专利（公告）	一种倒车镜	矿区日潭小区二组团四号楼三单元十二号
8	李存明	李存明	200810134992.1	同上	一种新型粮食粉碎石磨	平定县前梨林头村
9	阳泉煤业(集团)有限责任公司	梁贵生	200810055579.6	同上	掘进巷道临时支护装置	阳泉市北大西街5号
10	李保明	李保明	200810212738.9	同上	用宣纸做载体喷绘图片的新工艺	阳泉市少年宫
11	冯文山	冯文山	200810079278.7	同上	男用食用菌营养饮品	郊区旧街乡枣园村
12	山西省阳泉市双泉化工厂	史化鹏	200710146316.1	同上	一种新型杀蛆块剂	郊区李家庄东
13	赵军	赵　军	200710146315.7	同上	一种用推拿按摩治疗软组织损伤的方法	平定县冠山镇东关村
14	马富保	马富保	200810170734.9	同上	一种用按摩法治疗与预防心脑疾病的方法	城区北大街后底沟5楼三单元1号
15	山西太行建设开发有限公司	刘　玉　王慧荣　周耀亮	200810079418.0	同上	无钢柱型钢梁连接施工工艺	市北大街207号
16	王惠民	王惠民	200810079510.7	同上	飞机玻璃座舱内电磁、雷达波屏蔽专用纳米铁粉	市南山南路7号（仪表厂院内）
17	王惠民	王惠民	200810079506.0	同上	纳米粉体压件电磁压力成型技术	市南山南路7号（仪表厂院内）
18	王惠民	王惠民	200810079503.7	同上	导弹固体燃料专用纳米铝、镁粉的制备方法	市南山南路7号（仪表厂院内）
19	王惠民	王惠民	200810079505.6	同上	子弹专用金属纳米铝、镁粉的制备方法	市南山南路7号（仪表厂院内）
20	王惠民	王惠民	200810079507.5	同上	卫星喷射损毁专用纳米铁粉	市南山南路7号（仪表厂院内）
21	王惠民	王惠民	200810079508.X	同上	隐形涂料专用纳米铁粉的制备方法	市南山南路7号（仪表厂院内）
22	王惠民	王惠民	200810079509.4	同上	金属物体表面喷嵌技术专用铁粉的制备方法	市南山南路7号（仪表厂院内）
23	杜志刚	杜志刚	200810180304.5	同上	整体网格状隔爆容水器水槽的安装使用方法	郊区荫营镇南窑庄村新鑫科技公司机械制造分公司(原拖拉机厂)
24	王惠民	王惠民	200810079504.1	同上	天基武器专用粉体材料	市南山南路7号（仪表厂院内）

续表

序号	申请人	发明人	申请号	类别	专利名称	通讯地址
25	王晓江	王晓江	200810215828.3	同上	一种电池密封控制装置	郊区西南舁乡东南舁村
26	梁永贵	梁永贵	200810215805.2	同上	变速绞车	郊区荫营镇三泉村
27	杜志刚	杜志刚	200810181075.9	同上	软高压胶管深入钻孔护套的使用方法	郊区荫营镇南窑庄村新鑫科技公司机械制造分公司(原拖拉机厂)
28	杜志刚	杜志刚	200810181074.4	同上	移动避难车使用方法	郊区荫营镇南窑庄村新鑫科技公司机械制造分公司(原拖拉机厂)
29	王晓江	王晓江	200810215829.8	同上	电池安全控制装置	郊区西南舁乡东南舁村
30	杜志刚	杜志刚	200810180098.8	同上	一种块炭防坠损装置的使用方法	郊区荫营镇南窑庄村新鑫科技公司机械制造分公司(原拖拉机厂)
31	阳泉市下千耐火材料有限公司	张振斌　张胖孩　张满柱	200810079715.5	同上	鱼雷式铁水罐用改性氧化铝－碳化硅－碳砖及其制造方法	郊区下千昌盛街118号
32	阳泉市下千耐火材料有限公司	张振斌　张胖孩　张满柱	200810079716.X	同上	控制钢水流速的滑板砖及其制造方法	郊区下千昌盛街118号
33	阳泉市下千耐火材料有限公司	张振斌　张胖孩　张满柱	200810079717.4	同上	钢包用矾土基微膨胀高铝砖及其制造方法	郊区下千耐火材料有限公司
34	杜志刚	杜志刚	200810180358.1	同上	煤矸石造气及过火矸石再利用	矿区二矿小南坑63-1-3
35	杜志刚	杜志刚	200810180360.9	同上	煤矸石造气及过火矸石再利用的方法	矿区二矿小南坑63-1-3
36	杜志刚	杜志刚	200810180093.5	同上	家用沼气发生器的使用方法	郊区荫营镇南窑庄村新鑫科技公司机械制造分公司(原拖拉机厂)
37	杜志刚	杜志刚	200810180359.6	同上	沼气池添加料无漏气装置	矿区二矿小南坑63-1-3
38	山西太行建设开发有限公司	刘　玉　王慧荣　周耀亮	200810079419.5	同上	地基梁加固施工方法	市北大街207号
39	杜志刚	杜志刚	200810180096.9	同上	防堵孔钻具的使用方法	郊区荫营镇南窑庄村新鑫科技公司机械制造分公司(原拖拉机厂)
40	杜志刚	杜志刚	200810180313.4	同上	软高压胶管伸入钻孔护套	矿区二矿小南坑63-1-3

续表

序号	申请人	发明人	申请号	类别	专利名称	通讯地址
41	杜志刚	杜志刚	200810180361.3	同上	密封采煤方法	矿区二矿小南坑63-1-3
42	杜志刚	杜志刚	200810180090.1	同上	隔火阻爆风门的安装使用方法	郊区荫营镇南窑庄村新鑫科技公司机械制造分公司(原拖拉机厂)
43	杜志刚	杜志刚	200810180100.1	同上	井巷隔爆阻爆铜网门的安装使用方法	郊区荫营镇南窑庄村新鑫科技公司机械制造分公司(原拖拉机厂)
44	杜志刚	杜志刚	200810180089.9	同上	内喇叭封孔器使用方法	郊区荫营镇南窑庄村新鑫科技公司机械制造分公司(原拖拉机厂)
45	杜志刚	杜志刚	200810180099.2	同上	井下应急救援指挥车的使用方法	郊区荫营镇南窑庄村新鑫科技公司机械制造分公司(原拖拉机厂)
46	杜志刚	杜志刚	200810180091.6	同上	带手柄的管道使用方法	郊区荫营镇南窑庄村新鑫科技公司机械制造分公司(原拖拉机厂)
47	杜志刚	杜志刚	200810180092.0	同上	高压燃气装置的使用方法	郊区荫营镇南窑庄村新鑫科技公司机械制造分公司(原拖拉机厂)
48	杜志刚	杜志刚	200810180356.2	同上	聚光输光装置	矿区二矿小南坑63-1-3
49	阳泉市宏星力达科技有限公司	马维青　张彦涛 燕争上　赵晓龙 李　强　李志明 刘彦林	200810166887.6	同上	输电线路塔材防盗报警装置	阳泉市德胜东街10号
50	杜志刚	杜志刚	200810180335.0	同上	一种块炭防坠损装置	矿区二矿小南坑63-1-3
51	杜志刚	杜志刚	200810180333.1	同上	家用沼气发生器	矿区二矿小南坑63-1-3
52	杜志刚	杜志刚	200810180334.6	同上	防堵孔钻具	矿区二矿小南坑63-1-3
53	杜志刚	杜志刚	200810180332.7	同上	整体网格状隔爆容水器水槽	矿区二矿小南坑63-1-3
54	杜志刚	杜志刚	200810180331.2	同上	移动避难车	矿区二矿小南坑63-1-3
55	杜志刚	杜志刚	200810180336.5	同上	井下应急救援指挥车	矿区二矿小南坑63-1-3

续表

序号	申请人	发明人	申请号	类别	专利名称	通讯地址
56	盂县贞祥红薯种植合作社	武正祥	200810080055.2	同上	一种马铃薯的免耕种植方法	盂县仙人乡狮子神村
57	甄国民　甄国荣	甄国民	200810080179.0	同上	高铝质精细耐火泥	郊区荫营镇三泉村76号1户
58	王惠民	王惠民	200810080193.0	同上	金属纳米粉体表面张力和颗粒团聚处理技术	阳泉市南山南路7号(仪表厂院内)
59	杜志刚	杜志刚	200810180307.9	同上	二氧化碳喷射器的使用方法	郊区荫营镇南窑庄村新鑫科技公司机械制造分公司(原拖拉机厂)
60	杜志刚	杜志刚	200810180302.6	同上	沼气池添加料无漏气装置的使用方法	郊区荫营镇南窑庄村新鑫科技公司机械制造分公司(原拖拉机厂)
61	杜志刚	杜志刚	200810180306.4	同上	井下巷道煤尘瓦斯爆炸阻爆器的安装使用方法	郊区荫营镇南窑庄村新鑫科技公司机械制造分公司(原拖拉机厂)
62	杜志刚	杜志刚	200810180301.1	同上	特种封孔器使用方法	郊区荫营镇南窑庄村新鑫科技公司机械制造分公司(原拖拉机厂)
63	杜志刚	杜志刚	200810180309.8	同上	一种掘进工作面防突泄压的方法	矿区二矿小南坑63-1-3
64	杜志刚	杜志刚	200810180310.0	同上	特种封孔器	矿区二矿小南坑63-1-3
65	杜志刚	杜志刚	200810180303.0	同上	井下灾区远距离有害气体连续取样器的使用方法	郊区荫营镇南窑庄村新鑫科技公司机械制造分公司(原拖拉机厂)
66	杜志刚	杜志刚	200810180308.3	同上	聚光输光装置方法	郊区荫营镇南窑庄村新鑫科技公司机械制造分公司(原拖拉机厂)
67	卢泉生	卢泉生	200910005773.8	同上	防控火灾布网	北大西街125号墨玉宾馆
68	杜志刚	杜志刚	200810180348.8	同上	报废矿井储存二氧化碳的方法	矿区二矿小南坑63-1-3
69	杜志刚	杜志刚	200810180305.X	同上	纳米级煤矸石粉吸附肥料的制造方法	郊区荫营镇南窑庄村新鑫科技公司机械制造分公司(原拖拉机厂)
70	杜志刚	杜志刚	200810180353.9	同上	纳米级煤矸石粉吸附肥料	矿区二矿小南坑63-1-3
71	杜志刚	杜志刚	200810180352.4	同上	井下钻孔质量检查设备	矿区二矿小南坑63-1-3
72	杜志刚	杜志刚	200810180350.5	同上	隔火阻爆风门	矿区二矿小南坑63-1-3

续表

序号	申请人	发明人	申请号	类别	专利名称	通讯地址
73	杜志刚	杜志刚	200810180344.X	同上	总风巷着火后的通风方法	矿区二矿小南坑 63-1-3
74	杜志刚	杜志刚	200810180345.4	同上	总风巷着火后的灭火方法	矿区二矿小南坑 63-1-3
75	杜志刚	杜志刚	200810180354.3	同上	井下巷道瓦斯爆炸阻爆器	矿区二矿小南坑 63-1-3
76	杜志刚	杜志刚	200810180355.8	同上	二氧化碳喷射器	矿区二矿小南坑 63-1-3
77	杜志刚	杜志刚	200810180342.0	同上	掘进面防突泄压通道	矿区二矿小南坑 63-1-3
78	杜志刚	杜志刚	200810180343.5	同上	内喇叭封孔器	矿区二矿小南坑 63-1-3
79	杜志刚	杜志刚	200810180349.2	同上	报废矿井瓦斯抽放利用方法	矿区二矿小南坑 63-1-3
80	杜志刚	杜志刚	200810180347.3	同上	带手柄的管道	矿区二矿小南坑 63-1-3
81	杜志刚	杜志刚	200810180346.9	同上	高压燃气装置	矿区二矿小南坑 63-1-3
82	杜志刚	杜志刚	200810180351.X	同上	井下灾区远距离有害气体连续取样器	矿区二矿小南坑 63-1-3
83	卢泉生	卢泉生	200910001839.6	同上	一种火灾消防隔离新方法	北大西街 125 号墨玉宾馆
84	卢泉生	卢泉生	200910004766.6	同上	磁悬覆防控活在布网	北大西街 125 号墨玉宾馆
85	杜志刚	杜志刚	200810180087.X	同上	井下钻孔质量检查设备的使用方法	矿区二矿小南坑 63-1-3
86	卢泉生	卢泉生	200810184458.1	同上	巷道锚索(杆)支护新方法	北大西街 125 号墨玉宾馆
87	王惠民	王惠民	200810080192.6	同上	金属纳米粉体颗粒材料合金技术	市南山南路 7 号（仪表厂院内）
88	杜志刚	杜志刚	200810180088.4	同上	聚磁体的方法	郊区荫营镇南窑庄村新鑫科技公司机械制造分公司(原拖拉机厂)
89	杜志刚	杜志刚	200810180357.7	同上	聚磁体	矿区二矿小南坑 63-1-3
90	山西科林矿山检测技术有限责任公司	徐玉龙 李 浩 王 林 徐象庆	200910073982.6	同上	一种矿用压缩氧自救器	矿区北大西街 5 号
91	梁永贵	梁永贵	200910005013.7	同上	变速绞车	郊区荫营镇三泉村
92	卢泉生	卢泉生	200910134384.5	同上	易燃液体收集灌装防控火灾装置	北大西街 125 号墨玉宾馆

续表

序号	申请人	发明人	申请号	类别	专利名称	通讯地址
93	郝富锁	郝富锁　张　显	200910133120.8	同上	一种利用纳米氧化铝处理铝质耐火材料原料的方法	平定县岩会邮政局郝富锁
94	郝富锁	郝富锁　张　显	200910133121.2	同上	一种利用纳米莫来石处理铝质耐火材料原料的方法	平定县岩会邮政局郝富锁
95	袁力杰	袁力杰	200910131948.0	同上	汽车离合器的自动缓冲装置	矿区阳煤集团东山小区13楼2门3号
96	张庆信	张庆信	200810089588.7	同上	全自动不用水不用化学品采选黄金新工艺及装置	市开发区宏苑馨居6-3-3
97	杨满文	杨满文	200910074493.2	同上	保险杠	矿区日潭小区二组团四号楼三单元十二号
98	阳泉市长青石油压裂支撑剂有限公司	马晓娟　郝景华　王培平	200910140476.4	同上	陶粒支撑剂及其制备方法	平定龙川工业园区
99	杨振福	杨振福	200810054787.4	同上	汽车燃油容量非接触式光电传感器	市朝阳街8号楼
100	杜志刚	杜志刚	200810180341.6	同上	井巷隔爆阻爆铜网门	矿区二矿小南坑63-1-3
101	山西阳泉铝业股份有限公司	梁　璧　李　杰　石文斌	200810092864.5	同上	高速铁路铝合金透明防护屏组装方法	郊阳铝路88号
102	山西京宇磁性材料有限公司	贾建华　荆计生　梁永新　贾建伟　马跃华　吴定宇　陈志勇　陈治军	200910074662.2	同上	钕铁硼坩埚预制内衬新材料	平定县冶西镇磁源北路88号
103	阳泉市长青石油压裂支撑剂有限公司	李占刚　马晓娟	200910203794.0	同上	预固化树脂覆膜支撑剂及其制备方法	平定龙川工业园区
104	山西京宇磁性材料有限公司	贾建华　荆计生　梁永新　贾建伟　李绿山	200910074664.1	同上	烧结钕铁硼大圆环的装置	平定县冶西镇磁源北路88号
105	刘工勤	刘工勤	200910074563.4	同上	高效室燃式锅炉	市义东沟勤工技术实业开发有限公司
106	卢泉生	卢泉生	200910161852.8	同上	防控轨道矿车掉道新方法	北大西街125号墨玉宾馆
107	卢泉生	卢泉生	200820117505.6	实用新型	一种钢结构	北大西街125号墨玉宾馆
108	姜玉德	姜玉德	200820107402.1	实用新型	汽车防盗卡	盂县城关镇北关村
109	阳泉信达通矿山工程有限公司	李海明　马业锦　石王庭　梁成贵	200820077260.9	同上	矿用井下平巷人车磁力车门	阳泉五矿多营总公司转信达通矿山工程有限公司

续表

序号	申请人	发明人	申请号	类别	专利名称	通讯地址
110	张万录	张万录	200820076834.0	同上	手拉式抽水机	郊区荫营镇东梁庄村
111	冀宝昌	冀宝昌	200820118729.9	同上	真空弹射航空救生器	平定县东大街颐园春二楼一号
112	郑永军	郑永军	200820076835.5	同上	离子导入治疗颈椎腰椎病的中药贴	矿区四矿段家背南坡114号
113	管秀良	管秀良　王燕芳	200820076786.5	同上	多功能自动灭火弹	市城区后地底沟4区5排房68号
114	郭栋梁	郭栋梁	200820077546.7	同上	一种新型多功能叉车叉指	市桃北中路28号
115	刘克勤　范书兰　张云光	刘克勤	200820077679.4	同上	可调节压力的重锤式自动或手动排放保压阀	市经济开发区东区A区山西建工申华暖通设备有限公司
116	李汝忠	李汝忠	200820007963.4	同上	高耐磨排渣阀	市洪城路77号
117	达勤勤	达勤勤　梁　蓉	200720311901.8	同上	新型改锥	太原理工大学阳泉学院05级会计二班
118	袁华平	袁华平	200820077860.5	同上	矿用电缆挂钩	山西省阳泉市香榭花园四号楼2单元3楼
119	阳泉信达通矿山有限公司	李海明　马业锦　石王庭　梁成贵	200820077264.7	同上	矿用信号员专用车减震器	阳泉五矿多营总公司转信达通矿山工程有限公司
120	山西华鑫变压器有限公司	乐秀峰	200820106866.0	同上	一种稀土永磁同步电动机转子	市煤山路华鑫公司
121	阳泉煤业(集团)有限责任公司	梁贵生	200820078279.5	同上	掘进巷道临时支护装置	市北大西街5号
122	李存明	李存明	200820131889.7	同上	一种电动石磨	平定县前梨林头村
123	陈玉金	陈玉金	200820117506.0	同上	水力镐	郊区平坦镇石卜嘴村王岩沟
124	宋志忠	宋志忠	200820125951.1	同上	一种新型结构的回水自控阀	郊区李家庄阳泉市中特阀门有限公司
125	陈玉金	陈玉金	200820116292.5	同上	防"水击"阀门	郊区平坦镇石卜嘴村王岩沟
126	王晓雯	王晓雯	200820133754.4	同上	阀控密封铅酸蓄电池新型安全阀	郊区西南舁乡东南舁村
127	庞慧明	庞慧明	200720101849.3	同上	一种骑自行车用的护裤腕	市城区华盛街12号富锁锁店
128	陈玉金	陈玉金	200820131352.0	同上	电动喷枪	郊区平坦镇石卜嘴村王岩沟
129	陈玉金	陈玉金	200820119640.4	同上	家用地震报警仪	郊区平坦镇石卜嘴村王岩沟

续表

序号	申请人	发明人	申请号	类别	专利名称	通讯地址
130	陈玉金	陈玉金	200820128796.9	同上	一种带照明的圆珠笔	郊区平坦镇石卜嘴村王岩沟
131	陈玉金	陈玉金	200820207883.3	同上	发条式手机充电器	郊区平坦镇石卜嘴村王岩沟
132	王守虎	王守虎	200820129971.6	同上	环保指甲钳	郊区义井镇义井村冯家沟48号1号
133	陈玉金	陈玉金	200820112396.9	同上	涂油机	郊区平坦镇石卜嘴村王岩沟
134	山西太行建设开发有限公司	程兆敏　王惠荣 周耀亮	200820105610.8	同上	物料提升机	山西太行建设开发有限公司
135	杨叶浓	杨叶浓	200820134917.0	同上	一种倒车镜	矿区日潭小区二组团四号楼三单元十二号
136	卢泉生	卢泉生	200820131894.8	同上	路基防护墙	北大西街125号墨玉宾馆
137	山西太行建设开发有限公司	李若辉　王惠荣 周耀亮　刘　玉	200820105609.5	同上	空冷塔筒壁施工支撑构件	市北大街207号
138	山西太行建设开发有限公司	胡荣丽　王惠荣 周耀亮	200820105608.0	同上	新型地暖装置	市北大街207号
139	柴大鹏	柴大鹏	200820133755.9	同上	阀控密封铅酸蓄电池新型极柱	郊区西南舁乡东南舁村
140	郑兰斌	郑兰斌　贾香义 郑晋贤	200820076787.X	同上	瓷质高强耐磨盲道砖	郊区荫营镇西古村
141	山西省电力公司阳泉供电分公司	季玉和　王生明 卢永平　吕玉祥 马维青　张彦宋 述　停　史键芳 周国华　李斐明 李　强　张　勇 赵晓龙	200820135618.9	同上	输电线路环境参数实时监测装置	市德胜东街10号
142	山西省电力公司阳泉供电分公司	马维青　张彦涛 陈云山　胡庆辉 张　勇	200820135619.3	同上	变电站防误操作语音警示器	市德胜东街10号
143	山西省电力公司阳泉供电分公司	马维青　张彦涛 燕争上　赵晓龙 李　强　李志明 刘彦林	200820136095.X	同上	输电线路塔材防盗报警装置	市德胜东街10号
144	王守虎	王守虎	200820134168.1	同上	环保方便指甲钳	郊区义井镇义井村
145	阳泉华鑫采矿运输设备修造有限公司	李　慧	200820078276.1	同上	胶带输送机	矿区煤山路阳泉华鑫采矿运输设备修造有限公司
146	卢泉生	卢泉生	200820209989.7	同上	三维立方左右旋螺栓连接加固框架抗震装置	北大西街125号墨玉宾馆

续表

序号	申请人	发明人	申请号	类别	专利名称	通讯地址
147	陈玉金	陈玉金	200820137256.7	同上	一种家用地震警报仪	郊区平坦镇石卜嘴村王岩沟
148	山西省电力公司阳泉供电分公司	卢永平　马维青　张彦涛　宋述停　李　强	200820135617.4	同上	输电线路驱鸟装置	市德胜东街10号
149	陈玉金	陈玉金	200820133391.4	同上	带蜂鸣器的过滤器	郊区平坦镇石卜嘴村王岩沟
150	姜贵福	姜贵福	200820111965.8	同上	移动式电子装载称	城区康达小区19楼2单元14号
151	董玉仁	董玉仁	200820177297.9	同上	海洋反冲坝	矿区平坦小学家区矿区平西区7号楼3门4号
152	胡晶浩	胡　博　胡晶浩	200820133752.5	同上	冷却式负压导流壁自然吸油烟机	城区下站华盛街11楼3号
153	胡晶浩	胡　博　胡晶浩	200820133751.0	同上	利用燃炉余热的热水器	城区下站华盛街11楼3号
154	胡晶浩	胡　博　胡晶浩	200820133753.X	同上	利用自来水冷却的无能耗冷藏箱	城区下站华盛街11楼3号
155	路润财	路润财　侯宝清　侯飞宇	200820106267.9	同上	免烧砖成型机	盂县新建西路政府大院盂县科技局436房间
156	路润财	路润财　侯宝清　侯飞宇	200820106268.3	同上	烧制耐火材料用天然气烧嘴	盂县新建西路政府大院盂县科技局436房间
157	路润财	路润财　侯宝清　侯飞宇	200820106269.8	同上	一种梭式窑	盂县新建西路政府大院盂县科技局436房间
158	卢泉生　卢　希	卢泉生	200920002124.8	同上	一种便携快捷防烟雾救生头罩	北大西街125号墨玉宾馆
159	卢泉生	卢泉生	200820180635.4	同上	汽车易转弯应急制动装置	北大西街125号墨玉宾馆
160	卢泉生	卢泉生	200820180636.9	同上	重力式汽车应急制动装置	北大西街125号墨玉宾馆
161	阳泉市下千耐火材料有限公司	张振斌　张胖孩　张满柱	200820227987.0	同上	鱼雷式混铁车用氧化铝–碳化硅–碳砖	郊区下千昌盛街118号
162	阳泉市下千耐火材料有限公司	张振斌　张胖孩　张满柱	200820227988.5	同上	鱼雷式混铁车用氧化铝–碳化硅–碳砖	郊区下千昌盛街118号
163	阳泉市下千耐火材料有限公司	张振斌　张胖孩　张满柱	200820227992.1	同上	控制钢水流速的滑板砖	郊区下千昌盛街118号
164	阳泉市下千耐火材料有限公司	张振斌　张胖孩　张满柱	200820227989.X	同上	控制钢水流速的滑板砖	郊区下千昌盛街118号
165	阳泉市下千耐火材料有限公司	张振斌　张胖孩　张满柱	200820227990.2	同上	控制钢水流速的滑板砖	郊区下千昌盛街118号
166	阳泉市下千耐火材料有限公司	张振斌　张胖孩　张满柱	200820227991.7	同上	控制钢水流速的滑板砖	郊区下千昌盛街118号
167	阳泉市下千耐火材料有限公司	张振斌　张胖孩　张满柱	200820227993.6	同上	控制钢水流速的滑板砖	郊区下千昌盛街118号

续表

序号	申请人	发明人	申请号	类别	专利名称	通讯地址
168	卢泉生	卢泉生	200820180634.X	同上	车辆前后应急制动装置	北大街墨玉宾馆
169	卢泉生	卢泉生	200820130441.3	同上	新型减震省力轨道矿车	北大西街125号墨玉宾馆
170	吕逢彬	吕逢彬	200920002121.4	同上	矿用圆筒形巷道支护支架	开发区虹桥路五建二号楼601号
171	张宏亮	张宏亮	200820228117.5	同上	多功能砂火锅	平定县冠庄村
172	张宏亮	张宏亮	200820228119.4	同上	多功能砂质蒸锅	平定县冠庄村
173	张宏亮	张宏亮	200820228118.X	同上	砂器烧制窑	平定县冠庄村
174	刘克勤 高桂花 张云光 赵燕婷	刘克勤 张云光 高桂花 赵燕婷	200920101724.X	同上	前端水套式卧式燃气锅炉	开发区东区A区
175	卢泉生	卢泉生	200920003231.2	同上	一种防控火灾布网	北大西街墨玉宾馆
176	王庆军 李海波	王庆军 李海波 赵三牛	200920101632.1	同上	负压管自动放水器	四矿桥东街13楼4门14号
177	吕怀章	吕怀章	200920145819.1	同上	矿用电缆组合挂钩	城区新华西街五区七楼五单元一号
178	阳泉阀门股份有限公司	梁志宝 梁双珍 赵爱花 刘春玲 徐立明 高霞 王彦红 梁晋生 李扬 武军	200920003055.2	同上	晨气蝶阀	新建路366号
179	山西鑫源机械制造有限公司	陈维庆 王兆恒 朱良全 王培明 王玉荣 甄宏伦	200820105620.1	同上	组合锚杆用支护钢带	平定县东关大林山51号
180	山西鑫源机械制造有限公司	陈维庆 王兆恒 朱良全 王培明 王玉荣 甄宏伦	200820105621.6	同上	U型钢吊运卡具	平定县东关大林山51号
181	山西鑫源机械制造有限公司	陈维庆 王兆恒 朱良全 王培明 王玉荣 甄宏伦	200820105622.0	同上	锚杆托盘	平定县东关大林山51号
182	山西鑫源机械制造有限公司	陈维庆 王兆恒 朱良全 王培明 王玉荣 甄宏伦	200820105623.5	同上	单体液压支架柱鞋	平定县东关大林山51号
183	山西鑫源机械制造有限公司	陈维庆 王兆恒 朱良全 王培明 王玉荣 甄宏伦	200820105624.X	同上	固定箱式矿车	平定县东关大林山51号
184	山西鑫源机械制造有限公司	陈维庆 王兆恒 王培明 王玉荣 甄宏伦	200820228135.3	同上	压钢筋网的压膜	平定县东关大林山51号

续表

序号	申请人	发明人	申请号	类别	专利名称	通讯地址
185	山西鑫源机械制造有限公司	陈维庆　王兆恒 王培明　王玉荣 甄宏伦	200820228140.4	同上	煤矿用轨道阻车器	平定县东关大林山51号
186	山西鑫源机械制造有限公司	陈维庆　王兆恒 王培明　王玉荣 甄宏伦	200820228136.8	同上	高强度右旋螺纹钢锚杆	平定县东关大林山51号
187	山西鑫源机械制造有限公司	陈维庆　王兆恒 王培明　王玉荣 甄宏伦	200820228137.2	同上	可调式轨距拉杆	平定县东关大林山51号
188	山西鑫源机械制造有限公司	陈维庆　王兆恒 王培明　王玉荣 甄宏伦	200820228138.7	同上	煤矿轨道小地滚	平定县东关大林山51号
189	山西鑫源机械制造有限公司	陈维庆　王兆恒 王培明　王玉荣 甄宏伦	200820228139.1	同上	3V型钢带锚索托板	平定县东关大林山51号
190	张永昌	张永昌	200820106496.0	同上	毛发清洁梳	平定县冠山镇大林山46号
191	张永昌	张永昌	200820106497.5	同上	一种踩踏碾压发电的气压装置	平定县冠山镇大林山46号
192	袁华平	袁华平	200830083692.6	外观设计	井下电缆挂钩	矿区政府东楼四层
193	韩　斌	韩　斌	200830273101.1	外观设计	收音机(MP3式)	盂县香苑小区9号楼3单元4号
194	山西省电力公司阳泉供电分公司	卢永平　马维青 张彦涛　宋述停 李　强	200830213341.2	同上	驱鸟器	市德胜东街10号
195	路润财	路润财　侯宝清 侯飞宇	200830084080.9	同上	砖(炉渣空心免烧砖二)	盂县新建西路政府大院盂县科技局436房间
196	张文亮	张文亮	200830083863.5	同上	工艺瓶(龙凤瓶)	平定县冠庄村
197	张宏亮	张宏亮	200830084397.2	同上	茶具(龙凤剪纸漏花壶)	平定县冠庄村
198	张宏亮	张宏亮	200830084400.0	同上	茶具(三角茶具)	平定县冠庄村
199	张宏亮	张宏亮	200830114005.2	同上	茶具(刻花茶具)	平定县冠庄村
200	张宏亮	张宏亮	200830114004.8	同上	砂锅	平定县冠庄村
201	张宏亮	张宏亮	200830084396.8	同上	罐(四耳罐)	平定县冠庄村

续表

序号	申请人	发明人	申请号	类别	专利名称	通讯地址
202	张宏亮	张宏亮	200830084398.7	同上	茶具(八卦壶)	平定县冠庄村
203	路润财	路润财　侯宝清　侯飞宇	200830084079.6	同上	砖(炉渣空心免烧砖一)	盂县新建西路政府大院盂县科技局436房间
204	山西阳泉铝业股份有限公司	梁　璧　叶细发	200830209349.1	同上	LED灯用太阳花散热器	市郊阳铝路88号
205	张宏亮	张宏亮	200830084399.1	同上	砂锅(黑釉刻花砂锅)	平定县冠庄村
206	山西盂县西小坪耐火材料有限公司	郝良军	200830114036.8	同上	耐火砖(4089型)	盂县西小坪耐火材料有限公司
207	山西盂县西小坪耐火材料有限公司	郝良军	200830114037.2	同上	耐火砖(4109型)	盂县西小坪耐火材料有限公司
208	山西盂县西小坪耐火材料有限公司	郝良军	200830114038.7	同上	耐火砖(4140型)	盂县西小坪耐火材料有限公司
209	山西盂县西小坪耐火材料有限公司	郝良军	200830114039.1	同上	耐火砖(3828型)	盂县西小坪耐火材料有限公司
210	山西盂县西小坪耐火材料有限公司	郝良军	200830114041.9	同上	耐火砖(4342型)	盂县西小坪耐火材料有限公司
211	山西盂县西小坪耐火材料有限公司	郝良军	200830114042.3	同上	耐火砖(4079型)	盂县西小坪耐火材料有限公司
212	山西盂县西小坪耐火材料有限公司	郝良军	200830114044.2	同上	耐火砖(R57型)	盂县西小坪耐火材料有限公司
213	山西盂县西小坪耐火材料有限公司	郝良军	200830114045.7	同上	耐火砖(R60型)	盂县西小坪耐火材料有限公司

说明:2009年授权(或公告)专利共213件。

其中:发明专利106件,实用新型85件,外观设计22件。其中:职务发明61件。

部分著述存目

表 26-7

<table>
<tr><th colspan="2">书　名</th><th>字数(千字)</th><th colspan="2">责 任 者</th><th>出 版 社</th><th>出版年月</th></tr>
<tr><td colspan="2">阳泉年鉴 2008</td><td>908 千字</td><td colspan="2">任佟苏</td><td>方志出版社</td><td>2009 年 1 月</td></tr>
<tr><td colspan="2">红鬃马·八</td><td>280 千字</td><td colspan="2">魏文瑾</td><td>中国文化出版社</td><td>2009 年 4 月</td></tr>
<tr><td colspan="2">时事求是</td><td rowspan="4">591 千字</td><td colspan="2">张晋蜀</td><td>大众文艺出版社</td><td>2009 年 5 月</td></tr>
<tr><td colspan="2">白乌鸦</td><td colspan="2">王保国</td><td>大众文艺出版社</td><td>2009 年 5 月</td></tr>
<tr><td colspan="2">水和岸</td><td colspan="2">小　岸</td><td>大众文艺出版社</td><td>2009 年 5 月</td></tr>
<tr><td colspan="2">真水无香</td><td colspan="2">林　默</td><td>大众文艺出版社</td><td>2009 年 5 月</td></tr>
<tr><td colspan="2">高唱低吟</td><td>200 千字</td><td colspan="2">任海成</td><td>三晋出版社</td><td>2009 年 6 月</td></tr>
<tr><td colspan="2">海棠依旧</td><td>200 千字</td><td colspan="2">魏文瑾</td><td>三晋出版社</td><td>2009 年 6 月</td></tr>
<tr><td colspan="2">山西煤业的发展与思考</td><td>261 千字</td><td colspan="2">魏德卿</td><td>中国时代经济出版社</td><td>2009 年 8 月</td></tr>
<tr><td colspan="2">保矿保晋风云录</td><td>画 册</td><td colspan="2">山西近代矿史研究会
保晋公司纪念馆编</td><td>中国时代经济出版社</td><td>2009 年 8 月</td></tr>
<tr><td colspan="2">当代阳泉重要文献选编(一)</td><td>390 千字</td><td colspan="2">高喜存</td><td>三晋出版社</td><td>2009 年 9 月</td></tr>
<tr><td colspan="2">阳泉年鉴 2009</td><td>797 千字</td><td colspan="2">任佟苏</td><td>方志出版社</td><td>2009 年 10 月</td></tr>
<tr><td rowspan="6">红鬃马文丛(2)</td><td>槛外梨花</td><td rowspan="6">980 千字</td><td rowspan="6">魏文瑾主编</td><td>指　尖</td><td>华文出版社</td><td>2009 年 10 月</td></tr>
<tr><td>雪花的心事</td><td>姚桂萍</td><td>华文出版社</td><td>2009 年 10 月</td></tr>
<tr><td>想　飞</td><td>葛艳红</td><td>华文出版社</td><td>2009 年 10 月</td></tr>
<tr><td>一个脚印五瓣花</td><td>寒　月</td><td>华文出版社</td><td>2009 年 10 月</td></tr>
<tr><td>云斋心境</td><td>史晓蓉</td><td>华文出版社</td><td>2009 年 10 月</td></tr>
<tr><td>竹风晚醉</td><td>刘中华</td><td>华文出版社</td><td>2009 年 10 月</td></tr>
<tr><td colspan="2">底　线</td><td>1800 千字</td><td colspan="2">阎建生</td><td>人民日报出版社</td><td>2009 年 11 月</td></tr>
<tr><td colspan="2">地　火</td><td>290 千字</td><td colspan="2">葛海林</td><td>作家出版社</td><td>2009 年 12 月</td></tr>
</table>

(魏文瑾)

索　引

说　明

1、本索引为主题索引，按汉语拼音字母顺序排列。以阿拉伯数字和外文字母开头的主题词排在后面。

2、主题词后的数字是主题内容所在的页码，数字后的字母 a、b、c 分别表示左、中、右栏。

A

B

C

D

E

F

G

H

J

K

L

M

N

P

Q

R

S

T

W

X

Y

Z